변리사 시험 1차 대비

조현중 특허법
객관식

제4판

변리사 조현중

Patent Law

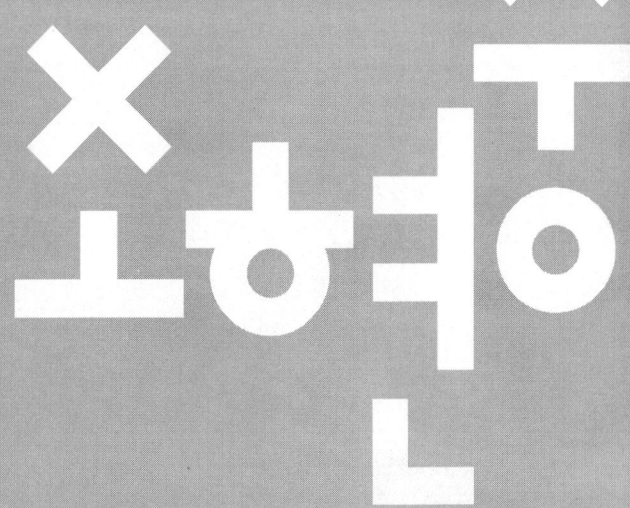

PREFACE

4th edition

PATENT LAW

본 교재는 1차 시험 준비를 위한 문제집입니다.

기출문제와 예제문제가 쟁점별로 수록되어 있습니다.

법과 판례뿐 아니라, 심사기준 등 실무 문제도 수록되어 있습니다.

모든 문제는 2023. 9. 기준 시행 중인 개정법 및 선고된 판례를 반영하였습니다.

항상 많은 관심 가져주시는 독자 여러분께 진심으로 감사드립니다.

최대한의 도움드릴 수 있도록 끊임없이 노력하겠습니다.

감사합니다.

2023년 10월 23일

변리사 조현중 올림

CONTENTS

PART 01 · 특허법 일반 및 발명의 성립성

제01장 · 특허법의 목적 ·· 002
제02장 · 발명의 성립성 ··· 003

PART 02 · 특허법상 권리의 주체 및 특허 받을 수 있는 권리

제01장 · 특허법상 능력 – 권리능력과 절차능력 ································· 030
제02장 · 권리적격 ··· 039
제03장 · 특허법상 대리인 제도 ·· 041
제04장 · 특허법상 재외자의 취급 ·· 049
제05장 · 복수당사자 대표 ··· 053
제06장 · 특허 받을 수 있는 권리 ··· 055

PART 03 · 기타 절차 일반

제01장 · 기일과 기간 ·· 078
제02장 · 특허절차에 관한 서류의 제출 ·· 096
제03장 · 절차의 무효 / 불수리처분 ·· 106
제04장 · 절차의 효력의 승계 및 절차의 속행 ····································· 117
제05장 · 절차의 정지 ·· 118
제06장 · 서류의 송달 ·· 123
제07장 · 절차의 취하 ·· 126

CONTENTS

PART 04 · 특허요건 및 특허출원

- 제01장 • 산업상 이용가능성 ··· 130
- 제02장 • 신규성 ··· 142
- 제03장 • 진보성 ··· 172
- 제04장 • 선출원주의 ··· 215
- 제05장 • 확대된 선출원주의 ·· 227
- 제06장 • 특허를 받을 수 없는 발명 ······································· 238
- 제07장 • 직무발명 ·· 244
- 제08장 • 제출서류 및 기재방법 ·· 258
- 제09장 • 발명의 설명 기재방법 ·· 266
- 제10장 • 청구범위 기재방법 ·· 287
- 제11장 • 청구범위 기재형식 ·· 302
- 제12장 • 특허출원의 범위 ··· 304

PART 05 · 출원인의 이익을 위한 제도

- 제01장 • 공지 등이 되지 아니한 발명으로 보는 경우 ················ 310
- 제02장 • 무권리자 출원·특허와 정당권리자 보호 ····················· 337
- 제03장 • 보정제도 ·· 349
- 제04장 • 분할출원 ·· 371
- 제05장 • 변경출원 ·· 378
- 제06장 • 분리출원 ·· 383
- 제07장 • 조약우선권 제도 ··· 386
- 제08장 • 특허출원 등에 의한 우선권제도(국내우선권 제도) ········ 401

PART 06 · 심 사

제01장 • 심사주의 제도 / 심사의 주체 / 심사청구 / 우선심사 제도 ········· 416
제02장 • 심사의 진행 ········· 429
제03장 • 정보제공제도 / 출원공개제도 ········· 445
제04장 • 보상금청구권 ········· 449
제05장 • 심사의 종료 ········· 456

PART 07 · 특허권

제01장 • 특허료의 납부, 설정등록 및 등록공고 ········· 466
제02장 • 특허권 본질 및 효력일반 ········· 479
제03장 • 존속기간 및 존속기간연장등록 제도 ········· 493
제04장 • 내용적 효력(특허발명의 보호범위) ········· 516
제05장 • 균등침해 ········· 532
제06장 • 이용, 저촉 침해 ········· 534
제07장 • 침해의 정의 ········· 544
제08장 • 간접침해 ········· 555
제09장 • 침해에 대한 특허권자의 구제방법 및 침해 주장에 대한 대응방안 ········· 568
제10장 • 특허권의 공유 · 이전 및 특허법상 질권 ········· 621
제11장 • 특허권자의 의무 및 특허권의 소멸 ········· 635

CONTENTS

PART 08 · 실시권

제01장 • 허락실시권 ··· 640
제02장 • 권리 등록의 효력 ··· 652
제03장 • 법정실시권 ··· 654
제04장 • 강제실시권 ··· 666

PART 09 · 특허심판 및 특허소송

제01장 • 특허심판원 ··· 680
제02장 • 심판관의 제척·기피 ··· 681
제03장 • 심판의 당사자 / 이해관계인 ···································· 684
제04장 • 심판의 참가 ··· 689
제05장 • 심판청구 ··· 693
제06장 • 방식심리 및 적법성 심리 ··· 699
제07장 • 본안심리 및 직권주의 ··· 704
제08장 • 심판의 종료 / 일사부재리 원칙 / 심판비용 ········· 715
제09장 • 특허취소신청 ··· 729
제10장 • 거절결정불복심판 ··· 733
제11장 • 특허무효심판 / 특허의 정정청구 / 존속기간연장등록무효심판 ········· 738
제12장 • 권리범위확인심판 ··· 760
제13장 • 정정심판 ··· 797
제14장 • 정정무효심판 ··· 818
제15장 • 통상실시권허여심판 ··· 820
제16장 • 재 심 ··· 823

제17장 • 심결취소소송 ··· 828
제18장 • 보상금액 또는 대가에 관한 불복의 소 ··· 857

PART 10 • 국제출원 및 국제특허출원의 특례

제01장 • 대한민국 특허청을 수리관청으로 하는 국제출원절차 ················· 860
제02장 • 국제조사 / 국제공개 / 국제예비심사 ·· 868
제03장 • 국제특허출원의 특례 ·· 874
제04장 • 기타 조약 일반 ··· 894

PART 11 • 실용신안 제도

제01장 • 실용신안 제도 ··· 908

PATENT LAW

PART 01

특허법 일반 및 발명의 성립성

CHAPTER 01 특허법의 목적

01 다음 설명 중 틀린 것은? [1998년 기출]

① 발명가의 권리는 헌법에 의하여 보호되고 있다.
② 특허권은 상속인이 없을 때는 모든 사람이 자유롭게 이용할 수 있다.
③ 특허법상의 발명이 반드시 경제적 이익을 수반하는 것은 아니다.
④ 특허법에서의 실시는 물건의 양도는 해당되나 양도의 청약은 해당되지 아니한다.
⑤ 발명자는 특허증에 발명자로 기재될 권리를 가진다.

> **해설**
>
> ① |O| 저작자·발명가·과학기술자와 예술가의 권리는 법률로써 보호한다(헌법 제22조 제2항).
> ② |O| 특허권은 상속이 개시된 때 상속인이 없는 경우에는 소멸된다(법 제124조). 이는 특허발명에 관하여는 그것을 널리 사회일반에 개방하여 자유로이 실시하게 하는 것이 산업정책상 유리하므로 상속인이 없는 경우에 특허권이 소멸되는 것으로 규정하고 있다. 한편, 원래 상속인이 없는 경우에 상속재산은 국가에 귀속됨이 원칙이므로(민법 제1058조) 특허법은 민법 규정에 대한 특별규정으로 이해된다.
> ③ |O| 발명의 경제성이란 경제적·사회적 조건들에 의하여 결정되는 문제이지 기술적 평가와는 원칙적으로 관계가 없기 때문에 고려할 필요가 없다. 경제성이 없다고 하여 발명의 특허성을 부정할 수는 없다.
> ④ |×| 물건의 발명의 경우에 실시는 그 물건을 생산·사용·양도·대여 또는 수입하는 행위뿐만 아니라 그 물건의 양도 또는 대여의 청약을 하는 행위도 포함한다(특허법 제2조 제3호 가목).
> ⑤ |O| 특허청장은 특허권의 설정등록이 있는 때에는 특허권자에게 특허증을 교부하여야 한다(법 제86조 제1항). 발명자는 출원서 및 특허증 등에 발명자로 게재될 권리를 갖는다.
>
> **정답** ④

CHAPTER 02 발명의 성립성

01 다음 발명의 성립성에 대한 설명 중 틀린 것은?

① 발명은 자연법칙을 결과적으로 이용한 것이면 충분하기 때문에 발명자가 그 법칙에 대하여 정확하고 완전한 인식을 가질 필요는 없다.

② 발견 그 자체는 창작이 아니므로 발명에 해당하지 아니하나, 일정한 경우 특허법상 발명으로 취급되는 경우가 있다.

③ 완성된 발명이란 발명이 속하는 분야에서 통상의 지식을 가진 사람이 반복 실시할 수 있고, 발명이 목적하는 기술적 효과의 달성 가능성을 예상할 수 있을 정도로 구체적, 객관적으로 구성되어 있는 발명을 말하며, 미완성 발명은 확대된 선원의 지위를 가질 수 없다.

④ 특허법상의 발명은 '자연법칙을 이용한 기술적 사상의 창작으로서 고도한 것'이고, 실용신안법상의 고안은 '자연법칙을 이용한 기술적 사상의 창작'으로 고도성을 요구하지 않으나, 특허의 대상이 모두 실용신안등록의 대상이 되는 것은 아니다.

⑤ 출원발명이 자연법칙을 이용한 것이 아닌 때에는 특허법 제29조 제1항 본문의 '산업상 이용할 수 있는 발명'의 요건을 충족하지 못함을 이유로 그 특허출원을 거절하여야 하고, 여기서 출원발명이 자연법칙을 이용한 것인지 여부는 청구항 각 구성요소별로 판단하여야 한다.

해 설

① |O| 법 2조 1호. 발명이란 자연법칙을 이용한 기술적 사상의 창작으로서 고도한 것이면 족한 것으로 발명자의 인식여부는 고려대상이 아니다.

② |O| 단순한 발견은 특허법상 발명에 해당하지 않으나 특정의 물질 또는 화합물에 대하여 물질자체가 지니는 특성 또는 용도를 발견하는 것은 발명으로 취급된다(용도발명).

③ |O| 대법원 1992. 5 .8 선고 91후1656 판결 및 법 29조 3항. 여기에서 타특허출원서에 첨부한 명세서 또는 도면에 기재된 발명이란 그 기술내용이 타특허출원서에 첨부한 명세서 또는 도면에 기재되어 있는 것으로서 그 기재정도는 당해 기술분야에 있어서 통상의 지식을 가진 자가 반복실시하여 목적하는 기술적 효과를 얻을 수 있을 정도까지 구체적, 객관적으로 개시되어 있는 완성된 발명을 말한다. 참고로 최신 판례에서는 완성발명의 정의를 다음과 같이 표현하기도 한다.
"발명이 속하는 분야에서 통상의 지식을 가진 사람(이하 '통상의 기술자'라고 한다)이 반복 실시할 수 있고, 발명이 목적하는 기술적 효과의 달성 가능성을 예상할 수 있을 정도로 구체적, 객관적으로 구성되어 있으면 발명은 완성되었다고 보아야 한다(2017후523)."

④ |O| 자연법칙을 이용한 기술적 사상의 창작 중 물품의 형상, 구조 또는 조합에 관한 것만 실용신안등록의 대상이 될 수 있다(실용신안법 제4조 제1항). 특허의 대상 중 방법, 제조방법, 형상이 없는 물건발명은 실용신안등록의 대상이 될 수 없다.

⑤ |×| 자연법칙 이용여부는 청구항 각 구성요소별로 판단할 것이 아니라 청구항 전체로서 판단하여야 한다(2007후265). 예컨대 청구항 구성요소 중 일부에 자연법칙을 이용하지 않은 것이 포함되어 있다 하더라도, 전체로서 자연법칙을 이용했다고 볼 수 있으면 그 청구항은 발명의 성립성이 인정된다.

정답 ⑤

02 발명의 성립성에 관한 설명으로 옳은 것은? (다툼이 있으면 판례에 따름) [2020년 기출]

① 출원발명이 자연법칙을 이용한 것인지 여부는 청구항 전체로서 판단하여야 하므로, 청구항에 기재된 발명의 일부에 자연법칙을 이용하고 있는 부분이 있더라도 청구항 전체로서 자연법칙을 이용하고 있지 않다고 판단될 때에는 특허법상의 발명에 해당하지 않는다.

② 발명의 각 단계가 컴퓨터의 온라인상에서 처리되는 것이 아니라 오프라인상에서 처리되고, 소프트웨어와 하드웨어가 연계되는 시스템이 구체적으로 실현되고 있지 않더라도 발명의 성립성이 인정될 수 있다.

③ 무성생식 식물은 특허등록이 될 수 있으나, 유성생식 식물은 신규성·진보성 등의 특허요건을 충족하더라도 특허등록이 될 수 없다.

④ 미생물 관련 발명의 특허출원 시에 제출된 명세서에 당해 미생물의 수탁번호·기탁기관의 명칭 및 기탁연월일을 기재하고 기탁사실 증명 서류를 제출하였다면, 분할출원서에는 이미 제출된 증명 서류의 내용과 동일하여 이를 원용하고자 하는 경우에도 그 취지를 명기할 필요가 없다.

⑤ 인간의 치료방법에 관한 발명은 특허법상 불특허 규정이 없으므로 신규성·진보성 등의 특허요건이 충족된다면 특허를 받을 수 있다.

해 설

① 출원발명이 자연법칙을 이용한 것인지 여부는 청구항 전체로서 판단하여야 하므로, 청구항에 기재된 발명의 일부에 자연법칙을 이용하고 있는 부분이 있더라도 청구항 전체로서 자연법칙을 이용하고 있지 않다고 판단될 때에는 특허법상의 발명에 해당하지 않는다(대법원 2008. 12. 11. 선고 2007후494 판결).

② 발명의 각 단계가 사람이 작동하지 않고 하드웨어를 통해 자동화되어 있을 때 발명의 성립성이 인정된다. 이를 소프트웨어가 하드웨어를 통해 구체적으로 실현되고 있는 경우라고 표현한다. 참고판례를 아래에 소개한다.

"정보 기술을 이용하여 영업방법을 구현하는 이른바 영업방법(business method) 발명에 해당하기 위해서는 컴퓨터상에서 소프트웨어에 의한 정보처리가 하드웨어를 이용하여 구체적으로 실현되고 있어야 한다(대법원 2008. 12. 11. 선고 2007후494 판결).

③ 구법에서는 무성생식 식물만 특허가 가능하고 유성생식 식물의 경우 반복재현성이 낮을 것이라는 인식하에 특허등록이 제한되었으나, 개정법에서는 유성생식 식물이라 하더라도 반복재현성이 있다면 특허등록이 가능하다(구 특허법 제31조 삭제). 참고로 삭제된 구 특허법 제31조는 다음과 같았다.

"무성적으로 반복생식할 수 있는 변종식물을 발명한 자는 그 발명에 대하여 특허를 받을 수 있다."

④ 원출원과 분할출원은 별개의 출원이다. 때문에 원출원에서 기탁절차를 밟았어도 분할출원에서도 기탁의 효력을 받고자 하는 경우는 기탁절차를 밟는데 필요한 취지 표시 등을 분할출원시 다시 해야만 한다. 아래 관련 심사기준을 소개한다.

"분할출원, 분리출원, 변경출원 또는 국내우선권주장출원으로서 미생물에 관계되는 발명을 포함하여 기탁이 필요한 경우에는 분할출원서, 분리출원서, 변경출원서 또는 국내우선권주장출원서에 그 취지를 기재하고, 그 사실을 증명하는 서류를 첨부하여야 한다(국내 소재지가 있는 기탁기관에 기탁한 경우 제외). 다만 그 사실을 증명하는 서류의 내용이 원출원 또는 선출원에 대하여 이미 제출된 증명서류의 내용과 동일하여 이를 원용하고자 하는 경우에는 그 취지를 명기함으로써 그 증명서류에 갈음할 수 있다(심사기준)."
⑤ 동물이 아닌 인간의 치료방법은 불특허규정은 없으나 의료행위라고 하여 판례에서 산업상 이용가능성이 없는 것으로 보아 특허의 대상에서 제외하고 있다(대법원 1991. 3. 12. 선고 90후250 판결). 때문에 특허가 불가능하다.

정답 ①

03 특허법상 발명에 관한 설명 중 옳지 않은 것은?

① 출원발명이 자연법칙을 이용한 것인지 여부는 청구범위에 기재된 개별 구성 별로 판단해야 하므로, 복수의 구성이 결합된 발명 중 어느 하나의 구성이라도 자연법칙을 이용하지 않은 경우는 전체로서 자연법칙을 이용한 발명이라고 볼 수 없다.
② 특허를 받을 수 있는 발명은 완성된 것이어야 하고 완성된 발명이란 그 발명이 속하는 분야에서 통상의 지식을 가진 자가 반복 실시하여 목적하는 기술적 효과를 얻을 수 있을 정도로 구체적, 객관적으로 구성되어 있는 발명을 말하며, 그 판단은 특허출원의 명세서에 기재된 내용을 전체적으로 고려하여 출원 당시의 기술수준에 입각하여 판단한다.
③ 약리효과의 기재가 요구되는 의약의 용도발명에서는 그 출원 전에 명세서 기재의 약리효과를 나타내는 약리기전이 명확히 밝혀진 경우와 같은 특별한 사정이 있지 않은 이상 특정 물질에 그와 같은 약리효과가 있다는 것을 약리데이터 등이 나타난 시험예로 기재하거나 이에 대신할 수 있을 정도로 구체적으로 기재하여야만 비로소 발명이 완성되었다고 볼 수 있는 동시에 명세서의 기재요건을 충족하였다고 볼 수 있다.
④ 영업방법에 관한 발명이라 하더라도 그 방법이 컴퓨터상에서 소프트웨어에 의한 정보처리가 하드웨어를 이용해 구체적으로 실현되는 것이라면 특허법상의 발명에 해당한다.
⑤ 자연법칙을 이용하지 않는 것을 특허출원하였을 때에는 특허법 제29조 제1항 본문의 '산업상 이용할 수 있는 발명'의 요건을 충족하지 못함을 이유로 그 특허출원이 거절된다.

해설
① 출원발명이 자연법칙을 이용한 것인지 여부는 청구항 전체로서 판단한다(2007후265 판결).
② 특허를 받을 수 있는 발명은 완성된 것이어야 하고 완성된 발명이란 그 발명이 속하는 분야에서 통상의 지식을 가진 자가 반복 실시하여 목적하는 기술적 효과를 얻을 수 있을 정도까지 구체적, 객관적으로 구성되어 있는 발명으로 그 판단은 특허 출원의 명세서에 기재된 발명의 목적, 구성 및 작용효과 등을 전체적으로 고려하여 출원 당시의 기술수준에 입각하여 판단하여야 할 것이다(93후1810). 참고로 최신 판례에서는 완성발명의 정의를 다음과 같이 표현하기도 한다.
"발명이 속하는 분야에서 통상의 지식을 가진 사람(이하 '통상의 기술자'라고 한다)이 반복 실시할 수 있고, 발명이 목적하는 기술적 효과의 달성 가능성을 예상할 수 있을 정도로 구체적, 객관적으로 구성되어 있으면 발명은 완성되었다고 보아야 한다(2017후523)."
③ 2004후2444

④ 정보 기술을 이용하여 영업방법을 구현하는 이른바 영업방법(business method) 발명에 해당하기 위해서는 컴퓨터상에서 소프트웨어에 의한 정보처리가 하드웨어를 이용하여 구체적으로 실현되고 있으면 된다(대법원 2003. 5. 16. 선고 2001후3149 판결).
⑤ 특허법 제2조 제1호는 자연법칙을 이용한 기술적 사상의 창작으로서 고도한 것을 "발명"으로 정의하고 있고, 위 특허법 제2조 제1호가 훈시적인 규정에 해당한다고 볼 아무런 근거가 없으므로, 자연법칙을 이용하지 않은 것을 특허출원하였을 때에는 특허법 제29조 제1항 본문의'산업상 이용할 수 있는 발명'의 요건을 충족하지 못함을 이유로 특허법 제62조에 의하여 그 특허출원이 거절된다(대법원1998.9.4. 선고98후744 판결).

정답 ①

04 미완성 발명과 명세서의 기재불비에 관한 설명으로 옳지 않은 것은? (다툼이 있는 경우에는 판례에 의함)
[2007년 기출]

① 특허를 받을 수 있는 발명은 완성된 것이어야 하고, 완성 여부의 판단은 특허출원 명세서에 기재된 발명의 목적, 구성 및 작용효과 등을 전체적으로 고려하여 출원 당시의 기술수준에 입각하여 판단하여야 한다.
② 명세서의 기재불비는 발명이 그 자체로 성립은 하였으나 명세서에 그 발명의 내용에 대한 개시(disclose)가 제대로 이루어지지 않은 것을 의미한다.
③ 미완성 발명인 경우와 명세서의 기재불비인 경우 각각 그 특허거절결정을 위한 적용 법조문이 원칙적으로 상이하다.
④ 미완성 발명이라고 하여도 진보성 판단의 대비자료가 될 수 없는 것은 아니므로 미완성 발명이라는 이유로 특허거절결정이 확정되었다고 하더라도 이와 대비하여 출원발명의 진보성을 부인할 수 있다.
⑤ 미완성 발명과 명세서의 기재불비는 양자 모두 보정의 절차에 의하여 그 하자가 치유될 가능성이 있다.

해설

① |O| 발명의 성립성의 판단시기에 대하여 특허법은 명문의 규정을 두고 있지 않다. 이론적으로는 특허를 받을 수 있는 권리가 발명의 완성에 의해 발생하기 때문에 발명의 완성시를 기준으로 판단하는 것이 타당하나 판단의 어려움으로 인해 심사실무상 특허출원시를 기준으로 판단한다.
② |O| 「미완성 발명」은 발명이 성립에 이르지 못한 것을 의미하는 반면, 「명세서 기재불비」는 발명이 그 자체로는 성립하였음을 전제로, 다만 발명의 설명에 그 발명의 내용에 대한 공개가 제대로 이루어지지 않는 것을 의미한다.
③ |O| 미완성 발명인 경우에는 법 제29조 제1항 본문 위반으로 거절하고, 명세서 기재불비의 경우에는 법 제42조 제3항 위반으로 거절하므로 적용조문이 원칙적으로 상이하다.
④ |O| 판례(대법원 2000. 12. 8. 선고 98후270)는 "신규성 또는 진보성 판단에 제공되는 대비 발명이나 고안은 반드시 그 기술적 구성요소 전체가 명확하게 표현된 것뿐만 아니라, 미완성 발명(고안)

또는 자료의 부족으로 표현이 불충분한 것이라 하더라도 그 기술분야에서 통상의 지식을 가진 자가 경험칙에 의하여 극히 용이하게 기술내용의 파악이 가능하다면 그 대상이 될 수 있다."라고 하여 미완성발명도 공지기술임을 명시하고 있다.
⑤ |X| 명세서 기재불비를 보완하기 위한 보정의 경우에는 보정에 의하여 하자가 치유될 가능성이 있다. 그러나 미완성발명을 완성발명으로 하는 보정, 예를 들어 용이하게 입수할 수 없는 미생물을 출원 후 기탁한 경우에는 신규사항추가(법 제47조 제2항)로서 부적법한 보정이 된다.

정답 ⑤

05 미생물 관련 발명에 대한 다음의 설명 중에 틀린 것은?

① 미생물 관련 발명을 출원하고자 하는 자는 항상 미생물을 기탁해야 하는 것은 아니다.
② 관련 미생물을 통상의 기술자가 출원시 용이 입수 가능하지 않은 경우, 출원시 기탁하지 않고 출원 후 기탁하고 이에 대한 증명서류를 제출하는 것은 허용되지 않는다.
③ 우리나라는 부다페스트 조약에 가입하였으므로 출원인이 기탁을 하고자 하는 경우 국제기탁기관에 기탁하면 되고 그 이외의 기관에의 기탁은 허용되지 않는다.
④ 미생물 시료의 분양은 미생물을 기탁한 자로부터 허락을 받지 않거나 특허법 제63조 제1항에 따른 의견서 작성을 위해 특별히 요구되는 경우가 아닌 한 특허출원이 공개되거나 설정등록된 경우에 가능하다.
⑤ 미생물 관련 발명이 의약 및 농약에 관련된 경우 존속기간 연장등록의 대상이기도 하다.

해 설

① |O| 미생물이 통상의 기술자가 용이하게 입수할 수 있는 것일 때에는 이를 기탁하지 아니할 수 있으며, 이 경우 명세서에 그 미생물의 입수방법을 기재하여야 한다(시행령 제3조).
② |O| 미생물이 통상의 기술자가 용이입수가능하지 않는데도 불구하고 기탁하지 않고 출원한 경우, 발명의 성립성 위반으로 법 제29조 제1항 본문 또는 법 제42조 제3항 제1호 위반을 이유로 거절이유(법 제62조)에 해당한다. 한편, 용이입수가능하지 않는 경우에, 출원시까지 기탁하지 아니하고, 특허출원후에서야 미생물을 기탁하는 것은 허용되지 않을 것으로 보인다. 참고로 심사기준에는 다음과 같이 기재되어 있다.
"미생물에 관계되는 발명에 대한 취지를 기재한 출원서가 제출되면 그 사실을 증명하는 서류에 기재된 미생물이 특허출원 전에 특허기탁되었는지 여부 등에 대한 방식심사를 하여야 한다.
출원인이 미생물에 관계되는 발명에 대한 취지를 기재한 출원서와 그 사실을 증명하는 서류를 제출하였으나,
1. 특허출원 전에 특허기탁되지 아니한 경우,
2. 출원서와 그 사실을 증명하는 서류에 기탁기관명, 수탁번호, 수탁일자 등을 잘못 기재한 경우에는 그 흠결을 지적하여 보정명령을 한 후 보정명령에도 불구하고 지정된 기간이내에 보정하지 못하는 경우 특허기탁과 관련된 절차를 무효로 할 수 있다."
③ |X| 기탁기관에는 특허청장이 지정하는 국내기탁기관, 특허절차상 미생물기탁의 국제적 승인에 관한 부다페스트조약(Budapest Treaty on the International Recognition of the Deposit of

Microorganisms for the Purposes of Patent Procedure)에 의한 국제기탁기관 및 지정기탁기관이 있다. 즉, 국제기탁기관 이외에 국내기탁기관 또는 지정기탁기관 기탁하여도 무방하다.

④ |O| 특허출원이 공개된 경우에는 제3자에게 정보제공 기회를 주기 위해, 설정등록된 경우에는 제3자에게 특허무효심판청구의 기회를 주기 위해 분양받을 수 있도록 하고 있다(시행령 제4조 제1항 제1호). 출원공개 또는 설정등록 전에는 미생물을 기탁한 자로부터 미생물 분양에 대한 허락을 받거나, 특허법 제63조 제1항(제170조 제2항에서 준용하는 경우를 포함)에 따른 의견서를 작성하기 위해 필요한 경우에 분양이 가능하다(시행령 제4조 제1항 제2호).

⑤ |O| 미생물 발명이 의약품, 농약 또는 농약원제의 발명으로서 허가 등을 위하여 필요한 활성·안정성 등의 시험으로 장기간 실시할 수 없는 경우에는 5년의 기간내에서 당해 미생물 특허의 존속기간을 연장할 수 있다(법 제89조 및 시행령 제7조).

정답 ③

06 미생물 발명에 대한 다음의 설명 중 옳은 것은?

① 미생물 발명을 출원하는 자는 언제나 출원시까지 기탁기관에 이를 기탁하고 그 사실을 증명하는 서류를 첨부하여야 한다.

② 미생물을 기탁한 경우 명세서에 그 기탁기관의 명칭과 수탁연월일을 기재할 필요 없이 수탁번호만 기재하면 되고, 기탁을 할 필요가 없는 경우에는 명세서에 별도 다른 기재가 요구되지 않는다.

③ 판례에 따르면 미생물발명에서 최종생성물이나 중간생성물은 비록 그 자체가 기탁되어 있지 아니하더라고 이를 생성하는 과정에 필요한 출발미생물이 공지의 균주이거나 당업자가 용이하게 얻을 수 있는 경우 그 최종미생물이나 중간생성물 자체의 기탁을 요구할 것은 아니라고 판시한바 있다.

④ 심사실무에 따르면 특허출원시 출원서에 미생물 기탁의 취지를 기재하지 아니하고 그 사실을 증명하는 서류만을 첨부하거나 출원서에 미생물 기탁의 취지만을 기재하고 그 사실을 증명하는 서류를 첨부하지 아니한 경우 특허법 제63조 규정에 따라 거절이유를 통지한다.

⑤ 미생물 발명의 경우 출원공개, 등록공고 또는 거절이유통지에 의견서 작성의 경우에 미생물을 분양 받을 수 있으나, 제3자에게 이를 이용하게 해서는 아니 된다.

해설

① |×| 시행령 제2조 제1항. 당해 발명이 속하는 기술분야에서 통상의 지식을 가진 자가 그 미생물을 용이하게 입수할 수 있는 경우에는 이를 기탁하지 아니할 수 있다. 또 기탁한 경우에도 국내 소재지가 있는 기탁기관에 기탁한 경우는 증명하는 서류 제출 생략 가능하다.

② |×| 시행령 제3조 본문. 종래에는 "기탁기관의 명칭·수탁번호 및 수탁연월일"를 기재해야 한다고 규정하였으나, 2010년 1월 1일부터 시행되는 개정법에서는 "수탁번호"만 기재할 수 있는 것으로 개정되었다. 이는 미생물에 관계되는 발명에 대한 특허출원 명세서 기재방법을 한국·미국·일본·유럽 특허청 간에 합의된 기재방법과 일치시키기 위함이다. 다만, 시행령 제2조 제1항 단서의 규정에 의하여 그 미생물을 기탁하지 아니한 때에는 그 미생물의 입수방법을 기재하여야 한다.

③ |O| 대법원 1991. 11. 12. 선고 90후2256 판결
④ |×| 개정 심사기준
[2014년 12월 31일 이전 출원]
(1) 미생물의 기탁이 필요한 출원으로서 명세서에 수탁사실과 수탁번호가 기재되어 있으나 수탁증 사본이 첨부되지 않은 경우(국내 소재지가 있는 기탁기관에 기탁한 경우 제외), 그 미생물이 기탁되지 않은 것으로 보고 심사를 진행한다. 다만, 수탁증 사본을 첨부하지 않았다가 심사관의 거절이유통지를 받고 사본을 첨부하는 경우에는 적법한 것으로 보고 수리하여 심사한다.
(2) 미생물의 기탁이 필요한 출원에서 출원서에 최초로 첨부된 명세서에 수탁번호가 기재되어 있지 않던 것을 보정에 의하여 새로이 기재하는 것은 신규사항의 추가로 본다.[특법47(2)]
(3) 출원 전에 미생물을 기탁하여 수탁증을 첨부하고 명세서에도 수탁번호 등 관련 사실을 기재 하였다가 기탁 미생물의 분류학상 위치가 정정되어 명칭이 바뀐 경우, 기탁기관에서 발행한 증명서 사본을 제출하면 해당 미생물의 명칭을 변경하여 보정하더라도 신규사항의 추가에 해당하지 않는 것으로 본다. 다만, 새로 속하게 된 분류의 미생물의 성질 중 최초로 첨부된 명세서에 기재되지 않았던 과학적 성질 등을 기재하는 것은 신규사항 추가에 해당한다.
(4) 미생물 기탁은 미생물 관련 발명에 관하여 그 발명이 속하는 기술분야에서 통상의 지식을 가진 자가 그 발명을 쉽게 실시할 수 있도록 명확하고 상세히 적기 위해 발명의 설명의 기재를 보충하고자 하는 것이므로 해당 미생물은 출원시에 기탁되어 있어야 한다.[특법42(3)(1)] 기탁일은 출원인이 미생물을 기탁기관에 기탁하고 기탁기관에서 이를 접수한 날로 본다. 다만 수탁번호만을 명세서에 기재하여 출원하고 출원 후에도 보정 등에 의하여 수탁증을 제출하지 않은 경우(국내 소재지가 있는 기탁기관에 기탁한 경우 제외)는 기탁일에 기탁이 없었던 것으로 본다.

[2015년 1월 1일 이후 출원]
(1) 방식심사
특허출원시 출원서에 취지를 기재하지 아니하고 그 사실을 증명하는 서류만 첨부한 경우 또는 출원서에 취지만을 기재하고 그 사실을 증명하는 서류를 첨부하지 아니한 경우(국내 소재지가 있는 기탁기관에 기탁한 경우 제외)에는 이 법에 따른 명령으로 정하는 방식을 위반한 것으로 보아 특허법 제46조 규정에 따라 보정을 명하고 보정명령에도 불구하고 지정된 기간 이내에 그 흠결을 보정하지 못한 경우 특허기탁과 관련된 절차를 무효로 할 수 있다.
미생물에 관계되는 발명에 대한 취지를 기재한 출원서가 제출되면 그 사실을 증명하는 서류에 기재된 미생물이 특허출원 전에 특허기탁되었는지 여부 등에 대한 방식심사를 하여야 한다. 출원인이 미생물에 관계되는 발명에 대한 취지를 기재한 출원서와 그 사실을 증명하는 서류를 제출하였으나,
① 특허출원 전에 특허기탁되지 아니한 경우,
② 출원서와 그 사실을 증명하는 서류에 기탁기관명, 수탁번호, 수탁일자 등을 잘못 기재한 경우에는 그 흠결을 지적하여 보정명령을 한 후 보정명령에도 불구하고 지정된 기간이내에 보정하지 못하는 경우 특허기탁과 관련된 절차를 무효로 할 수 있다.
(2) 실체심사
심사관은 출원인이 제출한 서류를 검토하여 방식에 흠결이 없는 경우에는 실체심사에 착수한다. 미생물의 특허기탁이 필요한 출원으로서 특허출원서에 최초로 첨부된 명세서 또는 도면에 수탁사실과 관련된 수탁번호는 기재되어 있으나, 출원서에 취지를 기재하지 아니하고 그 사실을 증명하는 서류를 첨부하지 아니한 경우(국내 소재지가 있는 기탁기관에 기탁한 경우 제외)에는 출원서에 취지를 기재할 것과 그 사실을 증명하는 서류를 첨부할 것을 보정명령한

후 보정명령에도 불구하고 지정된 기간 이내에 그 흠결을 보정하지 못한 경우 특허기탁과 관련된 절차를 무효로 할 수 있다.

한편, 특허기탁과 관련된 절차에 흠결이 있어 그 절차가 무효처분된 경우에 심사관은 해당 미생물과 관계되는 발명에 대하여 특허법 제42조제3항제1호를 적용할 수 있다.

[개정 전 심사기준에 따른 참조 판례 : 대법원 1997. 3. 25. 선고 96후658 판결]
판례는 미생물 이용발명의 출원에 있어서는 그 명세서에 관련 미생물을 용이하게 입수할 수 있음을 입증하거나, 또는 특허청장이 지정한 기탁기관에 관련 미생물을 기탁하였다는 서면을 첨부하여야 하고(국내 소재지가 있는 기탁기관에 기탁한 경우 제외), 그렇지 아니한 경우에는 이 발명은 미완성 발명으로 인정될 뿐이므로 특허청장이 반드시 그 관련미생물의 기탁에 대하여 보정을 명하여야 하는 것은 아니라고 한다.

⑤ |×| 시행령 제4조 제1항. 기탁된 미생물에 관계되는 발명을 시험 또는 연구를 위하여 실시하고자 하는 자는 특허출원이 공개되거나 설정등록된 경우이거나 거절이유에 따른 의견서 작성하기 위한 경우에 분양 받을 수 있다. 등록공고된 경우는 아니다. 또한, 제2항에 의하면 미생물시료를 분양 받은 자는 그 미생물을 타인에게 이용하게 하여서는 아니 된다고 규정되어 있다.

정답 ③

07 미생물 관련 발명의 출원과 관련된 설명 중 잘못된 것은?
[1999년 기출 변형]

① 이러한 기탁의 의무화는 출원절차상 서면주의에 대한 예외라고 할 수 있다.
② 따라서 출원인은 특허청장이 정하는 국내기탁기관, 국제기탁기관 또는 지정기탁기관에 그 미생물을 기탁하고 특별한 사정이 없는 한 특허출원서에 그 사실을 증명하는 서류를 첨부하여야 한다.
③ 미생물 관련 발명의 출원인은 어느 경우나 그 미생물을 기탁하여야 한다.
④ 이렇게 기탁을 의무화한 것은 명세서의 기재만으로는 발명의 공개가 불가능하고 그 반복가능성에 어려움이 많기 때문이다.
⑤ 출원인이 미생물을 기탁했으나 증명서류를 첨부하지 아니한 경우(국내 소재지가 있는 기탁기관에 기탁한 경우 제외) 특허청장은 보정명령한 후 보정명령에도 불구하고 지정된 기간 이내에 그 흠결을 보정하지 못한 경우 특허기탁에 관련된 절차를 무효로 할 수 있다.

해설

① |○| 특허출원을 하고자 하는 자는 특허출원시까지 기탁기관에 미생물을 기탁하여야 한다(시행령 제2조 제1항). 이와 같이 특허출원을 할 때 서면으로 제출하는 출원서, 명세서, 필요한 도면 및 요약서 이외에 기탁이라는 절차를 더 밟아야 하는 것을 「서면주의의 보완 또는 예외」라고 한다.
② |○| 미생물을 기탁한 경우에는 출원서에 그 기탁사실을 증명하는 서류를 첨부하여야 한다(국내 소재지가 있는 기탁기관에 기탁한 경우 제외). 그리고 특허출원 후 또는 특허등록 후 재기탁 등으로 인하여 새로운 수탁증이 발행되고 새로운 수탁번호가 부여된 때에는 지체 없이 신규 수탁증 사본 등 관련정보를 특허청장에게 제출하여야 한다(시행령 제2조).

③ |×| 미생물이 당업자가 용이하게 입수할 수 있는 것일 때에는 이를 기탁하지 아니할 수 있으며, 이 경우 명세서에 그 미생물의 입수방법을 기재하여야 한다(시행령 제3조).
④ |○| 미생물은 반복가능성, 구체성, 일정성이 보장되기 어렵기 때문에 이에 대한 특허요건 판단이 어렵고 명세서 기재만으로 당업자가 실시하기 어려울 경우가 많기 때문에 그 기탁을 요구하는 것이다.
⑤ |○| 2015년 1월 1일 이후 출원부터 적용되는 개정심사기준에 의하면, 미생물의 특허기탁이 필요한 출원으로서 특허출원서에 최초로 첨부된 명세서 또는 도면에 수탁사실과 관련된 수탁번호는 기재되어 있으나, 출원서에 취지를 기재하지 아니하고 그 사실을 증명하는 서류를 첨부하지 아니한 경우(국내 소재지가 있는 기탁기관에 기탁한 경우 제외)에는 출원서에 취지를 기재할 것과 그 사실을 증명하는 서류를 첨부할 것을 보정명령한 후 보정명령에도 불구하고 지정된 기간 이내에 그 흠결을 보정하지 못한 경우 특허기탁과 관련된 절차를 무효로 할 수 있다. 한편, 특허기탁과 관련된 절차에 흠결이 있어 그 절차가 무효처분된 경우에 심사관은 해당 미생물과 관계되는 발명에 대하여 특허법 제42조제3항제1호를 적용할 수 있다.

정답 ③

08 미생물 기탁 및 핵산염기서열에 관한 설명으로 옳지 않은 것은?

① 미생물에 관계되는 발명에 대하여 특허출원을 하고자 하는 자는 그 미생물을 당해 기술분야에서 통상의 지식을 가진 자가 쉽게 입수할 수 있는 경우를 제외하고는 반드시 기탁기관에 그 미생물을 기탁하고 출원서에 그 취지를 적고 증명서류를 첨부하여야 한다.
② 미생물의 기탁이 필요한 출원에서 출원서에 미생물 기탁의 취지를 기재했으나 그 사실을 증명하는 서류를 첨부하지 아니한 경우 절차보정에 의해 미생물 기탁 사실을 증명하는 서류의 추후 제출은 불가능하다.
③ 거절이유통지에 대한 의견서를 작성하기 위하여 기탁된 미생물에 관계되는 발명의 시험 또는 연구가 필요한 경우는 그 미생물에 관계되는 발명에 대한 특허출원이 공개되거나 설정등록되지 않았어도 기탁기관으로부터 그 미생물을 분양받을 수 있다.
④ 핵산염기서열을 포함한 특허출원을 하려는 자는 특허청장이 정하는 방법에 따라 작성한 서열목록을 수록한 전자파일을 출원서에 첨부하여야 한다.
⑤ 미생물을 기탁한 자로부터 미생물 분양에 대한 허락을 받은 자는 시험 또는 연구 목적이 아닌 경우도 그 미생물의 분양이 가능할 수 있다.

해설

① |○| 특허법 시행령 제2조 제1항, 제2항, 단 국내 소재지가 있는 기탁기관에 기탁한 경우는 증명서류 첨부 생략 가능하다.
② |×| 증명서류를 출원서에 첨부하지 아니한 경우(국내 소재지가 있는 기탁기관에 기탁한 경우 제외) 특허법 제46조에 따른 보정명령이 나오며, 보정명령을 받은 출원인은 지정된 기간에 증명서류를 추후 제출할 수 있다(심사기준).
③ |○| 특허법 시행령 제4조 제1항 제2호

④ |O| 특허법 시행규칙 제21조의4 제1항, 참고로 구법에서는 서열목록전자파일을 출원서에 첨부하는 것뿐 아니라 서열목록전자파일 형식으로 명세서 적는 것도 허용했으나, 현행법에서는 서열목록전자파일을 출원서에 첨부하는 것만 허용한다.
⑤ |O| 시험 또는 연구를 위한 실시로 한정되는 것은 특허법 시행령 제4조 제1항뿐이고, 미생물 분양에 대해 허락 받은 경우인 특허법 시행령 제4조 제2항에는 그와 같은 제한이 없다.

정답 ②

09 다음은 미생물 관련 발명에 대한 판례의 태도이다. 다음 중에 틀린 것으로만 연결된 것은?

> (가) 판례는 미생물발명을 출원하였으나 기탁기관에 미생물을 기탁하지 아니하고, 또 통상의 기술자가 미생물을 용이하게 입수할 수 없는 경우에는 완성된 발명으로 볼 수 없고 선출원 또는 확대된 선출원으로서의 지위를 가질 수 없다고 한 바 있다.
> (나) 미생물의 기탁은 출원명세서의 기재를 보완하고자 하는 것이어서 그 미생물들이 공지의 균주이거나 그 발명이 속하는 기술분야에서 통상의 지식을 가진 자가 용이하게 얻을 수 있는 것인지 여부는 명세서 제출 당시인 출원시를 기준으로 한다는 것이 판례의 태도이다.
> (다) 발명에서 이용하는 미생물이 출발미생물이 아니라 출발미생물을 이용하여 생성된 중간생성물 또는 최종생성물에 해당하는 것인 경우, 이를 생성하는 과정에 필요한 출발 미생물들이 당업자가 용이하게 얻을 수 있는 것이고, 또 그 출발미생물과 공지의 균주 등을 이용하여 중간생성물이나 최종생성물을 제조하는 과정이 당업자가 용이하게 재현할 수 있도록 명세서에 기재되어 있다고 하더라도, 최종생성물이나 중간생성물 자체를 기탁하여야 한다.
> (라) 미생물 자체가 특허청구범위에 속하는 것은 아니지만 그 명세서에 의하여 청구범위를 재현할 수 있기 위하여는 미생물을 반드시 이용하여야 하는 경우에도 기탁이 필요하다는 것이 판례의 입장이다.

① (가), (나)
② (나), (다)
③ (다)
④ (라)
⑤ (다), (라)

해설

(가) |O| 대법원 2002. 12. 27. 선고 2000후327 판결.
특허청장 지정의 기탁기관에 위 미생물들을 기탁하지도 아니하였고, 또 당업자가 위 미생물을 용이하게 얻을 수 있다고 인정할 만한 아무런 증거가 없다는 것이므로, 이 점에서 이미 인용발명 A는 당업자가 반복 실시하여 목적하는 기술적 효과를 얻을 수 있을 정도까지 구체적, 객관적으로 구성되어 있는 완성된 발명으로 보기 어려워 이 사건 특허발명에 대하여 선출원 또는 확대된 선출원으로서의 지위를 가질 수 없다고 보아야 할 것이다.

㈏ |O| 대법원 96후658 판결.
㈐ |×| 대법원 1991. 11. 12. 선고 90후2256 판결, 대법원 1997. 3. 25. 선고 96후658 판결
판례는 미생물 관련 발명에 있어 최종생성물이나 중간생성물은 비록 그 자체가 기탁되어 있지 아니하더라도 이를 생성하는 과정에 필요한 출발미생물들이 공지의 균주이거나 그 발명이 속하는 기술분야에서 통상의 지식을 가진 자가 용이하게 얻을 수 있는 것이고, 또 명세서에 이를 이용하여 중간생성물이나 최종생성물을 제조하는 과정이 그 발명이 속하는 기술분야에서 통상의 지식을 가진 자가 용이하게 재현할 수 있도록 기재되어 있는 경우라면 그 최종생성물이나 중간생성물 자체의 기탁을 요구할 것은 아니라고 한다.
㈑ |O| 대법원 1991. 11. 12. 선고 90후2256 판결.
구 특허법시행령 제1조 제2항(현행 특허법시행령 제2조제1항)에서 미생물을 이용한 발명에 있어서 출원인에게 이용미생물을 기탁하도록 한 취지는 그 미생물 자체가 특허청구범위에 속한 경우에 한정되는 것이 아니고 그 미생물 자체가 특허청구범위에 속하는 것은 아니지만 그 명세서에 의하여 청구범위를 재현할 수 있기 위하여는 미생물을 반드시 이용하여야 하는 경우에도 그 발명의 분야에서 통상의 기술을 가진 자의 실시가능성 및 반복가능성을 확보하기 위해서는 그 미생물은 반드시 필요하다 할 것이므로 이러한 경우에도 이용미생물의 기탁요건을 충족시켜야 한다.

정답 ③

10 미생물 발명의 출원의 취급에 관한 설명 중 틀린 것은?

① 기탁의 대상이 되는 미생물이란 유전자, 벡터, 세균, 곰팡이, 동물세포, 수정란, 식물세포, 종자 등 생물학적 물질(biological material) 전체를 의미하며, 수탁 가능한 미생물의 종류는 기탁기관별로 차이가 있다.

② 식물관련 발명의 경우에도 그 발명이 속하는 기술분야에서 통상의 지식을 가진 자가 그 발명을 쉽게 실시할 수 있도록 하기 위해 필요한 때에는 친식물(親植物, 부모 식물) 또는 해당 식물을 생산할 수 있는 종자, 세포 등을 기탁할 수 있다.

③ 미생물 기탁은 미생물 관련 발명에 관하여 평균적 기술자가 쉽게 실시할 수 있도록 기재하기 위해 발명의 설명의 기재를 보충하고자 하는 것이므로 해당 미생물은 출원시에 기탁되어 있지 않아도 된다.

④ 분할출원, 분리출원, 변경출원 또는 국내우선권주장출원으로서 미생물에 관계되는 발명을 포함하여 기탁이 필요한 경우에는 분할출원서, 분리출원서, 변경출원서 또는 국내우선권주장출원서에 그 취지를 기재하고, 특별한 사정이 없는 한 그 사실을 증명하는 서류를 첨부하여야 한다. 다만, 그 사실을 증명하는 서류의 내용이 원출원 또는 선출원에 대하여 이미 제출된 증명서류의 내용과 동일하여 이를 원용하고자 하는 경우에는 그 취지를 명기함으로써 그 증명서류에 갈음할 수 있다.

⑤ 국내우선권주장을 수반하는 출원으로서 미생물에 관계되는 발명을 포함하여 기탁이 필요한 경우, 그 미생물이 선출원일 전에 국제, 국내 또는 지정기탁기관에 기탁되어 있고 그 수탁번호가 선출원 명세서 중에 기재되어 있을 때에는, 국내우선권주장출원에서 미생물 기탁과 관련된 절차를 밟으면 그 발명에 대하여도 우선권주장의 효과를 향유할 수 있다.

> 해 설

①, ② |O| 심사기준
  ⅰ) 기탁의 대상이 되는 미생물이란 유전자, 벡터, 세균, 곰팡이, 동물세포, 수정란, 식물세포, 종자 등 생물학적 물질(biological material) 전체를 의미하며, 수탁 가능한 미생물의 종류는 기탁기관별로 차이가 있다.
  ⅱ) 식물관련 발명의 경우에도 그 발명이 속하는 기술분야에서 통상의 지식을 가진 자가 그 발명을 쉽게 실시할 수 있도록 하기 위해 필요한 때에는 친식물(親植物, 부모 식물) 또는 해당 식물을 생산할 수 있는 종자, 세포 등을 기탁할 수 있다.

③ |×| 2015년 1월 1일 이후 출원부터 적용되는 개정심사기준에 의하면,
출원인이 미생물에 관계되는 발명에 대한 취지를 기재한 출원서와 그 사실을 증명하는 서류를 제출하였으나,
  ⅰ) 특허출원 전에 특허기탁되지 아니한 경우,
  ⅱ) 출원서와 그 사실을 증명하는 서류에 기탁기관명, 수탁번호, 수탁일자 등을 잘못 기재한 경우에는 그 흠결을 지적하여 보정명령을 한 후 보정명령에도 불구하고 지정된 기간이내에 보정하지 못하는 경우 특허기탁과 관련된 절차를 무효로 할 수 있다.
  한편, 개정심사기준은 미생물 발명의 출원절차(출원서 취지기재, 증명서류 첨부)에 대한 심사방식에 대한 것으로서 당업자가 용이하게 입수할 수 없는 미생물의 경우 특허출원시 이전에 기탁되어 있어야 함은 기존과 같다.

④, ⑤ |O| 심사기준
  ⅰ) 분할출원, 분리출원, 변경출원 또는 국내우선권주장출원으로서 미생물에 관계되는 발명을 포함하여 기탁이 필요한 경우에는 분할출원서, 분리출원서, 변경출원서 또는 국내우선권주장출원서에 그 취지를 기재하고, 그 사실을 증명하는 서류를 첨부하여야 한다(국내 소재지가 있는 기탁기관에 기탁한 경우 제외). 다만, 그 사실을 증명하는 서류의 내용이 원출원 또는 선출원에 대하여 이미 제출된 증명서류의 내용과 동일하여 이를 원용하고자 하는 경우에는 그 취지를 명기함으로써 그 증명서류에 갈음할 수 있다.
  ⅱ) 국내우선권주장 또는 조약우선권주장을 수반하는 출원으로서 미생물에 관계되는 발명을 포함하여 기탁이 필요한 경우, 그 미생물이 선출원 또는 제1국 출원 전에 기탁기관에 특허기탁되어 있고 그 수탁번호가 선출원 또는 제1국 출원 명세서에 기재되어 있을 때에는, 우선권주장출원에서 미생물 기탁과 관련된 절차를 밟으면 그 발명에 대하여도 우선권주장의 효과를 향유할 수 있다.

정답 ③

11 미생물 기탁 절차에 관한 설명 중 옳지 않은 것은?

① 출원 전 용이입수 가능하여 기탁이 요구되지 않는 미생물의 사례로는 출원 전에 시중에서 판매되고 있는 미생물, 명세서의 기재에 의하여 해당 발명이 속하는 기술분야에서 통상의 지식을 가진 자가 쉽게 제조할 수 있는 미생물이 있다.

② 출원시 용이입수 곤란한 미생물에 관계되는 발명에 대하여 특허출원을 하고자 하는 자는 특허출원 전에 기탁기관에 그 미생물을 특허기탁한 후 특허출원서에 취지를 기재하고, 특별한 사정이 없는 한 그 사실을 증명하는 서류를 첨부하여야 한다.

③ 특허기탁과 관련된 절차에 흠결이 있어 그 절차가 무효처분된 경우에 심사관은 해당 미생물과 관계되는 발명에 대하여 특허법 제42조 제3항 제1호를 적용할 수 있다.

④ 특허출원을 위해 미생물을 기탁한 자로부터 미생물 분양에 대한 허락을 받은 자는 기탁기관에 신청하여 해당 미생물을 분양받을 수 있다.

⑤ 미생물에 관계되는 발명에 대한 특허출원이 공개되거나 등록공고된 경우 기탁된 미생물에 관계되는 발명을 시험 또는 연구를 위하여 실시하려는 자는 기탁기관으로부터 그 미생물을 분양받을 수 있다.

> **해 설**
> ① 심사기준
> ② 시행령 제2호
> ③ 용이입수 곤란한 미생물이었으나 기탁절차가 무효로 되면, 그 출원은 제42조 제3항 제1호 위반으로 거절결정될 수 있다(심사기준).
> ④ 시행령 제4조 제2항
> ⑤ 출원공개 또는 등록공고가 아니라 출원공개 또는 설정등록시이다.
>
> **정답** ⑤

12 다음은 컴퓨터 프로그램에 관련한 내용이다. 틀린 것은?

① 소프트웨어에 의한 정보처리가 하드웨어상에 구체적으로 실현되고, 발명의 구성요소에 인간의 정신활동이 포함되어 있지 않으면 컴퓨터 프로그램 발명도 특허로 보호받을 수 있다.

② 컴퓨터 프로그램 발명이 ①에서와 같은 요건을 갖추더라도 청구항의 말미를 "컴퓨터프로그램"으로 기재하는 것은 허용되지 않는다.

③ 컴퓨터 프로그램 발명이 ①에서와 같은 요건을 갖춘 경우 온라인상의 실시행위도 보호받을 수 있도록 컴퓨터 프로그램 발명은 "물건의 발명"으로 해석된다.

④ 컴퓨터 프로그램은 특허법 이외의 법률로도 보호받을 수 있다.

⑤ 전자상거래 관련발명(Business Method(Model))은 자연법칙을 100% 이용하지 않아 발명의 성립성이 문제되지만, 세계 각국의 발명으로서 인정경향 등을 반영하여 특허법상 발명으로서 인정하고 있다.

해설

① |○| ② |×| ③ |○| (2014년 7월 1일 시행 개정 컴퓨터SW 관련 발명 심사기준)
  ⅰ) 다양한 IPC 기술분야에 적용가능하도록 "컴퓨터소프트웨어 발명"에 대한 "정의규정" 및 "발명의 성립요건" 명확화
    * **발명의 성립요건** : 소프트웨어에 의한 정보처리가 하드웨어상에 구체적으로 실현될 것, 발명의 구서요소에 인간의 정신활동이 포함되지 않을 것
  ⅱ) 온라인상의 실시행위도 보호받을 수 있도록 "컴퓨터프로그램 발명"을 "물건의 발명"으로 해석되도록 개정(법 제2조 관련)
  ⅲ) 청구항 말미를 "컴퓨터프로그램(제품)"으로 기재하여도 허용
    단, 컴퓨터프로그램 제품은 그 용어의 기술적 범위를 발명의 설명에 기재하는 경우에만 허용함.
  ⅳ) 소프트웨어 기술분야의 실시유형의 다양성을 반영하여 발명의 보호대상의 범주를 컴퓨터프로그램에 준하는 유형(애플리케이션, 미들웨어, 운영체계(OS), 플랫폼 등)까지 확대.
④ |○| 컴퓨터 프로그램 자체는 저작권법(2009.7.23 개정법에서는 컴퓨터프로그램보호법이 폐지되고, 저작권법에 포함되었음)이나 영업비밀보호에 관한 법률에 의해 보호받을 수 있다.
⑤ |○| 전자상거래 관련발명은 자연법칙을 100% 이용하지 않아 발명의 성립성이 문제되지만, 최근 인터넷기술의 발달과 전자상거래의 확대, 세계 각국의 발명으로서 인정경향 등을 반영하여 특허법상 발명으로서 인정

정답 ②

13 인터넷 비즈니스 모델의 특허적격에 관한 설명 중 틀린 것은? [2000년 기출]

① 경우에 따라 특허법 제2조의 발명의 정의를 만족시키는 것으로서 특허성이 있다.
② 특허법 제2조 제1호는 훈시적인 규정에 해당한다고 볼 아무런 근거가 없으므로, 자연법칙을 이용하지 않은 인터넷 비즈니스 모델을 특허출원하였을 때에는 특허법 제29조 제1항 본문의 요건을 충족하지 못함을 이유로 거절된다.
③ 방법발명 또는 장치발명 모두 청구할 수 있다.
④ 발명의 각 단계가 컴퓨터의 온라인상에서 처리되는 것이 아니라 오프라인상에서 처리되는 것이면 특허 받을 수 없다.
⑤ 청구범위에 수학적 알고리즘이 포함되면 특허대상에서 제외된다.

해설

① |○| 단순한 아이디어 자체는 자연법칙을 이용한 기술적 사상의 창작이 아니므로 발명의 성립성이 부정되나, 인터넷·통신·컴퓨터기술 등을 기초로 하여 산업상 실제로 이용할 수 있는 구체적인 기술로 제시되면 발명의 성립성을 인정한다.
② |○| 특허법 제2조 제1호의 발명의 성립성 위반시 제29조 제1항 본문 위반으로 거절된다(2001후3149).
③ |○| 전자상거래 관련발명은 ⅰ) 영업방법이 컴퓨터상에서 수행되어지게 하는 시계열적으로 연결된 일련의 처리·조작의 절차로 특정된 방법발명, ⅱ) 영업방법이 컴퓨터상에서 수행되어지게

하는 처리·조작에 해당하는 작용을 행하는 수단을 구성요소로 하여 구성요소간의 관계를 특정한 장치나 시스템과 같은 물건발명, iii) 물건발명의 한 형태로 소프트웨어 제품으로 제작될 수 있는 경우 프로그램 또는 데이터 구조를 기록한 기록매체 등으로 기재할 수 있다.

④ |O| 발명의 각 단계가 컴퓨터의 온라인상에서 처리되는 것이 아니라 오프라인상에서 처리되는 것이고, 소프트웨어와 하드웨어가 연계되는 시스템이 구체적으로 실현되고 있는 것도 아니면, 특허법 제29조 제1항 본문의 산업상 이용할 수 있는 발명이라고 할 수 없다(2001후3149).

⑤ |×| 청구항에서 영업방법의 각 단계가 컴퓨터상에서 수행되게 하기 위한 구성을 한정하고 있다고 하더라도 i) 수학적 알고리즘 자체 또는 ii) 산업상 이용가능성의 한정이 아닌 기재는 산업상 이용할 수 있는 구체적 수단이 아니므로 특허를 받을 수 없다. 주의할 것은 청구항 일부에 수학적 알고리즘이 포함되어 있더라도 청구항을 전체로서 파악했을 때 자연법칙을 이용한 것으로 인정될 수 있으면 특허 대상이 될 수 있다.

정답 ⑤

14 선택발명에 관한 설명으로 옳지 않은 것은? (다툼이 있는 경우에는 판례에 의함)

[2013년 기출]

① 선택발명의 발명의 설명에는 통상의 기술자가 선택발명의 효과를 이해할 수 있을 정도로 명확하고 충분하게 기재하면 족하고 그 효과를 구체적으로 확인할 수 있는 실험자료까지 기재할 필요는 없다.

② 선택발명의 신규성을 부정하기 위해서는, 선행발명이 선택발명을 구성하는 하위개념을 구체적으로 개시하고 있어야 하고, 이에는 선행발명을 기재한 선행문헌에 선택발명에 대한 문언적인 기재가 존재하는 경우 외에도 그 발명이 속하는 기술분야에서 통상의 지식을 가진 자가 선행문헌의 기재내용과 출원시의 기술상식에 기초하여 선행문헌으로부터 직접적으로 선택발명의 존재를 인식할 수 있는 경우도 포함된다.

③ 선택발명으로서 진보성이 있다고 하려면 선택발명에 포함되는 여러 개의 하위개념들 중 하나 이상의 하위개념이 구성의 곤란성이 있거나 선행발명이 갖는 효과와 이질의 효과 또는 양적으로 현저히 우수한 동질의 효과를 가지고 있어야 한다.

④ 선택발명에서 발명의 설명에 기재된 발명의 효과가 의심스러울 때에는 출원일 이후에 출원인이 구체적인 비교실험자료를 제출하는 등의 방법에 의하여 그 효과를 구체적으로 주장·입증하면 된다.

⑤ 선택발명이 선행발명에 비하여 나타내는 현저한 효과가 발명의 설명에 명확하게 기재되어 있다고 하기 위해서는 발명의 설명에 이질의 효과를 확인할 수 있는 구체적인 내용이나, 양적으로 현저히 우수한 동질의 효과가 있음을 확인할 수 있는 정량적 기재가 있어야 한다.

해 설

① 및 ④ : 대법원 2007. 1. 26.선고 2005후582 판결
선택발명의 설명에는 인용발명에 비하여 효과가 있음을 명확히 기재하면 충분하고, 그 효과의 현저함을 구체적으로 확인할 수 있는 비교 실험자료까지 기재하여야 하는 것은 아니다. 만일 그 효과가

의심스러워 진보성이 인정되지 않는다는 이유로 거절이유가 통지된 때에는 출원인이 비교 실험자료를 제출하는 등의 방법에 의하여 그 효과를 구체적으로 주장, 입증하면 된다.
대법원 2021. 4. 8. 선고 2019후10609 판결
특허발명이 선행발명에 비하여 이질적이거나 양적으로 현저한 효과를 가지고 있다면 진보성이 부정되지 않는다. 효과의 현저성은 특허발명의 명세서에 기재되어 통상의 기술자가 인식하거나 추론할 수 있는 효과를 중심으로 판단하여야 하고, 만일 그 효과가 의심스러울 때에는 그 기재 내용의 범위를 넘지 않는 한도에서 출원일 이후에 추가적인 실험 자료를 제출하는 등의 방법으로 그 효과를 구체적으로 주장·증명하는 것이 허용된다.
②, ③ 및 ⑤ : 대법원 2010. 3. 25. 선고 2008후3469 판결
선행 또는 공지의 발명에 구성요건이 상위개념으로 기재되어 있고 위 상위개념에 포함되는 하위개념만을 구성요건 중의 전부 또는 일부로 하는 이른바 선택발명의 신규성을 부정하기 위해서는 선행발명이 선택발명을 구성하는 하위개념을 구체적으로 개시하고 있어야 하고(대법원 2002. 12. 26. 선고 2001후2375 판결, 대법원 2007. 9. 6. 선고 2005후3338 판결 등 참조), 이에는 선행발명을 기재한 선행문헌에 선택발명에 대한 문언적인 기재가 존재하는 경우 외에도 그 발명이 속하는 기술분야에서 통상의 지식을 가진 자가 선행문헌의 기재 내용과 출원시의 기술 상식에 기초하여 선행문헌으로부터 직접적으로 선택발명의 존재를 인식할 수 있는 경우도 포함된다(대법원 2009. 10. 15. 선고 2008후736, 743 판결 참조). 선행 또는 공지의 발명에 구성요건이 상위개념으로 기재되어 있고 위 상위개념에 포함되는 하위개념만을 구성요건 중의 전부 또는 일부로 하는 이른바 선택발명의 진보성이 부정되지 않기 위해서는 선택발명에 포함되는 하위개념들 모두가 구성의 곤란성이 인정되거나(대법원 2021. 4. 8. 선고 2019후10609 판결) 또는 선행발명이 갖는 효과와 질적으로 다른 효과를 갖고 있거나, 질적인 차이가 없더라도 양적으로 현저한 차이가 있어야 하고, 이 때 선택발명의 발명의 설명에는 선행발명에 비하여 위와 같은 효과가 있음을 명확히 기재하여야 하며(대법원 2003. 4. 25. 선고 2001후2740 판결, 대법원 2007. 9. 6. 선고 2005후3338 판결 등 참조), 위와 같은 효과가 명확히 기재되어 있다고 하기 위해서는 선택발명의 발명의 설명에 질적인 차이를 확인할 수 있는 구체적인 내용이나, 양적으로 현저한 차이가 있음을 확인할 수 있는 정량적 기재가 있어야 한다(대법원 2009. 10. 15. 선고 2008후736, 743 판결).
③ 지문은 하나 이상이 틀렸다. 모든이어야 한다.

정답 ③

15 특허법 제2조(정의)제3호에 규정된 실시에 해당되지 않는 것은? [2015년 기출]

① 특허발명이 시계라는 물건의 발명인 경우, 그 시계를 판매하기 위하여 전시하는 행위
② 특허발명이 살충제를 제조하는 방법의 발명인 경우, 농부가 그 제조방법으로 제조한 살충제를 자신의 농장에서 사용하는 행위
③ 특허발명이 영상녹화방법의 발명인 경우, 그 영상녹화방법에만 사용하는 영상녹화장치를 제조하는 행위
④ 특허발명이 의약품의 발명인 경우, 약사법에 따른 의약품의 품목허가를 위한 시험·연구에 그 의약품을 사용하는 행위
⑤ 특허발명이 화합물의 발명인 경우, 발명의 설명에 기재된 그 화합물의 제조방법과 다른 제조방법으로 생산된 동일한 화합물을 판매하는 행위

해설

① |○| 물건의 발명인 경우 그 물건을 양도(판매라고도 볼 수 있습니다)하는 행위는 그 발명의 실시에 해당한다(특허법 제2조 제3호 제가목).
② |○| 물건을 생산하는 방법의 발명인 경우 그 방법에 의하여 생산한 물건을 사용하는 행위는 그 발명의 실시에 해당한다(특허법 제2조 제3호 제다목).
③ |×| 방법의 발명인 경우 그 방법을 사용하는 행위가 그 발명의 실시에 해당한다(특허법 제2조제3호 제나목). 따라서, 영상녹화방법에만 사용하는 영상녹화 장치를 제조하는 행위는 특허법 제2조 제3호의 실시 행위가 아니다. 이것은 특허법 제127조의 간접침해의 논점을 말하고 있는데, 간접침해의 논점과 특허법 제2조 제3호의 정의는 그 입법취지가 다소 상이하다.
④ |○| 물건의 발명인 경우 그 물건을 사용하는 행위는 특허법 제2조 제3호의 실시가 맞다. 이것은 특허법 제96조 제1항 제1호의 논점을 말하고 있는데, 분명히 침해 논점과 특허법 제2조 제3호의 정의는 그 입법취지가 다소 상이하다.
⑤ |○| 물건의 발명인 경우 그 물건이 어떻게 제조되었건 그 물건을 양도(판매)하는 행위는 그 발명의 실시에 해당한다(특허법 제2조 제3호 제가목).

정답 ③

16 특허법상 발명에 관한 설명으로 옳은 것은? (다툼이 있으면 판례에 따름) [2018년 기출]

① 물건을 생산하는 방법발명의 경우, 실시는 그 방법에 의하여 생산한 물건을 사용, 양도, 대여 또는 수입하거나 그 물건의 양도 또는 대여의 청약을 하는 행위를 의미하므로 물건을 생산하는 방법의 사용은 실시에 포함되지 않는다.
② 재조합 DNA 기술과 같은 유전공학관련 발명에 있어서, 외래유전자가 유전암호인 염기서열로 특정되었다면 기재정도가 그 기술분야에 있어서 통상의 지식을 가진 자가 명세서에 기재된 바에 따라 반복실시하여 목적하는 기술적 효과를 얻을 수 있을 정도로 구체적, 객관적으로 개시되어 있지 않더라도 발명으로서 완성되었다고 할 수 있다.
③ 특허법상의 발명은 '자연법칙을 이용한 기술적 사상의 창작으로서 고도한 것'이고, 실용신안법상의 고안은 '자연법칙을 이용한 기술적 사상의 창작'으로 고도성을 요구하지 않으므로, 특허의 대상은 모두 실용신안등록의 대상이 된다.
④ 미생물에 관한 발명으로 통상의 기술자가 미생물을 쉽게 입수할 수 없는 경우에는 국내기탁기관, 국제기탁기관 또는 지정기탁기관에 기탁하여야 하고, 출원시에 이를 하지 않은 경우에는 미완성발명으로, 발명의 성립성이 인정되지 않는다.
⑤ 무성번식 식물과 달리 유성번식 동식물에 관한 발명은 반복재현성이 보장되지 않고 특허법상 허용되지 않는 발명의 유형이므로 특허받을 수 없다.

해설

① 방법을 사용하는 행위도 실시에 포함된다(특허법 제2조 제3호 제다목).
② 명세서 기재만으로 통상의 기술자가 반복실시하여 목적하는 기술적 효과를 얻을 수 있을 정도로

발명이 구체적, 객관적으로 개시되어 있어야 완성된 발명이라고 본다. 참고판례를 아래에 소개한다. 유전자의 본체는 DNA이고 그 염기서열의 특성에 따라 개개의 유전자가 규정되므로 재조합 DNA 기술과 같은 유전공학관련 발명에 있어서 외래유전자는 원칙적으로 유전암호인 염기서열로서 특정되어야 하고, 염기서열로 특정할 수 없을 때에 한하여 외래유전자의 기능, 이화학적 성질, 기원, 유래, 제조법 등을 조합시켜 특정할 수 있으나, 어느 경우라도 발명으로서 완성되었다고 하려면 기술기재정도가 그 기술분야에 있어서 통상의 지식을 가진 자가 명세서에 기재된 바에 따라 반복실시하여 목적하는 기술적 효과를 얻을 수 있을 정도로 구체적, 객관적으로 개시되어 있어야 하고, …(중략)… 명세서에 기재된 기술구성이 당해 발명이 속하는 분야에서 통상의 지식을 가진 자가 명세서의 기재에 의하여 반복실시하여 목적하는 기술적 효과를 얻을 수 있을 정도까지 구체적, 객관적으로 개시되어 있다고 할 수 없으므로 완성된 발명이라 할 수 없을 것이다(대법원 1992. 5. 8. 선고 91후1656 판결).

③ 자연법칙을 이용한 기술적 사상의 창작 중 물품의 형상, 구조 또는 조합에 관한 것만 실용신안등록의 대상이 될 수 있다(실용신안법 제4조 제1항).

④ 통상의 기술자가 쉽게 입수할 수 없는 미생물을 이용한 발명은 출원시에 그 미생물을 기탁했어야 통상의 기술자가 명세서 기재만으로 반복실시하여 목적하는 기술적 효과를 얻을 수 있을 정도로 발명이 구체적, 객관적으로 개시되어 있어 완성된 발명이라고 본다. 참고판례를 아래에 소개한다. 특허법시행령 제2조 제1항의 규정 취지는 극미의 세계에 존재하는 미생물의 성질상 그 미생물의 현실적 존재가 확인되고 이를 재차 입수할 수 있다는 보장이 없는 한 그 발명을 산업상 이용할 수 있는 것이라 할 수 없기 때문에 신규의 미생물은 이를 출원시에 기탁하게 하고, 다만 그 존재가 확인되고 용이하게 입수할 수 있는 미생물은 기탁할 필요가 없게 한 것인바, 따라서 미생물을 이용한 발명의 출원에 있어서는 그 명세서에 관련 미생물을 용이하게 입수할 수 있음을 입증하거나, 또는 특허청장이 지정한 기탁기관에 관련 미생물을 기탁하였다는 서면을 첨부하여야 하고(국내 소재지가 있는 기탁기관에 기탁한 경우 제외), 그렇지 아니한 경우에는 이 발명은 미완성 발명으로 인정된다(대법원 1997. 3. 25. 선고 96후658 판결).

⑤ 구 특허법 제31조에서는 무성적으로 반복생식할 수 있는 변종식물을 발명한 자는 그 발명에 대하여 특허를 받을 수 있다고 규정함으로써 유성번식식물은 특허대상에서 제외되었고, 그 이유는 유성번식식물은 반복재현성이 보장되기 어려울 것이라는 선입견 때문이었다. 그러나 유성번식식물도 반복재현성이 있는 경우가 있을 수 있다는 지적에 따라 구 특허법 제31조는 삭제되었고, 현재는 유성번식식물도 반복재현성이 있다면 완성된 발명으로 보아 특허를 받을 수 있다.

정답 ④

17 수치한정발명 및 선택발명에 관한 설명 중 옳지 않은 것은? (다툼이 있으면 판례에 따름)

① 공지된 발명과 비교하여 한정된 수치범위 내외에서 현저한 효과의 차이가 있는 경우 그 발명은 신규성이 부정되지 않는다.
② 공지된 발명과 과제 및 효과가 연장선상에 있고 수치한정의 유무에서만 차이가 있는 경우는 그 한정된 수치범위 내외에서 임계적 의의가 나타나지 않는다면 진보성이 부정된다.
③ 발명의 진보성 판단단계에서 발명이 선행발명에 비하여 현저한 효과가 있는지 여부는 명세서에 기재되어 있지 아니하거나 통상의 기술자가 명세서 기재로부터 예측할 수 있는 효과가 아닌 것은 고려할 수 없다.
④ 선택발명과 선행발명의 효과 비교실험자료는 출원일 이후에 제출된 것은 참작할 수 없다.
⑤ 선택발명이 선행발명보다 양적으로 현저한 차이가 있음이 인정되기 위해서는 발명의 설명에 선택발명 자체의 효과를 확인할 수 있는 정량적 기재가 있어야 한다.

해 설

① 구성요소의 범위를 수치로써 한정하여 표현한 발명이 그 출원 전에 공지된 발명과 사이에 수치한정의 유무 또는 범위에서만 차이가 있는 경우에는, 그 한정된 수치범위가 공지된 발명에 구체적으로 개시되어 있거나, 그렇지 않더라도 그러한 수치한정이 그 발명이 속하는 기술분야에서 통상의 지식을 가진 자(이하 '통상의 기술자'라고 한다)가 적절히 선택할 수 있는 주지·관용의 수단에 불과하고 이에 따른 새로운 효과도 발생하지 않는다면 그 신규성이 부정된다. 그리고 한정된 수치범위가 공지된 발명에 구체적으로 개시되어 있다는 것에는, 그 수치범위 내의 수치가 공지된 발명을 기재한 선행문헌의 실시 예 등에 나타나 있는 경우 등과 같이 문언적인 기재가 존재하는 경우 외에도 통상의 기술자가 선행문헌의 기재 내용과 출원 시의 기술상식에 기초하여 선행문헌으로부터 직접적으로 그 수치범위를 인식할 수 있는 경우도 포함된다. 한편 수치한정이 공지된 발명과는 서로 다른 과제를 달성하기 위한 기술수단으로서의 의의를 가지고 그 효과도 이질적인 경우나 공지된 발명과 비교하여 한정된 수치범위 내외에서 현저한 효과의 차이가 생기는 경우 등에는, 그 수치범위가 공지된 발명에 구체적으로 개시되어 있다고 할 수 없음은 물론, 그 수치한정이 통상의 기술자가 적절히 선택할 수 있는 주지·관용의 수단에 불과하다고 볼 수도 없다(대법원 2013. 5. 24. 선고 2011후2015 판결).
② 공지된 구성요소들의 수치를 한정한 발명은 그러한 수치한정의 기술적 곤란성이 인정되지 아니하고 한정된 수치범위 내외에서 이질적이거나 현저한 작용효과의 차이(즉, 임계적 의의)가 생기지 않는 것이라면 진보성의 요건을 갖추지 못한 것으로 보아야 할 것이다(대법원 2001. 7. 13. 선고 99후1522 판결).
③ 발명의 진보성 판단단계에서 발명이 선행발명에 비하여 현저한 효과가 있는지 여부는 명세서에 기재되어 있지 아니하거나 통상의 기술자가 명세서 기재로부터 예측할 수 있는 효과가 아닌 것은 고려할 수 없다(대법원 1997. 5. 30. 선고 96후221 판결).
④ 선택발명의 설명에는 선행발명에 비하여 위와 같은 효과가 있음을 명확히 기재하면 충분하고, 그 효과의 현저함을 구체적으로 확인할 수 있는 비교실험자료까지 기재하여야 하는 것은 아니며, 만일 그 효과가 의심스러울 때에는 출원일 이후에 출원인이 구체적인 비교실험자료를 제출하는 등의 방법에 의하여 그 효과를 구체적으로 주장·입증하면 된다(대법원 2003. 4. 25. 선고 2001후2740 판결).

⑤ 선택발명의 효과가 명확히 기재되어 있다고 하기 위해서는 선택발명의 발명의 설명에 질적인 차이를 확인할 수 있는 구체적인 내용이나, 양적으로 현저한 차이가 있음을 확인할 수 있는 정량적 기재가 있어야 한다(대법원 2009. 10. 15. 선고 2008후736 판결).

정답 ④

18 의약의 용도발명에 관한 설명으로 옳지 않은 것은? (다툼이 있으면 판례에 따름) [2018년 기출]

① 의약의 용도발명에서 특정 물질의 의약용도가 약리기전만으로 기재되어 있다 하더라도 발명의 설명 등 명세서의 다른 기재나 기술상식에 의하여 의약으로서의 구체적인 용도를 명확하게 파악할 수 있는 경우에는 특허법상 청구항의 명확성 요건을 충족하는 것으로 볼 수 있다.

② 의약의 용도발명에 있어서 특정한 투여용법과 투여용량에 관한 용도발명의 진보성이 부정되지 않기 위해서는 출원 당시의 기술수준이나 공지기술 등에 비추어 그 발명이 속하는 기술분야에서 통상의 지식을 가진 사람이 예측할 수 없는 현저하거나 이질적인 효과가 인정되어야 한다.

③ 의약의 용도발명에 있어서는 특정 물질이 가지고 있는 의약의 용도가 발명의 구성요건에 해당하므로, 발명의 특허청구범위에는 특정 물질의 의약용도를 대상질병 또는 약효로 명확히 기재하여야 한다.

④ 의약용도발명의 특허청구범위에 기재되어 있는 약리기전은 특정 물질이 가지고 있는 의약용도를 특정하는 한도 내에서만 발명의 구성요소로서 의미를 가질 뿐 약리기전 자체가 특허청구범위를 한정하는 구성요소라고 보아서는 아니 된다.

⑤ 의약의 용도발명에서 투여용법과 투여용량은 의료행위 자체이므로 의약이라는 물건에 새로운 의미를 부여하는 구성요소가 될 수 있다할지라도, 이와 같은 투여용법과 투여용량이라는 새로운 의약용도가 부가되어 신규성과 진보성 등의 특허요건을 갖춘 의약에 대해서 새롭게 특허권이 부여될 수 있는 것은 아니다.

해설

①, ③ 의약의 용도발명에서는 특정 물질이 가지고 있는 의약의 용도가 발명의 구성요건에 해당하므로, 발명의 특허청구범위에는 특정 물질의 의약용도를 대상 질병 또는 약효로 명확히 기재하는 것이 원칙이나, 특정 물질의 의약용도가 약리기전만으로 기재되어 있다 하더라도 발명의 설명 등 명세서의 다른 기재나 기술상식에 의하여 의약으로서의 구체적인 용도를 명확하게 파악할 수 있는 경우에는 특허법 제42조 제4항 제2호에 정해진 청구항의 명확성 요건을 충족하는 것으로 볼 수 있다(대법원 2009. 1. 30. 선고 2006후3564 판결).

② 의약개발 과정에서는 약효증대 및 효율적인 투여방법 등의 기술적 과제를 해결하기 위하여 적절한 투여용법과 투여용량을 찾아내려는 노력이 통상적으로 행하여지고 있으므로 특정한 투여용법과 투여용량에 관한 용도발명의 진보성이 부정되지 않기 위해서는 출원 당시의 기술수준이나 공지기술 등에 비추어 그 발명이 속하는 기술분야에서 통상의 지식을 가진 사람이 예측할 수 없는 현저하거나 이질적인 효과가 인정되어야 한다(대법원 2017. 8. 29. 선고 2014후2702 판결).

④ 의약용도발명에서는 특정 물질과 그것이 가지고 있는 의약용도가 발명을 구성하는 것이고, 약리

기전은 특정 물질에 불가분적으로 내재된 속성으로서 특정 물질과 의약용도와의 결합을 도출해 내는 계기에 불과하다. 따라서 의약용도발명의 특허청구범위에 기재되어 있는 약리기전은 특정 물질이 가지고 있는 의약용도를 특정하는 한도 내에서만 발명의 구성요소로서 의미를 가질 뿐 약리기전 자체가 특허청구범위를 한정하는 구성요소라고 보아서는 아니 된다(대법원 2014. 5. 16. 선고 2012후3664 판결).

⑤ 의료행위는 특허를 받을 수 없고, 과거에는 용법용량을 의료행위로 보아 특허를 인정하지 않았지만, 이제는 용법용량에 대해서도 신규성과 진보성이 인정되면 특허를 받을 수 있다. 참고판례를 아래에 발췌한다.

의약이 부작용을 최소화하면서 효능을 온전하게 발휘하기 위해서는 약효를 발휘할 수 있는 질병을 대상으로 하여 사용하여야 할 뿐만 아니라 투여주기·투여부위나 투여경로 등과 같은 투여용법과 환자에게 투여되는 용량을 적절하게 설정할 필요가 있는데, 이러한 투여용법과 투여용량은 의약용도가 되는 대상 질병 또는 약효와 더불어 의약이 효능을 온전하게 발휘하도록 하는 요소로서 의미를 가진다. 이러한 투여용법과 투여용량은 의약물질이 가지는 특정의 약리효과라는 미지의 속성의 발견에 기초하여 새로운 쓰임새를 제공한다는 점에서 대상 질병 또는 약효에 관한 의약용도와 본질이 같다.

그리고 동일한 의약이라도 투여용법과 투여용량의 변경에 따라 약효의 향상이나 부작용의 감소 또는 복약 편의성의 증진 등과 같이 질병의 치료나 예방 등에 예상하지 못한 효과를 발휘할 수 있는데, 이와 같은 특정한 투여용법과 투여용량을 개발하는 데에도 의약의 대상 질병 또는 약효 자체의 개발 못지않게 상당한 비용 등이 소요된다. 따라서 이러한 투자의 결과로 완성되어 공공의 이익에 이바지할 수 있는 기술에 대하여 신규성이나 진보성 등의 심사를 거쳐 특허의 부여 여부를 결정하기에 앞서 특허로서의 보호를 원천적으로 부정하는 것은 발명을 보호·장려하고 그 이용을 도모함으로써 기술의 발전을 촉진하여 산업발전에 이바지한다는 특허법의 목적에 부합하지 아니한다.

그렇다면 의약이라는 물건의 발명에서 대상 질병 또는 약효와 함께 투여용법과 투여용량을 부가하는 경우에 이러한 투여용법과 투여용량은 의료행위 자체가 아니라 의약이라는 물건이 효능을 온전하게 발휘하도록 하는 속성을 표현함으로써 의약이라는 물건에 새로운 의미를 부여하는 구성요소가 될 수 있고, 이와 같은 투여용법과 투여용량이라는 새로운 의약용도가 부가되어 신규성과 진보성 등의 특허요건을 갖춘 의약에 대해서는 새롭게 특허권이 부여될 수 있다(대법원 2015. 5. 21. 선고 2014후768 전원합의체 판결).

정답 ⑤

19 의약용도발명에 관한 설명으로 옳은 것은? (다툼이 있으면 판례에 따름) [2020년 기출]

① 특정 물질의 의약용도가 약리기전만으로 기재되어 있다면 발명의 상세한 설명 등 명세서의 다른 기재나 기술상식에 의하여 의약으로서의 구체적인 용도를 명확하게 파악할 수 있더라도 특허법 제42조(특허출원) 제4항 제2호가 정한 청구항의 명확성 요건을 충족하는 것으로 볼 수 없다.

② 약사법에 따라 품목허가를 받은 의약품과 특허침해 의약품이 약학적으로 허용 가능한 염 등에서 차이가 있다면, '통상의 기술자'가 이를 쉽게 선택할 수 있는 정도에 불과하고 그 치료효과나 용도가 실질적으로 동일하더라도 존속기간이 연장된 특허권의 효력은 침해제품에 미치지 아니한다.

③ 의약이라는 물건의 발명에서 대상 질병 또는 약효와 함께 투여용법과 투여용량을 부가하더라도 이러한 투여용법과 투여용량은 의료행위 그 자체에 해당하므로 이러한 투여용법과 투여용량의 부가에 의하여 별개의 의약용도발명이 된다고 볼 수 없다.

④ 의약용도발명에서는 '통상의 기술자'가 선행발명들로부터 특정 물질의 특정 질병에 대한 치료효과를 쉽게 예측할 수 있더라도, 선행발명들에서 임상시험 등에 의한 치료효과가 확인되어야 그 진보성이 비로소 부정될 수 있다.

⑤ 의약용도발명의 특허청구범위에 기재되는 약리기전은 특정 물질이 가지고 있는 의약용도를 특정하는 한도 내에서만 발명의 구성요소로서 의미를 가질 뿐, 약리기전 그 자체가 특허청구범위를 한정하는 구성요소라고 볼 수 없다.

해설

① 청구범위에서 의약용도는 일반적으로 질병과 약효로 기재하는 것이 바람직하다. 다만 의약용도를 질병과 약효가 아닌 약리기전으로 기재했어도 그 약리기전이 어떠한 질병과 약효를 나타내는 것인지를 명세서, 도면 및 출원시 기술상식상 명확히 이해할 수 있다면 특허법 제42조 제4항 제2호의 명확성 요건을 만족한다. 참고판례를 아래에 소개한다.

"의약의 용도발명에 있어서는 특정 물질이 가지고 있는 의약의 용도가 발명의 구성요건에 해당하므로 발명의 특허청구범위에는 특정 물질의 의약용도를 대상 질병 또는 약효로 명확히 기재하는 것이 원칙이나, 특정 물질의 의약용도가 약리기전만으로 기재되어 있다 하더라도 발명의 상세한 설명 등 명세서의 다른 기재나 기술상식에 의하여 의약으로서의 구체적인 용도를 명확하게 파악할 수 있는 경우에는 특허법 제42조 제4항 제2호가 정한 청구항의 명확성 요건을 충족하는 것으로 볼 수 있다(대법원 2009. 11. 12. 선고 2007후5215 판결)."

② 특허법 제95조의 연장된 존속기간의 효력범위 해석과 관련하여 대법원 판례는 유효성분설에 근접한 태도를 취하고 있다. 즉 유효성분, 치료효과(용법용량) 및 용도(의약용도)가 같고, 쉽게 선택할 수 있을 정도의 변경에 불과한 경우는 연장된 존속기간의 효력범위에 속한다. 참고판례를 아래에 소개한다.

"존속기간이 연장된 의약품 특허권의 효력이 미치는 범위는 특허발명을 실시하기 위하여 약사법에 따라 품목허가를 받은 의약품과 특정 질병에 대한 치료효과를 나타낼 것으로 기대되는 특정한 유효성분, 치료효과 및 용도가 동일한지 여부를 중심으로 판단해야 한다. 특허권자가 약사법에 따라 품목허가를 받은 의약품과 특허침해소송에서 상대방이 생산 등을 한 의약품(이하 '침해제품'이라 한다)이 약학적으로 허용 가능한 염 등에서 차이가 있더라도 발명이 속하는 기술분야에서 통상의 지식을 가진 사람이라면 쉽게 이를 선택할 수 있는 정도에 불과하고, 인체에 흡수되는 유효성분의 약리작용에 의해 나타나는 치료효과나 용도가 실질적으로 동일하다면 존속기간이 연장된 특허권의 효력이 침해제품에 미치는 것으로 보아야 한다(대법원 2019. 1. 17. 선고 2017다245798 판결)."

③ 과거에는 용법용량을 의료행위로 보아 물건발명의 구성으로서 인정하지 않았으나, 최근 판례는 용법용량을 더 이상 의료행위로 보지 않고 물건발명의 구성으로서 인정한다. 참고판례를 아래에 소개한다.

"의약이라는 물건의 발명에서 대상 질병 또는 약효와 함께 투여용법과 투여용량을 부가하는 경우에 이러한 투여용법과 투여용량은 의료행위 자체가 아니라 의약이라는 물건이 효능을 온전하게 발휘하도록 하는 속성을 표현함으로써 의약이라는 물건에 새로운 의미를 부여하는 구성요소가 될 수 있고, 이와 같은 투여용법과 투여용량이라는 새로운 의약용도가 부가되어 신규성과 진보성 등의 특허요건을 갖춘 의약에 대해서는 새롭게 특허권이 부여될 수 있다(대법원 2015. 5. 21. 선고 2014후768 전원합의체 판결)."

④ 출원 전에 임상시험결과가 공지되어 있었어야만 의약용도발명의 진보성을 부정할 수 있는 것은 아니다. 진보성 판단은 그 발명의 효과 예측이 쉬운지 아니면 곤란한지가 가장 중요한 척도다. 이와 관련하여 일반적으로 의약용도발명의 효과는 제약기술의 특성상 임상시험결과가 공개되어 있지 않으면 예측이 쉽지 않으나, 임상시험결과가 공개되어 있지 않았어도 의약용도발명의 효과 예측이 쉬운 경우는 진보성을 부정할 수 있다. 참고판례를 아래에 소개한다.

"의약용도발명에서는 통상의 지식을 가진 사람이 선행발명들로부터 특정 물질의 특정 질병에 대한 치료효과를 쉽게 예측할 수 있는 정도에 불과하다면 진보성이 부정되고, 이러한 경우 선행발명들에서 임상시험 등에 의한 치료효과가 확인될 것까지 요구된다고 볼 수 없다(대법원 2019. 1. 31. 선고 2016후502 판결)."

⑤ 의약용도발명의 청구항에 약리기전만 기재되어 있는 경우(그 약리기전이 어떠한 질병과 약효를 나타내는 것인지 명확함을 전제로 함)는 그 약리기전이 의약용도의 역할을 하므로 발명의 구성으로서 인정될 수 있으나, 청구항에 의약용도와 약리기전이 모두 기재되어 있는 경우는 그 약리기전은 의약용도를 더 한정하는 역할을 하지 못하므로 발명의 구성으로서 인정되지 않는다. 참고판례를 아래에 소개한다.

"의약용도발명에서는 특정 물질과 그것이 가지고 있는 의약용도가 발명을 구성하는 것이고, 약리기전은 특정 물질에 불가분적으로 내재된 속성으로서 특정 물질과 의약용도와의 결합을 도출해 내는 계기에 불과하다. 따라서 의약용도발명의 특허청구범위에 기재되어 있는 약리기전은 특정 물질이 가지고 있는 의약용도를 특정하는 한도 내에서만 발명의 구성요소로서 의미를 가질 뿐 약리기전 자체가 특허청구범위를 한정하는 구성요소라고 보아서는 아니 된다(대법원 2014. 5. 16. 선고 2012후3664 판결)."

정답 ⑤

20 특허법상의 발명에 관한 설명으로 옳지 않은 것은? (다툼이 있으면 판례에 따름)

[2021년 기출]

① 실제로 완성된 발명이 존재한다고 하더라도 명세서와 도면에 그 발명이 기재되지 아니한 경우 발명의 완성여부는 반드시 발명의 설명 중의 구체적 실시예에 한정되어 판단되는 것은 아니다.
② 의약의 용도발명에 있어서는 특정물질의 의약용도가 약리기전만으로 기재되어 있더라도 명세서의 다른 기재나 기술상식에 비추어 의약으로서의 구체적인 용도를 명확하게 파악할 수 있다면 특허법이 정한 청구항의 명확성 요건을 충족하는 것으로 볼 수 있다.
③ 의약이라는 물건의 발명에 있어서 투여주기와 단위투여량은 조성물인 의약물질을 구성하는 부분이 아니라 의약물질을 인간 등에게 투여하는 방법으로서 의료행위에 불과하거나 그 청구범위의 기재에 의하여 얻어진 최종적인 물건 자체에 관한 것이 아니어서 발명의 구성요소로 볼 수 없다.
④ 미생물을 이용한 발명의 출원에 있어서 국내에 현존하지 아니하고 국외에 현존할 뿐인 경우 명세서 제출 당시인 출원시를 기준으로 국내의 통상의 기술자가 이를 용이하게 입수할 수 있다고 인정될 때에는 이를 기탁하지 아니할 수 있다.
⑤ 식물발명의 경우 출원발명의 명세서에 그 기술분야의 평균적 기술자가 출원발명의 결과물을 재현할 수 있도록 그 과정이 기재되어 있어야 하며, 그 결과물인 식물이나 식물소재를 기탁함으로써 명세서의 기재를 보충하거나 대체할 수는 없다.

해설

① 발명의 완성이란 발명자가 효과 반복 재현 가능한 상태를 달성한 것을 말한다. 실제 완성된 발명이 존재한다 하더라도, 명세서·도면 및 출원시 기술상식상 효과 반복 재현이 가능하지 않다면 이는 미완성발명으로 판단된다. 한편 실시예 중 일부에 효과 반복 재현이 되지 않는 내용이 있더라도, 그 외 나머지 명세서·도면의 내용과 출원시 기술상식으로 효과 반복 재현이 가능하다면 이는 미완성 발명으로 보지 않는다. 이를 표현한 판례의 문구가 "발명의 완성 여부는 실시예에 한정되어 판단되지 않는다" 라는 부분이다. 참고판례.
"발명이 속하는 분야에서 통상의 지식을 가진 사람이 반복 실시할 수 있고, 발명이 목적하는 기술적 효과의 달성 가능성을 예상할 수 있을 정도로 구체적, 객관적으로 구성되어 있으면 발명은 완성되었다고 보아야 한다. 발명이 완성되었는지는 청구범위를 기준으로 출원 당시의 기술수준에 따라 발명의 설명에 기재된 발명의 목적, 구성, 작용효과 등을 전체적으로 고려하여 판단하여야 하고, 반드시 발명의 설명 중의 구체적 실시례에 한정되어 인정되는 것은 아니다(대법원 2019. 1. 17. 선고 2017후523 판결)."
② 의약의 용도발명에 있어서는 특정 물질이 가지고 있는 의약의 용도가 발명의 구성요건에 해당하므로, 발명의 특허청구범위에는 특정 물질의 의약용도를 대상 질병 또는 약효로 명확히 기재하는 것이 원칙이나, 특정 물질의 의약용도가 약리기전만으로 기재되어 있다 하더라도 발명의 상세한 설명 등 명세서의 다른 기재나 기술상식에 의하여 의약으로서의 구체적인 용도를 명확하게 파악할 수 있는 경우에는 특허법 제42조 제4항 제2호에 정해진 청구항의 명확성 요건을 충족하는 것으로 볼 수 있다(대법원 2009. 1. 30. 선고 2006후3564 판결).

③ 의약이라는 물건의 발명에서 대상 질병 또는 약효와 함께 투여용법과 투여용량을 부가하는 경우에 이러한 투여용법과 투여용량은 의료행위 자체가 아니라 의약이라는 물건이 효능을 온전하게 발휘하도록 하는 속성을 표현함으로써 의약이라는 물건에 새로운 의미를 부여하는 구성요소가 될 수 있고, 이와 같은 투여용법과 투여용량이라는 새로운 의약용도가 부가되어 신규성과 진보성 등의 특허요건을 갖춘 의약에 대해서는 새롭게 특허권이 부여될 수 있다(대법원 2015. 5. 21. 선고 2014후768 전원합의체 판결).

④ 특허법 시행령은 미생물이 발명이 속하는 분야에서 통상의 지식을 가진 자가 용이하게 입수할 수 있는 것인 때에는 이를 기탁하지 아니할 수 있다고 규정하고 있는바, 이 때에 그 미생물이 반드시 국내에 현존하는 것이어야 할 필요는 없고 국외에 현존하는 것이라 하더라도 국내의 당업자가 이를 용이하게 입수할 수 있다고 인정될 때에는 이를 기탁하지 아니할 수 있다고 보아야 한다(대법원 1992. 3. 31. 선고 90후1260 판결).

⑤ 출원발명의 명세서에는 그 기술분야의 평균적 기술자가 출원발명의 결과물을 재현할 수 있도록 그 과정이 기재되어 있어야 하는 것이고, 식물발명이라 하여 그 결과물인 식물 또는 식물소재를 기탁함으로써 명세서의 기재를 보충하거나 그것에 대체할 수도 없는 것이다(대법원 1997. 7. 25. 선고 96후2531 판결).

정답 ③

PART 02

특허법상 권리의 주체 및 특허 받을 수 있는 권리

CHAPTER 01 특허법상 능력 - 권리능력과 절차능력

01 다음은 특허법상 권리의 주체에 관한 설명이다. 맞는 것은?

① 피한정후견인은 법정대리인에 의하지 아니하면 특허에 관한 절차를 밟을 수 없으므로, 피한정후견인이 특허에 관하여 밟은 절차에 대한 법정대리인의 추인은 허용되지 않는다.
② 비법인 사단은 대표자 또는 관리인이 있는 경우 비법인 사단의 이름으로 심사청구인, 재심의 청구인, 무효심판의 피청구인 등이 될 수 있다.
③ 피성년후견인은 어떤 경우도 독립하여 특허에 관한 절차를 밟을 수 없으므로 항상 법정대리인에 의하여야 한다.
④ 미성년자가 완성한 발명에 대한 특허를 받을 수 있는 권리는 발명의 완성 후 법정대리인이 출원을 해야 인정된다.
⑤ 미성년자는 언제나 법정대리인에 의하지 아니하면 특허에 관한 절차를 밟을 수 없다.

해 설

① |×| 행위능력 또는 법정대리권이 없거나 특허에 관한 절차를 밟음에 필요한 수권이 흠결된 자가 밟은 절차는 보정된 당사자 또는 법정대리인(친권자 등)의 추인이 있는 경우 행위시 소급된다.(법 제7조의2)
② |×| 법 제4조. 비법인 사단 또는 재단은 권리능력이 없으나 일정한 경우 절차능력을 인정하고 있다. 무효심판의 피청구인은 특허권자이므로 권리능력이 없는 비법인 사단 등은 해당 없다.
③ |O| 미성년자, 피한정후견인과 달리(법 제3 제1항 단서), 피성년후견인은 절대적 행위무능력자이므로 단독으로 절차를 밟을 수 있는 경우가 없다.
④ |×| 미성년자는 절차에 대한 행위능력이 인정되지 않을 뿐이므로 특허출원인이 될 수 없는 것은 아니다.
⑤ |×| 성년의제, 허락된 영업에 관한 행위 등은 단독으로 절차 수행이 가능하다.(법 제3조 제1항 단서)

정답 ③

02 권리능력에 대한 설명이다. 다음 보기 중 옳은 것으로만 연결된 것을 고르시오.

> ㈎ 자연인 또는 법인이 특허법상 권리능력이 인정되고, 국가나 지방자치단체 및 국립대학도 권리능력의 주체가 될 수 있다.
>
> ㈏ 비법인 사단 또는 재단의 경우 특허법상 권리능력의 주체가 되지 않는바, 소극적 권리범위확인 심판의 피청구인이 될 수 없다.
>
> ㈐ 국내에 주소나 영업소가 있는 외국인의 경우라고 할지라도 그 외국인이 파리조약 등의 가입국가의 국민이 아닌 한 특허법상 권리능력이 인정되지 않는다.
>
> ㈑ 국내에 주소나 영업소가 없는 외국인의 경우 조약이나 이에 준하는 경우에 의해서 특허권이나 특허에 관한 권리 향유를 인정하고 있는 경우에만 특허법상 권리능력이 인정된다.
>
> ㈒ 내국인이라도 국내에 주소나 영업소가 없는 경우라면 특허법상 권리능력이 인정되지 않는다.

① ㈎, ㈑　　② ㈏
③ ㈏, ㈑　　④ ㈐, ㈑
⑤ ㈒

해설

㈎ |×| 국립대학교는 권리능력의 주체가 될 수 없다. 대법원 96후825 판결 특허법에서는 특허출원의 주체가 될 수 있는 자나 당사자능력에 관한 규정을 따로 두고 있지 아니하므로, 특허권과 특허법의 성질에 비추어 민법과 민사소송법에 따라 거기에서 정하고 있는 권리능력과 당사자능력이 있는 자라야 특허출원인이나 그 심판 및 소송의 당사자가 될 수 있다고 할 것인바, 이 사건 출원인(항고심판청구인, 상고인)인 경북대학교는 국립대학으로서 민사법상의 권리능력이나 당사자능력이 없음이 명백하므로 특허출원인이나 항고심판청구인, 상고인이 될 수 없다 할 것이다.
(심사기준)
 i) 국가는 법률에 특별한 규정은 없지만 법인으로 의제되어 권리주체가 된다. 한편, 입법부, 사법부 및 행정 각부는 물론, 그 산하기관과 소속기관, 국립연구기관, 대학 등은 법인격이 없으므로 특허에 관한 권리의 주체가 될 수 없다.
 ii) 지방자치법 제2조의 규정에 따르면 "지방자치단체는 법인으로 한다"라고 규정되어 있으므로 지방자치단체도 권리의 주체가 될 수 있다. 지방자치단체의 종류에는 특별시, 광역시, 도, 시, 郡 및 區가 있으며, 區의 경우에는 "특별시와 광역시의 관할구역 안에 있는 區(자치구)"에 한정된다. 따라서 자치구가 아닌 "일반시(市)"의 "區"(예 : 수원시 영통구)는 권리능력의 주체가 될 수 없다.
㈏ |○| 소극적 권리범위 확인 심판의 경우 이해관계인이 심판청구를 할 수 있고, 특허권자가 피청구인이 되므로, 비법인 사단 또는 재단의 경우 특허권자나 실시권자가 될 수 없으므로 소극적 권리범위 확인심판의 피청구인이 될 수 없다.
㈐ |×| 법25조 본문의 반대해석상 외국인이라도 국내에 주소나 영업소가 있는 재내자인 경우에는 25조 각호에 해당되지 않아도 권리능력이 인정된다.

법 제25조 (외국인의 권리능력)
재외자중 외국인은 다음 각호의 1에 해당하는 경우를 제외하고 특허권 또는 특허에 관한 권리를 향유할 수 없다.
1. 그 자가 속하는 국가에서 대한민국 국민에 대하여 그 국민과 동일한 조건으로 특허권 또는 특허에 관한 권리의 향유를 인정하는 경우
2. 대한민국이 그 외국인에 대하여 특허권 또는 특허에 관한 권리의 향유를 인정하는 경우에는 그 자가 속하는 국가에서 대한민국 국민에 대하여 그 국민과 동일한 조건으로 특허권 또는 특허에 관한 권리의 향유를 인정하는 경우
3. 조약 및 이에 준하는 것(이하 "조약"이라 한다)에 의하여 특허권 또는 특허에 관한 권리의 향유를 인정하고 있는 경우

㈜ |×| 국내에 주소 영업소가 없는 재외자의 경우 법 제25조 3호의 경우 뿐 아니라, 1호 및 2호(상호주의)에 해당하게 되는 경우에도 권리능력이 인정된다.
㈜ |×| 내국인의 경우 국내의 주소나 영업소가 없다고 할지라도 권리능력은 인정된다. 다만, 재외자이므로 절차능력만 없을 뿐이어서 특허관리인을 통해서 절차를 밟아야 할 뿐이다.

정답 ②

03 다음은 권리능력과 비법인 사단·재단에 관한 설명이다. 옳은 것은?

① 비법인 사단도 대표자가 정해져 있으면 무효심판의 피청구인이 될 수 있다.
② 비법인 사단·재단의 경우 민법상 권리능력이 인정되지 않기 때문에 특허법상 권리능력도 인정되지 않지만 일정한 경우에는 권리능력을 인정하기도 한다.
③ 외국인이 국내에 주소나 영업소가 있는 경우 특허법상 행위능력은 인정되지만, 조약에 의해서 인정되지 않는 이상 권리능력이 인정되지 않는다.
④ 대한민국의 국적을 가진 사람이 국내에 주소나 영업소가 없는 경우 특허법상 절차능력과 권리능력이 인정되지 않는다.
⑤ 비법인 사단·재단도 대표자가 정해진 경우 적극적 권리범위 확인심판의 피청구인이나 소극적 권리범위확인심판청구인이 될 수 있다.

해설

① |×| 무효심판의 피청구인은 특허권자만이 가능하므로, 비법인 사단·재단은 무효심판의 피청구인이 될 수 없다.
② |×| 일정한 경우 행위능력(절차능력)만을 인정할 뿐이지 특허법상 권리능력을 인정하는 것이 아니다.
③ |×| 법 제25조 본문 규정의 반대해석상 외국인이라고 할지라도 국내에 주소나 영업소만 있다면 국내의 산업발전에 이바지 할 개연성이 크기 때문에 권리능력을 인정한다. 그러므로 법25조 각호에 해당하지 않는다고 할지라도 권리능력이 인정된다.
④ |×| 대한민국 국민의 경우 재외자라면 절차능력이 없는 것은 맞지만, 권리능력은 인정된다.
⑤ |○| 법인이 아닌 사단 또는 재단으로서 대표자 또는 관리인이 정하여져 있을 경우에는 그 사단

또는 재단의 이름으로 출원심사의 청구인, 심판의 청구인 및 피청구인 또는 재심의 청구인 및 피청구인이 될 수 있다(법 제4조).
이때 심판의 청구인 및 피청구인은 권리능력을 전제로 하지 않은 경우에만 가능하다.

할 수 있는 경우 (권리능력 요구되지 않는 경우)	할 수 없는 경우 (권리능력 요구되는 경우)
타인의 심사청구인, 정보제공	출원, 보정, 분할, 분리, 변경, 우선권 주장출원
각종 무효심판 청구인	무효심판 피청구인
소극적 권리범위확인심판 청구인	소극적 권리범위확인심판 피청구인
적극적 권리범위확인심판 피청구인	적극적 권리범위확인심판 청구인
상기심판의 심결에 대한 재심 및 소송 청구인 또는 피청구인	거절결정 불복 심판 청구인
	정정심판 청구인
특허취소신청인	통상실시권 허여 심판의 청구인, 피청구인

정답 ⑤

04 법인이 아닌 사단 또는 재단으로서 대표자나 관리인이 정하여져 있는 경우 그 사단 또는 재단의 이름으로 할 수 있는 절차는 다음 중 몇 개인가? [2002년 기출변형]

㈎ 출원심사청구	㈏ 특허무효심판의 청구
㈐ 특허출원	㈑ 특허거절결정에 대한 심판청구
㈒ 재심의 청구	㈓ 정정무효심판의 청구

① 2개 ② 3개
③ 4개 ④ 5개
⑤ 6개

해설

㈎ |○| 출원심사청구는 누구든지 할 수 있으며(법 제59조 제1항), 권리능력자일 것을 요구하지 않는다.
㈏ |○| 이해관계인 또는 심사관은 무효심판을 청구할 수 있다.
㈐, ㈑ |×| 특허출원은 특허를 받을 수 있는 권리를 가진 자가 할 수 있으므로 권리능력이 없는 법인이 아닌 사단 또는 재단은 특허출원인이 될 수 없으며 출원인이 청구하는 특허거절결정에 대한 심판청구도 할 수 없다.
㈒ |○| 법인이 아닌 사단 또는 재단은 심판의 청구인이 될 수 있으며 그 심판에 대한 재심의 청구도 가능하다.
㈓ |○| 정정무효심판은 이해관계인이 할 수 있는바 법인이 아닌 사단 또는 재단도 이해관계가 인정된다면 정정무효심판의 청구가 가능하다.

정답 ③

05 특허에 관한 절차에 관한 설명 중 옳은 것은?

① 미성년자가 독립하여 법률행위를 할 수 있는 경우를 제외하고 단독으로 밟은 특허에 관한 절차에 대하여 법정대리인은 그 절차를 취소할 수 있다.
② 행위무능력자가 단독으로 수행한 특허에 관한 절차를 법정대리인이 추인함에 있어서 행위무능력자의 이익을 위해서 이전에 행한 절차를 선택적으로 추인하여도 무방하다.
③ 무능력자는 특허법 규정에 따라 누구라도 할 수 있는 심사청구 및 정보제공 등의 특허에 관한 절차는 단독으로 밟을 수 있다.
④ 미성년자는 법정대리인 없이는 임의대리인을 통하여도 특허에 관한 절차를 밟을 수 없다.
⑤ 재외자 중 외국인은 법 제25조에 따라 특허에 관한 권리능력을 향유할 수 있고, 국내에 주소나 영업소를 가진 외국인이나 무국적자는 그가 속한 나라에서 우리나라 국민에 대한 특허에 관한 권리의 향유를 인정하는 경우에 한하여 우리나라에서 특허에 관한 권리를 향유할 수 있다.

해 설

① |×| 민법과 달리 특허법은 행위무능력자가 밟은 특허에 관한 절차는 취소할 수 있는 것이 아니라 절차 무효처분할 수 있다고 규정하고 있을 뿐이다.
② |×| 법적 안정성 확보를 위해 선택적 추인은 부정하며, 모든 절차에 대해 전체로서 추인하는 것만을 인정한다.
③ |×| (심사기준) 무능력자는 특허법 규정에 따라 누구라도 할 수 있는 심사청구 및 정보제공 등의 특허에 관한 절차라도 법정대리인을 통하여 밟아야 한다.
④ |○| 임의대리인을 선임하는 행위도 법률행위로서 법정대리인의 승낙이 요구된다. 미성년자는 법정대리인의 승낙 없이는 임의대리인을 통하여도 특허에 관한 절차를 밟을 수 없다(심사기준).
⑤ |×| (심사기준) ⅰ) 재외자 중 외국인은 특허법 제25조에 따라 ①상대국에서 우리나라 국민에 대하여 상대국 국민과 동일하게 권리를 인정하여 주는 경우 ②우리나라에서 상대국 국민에게 권리능력을 인정하는 경우 그 상대국도 우리나라 국민에 대하여 상대국 국민과 동일하게 권리를 인정하여 주는 경우 ③조약으로 인정하는 경우에 한하여 특허에 관한 권리능력을 향유할 수 있다.
ⅱ) 국내에 주소나 영업소를 가진 외국인이나 무국적자는 그가 속한 나라에서 우리나라 국민에 대한 특허에 관한 권리의 향유 인정 여부와 관계없이 우리나라에서 특허에 관한 권리를 향유할 수 있다.

정답 ④

06 특허에 관한 절차에 관한 설명 중 옳은 것은?

① 법인이 아닌 사단 또는 재단으로서 대표자나 관리인이 정하여져 있는 경우 그 사단 또는 재단의 이름으로 특허출원의 출원인이 될 수 있다.
② 미성년자는 특허법 규정에 따라 누구라도 할 수 있는 심사청구 절차는 단독으로 밟을 수 있다.
③ 대한민국 국민이라도 국내에 주소 또는 영업소를 가지지 아니한 경우에는 특허관리인에 의하여 특허에 관한 절차를 밟아야 한다.
④ 국내에 주소나 영업소를 가진 외국인이나 무국적자는 우리나라에서 특허에 관한 권리를 향유할 수 없다.
⑤ 재외자가 특허관리인을 선임하지 않고 특허에 관한 절차를 밟은 경우 특허청장 또는 특허심판원장은 기간을 정하여 보정을 명하여야 한다.

해설

① 특허법에서는 특허출원의 주체가 될 수 있는 자에 관한 규정을 따로 두고 있지 않으나 민법과 민사소송법에 따르면 권리능력과 당사자 능력이 있는 자라야 출원인이 될 수 있다(심사기준, 대법원1997. 9. 26. 선고96후825 판결). 법인이 아닌 사단 또는 재단은 특허법 제4조에 따라 당사자 능력은 인정될 수 있지만, 권리능력이 없어 특허출원인이 될 수 없다. 이에 특허법 제4조에서 특허출원인은 제외되어 있다. 특허출원은 법인 또는 자연인만 할 수 있다.
② 권리능력, 당사자능력, 행위능력(절차능력)은 서로 다른 내용이다. 미성년자는 권리능력이 요구되지 않는 심사청구 절차라 하더라도 행위능력(절차능력)이 없는 바 단독으로 밟을 수 없고, 법정대리인에 의해서만 밟을 수 있다(특허법 제3조, 심사기준).
③ 국내에 체류하는 경우를 제외하고는 재외자는 특허관리인이 있어야 절차를 밟을 수 있다(특허법 제5조).
④ 재내자라면 동맹국 국민인지 등의 여부와 관계 없이 권리를 향유할 수 있다. 재외자이면서 동시에 동맹국의 국민 또는 재내자가 아닌 자이어야 특허법 제25조에 따라 권리를 향유할 수 없다(특허법 제25조). 즉 국내에 주소나 영업소를 가진 외국인이나 무국적자는 그가 속한 나라에서 우리나라 국민에 대한 특허에 관한 권리의 향유 인정 여부와 관계없이 우리나라에서 특허에 관한 권리를 향유할 수 있다(심사기준).
⑤ 특허법 제5조 위반은 절차무효사유가 아니고, 반려사유이다. 보정명령을 할 것이 아니라 반려이유를 통지하여야 한다.

정답 ③

07 절차능력에 관한 설명 중 옳지 않은 것은?

① 특허청장, 심판장 또는 심사관은 특허에 관한 절차를 밟는 자가 그 절차를 원활히 수행할 수 없거나 구술심리에서 진술할 능력이 없다고 인정되는 등 그 절차를 밟는 데 적당하지 아니하다고 인정되면 대리인을 선임하여 그 절차를 밟을 것을 명할 수 있다.
② 대리인의 선임 또는 교체 명령을 한 경우 그 전에 한 특허에 관한 절차의 전부 또는 일부는 무효로 될 수 있다.
③ 미성년자는 법정대리인에 의하지 아니하면 거절결정불복심판청구 절차를 밟을 수 없다.
④ 재외자는 미국인이라 할지라도 국내에 체류하는 경우에는 특허관리인 없이 특허에 관한 절차를 밟을 수 있다.
⑤ 미성년자가 밟은 절차는 법정대리인이 추인하면 행위를 한 때로 소급하여 그 효력이 발생한다.

해설

① 특허청장 또는 심판장이며 심사관은 제외된다(특허법 제10조 제1항).
② 특허청장 또는 심판장은 대리인 선임 또는 교체 명령 전에 한 절차에 대해 전부 또는 일부를 무효로 할 수 있다(특허법 제10조 제4항).
③ 특별한 사정이 없는 한 미성년자는 법정대리인에 의해서만 각종 절차를 밟을 수 있다(특허법 제3조 제1항).
④ 한국인, 외국인 구분할 필요 없다. 재외자는 국내에 체류하는 경우에는 특허관리인 없이 절차를 밟을 수 있다(특허법 제5조 제1항).
⑤ 추인은 소급효가 있다(특허법 제7조의2).

정답 ①

08 특허법상 절차능력(행위능력)에 대한 설명이다. 다음 보기 중 옳은 것으로만 연결된 것을 고르시오.

> (가) 재외자는 특허관리인에 의하지 않고는 특허에 관한 절차를 밟을 수 없고, 특허관리인에 의하지 않고 단독으로 서류를 제출한 경우 이는 시행규칙 제11조 반려사유에 해당하는 중대한 하자이므로 특허청장이 착오로 수리한 경우에도 추후에 그 하자를 다툴 수 있다.
> (나) 피한정후견인이 독립하여 법률행위를 할 수 있는 경우를 제외하고 단독으로 특허에 관한 절차를 밟은 경우에 법정대리인은 그 절차를 취소할 수는 없다.
> (다) 행위무능력자가 특허에 관한 절차를 단독으로 행한 경우, 이에 대해 추인을 할 수 있는 자는 법정대리인으로 한정되며, 법정대리인의 추인이 있을 때에는 행위무능력자의 특허에 관한 절차를 밟은 그 행위시에 소급하여 그 효력이 발생한다.
> (라) 행위무능력자는 법정대리인에 의하지 아니하면 특허에 관한 출원·청구 기타의 절차를 밟을 수 없다. 다만, 미성년자와 피한정후견인, 피성년후견인이 독립하여 법률행위를 할 수 있는 경우에는 그러하지 아니하다.
> (마) 법정대리인은 상대방이 청구한 심판, 재심에 대해서는 후견감독인의 동의 없이 절차를 밟을 수 있다. 그러나 법정대리인이 친권자인 경우에는 어떠한 경우라도 후견감독인의 동의를 요하지 않는다.

① (가) ② (나), (다)
③ (다), (마) ④ (나), (마)
⑤ (가), (마)

해 설

(가) |×| 대법원 2005. 5. 27. 선고 2003후182 판결은 "특허청장은 특허관리인에 의하지 아니한 채 제출된 서류를 반려하지 아니하고 이를 수리하여 특허에 관한 절차를 진행한 이후에는 특허법 제5조 제1항에 위반된다는 이유로 제출된 서류의 절차상 하자를 주장할 수는 없다"고 하여 재외자가 제출한 서류임에도 불구하고 반려처분하지 않고 착오로 수리된 서류에 대해서 추후에 그 하자를 다툴 수 없는 것으로 판시하였다.
(나) |○| 행위무능력의 경우 법 제46조에 의해서 방식심사의 대상이 되어서 특허청장등이 보정명령하고 법 제16조 무효처분하면 되기 때문에 법정대리인의 취소권은 인정되지 않는다.
(다) |×| 보정된 당사자도 추인을 할 수 있다.
<u>법 제7조의2 (행위능력 등의 흠에 대한 추인)</u>
<u>행위능력 또는 법정대리권이 없거나 특허에 관한 절차를 밟음에 필요한 수권(授權)이 흠결된 자가 밟은 절차는 보정된 당사자나 법정대리인의 추인이 있는 때에는 행위시에 소급하여 그 효력이 발생한다.</u>
(라) |×| 피성년후견인은 절대적 행위무능력자에 해당하기 때문에 어떠한 경우라도 독립하여 법률행위를 할 수 있는 경우는 없다.

(마) |O| 법 제3조 2항은 "법정대리인은 후견감독인의 동의 없이 상대방이 청구한 심판 또는 재심에 대한 절차를 밟을 수 있다"고 규정하고 있다. 한편, 법정대리인에는 친권자와 후견감독인이 있는데, 행위무능력자의 부모인 친권자는 어떠한 경우에도 후견감독인의 동의가 필요하지 않기 때문에 법 재3조 제2항은 후견인에게만 적용되는 조문이다. 즉, 후견인은 원칙적으로 후견감독인의 동의가 필요하기 때문이다.

정답 ④

09 특허법상 대리인 제도에 관한 설명으로 옳지 않은 것은? [2015년 기출]

① 국내에 주소 또는 영업소가 있는 자(이하 "재내자"라 한다)로부터 특허에 관한 절차를 밟을 것을 위임받은 대리인은 특별히 권한을 위임받아야만 특허출원의 변경·포기·취하를 할 수 있다.
② 복수의 당사자 중 일부만 대리인을 선임한 경우 그 대리인은 전원을 대표하여 특허에 관한 절차를 밟을 수 있고, 특허법 제11조(복수당사자의 대표)제1항 각호에 규정된 절차에 관하여도 전원을 대표하여 절차를 밟을 수 있다.
③ 재내자와 재외자가 공동으로 출원한 경우 특허법 제11조제1항 각호에 규정된 절차를 제외하고 재내자는 단독으로 특허에 관한 절차를 밟을 수 있지만, 재외자는 국내에 체류하는 경우를 제외하고 특허관리인을 선임하지 않고서는 특허에 관한 절차를 밟을 수 없다.
④ 특허법 제3조(미성년자 등의 행위능력)제1항의 법정대리인은 후견감독인의 동의 없이 상대방이 청구한 심판에 대하여 절차를 밟을 수 있다.
⑤ 재외자인 국제특허출원의 출원인은 기준일까지는 특허법 제5조(재외자의 특허관리인)제1항에도 불구하고 특허관리인에 의하지 않고 특허에 관한 절차를 밟을 수 있으나, 특허법 제201조(국제특허출원의 국어번역문)제1항에 따라 국어번역문을 제출한 재외자는 기준일부터 2개월 내에 특허관리인을 선임하여 특허청장에게 신고하여야 한다.

해설

① |O| 특허법 제6조
② |×| 대리인은 업무를 위임한 자의 특허에 관한 절차만을 밟을 수 있는데, 특허법 제11조 제1항에 규정된 절차 이외에는 각자가 모두를 대표하기 때문에, 결과적으로는 특정 대리인이 모두를 대신해서 업무를 진행하는 상황이 나올 수는 있다. 다만, 특허법 제11조 제1항 각호에 규정된 절차는 당사자가 모두 진행해야 한다(특허법 제11조 제1항).
③ |O| 특허법 제5조 제1항
④ |O| 특허법 제3조 제2항
⑤ |O| 특허법 제206조 제2항 및 특허법 시행규칙 제116조

정답 ②

CHAPTER 02 권리적격

01 다음 보기의 자가 특허출원을 한 때 특허를 받을 수 있는 경우로 바르게 짝지어진 것은?

[2005년 기출]

> ㄱ. 정부연구보조금을 받은 벤처기업에 소속된 직원으로 당해 발명을 완성한 연구원
> ㄴ. 종업원의 직무발명에 대한 사용자인 을동주식회사의 대표이사 홍길동 개인
> ㄷ. 발명자의 상속인인 미성년자
> ㄹ. 발명을 하도록 자료검색과 정보를 제공하여 준 특허부서의 과장
> ㅁ. 당해 발명자로서 국내에 판매영업소를 가진 무국적자
> ㅂ. 甲이 공동연구기여도 90%, 乙이 10%로 공동 연구한 발명을 甲의 명의만으로 출원한 甲
> ㅅ. 파리협약 동맹국인 프랑스국적을 가지고 있지만 국내에 주소가 없는 자

① ㄱ, ㄴ, ㄷ, ㅁ
② ㄱ, ㄷ, ㅁ, ㅅ
③ ㄴ, ㄷ, ㄹ, ㅂ
④ ㄴ, ㄹ, ㅁ, ㅅ
⑤ ㄷ, ㄹ, ㅂ, ㅅ

해설

ㄱ. |O| 특허를 받을 수 있는 권리는 발명자에게 원시적으로 귀속되는바(발명자주의) 발명을 한 연구원은 특허를 받을 수 있다.

ㄴ. |X| 직무발명에 대해 예약승계의 규정이 있는 경우 그 사용자인 법인은 특허를 받을 수 있는 권리를 양도받을 수 있다. 대표이사는 사용자가 아니고 대표이사 또한 법인의 종업원이므로 대표이사 홍길동 개인이 출원하면 특허를 받을 수 없다.

ㄷ. |O| 특허를 받을 수 있는 권리는 상속인에게 승계된다. 다만, 상속인이 미성년자이로 절차능력이 없다. 따라서 법정대리인에 의해 절차를 밟으면 특허를 받을 수 있다.

ㄹ. |X| 「공동발명」이란 2인 이상이 실질적으로 협력하여 완성한 발명을 말한다. 「실질적 협력」이란 발명의 착상단계에서 구체화하는 단계까지 실질적으로 관여하는 것을 의미한다. 따라서 단순한 보조자, 관리자, 위탁자, 자본주 등은 공동발명자가 되지 못한다. 한편, 미국 특허법 제116조에 따르면 공동발명자로 인정되기 위해서는 ⅰ) 2인 이상의 복수인이 발명의 완성에 참여해야 하고, ⅱ) 동일한 산업상 이용분야에서의 일정한 기술문제 해결을 위한 연구가 있어야 하며, ⅲ) 실질적인 상호 협력이라는 공통인식이 있어야 한다(공동발명자의 3요소). 자료검색과 정보를 제공한 특허부서 과장은 발명자인 연구원과 실질적으로 협력하지는 않았는바 발명자로 볼 수 없다.

ㅁ. |O| 국내에 주소 또는 영업소를 가진 자는 우리나라에서 특허에 관한 권리를 향유할 수 있다(법 제25조).

ㅂ. |X| 2인 이상이 공동으로 발명한 때에는 특허를 받을 수 있는 권리는 공유이며(법 제33조 제2항), 특허를 받을 수 있는 권리가 공유인 경우에는 공유자 전원이 특허출원을 하여야 한다(법 제44조).

ㅅ. |O| 국내에 주소 또는 영업소를 가지지 않은 자라 하여도 조약에 의하여 특허권 등의 권리 향유를 인정하고 있는 경우에는 우리나라에서 특허를 받을 수 있다(법 제25조 제3호).

정답 ②

02 다음 중 특허출원을 한 때 특허를 받을 수 있는 경우를 모두 고른 것은? (다툼이 있는 경우에는 판례에 의함)

> ㄱ. 미성년자인 발명자
> ㄴ. 국내에 주소를 가진 외국인 발명자
> ㄷ. 연구자를 일반적으로 관리하거나 연구자의 지시로 데이터의 정리와 실험만을 한 자
> ㄹ. 甲과 乙이 공동발명했으나 단독 명의로 출원한 甲

① ㄱ
② ㄱ, ㄴ
③ ㄱ, ㄷ
④ ㄴ, ㄷ
⑤ ㄱ, ㄴ, ㄷ

해설

출원인과 관련된 거절이유가 존재하는지를 묻는 문제다. 즉 특허법 제25조, 제33조 제1항 본문, 제33조 제1항 단서, 제44조의 거절이유를 찾으면 된다.

ㄱ. |O| 미성년자는 특허법 제3조에 따라 절차능력에 제한이 있을 뿐이지, 발명자라면 특허법 제33조 제1항 본문이나 제44조 등에 위배되지 않는다.

ㄴ. |O| 국내에 주소를 가진 재내자라면 국적과 무관하게 특허법 제25조에 위배되지 않는다.

ㄷ. |×| 연구를 하거나 연구에 상호협력 한 자가 아니면 발명자 혹은 공동발명자라고 보지 않는다. 본 지문은 특허법 제33조 제1항 본문에 위배된다. 참고판례를 아래에 발췌한다.

"특허법 제33조 제1항 본문은 발명을 한 사람 또는 그 승계인은 특허법에서 정하는 바에 따라 특허를 받을 수 있는 권리를 가진다고 규정하고 있는데, 특허법 제33조 제1항에서 정하고 있는 발명을 한 자(공동발명자를 포함한다)에 해당한다고 하기 위해서는 단순히 발명에 대한 기본적인 과제와 아이디어만을 제공하였거나 연구자를 일반적으로 관리하고 연구자의 지시로 데이터의 정리와 실험만을 한 경우 또는 자금 설비 등을 제공하여 발명의 완성을 후원 위탁하였을 뿐인 정도 등에 그치지 않고, 발명의 기술적 과제를 해결하기 위한 구체적인 착상을 새롭게 제시 부가 보완하거나, 실험 등을 통하여 새로운 착상을 구체화하거나, 발명의 목적 및 효과를 달성하기 위한 구체적인 수단과 방법의 제공 또는 구체적인 조언 지도를 통하여 발명을 가능하게 한 경우 등과 같이 기술적 사상의 창작행위에 실질적으로 기여하기에 이르러야 한다(대법원 2012. 12. 27. 선고 2011다67705 판결 등 참조)."

ㄹ. |×| 특허법 제44조에 위배된다.

정답 ②

CHAPTER 03 특허법상 대리인 제도

01 다음 보기 중 대리인에 관한 설명으로 옳지 않은 것으로만 묶인 것은?

> ㄱ. 특허에 관한 절차를 밟는 자의 위임에 의한 대리인의 대리권은 본인의 사망이나 능력의 상실, 본인인 법인의 합병에 의한 소멸로 인하여 당연히 소멸한다.
> ㄴ. 행위능력 또는 법정대리권이 없거나 특허에 관한 절차를 밟음에 필요한 수권이 흠결된 자가 밟은 절차는 보정된 당사자나 법정대리인의 추인이 있는 때 행위시에 소급하여 그 효력이 발생한다.
> ㄷ. 재내자의 임의대리인의 대리권은 이를 서면으로써 증명하여야 하나, 재외자의 특허관리인의 대리권은 이를 서면으로써 증명하지 않아도 된다.
> ㄹ. 미성년자에 대한 송달은 그 법정대리인에게 하여야 한다.
> ㅁ. 특허에 관한 절차를 대리인에 의하여 밟는 경우에 있어서 장래의 사건에 대하여 미리 사건을 특정하지 아니하고 위임하는 것은 불가하다.

① ㄱ, ㅁ
② ㄱ, ㄷ, ㅁ
③ ㄴ, ㅁ
④ ㄷ, ㄹ
⑤ ㄱ, ㄴ, ㄷ

해설

ㄱ. 절차중단을 막기 위해 임의대리권 소멸하지 않는다(특허법 제8조).
ㄴ. 추인은 소급효가 있다(특허법 제7조의2).
ㄷ. 재내자의 임의대리인과 재외자의 특허관리인은 그 취급이 같다(특허법 제7조).
ㄹ. 특허법 시행령 제18조 제5항
ㅁ. 사건을 특정하지 않고 포괄위임하는 것이 가능하다(특허법 시행규칙 제5조의2 제1항).

정답 ②

02 특허법상 대리인에 관한 설명으로 옳지 않은 것은?

① 국내에 주소 또는 영업소가 있는 자로부터 특허에 관한 절차를 밟을 것을 위임 받은 대리인은 특별히 권한을 위임 받아야만 특허출원의 취하를 할 수 있으나, 재외자의 특허관리인은 특별한 권한의 위임 없이도 특허출원의 취하를 포함한 특허에 관한 절차 모두를 밟을 수 있다.

② 재외자가 국제특허출원을 하는 경우 특허법 제5조 제1항의 규정에도 불구하고 기준일까지는 특허관리인에 의하지 아니하고 번역문의 제출 등 특허에 관한 절차를 밟을 수 있으나, 기준일 경과 후 2월 이내에 특허관리인을 선임하여 특허청장에게 신고하지 아니하면 그 국제특허출원은 취하될 수 있다.

③ 재내자와 재외자가 공동으로 출원한 경우 특허법 제11조 제1항의 각 호에 규정된 절차를 제외하면 재내자는 단독으로 특허에 관한 절차를 밟을 수 있으나, 재외자는 특허관리인을 선임하지 않고서는 특허에 관한 절차를 밟을 수 없다.

④ 특허에 관한 절차를 밟는 자의 대리인의 대리권은 서면으로써 증명하여야 하나, 절차를 밟을 당시에 위 대리권의 증명서면의 제출을 누락했다 하더라도, 추후에 추인이 가능할 수 있다.

⑤ 특허에 관한 절차를 밟는 자의 위임에 의한 대리인의 대리권은 본인의 사망이나 능력의 상실, 본인인 법인의 합병에 의한 소멸로 인하여 소멸하지 않는다.

해설

① 법 개정을 통해 이제는 재외자의 특허관리인 또한 재내자의 임의대리인과 마찬가지로 취급한다 (특허법 제6조 후단).
② 특허법 제206조, 특허법 시행규칙 제116조.
③ 심사기준 문구이다. 공동출원의 경우 출원 이후 절차는 대표자를 선임해서 신고하지 않은 한 특허법 제11조 제1항 각호를 제외하고는 각자가 개별적으로 절차를 밟을 수 있으나, 재외자는 특허법 제5조 제1항에 따라 특허관리인이 반드시 필요하므로, 특허관리인 없이는 특허법 제11조 제1항 각호 이외의 절차라도 개별적으로 절차를 밟을 수 없다.
④ 특허법 제7조, 제7조의2 대리인이 절차를 대신 밟을 때는 위임장을 제출해야 하며, 위임장을 제출하지 않은 경우는 특허법 제46조에 따라 보정명령이 나온다. 보정명령에 따른 지정기간 내에 위임장을 제출하면 이로써 추인의 효과가 나타나서, 절차를 밟았을 때부터 소급적으로 대리권에 흠이 없었던 것으로 취급된다.
⑤ 특허법 제8조 제1호, 제2호

정 답 ①

03 포괄위임제도에 관한 설명 중 틀린 것은? [2001년 기출변형]

① 현재 및 장래의 사건에 대해 미리 사건을 특정하지 않고 포괄적으로 위임하는 제도이다.
② 포괄위임등록번호를 기재하면 위임장제출을 생략할 수 있다.
③ 포괄위임을 한 자가 포괄위임을 철회하고자 하는 경우에는 포괄위임등록철회서를 특허청장에게 제출하면 된다.
④ 포괄위임장이 제출된 대리인은 무효심판의 경우에도 포괄위임등록번호를 기재하면 별도의 위임장 제출이 필요 없다.
⑤ 포괄위임장이 제출된 이상 특정사건에 대해 포괄위임의 원용을 제한할 수 없다.

해설

①, ② |○| 포괄위임제도란 특허에 관한 절차를 대리인에 의해 밟는 경우에 있어서 현재 및 장래의 사건에 대하여 미리 사건을 특정하지 아니하고 포괄적으로 위임을 하도록 하여, 일단 특허청에 포괄위임등록을 하면 그 등록된 범위 안에서는 개개의 절차마다 위임장을 제출할 필요 없이 특허에 관한 절차를 대리할 수 있도록 하는 제도(시행규칙 제5조의2)를 말한다.
③ |○| 포괄위임등록을 한 자가 포괄위임을 철회하고자 하는 경우에는 포괄위임등록 철회서를 특허청장에게 제출하여야 한다(시행규칙 제5조의4).
④ |○| 포괄위임을 받아 특허에 관한 절차를 밟고자 하는 자는 제2항의 규정에 의한 포괄위임등록번호를 특허청 또는 특허심판원에 제출하는 서류에 기재하여야 한다(시행규칙 제5조의2 제3항).
⑤ |×| 포괄위임등록을 한 경우에도 제한 사항을 기재한 신고서를 특허청장에게 제출함으로써 특정한 사건에 대한 포괄위임의 원용을 제한할 수 있다(시행규칙 제5조의3).

정답 ⑤

04 다음은 특허법상 대리제도에 관한 설명이다. 옳은 것으로만 연결된 것은?

⑺ 본인이 피성년후견인 선고를 받은 경우에 임의대리권은 소멸하지 않고 존속한다.
⑼ 미성년자의 법정대리인이 피성년후견인 선고를 받은 경우에 임의대리인의 대리권은 소멸하지 않는다.
㈐ 임의대리인이 파산을 한 경우에도 본인 보호를 위해서 임의대리인의 대리권은 소멸하지 않는다.
㈑ 대리인에 관하여 특별한 규정이 있는 경우를 제외하고는 민법이 적용된다.
㈒ 본인의 법정대리인이 사망한 경우 임의대리인이 존재하는 경우라면 절차가 중단되지 않는다.

① ⑺, ⑼, ㈒ 　② ⑼, ㈐, ㈒
③ ㈑, ㈒ 　④ ⑺, ㈐, ㈒
⑤ ⑼, ㈑

해설

㈎, ㈏ |O| 임의대리인의 대리권은 i) 본인의 사망이나 능력의 상실 ii) 본인인 법인의 합병에 의한 소멸 iii) 본인인 수탁자의 신탁임무의 종료 iv) 법정대리인의 사망이나 능력의 상실 v) 법정대리인의 대리권의 소멸이나 변경으로 인하여 소멸하지 아니한다(법 제8조).

㈐ |X| 임의대리인의 대리권은 i) 임의대리인의 사망·금치산 또는 파산(민법 제127조) ii) 본인에 대한 사임 iii) 본인의 해임 iv)기타 위임관계의 종료로 소멸한다.

㈑ |X| 대리인에 관하여 특별히 규정이 있는 것을 제외하고는 민사소송법을 준용한다(법 제12조). 특허법에 명문규정이 없어 민사소송법이 준용되는 규정은 법률의 규정에 의한 소송대리인의 권한(민사소송법 제92조), 당사자의 경정권(민사소송법 제94조)등을 들 수 있다. 이는 특허법이 절차적 성격이 강하기 때문에 대리인에 대해서는 민법이 아니라 민사소송법이 우선 적용된다.

㈒ |O| 당사자의 법정대리인이 사망하거나 그 대리권을 상실한 경우에 특허청에 계속중인 절차는 중단된다. 다만, 임의대리인이 있는 경우에는 중단되지 않는다(법 제20조).

정답 ①

05 재외자의 특허관리인에 관한 다음 설명 중 옳지 않은 것은? [2000년 기출]

① 국내에 주소나 영업소를 가지지 아니하는 자는 특허관리인에 의하지 아니하면 일반적으로 특허에 관한 절차를 밟을 수 없다.
② 특허관리인은 국내에 주소나 영업소를 가지는 자여야 하고, 법인도 될 수 있다.
③ 특허관리인은 특허법에 의한 명령에 의하여 행정청이 한 처분에 관한 소송에 대하여 재외자인 본인을 대리한다.
④ 특허관리인은 특별히 위임을 받지 않았다 하더라도 재외자의 특허권에 대한 침해소송에서 재외자인 본인을 대리한다.
⑤ 특허관리인의 대리권은 재외자인 본인과의 위임계약에 의하여 발생한다.

해설

①, ③ |O| 국내에 주소 또는 영업소를 가지지 아니하는 자(이하 "재외자"라 한다)는 재외자(법인의 경우에는 그 대표자)가 국내에 체재하는 경우를 제외하고는 그 재외자의 특허에 관한 대리인으로서 국내에 주소 또는 영업소를 가지는 자(이하 "특허관리인"이라 한다)에 의하지 아니하면 특허에 관한 절차를 밟거나 이 법 또는 이 법에 의한 명령에 의하여 행정청이 한 처분에 대하여 소를 제기할 수 없다(법 제5조 제1항).

② |O| 특허관리인은 재외자의 특허에 관한 대리인으로서 국내에 주소 또는 영업소를 가진 자를 말하며 자연인은 물론 법인도 될 수 있다.

④ |X| 특허관리인은 특허에 관한 절차 및 특허법령에 의하여 행정청이 한 처분에 대한 소송에 있어서 재외자를 대리할 수 있다. 그러나 특허관리인이라도 재외자를 대리하여 특허권 침해와 관련된 민·형사상 소송을 진행하고자 할 때에는 재외자로부터 별도의 위임을 받아야 한다.

⑤ |O| 특허관리인은 법률에 의해 선임이 강제되지만 누구를 선임할지는 재외자의 자유의사에 의하므로 임의대리인이다. 따라서 그 대리권은 재외자인 본인과의 위임계약에 의해 발생한다.

정답 ④

06 다음은 특허법상 대리에 관한 설명이다. 옳지 않은 것으로만 묶은 것은? [2006년 기출]

> (가) 국내에 주소 또는 영업소를 가진 자로부터 특허에 관한 절차를 위임받은 대리인은 특별한 수권을 얻지 않아도 특허거절결정에 대한 심판을 청구할 수 있다.
> (나) 특허관리인은 수여된 범위 안에서 특허에 관한 모든 절차 및 특허법 또는 특허법에 의한 명령에 의하여 행정청이 한 처분에 관한 소송에 대하여 본인을 대리한다.
> (다) 특허에 관한 절차를 밟는 자의 대리인이 수인인 경우에 사안에 따라 전원이 공동으로 대리하여야 하는 경우가 있다.
> (라) 미성년자는 사안에 따라 법정대리인에 의하지 아니하여도 특허에 관한 절차를 밟을 수 있다.
> (마) 국내에 주소 또는 영업소를 가진 자로부터 특허에 관한 절차를 위임받은 대리인은 특별한 수권을 얻지 아니하면 국내우선권을 주장할 수 없다.

① (가), (다) ② (가), (마)
③ (나), (다) ④ (다), (라)
⑤ (라), (마)

해설

(가) |×| 국내에 주소 또는 영업소를 가진 자로부터 특허에 관한 절차를 밟을 것을 위임받은 대리인은 특별한 수권을 얻지 아니하면 특허출원의 변경·포기·취하, 특허권의 존속기간의 연장등록출원의 취하, 특허권의 포기, 신청의 취하, 청구의 취하, 법 제55조 제1항의 규정에 의한 우선권 주장이나 그 취하, 법 제132조의17의 규정에 의한 심판청구 또는 복대리인의 선임을 할 수 없다 (특허법 제6조).

(나) |○| 특허관리인은 수여된 범위안에서 특허에 관한 모든 절차 및 이 법 또는 이 법에 의한 명령에 의하여 행정청이 한 처분에 관한 소송에 대하여 본인을 대리한다 (법 제5조 제2항).

(다) |×| 관련 규정이 특허법상 존재하지 않는다. 또한, 수인의 대리인이 공동대리 특약을 맺은 경우라 할지라도, 대리인 상호간에는 계약의 효력이 발생하지만 특허청 및 제3자와의 관계에 있어서는 무효이다.

(라) |○| 미성년자·피한정후견인 또는 피성년후견인은 법정대리인에 의하지 아니하면 특허에 관한 출원·청구 기타의 절차(이하 "특허에 관한 절차"라 한다)를 밟을 수 없다. 다만, 미성년자와 피한정후견인이 독립하여 법률행위를 할 수 있는 경우에는 그러하지 아니하다.(법 제3조 제1항) 가령, 미성년자의 경우 영업에 관한 행위나 19세에 달하지 않았으나 혼인하여 성년으로 의제된 경우 등이 이에 해당된다.

(마) |○| 법 제6조

정답 ①

07 특허법상 대리인에 관한 설명으로 옳지 않은 것은? [2014년 기출]

① 특허에 관한 절차를 밟는 자의 위임에 의한 대리인의 대리권은 본인의 사망이나 능력의 상실, 본인인 법인의 합병에 의한 소멸로 인하여 당연히 소멸한다.
② 행위능력 또는 법정대리권이 없거나 특허에 관한 절차를 밟음에 필요한 수권이 흠결된 자가 밟은 절차는 보정된 당사자나 법정대리인의 추인이 있는 때에는 행위시에 소급하여 그 효력이 발생한다.
③ 특허에 관한 절차를 밟는 자의 대리인의 대리권은 이를 서면으로써 증명하여야 한다.
④ 특허에 관한 절차를 밟는 자의 대리인이 수인이 있는 때에는 특허청 또는 특허심판원에 대하여 각자가 본인을 대리한다.
⑤ 특허청장 또는 심판장은 특허에 관한 절차를 밟는 자가 그 절차를 원활히 수행할 수 없거나 구술심리에서 진술할 능력이 없다고 인정되는 등 그 절차를 밟는데 적당하지 아니하다고 인정되는 때에는 대리인에 의하여 그 절차를 밟도록 명할 수 있다.

> 해 설

① |×| 법 제8조 특허에 관한 절차를 밟는 자의 위임을 받은 대리인의 대리권은 다음 각 호의 어느 하나에 해당하는 사유가 있어도 소멸하지 아니한다.
 1. 본인의 사망이나 행위능력의 상실
 2. 본인인 법인의 합병에 의한 소멸
 3. 본인인 수탁자(受託者)의 신탁임무 종료
 4. 법정대리인의 사망이나 행위능력의 상실
 5. 법정대리인의 대리권 소멸이나 변경
② |○| 법 제7조의 2
③ |○| 법 제7조
④ |○| 법 제9조
⑤ |○| 법 제10조 제1항

정 답 ①

08 특허법상 대리제도에 관한 설명 중 옳은 것은?

① 대한민국 국민은 국내에 주소 또는 영업소가 없더라도 특허관리인에 의하지 않고 특허에 관한 절차를 밟을 수 있다.
② 국내에 주소 또는 영업소가 있는 자로부터 특허에 관한 절차를 밟을 것을 위임받은 대리인과 달리 특허관리인은 특별히 권한을 위임받지 않더라도 특허법 제132조의17에 따른 거절결정불복심판을 청구할 수 있다.
③ 특허에 관한 절차를 밟는 자의 대리인이 2인 이상인 경우 각각의 대리인이 본인을 개별적으로 대리하나, 출원의 취하는 대리인들이 공동으로 대리하여야 한다.
④ 특허청장 또는 심판장은 특허에 관한 절차를 밟는 자의 대리인이 그 절차를 원활히 수행할 수 없다고 인정되면 대리인을 바꾸어 선임할 것을 명할 수 있으며, 명령 전에 위 대리인이 한 특허에 관한 절차에 대해서는 무효로 할 수 있으나 일부만을 무효로 할 수는 없다.
⑤ 미성년자에 대한 송달은 그 법정대리인에게 하여야 한다.

> 해 설

① 특허법 제25조를 제외하고는 내국인인지 외국인인지가 중요하지 않다. 국내에 주소 또는 영업소가 있는지가 중요하다. 내국인이라 하더라도 국내에 주소 또는 영업소가 없다면 특허관리인이 필요하다(특허법 제5조 제1항).
② 특허관리인의 경우도 마찬가지로 특별수권을 받아야 한다(특허법 제6조 후단).
③ 절차는 개별대리가 원칙이다(특허법 제9조). 이는 특허법 제6조의 특별수권 사항의 경우도 마찬가지이다.
④ 특허법 제10조 제2항, 제4항.
⑤ 특허법 시행령 제18조 제5항.

> 정 답 ⑤

09 대리인에 관한 설명 중 옳지 않은 것은?

① 본인이 피성년후견인 선고를 받은 경우 임의대리권은 소멸하지 않는다.
② 특허관리인의 대리권은 재외자인 본인과의 위임계약에 의하여 발생한다.
③ 현재 및 장래의 사건에 대해 미리 사건을 특정하지 않고 포괄적으로 대리권을 위임할 수 있다.
④ 특허관리인은 특별수권 없이 특허출원의 포기절차를 밟을 수 있다.
⑤ 특허에 관한 절차를 밟는 자의 대리인의 대리권은 서면으로 증명하여야 한다.

해설

① 특허법 제8조 제1호
② 특허관리인도 임의대리인이므로 위임계약에 의해 대리권이 발생한다.
③ 이를 포괄위임제도라 한다(특허법 시행규칙 제5조의2).
④ 특허관리인도 특별수권이 있어야 특허법 제6조의 행위를 할 수 있다.
⑤ 특허법 제7조

정답 ④

CHAPTER 04 특허법상 재외자의 취급

01 국내에 주소나 영업소가 없는 甲에 대한 설명이다. 다음 설명 중 옳지 않은 것은?

① 甲이 일본에 국제출원을 하고, 한국의 국내단계로 진입하는 경우 甲이 단독으로 기준일까지는 절차를 밟을 수 있지만, 기준일 경과 후 2월 이내에 특허관리인을 선임하지 않은 경우 국제출원 절차가 취하된다.
② 甲이 외국인인 경우 원칙적으로는 권리능력이 인정되지 않으며, 특허법 제25조 각호에 해당하는 경우에 한해 권리능력이 인정된다.
③ 甲이 대한민국의 국적을 가진 경우라도 특허관리인에 의해서 절차를 밟아야 한다.
④ 甲의 재판적과 관련하여 甲의 특허권 또는 특허에 관한 권리에 관하여 특허관리인이 있는 때에는 그 특허관리인의 주소 또는 영업소를, 특허관리인이 없는 때에는 특허청 소재지를 민사소송법 제11조의 규정에 의한 재산소재지로 본다.
⑤ 특허청이 서류를 송달하고자 하는 경우 甲에게 특허관리인이 없는 경우 항공등기우편으로 甲에게 송달하되 발송한 날에 송달된 것으로 간주한다.

해 설

① |×| 재외자가 국제특허출원의 출원인인 경우 기준일까지는 법 제5조 제1항의 규정에 불구하고 특허관리인에 의하지 아니하고 특허에 관한 절차를 밟을 수 있다(법 제206조 제1항). 다만, 재외자가 국제특허출원을 하는 경우 재외자는 기준일 경과 후 2월내에 특허관리인 선임신고를 하여야 하는데 이에 위반된 경우에는 당해 국제특허출원은 취하된 것으로 본다(법 제206조 제2항 및 제3항). 결국, 이때 취하되는 것은 국제특허출원이고 갑이 일본을 수리관청으로 국제출원한 것은 유효하게 진행이 된다.
② |○| 재외자가 외국인인 경우에는 원칙적으로는 권리능력이 인정되지 않으며, 법 제25조 각호에 해당하는 경우에 한해 권리능력이 인정된다.
③ |○| 특허법상 재외자는 내·외국인을 불문하고 특허관리인에 의하지 아니하면 특허에 관한 절차를 밟거나 이 법 또는 이 법에 의한 명령에 의하여 행정청이 한 처분에 대하여 소를 제기할 수 없다(법 제5조 제1항). 이는 국내에 주소나 영업소가 없는 자의 특허출원절차상의 번거로움을 피하고 절차의 원활을 기하기 위한 것이다.
④ |○| 법 제13조의 내용으로 타당한 설명이다.
〈참고〉 재판적이란 민사소송에서 사건의 당사자에게 어느 법원의 재판권의 행사를 받게 할 것인가에 대한 근거가 되는 관계를 말한다. 재판적은 보통재판적과 특별재판적으로 나뉘는데 보통재판적은 전속관할의 규정이 없는 한 민사소송에서 피고에 대한 일체의 소송사건에 일반적이고 원칙적으로 인정되는 재판적이다. 즉, 피고의 응소(應訴) 편의를 위하여 소는 피고의 보통재판적이 있는 곳의 법원이 관할하도록 규정하고 있으며(민사송법 제2조) 사람의 보통재판적은 그의 주소에 따라 정하고 법인의 경우 영업소(민사소송법 제5조)에 따라 정한다. 이에 대하여 특별재판적은 한정된 종류와 내용의 사건에 대해서만 적용되는 재판적이다. 민사소송법 제11조는 '대한민국에 주소나 영업소가 없는 사람 또는 주소를 알 수 없는 사람에 대하여 재산권에 관한 소를 제기하는 경우에는 청구의 목적 또는 담보의 목적이나 압류할 수 있는 피고의 재산이 있는 곳의 법원에

소를 제기할 수 있다'고 규정하고 있다. 이 규정은 재외자의 재산소재지를 특별재판적으로 인정하고 있다. 즉, 재외자는 국내에 주소나 영업소가 없기 때문에 이러한 재외자에 대해서 소송을 제기하고자 할 때 ⅰ) 특허관리인이 선임되어 있으면 '피고의 재산이 있는 곳'을 특허관리인의 주소나 영업소로 보아 소를 제기할 수 있고 ⅱ) 선임되어 있지 않으면 특허청 소재지를 '피고의 재산이 있는 곳'으로 보아 소를 제기할 수 있다.

⑤ |O| 특허관리인이 없는 때에는 그 재외자에게 송달할 서류는 항공등기우편으로 재외자에게 발송할 수 있으며, 항공등기우편으로 발송한 때에는 그「발송한 날」에 송달된 것으로 본다(법 제220조). 이는 절차의 명확화 및 신속화를 위하여 특허관리인 선임을 간접적으로 강제하기 위함이다.

정답 ①

02 다음은 특허법상 재외자와 관련한 설명이다. 옳은 것으로만 연결된 것은?

⑺ 우리나라 국민이라도 외국 주소를 두고 있을 경우 일정한 조건을 충족시키는 경우에만 특허에 관한 권리능력이 인정된다.

⑷ 특허관리인의 대리권은 본인이 사망하거나 본인인 법인이 합병에 의해 소멸한 경우에도 소멸하지 않는다.

⑸ 재외자의 특허권 또는 특허에 관한 권리에 관하여 특허관리인이 있는 때에는 그 특허관리인의 주소 또는 영업소를, 특허관리인이 없는 때에는 특허청 소재지를 법원의 관할권에 관한 민사소송법상의 재산소재지로 본다.

⑹ 재외자에 대한 송달은 특허관리인에게 하되 특허관리인이 없는 때에는 송달할 서류는 항공등기우편으로 발송하며 발송을 한 날부터 2주가 경과하면 송달의 효력이 발생한다.

⑺ 재외자가 국제특허출원을 하는 경우 재외자는 기준일 까지는 단독으로 절차를 밟을 수 있지만, 기준일 경과 후 30일내에 특허관리인 선임신고를 하여야 하는데 이에 위반된 경우에는 당해 국제특허출원은 취하된 것으로 본다.

⑻ 재외자가 특허관리인에 의하지 아니하고 출원서류 등을 제출한 경우에는 소명기회를 주고 소명하지 않거나 소명이 적법하지 않는 경우 불수리한다.

① ⑺, ⑷, ⑸ ② ⑷, ⑹, ⑺
③ ⑷, ⑸, ⑻ ④ ⑸, ⑹, ⑻
⑤ ⑹, ⑺, ⑻

해설

⑺ |×| 우리나라 국민은 원칙적으로 권리능력이 인정된다. 다만 재외자인 우리나라국민의 경우 절차능력이 제한될 뿐이다.

⑷ |O| 특허관리인도 위임대리인이므로 법 제8조에 따라 본인이 사망하는 경우 등에 있어서 대리권은 불소멸한다.

(다) |○| 법 제13조
(라) |×| 재외자의 특허관리인이 없어 재외자에게 송달할 서류를 항공등기우편으로 발송한 때에는 그 발송을 한 날에 송달된 것으로 본다(법 제220조 제3항).
(마) |×| 재외자가 국제특허출원을 하는 경우 재외자는 기준일까지는 단독으로 절차를 밟을 수 있지만, 기준일 경과 후 2월내에 특허관리인 선임신고를 하여야 하는데 이에 위반된 경우에는 당해 국제특허출원은 취하된 것으로 본다(법 제206조 제1항 내지 제3항).
(바) |○| 특허청장·심판원장은 재외자가 특허관리인에 의하지 아니하고 출원서류 등을 제출한 경우에는 소명기회를 주고 소명하지 않거나 소명이 적법하지 않는 경우 불수리한다(시행규칙 제11조).

정답 ③

03 다음 중 특허에 관한 절차에 관한 설명으로 옳은 것은? (다툼이 있는 경우에는 판례에 의함)

① 재외자가 특허관리인을 선임하지 않고 특허에 관한 절차를 밟은 경우에는 특허관리인을 선임하는 보정으로 흠결을 해소할 수 있다.
② 재외자의 특허관리인이 사망·해임 및 기타의 사유에 의하여 존재하지 아니하게 된 경우에는 새로운 관리인이 선임되기 전까지는 서류를 항공등기우편으로 직접 본인에게 발송할 수 있되 발송한 날에 송달된 것으로 본다.
③ 재내자와 재외자가 공동으로 출원한 경우 특허법 제11조 제1항의 각 호에 규정된 절차를 제외하고 재외자는 단독으로 특허에 관한 절차를 밟을 수 있다.
④ 재외자의 특허관리인은 통상의 위임에 의한 대리인과 달리 출원의 취하 또는 심판청구 취하 등의 특별수권 사항에 대해서 특별히 위임을 받지 않아도 그 행위를 할 수 있다.
⑤ 포괄위임제도라 하더라도 특허에 관한 절차를 대리인에 의하여 밟는 경우에 있어서 장래의 사건에 대하여 미리 사건을 특정하지 아니하고 포괄하여 위임할 수는 없다.

해설

① 재외자가 특허관리인을 선임하지 않고 특허에 관한 절차를 밟은 경우에는 특허법 제5조 및 특허법시행규칙 제11조에 따라 기간을 정하여 소명기회를 부여한 후 관련 서류를 반려한다. 이 경우 특허관리인을 선임하는 등의 보정으로 흠결을 해소하는 것은 허용되지 않는다(심사기준).
② 재외자의 특허관리인이 사망·해임 및 기타의 사유에 의하여 존재하지 아니하게 된 경우에는 신속히 본인(재외자)에게 관리인 선임절차를 밟도록 연락한다. 이 경우 새로운 관리인이 선임되기 전까지는 서류를 항공등기우편으로 직접 본인에게 발송할 수 있되, 상기 발송한 날에 송달된 것으로 본다는 취지의 주의서를 첨부할 수 있다(심사기준).
③ 재내자와 재외자가 공동으로 출원한 경우 특허법 제11조 제1항의 각 호에 규정된 절차를 제외하고 재내자는 단독으로 특허에 관한 절차를 밟을 수 있으나, 재외자는 특허관리인을 선임하지 않고서는 특허에 관한 절차를 밟을 수 없다(심사기준).
④ 재외자의 특허관리인은 수여된 범위 안에서 특허에 관한 모든 절차 및 특허법 또는 특허법에 의한 명령에 의하여 행정청이 한 처분에 관한 소송에 대하여 본인을 대리한다. 다만 특허관리인도

위임 범위에서만 특허에 관한 절차를 수행할 수 있으므로 통상의 위임에 의한 대리인과 마찬가지로 출원의 취하 또는 심판청구 취하 등의 특별수권 사항에 대해서는 특별히 위임을 받아야 그 행위를 할 수 있다(심사기준).
⑤ 포괄위임제도는 특허에 관한 절차를 대리인에 의하여 밟는 경우에 있어서 현재 및 장래의 사건에 대하여 미리 사건을 특정하지 아니하고 포괄하여 위임하는 제도이다(심사기준).

정답 ②

04 특허에 관한 절차의 설명 중 옳지 않은 지문의 수는?

> ㄱ. 재외자가 특허관리인을 선임하지 않고 특허에 관한 절차를 밟은 경우에는 특허관리인을 선임하는 등의 보정으로 흠결을 해소할 수 있다.
> ㄴ. 재외자로서 특허관리인이 있으면 그 재외자에게 송달할 서류는 특허관리인에게 송달하여야 한다.
> ㄷ. 재내자와 재외자가 대표자 선임 없이 공동으로 출원한 경우 재내자는 단독으로 명세서 및 도면의 보정절차를 밟을 수 있으나, 재외자는 특허관리인을 선임하지 않고서는 명세서 및 도면의 보정절차를 밟을 수 없다.
> ㄹ. 재내자와 재외자가 대표자 선임 없이 공동으로 출원한 경우 출원의 취하절차에 관하여는 재내자는 재외자가 선정한 특허관리인과 공동으로 그 절차를 밟아야 한다.
> ㅁ. 특허관리인도 통상의 위임에 의한 대리인과 마찬가지로 심판청구 취하의 특별수권 사항에 대해서는 특별히 위임을 받아야 그 행위를 할 수 있다.

① 1개 ② 2개
③ 3개 ④ 4개
⑤ 5개

해설

ㄱ. |×| 반려사유는 보정으로 흠결을 해소하는 것이 허용되지 않는다.
ㄴ. |○| 특허법 제220조 제1항
ㄷ. |○| 명세서 및 도면의 보정절차는 특허법 제11조 제1항 각호에 해당하지 않는 절차이므로 대표자가 없다면 각자 대표 가능하다. 단 재외자는 특허관리인이 필요하다.
ㄹ. |○| 특허법 제11조 제1항 각호의 어느 하나에 해당하는 특허에 관한 절차에 관하여는 재내자는 재외자가 선정한 특허관리인과 공동으로 그 절차를 밟아야 한다(심사기준).
ㅁ. |○| 특허법 제6조

정답 ①

CHAPTER 05 복수당사자 대표

01 절차수행을 위한 대표자를 특허청 또는 특허심판원에 신고하지 않은 상태에서 복수당사자가 각자 대표할 수 있는 행위는?

[2001년 기출]

① 의견서의 제출
② 특허출원 등에 의한 우선권주장
③ 특허출원 등에 의한 우선권주장의 취하
④ 거절결정에 대한 심판청구
⑤ 특허권의 존속기간의 연장등록출원의 취하

해 설

2인 이상이 특허에 관한 절차를 밟는 때에는 불이익 행위를 제외하고는 각자가 전원을 대표한다. 그러나 특허출원의 변경·포기·취하, 특허권 존속기간 연장등록출원의 취하, 신청의 취하, 국내우선권주장 또는 그 취하, 청구의 취하, 특허거절결정에 대한 심판 청구는 전원이 함께 하여야 한다(제11조).

정 답 ①

02 다음 중 취하와 포기에 대한 설명 중 옳은 것으로만 연결된 것은?

⑺ 2인 이상이 공동으로 특허출원을 하고 대표자를 선정하여 특허청에 신고한 경우에 특허출원의 취하 또는 포기시 다른 공동출원인의 동의를 필요로 하는지 여부에 대하여 견해의 대립이 있으나, 특허청 실무는 상기와 같은 불이익행위는 다른 공동출원인의 명시적인 동의가 있어야 당해 절차를 밟을 수 있도록 하고 있다.

⑷ 국제조사기관이 인정하지 않는 언어로 출원한 경우 국제출원 접수일로부터 1월 이내 국제조사용 번역문을 미제출한 경우 그 날로 국제출원은 취하 간주된다.

⑸ 법정대리인은 특별수권을 얻지 아니하면 출원의 포기 및 취하를 할 수 없다.

⑹ 2이상의 청구항이 있는 특허출원에 대한 특허결정을 받은 자가 특허권 설정등록을 하는 경우에는 청구항별로 포기할 수 있다.

⑺ 6월의 유예기간을 포함한 기간 내에 특허권의 설정등록료를 납부하지 않은 경우 당해 특허출원은 취하된 것으로 간주한다.

① ⑺, ⑹
② ⑷, ⑹
③ ⑹
④ ⑸, ⑺
⑤ ⑺

> 해 설

(가) |○| 법 제11조

(나) |×| 국제조사기관이 인정하지 않는 언어로 출원한 경우 국제출원 접수일로부터 1월 이내 국제조사용 번역문을 미제출하면 특허청장은 다시 1월의 기간을 정하여 보정명령을 하고 그 보정기간 내 번역문을 제출하지 않거나 가산료를 납부하지 않은 경우에 그 출원은 취하 간주된다(시행규칙 제95조의2).

(다) |×| 임의대리인은 특별수권을 얻지 아니하면 출원의 변경, 포기, 취하를 할 수 없다(법 제3조 제2항 및 법 제6조).

(라) |○| 법 제215조의2 제1항

(마) |×| 특허권은 설정등록을 받고자 하는 자가 설정등록료를 추가납부기간까지 납부하지 아니한 때에는 그 특허출원은 포기한 것으로 본다(법 제81조 제3항).

정 답 ①

CHAPTER 06 특허 받을 수 있는 권리

01 특허를 받을 수 있는 권리에 관한 설명으로 옳지 않은 것은? (다툼이 있으면 판례에 따름)

[2019년 기출]

① 甲과 乙이 공동으로 발명을 완성한 경우, 乙은 甲의 동의를 받지 않으면 특허를 받을 수 있는 권리의 지분을 丙에게 양도할 수 없다.

② 발명자 甲이 발명 A에 대한 특허를 받을 수 있는 권리를 乙에게 양도하고, 발명 A와 동일한 고안에 대한 실용신안등록을 받을 수 있는 권리를 丙에게 양도한 뒤, 乙의 특허출원과 丙의 실용신안등록출원이 같은 날에 이루어진 경우, 乙과 丙간에 협의하여 정한 자에게만 승계의 효력이 발생한다.

③ 특허출원인 甲으로부터 특허를 받을 수 있는 권리를 양수한 특정승계인 乙이 특허출원인변경신고를 하지 않은 상태에서 특허심판원의 거절결정 불복심판 심결에 대하여 취소의 소를 제기하고, 소 제기 기간이 경과한 후에 특허출원인변경신고를 했다면 해당 취소의 소는 적법하다.

④ 발명자 甲이 乙, 丙에게 발명 A에 대한 특허를 받을 수 있는 권리를 각각 양도한 후 乙과 丙이 같은 날에 각각 특허출원을 하였으나 乙과 丙간에 협의가 불성립하면 乙과 丙은 특허를 받을 수 없게 된다.

⑤ 특허출원 후 출원인 甲으로부터 특허를 받을 수 있는 권리를 특정승계인 乙이 양수한 경우 그 특허출원에 대하여 특허출원인변경신고를 하여야만 승계의 효력이 발생한다.

해 설

① 특허법 제37조 제3항

② 출원 전 특허를 받을 수 있는 권리의 승계에서 출원은 대항요건에 해당하나(특허법 제38조 제1항), 동일자에 2이상의 출원이 있을 때는 당사자간에 이 문제를 해결하라는 취지에서 협의가 성립되지 않을 경우 승계의 효력이 발생하지 않는 것으로 본다(특허법 제38조 제2항).

③ 출원인변경신고를 하지 않으면 권리의 양수의 효력이 발생하지 않아 절차속행 명령을 받을 자로 볼 수 없어 심판의 당사자로 볼 수 있는 자로 인정하지 않는다. 이는 특허법원의 소 제기 기간이 경과한 후에 출원인변경신고한 점으로는 극복이 되지 않는다(대법원 2017. 11. 23. 선고 2015후321 판결). 당사자 또는 당사자로 볼 수 있는 자도 아니고, 참가인도 아니고, 참가신청 거부된 자도 아닌 자가 특허법원에 소 제기하면 부적법하다고 보아 각하한다.

④ 협의가 불성립하면 승계의 효력이 발생하지 않으므로(특허법 제38조 제2항) 특허법상 乙과 丙은 무권리자가 된다. 따라서 乙과 丙은 둘 다 특허를 받을 수 없다. 이에 乙과 丙은 각자의 출원을 모두 취하하고, 甲에게 찾아가 현 상황을 해결하는 것이 바람직하다.

⑤ 특허법 제38조 제4항, 참고로 특정승계(양도)가 아닌 상속 기타 일반승계의 경우는 출원인변경신고를 하지 않아도 이전(승계)의 효력이 발생한다(특허법 제38조 제4항).

정답 ③

02 특허법 제33조(특허를 받을 수 있는 자)에 관한 설명으로 옳지 않은 것은? (다툼이 있으면 판례에 따름)

[2023년 기출]

① 甲이 단독으로 완성한 발명 X에 대한 특허를 받을 수 있는 권리를 乙에게 이전하는 것에 묵시적으로 동의하면, 乙은 발명 X에 대한 특허를 받을 수 있는 권리의 승계인이 될 수 있다.

② 특허청 직원인 丙은 단독으로 완성한 발명 Y를 재직 중에 일반인 乙에게 양도하더라도, 乙은 발명 Y에 대한 특허를 받을 수 있는 권리의 승계인이 될 수 있다.

③ 甲과 乙이 공동으로 발명을 완성한 경우, 甲과 乙 사이에 지분을 정하는 특약이 없으면 공유자의 지분은 균등한 것으로 추정한다.

④ 특허청 직원인 丙으로부터 특허를 받을 수 있는 권리를 상속한 일반인 乙은 지체없이 그 취지를 특허청장에게 신고하여야 한다.

⑤ 미성년자 丁은 법정대리인 戊의 동의가 있어야만 제3자로부터 특허를 받을 수있는권리를 무상으로 양도받을 수 있다.

해설

① |O| 특허를 받을 수 있는 권리 양도는 양도계약서 작성 없이 묵시적으로도 가능하다. "특허를 받을 수 있는 권리는 발명의 완성과 동시에 발명자에게 원시적으로 귀속되지만, 이는 재산권으로서 양도성을 지니므로 계약 또는 상속 등을 통하여 그 전부 또는 일부 지분을 이전할 수 있는바(특허법 제37조 제1항), 그 권리를 이전하기로 하는 계약은 명시적으로는 물론 묵시적으로도 이루어질 수 있고, 그러한 계약에 따라 특허등록을 공동출원한 경우에는 그 출원인이 발명자가 아니라도 등록된 특허권의 공유지분을 가진다(대법원 2012. 12. 27. 선고 2011다67705, 67712 판결)."

② |O| 특허청 직원은 재직 중 본인이 출원할 경우 거절이유에 해당될 뿐(특허법 제33조 제1항 단서), 권리 양도가 제한되는 것은 아니다.

③ |O| 이 점 특허법에 별도 규정은 없으나, 특허를 받을 수 있는 권리의 공유는 그 법적 성격을 민법상 공유 관계로 보고, 민법에서는 특약이 없는 경우 공유자 지분을 균등한 것으로 추정하며, 해당 민법 규정은 특허를 받을 수 있는 권리의 공유 관계에 그대로 적용하더라도 특허법의 취지에 반하지 않으므로, 본 지문은 옳은 지문이다. 판례문장은 다음과 같다. "2인 이상이 공동으로 발명한 때에는 특허를 받을 수 있는 권리는 공유로 하는데(특허법 제33조 제2항), 특허법상 위 공유 관계의 지분을 어떻게 정할 것인지에 관하여는 아무런 규정이 없으나, 특허를 받을 수 있는 권리 역시 재산권이므로 그 성질에 반하지 아니하는 범위에서는 민법의 공유에 관한 규정을 준용할 수 있다고 할 것이다(민법 제278조 참조). 따라서 특허를 받을 수 있는 권리의 공유자 사이에 지분에 대한 별도의 약정이 있으면 그에 따르되, 그 약정이 없는 경우에는 민법 제262조 제2항에 의하여 그 지분의 비율은 균등한 것으로 추정된다고 봄이 상당하다(대법원 2014. 11. 13. 선고 2011다77313, 77320 판결)."

④ |O| 특허청 직원이건 일반인이건 특허를 받을 수 있는 권리의 상속이 있는 경우 지체 없이 그 취지를 특허청장에게 신고하여야 한다(특허법 제38조 제5항). 참고로 본 문제의 경우 특허청 직원과 연관하여 문제가 구성되어 있는데, 특허청 직원에 관한 규정은 특허법 제33조 제1항 단서만 존재할 뿐이므로, 그 이외의 상황은 일반인과 마찬가지로 생각하고 문제 풀이하면 된다.

⑤ |X| 본 지문은 민법 문제다. 특허법상 미성년자는 절차 진행에 있어서만 제한 있을 뿐이다(특허

법 제3조 제1항). 무상으로 권리를 양도 받음은 권리만을 얻는 행위를 상정한 것으로 보이는데, 이는 민법상 법정대리인 동의 없이 미성년자 혼자 가능하다.

정답 ⑤

03 특허를 받을 수 있는 권리 또는 특허권에 관한 설명으로 옳은 것을 모두 고른 것은?

[2019년 기출]

> ㄱ. 특허를 받을 수 있는 권리가 공유인 경우에는 각 공유자는 다른 공유자 모두의 동의를 받아야만 그 지분을 양도할 수 있다.
> ㄴ. 특허를 받을 수 있는 권리가 공유인 경우에는 각 공유자는 다른 공유자 모두의 동의를 받아야만 그 지분을 목적으로 하는 질권을 설정할 수 있다.
> ㄷ. 특허를 받을 수 있는 권리의 승계가 특허출원 전에 이루어진 경우, 그 승계인이 특허출원을 하여야 승계의 효력이 발생한다.
> ㄹ. 특허권이 공유인 경우에는 각 공유자는 다른 공유자 모두의 동의를 받아야만 그 지분을 양도할 수 있다.
> ㅁ. 특허권이 공유인 경우에는 각 공유자는 다른 공유자 모두의 동의를 받아야만 그 지분을 목적으로 하는 질권을 설정할 수 있다.
> ㅂ. 상속 기타 일반승계에 의한 경우를 제외한 특허권의 이전은 등록하여야만 효력이 발생한다.

① ㄱ, ㄴ, ㄹ
② ㄴ, ㅁ, ㅂ
③ ㄱ, ㄹ, ㅁ, ㅂ
④ ㄱ, ㄷ, ㄹ, ㅁ, ㅂ
⑤ ㄱ, ㄴ, ㄷ, ㄹ, ㅁ, ㅂ

해설

ㄱ. |O| 특허법 제37조 제3항
ㄴ. |X| 특허권과 달리 특허를 받을 수 있는 권리는 질권 설정 자체가 불가하다(특허법 제37조 제2항).
ㄷ. |X| 출원 전 승계는 출원이 효력발생요건이 아닌 대항요건이다(특허법 제38조 제1항).
ㄹ. |O| 특허법 제99조 제2항
ㅁ. |O| 특허법 제99조 제2항
ㅂ. |O| 특허법 제101조 제1항 제1호

정답 ③

04 특허를 받을 수 있는 권리에 관한 설명 중 옳은 것은?

① 특허를 받을 수 있는 권리는 재산권이므로 질권설정이 가능하다.
② 특허출원 후 특허를 받을 수 있는 권리의 승계에 관하여 동일인으로부터 승계 받아 동일한 같은 날에 2이상의 특허출원인변경신고가 있었을 때 신고를 한 자간의 협의가 특허청장이 정한 기간 내에 성립하지 아니한 경우는 누구도 승계의 효력이 발생하지 않는다.
③ 특허출원 전 특허를 받을 수 있는 권리의 승계는 승계인이 특허출원을 해야만 승계의 효력이 발생한다.
④ 정부는 국방상 필요한 경우 언제든지 특허를 받을 수 있는 권리를 수용할 수 있다.
⑤ 특허출원 후 특허를 받을 수 있는 권리를 상속 받은 승계인은 특허출원인변경신고를 하여야만 권리의 승계효력이 발생한다.

해설

① 재산권이기는 하나 불확정적 권리이기 때문에 질권설정이 불가하다(특허법 제37조 제2항).
② 특허출원 후의 특허를 받을 수 있는 권리의 승계는 출원인변경신고를 하여야만 그 효력이 발생하는데(특허법 제38조 제4항), 동일자에 둘 이상의 출원인변경신고가 있을 경우 협의하여 정한 자에게만 신고의 효력이 발생하고(특허법 제38조 제6항), 협의가 성립하지 않으면 누구도 신고의 효력이 발생하지 않기 때문에, 결과적으로 누구도 특허를 받을 수 있는 권리를 승계하지 못한 것이 된다.
③ 동일한 자로부터 동일한 특허를 받을 수 있는 권리를 승계한 자가 같은 날에 둘 이상의 특허출원을 한 경우가 아닌 이상, 특허출원 전의 특허를 받을 수 있는 권리의 승계는 특허출원하지 않더라도 당사자간의 승계계약만으로 효력이 발생하고, 단지 특허출원을 해야 제3자에게 대항할 수 있는 권한까지 취득할 수 있는 것으로 본다(특허법 제38조 제1항).
④ 비상시에 한해서만 수용이 가능하다(특허법 제41조 제2항).
⑤ 상속기타일반승계는 바로 효력이 발생한다(특허법 제38조 제4항).

정답 ②

05 다음은 특허를 받을 수 있는 권리 등에 대한 설명이다. 맞는 것은?

① 단독으로 발명하여 공동출원하기로 약정을 하였으나 이를 위반하고 단독으로 출원한 경우 특허법 제44조 위반으로 거절될 수 있다.
② 특허청 직원 및 특허심판원 직원은 상속 또는 유증의 경우를 제외하고는 재직 중 특허 받을 수 있는 권리를 가질 수 없다.
③ 특허출원 후에 있어서 특허를 받을 수 있는 권리가 상속 기타 일반승계 된 경우 출원인변경신고를 하지 않으면 승계의 효력이 발생하지 않는다.
④ 상속인이 없는 상태에서 출원인이 사망한 경우 특허 받을 수 있는 권리는 국가에 귀속된다.
⑤ 동일인으로부터 승계한 동일한 특허를 받을 수 있는 권리의 승계에 관하여 같은 날에 2이상의 특허출원인변경신고가 경합하였을 때에는 협의제를 적용하는데 협의를 하지 않은 경우 당해출원은 거절된다.

> 해 설

① |○|
  (1) 구법의 태도 및 특허법원 判例(2013. 7. 1. 시행법 이전)
    ⅰ) 종래 법44조는 "제33조 제2항(2인 이상이 공동으로 발명한 때에는 특허를 받을 수 있는 권리를 공유로 한다.)의 규정에 의한 특허를 받을 수 있는 권리가 공유인 경우에는 공유자 전원이 공동으로 특허출원을 하여야 한다."라고 규정하여, 2인 이상이 공동으로 발명한 때에 해당하여 특허를 받을 수 있는 권리가 공유가 되는 경우에 법44조가 적용되는 것으로 이해되었다.
    ⅱ) 기존의 특허법원 1998. 10. 1. 선고 99허2405 판결
      "가사 원고의 주장과 같이 원, 피고 사이에 공동출원하기로 한 위 1991. 4. 1.자 약정에 위반하여 피고 단독으로 이 건 등록고안을 출원하여 등록을 받았다고 하더라도, 피고가 위 약정에 위반한데 대하여 원고에게 그에 따른 채무불이행책임을 지는 것은 별론으로 하고, 위와 같은 당사자 사이의 공동출원약정은 위 규정들 소정의 실용신안을 받을 수 있는 권리가 공유가 되어 공유자 전원이 공동으로 실용신안을 출원하여야 하는, 2인 이상이 공동으로 발명한 경우에 해당하지 아니함이 명백하므로 위 공동출원약정의 위반을 이유로 이 건 등록고안이 무효라고 주장하는 이 부분 원고의 주장은 그 주장 자체로서 이유 없다 할 것이다."라고 판시하여 후발적 공유의 경우에는 법44조가 배제되는 것으로 판시한 바 있다.
  (2) 개정법의 태도(2013. 7. 1. 시행법 이후)
    ⅰ) 개정법은 법44조에서 "제33조 제2항의 규정에 의한"을 삭제하여, 공동발명하여 특허를 받을 수 있는 권리가 공유인 경우뿐만 아니라 공동발명하지 않고 특허를 받을 수 있는 권리가 공유인 경우에도 공동출원하지 않는다면 이를 적용하도록 하였다.
    ⅱ) 개정이유를 살펴보면 "2인 이상이 공동으로 발명하여 특허를 받을 권리가 공유인 경우에만 공유자 전원이 공동으로 출원하도록 하고 있어 공동발명자는 아니지만 지분양도 등에 따라 특허를 받을 수 있는 권리를 공유하게 된 경우 승계인도 공동으로 특허출원하여야 하는지에 대하여 논란이 되고 있으므로 이를 포함하도록 명확히 함"이라고 설명하고 있다.
② |×| 특허청 직원 및 특허심판원 직원도 발명을 한 경우 자연인이기 때문에 특허를 받을 수 있는 권리를 가질 수 있으나, 업무상 특허관계 업무를 다루고 있으므로 타인의 출원내용을 모인할 가능성이 특허를 받을 수 없도록 하고 있다.(法 33①단서)
③ |×| 특허출원 후에 있어서 특허를 받을 수 있는 권리의 승계는 상속 기타 일반승계의 경우를 제외하고는 특허출원인변경신고를 하지 아니하면 그 효력이 발생하지 아니한다.(法 38④). 다만, 특허를 받을 수 있는 권리의 상속 기타 일반승계가 있는 경우에는 승계인은 지체없이 그 취지를 특허청장에게 신고하여야 한다(法 38⑤).
④ |×| 이에 대한 명문의 규정은 없으나 특허법 제124조의「상속인이 없는 경우의 특허권의 소멸」규정에 따라 상속인이 없을 경우에는 특허를 받을 수 있는 권리도 소멸한다고 해석된다. 한편, 민법에서는 상속이 없는 재산권은 국유로 하나 특허법은 이를 소멸시킴으로써 일반공중이 자유롭게 사용하도록 하는 점에서 차이가 있다.
⑤ |×| 동일인으로부터 승계한 동일한 특허를 받을 수 있는 권리의 승계에 관하여 같은 날에 2이상의 특허출원인변경신고가 경합하였을 때에는 신고를 한 자의 협의에 의하고, 협의에 의하여 정한 자 이외의 자의 신고는 그 효력이 발생하지 아니한다(法 38⑥). 협의가 성립하지 아니한 경우 심사관은 당해출원에 대해 거절이유 등을 통지하는 것이 아니라 출원인변경신고가 없었던 것으로 보고 심사를 진행한다.

정답 ①

06 甲과 乙은 A라는 물건에 대해 공동으로 발명을 하였다. 그런데 丙이 甲과 乙의 공동발명을 도용하여 특허출원을 한 후 丙의 발명이라고 믿는 丁에게 명의변경을 하였다. 그 후에 甲이 출원을 하고 戊에게 특허를 받을 수 있는 권리를 양도하였다. 다음 중 옳은 것은?

[1999년 기출]

① 丁은 도용의 사실을 몰랐기 때문에 丁의 출원은 특허되고 戊의 출원은 거절된다.
② 丙과 丁 사이의 명의변경절차는 무효이므로 丁의 출원은 모인으로서 거절되고 戊의 출원은 특허된다.
③ 丙과 丁 사이의 명의 변경절차는 丁이 도용의 사실을 몰랐기 때문에 유효하고 戊의 출원이 특허된 후 통상실시권을 가질 수 있다.
④ 戊의 출원은 특허를 받을 수 있고 丁의 출원도 도용의 사실을 모르고 있기 때문에 특허된다.
⑤ 戊와 丁의 출원 모두 결국에는 거절될 것이다.

해설

1. 丁 출원의 등록가능성
丁은 무권리자인 丙으로부터 특허출원을 승계받은 자이므로 丙 출원이 가지는 하자까지 승계받게 된다. 따라서 丁의 특허출원은 무권리자 출원(법 제33조 제1항)으로 특허를 받지 못한다. 참고로, 丙과 丁 사이의 명의 변경절차는 丁이 도용의 사실을 몰랐기 때문에 유효하다고 봐야한다.

2. 戊 출원의 등록가능성
특허를 받을 수 있는 권리가 공유인 경우에는 전원이 공동으로 특허출원하여야 하고(법 제44조), 지분의 이전에 있어서도 다른 공유자의 동의를 얻어야 한다(법 제37조 제3항). 戊는 乙로 부터 지분권을 양도받지 못하였고, 甲으로부터 지분권을 양도받았으나 乙의 동의가 없었으므로, 甲 단독출원을 양도받은 戊의 출원은 무권리자 출원(법 제33조 제1항)으로 취급되어 특허를 받지 못한다.
따라서 정답은 ⑤ 가 된다.

정답 ⑤

07 발명 A의 발명자인 甲은 그의 권리의 지분 일부를 乙에게 양도하였다. 이에 관한 설명으로 옳지 않은 것은? (다툼이 있으면 판례에 따름)

[2023년 기출]

① 발명 A에 대하여 甲이 단독으로 특허출원한 경우에는 등록거절사유, 등록무효사유가 된다.
② 甲과 乙은 특허 취득 전 발명 A에 대한 권리를 제3자에게 양도하는 것은 가능하나 질권 설정은 불가하다.
③ 발명 A가 적법하게 등록된 경우, 제3자는 권리의 일부 지분에 대해서만 무효심판을 청구할 수 없다.
④ 甲과 乙이 발명 A에 대한 특허권을 공유한 경우, 각 공유자에게 특허권을 부여하는 방식의 현물분할을 할 수 있다.
⑤ 발명 A가 등록 거절된 경우 甲과 乙은 공동으로 거절결정불복심판을 청구하여야 한다.

해 설

① |O| 제44조 위반은 거절이유, 무효사유 모두 해당한다.
② |O| 지분 양도는 공유자 동의 받은 경우 가능하다. 특허를 받을 수 있는 권리 질권 설정은 공유자 동의와 관계없이 불가하다(특허법 제37조 제2항).
③ |O| 일부 지분에 대한 무효심판청구 제도는 없다. "특허처분은 하나의 특허출원에 대하여 하나의 특허권을 부여하는 단일한 행정행위이므로, 설령 그러한 특허처분에 의하여 수인을 공유자로 하는 특허등록이 이루어졌다고 하더라도, 그 특허처분 자체에 대한 무효를 청구하는 제도인 특허무효심판에서 그 공유자 지분에 따라 특허를 분할하여 일부 지분만의 무효심판을 청구하는 것은 허용할 수 없다(대법원 2015. 1. 15. 선고 2012후2432 판결)."
④ |X| 공유물 분할청구 가능하나, 특허권은 현물상태로 존재하지 않기 때문에 현물분할이 아닌 대금분할로 가능하다. "특허권은 발명실시에 대한 독점권으로서 그 대상은 형체가 없을 뿐만 아니라 각 공유자에게 특허권을 부여하는 방식의 현물분할을 인정하면 하나의 특허권이 사실상 내용이 동일한 복수의 특허권으로 증가하는 부당한 결과를 초래하게 되므로, 특허권의 성질상 그러한 현물분할은 허용되지 아니한다(대법원 2014. 8. 20. 선고 2013다41578 판결)."
⑤ |O| 출원, 존속기간연장등록출원, 심판(특허법 제139조 제3항)은 고유필수적 공동 절차다.

정답 ④

08 특허를 받을 수 있는 권리에 대한 설명 중 옳은 것은?

① 특허를 받을 수 있는 권리가 침해된 경우 그 권리자는 특허권자의 보호에 관한 특허법 제126조(권리 침해에 대한 금지청구권 등)의 규정에 따라 보호받을 수 있다.
② 특허출원 후 특허를 받을 수 있는 권리의 승계에 관하여 동일인으로부터 승계 받아 동일한 같은 날에 2이상의 특허출원인변경신고가 있었을 때 신고를 한 자의 협의가 특허청장이 정한 기간 내에 성립하지 아니한 경우는 누구도 승계의 효력이 발생하지 않는다.
③ 특허출원 전에 있어서 특허를 받을 수 있는 권리의 승계는 승계인이 특허출원을 해야만 승계의 효력이 발생한다.
④ 정부는 국방상 필요한 경우는 언제든지 특허를 받을 수 있는 권리를 수용할 수 있다.
⑤ 특허를 받을 수 있는 권리가 공유인 경우는 각 공유자 중 먼저 출원한 자가 특허를 받을 수 있다.

해 설

① 특허법 제65조 제5항에서 제126조는 준용하지 않는다.
② 특허출원 후의 특허를 받을 수 있는 권리의 승계는 출원인변경신고를 하여야만 그 효력이 발생하는데(특허법 제38조 제4항), 동일자에 둘 이상의 출원인변경신고가 있을 경우 협의하여 정한 자에게만 신고의 효력이 발생하고(특허법 제38조 제6항), 협의가 성립하지 않으면 누구도 신고의 효력이 발생하지 않기 때문에, 결과적으로 누구도 특허를 받을 수 있는 권리를 승계하지 못한 것이 된다.
③ 동일한 자로부터 동일한 특허를 받을 수 있는 권리를 승계한 자가 같은 날에 둘 이상의 특허출원을 한 경우가 아닌 이상, 특허출원 전의 특허를 받을 수 있는 권리의 승계는 특허출원하지 않더라도 당사자간의 승계계약만으로 효력이 발생하고, 단지 특허출원을 해야 제3자에게 대항할 수 있는 권한까지 취득할 수 있는 것으로 본다(특허법 제38조 제1항).

④ 특허법 제41조 제2항, 비상시에 한해서만 수용이 가능하다.
⑤ 특허를 받을 수 있는 권리가 공유인 경우는 공유자 모두가 공동으로 출원하지 않는 한 특허를 받을 수 없다(특허법 제44조).

정답 ②

09 특허를 받을 수 있는 권리에 대한 설명으로 옳은 것은? [2001년 기출]

① 발명을 한 자는 스스로 당해 발명을 실시할 수 있으나, 특허출원 전에는 제3자에게 실시를 허락할 수 없다.
② 특허출원 전에 행하여진 특허를 받을 수 있는 권리의 승계는 승계인이 특허출원을 하여야 권리이전의 효력이 발생한다.
③ 특허를 받을 수 있는 권리에 대하여는 물론 특허권에 대하여도 질권을 설정할 수 없다.
④ 상속인이 없는 경우 특허를 받을 수 있는 권리는 국가에 귀속한다.
⑤ 특허를 받을 수 있는 권리가 공유인 때에 각 공유자는 다른 공유자의 동의를 얻어 그 지분을 양도할 수 있다.

해설

① |×| 실시권 설정은 특허권 설정등록 후에만 가능하나, 설정등록 전 또는 특허출원 전이라 하더라도 제3자에게 발명의 실시를 허락하는 것은 계약자유의 원칙상 가능하다.
② |×| 특허출원 전 특허를 받을 수 있는 권리의 승계는 특허출원이 제3자 대항요건이다(법 제38조 제1항). 즉, 출원 전 승계의 경우 양도 계약을 하면 출원을 하지 않더라도 특허를 받을 수 있는 권리 이전의 효력은 발생한다.
③ |×| 특허를 받을 수 있는 권리는 질권의 목적으로 할 수 없으나(법 제37조 제2항), 특허권에 대해서는 질권 설정이 가능하다(법 제121조).
④ |×| 특허권은 상속이 개시된 때 상속인이 없는 경우에는 소멸되는데(법 제124조), 이를 유추 적용하여 특허를 받을 수 있는 권리도 상속인이 없는 경우 소멸하는 것으로 본다. 다만 법조문이나 판례를 통해 확정된 바는 없는 내용이다.
⑤ |○| 법 제37조 제3항

정답 ⑤

10 특허법은 발명을 한 자 또는 그 승계인에게 이른바 "특허를 받을 수 있는 권리"를 인정한다. 다음 중 특허를 받을 수 있는 권리에 관한 설명으로 옳지 않은 것은? [2004년 기출]

① 특허를 받을 수 있는 권리는 질권의 목적으로 할 수 없으며, 특허를 받을 수 있는 권리가 공유인 때에는 다른 공유자의 동의가 없는 한 그 지분을 양도할 수 없다.
② 특허를 받을 수 있는 권리가 침해된 경우 그 권리자는 특허권자의 보호에 관한 특허법 제126조(권리침해에 대한 금지청구권 등) 이하의 규정에 따라 보호받을 수 있다.
③ 특허를 받을 수 있는 권리를 특허출원 전에 승계받은 자는 특허출원을 함으로써 제3자에게 대항할 수 있다.
④ 특허를 받을 수 있는 권리가 특허출원 후에 승계된 때에는 원칙적으로 특허출원인변경신고를 해야만 그 승계의 효력이 발생한다.
⑤ 직무발명에 대해서는 그 발명전에 미리 특허를 받을 수 있는 권리를 사용자에게 승계시키는 계약이나 근무규정을 두더라도 무효가 되는 것은 아니다.

해 설

① |○| 법 제37조 제2항 및 제3항
② |×| 특허를 받을 수 있는 권리는 독점 배타적인 특허권과는 달리 배타적인 권리가 아니다. 따라서 법 제126조의 침해금지청구권과 같은 권리를 제3자에게 행사하는 것은 불가능하다. 등록된 이후 보상금청구권을 행사할 수 있을 뿐이나.
③ |○| 법 제38조 제1항
④ |○| 법 제38 조제4항
⑤ |○| 사용자 등은 직무발명에 대해서는 미리 특허를 받을 수 있는 권리 또는 특허권을 승계하도록 하는 예약승계의 계약이나 근무규정의 조항을 둘 수 있다(발명진흥법 제10조 제3항). 무효로 되는 것은 직무발명을 제외한 발명에 대해서 한 계약이나 근무규정의 조항이다.

정 답 ②

11 특허를 받을 수 있는 권리가 공유인 경우에 대한 설명으로 틀린 것은?

① 2인 이상이 공동으로 발명한 경우 특허를 받을 수 있는 권리는 공유이며 그 중 1인의 출원은 등록 전 거절이유에 해당한다.
② 특허를 받을 수 있는 권리가 공유인 경우 각 공유자는 다른 공유자의 동의를 얻지 아니하면 그 지분을 양도할 수 없고, 다른 공유자의 동의와 상관 없이 지분에 대한 질권은 설정할 수 없다.
③ 甲과 乙이 공동으로 특허출원을 한 경우 甲만 심사청구를 하더라도 유효하다.
④ 특허를 받을 수 있는 권리가 공유인 경우 특허출원의 거절결정불복심판을 청구하려면 반드시 전원이 공동을 심판을 청구해야 한다.
⑤ 甲과 乙이 공동으로 한 발명에 대하여 甲은 乙의 동의를 얻지 않고 특허를 받을 수 있는 권리를 丙에게 양도하고 丙이 단독으로 출원한 경우 丙의 출원은 법44조 위반이다.

해설

① |○| 2인 이상이 공동으로 발명한 경우 특허를 받을 수 있는 권리는 공유(법 제33조 제2항)이며 그 중 1인의 출원은 법 제44조 위반의 거절이유에 해당한다.
② |○| 법 제37조 3항, 또한 특허를 받을 수 있는 권리는 질권의 목적으로 할 수 없다(법 제37조 2항).
③ |○| 법 제11조. 법 제11조 각호의 사항을 제외하고는 각 자가 전원을 대표하므로 가능하다.
④ |○| 법 제139조 3항
⑤ |×| 공동발명자(甲/乙) 중 1인(甲)에게서만 특허를 받을 수 있는 권리를 양도받은 경우(丙) 乙의 동의가 없으므로 그 양도는 무효가 된다. 따라서 丙은 무권리자의 출원으로 법 제33조 제1항 위반의 거절이유를 갖는다.

정답 ⑤

12 특허법상 특허를 받을 수 있는 권리에 관한 다음 보기 중 옳지 않은 것으로만 묶인 것은?

[2008년 기출]

〈보기〉

ㄱ. 동일인으로부터 승계한 동일한 특허를 받을 수 있는 권리의 승계에 관하여 같은 날에 2이상의 특허출원인변경신고가 있는 때에는 신고를 한 자간의 협의에 의하여 정한 자 외의 자의 신고는 그 효력이 발생하지 아니한다.

ㄴ. 특허를 받을 수 있는 권리가 침해된 경우라 하더라도 그 권리자는 특허권자의 보호에 관한 특허법 제126조(권리침해에 대한 금지청구권 등)의 규정에 따라 보호받을 수 없다.

ㄷ. 특허출원 후에 있어서 특허를 받을 수 있는 권리의 상속인이 특허출원인 변경신고를 하지 아니하면 그 효력이 발생하지 아니한다.

ㄹ. 특허출원 전에 있어서 특허를 받을 수 있는 권리의 상속인은 특허출원을 하여야 제3자에게 대항할 수 있다.

ㅁ. 정부는 특허출원한 발명이 전시·사변 또는 이에 준하는 비상시에 있어서 국방상 필요한 경우에는 특허받을 수 있는 권리를 수용해야 한다.

① ㄱ, ㄴ
② ㄴ, ㄹ
③ ㄴ, ㅁ
④ ㄷ, ㄹ
⑤ ㄷ, ㅁ

해설

ㄱ. |○| 법 제38조 제6항
ㄴ. |○| 법 제126조(권리침해에 대한 금지청구권 등)에 관한 규정은 특허권에 대해서만 적용되는 규정이다. 즉 특허 받을 수 있는 권리는 배타적 효력이 없으므로 타인의 무단 실시를 배제시킬 수 있는 권능은 없다.

ㄷ. |×| 특허출원 후에 있어서 특허를 받을 수 있는 권리의 승계는 상속 기타 일반승계의 경우를 제외하고는 출원인변경신고를 하지 아니하면 그 효력이 발생하지 아니한다(법 제38조 제4항). 즉, 상속의 경우에는 명의변경신고가 없어도 승계의 효력이 발생한다.

ㄹ. |○| 특허출원전에 있어서 특허를 받을 수 있는 권리의 승계는 그 승계인이 특허출원을 하지 아니하면 제3자에게 대항할 수 없다(법 제38조 제1항). 즉 출원전 승계의 경우 법 제38조 제4항과 달리 상속 기타 일반승계에 관한 예외규정이 존재하지 않는다. 따라서 특허출원 전에 있어서 특허를 받을 수 있는 권리의 상속인은 특허출원을 하여야 제3자에게 대항할 수 있다.

ㅁ. |×| 정부는 특허출원한 발명이 국방상 필요한 경우에는 특허를 하지 아니할 수 있으며, 전시·사변 또는 이에 준하는 비상시에 있어서 국방상 필요한 경우에는 특허를 받을 수 있는 권리를 수용할 수 있다(법 제41조 제2항). 즉 수용할 수 있을(재량) 뿐, 수용을 해야 하는 것(기속)은 아니다.

정답 ⑤

13 甲과 乙은 2008년 5월 1일 공동으로 A를 발명하여 2009년 4월 1일 발명 A에 대하여 공동으로 특허출원 X를 하였으나, 출원 후 乙은 자신의 특허를 받을 수 있는 권리를 甲의 동의 없이 2009년 6월 1일 丙에게 양도하였다. 이후 丙은 미공개 상태인 발명 A를 현저하게 개량시킨 발명 A´을 단독으로 완성하였고, 특허출원 X를 선출원으로 하여 국내우선권주장을 하면서 2010년 3월 2일 발명 A와 발명 A´에 대해서 단독으로 특허출원 Y를 하였다. 다음 설명 중 옳은 것은? (단, 발명 A에 비하여 발명 A´은 진보성이 인정되며, 설문에서 제시된 사항 외의 다른 거절이유는 없는 것으로 한다)

[2011년 기출]

① 甲과 乙이 공동출원한 특허출원 X는 丙의 특허출원 Y의 국내우선권주장의 기초가 된 선출원으로서 그 출원일부터 1년 3개월이 지난 때에 취하 간주되므로 특허를 받을 수 없다.
② 乙로부터 특허를 받을 수 있는 권리가 특허출원 후에 丙에게 승계되었으므로, 특허출원인 변경신고를 하여야 그 승계의 효력이 발생한다.
③ 丙이 출원한 특허출원 Y는 무권리자의 출원일뿐만 아니라 선출원주의 규정에 위배되어 특허를 받을 수 없다.
④ 발명 A´은 발명 A에 비하여 진보성이 인정되므로 특허출원 Y는 특허를 받을 수 있다.
⑤ 丙의 특허출원 Y 중 발명 A에 관한 특허요건 판단시점은 2009년 4월 1일이다.

해설

i) 특허를 받을 수 있는 권리가 공유인 경우 다른 공유자의 동의 없이 그 지분을 양도할 수 없다(법 제37조 제3항). 이 규정은 강행규정으로 타공유자의 동의 없는 지분 양도는 무효이다. 결국 2009. 6. 1. 乙이 甲의 동의 없이 丙에게 지분을 양도한 것은 무효이며, 특허출원 X에 대한 출원인은 여전히 甲과 乙일 뿐만 아니라, 발명 A에 대한 특허 받을 수 있는 권리의 지분을 丙이 취득할 수도 없다.

ii) 그러므로 2010. 3. 2. 丙이 단독으로 특허출원 X를 선출원으로 하여 국내우선권주장을 하면서 발명 A, A´를 출원하였으나, 국내우선권 주장의 기초 출원인과 출원인 동일성이 없어 판단시점을 소급 받지 못하며, 발명 A에 대해서는 어떠한 권리도 가질 수 없기 때문에 무권리자의 출원에 해당한다. 따라서 특허출원 Y는 무권리자 출원으로 거절될 것이며, 출원인 동일성이 인정되지 않아 국내우선권 주장이 무효처분 될 것이어서 발명 A에 대한 판단시점을 소급 받을 수도 없어 특허출원 X에 대해 후출원이므로 선출원주의 규정에 위배되어 특허를 받을 수 없다.

iii) 따라서 정답은 ③ 이다. 참고로 丙 의 특허출원 Y의 발명 A'에 대해서는 丙이 스스로 발명을 완성하여 무권리자가 아니고 A와 A'이 동일하지 아니하여 선출원주의에 위배되지 않으나, 출원 일체의 원칙상 출원전체가 거절될 것이다. 단, 발명 A를 삭제 보정하여 발명 A'에 대해서만 등록을 받을 수는 있다.

①, ⑤ |×| 국내우선권 주장이 인정되지 못할 것이어서 타당한 지문이 되지 못한다.
② |×| 甲의 동의가 없는 이상 명의변경신고를 하였다고 하여도 승계의 효력을 발생하지 않으므로 틀린 설명이다.
④ |×| 특허출원 Y는 출원일체의 원칙상 거절될 것이므로 틀린 설명이다. 만약 丙이 발명 A를 삭제한다면 A'을 등록받을 수는 있겠으나 이 경우도 발명 A가 공지된 것이 아니므로 진보성을 판단할 필요는 없다.

정답 ③

14 특허를 받을 수 있는 권리에 관한 설명으로 옳지 않은 것은? (다툼이 있는 경우에는 판례에 의함)

[2012년 기출]

① 특허출원전에 있어서 특허를 받을 수 있는 권리의 양도는 양수인이 출원하지 않는 한 제3자에게 대항할 수 없다.
② 특허를 받을 수 있는 권리가 공유인 경우 공유자 중 일부에 의한 출원은 거절되며, 심판청구도 공유자 전원이 하여야 한다.
③ 동일한 자로부터 승계한 동일한 특허를 받을 수 있는 권리에 대하여 같은 날에 2이상 특허출원이 있는 때에는 특허출원인의 협의에 의해 정한 자의 승계만이 효력을 갖는다.
④ 특허를 받을 수 있는 권리의 양도계약에 따라 양수인 명의로 출원인명의변경이 이루어지고 양수인이 특허권의 설정등록을 받은 경우, 그 양도계약이 무효나 취소등의 사유로 효력을 상실하게 되는 때에 그 특허를 받을 수 있는 권리와 설정등록이 이루어진 특허권이 동일한 발명에 관한 것이라도 양도인은 양수인에 대하여 그 특허권에 관하여 이전등록을 청구할 수 없다.
⑤ 제2양수인이 특허를 받을 권리가 이미 제1양수인에게 양도된 사실을 잘 알면서도 양도인과 위 권리의 이중양도계약을 체결하여 그 이중양도행위에 적극적으로 가담한 경우, 이중양도계약에 기한 특허를 받을 권리의 양도행위는 반사회적 법률행위로서 무효이므로 제2양수인이 이중양도계약에 근거하여 출원한 특허발명의 등록은 무효로 되어야 한다.

해설
① |○| 법 제38조 제1항
② |○| 법 제44조 및 법 제139조 제3항

③ |○| 법 제38조 제2항
④ |×| 양도인이 특허 또는 실용신안(이하 '특허 등'이라 한다)을 등록출원한 후 출원중인 특허 등을 받을 수 있는 권리를 양수인에게 양도하고, 그에 따라 양수인 명의로 출원인명의변경이 이루어져 양수인이 특허권 또는 실용신안권(이하 '특허권 등'이라 한다)의 설정등록을 받은 경우에 있어서 그 양도계약이 무효나 취소 등의 사유로 효력을 상실하게 되는 때에 그 특허 등을 받을 수 있는 권리와 설정등록이 이루어진 특허권 등이 동일한 발명 또는 고안에 관한 것이라면 그 양도계약에 의하여 양도인은 재산적 이익인 특허 등을 받을 수 있는 권리를 잃게 됨에 대하여 양수인은 법률상 원인 없이 특허권 등을 얻게 되는 이익을 얻었다고 할 수 있으므로, 양도인은 양수인에 대하여 특허권 등에 관하여 이전등록을 청구할 수 있다(大判 2003다47218).
⑤ |○| 출원인은 특허를 받을 권리가 이미 양수 회사에게 양도된 사실을 잘 알면서도 발명자와 사이에 이 사건 이중계약을 체결하여 그 이중양도행위에 적극적으로 가담하였다 할 것이므로, 이 사건 이중계약에 기한 특허를 받을 권리의 양도행위는 반사회적 법률행위로서 무효라고 할 것이다(특허법원 2005허9282).

정답 ④

15 다음 설명 중 틀린 것은?

① 특허를 받을 수 있는 권리는 발명의 완성에서부터 거절결정의 확정 또는 특허권 설정등록 선까지 발명자가 가지는 권리이다. 특허를 받을 수 있는 권리는 발명을 함과 동시에 아무런 조치 없이 원시적으로 발명자에게 귀속된다.
② 특허를 받을 수 있는 권리를 가지지 아니한 자가 출원하거나 공동으로 발명한 자가 공동으로 출원을 하지 않은 경우 거절이유 및 무효사유가 된다.
③ 발명자란 자연법칙을 이용하여 기술적 사상을 창작한 자를 의미한다. 발명은 사실행위로서 미성년자 등과 같이 행위능력이 없는 자도 발명자가 될 수 있으며, 법정대리인을 통하여 절차를 밟기만 하면 특허를 받을 수 있다.
④ 공동발명자가 되기 위해서는 발명이 완성되기까지의 과정 중 적어도 일부에 공동발명자 각각이 기술적인 상호보완을 통하여 발명의 완성에 유익한 공헌을 하여야 하며, 발명의 완성을 위하여 실질적으로 상호협력하는 관계에 있어야 한다.
⑤ 출원인이 착오로 발명자 중 일부의 기재를 누락하거나 잘못 적은 때에는 특허여부를 결정하기 전까지만 추가 또는 정정할 수 있고, 특허여부결정이 있은 후에는 그러하지 않다.

해설

① |○| 심사기준
 ⅰ) 특허를 받을 수 있는 권리는 발명의 완성에서부터 거절결정의 확정 또는 특허권 설정등록 전까지 발명자가 가지는 권리이다. 특허를 받을 수 있는 권리는 발명을 함과 동시에 아무런 조치 없이 원시적으로 발명자에게 귀속된다.
 ⅱ) 특허법 제33조제1항은 발명을 한 자 또는 승계인은 특허를 받을 수 있다는 원칙을 규정하고 있으며, 제2항에서는 2인 이상이 공동으로 발명을 한 때에는 특허 받을 수 있는 권리를 공유로 하도록 규정하고 있다.

② |O| 법 제62조 제1호 및 제2호, 법 제133조 제1항 제2호
③ |O| 심사기준
④ |O| 심사기준
　ⅰ) 발명이 공동으로 이루어진 경우 공동발명자 전원이 발명자이므로 특허를 받을 수 있는 권리는 공동발명자 전원에게 있다. 따라서 이 경우 그 중의 일부의 자만이 출원하여 특허를 받을 수는 없다.
　ⅱ) 공동발명자가 되기 위해서는 발명이 완성되기까지의 과정 중 적어도 일부에 공동발명자 각각이 기술적인 상호 보완을 통하여 발명의 완성에 유익한 공헌을 하여야 하며, 발명의 완성을 위하여 실질적으로 상호 협력하는 관계에 있어야 한다.
⑤ |×| 심사기준 및 시행규칙 제28조
　ⅰ) 출원인이 착오로 발명자 중 일부의 기재를 누락하거나 잘못 적은 때에는 설정등록 전까지 필요에 따라 출원서에 대한 보정서를 제출하여 발명자를 추가하거나 정정할 수 있다.
　ⅱ) 설정등록 후에는 발명자의 기재가 누락(특허출원서에 적은 발명자의 누락에 한정한다) 또는 잘못 적은 것임이 명백한 경우를 제외하고는 특허권자 및 신청 전후 발명자 전원이 서명 또는 날인한 확인서류를 첨부한 정정발급신청서를 특허권자가 제출해야 발명자의 추가 또는 정정이 가능하다.

정답 ⑤

16 다음 중 발명자에 관한 설명 중 옳지 않은 것은? (다툼이 있는 경우에는 판례에 의함)

① 특허를 받을 수 있는 권리는 발명을 함과 동시에 아무런 조치 없이 원시적으로 발명자에게 귀속된다.
② 미성년자 등과 같이 행위능력이 없는 자는 발명자가 될 수 없다.
③ 발명자에 해당한다고 하기 위해서는 기술적 사상의 창작행위에 실질적으로 기여하기에 이르러야 한다.
④ 설정등록 전 출원인은 착오로 발명자 중 일부의 기재를 누락하거나 잘못 적은 때에는 필요에 따라 보정서를 특허청장에게 제출하여 추가 또는 정정할 수 있다.
⑤ 설정등록 후 특허권자는 발명자의 기재가 오기임이 명백한 경우, 출원과정을 통해 출원서에 적은 바 있던 발명자를 누락했음이 명백한 경우 또는 특허권자 및 신청 전후 발명자 전원이 서명 또는 날인한 확인서류를 첨부하는 경우 특허청장에게 정정발급신청서를 제출하여 발명자를 추가 또는 정정할 수 있다.

해설

① 심사기준
② 행위능력이 없는 자도 발명자는 될 수 있고, 단지 출원절차를 법정대리인에 의해 밟을 수 있을 뿐이다(심사기준).
③ 심사기준
④, ⑤ 특허법 시행규칙 제28조

정답 ②

17 다음 설명 중 틀린 것은? (다툼이 있는 경우 판례에 의함)

① 양도인이 특허를 받을 수 있는 권리를 양수인에게 양도하고, 그에 따라 양수인이 특허권의 설정등록을 받았으나 그 양도계약이 무효나 취소 등의 사유로 효력을 상실하게 된 경우에, 그 특허를 받을 수 있는 권리와 설정등록이 이루어진 특허권이 동일한 발명에 관한 것이라도, 양도인은 특허법 제35조에 의해 보호를 받을 수 있을 뿐이지 양도인이 양수인에 대하여 특허권에 관하여 이전등록청구를 할 수 있는 것은 아니다.

② 물건의 발명 중에는 어떠한 제조방법에 의하여 얻어진 물건을 구조나 성질 등으로 직접적으로 특정하는 것이 불가능하거나 곤란하여 제조방법에 의해서만 물건을 특정할 수밖에 없는 사정이 있을 수 있지만, 이러한 사정에 의하여 제조방법이 기재된 물건발명이라고 하더라도 그 본질이 '물건의 발명'이라는 점과 청구범위에 기재된 제조방법이 물건의 구조나 성질 등을 특정하는 수단에 불과하다는 점은 마찬가지이므로, 이러한 발명과 그와 같은 사정은 없지만 제조방법이 기재된 물건발명을 구분하여 그 기재된 제조방법의 의미를 달리 해석할 것은 아니다.

③ 발명진흥법 제10조 제3항에서 "직무발명 외의 종업원 등의 발명에 대하여 미리 사용자 등에게 특허 등을 받을 수 있는 권리나 특허권 등을 승계시키거나 사용자 등을 위하여 전용실시권을 설정하도록 하는 계약이나 근무규정의 조항은 무효로 한다."고 규정하고 있고, 계약이나 근무규정이 종업원 등의 직무발명 이외의 발명에 대해서까지 사용자 등에게 양도하거나 전용실시권의 설정을 한다는 취지의 조항을 포함하고 있는 경우에 그 계약이나 근무규정 전체가 무효가 되는 것은 아니고, 직무발명에 관한 부분은 유효하다고 해석하여야 한다.

④ 직무발명이 제3자와 공동으로 행하여진 경우에는 사용자 등은 그 발명에 대한 종업원 등의 권리를 승계하기만 하면 공유자인 제3자의 동의 없이도 그 발명에 대하여 종업원 등이 가지는 권리의 지분을 갖는다고 보아야 한다.

⑤ 특허를 받을 수 있는 권리 역시 재산권이므로 그 성질에 반하지 아니하는 범위에서는 민법의 공유에 관한 규정을 준용할 수 있다고 할 것이다(민법 제278조). 따라서 특허를 받을 수 있는 권리의 공유자 사이에 지분에 대한 별도의 약정이 있으면 그에 따르되, 그 약정이 없는 경우에는 민법 제262조 제2항에 의하여 그 지분의 비율은 균등한 것으로 추정된다고 봄이 상당하다.

해 설

① |×| ③ |○| ④ |○| ⑤ |○|

특허법 제99조의2 신설, 또한 특허법 제99조의2 신설 이전에도 판례에서 특허권이전등록청구 긍정 2014. 11. 13. 선고 2011다77313, 2011다77320 판결

(1) Q22 합금은 피고 2, 피고 1이 그 발명의 기술적 과제를 해결하기 위한 구체적인 착상을 함께 구상하고, 발명의 전 과정에 걸쳐 실질적으로 상호 협력한다는 공통의 인식 아래 합금 발명의 완성에 유익한 공헌을 함으로써 완성하였다고 봄이 상당하므로, Q22 합금의 발명자는 피고 2, 피고 1이라고 보아야 한다.

(2) 발명진흥법 제10조 제3항에서 "직무발명 외의 종업원 등의 발명에 대하여 미리 사용자 등에게 특허 등을 받을 수 있는 권리나 특허권 등을 승계시키거나 사용자 등을 위하여 전용실시권을 설

정하도록 하는 계약이나 근무규정의 조항은 무효로 한다."고 규정하고 있고, 계약이나 근무규정이 종업원 등의 직무발명 이외의 발명에 대해서까지 사용자 등에게 양도하거나 전용실시권의 설정을 한다는 취지의 조항을 포함하고 있는 경우에 그 계약이나 근무규정 전체가 무효가 되는 것은 아니고, 직무발명에 관한 부분은 유효하다고 해석하여야 한다.

(3) 특허법상 공동발명자 상호간에는 특허를 받을 권리를 공유하는 관계가 성립하고(특허법 제33조 제2항), 그 지분을 타에 양도하려면 다른 공유자의 동의가 필요하지만(특허법 제37조 제3항), 발명진흥법 제14조가 "종업원 등의 직무발명이 제3자와 공동으로 행하여진 경우 계약이나 근무규정에 따라 사용자 등이 그 발명에 대한 권리를 승계하면 사용자 등은 그 발명에 대하여 종업원 등이 가지는 권리의 지분을 갖는다"고 규정하고 있으므로, 직무발명이 제3자와 공동으로 행하여진 경우에는 사용자 등은 앞서 본 바와 같이 그 발명에 대한 종업원 등의 권리를 승계하기만 하면 공유자인 제3자의 동의 없이도 그 발명에 대하여 종업원 등이 가지는 권리의 지분을 갖는다고 보아야 한다(대법원 2012. 11. 15. 선고 2012도6676 판결 참조).

(4) 종업원 등이 이러한 신임관계에 의한 협력의무에 위배하여 직무발명을 완성하고도 그 사실을 사용자 등에게 알리지 아니한 채 그 발명에 대한 특허를 받을 수 있는 권리를 제3자에게 이중으로 양도하여 제3자가 특허권 등록까지 마치도록 하였다면, 이는 사용자 등에 대한 배임행위로서 불법행위가 된다고 할 것이다.

(5) 2인 이상이 공동으로 발명한 때에는 특허를 받을 수 있는 권리는 공유로 하는데(특허법 제33조 제2항), 특허법상 위 공유관계의 지분을 어떻게 정할 것인지에 관하여는 아무런 규정이 없으나, 특허를 받을 수 있는 권리 역시 재산권이므로 그 성질에 반하지 아니하는 범위에서는 민법의 공유에 관한 규정을 준용할 수 있다고 할 것이다(민법 제278조 참조). 따라서 특허를 받을 수 있는 권리의 공유자 사이에 지분에 대한 별도의 약정이 있으면 그에 따르되, 그 약정이 없는 경우에는 민법 제262조 제2항에 의하여 그 지분의 비율은 균등한 것으로 추정된다고 봄이 상당하다.

(6) 양도인이 특허를 받을 수 있는 권리를 양수인에게 양도하고, 그에 따라 양수인이 특허권의 설정등록을 받았으나 그 양도계약이 무효나 취소 등의 사유로 효력을 상실하게 된 경우에, 그 특허를 받을 수 있는 권리와 설정등록이 이루어진 특허권이 동일한 발명에 관한 것이라면, 그 양도계약에 의하여 양도인은 재산적 이익인 특허를 받을 수 있는 권리를 잃게 되고 양수인은 법률상 원인 없이 특허권을 얻게 되는 이익을 얻었다고 할 수 있으므로, 양도인은 양수인에 대하여 특허권에 관하여 이전등록을 청구할 수 있다(대법원 2004. 1. 16. 선고 2003다47218 판결 참조).

(7) 사용자 등이 종업원 등의 위 통지가 없음에도 다른 경위로 직무발명 완성사실을 알게 되어 직무발명 사전승계 약정 등에 따라 그 발명에 대한 권리를 승계한다는 취지를 종업원 등에게 문서로 알린 경우에는 종업원 등의 직무발명 완성사실 통지 없이도 같은 법 제13조 제2항에 따른 권리 승계의 효과가 발생한다고 보아야 한다.

(8) 직무발명 사전승계 약정 등의 적용을 받는 종업원 등이 직무발명을 완성하고도 그 사실을 사용자 등에게 알리지 아니한 채 그 발명에 대한 특허를 받을 수 있는 권리를 제3자의 적극 가담 아래 이중으로 양도하여 제3자가 특허권 등록까지 마친 경우에, 위 직무발명 완성사실을 알게 된 사용자 등으로서는 위 종업원 등에게 직무발명 사전승계 약정 등에 따라 권리 승계의 의사를 문서로 알림으로써 위 종업원 등에 대하여 특허권이전등록청구권을 가지게 된다고 봄이 상당하다.

② |○| 2015. 1. 22. 선고 2011후927 전원합의체 판결

제조방법이 기재된 물건발명의 특허요건을 판단함에 있어서 그 기술적 구성을 제조방법 자체로 한정하여 파악할 것이 아니라 제조방법의 기재를 포함하여 특허청구범위의 모든 기재에 의하여 특정되는 구조나 성질 등을 가지는 물건으로 파악하여 출원 전에 공지된 선행기술과 비교하여 신규성, 진보성 등이 있는지 여부를 살펴야 한다.

물건의 발명 중에는 어떠한 제조방법에 의하여 얻어진 물건을 구조나 성질 등으로 직접적으로

특정하는 것이 불가능하거나 곤란하여 제조방법에 의해서만 물건을 특정할 수밖에 없는 사정이 있을 수 있지만, 이러한 사정에 의하여 제조방법이 기재된 물건발명이라고 하더라도 그 본질이 '물건의 발명'이라는 점과 특허청구범위에 기재된 제조방법이 물건의 구조나 성질 등을 특정하는 수단에 불과하다는 점은 마찬가지이므로, 이러한 발명과 그와 같은 사정은 없지만 제조방법이 기재된 물건발명을 구분하여 그 기재된 제조방법의 의미를 달리 해석할 것은 아니다.

제조방법이 기재된 물건발명을 그 제조방법에 의해서만 물건을 특정할 수밖에 없는 등의 특별한 사정이 있는지 여부로 나누어, 이러한 특별한 사정이 없는 경우에만 그 제조방법 자체를 고려할 필요가 없이 특허청구범위의 기재에 의하여 물건으로 특정되는 발명만을 선행기술과 대비하는 방법으로 진보성 유무를 판단해야 한다는 취지로 판시한 대법원 2006. 6. 29. 선고 2004후3416 판결, 대법원 2007. 5. 11. 선고 2007후449 판결, 대법원 2007. 9. 20. 선고 2006후1100 판결, 대법원 2008. 8. 21. 선고 2006후3472 판결, 대법원 2009. 1. 15. 선고 2007후1053 판결, 대법원 2009. 3. 26. 선고 2006후3250 판결, 대법원 2009. 9. 24. 선고 2007후4328 판결 등을 비롯한 같은 취지의 판결들은 이 판결의 견해에 배치되는 범위 내에서 모두 변경하기로 한다.

정답 ①

18 다음 설명 중 틀린 것은? (다툼이 있는 경우 판례에 의함)

① 사용자가 종업원으로부터 직무발명을 승계하는 경우 종업원이 받을 정당한 보상액을 결정함에 있어서는 그 발명에 의하여 사용자가 얻을 이익액과 그 발명의 완성에 사용자가 공헌한 정도를 고려하도록 하고 있는데, '사용자가 얻을 이익'이라 함은 통상실시권을 얻어 직무발명을 실시할 수 있는 지위를 취득함으로써 얻을 이익을 의미한다.

② 사용자가 종업원으로부터 직무발명을 승계하는 경우 종업원이 받을 정당한 보상액을 결정함에 있어서 고려해야 하는 것으로 규정하고 있는 '사용자가 얻을 이익'은 직무발명 자체에 의해 얻을 이익을 의미하는 것이지 수익·비용의 정산 이후에 남는 영업이익 등의 회계상 이익을 의미하는 것은 아니므로 수익·비용의 정산 결과와 관계없이 직무발명 자체에 의한 이익이 있다면 사용자가 얻을 이익이 있는 것이다.

③ 직무발명보상금청구권은 일반채권과 마찬가지로 10년간 행사하지 않으면 소멸시효가 완성하고 그 기산점은 일반적으로 사용자가 직무발명에 대한 특허를 받을 권리를 종업원으로부터 승계한 시점으로 봐야 할 것이나, 회사의 근무규칙 등에 직무발명보상금의 지급시기를 정하고 있는 경우에는 그 시기가 도래할 때까지 보상금청구권의 행사에 법률상의 장애가 있으므로 근무규칙 등에 정하여진 지급시기가 소멸시효의 기산점이 된다.

④ 사용자가 직무발명을 양도한 경우에는 특별한 사정이 없는 한 그 양도대금을 포함하여 양도시까지 사용자가 얻은 이익액만을 참작하여 양도인인 사용자가 종업원에게 지급해야 할 직무발명 보상금을 산정해야 한다.

⑤ 발명자가 되기 위해서는 단순히 발명에 대한 기본적인 과제와 아이디어만을 제공하였거나, 연구자를 일반적으로 관리하였거나, 연구자의 지시로 데이터의 정리와 실험만을 하였거나 또는 자금·설비 등을 제공하여 발명의 완성을 후원·위탁하였을 뿐인 정도 등에 그치지

않고, 발명의 기술적 과제를 해결하기 위한 구체적인 착상을 새롭게 제시·부가·보완한 자, 실험 등을 통하여 새로운 착상을 구체화한 자, 발명의 목적 및 효과를 달성하기 위한 구체적인 수단과 방법의 제공 또는 구체적인 조언·지도를 통하여 발명을 가능하게 한 자 등과 같이 기술적 사상의 창작행위에 실질적으로 기여하기에 이르러야 한다.

해설

① |×| ② |○| 대법원 2013. 5. 24. 선고 2011다57548 판결
사용자가 종업원으로부터 직무발명을 승계하는 경우 종업원이 받을 정당한 보상액을 결정함에 있어서는 그 발명에 의하여 사용자가 얻을 이익액과 그 발명의 완성에 사용자가 공헌한 정도를 고려하도록 하고 있는데, '사용자가 얻을 이익'이라 함은 통상실시권을 넘어 직무발명을 배타적·독점적으로 실시할 수 있는 지위를 취득함으로써 얻을 이익을 의미한다.

③ |○| 대법원 2011. 7. 28. 선고 2009다75178 판결
직무발명보상금청구권은 일반채권과 마찬가지로 10년간 행사하지 않으면 소멸시효가 완성하고 그 기산점은 일반적으로 사용자가 직무발명에 대한 특허를 받을 권리를 종업원으로부터 승계한 시점으로 봐야 할 것이나, 회사의 근무규칙 등에 직무발명보상금의 지급시기를 정하고 있는 경우에는 그 시기가 도래할 때까지 보상금청구권의 행사에 법률상의 장애가 있으므로 근무규칙 등에 정하여진 지급시기가 소멸시효의 기산점이 되는바, 원심은, 피고회사의 직무발명보상 관련 규정들에 의하면 제1특허발명에 대한 직무발명보상금은 제1특허발명의 실시에 의해 회사에 기여한 것으로 인정되는 경우 해당 사업부장과 지적재산담당임원의 심의가 이루어진 후에 지급하는 것이고, 특히 그 첫 회분은 제품출시 연도의 다음 회계 연도 1년 동안의 실적을 평가하여 지급하도록 되어 있으므로, 원고의 제1특허발명에 대한 직무발명보상금청구권의 행사는 위와 같은 심의가 이루어지고 피리벤족심이 제품화된
1997년 2월경의 다음 회계 연도 1년 동안의 실적을 평가한 후에야 비로소 가능하다고 할 것인데, 위와 같은 심의 혹은 평가가 이루어졌음을 인정할 아무런 증거가 없어 그 소멸시효의 기산점은 아무리 빨라도 피리벤족심이 제품화된 다음 회계 연도인 1998년 이후이므로, 그로부터 10년 이내인 2007. 8. 31.에 이 사건 소가 제기된 이상 위 직무발명보상금청구권의 소멸시효가 완성하지 않았다는 취지로 판단하였는데, 원심의 위와 같은 판단은 정당하다.

④ |○| 대법원 2010. 11. 11. 선고 2010다26769 판결
사용자가 직무발명을 제3자에게 양도한 이후에는 더 이상 그 발명으로 인하여 얻을 이익이 없을 뿐만 아니라, 직무발명의 양수인이 직무발명을 실시함으로써 얻은 이익은 양수인이 처한 우연한 상황에 따라 좌우되는 것이어서 이러한 양수인의 이익액까지 사용자가 지급해야 할 직무발명 보상금의 산정에 참작하는 것은 불합리하므로, 사용자가 직무발명을 양도한 경우에는 특별한 사정이 없는 한 그 양도대금을 포함하여 양도시까지 사용자가 얻은 이익액만을 참작하여 양도인인 사용자가 종업원에게 지급해야 할 직무발명 보상금을 산정해야 하는바, 원고와 신화피티지 사이에 '이 사건 발명을 직무발명으로 가정하여 산정한 직무발명 보상금 상당액'을 양도대금으로 지급하기로 한 약정의 내용은 이 사건 발명이 제3자에게 양도되는 경우에는 특별한 사정이 없는 한 그 양도대금을 신화피티지가 얻을 이익액만을 참작하여 산정하기로 한 것일 뿐 양수인인 제3자가 얻을 이익액까지 참작하여 산정하기로 한 것이 아니라고 할 것이고, 따라서 원고와 피고 사이에 피고가 얻을 이익액을 기준으로 하여 이 사건 발명에 대한 보상금을 산정하기로 하는 별도의 새로운 약정이 있었다는 등의 특별한 사정이 없는 한, 상법 제44조에 의하여 신화피티지의 원고에 대한 이 사건 양도대금 채무를 변제할 책임이 있을 뿐인 피고는 원고에게, 신화피티지 및 이를

합병한 신화유화가 이 사건 발명으로 인하여 얻은 이익액만을 참작하여 산정한 직무발명 보상금 상당액을 지급할 의무가 있으므로, 원심은 이 사건 발명의 양수인인 피고에게 발생하였거나 발생할 이익액을 참작하여 피고가 원고에게 지급해야 할 이 사건 양도대금의 액수를 산정하고 말았으니, 여기에는 이 사건 권리의 양도대금 산정에 관한 법리를 오해하여 판결에 영향을 미친 위법이 있다.

⑤ |이| 대법원 2014. 11. 13. 선고 2011다77313,77320 판결

정답 ①

19 甲, 乙은 발명 A의 공동발명자이고, 丙은 제3자이다. 다음 설명 중 옳은 것은?

① 乙이 단독으로 발명 A를 출원하여 특허등록을 받은 경우 법원에서 甲은 乙에게 자신의 지분의 이전을 청구할 수 있다.
② 甲과 乙이 공동으로 발명 A를 출원하여 특허등록을 받은 경우, 甲은 乙의 동의 없이는 발명 A를 스스로 실시할 수 없다.
③ 甲과 乙이 공동으로 발명 A를 출원하여 특허등록을 받은 경우, 甲은 乙의 동의 없이 丙에게 전용실시권은 설정할 수 없으나 통상실시권은 허락할 수 있다.
④ 甲과 乙이 공동으로 출원했으나 거절결정을 받은 경우, 乙이 불복의 의사가 없을 때 거설결정에 대한 불복심판은 甲 단독으로 진행할 수 있다.
⑤ 甲과 乙이 공동으로 발명 A를 출원한 경우, 甲은 乙의 동의를 받으면 자기의 특허를 받을 수 있는 권리의 지분을 질권의 목적으로 할 수 있다.

해설

① 특허법 제99조의2, 특허권의 이전청구는 특허법 제44조에 위배되는 경우도 활용할 수 있다.
② 특별히 약정한 경우가 아닌 이상 다른 공유자의 동의 없이 마음대로 실시할 수 있다(특허법 제99조 제3항).
③ 전용실시권이나 통상실시권 모두 다른 공유자의 동의를 받아야만 설정하거나 허락할 수 있다(특허법 제99조 제4항).
④ 심판은 공유자 전원이 청구해야만 한다(특허법 제139조 제3항).
⑤ 특허를 받을 수 있는 권리는 다른 공유자의 동의를 떠나서, 질권 설정 자체가 불가능하다(특허법 제37조 제2항).

정답 ①

20 특허법상 특허출원 및 특허에 관한 설명으로 옳지 않은 것은? (다툼이 있으면 판례에 따름)

[2021년 기출]

① 국립대학법인은 특허출원인 및 특허에 관한 심판과 소송의 당사자가 될 수 있다.
② 우리나라와 조약이나 협정이 체결되어 있지 않은 국가가 자국의 법률에 의하여 해당 국가 내에 주소나 영업소가 없는 우리나라 국민에게 특허권 또는 특허에 관한 권리를 인정하는 경우, 그 국가의 국민은 우리나라에서 특허의 출원인이나 심판과 소송의 당사자가 될 수 있다.
③ 특허출원 하고자 하는 발명이 2인 이상 공동으로 이루어진 경우 특허출원시에 발명자 전원이 공동출원 하지 아니하였다면, 그 출원 후에 공동발명자 중 1인이 나머지 공동발명자로부터 특허를 받을 수 있는 권리의 지분 모두를 이전 받아 단독권리자가 되는 경우, 특허법 제44조(공동출원) 규정 위반의 하자는 치유되지 아니한다.
④ 특허를 받을 수 있는 권리를 이전하기로 하는 계약은 명시적으로는 물론 묵시적으로도 이루어질 수 있다.
⑤ 무권리자의 출원과 정당한 권리자의 출원 사이에 동일한 발명에 대한 제3자의 출원이 있는 경우, 정당한 권리자의 출원일은 제3자의 출원일보다 앞서므로 정당한 권리자의 출원은 제3자의 출원으로 인하여 거절되지 않으며, 오히려 제3자의 출원이 정당한 권리자의 출원에 의하여 거절된다.

해설

① 이 내용은 엄밀하게는 특허법 문제가 아니다. 특허출원은 특허권의 주체가 될 수 있는 자, 즉 권리능력이 있는 자연인 또는 법인만 절차를 밟을 수 있다. 국립대학교는 민법상 법인격이 없기 때문에 권리의 주체가 되지 못하며, 따라서 특허출원의 당사자가 될 수 없다. 다만 국립대학법인은 별도의 법인격이 인정된다. 서울대학교의 경우 "국립대학법인 서울대학교"를 설립하였다. 한편 본 지문과 별개로 실무에서 각 대학교는 산학협력단을 별도의 법인으로 두어 산학협력단 명의로 특허출원을 하고 있다. 참고판례를 아래에 소개한다.
"특허법에서는 특허출원의 주체가 될 수 있는 자나 당사자능력에 관한 규정을 따로 두고 있지 아니하므로, 특허권과 특허법의 성질에 비추어 민법과 민사소송법에 따라 거기에서 정하고 있는 권리능력과 당사자능력이 있는 자라야 특허출원인이나 그 심판·소송의 당사자가 될 수 있다고 할 것인바, 경북대학교는 국립대학으로서 민사법상의 권리능력이나 당사자능력이 없음이 명백하므로 특허출원인이나 심판청구인, 상고인이 될 수 없다(대법원 1997. 9. 26. 선고 96후825 판결)."
② 지문이 다소 불명료하다. "자국에서 우리나라 국민에게 특허권 또는 특허에 관한 권리를 인정하는 경우"는 특허법 제25조 제1호를 언급한 것으로 보인다. 그러나 특허법 제25조는 거절이유에 해당할 뿐, 방식사유와 무관하다. 즉 절차의 당사자가 될 수 있는지 여부와 무관하다. 예컨대 특허법 제25조에 해당하여 대한민국에서 특허권을 가질 수 없는 재외자 중 외국인이 특허출원한 경우, 이는 출원서가 반려되는 것이 아니라, 즉 출원절차를 밟을 수는 있으나 심사 후 거절결정된다(심사기준).
③ 지문이 다소 불명료하다. 이를 옳다고 한 판례는 없으므로 틀린 지문으로 볼 수는 있겠다.
④ 특허를 받을 수 있는 권리는 발명의 완성과 동시에 발명자에게 원시적으로 귀속되지만, 이는 재산권으로서 양도성을 지니므로 계약 또는 상속 등을 통하여 그 전부 또는 일부 지분을 이전할 수 있는바(특허법 제37조 제1항), 그 권리를 이전하기로 하는 계약은 명시적으로는 물론 묵시적으로

도 이루어질 수 있고, 그러한 계약에 따라 특허등록을 공동출원한 경우에는 그 출원인이 발명자가 아니라도 등록된 특허권의 공유지분을 가진다(대법원 2015. 7. 23. 선고 2013다77591 판결).
⑤ 특허법 제34조, 제35조에 따른 정당권리자 출원은 출원일 소급효가 있어, 무권리자 출원일로 출원일이 소급된다. 따라서 본 지문에서의 제3자 출원은 정당권리자 출원에 의해 선원 또는 확대된 선원 위반으로 거절될 수 있다.

정답 ③

21 특허를 받을 수 있는 권리에 관한 설명으로 옳지 않은 것은? (다툼이 있으면 판례에 따름)

[2022년 기출]

① 특허출원 후에는 특허를 받을 수 있는 권리의 승계는 상속, 그 밖의 일반승계의 경우를 제외하고는 특허출원인변경신고를 하여야만 그 효력이 발생한다.
② 특허출원 전에 이루어진 특허를 받을 수 있는 권리의 승계는 그 승계인이 특허출원을 하여야만 그 효력이 발생한다.
③ 특허를 받을 수 있는 권리는 발명의 완성과 동시에 발명자에게 원시적으로 귀속되지만, 이는 재산권으로 양도성을 가지므로 계약 또는 상속 등을 통하여 전부 또는 일부 지분을 이전할 수 있고, 특허를 받을 수 있는 권리를 이전하기로 하는 계약은 명시적으로는 물론 묵시적으로도 이루어질 수 있다.
④ 정부는 특허출원된 발명이 국방상 필요한 경우에는 특허를 하지 아니할 수 있으며, 전시 · 사변 또는 이에 준하는 비상시에 국방상 필요한 경우에는 특허를 받을 수 있는 권리를 수용할 수 있고, 특허하지 아니하거나 수용한 경우에는 정부는 정당한 보상금을 지급하여야 한다.
⑤ 동일한 자로부터 동일한 발명 및 고안에 대한 특허를 받을 수 있는 권리 및 실용신안등록을 받을 수 있는 권리를 승계한 자가 둘 이상인 경우 그 승계한 권리에 대하여 같은 날에 특허출원 및 실용신안등록출원이 있으면 특허출원인 및 실용신안등록출원인 간에 협의하여 정한 자에게만 승계의 효력이 발생한다.

해설

① |O| 출원 후 승계는 일반승계 제외하고 출원인변경신고가 효력발생요건이다(특허법 제38조 제3항).
② |X| 출원 전 승계는 계약 또는 법률에 의해 효력발생한다. 출원은 효력발생요건이 아니고 대항요건이다(특허법 제38조 제1항).
③ |O| 이전 계약은 민법과 마찬가지로 묵시적으로도 가능하다. 참고판례를 아래에 소개한다.
"특허를 받을 수 있는 권리는 발명의 완성과 동시에 발명자에게 원시적으로 귀속되지만, 이는 재산권으로서 양도성을 지니므로 계약 또는 상속 등을 통하여 그 전부 또는 일부 지분을 이전할 수 있는바(특허법 제37조 제1항), 그 권리를 이전하기로 하는 계약은 명시적으로는 물론 묵시적으로도 이루어질 수 있고, 그러한 계약에 따라 특허등록을 공동출원한 경우에는 그 출원인이 발명자가 아니라도 등록된 특허권의 공유지분을 가진다(대법원 2015. 7. 23. 선고 2013다77591, 77607 판결)."

④ |○| 국방상 필요한 발명은 대한민국 국민의 이익을 위해 정부가 외국출원금지명령, 비밀취급명령, 특허불허 또는 권리 수용(비상시)을 할 수 있다. 단 이 경우 정부는 정당한 보상금을 지급하여야 한다(특허법 제41조).

⑤ |○| 출원 전 이중양도가 있는 경우 먼저 출원한 자가 특허를 받을 수 있으며, 동일자로 출원한 경우는 협의하여 정한 자만 특허를 받을 수 있다(특허법 제38조 제3항). 만약 동일자로 출원한 자간에 협의가 성립되지 않으면 둘 다 승계의 효력이 발생하지 않아 무권리자가 되어 제33조 제1항 본문 위반으로 특허를 받을 수 없게 된다.

정답 ②

PART 03

기타 절차 일반

CHAPTER 01 기일과 기간

01 특허법에 규정된 기간에 관한 다음 보기 중 옳지 않은 것을 모두 고른 것은?

> ㄱ. 2017년 6월 7일이 우선일이고, 2017년 8월 3일이 출원일인 특허출원된 발명이 2017년 12월 4일 특허권 설정등록이 된 경우, 당해 특허권의 존속기간은 2037년 6월 7일 24시까지이다.
> ㄴ. 특허심판원장은 직권으로 교통이 불편한 지역에 있는 자에게 특허법 제132조의17에 따른 심판의 청구기간을 연장할 수 있다.
> ㄷ. 특허청장, 특허심판원장, 심판장 또는 심사관은 특허법에 따라 특허에 관한 절차를 밟을 기간을 정한 때 직권으로 그 기간을 단축하거나 연장할 수 있다.
> ㄹ. 특허에 관한 절차를 밟은 자가 책임질 수 없는 사유로 인하여 특허법 제180조 제1항의 재심청구기간을 준수하지 못한 경우는 그 사유가 소멸한 날부터 14일 이내에 지키지 못한 절차를 추후보완할 수 있다. 다만 그 기간의 만료일부터 1년이 경과한 때는 그러하지 아니하다.
> ㅁ. 심사청구기간 만료일이 2017년 7월 8일(토요일)인 경우 출원인은 2017년 7월 10일까지 심사청구를 할 수 있다.

① ㄱ, ㄴ
② ㄱ, ㄴ, ㄷ
③ ㄱ, ㄴ, ㄷ, ㄹ
④ ㄱ, ㄴ, ㅁ
⑤ ㄱ, ㄷ, ㄹ

해설

ㄱ. 특허법 제87조 제1항, 존속기간은 설정등록일이나 우선일이 아닌 출원일부터 20년이다. 존속기간은 2037년 8월 3일 24시까지이다.
ㄴ. 법정기간의 연장은 특허심판원장이 아닌 특허청장이 한다(특허법 제15조 제1항).
ㄷ. 지정기간의 단축은 청구에 따라서만 가능하다(특허법 제15조 제2항).
ㄹ. 거절결정불복심판 또는 재심청구의 추후보완은 책임질 수 없는 사유 소멸일부터 2월 이내에 가능하다(특허법 제17조).
ㅁ. 절차를 밟을 수 있는 기간의 만료일이 공휴일인 경우는 그 다음 날로 만료한다(특허법 제14조 제4호).

정답 ③

02 기간 계산에 대한 다음 설명 중 잘못된 것은?

① 1월 30일부터 1개월의 기간이 주어진 경우 기간의 만료일은 2월 28일이나 2월이 윤달인 경우 29일이 된다.
② 특허권의 존속기간의 만료일이 추석연휴인 경우 원래의 해당일로 만료된다.
③ 1월로 정한 거절이유통지서를 1월 28일과 1월 31일에 각각 발송하였다면 1월의 기간 만료일은 모두 2월 28일이 되고 다시 1월의 연장기간이 추가된 경우 연장기간의 기산일은 모두 3월 1일이 되어 연장기간의 만료일은 모두 3월 31일이 된다.
④ 12월 28일부터 1월의 기간이 주어지고 다시 1개월씩 두 번의 기간의 연장이 이루어 진 경우 연장된 기간의 만료일은 3월 31일 이다.
⑤ 8월 22일부터 1월의 기간이 주어지고 다시 1월의 기간의 연장된 경우 기간의 만료일은 10월 23일 이다. 단, 9월 22일이 토요일이라고 가정한다.

해설

① |O| 월 또는 년의 처음부터 기간을 기산하지 아니하는 때에는 최후의 월 또는 년에서 그 기산일에 해당하는 날의 전일로 기간이 만료한다(법 제14조 제3호 본문). 다만, 월 또는 년으로 정한 경우에 최종 月에 해당일이 없는 때에는 그 月의 말일로 기간이 만료한다(법 제14조 제3호 단서)
2월은 31일 이나 30일이 없기 때문에 28(29)일로 만료한다.

② |O| 특허에 관한 절차에 있어서 기간의 말일이 공휴일(「근로자의 날 제정에 관한 법률」에 의한 근로자의 날 및 토요일을 포함한다)에 해당하는 때에는 기간은 그 다음날로 만료한다(법 제14조 제4호) 이 규정은 특허에 관한 「절차」의 기간에 대해서만 특허에 관한 「권리」의 기간(예 : 특허권의 존속기간)은 다음날로 연장되지 않고 원래의 해당일로 종료한다.

③ |O| ①의 경우처럼 2월에는 31일이 없으므로 1월 31일 통지서가 발송된 경우도 만료일이 2월 28일 이므로 기간이 연장된 경우, 연장기간의 만료일은 모두 3월 31일이다.

④ |O| 기간의 기산일을 결정할 때는 원칙적으로 기간의 초일은 이를 산입하지 아니한다. 다만, 그 기간이 오전 0시부터 시작하는 때에는 그러하지 아니하다(법 제14조 제1호). 예를 들면, 「지정기간의 연장(법 제15조)」의 경우에는 원기간의 만료일의 다음날 오전 0시부터 계산되므로 초일을 산입한다. 그러므로, 1회 기간 연장의 기산일은 1.29이 되고 2회 기간 연장의 기산일은 3.1이 되므로 두 번의 기간의 연장이 이루어 진 경우 연장된 기간의 만료일은 3.31이 된다.

⑤ |×| 9.22가 토요일이고 23일이 일요일이라고 할지라도 기간 연장의 기산일이 24일 월요일이 되는 것이 아니다. 즉, 지정기간의 만료일이 공휴일 일지라도 그 기간 연장의 기산일은 공휴일부터 시작된다. 그러므로, 9월 22일이 지정기간 만료일 인데, 그 익일인 23일이 연장된 기간의 기산일이 되므로, 연장된 기간의 만료일은 10.22 이다.

정답 ⑤

03 기간의 연장에 관한 설명 중 가장 틀린 것만을 모은 것은? [2000년 기출변형]

> (가) 특허청장·특허심판원장·심판장 또는 심사관이 특허에 관한 절차를 밟을 기간을 정한 때에는 청구에 의하여 그 기간을 연장할 수 있다.
> (나) 특허청장 또는 특허심판원장은 교통이 불편한 지역에 있는 자를 위하여 청구에 의하여 거절결정불복심판 청구기간을 1회에 한하여 30일 이내에서 연장할 수 있다.
> (다) 심판장 또는 심사관은 교통이 불편한 지역에 있는 자를 위하여 직권으로 거절결정불복심판의 청구기간을 연장할 수 있다.
> (라) 특허의 거절결정을 받은 자는 거절결정등본을 받은 날로부터 3개월 이내에 거절결정불복심판 청구기간의 연장을 청구할 수 있다.
> (마) 심판장은 특허에 관한 절차를 밟을 기일(期日)을 정한 때에는 직권으로 그 기일을 변경할 수 있다.

① (가), (나)   ② (나), (다)
③ (다), (라)   ④ (라), (마)
⑤ (가), (마)

해설

(가) |O| 법 제15조 제2항
(나) |×| 특허청장의 청구에 따라 또는 직권으로 법 제132조의17에 따른 심판의 청구기간을 1회에 한하여 30일 이내에서 연장할 수 있다. 다만, 교통이 불편한 지역에 있는 자의 경우에는 그 횟수 및 기간을 추가로 연장할 수 있다(법 제15조 제1항). 종전에는 재외자(교통이 불편한 지역에 있는 자)에 한하여 거절결정불복심판 청구기간의 연장이 가능하였으나, 개정법(2009.1.30. 시행)에서는 누구든지 연장이 가능하다. 단, 재외자의 경우는 연장의 횟수와 기간의 추가가 가능하나, 재내자의 경우는 1회에 한하여 30일의 범위 내에서만 연장이 가능하다는 점에서 차이가 있다(실무).
(다) |×| 법 제15조 제1항에 따른 기간의 연장 주체는 특허청장이다.
(라) |O| 기간의 연장은 기간이 경과하기 전에 하여야 한다. 거절결정불복심판의 청구기간(법 제132조의17) 또는 특허청장·특허심판원장·심판장 또는 심사관이 지정한 기간을 경과하여 기간연장절차를 밟은 경우 해당 서류는 반려된다(시행규칙 제11조 제1항 제9호).
(마) |O| 법 제15조 제3항

정답 ②

04 다음은 특허법상 기간에 관한 설명이다. 옳은 것은? [2006년 기출변형]

> (가) 절차무효처분의 취소청구는 보정명령을 받은 자의 책임질 수 없는 사유가 발생한 날부터 14일 이내에 할 수 있다.
> (나) 특허료 납부에 관한 보전명령을 받은 자가 특허료를 보전할 수 있는 기간은 보전명령을 받은 날부터 30일 이내이다.
> (다) 특허료를 추가납부기간 이내에 납부하지 아니하여 특허권이 소멸한 경우에도 추가납부기간 만료일부터 3월 이내에 특허법 제79조(특허료)의 규정에 따른 특허료의 3배를 납부하면 소멸한 권리를 회복할 수 있다.
> (라) 재심을 청구할 수 있는 기간은 심결 확정 후 재심의 사유가 발생한 날부터 30일 이내이다.

① (가) ② (나)
③ (다) ④ (라)
⑤ 모두 틀림

해설

(가) |×| 책임질 수 없는 사유가 아니고 정당한 사유로 요건이 완화되었다. 또한 14일 아니고 그 사유가 소멸한 날부터 2월 이내에 보정명령을 받은 자의 청구에 의하여 그 무효처분을 취소할 수 있다. 다만, 지정된 기간의 만료일부터 1년이 경과한 때에는 그러하지 아니하다(법 제16조 제2항).
(나) |×| 보전명령을 받은 자는 그 보전명령을 받은 날부터 1월 이내에 특허료를 보전할 수 있다(법 제81조의2 제2항).
(다) |×| 추가납부기간 또는 보전기간 만료일부터 3월 이내에 제79조의 규정에 따른 특허료의 2배를 납부하고 그 소멸한 권리의 회복을 신청할 수 있다(법 제81조의3 제3항).
(라) |×| 당사자는 심결 확정 후 재심의 사유를 안 날부터 30일 이내에 재심을 청구하여야 한다(법 제180조 제1항).

정답 ⑤

05 특허법상 기간에 관한 설명 중 옳지 않은 것은? (단 2월은 28일까지 있는 것으로 한다.)

① 심사관이 특허출원에 대해 2018년 12월 30일 의견제출통지서를 발송하면서 2월의 지정기간을 준 경우, 출원인은 2019년 2월 28일까지 명세서 및 도면의 보정서를 제출할 수 있다.
② 심사관이 특허출원에 대해 의견제출통지서를 발송하면서 2월의 지정기간을 준 경우, 그 지정기간의 단축은 불가하다.
③ 우선일이 2017년 3월 4일이고, 출원일이 2018년 1월 14일인 특허출원이 2018년 10월 24일 설정등록된 경우, 특허권 존속기간의 만료일은 2038년 1월 14일이다.
④ 2018년 10월 26일에 출원한 선출원을 기초로 국내우선권주장 출원을 하고자 하는 경우, 2019년 10월 28일(월)까지 출원해도 국내우선권주장이 가능하다.
⑤ 2018년 5월 3일 출원한 원출원을 기초로 2018년 9월 18일 분할출원한 경우, 분할출원의 심사청구기한은 2021년 5월 3일까지이다.

> 해설

① 거절이유통지 후 명세서 및 도면의 보정은 의견제출기간 내에 가능하다. 초일 제외하고 12월 31일부터 기산하면 2월 31일의 전날인 2월30일이나, 2월은 28일까지 있다고 하므로, 말일인 2월 28일이 만료일이 된다.
② 직권으로는 불가하나 출원인의 청구에 의해서는 지정기간의 단축이 가능하다.
③ 존속기간만료일은 우선일부터가 아니고 출원일부터 20년이다.
④ 국내우선권주장은 1년 이내 출원하면 가능하다. 단 말일이 공휴일인 경우는 그 다음 날까지 절차를 밟을 수 있다. 국내우선권주장의 만료일인 2019년 10월 26일이 토요일이므로, 월요일인 2019년 10월 28일까지 출원해도 국내우선권주장은 가능하다.
⑤ 분할출원은 원출원일부터 3년, 분할출원한 날부터 30일 중 늦은 날까지 심사청구를 할 수 있으므로, 2021년 5월 3일까지 심사청구 가능하다.

정답 ②

06 다음 중 절차를 밟는 기간의 설명으로 옳지 않은 것은?

① 특허에 관한 절차에 있어서 기간의 말일이 공휴일인 경우에는 기간은 그 다음날로 만료한다.
② 특허에 관한 절차에 있어서 기간의 기산일이 공휴일인 경우 그 기간은 공휴일부터 시작된다.
③ 국내우선권주장에 있어서 선출원의 취하로 보는 시점, 특허권의 존속기간의 만료일은 기간의 말일이 공휴일이라 하더라도 기간의 말일이 그 다음날로 연장되지는 않는다.
④ 법정기간은 단축할 수 없으나 지정기간은 직권 또는 당사자의 청구에 따라 단축할 수 있다.
⑤ 법정기간은 특허법 제132조의17의 규정에 의한 심판의 청구기간에 한하여 연장할 수 있으나, 지정기간은 연장 대상에 제한이 없다.

해설

①, ②, ③ 특허에 관한 절차에 있어서 기간의 말일이 공휴일인 경우에는 기간은 그 다음날로 만료한다. 여기서 주의할 점은 다음날로 만료되는 기간은 특허에 관한 절차와 관련된 법정기간이나 지정기간이라는 점이다. 즉 특허에 관한 절차가 아닌 법정기간이나 지정기간은 특허법 제14조 제4호의 적용을 받지 않는다. 예를 들어 국내우선권주장에 있어서 선출원의 취하로 보는 시점, 특허권의 존속기간의 만료일 등은 기간의 말일이 공휴일이라 하더라도 기간의 말일이 그 다음날로 연장되지는 않는다. 기간의 기산일이 공휴일인 경우 그 기간은 공휴일부터 시작된다(심사기준).
④ 직권에 의해 지정기간을 단축할 수는 없다.
⑤ 법정기간은 특허법 제132조의17의 규정에 의한 심판의 청구기간에 한하여 연장할 수 있으나, 지정기간은 연장 대상에 제한이 없다(심사기준).

정답 ④

07 기간에 관한 설명 중 옳지 않은 것은?

① 국내우선권주장에 있어서 선출원의 취하로 보는 시점, 특허권의 존속기간의 만료일은 기간의 말일이 공휴일이라 하더라도 기간의 말일이 그 다음날로 연장되지 않는다.
② 특허에 관한 절차의 기간의 기산일이 공휴일인 경우 그 기간은 공휴일부터 시작된다.
③ 법정기간은 특허법 제132조의17의 규정에 의한 심판의 청구기간에 한하여 연장할 수 있다.
④ 지정기간은 연장 대상에 제한이 없으며, 당사자의 청구에 따라 단축할 수도 있다.
⑤ 전자문서를 제출하려는 자가 기한 전에 정보통신망을 이용하여 전자문서를 발송하였으나 특허청장이 사전에 공지한 전산장애로 인하여 기한 내에 제출되지 않은 경우, 기간은 그 장애가 제거된 날의 다음날로 만료한다.

해설

① 특허에 관한 절차가 아니면 만료일이 공휴일이어도 공휴일로 만료한다(특허법 제14조).
② 심사기준
③ 특허법 제15조 제1항
④ 특허법 제15조 제2항
⑤ 사전에 공지한 경우는 그렇지 아니하다.

정답 ⑤

08 기간에 관한 설명으로 옳지 않은 것은? [2023년 기출]

① 기간을 월 또는 연의 처음부터 기산하지 아니하는 때에는 최후의 월 또는 연에서 그 기산일에 해당하는 날의 전일로 기간이 만료한다.
② 국내우선권주장에 있어서 선출원의 취하로 보는 시점은 기간의 말일이 공휴일이라 하더라도 기간의 말일이 그 다음날로 연장되지는 않는다.
③ 기간의 기산일이 공휴일인 경우 그 기간은 공휴일의 다음날부터 시작된다.
④ 법정기간은 특허법 제132조의17의 규정에 의한 심판의 청구기간에 한하여 연장할 수 있으나, 지정기간은 연장 대상에 제한이 없다.
⑤ 법정기간은 단축할 수 없으나 지정기간은 당사자의 청구에 따라 단축할 수 있다.

해설

① |O| 기간의 계산 규정이다. 예컨대 1월은 31일 존재하고, 2월은 28일 또는 29일 존재하는 등, 월 또는 연의 경우 기간의 물리적 시간이 시기에 따라 다를 수 있어, 역에 따라 계산하고, 처음부터 기산하지 않는 경우는 마지막 월 또는 연에서 그 기산일에 해당하는 날의 전날로 만료한다는 별도 기간 계산 방법 규정하고 있다(특허법 제14 제3호).
② |O| 심사기준 문구다. 선출원 취하 간주 시점은 특허에 관한 절차 기간이 아니기 때문에 특허법 제14조 제4호가 적용되지 않는다(심사기준).
③ |X| 심사기준 문구다. 특허법 제14조 제4호는 마지막 날이 공휴일인 경우 그 다음날로 만료할 뿐이다(심사기준).
④ |O| 법정기간 vs 지정기간 대비 문제다. 법정기간은 제132조의17 에 한하여 연장 가능한 반면(특허법 제15조 제1항), 지정기간은 제한 없이 연장 가능하다(특허법 제15조 제2항).
⑤ |O| 법정기간 vs 지정기간 대비 문제다. 법정기간은 단축 불가한 반면, 연장기간은 청구에 따라 단축 가능하다(특허법 제15조 제2항).

정답 ③

09 특허법상 기간에 관한 설명으로 틀린 것은?

① A는 1994년 4월 10일 특허출원하였으나, 이때의 발명을 개량하여 1994년 10월 9일 우선권주장출원을 하였다. 이때 국내우선권제도에 따라 선출원은 1995년 7월 10일이 경과한 때 취하된 것으로 간주된다.
② 특허청장·특허심판원장·심판장 또는 심사관은 특허에 관한 절차를 밟을 기간을 정한 때에는 청구 또는 직권으로 그 기간을 단축 또는 연장할 수 있다.
③ 2008년 3월 28일자로 심결된 특허무효심결문을 동년 3월 30일 오전 10시에 받은 경우 동년 4월 29일까지 심결취소소송을 제기하여야 한다.
④ 의견제출통지에 따른 지정기간에 대하여 출원인이 기간의 연장을 청구하는 경우, 연장여부는 그 절차의 이해관계인의 이익이 부당하게 침해되지 아니하도록 결정하여야 한다.
⑤ 출원심사를 청구할 수 있는 기간, 심결 및 심판을 청구할 수 있는 기간, 거절이유통지에 대한 의견서를 제출할 수 있는 기간에 대해서는 그 기간의 말일이 공휴일에 해당하는 때에는 그 다음날로 만료되는 것으로 한다.

해 설

① |O| 국내우선권주장출원의 기초가 된 선출원이 특허출원인 경우에는 그 선출원일로부터 1년 3월 경과한 때 취하된 것으로 간주된다(법 제56조 제1항).
② |×| 특허청장·특허심판원장·심판장 또는 심사관은 이 법에 따라 특허에 관한 절차를 밟을 기간을 정한 때에는 청구에 따라 그 기간을 단축 또는 연장하거나 직권으로 그 기간을 연장할 수 있다(법 제15조제2항). 즉, 직권으로 기간을 단축할 수는 없다.
③ |O| 심결취소소송은 심결등본 송달일로부터 30일 내에 제기할 수 있다. 초일인 3월 30일은 산입하지 않고 3월 31일부터 30일 되는 날은 4월 29일이다.
④ |O| 법 제15조 제2항 후단
⑤ |O| 절차에 관한 기간은 기간의 말일이 공휴일인 경우는 그 다음날로 기간이 만료 한다(법 제14조 제4호).

정답 ②

10 특허법에 규정된 기간에 관한 다음 보기 중 옳지 않은 것으로만 묶인 것은? [2008년 기출]

> ㄱ. 2006년 10월 6일 특허출원된 발명이 2008년 1월 3일 특허권 설정등록이 된 경우, 당해 특허권의 존속기간은 2026년 10월 6일 24시까지이다.
>
> ㄴ. 특허심판원장은 교통이 불편한 지역에 있는 자의 청구에 따라 특허법 제132조의17(특허거절결정 등에 대한 심판)의 규정에 의한 거절결정불복심판의 청구기간을 연장하여야 한다.
>
> ㄷ. 특허청장·특허심판원장·심판장 또는 심사관은 특허법에 따라 특허에 관한 절차를 밟을 기간을 정한 때에는 청구에 따라 또는 직권으로 그 기간을 단축 또는 연장할 수 있다.
>
> ㄹ. 특허에 관한 절차를 밟은 자가 책임질 수 없는 사유로 인하여 특허법 제180조(재심청구의 기간) 제1항의 규정에 의한 재심의 청구기간을 준수할 수 없을 때에는 그 사유가 소멸한 날부터 2월 이내에 지키지 못한 절차를 추후보완 할 수 있다. 다만, 그 기간의 만료일부터 1년이 경과한 때에는 그러하지 아니하다.
>
> ㅁ. 심사청구기간 만료일이 2008년 7월 12일(토요일)인 경우 출원인은 2008년 7월 14일까지 심사청구를 할 수 있다.

① ㄱ, ㄷ, ㄹ ② ㄱ, ㄷ, ㅁ
③ ㄴ, ㄷ, ㅁ ④ ㄴ, ㄷ
⑤ ㄴ, ㅁ

해설

ㄱ. |O| 특허권의 존속기간은 특허권의 설정등록이 있는 날부터 특허출원일후 20년이 되는 날까지로 한다(법 제88조 제1항).

ㄴ. |×| 특허청장이 청구에 따라 또는 직권으로 법 제132조의17에 따른 심판의 청구기간을 1회에 한하여 30일 이내에서 연장할 수 있다. 다만, 교통이 불편한 지역에 있는 자의 경우에는 그 횟수 및 기간을 추가로 연장할 수 있다(법 제15조 제1항). 한편, 기간연장 가부는 재량사항이므로 당사자의 청구시 연장결정을 해야만 하는 것은 아니다.

ㄷ. |×| 특허청장·특허심판원장·심판장 또는 심사관은 이 법에 따라 특허에 관한 절차를 밟을 기간을 정한 때에는 청구에 따라 그 기간을 단축 또는 연장하거나 직권으로 그 기간을 연장할 수 있다(법 제15조 제2항). 즉, 직권으로 기간의 단축할 수는 없다.

ㄹ. |O| 법 제17조

ㅁ. |O| 특허에 관한 절차에 있어서 기간의 말일이 공휴일(「근로자의 날 제정에 관한 법률」에 의한 근로자의 날 및 토요일을 포함한다)에 해당하는 때에는 기간은 그 다음날로 만료한다(법 제14조 제4호). 따라서 월요일인 2008년 7월 14일로 기간이 만료한다.

정답 ④

11 다음은 기일 및 기간에 대한 설명이다. 다음의 설명 중에 타당하지 못한 것은?

① 기간 계산에 관하여는 민법이 보충적으로 적용된다.
② 방식심사와 관련하여 지정된 기간은 1월 이내이고, 실체심사와 관련하여 지정기간은 재내외자를 불문하고 원칙적으로 2월 이내로 한다.
③ 기간 계산시 초일은 산입하지 않으나, 기간의 연장의 경우에는 초일이 기산일이 된다.
④ 특허청장은 제132조의17의 규정에 의한 심판의 청구기간을 연장할 수 있고, 심판원장은 심결취소소송의 제소기간에 대해 별도의 부가기간을 정할 수 있다.
⑤ 법정기간 및 지정기간의 연장은 청구나 직권으로 가능한데 비해, 지정기간의 단축은 청구로만 가능하다.

해설

① |O| 기간계산과 관련하여 필요한 부분은 민법의 규정(민법 제155조 내지 제161조)을 보충적으로 적용한다.
② |O| 「지정기간」이라 함은 출원·청구 기타의 절차를 밟는 자에 대하여 특허청장·심판원장, 심판장 또는 심사관이 특허권에 관한 법률 또는 이에 근거한 명령에 근거하여 발하는 지시에서 정한 기간으로서, 지정기간은 가변기간이다. 실체심사와 관련된 지정기간은 재내자, 재외자 구분 없이 원칙적으로 2월 이내로 하되, 그 절차에 관련된 시험 및 결과측정에 시일을 요하는 때의 지정기간은 당해 소요기간에 상당하는 기간을 산입한 기간으로 한다. 한편, 방식심사와 관련된 지정기간은 1월 이내로 한다는 점에 유의하여야 한다(시행규칙 제16조).
③ |O| 기간의 기산일을 결정할 때는 원칙적으로 기간의 초일은 이를 산입하지 아니한다. 다만, 그 기간이 오전 0시부터 시작하는 때에는 그러하지 아니하다(법 제14조 제1호). 예를 들면, 「법정·지정기간의 연장(법 제15조)」의 경우에는 원기간의 만료일의 다음날 오전 0시부터 계산되므로 초일을 산입한다.
④ |×| 특허청장은 청구에 따라 또는 직권으로 법 제132조의17에 따른 심판의 청구기간을 1회에 한하여 30일 이내에서 연장할 수 있다. 다만, 교통이 불편한 지역에 있는 자의 경우에는 그 횟수 및 기간을 추가로 연장할 수 있다(법 제15조 제1항). 심판장은 주소 또는 거소가 멀리 떨어진 곳에 있거나 교통이 불편한 지역에 있는 자를 위하여 부가기간을 정할 수 있다(법 제186조 제5항). 즉, 부가기간은 심판장이 정하는 것이며, 심판원장이 하는 것이 아니다.
⑤ |O| 법 제15조 제1항 및 제2항

정답 ④

12 특허법상 기간에 관한 설명 중 옳은 것은? (단, 2월은 28일까지 있는 것으로 한다)

[2009년 기출]

① 심사관이 특허출원에 대해 2007.12.31.(월) 의견제출통지서를 발송하면서 2월의 지정기간을 주었을 경우, 출원인은 2008.3.2.(금)까지 의견서를 제출하여야 한다.
② 심사관이 특허출원에 대해 의견제출통지서를 발송하면서 2월의 지정기간을 주었을 경우, 출원인은 지정기간을 연장해 주도록 청구할 수는 있지만, 지정기간을 단축해 주도록 청구할 수는 없다.
③ 특허권 존속기간의 만료일이 2008.12.25.(목)인 경우에는 2008.12.25.(성탄절)이 공휴일이므로 실제 만료일은 2008.12.26.(금)로 자동 연장된다.
④ 심사관이 특허출원에 대해 2008.5.26.(월) 의견서제출통지서를 발송하면서 2월의 지정기간을 주었을 경우, 출원인은 2008.7.26.(토) 오전까지 의견서를 제출하여야 한다.
⑤ 甲은 2002.2.10.(월) 일본에 a발명을 특허출원하고, 2002.3.10.(화) 미국에 a+b발명을 특허출원한 후, 이 두 출원을 기초로 파리협약에 의거하여 2003.2.1(수) 우리나라 a와 a+b발명을 우선권주장하여 출원한 경우, 우리나라에서 甲의 출원에 대하여 심사청구 할 수 있는 최종일은 2006.2.1(목)이다.

해설

① |×| 2007. 12. 31.부터 2개월을 계산하면 기산일이 2008. 1. 1.이 되고 기산일의 해당일 전일로 기간이 만료(법 제14조 제3호)하므로 2008. 2. 28.이 기간의 만료일이 된다.
② |×| 특허청장·특허심판원장·심판장 또는 심사관은 이 법에 따라 특허에 관한 절차를 밟을 기간을 정한 때에는 청구에 따라 그 기간을 단축 또는 연장하거나 직권으로 그 기간을 연장할 수 있다(법 제15조 제2항). 즉, 청구에 따른 기간의 단축이 가능하다.
③ |×| 특허에 관한 절차에 있어서 기간의 말일이 공휴일(「근로자의 날 제정에 관한 법률」에 의한 근로자의 날 및 토요일을 포함한다)에 해당하는 때에는 기간은 그 다음날로 만료한다(법 제14조 제4호). 존속기간은 실체에 관한 기간이므로 만료일이 공휴일이라도 그날에 기간이 만료되므로 존속기간의 만료일은 2008. 12. 25.이다.
④ |×| 의견제출기간은 특허 절차에 관한 기간이다. 말일이 2008.7.26.(토)로 공휴일이므로 2008.7.28.(월)로 기간이 만료한다.
⑤ |○| 특허출원에 관한 출원심사청구기간의 기산일은 출원일을 기준으로 한다. 따라서 출원일인 2003. 2. 1.부터 3년(법 제59조 제2항)까지인 2006. 2. 1.이 심사청구를 할 수 있는 최종일이다.

정답 ⑤

13 특허법상 기간에 관한 설명으로 옳은 것은? [2010년 기출]

① 이미 납부된 특허료 및 수수료는 반환하지 아니하나, 다만 잘못 납부된 특허료 및 수수료, 특허를 무효로 한다는 심결이 확정된 연도의 다음 연도부터의 특허료 해당분, 특허출원 후 3개월 이내에 해당 특허출원을 취하하거나 포기한 경우에 이미 납부된 수수료 중 특허출원료 및 특허출원료 및 특허출원의 우선권 주장 신청료에 대하여 특허청장은 출원인에게 반환받을 것을 통지해야 하며, 출원인은 이러한 통지를 받은 날부터 1년이 경과한 때에는 그 반환을 청구할 수 없다.

② 특허청장은 특허권의 설정등록을 받으려는 자 또는 특허권자가 제79조(특허료) 제3항 또는 제81조(특허료의 추가납부 등) 제1항에 따른 기간 이내에 특허료의 일부를 납부하지 아니한 경우에 특허료의 보전(補塡)을 명하여야 하며, 보전명령을 받은 자는 그 보전명령을 받은 날부터 3월 이내에 특허료를 보전할 수 있다.

③ 특허출원의 심사청구는 누구든지 출원일로부터 3년 이내에 할 수 있으나, 국제특허출원의 경우에 국제특허출원인이 아닌 제3자는 특허협력조약(PCT) 제2조의 우선일로부터 2년 6월이 경과한 후가 아니면 심사청구 할 수 없다.

④ 국내우선권주장을 하기 위해서는 후출원은 우선권주장의 기초가 되는 선출원의 출원일부터 1년 이내에 출원되어야 하며, 선출원의 출원일로부터 1년 3월 이내에는 국내우선권주장을 취하할 수 있다.

⑤ 특허출원인이 천재지변으로 인해 특허거절결정에 대한 불복심판의 청구기간을 준수하지 못한 경우에는 그 사유가 소멸한 날부터 14일 이내라면 언제든지 그 절차를 추후 보완할 수 있다.

해설

① |×| 특허출원(분할출원, 분리출원, 변경출원 및 우선심사의 신청이 있는 특허출원을 제외한다) 후 '1월 이내'에 해당 특허출원을 취하하거나 포기한 경우에 이미 납부된 수수료 중 특허출원료 및 특허출원의 우선권 주장 신청료(법 제84조 제1항 제4호)는 특허청장으로부터 통지(법 제84조 제2항)를 받은 날부터 5년 이내에 청구(법 제84조 제3항)하면 반환한다.

② |×| 보전명령을 받은 날부터 1월 이내에 특허료를 보전할 수 있다(법 제81조의2 제2항).

③ |×| 국제특허출원의 출원인이 아닌 자는 국내서면제출기간('우선일로부터 2년 7월')을 경과한 후가 아니면 법 제59조 제2항의 규정에 불구하고 그 국제특허출원에 관하여 출원심사의 청구를 할 수 없다(법 제210조).

④ |○| 법 제55조 제1항 제1호, 법 제56조 제2항

⑤ |×| 특허에 관한 절차를 밟은 자가 책임질 수 없는 사유로 인하여 법 제132조의17의 규정에 의한 심판의 청구기간, 법 제180조 제1항의 규정에 의한 재심의 청구기간을 준수할 수 없을 때에는 그 사유가 소멸한 날부터 2개월 이내에 지키지 못한 절차를 추후보완할 수 있다. 다만, 그 기간의 만료일부터 1년이 경과한 때에는 그러하지 아니하다(법 제17조). 즉, 사유가 소멸한 날부터 2개월 이내라면 언제든지 그 절차를 추후 보완할 수 있는 것이 아니고, 기간의 만료일부터 1년이 경과하기 전까지만 추후보완이 가능하다.

정답 ④

14 특허법상 기간에 관한 설명으로 옳지 않은 것은? [2011년 기출]

① 특허법상 기간에는 법정기간과 지정기간이 있으며, 법정기간에는 분할출원기간, 분리출원기간, 변경출원기간, 절차의 보정기간 등이 있다.
② 국내우선권주장에 있어서 선출원의 취하 간주일, 특허권 존속기간의 만료일은 기간의 말일이 공휴일이라 하더라도 기간의 말일이 그 다음날로 연장되지 않는다.
③ 전자문서를 제출하려는 자가 기한 전에 정보통신망을 이용하여 전자문서를 발송하였으나 특허청장이 사전에 공지하지 않은 전산장애로 인하여 기한 내에 제출되지 않은 경우, 기간은 그 장애가 제거된 날의 다음 날로 만료한다.
④ 특허청장은 특허에 관한 절차를 밟을 기간을 정한 때에는 청구에 따라 그 기간을 단축 또는 연장하거나 직권으로 그 기간을 연장할 수 있다.
⑤ 법정기간 중 특허거절결정에 관한 불복심판 청구기간은 1회에 한하여 30일 이내에서 연장할 수 있고, 교통이 불편한 지역에 있는 자의 경우에는 그 횟수 및 기간을 추가로 연장할 수 있다.

해설

① |×| 기간은 특허에 관한 법률 또는 이에 근거한 명령으로 정한 기간인 「법정기간」과 출원·청구 기타의 절차를 밟는 자에 대하여 특허청장·심판원장, 심판장 또는 심사관이 특허에 관한 법률 또는 이에 근거한 명령에 근거하여 발하는 지시에서 정한 기간인 「지정기간」이 있다. 특허법 제46조는 '특허청장 또는 특허심판원장은 특허에 관한 절차가 다음 각호의 1에 해당하는 경우에는 기간을 정하여 보정을 명하여야 한다'고 규정하여, 특허청장 등이 기간을 정하도록 규정되어 있으므로 '절차의 보정기간'은 지정기간이다.
② |○| 특허에 관한 절차에 있어서 기간의 말일이 공휴일(「근로자의 날 제정에 관한 법률」에 의한 근로자의 날 및 토요일을 포함한다)에 해당하는 때에는 기간은 그 다음날로 만료한다(법 제14조 제4호). 이 규정은 특허에 관한 「절차」의 기간에 대해서만 적용되므로, 특허권의 존속기간, 선출원 취하간주일 등은 다음날로 연장되지 않고 원래의 해당일로 종료한다.
③ |○| 전자문서를 제출하고자 하는 자가 그 전자문서를 기한 전에 정보통신망을 이용하여 발송하였으나 정보통신망의 장애, 특허청이 사용하는 컴퓨터 또는 관련장치의 장애(정보통신망, 특허청이 사용하는 컴퓨터 또는 관련장치의 유지·보수를 위하여 그 사용을 중단한 경우로서 특허청장이 사전에 공지한 경우에는 이를 장애로 보지 아니한다)로 인하여 기한 내에 제출할 수 없었던 경우에는 그 장애가 제거된 날의 다음 날에 그 기한이 도래한 것으로 본다(시행규칙 제9조의4 제3항).
④ |○| 법 제15조 제2항
⑤ |○| 법 제15조 제1항

정답 ①

15 특허법상 기간 또는 기일에 관한 설명으로 옳지 않은 것은? [2018년 기출]

① 특허법상 최초의 공시송달의 효력은 특허공보에 게재한 날부터 2주일이 지나면 그 효력이 발생하며, 같은 당사자에 대한 이후의 공시송달은 특허공보에 게재한 날의 다음 날부터 효력이 발생한다.
② 특허심판원장은 청구에 따라 또는 직권으로 특허법 제132조의17(특허거절결정등에 대한 심판)에 따른 심판의 청구기간을 30일 이내에서 한 차례만 연장할 수 있다.
③ 특허청장·특허심판원장·심판장 또는 특허법 제57조(심사관에 의한 심사)제1항에 따른 심사관은 이 법에 따라 특허에 관한 절차를 밟을 기간을 정한 경우에는 청구에 따라 그 기간을 단축할 수 있다.
④ 특허에 관한 절차를 밟은 자가 책임질 수 없는 사유로 인하여 특허법 제180조(재심청구의 기간)제1항에 따른 재심의 청구기간을 준수할 수 없는 때에는 그 사유가 소멸한 날부터 2개월 이내에 지키지 못한 절차를 추후 보완할 수 있지만, 그 재심의 청구기간의 만료일부터 1년이 지났을 때에는 할 수 없다.
⑤ 특허청장 또는 특허심판원장은 특허법 제46조(절차의 보정)에 따른 보정명령을 받은 자가 지정된 기간에 그 보정을 하지 아니하면 특허에 관한 절차를 무효로 할 수 있다.

> 해 설

① 특허법 제219조
② 거절결정불복심판청구절차가 개시되기 전이기 때문에 특허심판원장이 아닌 심사절차를 총괄하는 특허청장이 기간연장여부를 승인한다(특허법 제15조 제1항).
③ 지정기간은 청구에 따라 단축도 가능하다(특허법 제15조 제2항).
④ 특허법 제17조 제2호
⑤ 심판절차는 특허심판원장이 그 외의 절차는 특허청장이 보정명령(특허법 제46조)하고 절차를 무효로 할 수 있다(특허법 제16조 제1항 본문).

정답 ②

16 특허법에 규정된 기간에 관한 다음 보기 중 옳지 않은 것을 모두 고른 것은?

> ㄱ. 특허출원인은 특허결정의 등본을 송달받은 날부터 2개월 이내의 기간에 그 특허출원의 출원서에 최초로 첨부된 명세서 또는 도면에 기재된 사항의 범위에서 분할출원할 수 있다. 다만 제79조에 따른 설정등록을 받으려는 날이 2개월보다 짧은 경우에는 그 날까지의 기간에 분할출원이 가능하다.
> ㄴ. 조약우선권주장을 한 자 중 우선권 주장의 기초가 되는 최초의 출원일부터 1년 이내에 특허출원한 자는 최우선일부터 1년 4개월 이내에 조약우선권주장을 보정하거나 추가할 수 있다.
> ㄷ. 특허를 받을 수 있는 권리를 가진 자의 의사에 반하여 발명이 공지된 경우는 공지된 날부터 12개월을 경과하여 특허출원을 하더라도 공지예외적용을 받을 수 있다.
> ㄹ. 정당권리자 출원에 관하여는 무권리자 출원일부터 3년이 지난 후에도 정당권리자가 출원을 한 날부터 1개월 이내에 출원심사의 청구를 할 수 있다.
> ㅁ. 국내우선권주장은 선출원의 출원일부터 1년 3개월이 지난 후에는 취하할 수 없다.

① ㄱ, ㄴ
② ㄱ, ㄴ, ㄷ
③ ㄱ, ㄴ, ㄷ, ㄹ
④ ㄱ, ㄴ, ㅁ
⑤ ㄱ, ㄷ, ㄹ

해설

ㄱ. 2개월이 아니라 3개월이다.
ㄴ. 특허법 제54조 제7항
ㄷ. 의사에 반한 공지도 12개월 이내 출원하여야 한다.
ㄹ. 1개월이 아니라 30일이다.
ㅁ. 특허법 제56조 제2항

정답 ⑤

17 다음 괄호 속 A, B, C에 들어갈 기간으로 바르게 조합된 것은?

> ㄱ. 특허취소신청서의 각하결정에 대한 소는 그 결정의 등본을 송달받은 날부터 (A) 이내에 제기하여야 한다.
>
> ㄴ. 특허권의 설정등록을 받으려는 자 또는 특허권자가 특허료의 일부를 내지 아니한 경우에는 특허청장의 보전명령을 받은 날부터 (B) 이내에 특허료를 보전해야 한다.
>
> ㄷ. 분할출원을 하면서 조약우선권주장을 하는 자는 조약우선권주장의 증명서류를 최우선일부터 1년 4개월이 지난 후에도 분할출원을 한 날부터 (C) 이내에 특허청장에게 제출할 수 있다.

	A	B	C
①	30일	30일	3월
②	1월	30일	2월
③	30일	1월	3월
④	30일	2월	3월
⑤	1월	1월	2월

해설

ㄱ. 특허법 제186조 제3항, 30일
ㄴ. 특허법 제81조의2, 1월
ㄷ. 특허법 제52조 제6항, 3월

정답 ③

18 다음 괄호 속 A, B, C, D에 들어갈 기간으로 바르게 조합된 것은?

> ㄱ. 특허출원에 대하여 심사청구는 특허출원일부터 (A) 이내에 특허청장에게 할 수 있다.
>
> ㄴ. 특허법 제55조 제1항에 따른 우선권 주장은 선출원의 출원일부터 1년 (B) 이 지난 후에는 그 우선권 주장을 취하할 수 없다.
>
> ㄷ. 특허취소신청은 누구든지 특허권의 설정등록일부터 등록공고일 후 (C) 이 되는 날까지 특허심판원장에게 할 수 있다.
>
> ㄹ. 특허료의 보전명령을 받은 자는 그 보전명령을 받은 날부터 (D) 이내에 특허료를 보전할 수 있다.

	A	B	C	D
①	5년	2개월	1개월	30일
②	3년	3개월	6개월	30일
③	3년	3개월	6개월	1개월
④	5년	3개월	30일	1개월
⑤	5년	2개월	6개월	30일

해 설

ㄱ. 3년(특허법 제59조 제2항).
ㄴ. 3개월(특허법 제56조 제2항).
ㄷ. 6개월(특허법 제132조의2).
ㄹ. 1개월(특허법 제81조의2 제2항).

정답 ③

19 다음 괄호 속 A, B, C에 들어갈 기간으로 바르게 조합된 것은?

> ㄱ. 당사자는 특허취소결정 또는 심결 확정 후 재심사유를 안 날부터 (A) 이내에 재심을 청구하여야 한다.
> ㄴ. 추가납부기간에 특허료를 내지 아니하였거나 보전기간에 보전하지 아니하여 특허발명의 특허권이 소멸한 경우 그 특허권자는 추가납부기간 또는 보전기간 만료일부터 (B) 이내에 특허료의 2배를 내고 그 소멸한 권리의 회복을 신청할 수 있다.
> ㄷ. 특허취소신청은 누구든지 특허권의 설정등록일부터 등록공고일 후 (C) 이 되는 날까지 특허심판원장에게 할 수 있다.

	A	B	C
①	1달	2개월	1개월
②	30일	3개월	6개월
③	2달	3개월	6개월
④	30일	3개월	3개월
⑤	1달	2개월	6개월

해설

ㄱ. 30일(특허법 제180조 제1항).
ㄴ. 3개월(특허법 제81조의3 제3항).
ㄷ. 6개월(특허법 제132조의2).

정답 ②

CHAPTER 02 특허절차에 관한 서류의 제출

01 특허에 관한 절차를 밟기 위해서 사용되는 고유번호(특허고객번호)에 관한 설명으로 옳지 않은 것은?

[2019년 기출]

① 특허출원에 대한 정보제공인은 고유번호(특허고객번호)의 부여를 신청하여야 한다.
② 고유번호(특허고객번호)는 특허청장 또는 특허심판원장에게 신청하여야 한다.
③ 특허청장 또는 특허심판원장은 특허에 관한 절차를 밟는 자가 고유번호(특허고객번호)를 신청하지 아니하면 그에게 기간을 정하여 보정을 명하여야 한다.
④ 특허에 관한 절차를 밟는 자의 대리인도 고유번호(특허고객번호)를 신청하여야 한다.
⑤ 고유번호(특허고객번호)를 기재한 경우에는 특허에 관한 절차를 밟는 자의 주소(법인의 경우에는 영업소의 소재지)를 적지 아니할 수 있다.

해설

① 정보제공을 포함(특허법 시행규칙 제9조 제1항)해서 특허청 또는 특허심판원에서는 절차를 밟을 때 가급적 고유번호(고객번호)를 부여 받을 것을 권장하고 있다(특허법 제28조의2 제1항, 제3항).
② 특허법 제28조의2 제1항
③ 가급적 고유번호를 사전에 부여받을 것을 권장하나, 만약 특허청 또는 특허심판원에서 절차를 밟는 자가 고유번호 대신 주소를 기재하여 절차를 밟은 경우에는 직권으로 고유번호를 부여한다(특허법 제28조의2 제3항).
④ 특허법 제28조의2 제5항
⑤ 특허법 제28조의2 제4항

정답 ③

02 서류제출 및 송달에 관한 설명 중 옳지 않은 것은?

① 특허권의 등록신청서류를 우편으로 제출하는 경우는 그 서류가 특허청장에게 도달한 날부터 효력이 발생한다.
② 비밀취급이 요구되는 국방관련 특허출원은 전자문서로 제출할 수 없다.
③ 전자문서를 기한 전에 정보통신망을 이용하여 발송하였으나 특허청장이 사전에 공지한 특허청이 사용하는 컴퓨터 또는 관련장치의 장애로 인하여 기한 내에 제출할 수 없었던 경우는 그 장애가 제거된 날의 다음 날에 그 기한이 도래한 것으로 본다.
④ 송달을 받는 자가 정당한 사유없이 송달받기를 거부함으로써 송달할 수 없게된 때에는 발송한 날에 송달된 것으로 본다.
⑤ 공시송달은 서류를 송달받을 자에게 어느 때라도 발급한다는 뜻을 특허공보에 게재하는 것으로 하며, 최초의 공시송달은 특허공보에 게재한 날부터 2주일이 지나면 그 효력이 발생한다.

해설

① 특허법 제28조 제2항 단서
② 특허법 시행규칙 제9조의2 제3항
③ 사전에 공지한 장애는 해당되지 않는다(특허법 시행규칙 제9조의4 제3항).
④ 특허법 시행령 제18조 제11항
⑤ 특허법 제219조 제2항, 제3항

정답 ③

03 다음은 서류제출의 효력과 관련한 기술이다. 옳은 것으로만 연결된 것은?

(가) 특허청과 당사자와의 지리적 원근에 따라 불공평한 결과가 발생하므로 특허법은 이를 시정하기 위하여 원칙적으로 발신주의를 취한다.
(나) 甲은 대한민국 특허청을 수리관청으로 하여 PCT에 의한 국제출원서류를 우편으로 07.3.3 발송하였고, 그 우편물에 통신일부인이 07.3.3로 분명히 표시된 경우 07.3.6 우편물이 특허청에 도달하더라도 국제출원의 효과는 07.3.3로 발생한다.
(다) 乙은 대한민국을 지정국으로 하여 일본을 수리관청으로 국제출원을 하고 한국 특허청에 국어번역문을 우편으로 제출하는 경우 실질적으로 발신주의를 취한다.
(라) 전자문서 이용신고를 한 자 중 전자문서로 통지 또는 송달을 받고자 하는 자에 대하여는 서류를 온라인이나 전자적 기록매체를 이용하여 통지 또는 송달할 수 있다
(마) 온라인을 통하여 제출된 전자문서는 당해 문서의 제출인이 전산망을 통하여 접수번호를 확인한 때에 특허청 또는 특허심판원에서 사용하는 발송용 전산정보처리조직의 파일에 기록된 내용으로 접수된 것으로 본다.

① (가), (나)
② (다)
③ (라), (마)
④ (다), (마)
⑤ (마)

해설

(가) |×| 특허법령에 의하여 특허청에 제출하는 출원서·청구서 기타 서류(물건을 포함)는 특허청에 도달한 날로부터 그 효력을 발생한다(법 제28조 제1항). 이른바 到達主義의 原則을 취하고 있다. 다만, 도달주의를 관철할 경우 특허청과 당사자와의 지리적 원근에 따라 불공평한 결과가 발생하므로 특허법은 이를 시정하기 위하여 우편으로 출원서·청구서 등을 제출할 경우에는 우체국에 도달한 날을 특허청에 도달한 날로 본다.(법 제28조 제2항)
(나) |×| 특허권 및 특허에 관한 등록신청서류와 특허협력조약 제2조(vii)의 국제출원의 경우에 서류를 우편으로 제출하는 경우에는 도달주의의 원칙에 서있다(법 제28조 제2항). 그러므로 특허청에 도달일인 07.3.6이 국제출원일로 확정된다.

㈐ |O| 우편 송달에 대해서 도달주의에 의하는 경우는 국제출원서류를 우편으로 제출한 경우이다. 즉, 국어번역문 등 국제특허출원의 진입절차와 관련된 서류를 우편으로 발송한 경우에는 우체국에 도달한 날을 특허청에 도달한 날로 본다.

㈑ |X| 전자문서 이용신고를 한 자 중 전자문서로 통지 또는 송달을 받고자 하는 자에 대하여는 법령에 특별한 규정이 있는 경우를 제외하고 모든 서류를 온라인을 이용하여 통지 또는 송달할 수 있다(시행규칙 제9조의8). 즉, 전자적 기록매체에 의한 송달은 인정되지 않고 정보통신망을 통한 송달만 인정된다.

㈒ |X| 온라인을 통하여 제출된 전자문서는 당해 문서의 제출인이 전산망을 통하여 접수번호를 확인할 수 있는 때에 특허청 또는 특허심판원에서 사용하는 접수용 전산정보처리조직의 파일에 기록된 내용으로 접수된 것으로 본다(법 제28조의3 제3항).

정답 ②

04 다음 중 옳은 것만을 있는 대로 고른 것은? [2009년 기출]

ㄱ. 특허를 받을 수 있는 권리를 특허출원 후에 승계하고자 하는 자는 상속 기타 일반 승계의 경우를 제외하고는 특허출원인변경신고를 하여야만 그 효력이 발생한다.
ㄴ. 심판관의 제척 또는 기피 신청이 있는 때에는 그 신청에 대한 결정이 있을 때까지 심판절차를 중지하여야 하나, 긴급을 요하는 때에는 그러하지 아니하다.
ㄷ. 파리협약의 동맹국이지만 우리나라에서 외교적으로 승인되지 않은 국가의 국민은 우리나라에서 특허권을 향유할 수 없다.
ㄹ. 특허협력조약(PCT)에 의한 국제특허출원 서류를 우편으로 제출하였고 그 우편물의 통신일부인에서 표시된 날이 분명한 경우 그 표시된 날에 특허청에 도달한 것으로 본다.
ㅁ. 정보통신망을 통해 제출된 전자문서는 당해 문서의 제출인이 정보통신망을 통하여 접수번호를 확인할 수 있는 때에 특허청 또는 특허심판원에 접수된 것으로 본다.
ㅂ. 국제특허출원이 특허법 제29조 제3항의 소위 확대된 선출원의 지위를 가지려면 국내에서 공개된 것이어야 한다.

① ㄱ, ㄴ, ㄷ
② ㄱ, ㄴ, ㄹ
③ ㄱ, ㄴ, ㅁ
④ ㄱ, ㄹ, ㅂ
⑤ ㄴ, ㅁ, ㅂ

해 설

ㄱ. |O| 법 제38조 제4항
ㄴ. |O| 법 제153조
ㄷ. |X| 대한민국 국민, 조약 당사국 국민 또는 당사국에 거소(domicile)또는 진정하고 실효적인 산업상 또는 상업상 영업소를 가지는 비당사국 국민(이를 "준당사국 국민"이라 함)이 우선권주

장을 할 수 있다(파리조약 제2조, 제3조, 제4조). 즉, 파리협약의 동맹국의 국민이기만 하면 우리나라에서 외교적으로 승인된 국가의 국민인지 여부는 묻지 않는다.

ㄹ. i) 우편물의 통신일부인에 표시된 날을 특허청에 도달한 날로 보며, ii) 그것이 불분명한 경우에는 우편물의 수령증에 의하여 증명된 우체국 제출일을 도달일로 본다(법 제28조 제2항). 특허권 및 특허에 관한 i) 등록신청서류와 ii) 특허협력조약 제2조(vii)의 국제출원의 경우에 서류를 우편으로 제출하는 경우에는 예외를 정함으로써 도달주의 원칙에 서있다(법 제28조 제2항). 그러나 이는 국제출원일 부여와 관계되는 국제출원서 또는 보완에 관한 서류 등에 한정되며, 국제출원 후에 PCT 출원에 관한 번역문이나 의견서 등의 서류취급은 통상의 제출된 서류와 동일한 취급을 한다. 문제로 돌아가보면, '특허협력조약(PCT)에 의한 국제특허출원 서류를 우편으로 제출'한 경우 이므로 이는 국제출원일 부여와 관계된 서면이 아니고 국내단계 진입을 위한 서면으로 보인다. 따라서 일반적인 우편에 관한 취급과 동일하게 취급해야 하는바 옳은 지문으로 사료된다. 따라서 ②③이 복수 정답으로 인정되어야 할 것으로 보인다. 반면, 산업인력공단에서 최종적으로 확인한 정답은 ③으로 ㄹ) 지문은 틀린 것으로 최종 확정하였다. 한편, 심사기준도 국제출원과 국제특허출원이라는 용어를 구별하고 아래와 같은 언급하고 있다.

〈심사기준〉
국제출원(특허협력조약 제2조vii의 국제출원)에 관한 서류를 우편으로 제출하는 경우에는 상기(1)의 우편제출에 대한 규정(발신주의)에도 불구하고 특허청에 도달된 날부터 그 효력이 발생한다(법 제28조 제2항). 그러나 이는 국제출원에 한하며 국제출원 후에 동 PCT출원에 관한 번역문이나 의견서 등의 서류취급은 제28조 제2항 본문에 의한다.

ㅁ. |O| 정보통신망을 이용하여 제출된 전자문서는 당해 문서의 제출인이 정보통신망을 통하여 접수번호를 확인할 수 있는 때에 특허청 또는 특허심판원에서 사용하는 접수용 전산정보처리조직의 파일에 기록된 내용으로 접수된 것으로 본다(법 제28조의3 제3항).

ㅂ. |X| 확대된 선출원지위에 있어서 특허출원이 법 제199조 제1항에 따라 특허출원으로 보는 국제출원인 경우 다른 특허출원이 "출원공개 또는 「특허협력조약」 제21조에 따른 국제공개"된 시점에 확대된 선출원의 지위가 발생한다. 따라서 국내공개 보다 국제공개가 먼저 되면 국제공개시에 확대된 선출원의 지위가 인정된다.

정답 ③

05 다음은 서류제출의 효력 등에 관한 설명이다. 아래의 설명 중에 옳지 않은 것은?

① 원칙적으로 특허청 또는 특허심판원에 제출하는 출원서·청구서 기타의 서류는 특허청 또는 특허심판원에 도달된 날부터 그 효력이 발생된다.
② 우편으로 서류를 제출한 경우 우편물의 통신일부인이 분명하면 그 표시된 날에 도달된 것으로 보고 불분명한 경우 실제 특허청에 도달한 날에 효력이 발생한다.
③ 국제출원 서류를 우편으로 제출한 경우 특허청에 도달된 날부터 효력이 발생한다.
④ 지정국에 한국을 포함한 국제출원이 한국의 국내단계로 진입하기 위하여 번역문을 우편으로 특허청에 제출한 경우 발신주의에 의한다.
⑤ 등록신청 서류를 우편으로 보낸 경우 도달주의에 의한다.

해설

① |O| 법 제28조(서류제출의 효력발생시기) 제1항 : 이 법 또는 이 법에 의한 명령에 의하여 특허청 또는 특허심판원에 제출하는 출원서·청구서 기타의 서류는 특허청 또는 특허심판원에 도달된 날부터 그 효력이 발생된다.

② |×| 우편물의 통신일부인이 불명확하면 우체국에 제출한 날을 우편물 수령증에 의해 증명된 날에 도달한 것으로 본다. 한편, 우편물 수령증에 의해서도 증명이 되지 못한다면, 실제 특허청에 도달한 날부터 효력이 발생한다.

법 제28조 제2항 : 제1항의 출원서·청구서 기타의 서류를 우편으로 특허청 또는 특허심판원에 제출하는 경우에 우편물의 통신일부인에서 표시된 날이 분명한 경우에는 그 표시된 날, 그 표시된 날이 불분명한 경우에는 우체국에 제출한 날을 우편물의 수령증에 의하여 증명한 날에 특허청 또는 특허심판원에 도달한 것으로 본다.

③, ⑤ |O| 우편의 경우 우체국에 도달한 날을 특허청에 도달한 날로 보지만, 국제출원서류와 등록신청 서류를 우편으로 발송한 경우는 도달주의에 의한다.

법 제28조 제2항 단서 : 다만, 특허권 및 특허에 관한 권리의 등록신청서류와 「특허협력조약」 제2조(vii)의 규정에 의한 국제출원(이하 "국제출원"이라 한다)에 관한 서류를 우편으로 제출하는 경우에는 그러하지 아니하다.

④ |O| 법 제28조 제2항 단서의 경우에는 국제출원 서류(수리관청이 한국특허청인 경우)만을 규정하고 있다. 그러므로 국제특허출원(지정국에 한국이 포함된 경우)과 관계되는 서류를 우편을 발송한 경우에는 발신주의에 의한다.

정답 ②

06 서류의 제출과 관련하여 옳지 않은 것은?

① 출원서에 출원인의 주소 또는 특허고객번호를 기재하지 않고 제출하면 그 출원서는 반려된다.
② 국방관련 특허출원의 경우도 비밀해제통지 등을 받은 경우는 전자문서로 출원서를 제출할 수 있다.
③ 전자문서로 출원서를 제출하고자 하는 경우는 출원서의 제출인이 정보통신망을 통하여 접수번호를 확인할 수 있는 때에 제출인이 작성한 내용으로 특허청에 접수된 것으로 본다.
④ 특허청에 제출하는 서류는 국어로 작성함이 일반적이나 국어로 작성하지 아니한 명세서 및 도면을 첨부한 출원서를 제출하더라도 그 출원서가 수리될 수 있다.
⑤ 특허협력조약 제2조(vii)에 따른 국제출원에 관한 서류나 특허권의 등록신청에 관한 서류는 우편으로 제출하더라도 그 서류가 특허청장에게 도달한 날부터 효력이 발생한다.

해설

① 특허법 시행규칙 제11조 제1항 제3호
② 특허법 시행규칙 제9조의2 제3항 단서
③ 특허법 제28조의3 제3항, 특허청 전산정보처리조직의 파일에 기록된 내용으로 접수된 것으로 본다.
④ 특허법 시행규칙 제11조 제1항 제4호 괄호
⑤ 특허법 제28조 제2항 단서

정답 ③

07 '발명자'에 관한 설명으로 옳은 것은?

[2023년 기출]

① 특허법 제2조(정의)는 '발명자'란 자연법칙을 이용하여 기술적 사상을 창작한 자로 규정하고 있다.
② 특허법 제42조(특허출원) 제1항에 따라 출원인과 발명자가 동일한 경우 특허출원서에는 발명자의 성명 및 주소를 생략할 수 있다.
③ 특허법 제87조(특허권의 설정등록 및 등록공고)에 따라 특허청장은 출원인의 요청이 있으면 발명자의 성명 및 주소를 생략하여 등록공고를 할 수 있다.
④ 국제특허출원에 있어서 특허법 제203조(서면의 제출) 제1항 전단에 따른 서면에는 발명자의 성명 및 주소를 기재하여야 한다.
⑤ 특허법 제64조(출원공개)에 따라 특허청장은 공개특허공보에 발명자의 성명 및 주소를 반드시 게재하여 공개해야 한다.

해설

① |×| 심사기준 문구다. 발명자란 자연법칙을 이용하여 기술적 사상을 창작한 자를 의미한다(심사기준). 다만 특허법 제2조는 발명이 무엇인가에 관해 정의하고 있을 뿐, 발명자가 누구인가에 관해 정의하고 있지 않아 틀린 지문이다. 즉 본 지문의 출처는 심사기준이고, 특허법 제2조가 아니다. 참고로 판례문장은 다음과 같다. "특허법 제33조 제1항 본문은 발명을 한 자 또는 그 승계인은 특허법에서 정하는 바에 의하여 특허를 받을 수 있는 권리를 가진다고 규정하고 있는데, 특허법 제2조 제1호는 '발명'이란 자연법칙을 이용한 기술적 사상의 창작으로서 고도한 것을 말한다고 규정하고 있으므로, 특허법 제33조 제1항에서 정하고 있는 '발명을 한 자'는 바로 이러한 발명행위를 한 사람을 가리킨다. 따라서 발명자(공동발명자를 포함한다)에 해당한다고 하기 위해서는 단순히 발명에 대한 기본적인 과제와 아이디어만을 제공하였거나 연구자를 일반적으로 관리하고 연구자의 지시로 데이터의 정리와 실험만을 한 경우 또는 자금·설비 등을 제공하여 발명의 완성을 후원·위탁하였을 뿐인 정도 등에 그치지 않고, 발명의 기술적 과제를 해결하기 위한 구체적인 착상을 새롭게 제시·부가·보완하거나, 실험 등을 통하여 새로운 착상을 구체화하거나, 발명의 목적 및 효과를 달성하기 위한 구체적인 수단과 방법의 제공 또는 구체적인 조언·지도를 통하여 발명을 가능하게 한 경우 등과 같이 기술적 사상의 창작행위에 실질적으로 기여하기에 이르러야 한다(대법원 2012. 12. 27. 선고 2011다67705, 67712 판결)."
② |×| 특허법 제42조 제1항 제4호는 출원서에 발명자의 성명 및 주소 기재할 것을 규정하고 있을 뿐, 생략 가능한 사안 규정하고 있지 않다.
③ |×| 특허청장은 발명자의 신청이 있으면 그 주소의 일부만을 게재할 수 있을 뿐이다(특허법 시행령 제19조 제4항). 성명 생략 등은 불가하다.
④ |○| 특허법 제42조 제1항의 출원서와 마찬가지로 특허법 제203조 서면에도 발명자의 성명 및 주소 기재하여야 한다(특허법 제203조 제1항 제4호).
⑤ |×| ③ 과 같은 내용이다. 출원서에는 발명자의 성명 및 주소를 기재해서 제출하지만, 출원공개 또는 등록공고할 때 특허청장은 신원보호 차원에서 발명자의 신청이 있을 경우 출원서에 기재한 주소 중 전체 주소가 아닌 일부만을 게재할 수 있다(특허법 시행령 제19조 제4항).

정답 ④

08 특허법상 특허출원절차에 관한 설명으로 옳지 않은 것은?

① 특허출원인이 출원서에 착오로 발명자 중 일부의 기재를 누락하거나 잘못 적은 경우 설정등록 전까지는 발명자의 추가 또는 정정이 폭넓게 허용되나, 설정등록 후에는 누락(특허출원서에 적은 발명자의 누락에 한정한다) 또는 잘못 적은 것임이 명백한 경우를 제외하고는 특허권자 및 신청 전후 발명자 전원이 서명 또는 날인한 확인서류가 있어야만 추가 또는 정정이 가능하다.

② 등록된 특허발명에 대하여 무권리자에 의한 출원이라는 사유로 무효심결이 확정된 경우 무권리자의 특허출원에 대한 등록공고가 있는 날부터 2년이 경과하기 전에 정당한 권리자가 출원을 하지 않았다면 정당한 권리자의 출원일이 무권리자가 특허출원한 날로 소급될 수 없다.

③ 미생물을 기탁한 경우는 출원서에 취지를 적고 기탁 사실을 증명하는 서류를 첨부하여야 한다. 다만 국내에 소재지가 있는 국내기탁기관 또는 국제기탁기관에 해당 미생물을 기탁한 경우에는 미생물의 기탁 사실을 증명하는 서류를 첨부하지 않을 수 있다.

④ 핵산염기 서열을 포함한 특허출원을 하려는 자는 특허청장이 정하는 방법에 따라 작성한 서열목록전자파일을 출원서에 첨부해야 한다.

⑤ 공지예외주장의 취지는 출원시 출원서에 적지 않았더라도 보완수수료를 납부하면 특허법 제47조 제1항에 따라 명세서 또는 도면을 보정할 수 있는 기간에도 보완할 수 있다.

해설

① 특허법 시행규칙 제28조 제1항
② 구 특허법 제35조에는 무권리자 특허의 등록공고가 있는 날부터 2년이 지나기 전이라는 제척기간이 추가로 있었으나, 현행 특허법 제35조에는 위 제척기간이 삭제되었다. 무권리자 특허의 등록공고가 있는 날부터 2년이 지난 후라도 특허무효심결이 확정된 날부터 30일이 지나기 전에 특허법 제35조에 따른 출원을 하면 출원일 소급효를 인정받을 수 있다.
③ 특허법 시행령 제2조 제2항
④ 특허법 시행규칙 제21조의4 제1항. 참고로 구법에서는 서열목록전자파일을 출원서에 첨부하는 것뿐 아니라 서열목록전자파일 형식으로 명세서 적는 것도 허용했으나, 현행법에서는 서열목록전자파일을 출원서에 첨부하는 것만 허용한다.
⑤ 특허법 제30조 제3항 제1호

정 답 ②

09 발명자의 추가 등의 절차에 관한 설명으로 옳지 않은 것은?

① 특허출원인이 착오로 인하여 특허출원서에 발명자 중 일부의 발명자의 기재를 누락하거나 잘못 적은 때에는 특허여부결정 전후를 불문하고 추가 또는 정정할 수 있다.
② 특허권의 설정등록 후에는 발명자의 기재가 누락(특허출원서에 적은 발명자의 누락에 한정한다) 또는 잘못 적은 것임이 명백한 경우를 제외하고는 발명자의 추가 또는 정정이 불가하다.
③ 특허권의 설정등록 전에 발명자를 추가 또는 정정하려는 경우는 보정서를 특허청장에게 제출하면 된다.
④ 특허권자가 발명자를 추가 또는 정정하려면 특허청장에게 신청서뿐 아니라, 특허권자 및 신청 전후 발명자 전원이 서명 또는 날인한 확인서류를 첨부하여야 하는 경우도 있을 수 있다.
⑤ 발명자를 잘못 적은 경우는 거절이유에 해당하지 않는다.

해설

① 구법에서는 특허여부결정 전후를 구분하고, 특허여부결정 후에는 발명자의 기재가 누락 또는 잘못 적은 것임이 명백한 경우에만 발명자의 추가 또는 정정이 가능했으나, 개정법에서는 설정등록 전후를 기준으로 구분한다(특허법 시행규칙 제28조 제2항). 지문은 출원인이 발명자 추가 또는 정정을 하는 경우인 바, 설정등록 전의 상황이다. 그럼 특허여부결정 전후 불문하고 발명자 추가 또는 정정이 얼마든지 가능하다.
②, ④ 설정등록 후 발명자를 누락 또는 잘못 적은 것임이 명백한 경우가 아니더라도, 특허권자가 특허권자 및 신청 전후 발명자 전원이 서명 또는 날인한 확인서류를 제출하면 발명자 추가 또는 정정이 가능하다(특허법 시행규칙 제28조 제2항).
③ 특허법 시행규칙 제28조 제2항 제1호
⑤ 발명자를 잘못 적은 경우는 거절이유가 아니다. 단지 실제 발명자로부터 특허를 받을 수 있는 권리를 승계 받지 아니한 자가 출원인인 경우나 특허법 제33조 제1항 본문(전혀 승계 받지 못한 경우)이나 제44조(일부 지분만 승계 받은 경우)에 위배될 수 있을 따름이다.

정답 ②

10 절차의 방식에 관한 설명 중 옳지 않은 것은?

① 고유번호를 부여받은 출원인이 특허출원절차를 밟는 경우에는 출원서에 자신의 고유번호를 적어야 한다. 이 경우 이 법 또는 이 법에 따른 명령에도 불구하고 그 서류에 주소(법인인 경우에는 영업소의 소재지를 말한다)를 적지 아니할 수 있다.
② 심사청구서는 전자문서화하고 이를 정보통신망을 이용하여 제출할 수 있다.
③ 정보통신망을 이용하여 제출된 전자문서는 특허청 또는 특허심판원의 방식업무 담당자가 자신이 사용하는 전산정보처리조직을 통하여 그 서류를 확인한 때에 특허청 또는 특허심판원에 접수된 것으로 본다.
④ 전자문서로 특허출원절차를 밟으려는 자는 미리 특허청장에게 전자문서 이용신고를 하여야 하며, 특허청장에게 제출하는 전자문서에 제출인을 알아볼 수 있도록 전자서명을 하여야 한다.
⑤ 특허청장, 특허심판원장, 심판장, 심판관 또는 심사관은 전자문서 이용신고를 한 자에게 서류의 통지 및 송달을 하려는 경우에는 정보통신망을 이용하여 통지 등을 할 수 있다.

해설

① 특허법 제28조의2 제4항
② 특허법 제28조의3 제1항
③ 담당자 거치지 않고 자동으로 접수되며 제출인이 접수번호를 확인할 수 있는 때 접수된 것으로 본다(특허법 제28조의3 제3항).
④ 특허법 제28조의4 제1항
⑤ 특허법 제28조의5 제1항

정답 ③

11 서류의 작성 및 제출에 관한 설명으로 옳지 않은 것은?

① 특허권의 권리이전등록신청서를 우편으로 특허청장에게 제출하는 경우에는 우편물의 통신일부인에 표시된 날이 분명한 경우 표시된 날에 특허청장에게 도달한 것으로 본다.
② 출원서를 전자문서화하고 이를 정보통신망을 이용하여 제출한 경우 제출인이 정보통신망을 통하여 접수번호를 확인할 수 있는 때에 특허청에서 사용하는 접수용 전산정보처리조직의 파일에 기록된 내용으로 접수된 것으로 본다.
③ 전자문서로 출원절차를 밟으려는 자는 미리 특허청장에게 전자문서 이용신고를 하여야 하며, 특허청장에게 제출하는 전자문서에 제출인을 알아볼 수 있도록 전자서명을 하여야 한다.
④ 특허협력조약 제2조(vii)에 따른 국제출원에 관한 서류를 우편으로 제출하는 경우에는 그 서류가 특허청장에게 도달한 날부터 효력이 발생한다.
⑤ 고유번호를 부여받은 자가 출원절차를 밟는 경우에는 출원서에 자신의 고유번호를 적어야 하며, 이 경우 그 출원서에 주소(법인인 경우에는 영업소의 소재지를 말한다)를 적지 아니할 수 있다.

해 설

① 등록신청서류는 우편으로 제출하더라도 그 서류가 특허청장에게 도달한 날부터 효력이 발생한다 (특허법 제28조 제2항 단서).
② 특허법 제28조의3 제3항.
③ 특허법 제28조의4 제1항.
④ 특허법 제28조 제2항 단서.
⑤ 특허법 제28조의2 제4항.

정 답 ①

12 서류의 송달에 관한 설명 중 옳은 것은? (다툼이 있는 경우에는 판례에 따름)

① 특허청장, 특허심판원장, 심판장, 심판관 또는 심사관은 전자문서 이용신고를 한 자에게 서류의 통지 및 송달을 하려는 경우에는 정보통신망을 이용하여 통지 및 송달을 할 수 있다.
② 정보통신망에 따른 서류의 통지는 그 통지를 받을 자가 자신이 사용하는 전산정보처리조직을 통하여 그 서류를 확인할 수 있는 때에 특허청 또는 특허심판원에서 사용하는 발송용 전산정보처리조직의 파일에 기록된 내용으로 도달한 것으로 본다.
③ 특허관리인이 있어도 재외자에게 송달할 서류는 항공등기우편으로 재외자에게 발송하여야 한다.
④ 공동출원인 중 1인에게 실시한 송달이 불능된 경우에는 공시송달을 하여야 한다.
⑤ 송달을 받는 자가 정당한 사유 없이 송달받기를 거부함으로써 송달할 수 없게 된 때에는 공시송달을 한다.

해 설

① 특허법 제28조의5 제1항.
② 확인할 수 있는 때가 아니라 확인한 때이다(특허법 제28조의5 제3항).
③ 특허관리인이 있으면 특허관리인에게 송달하여야 한다(특허법 제220조 제1항).
④ 공동출원인 모두의 주소가 불명인 경우에 한해서만 공시송달이 가능하다(2003후182).
⑤ 발송한 날에 송달된 것으로 본다(특허법 시행령 제18조 제11항).

정 답 ①

CHAPTER 03 절차의 무효 / 불수리처분

01 특허법상 부적법한 출원서류 등의 반려에 관한 설명으로 옳지 않은 것은? [2019년 기출]

① 서류의 반려처분 시에는 특별한 경우를 제외하고는 반려취지, 반려이유 및 소명기간을 적은 서면을 출원인 등에게 송부하여야 한다.
② 반려하겠다는 취지의 서면을 송부받은 출원인 등이 소명하고자 하는 경우 소명기간 내에 소명서를, 소명 없이 출원서류 등을 소명기간 내에 반려받고자 하는 경우에는 반려요청서를 특허청장 또는 특허심판원장에게 제출하여야 한다.
③ 특허청장이나 특허심판원장이 한 반려처분에 대해서는 행정심판·행정소송을 통해 불복할 수 없다.
④ 소명기간 중 출원인 등은 반려이유 통지에 대한 소명이나 의견을 제출할 수 있으나, 반려이유를 극복하기 위한 보정서의 제출은 허용되지 않는다.
⑤ 출원서류 등이 반려된 경우, 그 출원은 선원의 지위를 가질 수 없고, 조약우선권 주장의 기초가 될 수 없다.

해설

① 특허법 시행규칙 제11조 제2항 본문. 본 지문에서의 특별한 경우란 특허법 시행규칙 제11조 제2항 단서를 뜻하는 것으로 보인다.
② 특허법 시행규칙 제11조 제3항
③ 행정심판 혹은 행정소송을 통해 불복할 수 있다(특허법 제224조의2 제2항).
④ 반려이유에 대해서는 보정이 허용되지 않는다(특허법 시행규칙 제11조 제3항).
⑤ 출원서가 반려되었다면 출원절차가 진행조차 되지 않은 것이므로 선원의 지위가 발생하지 않는다. 출원서가 수리되었으나 이후 무효, 취하, 포기, 거절결정확정, 거절결정불복심판 기각심결확정이 되었다면 선원의 지위가 소급 소멸한다(특허법 제36조 제4항).
조약우선권 주장의 기초가 되기 위해서는 출원일자를 인정 받은 정규성이 인정되어야 한다. 출원서가 반려되었다면 출원절차가 진행조차 되지 않은 것으로서 출원일자 자체를 인정받지 못해 정규성을 갖추지 못했으므로 조약우선권 주장의 기초가 될 수 없다(파리조약 4).

정답 ③

02 다음은 특허법상 절차 무효에 관한 설명이다. 옳은 것으로만 연결된 것은?

⑦ 미성년자가 특허에 관한 절차를 밟은 경우 특허청장은 보정을 명할 수 있고, 하자가 치유되지 않는 경우 그 절차를 무효로 하여야 한다.

㈏ 무효처분이 확정되면 당해 절차는 처음부터 없었던 것으로 보므로 출원공개 후 특허출원이 절차무효되면 확대된 선출원의 지위는 인정되지 않는다.

㈐ 특허청장 또는 심판장은 대리인의 선임 또는 개임 전에 특허에 관한 절차를 밟는 자 또는 대리인이 특허청 또는 특허심판원에 대하여 한 특허에 관한 절차는 무효로 해야한다.

㈑ 제3자가 심사청구한 후 명세서 보정으로 증가된 청구항에 대한 심사청구료를 특허출원인이 납부하지 아니한 경우에는 명세서에 관한 보정을 무효로 할 수 있다.

㈒ 절차의 무효처분에 대해서는 행정심판을 청구하거나 행정소송법에 의한 취소소송을 제기하여 불복할 수 있다.

㈓ 국제특허출원에 있어서는 특허법 제203조의 규정에 의한 서면을 국내서면제출기간내에 제출하여야 하며, 이에 위반시 특허청장은 기간을 정하여 보정을 명하여야 하고, 이에 불응하는 경우에는 당해 국제특허출원은 무효가 될 수 있다.

① ㈎, ㈐   ② ㈏, ㈑, ㈒
③ ㈐, ㈒, ㈓   ④ ㈑, ㈓
⑤ ㈑, ㈒, ㈓

해설

㈎ |×| 특허청장은 절차보정 대상에 대하여는 보정을 명하여야 하고, 하자가 치유되지 않는 경우 그 절차를 무효로 할 수 있다.

㈏ |×| 출원공개후에 절차무효되면 선출원의 지위는 인정되지 않으나(법 제36조 제4항), 확대된 선출원의 지위는 인정된다.

㈐ |×| 특허청장 또는 심판장은 제1항 또는 제2항의 규정에 의하여 명령을 한 후 제1항 또는 제2항의 규정에 의한 대리인의 선임 또는 개임전에 제1항의 특허에 관한 절차를 밟는 자 또는 제2항의 대리인이 특허청 또는 특허심판원에 대하여 한 특허에 관한 절차는 무효로 할 수 있다.(법 제10조 제4항)

㈑ |○| 특허출원인이 아닌 자가 출원심사청구를 한 후 출원인이 명세서를 보정하여 청구항이 증가한 때에는 증가한 청구항에 관한 심사청구료는 출원인이 납부하여야 하며(법 제82조 제2항), 미납부시 보정명령의 대상이 된다(법 제46조). 지정된 기간 이내에 심사청구료가 납부되지 아니한 경우에는 특허청장은 명세서에 관한 보정을 무효로 할 수 있다(법 제16조 제1항 단서).

㈒ |○| 무효처분은 특허청장 또는 특허심판원장의 행정처분이므로 행정심판이나 행정소송으로 다툴 수 있다. 참고로 특허청장 또는 특허심판원장은 절차의 보정명령을 받은 자가 지정된 기간 내에 그 보정을 하지 아니하여 특허에 관한 절차가 무효로 된 경우로서 지정된 기간을 지키지 못한 것이 보정명령을 받은 자의 정당한 사유에 의한 것으로 인정되는 때에는 그 사유가 소멸한

날부터 2월 이내에 보정명령을 받은 자의 청구에 의해 그 무효처분을 취소할 수 있다. 다만, 지정된 기간의 만료일부터 1년이 경과한 때에는 그러하지 아니하다(법 제16조 제2항).
(바) |ㅇ| 법 제203조

정답 ⑤

03 다음 중 부적법한 서류로서 반려의 대상이 아닌 것은? [1999년 기출]

① 대리인이 특별수권을 얻지 않고 국내우선권주장출원을 한 경우
② 국내에 주소 또는 영업소를 가지지 아니하는 자가 특허관리인에 의하지 아니하고 특허출원을 한 경우
③ 법 소정의 보정 기간을 경과하여 제출된 보정서류인 경우
④ 출원의 종류가 불명확한 것인 경우
⑤ 존속기간 연장등록출원기간을 경과하여 존속기간 연장등록출원을 한 경우

해설

① |×| 통상의 위임대리인의 경우 특별수권사항이나 이에 위반하면 대리권 흠결을 이유로 보정명령 후 무효 처분한다(법 제16조). 한편 대리권의 범위는 특허관리인의 경우에도 통상의 위임대리인과 동일하다(법 제6조 본문).
② |ㅇ| 국내에 주소 또는 영업소를 가지지 아니하는 자가 법 제5조 제1항에 규정된 특허관리인에 의하지 아니하고 제출한 출원서류 등인 경우(시행규칙 제11조 제1항 제6호) 반려대상이다.
③ |ㅇ| 이 법 또는 이 법에 의한 명령이 정하는 기간 이내에 제출되지 아니한 서류인 경우(시행규칙 제11조 제1항 제7호) 반려대상이다.
④ |ㅇ| 출원 또는 서류의 종류가 불명확한 것인 경우(시행규칙 제11조 제1항 제2호) 반려대상이다.
⑤ |ㅇ| 존속기간연장등록출원은 허가나 등록을 받은 날로부터 3월 이내 및 존속기간의 만료 6월 이전에 연장등록출원을 하여야 한다(법 제90조 제2항). 기간을 경과하여 존속기간 연장등록출원을 하면 이 법이 정하는 기간 이내에 제출되지 아니한 서류로 반려된다(시행규칙 제11조 제1항 제7호).

정답 ①

04 특허청장이나 심판원장은 부적법한 출원서류 등을 반려할 수 있다. 다음 보기 중에 반려사유에 해당하는 것만으로 연결된 것은?

> (가) 거절결정등본 송달일로부터 3개월을 경과하여 제출된 법 제132조의17에 따른 심판청구에 대한 기간연장신청서
> (나) 국제출원서에 출원서를 국어, 영어 또는 일어로 기재하지 않은 경우
> (다) 청구범위를 기재하지 아니한 명세서를 특허출원서에 첨부하여 특허출원한 분할출원으로 그 특허출원 당시에 이미 법 제42조의2 제2항에 따른 명세서의 보정기간이 경과된 경우
> (라) 청구범위가 기재되지 아니한 명세서가 첨부된 특허출원에 대하여 제3자가 출원심사청구서를 제출한 경우
> (마) 출원서에 명세서를 첨부하지 않거나, 명세서는 첨부되었으나 청구범위가 첨부되지 않은 경우

① (가)   ② (나), (다)
③ (가), (다)   ④ (다), (라)
⑤ (라), (마)

해설

(가) |O| 시행규칙 제11조 제9호
법 제132조의17에 따른 심판의 청구기간 또는 특허청장·특허심판원장·심판장 또는 심사관이 지정한 기간을 경과하여 제출된 기간연장신청서인 경우 반려처분한다.

(나) |×| 이는 반려사유가 아니고, 보완사유로서 국제출원일 인정요건에 해당된다. 그러므로, 특허청장은 보완명령하고 국제출원인은 보완서류를 제출한 경우 보완서류 도달일이 국제출원일로 확정된다.(법 제194조 제1항, 제2항 및 제4항)

(다) |×| 법 제52조 제8항
특허출원서에 최초로 첨부한 명세서에 청구범위를 적지 아니한 분할출원에 관하여는 제42조의2 제2항에 따른 기한이 지난 후에도 분할출원을 한 날부터 30일이 되는 날까지는 명세서에 청구범위를 보정할 수 있다.

(라) |×| 출원인이 청구범위를 첨부하지 않은 출원이라고 하더라도, 제3자는 심사청구를 할 수 있다. 그 후, 제3자의 심사청구사실을 출원인에게 통지(법 제60조 제3항)하여 주고, 통지받은 날부터 3월 이내 또는 최선일로부터 1년 2월 중 빠른 날까지 출원인은 청구범위를 작성하는 보정을 하면된다(법 제42조의2 제2항). 한편, 시행규칙 11조 15호는 '특허출원인이 청구범위가 기재되지 아니한 명세서가 첨부된 특허출원에 대하여 출원심사청구서를 제출한 경우'를 반려사유로 규정하고 있을 뿐이다.

(마) |×| 청구범위 기재유예제도가 도입되어서 출원인은 청구범위를 첨부하지 않고 특허출원을 할 수 있다(법42조2 제1항).

반려사유를 정리하면 다음과 같다.(2022년 7월 1일 시행 시행규칙)

반려 사유	비고
1. 제2조의 규정에 위반하여 1건마다 서면을 작성하지 아니한 경우	
2. 출원 또는 서류의 종류가 불명확한 것인 경우	
3. 특허에 관한 절차를 밟는 자의 성명(법인의 경우에는 명칭) 또는 출원인코드 [출원인코드가 없는 경우에는 성명·주소(법인의 경우에는 그 명칭 및 영업소의 소재지)]가 기재되지 아니한 경우	
4. 국어로 기재되지 아니한 경우(외국어 출원 제외)	
5. 출원서에 명세서(명세서에 발명의 설명이 기재되어 있지 아니한 경우를 포함한다)를 첨부하지 아니한 경우	임시명세서(청구범위 제출유예) 도입에 따라 청구범위 미첨부하여 출원한 경우는 반려처분 ×
5의2. 청구범위를 기재하지 아니한 명세서를 특허출원서에 첨부하여 특허출원한 정당한 권리자의 출원으로서 그 특허출원 당시에 이미 법 제42조의2제2항에 따른 명세서의 보정기간이 경과된 경우	
5의3. 특허출원서에 제21조제5항 전단에 따른 임시 명세서를 첨부한 출원의 보정 전에 명세서, 요약서 또는 도면을 보정한 경우	
5의4. 법 제52조의2제1항에 따라 분리출원을 하려는 경우로서 특허출원서에 최초로 첨부한 명세서에 청구범위를 적지 않거나 명세서 및 도면(설명 부분만 해당한다)을 국어가 아닌 언어로 적은 경우	분리출원 제한 - 외국어 출원, 임시명세서 출원, 재분할·재변경·재분리·재심사청구 ×
5의5. 법 제52조의2제2항에 따라 분리출원을 기초로 새로운 분할출원, 분리출원 또는 변경출원을 하는 경우	
6. 국내에 주소 또는 영업소를 가지지 아니하는 자가 법 제5조제1항에 규정된 특허관리인에 의하지 아니하고 제출한 출원서류 등인 경우	
7. 이 법 또는 이 법에 의한 명령이 정하는 기간 이내에 제출되지 아니한 서류인 경우	

8. 이 법 또는 이 법에 의한 명령이 정하는 기간중 연장이 허용되지 아니하는 기간에 대한 기간연장신청서인 경우	
9. 법 제132조의17에 따른 심판의 청구기간 또는 특허청장·특허심판원장·심판장 또는 심사관이 지정한 기간을 경과하여 제출된 기간연장신청서인 경우	
10. 특허에 관한 절차가 종료된 후 그 특허에 관한 절차와 관련하여 제출된 서류인 경우	
11. 당해 특허에 관한 절차를 밟을 권리가 없는 자가 그 절차와 관련하여 제출한 서류인 경우	
12. 별지 제2호서식의 원용제한신고서, 별지 제3호서식의 포괄위임등록 신청서, 포괄위임등록 변경신청서 또는 포괄위임등록 철회서, 별지 제4호서식의 출원인코드 부여신청서 또는 직권으로 출원인코드를 부여하여야하는 경우로서 당해서류가 불명확하여 수리할 수 없는 경우	
13. 정보통신망이나 전자적기록매체로 제출된 특허출원서 또는 기타의 서류가 특허청에서 제공하는 소프트웨어 또는 특허청 홈페이지를 이용하여 작성되지 아니하였거나 전자문서로 제출된 서류가 전산정보처리조직에서 처리가 불가능한 상태로 접수된 경우	
13의2. 제3조의2제2항의 규정에 의하여 제출명령을 받은 서류를 기간내에 제출하지 아니한 경우	시행규칙 제3조2의2항 규정-전자적 이미지의 첨부서류가 판독이 곤란하여 서면으로 제출 명령
14. 제8조의 규정에 의하여 제출명령을 받은 서류를 정당한 소명 없이 소명기간내에 제출하지 아니한 경우	시행규칙 제8조-특허절차를 밟는 자의 국적, 법인증명서류 등의 제출명령
15. 특허출원인이 청구범위가 기재되지 아니한 명세서가 첨부된 특허출원에 대하여 출원심사청구서를 제출한 경우	법 제59조(심사청구) ② 누구든지 특허출원에 대하여 특허출원일부터 3년 이내에 특허청장에게 출원심사의 청구를 할 수 있다. 다만, 특허출원인은 다음 각 호의 어느 하나에 해당하는 경우에는 출원심사의 청구를 할 수 없다. **1. 명세서에 청구범위를 적지 아니한 경우** 2. 제42조의3제2항에 따른 국어번역문을 제출하지 아니한 경우(외국어특허출원의 경우로 한정한다)

16. 청구범위가 기재되지 아니한 명세서를 첨부한 특허출원 또는 법 제87조제3항에 따라 등록공고를 한 특허에 대하여 조기공개신청서를 제출한 경우	법 제64조 (출원공개) ① 특허청장은 다음 각 호의 어느 하나에 해당하는 날부터 1년6월이 경과한 때 또는 특허출원일부터 1년 6월이 경과하기 전이라도 출원인의 신청이 있는 때에는 산업통상자원부령이 정하는 바에 따라 그 특허출원에 관하여 특허공보에 게재하여 출원공개를 하여야 한다. **다만, 제42조제5항 각 호 외의 부분 전단의 규정에 따라 청구범위가 기재되지 아니한 명세서를 첨부한 특허출원 및 제87조제3항의 규정에 따라 등록공고를 한 특허의 경우에는 출원공개의 대상이 되지 아니한다.**
17. 특허여부결정의 보류신청 대상에 해당하지 않아(施規 40의2①) 특허여부결정을 보류할 수 없는 경우	시행규칙 제40조의2 (특허여부결정의 보류) ① 심사관은 특허출원심사의 청구 후 출원인이 특허출원일부터 6개월 이내에 별지 제22호의2서식의 결정 보류신청서를 특허청장에게 제출하는 경우에는 특허출원일부터 12개월이 경과하기 전까지 특허여부결정을 보류할 수 있다. 다만, 다음 각 호의 어느 하나에 해당하는 경우에는 그러하지 아니하다. 1. 특허출원이 분할출원, 분리출원 또는 변경출원인 경우 2. 특허출원에 대하여 우선심사결정을 한 경우 3. 특허여부결정의 보류신청이 있기 전에 이미 특허거절결정서 또는 특허결정서를 통지한 경우
18. 특허출원심사의 유예신청 대상에 해당하지 않아(施規 40의3③) 특허출원에 대한 심사를 유예할 수 없는 경우(심사유예신청서에 한함)	시행규칙 제40조의3 (특허출원심사의 유예) ③ 심사관은 제1항에 따른 심사유예신청이 있으면 유예희망시점까지 특허출원에 대한 심사를 유예할 수 있다. 다만, 다음 각 호의 어느 하나에 해당하는 경우에는 그러하지 아니하다. 1. 특허출원이 분할출원, 분리출원, 변경출원 또는 정당한 권리자의 출원인 경우 2. 특허출원에 대하여 우선심사결정을 한 경우 3. 특허출원심사의 유예신청이 있기 전에 이미 거절이유를 통지하거나 특허결정서를 통지한 경우
19. 특허출원서에 첨부된 명세서 또는 도면의 보정 없이 재심사를 청구하거나 법 제67조의2제1항 단서에 해당하여 재심사를 청구할 수 없는 경우	제67조의2 (재심사의 청구) ① 특허출원인은 그 특허출원에 관하여 특허결정의 등본을 송달받은 날부터 제79조에 따른 설정등록을 받기 전까지의 기간 또는 특허거절결정등본을 송달받은 날부터 3개월(제15조제1항에 따라 제132조의17에 따른 기간이 연장된 경우 그 연장된 기간을 말한다) 이내에 그 특허출원의 특허출원서에 첨부된 명세서 또는 도면을 보정하여 해당

	특허출원에 관하여 재심사(이하 "재심사"라 한다)를 청구할 수 있다. 다만, 다음 각 호의 어느 하나에 해당하는 경우에는 그러하지 아니하다. 1. 재심사를 청구할 때에 이미 재심사에 따른 특허여부의 결정이 있는 경우 2. 제132조의17에 따른 심판청구가 있는 경우(제176조제1항에 따라 특허거절결정이 취소된 경우는 제외한다) 3. 그 특허출원이 분리출원인 경우
20. 법 제47조제5항 또는 법 제52조제1항 단서에 따라 국어번역문이 제출되지 아니하거나 법 제53조제1항제2호, 법 제59조제2항제2호 또는 법 제64조제2항제2호에 해당하는 경우	외국어 출원 제한 - **보**정, **분**할출원, **변**경출원, **심**사청구(출원인), **조**기공개신청 임시명세서(청구범위 제출유예) 출원 제한 - **심**사청구(출원인), **조**기공개신청
21. 동일한 출원인등이 이미 제출한 서류와 중복되는 서류를 제출한 경우	

정답 ①

05 특허법상 절차의 무효에 관한 설명 중 틀린 것은?

① 지정된 기간 이내에 보정서를 제출하여 절차상의 흠결이 치유된 경우에는 해당 절차를 진행한 날로 소급하여 보정된 상태로 진행된 것으로 본다. 지정기간 이내에 보정서가 제출되지 않거나 흠결을 치유하지 못한 경우 해당 절차를 무효로 할 수 있다.

② 특허법 제46조의 보정명령에 이의가 있는 경우 보정명령을 받은 자는 지정된 기간에 그 보정명령에 대한 의견서를 제출할 수 있다.

③ 특허에 관한 절차의 무효처분 주체는 특허청장 또는 특허심판원장이며 심사관이 될 수 없다. 무효처분의 대상은 출원절차에 국한되는 것이 아니며 특허에 관한 절차이면 모두 해당된다.

④ 특허청장은 특허에 관한 절차가 무효로 된 경우에도 그 기간을 지키지 못한 것이 보정요구를 받은 자의 정당한 사유에 의한 것으로 인정될 때에는 그 사유가 소멸한 날부터 2개월 이내에 청구에 의하여 그 무효처분을 취소할 수 있다. 다만 그 기간의 만료일부터 1년이 경과한 후에는 무효처분을 취소할 수 없다.

⑤ ④에서 "보정요구를 받은 자가 책임을 질 수 없는 사유"란 일반인이 보통의 주의를 다하여도 피할 수 없는 사유로서 천재·지변 기타 불가피한 사유가 해당됨은 물론 공시송달 사실을 모른 경우도 포함된다.

> 해설

① |O| 심사기준

지정된 기간 이내에 보정서를 제출하여 절차상의 흠결이 치유된 경우에는 해당 절차를 진행한 날에 소급하여 보정된 상태로 진행한 것으로 본다. 지정기간 이내에 보정서가 제출되지 않거나 흠결을 치유하지 못한 경우 해당 절차를 무효로 할 수 있다.

보정서를 제출한 경우 다음 사항에 주의하여 심사한다.

　ⅰ) 지정기간을 경과하여 절차 보정서를 제출한 경우

　　지정기간 경과 후 무효처분통지서의 발송일(이하 '무효처분일'이라 한다) 이전에 보정서가 제출되어 절차의 흠결이 치유된 경우 무효로 하지 아니하고 보정서를 수리한다. 무효처분일 후에 제출된 보정서는 반려한다.

　　무효처분일 이전에 우편으로 발송하였으나 무효처분 당시 보정서의 제출사실을 알지 못하고 무효처분한 경우, 보정사항을 검토하여 흠결을 해소한 경우에는 무효처분을 취소하고 보정을 인정한다. 무효처분일에 제출된 보정서도 동일하게 취급한다.

　ⅱ) 절차상 흠결이 새롭게 발견된 경우

　　보정요구에 따라 보정이 완료된 후에 새로운 절차상 흠결이 발견된 경우 그 사항에 대하여 기간을 정하여 다시 보정을 요구한다. 이 경우 각각의 보정에 대하여 보정료를 납부하여야 한다. 그러나 1회로 보정을 요구할 수 있었던 사항을 누락하여 동일 사항에 대해 추가로 보정을 요구한 경우에는 그 보정 사항의 보정에 대하여는 보정료를 징수하지 아니한다.

　ⅲ) 보정요구와 무관한 보정사항을 포함하는 보정서를 제출한 경우

　　보정요구에 따른 보정서가 아직 제출되지 아니한 상태에서 보정요구의 취지와 무관한 자진 보정서가 제출된 경우 그 보정서를 수리한다. 이때 그 보정사항이 보정료 납부대상에 해당하는 경우에는 보정료를 징수하여야 한다.

　ⅳ) 보정을 요구한 사항의 일부만 보정한 경우

　　하나의 보정요구서로 2이상의 절차에 대하여 보정을 요구하였으나 지정기간 내에 제출된 보정서가 흠결의 일부 절차만을 보정한 경우에는 흠결이 치유되지 않은 절차만을 무효로 한다. 2이상의 보정요구 사항에 대하여 2회 이상으로 나누어 보정하는 경우에는 각각 별도의 보정으로 보아 매회 보정료를 납부하여야 한다.

　ⅴ) 보정서 없이 보정내용만 제출한 경우

　　보정서 서식을 이용하지 않고 보정내용만 제출한 경우에는 일단 수리하고 보정서가 방식에 위반되었음을 이유로 그 보정절차에 대하여 보정을 요구
한다. 한편, 그 서류의 종류가 불분명한 경우에는 반려하여야 하며, 서식의 흠결이 경미한 경우에는 따로 보정요구를 하지 않고 수리할 수 있다.

　　방식에 위반된 보정서가 지정된 기간 내에 정해진 서식에 따라 보정되지 않은 경우 그 보정서에 의한 보정절차를 무효처분하고, 보정절차의 무효처분에 따라 원래 지적한 흠결이 치유되지 못한 경우에는 해당 절차를 무효처분한다.

② |O| 특허법 제46조 후단

③ |O| 심사기준

　ⅰ) 특허에 관한 절차의 무효처분 주체는 특허청장 또는 특허심판원장이며 심사관이 될 수 없다. 무효처분의 대상은 출원절차에 국한되는 것이 아니며 특허에 관한 절차이면 모두 해당된다.

　ⅱ) 무효처분을 할 때에는 그 이유를 명시하고 절차를 밟은 자에게 통지하여야 한다. 무효처분통지서에는 행정심판 또는 행정소송을 제기할 수 있다는 안내문을 부기한다.

④ |○| ⑤ |×| 심사기준
  ⅰ) 특허청장은 특허에 관한 절차가 무효로 된 경우에도 그 기간을 지키지 못한 것이 보정요구를 받은 자의 정당한 사유에 의한 것으로 인정될 때에는 그 사유가 소멸한 날부터 2개월 이내에 청구에 의하여 그 무효처분를 취소할 수 있다. 다만 그 기간의 만료일부터 1년이 경과한 후에는 무효처분을 취소할 수 없다.
  ⅱ) 여기서「정당한 사유」란 지병으로 인한 입원, 자동이체 오류 등이 있다.

정답 ⑤

06 다음 중 방식심사에 관한 설명 중 옳지 않은 것은? (다툼이 있는 경우에는 판례에 의함)

① 특허에 관한 절차의 무효처분 주체는 특허청장 또는 특허심판원장이며 심사관이 될 수 없다.
② 출원이 무효된 경우 특허법 제36조 제1항 내지 제3항을 적용함에 있어서는 처음부터 출원이 없었던 것으로 보며, 그 출원의 출원서에 최초로 첨부된 명세서 또는 도면에 기재된 발명을 기초로 국내우선권주장출원을 할 수 없다.
③ 출원이 무효로 된 경우 그에 따른 보상금청구권은 처음부터 발생하지 아니한 것으로 본다.
④ 소명기간 중 출원인 등은 반려이유 통지에 대한 소명이나 의견을 제출할 수 있으나, 반려이유를 극복하기 위한 보정서의 제출은 허용되지 않는다.
⑤ 권리능력이 없는 외국인이 출원한 경우 수리한 다음 심사관으로 하여금 실질적인 심사를 하게 할 것이 아니라 해당 출원서를 반려해야 한다.

해설

① 특허법 제46조
② 특허법 제36조 제4항, 특허법 제55조 제1항 제3호
③ 특허법 제65조 제6항 제1호
④ 특허법 제46조의 사유와 달리 특허법 시행규칙 제11조의 사유에 대해서는 보정이 허용되지 않는다.
⑤ 형식적인 문제를 벗어나 외국인이 권리능력을 가지는가 또는 출원인이 특허를 받을 수 있는가(공동발명의 경우) 등의 실질적인 사항에 관한 것은 곧바로 수리하지 아니하는 처분을 할 수는 없고, 일단 수리한 다음 심사관으로 하여금 실질적인 심사를 하게 하여야 한다(심사기준).

정답 ⑤

07 다음 설명 중 옳지 않은 것은?

① 설정등록 전 출원인은 착오로 발명자 중 일부의 기재를 누락하거나 잘못 적은 때에는 필요에 따라 보정서를 특허청장에게 제출하여 추가 또는 정정할 수 있다.
② 설정등록 후 특허권자는 발명자의 기재가 오기임이 명백한 경우, 출원과정을 통해 출원서에 적은 바 있던 발명자를 누락했음이 명백한 경우 또는 특허권자 및 신청 전후 발명자 전원이 서명 또는 날인한 확인서류를 첨부하는 경우 특허청장에게 정정발급신청서를 제출하여 발명자를 추가 또는 정정할 수 있다.
③ 특허청장은 동일한 출원인등이 이미 제출한 서류와 중복되는 서류를 제출한 경우 보정명령을 하여야 한다.
④ 특허청장은 특허문서 전자화기관이 시설 및 인력기준을 충족하지 못하는 경우 시정조치를 요구할 수 있으며, 특허문서 전자화기관이 시정조치 요구에 따르지 아니하는 경우에는 특허문서 전자화업무의 위탁을 취소할 수 있다.
⑤ 특허청장은 전담기관으로 하여금 특허법 제58조의 전문기관 업무에 대한 관리 및 평가에 관한 업무를 대행하게 할 수 있다.

해 설

①, ② 특허법 시행규칙 제28조(2019년 개정)
③ 반려사유이다(특허법 시행규칙 제11조 제1항 제21호)(2019년 개정)
④ 특허법 제217조의2
⑤ 특허법 제58조 제3항.

정답 ③

CHAPTER 04 절차의 효력의 승계 및 절차의 속행

01 다음은 특허법상 절차 일반에 관한 내용이다. 다음 중 옳은 것은?

① 당사자가 사망한 경우 절차는 중단되고 상속인이 절차를 수계하게 되는데 상속 개시가 있음을 안날 이후에는 언제든지 절차 수계가 가능하다.
② 복수당사자의 대표자가 사망한 경우 새로운 대표자가 수계자가 되고 각 당사자는 수계할 수가 없다.
③ 심판장 또는 심사관은 특허에 관한 절차가 특허청 또는 특허심판원에 계속 중일 때 특허권 또는 특허에 관한 권리가 이전되면 그 특허권 또는 특허에 관한 권리의 승계인에 대하여 그 절차를 속행하게 할 수 있다.
④ 특허출원의 심사에 있어서 필요한 때에는 심결이 확정될 때까지 또는 소송절차가 완결될 때까지 당해 심사의 절차를 중지해야 한다.
⑤ 특허청장이 1개월 내에 특허에 관한 절차를 보정할 것을 명하였으나 보정명령 후 10일 후에 특허에 관한 절차가 중단되었고 이후 수계되었다면, 수계 후 보정할 수 있는 기간은 1개월이다.

해설

① |×| 당사자가 사망한 경우 수계할 수 있는 자는 상속인·상속재산관리인 또는 법률에 의하여 절차를 속행할 자이다. 다만, 상속인은 상속을 포기할 수 있을 때까지 그 절차를 수계하지 못한다. 여기서, 상속인이「상속을 포기할 수 있을 때」라 함은 상속개시 있음을 안 날로부터 3월을 의미한다(민법 제1019조).
② |×| 복수당사자가 절차를 밟는 경우 항상 대표자를 선정해야 하는 것은 아니다. 그러므로 대표자가 사망한 경우 수계할 수 있는 자는 새로운 대표자 또는 각 당사자이다.
③ |×| 심판장 또는 심사관이 아니라 심판장 또는 특허청장이다(특허법 제19조).
④ |×| 법 제78조 (심사 또는 소송절차의 중지) ①특허출원의 심사에 있어서 필요한 때에는 심결이 확정될 때까지 또는 소송절차가 완결될 때까지 당해 심사의 절차를 중지할 수 있다. 즉, 절차 중지여부는 재량이다.
⑤ |○| 특허에 관한 절차가 중단 또는 중지된 경우에는 그 기간의 진행은 정지되고 그 절차의 수계 통지를 하거나 그 절차를 속행한 때부터 다시 모든 기간이 진행된다(법 제24조).

정답 ⑤

CHAPTER 05 절차의 정지

01 절차의 정지에 관한 설명 중 옳은 것은?

① 당사자인 법인이 해산 후 청산절차에 따라 소멸한 경우 특허청 또는 특허심판원에 계속 중인 절차는 중단된다.
② 특허법 제11조(복수당사자의 대표) 제1항 단서의 규정에 의한 대표자가 사망하거나 그 자격을 상실한 경우에도 특허청 또는 특허심판원에 계속 중인 절차가 중단되지 않을 수 있다.
③ 특허청 또는 특허심판원에 계속 중인 절차가 당사자의 사망으로 인해 중단된 때 상속인은 언제나 중단 중인 절차를 수계할 수 있다.
④ 특허에 관한 절차가 중단 또는 중지된 경우에는 그 기간의 진행이 정지되고 그 절차의 수계통지를 하거나 그 절차를 속행한 때부터 다시 잔여 기간이 진행된다.
⑤ 절차가 중단된 경우 상대방도 특허청장 또는 특허법 제143조에 따른 심판관에게 수계신청을 할 수 있다.

해설

① 합병에 따라 소멸한 경우가 중단사유다(특허법 제20조 제2호).
② 위임받은 대리인이 있는 경우는 절차가 중단되지 않는다(특허법 제20조 단서).
③ 상속을 포기할 수 있을 때까지는 절차를 수계할 수 없다(특허법 제21조 제1호 단서).
④ 절차를 속행했을 때는 다시 모든 기간이 진행된다(특허법 제24조).
⑤ 상대방은 수계신청 명령을 요청할 수 있을 뿐이다(특허법 제22조 제1항).

정답 ②

02 특허에 관한 절차의 설명 중 옳지 않은 것은?

① 특허법 제17조에서 책임질 수 없는 사유란 일반인이 보통의 주의를 다하여도 피할 수 없는 사유로서 천재·지변 기타 불가피한 사유가 해당되며, 이때 공시송달 사실을 몰랐다는 이유는 특별한 사유가 없는 한 책임질 수 없는 사유에 포함되지 않는다.
② 절차의 정지란 특허에 관한 출원, 청구 또는 기타 절차가 특허청 또는 특허심판원에 계속 중 그 절차가 종료되기 전에 법률상 진행되지 않는 상태를 말한다.
③ 특허에 관한 절차의 중단은 특허청이나 절차를 밟는 당사자의 의사와 관계없이 법정사유에 의해서 발생한다.
④ 천재·지변 기타 불가피한 사유로 인하여 특허청이 그 직무를 행할 수 없을 때나 당사자가 부정기간의 장애로 특허청에 계속 중인 절차를 속행할 수 없는 때에는 별도의 중지결정 없이 절차가 당연히 중지된다.
⑤ 심사관이 특허법 제46조에 따라 1월 내에 특허에 관한 절차를 보정할 것을 특허청장 명의로 요구하였으나, 보정요구 후 15일이 경과한 때 특허에 관한 절차가 중단되었고 이후 수계되었다면, 수계 후 보정할 수 있는 기간은 다시 1월이다.

해설

① 심사기준
② 심사기준
③ 특허법 제20조
④ 당사자에게 부정기간의 장애가 생긴 경우는 중지결정에 의해 중지된다(특허법 제23조).
⑤ 잔여기간이 아니라 전체 기간을 다시 처음부터 준다(특허법 제24조).

정답 ④

03 절차의 중지에 관한 설명으로서 가장 잘못된 것은? [2000년 기출변형]

① 특허출원의 심사에 있어서 필요한 때에는 심결이 확정될 때까지 또는 소송절차가 완결될 때까지 당해 심사의 절차를 중지할 수 있다.
② 법원은 소송에 있어서 필요한 경우에는 특허출원에 대한 결정이 확정될 때까지 그 소송절차를 중지할 수 있다.
③ 심판관의 제척 또는 기피의 신청이 있는 때에는 그 신청에 대한 결정이 있을 때까지 심판절차를 중지하여야 한다.
④ 심판에 있어서 필요한 때에는 당해 심판사건과 관련되는 다른 심판의 심결이 확정되거나 소송절차가 완결될 때까지 그 절차를 중지할 수 있다.
⑤ 소송절차에 있어서 필요하다고 인정된 때에는 법원은 특허에 관한 심결이 확정될 때까지 그 소송절차를 중지하여야 한다.

해설

① |○| 법 제78조 제1항
② |○| 법 제78조 제2항
③ |○| 법 제153조 다만, 긴급을 요하는 때에는 그러하지 아니한다.
④ |○| 법 제164조 제1항
⑤ |×| 소송절차에 있어서 필요하다고 인정된 때에는 법원은 특허에 관한 심결이 확정될 때까지 그 소송절차를 중지할 수 있다(법 제164조 제2항). 즉, 절차의 중지여부는 법원의 재량사항이다.

정답 ⑤

04 특허절차에 관한 설명으로 옳은 것은? [2011년 기출변형]

① 국내에 주소 또는 영업소를 가지지 아니하는 재외자로서 국내에 체재하는 경우에는 국내에 주소 또는 영업소를 가지는 특허관리인을 통하지 않고도 특허에 관한 절차를 밟을 수 있다.
② 특허절차가 천재·지변을 이유로 중지된 경우에는 그 기간의 진행이 정지되고, 위 불능사유가 소멸되어 절차의 진행이 속행되면 잔여기간이 진행된다.
③ 당사자의 사망으로 특허절차가 중단되어 수계신청을 할 때에는 사망 당사자의 상속인 또는 상속재산관리인 뿐만 아니라 상대방도 신청할 수 있다.
④ 특허절차의 진행 중 당사자인 법인이 해산된 경우는 당해 특허절차가 중단된다.
⑤ 미성년자의 법정대리인은 후견감독인의 동의 없이 심판 또는 재심에 관한 절차를 밟을 수 있다.

해 설

① |O| 재외자가 국내에 체재하는 경우에는 특허관리인에 의하지 않고도 절차를 밟을 수 있다(법 제5조 제1항).
② |×| 특허에 관한 절차가 중단 또는 중지된 경우에는 그 기간의 진행은 정지되고 그 절차의 수계통지를 하거나 그 절차를 속행한 때부터 다시 모든 기간이 진행된다(법 제24조). 즉, 절차 속행시 잔존기간이 아닌 다시 모든 기간이 주어진다.
③ |×| 법 제22조 제1항 단서 : 상대방은 특허청장 또는 제143조에 따른 심판관에게 제21조 각 호의 어느 하나에 해당하는 자에 대하여 수계신청할 것을 명하도록 요청할 수 있다.
④ |×| 당사자인 법인의 합병에 의한 소멸의 경우만 중단사유이다(법 제20조 제2호). 당사자인 법인이 합병에 의하여 소멸된 경우만을 중단의 사유로 한 것은 합병 이외의 사유로 해산된 때에는 청산법인이 존재하여 절차를 수행할 수 있기 때문이다.
⑤ |×| 법정대리인은 후견감독인의 동의 없이 상대방이 청구한 심판 또는 재심에 대한 절차를 밟을 수 있다(법 제3조 제2항). 즉, 상대방이 청구한 심판 또는 재심에 대한 절차, 즉 수동적인 절차는 무능력자의 이익을 위해 후견감독인의 동의 없이 절차를 밟을 수 있을 뿐, 능동적인 절차에 대해서는 후견감독인의 동의가 필요하다.

정 답 ①

05 특허법에 관한 설명 중 옳은 것은?

① 행위능력 또는 법정대리권이 없거나 특허에 관한 절차를 밟음에 필요한 수권이 흠결된 자가 밟은 절차는 보정된 당사자나 법정대리인의 추인이 있는 때 추인시부터 그 효력이 발생한다.
② 특허법 제11조(복수당사자의 대표) 제1항 단서의 규정에 의한 대표자가 사망하거나 그 자격을 상실한 경우에도 그 절차가 중단되지 않을 수 있다.
③ 특허청 또는 특허심판원에 계속 중인 절차가 당사자의 사망으로 인해 중단된 때 상속인은 언제나 중단 중인 절차를 수계할 수 있다.
④ 특허에 관한 절차가 중단 또는 중지된 경우에는 그 기간의 진행이 정지되고 그 절차의 수계통지를 하거나 그 절차를 속행한 때부터 다시 남은 기간이 진행된다.
⑤ 절차가 중단된 경우 상대방도 특허청장 또는 특허법 제143조에 따른 심판관에게 수계신청을 할 수 있다.

해설

① 특허법 제7조의2, 추인은 소급효가 있어 추인하면 행위를 한 때로 소급하여 그 효력이 발생한다.
② 특허법 제20조 단서, 위임받은 대리인이 있는 경우는 절차가 중단되지 않는다.
③ 특허법 제21조 제1호 단서, 상속을 포기할 수 있을 때까지는 절차를 수계할 수 없다.
④ 특허법 제24조, 절차를 속행했을 때는 다시 모든 기간이 진행된다.
⑤ 특허법 제22조 제1항, 상대방은 수계신청 명령을 요청할 수 있을 뿐이다.

정답 ②

06 절차의 중단 또는 중지에 관한 설명으로 옳지 않은 것은?

① 특허무효심판에서 특허권자가 사망하여 절차가 중단된 경우 심판청구인이 수계신청을 할 수 있다.
② 법원은 소송에 필요한 경우 특허출원에 대한 특허여부결정이 확정될 때까지 그 소송절차를 중지할 수 있고, 당사자는 그 중지에 대해 불복할 수 없다.
③ 소송절차에서 필요하면 당사자는 특허취소신청에 대한 결정이나 특허에 관한 심결이 확정될 때까지 소송절차를 중지하여 줄 것을 법원에 신청할 수 있다.
④ 제척 또는 기피 신청이 있으면 긴급한 경우를 제외하고는 그 신청에 대한 결정이 있을 때까지 심판절차를 중지하여야 한다.
⑤ 임의대리인 없이 직접 심판에 참가하여 절차를 밟고 있는 참가인이 사망한 경우 당사자가 아닌 참가인에게 중단 원인이 발생했다고 하더라도 그 심판절차 자체가 중단된다.

해설

① 구 특허법 제22조 제1항에서는 상대방도 수계신청이 가능하다고 규정하였으나 개정법에서 상대방은 수계신청 명령을 요청할 수 있을 뿐이다(특허법 제22조 제1항 후단).
② 특허법 제78조 제3항.
③ 당사자가 소송중지를 신청할 수 있는 제도를 신설했다(특허법 제164조 제2항). 다만 당사자가 신청했다고 하더라도 중지할 지 여부는 법원의 재량사항이다(특허법 제164조 제2항).
④ 특허법 제153조.
⑤ 참가인에게 심판절차의 중단 또는 중지의 원인이 있으면 그 중단 또는 중지는 피참가인에 대해서도 효력이 발생한다(특허법 제155조 제5항, 심판편람).

정답 ①

07 다음 중 절차의 정지에 관한 설명 중 옳지 않은 것은?

① 절차의 중단은 당사자에게 절차를 수행할 수 없는 사유가 발생했을 경우에 새로운 절차의 수행자가 나타나 절차를 수행할 수 있을 때까지 법률상 당연히 절차의 진행이 정지되는 것을 말한다.
② 절차의 중지는 특허청의 입장에서 절차를 속행할 수 없는 장애가 생겼거나 당사자에게 절차를 계속 진행하는데 부적당한 사유가 발생하여 법률상 당연히 또는 특허청의 결정에 의하여 절차가 정지되는 것을 말한다.
③ 특허에 관한 절차의 중단은 특허청이나 절차를 밟는 당사자의 의사와 관계없이 법정사유에 의해서 발생하나, 중단사유가 있는 경우라도 절차를 밟을 것을 위임받은 대리인이 있는 경우에는 절차는 중단되지 않는다.
④ 심사관이 특허법 제46조에 따라 1월 내에 특허에 관한 절차를 보정할 것을 특허청장 명의로 요구하였으나, 보정요구 후 15일이 경과한 때 특허에 관한 절차가 중단되었고 이후 수계되었다면, 수계 후 보정할 수 있는 기간은 1월 중 15일 제외한 나머지 잔여기간이다.
⑤ 절차의 중단 사유가 있음에도 이를 간과하고 심사의 절차를 계속하여 각종 처분을 한 경우에는 그 절차는 취소하고 다시 절차를 밟아야 한다.

해설

① 특허법 제20조
② 특허청 업무 수행 불가의 경우는 절차의 중단처럼 당연 정지되나, 당사자에게 절차 진행 곤란 사유가 발생한 경우는 당연 정지는 아니고 결정에 의해 정지되는 특징이 있다(특허법 제23조).
③ 특허법 제20조 단서
④ 수계 후 보정할 수 있는 기간은 다시 1월이다(특허법 제24조).
⑤ 심사기준

정답 ④

CHAPTER 06 서류의 송달

01 다음은 송달의 효력에 관한 내용이다. 다음의 설명 중에 틀린 것만으로 연결된 것은?

> ㈎ 특허청 또는 특허심판원에서 당사자 또는 그 대리인이 이를 직접 수령하거나 정보통신망을 이용하여 수령하는 경우를 제외하고는 일반적으로 등기우편으로 발송하여야 한다.
> ㈏ 우편송달의 경우 원칙적으로 송달받을 자에게 도달해야 효력이 발생하나, 일정한 경우에는 발송을 한 날에 송달된 것으로 본다.
> ㈐ 공동출원인에 대해서 공시송달을 하고자 하는 경우 공동출원인 중 1인에 대해서만 공시송달 요건이 구비되면 공시송달을 할 수 있다는 것이 판례의 태도이다.
> ㈑ 특허청에서 당사자에게 정보통신망에 의하여 송달을 하는 경우 통지를 받는 자가 전산망을 통하여 접수번호를 확인한 때에 특허청 또는 특허심판원에서 사용하는 접수용 전산정보처리조직의 파일에 기록된 내용으로 접수된 것으로 본다.
> ㈒ 출원인의 주소가 불분명하여 거절결정 등본을 최초로 07.7.1 공시송달한 경우 출원인은 07.7.15 까지 거절결정불복심판을 청구할 수 있다.
> ㈓ 대리인이 수인인 경우 대리인 중 어느 누구에게 송달하여도 유효하고, 2인 이상이 질자를 밟는 경우 대리인이 없이 대표자를 선정한 경우에는 대표자에게만 송달하면 된다.
> ㈔ 송달을 받고자 하는 자가 미리 신고한 경우에는 송달 받을 자의 주소가 아닌 곳이라도 송달이 가능하다.

① ㈐, ㈑
② ㈏, ㈓, ㈔
③ ㈎, ㈒, ㈔
④ ㈐, ㈑, ㈒
⑤ ㈐, ㈒

해설

㈎ |○| 시행령 제18조 제1항
㈏ |○| 우편송달의 경우 원칙적으로 송달받을 자에게 도달해야 효력이 발생하나, 송달을 받을 자가 정당한 사유 없이 송달받기를 거부함으로써 송달을 할 수 없게 된 때에는 발송을 한 날에 송달된 것으로 본다(시행령 제18조 제10항).
㈐ |×| 공동출원인에 대하여 공시송달을 실시하기 위해서는 「공동출원인 전원의 주소 또는 영업소가 불분명하여 송달받을 수 없을 때」에 해당하여야 하고, 이러한 공시송달 요건이 구비되지 않는 상태에서 공동출원인 중 1인에 대하여 이루어진 공시송달은 부적법하고 그 효력이 발생하지 않는다.(大判 2005후182.)
㈑ |×| 「당해 통지 등을 받는 자가 서류를 확인한 때에 특허청 또는 특허심판원에서 사용하는 발송용 전산정보처리조직의 파일에 기록된 내용으로 도달한 것으로 본다(법 제28조의5 제3항).
㈒ |×| 「공시송달」이란 송달을 받을 자의 주소 또는 영업소가 불분명하여 송달할 수 없는 때에 하

는 송달을 말한다(법 제219조 제1항). 최초의 공시송달은 특허공보에 게재한 날부터 2주일을 경과하면 그 효력이 발생한다. 다만, 동일 당사자에 대한 이후의 공시송달은 특허공보에 게재한 날의 다음날부터 그 효력이 발생한다(법 제219조 제3항). 그러므로, 2주일 경과 후인 07.7.15일 다음날 송달의 효력이 발생하고 그 날부터 3개월 이내에 거절결정 불복심판을 청구할 수 있다.

(바) |O| 대리인이 2인 이상인 경우에는 각자가 본인을 대리하므로 대리인중 누구에게 보내도 유효하다(시행령 제18조 제6항). 또한, 대리인이 없이 출원인이나 특허에 관한 절차를 밟는 자가 2인 이상일 때에 대표자를 선정하여 특허청에 신고한 경우에는 대표자에게 송달한다(법 제11조).

(사) |O| 송달할 장소는 이를 받을 자의 주소 또는 영업소로 한다. 다만, 송달을 받고자 하는 자가 송달을 받고자 하는 장소(국내에 한한다)를 특허청장 또는 특허심판원장에게 미리 신고한 경우에는 그 장소로 한다(시행령 제18조 제8항).

정답 ④

02 송달에 관한 사항 중 틀린 것은 몇 개인가?   [2001년 기출변형]

> (가) 특허관리인이 없는 재외자에게 항공등기우편으로 서류를 송달할 경우는 그 발송을 한 날에 송달된 것으로 본다.
>
> (나) 송달을 받을 자가 송달받기를 거부하여 송달할 수 없는 경우는 그 서류를 발송한 날에 송달된 것으로 본다.
>
> (다) 거절결정서를 최초로 공시송달한 경우 거절결정불복심판청구 기간은 특허공보에 게재된 날로부터 30일이다.
>
> (라) 통상실시권 설정의 재정에 대한 결정문은 특별송달방법에 의한다.
>
> (마) 공시송달을 하였더라도 송달서류를 받을 자가 요청할 경우 어느 때라도 교부해야 한다.

① 없다
② 1개
③ 2개
④ 3개
⑤ 4개

해설

(가) |O| 원칙적으로 재외자로서 특허관리인이 있는 때에는 그 재외자에게 송달할 서류는 특허관리인에게 송달하여야 한다(법 제220조 제1항). 다만 재외자로서 특허관리인이 없는 때에는 그 재외자에게 송달할 서류는 항공등기우편으로 발송할 수 있으며(법 제220조 제2항) 서류를 항공등기우편으로 발송한 때에는 그 발송을 한 날에 송달된 것으로 본다(법 제220조 제3항).

(나) |O| 우편송달의 경우 원칙적으로 송달받을 자에게 도달한 날에 효력이 발생하나, 송달을 받을 자가 정당한 사유 없이 송달받기를 거부함으로써 송달을 할 수 없게 된 때에는 발송을 한 날에 송달된 것으로 본다(시행령 제18조 제10항).

(다) |×| 송달을 받을 자의 주소나 영업소가 불분명하여 송달할 수 없는 때에는 공시송달을 하게 되는데, 공시송달은 송달할 서류를 받을 자에게 어느 때라도 교부한다는 뜻을 특허공보에 게재함으

로써 행한다. 이 경우, 최초의 공시송달은 특허공보에 게재한 날부터 2주일을 경과하면 그 효력이 발생하고, 동일 당사자에 대한 이후의 공시송달은 특허공보에 게재한 날의 다음날부터 그 효력이 발생한다(법 제219조). 송달의 효력 발생과 기간의 만료일을 혼동하여서는 안 된다. 예컨대, 거절결정등본을 공시 송달한 경우 그것이 최초의 공시송달인 경우, 공보에 게재한 날부터 2주일이 경과하기 전까지 불복심판을 청구할 수 있는 것이 아니고, 공보에 게재한 날부터 2주일이 경과한 날에 송달의 효력이 발생하므로, 그날부터 3개월 이내에 불복심판을 청구할 수 있는 것이다.

㈑ |O| 특별송달방법이란 배달 우체국에서 배달결과를 우편송달통지서에 의하여 발송인에게 통지하는 우편송달방법을 말하는데, 심판·재심·통상실시권 설정의 재정 및 특허권의 취소에 관한 심결문 또는 결정문을 송달할 경우에는 우편법령에 의한 특별송달방법에 의하여야 한다(시행령 제18조 제3항).

㈒ |O| 공시송달 후 송달받을 자가 요청하면 즉시 교부한다.

정답 ②

CHAPTER 07 절차의 취하

01 절차 취하에 관한 설명 중 옳지 않은 것은?

① 국내우선권 주장의 기초가 된 선출원은 그 출원일부터 1년 3개월이 지난 때에 취하된 것으로 본다.
② 변경출원이 있는 경우 그 실용신안등록출원은 취하된 것으로 본다.
③ 특허출원된 발명이 국방상 필요하여 정부가 비밀로 취급하도록 명하였으나 출원인이 이를 위반한 경우 그 특허출원은 취하된 것으로 본다.
④ 특허법 제67조의2에 따른 재심사청구는 취하할 수 없다.
⑤ 출원일부터 3년이 지나 분할출원한 경우 분할출원을 한 날부터 30일 이내에 심사청구가 없으면 그 분할출원은 취하한 것으로 본다.

해설

① 특허법 제56조 제1항 본문
② 특허법 제53조 제4항
③ 비밀취급명령을 위반한 경우는 특허를 받을 수 있는 권리와 보상금 청구권이 포기간주되며, 출원절차가 취하간주되는 것은 아니다(특허법 제41조 제5항, 제6항).
④ 특허법 제67조의2 제4항
⑤ 특허법 제59조 제5항

정답 ③

02 특허 제도에 관한 설명으로 옳지 않은 것은? [2022년 기출변형]

① 물건을 생산하는 방법에 관한 발명이 있는 경우, 그 방법에 의하여 생산한 물건을 수출하는 행위 자체는 특허발명의 실시행위에 해당하지 않는다.
② 법인이 아닌 사단 또는 재단이라 하더라도 대표자나 관리인이 정하여져 있다면, 그 사단 또는 재단의 이름으로 출원심사의 청구인, 심판의 청구인·피청구인이 될 수 있다.
③ 국내에 주소 또는 영업소가 없는 재외자라 하더라도 국내에 체류하고 있는 경우에는 재외자의 이름으로 특허에 관한 절차를 밟을 수 있다.
④ 특허청 심사관이 의견제출통지서에서 출원인의 의견서 제출 기간을 지정한 경우, 이 지정기간은 출원인의 청구에 의하여 연장뿐만 아니라 단축도 가능하다.
⑤ 특허권 및 특허에 관한 권리의 등록신청서류와 특허협력조약 제2조(vii)에 따른 국제출원에 관한 서류를 우편으로 제출하는 경우, 우편물의 통신일부인(通信日附印)에 표시된 날이 분명하다면 표시된 날부터 효력이 발생한다.

> 해 설

① |O| 상표법과 디자인보호법은 수출 또한 각각 사용 혹은 실시행위로 규정하고 있는 반면, 특허법은 수출을 실시행위로 규정하고 있지 않다(특허법 제2조 제3호 가목).
② |O| 권리능력이 없는 비법인도 출원인 혹은 특허권자가 아닌 자가 밟을 수 있는 절차, 예컨대 심사청구, 특허무효심판 청구 등은 당사자능력이 인정되어 밟을 수 있다(특허법 제4조). 단 절차능력상 대표자나 관리인이 있어야 한다.
③ |O| 국내에 체류하고 있어 서류 송달이 원활하게 가능하다면, 특허관리인 없이 단독으로 절차 밟을 수 있다(특허법 제5조 제1항).
④ |O| 지정기간은 청구에 의해 단축도 가능하다(특허법 제15조 제2항).
⑤ |×| 등록신청서류와 국제출원서류는 우편으로 제출하더라도 특허청장에게 도달한 날부터 효력이 발생한다(특허법 제28조 제2항 단서).

정답 ⑤

PART 04

특허요건 및 특허출원

CHAPTER 01 산업상 이용가능성

01 다음은 산업상 이용가능성에 대한 판단이다. 틀린 것은?

① 수술방법, 치료방법의 경우 산업상 이용가능성이 없으므로 특허가 될 수 있는 경우는 없다.
② 판례는 「모발의 웨이브방법에 관한 발명」은 인체를 필수 구성요소를 하고는 있지만, 의료행위가 아니라 미용행위에 해당한다고 보아 산업상 이용할 수 있는 발명으로 취급하였다.
③ 인체로부터 분리하여 채취된 혈액, 소변, 피부, 모발 등을 처리하는 방법 등에 대해서는 산업상 이용가능성이 인정된다.
④ 인체를 직접적인 구성요소로 하지 않는 의료행위에 사용하는 의료기기·장치 및 의약품에 대해서는 산업상 이용가능성이 인정된다.
⑤ 인체로부터 채취한 것을 채취한자에게 치료를 위해 되돌려 줄 것을 전제로 하여 처리하는 방법에 대해서는 산업상 이용가능성이 부정된다.

해설

① |×| 원칙적으로 타당한 설명이나 판례에 따르면 청구범위에 동물 사용을 한정한 경우에는 특허성이 인정된다.
대법원 90후250 판결.
동물용 의약이나 치료방법 등의 발명은 산업상 이용할 수 있는 발명으로서 특허의 대상이 될 수 있는바, 출원발명이 동물의 질병만이 아니라 사람의 질병에도 사용할 수 있는 의약이나 의료행위에 관한 발명에 해당하는 경우에도 그 청구범위의 기재에서 동물에만 한정하여 특허청구함을 명시하고 있다면 이는 산업상 이용할 수 있는 발명으로서 특허의 대상이 된다.

② |○|
특허법원 2003허6104 판결
「모발의 웨이브방법에 관한 발명」은 인체를 필수 구성요소를 하고는 있지만, 의료행위가 아니라 미용행위에 해당하고, 그 발명을 실행할 때 반드시 신체를 손상하거나 신체의 자유를 비인도적으로 구속하는 것이라 고도 볼 수 없고, 공공의 질서 또는 선량한 풍속을 문란하게 하거나 공중의 위생을 해할 염려가 있는 발명이라고도 할 수 없으므로, 특허법 제29조 제1항 본문 소정의 산업상 이용할 수 있는 발명에 속한다.

③, ④, ⑤ |○|
의료업과 관련하여 산업상 이용가능성을 정리하면 다음과 같다.

산업상 이용가능성이 부정되는 경우	산업상 이용가능성이 긍정되는 경우
i) 인간을 대상으로 하는 수술방법, 치료방법, 임상적 판단이 포함된 진단방법 ii) 인체로부터 채취한 것을 채취한자에게 치료를 위해 되돌려 줄 것을 전제로 하여 처리하는 방법(예 : 혈액투석방법)	i) 인체로부터 분리하여 채취된 혈액, 소변, 피부, 모발 등을 처리하는 방법 ii) 인체를 직접적인 구성요소로 하지 않는 의료행위에 사용하는 의료기기·장치 및 의약품 iii) 인간 이외의 동물에 한정함을 청구범위에 명시하는 경우 iv) 임상적 판단이 제외된 진단방법

정답 ①

02 의료방법발명의 특허성에 대한 내용 중 옳지 않은 것은? (다툼이 있는 경우에는 판례에 의함)

[2007년 기출]

① 특허청의 심사실무는 인간을 수술하거나 치료하거나 또는 진단하는 방법발명에 대하여 산업상 이용가능성이 없다는 이유로 거절한다.
② 대법원 판례는 일반적으로 인간을 수술, 치료, 진단하는 방법에 이용할 수 있는 발명이라도 그것이 인간 이외의 동물에만 한정한다는 사실이 청구범위에 명시되어 있으면 산업상 이용할 수 있는 발명으로 취급한다.
③ 환자에서 유전자를 채취한 후 이를 처리하여 그 환자에게 투여함으로써 유전자의 이상으로 인한 질병을 치료하는데 사용하는 경우, 그 유전자를 채취한 자에게 되돌려 줄 것을 전제로 처리하는 방법발명은 공서양속에 반하지 않는다면 특허를 받을 수 있다.
④ WTO/TRIPs 협정은 각 회원국으로 하여금 인간이나 동물의 치료를 위한 진단방법, 요법 및 외과적 방법에 관하여 특허대상에서 제외할 수 있도록 하는 명문의 규정을 두고 있다.
⑤ 미국에서는 인간을 치료하거나 수술하는 방법에 관해서도 방법특허로서 특허를 받을 수 있다.

해설

① |O| 원칙적으로 맞는 표현이다. 그러나 최근 개정 심사실무는 진단방법의 경우 임상적 판단 포함여부를 가지고 산업상 이용가능성을 판단한다. 사람을 진단하는 방법이란 질병의 발견, 건강상태의 점검 등의 의료 목적으로 신체 각 기관의 구조·기능을 계측하는 등으로써 각종의 자료를 수집하여 그 자료를 근거로 질병의 유무나 건강 상태 등에 대하여 임상적 판단을 하는 의료행위로서 사람의 내부 혹은 외부의 상태를 진단하는 행위이다. 여기서 임상적 판단이란 의학적 지시 또는 경험을 바탕으로 이루어지는 질병 또는 건강상태를 판단하는 정신적 활동을 뜻한다. 결국, 임상적 판단이 포함된 진단방법의 경우 산업상 이용가능성이 없다. 그러나, 분석, 검사, 측정 방법 등 각종 데이터를 수집하는 방법의 발명에 있어서, 그 방법이 질병의 진단과 관련된 것이더라도 그 방법 발명이 임상적 판단을 포함하지 않는 경우(즉, 임상적 판단이 제외된 진단방법)에는 산업상 이용할 수 있는 발명으로 인정한다([예] 대장암 진단에 필요한 정보를 제공하기 위하여 환자의 시료로부터 항원-항체 반응을 통해 암마커 A를 검출하는 방법). 다만, 그 발명의 구성이 인체에 직접적이면서, 일시적이 아닌 영향을 주는 단계를 포함하는 경우에는 산업상 이용가능성이 없는 것으로 취급한다.
② |O| 동물용 의약이나 치료방법 등의 발명은 산업상 이용할 수 있는 발명으로서 특허의 대상이 될 수 있는바, 출원발명이 동물의 질병만이 아니라 사람의 질병에도 사용할 수 있는 의약이나 의료행위에 관한 발명에 해당하는 경우에도 그 청구범위의 기재에서 동물에만 한정하여 특허청구함을 명시하고 있다면 이는 산업상 이용할 수 있는 발명으로서 특허의 대상이 된다(大判 90후250).
③ |×| 의료업의 경우 인체를 직접적인 구성요소로 하는 경우는 산업상 이용가능성이 없다. 예를 들어, ⅰ) 인간을 대상으로 하는 수술방법, 치료방법, 임상적 판단이 포함된 진단방법, ⅱ) 인체로부터 채취한 것을 채취한자에게 치료를 위해 되돌려 줄 것을 전제로 하여 처리하는 방법(예: 혈액투석방법) 등은 산업상 이용가능성이 인정되지 않는다.
④ |O| WTO TRIPS 협정 제27조 제3항의 (a)에서는 "회원국은 '인간 또는 동물의 치료를 위한 진단방법, 치료방법 및 외과적 방법'을 특허대상에서 제외할 수 있다."고 규정하고 있다.
⑤ |O| 인간을 대상으로 하는 진단, 치료 및 수술방법은 미국을 제외한 모든 국가에서 불특허하고

있다. 역사적으로 미국에서도 의료 및 수술 방법은 방법(process)으로서의 특허를 받을 수 없다는 것이 통설이었으나, 1954년 미국 특허심판저촉부(the Board of Patent Appeals and Interferences)는 의료방법의 특허를 인정하였으며, 1990년대 이후 의료방법특허의 허용여부와 특허권 제한문제에 관한 논쟁이 시작되면서, 의료행위가 특허권을 침해하더라도 원칙적으로 특허침해로 인한 손해배상 및 금지 청구의 대상이 되지 않도록 명문화된 구제제외규정이 1996년 입법화되었다. 그러나 생명공학특허를 침해하는 방법의 실시나 의약품, 의료기기의 사용은 이 법률이 정하는 의료행위에 해당하지 않으며, 따라서 생명공학기술을 이용한 유전자 치료는 의사의 행위라고 할지라도 특허침해에 의한 손해배상이나 금지청구의 대상이 되는 것으로 해석된다.

정답 ③

03 특허요건 중 '산업상 이용 가능성'에 관한 설명으로 옳지 않은 것은? (다툼이 있으면 판례에 따름)

[2023년 기출]

① 인체를 처치하는 방법이 치료 효과와 비치료 효과를 동시에 가지는 경우, 양자를 구별 및 분리할 수 없는 방법은 치료방법으로 간주되어 산업상 이용 가능한 것으로 인정하지 않는다.
② 인체에도 적용할 수 있으나 청구범위의 기재에서 동물에게만 한정하여 특허 청구항을 명시하는 의료행위는 산업상 이용 가능성이 있는 것으로 취급한다.
③ 의료인에 의한 의료행위가 아니더라도 발명의 목적, 구성 및 효과 등에 비추어 보면 인간의 질병을 치료, 예방 또는 건강상태의 증진 내지 유지 등을 위한 처치방법의 발명인 경우에는 산업상 이용 가능성이 없는 것으로 취급한다.
④ 인간의 수술, 치료 또는 진단에 사용하기 위한 의료 기기 그 자체, 의약품 그 자체 등은 산업상 이용 가능성이 없는 것으로 취급한다.
⑤ 의료기기의 작동방법 또는 의료기기를 이용한 측정방법 발명은 그 구성에 인체와 의료기기 간의 상호작용이 인체에 직접적이면서 일시적이 아닌 영향을 주는 경우 또는 실질적인 의료행위를 포함하는 경우를 제외하고는 산업상 이용 가능한 것으로 취급한다.

해설

① [O] 심사기준 문구다. 인체를 처치하는 방법이 치료 효과와 비치료 효과(예 : 미용 효과)를 동시에 가지는 경우, 치료 효과와 비치료 효과를 구별 및 분리할 수 없는 방법은 치료방법으로 간주되어 산업상 이용 가능한 것으로 인정하지 않는다(심사기준)."
② [O] 사람의 질병을 진단, 치료, 경감하고 예방하거나 건강을 증진시키는 의약이나 의약의 조제 방법 및 의약을 사용한 의료행위에 관한 발명은 산업에 이용할 수 있는 발명이라 할 수 없으므로 특허를 받을 수 없는 것이나 다만 동물용 의약이나 치료방법 등의 발명은 산업상 이용할 수 있는 발명으로서 특허의 대상이 될 수 있는바, 출원발명이 동물의 질병만이 아니라 사람의 질병에도 사용할 수 있는 의약이나 의료행위에 관한 발명에 해당하는 경우에도 그 특허청구범위의 기재에서 동물에만 한정하여 특허청구함을 명시하고 있다면 이는 산업상 이용할 수 있는 발명으로서 특허의 대상이 된다고 할 것이다(대법원 1991. 3. 12. 선고 90후250 판결).

③ |O| 심사기준 문구다. "의료인에 의한 의료행위가 아니더라도 발명의 목적, 구성 및 효과 등에 비추어 보면 인간의 질병을 치료, 예방 또는 건강상태의 증진 내지 유지 등을 위한 처치방법의 발명인 경우에는 산업상 이용 가능성이 없는 것으로 취급한다(심사기준)."
④ |×| 심사기준 문구다. "인간의 수술, 치료 또는 진단에 사용하기 위한 의료 기기 그 자체, 의약품 그 자체 등은 산업상 이용할 수 있는 발명에 해당한다(심사기준)." 물건 발명은 전부 의료행위로 보지 않으며 산업상 이용가능성 인정된다.
⑤ |O| 심사기준 문구다. "의료기기의 작동방법 또는 의료기기를 이용한 측정방법 발명은 그 구성에 인체와 의료기기 간의 상호작용이 인체에 직접적이면서 일시적이 아닌 영향을 주는 경우 또는 실질적인 의료행위를 포함하는 경우를 제외하고는 산업상 이용 가능한 것으로 취급한다(심사기준)."

정답 ④

04 산업상 이용가능성에 대한 다음의 설명 중에 틀린 것은?

① 판례는 장래의 산업상 이용가능성 판단과 관련하여 출원일 이후에 관련 기술의 발전에 따라 기술적으로 보완되어 장래에 비로서 산업상 이용가능성이 생겨나는 경우까지 포함하는 것으로 해석한다.
② 산업상 이용가능성의 판단시기에 대하여 특허법은 명문의 규정을 두고 있지 않지만 심사실무는 출원시를 기준으로 산업상 이용가능성을 판단하고 있다.
③ 통설에 따르면 산업의 범위를 가능한 한 넓게 해석하기 위해서 산업상 이용가능성의 판단에 있어서 소극적인 입장에 있다.
④ 생산을 수반하지 않는 보험업·금융업 등의 서비스업도 산업의 범위에 포함될 수 있다.
⑤ 인체를 직접적인 구성요소로 하지 않는 의료행위에 사용하는 의료기기·장치 및 의약품등은 특허를 받을 수 있다.

해설

① |×| 대법원 2001후2801 판결.
특허출원발명의 출원일 당시 수지상 세포는 혈액 단핵세포의 0.5% 미만으로 존재하고 분리된 후에는 수일 내로 사멸하기 때문에 연구하기가 쉽지 않아 혈액으로부터 충분한 양의 수지상 세포를 분리해 내는 것은 기술적으로 쉽지 않고, 출원일 이후 기술의 발전에 따라 사람의 혈액으로부터 수지상 세포를 추출하고 이를 이용하여 면역반응을 유발시키는 기술이 임상적으로 실시되고 있다는 것이므로, 결국 출원발명의 출원일 당시를 기준으로 수지상 세포를 사람의 혈액으로부터 분리하여 출원발명에 사용하는 기술이 장래에 산업상 이용가능성이 있다고 보기는 어렵다고 판시하여, 특허법이 요구하는 산업상 이용가능성의 요건을 충족한다고 하는 법리는 해당 발명의 산업적 실시화가 장래에 있어도 좋다는 의미일 뿐 장래 관련 기술의 발전에 따라 기술적으로 보완되어 장래에 비로서 산업상 이용가능성이 생겨나는 경우까지 포함하는 것은 아니라고 판시하였다.
② |O| 실무에 관한 내용으로 옳은 설명이다.
③ |O| 통설 및 심사실무는 산업의 범위를 될 수 있으면 넓게 해석하기 위하여 개인적·학술적·실험적으로만 이용될 수 있고 업으로서 이용될 가능성이 없는 것만을 배제하고 산업상 이용가능성이 있다는 소극적인 입장을 취하고 있다.

④ |O| 보험업·금융업 등의 서비스업은 산업의 범위에 포함되지 않는다고 보는 것이 일반적이었다. 그러나 컴퓨터와 결합된 보험방법 또는 금융방법발명의 경우, 즉 컴퓨터프로그램 관련발명의 경우 특허를 허용하고 있으므로 이를 일률적으로 산업의 범주에서 제외시킬 수 없다.
⑤ |O| 의료업의 경우 원칙적으로 산업상 이용가능성이 없는 것으로 보아 특허를 허여하지 않지만 i) 인체로부터 분리하여 채취된 혈액, 소변, 피부, 모발 등을 처리하는 방법, ii) 인체를 직접적인 구성요소로 하지 않는 의료행위에 사용하는 의료기기·장치 및 의약품, iii) 인간 이외의 동물에 한정함을 청구범위에 명시하는 경우 등은 산업상 이용가능성이 인정된다.

정답 ①

05 특허요건으로서 산업상 이용가능성에 관한 설명으로 옳지 않은 것은? (다툼이 있는 경우에는 판례에 의함)

[2011년 기출]

① 의사 또는 의사의 지시를 받은 자의 행위가 아니라 할지라도 메스 등 의료기기를 이용하여 인간을 수술하거나 의약품을 사용하여 인간을 치료하는 방법은 의료행위에 해당하므로, 산업상 이용 가능한 발명으로 인정되지 않는다.
② 인체를 처치하는 방법이 치료효과와 미용효과와 같은 비치료효과를 동시에 가지고 있는 경우에 치료효과와 비치료효과를 구별 및 분리할 수 없는 처치방법은 치료방법으로 간주되므로, 산업상 이용 가능한 발명으로 인정되지 않는다.
③ 인간으로부터 채취된 혈액, 피부, 세포, 종양, 조직 등을 처리하는 방법이 의료행위와는 분리 가능한 별개의 단계로 이루어진 경우라도 인체를 대상으로 하는 발명이므로 산업상 이용 가능한 발명으로 인정되지 않는다.
④ 인간을 수술 및 치료하는 방법의 발명인 경우에는 산업상 이용가능성이 없는 것으로 보지만, 인간 이외의 동물에만 한정된다는 사실이 청구범위에 명시되어있으면 산업상 이용할 수 있는 발명으로 인정된다.
⑤ 청구범위에 의료행위를 적어도 하나의 단계 또는 불가분의 구성요소로 포함하고 있는 방법의 발명은 산업상 이용 가능한 발명으로 인정되지 않는다.

해설

① |O| 인간을 수술하거나 치료하거나 또는 진단하는 방법의 발명, 즉, 의료 행위에 대해서는 산업상 이용할 수 있는 발명에 해당되지 않는 것으로 한다. 의사(한의사 포함) 또는 의사의 지시를 받은 자의 행위가 아니라도, 의료기기(예 : 메스 등)를 이용하여 인간을 수술하거나 의약품을 사용하여 인간을 치료하는 방법은 의료행위에 해당하는 것으로 본다(심사기준 P3106).
② |O| 인체를 처치하는 방법이 치료 효과와 비치료 효과(예 : 미용효과)를 동시에 가지는 경우, 치료 효과와 비치료 효과를 구별 및 분리할 수 없는 방법은 치료방법으로 간주되어 산업상 이용 가능한 것으로 인정하지 않는다(특허법원 2003허104 판결).
③ |×| 인간으로부터 자연적으로 배출된 것(예 : 소변, 변, 태반, 모발, 손톱) 또는 채취된 것(예 : 혈액, 피부, 세포, 종양, 조직)을 처리하는 방법이 의료행위와는 분리 가능한 별개의 단계로 이루

어진 것 또는 단순히 데이터를 수집하는 방법인 경우 산업상 이용 가능한 것으로 취급한다(심사기준 P3107).
④ |O| 일반적으로 인간을 수술, 치료, 진단하는 방법에 이용할 수 있는 발명의 경우에는 산업상 이용 가능성이 없는 것으로 보나, 그것이 인간 이외의 동물에만 한정한다는 사실이 청구범위에 명시되어 있으면 산업상 이용할 수 있는 발명으로 취급한다(대법원 1991.3.12. 선고 90후250 판결).
⑤ |O| 특허법원 2004허142 판결

정답 ③

06 의약발명에 관한 설명으로 옳은 것은? (다툼이 있으면 판례에 따름) [2016년 기출]

① 대상 질병 또는 약효와 함께 투여용법 또는 투여용량을 부가한 의약발명의 진보성 판단에서 투여용법 또는 투여용량은 발명의 구성요소가 될 수 없다.
② 청구범위에 기재되어 있는 약리기전은 그 자체가 청구범위를 한정하는 구성요소가 된다.
③ 약리효과의 기재가 요구되는 의약발명에서는 출원 전에 명세서 기재의 약리효과를 나타내는 약리기전이 명확히 밝혀진 경우에도 특정 물질에 그와 같은 약리효과가 있다는 것을 약리데이터 등이 나타난 시험례로 기재하거나 또는 이에 대신할 수 있을 정도로 구체적으로 기재하여야만 명세서의 기재요건을 충족하였다고 볼 수 있다.
④ 의약용도발명의 청구범위에 기재되어 있는 약리기전은 특정 물질이 가지고 있는 의약용도를 특정하는 한도에서 발명의 구성요소로서 의미를 가진다.
⑤ 의약발명에서 새로운 투여용법 또는 투여용량이 부가되었다고 하더라도 그 발명은 단지 용법, 용량을 달리하는데 불과하므로 새로운 특허권이 부여될 수 없다.

해설

①, ⑤ |×| 대법원 2015. 5. 21. 선고 2014후768 의약이라는 물건의 발명에서 대상 질병 또는 약효와 함께 투여용법과 투여용량을 부가하는 경우에 이러한 투여용법과 투여용량은 의료행위 그 자체가 아니라 의약이라는 물건이 효능을 온전하게 발휘하도록 하는 속성을 표현함으로써 의약이라는 물건에 새로운 의미를 부여하는 구성요소가 될 수 있다고 보아야 하고, 이와 같은 투여용법과 투여용량이라는 새로운 의약용도가 부가되어 신규성과 진보성 등의 특허요건을 갖춘 의약에 대해서는 새롭게 특허권이 부여될 수 있다.
② |×| ④ |O| 대법원 2014. 5. 16. 선고 2012후3664 의약용도발명에서는 특정 물질과 그것이 가지고 있는 의약용도가 발명을 구성하는 것이고(대법원 2009. 1. 30. 선고 2006후3564 판결 등 참조), 약리기전은 특정 물질에 불가분적으로 내재된 속성으로서 특정 물질과 의약용도와의 결합을 도출해내는 계기에 불과하다. 따라서 의약용도발명의 청구범위에 기재되어 있는 약리기전은 특정 물질이 가지고 있는 의약용도를 특정하는 한도 내에서만 발명의 구성요소로서 의미를 가질 뿐 약리기전 그 자체가 청구범위를 한정하는 구성요소라고 보아서는 아니 된다.
③ |×| 대법원 2015. 4. 23. 선고 2013후730 약리효과의 기재가 요구되는 의약의 용도발명에서는 그 출원 전에 명세서 기재의 약리효과를 나타내는 약리기전이 명확히 밝혀진 경우와 같은 특별한 사정이 없다면 특정 물질에 그와 같은 약리효과가 있다는 것을 약리데이터 등이 나타난 시험예로

기재하거나 또는 이에 대신할 수 있을 정도로 구체적으로 기재하여야만 명세서의 기재요건을 충족하였다고 볼 수 있다.

정답 ④

07 다음 설명 중 옳지 않은 것은?

① 출원발명이 자연법칙을 이용한 것인지 여부는 청구범위에 기재된 개별 구성 별로 판단해야 하므로, 복수의 구성이 결합된 발명 중 어느 하나의 구성이라도 자연법칙을 이용하지 않은 경우는 전체로서 자연법칙을 이용한 발명이라고 볼 수 없다.
② 특허법이 요구하는 산업상 이용가능성은 해당 발명의 산업적 실시화가 장래에 있어도 좋다는 의미이다.
③ 의료행위에 관한 발명에 해당하더라도 청구범위를 동물용으로 한정한다면 특허의 대상이 될 수 있다.
④ 영업방법에 관한 발명이라 하더라도 그 방법이 컴퓨터상에서 소프트웨어에 의한 정보처리가 하드웨어를 이용해 구체적으로 실현되는 것이라면 특허법상의 발명에 해당한다.
⑤ 의약의 용도발명에 있어서는 출원 전에 약리기전이 명확히 밝혀진 경우가 아니라면 약리데이터 등의 시험예를 명세서에 구체적으로 기재해야 비로소 발명이 완성되었다고 볼 수 있다.

해설

① 출원발명이 자연법칙을 이용한 것인지 여부는 청구항 전체로서 판단한다(대법원 2008. 12. 24. 선고 2007후265 판결).
② 특허출원된 발명이 출원일 당시가 아니라 장래에 산업적으로 이용될 가능성이 있다 하더라도 특허법이 요구하는 산업상 이용가능성의 요건을 충족한다고 하는 법리는 해당 발명의 산업적 실시화가 장래에 있어도 좋다는 의미일 뿐 장래 관련 기술의 발전에 따라 기술적으로 보완되어 장래에 비로소 산업상 이용가능성이 생겨나는 경우까지 포함하는 것은 아니다(대법원 2003. 3. 14. 선고 2001후2801 판결).
③ 출원발명이 동물의 질병만이 아니라 사람의 질병에도 사용할 수 있는 의료행위에 관한 발명에 해당하는 경우에도 그 특허청구범위의 기재에서 동물에만 한정하여 특허청구함을 명시하고 있다면 이는 산업상 이용할 수 있는 발명으로서 특허의 대상이 된다(대법원 1991. 3. 12. 선고 90후250 판결).
④ 정보 기술을 이용하여 영업방법을 구현하는 이른바 영업방법(business method) 발명에 해당하기 위해서는 컴퓨터상에서 소프트웨어에 의한 정보처리가 하드웨어를 이용하여 구체적으로 실현되고 있으면 된다(대법원 2003. 5. 16. 선고 2001후3149 판결).
⑤ 일반적으로 기계장치 등에 관한 발명에 있어서는 특허출원의 명세서에 실시예가 기재되지 않더라도 당업자가 발명의 구성으로부터 그 작용과 효과를 명확하게 이해하고 용이하게 재현할 수 있는 경우가 많으나, 이와는 달리 이른바 실험의 과학이라고 하는 화학발명의 경우에는 당해 발명의 내용과 기술수준에 따라 차이가 있을 수는 있지만 예측가능성 내지 실현가능성이 현저히 부족하여 실험데이터가 제시된 실험예가 기재되지 않으면 당업자가 그 발명의 효과를 명확하게

이해하고 용이하게 재현할 수 있다고 보기 어려워 완성된 발명으로 보기 어려운 경우가 많고, 특히 약리효과의 기재가 요구되는 의약의 용도발명에 있어서는 그 출원 전에 명세서 기재의 약리효과를 나타내는 약리기전이 명확히 밝혀진 경우와 같은 특별한 사정이 있지 않은 이상 특정 물질에 그와 같은 약리효과가 있다는 것을 약리데이터 등이 나타난 시험예로 기재하거나 또는 이에 대신할 수 있을 정도로 구체적으로 기재하여야만 비로소 발명이 완성되었다고 볼 수 있는 동시에 명세서의 기재요건을 충족하였다고 볼 수 있을 것이며, 이와 같이 시험예의 기재가 필요함에도 불구하고 최초 명세서에 그 기재가 없던 것을 추후 보정에 의하여 보완하는 것은 명세서에 기재된 사항의 범위를 벗어난 것으로서 명세서의 요지를 변경한 것이다(대법원 2001. 11. 30. 선고 2001후65 판결).

정답 ①

08 다음 설명 중 옳지 않은 것은? (다툼이 있으면 판례에 따름)

① 고안이 완성되었는지의 판단은 실용신안등록출원의 명세서에 기재된 고안의 구성, 작용효과 등을 고려하여 고안의 완성 여부 심사 당시의 기술 수준에 입각하여 판단한다.
② 주지관용의 기술이 소송상 공지 또는 현저한 사실이라고 볼 수 있을 만큼 일반적으로 알려져 있지 아니한 경우 그 주지관용의 기술은 심결취소소송에서 증명이 필요하다.
③ 특허법원에서 변론종결 후 당사자가 변론재신청을 한 경우 당시의 변론재개신청을 받아들일지는 원칙적으로 법원의 재량에 속한다.
④ 우선권주장의 불인정으로 인하여 거절이유가 생긴 경우에는 우선권주장이 인정되지 않는다는 취지 및 그 이유가 포함된 거절이유를 통지해야만 한다.
⑤ 특허발명의 각 구성요소와 그 구성요소간의 유기적 결합관계 중 일부라도 생략된 발명은 특허발명의 권리범위에 속하지 않는다.

해설

① 실용신안등록을 받을 수 있는 고안은 완성된 것이어야 하는데, 고안의 '완성'이란 그 고안이 속하는 분야에서 통상의 지식을 가진 자가 반복 실시하여 목적하는 기술적 효과를 얻을 수 있을 정도까지 구체적, 객관적으로 구성되어 있는 것을 말한다. 또한 여기서 고안이 완성되었는지의 판단은 실용신안출원의 명세서에 기재된 고안의 목적, 구성 및 작용 효과 등을 전체적으로 고려하여 출원 당시의 기술수준에 입각하여 하여야 한다(대법원 2013. 4. 11. 선고 2012후436 판결). 참고로 최신 판례에서는 완성발명의 정의를 다음과 같이 표현하기도 한다.
"발명이 속하는 분야에서 통상의 지식을 가진 사람(이하 '통상의 기술자'라고 한다)이 반복 실시할 수 있고, 발명이 목적하는 기술적 효과의 달성 가능성을 예상할 수 있을 정도로 구체적, 객관적으로 구성되어 있으면 발명은 완성되었다고 보아야 한다(2017후523)."
② 어느 주지관용의 기술이 소송상 공지 또는 현저한 사실이라고 볼 수 있을 만큼 일반적으로 알려져 있지 아니한 경우에 그 주지관용의 기술은 심결취소소송에 있어서는 증명을 필요로 하고, 이 때 법원은 자유로운 심증에 의하여 증거 등 기록에 나타난 자료를 통하여 주지관용의 기술을 인정할 수 있으나, 변론종결 후 제출된 참고자료까지 여기의 '증거 등 기록에 나타난 자료'에 포함된다고 볼 수는 없다(대법원 2013. 4. 11. 선고 2012후436 판결).

③ 당사자가 변론종결 후 주장·증명을 제출하기 위하여 변론재개신청을 한 경우 당사자의 변론재개신청을 받아들일지는 원칙적으로 법원의 재량에 속한다. 그러나 변론재개신청을 한 당사자가 변론종결 전에 그에게 책임을 지우기 어려운 사정으로 주장·증명을 제출할 기회를 제대로 얻지 못하였고, 그 주장·증명의 대상이 판결의 결과를 좌우할 수 있는 관건적 요증사실에 해당하는 경우 등과 같이, 당사자에게 변론을 재개하여 그 주장·증명을 제출할 기회를 주지 않은 채 패소의 판결을 하는 것이 민사소송법이 추구하는 절차적 정의에 반하는 경우에는 법원은 변론을 재개하고 심리를 속행할 의무가 있다. 또한 당사자가 변론종결 후 추가로 주장·증명을 제출한다는 취지를 기재한 서면과 자료를 제출하고 있다면 이를 위 주장·증명을 제출할 수 있도록 변론을 재개하여 달라는 취지의 신청으로 선해할 수도 있으므로, 당사자가 참고서면과 참고자료만을 제출하였을 뿐 별도로 변론재개신청서를 제출한 바는 없다는 사정만으로 이와 달리 볼 것은 아니다 (대법원 2013. 4. 11. 선고 2012후436 판결).
④ 심사관은 구 특허법 제62조에 의하여 특허거절결정을 하고자 할 때에는 특허출원인에게 거절이유를 통지하고 기간을 정하여 의견서를 제출할 수 있는 기회를 주어야 한다고 규정하고 있는데, 출원발명에 대하여 우선권주장의 불인정으로 거절이유가 생긴 경우에는 우선권주장의 불인정은 거절이유 일부를 구성하는 것이므로, 우선권주장이 인정되지 않는다는 취지 및 그 이유가 포함된 거절이유를 통지하지 않은 채 우선권주장의 불인정으로 인하여 생긴 거절이유를 들어 특허거절결정을 하는 것은 구 특허법 제63조 본문에 위반되어 위법하다. 그리고 거절이유 통지에 위와 같은 우선권주장 불인정에 관한 이유가 포함되어 있었는지는 출원인에게 실질적으로 의견서 제출 및 보정의 기회를 부여하였다고 볼 수 있을 정도로 그 취지와 이유가 명시되었는지 관점에서 판단되어야 한다(대법원 2011. 9. 8. 선고 2009후2371 판결).
⑤ 특허발명의 특허권을 침해한다고 할 수 있기 위해서는 특허발명의 청구범위에 기재된 각 구성요소와 그 구성요소 간의 유기적 결합관계가 침해제품 등에 그대로 포함되어 있어야 한다(대법원 2015. 8. 27. 선고 2014다7964 판결).

정답 ①

09 다음 중 산업상 이용 가능한 발명에 관한 설명으로 옳지 않은 것은? (다툼이 있는 경우에는 판례에 의함)

① 특허법상의 발명에 해당하기 위한 자연법칙 이용 여부는 청구항 전체로 판단하여야 한다.
② 컴퓨터 프로그램에 의한 정보처리가 하드웨어를 이용해 구체적으로 실현되는 경우에는 해당 프로그램과 연동해 동작하는 정보처리장치(기계), 그 동작 방법, 해당 프로그램을 기록한 컴퓨터로 읽을 수 있는 매체 및 매체에 저장된 컴퓨터프로그램은 자연법칙을 이용한 기술적 사상의 창작으로서 발명에 해당한다.
③ 인체를 처치하는 방법이 치료 효과만이 아니라 비치료 효과(예 : 미용효과)를 동시에 가지며 치료 효과와 비치료 효과를 동시에 가질 수 있음을 명세서에 자세히 기재한경우는 치료 효과와 비치료 효과를 구별 및 분리할 수 없더라도 산업상 이용 가능한 것으로 인정한다.
④ 미완성 발명은 출원당시 발명이 완성되지 않은 경우에 적용되는 것이므로 출원 후 보정으로 그 하자를 치유할 수 없다.

⑤ 이론적으로는 그 발명을 실시할 수 있더라도 그 실시가 현실적으로 전혀 불가능하다는 사실이 명백한 발명은 산업상 이용할 수 있는 발명에 해당하지 않는 것으로 취급한다.

해설

① 심사기준
② 심사기준
③ 인체를 처치하는 방법이 치료 효과와 비치료 효과(예 : 미용효과)를 동시에 가지는 경우, 치료 효과와 비치료 효과를 구별 및 분리할 수 없는 방법은 치료방법으로 간주되어 산업상 이용 가능한 것으로 인정하지 않는다. 다만, 그 청구항이 비치료적 용도(예 : 미용 용도)로만 한정되어 있고, 명세서에 기재되어 있는 발명의 목적, 구성 및 효과를 종합적으로 고려할 때 비치료적 용도로그 방법의 사용을 분리할 수 있으며, 어느 정도의 건강증진 효과가 수반된다고 하더라도 그것이 비치료적인 목적과 효과를 달성하기 위한 과정에서 나타나는 부수적 효과인 경우에는, 치료방법에 해당한다고 볼 수 없다(심사기준).
④ 심사기준
⑤ 심사기준

정답 ③

10 산업상 이용가능성에 관한 설명 중 옳지 않은 것은? (다툼이 있는 경우에는 판례에 따름)

① 동물용 치료방법의 발명은 산업상 이용할 수 있는 발명으로서 특허의 대상이 될 수 있다.
② 인체를 필수 구성요건으로 하는 발명, 즉 사람의 질병을 진단, 치료, 경감하고 예방하거나 건강을 증진시키는 의료행위에 관한 발명은 산업에 이용할 수 있는 발명이라 할 수 없다.
③ 인체를 처치하는 방법이 치료효과와 미용효과의 비치료효과를 동시에 가지는 경우에 치료효과와 비치료효과를 구별 및 분리할 수 없으면 그러한 방법은 치료방법에 해당하므로 산업상 이용가능한 것으로 인정되지 않는다.
④ 청구항이 비치료적 용도로만 한정되어 있고, 명세서에 기재되어 있는 발명의 목적, 구성 및 효과를 종합적으로 고려할 때 비치료적 용도로 그 방법의 사용을 분리할 수 있어도, 그 발명의 실시과정에서 건강증진효과가 수반된다면 치료방법에 해당한다.
⑤ 출원발명이 물건의 발명인 경우는 산업상 이용가능성이 부정되는 의료업에 해당하지 아니한다.

해설

① 90후250.
② 90후250.
③ 2018허3062, 심사기준.
④ 발명의 실시에 어느 정도의 건강증진효과가 수반된다고 하더라도 그것이 비치료적인 목적과 효과를 달성하기 위한 과정에서 나타나는 부수적 효과이고, 청구항도 비치료적 용도로만 한정되어 있으며, 명세서에 기재되어 있는 발명의 목적, 구성 및 효과도 종합적으로 고려할 때 비치료적 용도로 되어 있다면, 이는 치료방법과 구별 및 분리 가능한 비치료방법으로 본다(2018허3062, 심사기준).
⑤ 2000허6387.

정답 ④

11 특허요건으로서의 산업상 이용가능성이 인정될 수 없는 것을 모두 고른 것은? (다툼이 있으면 판례에 따름)

[2021년 기출]

> ㄱ. 인간의 질병을 경감하고 예방하거나 건강을 증진시키기 위한 방법
> ㄴ. 인체의 일부를 필수구성요소로 하여 치료효과와 미용효과를 동시에 가지는 수술방법
> ㄷ. 기계적 방식으로 인체의 피부를 마사지하여 화장품이 피부에 잘 스며들도록 하는 피부미용법
> ㄹ. 인체에도 적용할 수 있으나 청구범위의 기재에서 동물에게만 한정하여 특허 청구항을 명시하는 의료행위

① ㄱ, ㄴ
② ㄱ, ㄷ
③ ㄴ, ㄷ
④ ㄱ, ㄴ, ㄷ
⑤ ㄱ, ㄷ, ㄹ

해설

ㄱ. 청구항에 방법발명으로 기재되어 있고 동물로 한정한다는 별도의 기재가 없으며, 발명의 설명에 그 발명의 효과가 질병에 관한 것으로 기재되어 있는 경우, 이는 의료행위로 보아 산업상 이용가능성을 인정하지 않는다. 본 지문은 "방법" 발명이고, "인간"에 관한 것으로 동물 한정이 아니며, 효과가 "질병"에 관한 것인 바, 의료행위다.

ㄴ. 치료효과와 미용효과를 분리 구분할 수 없는 경우 미용행위가 아닌 의료행위로 취급한다. 본 지문은 "방법" 발명이고, "인간"에 관한 것으로 동물 한정이 아니며, 효과가 "질병"에 관한 것이 함께 있는 바, 의료행위다. 참고판례를 아래에 소개한다.

"특허법 제29조 제1항은 '산업상 이용할 수 있는 발명'으로서 신규성 및 진보성이 부정되지 않는 것은 특허를 받을 수 있다고 하여 산업상 이용가능성을 특허요건의 하나로 규정하는데, 인간을 수술하거나, 치료하거나, 진단하는 방법, 즉 의료행위의 발명은 산업상 이용가능성이 없으므로 특허의 대상이 될 수 없으며, 인간을 치료하는 방법에는 직접적 치료방법뿐만 아니라 치료를 위한 예비적 처치방법, 건강상태를 유지하기 위한 처치방법, 인체가 질병에 걸릴 가능성을 방지 또는 감소시키는 예방방법 및 간호방법도 포함된다. 한편 청구항에 의료행위를 적어도 하나의 단계 또는 불가분의 구성요소로 포함하는 방법의 발명은 산업상 이용 가능한 것으로 인정되지 않으며, 인체를 처치하는 방법이 치료 효과와 미용효과 등의 비치료 효과를 동시에 가지는 경우에 치료 효과와 비치료 효과를 구별 및 분리할 수 없으면 그러한 방법은 치료방법에 해당하므로 산업상 이용 가능한 것으로 인정되지 않는다(특허법원 2018. 12. 14. 선고 2018허3062 판결)."

ㄷ. 본 지문은 발명의 효과가 "화장품 피부 침투력"으로서 미용효과이므로, 미용행위로서 산업상 이용가능성이 인정된다. 참고판례를 아래에 소개한다.

"이 사건 출원발명에 따른 문지르기, 쓰다듬기, 말아서 올리기 등이 통상의 마사지 기법과 동일하고, 이러한 마사지 기법에 의해 혈류개선, 노폐물 배출, 자율신경 조절, 인체 부종 완화, 자가면역력 증진 등 어느 정도 건강증진의 효과가 수반된다고 하더라도, 이는 어디까지나 피부미용의 목적과 효과를 달성하기 위한 과정에서 나타나는 부수적인 효과일 뿐이지, 이를 가리켜 의료행위에 해당한다거나 사람에 대한 수술방법 또는 비수술적 치료방법 내지 진단방법에 해당한다

고 볼 수는 없다. 더욱이 피부미용기법은 피부에 발생한 트러블을 치유하거나, 혈류를 개선하거나, 각질을 제거하는 등의 방식을 채택하는 것이 일반적인데 그 과정에서 어느 정도의 건강증진의 효과가 수반되는 것은 거의 필연적일 것이다. 그런데 이러한 이유만으로 피부미용기법을 '치료행위 내지 의료행위'로 볼 수는 없다. 이는 특히 피부미용과 관련된 시장규모가 지속적으로 성장하고 있고, 이에 따라 경쟁이 심화되어 특허보호에 대한 요구가 점차 커지는 현실 및 산업발전이라는 특허법의 목적 등에 비추어 보더라도 더욱 그러하다(특허법원 2017. 11. 17. 선고 2017허4501 판결).
ㄹ. 본 지문은 "동물" 한정이므로 산업상 이용가능성이 인정된다.

정답 ①

CHAPTER 02 신규성

01 특허법상 신규성 또는 진보성에 관한 설명으로 옳지 않은 것은? (다툼이 있으면 판례에 따름)

[2023년 기출]

① 복수의 인용발명의 결합에 의하여 특허성을 판단하는 것은 진보성의 문제이며, 신규성의 문제가 아니다.
② 청구항에 기재된 발명에 대하여 동일한 인용발명으로, 또는 인용발명을 달리하여 신규성이 없다는 거절이유와 진보성이 없다는 거절이유를 동시에 통지할 수 있다.
③ 발명의 진보성 유무를 판단할 때에는 진보성 판단의 대상이 된 발명의 명세서에 개시되어 있는 기술을 알고 있음을 전제로 하여 사후적으로 통상의 기술자가 그 발명을 쉽게 발명할 수 있는지를 판단하여서는 아니 된다.
④ 독립항의 진보성이 인정되는 경우에는 그 독립항을 인용하는 종속항도 예외 없이 진보성이 인정된다.
⑤ 선행기술이 미완성 발명이거나 표현이 불충분하거나 또는 일부 내용에 흠결이 있다면, 통상의 기술자가 기술상식이나 경험칙에 의하여 쉽게 기술내용을 파악할 수 있다고 하더라도 진보성 판단의 대비 자료로 인용할 수 없다.

해설

① |O| 신규성 vs 진보성 대비 문제로서, 심사기준 문구다. 신규성은 공지발명과 1 : 1 대비만 가능하다. 심사기준 문구는 다음과 같다. "신규성 판단 시에는 청구항에 기재된 발명을 하나의 인용발명과 대비하여야 하며 복수의 인용발명을 결합하여 대비하여서는 안 된다. 복수의 인용발명의 결합에 의하여 특허성을 판단하는 것은 후술하는 진보성의 문제이며, 신규성의 문제가 아니다(심사기준)."
② |O| 심사기준 문구다. "마쿠쉬 타입의 청구항 등 하나의 청구항에 2이상의 발명이 기재된 경우(복수의 청구항이나 구성요소를 택일적으로 인용하거나 기재하는 경우 등)에 대하여는 하나의 선행기술로 각각의 발명에 대하여 신규성이나 진보성이 없다는 거절이유를 통지할 수 있다. 또한, 청구항에 기재된 발명에 대하여 동일한 인용발명으로, 또는 인용발명을 달리하여 신규성이 없다는 거절 이유와 진보성이 없다는 거절 이유를 동시에 통지할 수 있다(심사기준)."
③ |O| 사후적 고찰 금지 판례 문구다(대법원 2011. 3. 24. 선고 2010후2537 판결).
④ |O| 심사기준 문구다. 종속항은 독립항의 범위에 포함되는 개념이므로, 독립항이 신규·진보할 경우 종속항은 심사할 필요 없이 필연적으로 신규·진보하다. "독립항의 진보성이 인정되는 경우에는 그 독립항을 인용하는 종속항도 진보성이 인정된다. 그러나 독립항의 진보성이 인정되지 않는 경우에는 그 독립항에 종속되는 종속항에 대하여는 별도로 진보성을 판단하여야 한다(심사기준)."
⑤ |×| 표현이 불충하더라도 출원시 기술상식상 통상의 기술자가 파악할 수 있는 내용으로 인용할 수 있다. "발명의 진보성 판단에 제공되는 대비발명은 그 기술적 구성 전체가 명확하게 표현된 것뿐만 아니라, 미완성 발명이라고 하더라도 또는 자료 부족으로 표현이 불충분하거나 일부 내용

에 오류가 있다고 하더라도 그 기술분야에서 통상의 지식을 가진 자가 발명의 출원 당시 기술상식을 참작하여 기술내용을 용이하게 파악할 수 있다면 선행발명이 될 수 있다(대법원 2006. 3. 24. 선고 2004후2307 판결)."

정답 ⑤

02 특허법상 신규성에 관한 설명으로 옳지 않은 것은? (다툼이 있으면 판례에 따름)

[2023년 기출]

① 신규성 판단에 있어서 '공지(公知)된 발명'이란 특허출원 전에 국내 또는 국외에서 그 내용이 비밀상태로 유지되지 않고 불특정인에게 알려지거나 알려질 수 있는 상태에 있는 발명을 의미한다. 여기서 '불특정인'이란 그 발명에 대한 비밀준수 의무가 없는 자를 말한다.
② 신규성 판단에 있어서 '특허출원 전'이란 특허출원일의 개념이 아닌 특허출원의 시, 분, 초까지도 고려한 자연시(自然時, 외국에서 공지된 경우 한국시간으로 환산한 시간) 개념이다.
③ 불특정인에게 공장을 견학시킨 경우, 그 제조상황을 보았을 경우에 제조공정의 일부에 대하여는 장치의 외부를 보아도 그 제조공정의 내용을 알 수 없는 것으로서, 그 내용을 알지 못하면 그 기술의 전체를 알 수 없는 경우에도 견학자가 그 장치의 내부를 볼 수 있거나 그 내부에 대하여 공장의 종업원에게 설명을 들을 수 있는 상황(공장 측에서 설명을 거부하지 않음)으로서 그 내용을 알 수 있을 때에는 그 기술은 공연히 실시된 것으로 본다.
④ 카탈로그가 제작되었으면 배부, 반포되는 것이 사회통념이므로 카탈로그의 배부범위, 비치장소 등에 관하여 구체적인 증거가 없다고 하더라도 그 카탈로그가 배부, 반포되었음을 부인할 수는 없다.
⑤ 내부에 특징이 있는 발명에 대해 그 외형 사진만이 간행물에 게재되어 있는 경우에 그 발명은 게재된 것이라고 할 것이다.

해 설

①, ② I이 심사기준 문구다. "「공지(公知)된 발명」이란 특허출원전에 국내 또는 국외에서 그 내용이 비밀상태로 유지되지 않고 불특정인에게 알려지거나 알려질 수 있는 상태에 있는 발명을 의미한다. 여기서 「특허출원전」이란 특허출원일의 개념이 아닌 특허출원의 시, 분, 초까지도 고려한 자연시(외국에서 공지된 경우 한국시간으로 환산한 시간)개념이다. 또한, 「불특정인」이란 그 발명에 대한 비밀준수 의무가 없는 일반 공중을 말한다(심사기준)."
③ I이 심사기준 문구다. "불특정인에게 공장을 견학시킨 경우, 그 제조상황을 보면 그 기술분야에서 통상의 지식을 가진 자가 그 기술내용을 알 수 있는 상태인 때에는 「공연히 실시」된 것으로 본다. 또한, 그 제조상황을 보았을 경우에 제조공정의 일부에 대하여는 장치의 외부를 보아도 그 제조공정의 내용을 알 수 없는 것으로서, 그 내용을 알지 못하면 그 기술의 전체를 알 수 없는 경우에도 견학자가 그 장치의 내부를 볼 수 있거나 그 내부에 대하여 공장의 종업원에게 설명을 들을 수 있는 상황(공장 측에서 설명을 거부하지 않음)으로서 그 내용을 알 수 있을 때에는 그 기술은 공연히 실시된 것으로 본다(심사기준)."

④ |○| 카탈로그는 제작되었으면 배부, 반포되는 것이 사회통념이라 하겠으며 제작한 카탈로그를 배부, 반포하지 아니하고 사장하고 있다는 것은 경험칙상 수긍할 수 없는 것이어서 카탈로그의 배부범위, 비치장소 등에 관하여 구체적인 증거가 없다고 하더라도 그 카탈로그의 반포, 배부되었음을 부인할 수는 없다(대법원 2000. 12. 8. 선고 98후270 판결).
⑤ |×| 심사기준 문구다. "고안이 간행물에 게재되어 있다고 하기 위해서는 적어도 고안이 어떤 구성을 가지고 있는가가 제시되어 있어야 할 것이고, 따라서 내부에 특징이 있는 고안에 대해 그 외형 사진만이 게재되어 있는 경우에는 그 고안은 게재된 것이 아니라고 할 것이다(심사기준)."

정 답 ⑤

03 발명의 신규성 또는 진보성 판단에 사용되는 선행기술에 관한 설명으로 옳은 것은? (다툼이 있으면 판례에 따름)

[2019년 기출]

① 출원서에 첨부한 명세서에 '종래기술'을 기재하는 경우에는 출원발명의 출원 전에 그 기술분야에서 알려진 기술에 비하여 출원발명이 신규성과 진보성이 있음을 나타내기 위한 것이라고 할 것이어서, 그 '종래기술'은 특별한 사정이 없는 한 출원발명의 신규성 또는 진보성이 부정되는지 여부를 판단함에 있어서 특허법 제29조(특허요건) 제1항 각 호에 열거된 발명들 중 하나로 보아야 할 것이다.
② 발명의 진보성 판단에 사용되는 선행기술은 기술구성 전체가 명확하게 표현되어야 하므로, 표현이 불충분하거나 일부 내용에 흠결이 있는 선행기술은 그 자체로 대비대상이 될 수 없다.
③ 특허발명의 진보성 판단에 사용되는 선행기술이 어떤 구성요소를 가지고 있는지는 역사적 사실이므로 당사자의 자백의 대상이 되지 못한다.
④ 특허법 제29조 제1항 제2호 소정의 간행물에 기재된 발명이라 함은 그 기재된 내용에 따라 해당 기술분야에서 통상의 지식을 가진 사람이 쉽게 실시할 수 있을 정도로 기재되어 있는 발명을 말하므로, 발명이 간행물에 기재되어 있다고 하기 위해서는 적어도 발명이 어떤 구성을 가지고 있는지가 제시되어 있어야 할 것이고, 따라서 내부에 특징이 있는 발명에 대해 그 외형 사진만이 게재되어 있는 경우에는 그 발명은 기재된 것이 아니다.
⑤ 특허법 제29조 제1항 각 호의 선행기술인지 여부를 판단하는 기준점은 '출원일'이 아니라 '출원시'이나, 국내우선권 주장이 있는 경우에는 그 주장의 기초가 되는 특허출원(선출원)의 '출원일'을 기준으로 선행기술인지 여부를 판단하여야 한다.

해 설

① 종래기술로 기재했다는 점만으로 특허법 제29조 제1항 각호 지위가 인정되지는 않는다. 출원인이 노하우에 해당하는 종래기술을 기재했을 가능성도 있기 때문이다. 즉 출원인이 출원 전 공지된 종래기술을 기재한 것임을 인정한 경우에 한해서만 그 종래기술에 대해 출원 전 공지된 것인지를 입증하지 않고서도 특허법 제29조 제1항 각호의 지위를 인정할 수 있다(대법원 2017. 1. 19. 선고 2013후37 전원합의체 판결). 아래에 참고판례를 소개한다.
"특허발명의 신규성 또는 진보성 판단과 관련하여 특허발명의 구성요소가 출원 전에 공지된 것인

지는 사실인정의 문제이고, 공지사실에 관한 증명책임은 신규성 또는 진보성이 부정된다고 주장하는 당사자에게 있다. 따라서 권리자가 자백하거나 법원에 현저한 사실로서 증명을 필요로 하지 않는 경우가 아니라면, 공지사실은 증거에 의하여 증명되어야 하는 것이 원칙이다.

그리고 청구범위의 전제부 기재는 청구항의 문맥을 매끄럽게 하는 의미에서 발명을 요약하거나 기술분야를 기재하거나 발명이 적용되는 대상물품을 한정하는 등 목적이나 내용이 다양하므로, 어떠한 구성요소가 전제부에 기재되었다는 사정만으로 공지성을 인정할 근거는 되지 못한다. 또한 전제부 기재 구성요소가 명세서에 배경기술 또는 종래기술로 기재될 수도 있는데, 출원인이 명세서에 기재하는 배경기술 또는 종래기술은 출원발명의 기술적 의의를 이해하는 데 도움이 되고 선행기술 조사 및 심사에 유용한 기존의 기술이기는 하나 출원 전 공지되었음을 요건으로 하는 개념은 아니다. 따라서 명세서에 배경기술 또는 종래기술로 기재되어 있다고 하여 그 자체로 공지기술로 볼 수도 없다.

다만 특허심사는 특허청 심사관에 의한 거절이유통지와 출원인의 대응에 의하여 서로 의견을 교환하는 과정을 통해 이루어지는 절차인 점에 비추어 보면, 출원과정에서 명세서나 보정서 또는 의견서 등에 의하여 출원된 발명의 일부 구성요소가 출원 전에 공지된 것이라는 취지가 드러나는 경우에는 이를 토대로 하여 이후의 심사절차가 진행될 수 있도록 할 필요가 있다.

그렇다면 명세서의 전체적인 기재와 출원경과를 종합적으로 고려하여 출원인이 일정한 구성요소는 단순히 배경기술 또는 종래기술인 정도를 넘어서 공지기술이라는 취지로 청구범위의 전제부에 기재하였음을 인정할 수 있는 경우에만 별도의 증거 없이도 전제부 기재 구성요소를 출원 전 공지된 것이라고 사실상 추정함이 타당하다. 그러나 이러한 추정이 절대적인 것은 아니므로 출원인이 실제로는 출원 당시 아직 공개되지 아니한 선출원발명이나 출원인의 회사 내부에만 알려져 있었던 기술을 착오로 공지된 것으로 잘못 기재하였음이 밝혀지는 경우와 같이 특별한 사정이 있는 때에는 추정이 번복될 수 있다."

② 표현이 불충분하게 기재된 발명이라 하더라도 그 문헌의 해석은 출원시의 통상의 기술자의 기술수준에서 하므로, 출원시 통상의 기술자가 이해할 수 있는 내용으로 신규성, 진보성 판단의 대비대상으로 삼을 수 있다(대법원 2006. 3. 24. 선고 2004후2307 판결). 아래에 참고판례를 소개한다.

"출원발명의 진보성 판단에 제공되는 선행기술은 기술 구성 전체가 명확하게 표현된 것뿐만 아니라, 자료의 부족으로 표현이 불충분하거나 일부 내용에 흠결이 있다고 하더라도 그 기술분야에서 통상의 지식을 가진 자가 기술상식이나 경험칙에 의하여 쉽게 기술내용을 파악할 수 있는 범위 내에서는 대비대상이 될 수 있다"

③ 본 지문은 심결 등의 취소소송이라고 제시되어 있지 않지만 자백은 특허법원에서 가능하므로 특허법원 상황으로 이해하고 풀면 된다. 특허법원에서는 자백 또는 자백 간주가 가능하다. 신규성, 진보성 판단 등의 법적 판단은 자백의 대상이 아니나, 사실에 관해서는 자백이 가능하다(대법원 2006. 8. 24. 선고 2004후905 판결). 아래에 참고판례를 소개한다.

"행정소송의 일종인 심결취소소송에서도 원칙적으로 변론주의가 적용되어 주요사실에 대해서는 당사자의 불리한 진술인 자백이 성립하는바, 특허발명의 진보성 판단에 제공되는 선행발명이 어떤 구성요소를 가지고 있는지는 주요사실로서 당사자의 자백의 대상이 된다."

④ 발명의 해석은 출원시 통상의 기술자의 수준에서 한다. 통상의 기술자의 수준에서 그 발명의 구체적인 내용을 인식할 수 있는 정도에 이르러야 발명이 공지 등이 되었다고 판단한다(대법원 1997. 12. 23. 선고 97후433 판결). 아래에 참고판례를 소개한다.

"소정의 간행물에 기재된 고안이라 함은 그 내용이 간행물에 기재되어 있는 고안, 즉 기재된 내용에 따라 당해 기술분야에서 통상의 지식을 가진 자가 쉽게 실시할 수 있을 정도로 기재되어 있는 고안을 말하므로, 고안이 간행물에 기재되어 있다고 하기 위하여는 적어도 고안이 어떤 구성을 가지고 있는가가 제시되어 있어야 할 것이고, 따라서 예컨대 내부에 특징이 있는 고안에 대해 그 외형 사진만이 게재되어 있는 경우에는 그 고안은 기재된 것이 아니다."

⑤ 특허법 제29조 제1항 각호의 '특허출원 전'이란 특허출원일의 개념이 아닌 특허출원의 시, 분, 초까지도 고려한 자연시 개념이다. 따라서 선출원의 출원일 기준이 아니고, 선출원의 출원시를 기준으로 판단하여야 한다.

정답 ④

04 다음 설명 중 옳지 않은 것은? (다툼이 있는 경우에는 판례에 의함)

① 공지되었다고 함은 반드시 불특정다수인에게 인식되었을 필요는 없고 적어도 불특정다수인이 인식할 수 있는 상태에 놓여져 있음을 의미한다.
② 특허법 제29조 제1항의 발명의 동일성 여부의 판단에서는 발명의 구성이 동일한가의 여부에 의하여 판단하므로 발명의 효과를 참작하지 않는다.
③ 청구항이 복수의 구성요소로 되어 있는 경우 각 구성요소가 모두 공지된 것이라 하더라도 결합된 전체로서 구성의 곤란성이 인정된다면 진보성이 있다.
④ 미완성 발명이라도 그 기술분야에서 통상의 지식을 가진 자가 출원시 기술상식을 참작하여 기술내용을 용이하게 파악할 수 있다면 선행기술이 될 수 있다.
⑤ 선행문헌에 특정한 내용이 기재되어 공지되어 있더라도 그 기재와 배치되는 다른 선행문헌이 다수 있는 경우는 위 기재를 토대로 어떤 발명을 쉽게 도출할 수 있는지를 판단할 수 없다.

해설

① 특허법 제29조 제1항 제1호에서 규정하고 있는 국내에서 공지되었거나 공연히 실시된 발명에서 공지된 발명이라 함은 반드시 불특정다수인에게 인식되었을 필요는 없다 하더라도 적어도 불특정다수인이 인식할 수 있는 상태에 놓여져 있는 발명을 말한다(대법원 1983. 2. 8. 선고 81후64 판결, 1996. 6. 14. 선고 95후19 판결).
② 고안의 동일성을 판단하는 데에는 양 고안의 기술적 구성이 동일한가 여부에 의하여 판단하되 고안의 효과도 참작하여야 할 것인바, 기술적 구성에 차이가 있더라도 그 차이가 과제 해결을 위한 구체적 수단에서 주지 관용기술의 부가, 삭제, 변경 등으로 새로운 효과의 발생이 없는 정도의 미세한 차이에 불과하다면 양 고안은 서로 동일하다고 하여야 한다(대법원 2001. 6. 1. 선고 98후1013 판결).
③ 어느 특허발명의 특허청구범위에 기재된 청구항이 복수의 구성요소로 되어 있는 경우에는 각 구성요소가 유기적으로 결합한 전체로서의 기술사상이 진보성 판단의 대상이 되는 것이지 각 구성요소가 독립하여 진보성 판단의 대상이 되는 것은 아니므로, 그 특허발명의 진보성 여부를 판단함에 있어서는 청구항에 기재된 복수의 구성을 분해한 후 각각 분해된 개별 구성요소들이 공지된 것인지 여부만을 따져서는 안 되고, 특유의 과제 해결원리에 기초하여 유기적으로 결합된 전체로서의 구성의 곤란성을 따져 보아야 할 것이며, 이 때 결합된 전체 구성으로서의 발명이 갖는 특유한 효과도 함께 고려하여야 한다(대법원 2007. 9. 6. 선고 2005후3284 판결).

④ 발명의 신규성 또는 진보성 판단에 제공되는 대비발명은 그 기술적 구성 전체가 명확하게 표현된 것뿐만 아니라, 미완성 발명 또는 자료의 부족으로 표현이 불충분하거나 일부 내용에 오류가 있다고 하더라도 그 기술분야에서 통상의 지식을 가진 자가 발명의 출원 당시 기술상식을 참작하여 기술내용을 용이하게 파악할 수 있다면 선행기술이 될 수 있다(대법원 2008. 11. 27. 선고 2006후1957 판결).

⑤ 제시된 선행문헌을 근거로 어떤 발명의 진보성이 부정되는지를 판단하기 위해서는 진보성 부정의 근거가 될 수 있는 일부 기재만이 아니라 그 선행문헌 전체에 의하여 그 발명이 속하는 기술분야에서 통상의 지식을 가진 사람이 합리적으로 인식할 수 있는 사항을 기초로 대비 판단하여야 한다. 그리고 위 일부 기재부분과 배치되거나 이를 불확실하게 하는 다른 선행문헌이 제시된 경우에는 그 내용까지도 종합적으로 고려하여 통상의 기술자가 해당 발명을 용이하게 도출할 수 있는지를 판단하여야 한다(대법원 2016. 1. 14. 선고 2013후2873 판결).

정답 ②

05 다음 중 특허법 제29조 제1항 각호에 대한 설명으로 옳지 않은 것은? (다툼이 있는 경우에는 판례에 의함)

① 공지된 발명이란 특허출원 전에 국내 또는 국외에서 그 내용이 비밀상태로 유지되지 않고 불특정인에게 알려지거나 알려질 수 있는 상태에 있는 발명을 의미한다.

② 일반 공중에게 반포에 의하여 공개할 목적으로 복제된 것이란, 반드시 공중의 열람을 위하여 미리 공중의 요구를 만족할 수 있을 정도의 부수가 원본에서 복제되어 일반 공중에게 제공되어야 하는 것을 말한다.

③ 등록공고가 없더라도 출원이 등록되면 누구라도 그 출원서를 열람할 수 있으므로 특허법 제29조 제1항 각호의 선행기술 자료로 사용할 수 있다.

④ 공연실시에서의 공연은 전면적으로 비밀상태가 아닌 것을 의미하므로 그 발명의 실시에 있어서 발명의 주요부에 대하여 일부라도 비밀부분이 있을 때에는 그 실시는 공연한 것이라고 할 수 없다.

⑤ 박사학위나 석사학위 논문은 일반적으로 도서관 등에 입고되거나 주위의 불특정 다수인에게 배포됨으로써 비로소 일반 공중이 그 기재내용을 인식할 수 있는 반포된 상태에 놓이게 되었다고 봄이 상당하고, 반포시점 이전인 도서관에서의 등록 시에 곧바로 반포된 상태에 놓였다고 볼 것은 아니다.

해설

① 심사기준
② 일반 공중에게 반포에 의하여 공개할 목적으로 복제된 것이란, 반드시 공중의 열람을 위하여 미리 공중의 요구를 만족할 수 있을 정도의 부수가 원본에서 복제되어 일반 공중에게 제공되어야 하는 것은 아니며, 원본이 공개되어 그 복사물이 공중의 요구에 의하여 즉시 교부될 수 있으면 간행물로 인정될 수 있다(심사기준).

③ 출원공개 또는 등록공고가 아니라, 출원공개 또는 설정등록시부터 해당 발명은 공지 등이 된 것으로 본다(심사기준).
④ 심사기준
⑤ '특허출원 전에 국내 또는 국외에서 반포된 간행물에 기재된 발명'을 이른바 신규성을 상실한 것으로 보아 특허 받을 수 없는 발명으로 규정하고 있는바, 이 경우 '반포'된 간행물이란 불특정 다수의일반 공중이 그 기재 내용을 인식할 수 있는 상태에 이른 간행물을 의미한다고 할 것인데, 박사학위나 석사학위 논문은 일반적으로는 일단 논문심사에 통과된 이후에 인쇄 등의 방법으로 복제된 다음 공공도서관 또는 대학도서관 등에 입고(서가에 진열)되거나 주위의 불특정 다수인에게 배포됨으로써 비로소 일반 공중이 그 기재 내용을 인식할 수 있는 반포된 상태에 놓이게 되거나 그 내용이 공지되는 것이라고 봄이 경험칙에 비추어 상당하고, 반포시점 이전인 도서관에서의 등록시에 곧바로 반포된 상태에 놓이거나 그 기재내용이 공지로 되는 것은 아니다(대법원2002. 9. 6. 선고2000후1689 판결).

정답 ②

06 발명의 신규성과 관련하여 잘못된 것은? [1999년 기출변형]

① 납품계약체결시 비밀유지에 관한 특약이 존재하게 되면 그 계약의 체결 사실만으로는 신규성이 상실되지는 않는다.
② 쓰레기 처리통의 내부에 특징이 있는 발명에 대하여 그 외형사진만이 카탈로그에 기재되어 있는 경우에는 이를 이유로 신규성이 상실된다고는 볼 수 없다.
③ 간행물 기재의 사용언어가 일반인이 알기 어려운 외국어로 기재되어 있어도 그 기술내용 자체가 명확히 기재되어 있다면 그 기술은 간행물에 기재된 것이다.
④ 종속항이 신규성이 없는 경우 그 종속항이 인용하는 독립항도 신규성이 없다.
⑤ 국내에서 출원된 발명이 그 출원일 전에 일본의 백화점에 전시되어 판매된 적이 있다면 이에 의해 출원발명의 신규성은 상실되지 않는다.

해설

① |○| '선로접속자재 개량기술개발'이라는 명칭의 자료는 원고가 기술이전계약을 체결하게 될 접속관 시작품(始作品) 제작업체를 상대로 '조립식 접속관'에 관한 기술이전을 교육하기 위하여 1992. 12.경 작성한 교육용 자료로서 1994. 1. 26.~27. 2일간 원고에 의하여 실시된 기술이전교육에서 원고와 사이에 이미 기술이전계약을 체결한 금성전선 주식회사, 대한전선 주식회사, 주식회사 럭키, 유신전자공업 주식회사, 제일엔지니어링에게 배포된 것인 사실, 한편 원고는 1993. 12. 27.경 금성전선 주식회사와 사이에 조립식 접속관 기술전수계약을 체결하면서 위 회사는 기술이전과 관련된 모든 기술 및 노하우에 대하여 원고의 사전 서면동의 없이 제3자에게 유출하지 아니하기로 약정하였는데, 다른 참가업체인 제일엔지니어링 등도 그 무렵 원고와 사이에 위 조립식 접속함 제작기술과 관련하여 위와 동일한 취지의 비밀유지의무를 약정한 것으로 사실관계가 인정된 사안에 관한 것이다. 발명의 내용이 계약상 또는 상관습상 비밀유지의무를 부담하는 특정인에게 배포된 기술이전 교육용 자료에 게재된 사실만으로는 공지(公知)된 것이라 할 수 없다(大判 2003후2218).

② |○| 발명이 간행물에 기재되어 있다고 하기 위해서는 발명이 어떤 구성을 가지고 있는가가 제시되어 있어야 할 것이고, 따라서 내부에 특징이 있는 고안에 대해 그 외형 사진만이 게재되어 있는 경우에는 그 발명은 기재된 것이 아니라고 할 것이다(大判 97후433).

③ |○| 간행물에의 게재 정도는 그 발명이 속하는 기술분야에서 통상의 지식을 가진 자(당업자)가 기재된 내용에 따라 발명을 용이하게 실시할 수 있을 정도로 발명의 구성이 기재되어 있으면 충분하고 사용된 언어는 불문한다.

④ |○| 독립항이 신규성이 있는 경우 종속항은 당연히 신규성이 인정되고, 독립항이 신규성이 없는 경우 종속항의 신규성은 개별적으로 판단하여야 한다. 그런데, 종속항은 독립항을 부가 또는 한정하는 것이므로 종속항이 신규성이 없다면 독립항은 당연히 신규성이 없다.

⑤ |×| 백화점에서의 전시·판매는 공연실시로 볼 수 있는데, 2006년 3월3일 시행되는 개정법에서는 법 제29조 제1항 제1호를 '특허출원전에 국내 또는 국외에서 공지되었거나 공연히 실시된 발명'로 개정하여 외국에서 공지, 공연실시된 경우도 신규성 상실사유로 개정하였는바(국제주의) 문제에서는 신규성 상실되어 특허 받지 못한다.

정 답 ⑤

07 다음은 신규성(특허법 제29조 제1항에 규정한 특허요건) 판단에 관련된 설명이다. 가장 적절치 못한 것은?

[2000년 기출]

① 일반적으로 학회지의 원고에 기재된 발명은 공지된 발명으로 인정할 수 없다.
② 특허출원의 청구항에 리벳트에 관한 사항이 기재되어 있고 인용발명에는 체결구로만 기재되어 있는 경우, 일반적으로 인용발명의 체결구에 의해서 리벳트에 관한 청구항에 기재된 발명의 신규성은 상실된다.
③ 특허출원의 출원일과 간행물의 발행일이 같은 날인 경우 일반적으로 그 출원의 발명은 신규성을 상실하지 않는다.
④ 학위논문의 경우 일반적으로 최종 심사를 거쳐서 공공도서관 또는 대학도서관 등에 입고되거나 불특정인에게 배포된 시점이 반포시기로 인정된다.
⑤ 일반적으로 카타로그는 제작되었으면 반포된 것으로 추정할 수 있다.

해 설

① |○| 학회지 등의 원고의 경우 일반적으로 원고가 접수되어도 그 원고의 공표시까지는 불특정인이 볼 수 있는 상태에 놓인 것이 아니므로 공지된 발명으로 인정하지 않는다.

② |×| 공지기술이 상위개념으로 표현되어 있고 청구항에 기재된 발명이 하위개념으로 표현되어 있는 경우에는 통상 청구항에 기재된 발명은 신규성이 있다. 예를 들어, 청구항에 리벳트에 관한 사항이 기재되어 있고 공지기술에는 체결구로만 기재되어 있는 경우, 공지기술인 체결구에 의해서 청구항에 기재된 리벳트에 관한 발명의 신규성이 상실되지 아니한다.

③ |○| 출원일과 간행물의 발행일이 같은 날인 경우에는 특허출원시점이 간행물의 발행시점 이후라는 사실이 명백한 경우를 제외하고 그 출원발명은 신규성이 상실되지 않는다. 즉, 특허출원시

점과 간행물 반포시점에 대한 선후 여부의 판단이 애매한 경우에 실무는 신규성이 있는 것으로 취급한다.

④ |O| 학위논문의 반포시점은 그 내용이 논문심사 전후에 공개된 장소에서 발표되었다는 등의 특별한 사정이 없는 한 최종 심사를 거쳐서 공공도서관 또는 대학도서관 등에 입고되거나 불특정인에게 배포된 시점을 반포시기로 인정한다(大判 95후19).

⑤ |O| 카탈로그란 기업이 자사 또는 자사제품의 소개·선전을 위하여 제작하는 것이므로 반포되지 않았다는 특별한 사정이 있는 경우를 제외하고는 제작되었으면 반포된 것으로 추정할 수 있다(大判 91후1410).

정 답 ②

08 다음 중 판례의 태도로 옳지 않은 것은? [2001년 기출]

① 등록된 두 개의 실용신안권의 고안내용이 동일 또는 유사한 경우 선등록 실용신안권자는 후등록 실용신안권자를 상대로 실용신안등록의 무효심판을 청구할 수 있을 뿐 그를 상대로 하는 권리범위확인심판을 청구할 수는 없다.

② 카탈로그는 제작되었으면 배부, 반포되는 것이 사회통념이므로 카탈로그의 배부범위, 비치장소 등에 관하여 구체적인 증거가 없다고 하더라도 그 카탈로그의 배부, 반포를 부인할 수는 없다.

③ 신규성 또는 진보성 판단에 제공되는 인용발명이나 고안은 신규성 또는 진보성 판단의 객관성을 확보하기 위하여 반드시 그 기술적 구성 전체가 명확하게 표현되어야 하기 때문에 미완성 발명 또는 고안은 신규성 또는 진보성 판단의 대비자료가 될 수 없다.

④ 일사부재리규정(특허법 제163조)에서 동일 증거라 함은 전에 확정된 심결의 증거와 동일한 증거뿐만이 아니라 그 확정된 심결을 번복할 수 있을 정도로 유력하지 아니한 증거가 부가되는 것도 포함하는 것이다.

⑤ 특허등록된 발명이 공지공용의 기존 기술을 수집·종합하여 이루어진 경우에 있어서는 이를 종합하는 데 각별한 어려움이 있다거나 이로 인한 작용효과가 공지된 선행기술로부터 예측되는 효과 이상의 새로운 상승효과가 있다고 인정되고, 그 분야에서 통상의 지식을 가진 자가 선행기술에 의하여 용이하게 발명할 수 없다고 보여지는 경우 또는 새로운 기술적 방법을 추가하는 경우가 아니면 그 발명의 진보성은 인정될 수 없다.

해 설

① |O| 권리 대 권리 간의 적극적 권리범위확인심판은 인정되지 아니한다. 다만, 후등록 권리가 선등록 권리와 이용관계에 있어 선등록 권리의 효력을 부정하지 않고 권리범위의 확인을 구할 수 있는 경우에는 권리 대 권리 간의 적극적 권리범위확인심판의 청구는 허용된다(大判 84후6; 99후2433).

② |O| 大判 91후 1410 판결 등

③ |×| 고안의 신규성 또는 진보성 판단에 제공되는 대비 발명이나 고안은 반드시 그 기술적 구성

전체가 명확하게 표현된 것뿐만 아니라, 미완성 발명(고안) 또는 자료의 부족으로 표현이 불충분한 것이라 하더라도 그 기술분야에서 통상의 지식을 가진 자가 경험칙에 의하여 극히 용이하게 기술내용의 파악이 가능하다면 그 대상이 될 수 있다(大判 98후270).
④ │이│ 大判 90후1840
⑤ │이│ 大判 96후221

정답 ③

09 甲은 2000년 4월 15일 특허출원을 하였고, 동 특허출원의 명세서에 기재된 청구범위는 아래와 같다.

> 청구항1. 산소원이 연결된 튜브와 그 튜브에 연결된 밸브로 구성된 생선 저장용 탱크에 공기를 주입하기 위한 장치
> 청구항2. 청구항 1에 있어서, 그 밸브에 산소센서를 연결한 장치

청구항 2가 신규성 없음을 이유로 거절결정되는 경우를 가장 적절하게 설명한 것은? (다만, 다음의 인용되는 특허출원은 甲의 특허출원전에 출원공개된 것으로 한다.) [2002년 기출]

① 인용 특허출원에 튜브에 연결된 산소원과 튜브에 연결된 밸브와 산소원에 연결된 배터리로 구성된 아이스크림에 공기를 주입하기 위한 장치가 발명의 설명과 청구범위에 기재된 경우
② 인용 특허출원에 튜브에 연결된 산소원과 튜브에 연결된 밸브와 그 튜브에 연결된 산소센서로 구성된 생선 저장용 탱크가 발명의 설명과 청구범위에 기재된 경우
③ 인용 특허출원에 튜브에 연결된 산소원과 튜브에 연결된 밸브와 밸브에 연결된 산소센서로 구성된 아이스크림에 공기를 주입하기 위한 장치가 발명의 설명에만 기재된 경우
④ 인용 특허출원에 튜브에 연결된 산소원과 튜브에 연결된 밸브와 튜브에 연결된 산소센서로 구성된 생선저장용 탱크에 공기를 주입하기 위한 장치가 발명의 설명과 청구범위에 기재된 경우
⑤ 위의 어느 것도 아니다.

해 설

1. 청구항 2의 공기주입장치의 구성요소 및 결합관계 : "산소원이 연결된 튜브+튜브에 연결된 밸브+밸브에 연결된 산소센서"
2. 각 지문에 따른 공기주입장치의 구성요소 및 결합관계
   ① "산소원에 연결된 배터리+산소원이 연결된 튜브+튜브에 연결된 밸브"
   ② "튜브에 연결된 산소원+튜브에 연결된 밸브+튜브에 연결된 산소센서"
   ③ "튜브에 연결된 산소원+튜브에 연결된 밸브+밸브에 연결된 산소센서"
   ④ "튜브에 연결된 산소원+튜브에 연결된 밸브+튜브에 연결된 산소센서"
       발명의 동일성 판단은 원칙적으로 구성의 동일성 여부를 판단하고 구성의 동일성 여부를 판

단함에 있어서는 대응하는 구성요소가 동일한지 여부뿐만 아니라 각 구성요소의 결합관계의 동일 여부도 고려하여야 한다. 한편, 특허출원전 공개된 특허문서는 출원전 공개된 간행물로서의 지위를 가지며 발명의 설명이나 청구범위에 기재된 발명 모두 인용발명이 될 수 있으며, '생선 저장용 탱크에 공기를 주입하기 위한 장치'와 '아이스크림에 공기를 주입하기 위한 장치'는 모두 공기를 주입하기 위한 장치이므로 목적이나 용도(생선 저장용 탱크 또는 아이스크림)는 동일성 판단에 있어서 중요치 않다.

따라서, '산소원이 연결된 튜브'와 '튜브에 연결된 산소원'은 결국 동일한 구성요소이므로 사안과 동일한 구성요소 및 결합관계는 ③에 기재되어 있다.

정답 ③

10 신규성 판단의 심사실무에 관한 아래의 표현 중 옳지 않은 것은? [2005년 기출]

① 발명의 신규성 구비 여부 판단은 원칙적으로 구성의 동일성 여부에 의하여 판단하고 청구항이 2이상 있는 경우에는 청구항마다 판단한다.
② 인용발명을 달리하여 신규성이 없다는 거절이유와 진보성이 없다는 거절이유를 하나의 의견제출통지서에 의하여 동시에 통지할 수 없다.
③ 마쿼시 타입의 청구항(Markush Claim) 등 하나의 청구항에 2이상의 발명이 기재된 경우에 대하여는 하나의 선행기술로 하나의 청구항에 대하여 신규성 및 진보성이 없다는 거절이유를 통지할 수 있다.
④ 신규성 판단시에는 청구항에 기재된 발명을 하나의 인용발명과 대비하여야 하며 복수의 인용발명을 조합하여 대비하지 않는 것이 원칙이다.
⑤ 신규성 판단의 근거가 되는 인용발명의 의미, 반포시기 등의 사항을 보충하기 위하여 다른 발명을 추가적으로 인용하는 것은 허용된다.

해설

① |○| 신규성 판단은 청구항 기재 발명과 법 제29조 제1항 각호의 공지기술 간에 동일성 판단에 의하며, 청구항이 2이상인 경우에는 청구항마다 신규성을 판단한다.
② |×| 청구항에 기재된 발명에 대하여 동일한 인용발명으로, 또는 인용발명을 달리하여 신규성이 없다는 거절 이유와 진보성이 없다는 거절 이유를 동시에 통지할 수 있다.
③ |○| 마쿼시 타입의 청구항 등 하나의 청구항에 2이상의 발명이 기재된 경우(복수의 청구항이나 구성요소를 택일적으로 인용하거나 기재하는 경우 등)에 대하여는 하나의 선행기술로 각각의 발명에 대하여 신규성이나 진보성이 없다는 거절이유를 통지할 수 있다. 또한, 청구항에 기재된 발명에 대하여 동일한 인용발명으로, 또는 인용발명을 달리하여 신규성이 없다는 거절이유와 진보성이 없다는 거절이유를 동시에 통지할 수 있다.
④ |○| 신규성 판단시에는 청구항에 기재된 발명을 하나의 인용발명과 대비하여야 하며 복수의 인용발명을 조합하여 대비하여서는 안 된다. 이는 복수의 인용발명의 조합에 의하여 특허성을 판단하는 것은 후술하는 진보성의 문제이며, 신규성의 문제가 아니다. 다만, 인용발명이 다시 별개의 간행물 등을 인용하고 있는 경우(예 : 어떤 특징에 관하여 보다 상세한 정보를 제공하는 문헌)에는 별개의 간행물은 인용발명에 포함되는 것으로 취급하여 신규성 판단에 인용할 수 있다.

⑤ |○| 인용발명에 사용된 특별한 용어를 해석할 목적으로 사전 또는 참고문헌을 인용하는 경우 이를 인용발명에 포함되는 것으로 취급하여 신규성 판단에 인용할 수 있다.

정답 ②

11 신규성 판단에 관한 판례의 태도이다. 다음의 설명 중에 틀린 것은?

① 출원이 공개되지 않고 설정등록 및 등록공고 된 경우 등록공고되기 전이라도 설정등록만 되면 공지된 것으로 본다.
② 학위논문의 경우 도서관에서의 등록시에 곧바로 반포된 상태에 놓이거나 그 기재 내용이 공지로 되는 것은 아니고 논문심사에 통과된 이후에 인쇄 등의 방법으로 복제된 다음 공공도서관 또는 대학도서관 등에 입고(서가에 진열)되거나 주위의 불특정 다수인에게 배포됨으로 공지되는 것으로 본다.
③ 카탈로그는 제작되었으면 배부 반포되는 것이 사회통념이므로 카탈로그의 배부범위, 비치장소 등에 관하여 구체적인 증거가 없다고 하더라도 그 카탈로그가 반포 배부되었음을 부인할 수 없다.
④ 대비되는 발명이 기술적 구성에 차이가 있더라도 그 차이가 과제 해결을 위한 구체적 수단에서 주지 관용기술의 부가, 삭제, 변경 등으로 새로운 효과의 발생이 없는 정도의 미세한 차이에 불과한 경우라도 이는 진보성 위반사유가 문제될 뿐 신규성은 있는 것으로 취급한다.
⑤ 내부에 특징이 있는 고안에 대해 그 외형 사진만이 게재되어 있는 경우에는 그 고안은 기재된 것이 아니다.

해설

① |○| 특허법원 2002허2372 판결.
실용신안이 등록이 된후에는 비밀유지의무가 없는 제3자가 언제든지 명세서를 포함한 출원서류 일체를 적법하게 열람하거나 복사할 수 있어 불특정 다수인이 실용신안의 내용을 객관적으로 인식할 수 있는 상태에 있다고 보아야 할 것이므로, 실용신안의 등록일 이후에는 비록 그 공고 전이라도 그실용신안의 내용이 공지되었다고 봄이 상당하다.
특허법원 99허1027
디자인은 등록이 되면 특허청 직원의 디자인에 대한 비밀유지의무가 소멸되므로 비록 디자인등록공보에 게재되기 전이라도 디자인의 설정등록일을 기준으로 불특정인이 등록디자인의 내용을 객관적으로 인식할 수 있는 상태에 있다고 보아야 할 것이므로 공지되었다고 할 수 있다.
② |○| 대법원 2002.9.6. 선고 2000후1689 판결.
박사학위나 석사학위 논문은 일반적으로는 일단 논문심사에 통과된 이후에 인쇄 등의 방법으로 복제된 다음 공공도서관 또는 대학도서관 등에 입고(서가에 진열)되거나 주위의 불특정 다수인에게 배포됨으로써 비로소 일반 공중이 그 기재 내용을 인식할 수 있는 반포된 상태에 놓이게 되거나 그 내용이 공지되는 것이라고 봄이 경험칙에 비추어 상당하고, 반포시점 이전인 도서관에서의 등록시에 곧바로 반포된 상태에 놓이거나 그 기재 내용이 공지로 되는 것은 아니다.
③ |○| 대법원 1992. 2. 14. 선고 91후1410 판결.

카탈로그는 제작되었으면 배부 반포되는 것이 사회통념이라 하겠으며 제작한 카탈로그를 배부 반포하지 아니하고 사장하고 있다는 것은 경험칙 상 수긍할 수 없는 것이어서 카탈로그의 배부범위, 비치장소 등에 관하여 구체적인 증거가 없다고 하더라도 그 카탈로그가 반포 배부되었음을 부인할 수 없으므로 인용발명이 본 건 발명 출원전에 국내에 반입되었음이 명백한 이상 카탈로그 역시 본 건 발명의 출원 전에 반포되었다고 볼 것이다.

④ |×| 대법원 2002.5.17.선고 2000후2255 판결, 대법원 2001.6.1.선고 98후1013 판결
구 실용신안법(1993. 12. 10. 법률 제4596호로 개정되기 전의 것) 제4조 제3항에서 규정하는 고안의 동일성을 판단하는 데에는 양 고안의 기술적 구성이 동일한가 여부에 의하여 판단하되 고안의 효과도 참작하여야 할 것인바, 기술적 구성에 차이가 있더라도 그 차이가 과제 해결을 위한 구체적 수단에서 주지 관용기술의 부가, 삭제, 변경 등으로 새로운 효과의 발생이 없는 정도의 미세한 차이에 불과하다면 양 고안은 서로 동일하다고 하여야 한다.

⑤ |○| 특허법원 1998. 7. 9.선고, 98허 3767 판결
고안이 간행물에 기재되어 있다고 하기 위해서는 적어도 고안이 어떤 구성을 가지고 있는가가 제시되어 있어야 할 것이고, 따라서 내부에 특징이 있는 고안에 대해 그 외형 사진만이 게재되어 있는 경우에는 그 고안은 기재된 것이 아니라고 할 것이다.

정답 ④

12 신규성 및 진보성의 판단에 설명으로 옳지 않은 것은? (다툼이 있는 경우에는 판례에 의함)

[2010년 기출]

① 청구항에 기재된 물건발명의 진보성이 인정되는 경우에는 그 물건의 제조방법이나 용도에 관한 발명도 원칙적으로 진보성이 인정된다.
② 물건발명의 청구범위에 물건을 특정하는 방법으로 그 물건을 제조하는 방법을 기재한 경우(Product by Process claim)에는 당해 특허발명의 진보성을 판단함에 있어서는 제조방법의 기재를 포함하여 특허청구범위의 모든 기재에 의하여 특정되는 구조나 성질 등을 가지는 물건으로 파악하여 출원 전에 공지된 선행기술과 비교하여 신규성, 진보성 등을 있는지 여부를 살펴야 한다.
③ 공지기술이 상위 개념이고 청구항에 기재된 발명이 하위개념인 경우에는 상호 발명의 동일성이 인정되지 않으므로 통상적으로 청구항에 기재된 발명의 신규성이 인정된다.
④ 청구항에 기재된 발명이 마쿠시(Markush) 형식인 경우에는 그 선택요소 중 일부라도 선행기술과 대비하여 진보성이 인정되지 않는다면 해당 청구항은 전체로서 진보성이 부인되는 것이 원칙이다.
⑤ 발명의 진보성 판단자료가 되는 목적은 발명의 기술적 구성에 의하여 정하여지는 객관적인 목적과 발명자가 의도한 주관적인 목적을 모두 포함한다.

해 설

① |○| 물건발명으로 신규성 또는 진보성이 있는 경우 물건의 제법발명 또는 용도발명은 당연히

신규성 또는 진보성이 있다. 반면, 물건발명이 신규성 또는 진보성이 없는 경우 물건의 제법발명 또는 용도발명은 개별적으로 신규성 또는 진보성 만족 여부를 판단하여야 한다. 하나의 물건을 만드는 제법발명이나 그 물건을 이용하는 용도발명은 수없이 많이 있기 때문이다.

② |O| 대법원 2015. 1. 22. 선고 2011후927 전원합의체 판결(특허법 제2조 제3호는 발명을 '물건의 발명', '방법의 발명', '물건을 생산하는 방법의 발명'으로 구분하고 있다. 특허청구범위가 전체적으로 물건으로 기재되어 있으면서 그 제조방법의 기재를 포함하고 있는 발명(이하 '제조방법이 기재된 물건발명'이라 한다)의 경우 제조방법이 기재되어 있다고 하더라도 발명의 대상은 그 제조방법이 아니라 최종적으로 얻어지는 물건 자체이므로 위와 같은 발명의 유형 중 '물건의 발명'에 해당한다. 물건의 발명에 관한 특허청구범위는 발명의 대상인 물건의 구성을 특정하는 방식으로 기재되어야 하는 것이므로, 물건의 발명의 특허청구범위에 기재된 제조방법은 최종 생산물인 물건의 구조나 성질 등을 특정하는 하나의 수단으로서 그 의미를 가질 뿐이다.

따라서 제조방법이 기재된 물건발명의 특허요건을 판단함에 있어서 그 기술적 구성을 제조방법 자체로 한정하여 파악할 것이 아니라 제조방법의 기재를 포함하여 특허청구범위의 모든 기재에 의하여 특정되는 구조나 성질 등을 가지는 물건으로 파악하여 출원 전에 공지된 선행기술과 비교하여 신규성, 진보성 등이 있는지 여부를 살펴야 한다.)

③ |O| 공지기술이 상위개념으로 표현되어 있고 청구항에 기재된 발명이 하위개념으로 표현되어 있는 경우에는 통상 청구항에 기재된 발명은 신규성이 있다. 예를 들어, 청구항에 리벳트에 관한 사항이 기재되어 있고 공지기술에는 체결구로만 기재되어 있는 경우, 공지기술인 체결구에 의해서 청구항에 기재된 리벳트에 관한 발명의 신규성이 상실되지 아니한다.

④ |O| 청구항에 기재된 발명이 마쿠쉬(Markush)형식 등으로 기재된 경우에 그 선택요소 중 어느 하나를 선택하여 인용발명과 대비한 결과 신보성이 인정되지 않으면 그 청구항에 기재된 발명 전체에 대하여 진보성이 없는 것으로 인정한다. 이 경우 출원인은 진보성이 없는 것으로 지적한 선택요소를 삭제하여 거절이유를 해소할 수 있다.

⑤ |×| 진보성 판단은 객관적 타당성에 의해야 하며, 사후적 고찰(expost facto)을 해서는 안 된다. 그 이유는 당업자로서 당해 특허의 이론을 알고 난 후에는 공지기술로부터 당해 특허의 발명적 해결을 손쉽게 이끌어 낼 수 있는 경우가 극히 많기 때문이다.

정답 ⑤

13 다음은 신규성과 공지예외주장에 대한 설명이다. 옳은 것으로만 연결된 것은?

> ㈎ 法제30조 주장의 방식에 흠결이 있는 경우 그 출원절차는 무효로 한다.
> ㈏ 甲이 발명을 논문에 발표하고 그 후 12월내에 제30조 주장 출원일 사이에 제3자 乙의 출원이 있는 경우, 乙의 출원은 신규성 위반이고 공지예외주장출원인 甲의 출원은 법36조 위반으로 거절결정될 것이다.
> ㈐ 미국에서 2012년 5월 15일자로 丙이 발표한 논문에 발명 A가 기재되어 있고 丙이 2012년 7월 15일자로 발명 A에 대하여 미국에서 출원 X를 한 경우 丙이 미국에서 출원한 X를 기초로 한국에 우선권 주장 출원을 하면서 法제30조를 주장하는 경우 丙의 상기 주장이 적법하기 위해서는 한국에 2013년 5월 15일까지 출원하여 한다.
> ㈑ 출원하고자 하는 발명이 외국에서만 공지, 공연실시 되고 있는 경우라면 외국에서의 공지, 공연실시된 사유가 특허 받을 수 있는 권리를 가진 자의 의사에 의한 경우라도 공지예외주장을 할 필요는 없다.
> ㈒ 외국간행물로서 국내에 입수된 시기가 분명한 때에는 그 입수된 시기로부터 반포된 시점을 추정한다는 것이 심사실무이다.
> ㈓ 간행물의 반포시기가 불명확하지만, 당해 간행물의 발행 연월일을 알수 있는 경우 그 연월일에 간행물이 반포된 것으로 추정한다.

① ㈎, ㈐
② ㈏, ㈐, ㈑
③ ㈐, ㈓
④ ㈐, ㈑, ㈓
⑤ ㈏, ㈐, ㈒, ㈓

해 설

㈎ |×| 출원절차는 유효하고 법 제30조 주장절차가 무효가 되며, 법 제30조의 효과를 가지지 못하기 때문에 신규성 또는 진보성으로 거절될 것이다.

㈏ |×| 법 제30조 주장의 효과는 공지등이 되지 아니한 것으로 볼 뿐 출원일 자체가 소급되는 것은 아니다. 따라서 갑의 공지와 법 제30조 주장 출원사이 을의 출원이 있는 경우 을은 신규성상실로 거절되는 것은 자명하다. 다만 을의 출원이 법 제29조 제1항 위반임을 이유로 을의 출원공개되기 전에 거절결정이 확정된다면 거절결정 확정으로 법 제36조 지위도 없고(법 제36조 제4항) 공개도 되지 않아 확대된 선원주의 위반(법 제29조 제3항)도 위반이 아니어서 갑의 출원이 등록 가능할 수도 있다. 즉, 갑의 출원은 을이 심사청구를 하면 신규성 위반이므로 거절 될 것이고, 출원일로부터 3년 이내 심사청구하지 않는다면 취하간주 될 것이어서 36조 위반으로 거절되지는 않을 것이다.

㈐ |○| 파리 조약상 우선권이란 제1국 출원일과 제2국 출원일 사이에서 인정되는 것이므로 국내우선권 주장과 달리 제1국 출원일 전에 발생한 신규성 상실 사유에 대하여 보호하지 않는다. 따라서 조약에 의한 우선권 주장을 하면서 법 제30조 주장을 하는 경우라도 공지일로부터 12개월 내에 출원하여야 한다.

㈑ |×| 2006년10월1일 개정법에서는 법 제29조 제1항 제1호 공지, 공연실시의 경우 국제주의로 개정이 되어 외국에서만 공지, 공연실시 된 경우라도 동일한 발명을 한국에서 출원시 법 제29조 제1항 신규성 위반이므로 출원인은 공지예외주장을 해야한다.

(마) |×| 실무에 따르면, 외국간행물로서 국내에 입수된 시기가 분명한 때에는 그 입수된 시기로부터 발행국에서 국내에 입수되는데 소요되는 통상의 기간을 소급한 시기를 입증할 수 있는 경우에는 그 때에 반포된 것으로 추정한다.

(바) |○| 실무의 태도로 바람직한 설명이다.

(심사기준)

간행물의 반포시기에 대해서는 다음과 같이 취급한다.
① 간행물에 발행시기가 기재되어 있는 경우
    (a) 발행년도만이 기재되어 있는 때에는 그 연도의 말일
    (b) 발행년월이 기재되어 있는 때에는 그 연월의 말일
    (c) 발행년월일까지 기재되어 있는 때에는 그 연월일
② 간행물에 발행시기가 기재되어 있지 아니한 경우
    (a) 외국간행물로서 국내에 입수된 시기가 분명한 때에는 그 입수된 시기로부터 발행국에서 국내에 입수되는데 소요되는 통상의 기간을 소급한 시기를 입증할 수 있는 경우에는 그 때에 반포된 것으로 추정 할 수 있다.
    (b) 당해 간행물에 관하여 서평, 발췌, 카탈로그 등을 게재한 간행물이 있을 때에는 그 발행시기로부터 당해 간행물의 반포시기를 추정한다.
    (c) 당해 간행물에 관하여 중판(重版) 또는 재판(再版) 등을 이용하는 경우 그 간행물의 반포시기는 초판이 발행된 시기에 발행된 것으로 추정한다. 다만, 재판이나 중판에서 추가된 내용이나 변경된 내용이 있는 경우에는 인용하는 부분의 내용이 초판과 일치될 것을 전제로 한다.
    (d) 기타 적당한 근거가 있을 때에는 그것으로부터 반포시기를 추정 또는 인정한다.

<u>정 답</u> ③

14 다음 설명 중 옳지 않은 것은? (다툼이 있는 경우에는 판례에 의함)   [2012년 기출]

① A회사가 상관습상 비밀유지의무를 부담하는 B회사의 직원에게 배포한 기술이전 교육용 자료에 발명의 내용이 게재되었다면 이 발명은 공지된 것으로 본다.
② 원출원과 분할출원의 동일성 여부의 판단은 청구범위에 기재된 양 발명의 기술적 구성이 동일한가 여부에 의하여 판단하되 그 효과도 참작하여야 하고, 기술적 구성에 차이가 있더라도 그 차이가 주지 관용기술의 부가, 삭제, 변경 등으로 새로운 효과의 발생이 없는 정도에 불과하다면 양 발명은 서로 동일하다.
③ 불특정인에게 공장을 견학시킨 경우 해당 기술 분야에서 통상의 지식을 가진 자가 제조상황을 보고 그 기술내용을 알 수 있는 상태에 있다면 이는 공연히 실시된 것으로 본다.
④ 소위 선택발명의 신규성을 부정하기 위해서는 선행발명이 선택발명을 구성하는 하위개념을 구체적으로 개시하고 있어야 한다.
⑤ 출원발명의 청구항의 구성요소가 A, B, C라고 할 경우, 출원 전에 공개된 인용발명 X가 구성요소 A, B, C를 모두 포함하고 있다면 출원발명은 인용발명 X에 의해서 신규성이 상실된다.

해설

① |×| 신규성 상실사유인 공지는 비밀유지의무가 없는 불특정인을 상대로 한 경우에만 해당하므로, 비밀유지의무를 부담하는 자에게 공개된 자료는 공지되지 아니한 것으로 본다.
② |○| 동일성 판단에 대한 내용으로 옳은 설명이다. 원출원과 분할출원 뿐만이 아니라, 공지기술과 특허발명의 동일성 판단시에도 동일하다.
③ |○| 공연실시의 경우에도 공지와 마찬가지로 불특정인을 상대로 한 경우 해당되며, 발명의 주요부에 대한 비밀취급을 하지 않은 경우 공연실시에 해당된다.
④ |○| 선택발명은 하위개념의 발명으로서, 공지기술이 상위개념의 발명이고 출원발명이 하위개념의 발명인 경우 원칙적으로 신규성이 있는 것으로 보고 있다. 따라서, 선택발명의 신규성을 부정하기 위해서는 선행발명이 선택발명에 해당하는 하위개념을 개시하고 있어야 한다.
⑤ |○| 인용발명이 출원발명의 모든 구성요소를 포함하고 있으므로 당연히 신규성이 없다. 반면 인용발명이 구성요소 A, B만을 포함하고 있다면 원칙적으로 신규성이 있는 것으로 본다.

정답 ①

15 다음 설명 중 옳지 않은 것은? (다툼이 있는 경우에는 판례에 의함)   [2012년 기출변형]

① 의약화합물 분야에서 선행발명에 공지된 화합물과 결정 형태만을 달리하는 특정 결정형의 화합물을 청구범위로 하는 경우, 특별한 사정이 없는 한 선행발명에 공지된 화합물이 갖는 효과와 질적으로 다른 효과를 갖고 있거나 질적인 차이가 없더라도 양적으로 현저한 차이가 있는 경우에는 진보성이 부정되지 않는다.
② 특허법 제30조(공지 등이 되지 아니한 발명으로 보는 경우) 제1항 제1호의 규정에 해당한다는 취지가 특허출원서에 기재되어 있지 아니한 채 출원된 경우라도, 그 후 그 취지를 기재한 서면을 제출하였다면 출원발명에 대하여 특허법 제30조 제1항 제1호가 적용될 수 있다.
③ 의약이라는 물건의 발명에서 대상 질병 또는 약효와 함께 투여용법과 투여용량을 부가하는 경우에 이러한 투여용법과 투여용량은 의료행위 자체가 아니라 의약이라는 물건이 효능을 온전하게 발휘하도록 하는 속성을 표현함으로써 의약이라는 물건에 새로운 의미를 부여하는 구성요소가 될 수 있고, 이와 같은 투여용법과 투여용량이라는 새로운 의약용도가 부가되어 신규성과 진보성 등의 특허요건을 갖춘 의약에 대해서는 새롭게 특허권이 부여될 수 있다.
④ 제조방법에 의해서만 물건을 특정할 수밖에 없는 등의 특별한 사정이 있는지 여부와 관계없이 제조방법이 기재된 물건발명의 특허요건을 판단함에 있어서 그 기술적 구성을 제조방법 자체로 한정하여 파악할 것이 아니라 제조방법의 기재를 포함하여 특허청구범위의 모든 기재에 의하여 특정되는 구조나 성질 등을 가지는 물건으로 파악하여 공지된 선행기술과 비교하여야 한다.
⑤ 특허법 제29조(특허요건) 제1항 제1호 소정의 '특허출원 전에 국내 또는 국외에서 공지되었거나 공연히 실시된 발명'에서 '특허출원 전'의 의미는 그 공지 또는 공연히 실시된 사실을 인정하기 위한 증거가 특허출원 전에 작성된 것을 의미한다.

해설

① |O| 의약화합물 분야에서 선행발명에 공지된 화합물과 결정 형태만을 달리하는 특정 결정형의 화합물을 청구범위로 하는 이른바 결정형 발명은, 특별한 사정이 없는 한 선행발명에 공지된 화합물이 갖는 효과와 질적으로 다른 효과를 갖고 있거나 질적인 차이가 없더라도 양적으로 현저한 차이가 있는 경우에 한하여 그 진보성이 부정되지 않는다(대법원 2011. 9. 8. 선고 2010후3554).

② |O| 특허법 제30조 제3항

③ |O| 대법원 2015. 5. 21. 선고 2014후768 전원합의체 판결
[다수의견] 의약이 부작용을 최소화하면서 효능을 온전하게 발휘하기 위해서는 약효를 발휘할 수 있는 질병을 대상으로 하여 사용하여야 할 뿐만 아니라 투여주기·투여부위나 투여경로 등과 같은 투여용법과 환자에게 투여되는 용량을 적절하게 설정할 필요가 있는데, 이러한 투여용법과 투여용량은 의약용도가 되는 대상 질병 또는 약효와 더불어 의약이 효능을 온전하게 발휘하도록 하는 요소로서 의미를 가진다. 이러한 투여용법과 투여용량은 의약물질이 가지는 특정의 약리효과라는 미지의 속성의 발견에 기초하여 새로운 쓰임새를 제공한다는 점에서 대상 질병 또는 약효에 관한 의약용도와 본질이 같다.
그리고 동일한 의약이라도 투여용법과 투여용량의 변경에 따라 약효의 향상이나 부작용의 감소 또는 복약 편의성의 증진 등과 같이 질병의 치료나 예방 등에 예상하지 못한 효과를 발휘할 수 있는데, 이와 같은 특정한 투여용법과 투여용량을 개발하는 데에도 의약의 대상 질병 또는 약효 자체의 개발 못지않게 상당한 비용 등이 소요된다. 따라서 이러한 투자의 결과로 완성되어 공공의 이익에 이바지할 수 있는 기술에 대하여 신규성이나 진보성 등의 심사를 거쳐 특허의 부여 여부를 결정하기에 앞서 특허로서의 보호를 원천적으로 부정하는 것은 발명을 보호·장려하고 그 이용을 도모함으로써 기술의 발전을 촉진하여 산업발전에 이바지한다는 특허법의 목적에 부합하지 아니한다.
그렇다면 의약이라는 물건의 발명에서 대상 질병 또는 약효와 함께 투여용법과 투여용량을 부가하는 경우에 이러한 투여용법과 투여용량은 의료행위 자체가 아니라 의약이라는 물건이 효능을 온전하게 발휘하도록 하는 속성을 표현함으로써 의약이라는 물건에 새로운 의미를 부여하는 구성요소가 될 수 있고, 이와 같은 투여용법과 투여용량이라는 새로운 의약용도가 부가되어 신규성과 진보성 등의 특허요건을 갖춘 의약에 대해서는 새롭게 특허권이 부여될 수 있다.
이러한 법리는 권리범위확인심판에서 심판청구인이 심판의 대상으로 삼은 확인대상발명이 공지기술로부터 용이하게 실시할 수 있는지를 판단할 때에도 마찬가지로 적용된다.

④ |O| 대법원 2015. 1. 22. 선고 2011후927 전원합의체 판결

⑤ |X| 법 제29조 제1항 제1호 소정의 '특허출원 전에 국내에서 공지되었거나 공연히 실시된 발명'에서 '특허출원 전'의 의미는 발명의 공지 또는 공연 실시된 시점이 특허출원 전이라는 의미이지 그 공지 또는 공연 실시된 사실을 인정하기 위한 증거가 특허출원 전에 작성된 것을 의미하는 것은 아니므로, 법원은 특허출원 후에 작성된 문건들에 기초하여 어떤 발명 또는 기술이 특허출원 전에 공지 또는 공연 실시된 것인지 여부를 인정할 수 있다(대법원 2006후2660).

정답 ⑤

16 특허법 제29조(특허요건)의 신규성에 관한 설명으로 옳지 않은 것은? (다툼이 있는 경우에는 판례에 의함)

[2014년 기출]

① 불특정인에게 공장을 견학시킨 경우, 그 제조상황이나 장치의 외부를 보는 것만으로 제조공정 일부의 내용을 알 수 없다고 하더라도 견학자가 그 장치의 내부를 볼 수 있거나 그 내부에 대하여 공장의 종업원에게 설명을 들을 수 있는 상황에 있었다면 그 제조공정에 관한 기술은 공연히 실시된 것으로 본다.

② 심사의 대상이 되는 출원의 명세서 중에 종래 기술로 기재된 발명의 경우, 출원인이 그 명세서 또는 의견서 등에서 그 종래기술이 출원 전에 공지되었음을 인정하고 있는 경우라도 이를 인용발명으로 하여 청구항에 기재된 발명의 신규성을 판단할 수 없다.

③ 청구항을 전제부와 특징부로 나누어 기재한 청구항의 경우 전제부에 기재되었다는 사실만으로 전제부에 기재된 구성요소들이 공지된 것이라고 판단해서는 곤란하며, 설령 전제부에 기재된 모든 구성요소가 공지된 것이라고 하더라도, 그 특징부와 더불어 유기적 일체로서의 발명 전체를 판단의 대상으로 하여 선행기술과 대비하여야 한다.

④ 인용발명에 사용된 용어를 해석할 목적으로 사전 또는 참고문헌을 인용하는 경우에는 그 사전 또는 참고문헌도 인용발명에 포함되는 것으로 취급하여 신규성판단에 사용할 수 있다.

⑤ 간행물이란 일반적으로 일반 공중에게 반포에 의하여 공개할 목적으로 복제된 것을 말하는데, 반드시 공중의 열람을 위하여 미리 공중의 요구를 만족할 수 있을 정도의 부수가 원본에서 복제되어 일반 공중에게 제공되어야 하는 것은 아니다.

> 해 설

① |O| 공연실시인가의 여부는 실체적인 사실관계를 바탕으로 하여 당업자가 발명의구성을 용이하게 파악할 수 있는가를 기준으로 판단하여야 한다. 따라서 설문의 경우 공연실시에 해당된다. 대법원 2002. 9. 24. 선고 2000후3463 판결은 "고속도로 과속차량경보 및 단속시스템"관련 사건에서 고속도로에 속도감지기 및 속도표지판을 설치한 상황에서 관련 시설물이 불특정 다수인이 인식할 수 있는 장소에 설치되어 있기는 하였지만 당업자가 고속도로에 설치된 시설물을 보고 발명의 구성에 관한 공간적, 시간적인 수치한정의 기술내용을 용이하게 파악할 수 없어 발명이 공연실시된 것으로 볼 수 없다고 판단한 바 있다.

참고로, 심사기준에서 관련 내용을 아래와 같이 설명하고 있다.

불특정인에게 공장을 견학시킨 경우, 그 제조상황을 보면 그 기술분야에서 통상의 지식을 가진 자가 그 기술내용을 알 수 있는 상태인 때에는 「공연히 실시」된 것으로 본다. 또한, 그 제조상황을 보았을 경우에 제조공정의 일부에 대하여는 장치의 외부를 보아도 그 제조공정의 내용을 알 수 없는 것으로서, 그 내용을 알지 못하면 그 기술의 전체를 알 수 없는 경우에도 견학자가 그 장치의 내부를 볼 수 있거나 그 내부에 대하여 공장의 종업원에게 설명을 들을 수 있는 상황(공장측에서 설명을 거부하지 않음)으로서 그 내용을 알 수 있을 때에는 그 기술은 공연히 실시된 것으로 본다.

② |X| 출원인이 공지되었음을 인정했다면 공지기술로 추정할 수 있다. 관련 판례를 아래에 소개한다.

"특허발명의 신규성 또는 진보성 판단과 관련하여 특허발명의 구성요소가 출원 전에 공지된 것인지는 사실인정의 문제이고, 공지사실에 관한 증명책임은 신규성 또는 진보성이 부정된다고 주장하는 당사자에게 있다. 따라서 권리자가 자백하거나 법원에 현저한 사실로서 증명을 필요로 하지 않는 경우가 아니라면, 공지사실은 증거에 의하여 증명되어야 하는 것이 원칙이다.

그리고 청구범위의 전제부 기재는 청구항의 문맥을 매끄럽게 하는 의미에서 발명을 요약하거나 기술분야를 기재하거나 발명이 적용되는 대상물품을 한정하는 등 목적이나 내용이 다양하므로, 어떠한 구성요소가 전제부에 기재되었다는 사정만으로 공지성을 인정할 근거는 되지 못한다. 또한 전제부 기재 구성요소가 명세서에 배경기술 또는 종래기술로 기재될 수도 있는데, 출원인이 명세서에 기재하는 배경기술 또는 종래기술은 출원발명의 기술적 의의를 이해하는 데 도움이 되고 선행기술 조사 및 심사에 유용한 기존의 기술이기는 하나 출원 전 공지되었음을 요건으로 하는 개념은 아니다. 따라서 명세서에 배경기술 또는 종래기술로 기재되어 있다고 하여 그 자체로 공지기술로 볼 수도 없다.

다만 특허심사는 특허청 심사관에 의한 거절이유통지와 출원인의 대응에 의하여 서로 의견을 교환하는 과정을 통해 이루어지는 절차인 점에 비추어 보면, 출원과정에서 명세서나 보정서 또는 의견서 등에 의하여 출원된 발명의 일부 구성요소가 출원 전에 공지된 것이라는 취지가 드러나는 경우에는 이를 토대로 하여 이후의 심사절차가 진행될 수 있도록 할 필요가 있다.

그렇다면 명세서의 전체적인 기재와 출원경과를 종합적으로 고려하여 출원인이 일정한 구성요소는 단순히 배경기술 또는 종래기술인 정도를 넘어서 공지기술이라는 취지로 청구범위의 전제부에 기재하였음을 인정할 수 있는 경우에만 별도의 증거 없이도 전제부 기재 구성요소를 출원 전 공지된 것이라고 사실상 추정함이 타당하다. 그러나 이러한 추정이 절대적인 것은 아니므로 출원인이 실제로는 출원 당시 아직 공개되지 아니한 선출원발명이나 출원인의 회사 내부에만 알려져 있었던 기술을 착오로 공지된 것으로 잘못 기재하였음이 밝혀지는 경우와 같이 특별한 사정이 있는 때에는 추정이 번복될 수 있다(대판 2013후37)."

③ |O| 대판 2000후617
④ |O| 인용발명에 사용된 특별한 용어를 해석할 목적으로 사선 또는 참고문헌을 인용하는 경우 이를 인용발명에 포함되는 것으로 취급하여 신규성 판단에 인용할 수 있다.
⑤ |O| 대판 200후3277

참고로, 심사기준에서 관련 내용을 아래와 같이 설명하고 있다.

  i) 「간행물」이란 "일반 공중에게 공개할 목적으로 인쇄 기타의 기계적, 화학적 방법에 의하여 복제된 문서, 도면, 기타 이와 유사한 정보전달 매체"를 말한다. 여기서 일반 공중에게 반포에 의하여 공개할 목적으로 복제된 것이란, 반드시 공중의 열람을 위하여 미리 공중의 요구를 만족할 수 있을 정도의 부수가 원본에서 복제되어 일반 공중에게 제공되어야 하는 것은 아니며, 원본이 공개되어 그 복사물이 공중의 요구에 의하여 즉시 교부될 수 있으면 간행물로 인정될 수 있다.

  ii) 간행물에는 특허문헌과 비특허문헌이 있으며, 특허문헌은 등록특허공보 및 공개특허공보를 말하고 비특허문헌은 특허문헌이외의 모든 간행물을 말한다. 예를 들면, ① 단행본에 게재된 문헌과 정보, ② 학회 논문지 등에 게재된 문헌과 정보, ③ 과학잡지 등의 일반 잡지에 게재된 문헌과 정보, ④ 기업기술정보지 등에 게재된 문헌과 정보, ⑤ 신문, 저널 등에 게재된 기사 내용, ⑥ 매뉴얼, 사용설명서 등에 게재된 문헌과 정보, ⑦ 학회, 세미나 등에서 발표된 문헌과 정보 등이다.

  또한 마이크로필름 또는 CD-ROM 등에 의한 특허공보류의 경우 일반공중이 디스플레이장치 등을 통하여 열람할 수 있고, 또 필요시에는 종이에 출력하여 그 복사물의 교부를 받을 수 있는 상태에 있으므로 간행물로 인정된다. 한편 비 특허문헌으로 마이크로필름이나 CD-ROM 형태의 자료는 물론 플로피 디스크, 슬라이드, 프리젠테이션 또는 OHP용 자료 등도 공중에게 전달할 목적으로 제작된 것이라면 간행물에 포함될 수 있다.

정답 ②

17 신규성에 관한 설명 중 틀린 것은?

① 기업에서 자사의 제품을 소개 또는 선전하기 위하여 제작되는 카탈로그의 배부는 국내에 한정되지 않고 오늘날과 같이 교역이 빈번하고 교통이 편리하여 짐에 따라 국제간에도 상품 및 기술정보를 입수하기 위하여 타사의 카탈로그를 신속히 수집 이용하고 있음도 우리의 경험칙 상 알 수 있는 것이므로 카탈로그는 제작되었으면 배부 반포되는 것이 사회통념이라 하겠으며 제작한 카탈로그를 배부 반포하지 아니하고 사장하고 있다는 것은 경험칙 상 수긍할 수 없는 것이어서 카탈로그의 배부범위, 비치장소 등에 관하여 구체적인 증거가 없다고 하더라도 그 카탈로그가 반포 배부되었음을 부인할 수 없다.
② 간행물에 게재된 발명이란 그 문헌에 직접적으로 명확하게 기재되어 있는 사항 및 문헌에 명시적으로는 기재되어 있지 않으나 사실상 기재되어 있다고 인정할 수 있는 사항에 의하여 파악되는 발명을 말한다.
③ 전기통신회선(telecommunication line)에는 인터넷은 물론 전기통신회선을 통한 공중게시판(public bulletin board), 이메일 그룹 등이 포함되며, 앞으로 기술의 발달에 따라 새로이 나타날 수 있는 전기·자기적인 통신방법도 포함될 수 있을 것이다.
④ 전기통신회선이라고 하여 반드시 물리적인 회선(line)을 필요로 하는 것은 아니다. 유선은 물론 무선, 광선 및 기타의 전기·자기적 방식에 의하여 부호·문언·음향 또는 영상을 송신하거나 수신할 수 있는 것이면 여기에서의 전기통신회선에 포함될 뿐만 아니라 CD-ROM 또는 디스켓을 통한 기술의 공개도 전기통신회선을 통한 기술의 공개로 본다.
⑤ 전기통신회선에 공개되었다 하더라도 공개된 발명에의 접근이 일반인에게는 허용되지 않고 비밀준수 의무가 있는 특정인에게만 공개되었다면 그 공개된 발명은 공중의 접근이 가능한 것이 아니므로 공중이 이용가능하게 된 발명으로 볼 수 없다. 공중의 이용가능성을 판단함에 있어 일반적인 서치엔진에 의하여 접근이 가능한지의 여부 또는 암호를 부여하여 일반인이 접근할 수 없게 한 것인지 여부 등을 참작하여 해당 발명이 일반공중에게 공개된 것인지 여부를 사안별로 검토하여야 하며, 공중의 이용가능성이 인정되는 경우에만 선행기술로 채택할 수 있다.

해 설

① |O| 심사기준 및 대판 91후1410, 98후270
기업에서 자사의 제품을 소개 또는 선전하기 위하여 제작되는 카탈로그의 배부는 국내에 한정되지 않고 오늘날과 같이 교역이 빈번하고 교통이 편리하여 짐에 따라 국제간에도 상품 및 기술정보를 입수하기 위하여 타사의 카탈로그를 신속히 수집 이용하고 있음도 우리의 경험칙 상 알 수 있는 것이므로 카탈로그는 제작되었으면 배부 반포되는 것이 사회통념이라 하겠으며 제작한 카탈로그를 배부 반포하지 아니하고 사장하고 있다는 것은 경험칙 상 수긍할 수 없는 것이어서 카탈로그의 배부범위, 비치장소 등에 관하여 구체적인 증거가 없다고 하더라도 그 카탈로그가 반포 배부되었음을 부인할 수 없으므로 인용발명이 본 건 발명 출원전에 국내에 반입되었음이 명백한 이상 카탈로그 역시 본 건 발명의 출원 전에 반포되었다고 볼 것이다.
② |O| 심사기준 및 대판 96후1514
「간행물에 게재된 발명」이란 그 문헌에 직접적으로 명확하게 기재되어 있는 사항 및 문헌에 명시적으로는 기재되어 있지 않으나 사실상 기재되어 있다고 인정할 수 있는 사항에 의하여 파악되는 발명을 말한다.

여기서「사실상 기재되어 있다고 인정할 수 있는 사항」이란 그 발명이 속하는 기술분야에서 통상의 지식을 가진 자가 출원시에 간행물에 기재된 사항에 의하여 파악해 낼 수 있는 사항을 포함한다.

③ |O| ④ |×| 심사기준
  ⅰ) 전기통신회선(telecommunication line)에는 인터넷은 물론 전기통신회선을 통한 공중게시판(public bulletin board), 이메일 그룹 등이 포함되며, 앞으로 기술의 발달에 따라 새로이 나타날 수 있는 전기·자기적인 통신방법도 포함될 수 있을 것이다.
  ⅱ) 전기통신회선이라고 하여 반드시 물리적인 회선(line)을 필요로 하는 것은 아니다. 유선은 물론 무선, 광선 및 기타의 전기·자기적 방식에 의하여 부호·문언·음향 또는 영상을 송신하거나 수신할 수 있는 것이면 여기에서의 전기통신회선에 포함된다(전기통신기본법 제2조제1호 참조). CD-ROM 또는 디스켓을 통한 기술의 공개는 전기통신회선을 통한 기술의 공개가 아니라 간행물에 의한 기술의 공개에 해당한다.
⑤ |O| 심사기준

정답 ④

18 신규성 및 진보성에 관한 설명 중 틀린 것은?

① 특허발명에 진보성을 인정할 수 있는 다른 구성요소가 부가되어 있어서 그 특허발명에서의 수치한정이 보충적인 사항에 불과하거나, 수치한정을 제외한 양 발명의 구성이 동일하더라도 그 수치한정이 공지된 발명과는 상이한 과제를 달성하기 위한 기술수단으로서의 의의를 가지고 그 효과도 이질적인 경우라면, 수치한정의 임계적 의의가 없다고 하여 특허발명의 진보성이 부정되지 아니한다.

② 어느 주지관용의 기술이 소송상 공지 또는 현저한 사실이라고 볼 수 있을 만큼 일반적으로 알려져 있지 아니한 경우에 그 주지관용의 기술은 심결취소소송에 있어서는 증명을 필요로 하나, 법원은 자유로운 심증에 의하여 증거 등 기록에 나타난 자료를 통하여 주지관용의 기술을 인정할 수 있다.

③ 어느 주지관용의 기술이 소송상 공지 또는 현저한 사실이라고 볼 수 있을 만큼 일반적으로 알려져 있지 아니한 경우에는 그 주지관용의 기술을 심결취소소송에 있어서는 증명을 필요로 하고, 이 때 법원은 자유로운 심증에 의하여 증거 등 기록에 나타난 자료를 통하여 주지관용의 기술을 인정할 수 있다 할 것이나 변론종결 후 제출된 참고자료까지 여기의 '증거 등 기록에 나타난 자료'에 포함된다고 볼 수는 없다.

④ 대비되는 발명이 기술적 구성에 차이가 있더라도 그 차이가 과제 해결을 위한 구체적 수단에서 주지 관용기술의 부가, 삭제, 변경 등으로 새로운 효과의 발생이 없는 정도의 미세한 차이에 불과한 경우라도 이는 진보성 위반사유가 문제될 뿐 신규성은 있는 것으로 취급한다.

⑤ 학위논문의 경우 도서관에서의 등록시에 곧바로 반포된 상태에 놓이거나 그 기재 내용이 공지로 되는 것은 아니고 논문심사에 통과된 이후에 인쇄 등의 방법으로 복제된 다음 공공도서관 또는 대학도서관 등에 입고(서가에 진열)되거나 주위의 불특정 다수인에게 배포됨으로 공지되는 것으로 본다.

해설

① |O| 대법원 2013. 2. 28. 선고 2011후3643 판결
특허등록된 발명이 그 출원 전에 공지된 발명이 가지는 구성요소의 범위를 수치로써 한정하여 표현한 경우에 있어, 그 특허발명의 과제 및 효과가 공지된 발명의 연장선상에 있고 수치한정의 유무에서만 차이가 있는 경우에는 그 한정된 수치범위 내외에서 현저한 효과의 차이가 생기지 않는다면 그 특허발명은 그 기술분야에서 통상의 지식을 가진 자가 통상적이고 반복적인 실험을 통하여 적절히 선택할 수 있는 정도의 단순한 수치한정에 불과하여 진보성이 부정된다. 다만, 그 특허발명에 진보성을 인정할 수 있는 다른 구성요소가 부가되어 있어서 그 특허발명에서의 수치한정이 보충적인 사항에 불과하거나, 수치한정을 제외한 양 발명의 구성이 동일하더라도 그 수치한정이 공지된 발명과는 상이한 과제를 달성하기 위한 기술수단으로서의 의의를 가지고 그 효과도 이질적인 경우라면, 수치한정의 임계적 의의가 없다고 하여 특허발명의 진보성이 부정되지 아니한다.

② |O| 대법원 2008. 5. 29. 선고 2006후3052 판결

③ |O| 대법원 2013. 4. 11. 선고 2012후436 판결
어느 주지관용의 기술이 소송상 공지 또는 현저한 사실이라고 볼 수 있을 만큼 일반적으로 알려져 있지 아니한 경우에는 그 주지관용의 기술을 심결취소소송에 있어서는 증명을 필요로 하고, 이 때 법원은 자유로운 심증에 의하여 증거 등 기록에 나타난 자료를 통하여 주지관용의 기술을 인정할 수 있다 할 것이나 변론종결 후 제출된 참고자료까지 여기의 '증거 등 기록에 나타난 자료'에 포함된다고 볼 수는 없다. 당사자가 변론종결 후 주장, 증명을 제출하기 위하여 변론재개신청을 한 경우 당사자의 변론재개신청을 받아들일지 여부는 원칙적으로 법원의 재량에 속한다. 그러나 변론재개신청을 한 당사자가 변론종결 전에 그에게 책임을 지우기 어려운 사정으로 주장, 증명을 제출할 기회를 제대로 가지지 못하였고, 그 주장, 증명의 대상이 판결의 결과를 좌우할 수 있는 관건적 요증사실에 해당하는 경우 등과 같이, 당사자에게 변론을 재개하여 그 주장, 증명을 제출할 기회를 주지 아니한 채 패소의 판결을 하는 것이 민사소송법이 추구하는 절차의 정의에 반하는 경우에는 법원은 변론을 재개하고 심리를 속행할 의무가 있다. 또한 당사자가 변론종결 후 추가로 주장, 증명을 제출한다는 취지로 기재한 서면과 자료를 제출하고 있다면 이를 위 주장, 증명을 제출할 수 있도록 변론을 재개하여 달라는 취지의 신청으로 선해할 수도 있으므로, 당사자가 참고서면과 참고자료만을 제출하였을 뿐 별도로 변론재개신청서를 제출한 바는 없다는 사정만으로 이와 달리 볼 것은 아니다.

④ |X| 대법원 2002.5.17. 선고 2000후2255 판결, 대법원 2001.6.1. 선고 98후1013 판결
구 실용신안법(1993. 12. 10. 법률 제4596호로 개정되기 전의 것) 제4조 제3항에서 규정하는 고안의 동일성을 판단하는 데에는 양 고안의 기술적 구성이 동일한가 여부에 의하여 판단하되 고안의 효과도 참작하여야 할 것인바, 기술적 구성에 차이가 있더라도 그 차이가 과제 해결을 위한 구체적 수단에서 주지 관용기술의 부가, 삭제, 변경 등으로 새로운 효과의 발생이 없는 정도의 미세한 차이에 불과하다면 양 고안은 서로 동일하다고 하여야 한다.

⑤ |O| 대법원 2002.9.6. 선고 2000후1689 판결.
박사학위나 석사학위 논문은 일반적으로는 일단 논문심사에 통과된 이후에 인쇄 등의 방법으로 복제된 다음 공공도서관 또는 대학도서관 등에 입고(서가에 진열)되거나 주위의 불특정 다수인에게 배포됨으로써 비로소 일반 공중이 그 기재 내용을 인식할 수 있는 반포된 상태에 놓이게 되거나 그 내용이 공지되는 것이라고 봄이 경험칙에 비추어 상당하고, 반포시점 이전인 도서관에서의 등록시에 곧바로 반포된 상태에 놓이거나 그 기재 내용이 공지로 되는 것은 아니다.

정답 ④

19 수치한정발명에 관련한 설명으로 옳은 것을 모두 고른 것은? (다툼이 있으면 판례에 따름)

[2015년 기출]

> ㄱ. 공지된 발명과 비교하여 한정된 수치범위 내외에서 현저한 효과의 차이가 생기는 경우에는, 그 수치범위가 공지된 발명에 구체적으로 개시되어 있다고 할 수 없다.
>
> ㄴ. 특허등록된 발명이 그 출원 전에 공지된 발명이 가지는 구성요소의 범위를 수치로써 한정하여 표현한 경우에 있어, 그 특허발명의 과제 및 효과가 공지된 발명의 연장선상에 있고 수치한정의 유무에서만 차이가 있는 경우에는, 그 한정된 수치범위 내외에서 현저한 효과의 차이가 생기지 않는다면 진보성이 부정된다.
>
> ㄷ. 성질 또는 특성 등에 의해 물(物)을 특정하려고 하는 기재를 포함하는 특허발명과, 이와 다른 성질 또는 특성 등에 의해 물(物)을 특정하고 있는 인용발명을 대비할 때, 특허발명의 청구범위에 기재된 성질 또는 특성을 다른 시험·측정방법에 의한 것으로 환산해 본 결과 인용발명의 대응되는 것과 동일·유사한 경우에는, 달리 특별한 사정이 없는 한, 양 발명은 실질적으로 동일·유사한 것으로 보아야 한다.
>
> ㄹ. 수치한정을 제외한 양 발명의 구성이 동일한 경우 그 수치한정이 공지된 발명과는 상이한 과제를 달성하기 위한 기술수단으로서의 의의를 가지고 그 효과가 이질적인 경우라면, 수치한정의 임계적 의의가 없다고 하여 특허발명의 진보성이 부정되지 않는다.

① ㄱ, ㄴ   ② ㄴ, ㄷ
③ ㄷ, ㄹ   ④ ㄱ, ㄴ, ㄷ
⑤ ㄱ, ㄴ, ㄷ, ㄹ

해 설

ㄱ. |O| 구성요소의 범위를 수치로써 한정하여 표현한 발명이 그 출원 전에 공지된 발명과 사이에 수치한정의 유무 또는 범위에서만 차이가 있는 경우에는, 그 한정된 수치범위가 공지된 발명에 구체적으로 개시되어 있거나, 그렇지 않더라도 그러한 수치한정이 그 발명이 속하는 기술분야에서 통상의 지식을 가진 자(이하 '통상의 기술자'라고 한다)가 적절히 선택할 수 있는 주지·관용의 수단에 불과하고 이에 따른 새로운 효과도 발생하지 않는다면 그 신규성이 부정된다. 그리고 한정된 수치범위가 공지된 발명에 구체적으로 개시되어 있다는 것에는, 그 수치범위 내의 수치가 공지된 발명을 기재한 선행문헌의 실시 예 등에 나타나 있는 경우 등과 같이 문언적인 기재가 존재하는 경우 외에 도 통상의 기술자가 선행문헌의 기재 내용과 출원 시의 기술상식에 기초하여 선행문헌으로 부터 직접적으로 그 수치범위를 인식할 수 있는 경우도 포함된다. 한편 수치한정이 공지된 발명과는 상이한 과제를 달성하기 위한 기술수단으로서의 의의를 가지고 그 효과도 이질적인 경우나 공지된 발명과 비교하여 한정된 수치범위 내외에서 현저한 효과의 차이가 생기는경우 등에는, 그 수치범위가 공지된 발명에 구체적으로 개시되어 있다고 할 수 없음은 물론, 그 수치한정이 통상의 기술자가 적절히 선택할 수 있는 주지·관용의 수단에 불과하다고 볼 수 도 없다(대법원 2013. 5. 24. 선고 2011후2015 판결).

ㄴ. |O| ㄹ. |O| 수치한정발명과 관련된 진보성 논점이다. 특허등록된 발명이 그 출원 전에 공지된 발명이 가지는 구성요소의 범위를 수치로써 한정하여 표현한 경우에 있어, 그 특허발명의 과제 및 효과가 공지된 발명의 연장선상에 있고 수치한정의 유무에서만 차이가 있는 경우에는 그 한

정된 수치범위 내외에서 현저한 효과의 차이가 생기지 않는다면 그 특허발명은 그 기술분야에서 통상의 지식을 가진 자(이하 '통상의 기술자'라 한다)가 통상적이고 반복적인 실험을 통하여 적절히 선택할 수 있는 정도의 단순한 수치한정에 불과하여 진보성이 부정된다(대법원 1993. 2. 12. 선고 92다40563 판결, 대법원 2007. 11. 16. 선고 2007후1299 판결 등 참조). 다만, 그 특허발명에 진보성을 인정할 수 있는 다른 구성요소가 부가되어 있어서 그 특허발명에서의 수치한정이 보충적인 사항에 불과하거나, 수치한정을 제외한 양 발명의 구성이 동일하더라도 그 수치한정이 공지된 발명과는 상이한 과제를 달성하기 위한 기술수단으로서의 의의를 가지고 그 효과도 이질적인 경우라면, 수치한정의 임계적 의의가 없다고 하여 특허발명의 진보성이 부정되지 아니한다(대법원 2010. 8. 19. 선고, 2008후4998 판결).

ㄷ. |O| 파라미터 발명에 관한 논점이다. 수업시간에 언급한 바와 같이, 파라미터 발명에 대해 출제한다면 이 논점 밖에 없다. 성질 또는 특성 등에 의해 물(物)을 특정하려고 하는 기재를 포함하는 특허발명과, 이와 다른 성질 또는 특성 등에 의해 물을 특정하고 있는 인용발명을 대비할 때, 특허발명의 특허청구범위에 기재된 성질 또는 특성이 다른 정의(定義) 또는 시험·측정방법에 의한 것으로 환산이 가능하여 환산해 본 결과 인용발명의 대응되는 것과 동일·유사하거나 또는 특허발명의 명세서의 상세한 설명에 기재된 실시형태와 인용발명의 구체적 실시형태가 동일·유사한 경우에는, 달리 특별한 사정이 없는 한, 양 발명은 발명에 대한 기술적인 표현만 달리할 뿐 실질적으로는 동일·유사한 것으로 보아야 할 것이므로, 이러한 특허발명은 신규성 및 진보성을 인정하기 어렵다(대법원 2002. 6. 28. 선고, 2001후2658 판결).

정답 ⑤

20 다음 설명 중 옳지 않은 것은? (다툼이 있는 경우에는 판례에 의함)

① 공지되었다고 함은 반드시 불특정다수인에게 인식되었을 필요는 없고 적어도 불특정다수인이 인식할 수 있는 상태에 놓여져 있음을 의미한다.

② 특허법 제29조 제1항의 발명의 동일성 여부의 판단에서는 발명의 구성이 동일한가의 여부에 의하여 판단하므로 발명의 효과를 참작하지 않는다.

③ 특허법 제29조 제1항 제1호 소정의 '특허출원 전에 국내에서 공지되었거나 공연히 실시된 발명'에서 '특허출원 전'의 의미는 발명의 공지 또는 공연 실시된 시점이 특허출원 전이라는 의미이지 그 공지 또는 공연 실시된 사실을 인정하기 위한 증거가 특허출원 전에 작성된 것을 의미하는 것은 아니다.

④ 대비되는 두 발명이 각각 물건발명과 방법발명으로 서로 발명의 범주가 다르다고 하여 곧바로 동일한 발명이 아니라고 단정할 수 없다.

⑤ '공연히 실시되었다' 고 함은 발명의 내용이 비밀유지약정 등의 제한이 없는 상태에서 양도 등의 방법으로 사용되어 불특정다수인이 인식할 수 있는 상태에 놓인 것을 의미한다.

해설

① 특허법 제29조 제1항 제1호에서 규정하고 있는 국내에서 공지되었거나 공연히 실시된 발명에서 공지된 발명이라 함은 반드시 불특정다수인에게 인식되었을 필요는 없다 하더라도 적어도 불특정다수인이 인식할 수 있는 상태에 놓여져 있는 발명을 말한다(대법원1983. 2. 8. 선고81후64 판결, 1996. 6. 14. 선고95후19 판결).

② 고안의 동일성을 판단하는 데에는 양 고안의 기술적 구성이 동일한가 여부에 의하여 판단하되 고안의 효과도 참작하여야 할 것인바, 기술적 구성에 차이가 있더라도 그 차이가 과제 해결을 위한 구체적 수단에서 주지 관용기술의 부가, 삭제, 변경 등으로 새로운 효과의 발생이 없는 정도의 미세한 차이에 불과하다면 양 고안은 서로 동일하다고 하여야 한다(대법원2001. 6. 1. 선고98후1013 판결).
③ 특허법 제29조 제1항 제1호 소정의 '특허출원 전에 국내에서 공지되었거나 공연히 실시된 발명'에서 '특허출원 전'의 의미는 발명의 공지 또는 공연 실시된 시점이 특허출원 전이라는 의미이지 그 공지 또는 공연 실시된 사실을 인정하기 위한 증거가 특허출원 전에 작성된 것을 의미하는 것은 아니므로, 법원은 특허출원 후에 작성된 문건들에 기초하여 어떤 발명 또는 기술이 특허출원 전에 공지 또는 공연 실시된 것인지를 인정할 수 있고, 그와 같은 사실인정이 논리칙이나 경험칙에 반하지 않는 한 채증법칙에 위배된다거나 진보성 판단에 관한 법리에 위배된다고 할 수 없다(2006후2660).
④ 특허법 제36조를 적용하기 위한 전제로서 두 발명이 서로 동일한 발명인지 여부는 대비되는 두 발명의 실체를 파악하여 따져보아야 할 것이지 표현양식에 따른 차이에 따라 판단할 것은 아니므로, 대비되는 두 발명이 각각 물건의 발명과 방법의 발명으로 서로 발명의 범주가 다르다고 하여 곧바로 동일한 발명이 아니라고 단정할 수 없다(2005후3017).
⑤ 특허법 제29조 제1항 제1호는 산업상 이용할 수 있는 발명이라고 하더라도 그 발명이 특허출원 전에 국내 또는 국외에서 공지되었거나 또는 공연히 실시된 발명인 경우에는 특허를 받을 수 없도록 규정하고 있다. 여기에서 '공지되었다'고 함은 반드시 불특정다수인에게 인식되었을 것을 요하지는 않더라도 적어도 불특정다수인이 인식할 수 있는 상태에 놓인 것을 의미하고, '공연히 실시되었다'고 함은 발명의 내용이 비밀유지약정 등의 제한이 없는 상태에서 양도 등의 방법으로 사용되어 불특정다수인이 인식할 수 있는 상태에 놓인 것을 의미한다(2011후4011).

정답 ②

21 신규성 판단에 관한 설명 중 옳지 않은 것은? (다툼이 있는 경우 판례에 의함)

① 공지된 발명이라 함은 반드시 불특정다수인에게 인식되었을 필요는 없다 하더라도 적어도 불특정다수인이 인식할 수 있는 상태에 놓여져 있는 발명을 말한다.
② 학위논문은 논문심사에 통과된 이후에 인쇄 등의 방법으로 복제된 다음 공공도서관 또는 대학도서관등에 입고(서가에 진열)되거나 주위의 불특정 다수인에게 배포됨으로써 비로소 일반 공중이 그 기재내용을 인식할 수 있는 반포된 상태에 놓이게 되었다고 볼 수 있다.
③ 명세서에 기재하는 배경기술은 출원인이 공지기술이라는 취지로 기재하였음을 인정할 수 있는 경우에만 별도의 증거 없이도 이를 출원 전 공지된 것이라고 사실상 추정함이 타당하다.
④ 특허법 제29조 제1항 제1호 소정의 '특허출원 전에 국내에서 공지되었거나 공연히 실시된 발명'에서 '특허출원 전'의 의미는 그 공지 또는 공연 실시된 사실을 인정하기 위한 증거가 특허출원 전에 작성된 것을 의미한다.
⑤ 특허발명이 신규성을 상실하였다고 하기 위해서는 그 특허발명과 선행발명을 1대1로 비교하여 선행발명에 그 특허발명의 모든 구성이 나와 있어야 한다.

해설

① 인식할 수 있는 상태에만 있으면 공지되었다고 본다.
② 논문은 사서가 등록절차를 마친 시점이 아니라 도서관에 입고한 시점부터 특허법 제29조 제1항 제2호에 해당되게 되었다고 본다.
③ 배경기술 또는 전제부는 출원인이 공지된 것임을 자인한 경우에 한해 공지된 것으로 추정한다.
④ 증거가 언제 작성되었는지는 중요하지 않다. 공지 또는 공연된 시점이 출원 전임을 의미한다.
⑤ 진보성과 달리 신규성은 1 대1 비교만 가능하다.

정답 ④

22 신규성 판단에 관한 설명 중 옳지 않은 것은? (다툼이 있는 경우 판례에 의함)

① 고안의 설정등록일 이후에는 당해 고안의 내용이 공지되었다고 봄이 타당하다.
② 제조방법이 기재된 물건발명의 특허요건을 판단함에 있어서 그 기술적 구성을 제조방법 자체로 한정하여 파악하여 출원 전에 공지된 선행기술과 비교하여 신규성 등이 있는지 여부를 살펴야 한다.
③ 선택발명의 신규성을 부정하기 위해서는 선행발명이 선택발명을 구성하는 하위개념을 구체적으로 개시하고 있어야 하고, 이에는 선행발명을 기재한 선행문헌에 선택발명에 대한 문언적인 기재가 존재하는 경우 외에도 그 발명이 속하는 기술분야의 통상의 지식을 가진 자가 출원시의 기술상식에 기초하여 선행문헌으로부터 직접적으로 선택발명의 존재를 인식할 수 있는 경우도 포함된다.
④ 수치한정발명의 신규성이 부정되는 경우로는 통상의 기술자가 선행문헌의 기재내용과 출원시의 기술상식에 기초하여 선행문헌으로부터 직접적으로 그 수치범위를 인식할 수 있는 경우도 포함된다.
⑤ 신규성을 판단함에 있어서 약리기전은 특정 물질이 가지고 있는 의약용도를 특정하는 한도 내에서만 발명의 구성요소로서 의미를 가질 뿐 약리기전 그 자체가 특허청구범위를 한정하는 구성요소라고 보아서는 아니 된다.

해설

① 2009허4872
② 제조방법의 기재를 포함하여 특허청구범위의 모든 기재에 의하여 특정되는 구조나 성질 등을 가지는 물건으로 파악하여 출원 전에 공지된 선행기술과 비교해야 한다.
③ 2008후3469
④ 2011후2015
⑤ 2012후3664

정답 ②

23 특허법 및 실용신안법상의 신규성에 관한 설명으로 옳지 않은 것은? (다툼이 있으면 판례에 따름)

[2021년 기출]

① 누구나 마음대로 출입할 수 있으며 그 출입자가 비밀유지의무를 부담하지 않는 장소에 특정 발명이 설치되었다면 그 발명은 공지된 것으로 보아야 한다.
② 카탈로그가 제작되었으면 배부, 반포되는 것이 사회통념이므로 카탈로그의 배부범위, 비치 장소 등에 관하여 구체적인 증거가 없다고 하더라도 그 카탈로그가 배부, 반포되었음을 부인할 수는 없다.
③ 박사학위 논문은 제출할 때 공지된 것이 아니라 논문심사에 통과된 이후 인쇄되어 공공도서관 등에 입고되거나 불특정다수인에게 배포됨으로써 그 내용이 공지된 것으로 본다.
④ 법원은 특허출원 후에 작성된 문건들에 기초하여 특정 발명이 특허출원 전에 공지 또는 공연실시된 것인지 여부를 결정할 수 있다.
⑤ 신규성 판단에 있어서의 '특허출원 전'이란 개념은 외국에서 공지된 경우에 한국시간으로 환산하는 시, 분, 초까지도 고려한 자연시 개념이 아니라 특허출원일의 개념이다.

해설

① 지문이 다소 불명료하다. 공지란 "비밀유지의무를 부담하지 않는 장소에 존재하는가"가 관건이 아니고, "비밀유지의무 없는 자가 발명의 내용을 인식할 수 있는가"가 관건이다. 발명이 설치되어 있어도 그것의 구성 및 효과를 통상의 분석장치로 쉽게 확인할 수 없다면 이는 공지라고 볼 수 없다.
② 대법원 2000. 12. 8. 선고 98후270 판결
③ 대법원 2002. 9. 6. 선고 2000후1689 판결
④ 출원 전 공지 여부를 입증할 때 그 입증자료의 작성 시점은 중요하지 않다(대법원 2007. 4. 27. 선고 2006후2660 판결).
⑤ 출원일이 아닌 자연시 기준이다.

정답 ⑤

24 신규성에 관한 설명으로 옳지 않은 것은? (다툼이 있으면 판례에 따름) [2022년 기출]

① 발명의 신규성 판단에 제공되는 대비 발명은 반드시 그 기술적 구성 전체가 명확하게 표현된 것뿐만 아니라, 미완성 발명이라고 하더라도 그 기술분야에서 통상의 지식을 가진 자가 기술상식이나 경험칙에 의하여 쉽게 기술내용을 파악할 수 있는 범위 내에서는 신규성 판단을 위한 선행자료로서의 지위를 가진다.

② 선택발명의 신규성을 부정하기 위해서는 선행발명이 선택발명을 구성하는 하위개념을 구체적으로 개시하고 있어야 하고, 이에는 그 발명이 속하는 기술분야에서 통상의 지식을 가진 자가 선행문헌의 기재 내용과 출원시의 기술 상식에 기초하여 선행문헌으로부터 직접적으로 선택발명의 존재를 인식할 수 있는 경우도 포함된다.

③ 구성요소의 범위를 수치로써 한정하여 표현한 발명이 그 출원 전에 공지된 발명과 사이에 수치한정의 유무 또는 범위에서만 차이가 있는 경우에는, 그 한정된 수치범위가 공지된 발명에 구체적으로 개시되어 있거나, 그렇지 않더라도 그러한 수치한정이 그 발명이 속하는 기술분야에서 통상의 지식을 가진 자가 적절히 선택할 수 있는 주지·관용의 수단에 불과하고 이에 따른 새로운 효과도 발생하지 않는다면 그 신규성이 부정된다.

④ 발명을 논문으로 발표하더라도 신규성 상실사유가 발생한 날로부터 12개월 이내에 출원하는 경우 신규성 상실의 예외를 인정받을 수 있으나, 제3자가 해당 논문을 읽고 동일 발명에 대하여 먼저 출원을 하는 경우에는 신규성 상실의 예외를 인정받은 특허출원은 선출원주의 위반으로 특허를 받을 수 없다.

⑤ 제조방법이 기재된 물건발명의 신규성을 판단하는 경우, 그 기술적 구성을 제조방법의 기재를 포함하여 청구범위의 모든 기재에 의하여 특정되는 구조나 성질 등을 가지는 물건으로 파악하여 선행기술과 비교하여 신규성 결여 여부를 살펴야 한다.

해설

① |O| 제29조 제1항 각호 지위 특정에 관한 판례이다. 제29조 제1항 각호 지위는 출원시 기술상식을 참조하여 쉽게 파악할 수 있는 기술내용으로 특정한다. 참고판례를 아래에 소개한다. 한편 미완성 발명은 제29조 제1항 각호 지위는 인정될 수 있으나 선원·확대된 선원 지위는 인정되지 않는다.
"발명의 신규성 또는 진보성 판단에 제공되는 대비발명은 그 기술적 구성 전체가 명확하게 표현된 것뿐만 아니라, 미완성 발명 또는 자료의 부족으로 표현이 불충분하거나 일부 내용에 오류가 있다고 하더라도 그 기술분야에서 통상의 지식을 가진 자가 발명의 출원 당시 기술상식을 참작하여 기술내용을 용이하게 파악할 수 있다면 선행기술이 될 수 있다(대법원 2008. 11. 27. 선고 2006후1957 판결 참조)."

② |O| 이는 선택발명만이 아니라 모든 발명의 신규성 부정의 일반적 내용이다.
"선행 또는 공지의 발명에 구성요건이 상위개념으로 기재되어 있고 위 상위개념에 포함되는 하위개념만을 구성요건 중의 전부 또는 일부로 하는 이른바 선택발명의 신규성을 부정하기 위해서는 선행발명이 선택발명을 구성하는 하위개념을 구체적으로 개시하고 있어야 하고, 이에는 선행발명을 기재한 선행문헌에 선택발명에 대한 문언적인 기재가 존재하는 경우 외에도 그 발명이 속하는 기술분야에서 통상의 지식을 가진 자가 선행문헌의 기재 내용과 출원시의 기술 상식에 기초하여 선행문헌으로부터 직접적으로 선택발명의 존재를 인식할 수 있는 경우도 포함된다(대법원 2010. 3. 25. 선고 2008후3520 판결 참조)."

③ |O| 수치한정발명도 선택발명과 마찬가지다. 제29조 제1항 각호 지위에 수치한정발명이 구체적으로 개시되어 있거나 출원시 기술상식상 개시된 것과 마찬가지인 경우 신규성이 부정된다. 이때 개시된 것과 마찬가지는 개시된 내용과 주지관용기술의 부가·변경·삭제의 차이에 불과하고 새로운 효과 발생이 없는 경우라고도 표현한다.

"구성요소의 범위를 수치로써 한정하여 표현한 발명이 그 출원 전에 공지된 발명과 사이에 수치한정의 유무 또는 범위에서만 차이가 있는 경우에는, 그 한정된 수치범위가 공지된 발명에 구체적으로 개시되어 있거나, 그렇지 않더라도 그러한 수치한정이 그 발명이 속하는 기술분야에서 통상의 지식을 가진 자(이하 '통상의 기술자'라고 한다)가 적절히 선택할 수 있는 주지·관용의 수단에 불과하고 이에 따른 새로운 효과도 발생하지 않는다면 그 신규성이 부정된다. 그리고 한정된 수치범위가 공지된 발명에 구체적으로 개시되어 있다는 것에는, 그 수치범위 내의 수치가 공지된 발명을 기재한 선행문헌의 실시 예 등에 나타나 있는 경우 등과 같이 문언적인 기재가 존재하는 경우 외에도 통상의 기술자가 선행문헌의 기재 내용과 출원 시의 기술상식에 기초하여 선행문헌으로부터 직접적으로 그 수치범위를 인식할 수 있는 경우도 포함된다. 한편 수치한정이 공지된 발명과는 서로 다른 과제를 달성하기 위한 기술수단으로서의 의의를 가지고 그 효과도 이질적인 경우나 공지된 발명과 비교하여 한정된 수치범위 내외에서 현저한 효과의 차이가 생기는 경우 등에는, 그 수치범위가 공지된 발명에 구체적으로 개시되어 있다고 할 수 없음은 물론, 그 수치한정이 통상의 기술자가 적절히 선택할 수 있는 주지·관용의 수단에 불과하다고 볼 수도 없다(대법원 2013. 5. 24. 선고 2011후2015 판결 참조)."

④ |×| 제3자 출원은 논문을 읽고 동일 발명에 대해 출원한 것인바 무권리자 출원으로 볼 여지도 있고, 또는 공지된 논문에 의해 신규성 위반으로 거절결정될 여지도 있어, 어느 모로 보나 선원지위가 발생하지 않는다. 따라서 공지예외주장 출원에 선출원주의 위반 사유는 없다.

⑤ |O| PBP 청구항은 특별한 경우를 제외하고는 제조방법으로 한정하고나 제조방법을 무시해서는 안 되고, 제조방법을 포함하여 발명의 내용을 특정해야 한다.

"특허법 제2조 제3호는 발명을 '물건의 발명', '방법의 발명', '물건을 생산하는 방법의 발명'으로 구분하고 있는바, 특허청구범위가 전체적으로 물건으로 기재되어 있으면서 그 제조방법의 기재를 포함하고 있는 발명(이하 '제조방법이 기재된 물건발명'이라고 한다)의 경우 제조방법이 기재되어 있다고 하더라도 발명의 대상은 그 제조방법이 아니라 최종적으로 얻어지는 물건 자체이므로 위와 같은 발명의 유형 중 '물건의 발명'에 해당한다. 물건의 발명에 관한 특허청구범위는 발명의 대상인 물건의 구성을 특정하는 방식으로 기재되어야 하는 것이므로, 물건의 발명의 특허청구범위에 기재된 제조방법은 최종 생산물인 물건의 구조나 성질 등을 특정하는 하나의 수단으로서 그 의미를 가질 뿐이다.

따라서 제조방법이 기재된 물건발명의 특허요건을 판단함에 있어서 그 기술적 구성을 제조방법 자체로 한정하여 파악할 것이 아니라 제조방법의 기재를 포함하여 특허청구범위의 모든 기재에 의하여 특정되는 구조나 성질 등을 가지는 물건으로 파악하여 출원 전에 공지된 선행기술과 비교하여 신규성, 진보성 등이 있는지 여부를 살펴야 한다.

한편 생명공학 분야나 고분자, 혼합물, 금속 등의 화학 분야 등에서의 물건의 발명 중에는 어떠한 제조방법에 의하여 얻어진 물건을 구조나 성질 등으로 직접적으로 특정하는 것이 불가능하거나 곤란하여 제조방법에 의해서만 물건을 특정할 수밖에 없는 사정이 있을 수 있지만, 이러한 사정에 의하여 제조방법이 기재된 물건발명이라고 하더라도 그 본질이 '물건의 발명'이라는 점과 특허청구범위에 기재된 제조방법이 물건의 구조나 성질 등을 특정하는 수단에 불과하다는 점은 마찬가지이므로, 이러한 발명과 그와 같은 사정은 없지만 제조방법이 기재된 물건발명을 구분하여 그 기재된 제조방법의 의미를 달리 해석할 것은 아니다(대법원 2015. 1. 22. 선고 2011후927 전원합의체 판결)."

정답 ④

CHAPTER 03 진보성

01 다음 중 옳지 않은 것은? (다툼이 있는 경우에는 판례에 의함)

① 특허발명이 이용하고 있는 어떤 기술수단이 특허출원 당시의 기술수준에 비추어 범용성이 있는 것으로서 그 구성을 명시하지 않더라도 이해할 수 있는 것일 때는 그 기술수단의 내용을 발명의 설명에 기재할 필요가 없다.

② 명세서에 종래기술로 기재한 내용은 그것이 출원 전에 공지된 것이 아니라는 사정이 나중에 밝혀지더라도 출원 전에 공지된 것으로 본다.

③ 제조방법이 기재된 물건발명의 특허요건을 판단함에 있어서는 제조방법이 신규성과 진보성을 갖추었다는 이유만으로 물건발명을 신규하고 진보하다고 평가해서는 안 된다.

④ 발명자가 아닌 사람으로서 특허를 받을 수 있는 권리의 승계인이 아닌 사람이 발명자가 한 발명의 구성을 일부 변경하여 발명자의 발명과 구성을 상이하게 도출했다는 이유만으로 그 자를 그 변경한 발명에 대한 정당한 권리자라고 볼 수는 없다.

⑤ 특허발명에 진보성을 인정할 수 있는 다른 구성요소가 부가되어 있어서 그 특허발명에서의 수치한정이 보충적인 사항에 불과한 경우라면 수치한정의 임계적 의의가 발명의 설명에 기재되어 있지 않다고 하여 특허발명의 진보성이 부정되지 아니한다.

해설

① 특허법 제42조 제3항 제1호는 발명의 설명에는 통상의 기술자가 용이하게 실시할 수 있을 정도로 명확하고 상세하게 기재하여야 한다고 규정하고 있는데, 이는 특허출원된 발명의 내용을 제3자가 명세서만으로 쉽게 알 수 있도록 공개하여 특허권으로 보호받고자 하는 기술적 내용과 범위를 명확하게 하기 위한 것이다. 그런데 물건의 발명의 경우 발명의 실시란 물건을 생산, 사용하는 등의 행위를 말하므로, 물건의 발명에서 통상의 기술자가 특허출원 당시의 기술수준으로 보아 과도한 실험이나 특수한 지식을 부가하지 않고서도 발명의 설명에 기재된 사항에 의하여 물건 자체를 생산하고 사용할 수 있다면, 위 조항에서 정한 기재요건을 충족한다. 한편 특허발명이 이용하고 있는 어떤 기술수단이 특허출원 당시의 기술수준에 비추어 범용성이 있는 것으로서 그 구성을 명시하지 아니하더라도 이해할 수 있는 것일 때는 구태여 그 기술수단의 내용을 기재할 필요가 없다(대법원 1992. 7. 28. 선고 92후49 판결 참조).

② 특허발명의 신규성 또는 진보성 판단과 관련하여 해당 특허발명의 구성요소가 출원 전에 공지된 것인지는 사실인정의 문제이고, 그 공지사실에 관한 증명책임은 신규성 또는 진보성이 부정된다고 주장하는 당사자에게 있다. 따라서 권리자가 자백하거나 법원에 현저한 사실로서 증명을 필요로 하지 않는 경우가 아니라면, 그 공지사실은 증거에 의하여 증명되어야 하는 것이 원칙이다. 그리고 청구범위의 전제부 기재는 청구항의 문맥을 매끄럽게 하는 의미에서 발명을 요약하거나 기술분야를 기재하거나 발명이 적용되는 대상물품을 한정하는 등 그 목적이나 내용이 다양하므로, 어떠한 구성요소가 전제부에 기재되었다는 사정만으로 공지성을 인정할 근거는 되지 못한다. 또한 전제부 기재 구성요소가 명세서에 배경기술 또는 종래기술로 기재될 수도 있는데, 출원인이 명세서에 기재하는 배경기술 또는 종래기술은 출원발명의 기술적 의의를 이해하는 데 도움이 되고 선행기술 조사 및 심사에 유용한 기존의 기술이기는 하나 출원 전 공지되었음을 요건으로 하

는 개념은 아니다. 따라서 명세서에 배경기술 또는 종래기술로 기재되어 있다고 하여 그 자체로 공지기술로 볼 수도 없다. 다만 특허심사는 특허청 심사관에 의한 거절이유통지와 출원인의 대응에 의하여 서로 의견을 교환하는 과정을 통해 이루어지는 절차인 점에 비추어 보면, 출원과정에서 명세서나 보정서 또는 의견서 등에 의하여 출원된 발명의 일부 구성요소가 출원 전에 공지된 것이라는 취지가 드러나는 경우에는 이를 토대로 하여 이후의 심사절차가 진행될 수 있도록 할 필요가 있다. 그렇다면 명세서의 전체적인 기재와 출원경과를 종합적으로 고려하여 출원인이 일정한 구성요소는 단순히 배경기술 또는 종래기술인 정도를 넘어서 공지기술이라는 취지로 청구범위의 전제부에 기재하였음을 인정할 수 있는 경우에만 별도의 증거 없이도 전제부 기재 구성요소를 출원 전 공지된 것이라고 사실상 추정함이 타당하다. 그러나 이러한 추정이 절대적인 것은 아니므로 출원인이 실제로는 출원 당시 아직 공개되지 아니한 선출원발명이나 출원인의 회사 내부에만 알려져 있었던 기술을 착오로 공지된 것으로 잘못 기재하였음이 밝혀지는 경우와 같이 특별한 사정이 있는 때에는 추정이 번복될 수 있다. 그리고 위와 같은 법리는 실용신안의 경우에도 마찬가지로 적용된다. 이와 달리 출원인이 청구범위의 전제부에 기재한 구성요소나 명세서에 종래기술로 기재한 사항은 출원 전에 공지된 것으로 본다는 취지로 판시한 대법원 2005. 12. 23. 선고 2004후2031 판결을 비롯한 같은 취지의 판결들은 이 판결의 견해에 배치되는 범위 내에서 이를 모두 변경하기로 한다(대법원 2017. 1. 19. 선고 2013후37 전원합의체 판결).

③ 제조방법이 기재된 물건발명의 특허요건을 판단함에 있어서 그 기술적 구성을 제조방법 자체로 한정하여 파악할 것이 아니라 제조방법의 기재를 포함하여 특허청구범위의 모든 기재에 의하여 특정되는 구조나 성질 등을 가지는 물건으로 파악하여 출원 전에 공지된 선행기술과 비교하여 신규성, 진보성 등이 있는지 여부를 살펴야 한다(대법원 2015. 1. 22. 선고 2011후927 전원합의체 판결).

④ 발명자가 아닌 사람으로서 특허를 받을 수 있는 권리의 승계인이 아닌 사람(이하 '무권리자'라 한다)이 발명자가 한 발명의 구성을 일부 변경함으로써 그 기술적 구성이 발명자의 발명과 상이하게 되었더라도, 변경이 그 기술분야에서 통상의 지식을 가진 사람이 보통으로 채용하는 정도의 기술적 구성의 부가·삭제·변경에 지나지 않고 그로 인하여 발명의 작용효과에 특별한 차이를 일으키지 않는 등 기술적 사상의 창작에 실질적으로 기여하지 않은 경우에 그 특허발명은 무권리자의 특허출원에 해당하여 등록이 무효이다(대법원 2011. 9. 29. 선고 2009후2463 판결).

⑤ 특허등록된 발명이 그 출원 전에 공지된 발명이 가지는 구성요소의 범위를 수치로써 한정하여 표현한 경우에 있어, 그 특허발명의 과제 및 효과가 공지된 발명의 연장선상에 있고 수치한정의 유무에서만 차이가 있는 경우에는 그 한정된 수치범위 내외에서 현저한 효과의 차이가 생기지 않는다면 그 특허발명은 그 기술분야에서 통상의 기술자가 통상적이고 반복적인 실험을 통하여 적절히 선택할 수 있는 정도의 단순한 수치한정에 불과하여 진보성이 부정된다. 다만, 그 특허발명에 진보성을 인정할 수 있는 다른 구성요소가 부가되어 있어서 그 특허발명에서의 수치한정이 보충적인 사항에 불과하거나, 수치한정을 제외한 양 발명의 구성이 동일하더라도 그 수치한정이 공지된 발명과는 상이한 과제를 달성하기 위한 기술수단으로서의 의의를 가지고 그 효과도 이질적인 경우라면, 수치한정의 임계적 의의가 없다고 하여 특허발명의 진보성이 부정되지 아니한다(대법원 2010. 8. 19. 선고 2008후4998 판결).

정답 ②

02 진보성에 관한 설명으로 옳지 않은 것은? (다툼이 있는 경우에는 판례에 의함)

① 의약이라는 물건의 발명에서 대상 질병 또는 약효와 함께 투여용법과 투여용량을 부가하는 경우에 이러한 투여용법과 투여용량은 의약이라는 물건에 새로운 의미를 부여하는 구성요소가 될 수 있다.
② 의약개발 과정에서는 약효증대 및 효율적인 투여방법 등의 기술적 과제를 해결하기 위하여 적절한 투여용법과 투여용량을 찾아내려는 노력이 통상적으로 행하여지고 있으므로 투여용법과 투여용량에 관한 용도발명은 예측할 수 없는 현저한 효과가 인정되더라도 진보성이 부정된다.
③ 선택발명에 여러 효과가 있는 경우에 선행발명에 비하여 이질적이거나 양적으로 현저한 효과를 갖는다고 하기 위해서는 선택발명의 모든 종류의 효과가 아니라 그 중 일부라도 선행발명에 비하여 그러한 효과를 갖는다고 인정되면 충분하다.
④ 특허발명의 제품이 상업적으로 성공을 한 사정은 진보성을 인정하는 하나의 자료로 참고할 수 있을 뿐이다.
⑤ 특허발명과 동일한 발명이 다른 나라에서 특허되었다고 하더라도, 우리나라에서는 특허가 무효로 될 수 있다.

해설

① 동일한 의약이라도 투여용법과 투여용량의 변경에 따라 약효의 향상이나 부작용의 감소 또는 복약 편의성의 증진 등과 같이 질병의 치료나 예방 등에 예상하지 못한 효과를 발휘할 수 있는데, 이와 같은 특정한 투여용법과 투여용량을 개발하는 데에도 의약의 대상 질병 또는 약효 자체의 개발 못지않게 상당한 비용 등이 소요된다. 따라서 이러한 투자의 결과로 완성되어 공공의 이익에 이바지할 수 있는 기술에 대하여 신규성이나 진보성 등의 심사를 거쳐 특허의 부여 여부를 결정하기에 앞서 특허로서의 보호를 원천적으로 부정하는 것은 발명을 보호·장려하고 그 이용을 도모함으로써 기술의 발전을 촉진하여 산업발전에 이바지한다는 특허법의 목적에 부합하지 아니한다. 그렇다면 의약이라는 물건의 발명에서 대상 질병 또는 약효와 함께 투여용법과 투여용량을 부가하는 경우에 이러한 투여용법과 투여용량은 의료행위 자체가 아니라 의약이라는 물건이 효능을 온전하게 발휘하도록 하는 속성을 표현함으로써 의약이라는 물건에 새로운 의미를 부여하는 구성요소가 될 수 있고, 이와 같은 투여용법과 투여용량이라는 새로운 의약용도가 부가되어 신규성과 진보성 등의 특허요건을 갖춘 의약에 대해서는 새롭게 특허권이 부여될 수 있다. 이러한 법리는 권리범위확인심판에서 심판청구인이 심판의 대상으로 삼은 확인대상발명이 공지기술로부터 용이하게 실시할 수 있는지를 판단할 때에도 마찬가지로 적용된다(대법원 2015. 5. 21. 선고 2014후768 전원합의체판결).
② 의약개발 과정에서는 약효증대 및 효율적인 투여방법 등의 기술적 과제를 해결하기 위하여 적절한 투여용법과 투여용량을 찾아내려는 노력이 통상적으로 행하여지고 있으므로 특정한 투여용법과 투여용량에 관한 용도발명의 진보성이 부정되지 않기 위해서는 출원 당시의 기술수준이나 공지기술 등에 비추어 그 발명이 속하는 기술분야에서 통상의 지식을 가진 사람이 예측할 수 없는 현저하거나 이질적인 효과가 인정되어야 한다(대법원 2017. 8. 29. 선고 2014후2702 판결).
③ 선행 또는 공지의 발명에 구성요소가 상위개념으로 기재되어 있고, 위 상위개념에 포함되는 하위개념만을 구성요소 중의 전부 또는 일부로 하는 선택발명의 진보성이 부정되지 않기 위해서는,

선택발명에 포함되는 하위개념들 모두가 구성의 곤란성이 있거나, 선행발명이 갖는 효과와 질적으로 다른 효과를 갖고 있거나, 질적인 차이가 없더라도 양적으로 현저한 차이가 있어야 한다. 선택발명에 여러 효과가 있는 경우에 선행발명에 비하여 이질적이거나 양적으로 현저한 효과를 갖는다고 하기 위해서는 선택발명의 모든 종류의 효과가 아니라 그 중 일부라도 선행발명에 비하여 그러한 효과를 갖는다고 인정되면 충분하다(대법원 2017. 8. 29. 선고 2014후2696 판결).
④ 특허발명의 제품이 상업적으로 성공을 한 사정은 진보성을 인정하는 하나의 자료로 참고할 수 있지만, 이러한 사정만으로 그 진보성이 부정되지 않는다고 할 수는 없고, 특허발명의 진보성에 대한 판단은 우선적으로 명세서에 기재된 내용, 즉 발명의 구성 및 효과를 토대로 선행기술에 기하여 당해 기술분야에서 통상의 지식을 가진 자가 이를 쉽게 발명할 수 있는지 여부에 따라 판단되어야 한다(대법원 2008. 5. 29. 선고 2006후3052 판결).
⑤ 특허발명과 동일한 발명이 다른 나라에서 특허되었다고 하더라도, 우리나라에서 특허의 무효 여부를 판단할 때 법제와 실정을 달리하는 다른 나라의 심사례에 구애되지 않는다(대법원 2002. 10. 25. 선고 2000후3586 판결).

정답 ②

03 다음 설명 중 옳은 것은?

① 특허발명의 생산에만 사용하는 물건을 생산했다면 그 물건을 사용하여 특허발명을 생산한 행위가 국외에서 일어났다고 하더라도 간접침해가 성립한다.
② 인용되는 기술을 조합 또는 결합하면 출원발명에 이를 수 있다는 내용이 선행기술문헌에 직접 개시되어 있어야만 여러 선행기술문헌을 인용하여 출원발명의 진보성을 부정할 수 있다.
③ 특허된 것 등으로 표시한 물건의 기술적 구성이 청구범위에 기재된 발명의 구성을 해당 기술분야에서 통상의 지식을 가진 사람이 보통으로 채용하는 정도로 기술적 구성을 변경한 것에 지나지 아니하고 그로 인하여 발명의 효과에 특별한 차이가 생기지도 아니한다 하더라도 이는 특허된 것과 사실적으로 동일하지 않으므로 특허법 제224조의 허위표시에 해당한다.
④ 특허발명의 특허청구범위 기재나 발명의 설명 기타 도면의 설명에 의하더라도 발명의 구성요건 일부가 추상적이거나 불분명하여 그 발명 자체의 기술적 범위를 특정할 수 없더라도 등록되어 유효하게 존속중인 이상 그 특허발명의 권리범위를 부정할 수 없다.
⑤ 제시된 선행문헌에 어떤 발명의 진보성 부정의 근거가 될 수 있는 일부 기재가 있다 하더라도 위 일부 기재부분과 배치되거나 이를 불확실하게 하는 다른 선행문헌이 제시된 경우는 그 내용까지도 종합적으로 고려하여 발명의 진보성을 판단하여야 한다.

해설

① 특허법 제127조 제1호의 '그 물건의 생산에만 사용하는 물건'에서 말하는 '생산'이란 국내에서의 생산을 의미한다고 봄이 타당하다. 따라서 이러한 생산이 국외에서 일어나는 경우에는 그 전단계의 행위가 국내에서 이루어지더라도 간접침해가 성립할 수 없다.
② 여러 선행기술문헌을 인용하여 발명의 진보성이 부정된다고 하기 위해서는 그 인용되는 기술을 조합 또는 결합하면 해당 발명에 이를 수 있다는 암시, 동기 등이 선행기술문헌에 제시되어 있거

나 그렇지 않더라도 해당 발명의 출원 당시의 기술수준, 기술상식, 해당 기술분야의 기본적 과제, 발전경향, 해당 업계의 요구 등에 비추어 보아 통상의 기술자가 용이하게 그와 같은 결합에 이를 수 있다고 인정할 수 있는 경우이어야 한다(2005후3284). 즉 선행기술문헌에 조합 또는 결합이 직접적으로 제시되어 있지 않다 하더라도 출원 당시의 기술수준 등에 비추어 보아 통상의 기술자가 쉽게 그와 같은 결합에 이를 수 있다고 인정할 만한 사정이 있다면 여러 선행기술문헌을 인용하여 출원발명의 진보성을 부정할 수 있다.

③ 특허된 것 등으로 표시한 물건의 기술적 구성이 청구범위에 기재된 발명의 구성을 일부 변경한 것이라고 하더라도, 그러한 변경이 해당 기술분야에서 통상의 지식을 가진 사람이 보통으로 채용하는 정도로 기술적 구성을 부가, 삭제, 변경한 것에 지나지 아니하고 그로 인하여 발명의 효과에 특별한 차이가 생기지도 아니하는 등 공중을 오인시킬 정도에 이르지 아니한 경우에는, 위 물건에 특허된 것 등으로 표시를 하는 행위가 특허법 제224조에서 금지하는 표시행위에 해당한다고 볼 수 없다(2013도10265).

④ 특허발명의 특허청구범위 기재나 발명의 설명 기타 도면의 설명에 의하더라도 발명의 구성요건 일부가 추상적이거나 불분명하여 그 발명 자체의 기술적 범위를 특정할 수 없을 때는 그 특허발명의 권리범위를 인정할 수 없다(2000후235).

⑤ 제시된 선행문헌을 근거로 어떤 발명의 진보성이 부정되는지를 판단하기 위해서는 진보성 부정의 근거가 될 수 있는 일부 기재만이 아니라 그 선행문헌 전체에 의하여 그 발명이 속하는 기술분야에서 통상의 지식을 가진 사람이 합리적으로 인식할 수 있는 사항을 기초로 대비 판단하여야 한다. 그리고 위 일부 기재부분과 배치되거나 이를 불확실하게 하는 다른 선행문헌이 제시된 경우에는 그 내용까지도 종합적으로 고려하여 통상의 기술자가 해당 발명을 용이하게 도출할 수 있는지를 판단하여야 한다(2013후2873).

정답 ⑤

04 다음은 진보성(특허법 제29조제2항에 규정한 특허요건) 판단에 있어서, 선행기술 인용에 관련된 설명이다. 가장 적절치 못한 것은? [2000년 기출]

① 청구항에 기재된 발명의 구성과 선행기술의 구성이 유사한 경우에도 당해 선행기술에 청구항에 기재된 발명에 이를 수 있는 동기가 되기에 부적합한 내용이 있을 경우에는 그 선행기술은 인용발명으로 인용할 수 없다.

② 진보성 판단시에는 2이상의 문헌을 조합시켜서 판단할 수 있으나, 그 조합이 당해 발명의 출원시에 그 발명이 속하는 기술분야에서 통상의 지식을 가진 자에게 자명한 경우에 한한다.

③ 청구항에 기재된 발명과 상이한 분야의 선행기술도 인용발명으로 인용할 수 있다.

④ 선행기술이 미완성 발명인 경우에는 진보성 판단의 대비자료로 인용할 수 없다.

⑤ 심사의 대상이 되는 출원의 명세서 중에 종래기술로 기재되어 있는 기술도 출원인이 공지기술이라는 취지로 기재하였음을 인정할 수 있는 경우에는 특별한 사정이 없는 한 인용발명으로 인용하여 청구항에 기재된 발명의 진보성을 심사할 수 있다.

> 해 설

① |O| 선행기술에 청구항에 기재된 발명에 이를만한 동기가 있는지 중시하여 동기가 될 수 없는 사항은 선행기술로 인용할 수 없다. ⅰ) 인용발명의 내용 중에 청구항 발명에 대한 시사(示唆)가 있는 경우 ⅱ) 인용발명과 청구항 발명의 과제가 공통되는 경우 ⅲ) 기능·작용이 공통되는 경우 ⅳ) 기술분야의 관련성이 있는 경우에는 인용참증으로 부터 출원발명에 이를 만한 동기가 있는 것으로 진보성을 부정할 수 있다.

② |O| 당업자에게 자명하다면 2이상의 문헌을 조합하여 판단할 수 있다.

③ |O| 기술분야 및 과제해결의 관련성이 있다면 상이한 기술분야의 선행기술도 인용할 수 있다.

④ |X| 大判 98후270, 96후1514

⑤ |O| 특허발명의 신규성 또는 진보성 판단과 관련하여 특허발명의 구성요소가 출원 전에 공지된 것인지는 사실인정의 문제이고, 공지사실에 관한 증명책임은 신규성 또는 진보성이 부정된다고 주장하는 당사자에게 있다. 따라서 권리자가 자백하거나 법원에 현저한 사실로서 증명을 필요로 하지 않는 경우가 아니라면, 공지사실은 증거에 의하여 증명되어야 하는 것이 원칙이다.

그리고 청구범위의 전제부 기재는 청구항의 문맥을 매끄럽게 하는 의미에서 발명을 요약하거나 기술분야를 기재하거나 발명이 적용되는 대상물품을 한정하는 등 목적이나 내용이 다양하므로, 어떠한 구성요소가 전제부에 기재되었다는 사정만으로 공지성을 인정할 근거는 되지 못한다. 또한 전제부 기재 구성요소가 명세서에 배경기술 또는 종래기술로 기재될 수도 있는데, 출원인이 명세서에 기재하는 배경기술 또는 종래기술은 출원발명의 기술적 의의를 이해하는 데 도움이 되고 선행기술 조사 및 심사에 유용한 기존의 기술이기는 하나 출원 전 공지되었음을 요건으로 하는 개념은 아니다. 따라서 명세서에 배경기술 또는 종래기술로 기재되어 있다고 하여 그 자체로 공지기술로 볼 수도 없다.

다만 특허심사는 특허청 심사관에 의한 거절이유통지와 출원인의 대응에 의하여 서로 의견을 교환하는 과정을 통해 이루어지는 절차인 점에 비추어 보면, 출원과정에서 명세서나 보정서 또는 의견서 등에 의하여 출원된 발명의 일부 구성요소가 출원 전에 공지된 것이라는 취지가 드러나는 경우에는 이를 토대로 하여 이후의 심사절차가 진행될 수 있도록 할 필요가 있다.

그렇다면 명세서의 전체적인 기재와 출원경과를 종합적으로 고려하여 출원인이 일정한 구성요소는 단순히 배경기술 또는 종래기술인 정도를 넘어서 공지기술이라는 취지로 청구범위의 전제부에 기재하였음을 인정할 수 있는 경우에만 별도의 증거 없이도 전제부 기재 구성요소를 출원 전 공지된 것이라고 사실상 추정함이 타당하다. 그러나 이러한 추정이 절대적인 것은 아니므로 출원인이 실제로는 출원 당시 아직 공개되지 아니한 선출원발명이나 출원인의 회사 내부에만 알려져 있었던 기술을 착오로 공지된 것으로 잘못 기재하였음이 밝혀지는 경우와 같이 특별한 사정이 있는 때에는 추정이 번복될 수 있다. 그리고 위와 같은 법리는 실용신안의 경우에도 마찬가지로 적용된다(2013후37).

참고적으로, 진보성 판단에 있어서 인용발명의 선택과 관련된 심사기준에서 설명하고 있는 사항을 정리하면 다음과 같다.

ⅰ) 진보성 판단의 비교 대상인 인용발명은 원칙적으로 출원발명과 같은 기술분야에 속하거나 출원발명의 기술적 과제, 효과 또는 용도와 합리적으로 관련된 기술분야에서 선택되어야 한다. 여기서 같은 기술분야란 원칙적으로 당해 발명이 이용되는 산업분야를 말하는 것이나, 청구항에 기재된 발명의 효과 혹은 발명의 구성의 전부 또는 일부가 가지는 기능으로부터 파악되는 기술분야도 포함된다. 인용발명이 청구항에 기재된 발명과 다른 기술분야에 속해 있다 하더라도, 인용발명 자체가 통상 다른 기술분야에서도 사용될 가능성이 있다거나, 통상의 기술자가 특정 기술적 과제를 해결하기 위해 참고할 가능성이 있는 것으로 인정되는 경우

에는 인용발명으로 선정할 수 있다. 만약, 청구항에 기재된 발명과 상이한 분야의 선행기술을 인용발명으로 인용할 경우에는 양 기술분야의 관련성, 과제해결의 동일성, 기능의 동일성 등 인용의 타당성을 충분히 검토하여야 한다.

ii) 「가장 가까운 인용발명」은 선정된 인용발명들 중 통상의 기술자가 이용할 수 있는 가장 유력한 선행기술을 의미하며, 출원발명의 기술적 특징을 가장 많이 포함하고 있는 것으로, 되도록 청구항에 기재된 발명의 기술분야와 근접하거나 동일 또는 유사한 기술적 과제, 효과 또는 용도를 갖는 인용발명 중에서 선택하는 것이 바람직하다.

iii) 간행물에 청구항에 기재된 발명으로부터 멀어지거나 반대 방향으로 인도하는 기재가 있으면 당해 간행물을 인용발명으로 선정하는 데에 주의를 기울여야 한다. 다만, 청구항에 기재된 발명을 용이하게 도출하는 데에 부적합한 기재가 있다 하더라도 기술분야의 관련성과 기능의 공통성 등 다른 관점에서 보아 발명에 이를 수 있는 동기가 있는 경우에는 인용발명으로 사용할 수 있다.

iv) 심사의 대상이 되는 출원의 상세한 설명 중에 종래기술로 기재되어 있는 기술의 경우 출원인이 그 상세한 설명 중에서 그 종래기술이 출원전 공지되었음을 인정하고 있는 경우에는 인용발명으로 특정하여 청구항에 기재된 발명의 진보성을 심사할 수 있다.

v) 선행기술이 미완성 발명이거나 표현이 불충분 하거나 또는 일부 내용에 흠결이 있다고 하더라도 통상의 기술자가 기술상식이나 경험칙에 의하여 용이하게 기술내용을 파악할 수 있다면 진보성 판단의 대비 자료로 인용할 수 있다.

정답 ④

05 발명자 甲은 발명 A, B를 발명의 설명에 기재하고, A를 청구범위에 기재하여 2000년 6월 1일에 특허출원하였다. 甲의 특허출원은 2001년 12월 1일 공개되었으며 甲은 발명 A에 대하여 특허를 받았다. 乙은 B 발명과 동일하지는 않지만 B로부터 용이하게 발명 가능한 B'에 대하여 2001년 11월 30일에 출원하였다. 乙의 발명 B'에 관한 설명 중 옳은 것은?

[2002년 기출변형]

① 甲의 발명이 출원공개되었으므로 乙의 발명은 신규성 상실로 특허를 받을 수 없다.
② 甲의 발명인 B로부터 용이하게 발명할 수 있는 乙의 발명 B'은 진보성이 없는 발명으로 특허를 받을 수 없다.
③ 乙의 발명 B'도 특허를 받을 수 있다.
④ 甲의 발명이 출원공개되었으므로 확대된 선출원 규정(특허법 제29조제3항)에 위반되어 乙의 발명은 특허를 받을 수 없다.
⑤ 乙의 발명 B'는 특허를 받을 수 없는 발명이므로 특허된 경우에는 특허무효사유가 된다.

해 설

1. 신규성, 진보성 위반 여부

甲 출원은 그 공개시점(2001년 12월 1일)이 乙 출원(2001년 11월 30일)보다 늦으므로 신규성 및 진보성 판단의 인용발명이 되지 않아, 乙의 발명 B'은 신규성 및 진보성에 위반되지 않는다.

2. 확대된 선출원주의 위반 여부
甲 출원의 최초 첨부된 명세서 등에 기재된 발명(A, B)과 乙 출원의 청구범위(B′)에 기재된 발명이 동일하여야 하는데, 사안에 있어서는 그 발명의 동일성이 인정되지 않으므로 乙의 발명 B′은 확대된 선출원주의 규정에 위배되지 않는다.

3. 선출원주의 위반 여부
甲의 청구범위(A)에는 발명 B가 기재되어 있지 않을뿐더러 그 동일성도 없으므로 乙의 발명 B′은 선출원주의에 위배되지도 않는다.
따라서 乙의 출원 발명 B′은 등록 가능하다.

정답 ③

06 특허요건을 판단하기 위한 증거자료로 논의되는 '상업적 성공(commercial success)'에 관한 설명 중 옳지 않은 것은?

[2006년 기출]

① 상업적 성공이 판매기술, 선전·광고기술보다는 발명의 기술적 특징에 의하여 이루어졌을 때 진보성 판단에 활용될 수 있다.
② 발명품 판매가 종래품을 누르고 업계로부터 호평을 얻거나 모방품 출현 등이 그 예이다.
③ 출원 후에 상업적으로 성공하는 것이 대부분이므로 출원시점으로 되돌아가 판단하는 논리와 모순되는 결과를 초래하기도 한다.
④ 미국의 법원에서 확립되었으나 한국 대법원은 이를 판결에 반영하고 있지 않다.
⑤ 상업적 성공이 기술적 특징의 결과에서 얻어졌다고 하더라도 특허요건판단을 위한 보조적 자료로만 활용한다.

해설

① |○| 상업적 성공은 발명의 기술적 특징에 의한 성공이어야 하고, 판매여건이나 광고 전략, 판매자의 독점적 지위 등에 의한 성공이어서는 안 된다. 판례도 '상업적 성공 또는 이에 준하는 사실은 그 상업적 성공이 청구항에 기재된 발명의 기술적인 특징에 의한 성공으로서 판매기술, 선전, 광고기술 등 발명의 특징 이외의 요건에 의한 것이 아니라는 사실을 출원인이 주장, 입증하는 경우에는 진보성 인정의 긍정적인 근거로 참작할 수 있다.'고 판시했다(대법원 1995. 11. 28. 선고 94후1817 판결).
② |○| 상업적 성공의 전형적인 예이다.
③ |○| 특허요건의 진보성 판단시기는 출원시를 기준으로 하기 때문에 타당한 설명이다.
④ |×| 한국 대법원도 해설 ①⑤처럼 진보성 판단시 상업적 성공여부를 고려한다.
⑤ |○| 판례는 판결고안품이 상업적으로 성공하였다는 점은 진보성을 인정하는 하나의 자료로 참고할 수는 있지만, 상업적 성공 자체만으로 진보성이 인정된다고 할 수는 없고, 등록고안의 진보성에 대한 판단은 우선적으로 명세서에 기재된 내용 즉, 고안의 목적, 구성 및 효과를 토대로 선행 공지기술에 기하여 당해 기술분야에서 통상의 지식을 가진 자가 이를 극히 용이하게 고안할 수 있는지 여부에 따라 판단되어야 하는 것이므로 상업적 성공이 있다는 이유만으로 고안의 진보성을 인정할 수 없다(대법원 2005. 11. 10. 선고 2004후3546).

정답 ④

07 진보성에 관한 설명으로 옳지 않은 것은? (다툼이 있는 경우에는 판례에 의함)

① 진보성은 통상의 기술자의 기술수준에 대하여 증거 등 기록에 나타난 자료에 기하여 파악한 다음, 이를 기초로 하여 통상의 기술자가 특허출원 당시의 기술수준에 비추어 선행기술로부터 그 발명을 쉽게 발명할 수 있는지를 살펴보아야 하는 것이다.
② 진보성 판단은 국내의 기술 수준을 고려하여 국내에 있는 당해 기술분야의 전문가의 입장에서 판단하여야 한다.
③ 제시된 선행문헌을 근거로 어떤 발명의 진보성이 부정되는지를 판단하기 위해서는 진보성 부정의 근거가 될 수 있는 일부 기재만이 아니라 그 선행문헌 전체에 의하여 통상의 기술자가 합리적으로 인식할 수 있는 사항을 기초로 대비판단 하여야한다.
④ 특허발명이 이용되는 산업분야가 비교대상발명의 그것과 다르더라도 비교대상발명의 기술적 구성이 특정 산업분야에만 적용될 수 있는 구성이 아니라면 특허발명의 진보성을 부정하는 선행기술로 삼을 수 있는 경우도 있다.
⑤ 특허발명과 동일한 발명이 다른 나라에서 특허되었다고 하더라도, 우리나라에서는 특허가 무효로 될 수 있다.

해설

① 통상의 기술자의 수준은 출원 전 공개된 증거 등을 통해 파악한다. 진보성은 통상의 기술자의 수준을 파악한 후 이를 기초로 판단한다. 참고 판례를 아래에 소개한다.
"선행기술에 의하여 용이하게 발명할 수 있는 것인지에 좇아 발명의 진보성 유무를 판단함에 있어서는, 적어도 선행기술의 범위와 내용, 진보성 판단의 대상이 된 발명과 선행기술의 차이 및 통상의 기술자의 기술수준에 대하여 증거 등 기록에 나타난 자료에 기하여 파악한 다음, 이를 기초로 하여 통상의 기술자가 특허출원 당시의 기술수준에 비추어 진보성 판단의 대상이 된 발명이 선행기술과 차이가 있음에도 그러한 차이를 극복하고 선행기술로부터 그 발명을 용이하게 발명할 수 있는지를 살펴보아야 하는 것이다(2007후3660).
② 통상의 기술자의 수준은 국내로 한정하지 않는다. 국내외 증거 등을 통해 파악한다. 참고 판례를 아래에 소개한다.
"구 특허법 제29조 제2항, 제1항 제2호의 규정의 취지는 어떤 발명이 그 특허출원 전에 국내뿐만 아니라 국외에서 반포된 간행물에 기재된 발명에 의하여 용이하게 도출될 수 있는 창작일 때에도 진보성을 결여한 것으로 보고 특허를 받을 수 없도록 하려는 데에 있으므로(대법원 2002. 8. 23. 선고 2000후3234 판결참조), 이와 달리 발명의 진보성 판단은 국내의 기술 수준을 고려하여 국내에 있는 당해 기술분야의 전문가의 입장에 판단하여야 한다는 상고이유의 주장은 독자적 견해에 불과하여 받아들일 수 없다(2003후1512)."
③ 제시된 선행문헌을 근거로 어떤 발명의 진보성이 부정되는지를 판단하기 위해서는 진보성 부정의 근거가 될 수 있는 일부 기재만이 아니라 그 선행문헌 전체에 의하여 그 발명이 속하는 기술분야에서 통상의 지식을 가진 사람(이하'통상의 기술자'라고 한다)이 합리적으로 인식할 수 있는 사항을 기초로 대비 판단하여야 한다. 그리고 위 일부 기재 부분과 배치되거나 이를 불확실하게 하는 다른 선행문헌이 제시된 경우에는 그 내용까지도 종합적으로 고려하여 통상의 기술자가 해당 발명을 용이하게 도출할 수 있는지를 판단하여야 한다(2013후2873).
④ 특허발명이 이용되는 산업분야가 비교대상발명의 그것과 다른 경우에는 비교대상발명을 당해 특허발명의 진보성을 부정하는 선행기술로 사용하기 어렵다 하더라도, 문제가 된 비교대상발명의

기술적 구성이 특정 산업분야에만 적용될 수 있는 구성이 아니고 당해 특허발명의 산업분야에서 통상의 지식을 가진 자가 특허발명의 당면한 기술적 문제를 해결하기 위하여 별다른 어려움 없이 이용할 수 있는 구성이라면, 이를 당해 특허발명의 진보성을 부정하는 선행기술로 삼을 수 있다(2009후3886).

⑤ 특허발명과 동일한 발명이 다른 나라에서 특허되었다고 하더라도, 우리나라에서 특허의 무효 여부를 판단할 때 법제와 실정을 달리하는 다른 나라의 심사례에 구애되지 않는다(대법원2002. 10. 25. 선고2000후3586 판결).

정답 ②

08 신규성 및 진보성에 관한 설명 중 옳지 않은 것은? (다툼이 있는 경우에는 판례에 의함)

① 물건발명 청구항 중에 제조방법에 의한 기재가 있더라도 제조방법이 제조 효율 또는 수율에만 영향을 미치는 등의 경우와 같이 물건의 구조나 성질 등에 영향을 미치지 않았다면 제조방법을 제외하고 최종적으로 얻어진 물건 자체를 신규성 판단 대상으로 해석한다.
② 청구항에 기재된 발명이 상위개념으로 표현되어 있고 인용발명이 하위개념으로 표현되어 있는 경우에는 청구항에 기재된 발명은 신규성이 없는 발명이다.
③ 선행기술문헌이 그 선행기술을 참작하지 않도록 가르친다면, 즉 통상의 기술자로 하여금 출원발명에 이르지 못하도록 저해한다면 그 선행기술이 출원발명과 유사하더라도 그 선행기술문헌에 의해 당해 출원발명의 진보성이 부정되지 않는다.
④ 동일한 고안에 대하여 같은 날에 2이상의 실용신안등록출원이 있으나 그 고안이 신규성이나 진보성을 결여한 경우, '출원인간의 협의절차'를 거치지 않고 한 거절결정은 적법하다.
⑤ 국내외 법률상의 제한으로 그 기술내용의 구현이 금지되는 경우, 기술의 곤란성을 판단함에 있어 그러한 법률상의 제한을 고려한다.

해설

① 물건발명 청구항 중에 제조방법에 의한 기재가 있더라도 제조방법이 제조 효율 또는 수율에만 영향을 미치는 등의 경우와 같이 물건의 구조나 성질 등에 영향을 미치지 않았다면 제조방법을 제외하고 최종적으로 얻어진 물건 자체를 신규성 판단 대상으로 해석한다. 따라서 청구항에 기재된 제조방법과 다른 방법에 의해서도 동일한 물건이 제조될 수 있고, 그 물건이 공지인 경우라면 해당 청구항에 기재된 발명의 신규성은 부정된다(심사기준).
② 심사기준
③ 심사기준
④ 신규성(특허법 제29조 제1항 각호)과 경합출원(특허법 제36조 제2항, 제3항)의 거절이유가 같이 있는 경우 반드시 경합출원의 거절이유를 먼저 통지해야만 하는 규정은 없다. 따라서 경합출원의 거절이유를 통지하지 않고(또는 협의명령을 하지 않고) 곧바로 신규성 위반으로 거절결정한다 하더라도 그 거절결정이 위법한 것은 아니다.
⑤ 국내외 법률상의 제한으로 그 기술내용의 구현이 금지된다고 하더라도 기술의 곤란성을 판단함에 있어 그러한 법률상의 제한을 고려하지는 않는다(심사기준).

정답 ⑤

09 특허요건 판단에 관한 설명 중 옳지 않은 것은? (다툼이 있는 경우 판례에 의함)

① 특허청구범위에 기재된 성질 또는 특성이 발명의 내용을 한정하는 사항인 이상, 이를 발명의 구성에서 제외하고 간행물에 실린 발명과 대비할 수 없다.

② 의약이라는 물건의 발명에서 대상 질병 또는 약효와 함께 투여용법과 투여용량을 부가하는 경우에 이러한 투여용법과 투여용량은 의료행위 그 자체가 아니라 의약이라는 물건이 효능을 온전하게 발휘하도록 하는 속성을 표현함으로써 의약이라는 물건에 새로운 의미를 부여하는 구성요소가 될 수 있다.

③ 의약용도발명에서는 선행발명들에서 임상시험 등에 의한 치료효과가 확인된 경우에 한해 진보성이 부정된다.

④ 선행발명에 공지된 화합물과 결정 형태만을 달리하는 특정 결정형의 화합물을 특허청구범위로 하는 이른바 결정형 발명은 특별한 사정이 없는 한 선행발명에 공지된 화합물이 갖는 효과와 질적으로 다른 효과를 갖고 있거나 질적인 차이가 없더라도 양적으로 현저한 차이가 있는 경우에 한하여 그 진보성이 부정되지 않는다.

⑤ 특허발명의 실시에 의하여 상업적으로 성공을 거두었다고 하더라도 그 점만으로 특허발명의 진보성을 인정할 수는 없다.

> **해설**

① 2001후2207
② 2014후768
③ 의약용도발명의 진보성을 부정하기 위해 선행발명들에서 임상시험 등에 의한 치료효과가 확인될 것까지 요구된다고 볼 수는 없다(2016후502).
④ 2010후2872
⑤ 상업적 성공은 참고자료 정도만 될 수 있을 뿐이다(2003후1512).

정답 ③

10 다음은 진보성 판단방법에 관한 설명이다. 다음 중 옳은 설명은?

① 특허발명이 상업적으로 성공을 하였다는 점은 진보성을 인정하는 하나의 자료로 참고할 수 있고 특허발명의 명세서를 토대로 한 기술적 검토 결과 특허발명이 선행 기술보다 향상 진보된 것으로 인정되지 아니하는 경우라도 특허발명의 실시에 의하여 상업적으로 성공을 거둔 것이 인정되는 경우 그 점만으로 특허발명의 진보성을 인정할 수 있다는 것이 판례이다.
② 외국에 대응되는 발명의 특허등록사례가 있다면 한국에서도 진보성을 인정해야 한다.
③ 선택발명에 포함되는 하위개념들 모두가 구성의 곤란성이 있거나, 선행발명이 갖는 효과와 질적으로 다른 효과를 갖고 있어야 하고, 구성의 곤란성도 없고 질적인 차이도 없는 경우 양적으로 현저한 차이가 있다고 하더라도 특허를 받을 수 없다.
④ 어떤 독립항이 그 출원 전 공지된 발명에 의하여 진보성이 부정되지 않는다는 사정이 있다고 하더라도, 그 독립항의 구성 일부를 생략하거나 다른 구성으로 바꾼 청구항은 설령 그 독립항의 구성요소의 대부분을 가지고 있더라도 당연히 그 출원 전 공지된 발명에 의해서 진보성이 부정되지 않는다고 할 수 없다.
⑤ 물건의 발명의 청구범위에 그 물건을 제조하는 방법이 기재되어 있는 경우 특허 발명의 진보성 유무를 판단함에 있어서는 그 제조방법으로 한정하여 판단할 수 있다.

해설

① |×| 대법원 2004. 12. 9. 선고 2003후496 판결
특허발명이 상업적으로 성공을 하였다는 점은 진보성을 인정하는 하나의 자료로 참고할 수 있지만, 특허발명의 명세서를 토대로 한 기술적 검토 결과 특허발명이 선행 기술보다 향상 진보된 것으로 인정되지 아니하는 경우, 설령 피고들이 이 사건 특허발명의 실시에 의하여 상업적으로 성공을 거두었다고 하더라도 그 점만으로 특허발명의 진보성을 인정할 수는 없다.
② |×| 특허법원 1999. 3. 4. 선고 98허8991 판결
발명의 신규성이나 진보성은 특허출원된 구체적 발명에 따라 개별적으로 판단되어지는 것이고 다른 발명의 심사예에 구애받을 것은 아니며 더욱이 법제와 관습을 달리하는 다른 나라의 심사예는 고려대상이 될 수 없는 것이므로 이에 관한 원고의 주장은 그 자체로서 이유 없다.
③ |×| 선택발명에 포함되는 하위개념들 모두가 구성의 곤란성이 있거나, 선행발명이 갖는 효과와 질적으로 다른 효과를 갖고 있거나, 질적인 차이가 없더라도 양적으로 현저한 차이가 있는 경우에 한하여 특허를 받을 수 있다.
대법원 2021. 4. 8. 선고 2019후10609 판결
선행발명에 특허발명의 상위개념이 공지되어 있는 경우에도 구성의 곤란성이 인정되면 진보성이 부정되지 않는다. 선행발명에 발명을 이루는 구성요소 중 일부를 두 개 이상의 치환기로 하나 이상 선택할 수 있도록 기재하는 이른바 마쿠쉬(Markush) 형식으로 기재된 화학식과 그 치환기의 범위 내에 이론상 포함되기만 할 뿐 구체적으로 개시되지 않은 화합물을 청구범위로 하는 특허발명의 경우에도 진보성 판단을 위하여 구성의 곤란성을 따져 보아야 한다. 위와 같은 특허발명의 구성의 곤란성을 판단할 때에는 선행발명에 마쿠쉬 형식 등으로 기재된 화학식과 그 치환기의 범위 내에 이론상 포함될 수 있는 화합물의 개수, 통상의 기술자가 선행발명에 마쿠쉬 형식 등으로 기재된 화합물 중에서 특정한 화합물이나 특정 치환기를 우선적으로 또는 쉽게 선택할 사정이나 동기 또는 암시의 유무, 선행발명에 구체적으로 기재된 화합물과 특허발명의 구조적 유사성 등을 종합적으로 고려하여야 한다.

특허발명의 진보성을 판단할 때에는 그 발명이 갖는 특유한 효과도 함께 고려하여야 한다. 선행발명에 이론적으로 포함되는 수많은 화합물 중 특정한 화합물을 선택할 동기나 암시 등이 선행발명에 개시되어 있지 않은 경우에도 그것이 아무런 기술적 의의가 없는 임의의 선택에 불과한 경우라면 그와 같은 선택에 어려움이 있다고 볼 수 없는데, 발명의 효과는 선택의 동기가 없어 구성이 곤란한 경우인지 임의의 선택에 불과한 경우인지를 구별할 수 있는 중요한 표지가 될 수 있기 때문이다. 또한 화학, 의약 등의 기술분야에 속하는 발명은 구성만으로 효과의 예측이 쉽지 않으므로, 선행발명으로부터 특허발명의 구성요소들이 쉽게 도출되는지를 판단할 때 발명의 효과를 참작할 필요가 있고, 발명의 효과가 선행발명에 비하여 현저하다면 구성의 곤란성을 추론하는 유력한 자료가 될 것이다. 나아가 구성의 곤란성 여부의 판단이 불분명한 경우라고 하더라도, 특허발명이 선행발명에 비하여 이질적이거나 양적으로 현저한 효과를 가지고 있다면 진보성이 부정되지 않는다. 효과의 현저성은 특허발명의 명세서에 기재되어 통상의 기술자가 인식하거나 추론할 수 있는 효과를 중심으로 판단하여야 하고, 만일 그 효과가 의심스러울 때에는 그 기재 내용의 범위를 넘지 않는 한도에서 출원일 이후에 추가적인 실험 자료를 제출하는 등의 방법으로 그 효과를 구체적으로 주장·증명하는 것이 허용된다.

④ |○| 대법원 2006. 11. 24. 선고 2003후2072 판결
청구범위의 청구항의 구성 일부를 생략하거나 다른 구성으로 바꾼 청구항은 그 기재형식에 불구하고 이를 종속항으로 볼 수 없으므로, 어떤 독립항이 그 출원 전 공지된 발명에 의하여 진보성이 부정되지 않는다는 사정이 있다고 하더라도, 그 독립항의 구성 일부를 생략하거나 다른 구성으로 바꾼 청구항은 설령 그 독립항의 구성요소의 대부분을 가지고 있더라도 당연히 그 출원 전 공지된 발명에 의해서 진보성이 부정되지 않는다고 할 수 없다고 판시하였다.

즉, 구성요소를 치환하고 있는 경우는 종속항이 아니라 독립항에 해당하기 때문에 다른 독립항이 진보성이 있다고 할지라도 개별적으로 진보성 여부를 판단해야 한다는 의미이다.

⑤ |×| 대법원 2015. 1. 22. 선고 2011후927 전원합의체 판결(특허법 제2조 제3호는 발명을 '물건의 발명', '방법의 발명', '물건을 생산하는 방법의 발명'으로 구분하고 있다. 특허청구범위가 전체적으로 물건으로 기재되어 있으면서 그 제조방법의 기재를 포함하고 있는 발명(이하 '제조방법이 기재된 물건발명'이라 한다)의 경우 제조방법이 기재되어 있다고 하더라도 발명의 대상은 그 제조방법이 아니라 최종적으로 얻어지는 물건 자체이므로 위와 같은 발명의 유형 중 '물건의 발명'에 해당한다. 물건의 발명에 관한 특허청구범위는 발명의 대상인 물건의 구성을 특정하는 방식으로 기재되어야 하는 것이므로, 물건의 발명의 특허청구범위에 기재된 제조방법은 최종 생산물인 물건의 구조나 성질 등을 특정하는 하나의 수단으로서 그 의미를 가질 뿐이다.

따라서 제조방법이 기재된 물건발명의 특허요건을 판단함에 있어서 그 기술적 구성을 제조방법 자체로 한정하여 파악할 것이 아니라 제조방법의 기재를 포함하여 특허청구범위의 모든 기재에 의하여 특정되는 구조나 성질 등을 가지는 물건으로 파악하여 출원 전에 공지된 선행기술과 비교하여 신규성, 진보성 등이 있는지 여부를 살펴야 한다.

정답 ④

11 甲은 2012년 5월에 A발명을 특허출원하였다. 이에 대해 심사관은 특허법 제29조 제2항을 근거로 2011년 3월에 공개된 타인 출원발명 B 및 2011년 11월에 공개된 카탈로그상에 기재된 C발명의 조합에 의해 A발명이 용이하게 발명될 수 있다는 것을 이유로 최초거절이유를 통지하였다. 다음 중 甲이 이러한 거절이유를 극복할 수 있는 가장 바람직한 조치는? (A, B 및 C발명의 기술분야는 동일함)

[2006년 기출변형]

① 특허법 제30조(공지 등이 되지 아니하는 발명으로 보는 경우)를 근거로 타인 출원발명 B는 자신의 발명이나 자신의 의사에 반하여 출원된 것이라는 취지기재서면 및 증명서류를 제출한다.
② 자신의 출원발명과 동일한 내용의 발명이 프랑스에서 이미 특허등록 받았음을 입증하는 서류를 첨부한 의견서를 제출한다.
③ 공개공보와 카탈로그를 조합하여 특허성을 판단하는 것은 특허법상의 진보성 판단기준에 위반된다는 것을 주장하는 의견서를 제출한다.
④ 거절이유통지된 청구항의 일부 사항을 감축보정하는 보정서를 제출하고, 보정된 청구항의 발명은 인용발명들에 의해 용이하게 발명될 수 없음을 주장하는 의견서를 제출한다.
⑤ 의약발명인 경우 새로운 약리효과가 있다는 것을 입증하는 약리데이터 등을 출원명세서에 추가하는 보정서 및 현저한 효과가 발생함을 주장하는 의견서를 제출한다.

해 설

① |✕| 공지예외주장을 공지일로부터 12월 이내에 특허출원하여야만 된다(법 제30조 제1항). 이는 법 제30조 제1항 제2호의 의사에 반한 공지인 경우에도 마찬가지로 적용되므로 인용참증 B의 공개일은 2011년 3월이고 甲은 이로부터 12월이 경과한 2012년 5월 특허출원하였는바 공지예외주장할 수 없으므로 부적법한 조치이다.
② |✕| 파리 조약 3대 원칙 중 하나인 특허 독립의 원칙상 외국에의 대응특허여부는 진보성 인정의 근거로 참작할 수 없다. 즉, 당업자의 기술수준이 각국별로 틀릴 수 있기 때문에 이를 고려하여서는 안 된다.
③ |✕| 공개공보와 카탈로그는 모두 정보성, 공개성, 반포성을 가진 간행물로서 모두 甲의 특허출원(2004년12월) 전에 각각 공개되어 법 제29조 제1항 제2호의 반포된 간행물에 게재에 해당하여 적법한 인용참증이고, 진보성 판단시 2이상의 문헌을 상호 조합하여 판단할 수 있으므로 틀렸다.
④ |○| 타당한 설명이다.
⑤ |✕| 의약발명의 경우 대법원 판례의 주류태도는 '약리효과의 기재가 요구되는 의약의 용도발명에 있어서는 그 출원 전에 명세서 기재의 약리효과를 나타내는 약리기전이 명확히 밝혀진 경우와 같은 특별한 사정이 있지 않은 이상 특정 물질에 그와 같은 약리효과가 있다는 것을 약리데이터 등이 나타난 시험예로 기재하거나 또는 이에 대신할 수 있을 정도로 구체적으로 기재하여야만 비로소 발명이 완성되었다고 볼 수 있는 동시에 명세서의 기재요건을 충족하였다고 볼 수 있을 것이며, 이와 같이 시험예의 기재가 필요함에도 불구하고 최초 명세서에 그 기재가 없던 것을 추후 보정에 의하여 보완하는 것은 명세서에 기재된 사항의 범위를 벗어난 것으로서 명세서의 요지를 변경한 것이다.'(대법원 2001. 11. 30. 선고 2001후65 판결)라고 판시하였는바 법 제47조 제2항의 신규사항 추가의 보정으로 인정될 것인바 부적법한 조치이다.

정답 ④

12 발명에 대한 진보성 판단과 관련하여 틀린 것은?

① 선택발명의 진보성은 선택발명에 포함되는 하위개념들 모두가 구성의 곤란성이 있거나, 선행 발명이 갖는 효과와 질적으로 다른 효과를 갖고 있거나, 질적인 차이가 없더라도 양적으로 현저한 차이가 있는 경우에 한하여 특허를 받을 수 있다. 이때 선택발명의 설명에는 선행발명에 비하여 위와 같은 효과가 있음을 명확히 기재하면 충분하고 그 효과가 현저함을 구체적으로 확인 할 수 있는 비교실험자료까지 기재해야 하는 것은 아니다.

② 수치한정 발명의 수치한정 범위 내에서 이질적인 효과가 있거나, 동질의 효과라도 수치한정에 임계적인 의의가 있다면 진보성이 있다. 다만, 수치한정 이외의 구성만으로도 진보성이 인정되는 경우에는 이런 임계적 의의를 요구하지 않는다.

③ 2이상의 청구항 중 어느 하나의 청구항에 마쿠쉬 타입으로 기재된 발명 중 어느 하나가 인용발명과 대비했을 때 진보성이 부정된다면 특허발명 전체가 무효로 될 수 있다.

④ 출원발명의 구성과 선행기술의 구성이 유사한 경우에도 당해 선행기술로 부터 청구항에 기재된 발명에 이를 수 있는 동기가 되기에 부적합한 내용이 있는 경우에는 그 선행기술은 인용발명으로 인용할 수 없다.

⑤ 청구항에 기재된 발명은 전체로서 고려되어야 하므로 청구항에 기재된 발명의 구성에 관한 사항이 각각 공지 또는 자명하다고 하여 청구항에 기재된 발명의 진보성을 부정할 수 없다.

해 설

① |O| 대법원 2003. 4. 25 선고 2001후2740 판결, 대법원 2021. 4. 8. 선고 2019후10609 판결. 선택발명은, 첫째, 선행발명이 선택발명을 구성하는 하위개념을 구체적으로 개시하지 않고 있으면서(신규성), 둘째, 선택발명에 포함되는 하위개념들 모두가 구성의 곤란성이 있거나, 선행발명이 갖는 효과와 질적으로 다른 효과를 갖고 있거나, 질적인 차이가 없더라도 양적으로 현저한 차이가 있는 경우에 한하여 특허를 받을 수 있고(진보성), 이때 선택발명의 설명에는 선행발명에 비하여 위와 같은 효과가 있음을 명확히 기재하면 충분하고, 그 효과의 현저함을 구체적으로 확인할 수 있는 비교실험자료까지 기재하여야 하는 것은 아니며, 만일 그 효과가 의심스러울 때에는 출원일 이후에 출원인이 구체적인 비교실험자료를 제출하는 등의 방법에 의하여 그 효과를 구체적으로 주장·입증하면 된다.

② |O| 진보성 판단시 원칙적으로 관용 범위내에서 최적, 호적의 범위를 선택하는 것은 당업자라면 누구라도 도달 가능하므로 진보성이 부정된다. 다만 수치한정 범위내에서 이질적인 효과가 있거나 동질의 효과라도 수치한정에 임계적 의의가 있다면 진보성이 긍정된다. 임계적 의의란 어떤 수치를 경계로 특성에 급격한 변화가 있는 것을 말한다. 다만 수치한정 이외의 구성만으로도 신규성, 진보성이 인정되는 경우에는 이러한 임계적 의의를 요하지 않는다.

③ |×| 당해 청구항에 대해서만 진보성이 부정되어 무효로 될 뿐이지, 특허발명 전체가 무효로 되는 것은 아니다. 특허무효는 청구항별로 결론이 다를 수 있다.

④ |O| 진보성의 판단은 선행기술로부터 출원발명에 이를 수 있는 동기가 될 수 있는 사항이 있는 가를 중심으로 판단하므로 선행기술에 동기가 되기에 부적합한 내용이 있는 경우 진보성 판단의 자료가 될 수 없다.

⑤ |O| 발명은 각 구성요소의 유기적 결합에 의해 목적하는 기술적 효과를 달성하는 것이므로 출원발명의 진보성 판단에 있어서 발명이 전체로서 고려되어야 한다. 다만 발명의 각 구성요소가 유기적으로 결합되어 있지 않고 단순한 주합에 불과하다면 각 부분별로 검토하여 어느 부분에도 진보성이 없으면 진보성은 부정된다.

정답 ③

13 특허요건에 관한 설명 중 옳지 않은 것은? (다툼이 있는 경우에는 판례에 의함) [2009년 기출]

① 법원은 특허출원 후에 작성된 문건들에 기초하여서는 어떤 발명 또는 기술이 특허출원 전에 공지 또는 공연 실시된 것인지 여부를 인정할 수 없다.
② 특허의 요건을 판단하기 위한 발명의 기술구성은 특별한 사정이 없는 한 청구범위의 기재를 기초로 확정하여야 하며, 발명의 설명이나 도면 등 다른 기재에 의하여 청구범위를 제한해 석하는 것은 허용되지 않는다.
③ 당해 특허발명이 이용되는 산업분야가 비교대상발명의 그것과 다른 경우라 하더라도 문제 로 된 비교대상발명의 기술적 구성이 특정 산업분야에만 적용될 수 있는 구성이 아니고 당 해 특허발명의 산업분야에서 통상의 지식을 가진자가 특허발명의 당면한 기술적 문제를 해 결하기 위하여 별다른 어려움 없이 이용할 수 있는 구성이라면, 이를 당해 특허발명의 진보 성을 부정하는 선행기술로 삼을 수 있다.
④ 특허출원된 발명이 출원일 당시가 아니라 장래에 산업적으로 이용될 가능성이 있다 하더라 도 특허법이 요구하는 산업상 이용가능성의 요건을 충족한다고 하는 법리는 해당 발명의 산업적 실시화가 장래에 있어도 좋다는 의미일 뿐 장래에 관련 기술의 발전에 따라 기술적 으로 보완되어 장래에 비로소 산업상 이용가능성이 생겨나는 경우까지 포함하는 것은 아 니다.
⑤ 특허등록된 발명이 공지공용의 기존 기술과 주지관용의 기술을 수집 종합하여 이루어진 데 그 특징이 있는 경우에는, 이를 종합하는 데 각별한 곤란성이 있다거나 이로 인한 작용효과 가 공지된 선행기술로부터 예측되는 효과 이상의 새로운 상승효과가 있다고 볼 수 있는 경 우가 아니면 그 발명의 진보성은 인정되지 않는다.

> [해 설]

① |×| 구 특허법(2001. 2. 3. 법률 제6411호로 개정되기 전의 것) 제29조 제1항 제1호 소정의 '특허 출원 전에 국내에서 공지되었거나 공연히 실시된 발명'에서 '특허출원 전'의 의미는 발명의 공지 또는 공연 실시된 시점이 특허출원 전이라는 의미이지 그 공지 또는 공연 실시된 사실을 인정하 기 위한 증거가 특허출원 전에 작성된 것을 의미하는 것은 아니므로, 법원은 특허출원 후에 작성 된 문건들에 기초하여 어떤 발명 또는 기술이 특허출원 전에 공지 또는 공연 실시된 것인지 여부 를 인정할 수 있다(大判 2006후2660). 예컨대 당해 출원전에 타인이 당해 특허출원된 발명과 동일 하거나 유사한 제품을 판매하여 '공지 또는 공연실시'되고, 당해 출원 후에 이 제품에 대한 구체 적 설명서를 작성하여 반포시킨 경우가 이에 해당한다. 즉 공지 또는 공연실시 여부에 대한 입증 이 굉장히 곤란한데 당해 출원전에 그 제품의 공지 또는 공연실시 되었음을 출원 이후 반포된 문헌으로부터 이를 '공지 또는 공연실시' 되었다고 인정할 수 있다는 의미이다.
② |○| 특허권의 권리범위 내지 실질적인 보호범위는 특허출원서에 첨부한 명세서의 청구범위에 기재된 사항에 의하여 정하여지는 것이 원칙이고, 다만 그 기재만으로 특허의 기술적 구성을 알 수 없거나 알 수는 있더라도 그 기술적 범위를 확정할 수 없는 경우에는 명세서의 다른 기재에 의한 보충을 할 수는 있으나, 그 경우에도 명세서의 다른 기재에 의하여 특허범위의 확장해석은 허용되지 아니함은 물론 청구범위의 기재만으로 기술적 범위가 명백한 경우에 명세서의 다른 기 재에 의하여 청구범위의 기재를 제한 해석할 수 없다고 할 것이다(大判 93후1908).

③ |O| 특허법 제29조 제2항에서 '그 발명이 속하는 기술분야'란 원칙적으로 당해 특허발명이 이용되는 산업분야를 말하므로, 당해 특허발명이 이용되는 산업분야가 비교대상발명의 그것과 다른 경우에는 비교대상발명을 당해 특허발명의 진보성을 부정하는 선행기술로 사용하기 어렵다 하더라도, 문제로 된 비교대상발명의 기술적 구성이 특정 산업분야에만 적용될 수 있는 구성이 아니고 당해 특허발명의 산업분야에서 통상의 기술을 가진 자가 특허발명의 당면한 기술적 문제를 해결하기 위하여 별다른 어려움 없이 이용할 수 있는 구성이라면, 이를 당해 특허발명의 진보성을 부정하는 선행기술로 삼을 수 있다(大判 2006후2059).

④ |O| 장래의 산업상 이용가능성 의미와 관련하여 판례는 '해당 발명의 산업적 실시화가 장래에 있어도 좋다는 의미일 뿐 장래 관련 기술의 발전에 따라 기술적으로 보완되어 장래에 비로소 산업상 이용가능성이 생겨나는 경우까지 포함하는 것은 아니다.'라고 판시한바 있다(大判 2001후2801).

⑤ |O| 특허등록한 발명이 공지 공용의 기존 기술을 수집 종합하여 이루어진 데에 그 특징이 있는 것인 경우에 있어서는 이를 종합하는 데 각별한 곤란성이 있다거나, 이로 인한 작용효과가 공지된 선행기술로부터 예측되는 효과 이상의 새로운 상승효과가 있다고 볼 수 있는 경우가 아니면 그 발명의 진보성은 인정될 수 없다.(大判 88후769, 96후1972 등)

정답 ①

14 특허요건에 관한 설명으로 옳지 않은 것은? (다툼이 있는 경우에는 판례에 의함) [2011년 기출]

① 선행발명이 기술구성 전체가 명확하게 표현되어 있지 않고, 자료의 부족으로 표현이 불충분하거나 일부 내용에 흠결이 있는 경우에는, 당해 기술분야에서 통상의 지식을 가진 자가 경험칙에 의하여 쉽게 그 기술 내용을 파악할 수 있더라도, 진보성 판단을 위한 대비대상이 될 수 없다.

② 특허출원된 발명의 출원일 이전에 발행된 연구보고서 및 논문, 카탈로그가 그 형식과 내용 등에 비추어 발행일로부터 불특정다수인이 인식할 수 있는 상태에 놓여 있다고 볼 수 있는 경우에는 진보성 판단의 대비대상이 될 수 있다.

③ 발명의 내용이 계약상 또는 상관습상 비밀유지의무를 부담하는 특정인에게 배포된 기술이전 교육용 자료에 게재된 사실만으로는 공지된 것이라 할 수 없다.

④ 특허법 제29조(특허요건) 제1항의 "특허출원 전"의 의미는 발명의 공지 또는 공연 실시된 시점이 특허출원 전이라는 의미이지 그 공지 또는 공연 실시된 사실을 인정하기 위한 증거가 특허출원 전에 작성된 것을 의미하는 것은 아니므로, 법원은 특허출원 후에 작성된 문건들에 기초하여 어떤 발명이 특허출원 전에 공지 또는 공연 실시된 것인지를 인정할 수 있다.

⑤ 특허출원된 발명이 공지·공용의 기존 기술을 결합하여 이루어진 경우, 이를 결합하는 데 각별한 곤란성이 있다면 진보성이 있다.

해설

① |×| 출원발명의 진보성 판단에 제공되는 선행기술은 기술 구성 전체가 명확하게 표현된 것뿐만 아니라, 자료의 부족으로 표현이 불충분하거나 일부 내용에 흠결이 있다고 하더라도 그 기술분야에서 통상의 지식을 가진 자가 기술상식이나 경험칙에 의하여 쉽게 기술내용을 파악할 수 있는 범위 내에서는 대비대상이 될 수 있다(대법원 2006.3.24. 선고 2004후2307 판결).

② |ㅇ| 인용발명들이 기재된 각 연구보고서나 연구논문 및 카탈로그는 모두 간행물로서 그 형식과 내용 등에 비추어 그 발행 무렵부터 불특정다수인이 인식할 수 있는 상태에 놓여 있었다고 봄이 상당하여, 위 문서들을 모두 특허발명의 출원 전에 반포된 간행물에 해당한다(대법원 1996. 11. 26. 선고 95후1517 판결).

③ |ㅇ| 발명의 내용이 계약상 또는 상관습상 비밀유지의무를 부담하는 특정인에게 배포된 기술이전 교육용 자료에 게재된 사실만으로는 공지된 것이라 할 수 없다(대법원 2005. 2. 18. 선고 2003후2218 판결).

④ |ㅇ| 구 특허법(2001. 2. 3. 법률 제6411호로 개정되기 전의 것) 제29조 제1항 제1호 소정의 '특허출원 전에 국내에서 공지되었거나 공연히 실시된 발명'에서 '특허출원 전'의 의미는 발명의 공지 또는 공연 실시된 시점이 특허출원 전이라는 의미이지 그 공지 또는 공연 실시된 사실을 인정하기 위한 증거가 특허출원 전에 작성된 것을 의미하는 것은 아니므로, 법원은 특허출원 후에 작성된 문건들에 기초하여 어떤 발명 또는 기술이 특허출원 전에 공지 또는 공연 실시된 것인지 여부를 인정할 수 있다(대법원 2007.4.27. 선고 2006후2660 판결).

⑤ |ㅇ| 특허등록된 발명이 공지공용의 기존 기술과 주지관용의 기술을 수집 종합하여 이루어진 데 그 특징이 있는 경우에는, 이를 종합하는 데 각별한 곤란성이 있다거나 이로 인한 작용효과가 공지된 선행기술로부터 예측되는 효과 이상의 새로운 상승효과가 있다고 볼 수 있는 경우가 아니면 그 발명의 진보성은 인정될 수 없다(대법원 2008.5.29. 선고 2006후3052 판결).

정답 ①

15 특허법상 진보성에 관한 설명으로 옳지 않은 것은? (다툼이 있으면 판례에 따름)

> ㄱ. 해당 발명의 기술분야와 다른 기술분야의 선행기술은 진보성 판단의 대비자료가 될 수 없다.
>
> ㄴ. 특허발명의 출원 당시의 기술수준, 기술상식, 해당 기술분야의 기술적 과제, 발전경향, 해당 업계의 요구 등에 비추어 보아 통상의 기술자가 2이상의 선행기술의 조합으로부터 해당 발명을 쉽게 발명할 수 있다면 진보성이 부정된다.
>
> ㄷ. 특허발명의 복수의 구성요소의 결합으로 되어 있는 경우는 각 구성요소가 유기적으로 결합한 전체로서의 기술사상이 진보성 판단의 대상이 되는 것이지 각 구성요소가 독립하여 진보성 판단의 대상이 되는 것은 아니다.

① ㄱ ② ㄴ
③ ㄷ ④ ㄱ, ㄴ
⑤ ㄱ, ㄷ

해설

ㄱ. 특허법 제29조 제2항에서 정하는 "그 발명이 속하는 기술분야"라 함은 원칙적으로 당해 특허발명이 이용되는 산업분야를 말한다. 따라서 당해 특허발명이 이용되는 산업분야가 비교대상발명

의 그것과 다른 경우에는 비교대상발명을 당해 특허발명의 진보성을 부정하는 선행기술로 사용하기 어렵다 하더라도, 문제가 된 비교대상발명의 기술적 구성이 특정 산업분야에만 적용될 수 있는 구성이 아니고 당해 특허발명의 산업분야에서 통상의 지식을 가진 자가 특허발명의 당면한 기술적 문제를 해결하기 위하여 별다른 어려움 없이 이용할 수 있는 구성이라면, 이를 당해 특허발명의 진보성을 부정하는 선행기술로 삼을 수 있다(대법원 2008. 7. 10. 선고 2006후2059 판결).

ㄴ. 특허발명의 진보성을 판단할 때는 비교대상발명에 그 인용되는 기술을 결합하여 당해 특허발명에 이를 수 있다는 암시·동기 등이 나타나 있지 않다고 하더라도 당해 특허발명의 출원 당시의 기술수준, 기술상식, 해당 기술분야의 기술적 과제, 발전경향, 해당 업계의 요구 등에 비추어 보아 그 기술분야에서 통상의 지식을 가진 자(이하 '통상의 기술자'라 한다)가 용이하게 당해 특허발명에 이를 수 있다면 그 진보성이 부정된다(대법원 2007. 9. 6. 선고 2005후3284 판결, 대법원 2009. 5. 28. 선고 2007후2926 판결).

ㄷ. 어느 특허발명의 특허청구범위에 기재된 청구항이 복수의 구성요소로 되어 있는 경우에는 각 구성요소가 유기적으로 결합한 전체로서의 기술사상이 진보성 판단의 대상이 되는 것이지 각 구성요소가 독립하여 진보성 판단의 대상이 되는 것은 아니므로, 그 특허발명의 진보성 여부를 판단함에 있어서는 청구항에 기재된 복수의 구성을 분해한 후 각각 분해된 개별 구성요소들이 공지된 것인지 여부만을 따져서는 안 되고, 특유의 과제 해결원리에 기초하여 유기적으로 결합된 전체로서의 구성의 곤란성을 따져 보아야 할 것이며, 이 때 결합된 전체 구성으로서의 발명이 갖는 특유한 효과도 함께 고려하여야 한다(대법원 2007. 9. 6. 선고 2005후3277 판결).

정답 ①

16 甲이 A라는 발명을 하고 이를 특허출원전에 학회에서 서면으로 발표한 후에 특허법 제30조(공지 등이 되지 아니한 발명으로 보는 경우)의 규정을 적용받으면서 발표일부터 5개월만에 한국과 일본에 각각 출원하였다(한국과 일본에서 신규성 의제와 관련하여 필요한 절차는 모두 이행하였고, 발명 A는 다른 특허요건은 모두 만족함). 한편, 경쟁관계에 있는 乙은 甲의 발명 사실을 모른 채 甲보다는 늦게 A를 발명하여, 甲보다 3개월 먼저 발명 A에 대하여 한국에 출원하였고, 그로부터 1개월 내에 파리조약에 의한 우선권 주장을 하면서 미국, 중국, 일본을 지정국으로 하여 국제특허출원을 하였으나, 중국과 미국에 대해서만 번역문을 제출하였다. 이 경우, 다음 중 옳은 것을 모두 고른 것은? [단, 일본특허법에도 동법 제30조(발명의 신규성의 상실의 예외) 및 제184조의4(국제특허출원의 번역문) 규정이 있음]

> ㄱ. 乙의 한국출원은 특허를 받을 수 없다.
> ㄴ. 甲의 일본출원은 특허를 받을 수 없다.
> ㄷ. 乙은 발명 A에 대하여 甲의 허락 없이 일본에서 업으로 실시할 수 있다.
> ㄹ. 甲은 발명 A에 대하여 乙의 허락 없이 한국에서 업으로 실시할 수 있다.

① ㄱ, ㄴ
② ㄱ, ㄹ
③ ㄴ, ㄷ
④ ㄴ, ㄹ
⑤ ㄷ, ㄹ

해설

甲의 한국, 일본에서의 특허출원의 등록가능성에 관하여 살펴보면, 법 제30조와 관련하여 필요한 주장 및 절차를 적법하게 모두 이행하였는바 신규성 위반의 문제는 없다. 乙의 한국 및 국제출원과의 관계를 살펴보면 乙의 출원 모두는 甲의 학회 공개로 인해 신규성 위반의 거절이유가 있으므로 거절결정이 확정되면 선출원의 지위를 갖지 못하게 된다. 따라서 선출원주의(법 제36조) 위반의 문제도 발생하지 않는다. 한편, 乙의 출원이 공개되면 확대된 선출원주의(법 제29조 제3항)의 문제가 발생할 수 있으나 설문상 乙의 출원이 공개되었다는 사실관계가 주어지지 않았는바 이는 논외로 생각하는 것이 타당할 것으로 본다. 따라서 甲의 한국, 일본에서의 특허출원은 모두 특허를 받을 수 있고, 乙의 출원은 모두 특허를 받을 수 없다.

정답 ②

17 특허법 제29조(특허요건)의 진보성 판단에 관한 설명으로 옳지 않은 것은? (다툼이 있는 경우에는 판례에 의함) [2014년 기출]

① 출원발명의 목적, 기술적 구성, 작용효과를 종합적으로 검토하되 기술적 구성의 곤란성을 중심으로 목적의 특이성 및 효과의 현저성을 참작하여 종합적으로 진보성이 부정되는지 여부를 판단한다.
② 출원발명과 대비되는 비교대상발명은 관련 기술분야에서 선택되어야 하지만, 비교대상발명 자체가 통상 다른 기술분야에도 적용될 수 있는 범용성이 있는 기술이라면 진보성을 부정할 수 있는 선행기술로 채택될 수 있다.
③ '통상의 기술자의 통상의 창작능력의 발휘'에는 일정한 목적 달성을 위한 공지의 재료 중에서 가장 적합한 재료의 선택, 수치범위의 최적화, 균등물에 의한 치환 및 일부 구성요소의 생략 등이 있다.
④ 출원발명이 선택발명이나 화학분야의 발명 등과 같이 물건의 구성에 의한 효과의 예측이 쉽지 않은 기술분야인 경우에는 비교대상발명과 대비되는 더 나은 효과를 갖는다는 것이 진보성의 존재를 인정하기 위한 중요한 사실이 된다.
⑤ 수치한정발명의 청구항에 기재된 수치범위가 비교대상발명에 기재된 수치범위 내에서 동일하지 않은 경우, 해당 발명은 진보성이 인정된다.

해설

① IOI 심사기준
 i) 심사관은 출원 당시에 통상의 기술자가 직면하고 있던 기술수준 전체를 생각하도록 노력하는 동시에 발명의 설명 및 도면을 감안하고 출원인이 제출한 의견을 참작하여 출원발명의 목적, 기술적 구성, 작용효과를 종합적으로 검토하되, 기술적 구성의 곤란성을 중심으로 목적의 특이성 및 효과의 현저성을 참작하여 종합적으로 진보성이 부정되는지 여부를 판단한다.
 ii) 진보성이 부정되는지 여부는 통상의 기술자의 입장에서 ① 인용발명의 내용에 청구항에 기재된 발명에 이를 수 있는 동기가 있는지 또는 ② 인용발명과 청구항에 기재된 발명의 차이가 통상의 기술자가 가지는 통상의 창작능력 발휘에 해당하는지 여부를 주요 관점으로 하여 ③ 인용발명에 비해 더 나은 효과가 있는지를 참작하여 판단한다.

② |O| 심사기준
  ⅰ) 진보성 판단의 비교 대상인 인용발명은 원칙적으로 출원발명과 같은 기술분야에 속하거나 출원발명의 기술적 과제, 효과 또는 용도와 합리적으로 관련된 기술분야에서 선택되어야 한다. 여기서 같은 기술분야란 원칙적으로 당해 발명이 이용되는 산업분야를 말하는 것이나, 청구항에 기재된 발명의 효과 혹은 발명의 구성의 전부 또는 일부가 가지는 기능으로부터 파악되는 기술분야도 포함된다.
  ⅱ) 인용발명이 청구항에 기재된 발명과 다른 기술분야에 속해 있다 하더라도, 인용발명 자체가 통상 다른 기술분야에서도 사용될 가능성이 있다거나, 통상의 기술자가 특정 기술적 과제를 해결하기 위해 참고할 가능성이 있는 것으로 인정되는 경우에는 인용발명으로 선정할 수 있다. 만약, 청구항에 기재된 발명과 상이한 분야의 선행기술을 인용발명으로 인용할 경우에는 양 기술분야의 관련성, 과제해결의 동일성, 기능의 동일성 등 인용의 타당성을 충분히 검토하여야 한다.

③ |O| 심사기준
공지기술의 일반적인 응용, 알려진 물리적 성질로부터의 추론, 알려진 과제의 해결을 위한 다른 기술분야 참조 등으로 일상적인 개선을 이루는 것은 통상의 기술자가 가지는 통상의 창작능력의 발휘에 해당한다. 「통상의 창작능력의 발휘」에 해당하는 구체적인 유형으로, 일정한 목적 달성을 위한 공지의 재료 중에서 가장 적합한 재료의 선택, 수치범위의 최적화(最適化) 또는 호적화(好適化), 균등물(均等物)에 의한 치환, 기술의 구체적 적용에 따른 단순한 설계변경, 일부 구성요소의 생략, 단순한 용도의 변경 등이 있다. 청구항에 기재된 발명과 인용발명의 차이점이 이와 같은 점에만 있는 경우에는 달리 진보성을 인정할 근거가 없는 한 통상 그 발명의 진보성은 부정된다.

④ |O| 심사기준
청구항에 기재된 발명의 기술적 구성에 의하여 발생되는 효과가 인용발명의 효과에 비하여 더 나은 효과를 갖는 경우에 그 효과는 진보성 인정에 긍정적으로 참작할 수 있다.

⑤ |X| 심사기준
  ⅰ) 수치한정발명이란 청구항에 기재된 발명의 구성의 일부가 수량적으로 표현된 발명을 의미한다. 공지기술로부터 실험적으로 최적(最適) 또는 호적(好適)의 수치범위를 선택하는 것은 일반적으로는 통상의 기술자의 통상의 창작능력의 발휘에 해당하여 진보성이 인정되지 않는다. 그러나 청구항에 기재된 발명이 한정된 수치범위 내에서 인용발명의 효과에 비하여 더 나은 효과를 가질 때에는 진보성이 인정될 수 있다. 이 경우의 효과는 수치한정범위 전체에서 충족되는 현저히 향상된 효과를 가리키며, 수치한정의 임계적 의의(臨界的 意義)의 필요성에 대해서는 다음과 같이 판단한다.
    (1) 청구항에 기재된 발명의 과제가 인용발명과 공통되고 효과가 동질인 경우에는 그 수치한정의 임계적 의의가 요구된다.
    (2) 청구항에 기재된 발명의 과제가 인용발명과 상이하고 그 효과도 이질적(異質的)인 경우에는 수치한정을 제외한 양 발명의 구성이 동일하여도 수치한정의 임계적 의의를 요하지 아니한다.
  ⅱ) 수치한정의 임계적 의의가 인정되기 위해서는 수치한정 사항을 경계로 특성 즉, 발명의 작용·효과에 현저한 변화가 있어야 하는 것으로, ①수치한정의 기술적 의미가 상세한 설명에 기재되어 있어야 하고, ②상한치 및 하한치가 임계치라는 것이 상세한 설명 중의 실시예 또는 보조 자료 등으로부터 입증되어야 한다. 임계치라는 사실이 입증되기 위해서는 통상적으로 수치범위 내외를 모두 포함하는 실험결과가 제시되어 임계치임이 객관적으로 확인 가능해야 한다.

정답 ⑤

18 진보성과 관련된 다음의 설명 중 틀린 것은?

① 청구항에 기재된 발명과 인용발명과의 차이가 공지된 기술 구성의 구체적 적용에 따라 발생된 것으로, 단순히 구성요소의 크기, 비율(proportion), 상대치수(relative dimension) 또는 양에만 있는 경우에는 통상의 기술자가 가지는 통상의 창작능력의 발휘에 해당하는 것으로 보아 진보성을 부정한다. 다만 그러한 차이로 인해 동작이나 기능 등이 달라지는 효과가 있고, 그러한 효과가 통상의 기술자의 통상적인 예측 가능 범위를 벗어나는 더 나은 효과로 인정되는 경우에는 진보성을 인정할 수 있다.

② 인용발명은 수용성 규산염을 포함하는 치약으로 규산염이 치아표면에 피막을 형성함으로써 민감한 치아에 대해 자극을 차단하는 효과를 주는데 반해, 출원발명은 원가절감을 목적으로 치약으로부터 상기 수용성 규산염을 제외한 것이라고 할 때, 규산염을 생략함에 따라 치약으로부터 코팅 및 자극 차단 효과가 사라졌다면 출원발명은 진보성이 없는 것으로 볼 수 있다.

③ 출원발명이 배관연결조인트에 누수감지구멍을 형성하는 것을 특징으로 하는 경우, 어떤 물건의 내부의 상황을 감지하기 위해 외부에 구멍을 형성하는 것은 모든 기술분야에 있어서 지극히 상식적인 것이므로, 출원발명의 배관연결조인트에 형성되는 누수감지구멍은 통상의 기술자의 통상적인 창작능력 범위 내에 불과하여 진보성이 인정되지 않는다.

④ 일반적으로 어느 선행기술문헌이 다른 문헌을 인용하고 있더라도 결합의 암시 또는 동기가 선행기술문헌에 제시되었다고 할 수 없으므로 양자의 결합을 용이한 것으로 보고 진보성을 부정할 수 없으나, 동일 문헌 내에 존재하는 복수의 기술적 특징의 결합은 통상의 기술자가 이를 서로 관련짓는 데에 각별한 어려움은 없는 것으로 보아 용이한 것으로 취급한다.

⑤ 인용발명의 특정 사항과 청구항에 기재된 발명의 특정 사항이 유사하거나, 복수의 인용발명의 결합에 의하여 일견(一見), 통상의 기술자가 용이하게 생각해낼 수 있는 경우에도 청구항에 기재된 발명이 인용발명이 가진 것과는 이질의 효과를 갖거나 동질이라도 현저한 효과를 가지며, 이러한 효과가 당해 기술수준으로부터 통상의 기술자가 예측할 수 없는 경우에는 진보성이 인정될 수 있다.

해설

① ㅣ이ㅣ 심사기준
   i) 청구항에 기재된 발명이 인용발명의 기술사상을 그대로 이용한 채 단순히 적용상의 구체적 환경변화에 따라 설계 변경한 것이고, 그로 인해 더 나은 효과가 있는 것으로 인정되지 않을 때에는 특별한 사정이 없는 한 통상의 기술자의 통상의 창작능력의 발휘에 해당하여 진보성이 인정되지 않는다.
   ii) 예를 들어 청구항에 기재된 발명과 인용발명과의 차이가 공지된 기술 구성의 구체적 적용에 따라 발생된 것으로, 단순히 구성요소의 크기, 비율(proportion), 상대치수(relative dimension) 또는 양에만 있는 경우에는 통상의 기술자가 가지는 통상의 창작능력의 발휘에 해당하는 것으로 보아 진보성을 부정한다. 다만 그러한 차이로 인해 동작이나 기능 등이 달라지는 효과가 있고, 그러한 효과가 통상의 기술자의 통상적인 예측 가능 범위를 벗어나는 더 나은 효과로 인정되는 경우에는 진보성을 인정할 수 있다.

② |O| 심사기준

선행기술에 개시된 공지된 발명의 일부 구성요소를 생략한 결과 관련된 기능이 없어지거나 품질(발명의 효과를 포함한다)이 열화되는 경우에는 그러한 생략은 통상의 기술자에게 자명한 것으로 보아 진보성이 부정된다. 그러나 출원 시의 기술상식을 참작할 때 통상의 기술자의 통상적으로 예측 가능한 범위를 벗어나 일부 구성요소의 생략에도 불구하고 그 기능이 유지되거나 오히려 향상되는 경우에는 진보성을 인정할 수 있다.

(예) 인용발명은 수용성 규산염을 포함하는 치약으로 규산염이 치아표면에 피막을 형성함으로써 민감한 치아에 대해 자극을 차단하는 효과를 주는데 반해, 출원발명은 원가절감을 목적으로 치약으로부터 상기 수용성 규산염을 제외한 것이라고 할 때, 규산염을 생략함에 따라 치약으로부터 코팅 및 자극 차단 효과가 사라졌다면 출원발명은 진보성이 없는 것으로 볼 수 있다.

③ |O| 심사기준

선행기술에 기재되어 그 구성 및 기능이 이미 알려져 있는 공지의 기술을 출원발명의 기술적 과제 해결을 위해 필요에 따라 부가하여 그 기능대로 사용함으로써 예측 가능한 효과만을 얻은 경우에는 진보성이 인정되지 않는다. 다만, 출원시 기술상식을 참작할 때 공지의 기술이 적용되어 다른 구성요소와 유기적 결합관계가 형성됨으로써 선행기술에 비해 더 나은 효과가 얻어지는 경우에는 진보성을 인정할 수 있다.

(예1) 출원발명이 통상의 우황청심원을 경구용(먹는) 액제로 제형화한 것인 경우, 출원 전부터 이미 다수의 한약제에서 환제를 액제 형태로 제형화하는 사례가 적지 않았다고 한다면 출원발명에 특별한 기술적 의의가 있다고 보기 어려우므로 출원발명의 진보성은 부정된다.

(예2) 출원발명이 배관연결조인트에 누수감지구멍을 형성하는 것을 특징으로 하는 경우, 어떤 물건의 내부의 상황을 감지하기 위해 외부에 구멍을 형성하는 것은 모든 기술분야에 있어서 지극히 상식적인 것이므로, 출원발명의 배관연결조인트에 형성되는 누수감지구멍은 통상의 기술자의 통상적인 창작능력 범위 내에 불과하여 진보성이 인정되지 않는다.

(예3) 출원발명은 볼 그리드 어레이 집적회로 부품 저장을 위한 트레이에 관한 것이고, 출원 당시 이미 집적회로 부품이 핀타입에서 볼 그리드 타입으로 발전해 나가고 있었던 경우, 집적회로 부품의 저장 트레이를 생산하는 통상의 기술자라면 집적회로 부품의 외 형태 변화에 발맞추어 인용발명의 핀 타입 트레이로부터 출원발명의 볼 그리드 타입 트레이를 각별한 어려움 없이 발명할 수 있었을 것이므로 진보성은 인정되지 않는다.

④ |×| 심사기준

ⅰ) 일반적으로 어느 선행기술문헌이 다른 문헌을 인용하고 있을 때에는 결합의 암시 또는 동기가 선행기술문헌에 제시되었다고 할 수 있으므로 양자의 결합은 용이한 것으로 보고 진보성을 부정한다. 또한, 동일 문헌 내에 존재하는 복수의 기술적 특징의 결합은 통상의 기술자가 이를 서로 관련짓는 데에 각별한 어려움은 없는 것으로 보아 용이한 것으로 취급한다.

ⅱ) 주지관용기술을 다른 선행기술 문헌과 결합하는 것은 통상 용이하다고 본다. 다만, 결합되는 기술적 특징이 당해 기술분야에서 주지관용기술이라고 하더라도 다른 기술적 특징과의 유기적인 결합에 의해 더 나은 효과를 주는 경우에는 그 결합은 자명하다고 할 수 없다.

(예) 출원발명의 안내부를 제외한 나머지 구성들은 인용발명 1에 그대로 나타나 있고, 상기 안내부는 인용발명 1에서 인용하고 있는 인용발명 2의 가이드 부재와 실질적으로 동일한 경우, 인용발명들의 결합이 이미 암시되었다고 볼 수 있으므로, 인용발명 1과 인용발명 2를 결합하여 출원발명에 이르는 것은 용이하다고 할 수 있다.

⑤ |O| 심사기준

ⅰ) 인용발명의 특정 사항과 청구항에 기재된 발명의 특정 사항이 유사하거나, 복수의 인용발

의 결합에 의하여 일견(一見), 통상의 기술자가 용이하게 생각해낼 수 있는 경우에도 청구항에 기재된 발명이 인용발명이 가진 것과는 이질의 효과를 갖거나 동질이라도 현저한 효과를 가지며, 이러한 효과가 당해 기술수준으로부터 통상의 기술자가 예측할 수 없는 경우에는 진보성이 인정될 수 있다.

ii) 특히, 선택발명이나 화학분야의 발명 등과 같이 물건의 구성에 의한 효과의 예측이 쉽지 않은 기술분야의 경우에는 인용발명과 비교되는 더 나은 효과를 갖는다는 것이 진보성의 존재를 인정하기 위한 중요한 사실이 된다.

(참고) 두 개 이상의 화합물을 소정 비율로 배합하여 제조한 염료조성물의 진보성은 그 조성물 자체의 작용효과 유무에 따라 판단되어야 하는 것이며, 비록 조성물을 구성하는 개개의 성분이 공지의 범주에 속하는 화합물이라 할지라도 이를 소정비율로 배합한 결과 종전에 예측할 수 없는 작용효과가 창출되었다면 이는 진보성이 있는 것이다(대법원 1994. 4. 15. 선고 90후1567 판결 참조).

정답 ④

19 다음 설명 중 옳지 않은 것은?

① 선택발명에 여러 효과가 있는 경우에 선행발명에 비하여 이질적이거나 양적으로 현저한 효과를 갖는다고 하기 위해서는 선택발명의 모든 종류의 효과가 선행발명에 비하여 그러한 효과를 갖는다고 인정되어야 한다.

② 청구범위가 '어떤 구성요소들을 포함하는'이라는 형식으로 기재된 경우에는, 그 청구범위에 명시적으로 기재된 구성요소 전부에다가 명시적으로 기재되어 있지 아니한 다른 구성요소를 추가하더라도 그 기재된 '어떤 구성요소들을 모두 포함하는'이라는 사정에는 변함이 없으므로, 명시적으로 기재된 구성요소 이외에 다른 구성요소를 추가하는 경우까지도 그 특허발명의 기술적 범위로 하는 것이다.

③ 구성요소의 범위를 수치로써 한정하여 표현한 발명이 그 출원 전에 공지된 발명과 사이에 수치한정의 유무 또는 범위에서만 차이가 있는 경우에는, 그 한정된 수치범위가 공지된 발명에 구체적으로 개시되어 있거나, 그렇지 않더라도 그러한 수치한정이 그 발명이 속하는 기술분야에서 통상의 지식을 가진 자가 적절히 선택할 수 있는 주지, 관용의 수단에 불과하고 이에 따른 새로운 효과도 발생하지 않는다면 그 신규성이 부정된다. 그리고 한정된 수치범위가 공지된 발명에 구체적으로 개시되어 있는 것에는, 그 수치범위 내의 수치가 공지된 발명을 기재한 선행문헌의 실시예 등에 나타나 있는 경우 등과 같이 문언적인 기재가 존재하는 경우 외에도 통상의 기술자가 선행문헌의 기재 내용과 출원시의 기술상식에 기초하여 선행문헌으로부터 직접적으로 그 수치범위를 인식할 수 있는 경우도 포함된다.

④ 이미 통지된 거절이유가 비교대상발명에 의하여 출원발명의 진보성이 부정된다는 취지인 경우에, 위 비교대상발명을 보충하여 특허출원 당시 그 기술분야에 널리 알려진 주지관용기술의 존재를 증명하기 위한 자료는 새로운 공지기술에 관한 것에 해당하지 아니하므로, 심결취소소송의 법원이 이를 진보성을 부정하는 판단의 근거로 채택하였다고 하더라도 이미

통지된 거절이유와 주요한 취지가 부합하지 아니하는 새로운 거절이유를 판결의 기초로 삼은 것이라고 할 수 없다.

⑤ 정정청구의 적법 여부를 판단하는 무효심판이나 심결취소소송에서 정정의견제출통지서에 기재된 사유와 다른 별개의 사유가 아니고 주된 취지에 있어서 정정의견제출통지서에 기재된 사유와 실질적으로 동일한 사유로 정정청구를 받아들이지 않는 심결을 하거나 심결에 대한 취소청구를 기각하는 것은 허용되지만, 정정의견제출통지서를 통하여 특허권자에게 의견서 제출 기회를 부여한 바 없는 별개의 사유를 들어 정정청구를 받아들이지 않는 심결을 하거나 심결에 대한 취소청구를 기각하는 것은 위법하다.

해 설

① |×| 대법원 2012. 8. 23. 선고 2010후3424 판결
선행 또는 공지의 발명에 구성요소가 상위개념으로 기재되어 있고 위 상위개념에 포함되는 하위개념만을 구성요소 중의 전부 또는 일부로 하는 이른바 선택발명의 진보성이 부정되지 않기 위해서는 선택발명에 포함되는 하위개념들 모두가 구성의 곤란성이 인정되거나, 선행발명이 갖는 효과와 질적으로 다른 효과를 갖고 있거나, 질적인 차이가 없더라도 양적으로 현저한 차이가 있어야 하고, 이때 선택발명의 발명의 설명에는 선행발명에 비하여 위와 같은 효과가 있음을 명확히 기재하여야 하며, 위와 같은 효과가 명확히 기재되어 있다고 하기 위해서는 선택발명의 발명의 설명에 질적인 차이를 확인할 수 있는 구체적인 내용이나, 양적으로 현저한 차이가 있음을 확인할 수 있는 정량적 기재가 있어야 한다.
선택발명에 여러 효과가 있는 경우에 선행발명에 비하여 이질적이거나 양적으로 현저한 효과를 갖는다고 하기 위해서는 선택발명의 모든 종류의 효과가 아니라 그 중 일부라도 선행발명에 비하여 그러한 효과를 갖는다고 인정되면 충분하다.
(명칭을 '약제학적 화합물'로 하는 특허발명에 대하 갑 주식회사가 특허권자을 외국회사를 상대로 선택발명으로서 진보성 등이 부정된다는 이유로 등록무효심판을 청구한 사안에서, 위 특허발명의 청구범위 제2항 '올란자핀(olanzapine)'을 청구범위로 하는 발명으로서 비교대상발명 1의 선택발명에 해당하고 비교대상발명 1에 구체적으로 개시된 화합물들 중 올란자핀과 가장 유사한 화학구조를 가지는 '에틸올란자핀(ethyl olanzapine)'과 비교하여 정신병 치료 효과면에서 올란자핀이 에틸올란자핀에 비하여 현저히 우수한 효과를 갖는다고 단정하기 어렵지만, 콜레스테롤 증가 부작용 감소라는 이질적인 효과를 가진다고 인정되므로, 위 특허발명은 비교대상발명 1에 의하여 진보성이 부정되지 아니함에도 이와 달리 본 원심판결에 법리오해의 위법이 있다.)

② |○| 대법원 2012. 3. 29. 선고 2010후 2605 판결
특허발명의 보호범위는 청구범위에 기재된 사항에 의하여 정하여지는 것이 원칙이므로, 청구범위 기재만으로 기술적 범위가 명백한 경우에는 명세서의 다른 기재에 의하여 청구범위의 기재를 제한해석할 수 없다. 다만, 그 기재만으로 특허발명의 기술적 구성을 알 수 없거나 기술적 범위를 확정할 수 없는 경우에는 명세서의 다른 기재에 의해 보충할 수 있으나, 그러한 경우에도 명세서의 다른 기재에 의하여 청구범위를 확정해석하는 것은 허용되지 않는다. 한편, 청구범위가 '어떤 구성요소들을 포함하는'이라는 형식으로 기재된 경우에는, 그 청구범위에 명시적으로 기재된 구성요소 전부에다가 명시적으로 기재되어 있지 아니한 다른 구성요소를 추가하더라도 그 기재된 '어떤 구성요소들을 모두 포함하는'이라는 사정에는 변함이 없으므로, 명시적으로 기재된 구성요소 이외에 다른 구성요소를 추가하는 경우까지도 그 특허발명의 기술적 범위로 하는 것이다.

③ [ㅇ] 대법원 2013. 5. 24. 선고 2011후2015 판결
④ [ㅇ] 대법원 2013. 2. 15. 선고 2012후1439 판결
⑤ [ㅇ] 대법원 2012. 7. 12. 선고 2011후934 판결

특허권자는 특허무효심판청구가 있는 경우 심판청구서 부본을 송달받은 날이나 직권심리 이유를 통지받은 날부터 일정한 기간 내에, 또는 심판청구인의 증거서류 제출로 인하여 심판장이 허용한 기간 내에 특허발명의 명세서 또는 도면의 정정을 청구할 수 있고, 이러한 정정은 특허발명의 명세서 또는 도면에 기재된 사항의 범위 내에서 이를 할 수 있으며, 심판관은 정정청구가 특허발명의 명세서 또는 도면에 기재된 사항의 범위를 벗어난 것일 때에는 특허권자에게 그 이유를 통지하고 의견서를 제출할 수 있는 기회를 주어야 하는바, 의견서 제출기회를 부여하게 한 위 규정은 정정청구에 대한 심판의 적정을 기하고 심판제도의 신용을 유지하기 위한 공익상의 요구에 기인하는 이른바 강행규정이다. 따라서 정정청구의 적법 여부를 판단하는 무효심판이나 심결취소소송에서 정정의견제출통지서에 기재된 사유와 다른 별개의 사유가 아니고 주된 취지에 있어서 정정의견제출통지서에 기재된 사유와 실질적으로 동일한 사유로 정정청구를 받아들이지 않는 심결을 하거나 심결에 대한 취소청구를 기각하는 것은 허용되지만, 정정의견제출통지서를 통하여 특허권자에게 의견 제출 기회를 부여한 바 없는 별개의 사유를 들어 정정청구를 받아들이지 않는 심결을 하거나 심결에 대한 취소청구를 기각하는 것은 위법하다.

정답 ①

20 진보성에 관한 설명으로 옳은 것을 모두 고른 것은? (다툼이 있으면 판례에 따름)

[2015년 기출문제]

ㄱ. 진보성은 인용발명의 기술적 구성을 기준으로 판단하는 것이므로 상업적 성공에 의한 모방품의 발생사실 등은 진보성 판단에 영향을 미칠 수 없다.
ㄴ. 진보성 판단 시 미완성발명은 선행기술로 인용할 수 없다.
ㄷ. 결합발명의 진보성을 판단함에 있어서 청구항에 기재된 발명의 구성요소 각각이 공지 또는 인용발명으로부터 자명하다고 하여 청구항에 기재된 발명의 진보성을 부정해서는 안 된다.
ㄹ. 진보성의 판단대상이 되는 발명의 명세서에 개시되어 있는 기술을 알고 있음을 전제로 하여 사후적으로 통상의 기술자가 그 발명을 쉽게 발명할 수 있는지를 판단해서는 안 된다.

① ㄱ, ㄴ
② ㄱ, ㄷ
③ ㄴ, ㄷ
④ ㄴ, ㄹ
⑤ ㄷ, ㄹ

해설

ㄱ. |×| 발명품의 판매가 종래품을 누르고 상업적 성공을 거두거나 업계로부터 호평, 기타 모방품의 출현 등은 일응 진보성이 있는 것으로 볼 자료가 될 수 있을지라도 그 자체로 진보성이 있다고 단정할 수는 없고, 진보성에 대한 판단은 우선적으로 명세서에 기재된 내용 즉, 발명의 목적, 구성 및 효과를 토대로 판단되어야 하는 것이며 아무리 우수한 발명이라도 발명이 갖고 있는 특징을 명세서에 적절히 기재하고 있지 못하다면 그 발명은 특허 받을 수 없다(대법원 2001. 6. 12. 선고 98후2726 판결 참조). 즉, 상업적 성공에 의한 모방품의 발생사실 등은 진보성 판단에 영향을 조금은 미칠 수 있다고 보는 것이 타당하다.

ㄴ. |×| 발명의 신규성 또는 진보성 판단에 제공되는 대비발명은 그 기술적 구성 전체가 명확하게 표현된 것뿐만 아니라, 미완성 발명 또는 자료의 부족으로 표현이 불충분하거나 일부 내용에 오류가 있다고 하더라도 그 기술분야에서 통상의 지식을 가진 자가 발명의 출원 당시 기술상식을 참작하여 기술내용을 용이하게 파악할 수 있다면 선행기술이 될 수 있다(대법원 1997. 8. 26. 선고 96후1514 판결, 대법원 2006. 3. 24. 선고 2004후2307 판결 등 참조).

ㄷ. |○| 어느 특허발명의 특허청구범위에 기재된 청구항이 복수의 구성요소로 되어 있는 경우에는 각 구성요소가 유기적으로 결합한 전체로서의 기술사상이 진보성 판단의 대상이 되는 것이지 각 구성요소가 독립하여 진보성 판단의 대상이 되는 것은 아니므로, 그 특허발명의 진보성 여부를 판단함에 있어서는 청구항에 기재된 복수의 구성을 분해한 후 각각 분해된 개별 구성요소들이 공지된 것인지 여부만을 따져서는 안 되고, 특유의 과제 해결원리에 기초하여 유기적으로 결합된 전체로서의 구성의 곤란성을 따져 보아야 할 것이며, 이 때 결합된 전체 구성으로서의 발명이 갖는 특유한 효과도 함께 고려하여야 한다(대법원 2007. 9. 6. 선고 2005후3284 판결 참조).

ㄹ. |○| 선행기술에 의하여 용이하게 발명할 수 있는 것인지에 좇아 발명의 진보성 유무를 판단함에 있어서는, 적어도 선행기술의 범위와 내용, 진보성 판단의 대상이 된 발명과 선행기술의 차이 및 통상의 기술자의 기술수준에 대하여 증거 등 기록에 나타난 자료에 기하여 파악한 다음, 이를 기초로 하여 통상의 기술자가 특허출원 당시의 기술수준에 비추어 진보성 판단의 대상이 된 발명이 선행기술과 차이가 있음에도 그러한 차이를 극복하고 선행기술로부터 그 발명을 용이하게 발명할 수 있는지를 살펴보아야 하는 것이다. 이 경우 진보성 판단의 대상이 된 발명의 명세서에 개시되어 있는 기술을 알고 있음을 전제로 하여 사후적으로 통상의 기술자가 그 발명을 용이하게 발명할 수 있는지를 판단하여서는 아니된다(대법원 2007. 8. 24. 선고 2006후138 판결 참조).

정답 ⑤

21 다음 설명 중 틀린 것은? (다툼이 있는 경우 판례에 의함)

① 발명의 진보성 판단에 제공되는 대비발명은 그 기술적 구성 전체가 명확하게 표현된 것뿐만 아니라, 미완성 발명이라고 하더라도 또는 자료 부족으로 표현이 불충분하거나 일부 내용에 오류가 있다고 하더라도 그 기술분야에서 통상의 지식을 가진 자가 발명의 출원 당시 기술 상식을 참작하여 기술내용을 용이하게 파악할 수 있다면 선행발명이 될 수 있다.

② 여러 선행기술문헌을 인용하여 특허발명의 진보성을 판단함에 있어서는 그 인용되는 기술을 조합 또는 결합하면 당해 특허발명에 이를 수 있다는 암시, 동기 등이 선행기술문헌에 제시되어 있거나 그렇지 않더라도 당해 특허발명의 출원 당시의 기술수준, 기술상식, 해당 기술분야의 기본적 과제, 발전경향, 해당 업계의 요구 등에 비추어 보아 통상의 기술자가 용이하게 그와 같은 결합에 이를 수 있다고 인정할 수 있는 경우에는 당해 특허발명의 진보성은 부정된다.

③ 구성요소의 범위를 수치로써 한정하여 표현한 발명이 그 출원 전에 공지된 발명과 사이에 수치한정의 유무 또는 범위에서만 차이가 있는 경우에는, 그 한정된 수치범위가 공지된 발명에 구체적으로 개시되어 있거나, 그렇지 않더라도 그러한 수치한정이 통상의 기술자가 적절히 선택할 수 있는 주지·관용의 수단에 불과하고 이에 따른 새로운 효과도 발생하지 않는다면 그 신규성이 부정된다.

④ 수치한정이 공지된 발명과는 서로 다른 과제를 달성하기 위한 기술수단으로서의 의의를 가지고 그 효과도 이질적인 경우나 공지된 발명과 비교하여 한정된 수치범위 내외에서 현저한 효과의 차이가 생기는 경우 등에는, 그 수치범위가 공지된 발명에 구체적으로 개시되어 있다고 할 수 없음은 물론, 그 수치한정이 통상의 기술자가 적절히 선택할 수 있는 주지·관용의 수단에 불과하다고 볼 수도 없다.

⑤ 수치한정발명에서 한정된 수치범위가 공지된 발명에 구체적으로 개시되어 있다는 것에는, 그 수치범위 내의 수치가 공지된 발명을 기재한 선행문헌의 실시 예 등에 나타나 있는 경우 등과 같이 문언적인 기재가 존재하는 경우 한하는 것이지 통상의 기술자가 선행문헌의 기재내용과 출원 시의 기술상식에 기초하여 선행문헌으로부터 그 수치범위를 인식할 수 있는 경우까지 포함하는 것은 아니다.

> 해설

① |O| 대법원 2013. 2. 14. 선고 2012후146 판결
② |O| 대법원 2014. 5. 16. 선고 2012후115 판결
③ |O| ④ |O| ⑤ |×|
　　대법원 2013. 5. 24. 선고 2011후2051 판결
　　구성요소의 범위를 수치로써 한정하여 표현한 발명이 그 출원 전에 공지된 발명과 사이에 수치한정의 유무 또는 범위에서만 차이가 있는 경우에는, 그 한정된 수치범위가 공지된 발명에 구체적으로 개시되어 있거나, 그렇지 않더라도 그러한 수치한정이 통상의 기술자가 적절히 선택할 수 있는 주지·관용의 수단에 불과하고 이에 따른 새로운 효과도 발생하지 않는다면 그 신규성이 부정된다.

그리고 한정된 수치범위가 공지된 발명에 구체적으로 개시되어 있다는 것에는, 그 수치범위 내의 수치가 공지된 발명을 기재한 선행문헌의 실시 예 등에 나타나 있는 경우 등과 같이 문언적인 기재가 존재하는 경우 외에도 통상의 기술자가 선행문헌의 기재 내용과 출원 시의 기술상식에 기초하여 선행문헌으로부터 직접적으로 그 수치범위를 인식할 수 있는 경우도 포함된다.

정답 ⑤

22 다음 설명 중 틀린 것은? (다툼이 있는 경우 판례에 의함)

① 의약용도발명에서는 특정 물질과 그것이 가지고 있는 의약용도가 발명을 구성한다. 약리기전은 특정 물질에 불가분적으로 내재된 속성에 불과하므로, 의약용도발명의 청구범위에 기재되는 약리기전은 특정 물질이 가지고 있는 의약용도를 특정하는 한도 내에서만 발명의 구성요소로서 의미를 가질 뿐, 약리기전 그 자체가 청구범위를 한정하는 구성요소라고 볼 수 없다.

② 약리기전을 덧붙여 동일한 의약용도를 또다시 기재하는 내용으로 청구범위를 정정하는 정정심판을 청구한 경우, 특허법 제136조 제1항 각 호에서 특허발명의 명세서 등에 대하여 정정심판을 청구할 수 있는 요건으로 정한 청구범위를 감축하는 경우, 잘못 기재된 것을 정정하는 경우, 또는 분명하지 아니하게 기재된 것을 명확하게 하는 경우에 해당한다고 볼 수 없다.

③ 어떠한 특허발명이 그 출원 전에 공지된 발명이 가지는 구성요소의 범위를 수치로써 한정하여 표현한 경우에, 그 한정한 수치범위 내외에서 이질적이거나 현저한 효과의 차이가 생기지 아니 한다고 하여, 그 기술분야에서 통상의 지식을 가진 사람이 통상적이고 반복적인 실험을 통하여 적절히 선택할 수 있는 정도의 단순한 수치한정에 불과하다고 단정할 수 없다.

④ 특허발명의 보호범위는 청구범위에 기재된 사항에 의하여 정하여지는 것이 원칙이며, 특허청구범위의 기재만으로 기술적 범위가 명백한 경우에는 명세서의 다른 기재에 의하여 청구범위의 기재를 제한 해석할 수 없다. 다만 그 기재만으로 특허발명의 기술적 구성을 알 수 없거나 기술적 범위를 확정할 수 없는 경우에는 명세서의 다른 기재에 의해 보충할 수 있으나, 그러한 경우에도 명세서의 다른 기재에 의하여 청구범위를 확장하여 해석하는 것은 허용되지 아니한다.

⑤ 한 개의 청구범위의 항 일부에 공지기술에 의하여 진보성이 부정되는 등의 거절이유가 있는 경우에는 그 부분이 나머지 부분과 유기적으로 결합된 것이라고 인정되지 아니하는 한 그 항을 전부 거절하여야 하고, 청구범위가 여러 개의 청구항으로 되어 있는 경우 그 하나의 항이라도 거절이유가 있는 때에는 그 출원을 전부 거절하여야 한다.

해설

① |○ ② |○ ③ |× ④ |○

대법원 2014. 5. 16. 선고 2012후238 판결

(1) 의약용도발명에서는 특정 물질과 그것이 가지고 있는 의약용도가 발명을 구성한다(대법원 2009. 1. 30. 선고 2006후3564 판결 참조). 약리기전은 특정 물질에 불가분적으로 내재된 속성에 불과하므로, 의약용도발명의 특허청구범위에 기재되는 약리기전은 특정 물질이 가지고 있는 의약용

도를 특정하는 한도 내에서만 발명의 구성요소로서 의미를 가질 뿐, 약리기전 그 자체가 특허청구범위를 한정하는 구성요소라고 볼 수 없다.

위 법리와 기록에 비추어 정정요건 판단에 관한 상고이유에 대하여 살펴본다.

명칭을 '알레르기성 안질환을 치료하기 위한 독세핀 유도체를 함유하는 국소적 안과용 제제'로 하는 이 사건 특허발명(특허등록번호 생략)에 대한 특허무효심판절차에서, 피고들은 이 사건 특허발명 중 특허청구범위 제1항(이하 '이 사건 제1항 발명'이라고 하고, 나머지 청구항도 같은 방식으로 부른다)의 '앨러지성 안질환을 치료하기 위한 국소적으로 투여할 수 있는 안과용 조성물'을 '인간 결막비만세포(비만세포)를 안정화하여 인간에서 알러지성 결막염을 치료하기 위한 국소 투여 안과용 조성물'로 정정하는 내용으로 이 사건 정정청구를 하였음을 알 수 있다(이하 '앨러지'와 '알러지'는 국어사전상의 용어인 '알레르기'로 고쳐 쓴다).

그런데 이 사건 제1항 발명의 유효성분 중 하나인 올로파타딘은 그 고유한 특성으로서 '항히스타민'약리기전과 '인간 결막 비만세포 안정화' 약리기전을 가지는 것이고, 위 두 가지 약리기전은 모두 올로파타딘에 불가분적으로 내재되어 올로파타딘이 '인간 알레르기성 결막염 치료'의 의약용도로 사용될 수 있도록 하는 속성에 불과하다. 따라서 이 사건 정정청구에서 부가된 '인간 결막 비만세포 안정화'라는 약리기전은 올로파타딘의 '인간 알레르기성 결막염 치료'라는 의약용도를 특정하는 이상의 의미를 갖지 아니한다. 그렇다면 이 사건 정정청구는 전체적으로 특허청구범위에 '인간 알레르기성 결막염 치료'라는 의약용도를 부가하면서 '인간 결막 비만세포 안정화'라는 약리기전을 덧붙여 동일한 의약용도를 또다시 기재하는 내용으로 되어 있어, 특허법 제136조 제1항 각 호에서 특허발명의 명세서 등에 대하여 정정심판을 청구할 수 있는 요건으로 정한 특허청구범위를 감축하는 경우, 잘못 기재된 것을 정정하는 경우, 또는 분명하지 아니하게 기재된 것을 명확하게 하는 경우에 해당한다고 볼 수 없다.

따라서 이 사건 정정청구가 특허법 제136조 제1항 각 호에 규정된 정정요건에 해당하지 아니한다고 본 원심은 위에서 본 법리에 따른 것으로서, 거기에 상고이유 주장과 같이 정정요건 판단 및 특허청구범위 감축에 관한 법리를 오해하는 등의 위법이 없다.

(2) 특허발명의 보호범위는 특허청구범위에 기재된 사항에 의하여 정하여지는 것이 원칙이며, 특허청구범위의 기재만으로 기술적 범위가 명백한 경우에는 명세서의 다른 기재에 의하여 특허청구범위의 기재를 제한 해석할 수 없다. 다만 그 기재만으로 특허발명의 기술적 구성을 알 수 없거나 기술적 범위를 확정할 수 없는 경우에는 명세서의 다른 기재에 의해 보충할 수 있으나, 그러한 경우에도 명세서의 다른 기재에 의하여 특허청구범위를 확장하여 해석하는 것은 허용되지 아니한다(대법원 2012. 3. 29. 선고 2010후2605 판결 참조).

또한 어떠한 특허발명이 그 출원 전에 공지된 발명이 가지는 구성요소의 범위를 수치로써 한정하여 표현한 경우에, 그 한정한 수치범위 내외에서 이질적이거나 현저한 효과의 차이가 생기지 아니한다면, 이는 그 기술분야에서 통상의 지식을 가진 사람(이하 '통상의 기술자'라고 한다)이 통상적이고 반복적인 실험을 통하여 적절히 선택할 수 있는 정도의 단순한 수치한정에 불과하므로, 그 수치한정을 이유로 진보성이 부정되지 아니한다고 할 수 없다(대법원 1993. 2. 12. 선고 92다40563 판결 참조). 그리고 그 특허발명이 공지된 발명과 과제가 공통되고 수치한정의 유무에서만 차이가 있을 뿐이며 그 특허발명의 명세서에 한정된 수치를 채용함에 따른 현저한 효과 등이 기재되어 있지 않다면, 특별한 사정이 없는 한 그와 같이 한정한 수치범위 내외에서 현저한 효과의 차이가 생긴다고 보기 어렵다(대법원 1994. 5. 13. 선고 93후657 판결, 대법원 2007. 11. 16. 선고 2007후1299 판결등 참조).

⑤ |○| 대법원 1998. 9. 18. 선고 96후2395 판결, 대법원 2010. 7. 22. 선고 2008후934 판결

정답 ③

23 다음 설명 중 틀린 것은? (다툼이 있는 경우 판례에 의함)

① 파라미터발명은 당해 발명이 속하는 기술분야에서 사용빈도가 낮은 물성을 발명자가 새롭게 창출한 파라미터에 의하여 한정한 구성요소를 포함하는 발명으로서, 파라미터발명의 진보성을 판단하기 위해서는 먼저 그와 같은 파라미터의 도입에 기술적 의의가 있는지 여부를 살펴야 하는바, 이 경우 그 파라미터가 출원 전 이미 공지된 물성을 표현방식만 달리하여 나타낸 것이거나 그 물성의 측정방법을 단순히 설정한 것에 불과하다면 그에 대한 기술적 의의를 인정할 수 없고, 다만 파라미터발명이 수치한정발명의 형태를 취하고 있는 경우에는 수치한정발명의 진보성 판단기준이 그대로 적용되어야 하므로, 비록 파라미터의 도입 자체에는 별다른 기술적 의의가 없다고 하더라도 파라미터에 의하여 한정된 수치범위 내외에서 이질적이거나 현저한 작용효과의 차이가 인정된다면 당해 발명은 진보성을 가질 수 있다.

② 특허발명의 청구범위에 기재된 성질 또는 특성이 다른 정의 또는 시험·측정방법에 의한 것으로 환산이 가능하여 환산해 본 결과 비교대상발명의 대응되는 것과 동일·유사하거나 또는 특허발명의 명세서의 상세한 설명에 기재된 실시형태와 비교대상발명의 구체적 실시형태가 동일·유사한 경우에는, 달리 특별한 사정이 없는 한, 양 발명은 발명에 대한 기술적인 표현만 달리할 뿐 실질적으로는 동일·유사한 것으로 보아야 할 것이다.

③ 영업방법 발명의 진보성 여부 판단은 영업방법의 요소와 이를 구현하는 기술적 요소 모두를 종합적으로 고려하여 할 것인바, 그 결과 영업방법의 요소가 종래의 영업방법을 단순히 컴퓨터상에서 수행되도록 구현한 것에 불과하고 또 이를 구현하는 기술적 요소 역시 출원시의 기술수준에서 통상의 주지·관용 내지 공지의 기술에 불과한 경우에는 그 진보성이 부정된다.

④ 의약화합물 분야에서 선행발명에 공지된 화합물과 결정 형태만을 달리하는 특정 결정형의 화합물을 특허청구범위로 하는 이른바 '결정형 발명'은, 특별한 사정이 없는 한 선행발명에 공지된 화합물이 갖는 효과와 질적으로 다른 효과를 갖고 있는 경우에 한하여 진보성이 부정되지 않는다.

⑤ 공지의 약물들을 포함하는 복합제제가 단순한 상가 효과 이상의 상승효과를 나타낼 것인지 여부는 실제로 시험을 해 보기 전에는 제약분야에서 통상의 지식을 가진 자라 하더라도 용이하게 예상할 수 없는 것이므로, 신규한 복합제제에 관한 발명은 '상승효과'를 나타낸다는 것이 확인될 경우 그 진보성이 인정될 수 있다.

해설

① |O| 특허법원 2008. 11. 20. 선고 2007허8764 판결
② |O| 특허법원 2008. 5. 28. 선고 2007허7297 판결
③ |O| 특허법원 2005. 6. 10. 선고 2004허4433 판결
④ |X| 특허법원 2013. 4. 25. 선고 2012허10761 판결
의약화합물 분야에서 선행발명에 공지된 화합물과 결정 형태만을 달리하는 특정 결정형의 화합물을 특허청구범위로 하는 이른바 '결정형 발명'은, 특별한 사정이 없는 한 선행발명에 공지된 화합물이 갖는 효과와 질적으로 다른 효과를 갖고 있거나 질적인 차이가 없더라도 양적으로 현저한 차이가 있는 경우에 한하여 그 진보성이 부정되지 않고, 이때 결정형 발명의 설명에는 선행발

명과의 비교실험자료까지는 아니라고 하더라도 위와 같은 효과가 있음이 명확히 기재되어 있어야만 진보성 판단에 고려될 수 있으며, 만일 그 효과가 의심스러울 때에는 출원일 이후에 출원인 또는 특허권자가 신뢰할 수 있는 비교실험자료를 제출하는 등의 방법에 의하여 그 효과를 구체적으로 주장·입증하여야 한다.

⑤ |이| 특허법원 2012. 4. 26. 선고 2011허9528 판결

정답 ④

24 특허법상 진보성에 관한 설명으로 옳지 않은 것은? (다툼이 있으면 판례에 따름) [2018년 기출]

① 발명의 진보성 유무를 판단할 때에, 적어도 선행기술의 범위와 내용, 진보성 판단의 대상이 된 발명과 선행기술의 차이 및 발명이 속하는 기술분야에서 통상의 기술자의 기술수준에 대하여 증거 등 기록에 나타난 자료에 기하여 파악한 다음, 이를 기초로 하여 통상의 기술자가 특허출원 당시의 기술수준에 비추어 진보성 판단의 대상이 된 발명이 선행기술과 차이가 있음에도 그러한 차이를 극복하고 선행기술로부터 발명을 쉽게 발명할 수 있는지를 살펴보아야 한다.

② 특허가 진보성이 없어 무효사유가 있는 경우에 특허무효심판에서 무효심결이 확정되지 않으면, 특별한 사정이 없는 한 다른 절차에서 그 특허가 무효임을 전제로 판단할 수는 없으므로, 특허발명이 공지의 기술인 경우 등을 제외하고는 특허발명의 진보성이 부정되는 경우에도 권리범위확인심판에서 등록된 특허권의 효력을 당연히 부인할 수는 없다.

③ 최후거절이유통지에 따른 보정이 신규사항 추가금지, 청구범위 보정범위제한을 위반하여 새로운 거절이유가 발생한 것으로 인정되면, 심사관은 보정에 대하여 서면으로 이유를 붙여서 결정으로 그 보정을 각하하여야 하고 보정각하 결정시에는 기간을 정하여 의견서를 제출할 기회를 부여하여야 한다.

④ 특허발명에 대한 무효심결이 확정되기 전이라고 하더라도 특허발명의 진보성이 부정되어 특허가 특허무효심판에 의하여 무효로 될 것임이 명백한 경우에는 특허권에 기초한 침해금지 또는 손해배상 등의 청구는 특별한 사정이 없는 한 권리남용에 해당하여 허용되지 아니한다.

⑤ 출원발명에 대하여 우선권주장의 불인정으로 거절이유가 생긴 경우에는 우선권주장의 불인정은 거절이유 일부를 구성하는 것이므로, 우선권주장이 인정되지 않는다는 취지 및 그 이유가 포함된 거절이유를 통지하지 않은 채 우선권주장의 불인정으로 인하여 생긴 거절이유를 들어 특허거절결정을 하는 것은 위법하다.

해설

① 진보성이란 통상의 기술자의 관점에서 그 발명을 창작하는 난이도에 관한 것이다. 때문에 진보성을 판단할 때는 앞서서 통상의 기술자의 수준부터 특정한다. 본 지문은 통상의 기술자의 수준을 특정하는 방법에 관한 것이다. 참고판례를 아래에 소개한다.

특허법 제29조 제2항은, 특허출원 전에 그 발명이 속하는 기술분야에서 통상의 지식을 가진 사람(이하 '통상의 기술자'라 한다)이 특허출원 전에 국내에서 공지되었거나 공연히 실시된 발명 또는

특허출원 전에 국내 또는 국외에서 반포된 간행물에 게재되거나 대통령령이 정하는 전기통신회선을 통하여 공중이 이용가능하게 된 발명(이하 '선행기술'이라 한다)에 의하여 용이하게 발명할 수 있는 것일 때에는 그 발명에 대하여는 특허를 받을 수 없도록 정하고 있다. 위 규정에 의하여 선행기술에 의하여 용이하게 발명할 수 있는 것인지에 좇아 발명의 진보성 유무를 판단함에 있어서는, 적어도 선행기술의 범위와 내용, 진보성 판단의 대상이 된 발명과 선행기술의 차이 및 통상의 기술자의 기술수준에 대하여 증거 등 기록에 나타난 자료에 기초하여 파악한 다음, 이를 기초로 하여 통상의 기술자가 특허출원 당시의 기술수준에 비추어 진보성 판단의 대상이 된 발명이 선행기술과 차이가 있음에도 그러한 차이를 극복하고 선행기술로부터 그 발명을 용이하게 발명할 수 있는지를 살펴보아야 하는 것이다. 이 경우 진보성 판단의 대상이 된 발명의 명세서에 개시되어 있는 기술을 알고 있음을 전제로 하여 사후적으로 통상의 기술자가 그 발명을 용이하게 발명할 수 있는지를 판단하여서는 아니된다(대법원 2009. 11. 12. 선고 2007후3660 판결).

② 현재 확립된 법원의 태도가 논리적이지 못한데, 권리범위확인심판에서 특허발명의 진보성 여부는 심리할 수 없고, 신규성 여부는 심리할 수 있다. 본 지문 중 "특허발명이 공지의 기술인 경우 등을 제외하고는" 이 특허발명의 신규성 결여는 심리할 수 있다는 뜻이다. 참고판례를 아래에 발췌한다.

특허법은 특허가 일정한 사유에 해당하는 경우에 별도로 마련한 특허의 무효심판절차를 거쳐 무효로 할 수 있도록 규정하고 있으므로, 특허는 일단 등록이 되면 비록 진보성이 없어 당해 특허를 무효로 할 수 있는 사유가 있더라도 특허무효심판에 의하여 무효로 한다는 심결이 확정되지 않는 한 다른 절차에서 그 특허가 무효임을 전제로 판단할 수는 없다.

나아가 특허법이 규정하고 있는 권리범위확인심판은 심판청구인이 그 청구에서 심판의 대상으로 삼은 확인대상발명이 특허권의 효력이 미치는 객관적인 범위에 속하는지 여부를 확인하는 목적을 가진 절차이므로, 그 절차에서 특허발명의 진보성 여부까지 판단하는 것은 특허법이 권리범위확인심판 제도를 두고 있는 목적을 벗어나고 그 제도의 본질에 맞지 않다. 특허법이 심판이라는 동일한 절차 안에 권리범위확인심판과는 별도로 특허무효심판을 규정하여 특허발명의 진보성 여부가 문제 되는 경우 특허무효심판에서 이에 관하여 심리하여 진보성이 부정되면 그 특허를 무효로 하도록 하고 있음에도 진보성 여부를 권리범위확인심판에서까지 판단할 수 있게 하는 것은 본래 특허무효심판의 기능에 속하는 것을 권리범위확인심판에 부여함으로써 특허무효심판의 기능을 상당 부분 약화시킬 우려가 있다는 점에서도 바람직하지 않다. 따라서 권리범위확인심판에서는 특허발명의 진보성이 부정된다는 이유로 그 권리범위를 부정하여서는 안 된다.

다만 대법원은 특허의 일부 또는 전부가 출원 당시 공지공용의 것인 경우까지 특허청구범위에 기재되어 있다는 이유만으로 권리범위를 인정하여 독점적·배타적인 실시권을 부여할 수는 없으므로 권리범위확인심판에서도 특허무효의 심결 유무에 관계없이 그 권리범위를 부정할 수 있다고 보고 있으나, 이러한 법리를 공지공용의 것이 아니라 그 기술분야에서 통상의 지식을 가진 자가 선행기술에 의하여 용이하게 발명할 수 있는 것뿐이어서 진보성이 부정되는 경우까지 확장할 수는 없다(대법원 2014. 3. 20. 선고 2012후4162 전원합의체 판결).

③ 보정각하결정은 사전에 그 사유를 통지하지 않는다(특허법 제63조 제1항 단서).

④ 위 2번 지문의 권리범위확인심판절차와 달리 침해금지 또는 손해배상 등 소송절차에서는 특허발명의 신규성뿐 아니라 진보성 여부도 심리한다. 아래에 참고판례를 발췌한다.

특허법은 특허가 일정한 사유에 해당하는 경우에 별도로 마련한 특허의 무효심판절차를 거쳐 무효로 할 수 있도록 규정하고 있으므로, 특허는 일단 등록된 이상 비록 진보성이 없어 무효사유가 존재한다고 하더라도 이와 같은 심판에 의하여 무효로 한다는 심결이 확정되지 않는 한 대세적(對世的)으로 무효로 되는 것은 아니다. 그런데 특허법은 제1조에서 발명을 보호·장려하고 이용을 도모함으로써 기술의 발전을 촉진하여 산업발전에 이바지함을 목적으로 한다고 규정하여 발명자뿐만 아니라 이용자의 이익도 아울러 보호하여 궁극적으로 산업발전에 기여함을 입법목적으로 하고 있는 한편 제29조 제2항에서 그 발명이 속하는 기술분야에서 통상의 지식을 가진 자(이하 '통상의 기술자'라 한다)가 특허출원 전에 공지된 선행기술에 의하여 용이하게 발명할 수 있는 것에 대하여는 특허를 받을 수 없다고 규정함으로써 사회의 기술발전에 기여하지 못하는 진보성 없는 발명은 누구나 자유롭게 이용할 수 있는 이른바 공공영역에 두고 있다. 따라서 진보성이 없어 본래 공중에게 개방되어야 하는 기술에 대하여 잘못하여 특허등록이 이루어져 있음에도 별다른 제한 없이 그 기술을 당해 특허권자에게 독점시킨다면 공공의 이익을 부당하게 훼손할 뿐만 아니라 위에서 본 바와 같은 특허법의 입법목적에도 정면으로 배치된다. 또한 특허권도 사적 재산권의 하나인 이상 특허발명의 실질적 가치에 부응하여 정의와 공평의 이념에 맞게 행사되어야 할 것인데, 진보성이 없어 보호할 가치가 없는 발명에 대하여 형식적으로 특허등록이 되어 있음을 기화로 발명을 실시하는 자를 상대로 침해금지 또는 손해배상 등을 청구할 수 있도록 용인하는 것은 특허권자에게 부당한 이익을 주고 발명을 실시하는 자에게는 불합리한 고통이나 손해를 줄 뿐이므로 실질적 정의와 당사자들 사이의 형평에도 어긋난다. 이러한 점들에 비추어 보면, 특허발명에 대한 무효심결이 확정되기 전이라고 하더라도 특허발명의 진보성이 부정되어 특허가 특허무효심판에 의하여 무효로 될 것임이 명백한 경우에는 특허권에 기초한 침해금지 또는 손해배상 등의 청구는 특별한 사정이 없는 한 권리남용에 해당하여 허용되지 아니한다고 보아야 하고, 특허권침해소송을 담당하는 법원으로서도 특허권자의 그러한 청구가 권리남용에 해당한다는 항변이 있는 경우 당부를 살피기 위한 전제로서 특허발명의 진보성 여부에 대하여 심리·판단할 수 있다(대법원 2012. 1. 19. 선고 2010다95390 전원합의체 판결).

⑤ 특허법 제63조 본문에 의하면, 심사관은 특허법 제62조에 의하여 특허거절결정을 하고자 할 때에는 특허출원인에게 거절이유를 통지하고 기간을 정하여 의견서를 제출할 수 있는 기회를 주어야 한다고 규정하고 있는데, 출원발명에 대하여 우선권주장의 불인정으로 거절이유가 생긴 경우에는 우선권주장의 불인정은 거절이유 일부를 구성하는 것이므로, 우선권주장이 인정되지 않는다는 취지 및 그 이유가 포함된 거절이유를 통지하지 않은 채 우선권주장의 불인정으로 인하여 생긴 거절이유를 들어 특허거절결정을 하는 것은 구 특허법 제63조 본문에 위반되어 위법하다. 그리고 거절이유 통지에 위와 같은 우선권주장 불인정에 관한 이유가 포함되어 있었는지는 출원인에게 실질적으로 의견서 제출 및 보정의 기회를 부여하였다고 볼 수 있을 정도로 그 취지와 이유가 명시되었는지 관점에서 판단되어야 한다(대법원 2011. 9. 8. 선고 2009후2371 판결).

정답 ③

25 진보성에 관한 설명 중 옳지 않은 것은? (다툼이 있는 경우 판례에 의함)

① 발명의 진보성 유무를 판단할 때에는 적어도 선행기술의 범위와 내용, 진보성 판단의 대상이 된 발명과 선행기술의 차이와 그 발명이 속하는 기술분야에서 통상의 지식을 가진 사람의 기술수준에 대하여 증거 등 기록에 나타난 자료에 기초하여 파악해야 한다.

② 진보성을 판단할 때는 진보성 판단의 대상이 된 발명의 명세서에 개시되어 있는 기술을 알고 있음을 전제로 사후적으로 통상의 기술자가 쉽게 발명할 수 있는지를 판단해서는 안 된다.

③ 출원 전에 공지된 발명이 가지는 구성요소의 범위를 수치로써 한정한 특허발명은 과제 및 효과가 공지된 발명의 연장선상에 있고 수치한정의 유무에서만 차이가 있을 뿐 그 한정된 수치범위 내외에서 현저한 효과의 차이가 생기지 않는다면 진보성이 부정된다.

④ 특허법 제29조 제2항에 규정하고 있는 '그 발명이 속하는 기술분야' 란 원칙적으로 당해 특허발명이 이용되는 산업분야를 말하므로, 문제로 된 선행발명의 기술적 구성이 특정 산업분야에만 적용될 수 있는 구성이 아니어도 산업분야가 특허발명과 다른 경우에는 이를 당해 특허발명의 진보성을 부정하는 선행기술로 삼을 수 없다.

⑤ 청구범위에 기재된 청구항이 복수의 구성요소로 되어 있는 경우에는 각 구성요소가 유기적으로 결합한 전체로서의 기술사상이 진보성 판단의 대상이 되는 것이지 각 구성 요소가 독립하여 진보성 판단의 대상이 되는 것은 아니다.

해 설

① 통상의 기술자는 증거 등에 기초하여 파악해야 한다.
② 사후적 고찰은 금지된다.
③ 새로운 구성요소가 추가된 것도 아니고, 이질적 효과도 아니면, 현저한 효과가 있어야만 진보성이 인정된다.
④ 기술분야가 다르더라도 특정 산업분야에만 적용될 수 있는 구성이 아니고 특허발명의 산업분야에서 통상의 기술을 가진 자가 특허발명의 당면한 기술적 문제를 해결하기 위하여 별다른 어려움 없이 이용할 수 있는 구성이라면 진보성을 부정하는 선행기술로 삼을 수 있다.
⑤ 결합발명에서 항상 등장하는 판례 문구다.

정 답 ④

26 신규성 및 진보성 판단에 관한 설명 중 옳지 않은 것은? (다툼이 있는 경우에는 판례에 따름)

① 특허요건에 관해 규정하는 특허법 제29조 제1항에 의하면 특허출원 전에 국내 또는 국외에서 공지되었거나 공연히 실시된 발명이거나, 특허출원 전에 국내 또는 국외에서 반포된 간행물에 게재되었거나 전기통신회선을 통하여 공중이 이용할 수 있는 발명이라면 선행발명에 해당할 수 있다.

② 신규성 또는 진보성 판단에 제공되는 대비발명은 기술 구성 전체가 명확하게 표현된 것뿐만 아니라, 미완성 발명이라고 하더라도 또는 자료의 부족으로 표현이 불충분하거나 일부 내용에 흠결이 있다고 하더라도 통상의 기술자가 기술상식이나 경험칙에 의하여 쉽게 기술내용을 파악할 수 있는 범위 내에서는 선행발명이 될 수 있다.

③ 특허법 제29조 제1항 제1호의 공지되었다고 함은 반드시 불특정다수인에게 인식되었을 필요는 없다 하더라도 적어도 불특정다수인이 인식할 수 있는 상태에 놓인 것을 의미하지만, 공연히 실시되었다고 함은 발명의 내용이 비밀유지약정 등의 제한이 없는 상태에서 양도 등의 방법으로 사용되어 불특정다수인에게 인식된 것을 의미한다.

④ 청구항이 복수의 구성요소로 되어 있는 경우에는 각 구성요소가 유기적으로 결합한 전체로서의 기술사상이 진보성 판단의 대상이 되는 것이지 각 구성요소가 독립하여 진보성 판단의 대상이 되는 것은 아니므로, 그 발명의 진보성 여부를 판단함에 있어서는 청구항에 기재된 복수의 구성을 분해한 후 각각 분해된 개별 구성요소들이 공지된 것인지 여부만을 따져서는 안 된다.

⑤ 수치한정 특허발명에 진보성을 인정할 수 있는 다른 구성요소가 부가되어 있어서 그 특허발명에서의 수치한정이 보충적인 사항에 불과하거나, 수치한정을 제외한 양 발명의 구성이 동일하더라도 그 수치한정이 공지된 발명과는 상이한 과제를 달성하기 위한 기술수단으로서의 의의를 가지고 그 효과도 이질적인 경우라면, 수치한정의 임계적 의의가 없다고 하여 특허발명의 진보성이 부정되지 아니한다.

해설

① 특허법 제29조 제1항 각호.
② 2004후2307.
③ 공연실시도 공지와 마찬가지로 발명의 내용이 인식할 수 있는 상태에 놓였으면 성립한다(2011후4011).
④ 2005후3284.
⑤ 2008후4998.

정답 ③

27 발명의 유형에 따른 진보성 판단에 관한 설명으로 옳지 않은 것은? (다툼이 있으면 판례에 따름)

[2020년 기출]

① 성질 또는 특성 등에 의해 물(物)을 특정하려고 하는 기재를 포함하는 특허발명과, 이와 다른 성질 또는 특성 등에 의해 물을 특정하고 있는 인용발명을 대비할 때, 특허발명의 청구범위에 기재된 성질 또는 특성이 다른 정의 또는 시험·측정방법에 의한 것으로 환산한 결과 인용발명의 대응되는 것과 유사한 경우에는, 달리 특별한 사정이 없는 한, 양 발명은 발명에 대한 기술적인 표현만 달리할 뿐 실질적으로는 유사한 것으로 보아 진보성을 인정하기 어렵다.
② 출원 전에 공지된 발명이 가지는 구성요소의 범위를 수치로 한정한 특허발명은 그 과제 및 효과가 공지된 발명의 연장선상에 있고 수치한정의 유무에서만 차이가 있을 뿐 그 수치범위 내외에서 현저한 효과의 차이가 생기지 않는다면, 진보성이 부정된다.
③ 제법한정 물건발명의 기술적 구성을 파악함에 있어, 청구항에 제조방법과는 다른 기재가 있는 경우에도 제조방법 자체만으로 한정하여 출원 전에 공지된 선행기술과 비교하여 진보성이 있는지 여부를 살펴야 한다.
④ 청구항에 기재된 발명이 용도의 변경 또는 용도의 추가적 한정에 의해서만 선행기술과 구별되는 경우, 출원 시 기술상식을 참작할 때 그 용도의 변경 또는 추가적 한정에 의해 더 나은 효과가 없으면 진보성은 인정되지 않는다.
⑤ 여러 선행문헌을 인용하여 특허발명의 진보성을 판단할 때에, 그 인용되는 기술을 조합 또는 결합하면 해당 특허발명에 이를 수 있다는 암시, 동기 등이 선행문헌에 제시되어 있는 경우 진보성은 부정될 수 있다.

해 설

① 파라미터발명 사안이다.
 "성질 또는 특성 등에 의해 물(物)을 특정하려고 하는 기재를 포함하는 특허발명과, 이와 다른 성질 또는 특성 등에 의해 물을 특정하고 있는 인용발명을 대비할 때, 특허발명의 특허청구범위에 기재된 성질 또는 특성이 다른 정의(定義) 또는 시험·측정방법에 의한 것으로 환산이 가능하여 환산해 본 결과 인용발명의 대응되는 것과 동일·유사하거나 또는 특허발명의 명세서의 상세한 설명에 기재된 실시형태와 인용발명의 구체적 실시형태가 동일·유사한 경우에는, 달리 특별한 사정이 없는 한, 양 발명은 발명에 대한 기술적인 표현만 달리할 뿐 실질적으로는 동일·유사한 것으로 보아야 할 것이므로, 이러한 특허발명은 신규성 및 진보성을 인정하기 어렵다(대법원 2002. 6. 28. 선고 2001후2658 판결)."
② 수치한정발명 사안이다. 수치한정발명은 case를 구분하여 문제를 풀어야 한다. 본 지문은 효과가 동질이고, 수치한정 유무만 차이가 있는 사안이다. 이 경우는 한정된 수치범위 내에서 양적으로 현저한 효과가 있어야만 진보성이 인정되며, 이 효과는 명세서에 임계적 의의로 기재되어 있거나 출원시 기술상식으로부터 기재된 것과 마찬가지로 인식될 수 있어야 한다. 참고판례를 아래에 소개한다.
 "출원 전에 공지된 발명이 가지는 구성요소의 범위를 수치로 한정한 특허발명은 그 과제 및 효과가 공지된 발명의 연장선상에 있고 수치한정의 유무에서만 차이가 있을 뿐 그 한정된 수치범위 내외에서 현저한 효과의 차이가 생기지 않는다면, 그 기술분야에서 통상의 지식을 가진 사람이

통상적이고 반복적인 실험을 통하여 적절히 선택할 수 있는 정도의 단순한 수치한정에 불과하여 진보성이 부정된다(대법원 2007. 11. 16. 선고 2007후1299 판결)."

③ PBP 사안이다. 과거 판례에서는 물건발명을 제조방법으로 특정할 수밖에 없는 특단의 사정이 있으면 제조방법 자체로 한정하여 신규성, 진보성을 판단하였고, 특단의 사정이 없으면 제조방법을 무시하고 신규성, 진보성을 판단하였다. 그러나 최근 판례에서는 특단의 사정이 있는지 없는지를 구분하지 않고, 제조방법의 기재를 포함하여 그 물건의 효과를 특정한 다음, 그와 같은 효과를 갖는 물건이 신규, 진보한지를 판단한다. 참고판례를 아래에 소개한다.

"특허법 제2조 제3호는 발명을 '물건의 발명', '방법의 발명', '물건을 생산하는 방법의 발명'으로 구분하고 있는바, 특허청구범위가 전체적으로 물건으로 기재되어 있으면서 그 제조방법의 기재를 포함하고 있는 발명(이하 '제조방법이 기재된 물건발명'이라고 한다)의 경우 제조방법이 기재되어 있다고 하더라도 발명의 대상은 그 제조방법이 아니라 최종적으로 얻어지는 물건 자체이므로 위와 같은 발명의 유형 중 '물건의 발명'에 해당한다. 물건의 발명에 관한 특허청구범위는 발명의 대상인 물건의 구성을 특정하는 방식으로 기재되어야 하는 것이므로, 물건의 발명의 특허청구범위에 기재된 제조방법은 최종 생산물인 물건의 구조나 성질 등을 특정하는 하나의 수단으로서 그 의미를 가질 뿐이다.

따라서 제조방법이 기재된 물건발명의 특허요건을 판단함에 있어서 그 기술적 구성을 제조방법 자체로 한정하여 파악할 것이 아니라 제조방법의 기재를 포함하여 특허청구범위의 모든 기재에 의하여 특정되는 구조나 성질 등을 가지는 물건으로 파악하여 출원 전에 공지된 선행기술과 비교하여 신규성, 진보성 등이 있는지 여부를 살펴야 한다(대법원 2015. 1. 22. 선고 2011후927 전원합의체 판결)."

④ 심사기준에 예시되어 있는 용도 관련 발명의 진보성 판단 방법이다(심사기준). 다만 용도 관련 발명의 심사기준 내용을 몰랐어도 진보성은 예측 곤란한 효과가 있어야 인정되는데, 예측 곤란한 더 나은 효과가 없다고 하니 진보성이 인정되지 않는다고 풀면 된다.

⑤ 결합발명 사안이다. 참고판례를 아래에 소개한다.

"여러 선행기술문헌을 인용하여 특허발명의 진보성을 판단함에 있어서는 그 인용되는 기술을 조합 또는 결합하면 당해 특허발명에 이를 수 있다는 암시, 동기 등이 선행기술문헌에 제시되어 있거나 그렇지 않더라도 당해 특허발명의 출원 당시의 기술수준, 기술상식, 해당 기술분야의 기본적 과제, 발전경향, 해당 업계의 요구 등에 비추어 보아 그 기술분야에 통상의 지식을 가진 자(이하 '통상의 기술자'라고 한다)가 용이하게 그와 같은 결합에 이를 수 있다고 인정할 수 있는 경우에는 당해 특허발명의 진보성은 부정된다고 할 것이다(대법원 2007. 9. 6. 선고 2005후3284 판결)."

정답 ③

28 청구항에 기재된 발명(AB)의 진보성의 판단에 관한 설명으로 옳지 않은 것은? (다툼이 있으면 판례에 따름)

[2021년 기출]

① 발명(AB)에 이를 수 있는 동기가 선행의 인용발명에 기재된 A와 주지기술 B의 결합에 의하여 쉽게 발명할 수 있다는 유력한 근거가 되는 경우에는 진보성이 없을 수 있다.

② 발명(AB)이 선행의 인용발명에 기재된 A와 주지기술 B의 결합으로부터 당업자의 통상의 창작능력의 발휘에 해당하는 경우에는 진보성이 없다.

③ 발명(AB)의 결합에 의하여 얻어지는 효과가 선행의 인용발명에 기재된 A 및 주지기술 B가 가지고 있는 효과보다 더 나은 효과가 없는 경우에는 진보성이 없다.

④ 발명(AB)이 선행의 인용발명에 기재된 A와 본 특허출원 명세서의 실시예에 기재된 구성요소 B를 전제로 결합하여 통상의 기술자가 쉽게 발명할 수 있는 경우에는 진보성이 없다.

⑤ 발명(AB)의 구성요소 A와 B를 각각 분해하여 선행의 인용발명에 기재된 A와 주지기술 B를 비교하지 않고, 구성요소 A와 B를 유기적 결합에 의한 발명 전체로 대비한 결과, 발명(AB)을 쉽게 발명할 수 있는 경우에는 진보성이 없다.

해설

문제가 전체적으로 불명료하다.

① AB 구성의 도출이 쉽고, 그 효과 예측도 가능함을 시사하는 내용으로 보이는데, 그렇다면 진보성이 부정되는 것이 맞다.

② 심사기준은 진보성이 부정되는 사안의 예시로, 종래 그 발명을 도출할 수 있게 하는 동기가 공지되어 있었거나, 그 발명이 종래기술을 통상의 창작능력의 발휘로 변경한 것에 불과한 경우를 언급한다. 통상의 창작능력의 발휘도 곧 AB 구성의 도출이 쉽고, 그 효과 예측도 가능함을 시사하는 표현이다.

③ 진보성은 효과의 "더 나음" 보다는 "예측 가능성"이 관건이다. 결합된 AB가 개별구성 A나 B로부터 예측할 수 없는 효과를 가지면 진보성이 인정된다. 본 지문의 의도는 더 나은 효과가 없어 예측 가능한 효과가 있는 경우를 표현한 것으로 보인다. 그렇다면 진보성이 부정된다.

④ "명세서의 실시예에 기재된"이 "명세서에 종래기술로 기재된" 또는 "청구항의 전제부에 기재된"을 의미한 것이라면, 명세서에 종래기술로 기재되어 있거나 청구항의 전제부에 기재되어 있다는 사정만으로는 그것을 공지되었다고 볼 수 없으므로, 이는 진보성 판단 시 선행발명으로 삼을 수 없다. 그러나 본 지문은 선행발명으로 삼아 진보성을 평가하였으니 그릇된 지문이다.

⑤ 각 구성요소가 유기적으로 결합된 경우는 그 전체를 진보성 판단의 대상으로 삼아야 한다. 본 지문은 유기적으로 결합된 전체인 AB가 쉽게 발명할 수 있는 것이라고 전제하였으므로, 진보성이 부정된다.

정답 ④

29 발명의 진보성 판단에 관한 설명으로 옳은 것을 모두 고른 것은? (다툼이 있으면 판례에 따름)

[2022년 기출]

> ㄱ. 발명의 구성의 곤란성 여부 판단이 불분명한 경우에는 특허발명이 선행발명에 비하여 이질적이거나 양적으로 현저한 효과를 가지고 있더라도 진보성은 부정된다.
> ㄴ. 특허발명의 진보성을 판단할 때에는 청구항에 기재된 복수의 구성을 분해한 후 각각 분해된 개별 구성요소들이 공지된 것인지 여부만을 따져서는 아니 되고, 특유의 과제해결원리에 기초하여 유기적으로 결합한 전체로서의 구성의 곤란성을 따져 보아야 한다.
> ㄷ. 효과의 현저성은 특허발명의 명세서에 기재되어 통상의 기술자가 인식하거나 추론할 수 있는 효과를 중심으로 판단하여야 하고, 만일 그 효과가 의심스러울 때에는 그 기재 내용의 범위를 넘지 않는 한도에서 출원일 이후에 추가적인 실험 자료를 제출하는 등의 방법으로 그 효과를 구체적으로 주장·입증하는 것이 허용된다.
> ㄹ. 의약용도발명에서는 통상의 기술자가 선행발명들로부터 특정 물질의 특정 질병에 대한 치료효과를 쉽게 예측할 수 있는 정도에 불과하다면 그 진보성이 부정되고, 이러한 경우 선행발명들에서 임상시험 등에 의한 치료효과가 확인될 것까지 요구된다고 볼 수 없다.

① ㄱ, ㄴ
② ㄴ, ㄷ
③ ㄷ, ㄹ
④ ㄱ, ㄴ, ㄹ
⑤ ㄴ, ㄷ, ㄹ

해설

ㄱ) |×| 진보성은 구성의 곤란성이 있거나 효과의 현저성이 있을 때 인정된다. 구성의 곤란성 여부가 불분명하더라도 효과의 현저성이 있으면 진보성 부정되지 않는다. 참고판례를 아래에 소개한다.
"발명의 진보성 유무를 판단할 때에는 선행기술의 범위와 내용, 진보성 판단의 대상이 된 발명과 선행기술의 차이, 그 발명이 속하는 기술분야에서 통상의 지식을 가진 사람(이하 '통상의 기술자'라고 한다)의 기술수준에 대하여 증거 등 기록에 나타난 자료에 기초하여 파악한 다음, 통상의 기술자가 특허출원 당시의 기술수준에 비추어 진보성 판단의 대상이 된 발명이 선행기술과 차이가 있는데도 그러한 차이를 극복하고 선행기술로부터 쉽게 발명할 수 있는지를 살펴보아야 한다. 특허발명의 청구범위에 기재된 청구항이 복수의 구성요소로 되어 있는 경우에는 각 구성요소가 유기적으로 결합한 전체로서의 기술사상이 진보성 판단의 대상이 되는 것이지 각 구성요소가 독립하여 진보성 판단의 대상이 되는 것은 아니므로, 그 특허발명의 진보성을 판단할 때에는 청구항에 기재된 복수의 구성을 분해한 후 각각 분해된 개별 구성요소들이 공지된 것인지 여부만을 따져서는 아니 되고, 특유의 과제 해결원리에 기초하여 유기적으로 결합된 전체로서의 구성의 곤란성을 따져 보아야 하며, 이때 결합된 전체 구성으로서의 발명이 갖는 특유한 효과도 함께 고려하여야 한다.
위와 같은 진보성 판단 기준은 선행 또는 공지의 발명에 상위개념이 기재되어 있고 위 상위개념에 포함되는 하위개념만을 구성요소의 전부 또는 일부로 하는 특허발명의 진보성을 판단할 때에도 마찬가지로 적용되어야 한다.

선행발명에 특허발명의 상위개념이 공지되어 있는 경우에도 구성의 곤란성이 인정되면 진보성이 부정되지 않는다. 선행발명에 발명을 이루는 구성요소 중 일부를 두 개 이상의 치환기로 하나 이상 선택할 수 있도록 기재하는 이른바 마쿠쉬(Markush) 형식으로 기재된 화학식과 그 치환기의 범위 내에 이론상 포함되기만 할 뿐 구체적으로 개시되지 않은 화합물을 청구범위로 하는 특허발명의 경우에도 진보성 판단을 위하여 구성의 곤란성을 따져 보아야 한다. 위와 같은 특허발명의 구성의 곤란성을 판단할 때에는 선행발명에 마쿠쉬 형식 등으로 기재된 화학식과 그 치환기의 범위 내에 이론상 포함될 수 있는 화합물의 개수, 통상의 기술자가 선행발명에 마쿠쉬 형식 등으로 기재된 화합물 중에서 특정한 화합물이나 특정 치환기를 우선적으로 또는 쉽게 선택할 사정이나 동기 또는 암시의 유무, 선행발명에 구체적으로 기재된 화합물과 특허발명의 구조적 유사성 등을 종합적으로 고려하여야 한다.

특허발명의 진보성을 판단할 때에는 그 발명이 갖는 특유한 효과도 함께 고려하여야 한다. 선행발명에 이론적으로 포함되는 수많은 화합물 중 특정한 화합물을 선택할 동기나 암시 등이 선행발명에 개시되어 있지 않은 경우에도 그것이 아무런 기술적 의의가 없는 임의의 선택에 불과한 경우라면 그와 같은 선택에 어려움이 있다고 볼 수 없는데, 발명의 효과는 선택의 동기가 없어 구성이 곤란한 경우인지 임의 선택에 불과한 경우인지를 구별할 수 있는 중요한 표지가 될 수 있기 때문이다. 또한 화학, 의약 등의 기술분야에 속하는 발명은 구성만으로 효과의 예측이 쉽지 않으므로, 선행발명으로부터 특허발명의 구성요소들이 쉽게 도출되는지를 판단할 때 발명의 효과를 참작할 필요가 있고, 발명의 효과가 선행발명에 비하여 현저하다면 구성의 곤란성을 추론하는 유력한 자료가 될 것이다. 나아가 구성의 곤란성 여부의 판단이 불분명한 경우라고 하더라도, 특허발명이 선행발명에 비하여 이질적이거나 양적으로 현저한 효과를 가지고 있다면 진보성이 부정되지 않는다. 효과의 현저성은 특허발명의 명세서에 기재되어 통상의 기술자가 인식하거나 추론할 수 있는 효과를 중심으로 판단하여야 하고, 만일 그 효과가 의심스러울 때에는 그 기재 내용의 범위를 넘지 않는 한도에서 출원일 이후에 추가적인 실험 자료를 제출하는 등의 방법으로 그 효과를 구체적으로 주장·증명하는 것이 허용된다(대법원 2021. 4. 8. 선고 2019후10609 판결 참조)."

ㄴ) |○| 결합발명에서 자주 언급되는 내용이며, 위 ㄱ 지문의 선택발명에서도 언급된 내용이다(대법원 2021. 4. 8. 선고 2019후10609 판결 참조).

ㄷ) |○| 신규성과 진보성 판단시 발명의 효과가 중요하며, 발명의 효과는 명세서 등에 기재되어 있거나 출원시 기술상식상 명세서 등으로부터 추론 가능한 것만 참고한다. 이때 명세서 등에 기재된 효과가 의심스러울 때는 그 기재 내용의 범위를 넘지 않는 한도에서 출원 후 추가 실험자료제출 등으로 그 효과를 입증하는 것이 허용된다(대법원 2021. 4. 8. 선고 2019후10609 판결 참조). 명세서 등에 기재되어 있지 아니한 효과에 대해 출원 후 추가 실험자료제출 등으로 그 효과를 입증하는 것은 허용되지 않는다.

ㄹ) |○| 의약용도발명 진보성 판단기준에 관한 판례이다. 신규성과 진보성 판단기준은 구분된다. 선행발명에 임상시험 등에 의한 치료효과가 확인되어 있을 경우 해당 의약용도발명은 신규성이 부정된다. 선행발명에 임상시험 등에 의한 치료효과는 확인되어 있지 않더라도 의약용도를 예측할 수 있게끔 하는 내용이 있다면 해당 의약용도발명은 신규성은 인정되나 진보성이 부정될 수 있다.

"의약용도발명에서는 통상의 지식을 가진 사람이 선행발명들로부터 특정 물질의 특정 질병에 대한 치료효과를 쉽게 예측할 수 있는 정도에 불과하다면 진보성이 부정되고, 이러한 경우 선행발명들에서 임상시험 등에 의한 치료효과가 확인될 것까지 요구된다고 볼 수 없다(대법원 2019. 1. 31. 선고 2016후502 판결)."

정답 ⑤

30 진보성 판단에 관한 설명으로 옳지 않은 것은? (다툼이 있으면 판례에 따름) [2023년 기출]

① 출원발명의 수치범위가 선행발명의 수치범위에 포함된다면, 특허발명에 진보성을 인정할 수 있는 다른 구성요소가 없는 경우 출원발명의 수치한정이 임계적 의의를 가지는 때에 한하여 진보성이 인정된다.
② 파라미터발명은 청구항의 기재 자체만으로는 기술적 구성을 명확하게 이해할 수 없는 경우가 있으므로, 파라미터발명의 진보성은 발명의 설명 또는 도면 및 출원시의 기술상식을 참작하여 발명을 명확하게 파악하여 판단한다.
③ 제조방법이 기재된 물건발명의 특허요건을 판단함에 있어서 그 기술적 구성을 제조방법자체로 한정하여 출원 전에 공지된 선행기술과 비교하여 진보성 판단을 하여야 한다.
④ 의약화합물 분야에 속하는 결정형 발명은 구성만으로 효과의 예측이 쉽지 않으므로 구성의 곤란성을 판단할 때 발명의 효과가 선행발명에 비하여 현저하다면 구성의 곤란성을 추론할 수도 있다.
⑤ 선택발명의 경우 공지된 화합물이 갖는 효과와 질적으로 다르거나 양적으로 현저한 효과의 차이가 있다는 점이 발명의 설명에 명확히 기재되어 있다면 이를 기초로 진보성 판단을 할 수 있다.

해설

① |○| 심사기준 참조한 문구로 보이나 다소 아쉬운 지문이다. 선택발명 법리하고 유사하게 연상하면 옳고 그름을 도출할 수 있다. 선행발명에 상위개념의 수치범위가 공지되어 있어도, 출원발명이 양적 현저 효과(=임계적 의의) 가지면 진보성 인정된다. 그러나 이때 임계적 의의가 있는 경우만 진보성이 긍정되는 것은 아니고 이질적 효과가 있는 경우도 진보성 긍정되기 때문에, 임계적 의의를 가지는 때 한하여 진보성이 인정된다는 표현은 다소 잘못되었다. 참고로 심사기준 문구는 다음과 같다. "청구항에 기재된 발명의 수치범위가 인용발명이 기재하고 있는 수치범위에 포함되는 경우에는 그 사실만으로 곧바로 신규성이 부정되는 것이 아니라, 수치한정의 임계적 의의에 의해 신규성이 인정될 수 있다(심사기준)."
② |○| 심사기준 문구다. 본 지문은 파라미터발명의 특유 법리는 아니고, 신규·진보성 판단의 대상인 청구항 발명은 청구범위 기재 중심으로 발명의 설명 및 출원시 기술상식 참작하여 특정(해석)한다. 만약 청구항 발명이 명확하게 특정(해석)되지 않을 경우 제42조 제4항 제2호로 거절이 유통지한다. 심사기준 문구는 다음과 같다. "파라미터발명은 청구항의 기재 자체만으로는 기술적 구성을 명확하게 이해할 수 없는 경우가 있으므로, 파라미터발명의 진보성은 발명의 설명 또는 도면 및 출원시의 기술상식을 참작하여 발명이 명확하게 파악되는 경우에 한하여 판단한다(심사기준)."
③ |×| PBP 청구항은 제조방법 자체로 한정하여 특정(해석)하면 안 된다. 판례 문구는 다음과 같다. "특허법 제2조 제3호는 발명을 '물건의 발명', '방법의 발명', '물건을 생산하는 방법의 발명'으로 구분하고 있는바, 특허청구범위가 전체적으로 물건으로 기재되어 있으면서 그 제조방법의 기재를 포함하고 있는 발명(이하 '제조방법이 기재된 물건발명'이라고 한다)의 경우 제조방법이 기재되어 있다고 하더라도 발명의 대상은 그 제조방법이 아니라 최종적으로 얻어지는 물건 자체이므로 위와 같은 발명의 유형 중 '물건의 발명'에 해당한다. 물건의 발명에 관한 특허청구범위는 발명의 대상인 물건의 구성을 특정하는 방식으로 기재되어야 하는 것이므로, 물건의 발명의 특허

청구범위에 기재된 제조방법은 최종 생산물인 물건의 구조나 성질 등을 특정하는 하나의 수단으로서 그 의미를 가질 뿐이다. 따라서 제조방법이 기재된 물건발명의 특허요건을 판단함에 있어서 그 기술적 구성을 제조방법 자체로 한정하여 파악할 것이 아니라 제조방법의 기재를 포함하여 특허청구범위의 모든 기재에 의하여 특정되는 구조나 성질 등을 가지는 물건으로 파악하여 출원 전에 공지된 선행기술과 비교하여 신규성, 진보성 등이 있는지 여부를 살펴야 한다(대법원 2015. 1. 22. 선고 2011후927 전원합의체 판결)."

④ |O| 의약화합물의 제제설계(製劑設計)를 위하여 그 화합물이 다양한 결정 형태 즉 결정다형(polymorph)을 가지는지 등을 검토하는 다형체 스크리닝(polymorph screening)은 통상 행해지는 일이다. 의약화합물 분야에서 선행발명에 공지된 화합물과 화학구조는 동일하지만 결정 형태가 다른 특정한 결정형의 화합물을 청구범위로 하는 이른바 결정형 발명의 진보성을 판단할 때에는 이러한 특수성을 고려할 필요가 있다. 하지만 그것만으로 결정형 발명의 구성의 곤란성이 부정된다고 단정할 수는 없다. 다형체 스크리닝이 통상 행해지는 실험과 이를 통해 결정형 발명의 특정한 결정형에 쉽게 도달할 수 있는지는 별개 문제이기 때문이다. 한편 결정형 발명과 같이 의약화합물 분야에 속하는 발명은 구성만으로 효과의 예측이 쉽지 않으므로 구성의 곤란성을 판단할 때 발명의 효과를 참작할 필요가 있고, 발명의 효과가 선행발명에 비하여 현저하다면 구성의 곤란성을 추론하는 유력한 자료가 될 수 있다(대법원 2023. 3. 13. 선고 2019후11800 판결).

⑤ |O| 심사기준 참조한 문구로 보인다. 본 지문은 선택발명의 특유 법리는 아니고, 청구항 발명의 효과는 발명의 설명에 기재되어 있거나 출원시 기술상식상 추론 가능한 것만 참고할 수 있다. 심사기준 문구는 다음과 같다. "선택발명의 발명의 설명에는 인용발명에 비하여 위와 같은 효과가 있음을 명확히 기재하면 충분하고, 그 효과의 현저함을 구체적으로 확인할 수 있는 비교 실험 자료까지 기재하여야 하는 것은 아니다. 만일 그 효과가 의심스러워 진보성이 인정되지 않는다는 이유로 거절이유가 통지된 때에는 출원인이 비교 실험자료를 제출하는 등의 방법에 의하여 그 효과를 구체적으로 주장, 입증할 수 있다(심사기준)." 판례 문구는 다음과 같다. "효과의 현저성은 특허발명의 명세서에 기재되어 통상의 기술자가 인식하거나 추론할 수 있는 효과를 중심으로 판단하여야 하고, 만일 그 효과가 의심스러울 때에는 그 기재내용의 범위를 넘지 않는 한도에서 출원일 이후에 추가적인 실험 자료를 제출하는 등의 방법으로 그 효과를 구체적으로 주장·증명하는 것이 허용된다(대법원 2021. 4. 8. 선고 2019후10609 판결)."

정답 ③

CHAPTER 04 선출원주의

01 확대된 선출원과 선출원에 관한 규정 중 옳지 않은 것은?

① 선출원과 청구범위가 동일한 후출원은 선출원과 출원인이 동일하더라도 선출원 규정에 따라 특허를 받을 수 없다.
② 선출원이 공개되지 않았어도 후출원의 청구범위가 선출원의 청구범위와 동일한 경우는 선출원 규정에 따라 후출원은 특허를 받을 수 없다.
③ 선출원이 출원공개된 후 취하되었다면 선출원의 최초 명세서 및 도면에 기재된 사항과 후출원의 청구범위가 동일하더라도 후출원은 확대된 선출원 규정에 위배되지 않는다.
④ 선출원과 후출원의 청구범위가 동일하더라도 선출원이 무권리자출원인 경우는 후출원은 선출원 규정에 위배되지 않는다.
⑤ 동일자 출원에 대해서는 확대된 선출원 규정을 적용하지 않는다.

해설
① 확대된 선출원과 달리 선출원 규정은 출원인이 동일하더라도 적용한다.
② 확대된 선출원과 달리 선출원 규정은 선출원의 출원공개 또는 등록공고 여부가 중요하지 않다.
③ 선원지위와 달리 취하 여부와 관계없이 출원공개되었으면 확대된 선원의 지위가 인정된다.
④ 무권리자출원은 선원의 지위가 인정되지 않는다(특허법 제36조 제5항).
⑤ 확대된 선출원은 동일자 출원에 대해서는 적용하지 않는다.

정답 ③

02 특허법 제36조(선출원)에 관한 설명으로 옳은 것은?

① 선출원발명과 후출원발명이 각각 물건의 발명과 방법의 발명으로 서로 발명의 범주가 다른 경우는 특허법 제36조의 적용의 여지가 없다.
② 동일인이 동일한 발명에 대하여 특허와 실용신안을 같은 날에 출원하여 모두 등록된 경우 등록된 특허권이나 실용신안권 중 어느 하나가 포기되면 경합출원으로 인한 하자는 치유된다.
③ 동일인이 동일고안에 대하여 같은 날에 경합출원을 하여 모두 등록된 경우 그 중 어느 하나의 권리가 등록이 무효로 확정되었더라도 나머지 권리에 경합출원으로 인한 하자가 치유되는 것은 아니다.
④ 동일한 고안에 대하여 같은 날에 2이상의 실용신안등록출원이 있을 때 특허청에서 출원인간의 협의절차 등을 요구하지 않고 그 출원에 대해 신규성의 결여로 거절결정하더라도 부적법하다고 할 수 없다.
⑤ 동일한 형상에 관한 실용신안등록출원과 디자인등록출원이 같은 날에 경합된 경우 출원인 간에 협의하여 정한 하나의 출원만이 등록을 받을 수 있다.

> 해설

①, ② 특허법 제36조를 적용하기 위한 전제로서 두 발명이 서로 동일한 발명인지 여부는 대비되는 두 발명의 실체를 파악하여 따져보아야 할 것이지 표현양식에 따른 차이에 따라 판단할 것은 아니므로, 대비되는 두 발명이 각각 물건의 발명과 방법의 발명으로 서로 발명의 범주가 다르다고 하여 곧바로 동일한 발명이 아니라고 단정할 수 없다. 출원이 경합된 상태에서 등록된 특허권이나 실용신안권 중 어느 하나에 대하여 사후 권리자가 그 권리를 포기했다 하더라도 경합출원으로 인한 하자가 치유된다고 보기는 어렵다 (대법원 2007. 1. 12. 선고 2005후3017 판결).

③ 동일인이 동일 고안에 대하여 같은 날에 경합출원을 하여 모두 등록이 된 경우에 그 후 어느 한쪽의 등록이 무효로 확정되었다면 나머지 등록을 유지존속시켜 주는 것이 타당하고 당초에 경합출원이었다는 사실만으로 나머지 등록까지 모두 무효로 볼 것이 아니다(대법원 1990. 8. 14. 선고 89후1103 판결).

④ 실용신안의 신규성과 진보성 등의 등록요건에 관한 판단은 각 출원된 고안에 대하여 개별적으로 판단할 일이지 같은 날 또는 그 후에 출원된 동일 또는 유사한 고안의 등록 여부는 고려할 바가 아니다. 동일한 고안에 대하여 같은 날에 2이상의 실용신안등록출원이 있는 때에도 그 고안이 신규성이나 진보성의 결여로 어차피 구 실용신안법(1993. 12. 10. 법률 제4596호로 개정되기 전의 것) 제13조 제1호, 제4조에 의하여 등록거절되어야 하는 것인 이상 같은 법 제7조 제2항, 제6항에서 규정한 출원인간의 협의절차 등을 거치지 않았다 하여 그 출원에 대한 신규성이나 진보성 결여를 원인으로 한 거절사정이 부적법하다고 할 수 없다(대법원 2000. 1. 21. 선고 97후2576 판결).

⑤ 구 실용신안법(1990.1.13. 법률 제4209호로 전문 개정되기 전의 것) 제7조 제1항 단서, 제2항은 실용신안등록출원 상호간 또는 실용신안등록출원과 특허출원이 같은 날 경합되었을 때 적용되는 것이며 실용신안등록출원과 의장등록출원이 경합된 경우에 적용되는 것은 아니다(대법원 1993. 9. 14. 선고 93후190 판결).

정답 ④

03 특허출원에 관한 설명으로 옳지 않은 것은? (다툼이 있으면 판례에 따름) [2017년 기출]

① 甲이 2016년 1월 5일 특허청구범위에 a, 발명의 설명에 a와 b가 기재된 특허출원 A를 하고, 乙이 2016년 6월 1일 특허청구범위에 b, 발명의 설명에 b가 기재된 특허출원 B를 한 뒤, 특허출원 A가 2016년 10월 1일 공개되었다가 甲이 2016년 12월 1일 보정을 통해 발명의 설명에서 b를 삭제한 경우에, 乙은 특허받을 수 없다.

② 확대된 선출원이 적용되려면 두 발명의 기술적 구성이 동일해야 하는바, 두 발명 사이에 구성상 차이가 있어 새로운 효과가 발생한 경우, 그 구성상 차이가 그 발명이 속하는 기술분야에서 통상의 기술자가 용이하게 도출할 수 있는 범위 내라고 하더라도 확대된 선출원의 규정은 적용되지 않는다.

③ 서로 다른 사람이 출원한 선출원과 후출원의 청구범위에 기재된 발명의 구성에 차이가 있어도, 그 기술분야에 통상의 지식을 가진 자가 보통으로 채용하는 정도의 변경에 지나지 않고 발명의 목적과 작용효과에 특별한 차이를 일으키지 않는다면, 후출원은 특허받을 수 없다.

④ 서로 다른 사람이 같은 날에 청구범위에 기재된 발명의 구성이 동일한 특허출원을 한 경우에는, 출원인 간에 협의하여 정한 하나의 출원인만이 특허를 받을 수 있다.

⑤ 甲이 발명 A에 대하여 같은 날 특허출원과 실용신안등록출원을 하여 모두 등록되었더라도 A에 대한 특허등록 무효심판이 제기되기 전에 실용신안등록을 포기하였다면, A에 대한 특허등록은 유효하다.

해설

① 확대된 선원의 지위에 관한 것이다. 확대된 선원의 지위는 보정 여부 관계 없이 출원서에 최초로 첨부된 명세서 또는 도면에 기재된 발명에 대하여 발생한다(특허법 제29조 제3항, 특허법원 1999. 5. 28. 선고 98허7110 판결). 갑의 특허출원 A는 2016. 1. 5. 부터 a, b에 확대된 선원의 지위가 발생한다. 따라서 을은 갑의 특허출원 A로 인해 확대된 선원에 위배되어 특허 받을 수 없다.

② 확대된 선원은 선출원과 후출원의 기술적 구성이 동일한가 여부에 의하여 판단하고, 이때 고안의 효과도 참작하는데, 기술적 구성에 차이가 있더라도 그 차이가 과제해결을 위한 구체적 수단에 있어서 주지관용기술의 부가, 삭제, 변경 등으로 새로운 효과의 발생이 없는 정도의 미세한 차이에 불과하다면 양 구성은 서로 동일하다고 본다(대법원 2003. 2. 26. 선고 2001후1624 판결). 본 지문은 새로운 효과가 발생했다는 점으로부터 선출원과 후출원의 발명이 서로 실질적으로 동일하지 않음을 전제하고 있다. 그렇다면 확대된 선원의 규정이 적용되지 않는다.

③ 선원 또한 위 2 번 지문의 확대된 선원과 마찬가지로 기술적 구성의 동일 여부를 살핀다. 본 지문은 선출원과 후출원의 청구범위에 기재된 발명이 실질적으로 동일하다고 기술하고 있다. 구체적으로 특허법은 동일한 발명에 대하여는 최선출원에 한하여 특허를 받을 수 있다고 규정하여 동일한 발명에 대한 중복등록을 방지하기 위하여 선원주의를 채택하고 있는데, 전후로 출원된 양 발명이 동일하다고 함은 그 기술적 구성이 전면적으로 일치하는 경우는 물론 그 범위에 차이가 있을 뿐 부분적으로 일치하는 경우라도 특별한 사정이 없는 한, 양 발명은 동일하고, 비록 양 발명의 구성에 상이점이 있어도 그 기술분야에 통상의 지식을 가진 자가 보통으로 채용하는 정도의 변경에 지나지 아니하고 발명의 목적과 작용효과에 특별한 차이를 일으키지 아니하는 경우에는 양 발명은 역시 동일한 발명이다(대법원 2009. 9. 24. 선고 2007후2797 판결).

④ 동일자에 출원한 경우는 선·후출원이 구분되지 않는다. 이 경우는 출원인 간에 협의하여 정한 하나의 출원에 대해서만 특허가능성을 부여한다(특허법 제36조 제2항).

⑤ 출원이 경합된 상태에서 등록된 특허권이나 실용신안권 중 어느 하나에 대하여 사후 권리자가 그 권리를 포기했다 하더라도 경합출원으로 인한 하자가 치유된다고 보지 않는다(대법원 2007. 1. 12. 선고 2005후3017 판결).

정답 ⑤

04 특허법 제36조의 소위 선출원주의에 대한 설명으로 옳은 것으로만 연결된 것은?

> ㈎ 동일한 발명에 대하여 2이상의 출원이 있는 경우 먼저 출원한 자만이 그 발명에 대하여 특허를 받을 수 있다.
>
> ㈏ 확대된 선출원주의(법 제29조 제3항)의 경우 후출원의 출원시 출원인이 동일한 경우 적용이 없으나, 선출원주의는 이 경우에도 적용된다.
>
> ㈐ 특허출원서에 최초로 첨부된 명세서 또는 도면에 기재되어 있던 발명이 보정에 의해 삭제된 경우 그 발명은 소위 선출원의 지위가 인정되지 아니하며, 보정에 의해 명세서 또는 도면에 추가된 사항은 선출원의 지위가 인정된다.
>
> ㈑ 실용신안등록출원이 취하되거나 포기, 무효된 경우 선출원의 지위가 인정되지 않는다.

① ㈎, ㈏, ㈐
② ㈎, ㈏, ㈑
③ ㈎, ㈏, ㈐, ㈑
④ ㈎, ㈐, ㈑
⑤ ㈏, ㈐, ㈑

해 설

㈎ |O| 우리나라는 선출원주의를 취하여 동일한 발명에 대하여 2이상의 출원이 있는 경우 자신의 발명을 먼저 공개하여 사회이익에 기여한 자에게 반대급부로서 선출원인에게 특허등록을 허여하고 있다.

㈏ |O| 선출원주의는 1발명 1권리주의를 달성하기 위한 제도로서 발명자 또는 출원인이 동일한 경우도 적용된다. 단 확대된 선출원주의는 딩해출원시 출원인이 동일한 경우 적용이 없다(법 제29조 제3항 단서).

㈐ |X| 선출원주의는 동일한 발명 또는 고안에 적용되며 청구범위 또는 실용신안등록청구범위에 기재된 발명을 청구항 별로 판단한다. 즉, 명세서, 도면이 아니라 청구범위 이다.

㈑ |O| 법 제36조 제4항 및 제5항. 선출원의 지위가 인정되지 않는 경우로는 특허출원 또는 실용신안등록출원이 무효, 취하 또는 포기되거나 거절결정이나 거절한다는 취지의 심결이 확정된 경우, 무권리자의 출원이 있다.

정답 ②

05 특허법 제36조(선출원)에 관한 설명으로 옳은 것은?

① 동일한 발명에 대하여 甲은 2017년 4월 2일 오후 5시에, 乙은 2017년 4월 2일 오전 9시에 특허출원한 경우, 乙이 먼저 출원했으므로 乙이 그 발명에 대하여 특허를 받을 수 있다.
② 甲이 2017년 4월 2일에 특허출원한 발명과, 乙이 2017년 4월 2일에 실용신안등록출원한 고안이 동일한 경우는 특허출원과 실용신안등록출원은 별개의 절차이므로, 甲과 乙은 협의 없이 둘 다 적법하게 권리를 받을 수 있다.
③ 동일한 발명에 대하여 甲이 2017년 4월 2일에 특허출원했고, 乙이 2017년 4월 3일에 특허출원했을 때, 甲과 乙 출원의 발명자가 서로 동일하다면 乙은 甲의 출원에 의해 특허법 제36조 제1항의 선원주의 위배로 거절되지 않을 수 있다.
④ 동일한 발명에 대하여 甲이 2017년 4월 2일에 특허출원했고, 乙이 2017년 4월 3일에 특허출원했을 때, 甲이 무권리자라면 乙은 甲의 출원에 의해 특허법 제36조 제1항의 선원주의 위배로 거절되지 않을 수 있다.
⑤ 거절결정이 확정된 특허출원은 특허법 제36조 제1항부터 제3항까지의 규정을 적용할 때 어느 경우나 처음부터 없었던 것으로 본다.

해 설

① 선출원이란 출원시점이 아니라 출원일자를 기준으로 먼저 출원한 경우를 말한다. 甲과 乙은 동일자에 출원했으므로 둘 중 어느 하나의 출원을 선출원이라고 볼 수 없다. 이때는 동일한 발명에 대해 중복특허가 부여되는 것을 방지하고자 협의제로 가고(특허법 제36조 제2항, 제6항), 협의하여 정한 하나의 출원만이 그 발명에 대해 특허를 받을 수 있다.
② 동일한 대상에 대해서는 중복권리를 인정하지 않는다(특허법 제36조 제3항, 제4항).
③ 발명자나 출원인이 동일한 경우 문제되지 않는 것은 확대된 선원이다(특허법 제29조 제3항 단서). 선원은 발명자나 출원인이 같다고 하더라도, 중복특허방지를 위해, 동일한 발명에 대해서는 오직 하나의 출원에 대해서만 특허를 허여한다.
④ 발명자도 아니고, 특허를 받을 수 있는 권리의 승계인도 아닌 자가 한 특허출원에 대해서는 선원의 지위를 인정하지 않는다(특허법 제36조 제5항).
⑤ 거절결정이 확정된 경우는 선원의 지위를 인정하지 않는다(특허법 제36조 제4항 본문). 그러나 특허법 제36조 제2항 단서에 따라 거절결정이 확정된 경우는 선원의 지위를 인정한다(특허법 제36조 제4항 단서).

정 답 ④

06 선출원의 지위에 관한 설명 중 가장 잘못된 것은? [2001년 기출]

① 방식불비로 출원무효가 된 것은 선출원의 지위가 없다.
② 선후원 판단시 선출원이 분할출원인 경우 선출원은 원출원일로 출원일이 소급되나 확대된 선출원 규정의 다른 특허출원(선출원)이 분할출원인 경우 그 출원일은 소급되지 않는다.
③ 같은 날에 동일인에 의해 동일발명이 복수로 출원된 경우도 오직 하나의 출원에 대해서만 특허받을 수 있고 어느 하나만을 선택하지 않는 경우 모두 거절된다.
④ 발명자가 동일하면 확대된 선출원의 규정은 적용하지 않는다.
⑤ 무권리자에 의한 출원이 무효심판에 의해 무효로 확정된 경우 확대된 선출원 규정의 적용에 있어서 선출원의 지위는 상실된다.

해 설

① |O| 법 제36조 제4항
② |O| 분할출원이 확대된 선출원의 다른 출원이 되는 경우에는 실제 분할출원일을 기준으로 한다(법 제52조 제2항 제1호).
③ |O| 선출원주의는 동일인의 출원간에도 적용되기 때문이다. 이 경우 하나의 출원을 취하하는 등의 조치를 취하지 않는 이상 양출원 모두 등록을 받을 수 없다.
④ |O| 법 제29조 제3항 단서
⑤ |×| 무권리자 출원의 경우 선출원의 지위는 인정되지 아니하나(법 제36조 제5항), 출원이 공개되면 확대된 선출원의 지위는 어떤 경우라도 인정된다.

정답 ⑤

07 다음은 특허법 제36조 제2항 협의제와 관련한 사항을 설명한 내용이다. 다음의 설명 중에 타당한 것으로만 연결된 것은?

> (가) 판례는 동일인이 동일고안에 대하여 같은 날에 경합출원을 하여 모두등록이 된 경우에 그 후 어느 한쪽의 등록이 무효로 확정되었다면 나머지 등록을 유지 존속시켜 주는 것이 타당하다고 본다.
>
> (나) 甲과 乙이 동일자에 동일한 발명을 출원하여 협의명령을 받았음에도 불구하고 협의를 하지 않아서 거절결정이 확정된 경우 선출원의 지위가 상실된다.
>
> (다) 판례에 따르면 동일인이 동일발명 및 고안에 대하여 같은 날에 경합출원을 하여 모두등록이 된 경우에 그 후 권리자가 어느 하나의 권리를 포기한 경우 경합에 의한 하자가 치유된다고 보아 나머지 등록은 유지 존속시켜 주는 것이 타당하다고 본다.
>
> (라) 동일자로 실용신안등록출원과 디자인등록출원이 경합하는 경우에도 그 내용의 동일성이 있는 경우 협의제가 적용될 수 있다.

① (가)
② (가), (나)
③ (나)
④ (다)
⑤ (다), (라)

해설

(가) |O| 대법원 1990.8.14. 선고 89후1103
동일인이 동일고안에 대하여 같은 날에 경합출원을 하여 모두등록이 된 경우에 그 후 어느 한쪽의 등록이 무효로 확정되었다면 나머지 등록을 유지 존속시켜 주는 것이 타당하고 당초에 경합출원이었다는 사실만으로 나머지 등록까지 모두 무효로 볼 것이 아니다. 위 법 제7조 제3항에서 동일한 내용의 실용신안등록출원이 경합하거나 실용신안등록출원과 특허출원이 경합한 경우에 그 어느 하나가 무효 또는 취하되었거나 포기된 때에는 그 실용신안등록출원 또는 특허출원은 처음부터 없었던 것으로 본다고 규정한 취지에 미루어 보더라도 위와 같이 해석하는 것이 타당하다.

(나) |X| 법 제36조 제2항 또는 제3항에 의한 협의 불성립 등으로 거절결정이나 거절한다는 취지의 심결이 확정된 때에는 선출원의 지위가 있다(법 제36조 제4항 단서). 이는 협의 불성립 등으로 거절결정이 확정되었음에도 불구하고 그 일방 또는 제3자가 재출원하여 특허를 받을 수 있는 것은 타당하지 않기 때문이다.

(다) |X| 대법원 2007.1.12. 선고 2005후3017
구 특허법(2001. 2. 3. 법률 제6411호로 개정되기 전의 것) 제36조 제3항 등의 적용에 있어 특허권이나 실용신안권의 포기에 의하여 경합출원의 하자가 치유되어 제3자에 대한 관계에서 특허권의 효력을 주장할 수 있다고 보는 것은 명문의 근거가 없을 뿐만 아니라 권리자가 포기의 대상과 시기를 임의로 선택할 수 있어 권리관계가 불확정한 상태에 놓이게 되는 등 법적 안정성을 해칠 우려가 있는 점, 특허권이나 실용신안권의 포기는 그 출원의 포기와는 달리 소급효가 없음에도 결과적으로 그 포기에 소급효를 인정하는 셈이 되어 부당하며, 나아가 특허권 등의 포기는 등록만으로 이루어져 대외적인 공시방법으로는 충분하지 아니한 점 등을 종합하여 보면, 출원이 경합된 상태에서 등록된 특허권이나 실용신안권 중 어느 하나에 대하여 사후 권리자가 그 권리를 포기하였다고 하더라도 경합출원으로 인한 하자가 치유된다고 보기는 어렵다.

(라) |×| 대법원 1994. 5. 27. 선고 93후190 판결
구 실용신안법(1990.1.13.법률 제4209호로 전문 개정되기 전의 것) 제7조 제1항단서 ,제2항은 실용신안등록출원 상호간 또는 실용신안등록출원과 특허출원이 같은 날 경합되었을 때 적용되는 것이며 실용신안등록출원과 디자인등록출원이 경합된 경우에 적용되는 것은 아니다.

정답 ①

08 다음의 판례의 태도 중 틀린 것은?

① 하나의 총괄적 발명의 개념을 형성하는 1군의 발명에 해당하는가 여부는 각 청구항에 기재된 발명들 사이에 하나 또는 둘 이상의 동일하거나 또는 대응하는 특별한 기술적인 특징들이 관련된 기술관계가 존재하는가(즉 기술적으로 밀접한 관계가 존재하는가)에 달려있고, 특별한 기술적인 특징이란 각 발명에서 전체적으로 보아 선행기술과 구별되는 개량부분을 말한다 할 것이다.

② 발명의 신규성이나 진보성은 특허출원된 구체적 발명에 따라 개별적으로 판단되어지는 것이고 다른 발명의 심사예에 구애받을 것은 아니며 더욱이 법제와 관습을 달리하는 다른 나라의 심사예는 고려대상이 될 수 없는 것이므로 이에 대한 원고의 주장은 그 자체로서 이유없다.

③ 동일인이 동일한 발명 및 고안을 동일자로 특허와 실용신안으로 각각 출원하여 모두 등록된 경우, 특허권이나 실용신안권이 권리자의 의사에 의해서 포기된 경우 경합출원의 하자가 치유되어 나머지 권리는 유지 존속시킨다.

④ 동일한 발명에 대하여는 최선출원자에 한하여 특허를 받을 수 있다고 규정하고 있는 바, 전후로 출원된 양 발명이 동일하다 함은 그 기술적 구성이 전면적으로 일치하는 경우는 물론 그 범위에 차이가 있을 뿐 부분적으로 일치하는 경우라도 그 일치하는 부분을 제외한 나머지 부분만으로 별개의 발명을 이룬다거나 위 일치하는 부분의 발명이 신규의 발명과 유기적으로 연결되어 일체로서 새로운 발명으로 되는 등의 특별한 사정이 없는 한 양발명은 동일하다.

⑤ 선출원의 발명과 동일한 발명인지의 여부를 판단하기 위해서는 먼저 두 발명의 성격과 그 특허발명의 범위를 확정하여야 할 것이며 그 중 하나가 물건(장치)에 관한 발명으로 되어 있고 다른 하나가 방법에 관한 발명으로 되어있을 때에는 그 발명의 실체를 파악하여 동일한 발명인데 표현방식에 따른 차이가 있는 것에 지나지 아니하는 것인지, 아니면 장치와 방법 양자에 관하여 각각 별개의 발명이 있었는지 여부를 먼저 확정하여 실시하고 이에 터잡아 두 발명의 동일성 여부를 판단하여야 할 것이다.

해 설

① |○| 특허법원 98허5145 판결.
② |○| 특허법원 98허8991 판결.

③ |×| 대법원 2005후3017 판결. 구 특허법(2001. 2. 3. 법률 제6411호로 개정되기 전의 것) 제36조 제3항 등의 적용에 있어 특허권이나 실용신안권의 포기에 의하여 경합출원의 하자가 치유되어 제3자에 대한 관계에서 특허권의 효력을 주장할 수 있다고 보는 것은 명문의 근거가 없을 뿐만 아니라 권리자가 포기의 대상과 시기를 임의로 선택할 수 있어 권리관계가 불확정한 상태에 놓이게 되는 등 법적 안정성을 해칠 우려가 있는 점, 특허권이나 실용신안권의 포기는 그 출원의 포기와는 달리 소급효가 없음에도 결과적으로 그 포기에 소급효를 인정하는 셈이 되어 부당하며, 나아가 특허권 등의 포기는 등록만으로 이루어져 대외적인 공시방법으로는 충분하지 아니한 점 등을 종합하여 보면, 출원이 경합된 상태에서 등록된 특허권이나 실용신안권 중 어느 하나에 대하여 사후 권리자가 그 권리를 포기하였다고 하더라도 경합출원으로 인한 하자가 치유된다고 보기는 어렵다.

④ |○| 大判 84후30

⑤ |○| 大判 89후148

정답 ③

09 특허법상 신규성 및 선출원주의에 관한 설명으로 옳지 않은 것은? (다툼이 있는 경우에는 판례에 의함)

[2010년 기출]

① 선출원주의에 있어서 전후로 출원된 양 발명이 동일하다는 것은 그 기술적 구성이 전면적으로 일치하는 경우는 물론 그 범위에 차이가 있을 뿐 부분적으로 일치하는 경우라도 특별한 사정이 없는 한, 양 발명은 동일하고, 비록 양 발명의 구성에 상이점이 있어도 그 기술분야에서 통상의 지식을 가진 자가 보통으로 채용하는 정도의 변경에 지나지 아니하고 발명의 목적과 작용효과에 특별한 차이를 일으키지 아니하는 경우에는 양 발명은 동일한 발명이다.

② 선행 또는 공지의 발명에 구성요건이 상위개념으로 기재되어 있고 위 상위개념에 포함되는 하위개념만으로 구성된 특허발명에 예측할 수 없는 현저한 효과가 있음을 인정하기 어려워 당해 기술분야에서 통상의 지식을 가진 자가 공지의 발명으로부터 특허발명을 용이하게 발명해 낼 수 있는 경우라 하더라도 선행발명에 특허발명을 구성하는 하위개념이 구체적으로 개시되어 있지 않았다면 원칙적으로 신규성이 인정된다.

③ 대비되는 양 발명이 각각 물건의 발명과 방법의 발명으로 서로 발명의 범주가 다르다고 하더라도 이를 근거로 양 발명이 동일한 발명이 아니라고 단정할 수 없다.

④ 등록된 특허발명이 그 출원 전에 국내에서 공지되었거나 공연히 실시된 발명으로서 신규성이 없는 경우에는 그에 대한 특허를 무효로 하는 심결이 없어도 그 권리범위를 인정할 수 없다.

⑤ 특허를 무효로 하는 심결이 확정되기 전에는 선출원주의 위반을 이유로 그 등록된 특허의 권리범위를 부정할 수 없다.

해설

① |○| 동일한 발명에 대하여는 최선출원자에 한하여 특허를 받을 수 있다고 규정하고 있는 바, 전후로 출원된 양 발명이 동일하다 함은 그 기술적 구성이 전면적으로 일치하는 경우는 물론 그

범위에 차이가 있을 뿐 부분적으로 일치하는 경우라도 그 일치하는 부분을 제외한 나머지 부분만으로 별개의 발명을 이룬다거나 위 일치하는 부분의 발명이 신규의 발명과 유기적으로 연결되어 일체로서 새로운 발명으로 되는 등의 특별한 사정이 없는 한 양 발명은 동일하다 할 것이고, 비록 양 발명의 구성요소에 상이점이 있어도 그 기술분야에서 통상의 지식을 가진 자가 보통으로 채용하는 정도의 변경에 지나지 아니하고 발명의 해결 과제와 작용·효과에 격별한 차이를 일으키지 아니하는 경우에는 양 발명은 역시 동일한 발명이라 할 것이다(大判 84후30).

② |O| 선행 또는 공지의 발명에 구성요건이 상위개념으로 기재되어 있고 위 상위개념에 포함되는 하위개념만으로 구성된 특허발명에 예측할 수 없는 현저한 효과가 있음을 인정하기 어려워 그 기술분야에서 통상의 지식을 가진 자가 공지의 발명으로부터 특허발명을 용이하게 발명해 낼 수 있는 경우라 하더라도 선행발명에 특허발명을 구성하는 하위개념이 구체적으로 개시되어 있지 않았다면 원칙적으로 그 특허발명이 출원 전에 공지된 발명과 동일성이 있는 것이라고 할 수 없고 신규성이 있는 발명에 해당한다.

③ |O| 구 특허법(1990. 1. 13. 법률 제42307호로 전부 개정되기 전의 것) 제11조 제1항을 적용하기 위한 전제로서 두 발명이 서로 동일한 발명인지 여부를 판단함에 있어서는 대비되는 두 발명의 실체를 파악하여 따져보아야 할 것이지 표현양식에 따른 차이가 있는지 여부에 따라 판단할 것은 아니므로, 대비되는 두 발명이 각각 물건의 발명과 방법의 발명으로 서로 발명의 범주가 다르다는 사정만으로 곧바로 동일한 발명이 아니라고 단정할 수 없다(大判 2007후2827).

④ |O| 종전의 우리나라 판례(大判70후19; 73후66 등)의 주류는 특히 특허발명의 전부가 공지기술인 경우 특허의 권리범위를 정함에 있어서는 무효심결이 확정될 때까지는 당해 특허는 일응 유효하다고 보아야 한다고 판시하였다. 그러다가 大法院은 1983년 7월 26일 선고 81후56 전원합의체 판결로, 이와 배치되는 등록된 기술적 고안의 일부가 아닌 전부가 공지·공용에 속하는 경우에는 그 무효심결이 없는 한 무효를 주장할 수 없다고 한 종전 판례들을 폐기하고 특허발명의 전부가 공지기술인 경우에 특허무효심판을 기다릴 필요도 없이 보호범위가 미치지 않음을 분명히 하고 있다.

⑤ |×| 등록된 특허발명이 그 출원 전에 국내에서 공지되었거나 공연히 실시된 발명으로서 신규성이 없는 경우에는 그에 대한 등록무효심판이 없어도 그 권리범위를 인정할 수 없으며, 특허무효사유에 있어서 신규성 결여와 선원주의 위반은 특허발명 내지 후출원발명과 선행발명 내지 선출원발명의 동일성 여부가 문제된다는 점에서 다르지 않으므로, 위 법리는 후출원발명에 선원주의 위반의 무효사유가 있는 경우에도 그대로 적용된다(大判 2007후2827).

정답 ⑤

10 선출원주의의 관련하여 다음 중 옳은 것의 개수는? (다툼이 있는 경우에는 판례에 의함)

[2010년 기출]

> ㄱ. 선출원주의는 중복특허를 배제한다는 취지에서 하나의 발명에 대하여 복수의 출원이 있을 때에는 가장 먼저 출원한 자만이 특허를 받을 수 있도록 하는 것이다.
>
> ㄴ. 선출원주의에서 발명의 동일성 판단대상은 청구범위에 기재된 발명이므로 발명의 설명이나 도면에만 기재되고 청구범위에는 기재되어 있지 않은 발명은 판단대상이 아니다.
>
> ㄷ. 거절결정이 확정된 출원은 선출원의 지위를 갖지 않으므로 동일한 발명에 대하여 동일자 출원이라는 이유로 협의가 성립되지 않아 거절결정을 받은 출원인은 해당 출원이 공개되기 전이라면 재출원하여 특허를 받을 수 있다.
>
> ㄹ. 무권리자의 출원은 선출원주의를 적용함에 있어서는 처음부터 없었던 것으로 보나 무권리자의 출원이라도 공개된 후에는 제3자에 대한 관계에서 확대된 선출원으로서의 지위를 가진다.
>
> ㅁ. 같은 날 동일인에 의하여 동일 발명이 특허와 실용신안으로 동시에 출원되고 모두 등록된 경우에 특허등록은 무효이고, 그 중 등록된 실용신안권이 권리자에 의해 포기된 경우에는 특허발명의 무효사유가 치유될 수 있다.

① 1개 ② 2개
③ 3개 ④ 4개
⑤ 5개

해설

ㄱ. |○| 특허법은 하나의 발명에 대해서는 하나의 특허권을 부여한다는 1발명 1특허 원칙, 즉 중복특허배제의 원칙을 구현하고, 발명의 조기 공개와 권리의 안정화를 도모하기 위해 동일한 기술사상에 대하여는 먼저 출원한 자에게만 특허권을 부여하는 선출원주의를 채택하고 있다.

ㄴ. |○| 선출원주의는 동일한 발명 또는 발명과 고안이 동일한 경우에 적용된다. 한편, 동일한 경우란 청구범위에 기재된 발명이 동일하다는 것을 의미한다.

ㄷ. |×| 원칙적으로 거절결정 확정시 선출원의 지위가 소멸하나, 동일자 출원에 대하여 법 제36조 제2항 또는 제3항에 의한 협의 불성립 등으로 거절결정이나 거절한다는 취지의 심결이 확정된 때에는 선출원의 지위가 있다(법 36④단서). 협의제 위반으로 거절결정 확정된 경우까지 선원의 지위를 부정하면 동일자 출원인에게 협의가 강제되지 않고, 거절결정 후에 다시 먼저 출원한자가 선출원으로 등록 받게 되는 불합리함이 발생하므로 이를 방지하기 위해 협의제 위반하여 거절결정 확정된 경우 선원의 지위를 유지시킨다.

ㄹ. |○| 무권리자의 특허출원은 정당권리자 또는 제3자의 출원과의 선출원주의 적용에 있어서, 처음부터 없었던 것으로 본다(법 36⑤). 그러나 무권리자의 출원이 출원공개 또는 등록 공고된 경우에는 정당권리자의 출원이 아닌 제3자의 후출원에 대하여는 확대된 선출원의 지위는 인정된다(법 29③). 정당권리자의 출원에 대해서는 발명자가 동일하기 때문에 법 제29조 제3항 단서에 의해 확대된 선출원의 지위가 인정되지 않는다.

ㅁ. |X| 구 특허법(2001. 2. 3. 법률 제6411호로 개정되기 전의 것) 제36조 제3항 등의 적용에 있어 특허권이나 실용신안권의 포기에 의하여 경합출원의 하자가 치유되어 제3자에 대한 관계에서 특허권의 효력을 주장할 수 있다고 보는 것은 명문의 근거가 없을 뿐만 아니라 권리자가 포기의 대상과 시기를 임의로 선택할 수 있어 권리관계가 불확정한 상태에 놓이게 되는 등 법적 안정성을 해칠 우려가 있는 점, 특허권이나 실용신안권의 포기는 그 출원의 포기와는 달리 소급효가 없음에도 결과적으로 그 포기에 소급효를 인정하는 셈이 되어 부당하며, 나아가 특허권 등의 포기는 등록만으로 이루어져 대외적인 공시방법으로는 충분하지 아니한 점 등을 종합하여 보면, 출원이 경합된 상태에서 등록된 특허권이나 실용신안권 중 어느 하나에 대하여 사후 권리자가 그 권리를 포기하였다고 하더라도 경합출원으로 인한 하자가 치유된다고 보기는 어렵다(大判 2005후3017).

정답 ③

11 특허요건에 관한 설명으로 옳은 것은? (다툼이 있는 경우에는 판례에 의함) [2014년 기출]

① 동일한 발명에 대하여 다른 날에 2이상의 특허출원이 있는 때에는 먼저 출원한 자가 특허를 받을 수 있으며, 이 경우 어느 하나의 출원이 취하된 때에는 그 출원은 그 때부터 없었던 것으로 본다.
② 청구범위에 기재된 청구항이 복수의 구성요소로 되어 있는 경우에는 각 구성요소가 유기적으로 결합한 전체로서의 기술사상이 진보성 판단의 대상이 되는 것이지 각 구성요소가 독립하여 진보성 판단의 대상이 되는 것은 아니다.
③ 정부는 특허출원한 발명이 국방상 필요하다면 특허를 하지 아니하거나 비밀로취급할 것을 명할 수 있으며, 그러한 비밀취급명령을 위반한 때에는 그 발명에 대하여 특허를 받을 수 있는 권리를 수용할 수 있다.
④ 특허를 받을 수 있는 권리를 가진 자가 특허출원 전에 학술논문을 발표하여 발명의 신규성이 상실된 경우 그 날부터 6개월 이내에 특허출원을 하여야 신규성이 상실되지 아니한 것으로 본다.
⑤ 특허출원한 발명이 당해 출원일 이전에 출원을 한 다른 특허출원의 출원서에 최초로 첨부된 명세서에 기재된 발명과 동일한 경우 다른 특허출원의 출원공개가 당해 출원 이후에 이루어진 때에는 협의에 의하여 정하여진 하나의 출원인만이 특허를 받을 수 있다.

해설

① |X| 법 제36조 제1항 및 제4항
② |O| 대판 2009후1987
③ |X| 특허를 받을 수 있는 권리를 포기한 것으로 본다(법 제41조 제5항). 한편, 전시·사변 또는 이에 준하는 비상시에 국방상 필요한 경우에는 특허를 받을 수 있는 권리를 수용할 수 있다(법 제41조 제2항).
④ |X| 12개월 이내에 법 제30조 주장을 할 수 있다(법 제30조 제1항).
⑤ |X| 법 제29조 제3항에 해당하는 경우 협의 여부에 관계없이 거절이유에 해당되어 특허를 받을 수 없다.

정답 ②

CHAPTER 05 확대된 선출원주의

01 특허법 제29조제3항(확대된 선출원)과 특허법 제36조(선출원)에 관한 설명으로 옳지 않은 것은? (다툼이 있으면 판례에 따름) [2017년 기출]

① '확대된 선출원'은 특허청구범위, 명세서 또는 도면에 기재된 사항에 대하여 선출원의 지위를 인정하지만, '선출원'은 특허청구범위에 기재된 사항만 선출원의 지위를 인정한다.
② '확대된 선출원'은 다른 출원이 출원공개·등록공고된 경우에만 선출원의 지위를 인정하지만, '선출원'은 출원공개 또는 등록공고 여부에 관계없이 적용된다.
③ '확대된 선출원'에 있어서는 선출원의 발명자와 후출원의 발명자가 동일한 경우 후출원은 선출원에 의해 배제되어야 하지만, '선출원'에서는 선출원 발명자가 후출원 발명자와 동일한 경우라도 후출원을 배제할 수 없다.
④ '선출원' 여부를 판단하는데 있어 두 발명이 각각 물건의 발명과 방법의 발명으로 서로 범주가 다른 경우에도, 대비되는 발명들이 동일한 기술사상에 대하여 단지 표현양식에 차이가 있는 것이라면 두 발명은 동일한 발명으로 보아야 한다.
⑤ 특허출원인이 특허출원(X)을 분할한 경우 분할된 특허출원(Y)은 X를 특허출원 한때에 출원한 것으로 본다. 다만, 분할출원에 '확대된 선출원'의 지위를 부여하는 경우 분할출원을 한 때에 출원한 것으로 본다.

> **해 설**
> ① 확대된 선원의 지위는 출원서에 최초로 첨부된 명세서 또는 도면에 기재된 발명에 인정되고(특허법 제29조 제3항), 선원의 지위는 청구범위에 기재된 발명에 인정된다(대법원 2004. 9. 24. 선고 2002후1973).
> ② 확대된 선원의 지위는 출원공개 또는 등록공고가 된 경우만 인정된다(특허법 제29조 제3항 제2호). 선원의 지위는 출원과 동시에 인정되는 것으로 본다.
> ③ 확대된 선원은 발명자 또는 출원인이 동일한 경우는 적용하지 않는다(특허법 제29조 제3항 제1호). 선원은 발명자 또는 출원인이 동일하더라도 적용한다.
> ④ 특허법 제36조를 적용하기 위한 전제로서 두 발명이 서로 동일한 발명인지 여부를 판단함에 있어서는 대비되는 두 발명의 실체를 파악하여 따져보아야 할 것이지, 표현양식에 따른 차이가 있는지 여부에 따라 판단할 것은 아니므로, 대비되는 두 발명이 각
> 각 물건의 발명과 방법의 발명으로 서로 발명의 범주가 다르다는 사정만으로 곧바로 동일한 발명이 아니라고 단정할 수는 없다(대법원 2007. 1. 12. 선고 2005후3017 판결).
> ⑤ 확대된 선원의 지위는 분할출원의 출원일 소급효 예외를 적용한다(특허법 제52조 제2항 제1호).
>
> **정 답** ③

02 선출원 또는 확대된 선출원에 관한 설명 중 옳지 않은 것은?

① 무권리자에 의한 출원이 등록 후 특허무효심판에 의해 무효로 확정된 경우 확대된 선출원 규정의 적용에 있어서 선출원의 지위는 상실된다.
② 출원절차 수수료를 납부하지 않아 출원절차가 무효로 된 경우는 선출원 규정의 적용에 있어서 선출원의 지위가 인정되지 않는다.
③ 발명자가 동일하면 확대된 선출원의 규정은 적용하지 않는다.
④ 선출원 규정의 적용에 있어서 선출원의 지위는 청구범위에 기재된 발명에 인정되므로 발명의 설명이나 도면에만 기재되고 청구범위에는 기재되어 있지 않은 발명은 선출원의 지위가 인정되지 않는다.
⑤ 확대된 선출원 규정의 적용에 있어서 분할출원의 선출원의 지위는 분할출원을 한 때부터 인정된다.

해설

① 선출원지위와 달리 확대된 선출원지위는 출원이 공개되면 어떤 경우라도 인정된다.
② 무효, 취하, 포기, 거절결정확정 등이 된 경우는 선출원지위가 없다(특허법 제36조 제4항).
③ 발명자 또는 출원인이 동일한 경우는 확대된 선출원을 적용하지 않는다(특허법 제29조 제3항 단서).
④ 선출원지위는 청구범위, 확대된 선출원지위는 최초 명세서 및 도면에 인정된다.
⑤ 선출원지위와 달리 확대된 선출원지위는 출원일 소급효가 인정되지 않는다(특허법 제52조 제2항 제1호).

정답 ①

03 특허법 제29조 제3항의 소위 확대된 선출원에 대한 설명으로 틀린 것은?

① 출원공개가 된 특허출원서에 최초로 첨부된 명세서 또는 도면에 기재되어 있던 발명이 출원공개 전에 보정에 의해 삭제된 경우라도 그 발명은 소위 확대된 선출원의 지위가 인정된다.
② 분할출원은 출원일이 원출원일까지 소급되나 분할출원이 확대된 선출원주의에 있어서 다른 출원인 경우에는 실제 출원일을 기준으로 확대된 선출원의 지위를 인정한다.
③ 다른 출원이 조약 우선권주장출원인 경우 최초 명세서 또는 도면에 기재된 발명 중 우선권의 기초가 된 제1국에 명세서 등에 기재된 발명에 관해서는 제 1국 출원일을 기준으로 한다.
④ 당해 출원의 출원인이 다른 특허출원의 출원인과 동일하거나 양출원의 발명자가 동일한 경우 적용되지 아니하며, 공동발명자의 경우 일부만 일치해도 된다.
⑤ 특허출원서에 최초로 첨부한 명세서 또는 도면에 기재된 발명은 그 출원이 출원공개 후에 취하된 때에 소위 확대된 선출원의 지위가 인정된다.

해설

①, ⑤ |○| 확대된 선출원의 지위는 출원시에 최초로 첨부된 명세서 또는 도면에 기재된 발명에 대해 출원공개를 조건으로 인정되므로 출원 이후에 보정에 의해 삭제되더라도 출원이 취하되더라도 확대된 선출원의 지위가 인정된다. 참고로 선출원주의(법 제36조)의 경우 보정에 의하여 청구범위에서 삭제된 발명의 경우 선원의 지위가 인정되지 아니하며 출원이 취하된 경우 선출원의 지위는 인정되지 아니한다(법 제36조 제4항).

② |○| 법 제52조 2항 1호. 확대된 선출원의 규정 적용시 출원일을 소급하지 아니하는 이유는 분할출원시 새로이 추가된 발명의 경우 제3자에게 불이익을 주지 않기 위함이다.

③ |○| 법 제54조 제1항. 조약우선권주장출원의 선출원과 우선권주장출원 사이에 제 3자의 출원의 청구범위에 기재된 발명이 선출원의 최초 명세서 또는 도면에 기재된 발명과 동일한 경우 제 3자의 출원에 대하여 특허를 허여 함은 공개와 독점의 조화라는 특허법의 목적에 반하기 때문이다.

④ |×| 법 제29조 제3항 단서. 다른 출원과 당해출원의 발명자 또는 출원인이 동일한 경우는 전원이 모두 일치해야 한다(심사기준).

정답 ④

04 확대된 선출원의 지위에 대한 다음의 설명 중 맞는 것은?

① 甲의 특허출원 X(발명 A)가 있은 후 출원공개 전에 甲의 변경출원 Y(고안 A)가 있고 X 및 Y출원 사이에 발명 A에 대하여 乙의 출원 Z가 있는 경우 출원 Z가 갑의 상기 출원을 다른 출원으로 하여 확대된 선원의 지위로 거절되는 경우는 없다.

② 특허법 제29조 제3항을 적용함에 있어서 다른 출원이 분할출원인 경우 원출원일을 기준으로 확대된 선원의 지위를 인정한다.

③ 외국어로 출원된 국제특허출원에 있어서 국제출원일에 제출된 국제출원의 발명의 설명·청구범위 또는 도면과 그 국어번역문에 다 같이 기재된 발명에 확대된 선출원의 지위가 인정된다.

④ 甲이 乙의 발명을 모인하여 출원한 경우 甲의 출원은 선원의 지위 및 확대된 선원의 지위를 가질 수 있는 경우는 없다.

⑤ 甲이 발명 A에 대하여 출원 X를 한 후, 乙이 발명 A에 대하여 Y 출원을 하였다. 甲이 Y출원일 후 출원 X를 乙에게 양도하고, X출원은 공개되었다. 이와 같은 경우 특허법 제29조 제3항은 출원인이 동일한 경우 적용하지 않으므로 이를 적용할 수 없으나, 특허법 제36조는 동일인 간에도 적용하므로 후출원인 乙의 Y출원은 등록을 받을 수 없다.

해설

① |○| 변경출원시 원출원은 취하간주된다(법 제53조 제4항). 그러므로 상기의 사안에서 X 출원이 공개 전에 변경출원을 한 결과 X는 공개되지 않고 취하간주 되는 바, 선원의 지위와 확대된 선원의 지위를 가지지 못한다. 한편, 변경출원 Y는 선출원의 지위는 원출원일로 소급하나, 확선의 지위를 적용함에 있어서 다른 출원에 해당하게 되는 때에는 소급하지 못하므로(법 제53조 제2항 제1호),

乙의 Z 출원은 X, Y로부터 확선 위반일 수는 없고, 청구범위가 동일하다면 Y 출원에 의해 선출원주의 위반일 수는 있을 것이다.

② |×| 다른 출원이 분할, 분리 또는 변경출원일 경우 제3자의 불측의 손해를 피하기 위하여 분할, 분리 또는 변경출원일을 기준으로 판단한다.

③ |×| 국제특허출원의 경우 확대된 선출원의 지위는 "국제출원일까지 제출한 발명의 설명, 청구범위 또는 도면"에 기재된 사항에 대하여 인정된다. 즉, 외국어로 출원된 국제특허출원의 경우 원문을 기준으로 확대된 선출원의 지위가 인정된다(법 제29조 제5항).

④ |×| 타인의 발명을 모인하여 출원한 무권리자 출원은 선원의 지위를 적용함에 있어서 처음부터 없었던 것으로 본다(법 제36조 제5항). 따라서 무권리자 출원이 선원의 지위를 가질 여지는 없다. 그러나 확대된 선원을 적용함에 있어서는 상기와 같은 규정이 없으므로 무권리자 출원도 확대된 선원의 지위를 가질 수 있다. 다만 정당권리자 甲이 출원하는 경우 발명자가 동일한 경우에 해당하므로 정당권리자에 대하여는 확대된 선원의 지위를 가질 수 없다.

⑤ |×| 확대된 선원의 지위는 발명자가 동일하거나 당해 출원시에 출원인이 동일한 경우에 적용할 수 없다. (법 제29조 제3항 단서) 다만, 출원인의 경우에는 당해 출원시에 동일하여야 하고 당해 출원일 후에 승계인의 경우에는 상기 단서 규정을 적용시킬 수 없다. 따라서 乙이 발명자 甲의 발명을 모인하여 발명자가 동일한 경우가 아니라면 乙의 출원은 법 제29조 제3항이 적용된다.

정답 ①

05 특허법 제29조제3항 및 제4항에 규정된 소위 확대된 선출원의 범위에 대한 설명 중 맞게 설명 된 것은 몇 개인가? [1999년 기출변형]

> (가) 출원공개가 된 특허출원서에 최초로 첨부한 명세서 또는 도면에 기재되어 있던 발명이 출원공개 전에 보정에 의해 삭제된 경우에는 그 발명은 소위 확대된 선출원의 지위를 갖지 아니한다.
>
> (나) 국제특허출원을 외국어로 출원한 경우 그 출원이 특허협력조약 제21조에 의해 국제공개가 되었으며, 특허법 제201조 제4항에 따라 취하한 것으로 보는 경우에도 국제출원일까지 제출한 발명의 설명, 청구범위 또는 도면에 기재되어 있는 발명은 확대된 선원의 지위를 갖는다.
>
> (다) 특허출원의 분할에 의한 새로운 특허출원서에 최초로 첨부된 명세서 또는 도면에 기재된 발명은, 그 출원이 출원공개되어도 소위 확대된 선출원의 지위를 갖지 아니한다.
>
> (라) 특허출원서에 최초로 첨부한 명세서 또는 도면에 기재된 발명이라도, 그 출원이 출원공개 후에 취하된 때에는 소위 확대된 선출원의 지위를 갖지 아니한다.

① 1개 ② 2개
③ 3개 ④ 4개
⑤ 하나도 없다.

해설

㈎ |×| 다른 출원에서 보정에 의해 추가된 내용이라도 최초 명세서·도면에 기재되어 있지 않으면 확대된 선출원의 지위가 인정되지 않으며, 보정에 의해 삭제되었다 하더라도 최초 명세서·도면에 기재되어 있다면 확대된 선출원의 지위가 인정된다.

㈏ |×| 외국어로 출원한 국제특허출원의 번역문을 국내서면제출기간까지 제출하지 아니하여 그 출원이 취하간주되는 경우(법 제201조 제4항)에는 법 제29조 제3항의 확대된 선원의 지위를 부여하지 않는다(법 제29조 제7항). 즉, 2015. 1. 1. 시행 개정법에 의해 확대된 선원의 지위가 원문에 부여된다고 하더라도 이는 국내서면제출기간 내에 번역문이 제출되는 것을 전제로 한다.

㈐ |×| 원출원의 명세서 또는 도면에는 포함되어 있지 않지만 분할출원의 명세서 또는 도면에 포함된 발명에 의해 원출원과 분할출원 사이의 제3자의 출원을 거절시키는 것은 먼저 출원하여 공개시킨 자에게 독점·배타적인 특허권을 부여한다는 특허법의 목적에 반하기 때문에 확대된 선출원의 지위를 적용함에 있어서 소급효가 인정되지 않고 현실의 분할출원일을 기준으로 한다.

㈑ |×| 확대된 선출원의 지위는 출원공개를 요건으로 하므로 출원이 공개된 후 취하되어도 확대된 선출원의 지위는 인정된다.

정답 ⑤

---

06 발명자 甲은 발명 A, B, C를 완성하고 발명 B에 대한 권리를 乙에게 적법하게 승계시켰다. 이후, 甲은 [A/A,B,C]를 기재하여 특허출원(X 출원)하였고, 乙은 甲이 출원하기 전에 [B/A,B]를 특허출원(Y 출원)하였다. 이후, 甲은 자신의 X 출원이 출원공개되기 전에 발명 C를 발명의 설명에서 삭제하는 보정을 하였고, [C/C]에 관한 특허출원(Z 출원)을 완료하였다. 甲이 Z 출원을 한 이후 X, Y 출원은 출원공개되었고, 甲은 자신의 Z 출원을 丙에게 승계시켰다. 이하 다음 설명 중 가장 옳은 것은? * [A/A,B]=[청구범위/발명의 설명]

① 甲의 X 출원은 乙의 Y 출원으로부터 확대된 선출원주의 위반으로 등록을 받을 수 없다.
② 乙은 甲으로부터 발명 B에 대한 권리만 승계 받았을 뿐, 발명 A에 대한 권리 승계를 받지 못했기 때문에 乙의 Y 출원은 무권리자 출원으로 등록을 받을 수 없을 것이다.
③ Z 출원을 甲으로부터 승계 받은 丙은 甲이 X 출원의 발명의 설명에서 C를 삭제하는 보정을 하였으므로 확대된 선출원주의 위반이 아니어서 등록을 받을 수 있다.
④ 확대된 선출원의 지위는 출원서에 최초로 첨부된 명세서 또는 도면에 대해 발생하므로 丙은 甲으로부터 적법하게 Z 출원에 대한 권리를 승계 받았다고 할지라도 X 출원으로부터 확대된 선출원주의 위반으로 등록을 받을 수 없다.
⑤ 甲, 乙 및 丙은 모두 등록 받을 수 있다.

해설

① |×| 을의 Y 출원의 최초로 첨부된 명세서에 기재된 발명 A에 대한 발명자는 갑이므로 발명자 동일성으로 인해서 확대된 선출원 주의가 적용되지 않는다.

② |×| 청구범위는 등록 전에는 권리요구서로서의 역할을 하고 등록 후에는 권리서로서의 역할을 담당하는데, 을은 갑으로부터 승계 받은 발명 B만을 청구범위에 기재하고 발명 A는 발명의 설명에만 기재하였으므로 무권리자 출원이라 할 수 없다. 한편, 이후 을이 A를 청구범위로 하는 보정을 한다면, 보정은 적법할 지라도 발명 A에 대한 권리를 승계 받은 적은 없으므로 무권리자에 해당할 수 있으나, 발명의 설명에만 기재된 경우 무권리자로 볼 수 없다.

③, ④ |×| 확대된 선출원 주의는 출원서에 '최초'로 첨부된 명세서 또는 도면의 범위에 발생하기 때문에 출원인이 보정에 의한 삭제한 사항도 최초 명세서 도면에만 있으면 발생한다. 그러나 사안의 경우에는 발명 C에 대한 발명자가 갑으로 동일하고 Z 출원시 출원인이 X 출원(다른 출원)의 출원인 갑과 동일하므로 법 제29조 제3항 단서에 의해서 확대된 선출원 주의가 적용되지 않아, 갑으로부터 Z 출원을 양수 받은 병은 등록이 가능하다.

⑤ |○| 결국, 갑, 을, 병 모두 등록이 가능하다.

정답 ⑤

07 2001년 9월 1일 일본의 특허출원 A에는 발명 a, b가 기재되어 있고, 이를 기초로 우선권주장이 수반된 2002년 2월 1일의 국내출원 B에는 발명 b, c가 기재되어 있다. 이 후 국내출원 B를 원출원으로 하여 2002년 8월 1일 출원된 분할출원 C에는 발명 c, d가 기재되어 있으며, 원출원 B에 기재된 발명 c는 삭제 보정되었다. 2002년 11월 1일 국내출원 B, C는 각각 조기출원공개 되었으나 모두 취하되었다(출원 A, B, C의 출원인은 모두 동일인인 甲이며, 각각의 출원에 대하여 별도의 공지는 없는 것으로 한다). 한편 乙의 출원 D에는 발명 a, b, c, d가 기재되어 있다(출원 D는 우선권주장을 수반하지 않고 있다). 다음 설명 중 옳은 것은?

[2005년 기출]

① 乙이 2002년 1월에 출원하였다면 乙의 출원 D 중 발명 a를 삭제 보정하여야 특허를 받을 수 있다.

② 乙이 2002년 4월에 출원하였다면 乙의 출원 D 중 발명 b를 삭제 보정하여야 특허를 받을 수 있다.

③ 乙이 2002년 6월에 출원하였다면 乙의 출원 D 중 발명 a, b를 삭제 보정하여야 특허를 받을 수 있다.

④ 乙이 2002년 10월에 출원하였다면 乙의 출원 D 중 발명 b, c, d를 삭제 보정하여야 특허를 받을 수 있다.

⑤ 乙이 2002년 12월에 출원하였다면 乙의 출원 D는 발명 a, b, c, d 모두에 대하여 특허를 받을 수 없다.

해설

甲 출원의 후등록배제효를 정리하면 다음과 같다.

1. 선출원주의
   甲의 B, C 출원은 공개 후 취하간주 되었으므로 선출원지위를 상실한다(법 제36조 제4항).

2. 확대된 선출원주의
   (1) B 출원
   A 일본출원과 동일성이 인정되는 발명 b는 2001년 9월 1일로 소급하고, 발명 c는 현실의 출원일인 2002년 2월 1일을 기준으로 B 출원이 공개된 2002년 11월 1일에 확대된 선출원의 지위가 인정된다.
   (2) C 출원
   분할출원이 확대된 선출원에 관한 규정(법 제29조 제3항)에서의 다른 출원에 해당하는 경우에는 소급효가 없다(법 제52조 제2항 제1호). 따라서 C 출원에 있는 발명 c, d는 현실의 분할출원일인 200년 8월 1일을 기준으로 C 출원이 공개된 2002년 11월 1일에 확대된 선출원의 지위가 인정된다.
   ① 발명 b만 삭제하면 특허를 받을 수 있다. 일본 출원에만 기재된 발명 a에 대해서는 국내출원에 대한 후등록배제효가 없기 때문이다.
   ②, ③ 발명 b, c삭제하면 특허를 받을 수 있다.
   ④ 타당한 설명이다.
   ⑤ 발명 b, c, d는 신규성 위반으로 특허를 받을 수 없다. 그러나 발명 a는 B, C 출원에 기재되어 있지 않으므로 A 출원이 일본에서 공개되지 않았다면 신규한 발명이므로 특허를 받을 수 있다.

   정답 ④

08 甲은 2003년 7월 22일 a발명과 a+b발명(a와 다른 발명임)을 발명의 설명란에 기재하고 청구범위에는 a발명을 기재한 출원 A를 하였다. 동년 동월 29일 乙이 a+b발명을 발명의 설명란에 기재하고 청구범위에는 a+b발명을 기재한 출원 B를 하였다. 이 경우, 다음 내용 중 옳은 것으로만 묶은 것은?   [2006년 기출]

> (가) B출원은 선출원인 A출원 때문에 특허법 제36조(선출원)에 의하여 특허를 받을 수 없다.
> (나) 甲이 a+b발명에 대하여 발명의 설명란과 청구범위에 기재하여 동년 10월 22일 적법하게 분할출원하였더라도, 그 분할출원은 선출원인 B출원 때문에 특허법 제36조에 의하여 특허를 받을 수 없다.
> (다) A출원이 공개되기 전에 취하된 경우, B출원은 특허가 허여될 수도 있다.
> (라) A출원과 B출원의 발명자가 동일한 경우, B출원은 특허가 허여될 수도 있다.

① (가), (나) 　　　　　　② (가), (다)
③ (나), (다) 　　　　　　④ (나), (라)
⑤ (다), (라)

해설

(가) |×| 선출원주의는 선,후출원의 청구범위에 기재된 발명의 동일성 여부로 판단하는 것인바, 甲 출원(A)의 a와 乙 출원(B)의 a+b는 동일성이 없어서 법 제36조 위반이 아니다.
(나) |×| 분할출원은 원출원의 최초로 첨부된 명세서 또는 도면의 범위 내에서 할 수 있으며 적법하면 출원일이 원출원일로 소급(법 제52조 제2항)하는바 B 출원보다 선원이므로 제36조 위반이 아니고 등록 가능할 것이다.
(다) |○| A 출원이 출원공개되면 a, a+b에 대해서 법 제29조 제3항의 확대된 선출원의 지위가 발생하여 B 출원의 a+b는 특허 받을 수 없지만, A 출원공개전 취하된다면 출원공개되지 않아 등록가능 할 것이다.
(라) |○| 일단 B 출원은 A 출원에 의해 법 제36조 위반은 아니다. 한편, 발명자가 동일하다면 법 제29조제3항 단서에 의해서 확대된 선출원주의의 적용을 받지 아니할 것이므로 특허될 수 있다.

정답 ⑤

09 확대된 선출원에서의 선출원(특허법 제29조 제3항 및 제4항)과 선출원주의에 있어서의 선출원(특허법 제36조)의 차이점에 대한 다음 설명 중 옳지 않은 것은? [2003년 기출변형]

① 선출원주의에 있어서 선출원이 취하·무효로 되는 경우에는 선출원으로서의 지위를 상실하는데, 확대된 선출원에 있어서도 선출원이 출원공개 또는 등록공고된 이후에 취하·무효가 된 경우에는 역시 마찬가지다.
② 확대된 선출원의 경우 선출원이 출원공개 또는 등록공고됨을 요하나, 선출원주의에서는 이러한 한정이 없다.
③ 선출원주의는 동일자 출원의 경우에도 적용되나, 확대된 선출원의 경우에는 그러하지 아니하다.
④ 선출원주의에 있어서 선출원의 효력은 청구범위에 기재된 발명이 동일한지 여부에 의하여 판단되나, 확대된 선출원에 있어서의 선출원은 명세서 기재 발명의 모든 내용에 의하여 발명의 동일성을 판단한다.
⑤ 선·후원의 출원인 또는 발명자가 동일한 경우, 선출원주의에서는 후원이 거절되어야 하나, 확대된 선출원에 있어서는 그러하지 아니하다.

해설

① |×| 확대된 선출원의 경우에는 출원이 출원공개 또는 등록공고된 이상 그 후에 취하 또는 무효되어도 확대된 선출원으로서의 지위가 인정된다.
② |○| 확대된 선출원주의가 적용되기 위해서는 선출원이 출원공개 또는 등록공고되어야 한다. 반면 선출원주의 적용되기 위해서는 출원공개 또는 등록공고를 요건으로 하지 않는다.
③ |○| 확대된 선출원의 지위는 동일자 출원의 경우 적용되지 않으나, 선출원주의는 동일자 출원에 대해서도 적용하며 이 경우 협의제에 의한다(법 제36조 제2항).

④ |O| 발명의 동일성 판단에 있어 선출원주의는 선후출원의 청구범위 기재 발명을 대상으로 하나, 확대된 선출원의 적용에 있어서는 선출원의 최초 첨부된 명세서 또는 도면에 기재된 발명과 후출원의 청구범위 기재발명을 비교한다.
⑤ |O| 법 제29조 제3항 단서

정답 ①

10 특허법 제29조(특허요건)제3항부터 제7항(이른바 '확대된 선출원')과 제36조(선출원)에 관한 설명으로 옳지 않은 것은? (특허법 제36조제4항 또는 제5항에 따라 출원이 처음부터 없었던 것으로 보는 경우는 고려하지 않고, 선출원은 후출원 후 공개된 것으로 보며, 선출원과 후출원은 모두 심사청구된 것으로 본다. 다툼이 있으면 판례에 따름) [2015년 기출]

① 선출원과 후출원의 발명자가 동일하고 청구범위가 동일한 경우에는 선출원 규정에 따라 후출원은 특허를 받을 수 없다.
② 선출원과 후출원의 출원인 및 발명자가 다르고 청구범위가 동일한 경우에는 확대된 선출원 규정 및 선출원 규정에 따라 후출원은 특허를 받을 수 없다.
③ 선출원이 공개되지 않아도, 후출원의 청구범위가 선출원의 청구범위와 동일한 경우에는 선출원 규정에 따라 후출원은 특허를 받을 수 없다.
④ 선출원과 후출원의 청구범위에 기재된 발명의 구성에 상이점이 있어도 그 기술분야에서 통상의 지식을 가진 자가 보통으로 채용하는 정도의 변경에 지나지 아니하고 발명의 목적과 작용효과에 특별한 차이를 일으키지 아니하는 경우에는 선출원 규정에 따라 후출원은 특허를 받을 수 없다.
⑤ 후출원의 청구범위가 선출원의 청구범위와 다르지만 선출원 명세서의 발명의 설명 및 도면에 기재된 사항과 완전히 동일한 경우에는 선출원 규정에 따라 후출원은 특허를 받을 수 없다.

해설

① |O| 특허법 제36조 제1항
② |O| 특허법 제29조 제3항 및 제36조 제1항
③ |O| 특허법 제36조 제1항
④ |O| 대법원 1991. 1. 15. 선고 90후1154 판결

실용신안법(1990.1.13. 법률 제4209호로 전문개정되기 전의 것) 제7조 제1항은 동일한 고안에 대하여는 최선출원에 한하여 실용신안등록을 받을 수 있다고 규정하여 동일고안에 대한중복등록을 방지하기 위하여 선원주의를 채택하고 있는바, 전후로 출원된 양 고안이 동일하다 함은 그 기술적 구성이 전면적으로 일치하는 경우는 물론 그 범위에 차이가 있을 뿐 부분적으로 일치하는 경우라도 그 일치하는 부분을 제외한 나머지 부분만으로 별개의 고안을 이룬다거나 위 일치하는 부분의 고안이 신규의 고안과 유기적으로 연결되어 일체로서 새로운 고안이 되는 등의 특별한 사정이 없는 한 양 고안은 동일하다 할 것이고 비록 양 고안의 구성에 상이점이 있어도 그 기술분야에 통상의 지식을 가진 자가 보통으로 채용하는 정도의 변경에 지나지 아니하고 고안의 목적과

작용효과에 격별한 차이를 일으키지 아니 하는 경우에는 양 고안은 역시 동일한 고안이라 할 것이다(당원 1985.8.20. 선고 84후30 판결 참조).

⑤ |×| 특허법 제29조 제3항(특허법 제36조의 선출원 규정 위반은 아니나 특허법 제29조 제3항의 확대된 선출원 규정 위반으로 특허를 받을 수 없다)

정답 ⑤

11 특허법상 다음 설명 중 옳지 않은 것은? (다툼이 있으면 판례에 따름) [2016년 기출문제]

① 선출원에 관한 특허법 제36조(선출원)에서 규정하는 발명의 동일성 판단 시, 양 발명의 구성에 상이점이 있어도 통상의 기술자가 보통으로 채용하는 정도의 변경에 지나지 아니하고 발명의 목적과 작용효과에 특별한 차이를 일으키지 아니하는 경우에는 양 발명은 동일한 발명이다.

② 확대된 선출원에 관한 특허법 제29조(특허요건)제3항에서 규정하는 발명의 동일성은 양 발명의 기술적 구성이 동일한지 여부에 의하되 발명의 효과도 참작하여 판단할 것인데, 기술적 구성에 차이가 있더라도 그 차이가 과제해결을 위한 구체적 수단에서 주지·관용기술의 부가·삭제·변경 등에 지나지 아니하여 새로운 효과가 발생하지 않는 정도의 미세한 차이에 불과하다면 양 발명은 서로 실질적으로 동일하다.

③ 특허법 제47조(특허출원의 보정)제2항에서 규정하는 '최초로 첨부한 명세서 또는 도면'('최초 명세서 등')에 기재된 사항이란 최초 명세서 등에 명시적으로 기재되어 있는 사항이거나 또는 명시적인 기재가 없더라도 통상의 기술자가 출원시의 기술상식에 비추어 보아 보정된 사항이 최초 명세서 등에 기재되어 있는 것과 마찬가지라고 이해할 수 있는 사항이어야 한다.

④ '우선권 주장의 기초가 된 선출원의 최초 명세서 등에 기재된 사항'이란, 우선권주장의 기초가 된 선출원의 최초 명세서 등에 명시적으로 기재되어 있는 사항이거나 또는 명시적인 기재가 없더라도 통상의 기술자가 선출원일 당시의 기술상식에 비추어 보아 우선권 주장을 수반하는 특허출원된 발명이 선출원의 최초 명세서 등에 기재되어 있는 것과 마찬가지라고 이해할 수 있는 사항이어야 한다.

⑤ 권리범위확인심판에서 특허발명의 각 구성요소와 그 구성요소간의 유기적 결합관계가 확인대상발명에 그대로 포함되어 있지 않으면 그 확인대상발명은 항상 특허발명의 권리범위에 속하지 않는다.

해설

①, ② |○| 대법원 2011. 4. 28. 선고 2010후2179
③ |○| 대법원 2007. 2. 8. 선고 2005후3130
④ |○| 대법원 대법원 2015. 1. 15. 선고 2012후2999
⑤ |×| 대법원 2001. 1. 30. 선고 98후2580 (법 제127조의 침해로 보는 행위의 경우 특허발명의 구성요소가 확인대상발명에 그대로 포함되어 있지 않더라도 권리범위에 속하게 된다)

정답 ⑤

12 선출원주의 및 확대된 선출원주의에 관한 설명 중 옳지 않은 것은? (다툼이 있는 경우 판례에 의함)

① 특허법 제29조 제3항에 해당하는지를 판단하기 위하여는 그 전제로서 선원의 존재와 그 선원이 출원공개 또는 등록공고될 것이 요구되고, 그 경우 대비되는 발명은 후에 보정되었는지에 관계없이 선원의 최초 명세서 및 도면에 기재된 발명이다.
② 특허법 제29조 제3항에 해당하는지를 판단함에 있어서는 양 발명의 기술적 구성이 동일한가 여부에 의하여 판단하되 발명의 효과도 참작하여야 한다.
③ 특허법 제36조 제1항을 적용하기 위한 전제로서 두 발명이 서로 동일한 발명인지 여부를 판단함에 있어서는 대비되는 두 발명의 실체를 파악하여 따져보아야 할 것이지 표현양식에 따른 차이가 있는지 여부에 따라 판단할 것은 아니다.
④ 특허법 제36조 제1항에 해당하는지를 판단할 때는 먼저 출원한 특허청구범위에 기재된 발명과 나중에 출원한 특허청구범위에 기재된 발명을 대상으로 하여 대비판단하여야 한다.
⑤ 동일한 고안에 대하여 같은 날에 2이상의 실용신안등록출원이 있는 때에는 그 고안이 신규성이나 진보성의 결여로 어차피 거절되어야 한다 하더라도 출원인간의 협의절차 등을 거치지 않고 그 출원에 대한 신규성이나 진보성 결여를 원인으로 한 거절결정은 부적법하다.

해 설

① 98허7110
② 실질적 동일 여부는 효과를 참작하여 판단한다(2001후1624).
③ 물건발명과 방법발명이라 하더라도 서로 동일한 발명일 수 있다(2007후2797).
④ 선원은 청구범위를 기준으로 판단한다(2002후1973).
⑤ 협의절차 없이 신규성이나 진보성으로 거절결정하더라도 부적법하지 않다. 거절이유간에 우선적으로 적용하여야 하는 순위가 있지는 않다(97후2576).

정답 ⑤

CHAPTER 06 특허를 받을 수 없는 발명

01 특허에 관한 설명으로 옳지 않은 것은? (다툼이 있으면 판례에 따름) [2017년 기출]

① 선택발명에 있어서 선행발명을 기재한 선행문헌에 선택발명에 대한 문언적인 기재가 존재하는 경우 외에도, 그 발명이 속하는 기술분야에서 통상의 지식을 가진 자가 선행문헌의 기재 내용과 출원시의 기술 상식에 기초하여 선행문헌으로부터 직접적으로 선택발명의 존재를 인식할 수 있다면 그 선택발명의 신규성은 부정된다.

② 특허법 제32조(특허를 받을 수 없는 발명)의 공중의 위생을 해칠 우려가 있는 발명인지는 관련 행정법상 필요한 허가를 취득하였는지 여부와는 독립적이므로, 특허심사절차에서 별개로 판단 받아야 한다.

③ 정부는 국방상 필요한 경우 외국에 특허출원하는 것을 금지하거나 발명자·출원인 및 대리인에게 그 특허출원의 발명을 비밀로 취급하도록 명할 수 있지만, 정부의 허가를 받은 경우에는 외국에 특허출원을 할 수 있다.

④ 특허권의 적극적 권리범위 확인심판에서, 확인대상발명의 실시와 관련된 특정한 물건과의 관계에서 그 물건에 대한 특허권이 소진되었다면 확인대상발명에 대하여 권리범위 확인심판을 제기할 확인의 이익이 없다.

⑤ 방법발명의 특허권자는 제3자가 그 방법의 실시에만 사용하는 물건을 생산, 판매하는 경우 그 방법의 실시에만 사용하는 물건과 대비되는 물건을 심판청구의 대상이 되는 발명으로 특정하여 특허권의 보호범위에 속하는지 여부의 확인을 구할 수 있다.

해 설

① 선행 또는 공지의 발명에 구성요건이 상위개념으로 기재되어 있고 위 상위개념에 포함되는 하위개념만을 구성요건 중의 전부 또는 일부로 하는 이른바 선택발명의 신규성을 부정하기 위해서는 선행발명이 선택발명을 구성하는 하위개념을 구체적으로 개시하고 있어야 하나, 이에는 선행발명을 기재한 선행문헌에 선택발명에 대한 문언적인 기재가 존재하는 경우 외에도 그 발명이 속하는 기술분야에서 통상의 지식을 가진 자가 선행문헌의 기재 내용과 출원시의 기술 상식에 기초하여 선행문헌으로부터 직접적으로 선택발명의 존재를 인식할 수 있는 경우도 포함된다(대법원 2010. 3. 25. 선고 2008후3469, 3476 판결).

② 국제조약에 의거하면 건강의 보호를 위해 필요한 경우 특정발명은 특허대상에서 제외할 수 있으나 타법에 의해 실시가 제한되어 있다는 이유만으로 제외할 수는 없다(WTO/TRIPs 제27조). 이렇듯 공중의 위생을 해칠 우려가 있는 발명인지는 관련 행정법에 의해 제한되지 않고 특허심사절차에서 별개로 판단한다. 참고판례를 아래에 소개한다(대법원 1991. 11. 8. 선고 91후110 판결).
"발명이 공중위생을 해할 우려가 있는지 여부는 특허절차에서 심리되어야 할 것이고 이것이 단순히 발명의 실시단계에 있어 제품에 대한 식품위생법 등 관련제품허가법규에서만 다룰 문제가 아니라고 할 것이다."

③ 특허법 제41조 제1항.

④ 특허권의 적극적 권리범위확인심판은 특허발명의 보호범위를 기초로 하여 심판청구인이 그 청구

에서 심판의 대상으로 삼은 발명에 대하여 특허권의 효력이 미치는가를 확인하는 권리확정을 목적으로 한 것이므로, 확인대상발명의 실시와 관련된 특정한 물건과의 관계에서 특허권이 소진되었다 하더라도 그와 같은 사정은 특허권 침해소송에서 항변으로 주장함은 별론으로 하고 확인대상발명이 특허권의 권리범위에 속한다는 확인을 구하는 것과는 아무런 관련이 없다(대법원 2010. 12. 9. 선고 2010후289 판결). 이에 법원은 권리소진항변이 있으면 이를 심리하지 않고 배척할 뿐이다. 어떠한 주장을 심리하지 않고 배척한 것이 곧 확인의 이익이 없음을 단정짓지는 않는다. 위 2010후289의 적극적 권리범위확인사건 또한 피청구인이 권리소진항변을 하면서 특허권자는 권리가 소진된 특허권을 근거로 적극적 권리범위확인심판을 청구하였으니 확인의 이익이 없어 부적법하다고 주장했으나, 법원은 위 권리소진여부 자체를 심리하지 않았고, 확인대상발명이 특허발명의 보호범위에 속한다고 보았다.

⑤ 간접침해여부에 대해서도 권리범위확인이 가능하다. 구체적으로 특허법 제135조는 특허권자 또는 이해관계인은 특허발명의 보호범위를 확인하기 위하여 특허권의 권리범위확인심판을 청구할 수 있다고 규정하고 있고, 특허법 제127조 제2호는 특허가 방법의 발명인 때에는 그 방법의 실시에만 사용하는 물건을 생산·양도·대여 또는 수입하거나 그 물건의 양도 또는 대여의 청약을 하는 행위를 업으로서 하는 경우에 특허권 또는 전용실시권을 침해한 것으로 본다는 취지로 규정하고 있으므로, 특허권자 또는 이해관계인은 그 방법의 실시에만 사용하는 물건과 대비되는 물건을 심판청구의 대상이 되는 발명으로 특정하여 특허권의 보호범위에 속하는지 여부의 확인을 구할 수 있다(대법원 2005. 7. 15. 선고 2003후1109 판결).

정답 ④

02 다음의 특허법 제32조(특허 받을 수 없는 발명)에 대한 기술 중 옳지 않은 것은?

① 발명이 어떤 유용한 효과가 인정되더라도 보통의 경우 이를 사용할 때 공서양속을 해할 염려가 있는 경우 등록 받을 수 없다.
② 방법발명의 경우 그 방법 자체는 공서양속에 반할 염려가 없다 하더라도 그 방법에 의하여 제조된 물건이 사회질서 등을 해할 염려가 있는 경우 등록 받을 수 없다.
③ 공서양속을 문란하게 하거나 공중의 위생을 해할 염려가 있는 경우에는 특허출원이 출원계속 중이라도 출원공개되지 않는다.
④ 지폐제조기구는 위조지폐를 제조할 수 있는바 공서양속을 해할 염려가 있는 발명으로서 등록 전에는 거절이유가 되며 등록되더라도 특허무효사유에 해당한다.
⑤ 인체를 구성요소로 하는 발명으로서 그 발명을 실행할 때 필연적으로 신체를 손상하거나, 신체의 자유를 비인도적으로 구속하는 발명은 특허법 제32조에 해당되어 특허가 부여되지 않는다.

해 설

① |○| ② |○| ④ |×| 공서양속에 위반되거나 공중의 위생을 해할 우려가 있는 발명에 해당하는 것으로 다음과 같은 경우가 있다.(심사기준) i) 발명이 어떤 유용한 인정되더라도 보통의 경우 이를 사용할 때 공서양속을 해할 염려가 있는 경우, ii) 발명의 본래 목적이 사회질서 등을 해할

염려가 있는 발명으로서 실제 해하지는 않더라도 해할 개연성이 있는 경우, iii) 방법발명의 경우에는 그 방법 자체는 공서양속에 반할 염려가 없다 하더라도 그 방법에 의하여 제조된 물건이 사회질서 등을 해할 염려가 있는 경우, iv) 물건의 발명 그 자체가 공중의 위생을 해할 염려가 있는 것뿐만 아니라 공중의 위생을 해할 염려가 있는 발명을 생산하는 방법인 제법방법의 경우 등이다. 한편, 지폐제조기구는 그 목적이 사회질서를 해할 염려는 없기 때문에 법 제32조에 위반되지 않는다. 다만, 아편흡입기구나 위조지폐제조기구 등은 발명의 본래 목적이 사회질서 등을 해할 염려가 있는 발명으로서 실제 해하지는 않더라도 해할 개연성이 있기 때문에 특허를 받지 못한다.

③ |O| 시행령 제19조 제3항 단서
⑤ |O| 특허법원 2000허6387

정답 ④

03 국방상 필요한 발명에 대한 설명 중 틀린 것은?

① 정부는 국방상 필요한 경우에는 외국에의 출원을 금지하거나 발명자, 출원인 및 대리인에게 그 발명을 비밀로 취급하도록 명할 수 있다.
② 외국에의 특허출원 금지 또는 비밀 취급에 다른 손실에 대해서는 방위사업청장에게 청구할 수 있다.
③ 외국에의 특허출원의 금지 또는 비밀 취급명령을 위반한 경우에는 그 발명에 대하여 특허를 받을 수 있는 권리와 손실보상금의 청구권을 포기한 것으로 간주된다.
④ 정부는 특허발명이 전시, 사변 또는 이에 준하는 비상시에 있어서 국방상 필요한 경우 뿐만 아니라 공공의 이익을 위하여 비상업적으로 실시할 필요가 있을 때에도 특허권을 수용할 수 있다.
⑤ 정부가 특허권을 수용하는 경우 그 특허발명에 대한 특허권외의 권리는 소멸한다.

해설

① |O| 법 제41조 제1항
② |O| 시행령 14조
제1항 특허출원인은 법 제41조 제3항의 규정에 의하여 외국에의 특허출원이 금지됨에 따른 손실 또는 비밀로 취급됨에 따른 손실에 대한 보상금(이하 '보상금'이라 한다)을 방위사업청장에게 청구할 수 있다.
제2항 특허출원인이 제1항의 규정에 의하여 보상금을 청구하는 경우에는 보상금청구서와 손실을 입증할 수 있는 증거자료를 제출하여야 한다.
제3항 방위사업청장은 특허출원인으로부터 제1항의 규정에 의한 보상금청구를 받은 경우에는 보상액을 결정하여 지급하여야 하며, 필요한 경우에는 특허청장과 협의할 수 있다.
③ |O| 법 제41조 제5항 및 제6항
④ |X| 법 제106조 제1항. 강제실시권의 설정은 공공의 이익을 위하여 비상업적으로 실시할 필요가

있는 경우(법 제106조의2 제1항)도 인정하고 있으나, 특허권의 수용은 전시사변 이에 준하는 비상시 특허발명이 국방상 필요한 경우만 가능하다. 한편, 강제실시권은 "특허발명이 국가 비상사태, 극도의 긴급상황 또는 공공의 이익을 위하여 비상업적으로 실시할 필요가 있다고 인정하는 경우"에 설정가능하다.

⑤ |O| 법 제106조 제2항

> 정 답 ④

04 국방상 필요한 발명에 대한 설명 중 옳지 않은 것은?

① 외국에의 특허출원의 금지를 위반한 경우에는 그 발명에 대하여 특허를 받을 수 있는 권리와 손실보상금의 청구권을 포기한 것으로 본다.
② 정부는 특허출원된 발명이 국방상 필요한 경우 특허를 하지 아니할 수 있다.
③ 비밀취급명령된 국방관련 특허출원의 경우는 전자문서로 서류를 제출할 수 없다.
④ 정부가 국방상 필요한 발명에 관한 특허권을 수용하는 경우 그 특허발명에 대한 특허권 외의 권리는 소멸한다.
⑤ 출원인은 비밀취급에 따른 손실에 대한 정부의 보상금에 대해서 불복할 수 없다.

해 설

① 특허법 제41조 제5항, 제6항
② 특허법 제41조 제2항
③ 특허법 시행규칙 제9조의2 제3항
④ 특허법 제106조 제2항
⑤ 보상금을 지급하는 중앙행정기관의 장을 상대로 불복 가능하다(특허법 제190조 제1호).

> 정 답 ⑤

05 다음 중 맞는 것은?
[2000년 기출]

① 특허를 받을 수 있는 권리는 이전하거나 질권의 목적으로 할 수 있다.
② 특허출원 후에 있어서 특허를 받을 수 있는 권리의 상속 기타 일반승계의 경우에는 특허출원인이 명의변경신고를 하지 아니하면 그 효력이 발생하지 않는다.
③ 종업원이 그 직무에 관하여 발명한 것이 성질상 사용자의 업무 범위에 속하고, 그 발명을 하게 된 행위가 종업원의 직무에 속하는 발명에 대하여, 종업원으로부터 특허를 받을 수 있는 권리를 승계한 자가 특허를 받았을 때에는 사용자는 그 특허권에 대하여 전용실시권을 가진다.
④ 정부는 국방상 필요한 경우에는 외국에의 특허출원을 금지하거나 발명자에게 그 발명을 비밀로 취급하도록 명할 수 있다.
⑤ 정부는 특허출원한 발명이 국방상 필요한 경우라도 특허를 부여하지 않을 수는 없고, 다만 출원인에게 그 발명을 비밀로 취급하도록 명할 수 있을 뿐이다.

해설

① |×| 특허를 받을 수 있는 권리는 이전할 수 있으나 질권의 목적으로 할 수 없다(법 제37조 제1항 및 제2항).
② |×| 특허출원 후 특허를 받을 수 있는 권리의 상속 기타 일반 승계의 경우에는 출원인명의변경신고를 하지 않아도 효력이 발생하며(법 제38조 제4항), 승계인은 지체없이 그 취지를 특허청장에게 신고하면 된다(법 제38조 제5항).
③ |×| 사용자가 갖는 권리는 통상실시권이다(발명진흥법 제10조 제1항).
④ |O| 정부는 국방상 필요한 경우에는 외국에의 특허출원을 금지하거나 발명자·출원인 및 대리인에게 그 발명을 비밀로 취급하도록 명할 수 있다. 다만, 정부의 허가를 얻은 때에는 외국에 특허출원을 할 수 있다(법 제41조 제1항).
⑤ |×| 정부는 특허출원한 발명이 국방상 필요한 경우에는 특허를 하지 아니할 수 있으며, 전시·사변 또는 이에 준하는 비상시에 있어서 국방상 필요한 경우에는 특허를 받을 수 있는 권리를 수용할 수 있다(법 제41조 제2항).

정답 ④

06 다음 중 취하와 포기에 대한 설명 중 옳은 것으로만 연결된 것은?

> (가) 취하나 포기된 출원을 기초로 우선권을 주장할 수 있는 경우란 없다.
>
> (나) 출원공개 후 발생한 보상금청구권은 특허출원이 포기된 때에도 그때까지의 발생부분에 대하여는 이를 행사할 수 있다.
>
> (다) 보조참가인은 피청구인의 답변서 제출유무와 관계없이 심리종결전까지 참가를 취하할 수 있다.
>
> (라) 국방상 필요한 발명으로서 외국에의 특허출원의 금지 또는 비밀취급명령에 위반한 경우에는 특허를 받을 수 있는 권리를 포기한 것으로 본다.
>
> (마) 국제출원을 하면서 우리나라를 지정한 경우에 국내서면제출기간내에 발명의 설명 및 청구범위에 대한 번역문을 제출하지 않은 경우에는 그 국제출원은 취하된 것으로 간주된다.

① (가), (라) ② (나), (라)
③ (라)   ④ (다), (마)
⑤ (마)

해설

(가) |×| 취하 또는 포기된 출원은 국내우선권 주장의 기초가 될 수 없으나 조약우선권 주장의 기초출원은 가능하다.
(나) |×| 출원이 포기된 경우 보상금 청구권은 처음부터 발생하지 않은 것으로 본다(법 제65조 제6항).
(다) |×| 참가의 취하는 심결확정전까지 가능하다. 단, 당사자 참가시 심판청구인의 심판청구 취하에 의해 참가인만이 심판절차를 밟고 있을 때는 피청구인의 답변서 제출이 있을 때 피청구인의 동의를 얻어야 취하할 수 있다(심판편람).
(라) |○| 법 제41조 제5항
(마) |×| 국제출원 전체가 아니라 한국을 지정국으로 한 국제특허출원 부분이 취하간주된다(법 제201조 제4항).

정답 ③

CHAPTER 07 직무발명

01 甲은 X회사에 재직 중 직무발명 A를 하여 출원하기 전에 X회사의 어려움으로 정리해고되었다. 甲은 Y회사에 X회사와 같은 직종에 취업하여 5년 후에 특허등록을 받고 甲은 乙에게 특허권을 양도하였다. 다음 중 가장 옳은 것은? (단 甲과 Y는 甲의 모든 발명에 대해 전용실시권을 설정하기로 계약되어 있다.)
[1998년 기출]

① 乙에게 한 특허권의 양도는 무효이며, Y는 전용실시권을 취득한다.
② 乙에게 한 특허권의 양도는 유효이며, X, Y 모두 통상실시권을 취득한다.
③ 특허권은 甲에게 있으며, Y는 통상실시권을 취득한다.
④ 특허권은 乙에게 있으며, X만이 통상실시권을 취득한다.
⑤ 특허권은 乙에게 있으며, Y는 전용실시권을 취득한다.

해설

1. 직무발명 성립성 및 예약승계 유효성(발명진흥법 제2조 제2호 및 제10조 제3항)
   甲의 발명 A는 X회사에 재직 중 완성된 것으로 보이므로 이는 X회사와의 관계에서만 직무발명으로 성립하고 X회사는 발명 A에 대한 통상실시권이 인정된다(직무발명에 대한 통상실시권을 취득하게 되는 사용자는 종업원이 직무발명을 완성할 당시의 사용자이고, 그에 따른 특허권의 등록이 그 이후에 이루어졌다고 하여 등록 당시의 사용자가 그 통상실시권을 취득하는 것은 아니다(大判 97도516). 甲과 Y의 예약승계에 관한 계약은 직무발명을 제외하고는 무효이므로 Y회사는 발명 X에 대해 어떠한 권리도 인정되지 않는다.

2. 특허권 이전에 따른 법률관계(乙과 X와 법률관계)
   특허권의 이전에는 실시권자의 동의를 받을 필요가 없다. 따라서 甲에서 乙로의 특허권 양도는 유효하고, 법 제118조 제2항 규정에 따라 X회사는 통상실시권을 등록하지 않아도 乙에게 대항할 수 있다.
   따라서 특허권은 乙에게 있고, 발명 완성 당시 사용자인 X만이 통상실시권을 취득한다.

정답 ④

02 甲은 중소기업인 A회사의 종업원으로서 직무발명을 하였다. 甲은 A회사와 직무발명에 관한 어떠한 계약도 체결하지 않았다. 甲은 친구 乙(乙은 A회사의 종업원이 아니다)을 특허출원인으로 하여 특허를 출원하였다. 이에 대한 다음 설명 중 항상 옳은 것은? [1999년 기출]

① 乙에게 특허가 부여되면 A회사는 그 특허에 대하여 유상의 전용실시권을 갖는다.
② 乙에게 특허가 부여되면 A회사는 그 특허에 대하여 무상의 통상실시권을 갖는다.
③ 乙의 출원은 모인출원에 해당되므로 乙은 특허를 받을 수 없다.
④ 乙에게 특허가 부여되면 A회사는 그 특허에 대해 유상의 실시권을 갖는다.
⑤ 乙에게 특허가 부여되면 A회사는 그 특허에 대해 무상의 전용실시권을 갖는다.

해설

甲은 A회사와 직무발명에 관해 어떠한 계약도 체결하지 않았으므로 甲이 특허를 받을 수 있는 권리를 乙에게 양도한 것은 정당하며, A회사는 발명진흥법 제10조 제1항에 따라 乙이 특허를 받으면 그 특허권에 대하여 무상의 법정 통상실시권을 갖게 된다.

다만, 2014년 1월 31일 시행법은 발명진흥법 제10조 제1항의 규정을 하기와 같이 개정하였다.

발명진흥법 제10조(직무발명) ① 직무발명에 대하여 종업원등이 특허, 실용신안등록, 디자인등록(이하 "특허등"이라 한다)을 받았거나 특허등을 받을 수 있는 권리를 승계한 자가 특허등을 받으면 사용자등은 그 특허권, 실용신안권, 디자인권(이하 "특허권등"이라 한다)에 대하여 통상실시권(通常實施權)을 가진다. 다만, 사용자등이 「중소기업기본법」 제2조에 따른 중소기업이 아닌 기업인 경우 종업원등과의 협의를 거쳐 미리 다음 각 호의 어느 하나에 해당하는 계약 또는 근무규정을 체결 또는 작성하지 아니한 경우에는 그러하지 아니하다.

1. 종업원등의 직무발명에 대하여 사용자등에게 특허등을 받을 수 있는 권리나 특허권등을 승계시키는 계약 또는 근무규정
2. 종업원등의 직무발명에 대하여 사용자등을 위하여 전용실시권을 설정하도록 하는 계약 또는 근무규정

정답 ②

03 직무발명에 관한 다음 설명 중 맞는 것은 몇 개인가? [1999년 기출]

> (가) 직무발명의 통상실시권은 등록하지 않더라도 당해 특허의 승계인에 대해서도 그 효력을 가진다.
>
> (나) 종업원이 특허를 받은 직무발명에 대해서, 사용자가 업으로 실시하지 않는 경우에는 그 종업원은 사용자의 승낙 없이도 당해 특허권을 포기할 수 있다.
>
> (다) 종업원이 한 직무발명에 대해서 미리 사용자에게 특허를 받을 수 있는 권리 또는 특허권을 승계시키는 계약이나 근무규정의 조항은 무효이다.

① 1개   ② 2개
③ 3개   ④ 4개
⑤ 하나도 없다.

해설

(가) |○| 법정실시권은 등록이 없더라도 그 후에 특허권 또는 전용실시권을 취득한 자에 대하여 효력이 발생한다(법 제118조 제2항).
(나) |×| 특허권자는 특허권을 포기할 경우 직무발명에 의한 통상실시권자인 사용자의 동의를 얻어야 한다(법 제119조제1항).
(다) |×| 직무발명이 아닌 발명에 대한 예약승계의 계약 또는 근무규정이 무효이고 직무발명에 대한 예약승계의 계약 또는 근무규정은 유효하다(발명진흥법 제10조 제3항).

정답 ①

04 직무발명에 관한 다음의 기술 중 옳지 않은 것은? [2000년 기출변형]

① 직무발명에 관하여 미리 사용자로 하여금 특허를 받을 수 있는 권리 또는 특허권을 승계시키거나 전용실시권을 설정하도록 한 근무규정은 유효하다.
② 사용자의 업무범위에 속하는 발명은 그 발명을 하게 된 행위가 종업원의 과거의 직무에 속하는 것이라도 직무발명에 해당한다.
③ 직무발명에 대한 예약승계를 한 후 종업원으로 하여금 직무발명 완성 사실의 통지를 받은 사용자는 대통령령이 정하는 기간이내에 승계여부를 통지해야하고 승계여부 미통지의 경우 권리의 승계를 포기한 것으로 취급하지만, 이런 경우라도 발명진흥법 제10조제1항에 따른 법정실시권은 인정된다.
④ 사용자가 예약승계를 통해 직무발명에 대한 특허 받을 수 있는 권리를 승계한 경우 종업원의 동의 없이도 출원 유보할 수 있다.
⑤ 국가 공무원의 직무발명은 국가가 승계하며 이에 의하여 국유로 된 특허권의 처분 및 관리는 특허청장이 이를 관장한다.

> **해설**

① |○| 직무발명에 대한 예약승계의 계약 또는 근무규정은 유효하다(발명진흥법 제10조 제1항).
② |○| 종업원의 직무에는 현재뿐만 아니라 과거의 직무도 포함된다.
③ |×| 발명진흥법 제13조 제3항은 '사용자등이 제1항의 규정에 의한 기간 이내에 승계여부를 통지하지 아니한 경우에는 사용자등은 그 발명에 대한 권리의 승계를 포기한 것으로 본다. 이 경우 사용자등은 제10조 제1항의 규정에 불구하고 그 발명을 한 종업원등의 동의를 얻지 아니하고는 통상실시권을 가질 수 없다.'고 규정하므로 원칙적으로 법정실시권은 인정되지 않는다.
④ |○| 구발명진흥법 제13조에서는 출원을 유보하기 위해서는 종업원 등의 동의를 받아야 하며(제1항), 출원을 유보하는 경우 당해 발명에 대한 보상액 결정에 있어서는 당해 발명이 산업재산권으로 보호되지 아니함으로써 그 발명을 한 종업원 등이 받게 되는 경제적 불이익을 고려하여야 한다(제2항)라고 규정하였다. 그러나 2006년 9월3일부터 시행되는 개정법에서는 권리의 승계를 받은 사용자의 경영적 판단에 의해서 종업원의 동의를 얻지 아니하고도 출원의 유보를 할 수 있도록 하였으며, 단지 이러한 경우 보상을 하되 보상액을 결정함에 있어서는 그 발명이 산업재산권으로 보호되었더라면 종업원등이 받을 수 있었던 경제적 이익을 고려하여야 한다(발명진흥법 제16조)고 개정되었다.
⑤ |○| 발명진흥법 제10조 제2항 및 제4항

정답 ③

05 다음의 직무발명에 관한 설명 중 틀린 것은?

① 종업원 등은 배임죄의 주체인 '타인의 사무를 처리하는 자'의 지위에 있다고 할 것이므로, 위와 같은 지위에 있는 종업원 등이 임무를 위반하여 직무발명을 완성하고도 그 사실을 사용자 등에게 알리지 않은 채 그 발명에 대한 특허를 받을 수 있는 권리를 제3자에게 이중으로 양도하여 제3자가 특허권 등록까지 마치도록 하는 등으로 그 발명의 내용이 공개되도록 하였다면, 이는 사용자 등에게 손해를 가하는 행위로서 배임죄를 구성한다.
② 직무발명에 해당하는 회사 임원의 발명에 관하여 회사와 그 대표이사가 임원의 특허를 받을 수 있는 권리를 적법하게 승계하지 않고 보상도 하지 않은 상태에서 위 임원을 배제한 채 대표이사를 발명자로 하여 회사 명의의 특허등록을 마침으로써 임원의 특허를 받을 수 있는 권리를 침해한 경우, 위 임원이 입은 재산상 손해액은 등록된 특허권 또는 전용실시권의 침해행위로 인한 손해배상액의 산정에 관한 특허법 제128조 제4항을 유추적용하여 이를 산정할 수 있다.
③ 계약이나 근무규정이 종업원 등의 직무발명 이외의 발명에 대해서까지 사용자 등에게 양도하거나 전용실시권의 설정을 한다는 취지의 조항을 포함하고 있는 경우에 그 계약이나 근무규정 전체가 무효가 되는 것은 아니고, 직무발명에 관한 부분은 유효하다고 해석하여야 한다.
④ 계약이나 근무규정 속에 대가에 관한 조항이 없는 경우에도 그 계약이나 근무규정 자체는 유효하되 종업원 등은 사용자 등에 대하여 정당한 보상을 받을 권리를 가진다고 해석해야 할 것이나, 직무발명에 대한 특허 등을 받을 수 있는 권리나 특허권 등의 승계 또는 전용실시권 설정과 위 정당한 보상금의 지급이 동시이행의 관계에 있는 것은 아니다.

⑤ 직무발명이 제3자와 공동으로 행하여진 경우에는 사용자 등은 그 발명에 대한 종업원 등의 권리를 승계하기만 하면 공유자인 제3자의 동의 없이도 그 발명에 대하여 종업원 등이 가지는 권리의 지분을 갖는다고 보아야 한다.

해설

① |○| ③ |○| ④ |○| ⑤ |○|

대법원 2012. 11. 15. 선고 2012도6676 판결

(1) 발명진흥법 제2조는 '직무발명'이란 종업원, 법인의 임원 또는 공무원(이하 '종업원 등'이라 한다)이 직무에 관하여 발명한 것이 성질상 사용자·법인 또는 국가나 지방자치단체(이하 '사용자 등'이라 한다)의 업무 범위에 속하고 발명을 하게 된 행위가 종업원 등의 현재 또는 과거의 직무에 속하는 발명을 말한다고 규정하면서, 제10조 제3항에서 "직무발명 외의 종업원 등의 발명에 대하여 미리 사용자 등에게 특허 등을 받을 수 있는 권리나 특허권 등을 승계시키거나 사용자 등을 위하여 전용실시권을 설정하도록 하는 계약이나 근무규정의 조항은 무효로 한다."고 규정하고 있고, 위 조항은 직무발명을 제외하고 그 외의 종업원 등의 발명에 대하여는 발명 전에 미리 특허를 받을 수 있는 권리나 장차 취득할 특허권 등을 사용자 등에게 승계(양도)시키는 계약 또는 근무규정을 체결하여 두더라도 위 계약이나 근무규정은 무효라고 함으로써 사용자 등에 대하여 약한 입장에 있는 종업원 등의 이익을 보호하는 동시에 발명을 장려하고자 하는 점에 입법 취지가 있다. 위와 같은 입법 취지에 비추어 보면, 계약이나 근무규정이 종업원 등의 직무발명 이외의 발명에 대해서까지 사용자 등에게 양도하거나 전용실시권의 설정을 한다는 취지의 조항을 포함하고 있는 경우에 그 계약이나 근무규정 전체가 무효가 되는 것은 아니고, 직무발명에 관한 부분은 유효하다고 해석하여야 한다. 또한 발명진흥법 제15조 제1항은 "종업원 등은 직무발명에 대하여 특허 등을 받을 수 있는 권리나 특허권 등을 계약이나 근무규정에 따라 사용자 등에게 승계하게 하거나 전용실시권을 설정한 경우에는 정당한 보상을 받을 권리를 가진다."고 규정하고 있으므로, 계약이나 근무규정 속에 대가에 관한 조항이 없는 경우에도 그 계약이나 근무규정 자체는 유효하되 종업원 등은 사용자 등에 대하여 정당한 보상을 받을 권리를 가진다고 해석해야 할 것이나, 직무발명에 대한 특허 등을 받을 수 있는 권리나 특허권 등의 승계 또는 전용실시권 설정과 위 정당한 보상금의 지급이 동시이행의 관계에 있는 것은 아니다.

(2) 발명진흥법 제12조 전문(전문), 제13조 제1항, 제2항, 발명진흥법 시행령 제7조의 규정을 종합할 때, 직무발명에 대한 특허를 받을 수 있는 권리를 사용자 등에게 승계한다는 취지를 정한 약정 또는 근무규정이 있는 경우에는 사용자 등의 위 법령으로 정하는 기간 내의 일방적인 승계 의사 통지에 의하여 직무발명에 대한 특허를 받을 수 있는 권리 등이 사용자 등에게 승계된다. 또한 특허법상 공동발명자 상호 간에는 특허를 받을 권리를 공유하는 관계가 성립하고(특허법 제33조 제2항), 그 지분을 타에 양도하려면 다른 공유자의 동의가 필요하지만(특허법 제37조 제3항), 발명진흥법 제14조가 "종업원 등의 직무발명이 제3자와 공동으로 행하여진 경우 계약이나 근무규정에 따라 사용자 등이 그 발명에 대한 권리를 승계하면 사용자 등은 그 발명에 대하여 종업원 등이 가지는 권리의 지분을 갖는다."고 규정하고 있으므로, 직무발명이 제3자와 공동으로 행하여진 경우에는 사용자 등은 그 발명에 대한 종업원 등의 권리를 승계하기만 하면 공유자인 제3자의 동의 없이도 그 발명에 대하여 종업원 등이 가지는 권리의 지분을 갖는다고 보아야 한다.

(3) 직무발명에 대한 특허를 받을 수 있는 권리 등을 사용자 등에게 승계한다는 취지를 정한 약정 또는 근무규정의 적용을 받는 종업원 등은 사용자 등이 이를 승계하지 아니하기로 확정되기

전까지는 임의로 위와 같은 승계 약정 또는 근무규정의 구속에서 벗어날 수 없는 상태에 있는 것이어서, 종업원 등이 그 발명의 내용에 관한 비밀을 유지한 채 사용자 등의 특허권 등 권리의 취득에 협력하여야 할 의무는 자기 사무의 처리라는 측면과 아울러 상대방의 재산보전에 협력하는 타인 사무의 처리라는 성격을 동시에 가지게 되므로, 이러한 경우 <u>종업원 등은 배임죄의 주체인 '타인의 사무를 처리하는 자'의 지위</u>에 있다고 할 것이다. 따라서 <u>위와 같은 지위에 있는 종업원 등이 임무를 위반하여 직무발명을 완성하고도 그 사실을 사용자 등에게 알리지 않은 채 그 발명에 대한 특허를 받을 수 있는 권리를 제3자에게 이중으로 양도하여 제3자가 특허권 등록까지 마치도록 하는 등으로 그 발명의 내용이 공개되도록 하였다면, 이는 사용자 등에게 손해를 가하는 행위로서 배임죄를 구성한다.</u>

(4) 발명자주의에 따라 직무발명을 한 종업원에게 원시적으로 발명에 대한 권리가 귀속되는 이상 위 권리가 아직 사용자 등에게 승계되기 전 상태에서는 유기적으로 결합된 전체로서의 발명의 내용 그 자체가 사용자 등의 영업비밀로 된다고 볼 수는 없으므로, 직무발명에 대한 권리를 사용자 등에게 승계한다는 취지를 정한 약정 또는 근무규정의 적용을 받는 종업원 등이 비밀유지 및 이전절차협력의 의무를 이행하지 아니한 채 직무발명의 내용이 공개되도록 하는 행위를 발명진흥법 제58조 제1항, 제19조에 위배되는 행위로 의율하거나, 또는 직무발명의 내용 공개에 의하여 그에 내재되어 있었던 사용자 등의 개개의 기술상의 정보 등이 공개되었음을 문제삼아 누설된 사용자 등의 기술상의 정보 등을 개별적으로 특정하여 부정경쟁방지 및 영업비밀보호에 관한 법률(이하 '부정경쟁방지법'이라 한다)상 영업비밀 누설행위로 의율할 수 있음은 별론으로 하고, <u>특별한 사정이 없는 한 그와 같은 직무발명의 내용 공개가 곧바로 부정경쟁방지법 제18조 제2항에서 정한 영업비밀 누설에도 해당한다고 볼 수는 없다.</u>

② |×| 구 특허법(2006. 3. 3. 법률 제7869호로 개정되기 전의 것) 제39조 제1항의 직무발명에 해당하는 회사 임원의 발명에 관하여 회사와 그 대표이사가 임원의 특허를 받을 수 있는 권리를 적법하게 승계하지 않고 같은 법 제40조에 의한 보상도 하지 않은 상태에서 위 임원을 배제한 채 대표이사를 발명자로 하여 회사 명의의 특허등록을 마침으로써 임원의 특허를 받을 수 있는 권리를 침해한 경우, 위 임원이 입은 재산상 손해액은 임원이 구 특허법 제40조에 의하여 받을 수 있었던 정당한 보상금 상당액이다. 그 수액은 직무발명제도와 그 보상에 관한 법령의 취지를 참작하고 증거조사의 결과와 변론 전체의 취지에 의하여 밝혀진 당사자들 사이의 관계, 특허를 받을 수 있는 권리를 침해하게 된 경위, 위 발명의 객관적인 기술적 가치, 유사한 대체기술의 존재 여부, 위 발명에 의하여 회사가 얻을 이익과 그 발명의 완성에 위 임원과 회사가 공헌한 정도, 회사의 과거 직무발명에 대한 보상금 지급례, 위 특허의 이용 형태 등 관련된 모든 간접사실들을 종합하여 정함이 상당하고, 등록된 특허권 또는 전용실시권의 침해행위로 인한 손해배상액의 산정에 관한 특허법 제128조 제4항을 유추적용하여 이를 산정할 것은 아니다(대법원 2008.12.24. 선고 2007다37370 판결【특허권이전등록등】).

정답 ②

06 직무발명에 관한 다음 설명 중 옳지 않은 것을 바르게 짝지은 것은? [2003년 기출변형]

> (가) 직무발명 이외의 발명에 대한 예약승계의 금지의 대상은 특허권·전용실시권·통상실시권이다.
> (나) 지방자치단체의 공무원의 직무발명은 공유(公有)가 되므로 누구나 자유롭게 실시할 수 있다.
> (다) 고등교육법에 의한 국립 또는 공립학교 교직원의 직무발명은 전담조직이 승계하며, 그 특허권은 전담조직이 소유한다.
> (라) 사용자 등이 직무발명에 관한 권리를 승계한 후, 종업원의 동의 없이 4월 이내에 출원하지 아니하면 자유발명으로 간주된다.
> (마) 종업원이 A회사에서 재직 중 직무상 경험을 토대로 개인명의로 특허출원한 후, 이직한 새로운 B회사에 그 특허에 관한 권리를 양도하여 B회사가 특허를 받은 경우에, A회사는 그 특허권에 대하여 통상실시권을 갖는다.

① (가), (나)
② (나), (다), (마)
③ (라), (마)
④ (가), (나), (라)
⑤ (가), (다), (마)

해설

(가) |×| 직무발명 이외의 발명 대한 예약승계의 금지의 대상은 특허를 받을 수 있는 권리, 특허권 및 전용실시권이다(발명진흥법 제10조 제3항).

(나) |×| 지방자치단체 공무원의 직무발명은 공유(公有)가 되는 것은 맞다. 그러나 공유(公有)의 의미는 특허권이 지방자치단체의 소유가 된다는 의미이므로 그 발명을 실시하기 위해서는 지방자치단체의 허락이 있어야 한다.

(다) |O| 종래 국공립학교는 권리능력 및 당사자능력이 인정되지 아니하여 국공립학교 교직원의 직무발명은 국유 또는 공유가 되는 바 그 관리가 제대로 이루어지지 않는 문제점이 있었다. 이에 따라 국공립학교의 기술이전을 전담하는 조직을 법인으로 하여 국공립학교 교직원의 직무발명을 전담조직에 귀속시키고 국공립학교 교직원에 대한 보상금 지급을 명확히 하기 위해 발명진흥법 제10조 제2항 및 제15조 제4항이 개정되었다.

(라) |×| 구발명진흥법 제11조 제1항은 삭제되고 i)권리를 승계받은 사용자의 선택에 의해 출원여부를 결정하도록 개정되었다. 다만, 개정법은 사용자등에게 권리 승계여부의 통지 의무를 부과하고(발명진흥법 제13조 제1항) ii)승계여부 미통지시 권리의 승계를 포기한 것으로 본다. 이 경우 사용자등은 발명진흥법 제10조 제1항의 규정에 불구하고 그 발명을 한 종업원등의 동의를 얻지 아니하고는 통상실시권을 가질 수 없도록(발명진흥법 제13조 제3항)개정하였다. iii)한편, 통지의무를 수행하여 권리를 승계한 사용자는 종업원의 동의 없이도 출원 유보할 수 있지만, 보상은 하되 보상액을 결정함에 있어서는 그 발명이 산업재산권으로 보호되었더라면 종업원등이 받을 수 있었던 경제적 이익을 고려하여야 한다(발명진흥법 제16조).

(마) |O| 대법원 1997. 6. 27. 선고 97도516 판결. 직무발명에 관한 통상실시권을 취득하게 되는 사

용자는 그 피용자나 종업원이 직무발명을 완성할 당시의 사용자이고, 그에 따른 특허권의 등록이 그 이후에 이루어졌다고 하여 등록 당시의 사용자가 그 통상실시권을 취득하는 것은 아니다.

정답 ④

07 甲은 회사 A와 직무발명에 대해서 특허를 받을 수 있는 권리를 회사에 승계시킨다는 근무규정에 서명한 바 있고, 甲은 직무발명에 해당하는 용접봉을 개발하여 乙에게 양도하여 乙이 그 발명을 특허출원하였고, 또한 甲으로부터 용접봉 발명내용을 전해들은 丙은 乙의 특허출원 전에 용접봉의 생산설비를 갖추었다. 다음 중에서 옳은 것은? [2004년 기출]

① 乙이 용접봉 발명을 특허출원을 하여도 무권리자에 의한 출원으로 특허를 받을 수 없다.
② 회사 A는 임금 이외의 별도의 보상을 지급하지 않아도 甲의 직무발명에 대하여 특허를 받을 수 있는 권리를 승계할 수 있다.
③ 乙이 특허를 받았을 때 회사 A는 그 특허권에 대하여 통상실시권을 갖는다.
④ 丙은 선사용에 의한 통상실시권을 갖는다.
⑤ 회사 A가 통상실시권 또는 전용실시권을 갖는 경우 용접봉 특허에 의해서 얻을 이익액과 甲의 공헌한 정도를 고려하여 甲에게 보상금을 지급하여야 한다.

해설

① |×| 직무발명에 대한 이중양도의 경우, 종업원 등으로부터 특허를 받을 수 있는 권리를 승계받은 사용자 등 이외의 자가 무권리자로 취급되는 것은 아니다.
② |×| 직무발명에 대하여 특허를 받을 수 있는 권리를 승계한 때에는 사용자 등은 종업원 등에게 정당한 보상을 하여야 한다(발명진흥법 제15조 제1항).
③ |○| 직무발명에 대하여 특허를 받을 수 있는 권리를 승계한 자가 특허를 받았을 때에는 사용자 등은 그 특허권에 대하여 통상실시권을 가진다(발명진흥법 제10조 제1항).
④ |×| 선사용권을 갖기 위해서는 발명을 알게 된 경로가 특허권의 발명의 경로와 달라야 한다(법 제103조). 따라서 발명자 甲으로부터 발명을 알게 된 丙은 비록 乙의 출원전에 실시사업의 준비를 하였다 하더라도 선사용권이 인정되지 않는다.
⑤ |×| 보상금 지급에 관하여 2014년 1월 31일 시행 발명진흥법 제15조 규정에 따르면 발명진흥법 제15조 제2항 내지 제4항까지의 규정에 따라 보상한 경우에는 정당한 보상을 한 것으로 본다. 다만, 그 보상액이 직무발명에 의하여 사용자등이 얻을 이익과 그 발명의 완성에 사용자등이 공헌한 정도를 고려하지 아니한 경우에는 그러하지 아니하다. 또한, 통상실시권에 대해서는 보상금의 지급이 필요 없다.

정답 ③

08 직무발명에 관한 다음 설명 중 옳지 않은 것을 모두 고른 것은? [2004년 기출]

(가) 甲은 사용자인 회사와 직무발명에 대해서 특허를 받을 수 있는 권리를 예약 승계하기로 계약했는데 甲이 직무발명을 하여 그 특허를 받을 수 있는 권리를 乙에게 양도하고 乙이 출원한 경우에 乙의 출원은 무권리자의 출원이 된다.

(나) 甲은 A회사에 연구원으로 재직 중에 A회사의 업무에 속하는 발명 B를 완성하였지만 A회사에 발명신고를 하지 않고 A회사를 퇴사하고 C회사에 입사한 후에 甲의 명의로 발명 B를 특허출원하여 특허를 받은 경우에는 C회사는 그 특허권에 대한 통상실시권을 갖는다.

(다) 사용자와의 계약 또는 근무규정에 보상금 지급에 관한 규정이 특별히 없는 경우에는 종업원의 직무발명에 대해서 사용자가 특허를 받을 수 있는 권리 또는 특허권을 승계 취득하거나 전용실시권을 설정하더라도 종업원은 보상을 청구할 수 없다.

① (나)
② (가), (나)
③ (가), (다)
④ (나), (다)
⑤ (가), (나), (다)

해설

(가) |×| 특허를 받을 수 있는 권리는 발명자에게 원시적으로 귀속하고(법 제33조 제1항), 출원전 특허를 받을 수 있는 권리의 승계는 특허출원을 하여야 제3자에게 대항할 수 있다(법 제38조 제1항). 따라서 乙은 무권리자가 아니며 사용자인 회사는 甲에 대하여 채무불이행에 따른 손해배상을 청구할 수 있을 뿐이다. 다만, 이런 경우에도 사용자인 회사는 직무발명에 대한 통상실시권을 가진다. 다만, 이러한 이중양도행위가 발명자의 배임행위와 양도인의 적극적인 가담행위로 이루어진 경우 민법상 반사회적 법률행위에 해당하여 무효로 처리되는 것이 타당할 것이다(2002가합11918 판결).

(나) |×| 직무발명의 성립여부는 발명의 완성시를 기준으로 하므로 甲의 발명은 A회사의 직무발명이며 C회사의 직무발명이 아니다. 따라서 C회사는 발명진흥법 제10조 제1항에 따른 통상실시권을 갖지 못한다.

(다) |×| 종업원등은 직무발명에 대하여 특허등을 받을 수 있는 권리 또는 특허권등을 계약 또는 근무규정에 의하여 사용자등으로 하여금 승계하게 하거나 전용실시권을 설정한 경우에는 정당한 보상을 받을 권리를 가진다(발명진흥법 제15조 제1항).

정답 ⑤

09 甲은 약대를 졸업하고 A제약사 부설 의약연구소 연구원으로 근무 중이다. 다음 설명 중 옳은 것은?

[2008년 기출]

① A제약사의 근무규칙에는 재직 중의 모든 발명에 대하여 A제약사가 특허 받을 수 있는 권리를 가진다고 규정되어 있고 甲도 입사시 이에 동의하였다. 의약품 개발업무에 종사하는 甲이 재직 중 의약품 매출실적 자동계산을 위한 전산프로그램을 발명하여 특허를 받은 경우, A제약사는 근무규칙에 따라 당해 특허권에 대한 전용실시권을 행사할 수 있다.

② 甲이 의약품을 발명한 경우 甲은 A제약사에게 발명의 완성사실을 문서로 통지 하여야 하고, A제약사는 甲으로부터 통지를 받은 때에 발명에 대한 권리를 승계하며, 甲에게 이러한 사실을 통지받은 때부터 4월 이내에 승계포기의 의사를 통지할 수 있다.

③ A제약사의 근무규칙에 직무발명의 예약승계가 규정된 경우, A제약사가 시장 조사 등 정당한 사유로 위 ②의 4월의 기간 내에 甲의 의약품 발명에 대한 권리의 승계 여부를 통지하지 못했다면 A제약사는 당해 의약품 발명의 특허 등록시 전용실시권은 가질 수 없으나 통상실시권은 갖는다.

④ 만일 甲이 국립 B대학의 약학과 교수 乙과 함께 발명하고, 특허를 받을 수 있는 권리가 A제약사와 B대학 산학협력단에 승계되어 특허등록 되었다면, A제약사는 특약이 없는 한 공유자인 B대학의 동의 없이 그리고 대가를 지급하지 않고 스스로 특허발명을 실시할 수 있다.

⑤ 甲이 스스로 발명한 의약품에 대하여 A제약사가 특허를 받을 수 있는 권리를 승계하였으나 출원을 포기한 경우, 甲은 당해 발명이 이른바 '간주된 자유발명'이라고 주장하여 자신의 비용으로 출원하는 등 발명에 대한 권리를 행사할 수 있다.

해 설

① |×| 종업원 등이 한 발명 중 직무발명을 제외하고는 미리 사용자등으로 하여금 특허를 받을 수 있는 권리 또는 특허권을 승계시키거나 사용자 등을 위하여 전용실시권을 설정한 계약이나 근무규정의 조항은 이를 무효로 한다(발명진흥법 제10조 제3항). 모든 발명에 대한 예약승계하기로 약정시 취급한 경우 자유발명에 대한 부분은 무효이지만 직무발명에 대한 부분은 유효하다. 甲의 직무는 '의약품 개발'인바, 이와 관련이 없는 '의약품 매출실적 자동계산을 위한 전산프로그램에 관한 발명'은 A 제약사와의 관계에서 자유발명이다. 따라서 본 발명에 대해서 A제약사는 甲에게 어떠한 권리도 주장할 수 없다.

② |×| 통지를 받은 사용자 등은 '발명완성사실의 통지를 받은 날로부터 4월 이내'에 그 발명에 대한 권리를 승계할 것인지 여부를 종업원 등에게 문서로 통지하여야 하며, 사용자 등이 그 발명에 대한 권리의 승계의사를 통지한 때에는 그 때부터 발명에 대한 권리는 사용자 등에게 승계된 것으로 본다(발명진흥법 제13조 제1항 본문 및 제2항).

③ |×| 사용자 등이 대통령령이 정한 기간 이내에 승계여부를 통지하지 아니한 경우에는 사용자 등은 그 발명에 대한 권리의 승계를 포기한 것으로 본다. 이 경우 사용자 등은 그 발명을 한 종업원 등의 동의를 얻지 아니하고는 통상실시권을 가질 수 없다(발명진흥법 제13조 제3항). 통지기간인 '발명완성사실의 통지를 받은 날로부터 4월 이내'의 준수여부를 판단함에 있어서 사용자의 정당한 사유 존재 여부는 묻지 않는다. 따라서 A제약사는 종업원 등의 동의를 얻지 못하면 통상실시권도 가질 수 없다.

④ |○| 특허권이 공유인 경우에는 각 공유자는 계약으로 특별히 약정한 경우를 제외하고는 다른 공유자의 동의를 얻지 아니하고 그 특허발명을 자신이 실시할 수 있다(법 제99조 제3항).

⑤ |×| 이는 구법에 관한 설명이다. 개정법에서는 사용자에게 권리가 승계되면 출원 여부는 사용자의 경영적 판단에 맡기는 것이 합리적이므로 사용자에게 출원 의무가 부가되지는 않는다. 이 경우 종업원 甲의 입장에서는 '자유발명'이라고 주장할 수는 없고, 발명진흥법 제16조(사용자 등이 직무발명에 대한 권리를 승계한 후 출원하지 아니하거나 출원을 포기 또는 취하하는 경우에도 발명진흥법 제15조의 규정에 따라 정당한 보상을 하여야 한다.) 규정에 따라 보상금 지급을 요구할 수 있을 뿐이다.

정답 ④

10 다음 설명 중 옳은 것은? (다툼이 있는 경우 판례에 의함)

① 특허발명의 출원시에 제출된 명세서에 당해 미생물의 기탁번호를 기재하였으나 수탁번호통지서나 수탁증을 제출하지 않았다면 이후에 수탁증의 제출이 허용되지 않는다.

② 수치한정발명에 있어서 수치한정을 제외한 양 발명의 구성이 동일하더라도 그 수치한정이 공지된 발명과는 상이한 과제를 달성하기 위한 기술수단으로서의 의의를 가지고 그 효과도 이질적인 경우, 수치한정의 임계적 의의가 없다면 진보성이 부정된다.

③ 사용자가 직무발명을 제3자에게 양도한 경우 종업원에게 지급하여야 할 직무발명 보상금의 산정함에 있어서, 양수인이 얻은 이익액까지 양도인인 사용자가 얻은 이익액에 포함시킬 수 있다.

④ 미완성 발명의 경우는 특허무효심결의 확정 전이라도 그 권리범위를 인정할 수 없다.

⑤ 직무발명에 해당하는 회사 임원의 발명에 관하여 회사와 그 대표이사가 임원의 특허를 받을 수 있는 권리를 적법하게 승계하지 않고 보상도 하지 않은 상태에서 위 임원을 배제한 채 대표이사를 발명자로 하여 회사 명의의 특허등록을 마침으로써 임원의 특허를 받을 수 있는 권리를 침해한 경우, 위 임원이 입은 재산상 손해액은 등록된 특허권 또는 전용실시권의 침해행위로 인한 손해배상액의 산정에 관한 특허법 제128조 제4항을 유추적용하여 이를 산정할 수 있다.

해설

① |×| 명세서에 수탁번호는 기재하였으나, 출원서에 취지를 기재하지 않고, 증명서류를 첨부하지 않은 경우(국내 소재지가 있는 기탁기관에 기탁한 경우 제외), 보정을 명하고 보정명령에도 불구하고 지정된 기간 이내에 그 흠결을 보정하지 않은 경우, 기탁과 관련된 절차를 무효로 할 수 있다(심사기준). 출원 이후에도 보정명령 받고 수탁증을 제출할 수 있다.

② |×| 특허등록 된 발명이 그 출원 전에 공지된 발명이 가지는 구성요소의 범위를 수치로써 한정하여 표현한 경우에 있어, 그 특허발명의 과제 및 효과가 공지된 발명의 연장선상에 있고 수치한정의 유무에서만 차이가 있는 경우에는 그 한정된 수치범위 내외에서 현저한 효과의 차이가 생기지 않는다면 그 특허발명은 그 기술분야에서 통상의 기술자가 통상적이고 반복적인 실험을 통하

여 적절히 선택할 수 있는 정도의 단순한 수치한정에 불과하여 진보성이 부정된다. 다만, 그 특허발명에 진보성을 인정할 수 있는 다른 구성요소가 부가되어 있어서 그 특허발명에서의 수치한정이 보충적인 사항에 불과하거나, 수치한정을 제외한 양 발명의 구성이 동일하더라도 그 수치한정이 공지된 발명과는 상이한 과제를 달성하기 위한 기술수단으로서의 의의를 가지고 그 효과도 이질적인 경우라면, 수치한정의 임계적 의의가 없다고 하여 특허발명의 진보성이 부정되지 아니한다(대법원 2010. 8. 19. 선고 2008후4998 판결【등록무효(특)】).

③ |×| 사용자가 직무발명을 제3자에게 양도한 이후에는 더 이상 그 발명으로 인하여 얻을 이익이 없을 뿐만 아니라, 직무발명의 양수인이 직무발명을 실시함으로써 얻은 이익은 양수인이 처한 우연한 상황에 따라 좌우되는 것이어서 이러한 양수인의 이익액까지 사용자가 지급해야 할 직무발명 보상금의 산정에 참작하는 것은 불합리하므로, 사용자가 직무발명을 양도한 경우에는 특별한 사정이 없는 한 그 양도대금을 포함하여 양도시까지 사용자가 얻은 이익액만을 참작하여 양도인인 사용자가 종업원에게 지급해야 할 직무발명 보상금을 산정해야 한다(대법원 2010. 11. 11. 선고 2010다26769 판결【손해배상】).

④ |○| 미완성 발명의 경우는 특허무효심결의 확정 전이라도 그 권리범위를 인정할 수 없는 법리이므로, 원고의 확인대상발명이 이 사건 특허발명과 대비할 것도 없이 이 사건 특허발명의 권리범위에 속하지 않는다고 한 원심의 판단은 정당하다(대법원 2005. 9. 28. 선고 2003후2003 판결).

⑤ |×| 구 특허법(2006. 3. 3. 법률 제7869호로 개정되기 전의 것) 제39조 제1항의 직무발명에 해당하는 회사 임원의 발명에 관하여 회사와 그 대표이사가 임원의 특허를 받을 수 있는 권리를 적법하게 승계하지 않고 같은 법 제40조에 의한 보상도 하지 않은 상태에서 위 임원을 배제한 채 대표이사를 발명자로 하여 회사 명의의 특허등록을 마침으로써 임원의 특허를 받을 수 있는 권리를 침해한 경우, 위 임원이 입은 재산상 손해액은 임원이 구 특허법 제40조에 의하여 받을 수 있었던 정당한 보상금 상당액이다. 그 액수는 직무발명제도와 그 보상에 관한 법령의 취지를 참작하고 증거조사의 결과와 변론 전체의 취지에 의하여 밝혀진 당사자들 사이의 관계, 특허를 받을 수 있는 권리를 침해하게 된 경위, 위 발명의 객관적인 기술적 가치, 유사한 대체기술의 존재 여부, 위 발명에 의하여 회사가 얻을 이익과 그 발명의 완성에 위 임원과 회사가 공헌한 정도, 회사의 과거 직무발명에 대한 보상금 지급례, 위 특허의 이용 형태 등 관련된 모든 간접사실들을 종합하여 정함이 상당하고, 등록된 특허권 또는 전용실시권의 침해행위로 인한 손해배상액의 산정에 관한 특허법 제128조 제4항을 유추적용하여 이를 산정할 것은 아니다(대법원 2008. 12. 24. 선고 2007다37370 판결【특허권이전등록등】).

정답 ④

11 공동발명 및 직무발명에 관한 설명이다. 다음 중 옳은 것은?

① 공동발명자가 되기 위해서는 발명의 완성을 위하여 실질적으로 상호 협력하는 관계가 있어야 하므로, 발명의 기술적 과제를 해결하기 위한 구체적인 착상을 새롭게 제시·부가·보완하는 등을 통하여 새로운 착상을 구체화하거나, 발명의 목적 및 효과를 달성하기 위한 구체적인 수단과 방법의 제공 또는 구체적인 조언·지도를 통하여 발명을 가능하게 한 경우 등과 같이 기술적 사상의 창작행위에 실질적으로 기여하기에 이르러야 공동발명자에 해당한다. 한편, 화학발명의 경우에도 상기와 같은 사정을 고려하여 공동발명자에 해당하는지 여부를 따지면 될 것이므로 실제 실험을 통하여 발명을 구체화하고 완성하는데 기여하였는지 여부를 반드시 고려할 필요는 없다.

② 직무발명보상금청구권은 일반채권과 마찬가지로 10년간 행사하지 않으면 소멸시효가 완성하고, 기산점은 일반적으로 사용자가 직무발명에 대한 특허를 받을 권리를 종업원한테서 승계한 시점으로 보아야 하고, 이는 회사의 근무규칙 등에 직무발명보상금 지급시기를 정하고 있는 경우에도 마찬가지 이다.

③ 사용자가 종업원에게서 직무발명을 승계하는 경우 종업원이 받을 정당한 보상액을 결정하면서 발명에 의하여 사용자가 얻을 이익액과 발명의 완성에 사용자가 공헌한 정도를 고려함에 있어서, 사용자가 얻을 이익은 직무발명 자체에 의하여 얻을 이익뿐만 아니라 수익·비용의 정산 이후에 남는 영업이익 등 회계상 이익을 의미하는 것이다.

④ 종업원 등이 한 발명 중 직무발명을 제외하고는 미리 사용자 등으로 하여금 특허를 받을 수 있는 권리나 특허권을 승계시키거나 사용자 등을 위하여 전용실시권을 설정한 계약 또는 그러한 근무규정의 조항은 무효로 한다.

⑤ 특허를 받을 수 있는 권리의 양도계약에 따라 양수인 명의로 출원인명의변경이 이루어지고 양수인이 특허권의 설정등록을 받은 경우, 그 양도계약이 무효나 취소등의 사유로 효력을 상실하게 되는 때에 그 특허를 받을 수 있는 권리와 설정등록이 이루어진 특허권이 동일한 발명에 관한 것이라도 양도인은 양수인에 대하여 그 특허권에 관하여 이전등록을 청구할 수 없다.

해 설

① |×| 대법원 2011. 7. 28. 선고 2009다75178 판결.
공동발명자가 되기 위해서는 발명의 완성을 위하여 실질적으로 상호 협력하는 관계가 있어야 하므로, 단순히 발명에 대한 기본적인 과제와 아이디어만을 제공하였거나, 연구자를 일반적으로 관리하였거나, 연구자의 지시로 데이터의 정리와 실험만을 하였거나, 자금·설비 등을 제공하여 발명의 완성을 후원·위탁하였을 뿐인 정도 등에 그치지 않고, 발명의 기술적 과제를 해결하기 위한 구체적인 착상을 새롭게 제시·부가·보완하거나, 실험 등을 통하여 새로운 착상을 구체화하거나, 발명의 목적 및 효과를 달성하기 위한 구체적인 수단과 방법의 제공 또는 구체적인 조언·지도를 통하여 발명을 가능하게 한 경우 등과 같이 기술적 사상의 창작행위에 실질적으로 기여하기에 이르러야 공동발명자에 해당한다. 한편 이른바 실험의 과학이라고 하는 화학발명의 경우에는 당해 발명 내용과 기술수준에 따라 차이가 있을 수는 있지만 예측가능성 내지 실현가능성이 현저히 부족하여 실험데이터가 제시된 실험예가 없으면 완성된 발명으로 보기 어려운 경우가 많

이 있는데, 그와 같은 경우에는 실제 실험을 통하여 발명을 구체화하고 완성하는데 실질적으로 기여하였는지의 관점에서 공동발명자인지를 결정해야 한다.

② |×| 대법원 2011. 7. 28. 선고 2009다75178 판결.
직무발명보상금청구권은 일반채권과 마찬가지로 10년간 행사하지 않으면 소멸시효가 완성하고, 기산점은 일반적으로 사용자가 직무발명에 대한 특허를 받을 권리를 종업원한테서 승계한 시점으로 보아야 하나, 회사의 근무규칙 등에 직무발명보상금 지급시기를 정하고 있는 경우에는 그 시기가 도래할 때까지 보상금청구권 행사에 법률상 장애가 있으므로 근무규칙 등에 정하여진 지급시기가 소멸시효의 기산점이 된다.

③ |×| 대법원 2011. 7. 28. 선고 2009다75178 판결.
구 특허법(2001. 2. 3. 법률 제6411호로 개정되기 전의 것, 이하 '구 특허법'이라 한다) 제40조 제2항은 사용자가 종업원에게서 직무발명을 승계하는 경우 종업원이 받을 정당한 보상액을 결정하면서 발명에 의하여 사용자가 얻을 이익액과 발명의 완성에 사용자가 공헌한 정도를 고려하도록 하고 있는데, 구 특허법 제39조 제1항에 의하면 사용자는 직무발명을 승계하지 않더라도 특허권에 대하여 무상의 통상실시권을 가지므로, '사용자가 얻을 이익'은 통상실시권을 넘어 직무발명을 배타적·독점적으로 실시할 수 있는 지위를 취득함으로써 얻을 이익을 의미한다. 한편 여기서 사용자가 얻을 이익은 직무발명 자체에 의하여 얻을 이익을 의미하는 것이지 수익·비용의 정산 이후에 남는 영업이익 등 회계상 이익을 의미하는 것은 아니므로 수익·비용의 정산 결과와 관계없이 직무발명 자체에 의한 이익이 있다면 사용자가 얻을 이익이 있는 것이고, 또한 사용자가 제조·판매하고 있는 제품이 직무발명의 권리범위에 포함되지 않더라도 그것이 직무발명 실시제품의 수요를 대체할 수 있는 제품으로서 사용자가 직무발명에 대한 특허권에 기해 경쟁회사로 하여금 직무발명을 실시할 수 없게 함으로써 매출이 증가하였다면, 그로 인한 이익을 직무발명에 의한 사용자의 이익으로 평가할 수 있다.

④ |○| 발명진흥법 제10조 제3항

⑤ |×| 양도인이 특허 또는 실용신안(이하 '특허 등'이라 한다)을 등록출원한 후 출원중인 특허 등을 받을 수 있는 권리를 양수인에게 양도하고, 그에 따라 양수인 명의로 출원인명의변경이 이루어져 양수인이 특허권 또는 실용신안권(이하 '특허권 등'이라 한다)의 설정등록을 받은 경우에 있어서 그 양도계약이 무효나 취소 등의 사유로 효력을 상실하게 되는 때에 그 특허 등을 받을 수 있는 권리와 설정등록이 이루어진 특허권 등이 동일한 발명 또는 고안에 관한 것이라면 그 양도계약에 의하여 양도인은 재산적 이익인 특허 등을 받을 수 있는 권리를 잃게 됨에 대하여 양수인은 법률상 원인 없이 특허권 등을 얻게 되는 이익을 얻었다고 할 수 있으므로, 양도인은 양수인에 대하여 특허권 등에 관하여 이전등록을 청구할 수 있다(大判 2003다47218).

정답 ④

CHAPTER 08 제출서류 및 기재방법

01 특허법상 명세서 기재 및 해석에 관한 설명으로 옳지 않은 것은? (다툼이 있으면 판례에 따름)

[2019년 기출]

① 출원인이 청구범위를 기재하지 않고 명세서를 제출한 경우에는 타인이 심사청구를 하는 경우를 제외하고는 출원일(우선권주장의 경우 최우선일)부터 1년 2개월이 되는 날까지 명세서에 청구범위를 적는 보정을 하여야 한다.
② 발명의 설명은 그 발명이 속하는 기술분야에서 통상의 지식을 가진 사람이 그 발명을 쉽게 실시할 수 있도록 명확하고 상세하게 기재하여야 한다.
③ 청구범위는 발명의 설명에 의하여 뒷받침되어야 한다.
④ 명세서의 배경기술 기재의무의 불이행은 특허등록을 무효로 하는 사유에 해당한다.
⑤ 명세서에 기재된 용어는 명세서에 그 용어를 특정한 의미로 정의하여 사용하고 있지 않은 이상, 해당 기술분야에서 통상의 지식을 가진 사람에게 일반적으로 인식되는 용어의 의미에 따라서 명세서 전체를 통하여 통일되게 해석되어야 한다.

해설

① 특허법 제42조의2 제2항
② 특허법 제42조 제3항 제1호
③ 특허법 제42조 제4항 제1호
④ 특허법 제42조 제3항 제2호의 배경기술 기재의무는 거절이유에만 해당한다.
⑤ 용어는 명세서에서의 별도의 정의가 있으면 그에 따라 해석하고, 그렇지 않으면 사전적 혹은 관용적 의미에 따라 해석한다. 아래에 참고판례를 소개한다(대법원 2010. 12. 23. 선고 2009후436 판결).
"특허출원절차에서 심사의 대상이 되는 특허발명의 기술내용의 확정은 특허출원서에 첨부한 명세서의 특허청구범위에 기재된 사항에 의하여 정하여지는 것이 원칙이지만, 그 기재만으로 특허를 받고자 하는 발명의 기술적 구성을 알 수 없거나 알 수 있더라도 기술적 범위를 확정할 수 없는 경우에는 발명의 상세한 설명이나 도면 등 명세서의 다른 기재 부분을 보충하여 명세서 전체로서 특허발명의 기술내용을 실질적으로 확정하여야 하고, 특허의 명세서에 기재된 용어는 명세서에 그 용어를 특정한 의미로 정의하여 사용하고 있지 않은 이상 당해 기술분야에서 통상의 지식을 가진 자에게 일반적으로 인식되는 용어의 의미에 따라 명세서 전체를 통하여 통일되게 해석되어야 한다."

정답 ④

02 기능식 청구항에 관한 설명으로 옳지 않은 것은? (다툼이 있는 경우에는 판례에 의함)

[2013년 기출]

① 기능식 청구항은 청구항이 기능적으로 기재된 사정이 있으므로 독립항과 종속항으로 이루어진 청구범위의 기술내용을 파악하는 경우에 광범위하게 규정된 독립항의 기술내용을 독립항보다 구체적으로 한정하고 있는 종속항의 기술구성이나 발명의 설명에 나오는 특정의 실시예로 제한하여 해석하는 것이 원칙이다.
② 청구범위가 기능, 효과, 성질 등에 의한 물건의 특정을 포함하는 경우, 그 발명이 속하는 기술분야에서 통상의 지식을 가진 자가 발명의 설명이나 도면 등의 기재와 출원 당시의 기술상식을 고려하여 청구범위에 기재된 사항으로부터 특허를 받고자 하는 발명을 명확하게 파악할 수 있다면 그 청구범위의 기재는 적법하다.
③ '약액을 항상 일정량씩 공급하거나 필요에 따라 일시에 투여하는 기능'만 기재되어 있을 뿐 어떠한 구조와 작용 원리에 의하여 그와 같은 기능이 수행되는지에 대하여 아무런 기재가 없는 경우에는 불명확한 기재에 해당한다.
④ 청구범위를 기재할 때에는 보호받고자 하는 사항을 명확히 할 수 있도록 발명을 특정하는데 필요하다고 인정되는 구조·방법·기능·물질 또는 이들의 결합관계 등을 기재하여야 한다.
⑤ 기능식 청구항은 종래 판결에서 그 유효성이 인정되었고, 현행 특허법상 청구범위의 청구항에 발명의 기능을 기재할 수 있도록 허용하고 있다.

해 설

① |×| 대법원 2010.07.22.선고, 2008후934 판결
독립항과 이를 한정하는 종속항 등 여러 항으로 이루어진 청구항의 기술내용을 파악함에 있어서 특별한 사정이 없는 한 광범위하게 규정된 독립항의 기술내용을 독립항보다 구체적으로 한정하고 있는 종속항의 기술구성이나 발명의 설명에 나오는 특정의 실시예 등으로 제한하여 해석할 수는 없다.
② |○| ③ |○| ⑤ |○| 대법원 2001. 6. 29. 선고 98후2252 판결
청구항의 기능적 표현은 그러한 기재에 의하더라도 발명의 구성이 전체로서 명료하다고 인정되는 경우에만 허용된다. 이 때 기능적 표현에 의하더라도 발명의 구성이 전체로서 명료하다고 인정되는 경우라고 함은 i) 종래의 기술적 구성만으로는 발명의 기술적 사상을 명확하게 나타내기 어려운 사정이 있어 청구항을 기능적으로 표현하는 것이 필요한 경우 ii) 발명의 설명과 도면의 기재에 의하여 기능적 표현의 의미 내용을 명확하게 확정할 수 있는 경우를 가리킨다.
④ |○| 법 제42조 제6항

정 답 ①

03 외국어 특허출원에 관한 설명으로 옳지 않은 것은?

① 대한민국 특허청을 수리관청으로 하여 국제출원을 하려는 경우와 마찬가지로 영어 또는 일본어로 명세서 및 도면을 작성하여 특허출원을 할 수 있다.
② 명세서 및 도면을 외국어로 적어 분할출원한 경우 출원인은 최우선일부터 1년 2개월을 경과해서 국어번역문을 제출할 수도 있다.
③ 도면(설명 부분에 한정)에 대한 국어번역문을 제출하지 않은 경우 해당 특허출원은 취하한 것으로 보지 않지만, 도면의 기재요건 위반 등으로 보정대상이 될 수 있다.
④ 출원인은 국어번역문을 제출한 이후에만 출원심사의 청구가 가능하지만, 출원인이 아닌 제3자는 국어번역문 제출 전에도 해당 출원에 대하여 심사청구를 할 수 있다.
⑤ 출원인은 특허법 제47조 제1항 제1호 또는 제2호에 따라 보정을 할 수 있는 기간에 최종 국어번역문의 잘못된 번역을 정정할 수 있으며, 이 기간 내에 정정을 여러 번 한 경우 마지막 정정 전에 한 모든 정정은 처음부터 없었던 것으로 본다.

해설

① 대한민국 특허청에서 국제출원할 때는 국어, 영어, 일본어로 발명의 설명, 청구범위 등을 작성할 수 있으나(특허법 제193조 제1항, 특허법 시행규칙 제91조), 외국어 특허출원할 때는 일본어는 안 되고, 영어로만 가능하다(특허법 시행규칙 제21조의2 제1항).
② 최우선일부터 1년 2개월이 지난 후에도 분할출원을 한 날부터 30일이 되는 날까지 국어번역문을 제출할 수 있다(특허법 제52조 제7항).
③ 정해진 기간 내에 명세서의 번역문을 제출하지 않으면 취하간주된다(특허법 제42조의3 제4항). 도면에 대한 국어번역문은 정해진 기간 내에 제출하지 않으면 특허법 제46조에 따른 보정명령이 나온다(심사기준). 본 지문은 심사기준 문구이다.
④ 제3자 입장에서는 제한 없이 심사청구가 가능하고, 출원인은 국어번역문 제출한 이후에만 심사청구가 가능하다(특허법 제59조 제2항 제2호). 국어번역문 미제출 상태에서 제3자가 심사청구하면, 심사청구취지를 출원인에게 통지하고(특허법 제60조 제3항), 출원인은 통지 받은 날부터 3개월과 최우선일부터 1년 2개월 중 빠른 날까지 국어번역문을 제출해야 한다(특허법 제42조의3 제2항).
⑤ 특허법 제42조의3 제7항

정답 ①

04 특허출원에 관한 설명 중 옳은 것은?

① 외국어 특허출원을 한 경우에는 최선일로부터 1년 2개월이 되는 날까지 그 명세서 및 도면의 국어번역문을 제출하여야 하고, 최선일로부터 1년 2개월 이전에 제3자의 심사청구가 있다는 취지의 통지를 받은 경우에는 최선일로부터 1년 2개월 또는 제3자의 심사청구가 있다는 취지의 통지를 받은 날부터 3개월이 되는 날 중 늦은 날까지 국어번역문을 제출하여야 한다.
② 청구범위를 기재하지 않은 명세서 및 필요한 도면을 첨부한 특허출원서가 특허청장에게 도달한 경우에 특허청장은 청구범위가 기재되지 않았다는 취지를 특허출원인에게 알려야하고, 특허출원인이 청구범위를 제출하여 그 청구범위가 특허청장에게 도달한 날을 특허출원일로 한다.
③ 외국어 특허출원에 있어서 최종 국어번역문의 잘못된 번역을 정정한 경우에도 그 정정된 국어번역문에 관하여 명세서 및 도면에 대한 국어번역문을 제출한 경우와 동일한 효력을 부여하고 있다.
④ 외국어 특허출원의 보정은 최초 첨부한 명세서 또는 도면에 기재된 사항의 범위에서 하여야 할 뿐만 아니라 최종 국어번역문 또는 특허출원서에 첨부한 도면(설명부분 제외)에 기재된 사항의 범위에서도 하여야 함에도 최초 첨부한 명세서 또는 도면에 기재된 사항의 범위에는 해당하나 최종 국어번역문에는 기재되지 않은 사항을 추가하는 보정을 한 경우 심사단계에서는 거절이유에 해당하고, 착오로 등록된 경우 무효사유에 해당된다.
⑤ 외국어 특허출원에서 국어번역문을 제출한 경우라도 최선일로부터 1년 2개월이 경과하기 전이라면 그 국어번역문에 갈음하여 새로운 국어번역문을 제출할 수 있으나, 특허출원인이 출원심사의 청구를 한 경우에는 그러하지 아니하다.

해설

① |×| 법 제42조의3 제2항
특허출원인이 특허출원서에 최초로 첨부한 명세서 및 도면을 제1항에 따른 언어로 적은 특허출원(이하 "외국어 특허출원"이라 한다)을 한 경우에는 제64조제1항 각 호의 구분에 따른 날부터 1년 2개월이 되는 날까지 그 명세서 및 도면의 국어번역문을 산업통상자원부령으로 정하는 방법에 따라 제출하여야 한다. 다만, 본문에 따른 기한 이전에 제60조제3항에 따른 출원심사 청구의 취지를 통지받은 경우에는 그 통지를 받은 날부터 3개월이 되는 날 또는 제64조제1항 각 호의 구분에 따른 날부터 1년 2개월이 되는 날 중 빠른 날까지 제출하여야 한다.

② |×| 법 제42조의 2 제1항
특허출원일은 명세서 및 필요한 도면을 첨부한 특허출원서가 특허청장에게 도달한 날로 한다. 이 경우 명세서에 청구범위는 적지 아니할 수 있으나, 발명의 설명은 적어야 한다.

③ |×| 법 제42조의 3 제5항 및 제6항
제5항 특허출원인이 제2항에 따른 국어번역문 또는 제3항 본문에 따른 새로운 국어번역문을 제출한 경우에는 외국어 특허출원의 특허출원서에 최초로 첨부한 명세서 및 도면을 그 국어번역문에 따라 보정한 것으로 본다. 다만, 제3항 본문에 따라 새로운 국어번역문을 제출한 경우에는 마지막 국어번역문(이하 이 조 및 제47조제2항 후단에서 "최종 국어번역문"이라 한다) 전에 제출한 국어번역문에 따라 보정한 것으로 보는 모든 보정은 처음부터 없었던 것으로 본다.

제6항 특허출원인은 제47조제1항에 따라 보정을 할 수 있는 기간에 최종 국어번역문의 잘못된 번역을 산업통상자원부령으로 정하는 방법에 따라 정정할 수 있다. 이 경우 정정된 국어번역문에 관하여는 제5항을 적용하지 아니한다.

④ |×| 법 제47조 제2항, 법 제62조 제5호, 법 제133조 제1항 제6호
외국어 특허출원의 보정범위는 원문∩최종 번역문이고, 이에 위반된 경우 출원계속중에는 거절이유에 해당되나, 착오로 등록된 경우 무효사유는 아니다.

⑤ |○| 법 제42조의3 제3항
제2항에 따라 국어번역문을 제출한 특허출원인은 제2항에 따른 기한 이전에 그 국어번역문을 갈음하여 새로운 국어번역문을 제출할 수 있다. 다만, 다음 각 호의 어느 하나에 해당하는 경우에는 그러하지 아니하다.
1. 명세서 또는 도면을 보정(제5항에 따라 보정한 것으로 보는 경우는 제외한다)한 경우
2. 특허출원인이 출원심사의 청구를 한 경우

정답 ⑤

05 외국어 특허출원에 관한 설명으로 옳지 않은 것은? [2016년 기출문제]

① 출원일을 인정받기 위해 특허출원서에 첨부하는 외국어 명세서 등에 기재할 수 있는 외국어는 영어로 한정된다.
② 명세서 등을 외국어로 적어 출원한 경우 출원인은 최우선일로부터 1년 2개월이 경과하면 국어 번역문을 제출할 수 있는 기회를 갖지 못한다.
③ 국어 번역문을 제출하면 특허출원서에 최초로 첨부한 외국어 명세서 등이 그 국어번역문에 따라 보정되는 효과를 갖는다.
④ 외국어 특허출원의 경우에도 출원일에 제출한 외국어 명세서 등에 기재되지 않은 사항을 포함한 국어 번역문을 제출하여 심사 대상 명세서 등을 보정하거나, 일반 명세서 등의 보정에 따라 심사 대상 명세서 등에 원문에 없는 신규사항을 추가하는 것은 인정되지 않는다.
⑤ 도면(설명 부분에 한정)에 대한 국어 번역문을 제출하지 않은 경우는 해당 특허출원을 취하한 것으로 보지 않지만, 도면의 기재요건 위반 등으로 보정 대상이 될 수 있다.

해설

① |○| 법 제42조의3 제1항
② |×| 분할출원, 변경출원이 외국어특허출원(실용신안등록출원)인 경우에 출원인은 국어번역문(법 제42조의3 제2항) 또는 새로운 국어번역문(법 제42조의3 제3항 본문)을 출원일(우선권주장의 경우 최우선일)로부터 1년 2개월이 되는 날(다만, 기한 이전에 출원심사 청구의 취지를 통지(법 제60조 제3항)받은 경우에는 그 통지를 받은 날부터 3개월이 되는 날 또는 출원일(우선권주장의 경우 최우선일)부터 1년 2개월이 되는 날 중 빠른 날)의 기한이 지난 후에도 분할출원, 변경출원일로부터 30일 이내에 국어번역문을 제출할 수 있다(법 제52조 제7항, 법 제53조 제7항). 참고로 분리출원은 외국어특허출원이 불가하다.
③ |○| 법 제42조의3 제5항

④ |이| 법 제47조 제2항
⑤ |이| 법 제42조의3 제4항

정답 ②

06 외국어특허출원에 관한 설명으로 옳은 것은?

① 특허출원인이 특허법 제42조의3 제1항에 따라 명세서 및 도면을 국어가 아닌 일본어로 적겠다는 취지를 특허출원을 할 때 출원서에 적은 경우는 그 언어로 적을 수 있다.
② 외국어특허출원은 특허출원인이 국어번역문을 제출한 이후에만 제3자가 심사청구를 할 수 있다.
③ 분할출원이 외국어특허출원인 경우 국어번역문을 제출한 후 명세서 또는 도면을 보정했다 하더라도 우선일부터 1년 2개월이 지난 후에 새로운 국어번역문을 제출할 수 있는 경우가 있을 수 있다.
④ 거절이유를 통지 받지 아니한 상태에서 오역정정을 2회 이상 한 경우는 모든 정정내용을 고려하여 최종 국어번역문을 확정한다.
⑤ 최종 국어번역문에 기재된 사항을 벗어난 명세서의 보정을 한 외국어특허출원이 특허등록된 경우 특허가 무효로 될 수 있다.

해설

① 현재는 영어만 가능하다(특허법 시행규칙 제21조의2 제1항).
② 출원인이 심사청구할 때는 번역문의 제출이 선결적으로 요구되나, 제3자가 심사청구할 때는 번역문 제출 전에도 가능하다(특허법 제59조 제2항 단서).
③ 분할출원은 분할출원한 날부터 30일의 기간을 추가로 부여하나, 그렇다 하더라도 명세서 또는 도면의 보정을 했으면 그 후에는 새로운 국어번역문의 제출이 불가하다(특허법 제52조 제7항 단서).
④ 특허법 제47조 제1항 제1호 또는 제2호에 따른 기간에 오역정정을 하는 경우만 마지막 정정 전에 한 모든 정정이 처음부터 없었던 것으로 될 뿐, 지문과 같이 자진보정기간에 오역정정을 복수회 한 경우는 모든 정정을 고려하여 최종 국어번역문을 확정한다(특허법 제42조의3 제7항).
⑤ 특허법 제47조 제2항 전단만 특허무효사유에 해당할 뿐, 특허법 제47조 제2항 후단은 특허무효사유에 해당하지 않는다(특허법 제133조 제1항 제6호).

정답 ④

07 외국어출원에 관한 설명으로 옳지 않은 것은?

① 외국어특허출원이라도 출원서 및 요약서는 통상의 일반출원과 마찬가지로 국어로 작성해서 제출해야 한다.
② 외국어 도면(설명부분에 한정)에 대한 국어번역문을 제출하지 않은 경우에는 출원인이 외국어특허출원을 취하한 것으로 본다.
③ 국어번역문은 명세서등으로 간주되는 것은 아니고, 출원인 편의 관점에서 외국어명세서등을 국어명세서등으로 전환하는 명세서 보정 효과를 갖는다.
④ 국어번역문을 오역정정 하더라도 심사대상 명세서등을 보정한 것은 아니고 국어번역문만을 정정한 것이다.
⑤ 우선일부터 1년 2개월이 되는 날보다 먼저 국어번역문을 제출하여야만 하는 경우도 있다.

해설

① 심사기준
② 도면(설명부분에 한정)에 대한 국어번역문을 제출하지 않은 경우는 명세서에 대한 국어번역문을 제출하지 않은 것과 달리 취하한 것으로 보지는 않지만, 도면의 기재요건 위반 등으로 보정 대상이 될 수 있다(심사기준).
③ 구법에서는 번역문이 최초 명세서 및 도면의 지위를 가졌으나, 현행법에서는 원문이 최초 명세서 및 도면의 지위를 갖고 국어번역문은 단지 보정의 효과를 가질 뿐이다(심사기준).
④ 출원서에 최초로 첨부된 외국어로 적은 명세서 또는 도면(설명부분에 한정한다)에 대해 法42조의3 제2항에 따라 제출된 국어번역문은 명세서등의 보정 효과를 갖는 것과 달리 法42조의3 제6항에 따라 명세서등의 보정 기간에 오역정정된 국어번역문은 명세서 등의 보정 효과를 갖지 않는다(심사기준).
⑤ 제3자가 심사청구한 경우는 우선일부터 1년 2개월 또는 제3자 심사청구취지 통지 받은 날부터 3개월이 되는 날 중 빠른 날까지 번역문을 제출해야 한다(특허법 제42조의3 제2항).

정답 ②

08 외국어출원에 관한 설명 중 옳지 않은 것은?

① 외국어출원이라도 출원서 및 요약서는 통상의 일반출원과 마찬가지로 국어로 작성해서 제출해야 한다.
② 정해진 기간 내에 도면(설명부분에 한정)에 대한 국어번역문을 제출하지 않은 경우에는 출원인이 외국어출원을 취하한 것으로 본다.
③ 국어번역문을 오역정정하더라도 심사대상 명세서등을 보정한 것은 아니고 국어번역문만을 정정한 효과가 나타난다.
④ 출원인은 국어번역문을 제출하지 아니한 경우 출원심사의 청구를 할 수 없다.
⑤ 국어번역문을 제출한 출원인이 특허법 제64조 제1항 각호의 구분에 따른 날부터 3개월이 되는 날 전에 명세서 또는 도면을 보정한 경우 보정 후에는 새로운 국어번역문을 제출할 수 없다.

해 설

① 심사기준
② 명세서 번역문 미체출시 취하간주되고, 도면에 대한 번역문 미제출은 보정명령대상이다(심사기준).
③ 오역정정절차에는 명세서 보정효과가 없다.
④ 제3자와 달리 출원인은 국어번역문 제출 이후에만 심사청구가 가능하다.
⑤ 특허법 제42조의3 제3항 제1호

정답 ②

09 甲은 면역 성분 A와 해독 성분 B를 1 : 2로 배합하는 "코로나19 항체치료제"를 개발하고, 이를 2020. 5. 1. 발간된 영문저널에 게재하였으며, 이 영문저널에 게재된 발명을 특허법 제42조의3(외국어특허출원 등)의 규정에 의하여 2021. 2. 1. 외국어특허출원을 하였다. 이 출원에 관한 설명으로 옳지 않은 것은?   [2021년 기출]

① 甲이 영어로 특허출원을 한 취지는 영어논문의 번역 및 국어명세서 작성에 시간이 많이 소요되는 것을 감안하여 선출원주의의 지위를 빨리 확보하기 위함이다.
② 甲이 영어로 특허출원을 할 수 있어도 영문저널에 게재되었기 때문에 특허법 제30조(공지 등이 되지 아니한 발명으로 보는 경우)의 규정을 적용받기 위해서는 특허출원서에 그 취지를 기재하여야 한다.
③ 甲은 영문저널에 게재된 날부터 1년 2개월이 되는 날까지 그 명세서 및 도면의 국어번역문을 제출해야 하고 그 국어번역문은 보정된 것으로 본다.
④ 甲이 특허출원서에 최초로 첨부된 명세서의 국어번역문을 제출하지 않은 경우, 그 외국어특허출원은 국어번역문의 제출 기한이 되는 날의 다음 날에 취하한 것으로 본다.
⑤ 甲이 성분 A와 B의 배합에 대하여 논문과 다르게 2 : 1로 잘못된 국어번역문을 제출한 경우, 그 잘못된 국어번역문을 정정할 수 있다.

해 설

① 외국어출원절차를 도입한 취지이다.
② 특허법 제30조 절차를 밟지 않으면 신규성 위반으로 거절된다.
③ 우선일부터 1년 2개월 또는 제3자 심사청구 취지 통지 받은 날부터 3개월 중 빠른 날까지이다. 본 문제에서는 우선권주장을 하지 않았으므로, 제3자 심사청구가 없는 한 2021. 2. 1. 부터 1년 2개월 이내 번역문을 제출해야 한다. 한편 번역문을 제출하면 명세서 및 도면의 보정효과가 있다.
④ 특허법 제42조의3 제4항
⑤ 특허법 제47조 제1항의 보정 가능 기간에 오역정정절차를 통해 오역을 정정할 수 있다(특허법 제42조의3 제6항).

정답 ③

발명의 설명 기재방법

01 명세서에 관한 설명으로 옳지 않은 것은?

① 특허청구범위에는 보호를 받고자 하는 사항을 기재한 항이 1 또는 2이상 있어야 하며 그 청구항은 발명의 설명 또는 요약서에 의하여 뒷받침되어야 한다.

② 발명의 설명에는 발명의 명칭을 기재하여야 하나 누락했어도 거절이유에 해당하는 것은 아니다.

③ 특허청구범위에는 보호받으려는 사항을 명확히 할 수 있도록 발명을 특정하는데 필요하다고 인정되는 구조·방법·기능·물질 또는 이들의 결합관계 등을 적어야 한다.

④ 출원서에 명세서를 첨부하지 아니한 경우 그 출원서는 반려된다.

⑤ 미생물에 관계되는 발명이나 그 미생물을 쉽게 입수할 수 있어 기탁하지 아니한 경우에는 명세서에 그 미생물의 입수방법을 적어야 한다.

해설

① 요약서는 고려사항이 되지 않는다(특허법 제42조 제4항). 참고로 도면이 첨부되어 있는 경우에는 도면 및 도면의 간단한 설명을 종합적으로 참작하여 발명의 설명이 청구항을 뒷받침하고 있는지 여부를 판단할 수 있다(2004후776).

② 발명의 명칭 미기재한 경우는 거절이유가 아니다(특허법 제42조 제9항, 특허법 시행규칙 제21조 제3항 제1호).

③ 특허법 제42조 제6항

④ 특허법 시행규칙 제11조 제1항 제5호

⑤ 특허법 시행령 제3조

정답 ①

02 명세서의 기재요건에 관한 설명 중 옳지 않은 것은? (다툼이 있는 경우에는 판례에 의함)

① 발명의 설명은 통상의 기술자가 출원시의 기술수준으로 보아 과도한 실험이나 특수한 지식을 부가하지 않고서도 발명의 설명의 기재에 의하여 당해 발명을 정확하게 이해할 수 있고 동시에 재현할 수 있는 정도로 기재해야 한다.

② 실험의 과학이라고 불리는 화학이나 약학 발명은 실시례가 기재되어 있지 않은 경우 특허법 제42조 제3항 제1호가 정한 명세서 기재요건을 충족할 수 있는 경우가 없다.

③ 특허법 제42조 제4항 제1호가 정한 명세서 기재요건을 충족하는지는 특허출원 당시의 기술수준을 기준으로 하여 통상의 기술자의 입장에서 특허청구범위에 기재된 발명과 대응되는 사항이 발명의 설명에 기재되어 있는지에 의하여 판단한다.

④ 특허출원 당시의 기술수준에 비추어 발명의 설명에 개시된 내용을 특허청구범위에 기재된 발명의 범위까지 확장 또는 일반화할 수 없다면 그 특허청구범위는 발명의 설명에 의하여 뒷받침된다고 볼 수 없다.

⑤ 특허법 제42조 제4항 제1호의 청구항이 발명의 설명에 의해 뒷받침되고 있는지의 여부는 특허법 제42조 제3항 제1호가 정한 것처럼 판단하여서는 아니 된다.

해 설

① 특허법 제42조 제3항 제1호는 특허출원된 발명의 내용을 제3자가 명세서만으로 쉽게 알 수 있도록 공개하여 특허권으로 보호받고자 하는 기술적 내용과 범위를 명확하게 하기 위한 것이므로, 위 조항에서 요구하는 명세서 기재의 정도는 통상의 기술자가 출원시의 기술수준으로 보아 과도한 실험이나 특수한 지식을 부가하지 않고서도 명세서의 기재에 의하여 당해 발명을 정확하게 이해할 수 있고 동시에 재현할 수 있는 정도를 말한다(대법원 2005. 11. 25. 선고 2004후3362 판결, 대법원 2006. 11. 24. 선고 2003후2072 판결).

② 발명의 성격이나 기술내용 등에 따라서는 명세서에 실시례가 기재되어 있지 않다고 하더라도 통상의 기술자가 그 발명을 정확하게 이해하고 재현하는 것이 용이한 경우도 있으므로 특허법 제42조 제3항 제1호가 정한 명세서 기재요건을 충족하기 위해서 항상 실시례가 기재되어야만 하는 것은 아니다(대법원 2011. 10. 13. 선고 2010후2582 판결).

③, ④ 특허법 제42조 제4항 제1호는 특허청구범위에 보호받고자 하는 사항을 기재한 청구항이 발명의 설명에 의하여 뒷받침될 것을 규정하고 있는데, 이는 특허출원서에 첨부된 명세서의 발명의 설명에 기재되지 아니한 사항이 청구항에 기재됨으로써 출원자가 공개하지 아니한 발명에 대하여 특허권이 부여되는 부당한 결과를 막으려는데에 취지가 있다. 따라서 특허법 제42조 제4항 제1호가 정한 위와 같은 명세서 기재요건을 충족하는지는 위 규정 취지에 맞게 특허출원 당시의 기술수준을 기준으로 하여 통상의 기술자의 입장에서 특허청구범위에 기재된 발명과 대응되는 사항이 발명의 설명에 기재되어 있는지에 의하여 판단하여야 하므로, 특허출원 당시의 기술수준에 비추어 발명의 설명에 개시된 내용을 특허청구범위에 기재된 발명의 범위까지 확장 또는 일반화할 수 있다면 그 특허청구범위는 발명의 설명에 의하여 뒷받침된다고 볼 수 있다(대법원 2006. 5. 11. 선고 2004후1120 판결, 대법원 2014. 9. 4. 선고 2012후832 판결, 대법원 2016. 5. 26. 선고 2014후2061 판결).

⑤ 특허법 제42조 제4항 제1호는 특허청구범위에 보호받고자 하는 사항을 기재한 청구항이 발명의 설명에 의하여 뒷받침될 것을 규정하고 있는데, 이는 특허출원서에 첨부된 명세서의 발명의 설명

에 기재되지 아니한 사항이 청구항에 기재됨으로써 출원자가 공개하지 아니한 발명에 대하여 특허권이 부여되는 부당한 결과를 막으려는 데에 그 취지가 있다. 따라서 특허법 제42조 제4항 제1호가 정한 위와 같은 명세서 기재요건을 충족하는지 여부는, 위 규정 취지에 맞게 특허출원 당시의 기술수준을 기준으로 하여 그 발명이 속하는 기술 분야에서 통상의 지식을 가진 자(이하 '통상의 기술자'라고 한다)의 입장에서 특허청구범위에 기재된 사항과 대응되는 사항이 발명의 설명에 기재되어 있는지 여부에 의하여 판단하여야 하고, 그 규정 취지를 달리하는 특허법 제42조 제3항 제1호가 정한 것처럼 발명의 설명에 통상의 기술자가 그 발명을 쉽게 실시할 수 있도록 명확하고 상세하게 기재되어 있는지 여부에 의하여 판단하여서는 아니 된다(대법원 2014. 9. 4. 선고 2012후832 판결).

정답 ②

03 발명 및 발명의 출원에 관한 설명으로 옳은 것은? (다툼이 있으면 판례에 따름) [2017년 기출]

① 식물발명의 경우 종자, 세포 등을 특허청장이 지정하는 국내기탁기관, 국제기탁기관 또는 지정기탁기관에 기탁할 수 있으나 결과물인 식물을 기탁함으로써 명세서의 기재를 보충할 수는 없다.
② 인터넷 비즈니스모델 특허의 경우에 매체에 저장된 애플리케이션 형태로 청구항을 작성할 수 있으나 그 청구범위에 수학적 알고리즘이 구성으로 포함되어 있으면 등록받을 수 없다.
③ 국내에는 존재하지 않고 국외에만 존재하는 미생물에 관한 발명인 경우에는 통상의 기술자가 이를 쉽게 입수할 수 없는 것으로 간주되어 출원 전에 기탁을 하여야 한다.
④ 미생물에 관한 특허발명의 출원시에는 제출된 명세서에 해당 미생물의 수탁번호를 기재하고 명세서 등 발명에 대한 설명의 기재만으로도 미생물의 구체적인 내용을 명확하게 파악할 수 있는 경우에는 기탁사실을 증명하는 별도의 서류는 요하지 않는다.
⑤ 의약의 용도발명에 있어서 의약의 용도가 구성요소에 해당하므로 청구범위에는 의약용도를 치료 대상 질병 또는 약효로 명확하게 기재해야 하는 것인 바, 통상의 기술자의 기술상식에 비추어 약리기전만으로 구체적인 의약으로서의 용도를 명확하게 파악할 수 있다고 하더라도 이것만으로는 청구범위가 명확히 기재된 것이 아니어서 특허법 제42조(특허출원)제4항 제2호의 요건을 충족한 것이라고 볼 수 없다.

해설

① 출원발명의 명세서에는 그 기술분야의 평균적 기술자가 출원발명의 결과물을 재현할 수 있도록 그 과정이 기재되어 있어야 하는 것이고, 식물발명이라하여 그 결과물인 식물 또는 식물소재를 기탁함으로써 명세서의 기재를 보충하거나 그것에 대체할 수 없다고 본 판례가 있다(대법원 1997. 7. 25. 선고 96후2531 판결).
② 매체에 저장된 애플리케이션의 형태로 청구항 작성이 가능하다(심사기준). 또한 청구항 내에 소프트웨어가 일부 구성으로서 포함되어 있다고 하더라도 청구항 전체로서 자연법칙을 이용하고 있다면, 즉 소프트웨어가 하드웨어를 이용하여 구체적으로 실현되고 있다면 특허법상 발명에 해당하는 것으로 본다(대법원 2008. 12. 24. 선고 2007후265 판결).
③ 미생물이 발명이 속하는 분야에서 통상의 지식을 가진 자가 용이하게 입수할수 있는 것인 때에는

이를 기탁하지 아니할 수 있다고 규정하고 있는데(특허법 시행령 제2조 제1항 단서), 이 때에 그 미생물이 반드시 국내에 현존하는 것이어야 할 필요는 없고 국외에 현존하는 것이라 하더라도 통상의 기술자가 이를 용이하게 입수할 수 있다고 인정될 때에는 이를 기탁하지 아니할 수 있다고 본다(대법원 1992. 3. 31. 선고 90후1260 판결).

④ 특허법 시행령 제2조 제2항에 따라 국내 소재지가 있는 기탁기관에 기탁한 경우 아니면 기탁증명서류 제출 요구된다. 만약 기탁사실증명서류를 미제출하면 기탁절차가 특허법 제16조에 따라 무효로 될 수 있다(심사기준).

⑤ 의약의 용도발명에 있어서는 특정 물질이 가지고 있는 의약의 용도가 발명의 구성요건에 해당하므로 발명의 특허청구범위에는 특정 물질의 의약용도를 대상 질병 또는 약효로 명확히 기재하는 것이 원칙이나, 특정 물질의 의약용도가 약리기전만으로 기재되어 있다 하더라도 발명의 설명 등 명세서의 다른 기재나 기술상식에 의하여 의약으로서의 구체적인 용도를 명확하게 파악할 수 있는 경우에는 특허법 제42조 제4항 제2호가 정한 청구항의 명확성 요건을 충족하는 것으로 볼 수 있다(대법원 2009. 11. 12. 선고 2007후5215 판결).

정답 ①

04 다음 발명의 설명 기재에 관한 내용이다. 옳은 것으로 연결된 것은?

⑺ 실시의 대상이 되는 발명은「청구항에 기재된 발명」으로 해석되므로 발명의 설명에만 기재되고 청구항에 기재되어 있지 않은 발명이 실시 가능하게 기재되어 있지 않을 경우에는 법 제42조 제3항 제1호 위반이 되지는 않는다.

⑷ 「쉽게 실시할 수 있을 정도」는 그 발명이 속하는 기술분야에서 통상의 지식을 가진자가 과도한 시행착오나 복잡하고 고도한 실험 등을 거치지 않고 그 발명을 정확하게 이해할 수 있고 재현할 수 있을 정도를 말한다.

⑸ 그 발명이 이용하고 있는 어떤 기술수단이 특허출원 당시의 기술수준에 속하는 범용성이 있는 것으로서 그 구성을 명시하지 않아도 이해할 수 있다고 할지라도 그 기술수단의 내용을 기재해야 한다.

⑹ 발명의 설명에 기재되는 용어는 통일되게 사용하여야 하며 통상적인 용어 외의 새로운 용어를 특정한 의미로 사용하는 것은 특허법 제42조 제3항의 취지상 허용되지 아니한다.

① ⑺, ⑷ ② ⑷, ⑸
③ ⑺, ⑹ ④ ⑺, ⑸, ⑹
⑤ ⑸, ⑹

해 설

(가) |O| 심사기준에 관한 내용으로 타당한 설명이다.
(나) |O| 大判 95후95.
(다) |×| 大判 92후49.
　　발명에 대한 설명의 정도는 출원 당시의 기술수준과 관련이 있으므로, 그 발명이 이용하고 있는 어떤 기술수단이 특허출원 당시의 기술수준에 속하는 범용성이 있는 것으로서 그 구성을 명시하지 아니하더라도 이해할 수 있는 것일 때는 구태여 그 기술수단의 내용을 기재할 필요가 없다.
(라) |×| 대법원 1998. 12. 22. 선고 97후990 판결.
　　특허의 명세서에 기재되는 용어는 그것이 가지고 있는 보통의 의미로 사용하고 동시에 명세서 전체를 통하여 통일되게 사용하여야 하나, 다만 어떠한 용어를 특정한 의미로 사용하려고 하는 경우에는 그 의미를 정의하여 사용하는 것이 허용되는 것이므로, 용어의 의미가 명세서에서 정의된 경우에는 그에 따라 해석하면 족하다.

정답 ①

05 다음은 배경기술 기재와 관련된 설명이다. 틀린 것은?

① 배경기술의 기재가 부적법한 것으로 인정되는 경우에 이는 특허법 제62조에 의한 거절이유는 되나 정보제공사유나 무효사유는 되지 않는다.
② 기존의 기술과 전혀 다른 신규한 발상에 의해 개발된 발명이어서 배경기술을 특별히 알 수 없는 경우에는, 인접한 기술분야의 종래기술을 기재하거나 적절한 배경기술을 알 수 없다는 취지를 기재함으로써 해당 발명의 배경기술 기재를 대신할 수 있다.
③ 청구범위에는 '물걸레가 달린 진공청소기'를 청구하면서【발명의 배경이 되는 기술】항목에는 냉장고에 관한 배경기술만을 적은 경우와 같이, 발명의 기술적 과제, 해결수단, 효과의 기재 전체로부터 청구된 발명과 배경기술의 상호관련성이 없다면 특허법 제42조제3항제2호를 충족하지 못한 것으로 거절이유 통지의 대상이 된다.
④ 출원인이 '소음을 감소시키는 진공청소기 흡입노즐'을 출원하면서, 발명에 직접적으로 관련되는 진공청소기 흡입노즐에 관한 선행기술이 다수 존재하고 통상적인 검색시스템에 의하여 용이하게 검색될 수 있는데도 불구하고, 진공청소기 흡입노즐에 관한 배경기술이나 선행기술문헌은 적지 않고 진공청소기에 관한 기초적인 기술상식만을 적은 경우 특허법 제42조제3항제2호를 충족하지 못한 것으로 거절이유 통지의 대상이 된다.
⑤ 청구범위에는 기재되지 않고 발명의 설명에만 기재된 발명의 배경기술을 적은 경우라도 배경이 되는 기술을 기재한 것이므로 특허법 제42조제3항제2호에 위배되지는 않는다.

해 설

① |O| 발명의 설명에 배경기술 기재(법 제42조 제3항 제2호) 위반의 경우에는 거절이유(법 제62조)에만 해당되고, 정보제공 사유나 무효사유로 되지는 아니한다.

② |○| ③ |○| ④ |○| 관련 심사실무의 태도로 타당한 설명이다.
⑤ |×| 청구범위에는 기재되지 않고 발명의 설명에만 기재된 발명의 배경기술을 적은 경우에는 특허를 받고자 하는 발명에 관한 배경기술이 아닌 경우에 해당하여 법 제42조 제3항 제2호 위반이다. 이와 관련한 심사기준의 내용을 정리하면 다음과 같다.

(배경기술의 기재가 부적법한 유형)
특허법 제42조제3항제2호를 충족하지 못한 것으로 거절이유 통지의 대상이 되는 유형은 다음과 같다.

(1) 배경기술을 전혀 적지 않은 경우
【발명의 배경이 되는 기술】항목 뿐만 아니라 발명의 설명 전체를 살펴보아도 발명의 해결하고자 하는 과제, 해결수단 및 발명의 효과만 적고 있을 뿐 발명의 배경이 되는 기술을 발견할 수 없는 경우를 말한다.

(2) 특허를 받고자 하는 발명에 관한 배경기술이 아닌 경우
발명의 설명에 배경기술로서 적고 있으나 그것이 특허를 받고자 하는 발명이 아닌 다른 발명의 배경기술인 경우는 특허법 제42조제3항제2호를 충족하지 못한 것이다. 다음과 같은 경우가 이에 해당한다.
① 특허를 받고자 하는 발명과 관련성이 없는 배경기술만을 적은 경우
  (예) 청구범위에는 '물걸레가 달린 진공청소기'를 청구하면서 【발명의 배경이 되는 기술】 항목에는 냉장고에 관한 배경기술만을 적은 경우와 같이, 발명의 기술적 과제, 해결수단, 효과의 기재 전체로부터 청구된 발명과 배경기술의 상호관련성이 없다는 점이 충분히 인지될 때를 말한다.
② 청구범위에는 기재되지 않고 발명의 설명에만 기재된 발명의 배경기술을 적은 경우
③ 1군의 발명 위반으로 분할출원하였는데, 분할출원의 발명의 설명에 적혀 있는 배경기술이 분할출원의 청구범위에서 청구하는 발명에 관한 것이 아닌 경우

(3) 기재가 불충분하여 발명의 배경기술을 적은 것으로 볼 수 없는 경우
배경기술로서 해당 기술분야의 기초적인 기술이 적혀 있을 뿐이어서, 발명의 기술상의 의의를 이해하는 데에 도움이 되고 선행기술 조사 및 심사에 유용하다고 생각되는 종래의 기술을 기재한 것으로 볼 수 없는 경우이다. 다만 이 경우에 특허법 제42조제3항제2호 위반의 거절이유를 통지하기 위해서는 적절한 배경기술 내용이나 선행기술문헌이 해당 기술분야에서 알려져 있거나 용이하게 입수될 수 있다고 인정되어야만 한다. 심사관이 적절한 배경기술이 개시된 선행기술문헌을 인지하였다면 가급적 거절이유통지시에 그러한 선행기술문헌을 제시하도록 한다.
(예1) 출원인이 '소음을 감소시키는 진공청소기 흡입노즐'을 출원하면서, 발명에 직접적으로 관련되는 진공청소기 흡입노즐에 관한 선행기술이 다수 존재하고 통상적인 검색시스템에 의하여 용이하게 검색될 수 있는데도 불구하고, 진공청소기 흡입노즐에 관한 배경기술이나 선행기술문헌은 적지 않고 진공청소기에 관한 기초적인 기술상식만을 적은 경우
(예2) 출원인이 유압식 드릴 장치에 관하여 다수의 특허출원을 해왔으면서도, '고정밀 유압식 드릴 장치'를 출원하면서 배경기술란에 본인 출원의 공개공보조차 적지 않고 전기모터 드릴에 관한 일반적인 기술만을 적은 경우

정답 ⑤

06 명세서 중 발명의 설명에 관한 설명이다. 틀린 것은?

① 화학분야 물질발명에 대한 상세한 설명의 기재는 그 물질 자체를 화학물질명 또는 화학구조식에 의해 나타내는 것만으로는 부족한 경우가 많다. 그 이유는 화학물질이 당연히 유도될 것으로 보이는 화학반응이라도 실제로는 예상외의 반응에 의해 진행되지 않는 경우가 있고, 직접적인 실험과 확인, 분석을 통하지 않고서는 그 발명의 실체를 파악하기 어려우며 그에 따른 효과도 예측하기 곤란하기 때문이다. 따라서 화학분야의 물질발명에 대하여는 평균적 기술자가 출원시의 기술상식으로 명세서에 개시된 화학반응을 쉽게 이해할 수 있는 경우를 제외하고는 그 물질 자체를 표현하는 것 외에도 그 화학물질을 쉽게 재현하기 위한 구체적인 제조방법이 필수적으로 기재되어야 한다.

② 화학분야 발명의 경우 해당 발명의 내용과 기술수준에 따라 차이가 있을 수는 있지만, 발명의 구성으로부터 그 효과를 비교적 쉽게 이해하고 재현할 수 있는 기계장치 등과는 달리, 예측 가능성 내지 실현 가능성이 현저히 부족하여 실험데이터가 제시된 실험예가 기재되지 않으면 평균적 기술자가 그 발명의 효과를 명확하게 이해하고 쉽게 재현할 수 있다고 보기 어렵다.

③ 파라미터발명은 물리적·화학적 특성 값에 대하여 당해 기술분야에서 표준적인 것이 아니거나 관용되지 않는 파라미터를 출원인이 임의로 창출하거나, 이들 복수의 변수 간의 상관관계를 이용하여 연산식으로 파라미터화 한 후, 발명의 구성요소의 일부로 하는 발명을 말한다. 파라미터로 특정되는 발명이 쉽게 실시되기 위해서는 그 기술분야에서 통상의 지식을 가진 자가 발명을 구현하기 위한 구체적인 수단, 발명의 기술적 과제 및 그 해결수단 등이 명확히 이해될 수 있도록 파라미터에 관한 구체적인 기술내용을 기재하여야 한다.

④ 청구범위가 발명의 설명에 의하여 뒷받침되고 있는지 여부는 그 발명이 속하는 기술분야에서 통상의 지식을 가진 자의 입장에서 청구범위에 기재된 발명과 대응되는 사항이 발명의 설명에 기재되어 있는지 여부에 의하여 판단하여야 하는 바, 출원시의 기술상식에 비추어 보더라도 발명의 설명에 개시된 내용을 청구범위에 기재된 발명의 범위까지 확장 내지 일반화할 수 없는 경우에는 그 청구범위는 발명의 설명에 의하여 뒷받침된다고 볼 수 없다.

⑤ 청구항이 마쿠쉬(Markush)형식으로 기재되어 있고 발명의 설명에는 청구항에 기재된 구성요소 중 일부의 구성요소에 관한 실시예만이 기재되어 있을 뿐 다른 구성요소에 대하여는 언급만 있고 실시예가 기재되어 있지 않은 경우 특허법 제42조 제4항 제1호 위반으로 거절이유를 통지한다.

해 설

① |이| 심사기준, 특허법원 99허3177; 2000허6370

  i) 화학분야 물질발명에 대한 상세한 설명의 기재는 그 물질 자체를 화학물질명 또는 화학구조식에 의해 나타내는 것만으로는 부족한 경우가 많다. 그 이유는 화학물질이 당연히 유도될 것으로 보이는 화학반응이라도 실제로는 예상외의 반응에 의해 진행되지 않는 경우가 있고, 직접적인 실험과 확인, 분석을 통하지 않고서는 그 발명의 실체를 파악하기 어려우며 그에 따른 효과도 예측하기 곤란하기 때문이다. 따라서 화학분야의 물질발명에 대하여는 평균적 기술자가 출원시의 기술상식으로 명세서에 개시된 화학반응을 쉽게 이해할 수 있는 경우를

제외하고는 그 물질 자체를 표현하는 것 외에도 그 화학물질을 쉽게 재현하기 위한 구체적인 제조방법이 필수적으로 기재되어야 한다.
ii) 화학분야의 물질발명의 경우, 쉽게 실시할 수 있기 위해서는 상세한 설명에 특정의 출발물질, 온도, 압력, 유입 및 유출량 등 그 물질발명을 제조하는 데 필요한 구체적인 반응조건과 그 조건하에서 직접 실시한 결과를 실시예로 기재한다.

② |O| 심사기준, 대판 2000후2958; 2003후1550
 i) 화학분야 발명의 경우 해당 발명의 내용과 기술수준에 따라 차이가 있을 수는 있지만, 발명의 구성으로부터 그 효과를 비교적 쉽게 이해하고 재현할 수 있는 기계장치 등과는 달리, 예측 가능성 내지 실현 가능성이 현저히 부족하여 실험데이터가 제시된 실험예가 기재되지 않으면 평균적 기술자가 그 발명의 효과를 명확하게 이해하고 쉽게 재현할 수 있다고 보기 어렵다.
 ii) 따라서 화학물질의 용도발명은 상세한 설명에 발명의 효과를 기재하여야만 발명이 완성되었다고 볼 수 있는 동시에 명세서 기재요건을 충족하였다고 할 수 있다. 특히, 의약의 용도발명에 있어서는 그 출원 전에 명세서에 기재된 약리효과를 나타내는 약리기전이 명확히 밝혀져 있는 등 특별한 사정이 있지 않은 이상, 해당 발명에 관계된 물질에 그와 같은 약리효과가 있다는 것을 약리데이터 등이 나타난 시험예로 기재하거나 또는 이에 대신할 수 있을 정도로 구체적으로 기재하여야 한다.

③ |O| 심사기준
 (1) 파라미터발명은 물리적·화학적 특성 값에 대하여 당해 기술분야에서 표준적인 것이 아니거나 관용되지 않는 파라미터를 출원인이 임의로 창출하거나, 이들 복수의 변수 간의 상관관계를 이용하여 연산식으로 파라미터화 한 후, 발명의 구성요소의 일부로 하는 발명을 말한다. 파라미터로 특정되는 발명이 쉽게 실시되기 위해서는 그 기술분야에서 통상의 지식을 가진 자가 발명을 구현하기 위한 구체적인 수단, 발명의 기술적 과제 및 그 해결수단 등이 명확히 이해될 수 있도록 파라미터에 관한 구체적인 기술내용을 기재하여야 한다.
 (2) 발명이 쉽게 실시되기 위한 파라미터에 관한 구체적인 기술내용으로는 i) 파라미터의 정의 또는 그 기술적 의미에 대한 설명 ii) 파라미터의 수치한정 사항이 포함된 경우, 수치범위와 수치범위를 한정한 이유 iii) 파리미터의 측정을 위한 방법, 조건, 기구에 대한 설명 iv) 파라미터를 만족하는 물건을 제조하기 위한 방법에 대한 설명 v) 파라미터를 만족하는 실시예 vi) 파라미터를 만족하지 않는 비교예 및 vii) 파라미터와 효과와의 관계에 대한 설명 등이 있다.
 (3) 파라미터에 관한 구체적인 기술내용이 상세한 설명이나 도면에 명시적으로 기재되지는 않았더라도 출원시 기술상식을 감안할 때 명확히 이해될 수 있는 경우에는 이를 이유로 발명이 쉽게 실시될 수 없다고 판단하지 않는다.

④ |O| 심사기준, 대판 2004후1120
청구범위가 발명의 설명에 의하여 뒷받침되고 있는지 여부는 그 발명이 속하는 기술분야에서 통상의 지식을 가진 자의 입장에서 청구범위에 기재된 발명과 대응되는 사항이 발명의 설명에 기재되어 있는지 여부에 의하여 판단하여야 하는 바, 출원시의 기술상식에 비추어 보더라도 발명의 설명에 개시된 내용을 청구범위에 기재된 발명의 범위까지 확장 내지 일반화할 수 없는 경우에는 그 청구범위는 발명의 설명에 의하여 뒷받침된다고 볼 수 없다.

⑤ |×| 심사기준
청구항이 마쿠쉬(Markush)형식으로 기재되어 있고 발명의 설명에는 청구항에 기재된 구성요소 중 일부의 구성요소에 관한 실시예만이 기재되어 있을 뿐 다른 구성요소에 대하여는 언급만 있고 실시예가 기재되어 있지 아니하여 평균적 기술자가 쉽게 실시할 수 있을 정도로 기재되어 있지 않은 때에는 법 제42조 제3항 제1호 위반으로 거절이유를 통지한다.
법 제42조 제4항 제1호는 ctrl C + ctrl V로 대응되는 기재가 있으면 만족하는 것으로 본다.

정답 ⑤

07 다음 설명 중 옳은 것은? (다툼이 있는 경우 판례에 의함)

① 특허법 제42조 제4항 제1호는 특허청구범위에 보호받고자 하는 사항을 기재한 청구항이 발명의 설명에 의하여 뒷받침될 것을 규정하고 있는데, 이는 특허출원서에 첨부된 명세서의 발명의 설명에 기재되지 아니한 사항이 청구항에 기재됨으로써 출원자가 공개하지 아니한 발명에 대하여 특허권이 부여되는 부당한 결과를 막으려는 데에 취지가 있으므로, 이와 그 취지를 같이하는 특허법 제42조 제3항 제1호가 정한 바와 같이 발명의 설명에 통상의 기술자가 그 발명의 쉽게 실시할 수 있도록 명확하고 상세하게 기재되어 있는지 여부에 의하여 판단하면 된다.

② 특허발명의 보호범위는 청구범위에 기재된 사항에 의하여 정하여야 할 것이되, 거기에 기재된 문언의 의미내용을 해석함에 있어서는 문언의 일반적인 의미내용을 기초로 하면서도 발명의 설명의 기재 및 도면 등을 참작하여 객관적, 합리적으로 하여야 하나, 청구범위에 기재된 문언으로부터 기술적 구성의 구체적인 내용을 알 수 없는 경우까지 명세서의 다른 기재 및 도면을 보충하여 그 문언이 표현하고자 하는 기술적 구성을 확정하고 특허발명의 보호범위를 정하여야 하는 것은 아니다.

③ 한 개의 특허청구범위의 항 일부에 공지기술에 의하여 진보성이 부정되는 등의 거절이유가 있는 경우에는 그 부분이 나머지 부분과 유기적으로 결합된 것이라고 인정되지 아니하는 한 그 항을 전부 거절하여야 하고, 특허청구범위가 여러 개의 청구항으로 되어 있는 경우 그 하나의 항이라도 거절이유가 있는 때에는 그 출원을 전부 거절하여야 한다.

④ 선행 또는 공지의 발명에 구성요소가 상위개념으로 기재되어 있고, 위 상위개념에 포함되는 하위개념만을 구성요소 중의 전부 또는 일부로 하는 선택발명의 진보성이 부정되지 않기 위해서는, 선택발명에 포함되는 하위개념들 중 일부가 선행발명이 갖는 효과와 질적으로 다른 효과를 갖고 있거나, 질적인 차이가 없더라도 양적으로 현저한 차이가 있으면 족하다. 이때 선택발명의 명세서 중 발명의 설명에는 선행발명에 비하여 위와 같은 효과가 있음을 명확히 기재하여야 하는데, 이러한 기재가 있다고 하려면 발명의 설명에 질적인 차이를 확인할 수 있는 구체적인 내용이나 양적으로 현저한 차이가 있음을 확인할 수 있는 정량적 기재가 있어야 한다.

⑤ 의약용도발명에서는 특정 물질과 그것이 가지고 있는 의약용도가 발명을 구성하는 것이고, 약리기전은 특정 물질에 불가분적으로 내재된 속성으로서 특정 물질과 의약용도와의 결합을 도출해내는 계기에 해당하므로, 의약용도발명의 청구범위에 기재되어 있는 약리기전은 특정 물질이 가지고 있는 의약용도를 특정하는 한도 내에서 약리기전 자체가 청구범위를 한정하는 구성요소라고 보아야 한다.

해 설

① |×| 대법원 2014. 9. 4. 선고 2012후832 판결
특허법 제42조 제4항 제1호는 특허청구범위에 보호받고자 하는 사항을 기재한 청구항이 발명의 설명에 의하여 뒷받침될 것을 규정하고 있는데, 이는 특허출원서에 첨부된 명세서의 발명의 설명에 기재되지 아니한 사항이 청구항에 기재됨으로써 출원자가 공개하지 아니한 발명에 대하여 특허권이 부여되는 부당한 결과를 막으려는 데에 취지가 있다.

따라서 특허법 제42조 제4항 제1호가 정한 위와 같은 명세서 기재요건을 충족하는지 여부는, 위 규정 취지에 맞게 특허출원 당시의 기술수준을 기준으로 하여 통상의 기술자의 입장에서 특허청구범위에 기재된 사항과 대응되는 사항이 발명의 설명에 기재되어 있는지 여부에 의하여 판단하여야 하고, 규정 취지를 달리하는 특허법 제42조 제3항 제1호가 정한 것처럼 발명의 설명에 통상의 기술자가 그 발명의 쉽게 실시할 수 있도록 명확하고 상세하게 기재되어 있는지 여부에 의하여 판단하여서는 아니 된다.

② |×| 대법원 2014. 7. 24. 선고 2012후917 판결
특허발명의 보호범위는 특허청구범위에 기재된 사항에 의하여 정하여야 할 것이되, 거기에 기재된 문언의 의미내용을 해석함에 있어서는 문언의 일반적인 의미내용을 기초로 하면서도 발명의 설명의 기재 및 도면 등을 참작하여 객관적, 합리적으로 하여야 하고, 특허청구범위에 기재된 문언으로부터 기술적 구성의 구체적인 내용을 알 수 없는 경우에도 명세서의 다른 기재 및 도면을 보충하여 그 문언이 표현하고자 하는 기술적 구성을 확정하여 특허발명의 보호범위를 정하여야 한다.

③ |O| ④ |×| ⑤ |×|
대법원 2014. 5. 16. 선고 2012후3664 판결
(1) 의약용도발명에서는 특정 물질과 그것이 가지고 있는 의약용도가 발명을 구성하는 것이고(대법원 2009. 1. 30. 선고 2006후3564 판결 등 참조), 약리기전은 특정 물질에 불가분적으로 내재된 속성으로서 특정 물질과 의약용도와의 결합을 도출해내는 계기에 불과하다. 따라서 의약용도발명의 특허청구범위에 기재되어 있는 약리기전은 특정 물질이 가지고 있는 의약용도를 특정하는 한도 내에서만 발명의 구성요소로서 의미를 가질 뿐 약리기전 그 자체가 특허청구범위를 한정하는 구성요소라고 보아서는 아니 된다. 또한 선행 또는 공지의 발명에 구성요소가 상위개념으로 기재되어 있고, 위 상위개념에 포함되는 하위개념만을 구성요소 중의 전부 또는 일부로 하는 선택발명의 진보성이 부정되지 않기 위해서는, 선택발명에 포함되는 하위개념들 모두가 선행발명이 갖는 효과와 질적으로 다른 효과를 갖고 있거나, 질적인 차이가 없더라도 양적으로 현저한 차이가 있어야 한다. 이때 선택발명의 명세서 중 발명의 설명에는 선행발명에 비하여 위와 같은 효과가 있음을 명확히 기재하여야 하는데, 이러한 기재가 있다고 하려면 발명의 설명에 질적인 차이를 확인할 수 있는 구체적인 내용이나 양적으로 현저한 차이가 있음을 확인할 수 있는 정량적 기재가 있어야 한다 (대법원 2012. 8. 23. 선고 2010후3424 판결 등 참조).

(2) 이 사건 출원발명의 명세서 중 발명의 설명에는 시험관 내 실험결과 텔미사르탄이 레닌-안지오텐신 시스템 차단제에 속하는 다른 화합물들 중 일부에 불과한 로사르탄 및 이르베사르탄에 비해 높은 강도로 퍼옥시좀 증식 활성화 수용체 감마 조절 유전자의 전사를 유도한다는 점이 나타나 있을 뿐, 나아가 텔미사르탄이 당뇨병 예방 또는 치료라는 의약용도와 관련하여 레닌-안지오텐신 시스템 차단제에 속하는 화합물 일반과 비교하여 양적으로 현저한 효과상의 차이가 있다는 점을 확인할 수 있는 기재는 없고, 달리 이 점을 알 수 있는 자료도 없다. 따라서 이 사건 제1항 발명은 당뇨병 예방 또는 치료라는 의약용도와 관련하여 비교대상발명과의 관계에서 선택발명에 해당하면서도 양적으로 현저한 효과가 있다고 인정되지 아니하는 부분을 포함하고 있고 이 부분은 비교대상발명에 의하여 그 진보성이 부정된다.

나아가 한 개의 특허청구범위의 항 일부에 공지기술에 의하여 진보성이 부정되는 등의 거절 이유가 있는 경우에는 그 부분이 나머지 부분과 유기적으로 결합된 것이라고 인정되지 아니하는 한 그 항을 전부 거절하여야 하고(대법원 1998. 9. 18. 선고 96후2395 판결 등 참조), 특허청구범위가 여러 개의 청구항으로 되어 있는 경우 그 하나의 항이라도 거절이유가 있는 때에는 그 출원을 전부 거절하여야 한다(대법원 2010. 7. 22. 선고 2008후934 판결 등 참조). 그런데 앞서 본 바와 같이 이 사건 제1항 발명에서 진보성이 부정되는 부분은 나머지 부분과 서로 택일적

인 관계에 있어 유기적으로 결합된 것이 아니므로 그 항을 전부 거절하여야 하고, 이로써 이 사건 출원발명은 그 전부를 거절하여야 한다.

따라서 이 사건 출원발명에 대한 거절결정을 유지한 심결이 적법하다고 본 원심은 정당하고, 거기에 상고이유 주장과 같이 발명의 진보성 판단에 관한 법리오해와 심리미진 및 판단누락 등의 위법이 없다.

정답 ③

08 다음 설명 중 옳은 것은? (다툼이 있는 경우 판례에 의함)

① 발명의 설명의 기재에 오류가 있다면, 그러한 오류가 청구항에 기재되어 있지 아니한 발명에 관한 것이라도 특허법 제42조 제3항에 위배된다고 할 수 있다.

② 전에 확정된 심결의 증거를 그 심결에서 판단하지 않았던 사항에 관한 증거로 들어 판단하여, 확정된 심결과 그 결론이 결과적으로 달라졌다면 일사부재리 원칙에 반한다고 할 수 있다.

③ 구성요소의 범위를 수치로써 한정하여 표현한 발명이 그 출원 전에 공지된 발명과 사이에 수치한정의 유무 또는 범위에서만 차이가 있는 경우에는, 그 한정된 수치범위가 공지된 발명에 구체적으로 개시되어 있는 경우에 한하여 신규성이 부정되는 것이지, 공지된 발명에 구체적으로 개시되어 있지 않은 수치한정이 그 발명이 속하는 기술분야에서 통상의 지식을 가진 자가 적절히 선택할 수 있는 주지관용의 수단에 불과하고 이에 따른 새로운 효과도 발생하지 않는지 여부를 고려하여 신규성 인정여부를 따질 것은 아니다.

④ 수치한정이 공지된 발명과는 상이한 과제를 달성하기 위한 기술수단으로서의 의의를 가지고 그 효과도 이질적인 경우나 공지된 발명과 비교하여 한정된 수치범위 내외에서 현저한 효과의 차이가 생기는 경우 등에는, 그 수치범위가 공지된 발명에 구체적으로 개시되어 있다고 할 수 없음은 물론, 그 수치한정이 통상의 기술자가 적절히 선택할 수 있는 주지관용의 수단에 불과하다고 볼 수도 없다.

⑤ 청구범위가 "어떤 구성요소들을 포함하는"이라는 형식으로 기재된 경우라도, 그 청구범위에 명시적으로 기재된 구성요소 전부에다가 명시적으로 기재되어 있지 아니한 다른 구성요소를 추가하는 경우까지 포함하는 것으로 단정할 수는 없으므로, 명시적으로 기재된 구성요소 이외에 다른 구성요소를 추가하는 경우까지도 그 특허발명의 기술적 범위로 보아야 하는 것은 아니다.

해 설

① |×| 2012. 11. 29. 선고 2012후2586 판결

실시의 대상이 되는 발명은 청구항에 기재된 발명을 가리키는 것이라고 할 것이므로, 발명의 설명의 기재에 오류가 있다고 하더라도 그러한 오류가 청구항에 기재되어 있지 아니한 발명에 관한 것이거나 청구항에 기재된 발명의 실시를 위하여 필요한 사항 이외의 부분에 관한 것이어서 그 오류에도 불구하고 통상의 기술자가 청구항에 기재된 발명을 정확하게 이해하고 재현하는 것이 용이한 경우라면 이를 들어 구 특허법 제42조 3항에 위배된다고 할 수 없다.

② |×| 대법원 2013. 9. 13. 선고 2012후1057 판결
동일사실에 의한 동일한 심판청구에 대하여 전에 확정된 심결의 증거에 대한 해석을 다르게 하는 등으로 그 심결의 기본이 된 이유와 실질적으로 저촉되는 판단을 하는 것은 구 특허법 제163조가 정한 일사부재리 원칙의 취지에 비추어 허용되지 않으나, 전에 확정된 심결의 증거를 그 심결에서 판단하지 않았던 사항에 관한 증거로 들어 판단하거나 그 증거의 선행기술을 확정된 심결의 결론을 번복할 만한 유력한 증거의 선행기술에 추가적, 보충적으로 결합하여 판단하는 경우 등과 같이 후행 심판청구에 대한 판단 내용이 확정된 심결의 기본이 된 이유와 실질적으로 저촉된다고 할 수 없는 경우에는, 확정된 심결과 그 결론이 결과적으로 달라졌다고 하더라도 일사부재리 원칙에 반한다고 할 수 없다.

③ |×| ④ |○|
2013. 5. 24. 선고 2011후2015 판결
구성요소의 범위를 수치로써 한정하여 표현한 발명이 그 출원 전에 공지된 발명과 사이에 수치한정의 유무 또는 범위에서만 차이가 있는 경우에는, 그 한정된 수치범위가 공지된 발명에 구체적으로 개시되어 있거나, 그렇지 않더라도 그러한 수치한정이 그 발명이 속하는 기술분야에서 통상의 지식을 가진 자(이하 '통상의 기술자'라고 한다)가 적절히 선택할 수 있는 주지관용의 수단에 불과하고 이에 따른 새로운 효과도 발생하지 않는다면 그 신규성이 부정된다.

그리고 한정된 수치범위가 공지된 발명에 구체적으로 개시되어 있다는 것에는, 그 수치범위 내의 수치가 공지된 발명을 기재한 선행문헌의 실시예 등에 나타나 있는 경우 등과 같이 문언적인 기재가 존재하는 경우 외에도 통상의 기술자가 선행문헌의 기재 내용과 출원시의 기술상식에 기초하여 선행문헌으로부터 직접적으로 그 수치범위를 인식할 수 있는 경우도 포함된다.

한편, 수치한정이 공지된 발명과는 상이한 과제를 달성하기 위한 기술수단으로서의 의의를 가지고 그 효과도 이질적인 경우나 공지된 발명과 비교하여 한정된 수치범위 내외에서 현저한 효과의 차이가 생기는 경우 등에는, 그 수치범위가 공지된 발명에 구체적으로 개시되어 있다고 할 수 없음은 물론, 그 수치한정이 통상의 기술자가 적절히 선택할 수 있는 주지관용의 수단에 불과하다고 볼 수도 없다.

⑤ |×| 2012. 3. 29. 선고 2010후2605 판결
특허청구범위가 "어떤 구성요소들을 포함하는"이라는 형식으로 기재된 경우에는, 그 특허청구범위에 명시적으로 기재된 구성요소 전부에다가 명시적으로 기재되어 있지 아니한 다른 구성요소를 추가하더라도 그 기재된 "어떤 구성요소들을 포함하는"이라는 사정에는 변함이 없으므로, 명시적으로 기재된 구성요소 이외에 다른 구성요소를 추가하는 경우까지도 그 특허발명의 기술적 범위로 하는 것이다.

정답 ④

09 특허출원 명세서 기재요건(특허법 제42조제3항 및 제4항)에 관한 설명으로 옳지 않은 것은? (다툼이 있으면 판례에 따름) [2016년 기출문제]

① 특허법 제42조(특허출원)제3항제1호에서 요구하는 명세서 기재의 정도는 통상의 기술자가 출원시의 기술수준으로 보아 과도한 실험이나 특수한 지식을 부가하지 아니하고서도 명세서의 기재에 의하여 해당 발명을 정확하게 이해할 수 있고 동시에 재현할 수 있는 정도를 말한다.

② 발명의 설명에서의 기재 오류가 청구범위에 기재되어 있지 아니한 발명에 관한 것이거나 청구범위에 기재된 발명의 실시를 위하여 필요한 사항 이외의 부분에 관한 것이어서 그 오류에도 불구하고 통상의 기술자가 청구항에 기재된 발명을 정확하게 이해하고 쉽게 재현할 수 있다고 할지라도 이러한 기재 오류는 특허법 제42조(특허출원)제3항제1호에 위배된다.

③ 특허법 제42조(특허출원)제4항제1호가 규정하는 기재요건을 충족하는지 여부는 발명의 설명이 통상의 기술자가 그 발명을 쉽게 실시할 수 있도록 명확하고 상세하게 기재하고 있는지 여부에 의하여 판단하여서는 아니 된다.

④ 청구범위에 그림이나 도면으로 발명의 구성을 표현할 수 있다.

⑤ 출원발명의 내용이 통상의 기술자에 의하여 정확하게 이해되고 쉽게 재현될 수 있다면 그 발명이 부분적으로 불명확한 부분이 있다고 하더라도 이를 특허법 제42조(특허출원)제4항제2호의 기재불비라고 할 수 없다.

해 설

① |O| ② |X| 대법원 2012. 11. 29. 선고 2012후2586 구 특허법(2007. 1. 3. 법률 제8197호로 개정되기 전의 것. 이하 같다) 제42조 제3항은 발명의 설명에는 그 발명이 속하는 기술분야에서 통상의 지식을 가진 이(이하 '통상의 기술자'라고 한다)가 용이하게 실시할 수 있을 정도로 그 발명의 목적·구성 및 효과를 기재하여야 한다고 정하고 있다. 이는 특허출원된 발명의 내용을 제3자가 명세서만으로 쉽게 알 수 있도록 공개하여 특허권으로 보호받고자 하는 기술적 내용과 범위를 명확하게 하기 위한 것이므로, 위 조항에서 요구하는 명세서 기재의 정도는 통상의 기술자가 출원시의 기술수준으로 보아 과도한 실험이나 특수한 지식을 부가하지 아니하고서도 명세서의 기재에 의하여 당해 발명을 정확하게 이해할 수 있고 동시에 재현할 수 있는 정도를 말한다. 여기에서 실시의 대상이 되는 발명은 청구항에 기재된 발명을 가리키는 것이라고 할 것이므로, 발명의 설명의 기재에 오류가 있다고 하더라도 그러한 오류가 청구항에 기재되어 있지 아니한 발명에 관한 것이거나 청구항에 기재된 발명의 실시를 위하여 필요한 사항 이외의 부분에 관한 것이어서 그 오류에도 불구하고 통상의 기술자가 청구항에 기재된 발명을 정확하게 이해하고 재현하는 것이 용이한 경우라면 이를 들어 구 특허법 제42조 제3항에 위배된다고 할 수 없다.

③ |O| 대법원 2014. 9. 4. 선고 2012후832 특허법 제42조 제4항 제1호는 특허청구범위에 보호받고자 하는 사항을 기재한 청구항이 발명의 설명에 의하여 뒷받침될 것을 규정하고 있는데, 이는 특허출원서에 첨부된 명세서의 발명의 설명에 기재되지 아니한 사항이 청구항에 기재됨으로써 출원자가 공개하지 아니한 발명에 대하여 특허권이 부여되는 부당한 결과를 막으려는 데에 취지가 있다. 따라서 특허법 제42조 제4항 제1호가 정한 위와 같은 명세서 기재요건을 충족하는지 여부는, 위 규정 취지에 맞게 특허출원 당시의 기술수준을 기준으로 하여 통상의 기술자의 입장에서 특허청구범위에 기재된 사항과 대응되는 사항이 발명의 설명에 기재되어 있는지 여부에 의

하여 판단하여야 하고, 규정 취지를 달리하는 특허법 제42조 제3항 제1호가 정한 것처럼 발명의 설명에 통상의 기술자가 그 발명의 쉽게 실시할 수 있도록 명확하고 상세하게 기재되어 있는지 여부에 의하여 판단하여서는 아니 된다.

④, ⑤ 이 타당한 설명이다.

정답 ②

10 출원서, 명세서, 도면 및 요약서의 작성에 관한 설명 중 옳지 않은 것은?

① 요약서는 기술정보로서의 용도로 사용되며 명세서 또는 도면의 보정범위와 특허발명의 보호범위를 정하는 데에는 사용될 수 없다.
② 명세서의 발명의 설명에는 발명의 명칭, 기술분야, 발명의 배경이 되는 기술, 해결하려는 과제, 과제의 해결 수단, 발명의 효과가 포함되어야 하며, 위 사항 중 어느 하나라도 미기재할 경우 거절이유에 해당한다.
③ 발명의 설명에 기재하지 아니한 사항을 특허청구범위에 기재하면 거절이유에 해당한다.
④ 특허청구범위는 발명을 명확하고 간결하게 기재하면 되며, 기능적 표현을 사용하더라도 발명이 명확히 표현되었다면 거절이유에 해당하지 않는다.
⑤ 실용신안등록출원은 출원서에 도면을 첨부해야만 한다.

해 설

① 특허법 제43조, 제47조 제2항, 요약서는 특허발명의 보호범위를 정하는 데에도 사용할 수 없으며, 명세서 또는 도면의 보정 범위인 출원서에 최초로 첨부한 명세서 또는 도면을 해석하는 데에도 사용할 수 없다.
② 발명의 설명에는 발명의 명칭, 기술분야, 발명의 배경이 되는 기술 등을 기재해야 하나, 다만 기술분야 등은 해당사항이 없는 경우 그 사항을 생략할 수 있다(특허법 시행규칙 제21조 제3항, 제4항). 아울러 발명의 설명의 기재방법인 특허법 제42조 제9항, 특허법 시행규칙 제21조 제3항, 제4항에 위배된 경우는 거절이유가 아니다.
③ 특허법 제42조 제4항 제1호
④ 특허법 제42조 제4항 제2호, 제6항, 과거에는 기능적 표현을 사용하면 발명의 범위가 명확하지 않다고 일방적으로 간주하였으나, 기능적 표현을 사용하더라도 발명의 범위가 명확한 경우가 있을 수 있기 때문에, 현재는 기능적 표현을 사용한 이유만으로 특허청구범위가 명확하게 적혀 있지 않다고 단언되지는 않는다.
⑤ 실용신안법 제8조 제2항, 시행규칙 제17조 제1항, 실용신안등록출원에서 도면을 미첨부하면 출원서가 반려된다.

정답 ②

11 명세서의 기재요건에 관한 설명 중 옳지 않은 것은? (다툼이 있는 경우에는 판례에 의함)

① 발명이 명확하게 적혀 있는지 여부는 그 발명이 속하는 기술분야에서 통상의 지식을 가진 사람이 발명의 설명이나 도면 등의 기재와 출원 당시의 기술상식을 고려하여 청구범위에 기재된 사항으로부터 특허를 받고자 하는 발명을 명확하게 파악할 수 있는지에 따라 개별적으로 판단하여야 하고, 단순히 청구범위에 사용된 용어만을 기준으로 하여 일률적으로 판단하여서는 안 된다.

② 의약의 용도발명에 있어서는 특정 물질이 가지고 있는 의약의 용도가 발명의 구성요건에 해당하므로 발명의 특허청구범위에는 특정 물질의 의약용도를 대상 질병 또는 약효로만 명확히 기재하여야 한다.

③ 조성물을 이루는 각 성분이 "~로 이루어지는"의 폐쇄형으로 청구범위에 작성되어 있다면, 모든 성분의 최대성분량의 합이 100%에 미달하는 경우, 모든 성분의 최저성분량의 합이 100%를 초과하는 경우, 하나의 최대성분량과 나머지 최저성분량의 합이 100%를 초과하는 경우, 하나의 최저성분량과 나머지 최대성분량의 합이 100%에 미달하는 경우 등과 같이 조성비의 기술적인 결함이나 모순이 있는 경우에는 발명의 구성이 명확하게 기재되어 있다고 할 수 없다.

④ 특허출원 당시의 기술수준에 비추어 발명의 설명에 개시된 내용을 특허청구범위에 기재된 발명의 범위까지 확장 또는 일반화할 수 없다면 그 특허청구범위는 발명의 설명에 의하여 뒷받침된다고 볼 수 없다.

⑤ 특허법 제42조 제4항 제1호의 청구항이 발명의 설명에 의해 뒷받침되고 있는지의 여부는 특허법 제42조 제3항 제1호가 정한 것처럼 판단하여서는 아니 된다.

해 설

① 청구범위는 간결하게 작성되어 있기 때문에, 간결한 내용만으로는 정확한 진의를 이해하기가 곤란할 수 있어, 특허법 제42조 제4항 제2호의 청구범위의 기재가 명확한지를 살필 때는 발명의 설명과 도면을 참작한다. 참고판례를 아래에 발췌한다.

"특허법 제42조 제4항 제2호는 청구범위에는 발명이 명확하고 간결하게 적혀야 한다고 규정하고 있다. 그리고 특허법 제97조는 특허발명의 보호범위는 청구범위에 적혀 있는 사항에 의하여 정하여진다고 규정하고 있다(2007. 1. 3. 법률 제8197호로 개정되기 전의 구 특허법에도 자구는 다르지만 동일한 취지로 규정되어 있다). 따라서 청구항에는 명확한 기재만이 허용되고, 발명의 구성을 불명료하게 표현하는 용어는 원칙적으로 허용되지 않는다(대법원 2006. 11. 24. 선고 2003후2072 판결, 대법원2014. 7. 24. 선고2012후1613 판결 등 참조). 또한 발명이 명확하게 적혀 있는지 여부는 그 발명이 속하는 기술분야에서 통상의 지식을 가진 사람이 발명의 설명이나 도면 등의 기재와 출원 당시의 기술상식을 고려하여 청구범위에 기재된 사항으로부터 특허를 받고자 하는 발명을 명확하게 파악할 수 있는지에 따라 개별적으로 판단하여야 하고, 단순히 청구범위에 사용된 용어만을 기준으로 하여 일률적으로 판단하여서는 안 된다(2014후1563)."

② 질병과 약효가 아니라 약리기전으로 기재하더라도 발명의 설명이나 출원 시 기술상식에 질병과 약효를 명확히 파악할 수 있다면 문제되지 않는다. 참고판례를 아래에 발췌한다.

"의약의 용도발명에 있어서는 특정 물질이 가지고 있는 의약의 용도가 발명의 구성요건에 해당하므로 발명의 특허청구범위에는 특정 물질의 의약용도를 대상 질병 또는 약효로 명확히 기재하는 것이 원칙이나, 특정 물질의 의약용도가 약리기전만으로 기재되어 있다 하더라도 발명의 설명 등 명세서의 다른 기재나 기술상식에 의하여 의약으로서의 구체적인 용도를 명확하게 파악할 수 있는 경우에는 특허법 제42조 제4항 제2호가 정한 청구항의 명확성 요건을 충족하는 것으로 볼 수 있다(2007후5215)."

③ 2006허4765의 판례태도이며, 심사기준에도 지침되어 있는 내용이다. 참고로 "~을 포함하는"의 개방형으로 청구범위가 작성되어 있다면, 위 요건 중 명시된 최대성분량의 합이 100% 미달하거나, 하나의 최소성분량과 나머지 최대성분량의 합이 100%에 미달하더라도, 특허법 제42조 제4항 제2호에 위배되지 않는다.

④ 특허법 제42조 제4항 제1호는 특허청구범위에 보호받고자 하는 사항을 기재한 청구항이 발명의 설명에 의하여 뒷받침될 것을 규정하고 있는데, 이는 특허출원서에 첨부된 명세서의 발명의 설명에 기재되지 아니한 사항이 청구항에 기재됨으로써 출원자가 공개하지 아니한 발명에 대하여 특허권이 부여되는 부당한 결과를 막으려는 데에 취지가 있다. 따라서 특허법 제42조 제4항 제1호가 정한 위와 같은 명세서 기재요건을 충족하는지는 위 규정 취지에 맞게 특허출원 당시의 기술수준을 기준으로 하여 통상의 기술자의 입장에서 특허청구범위에 기재된 발명과 대응되는 사항이 발명의 설명에 기재되어 있는지에 의하여 판단하여야 하므로, 특허출원 당시의 기술수준에 비추어 발명의 설명에 개시된 내용을 특허청구범위에 기재된 발명의 범위까지 확장 또는 일반화할 수 있다면 그 특허청구범위는 발명의 설명에 의하여 뒷받침된다고 볼 수 있다(대법원2006. 5. 11. 선고2004후1120 판결, 대법원2014. 9. 4. 선고2012후832 판결, 대법원2016. 5. 26. 선고2014후2061 판결).

⑤ 특허법 제42조 제4항 제1호는 특허청구범위에 보호받고자 하는 사항을 기재한 청구항이 발명의 상세한 설명에 의하여 뒷받침될 것을 규정하고 있는데, 이는 특허출원서에 첨부된 명세서의 발명의 상세한 설명에 기재되지 아니한 사항이 청구항에 기재됨으로써 출원자가 공개하지 아니한 발명에 대하여 특허권이 부여되는 부당한 결과를 막으려는 데에 그 취지가 있다. 따라서 특허법 제42조 제4항 제1호가 정한 위와 같은 명세서 기재요건을 충족하는지 여부는, 위 규정 취지에 맞게 특허출원 당시의 기술수준을 기준으로 하여 그 발명이 속하는 기술 분야에서 통상의 지식을 가진 자(이하 '통상의 기술자'라고 한다)의 입장에서 특허청구범위에 기재된 사항과 대응되는 사항이 발명의 상세한 설명에 기재되어 있는지 여부에 의하여 판단하여야 하고, 그 규정 취지를 달리하는 특허법 제42조 제3항 제1호가 정한 것처럼 발명의 상세한 설명에 통상의 기술자가 그 발명을 쉽게 실시할 수 있도록 명확하고 상세하게 기재되어 있는지 여부에 의하여 판단하여서는 아니 된다(대법원2014. 9. 4. 선고2012후832 판결).

정답 ②

12 다음 중 도면 및 요약서에 관한 설명으로 옳지 않은 것은? (다툼이 있는 경우에는 판례에 의함)

① 요약서는 특허발명의 보호범위를 정하는 데에는 사용할 수 없다.
② 요약서에만 기재된 사항은 특허법 제29조 제3항에 규정된 다른 출원의 지위도 가질 수 없으며, 보정에 의하여 명세서에 추가하는 것도 허용되지 않는다.
③ 요약서가 잘못 기재된 경우 특허법 제42조 제3항 제1호의 요건을 충족하지 못했다는 이유로 거절이유통지를 할 수 있다.
④ 출원서에 요약서가 첨부되지 않은 경우 그 출원절차는 보정요구의 대상이 되며, 특허청장은 보정요구에도 불구하고 흠결을 해소하지 못한 경우에는 특허법 제16조에 따라 해당 출원절차를 무효로 할 수 있다.
⑤ 특허출원은 필요한 경우에만 도면을 첨부하도록 규정하고 있으나, 실용신안등록출원의 경우에는 반드시 도면을 첨부하여야 한다.

해설

① 특허권의 보호범위는 청구범위를 기준으로 명세서 및 도면을 보충, 참작하여 해석하며, 이때 요약서는 보충, 참작의 대상이 되지 않는다.
② 확대된 선원의 지위는 최초 명세서 및 도면에 기재된 발명에 대해 인정된다(특허법 제29조 제3항).
③ 청구범위에 기재된 발명이 쉽게 실시될 수 있을 정도로 기재되어 있는지는 발명의 설명 및 도면의 내용을 참고할 뿐이다. 요약서는 참고대상이 되지 않으므로 요약서를 잘못 기재한 경우로는 특허법 제42조 제3항 제1호의 거절이유가 통지되지 않는다(심사기준).
④ 심사기준
⑤ 심사기준

정답 ③

13 명세서의 기재요건에 대한 설명 중 옳은 것은? (다툼이 있는 경우에는 판례에 의함)

① 청구항에 상위개념의 발명이 기재되어 있고 발명의 설명에는 상위개념에 대한 발명의 기재는 없고 하위개념의 발명에 대한 기재만 있으며, 상위개념에 관한 발명이 발명의 설명에 기재된 하위개념의 발명으로부터 명확하게 파악되지 않는 경우에는 특허법 제42조 제4항 제1호를 적용한다.
② 발명의 설명에 발명의 명칭을 기재하지 않아 기재방법에 위배되는 경우 출원에 대해서 거절이유를 통지해야 한다.
③ 발명의 배경기술이 기재되지 않았다는 거절이유를 받은 경우 출원인은 배경기술이 개시된 선행기술문헌의 정보를 추가하는 보정을 함으로써 대응할 수는 없다.
④ 청구항에 불명확한 부분이 있으면, 그것이 경미한 기재상의 하자로서 그 하자에 의해서는 그 발명이 속하는 기술분야에서 통상의 지식을 가진 자가 발명이 불명확하다고 이해하지 않더라도 특허법 제42조 제4항 제2호에 위배된다.

⑤ 특허법 제42조 제6항은 청구범위에 보호받고자 하는 사항을 명확히 하는데 필요하다고 인정되는 구조·방법·기능·물질 또는 이들의 결합관계를 기재하도록 규정하고 있으며, 위 규정에 위배되면 거절이유를 통지한다.

해설

① 심사기준
② 발명의 설명 기재방법 위배시 2014. 12. 31. 이전 출원에 대해서는 거절 또는 무효 이유이고, 2015. 1. 1. 이후 출원에 대해서는 보정 사항이다. 특허법 제46조에 의해 보정을 요구한다(심사기준).
③ 신규사항이 추가되는 보정은 허용되지 않으나(특허법 제47조 제2항 전단), 선행기술문헌의 정보를 추가하는 것은 신규사항 추가로 보지 않는다(심사기준).
④ 불명확한 부분이 경미한 기재상 하자로서, 그 하자에 의해서는 그 발명이 속하는 기술분야에서 통상의 지식을 가진 자가 발명이 불명확하다고 이해하지 않거나, 발명의 설명이나 도면, 출원 시의 기술상식 등에 의하여 발명이 명확하게 파악될 수 있는 경우에는 발명이 불명확한 것으로 취급하지 않는다(심사기준).
⑤ 특허법 제42조 제6항의 규정은 거절이유나 무효의 이유가 되지 않으므로 위 규정을 이유로 하여 거절이유를 통지하거나 거절결정해서는 안 된다.

정답 ①

14 명세서 기재불비에 대한 설명 중 옳지 않은 것은? (다툼이 있는 경우 판례에 의함)

① 특허법 제42조 제4항 제1호는 특허출원 당시의 기술수준을 기준으로 하여 통상의 기술자의 입장에서 특허청구범위에 기재된 사항과 대응되는 사항이 발명의 설명에 기재되어 있는지 여부에 의하여 판단하여야 하고, 발명의 설명에 통상의 기술자가 그 발명을 쉽게 실시할 수 있도록 명확하고 상세하게 기재되어 있는지 여부에 의하여 판단하여서는 아니 된다.
② 특허법 제42조 제4항 제2호는 통상의 기술자가 발명의 설명이나 도면 등의 기재와 출원 당시의 기술상식을 고려하여 청구범위에 기재된 사항으로부터 특허를 받고자 하는 발명을 명확하게 파악할 수 있는지에 따라 개별적으로 판단하여야 하고, 단순히 청구범위에 사용된 용어만을 기준으로 하여 일률적으로 판단하여서는 안 된다.
③ 약리효과의 기재가 요구되는 의약의 용도발명에서는 출원 전에 명세서 기재의 약리효과를 나타내는 약리기전이 명확히 밝혀진 경우에도 특정 물질에 그와 같은 약리효과가 있다는 것을 약리데이터 등이 나타난 시험례로 기재하거나 또는 이에 대신할 수 있을 정도로 구체적으로 기재하여야만 명세서의 기재요건을 충족하였다고 볼 수 있다.
④ 특허법 제42조 제3항 제1호는 특허출원된 발명의 내용을 제3자가 명세서만으로 쉽게 알 수 있도록 공개하여 특허권으로 보호받고자 하는 기술적 내용과 범위를 명확하게 하기 위한 것이다.
⑤ 물건의 발명에서 통상의 기술자가 특허출원 당시의 기술수준으로 보아 과도한 실험이나 특수한 지식을 부가하지 않고서도 발명의 설명에 기재된 사항에 의하여 물건 전체를 생산하고 이를 사용할 수 있고, 구체적인 실험 등으로 증명이 되어 있지 않더라도 특허출원 당시의 기술수준으로 보아 통상의 기술자가 발명 효과의 발생을 충분히 예측할 수 있다면, 특허법 제42조 제3항 제1호에서 정한 기재요건을 충족한다고 볼 수 있다.

해설

① 특허법 제42조 제4항 제1호는 제3항 제1호와 판단방법이 달라야 한다는 판례문구다.
② 청구범위는 발명의 설명 및 도면을 참작하여 해석한다. 이는 청구범위가 명확한지 여부를 판단할 때도 마찬가지다.
③ 출원 전 약리기전이 밝혀진 경우는 약리데이터가 없어도 제42조 제3항 제1호를 충족할 수 있는 경우가 있을 수 있다.
④ 제42조 제3항 제1호 입법취지다.
⑤ 제42조 제3항 제1호 만족을 위해 실험데이터 등 실시예 기재가 항상 필수인 것은 아니다. 실시예가 없어도 충분히 쉽게 실시할 수 있는 경우면 문제되지 않는다.

정답 ③

15 명세서 기재에 관한 설명 중 옳지 않은 것은? (다툼이 있는 경우 판례에 의함)

① 어떠한 구성요소가 명세서의 종래기술에 기재되었다는 사정만으로는 공지성을 인정할 근거가 되지 못한다.
② 발명의 설명에 발명의 명칭을 기재하지 않는 등의 기재방법을 위배한 경우는 거절이유에 해당한다.
③ 발명의 성격이나 기술내용 등에 따라서는 명세서에 실시례가 기재되어 있지 않다고 하더라도 통상의 기술자가 발명을 정확하게 이해하고 재현하는 것이 용이한 경우도 있다.
④ 특허출원 당시의 기술수준에 비추어 발명의 설명에 개시된 내용을 청구범위에 기재된 발명의 범위까지 확장 또는 일반화할 수 있다면 그 청구범위는 발명의 설명에 의하여 뒷받침된다고 볼 수 있다.
⑤ 서열목록이 명세서에 기재되지 아니하여 청구항에 기재된 발명을 쉽게 실시할 수 없을 때에는 특허법 제42조 제3항 제1호로 거절이유를 통지한다.

해설

① 출원인이 명세서에 기재하는 배경기술 또는 종래기술은 출원발명의 기술적 의의를 이해하는데 도움이 되고 선행기술조사 및 심사에 유용한 기존의 기술이기는 하나 출원 전 공지되었음을 요건으로 하는 개념은 아니다. 명세서의 전체적인 기재와 출원경과를 종합적으로 고려하여 출원인이 일정한 구성요소는 단순히 배경기술 또는 종래기술인 정도를 넘어서 공지기술이라는 취지로 기재하였음을 인정할 수 있는 경우에만 별도의 증거 없이도 명세서에 기재한 배경기술 또는 종래기술을 출원 전 공지된 것이라고 사실상 추정할 수 있다(2013후37).
② 발명의 설명 기재방법 위배는 거절이유가 아니다(특허법 제42조 제9항).
③ 당해 발명의 성격이나 기술내용 등에 따라서는 명세서에 실시례가 기재되어 있지 않다고 하더라도 통상의 기술자가 발명을 정확하게 이해하고 재현하는 것이 용이한 경우도 있으므로 특허법 제42조 제3항 제1호가 정한 명세서 기재요건을 충족하기 위해서 항상 실시례가 기재되어야만 하는 것은 아니다(대법원 2011. 10. 13. 선고 2010후2582 판결).

④ 대법원 2016. 5. 26. 선고 2014후2061 판결
⑤ 서열목록이 명세서에 기재되지 아니하여 청구항에 기재된 발명을 쉽게 실시할 수 없을 때에는 특허법 제42조 제3항 제1호로 거절이유를 통지한다. 참고로 서열목록 전자파일이 출원서에 첨부되지 아니한 경우는 특허법에 의한 명령이 정하는 방식에 위배된 것이므로 보정명령 대상에 해당된다.

정답 ②

16 특허무효사유에 관한 설명 중 옳지 않은 것은? (다툼이 있는 경우에는 판례에 따름)

① 발명자가 아닌 사람으로서 특허를 받을 수 있는 권리의 승계인이 아닌 사람이 발명자가 한 발명의 구성을 일부 변경함으로써 그 기술적 구성이 발명자가 한 발명과 상이하게 되었다 하더라도, 그 변경이 통상의 기술자가 보통으로 채용하는 정도의 기술적 구성의 변경에 지나지 아니하고 그로 인하여 발명의 작용효과에 특별한 차이를 일으키지 아니하는 등 기술적 사상의 창작에 실질적으로 기여하지 않은 경우에는 그 특허발명은 무권리자의 특허출원에 해당하여 그 등록이 무효라고 할 것이다.
② 특허발명의 명세서에 발명의 내용이 그 발명이 속하는 분야에서 통상의 지식을 가진 자가 반복 실시하여 목적하는 기술적 효과를 얻을 수 있을 정도까지 구체적, 객관적으로 기재되어 있지 아니하다면 그 발명은 완성되었다고 볼 수 없을 뿐만 아니라 명세서의 기재요건을 충족하였다고 볼 수도 없다.
③ 특허법 제42조 제3항 제1호에 의하면 명세서의 발명의 설명에는 통상의 기술자가 당해 발명을 명세서 기재에 의하여 출원시의 기술 수준으로 보아 특수한 지식을 부가하지 않고서도 정확하게 이해할 수 있고, 동시에 재현할 수 있도록 그 목적, 구성, 작용 및 효과를 기재하여야 한다.
④ 선택발명의 신규성을 부정하기 위해서는 선행발명이 선택발명을 구성하는 하위개념을 구체적으로 개시하고 있어야 하고, 이에는 선행발명을 기재한 선행문헌에 선택발명에 대한 문언적 기재가 존재하는 경우가 포함되며, 통상의 기술자가 선행문헌의 기재 내용과 출원시의 기술 상식에 기초하여 선행문헌으로부터 직접적으로 선택발명의 존재를 인식할 수 있는 경우는 포함되지 않는다.
⑤ 선택발명의 명세서에 선택발명의 효과가 명확히 기재되어 있다고 하기 위해서는 발명의 설명에 질적인 차이를 확인할 수 있는 구체적인 내용이나, 양적으로 현저한 차이가 있음을 확인할 수 있는 정량적 기재가 있어야 하며, 다만 그 효과의 현저함을 구체적으로 확인할 수 있는 비교실험자료까지 기재하여야 하는 것은 아니며, 만일 그 효과가 의심스러울 때에는 출원일 이후에 출원인이 구체적인 비교실험자료를 제출하는 등의 방법에 의하여 그 효과를 구체적으로 주장, 입증하면 된다.

> 해 설

① 2009후2463.
② 명세서에 기재된 내용을 고려하여 출원 당시의 기술수준에 입각하여 판단하였을 때 발명이 미완성된 상태라면 이는 특허법 제42조 제3항 제1호 위반은 물론 특허법 제29조 제1항 본문 위반에도 해당한다(2002후2488). 참고로 최신 판례에서는 완성발명의 정의를 다음과 같이 표현하기도 한다. "발명이 속하는 분야에서 통상의 지식을 가진 사람(이하 '통상의 기술자'라고 한다)이 반복 실시할 수 있고, 발명이 목적하는 기술적 효과의 달성 가능성을 예상할 수 있을 정도로 구체적, 객관적으로 구성되어 있으면 발명은 완성되었다고 보아야 한다(2017후523)."
③ 2003후1550.
④ 선행문헌에 선택발명에 대한 문언적 기재가 존재하는 경우뿐 아니라, 통상의 기술자가 선행문헌의 기재 내용과 출원시의 기술 상식에 기초하여 선행문헌으로부터 직접적으로 선택발명의 존재를 인식할 수 있는 경우도 신규성이 부정된다(2011후2985).
⑤ 2001후2740.

정 답 ④

CHAPTER 10 청구범위 기재방법

01 특허청구범위의 기재에 관한 설명으로 옳지 않은 것은? (다툼이 있는 경우에는 판례에 의함)

① 의약의 용도발명에 있어서는 특정 물질이 가지고 있는 의약의 용도가 발명의 구성요건에 해당하므로 약리기전만으로 의약으로서의 구체적인 용도를 명확하게 파악할 수 있더라도 청구범위에 의약용도를 약리기전으로 기재하는 것은 허용되지 않는다.
② 청구항의 기능적 표현은 그러한 기재에 의하더라도 발명의 구성이 전체로서 명료하다고 인정되는 경우에 허용된다.
③ 청구범위에 부분적으로 불명확한 부분이 있다고 하더라도 당해 기술분야에서 통상의 지식을 가진 자가 발명의 설명의 내용을 참작하여 쉽게 이해할 수 있다면 적법한 기재라고 보아야 한다.
④ 청구범위에 발명이 명확하게 적혀 있는지 여부는 단순히 청구범위에 사용된 용어만을 기준으로 하여 일률적으로 판단하여서는 안 된다.
⑤ 청구범위에서는 발명의 설명에서 정의하고 있는 용어의 정의와 다른 의미로 용어를 사용하여 발명의 내용을 불명료하게 만드는 것이 허용되지 않는다.

해설

① 의약의 용도발명에 있어서는 특정 물질이 가지고 있는 의약의 용도가 발명의 구성요건에 해당하므로 발명의 특허청구범위에는 특정 물질의 의약용도를 대상 질병 또는 약효로 명확히 기재하는 것이 원칙이나, 특정 물질의 의약용도가 약리기전만으로 기재되어 있다 하더라도 발명의 설명 등 명세서의 다른 기재나 기술상식에 의하여 의약으로서의 구체적인 용도를 명확하게 파악할 수 있는 경우에는 특허법 제42조 제4항 제2호가 정한 청구항의 명확성 요건을 충족하는 것으로 볼 수 있다(대법원 2009. 1. 30. 선고 2006후3564 판결).
② 특허법 제42조 제4항에 의하면, 특허출원서에 첨부되는 명세서의 기재에 있어서 특허청구범위의 청구항은 발명의 설명에 의하여 뒷받침되고, 발명이 명확하고 간결하게 기재되어야 하고, 그러한 요건을 갖추지 아니한 경우 이는 특허출원에 대한 거절이유가 되도록 되어 있는바, 이 점에서 특허청구범위에는 발명의 구성을 불명료하게 표현하는 용어는 원칙적으로 허용되지 아니하고, 발명의 기능이나 효과를 기재한 이른바 기능적 표현도 그러한 기재에 의하더라도 발명의 구성이 전체로서 명료하다고 보이는 경우가 아니면 허용될 수 없다 할 것이다(대법원 1998. 10. 2. 선고 97후1337 판결).
③ 특허발명의 범위는 특허청구의 범위에 기재된 것 뿐 아니라 발명의 설명과 도면의 간단한 설명의 기재 전체를 일체로 하여 그 발명의 성질과 목적을 밝히고 이를 참작하여 그 발명의 범위를 실질적으로 판단하여야 할 것이므로 특허출원된 발명의 내용이 당해 기술분야에서 통상의 지식을 가진 자에 의하여 용이하게 이해되고 재현될 수 있다면 부분적으로 불명확한 부분이 있다고 하더라도 적법한 청구범위의 기재라고 보아야 할 것이다(대법원 2002. 2. 5. 선고 2001후3057 판결).
④ 특허법 제42조 제4항 제2호는 청구범위에는 발명이 명확하고 간결하게 적혀야 한다고 규정하고 있다. 그리고 특허법 제97조는 특허발명의 보호범위는 청구범위에 적혀 있는 사항에 의하여 정하여진다고 규정하고 있다. 따라서 청구항에는 명확한 기재만이 허용되고, 발명의 구성을 불명료하

게 표현하는 용어는 원칙적으로 허용되지 않는다. 또한 발명이 명확하게 적혀 있는지 여부는 그 발명이 속하는 기술분야에서 통상의 지식을 가진 사람이 발명의 설명이나 도면 등의 기재와 출원 당시의 기술상식을 고려하여 청구범위에 기재된 사항으로부터 특허를 받고자 하는 발명을 명확하게 파악할 수 있는지에 따라 개별적으로 판단하여야 하고, 단순히 청구범위에 사용된 용어만을 기준으로 하여 일률적으로 판단하여서는 안 된다(대법원 2017. 4. 7. 선고 2014후1563 판결).

⑤ 특허발명의 청구항에 '발명이 명확하고 간결하게 기재될 것'을 요구하는 특허법 제42조 제4항 제2호의 취지는 같은 법 제97조6)의 규정에 비추어 청구항에는 명확한 기재만이 허용되는 것으로서 발명의 구성을 불명료하게 표현하는 용어는 원칙적으로 허용되지 않으며, 나아가 특허청구범위의 해석은 명세서를 참조하여 이루어지는 것에 비추어 특허청구범위에는 발명의 설명에서 정의하고 있는 용어의 정의와 다른 의미로 용어를 사용하는 등 결과적으로 청구범위를 불명료하게 만드는 것도 허용되지 않는다는 것이다(대법원 2006. 11. 24. 선고 2003후2072 판결).

정 답 ①

02 다음은 청구범위 기재에 관한 설명이다. 가장 타당한 설명은?

① 청구범위를 기재할 때에는 보호받고자 하는 사항을 명확히 할 수 있도록 발명을 특정하는데 필요하다고 인정되는 구조·방법·기능·물질 또는 이들의 결합관계 등을 기재하여야 하는데, 이는 거절이유 등에 해당한다.
② 청구항에 「수단(means)」 또는 「공정(step)」으로 기재한 이른바 기능식 청구항은 이들 수단 또는 공정에 대응하는 구체적인 내용이 발명의 설명에 기재되어 있지 않는 경우라도 특허가 가능하다.
③ 특허법 제42조 제8항의 다항제 기재 방법이 위반된 경우는 이는 정보제공 사유이므로 제3자는 정보제공을 할 수 있다.
④ 「주공정으로」, 「적합한」, 「적량의」, 「많은」 등의 비교적 기준이나 정도가 불명확한 표현은 특허법 42조 제4항 제2호에 위반되므로 어떠한 경우에도 허용될 수 없다.
⑤ 청구범위가 발명의 설명에 기재된 내용보다 상위개념으로 기재되어 있고 이에 대한 기재가 상세한 설명에 기재되어 있지 않는 경우 청구항이 발명의 설명에 의하여 뒷받침되지 않은 것으로 보아 특허법 제42조 제4항 제1호 위반으로 거절이유를 통지한다.

해설

① |✕| 기존에는 법 제42조 제4항 제3호에 위반시 거절이유, 무효사유 등으로 규정하였으나, 개정법에서는 법 제42조 제6항을 거절이유, 무효사유 등에서 제외하고 있다. 즉, 청구범위의 구성 이외의 다양한 형태의 기재를 허용함을 명확히 하고 있다. 그 결과 출원인 스스로 발명을 보호할 수 있는 가장 적절한 수단으로 청구범위를 작성할 수 있게 되었다.
② |✕| 청구항에 기재된 사항이 특정기능을 수행하기 위한 「수단(means)」 또는 「공정(step)」으로 기재되어 있으나 이들 수단 또는 공정에 대응하는 구체적인 내용이 발명의 설명에 기재되어 있지 않는 경우 법 제42조 제3항 제1호 또는 제42조 제4항 제1호 위반으로 거절된다.

③ |×| 법 42조 제8항 다항제 기재방법 및 법 제45조 1특허출원에 위반된 경우는 이는 절차적 요건으로 거절이유에만 해당된다.

④ |×| 청구항에 발명의 구성을 불명확하게 하는 표현이 기재되어 있는 경우는 원칙적으로 법 제42조 제4항 제2호 위반이어서 허용될 수 없다. 다만 이러한 표현을 사용하지 않고서는 당해 발명을 간단명료하게 나타낼 수 있는 적절한 표현이 없고 그 의미가 발명의 설명에 의해 명확히 뒷받침되며 발명의 특정(特定)에 문제가 없다고 인정되는 경우에는 허용할 수 있다.

⑤ |O| 대표적인 예는 다음과 같다.
발명의 설명에는 「산소 흡수용 조성물에 관한 발명으로 보통의 전해 환원 철보다 빠른 속도로 산소를 흡수할 수 있는 어닐링한 전해 환원 철 미립자를 사용하는 것」으로 기재되어 있으나 청구항 1은 「중량 99.6%까지의 전해 환원 철 미립자, 전해질 생성을 위해 물과 결합하는 중량으로 약 3.5%까지의 염, ---- 성분을 포함하는 산소 흡수용 조성물」로 기재된 경우 전해 환원 철 미립자는 어닐링한 전해 환원 철 미립자의 상위개념으로 특허청구 범위가 발명의 설명에 기재된 내용보다 상위개념으로 기재되어 있고 이에 대한 기재가 상세한 설명에 기재되어 있지 않는 경우 청구항이 발명의 설명에 의하여 뒷받침되지 않은 것으로 보아 법 제42조 제4항 제1호 위반으로 거절이유를 통지한다.

정답 ⑤

03 특허출원의 특허청구범위가 아래와 같다. 다음 설명 중 옳지 않은 것은?

> [청구항 1] 구성 A와 구성 B로 이루어진 장치
> [청구항 2] 청구항 1에 있어서, 구성 C가 추가로 결합된 장치.
> [청구항 3] 청구항 1 및 청구항 2에 있어서, 구성 D를 추가로 결합한 장치.
> [청구항 4] 전술한 항에 있어서 구성 E를 추가로 결합한 장치 또는 그 장치를 사용하여 인쇄물을 인쇄하는 방법.

① 독립항인 [청구항 1] 이 진보성이 없는 경우는 그 종속항인 [청구항 2]도 당연히 진보성이 없어 특허를 받을 수 없다.

② [청구항 3]은 인용하는 항의 번호를 택일적으로 기재하지 않았으므로 특허청구범위의 기재방법에 위배되어 특허를 받을 수 없다.

③ [청구항 4]는 인용하는 항의 번호를 적지 않았으므로 특허청구범위의 기재방법에 위배되어 특허를 받을 수 없다.

④ [청구항 4]는 하나의 청구항에 카테고리가 다른 2이상의 발명이 기재되어 있으므로 특허청구범위의 기재방법에 위배되어 특허를 받을 수 없다.

⑤ [청구항 4]가 [청구항 1] 내지 [청구항 3]의 장치를 사용하여 인쇄물을 인쇄하는 방법의 발명이라고 가정하면, 특허청구범위는 전체적으로 장치와 그 장치를 사용하는 방법에 관한 발명으로 구성되어 있으므로 청구된 발명간에 기술적 상호관련성이 인정된다.

> **해설**
> ① 독립항이 진보성이 있는 경우는 그 종속항은 당연히 진보성이 인정되지만, 독립항이 진보성이 없는 경우는 그 종속항이 당연히 진보성이 부정된다고 단언할 수 없다. "당연히" 라는 단어가 있어 틀린 지문이다.
> ② 특허법 시행령 제5조 제5항
> ③ 특허법 시행령 제5조 제4항
> ④ 특허법 시행령 제5조 제2항
> ⑤ 물건과 그 물건을 사용하는 방법은 특허법 시행령 제6조 제1호의 기술적 상호관련성이 인정된다 (심사기준).
>
> **정답** ①

04 특허법 제42조의 청구범위 기재에 관한 설명으로 옳지 않은 것은?

> [청구항 1] 성분 A와 성분 B와 성분 C로 이루어지는 제설제.
> [청구항 2] 청구항 1에 있어서, 상기 성분 A는 전체 조성물을 기준으로 40-60 중량%, 상기 성분 B는 30-50 중량%, 상기 성분 C는 20-30 중량%인 제설제.
> [청구항 3] 청구항 1 및 청구항 2에 있어서, 상기 성분 D는 0.1 중량%이상 함유되는 제설제.
> [청구항 4] 청구항 2 또는 청구항 3에 있어서, (a) 상기 성분 A와 상기 성분 B와 상기 성분 C와 상기 성분 D를 특수한 혼합수단으로 혼합하는 단계(S1)와, (b) 상기 S1 단계 이후에 약 50°C로 예열하여 성형하는 단계(S2)를 포함하는 제설제의 제조방법.
> [청구항 5] 청구항 4에 있어서, 상기 특수한 혼합수단은 로터리식 교반기인 제설제의 제조장치.

① 청구항 2는 A의 최대치와 나머지 성분들 B, C의 최소치의 합이 100%를 넘으므로 발명이 불명확하다.
② 청구항 3은 인용되는 항의 번호를 택일적으로 기재하고 있지 않아 청구범위 기재방법으로 부적합하다.
③ 청구항 4는 2이상의 항을 인용하면서 2이상의 항을 인용하는 항을 인용하고 있어 청구범위 기재방법으로 부적합하다.
④ 발명의 설명에 청구항 4의 "약"에 관해 "±2°C를 의미한다"고 정의되어 있다 하더라도 "약"은 정도가 불명확한 표현이므로 청구항 4는 발명이 불명확하다.
⑤ 청구항 5는 제조방법에 관한 발명을 한정하면서 제조장치를 청구하고 있어 발명이 불명확하다.

> **해설**
> ① 조성비가 %로 기재된 조성물 발명의 경우, 아래의 i 내지 iv의 경우와 같이 조성비의 기술적인

결함이나 모순이 있는 경우 발명의 구성이 명확하게 기재되어 있다고 할 수 없다(심사기준).
 i 모든 성분의 최대성분량의 합이 100%에 미달하는 경우
 ii 모든 성분의 최소성분량의 합이 100%를 초과하는 경우
 iii 하나의 최대성분량과 나머지 최소성분량의 합이 100%를 초과하는 경우
 iv 하나의 최소성분량과 나머지 최대성분량의 합이 100%에 미달하는 경우
그러나, 청구범위가 "~를 포함하는"과 같이 특정 성분들로만 구성되어 있지 않고 다른 성분도 포함될 수 있는 개방형 청구항에서는 상기 i 의 경우 명시된 최대성분량의 합이 100%에 미달하더라도 다른 성분을 포함하면 100%가 될 수 있으므로 명확한 기재이고, iv의 경우 명시된 하나의 최소성분량과 나머지 최대성분량의 합이 100%에 미달하더라도 다른 성분을 포함하면 100%가 될 수 있으므로 명확한 기재에 해당한다.
② "청구항 1 또는 청구항 2에 있어서"와 같이 인용하는 항은 택일적으로 기재하여야 한다(특허법 시행령 제5조 제5항).
③ 2이상의 항을 인용하는 청구항 3을 인용하고 있어 문제가 된다(특허법 시행령 제5조 제6항).
④ 청구항에 발명의 구성을 불명확하게 하는 표현이 포함되어 있더라도 그 의미가 발명의 설명에 의해 명확히 뒷받침되며 발명의 특정(特定)에 문제가 없다고 인정되는 경우에는 불명확한 것으로 취급하지 않는다(심사기준).
⑤ 다른 카테고리의 발명을 청구하는 청구항을 인용해도 문제가 되지 않는 경우도 있으나(예컨대 청구항 1에 따른 물질을 제조하는 방법으로서, XX가 특징인 제조방법), 청구항 5는 해석해보면 "청구항 4의 제조방법에 있어서 XX가 특징인 제조장치"가 되어 발명이 제조방법인지 아니면 제조장치인지가 명확하지 않아 문제가 된다.

정답 ④

05 종속청구항에 관한 아래의 표현 중 옳은 것은? [2005년 기출]

① 독립항을 한정하거나 부가하여 구체화한 종속항을 기재할 수 있다.
② 종속청구항은 필요한 요소 또는 단계를 기재하는 대신 그 요소 또는 단계가 이루고자 하는 기능을 기재하는 소위 "기능식 청구항"의 형태를 가질 수 없다.
③ 종속청구항이 인용하는 청구항의 보호범위를 침해하는 물건은 당연히 그 종속청구항의 보호범위를 침해한다.
④ 그 자체가 종속청구항인 청구항을 인용하는 종속청구항을 기재할 수 없다.
⑤ 인용하는 청구항은 인용되는 청구항보다 항상 먼저 기재되어야 한다.

해 설

① |O| 청구항의 기재에 있어서는 독립청구항(독립항)을 기재하고, 그 독립항을 한정하거나 부가하여 구체화하는 종속청구항(종속항)을 기재할 수 있다(시행령 제5조 제1항).
② |×| 발명의 기능이나 효과를 기재한 기능적 표현은 그러한 기재에 의하여 발명의 구성이 전체로서 명료하다고 보이는 경우에는 허용될 수 있다. 이러한 기능식 청구항의 허용 가부에 있어서 독립항과 종속항을 구별하는 것은 아니다.
③ |×| 종속항의 보호범위는 인용되는 항의 보호범위보다 좁다. 종속항은 독립항 또는 다른 종속항

을 한정하거나 부가하여 구체화하는 청구항이기 때문이다. 따라서 종속청구항이 인용하는 청구항의 보호범위를 침해하는 물건은 그 종속청구항의 보호범위를 침해할 수도 있고, 침해 하지 않을 수도 있다.

④ |×| 필요한 때에는 종속항을 한정하거나 부가하여 구체화하는 다른 종속항을 기재할 수 있다(시행령 제5조 제1항).

⑤ |×| 인용되는 청구항은 인용하는 청구항보다 먼저 기재하여야 한다(시행령 제5조 제7항).

정답 ①

06 다음은 청구범위 기재 유예제도와 관련한 설명이다. 다음의 설명 중에 틀린 것은?

① 청구범위가 기재되지 아니한 명세서를 첨부한 특허출원은 출원공개의 대상이 아니다.
② 출원인은 청구범위가 기재된 명세서가 첨부된 때에 한해서 심사청구가 가능하고 이에 위반된 심사청구는 부적법하여 보정명령의 대상이 된다.
③ 청구범위가 기재되지 아니한 명세서를 첨부한 특허출원의 경우 출원인은 원칙적으로 최선일로부터 1년 2월이 되는 날까지 청구범위를 작성하는 보정을 해야 한다.
④ 최선일로부터 11월 이후에 제3자의 심사청구 사실에 대한 통지를 받은 경우는 최선일로부터 1년 2월이 되는 날까지 청구범위를 작성하는 보정을 해야 한다.
⑤ 법 제42조의2 제2항의 규정에 따른 기한까지 청구범위를 작성하는 보정을 하지 아니한 경우에는 그 기한이 되는 날의 다음 날에 해당 특허출원은 취하된 것으로 본다.

해설

① |○| 청구범위가 기재되지 아니한 명세서를 첨부한 특허출원, 법 제42조의3 제2항에 따른 국어번역문을 제출하지 않은 경우(외국어특허출원의 경우로 한정한다) 및 법 제87조 제3항의 규정에 따라 등록공고를 한 특허의 경우에는 출원공개의 대상이 되지 아니한다(법 제64조 제2항).

② |×| 특허출원이 있는 때에는 누구든지 그날부터 3년 이내에 특허청장에게 그 특허출원에 관하여 출원심사의 청구를 할 수 있다. 다만, 특허출원인의 경우에는 청구범위가 기재된 명세서가 첨부된 때에 한하여 출원심사의 청구를 할 수 있다(법 제59조 제2항) 한편, 특허출원인이 청구범위가 기재되지 아니한 명세서가 첨부된 특허출원에 대하여 출원심사청구서를 제출한 경우(시행규칙 제11조 제15호)는 반려사유이다.

③ |○| ④ |○| ⑤ |○| 특허출원인은 법 제64조 제1항 각호의 구분에 따른 날부터 1년 2개월이 되는 날까지 명세서에 청구범위를 저는 보정을 하여야 한다. 다만, 본문에 따른 기한 이전에 제60조 제3항에 따른 출원심사 청구의 취지를 통지받은 경우에는 그 통지를 받은 날부터 3개월이 되는 날 또는 제64조 제1항 각 호의 구분에 따른 날부터 1년 2개월이 되는 날 중 빠른 날까지 보정을 하여야 한다(법 제42조의2 제2항). 한편, 특허출원인이 제2항에 따른 보정을 하지 아니한 경우에는 제2항에 따른 기한이 되는 날의 다음 날에 해당 특허출원을 취하한 것으로 본다.

정답 ②

07 특허청구범위 제출유예제도에 관한 설명으로 옳지 않은 것은?

① 출원일(우선권주장이 있는 경우는 최우선일)부터 1년 2개월이 지났어도 청구범위를 기재하지 아니한 명세서를 첨부하여 분할출원, 변경출원 또는 정당한 권리자의 출원을 하는 것이 가능하다.
② 특허출원인은 청구범위가 기재된 명세서가 제출된 때에 한하여 출원심사를 청구할 수 있으며, 특허청구범위가 기재되지 않은 명세서가 첨부된 출원에 대하여 심사청구가 된 경우는 소명 기회를 부여한 후 그 심사청구서를 반려한다.
③ 특허출원일은 특허출원서가 특허청장에게 도달한 날로 하며, 청구범위를 기재하지 아니한 명세서를 첨부한 특허출원서가 특허청장에게 도달된 경우도 마찬가지이다.
④ 청구범위가 기재되지 아니한 명세서를 첨부한 특허출원에 대하여 조기공개신청서를 제출한 경우는 소명 기회를 부여한 후 그 조기공개신청서를 반려한다.
⑤ 출원인이 아닌 자는 명세서에 청구범위가 기재되어 있지 아니한 출원에 대해서도 심사청구를 할 수 있다.

해설

① 분할·변경출원은 출원한 날부터 30일 이내에 청구범위를 적는 보정을 하면 되지만, 정당권리자 출원은 불가하다(특허법 시행규칙 제11조 제1항 제5호의2). 참고로 분리출원은 임시명세서(청구범위제출 유예) 출원이 불가하다.
② 특허법 시행규칙 제11조 제1항 제15호.
③ 특허법 제42조의2 제1항.
④ 특허법 시행규칙 제11조 제1항 제16호.
⑤ 특허법 제59조 제1항 본문.

정답 ①

08 다음의 청구항 중에 다항제 기재방법에 위반되지 않은 것을 고르시오.

① 【청구항 1】… 장치
　【청구항 2】청구항 1에 있어서, …장치
　【청구항 3】청구항 1 및 청구항 2 또는 청구항 3 어느 한 항에 있어서, …장치.

② 【청구항 1】…… 장치
　【청구항 2】청구항 1에 있어서, …… 장치
　【청구항 3】청구항 1 또는 청구항 2에 있어서, …… 장치
　【청구항 4】청구항 2 또는 청구항 3에 있어서, …… 장치

③ 【청구항 1】치차전동기구를 구비한 ……구조의 동력전달장치
　【청구항 2】제1항에 있어서, 치차전동기구 대신 벨트전동기구를 구비한 동력전달장치

④ 【청구항 1】…… 장치
　【청구항 2】청구항 1에 있어서, …… 장치
　【청구항 3】청구항 1 또는 청구항 2에 있어서, …… 장치
　【청구항 4】청구항 3에 있어서, …… 장치
　【청구항 5】청구항 2 또는 청구항 4에 있어서, …… 장치

해 설

① |×| 2이상의 항을 인용하는 청구항은 인용되는 항의 번호를 택일적으로 기재하여야 한다.(시행령 제5조 제5항) 그러므로,【청구항 3】청구항 1, 청구항 2 또는 청구항 3 중 어느 한 항에 있어서, …장치. 로 고쳐야 한다.

② |×| 2이상의 항을 인용한 청구항에서 그 청구항의 인용된 항은 다시 2이상의 항을 인용하는 방식을 사용하여서는 아니된다. (시행령 제5조 제6항 전단). 청구항 4항은 2이상의 항을 인용하는데 인용대상이 되는 청구항 3이 또한 2이상의 항이 인용되어 있으므로 종속항 기재방법 위반이다.

③ |○| 종속항은 다른 청구항을 인용하고 있어야 하며, 타 청구항을 한정하거나 부가하여 구체화 해야하는데 인용은 하지만 구성요소를 치환하는 경우는 한정하거나 부가하여 구체화시킨 것이 아니기 때문에 독립항으로 보고 심사를 진행할 뿐 기재불비가 있는 것이 아니다.

④ |×| 2이상의 항을 인용한 청구항에서 그 청구항의 인용된 항이 다시 하나의 항을 인용한 후에 그 하나의 항이 결과적으로 2이상의 항을 인용하는 방식에 대하여도 또한 같다.(시행령 제5조 제6항 후단) 그러므로, 청구항 5은 2,4항을 인용하고 있는데 청구항 4가 형식적으로 한항만 인용하고 있지만 청구항 3이 다시 2이상의 항을 인용하고 있으므로 이경우도 마찬가지로 다중인용한 것이어서 부적법하다.

정 답 ③

09 특허출원 또는 특허발명의 청구범위가 아래와 같다. 다음 설명 중 옳지 않은 것은?

[2007년 기출]

> [청구항 1] ---장치
> [청구항 2] 청구항 1에 있어서, ---장치
> [청구항 3] 청구항 1 또는 청구항 2에 있어서, ---장치
> [청구항 4] 청구항 2 또는 청구항 3에 있어서, ---장치

① 독립항인 [청구항 1]이 진보성이 없는 경우에는 그 종속항인 [청구항 2], [청구항 3], [청구항 4]도 당연히 진보성이 없어 특허를 받을 수 없다.
② 종속항인 [청구항 3] 전체가 신규성이 없는 경우에는 [청구항 1] 및 [청구항 2]도 당연히 신규성이 없어 특허를 받을 수 없다.
③ 종속항인 [청구항 3]과 [청구항 4]에 있어서의 "또는"이라는 기재는 발명의 구성을 불명확하게 하는 표현이므로 특허를 받을 수 없다는 심사관의 거절이유는 타당하지 않다.
④ [청구항 4]는 2이상의 항을 인용하는 종속항으로서 2이상의 항을 인용한 [청구항 3]을 인용하고 있으므로 청구범위의 기재방법에 위배되어 특허를 받을 수 없다.
⑤ 특허등록된 청구항 전체에 관하여 권리범위확인심판청구가 제기되어 있는 경우에 종속항인 [청구항 3]에 관한 심판청구를 취하하지 아니한 채 독립항인 [청구항 1]에 관한 심판청구를 취하할 수 있다.

해설

① |×| 독립항의 진보성이 인정되지 않는 경우에는 그 독립항에 종속되는 종속항에 대하여는 별도로 진보성을 판단한다.
② |○| 청구항 1,2를 한정하거나 부가하여 구체화한 종속항인 청구항 3이 신규성 또는 진보성이 없는 경우 청구항 1,2는 당연히 신규성 또는 진보성이 부정된다.
③ |○| 2이상의 항을 인용하는 청구항은 인용되는 항의 번호를 택일적으로 기재하여야 한다(시행령 제5조 제5항). 따라서, 청구항 3,4에서 "또는" 이라는 기재는 택일적 기재로 적법한 표현이다. 한편, 「소망에 따라」, 「필요에 따라」, 「특히」, 「예를 들어」, 「및/또는」 등의 자구(字句)와 함께 임의 부가적 사항 또는 선택적 사항이 기재된 경우 법 제42조 제4항 제2호 위반으로 보나, 이는 발명의 구성요소를 불명확하게 하는 경우를 의미할 뿐이고 인용되는 청구항들을 "또는"으로 표현하는 경우는 법 제42조 제4항 제2호에 위반되지 않는다.
④ |○| 2이상의 항을 인용한 청구항에서 그 청구항의 인용된 항은 다시 2이상의 항을 인용하는 방식을 사용하여서는 아니된다(시행령 제5조 제6항). 청구항 4는 2이상의 항을 인용하는 종속항으로서 2이상의 항을 인용한 다른 청구항(청구항 3)을 인용하고 있어 청구범위 기재방법에 위배된다.
⑤ |○| 2이상의 청구항에 관하여 법 제133조 제1항의 무효심판 또는 법 제135조의 권리범위확인심판을 청구한 때에는 청구항마다 이를 취하할 수 있다(법 제161조 제2항).

정답 ①

10 청구범위 제출유예제도에 관한 설명으로 옳지 않은 것은? [2011년 기출]

① 원칙적으로 분할출원 및 변경출원에 대해서도 청구범위를 기재하지 않은 명세서를 첨부할 수 있다.
② 특허출원을 하는 경우에 청구범위를 기재하지 않은 명세서를 출원서에 첨부한 특허출원인이 출원일(우선권주장이 있는 경우에는 최선일)부터 1년 2개월이 되는 날까지 청구범위를 기재하는 보정을 하지 아니하면 당해 출원은 그 기한이 되는 날에 취하된 것으로 본다.
③ 특허출원인은 청구범위가 기재된 명세서가 제출된 때에 한하여 출원심사를 청구할 수 있으며, 청구범위가 기재되지 않은 명세서가 첨부된 출원에 대하여 심사청구가 된 경우에는 소명 기회를 부여한 후 그 심사청구서를 반려할 수 있다.
④ 선출원을 국내우선권주장의 기초로 하여 특허출원하면서 청구범위를 기재하지 아니한 명세서로 특허출원한 경우에는 선출원의 출원일부터 1년 2개월이 되는 날까지 청구범위를 보정하여야 한다.
⑤ 청구범위를 기재하지 아니한 명세서로 특허출원된 것에 대하여, 그 출원일(우선권 주장이 있는 경우에는 최선일)부터 11개월이 경과한 후에 특허출원인이 아닌 자로부터 심사청구가 있다는 통지를 받은 경우에는 출원일부터 1년 2개월이 되는 날까지 청구범위를 기재하는 보정을 하여야 한다.

해설

① |O| 원칙적으로 가능하다. 단, 특허출원인은 법 제64조 제1항 각호의 구분에 따른 날부터 1년 2개월이 되는 날까지 명세서에 청구범위를 적는 보정을 하여야 한다. 다만, 본문에 따른 기한 이전에 제60조 제3항에 따른 출원심사 청구의 취지를 통지받은 경우에는 그 통지를 받은 날부터 3개월이 되는 날 또는 제64조 제1항 각 호의 구분에 따른 날부터 1년 2개월이 되는 날 중 빠른 날까지 보정을 하여야 한다(법 제42조의2 제2항). 또한, 특허출원서에 최초로 첨부한 명세서에 청구범위를 적지 아니한 분할출원, 변경출원에 관하여는 제42조의2 제2항에 따른 기한이 지난 후에도 분할출원, 변경출원을 한 날부터 30일이 되는 날까지 명세서에 청구범위를 적는 보정을 할 수 있다(법 제52조 제8항, 법 제53조 제8항). 참고로 분리출원은 임시명세서(청구범위제출 유예) 출원이 불가하다.
② |×| 그 기한이 되는 날의 다음 날에 해당특허출원은 취하된 것으로 본다(법 제42조의2 제3항).
③ |O| 출원인이 특허출원 할 때 명세서에 청구범위를 기재하지 아니한 경우 청구범위가 기재된 명세서가 첨부된 때에 한하여 출원심사의 청구를 할 수 있다(법 제59조 제2항 단서). 또한, 특허출원인이 청구범위가 기재되지 아니한 명세서가 첨부된 특허출원에 대하여 출원심사청구서를 제출한 경우 이는 반려사유에 해당한다(시행규칙 제11조 제15호).
④ |O| 우선권주장의 경우 최선일로부터 1년 2월이 되는 날까지 청구범위가 기재되도록 명세서를 보정하여야 한다(특허법 제42조의2 제2항).
⑤ |O| 출원일(우선권주장의 경우 최선일)로부터 11월이 되는 날 후에 제3자의 심사청구사실을 통지받은 경우에는, 출원일(우선권주장의 경우 최선일)부터 1년 2월이 되는 날까지 청구범위를 작성하는 보정을 해야한다(특허법 제42조의2 제2항 단서).

정답 ②

11 특허법 시행령 제5조(청구범위의 기재방법)에 관한 설명으로 옳은 것은? [2014년 기출]

> [청구항 1] 프레임; 동력전달기구; 및 회전축을 구비한 장치
> [청구항 2] 청구항 1에 있어서, 프레임에 장착되는 축전지를 더 구비한 장치
> [청구항 3] 청구항 1 또는 청구항 2에 있어서, …… 장치
> [청구항 4] 청구항 3에 있어서, …… 장치
> [청구항 5] 청구항 2 또는 청구항 4에 있어서, …… 장치
> [청구항 6] 청구항 1에 있어서, 동력전달기구는 벨트인 장치
> [청구항 7] 청구항 1의 장치를 …… 구동하는 방법
> [청구항 8] 청구항 1 또는 청구항 7에 있어서, …… 장치 또는 방법

① 청구항 3은 청구범위 기재방법으로 부적합하다.
② 청구항 5는 청구범위 기재방법으로 적합하다.
③ 청구항 6은 청구범위 기재방법으로 부적합하다.
④ 청구항 7은 청구범위 기재방법으로 적합하다.
⑤ 청구항 8은 청구범위 기재방법으로 적합하다.

해설

① |×| 인용하는 항을 택일적으로 기재하였으며(시행령 제5조 제5항), 인용되는 청구항을 인용하는 청구항보다 먼저 기재하였으므로 적법한 기재이다.
② |×| 2이상의 항을 인용한 청구항에서 그 청구항의 인용된 항인 제4항이 다시 하나의 항을 인용한 후에 그 하나의 항이 결과적으로 2이상의 항을 인용하고 방식을 취하고 있으므로 부적법한 기재이다(시행령 제5조 제6항).
③ |×| 독립항인 청구항 1의 구성 중 "동력전달기구"를 "벨트"로 한정하는 종속항으로써 적법한 기재이다.
④ |O| 다른 청구항을 인용하는 형식으로 기재된 독립항으로써 적법한 기재이다.
⑤ |×| 청구항은 발명의 성질에 따라 적정한 수로 기재하여야 하는데, 하나의 청구항에 카테고리가 다른 장치와 방법의 2이상의 발명을 기재하였으므로 부적법한 기재이다(시행령 제5조 제2항).

정답 ④

12 청구범위의 기재에 관한 설명으로 옳지 않은 것은? (다툼이 있는 경우에는 판례에 의함)

[2012년 기출변형]

① 의약에 있어서는 그 작용효과(의학적 효과)에 대한 객관적인 기재가 명세서기재의 필수적인 요건이므로, 발명의 설명에 청구범위를 이루는 발명의 작용효과에 대한 기재가 없다면 명세서의 기재불비에 해당한다.
② 특허의 명세서에 기재된 용어는 명세서에 그 용어를 특정한 의미로 정의하여 사용하고 있지 않은 이상, 당해 기술 분야에서 통상의 지식을 가진 자에게 일반적으로 인식되는 용어의 의미에 따라 명세서 전체를 통하여 통일되게 해석되어야 한다.
③ 의약이라는 물건발명에서 대상질병 또는 약효과 함께 투여용법과 투여용량을 부가하는 경우 이는 의약물질이 가지는 특정의 약리효과를 발휘하도록 하는 요소로서 의미를 가지므로 발명의 구성으로 보아야 한다.
④ 동일한 발명사상의 내용이 청구항을 달리하여 중복하여 기재되어 있다면, 특허청구의 범위가 명확하고 간결하게 기재되어 있어 당해 기술분야에서 통상의 지식을 가진 자가 그 내용을 명확하게 이해하고 인식하여 재현할 수 있더라도 명세서의 기재불비에 해당한다.
⑤ 명세서에서 출원서에 첨부된 도면을 들어 당해 발명의 특정한 기술구성 등을 설명하고 있는 경우 그 명세서에서 지적한 도면에 당해 기술구성이 전혀 표시되어 있지 않아 그 기술구성이나 결합관계를 알 수 없다면, 비록 그러한 오류가 출원서에 첨부된 여러 도면의 번호를 잘못 기재함으로 인한 것이고, 당해 기술분야에서 통상의 지식을 가진 자가 명세서 전체를 면밀히 검토하면 출원서에 첨부된 다른 도면을 통하여 그 기술구성 등을 알 수 있다 하더라도 특허명세서의 기재불비라고 할 수 있다.

> 해 설

① |O| 화학발명의 경우에는 당해 발명의 내용과 기술수준에 따라 차이가 있을 수는 있지만 예측가능성 내지 실현가능성이 현저히 부족하여 실험데이터가 제시된 실험예가 기재되지 않으면 당업자가 그 발명의 효과를 명확하게 이해하고 용이하게 재현할 수 있다고 보기 어려워 완성된 발명으로 보기 어려운 경우가 많고, 특히 약리효과의 기재가 요구되는 의약의 용도발명에 있어서는 그 출원 전에 명세서 기재의 약리효과를 나타내는 약리기전이 명확히 밝혀진 경우와 같은 특별한 사정이 있지 않은 이상 특정 물질에 그와 같은 약리효과가 있다는 것을 약리데이터 등이 나타난 시험예로 기재하거나 또는 이에 대신할 수 있을 정도로 구체적으로 기재하여야만 비로소 발명이 완성되었다고 볼 수 있는 동시에 명세서의 기재요건을 충족하였다고 볼 수 있다(大判 2001후65).
② |O| 특허의 명세서에 기재된 용어는 명세서에 그 용어를 특정한 의미로 정의하여 사용하고 있지 않은 이상 당해 기술분야에서 통상의 지식을 가진 자에게 일반적으로 인식되는 용어의 의미에 따라 명세서 전체를 통하여 통일되게 해석되어야 한다(大判 2009후436).
③ |O| 대법원 2015. 5. 21. 선고 2014후768 전원합의체 판결
[다수의견] 의약이 부작용을 최소화하면서 효능을 온전하게 발휘하기 위해서는 약효를 발휘할 수 있는 질병을 대상으로 하여 사용하여야 할 뿐만 아니라 투여주기·투여부위나 투여경로 등과 같은 투여용법과 환자에게 투여되는 용량을 적절하게 설정할 필요가 있는데, 이러한 투여용법과 투여용량은 의약용도가 되는 대상 질병 또는 약효와 더불어 의약이 효능을 온전하게 발휘하도록 하는 요소로서 의미를 가진다. 이러한 투여용법과 투여용량은 의약물질이 가지는 특정의 약리효과라는 미지의 속성의 발견에 기초하여 새로운 쓰임새를 제공한다는 점에서 대상 질병 또는 약효에 관한 의약용도와 본질이 같다.

그리고 동일한 의약이라도 투여용법과 투여용량의 변경에 따라 약효의 향상이나 부작용의 감소 또는 복약 편의성의 증진 등과 같이 질병의 치료나 예방 등에 예상하지 못한 효과를 발휘할 수 있는데, 이와 같은 특정한 투여용법과 투여용량을 개발하는 데에도 의약의 대상 질병 또는 약효 자체의 개발 못지않게 상당한 비용 등이 소요된다. 따라서 이러한 투자의 결과로 완성되어 공공의 이익에 이바지할 수 있는 기술에 대하여 신규성이나 진보성 등의 심사를 거쳐 특허의 부여 여부를 결정하기에 앞서 특허로서의 보호를 원천적으로 부정하는 것은 발명을 보호·장려하고 그 이용을 도모함으로써 기술의 발전을 촉진하여 산업발전에 이바지한다는 특허법의 목적에 부합하지 아니한다.

그렇다면 의약이라는 물건의 발명에서 대상 질병 또는 약효와 함께 투여용법과 투여용량을 부가하는 경우에 이러한 투여용법과 투여용량은 의료행위 자체가 아니라 의약이라는 물건이 효능을 온전하게 발휘하도록 하는 속성을 표현함으로써 의약이라는 물건에 새로운 의미를 부여하는 구성요소가 될 수 있고, 이와 같은 투여용법과 투여용량이라는 새로운 의약용도가 부가되어 신규성과 진보성 등의 특허요건을 갖춘 의약에 대해서는 새롭게 특허권이 부여될 수 있다.

이러한 법리는 권리범위확인심판에서 심판청구인이 심판의 대상으로 삼은 확인대상발명이 공지기술로부터 용이하게 실시할 수 있는지를 판단할 때에도 마찬가지로 적용된다.

[대법관 이상훈, 대법관 김소영의 별개의견] 의약물질과 의약용도로서의 대상 질병 또는 약효가 특정되어 있는 이상 거기에 투여용법과 투여용량을 부가한다고 하여 별개의 새로운 의약용도발명이 된다고 볼 수는 없다.

의약물질의 투여용법과 투여용량을 정하는 것은 의약물질 자체에 새로운 기술적 사상을 더하는 것이 아니라 그저 용법을 달리하는 것에 불과하다. 그러한 용법의 변경은 의사에 의한 의약물질의 처방이나 시술 또는 환자의 복용 등 의료행위에 의하여 구현되는 것인데, 의사의 의료행위에 대하여는 누구든지 간섭하지 못하는 것이 원칙임(의료법 제12조 제1항 참조)을 강조할 필요도 없이 의사는 그의 전문지식에 따라 자유롭게 의약물질의 투여용법이나 투여용량을 결정할 수 있어야 할 것이므로, 의약물질의 투여용법이나 투여용량은 특허대상으로 인정할 수 없다.

물건의 발명은 구성상 '시간의 경과'라는 요소를 가지고 있지 아니하다는 점에서 방법의 발명이나 물건을 생산하는 방법의 발명과 구별된다. 투여용법과 투여용량은 '특정 용량의 의약을 일정한 주기로 투여하는 방법'과 같은 '시간의 경과'라는 요소를 포함하고 있어 이를 발명의 구성요소로 보는 것은 물건의 발명으로서의 의약용도발명의 성격과 조화되기 어렵다.

위와 같은 여러 측면에서 볼 때 물건의 발명인 의약용도발명의 청구범위에 투여용법과 투여용량을 기재하더라도 이는 발명의 구성요소로 볼 수 없다. 그리고 이는 권리범위확인심판에서 심판청구인이 심판의 대상으로 삼은 확인대상발명이 공지기술로부터 용이하게 실시할 수 있는지를 판단할 때에도 마찬가지라고 보아야 한다.

④ |×| 동일한 발명사상의 내용이 청구항을 달리하여 중복하여 기재되어 있다고 하더라도 특허청구범위가 명확하고 간결하게 기재되어 있어 당해 기술분야에서 통상의 지식을 가진 자가 그 내용을 명확하게 이해하고 인식하여 재현할 수 있다면 그 명세서의 기재는 적법하다(大判 94후1558).

⑤ |○| 명세서에서 출원서에 첨부된 도면을 들어 당해 발명의 특정한 기술구성 등을 설명하고 있는 경우에 그 명세서에서 지적한 도면에 당해 기술구성이 전혀 표시되어 있지 않아 그 기술구성이나 결합관계를 알 수 없다면, 비록 그러한 오류가 출원서에 첨부된 여러 도면의 번호를 잘못 기재함으로 인한 것이고, 당해 기술분야에서 통상의 지식을 가진 자가 명세서 전체를 면밀히 검토하면 출원서에 첨부된 다른 도면을 통하여 그 기술구성 등을 알 수 있다 하더라도 이를 가리켜 명세서의 기재불비가 아니라고 할 수 없다(大判 97후2675).

정답 ④

13 다음 설명 중 옳지 않은 것은?

[2013년 기출]

> 가. 특허발명(1)의 청구범위
>
> 　제1항 A와 B를 포함하는 의약 조성물
>
> 　제2항 제1항에 있어서, C를 추가로 포함하는 것을 특징으로 하는 의약 조성물
>
> 　제3항 제1항 또는 제5항에 있어서, D를 추가로 포함하는 것을 특징으로 하는 의약 조성물
>
> 　제4항 제1항에 있어서, E를 추가로 포함하는 것을 특징으로 하는 의약 조성물
>
> 　제5항 제4항에 있어서, F를 추가로 포함하는 것을 특징으로 하는 의약 조성물
>
> 　제6항 제4항 또는 제5항에 있어서, G를 추가로 포함하는 것을 특징으로 하는 의약 조성물
>
> 　제7항 제2항 또는 제6항에 있어서, H를 추가로 포함하는 것을 특징으로 하는 의약 조성물
>
> 나. 특허발명(2)의 청구범위
>
> 　제1항 A′와 B′를 포함하는 조성물
>
> 　제2항 제1항에 있어서, C′를 추가로 포함하는 것을 특징으로 하는 조성물
>
> • 확인대상발명(1) : A′와 B′만으로 이루어진 조성물
>
> 다. 특허발명(3)의 청구범위
>
> 　제1항 A″와 B″를 포함하는 조성물
>
> 　제2항 제1항에 있어서, C″를 추가로 포함하는 것을 특징으로 하는 조성물
>
> • 확인대상발명(2) : A″와 C″만으로 이루어진 조성물

① 특허발명(1)의 청구항 제1항은 독립항이고, 특허발명(1)의 청구항 제2항은 청구항 제1항의 종속항이다.
② 특허발명(1)의 청구항 제3항은 특허법 시행령 제5조(청구범위의 기재방법)의 규정에 위배된다.
③ 특허발명(1)의 청구항 제7항은 특허법 시행령 제5조(청구범위의 기재방법)의 규정에 위배된다.
④ 확인대상발명(1)은 특허발명(2)의 청구항 제1항의 권리범위에 속하므로, 당연히 특허발명(2)의 청구항 제2항의 권리범위에도 속한다.
⑤ 확인대상발명(2)는 특허발명(3)의 청구항 제1항의 권리범위에 속하지 아니하므로, 당연히 특허발명(3)의 청구항 제2항의 권리범위에도 속하지 아니한다.

해 설

① |○| 시행령 제5조 제1항
　독립항을 한정하거나 부가하여 구체화하는 청구항을 종속항이라 한다.
② |○| 시행령 제5조 제7항
　인용되는 청구항은 인용하는 청구항보다 먼저 기재하여야 한다.
③ |○| 시행령 제5조 제6항

2이상의 항을 인용한 청구항에서 그 청구항의 인용된 항은 다시 2이상의 항을 인용하는 방식을 사용하여서는 아니 된다.
④ |×| 법 제97조, 구성요소완비의 원칙상, 확인대상발명(1)은 특허발명(2)의 청구항 제2항의 권리범위에 속하지 아니한다.
⑤ |O| 독립항의 권리범위에 속하지 아니한 발명은 그 권리범위가 한정된 종속항의 권리범위에도 당연히 속하지 아니한다.

정답 ④

14 특허출원 또는 특허권의 청구범위가 아래와 같다. 다음 설명 중 옳지 않은 것은?

> [청구항 1] 특징 A를 갖는 콘베이어 벨트.
> [청구항 2] 청구항 1에 있어서, 특징 B가 추가로 결합된 콘베이어 벨트.
> [청구항 3] 청구항 1 및 청구항 2에 있어서, 특징 C가 추가로 결합된 콘베이어 벨트.
> [청구항 4] 단계 X 및 단계 Y를 포함하여 전술한 항에 따른 콘베이어 벨트를 제조하는 제조방법.

① 독립항인 [청구항 1]이 진보성이 없는 경우 그 종속항인 [청구항 2] 도 당연히 진보성이 없어 특허를 받을 수 없다.
② [청구항 3]은 인용하는 항의 번호를 택일적으로 기재하지 않았으므로 특허청구범위의 기재방법에 위배되어 특허를 받을 수 없다.
③ [청구항 4]는 [청구항 1] 내지 [청구항 3] 과 기술적 상호관련성이 인정된다.
④ [청구항 4]는 인용하는 항의 번호를 적지 않았으므로 특허청구범위의 기재방법에 위배되어 특허를 받을 수 없다.
⑤ [청구항 3] 의 보호범위에 속하는 물건은 [청구항 1] 의 보호범위에도 당연히 속하게 된다.

해설

① 종속항이 진보성이 없으면 독립항은 당연히 진보성이 없다고 볼 수 있지만, 독립항이 진보성 없어도 종속항은 진보성이 있을 수 있다.
② 특허법 시행령 제5조 제5항, "청구항 1 또는 청구항 2에 있어서" 또는 "청구항 1 및 청구항 2 중 어느 하나에 있어서"와 같이 택일적으로 기재하여야 한다.
③ 장치와 그 장치의 제조방법은 서로 "장치"에 있어서 동일하거나 상응하는 기술적 특징을 가지므로 특허법 시행령 제6조 제1호의 기술적 상호관련성이 인정된다. 나아가 위 "장치"가 선행기술에 비하여 개선되었다면 특허법 시행령 제6조 제2호까지 인정될 수 있다.
④ "전술한 항에 있어서"는 인정되지 않는다(특허법 시행령 제5조 제4항). 인용하는 항의 번호를 구체적으로 기재하여야만 한다.
⑤ 종속항의 권리범위에 속하면 당연히 독립항의 권리범위에도 속한다.

정답 ①

CHAPTER 11 청구범위 기재형식

01 다음 설명 중 옳지 않은 것은? (다툼이 있는 경우에는 판례에 의함) [2009년 기출]

① 발명의 설명에 청구범위에 기재되어 있는 구성이 나와 있고, 그 구성이 쉽게 이해될 수 있다면, 발명의 설명에 청구범위에 기재되어 있는 구성이 가지는 발명의 작용 및 효과가 제대로 기재되어 있지 않고, 그와 관련이 없는 발명의 작용 및 효과가 기재되어 있다고 하더라도, 당해 특허발명의 청구범위가 발명의 설명에 의하여 뒷받침되지 않는 것은 아니다.

② 도면은 특허출원서에 반드시 첨부하여야 하는 것이 아니고, 도면만으로 발명의 설명을 대체할 수 없을 뿐 아니라, 도면은 실시예 등을 구체적으로 보여줌으로써 발명의 구성을 더욱 쉽게 이해할 수 있도록 해주는 것에 불과하므로, 도면이 첨부되어 있다고 해서 도면 및 도면의 간단한 설명을 종합적으로 참작하여 발명의 설명이 청구항을 뒷받침하고 있는지 여부를 판단할 수는 없다.

③ 미생물의 기탁은 출원명세서의 기재를 보완하고자 하는 것이어서 그 미생물들이 공지의 균주이거나 그 발명이 속하는 기술분야에서 통상의 지식을 가진 자가 용이하게 얻을 수 있는 것인지 여부는 명세서 제출 당시인 특허출원시를 기준으로 한다.

④ 청구범위가 전체적으로 물건으로 기재되어 있으면서 그 제조방법의 기재를 포함하고 있는 발명의 경우 제조방법이 기재되어 있다고 하더라도 발명의 대상은 그 제조방법이 아니라 최종적으로 얻어지는 물건 자체이므로 '물건의 발명'에 해당하고, 청구범위에 기재된 제조방법이 물건의 구조나 성질 등을 특정하는 수단에 불과한 것이다.

⑤ 특허발명의 청구항이 '어떤 구성요소들을 포함하는 것을 특징으로 하는 방법(물건)'이라는 형식으로 기재된 경우, 그 권리범위의 한계는 명시적으로 기재된 구성요소뿐 아니라 다른 요소를 추가하여 실시하는 경우까지도 예상하고 있는 것이다.

해설

① |O| 특허발명의 '발명의 설명'에 청구범위에 기재되어 있는 구성이 가지는 발명의 작용 및 효과가 제대로 기재되어 있지 않고, 그와 관련이 없는 발명의 작용 및 효과가 기재되어 있다고 하여 곧바로 특허발명의 청구범위가 발명의 설명에 의하여 뒷받침되지 않는 것은 아니다(大判 2006후3588).

② |X| 도면은 특허출원서에 반드시 첨부하여야 하는 것은 아니고 도면만으로 발명의 설명을 대체할 수는 없지만, 도면은 실시예 등을 구체적으로 보여줌으로써 발명의 구성을 더욱 쉽게 이해할 수 있도록 해주는 것으로서 도면이 첨부되어 있는 경우에는 도면 및 도면의 간단한 설명을 종합적으로 참작하여 발명의 설명이 청구항을 뒷받침하고 있는지 여부를 판단할 수 있다(大判 2004후776).

③ |O| 미생물의 기탁은 출원명세서의 기재를 보완하고자 하는 것이어서 그 미생물들이 공지의 균주이거나 그 발명이 속하는 기술분야에서 통상의 지식을 가진 자가 용이하게 얻을 수 있는 것인지 여부는 명세서 제출 당시인 출원시를 기준으로 한다(大判 96후658).

④ |O| 대법원 2015. 1. 22. 선고 2011후927 전원합의체 판결

⑤ |O| 특허발명의 청구항이 '어떤 구성요소들을 포함하는 것을 특징으로 하는 방법(물건)'이라는 형식으로 기재된 경우, 그 특허발명의 청구항에 명시적으로 기재된 구성요소 전부에 더하여 기재

되어 있지 아니한 요소를 추가하여 실시하는 경우에도 그 기재된 구성요소들을 모두 포함하고 있다는 사정은 변함이 없으므로 그와 같은 실시가 그 특허발명의 권리범위에 속함은 물론이며, 나아가 위와 같은 형식으로 기재된 청구항은 명시적으로 기재된 구성요소뿐 아니라 다른 요소를 추가하여 실시하는 경우까지도 예상하고 있는 것이다(大判 2003후2072).

정답 ②

02 제조방법이 기재된 물건의 발명에 관한 설명으로 옳지 않은 것은? (다툼이 있으면 판례에 따름)

[2016년 기출문제]

① 제조방법이 기재된 물건발명을 그 제조방법에 의해서만 물건을 특정할 수밖에 없는 등의 특별한 사정이 있는지 여부로 구분하여, 그러한 특별한 사정이 없는 경우에만 그 제조방법 자체를 고려할 필요없이 청구범위의 기재에 의하여 특정되는 물건의 발명만을 선행기술과 대비하는 방법으로 진보성 결여 여부를 판단해야 한다.
② 제조방법이 기재된 물건발명의 특허성을 판단하는 경우, 그 기술적 구성을 제조방법의 기재를 포함하여 청구범위의 모든 기재에 의하여 특정되는 구조나 성질 등을 가지는 물건으로 파악하여 선행기술과 비교하여 신규성, 진보성 등을 결여하는지 여부를 살펴야 한다.
③ 제조방법이 기재된 물건발명은 발명의 유형 중 '물건'의 발명에 해당한다.
④ 제조방법이 기재된 물건발명에 대한 청구범위의 해석방법에 의하여 도출되는 특허발명의 권리범위가 명세서의 전체적인 기재에 의하여 파악되는 발명의 실체에 비추어 지나치게 넓다는 등의 명백히 불합리한 사정이 있는 경우에는 권리범위를 청구범위에 기재된 제조방법의 범위 내로 한정할 수 있다.
⑤ 물건발명의 청구범위에 기재된 제조방법은 최종 생산물인 물건의 구조나 성질 등을 특정하는 하나의 수단으로서의 의미를 가질 뿐이다.

해설

① |×| ②, ③ |○| 대법원 2015. 1. 22. 선고 2011후927 전원합의체 물건의 발명에 관한 청구범위는 발명의 대상인 물건의 구성을 특정하는 방식으로 기재되어야 하는 것이므로, 물건의 발명의 청구범위에 기재된 제조방법은 최종 생산물인 물건의 구조나 성질 등을 특정하는 하나의 수단으로서 그 의미를 가질 뿐이다. 따라서 제조방법이 기재된 물건발명의 특허요건을 판단함에 있어서 그 기술적 구성을 제조방법 자체로 한정하여 파악할 것이 아니라 제조방법의 기재를 포함하여 청구범위의 모든 기재에 의하여 특정되는 구조나 성질 등을 가지는 물건으로 파악하여 출원 전에 공지된 선행기술과 비교하여 신규성, 진보성 등이 있는지 여부를 살펴야 한다. 이와 달리, 제조방법이 기재된물건발명을 그 제조방법에 의해서만 물건을 특정할 수밖에 없는 등의 특별한 사정이 있는지 여부로 나누어, 이러한 특별한 사정이 없는 경우에만 그 제조방법 자체를 고려할 필요가 없이 청구범위의 기재에 의하여 물건으로 특정되는 발명만을 선행기술과 대비하는 방법으로 진보성 유무를 판단해야 한다는 취지로 판시한 대법원 2006. 6. 29. 선고 2004후3416 판결 등을 비롯한 같은 취지의 판결들은 이 판결의 견해에 배치되는 범위 내에서 모두 변경하기로 한다.
④, ⑤ |○| 대법원 2015. 2. 12. 선고 2013후1726

정답 ①

CHAPTER 12 특허출원의 범위

01 다음 중 특허법 45조 제1항은 '특허출원은 1발명을 1특허출원으로 한다. 다만, 하나의 총괄적 발명의 개념을 형성하는 1군의 발명에 대하여 1특허출원으로 할 수 있다.'고 규정하고 있는데 다음 중 1특허출원 규정에 위반되는 것은?

① 【청구항 1】: 영상신호의 시간축 신장기를 구비한 송신기
  【청구항 2】: 수신한 영상신호의 시간축 압축기를 구비한 수신기
  【청구항 3】: 영상신호의 시간축 신장기를 구비한 송신기와 수신한 영상신호의 시간축 압축기를 구비한 수신기로 이루어진 영상신호의 전송장치
② 【청구항 1】: 녹 억제물질 X를 포함하는 페인트를 특정한 전극 배치를 사용하고 정전부하하여 도장하는 도장방법
  【청구항 2】: 녹 억제물질 X를 포함하는 페인트
③ 【청구항 1】: 다공성 합성수지에 공극부를 보유하는 골판지
  【청구항 2】: 골판지의 공극부에 발포성 합성수지를 충진하는 공정과 이 적층체를 가열하는 공정으로 이루어지는 골판지의 제조방법
④ 【청구항 1】: 특징 A를 갖는 콘베이어 벨트
  【청구항 2】: 특징 B를 갖는 콘베이어 벨트
  【청구항 3】: 특징 A및 특징 B를 갖는 콘베이어 벨트
⑤ 【청구항 1】: 물질 A
  【청구항 2】: 물질 A를 간장에 혼합하여 간장의 곰팡이의 발생을 억제하는 간장의 제조방법

해설

① 청구항 1의 「특별한 기술적 특징」은 시간축 신장기에 있는 반면 청구항 2의 「특별한 기술적인 특징」은 시간축 압축기에 있으며, 이들은 서로 상응하는 기술적 특징이다.(소위 서브컴비네이션과 서브컴비네이션) 따라서, 청구항 1과 청구항 2사이에는 단일성이 존재한다. 청구항 3은 청구항 1 및 청구항 2의 「특별한 기술적 특징」들을 모두 포함하므로 청구항 1및 청구항 2와 단일성이 있다.(소위 컴비네이션과 서브 컴비네이션)
② 방법과 그 방법의 실시에 직접 사용하는 기계, 기구등은 단일성이 인정된다. 결국, 「녹 억제물질 X를 포함하는 페인트」는 1항의 방법의 실시에 직접 사용되는 물건에 해당되므로 단일성이 인정된다.
③ 청구항 2의 제조방법에 의한 생산물은 청구항 1의 골판지뿐이다. 따라서, 청구항 2의 제조방법은 청구항 1의 골판지의 생산에 적합하므로 청구항 1 및 2는 단일성을 만족한다.
④ 특징 A는 하나의 「특별한 기술적인 특징」이고, 특징 B는 또 다른 하나의 「특별한 기술적인 특징」이다. 따라서, 청구항 1과 청구항 3사이 또는 청구항 2와 청구항 3사이에는 단일성이 있으나, 청구항 1과 청구항 2사이에는 단일성이 없다.
⑤ 청구항 2는 「제조방법」으로 표현되어 있으나, 「물질 A를 간장에 혼합함에 의해 간장의 곰팡이 발생을 억제하는 방법」과 실질적으로 동일하다. 따라서, 청구항 2는 청구항 1의 물질 A가 가지고 있는 특정한 성질을 이용하는 방법에 해당된다.

정답 ④

02 1발명 1출원의 원칙에 관한 다음 설명 중 옳지 않은 것은? [2000년 기출변형]

① 특허출원은 1발명 1출원을 원칙으로 하나, 하나의 총괄적 발명의 개념을 형성하는 1군의 발명에 대하여는 1특허출원으로 할 수 있다.
② 1특허출원범위에 위배된 경우 정보제공의 사유는 되나 특허무효심판의 사유는 되지 아니한다.
③ 물건에 관한 1 독립항을 기재한 경우 그 물건을 생산하는 기계·기구·장치 기타의 물건에 관한 1 독립항을 함께 출원한 경우에는 1발명 1출원의 원칙에 위배되지 않는다.
④ 물건에 관한 1 독립항을 기재한 경우 그 물건의 특정 성질만을 이용하는 물건에 관한 1 독립항을 함께 출원한 경우에는 1발명 1출원의 원칙에 위배되지 않는다.
⑤ 방법에 관한 1 독립항을 기재한 경우에 그 방법의 실시에 직접 사용하는 기계·기구·장치 기타의 물건에 관한 1 독립항을 기재한 출원은 1발명 1출원의 원칙에 위배되지 않는다.

해설

① |O| 법 제45조제1항
② |X| 1특허출원범위(법 제45조) 위배는 다항제 기재요건(법 제42조 제8항) 위배의 경우와 마찬가지로 형식적인 특허요건으로서 거절이유에는 해당되나 정보제공 및 특허무효심판의 사유는 되지 아니한다.
③, ④ |O| 물건에 관한 1독립항을 기재한 경우, 물건에 관한 1독립항을 기재하고 i) 그 물건을 생산하는 방법발명 ii) 그 물건을 사용하는 방법발명 iii) 그 물건을 취급하는 방법발명 iv) 그 물건을 생산하는 물건발명 v) 그 물건을 이용하는 물건발명 vi) 그 물건을 취급하는 물건발명을 다른 독립항으로 기재한 경우는 1특허출원의 범위에 포함된다.
⑤ |O| 방법에 관한 1독립항을 기재하고 그 방법의 실시에 직접 사용되는 기계, 기구, 장치 기타의 물건에 관하여 다른 독립항으로 기재한 경우는 1특허출원의 범위에 포함된다.

정답 ②

03 다음 설명 중 옳지 않은 것은? [2008년 기출]

① 미생물 관련 발명을 특허출원함에 있어 미생물이 시중에서 판매되어 공지·공용된 경우에는 미생물을 기탁하지 않아도 된다.
② '화합물 A'에 관한 발명과 '화합물 A의 제조방법'에 관한 발명을 1특허출원으로 할 수 있다.
③ 甲은 2006년 7월 20일 특허출원을 하였고 조기공개신청을 하지 않았다. 그 후 2006년 10월 20일 적법하게 분할출원하였고, 분할된 출원의 발명의 설명에는 a라는 기술적 사상이 포함되어 있는데 乙이 2006년 9월 20일 a를 특허출원한 경우, 乙은 a에 대하여 특허를 받을 수 없다.
④ 甲이 특허출원한 명세서의 청구범위에는 A+B가 기재되어 있고 발명의 설명에는 A+B와 A+C가 기재되어 있는 경우, 甲은 A+B와 A+C에 대하여 특허를 받을 수 있다.
⑤ 하나의 출원에 기술적 상호 관련성이 없는 발명 A와 B를 모두 포함한 상태로 특허등록이 허여된 경우, 이해관계인은 이를 이유로 특허무효심판을 청구할 수 없다.

해설

① |○| 미생물의 판매로 공지되었다면 미생물을 당업자가 용이하게 입수할 수 있는 것일 때에 해당한다. 이 경우 미생물을 기탁하지 아니할 수 있으며, 이 경우 명세서에 그 미생물의 입수방법을 기재하여야 한다(시행령 제3조). 단, 이 경우 기탁여부와는 무관히 법 제30조의 공지예외주장을 수반한 출원을 해야 할 것이다.
② |○| 물건과 그 물건의 제조방법 발명은 1특허출원을 할 수 있다.
③ |○| 분할출원은 원출원의 최초로 첨부된 명세서와 도면의 범위 내에서 해야 한다. 즉 분할출원에 A가 기재되어 있다는 것은 2006년 7월 20일의 원출원에도 a가 기재되어 있다는 의미가 된다. 따라서 원출원과 분할출원 사이인 2006년 9월 20일 乙의 출원에 기재된 a는 甲의 2006년 7월 20일 특허출원으로 인하여 선출원주의 또는 확대된 선출원주의에 위반되어 거절될 것이다. 또는 2006년 10월 20일자 甲의 분할출원의 청구범위에 a가 기재되어 있다면, 원출원일로 선출원의 지위가 소급되는바 乙의 출원은 甲의 분할출원으로 인해 선출원주의 위반으로 거절될 수도 있다.
④ |×| 청구범위에 기재되지 않고 발명의 설명에만 기재된 발명은 특허권으로 보호되지 않는다.
⑤ |○| 법 제45조의 1특허출원범위의 위반은 발명의 실체에 하자가 있는 것이 아니라 단지 절차상의 하자에 불과하기 때문에 거절이유(법 제62조)에만 해당되고, 정보제공사유(법 제63조의2), 특허무효사유(법 제133조 제1항)에는 해당되지 않는다.

정답 ④

04 특허출원에 관한 설명으로 옳지 않은 것은?
[2018년 기출]

① 특허를 받을 수 있는 권리를 가진 자의 법원에 대한 이전청구에 기초하여 특허권이 이전등록된 경우에는 해당 특허권과 보상금 지급 청구권은 이전청구한 날부터 이전등록을 받은 자에게 있는 것으로 본다.
② 공동발명자 중 한 사람이 단독으로 특허출원한 경우 등록 전에는 거절이유와 정보제공사유에 해당하며 등록 이후에는 특허무효사유가 된다.
③ 특허출원서에 착오로 발명자 중 일부의 기재를 누락하거나 잘못 기재한 경우 특허출원인은 설정등록 전까지 필요에 따라 추가 또는 정정할 수 있고, 발명자의 기재가 누락(특허출원서에 적은 발명자의 누락에 한정) 또는 잘못 적은 것임이 명백한 경우 특허권자는 특허권의 설정등록 후에도 발명자의 추가 또는 정정을 할 수 있다.
④ 특허를 받을 수 있는 권리가 공유이나 공동출원하지 아니하여 특허무효사유에 해당하는 경우에 특허를 받을 수 있는 권리를 가진 자는 법원에 해당 특허권 지분의 이전을 청구할 수 있다.
⑤ 발명자가 아닌 사람으로서 특허를 받을 수 있는 권리의 승계인이 아닌 사람이 발명자가 한 발명의 구성을 일부 변경하여 발명자의 발명과 기술적 구성이 상이하게 되었으나 그 변경이 기술적 사상의 창작에 실질적으로 기여하지 않은 경우, 그 특허발명은 무권리자의 특허출원에 해당한다.

> 해 설

① 이전청구한 날부터가 아니라 그 특허권에 관한 모든 권리가 설정등록된 날부터 이전등록을 받은 자에게 있었던 것으로 소급해서 본다(특허법 제99조의2 제2항).

② 특허법 제44조 위반은 특허취소사유를 제외하고, 거절이유(특허법 제62조 제1호), 정보제공(특허법 제63조의2), 직권재심사(특허법 제66조의3), 특허무효사유(특허법 제133조 제1항 제2호) 모두에 해당한다.

③ 구법에서는 특허여부결정 전후로 발명자 추가 또는 정정의 요건이 달랐으나, 개정법에서는 설정등록 전후로 발명자 추가 또는 정정의 요건이 다르다(특허법 시행규칙 제28조 제1항).

구체적으로 설정등록 전은 출원인이 보정서만 제출하면 발명자 추가 또는 정정이 가능하다. 그러나 설정등록 후에는 발명자의 기재가 누락(특허출원서에 적은 발명자의 누락에 한정한다) 또는 잘못 적은 것임이 명백한 경우는 특허권자가 정정발급신청서만 제출해도 되나, 이 경우를 제외하고는 정정발급신청서에 특허권자 및 신청 전후 발명자 전원이 서명 또는 날인한 확인서류를 추가로 첨부해야 한다.

④ 특허법 제33조 제1항 본문뿐 아니라, 제44조 위반의 경우도 특허법 제99조의2의 특허권 이전청구절차를 이용할 수 있다(특허법 제99조의2 제1항).

⑤ 발명의 구성을 일부 변경했어도 변경 전의 발명과 실질적으로 동일하다면 일부 변경한 자를 발명자라고 보지 않는다. 참고판례를 아래에 발췌한다.

발명자가 아닌 사람으로서 특허를 받을 수 있는 권리의 승계인이 아닌 사람(이하 '무권리자'라 한다)이 발명자가 한 발명의 구성을 일부 변경함으로써 그 기술적 구성이 발명자의 발명과 상이하게 되었더라도, 변경이 그 기술분야에서 통상의 지식을 가진 사람이 보통으로 채용하는 정도의 기술적 구성의 부가·삭제·변경에 지나지 않고 그로 인하여 발명의 작용효과에 특별한 차이를 일으키지 않는 등 기술적 사상의 창작에 실질적으로 기여하지 않은 경우에 그 특허발명은 무권리자의 특허출원에 해당하여 등록이 무효이다(대법원 2011. 9. 29. 선고 2009후2463 판결).

정답 ①

PART 05

출원인의 이익을 위한 제도

CHAPTER 01 공지 등이 되지 아니한 발명으로 보는 경우

01 발명 A에 대한 공지의 예외 주장을 할 수 없는 경우는? (다툼이 있으면 판례에 따름)

[2023년 기출]

① 甲은 2021. 5. 15. 학회에서 발명 A를 공개하고 2021. 9. 15. 출원하였으나 출원서에 자기공지 예외문구를 누락하였다. 甲은 2021. 12. 15. 특허등록결정등본을 송달받았고, 설정등록 전인 2022. 3. 30. 소정의 수수료를 내고 자기공지 예외취지의 서류를 제출하였다.

② 甲은 2022. 9. 1. 발명 A를 공개한 후 2023. 1. 5. 원특허출원을 하였으나 공지예외를 주장하지 않았고, 거절이유 통지에 따른 의견서 제출기간 내에 분할출원을 실시하면서 공지예외를 주장하였다.

③ 甲은 국내우선권주장출원을 하면서 선출원보다 늦게 자기공지된 발명 A에 대하여 공지의 예외를 주장하였다.

④ 甲은 2020. 2. 1. 발명 A를 박람회에 출품하고 2020. 12. 1. 공지예외를 주장하면서 특허출원하였다. 한편 乙은 박람회에서 발명 A를 지득하고 2020. 5. 2. 간행물에 전재(轉載)하였는바, 甲이 이 사실과 함께 자신의 의사에 반한 공지임을 입증하였다.

⑤ 甲은 2020. 2. 1. 발명 A를 학회에서 발표하였는데, 그 내용이 강연집에 실리게 되었다. 甲은 학회발표에 대해서만 적법한 공지예외 주장 절차를 밟았다.

해설

① |×| 제30조 제3항은 특허결정서 받은 날부터 3개월·설정등록일 중 빠른 날까지 가능하다. 본 지문은 2021.12.15. 특허결정서 받았으므로, 3개월 계산하면 2021.3.15. 까지 소정의 수수료를 내고 자기공지 예외취지의 서류를 제출했어야 했다.

② |○| 원출원에서 공지예외주장을 하지 않았더라도 분할출원에서 적법한 절차를 준수하여 공지예외주장을 하였다면, 원출원이 자기공지일로부터 12개월 이내에 이루어진 이상 공지예외의 효과를 인정받을 수 있다(대법원 2022. 8. 31. 선고 2020후11479 판결).

③ |○| 선출원보다 늦게 공지되었으므로 우선일 인정되는 발명은 공지예외주장 필요 없다. 또한 우선일 인정되지 않는 발명도 국내우선권주장출원은 선출원일부터 1년 이내 할 수 있는데, 공지가 선출원보다 늦으므로, 국내우선권주장출원은 공지된 날부터 1년 이내 출원되었다고 볼 수 있어, 기간 요건 만족한다.

④ |○| 다소 아쉬운 지문이다. 의사에 의한 공지는 취지 표시 등 제30조 제2항 절차가 필요한데 본 지문은 그 절차를 밟지 않았다. 그럼에도 공지예외주장 효과를 받을 수 있는지 묻는 문제인데, 통상 박람회는 비밀행사가 아니므로 乙의 공지는 甲의 박람회 출품에 따른 공지의 후속공개행위로 볼 수 있어 甲의 의사에 의한 공지로 봄이 일반적이고, 연속된 공개행위는 별도 취지 표시 하지 않더라도 공지예외 인정되므로 공지예외주장 가능하다고 봄이 더 합리적이다. 가사 의사에 반한 공지로 보더라도 이 또한 별도 취지 표시가 요구되지 않으므로 결론적으로 별도 취지 표시 하지 않았어도 공지예외주장 가능한 사안이다.

⑤ |○| 연속된 공개행위 있는 경우 최초 공개행위에 대해서만 제30조 제1항 제1호 절차 적법하게 밟으면 후속공개행위에도 공지예외주장 효과 인정된다.

정답 ①

02 甲은 2016년 3월 3일 발명 A가 기재된 논문을 공개학회에서 서면으로 발표하고, 2017년 3월 2일 발명 A에 대해서 특허출원을 하였다. 다음 설명 중 옳지 않은 것은? [2019년 기출]

① 甲이 2017년 3월 2일 특허출원서에 특허법 제30조(공지 등이 되지 아니한 발명으로 보는 경우) 제1항 제1호의 적용을 받으려는 취지를 기재하고 이를 증명하는 서류를 제출한다면, 그 논문은 甲의 발명 A에 대하여 특허법 제29조(특허요건) 제1항 제2호에 해당하지 아니한 것으로 본다.
② 甲이 2017년 3월 2일 특허출원서에 특허법 제30조 제1항 제1호의 적용을 받으려는 취지를 기재할 경우, 2017년 4월 1일(토요일)까지 이를 증명할 수 있는 서류를 특허청장에게 제출하여야 한다.
③ 甲이 2017년 9월 4일 의견제출통지서[제출기한은 2017년 11월 4일(토요일)]를 송달받은 경우, 보완수수료를 납부한다면 2017년 11월 6일까지 특허법 제30조 제1항 제1호의 적용을 받으려는 취지를 적은 서류 또는 이를 증명할 수 있는 서류를 제출할 수 있다.
④ 만일, 甲이 아니라 乙이 甲의 의사에 반하여 2016년 3월 3일에 발명 A를 간행물에 게재하였다면, 甲은 2017년 3월 3일까지 발명 A에 대해서 특허출원을 해야만 특허법 제30조를 적용받을 수 있다.
⑤ 甲은 2017년 3월 2일 특허출원서에 특허법 제30조 제1항 제1호의 적용을 받으려는 취지를 기재하지 않았다 하더라도, 이후 특허법 제30조를 적용받을 수 있는 기회를 가진다.

해설
① 특허법 제30조 제1항
② 기간의 말일이 공휴일이면 다음 날로 만료한다. 특허법에서 토요일은 공휴일로 본다(특허법 제14조 제4호). 2017. 3. 2. 부터 30일 계산하면 2017. 4. 1.이나 그 날이 토요일이므로, 월요일인 2017. 4. 3. 까지 제출할 수 있다.
③ 거절이유통지에 따른 의견서제출기한(의견서제출기한은 지정기간이므로 문제에서 제시한 내용으로 보면 된다)이 2017년 11월 4일이나, 해당일이 토요일로서 공휴일이므로, 월요일인 2017년 11월 6일까지 명세서등의 보정이 가능하고, 특허법 제30조 제3항은 명세서등의 보정이 가능한 기간에 가능하므로, 옳은 지문이다.
④ 의사에 의한 공지나 의사에 반한 공지나 마찬가지로 12개월 이내에 출원하여야 한다(특허법 제30조 제1항). 2016년 3월 3일부터 12개월 계산하면 2017년 3월 3일이다.
⑤ 특허법 제30조 제3항

정답 ②

03 특허법 제30조의 '공지 등이 되지 아니한 발명으로 보는 경우'에 대한 다음 설명 중 옳은 것은?

① 특허법 제30조 제1항 제1호 공지예외적용주장을 하며 출원하고자 하는 경우 출원시 취지기재를 하지 않았다면 공지예외를 인정 받을 수 없다.
② 조약 또는 법률에 따라서 국내 또는 국외에서 출원공개나 등록공고된 경우에는 법30조 주장 출원을 할 수 없다.
③ 외국에서 발명 X를 공연히 실시한 자가 국내에 그 발명을 특허출원 하고자 할 때에는 특허법 제30조 주장을 할 필요가 없다.
④ 발명자가 간행물에 발명 A를 발표하고 그로부터 12월 이내에 개량발명 A+α 를 특허출원하면서 특허법 제30조 주장을 한 경우, 특허출원 A+α 는 간행물에 발표한 발명 A와 동일성이 없기 때문에 진보성이 없다는 이유로 거절될 수가 있다.
⑤ 국제특허출원에 관한 발명에 대하여 특허법 제30조 제1항 제1호의 규정을 적용받고자 하는 자는 그 취지를 기재한 서류 및 증명서류를 기준일 경과 후 30일 내에 특허청장에게 제출할 수 있다.

해설

① |×| 출원일 이후에도 취지 기재 보완이 가능하다(법 제30조제3항).
② |×| 조약 또는 법률에 따라 국내 또는 국외에서 출원공개되거나 등록공고된 경우는 자기의사에 의해 공지된 경우에 해당하지 아니한다(법 제30조 제1항 제1호 단서) 즉, 1호의 경우에는 특허를 받을 수 있는 권리를 가진자의 적극적 의사가 포함되었다고 볼 수 없기 때문에 출원공개 등이 된 발명에 대해서는 법 제30조 주장을 할 수 없다. 다만, 출원인이 출원발명이 공개되기 직전에 자신의 발명이 공개되는 것을 원하지 않아서 자기의 출원에 대해 취하서를 제출하였으나 특허청장이 출원발명을 공개한 경우에도 특허를 받을 수 있는 권리자의 의사에 반한 공지로서 법 제30조 제1항 제2호가 적용되는 경우에는 법 제30조 주장출원이 가능하다.
③ |×| 법 제29조 제1항 제1호의 공지·공연실시는 국제주의를 취하는 바, 외국에서의 공연 실시는 신규성 상실사유에 해당하므로, 법 제30조의 공지예외주장을 해야한다.
④ |×| 공지예외주장이 적법한 경우는 그 공지 등이 된 것을 인용참증으로 하여 신규성 또는 진보성을 판단하지 않게 된다(법 제30조 제1항). 공지된 발명과 공지예외주장 출원에 기재된 발명이 동일성이 없어도 공지예외주장은 적법하고 A로 부터 A+α 는 진보성 판단을 받지 않는다.
⑤ |○| 법 제200조, 시행규칙 제111조

정답 ⑤

04 甲이 완성한 발명이 어느 날 甲의 의사에 반하여 저명신문 전국판에 소개되었다. 甲은 그 날부터 4개월 후에 그 발명에 대해서 법 제30조(공지 등이 되지 아니한 발명으로 보는 경우)의 적용을 받고자 하는 취지의 기재를 한 서면을 제출하면서 특허출원을 했다. 그 사이 乙이 동일 발명에 대하여 특허출원을 했으나 甲이 특허출원하기 전에 특허출원을 취하했고, 丙은 스스로의 발명행위에 기초해서 乙의 특허출원과 甲의 특허출원 사이에 동일한 내용의 발명에 대해서 특허출원을 했으며, 丙의 출원이 공개되었다고 할 때, 다음 중 옳은 것은?

[1999년 기출변형]

① 甲과 丙 모두 특허를 받을 수 없다.
② 甲만 특허를 받을 수 있고 乙과 丙은 甲의 허락이 없으면 甲의 특허발명을 실시할 수 없다.
③ 甲만 특허를 받을 수 있고 乙은 선사용에 의한 통상실시권을 갖는다.
④ 甲만 특허를 받을 수 있고 丙은 선사용에 의한 통상실시권을 갖는다.
⑤ 丙만 특허를 받을 수 있다.

해설

甲의 발명은 의사에 반하여 간행물(신문)에 게재되었으나 甲은 공지예외주장을 수반하여 특허출원을 하였으므로 그 간행물 게재를 이유로는 신규성 도는 진보성 위반으로 거절되지 않는다. 그런데, 법 제30조의 공지예외주장은 선출원주의의 예외가 아니므로 그 출원전에 타인의 선출원이 존재하면 선출원주의(법 제36조)에 위반되어 특허를 받지 못할 수 있다. 선출원주의의 적용에 있어서 취하된 특허출원의 경우는 선출원의 지위가 인정되지 아니하므로(법 제36조 제4항) 乙의 출원은 선출원의 지위가 없다. 한편, 丙의 특허출원은 법 제29조 제1항 위반으로 거절결정 확정시 법 제36조 선원의 지위를 상실하므로 甲의 후출원은 법 제36조는 위반이 아니나, 丙의 출원이 공개되어 법 제29조 제3항 확대된 선출원주의 위반으로 특허 받을 수 없다. 한편, 丙의 특허출원은 출원전에 동일한 발명이 간행물(신문)에 게재되었으므로 신규성에 위배되어 특허를 받을 수 없다. 아울러, 선사용권(법 제103조)은 특허출원시에 발명을 실시하고 있는 경우에 인정될 수 있는 것이므로 ③, ④는 틀린 지문이다.

정답 ①

05 특허법 제30조의 공지예외적용과 관련한 다음의 기술 중 옳지 않은 것은? [2000년 기출변형]

① 공지예외주장 규정은 출원일 자체를 소급하는 것은 아니며, 특허출원 후에도 특허법 제30조 제1항 제1호 적용을 받기 위해 취지기재 서면 또는 증명서를 제출할 수 있는 경우가 있다.
② 신규성 상실일과 공지예외주장 출원일 사이에 동일한 발명에 관한 제3자의 독립한 특허출원이 있는 경우 공지예외가 인정되는 출원이라도 특허를 받지 못할 수 있다.
③ 특허를 받을 수 있는 권리를 가진 자가 수회에 걸친 공개행위를 하였을 경우 공지예외주장 출원은 그 최초의 공지일로부터 12개월 내에 하여야 한다.
④ 변리사에게 출원을 의뢰한 후 상당한 기간이 경과되어 출원되었으리라 믿고 이를 공개한 경우도 공지예외적용 규정의 혜택을 받을 수 있다.
⑤ 출원인이 출원공개전 특허출원을 취하한 후 특허청장이 착오로 공개공보를 발행한 경우, 법 30조1항1호 단서규정이 적용되어 출원인은 이후 동일발명을 재출원하며 공지예외주장을 할 수는 없다.

해 설

① |O| 법 제30조의 규정은 발명이 공지된 경우라 하더라도 공지되지 않은 것으로 간주하는 것일 뿐 출원일 자체를 공지일로 소급하는 것은 아니다.
한편, 2015년 7월 29일 시행 개정특허법은 법 제30조 제3항을 신설하여 보정할 수 있는 기간, 특허결정서를 송달받은 날로부터 3개월이 되는 날까지 법 제30조 제1항 제1호의 적용을 받기 위한 공지예외주장을 할 수 있도록 하였다.

(1) 개정 내용
 법 제30조 제3항의 신설
 제2항에도 불구하고 산업통상자원부령으로 정하는 보완수수료를 납부한 경우에는 다음 각 호의 어느 하나에 해당하는 기간에 제1항제1호를 적용받으려는 취지를 적은 서류 또는 이를 증명할 수 있는 서류를 제출할 수 있다.
 1. 제47조제1항에 따라 보정할 수 있는 기간
 2. 제66조에 따른 특허결정 또는 제176조제1항에 따른 특허거절결정 취소심결(특허등록을 결정한 심결에 한정하되, 재심결을 포함한다)의 등본을 송달받은 날부터 3개월 이내의 기간. 다만, 제79조에 따른 설정등록을 받으려는 날이 3개월보다 짧은 경우에는 그 날까지의 기간

(2) 개정 취지
 종래법에서는 공지예외주장은 '출원시에만' 가능하여 창의적 아이디어라도 출원시 공지예외 주장을 누락하면 그 이후에 이를 보완할 수 없어 자기가 공지한 사실 때문에 특허받지 못하는 문제가 있음.

② |O| 이는 만약 제3자의 독립한 특허출원이 출원공개되어 확대된 선출원의 지위를 갖게 되면 법 제29조 제3항에 위반되기 때문이다. 단, 제3자의 독립한 출원이 법 제29조 제1항 각호 위반으로 출원공개 전 거절결정 확정되면 확대된 선출원의 지위가 발생하지 않아 공지예외주장 출원은 등록될 수 있는 경우도 있다.
③ |O| 특허를 받을 수 있는 권리를 가진 자가 특허출원전에 당해 발명을 복수회에 걸쳐 공개한 경우 그 공개행위가 법 제30조 제1항 제1호 또는 제2호를 적용받기 위한 절차가 적법한 경우에는 모든 공개행위에 대해 공지예외적용을 받을 수 있는데, 이를 위해서는 최선 공개일로부터 12개월 이내에 특허출원을 하여야 한다.

④ |O| 법률상 부지 등에 의한 발명의 공지는 의사에 반한 공지로 볼 수 없는 바, 법 제30조 제1항 제2호의 적용을 받을 수는 없으나, 개정법은 구법상의 제한적인 공지예외주장 사유를 삭제하고 '특허를 받을 수 있는 권리를 가진 자에 의하여 그 발명이 특허법 제29조제1항 각 호의 어느 하나에 해당하게 된 경우(법 제30조1항1호)'는 공지예외주장을 할 수 있는 것으로 개정하였는바, 공지예외주장이 가능하다.

⑤ |X| '조약 또는 법률에 따라 국내 또는 국외에서 출원공개되거나 등록공고된 경우를 제외한다'고 규정한 법 제30조 제1항 제1호 단서 규정은 출원인에 의사에 의한 공지의 경우에만 적용되는 조문이고 특허청장이 착오로 출원공개시킨 경우는 의사에 반한 공지로 법 제30조 제1항 제2호의 공지예외주장이 가능하다.

정답 ⑤

06 甲은 일본에서 2006년 4월 4일에 특허출원한 발명 A에 대하여 조약우선권을 주장하면서 2006년 12월 2일에 우리나라에 특허출원하였다. 乙은 A와 동일한 발명에 대하여 2006년 3월 6일에 특허청에 신고한 학술단체에서 서면으로 발표하였다. 乙은 A와 동일한 발명에 대하여 2006년 5월 10일 특허출원 B를 하면서 특허법 제30조 규정에 의하여 공지 등이 되지 아니하였다는 취지를 기재한 서면 및 증명서를 함께 제출하였다. 다음 중 옳은 것은?

[2002년 기출변형]

① 甲은 조약에 의한 우선권을 주장하였으므로 특허법 제36조(선출원주의)의 출원일이 소급되므로 乙의 출원 B의 존재를 이유로 거절되지 않으며 특허를 받을 수 있다.
② 乙은 甲의 일본에서의 출원전에 특허청에 신고한 학술단체에서 서면으로 발표하였으며 공지 등이 되지 아니한다는 주장을 하였으므로 특허를 받을 수 있다.
③ 甲의 출원이 공개되기 전에 신규성 위반으로 거절결정 확정된다면 乙은 등록이 가능하다.
④ 甲이 특허를 받지 못하므로 乙이 특허를 받을 수 있다.
⑤ 甲, 乙 모두 특허를 받을 수 있다.

해설

甲은 조약우선권 주장으로 인해 특허요건(법 제29조) 및 선출원주의(법 제36조) 등의 판단시점이 일본 출원일인 2006년 4월 4일로 소급된다. 그런데, 乙이 2006년 3월 6일 서면으로 A와 동일한 발명을 발표하였으므로 甲의 특허출원은 신규성 위반으로 특허를 받을 수 없다. 乙은 공지예외주장을 수반하여 특허출원하였으나 공지예외주장은 선출원주의의 예외가 아니므로 甲의 조약우선권주장출원으로 인해 선출원주의에 위반된다. 그러나 甲의 출원이 신규성 위반으로 공개전 거절결정이 확정된다면 선출원의 지위와 확대된 선출원의 지위 모두 가지지 못하여, 이러한 경우라면 乙은 등록이 가능할 것이다.

정답 ③

07 甲이 A라는 발명을 하고 이를 특허출원 전에 산업자원부령이 정한 OO학회에서 2010년 5월 서면으로 발표한 후, 특허법 제30조(공지 등이 되지 아니한 발명으로 보는 경우) 규정을 적용받으면서 상기 학회 발표일로부터 5개월 만에 한국에 특허출원하였다. 또한, 乙은 甲의 한국출원보다 3개월 먼저 A에 대하여 일본에 특허출원한 후, 이를 기초로 파리조약에 의한 우선권을 주장하면서 일본 출원일부터 1년 이내에 한국에 출원하였다. 아래에서 옳지 않은 것은? (PCT 출원은 제외함)

[2006년 기출변형]

① 甲이 특허법 제30조(공지 등이 되지 아니한 발명으로 보는 경우)를 적용을 받으려면 특허출원일부터 30일 이내에 소정의 증명서류를 특허청장에게 제출하여야 한다.

② 甲의 출원은 특허법 제30조(공지 등이 되지 아니한 발명으로 보는 경우)를 적용받기 때문에 자신의 출원이 심사될 때, 상기 학회에서 자신이 발표한 내용에 의하여 신규성 상실을 이유로 거절되지는 않는다.

③ 乙의 한국출원은 甲이 상기 학회에서 발표한 내용에 의하여 신규성 상실로 특허를 받을 수 없다.

④ 乙의 한국출원은 특허법 제29조(특허요건) 및 제36조(선출원)의 규정을 적용함에 있어서 일본에 출원한 날로 소급된다.

⑤ 甲의 출원은 특허법 제30조(공지 등이 되지 아니한 발명으로 보는 경우)를 적용받고, 乙의 우선일보다 甲의 상기 학회발표일이 더 빠르므로 특허를 받을 수 있다.

해설

① |O| 법 제30조 제2항

② |O| 법 제30조의 공지예외주장이 적법한 경우 효과는 당해 공지예외주장의 대상이 된 행위를 가지고는 신규성, 진보성 판단시 인용참증에서 제외되는 것으로 출원일이 소급효가 발생하는 것은 아니다.

③, ④ |O| 甲의 OO학회에서 2010년 5월 서면으로 발표한 행위는 공지행위 또는 반포된 간행물에 게재시킨 행위로서 법 제29조 제1항 각호의 공지기술이 된다. 이후 乙의 한국출원은 조약우선권주장을 하였으므로 일본의 출원일로 법 제29조 및 법 제36조 규정의 판단시점을 소급시키지만(법 제54조 제1항) 乙의 일본출원일 보다 약 2개월 전에 이미 발명 A는 공지되었는바 신규성 위반으로 특허 받을 수는 없다.

⑤ |X| 공지예외주장의 적법의 효과로 출원일이 공지일로 소급되는 것은 아니고, 乙의 우선권주장 출원으로 乙 출원의 선원의 지위는 일본 출원일로 판단시점이 소급하기 때문에, 甲의 출원은 후출원이어서 공지예외주장에도 불구하고 등록 받지 못한다. 구체적으로, 乙의 출원은 신규성 흠결로 거절될 것이어서 선출원 지위를 상실하게 되어 甲은 乙의 선출원의 지위로 인해 거절되지는 않으나, 乙의 출원이 일본 출원일로부터 1년 6월 되는 시점에 공개되면 확대된 선출원주의(법 제29조제3항) 위반으로 거절될 것이다.

정답 ⑤

08 甲은 자신이 완성한 발명 A에 대해서 박람회에 출품하여 발명 A가 공지된 후 12월 이내에 법30조를 주장하며 발명 A에 대해 특허출원을 완료하였다. 甲의 박람회 출품과 甲의 출원일 사이에 乙도 독자적으로 발명을 하여 발명 A에 관한 내용을 출원했다고 할 때, 다음 설명 중에 잘못된 것은?

① 乙의 출원이 공개된 경우 甲과 乙 모두 등록을 받을 수 없다.
② 甲의 출원은 乙의 출원에도 불구하고 등록이 가능한 경우가 있다.
③ 甲과 乙이 동일자에 출원한 경우라면 乙에게 협의명령을 하지 않고 바로 거절결정 내려도 적법하다.
④ 乙의 출원이 등록가능한 경우가 있다.
⑤ 甲은 乙의 출원으로 하여금 선출원주의에 위반되어 거절되지는 않을 것이다.

> 해 설

① |O| 을의 출원이 공개되면 갑은 을의 출원으로부터 확대된 선출원주의 위반으로 거절될 것이고, 을의 출원은 갑의 공지행위로 부터 신규성 위반으로 거절될 것이다.
② |O| i)을이 갑의 박람회 출품한 것으로 보고 모인하여 출원한 경우이거나, ii)을의 출원이 출원공개되기 전에 출원이 무효,취하,포기 되거나 신규성 위반들으로 거절결정이 확정된다면 법 제36조 제4항에 의해 선출원 지위도 없고 공개도 되지 않아 확대된 선출원의 지위도 인정되지 않아 갑은 등록이 가능하다.
③ |O| 대법원 97후2576 판결,
"동일한 발명에 대하여 같은 날에 2이상의 특허출원이 있는 때에도 그 발명이 신규성이나 진보성의 결여로 어차피 거절결정되어야 하는 것인 이상 출원인간의 협의절차 등을 거치지 않았다 하여 그 출원에 대한 신규성이나 진보성 결여를 원인으로 한 거절결정이 부적법하다고 할 수 없다."고 판시하였다.
④ |X| 을은 신규성 위반으로 등록가능한 경우는 없다고 판단된다.
⑤ |O| 을의 출원은 신규성 위반사유를 안고 있기 때문에 을의 출원은 결국 거절결정 확정될 것이어서 법 제36조 제4항에 의해서 선출원의 지위가 인정되지 않을 것이다. 그러므로 갑의 출원은 을의 출원으로부터 선출원주의에 위반되어 거절되지는 않을 것이다.

정 답 ④

09 특허법 제30조의 공지 등이 되지 아니한 발명으로 보는 경우(이하 '공지예외적용'이라 함)에 관한 설명으로 옳지 않은 것은?

① 국제특허출원한 발명에 관하여 특허법 제30조 제1항 제1호의 공지예외적용을 받고자 하는 경우 그 취지를 적은 서면과 이를 증명할 수 있는 서류는 기준일 경과 후 30일 이내에 특허청장에게 제출할 수 있다.
② 국내우선권주장출원에 있어서, 그 선출원이 발명의 공지일부터 12개월 이내에 공지예외적용 요건에 맞추어 특허출원을 하였고, 그 선출원에 기초하여 국내우선권주장의 후출원을 하는 경우, 후출원의 특허출원일이 그 공지일부터 12개월 이내가 아니더라도 공지예외적용을 받을 수 있다.
③ 조약 또는 법률에 따라 국내 또는 국외에서 출원공개되거나 등록공고된 경우는 특허를 받을 수 있는 권리를 가진 자에 의하여 그 발명이 공지된 것으로 보지 않는다.
④ 조약에 의한 우선권 주장을 수반하는 출원에 있어서 특허법 제30조 규정을 적용 받기 위해서는 그 우선권주장의 기초가 된 출원의 출원일이 특허법 제30조 규정의 적용대상이 되는 행위를 한 날부터 12개월 이내에 출원한 것이면 충분하다.
⑤ 특정한 하나의 공개행위와 밀접 불가분의 관계에 있는 복수 회에 걸친 공개가 있는 경우 2번째 이후의 공개부터는 증명서류의 제출을 생략할 수 있다.

해설

① 특허법 제200조, 특허법 시행규칙 제111조.
② 특허법 제55조 제3항에서 제30조 제1항을 준용하기 때문에, 국내우선권주장의 기초가 된 선출원이 공지일부터 12개월 이내에 출원했다면, 국내우선권주장출원이 공지일부터 12개월을 경과해서 출원한 것이라고 하더라도 공지예외적용을 받을 수 있다.
③ 특허법 제30조 제1항 제1호 단서
④ 심사기준 문구이다. 국내우선권주장과 달리 조약우선권주장에 있어서는 특허법 제30조 제1항을 적용할 때 우선일로 판단시점을 소급해주는 규정이 없다. 이에 심사기준은 국내우선권주장과 달리 조약우선권주장의 경우는 우리나라에 그 조약우선권주장출원을 한 날이 공지 등이 된 날부터 12개월 이내일 것을 요구한다. 아래에 심사기준의 문구를 발췌한다.
"조약에 의한 우선권 주장을 수반하는 출원에 있어서 특허법 제30조 규정을 받기 위해서는 특허법 제30조 규정의 적용대상이 되는 행위를 한 날부터 12개월 이내에 우리나라에 출원을 하여야 한다. 그러나 국내 우선권 주장 출원에 있어서는 공지 등이 있는 날부터 12개월 이내에 선출원을 한 경우라면 후출원을 12개월 이내에 하지 않더라도 특허법 제30조의 적용을 받을 수 있다."
⑤ 심사기준 문구이다. 공지예외적용할 때는 출원 전에 그 발명을 공지한 행위 모두를 출원서에 취지 기재하고 각각의 증명서류를 제출해야만, 각 공지된 행위에 대해 공지예외적용을 받을 수 있으나, 특정한 하나의 공개행위에 의해 후속적으로 공개된 상황은 그 후속 공개에 대해 취지 기재나 증명서류를 제출하지 않더라도, 첫 번째 공개행위와 같은 것으로 보아, 모두 공지예외를 적용해 준다(심사기준). 밀접 불가분 관계의 예로는 학술 발표를 통한 첫 번째 발명의 공개 이후, 그 학술 발표에 대한 신문기사, 관련 논문 공개 등에 의한 후속적 공개가 있다. 이때는 첫 번째 공개인 학술 발표에 대해서만 취지 기재와 증명서류를 제출하면, 신문기사, 논문 공개는 취지 기재와 증명서류 제출을 생략하더라도, 공지예외적용을 받을 수 있다.

정답 ④

10 甲은 초전도체 소자에 관한 발명(A발명)을 대한전자공학회(가칭) 학회지에 발표하기 위하여 논문을 송부하고, 이를 송부받은 대한전자공학회는 2011년 9월 11일 학회 홈페이지에 상기 논문을 게재하였으며, 2011년 10월 15일 당해 학회지에 동일 논문을 서면 발표하였다. 그 후 甲은 상기 A발명에 대하여 특허협력조약에 의한 국제출원서류를 외국어로 작성한 후 2012년 4월 9일 이를 우편으로 발송하였고, 그 후 국제출원서류는 2012년 4월 11일 특허청에 도달하였다. 한편 乙은 상기 甲의 A발명을 알지 못하고 독자적으로 A발명을 완성한 후, 2012년 4월 11일 한국 특허청에 특허출원하였다. 이 때 甲과 乙의 A발명에 대한 법적 취급에 있어 옳지 않은 것은?

[2006년 기출변형]

① 乙의 출원발명은 신규성이 상실되었으므로 특허를 받을 수 없다.
② 甲은 2012년 4월 11일부터 2년 7월이 경과한 날까지 번역문을 제출하면 된다.
③ 甲은 같은 날의 출원인인 乙과 협의를 하는 것이 필요하며 협의의 결과 乙이 자신의 출원을 취하하는 때에는 甲은 특허를 받을 수 있다.
④ 甲의 출원발명은 2011년 9월 11일 홈페이지에 게재한 것에 의해 공지되었을 가능성이 있으므로 이 날부터 12월 내에 이에 대한 취지기재 서면과 함께 출원을 해야 특허법 제30조(공지 등이 되지 아니하는 발명으로 보는 경우) 규정을 적용받을 수 있다.
⑤ 甲의 출원이 특허법 제30조의 규정을 적용받는다 하여도 출원일의 소급효가 주어지는 것은 아니다.

해설

① |O| 乙의 2012년 4월11일 특허출원 전에 甲의 논문이 2011년 9월11일 학회 홈페이지에 게재되어 불특정인이 알 수 있는 상태라면 공지에 해당되고, 2011년 10월15일 논문의 서면 발표로 반포된 간행물에 게재되어 乙의 출원은 신규성 위반이다.
② |O| 국제특허출원을 외국어로 출원한 출원인은 우선일로부터 2년 7월 (31개월)이내에 국제특허출원의 국어번역문을 제출해야 한다(법 제201조 제1항).
③ |O| 甲의 국제출원일은 2012년 4월11일이다. 그 이유는 서류제출의 효력시기가 우편의 경우 원칙적으로 발신주의에 의하지만 ⅰ)등록신청서류나 ⅱ)국제출원 서류는 도달주의에 의하기 때문에 특허청에 국제출원서 도달일인 2012년 4월11일이 국제출원일이자 국내법상 특허출원일이 되므로 乙과 협의해야하며(법 제36조 제2항) 乙이 출원을 취하하면 법 제36조 제4항에 의해 선원의 지위가 상실되므로 甲은 특허 받을 수 있다.
④ |×| 국제특허출원한 발명에 관하여 법 제30조 제1항 제1호의 규정을 적용받고자 하는 자는 그 취지를 기재한 서면 및 이를 증명할 수 있는 서류를 기준일 경과 후 30일 이내에 특허청장에게 제출할 수 있다(법 제200조, 시행규칙 제111조). 그러므로, 틀린 설명이다.
⑤ |O| 공지예외주장의 효과는 출원일 소급이 아니다.

정답 ④

11 대학교수 甲은 세계최초로 하이브리드카 엔진을 개발한 후 그 내용을 2008.3.4. A학회에서 서면으로 발표하였다. 한편, 乙은 A학회에 참석하여 甲이 개발한 하이브리드카 엔진이 자기가 그동안 비밀리에 연구해 온 하이브리드카 엔진과 동일한 기술구성을 가진 것임을 깨닫고 서둘러 자기의 명의로 하이브리드카 엔진에 관한 특허출원을 2008.3.10.에 하였으며, 甲은 이 하이브리드카 엔진에 관한 특허출원을 2008.3.11.에 하였다. 다음 설명 중 옳은 것은? (甲의 발명과 乙의 발명은 실질적으로 동일하고, 모두 완성된 것으로 하며 설문 외의 별도의 사항은 고려하지 않는다)

[2009년 기출]

① 甲은 특허출원시 공지 예외를 주장하는 취지를 출원서에 기재하였다면 乙의 선출원의 심사결과와 무관하게 특허를 받을 수 있다.
② 乙은 특허출원시 공지 예외를 주장하는 취지를 출원서에 기재하였다면 특허를 받을 수 있다.
③ 甲이 특허출원시 공지 예외를 주장하는 취지를 출원서에 기재하지 아니한 경우에도 특허를 받을 수 경우가 있다.
④ 甲의 특허출원은 乙의 특허출원에 의한 선출원주의 위반의 흠결을 극복할 수 없다.
⑤ 甲의 특허출원은 乙의 특허출원이 공개된 경우에도 특허를 받을 수 있다.

해설

1. 乙 출원의 등록가능성 및 후등록배제효
   乙의 출원은 출원전 甲의 A 발표로 인해 신규성 위반이고 甲의 발표행위는 乙과의 관계에서 법 제30조 제1항 각호에 해당하지 않는바 乙은 공지예외주장을 할 수도 없다. 따라서 乙의 출원은 신규성 흠결로 거절결정될 것이고 이것이 확정되면 선출원의 지위가 소멸한다(법 제36조 제4항). 단 거절결정 확정 전에 乙의 출원이 출원공개된다면 확대된 선출원의 지위는 가진다.

2. 甲 출원의 등록가능성
   공지예외주장을 한 경우 출원일이 공지일로 소급되는 것이 아니고, 단지 당해 공지예외주장을 한 대상에 대해서는 법 제29조 제1항 각 호의 어느 하나에 해당하지 아니한 것으로 본다(법 제30조 제1항). 甲이 출원시 공지예외주장을 수반하였다면 2008.3.4. A 발표된 내용으로부터 신규성이나 진보성이 부정되지는 않으나, 甲의 출원(2008.3.11.) 전에 乙이 2008.3.10. 선출원을 하였는바 乙의 출원이 공개되면 甲의 출원은 확대된 선출원주의에 위반되어 등록을 받을 수 없다. 또한 乙의 출원은 신규성 흠결로 거절결정이 확정되어 선출원의 지위를 갖지 못할 것인바, 甲은 乙의 출원으로부터 선출원주의에 위반되어 거절되지는 않는다. 결국, 甲의 출원은 원칙적으로 확대된 선출원주의 위반으로 거절될 것이나, 예외적으로 甲이 공지예외주장을 하고, 乙의 출원이 출원공개 전 거절결정이 확정된다면 甲의 출원은 등록될 수도 있다.
   한편, 공지예외주장의 시기와 관련하여 2015년 7월 29일 시행 개정법에 의할 경우 특허출원시 이후에 법 제30조 제1항 제1호를 적용받기 위한 취지기재 서류 또는 증명서류를 제출할 수 있는 경우가 있다.

[2015년 7월 29일 시행 개정법 내용]
(1) 개정 내용
  법 제30조 제3항의 신설
  제2항에도 불구하고 산업통상자원부령으로 정하는 보완수수료를 납부한 경우에는 다음 각 호의

어느 하나에 해당하는 기간에 제1항제1호를 적용받으려는 취지를 적은 서류 또는 이를 증명할 수 있는 서류를 제출할 수 있다.
1. 제47조제1항에 따라 보정할 수 있는 기간
2. 제66조에 따른 특허결정 또는 제176조제1항에 따른 특허거절결정 취소심결(특허등록을 결정한 심결에 한정하되, 재심결을 포함한다)의 등본을 송달받은 날부터 3개월 이내의 기간. 다만, 제79조에 따른 설정등록을 받으려는 날이 3개월보다 짧은 경우에는 그 날까지의 기간

(2) 개정 취지
종래법에서는 공지예외주장은 '출원시에만' 가능하여 창의적 아이디어라도 출원시 공지예외주장을 누락하면 그 이후에 이를 보완할 수 없어 자기가 공지한 사실 때문에 특허받지 못하는 문제가 있음.

정답 ③

12 甲은 미국에서 2009년 2월 10일 특허출원한 발명 A를 2009년 12월 1일 우리나라에 특허법 제54조(조약에 의한 우선권주장)의 규정에 의한 우선권을 주장하여 특허출원하였고, 현재 국내에서 심사가 진행 중이다. 한편, 乙은 2009년 1월 5일에 간행된 저명한 학술잡지에 甲의 발명 A와 동일한 발명을 발표하였고, 2009년 6월 10일에 특허법 제30조(공지 등이 되지 아니한 발명으로 보는 경우)의 규정에 의하여 공지 등이 되지 아니하였다는 취지를 기재한 서면 및 증명서를 첨부하여 발명A를 우리나라에 특허출원하였다. 다음 설명 중 옳은 것은? (단, 甲과 乙은 각각 독자적으로 발명 A를 발명한 것으로 본다) [2011년 기출]

① 甲은 적법하게 조약우선권주장을 수반하는 출원을 하였으므로 乙의 국내출원 여부와 상관없이 특허를 받을 수 있다.
② 甲의 국내출원은 乙의 국내출원보다 출원일이 늦기 때문에 특허를 받을 수 없다.
③ 乙의 국내출원은 출원시 공지예외주장을 수반하고 있어 출원일이 소급되므로 甲의 미국출원 여부와 상관없이 특허를 받을 수 있다.
④ 乙의 국내출원은 적법한 공지예외주장에도 불구하고 甲의 미국출원보다 출원일이 늦어, 미국에서의 발명 A의 공개 여부와 무관하게 신규성이 부정되므로 특허를 받을 수 없다.
⑤ 甲과 乙의 국내출원은 모두 특허를 받을 수 없다.

해설

① |×| 甲 출원의 판단시점은 미국출원일로 소급 받으나(2009. 2. 10.), 미국출원전인 2009. 1. 5. 저명한 학술잡지에 乙이 A를 발표하여 甲의 출원은 신규성 위반으로 등록받을 수 없다.
② |×| 甲의 출원은 신규성 위반으로 등록을 받을 수 없을 뿐, 乙의 출원보다는 선출원의 지위를 가지므로, 乙의 출원 때문에 거절되는 것이 아니다.
③ ④ |×| 공지예외주장의 효과는 출원일 소급이 아니다. 乙은 2009. 6. 10. 출원하여 미국출원일(2009. 2. 10.)로 판단시점이 소급되는 甲의 출원보다 후출원이므로 甲의 출원이 출원공개되면 확대된 선출원주의에 위반되어 등록을 받을 수 없다.

⑤ |○| 甲과 乙 모두 등록을 받을 수 없다. 甲의 출원은 신규성 위반으로 거절되며, 甲의 출원이 거절결정 확정시 선출원의 지위가 인정되지 않을 것이다(법 제36조 제4항). 그러므로 乙의 출원은 甲의 출원으로부터 선출원주의에 위반되어 거절되지는 않을 것이나, 甲의 출원이 공개되어(2010. 8. 10.) 확대된 선출원주의에 위반되어 등록을 받을 수 없다.

정답 ⑤

13 다음 설명 중 옳은 것은? (다툼이 있는 경우 판례에 의함)

① 기술적 구성에 차이가 있더라도 그 차이가 과제해결을 위한 구체적 수단에서 주지·관용기술의 부가·삭제·변경 등에 지나지 아니하여 새로운 효과가 발생하지 않는 정도의 미세한 차이에 불과하다면 두 발명은 서로 실질적으로 동일하다고 할 것이며, 두 발명의 기술적 구성의 차이가 위와 같은 정도를 벗어나더라도 그 차이가 해당 발명이 속하는 기술분야에서 통상의 지식을 가진 사람이 쉽게 도출할 수 있는 범위 내라고 한다면 두 발명을 동일하다고 할 수 있다.

② 출원발명의 특허출원서에 그 발명이 자기공지 예외 규정에 해당한다는 취지를 기재하지 아니하고 출원하였더라도 그 후 자기공지 예외 규정에 해당한다는 취지를 기재한 서면을 제출하였다면 출원발명에 대하여 특허법 제30조 제1항 제1호가 적용될 수 없다.

③ 甲이 乙에게서, 乙이 특허권자 또는 출원인으로 된 일본국 내 특허권 또는 특허출원과 그 특허발명들에 대응하는 일본국 외에서의 특허출원 및 등록된 특허권 일체와 관련한 모든 권리를 무상양도받기로 하는 계약을 체결하면서 위 양도계약과 관련한 분쟁이 발생할 경우 관할법원을 대한민국 법원으로 하기로 약정한 경우, 위 양도계약에 기하여 특허권의 이전등록 또는 특허출원인 명의변경을 구하는 소는 위 특허권의 등록국이나 출원국인 일본국 등 법원의 전속관할에 속한다고 볼 수 없으므로, 이러한 전속적 국제관할합의는 무효이다.

④ 어떤 독립항이 그 출원 전 공지된 발명에 의하여 진보성이 부정되지 않는다는 사정이 있는 경우, 그 독립항의 구성 일부를 생략하거나 다른 구성으로 바꾼 청구항은 당연히 그 출원 전 공지된 발명에 의해서 진보성이 부정되지 않는다고 할 수 있다.

⑤ 특허의 요건을 판단하기 위한 발명의 기술구성은 특별한 사정이 없는 한 청구범위의 기재를 기초로 확정하여야 하며, 발명의 설명이나 도면 등 다른 기재에 의하여 청구범위를 제한 해석하는 것은 허용되지 않는다.

해설

① |×| 확대된 선출원에 관한 구 특허법(2006. 3. 3. 법률 제7871호로 개정되기 전의 것) 제29조 제3항에서 규정하는 발명의 동일성은 발명의 진보성과는 구별되는 것으로서 두 발명의 기술적 구성이 동일한가 여부에 의하되 발명의 효과도 참작하여 판단할 것인데, 기술적 구성에 차이가 있더라도 그 차이가 과제해결을 위한 구체적 수단에서 주지·관용기술의 부가·삭제·변경 등에 지나지 아니하여 새로운 효과가 발생하지 않는 정도의 미세한 차이에 불과하다면 두 발명은 서로 실질적으로 동일하다고 할 것이나, 두 발명의 기술적 구성의 차이가 위와 같은 정도를 벗어난다

면 설사 그 차이가 해당 발명이 속하는 기술분야에서 통상의 지식을 가진 사람이 쉽게 도출할 수 있는 범위 내라고 하더라도 두 발명을 동일하다고 할 수 없다(대법원 2011. 4. 28. 선고 2010후2179).

② |×| 공지예외주장의 시기와 관련하여 2015년 7월 29일 시행 개정법에 의할 경우 특허출원시 이후에 법 제30조 제1항 제1호를 적용받기 위한 취지기재 서류 또는 증명서류를 제출할 수 있는 경우가 있다(특허법 제30조 제3항).

[구법상 참조 판례 : 대법원 2011. 6. 9. 선고 2010후2353 판결]
학술대회에서 출원발명과 관련된 연구 결과에 관한 논문을 발표한 발명자들로부터 특허를 받을 권리를 승계한 자가, 2006. 6. 21. '공지 예외 적용의 대상인 출원'이라는 취지가 기재되어 있지 않은 특허출원서로 출원발명을 출원한 뒤 그 다음날인 2006. 6. 22. 특허청에 위 출원발명이 2006. 5. 26. 간행물 발표에 의하여 공개되었다는 내용과 "특허법 제30조 제2항의 규정에 의하여 증명서류를 제출한다"라는 취지가 기재된 "공지 예외 적용대상 증명서류 제출서"라는 제목의 문서를 제출한 사안에서, 출원발명의 특허출원서에 그 발명이 자기공지 예외 규정에 해당한다는 취지를 기재하지 아니하고 출원하였으므로 그 후 자기공지 예외 규정에 해당한다는 취지를 기재한 서면을 제출하였다고 하더라도 출원발명에 대하여 특허법 제30조 제1항 제1호가 적용될 수 없다.

③ |×| 甲이 乙에게서, 乙이 특허권자 또는 출원인으로 된 일본국 내 특허권 또는 특허출원과 그 특허발명들에 대응하는 일본국 외에서의 특허출원 및 등록된 특허권 일체와 관련한 모든 권리를 무상양도받기로 하는 계약을 체결하면서, 위 양도계약과 관련한 분쟁이 발생할 경우 관할법원을 대한민국 법원으로 하기로 약정한 사안에서, 위 양도계약에 기하여 특허권의 이전등록 또는 특허출원인 명의변경을 구하는 소는 주된 분쟁 및 심리의 대상이 위 양도계약의 해석 및 효력의 유무일 뿐 위 특허권의 성립, 유·무효 또는 취소를 구하는 것과 무관하므로 위 특허권의 등록국이나 출원국인 일본국 등 법원의 전속관할에 속한다고 볼 수 없고, 또한 대한민국법상 당사자 사이에 전속적 국제관할합의를 하는 것이 인정되고 당해 사건이 대한민국 법원과 합리적 관련성도 있으며, 달리 위 전속적 국제관할합의가 현저하게 불합리하거나 불공정하여 공서양속에 반한다고 볼 수 없으므로, 위 전속적 국제관할합의가 유효하다(대법원 2011. 4. 28. 선고 2009다19093 판결).

④ |×| 청구범위의 청구항의 구성 일부를 생략하거나 다른 구성으로 바꾼 청구항은 그 기재형식에 불구하고 이를 종속항으로 볼 수 없으므로, 어떤 독립항이 그 출원 전 공지된 발명에 의하여 진보성이 부정되지 않는다는 사정이 있다고 하더라도, 그 독립항의 구성 일부를 생략하거나 다른 구성으로 바꾼 청구항은 설령 그 독립항의 구성요소의 대부분을 가지고 있더라도 당연히 그 출원 전 공지된 발명에 의해서 진보성이 부정되지 않는다고 할 수 없다(대법원 2006. 11. 24. 선고 2003후2072 판결).

⑤ |○| 대법원 2010. 1. 28. 선고 2007후3752 판결

정답 ⑤

14 특허법 제30조의 공지 등이 되지 아니한 발명으로 보는 경우(이하 '공지예외적용'이라 함)에 관한 설명으로 옳지 않은 것은? (다툼이 있는 경우에는 판례에 의함)? [2014년 기출]

① 국제특허출원한 발명에 관하여 공지예외적용을 받고자 하는 경우, 공지행위가 있었던 날부터 12개월 이내에 국제출원하고, 그 취지를 기재한 서면 및 증명서류를 기준일 경과 후 30일 이내에 제출하여야 한다.

② 특허를 받을 수 있는 권리를 가진 자가 특허출원 전에 해당 발명을 공지한 경우, 그에 대해 공지예외적용을 받기 위해서 특허출원서에는 해당 공지사실을 특정하여 기재할 필요 없이 '공지예외의 적용을 받고자 한다'라는 취지만을 표시하는 것으로 충분하다.

③ 국내우선권주장출원에 있어서, 그 선출원이 발명의 공지일부터 12개월 이내에 공지예외적용 요건에 맞추어 특허출원을 하였고, 그 선출원에 기초하여 국내우선권주장의 후출원을 하는 경우, 후출원의 특허출원일이 그 공지일부터 12개월 이내가 아니더라도 공지예외적용을 받을 수 있다.

④ 특허를 받을 수 있는 권리를 가진 자가 특허출원 전에 해당 발명을 공지한 후 공지예외적용 요건을 갖추어 특허출원을 하였는데, 그 공지일과 특허출원일 사이에 제3자에 의하여 해당 발명과 동일한 발명의 공개가 있는 경우, 제3자의 공지가 공지예외적용에 해당하는 공지에 의하여 지득한 발명의 공개라는 사실이 명백하더라도 출원인이 그 의사에 반하여 공지된 발명이라는 사실을 입증하지 못하면 그 특허출원은 제3자의 공지에 기초하여 신규성을 상실한다.

⑤ 특허를 받을 수 있는 권리를 가진 자가 특허출원 전에 해당 발명을 복수 회 걸쳐 공개한 경우 모든 공개행위에 대해서 공지예외적용을 받기 위해서는 원칙적으로 각각의 공개행위에 대하여 공지예외적용을 받기 위한 절차를 밟아야 하지만, 특정한 하나의 공개행위와 밀접 불가분의 관계에 있는 복수 회에 걸친 공개일 경우에는 2번째 이후의 공개에 대해서는 증명서류의 제출을 생략할 수 있는 경우도 있다.

해설

① |○| 법 제30조, 법 제199조 제2항, 법 제200조 및 시행규칙 제111조
② |○| ⑤ |○| 심사기준

 i) 특허를 받을 수 있는 권리를 가진 자가 특허출원 전에 해당 발명을 복수 회에 걸쳐 공개한 경우 모든 공개행위에 대해서 공지예외의 적용을 받기 위해서는 원칙적으로 각각의 공개행위에 대하여 특허법 제30조 규정의 적용을 받기 위한 절차를 밟아야 한다.

 ii) 법 제30조 제2항에서 말하는 '취지 기재'란 '공지예외의 적용을 받고자 한다'라는 취지 자체의 기재를 의미하고 반드시 출원서에 해당 공지사실을 특정해야만 취지 기재를 했다고 보는 것은 아니다. 따라서 출원시 출원서에 (출원서 서식의 공지예외적용 박스에 체크해서) 공지예외주장의 취지를 표시한 경우에는 출원서에 공지사실을 구체적으로 기재하고 있지 않더라도 출원일로부터 30일 이내에 공지를 증명할 수 있는 서류를 제출하면 그 공지에 대하여 공지예외를 인정받을 수 있다.

 iii) 한편, 특정한 하나의 공개행위와 밀접 불가분의 관계에 있는 복수회에 걸친 공개일 경우에는 2번째 이후의 공개에 대해서는 증명서류의 제출을 생략할 수 있으며 이 경우 특허법 제30조

제1항의 기간 12개월의 기산일은 최선(最先)공개일이다. 여기서 「특정한 하나의 공개행위와 밀접 불가분의 관계에 있는 복수회에 걸친공개」란 특허법 제30조제1항제1호에 해당하는 특정한 하나의 공개행위와 밀접한 관련이 있는 공개로 서로 불가분의 관계에 있는 것으로서 예로 다음과 같은 것들이 있을 수 있다.

① 2일 이상 소요되는 시험 ② 시험과 시험당일 배포된 설명서 ③ 간행물의 초판과 중판 ④ 원고집과 그 원고의 학회(구두)발표 ⑤ 학회발표와 그 강연집 ⑥ 학회의 순회강연 ⑦ 박람회 출품과 그 출품물에 대한 카탈로그 등

또한, 연구결과에 따른 발명에 관하여 하나의 학술적인 발표 행위(학술지 게재, 학술단체 발표, 연구보고서 공표, 학위논문 공개 등)가 있는 경우에는, 이러한 공개는 그 하나의 학술적인 발표 행위에 한정된 것이 아니라 복수 회의 학술적인 공개가 후속될 수 있는 상태를 예정하고 있는 것이므로, 동일한 발명의 다른 학술적인 발표 행위와도 밀접불가분의 관계에 있는 것으로 간주하여, 최초의 학술적인 발표 행위에 대하여 적법한 공지예외주장 절차를 밟았으면 동일한 발명에 관한 이후의 학술적인 발표 행위들에 대해서도 공지예외의 효력이 미치는 것으로 본다.

③ |○| 법 제55조 제3항

④ |×|

제3자의 공지가 공지예외적용에 해당하는 공지에 의하여 지득한 발명의 공개라는 사실이 명백한 경우에 별도로 의사한 반하여 공지된 발명이라는 입증을 필요로 하지 않고, 법 제30조 제1항 제2호의 적용을 받을 수 있다.

(심사기준)

ⅰ) 특허법 제30조제1항제1호에 의한 공지가 있은 날과 특허출원일 사이에 제3자에 의하여 공지예외주장출원에 기재된 발명과 동일한 발명의 공개가 있는 경우 제3자에 의한 공지가 공지예외에 해당하는 공지에 의하여 지득(知得)한 발명의 공개라는 사실이 명백한 경우를 제외하고 그 공지예외주장 출원은 신규성이 없는 것으로 하여 거절결정한다.

ⅱ) 여기서, 제3자에 의한 공지가 공지예외에 해당하는 공지에 의하여 지득(知得)한 발명의 공지란, 예를 들어, 특허를 받을 수 있는 권리자가 한 시험 또는 간행물 발표, 학술단체가 개최하는 연구집회에서의 발표, 박람회에 출품 등에 의하여 공지된 발명을 제3자가 간행물에 전재(轉載)하는 경우 등이다.

ⅲ) 또한, 상기 이유에 의한 심사관의 거절이유통지에 대하여 출원인이 제3자에 의한 공지가 공지예외에 해당하는 공지에 의하여 지득한 발명의 공개라는 사실이나, 출원인의 의사에 반하여 공지된 발명이라는 사실을 입증하지 못하는 경우 그 특허출원에 대하여 거절결정한다.

정답 ④

15 특허법 제30조의 공지예외적용에 관한 설명 중 옳은 것은? (다툼이 있는 경우 판례에 의함)

① 특허를 받을 수 있는 권리를 가진 자에 의하여 그 발명이 공지된 경우 출원시 공지예외적용의 취지를 출원서에 적어 출원하지 않으면 공지예외를 인정 받을 수 없다.
② 특허를 받을 수 있는 권리를 가진 자가 발명을 미국에서 출원하여 그 발명이 미국에서 적법하게 출원공개된 후 동일한 발명을 한국에서 출원하고자 할 때 출원서에 공지예외적용의 취지를 적으면 위 미국에서의 출원공개를 공지되지 아니한 것으로 인정 받을 수 있다.
③ 특허를 받을 수 있는 권리를 가진 자가 출원 전에 발명을 여러 번 공개했으나 그 중 가장 먼저 공개한 행위에 대해서만 출원시 출원서에 취지를 적고 증명서류를 제출했다면 출원서에 기재되어 있지 않거나 증명서류가 첨부되어 있지 아니한 후속 공개행위가 통상적으로 이루어지는 반복 공개 행위에 불과하다 하더라도 그 발명은 후속 공개행위에 의해 신규성이 상실된다.
④ 국내우선권주장을 수반하는 출원은 공지된 날부터 12월이 지나서 출원했다면 선출원이 공지된 날부터 12개월 이내에 출원하였다 하더라도 공지예외적용을 받을 수 없다.
⑤ 공지예외적용은 특허법 제29조 제1항의 신규성을 판단하는 경우뿐 아니라 제29조 제2항의 진보성을 판단하는 경우에도 인정 받을 수 있다.

해 설

① 특허를 받을 수 있는 권리를 가진 자에 의하여 발명이 공지된 경우 공지예외를 인정받기 위해서는 출원인이 출원서에 취지를 적어야 한다(특허법 제30조 제2항). 다만 출원시 취지 기재를 누락했어도 보완수수료를 납부하면 특허법 제47조 제1항에 따라 보정할 수 있는 기간, 또는 특허결정서를 받은 날부터 3개월과 설정등록일 중 빠른 날까지 취지를 적은 서류를 제출할 수 있다(특허법 제30조 제3항).
② 국내 또는 국외에서의 출원공개 또는 등록공고된 경우는 특허법 제30조 제1항 제1호에 따른 공지예외적용을 받을 수 없다. 간혹 무권리자 출원의 출원공개는 특허법 제30조 제1항 제2호의 의사에 반한 공지로 정당권리자가 출원할 때 공지예외적용을 받을 수 있는 것 아니냐는 견해는 있지만 본 지문은 특허를 받을 수 있는 권리를 가진 자가 출원하여 출원공개된 것이므로 특허법 제30조 제1항 제1호 단서에 따라 공지예외적용이 불가하다.
③ 특허를 받을 수 있는 권리를 가진 자가 공지 등의 예외를 적용받고자 출원서에 기재한 공개 발명의 범위는 출원서에 기재된 취지와 증명서류, 거래실정 등을 참작하여 객관적, 합리적으로 정해야 하며, 또한 출원서에 기재된 발명의 공개 행위의 후속 절차로서 통상적으로 이루어지는 반복 공개 행위는 출원서에 기재된 발명의 공개 행위의 연장선에 있다고 볼 수 있으므로, 비록 출원서에 기재되어 있지 않거나 증명서류가 첨부되어 있지 않더라도 당연히 특허법 제30조의 공지 등의 예외 적용을 적용받을 수 있다(2015허7308). 디자인 사건에서도 관련 판례가 존재한다. 여러 번의 공개행위를 하고 그 중 가장 먼저 공지된 디자인에 대해서만 절차에 따라 신규성 상실의 예외 주장을 하였다고 하더라도 공지된 나머지 디자인들이 가장 먼저 공지된 디자인과 동일성이 인정되는 범위 내에 있다면 공지된 나머지 디자인들에까지 신규성 상실의 예외의 효과가 미친다고 봄이 타당하다(2014후1343).
④ 특허법 제55조 제3항에서 제30조 제1항을 규정한다.
⑤ 신규성과 진보성 판단할 때 공지예외적용된 발명은 공지되지 아니한 것으로 본다(특허법 제30조 제1항).

정 답 ⑤

16 특허법 제30조(공지 등이 되지 아니한 발명으로 보는 경우)에 관한 설명으로 옳지 않은 것은?

[2015년 기출]

① 공지 등이 있는 날로부터 12개월 이내에 공지예외적용 신청을 수반하여 선출원을 한 경우, 해당 선출원을 기초로 한 국내우선권 주장출원을 위 공지 등이 있는 날로부터 12개월 이내에 하여야 특허법 제30조를 적용 받을 수 있다.
② 특허법 제30조제1항제1호의 규정을 적용 받으려면 출원서에 그 취지를 적어야 하고 이를 증명할 수 있는 서류를 출원일로부터 30일 이내에 특허청장에게 제출하여야 한다.
③ 특허법 제30조는 발명이 출원 전에 공지되었다 하더라도 일정요건을 갖춘 경우 신규성이나 진보성에 관한 규정을 적용할 때 그 발명을 선행기술로 사용하지 않도록 하는 규정이지 출원일이 소급되는 것은 아니다.
④ 甲의 발명이 공개된 후 12개월 이내에 동일 발명을 출원(A)하여 공지예외규정을 적용 받았고, 상기 출원일과 같은 날에 동일 발명에 대하여 乙이 출원(B)을 한 경우, 특허법 제36조(선출원)를 적용하지 않더라도 乙은 특허를 받을 수 없다.
⑤ 우리나라에 출원된 것으로 보는 국제출원(국제특허출원)은 국제출원일에 공지예외적용과 관련된 절차를 밟지 않았더라도 기준일 경과 후 30일 내에 공지예외주장취지를 기재한 서면과 증명서류를 제출하면 특허법 제30조를 적용 받을 수 있다.

해설

① |×| 특허법 제55조 제3항, 조약우선권 주장과는 달리 국내우선권 주장 출원 같은 경우에 선출원이 공지 등이 있는 날로부터 12개월 이내에 출원했으면, 특허법 제30조를 적용 받을 수 있다.
② |○| 특허법 제30조 제2항
③ |○| 특허법 제30조 제1항
④ |○| 을은 공지예외규정을 이용하지 않았기에(또는 못할 것이기에), 특허법 제36조(선출원)을 적용하지 않더라도 신규성 위반으로 특허를 받을 수 없다.
⑤ |○| 특허법 제200조 및 특허법 시행규칙 제111조

정답 ①

17 甲은 두통약 A의 제조방법을 비밀로 관리하면서 2013년 1월부터 A를 제조·판매하고 있다. 乙이 甲의 제조방법과 동일한 제조방법 및 그 제조방법에 의하여 생산되는 A를 각각 2013년 2월 우리나라에 특허출원을 한 경우, 다음 설명 중 옳은 것은? (甲의 제조방법은 공지되지 않은 것으로 보며, 설문에 주어진 상황 외에는 고려하지 않는다.)   [2015년 기출]

① 甲이 乙의 출원발명과 동일한 제조방법으로 두통약 A를 제조·판매하고 있으므로, 乙의 제조방법은 신규성이 없어서 특허를 받을 수 없다.
② 甲의 제조방법과 동일한 제조방법으로 생산된 두통약 A가 이미 판매되고 있다고 하더라도, 그 제조방법이 공지되지 아니하였으므로 乙의 두통약 A는 신규성이 부정되지 않는다.
③ 두통약 A와 그 제조방법은 동일한 카테고리의 발명이므로 乙의 제조방법도 신규성이 부정되어 특허를 받을 수 없다.
④ 甲의 두통약 A가 판매되고 있다고 하더라도 당해 두통약 A의 제조방법은 공지되지 않았으므로 乙의 제조방법은 신규성이 부정되지 않는다.
⑤ 乙이 두통약 A의 제조방법에 대하여 특허를 받은 경우 그 제조방법에 의하여 제조된 두통약 A에도 특허권의 효력이 미치므로, 乙의 특허출원 전에 판매된 甲의 두통약 A에 대하여 특허권을 행사할 수 있다.

해설

① |×| 甲의 제조방법은 공지 등이 되지 않았다고 하니, 乙의 제조방법은 신규성이 있을 수 있다.
② |×| 甲이 두통약 A를 제조, 판매하고 있으므로 두통약 A는 공연실시 되었다고 볼 수 있다. 따라서 乙의 두통약 A는 신규성이 상실된다.
③ |×| ④ |○| 甲의 두통약 A의 제조방법은 비밀로 관리되어 불특정인이 알 수 있는 상태에 놓이거나 그러한 상황에서 실시되지 않았으므로, 乙의 제조방법은 신규성이 상실되지 않는다.
⑤ |×| 甲은 특허법 제103조의 선사용권에 의해 보호받을 수 있다.

정답 ④

18 甲은 2015년 7월 1일 동물뿐 아니라 인간의 신경계 질환을 치료하는 조성물과 그 조성물을 이용한 치료방법을 세계 최초로 개발하였다. 이후 甲은 2015년 10월 5일 자신의 연구 내용이 기재된 논문을 공개된 학회에서 발표한 다음, 2015년 10월 12일 청구범위 제1항에는 '신경계 질환 치료용 조성물'에 관한 발명에 대해서, 제2항에는 '그 조성물 투여를 통한 신경계 질환 치료방법'에 관한 발명에 대해서 각각 기재하여 특허출원을 하였다(청구범위 제1항과 제2항 모두 동물에만 한정한다는 내용이 기재되어 있지는 않다). 한편, 乙은 위와 같은 치료용 조성물을 스스로 발명하여 2015년 10월 21일 특허출원(청구범위 제1항에 치료용 조성물에 관한 발명에 대하여 기재하였다)을 하였다. 乙이 발명한 조성물에 관한 발명은 甲이 발명한 조성물에 관한 발명과 기술적 사상이 같다. 다음 설명 중 옳지 않은 것은? [2016년 기출문제]

① 甲 출원 중 청구범위 제1항은 산업상 이용할 수 있는 발명에 해당한다.
② 甲 출원 중 청구범위 제2항은 특허를 받을 수 없다.
③ 甲 출원 중 청구범위 제2항의 경우 보정을 통해 동물에만 한정하여 명시한다면 이는 산업상 이용할 수 있는 발명이 된다.
④ 甲 출원의 경우 자기공지 예외 규정(특허법 제30조 제1항 제1호)에 해당한다는 취지가 특허출원서에 기재되어 있지 아니한 채 출원된 경우에는 자기공지 예외 규정의 적용을 받을 수 없다.
⑤ 乙의 출원은 특허를 받을 수 없다.

해설

①, ②, ③ |○| 대법원 1991. 3. 12. 선고 90후250
④ |×| 취지가 출원서에 기재되어 있지 않더라도, 출원인은 보완수수료를 납부하면서, 1) 법 제47조제1항에 따라 보정할 수 있는 기간, 2) 법 제66조에 따른 특허결정 또는 법 제176조 제1항에 따른 특허거절결정 취소심결(특허등록을 결정한 심결에 한정하되, 재심심결을 포함한다)의 등본을 송달받은 날부터 3개월 이내의 기간(다만, 법 제79조에 따른 설정등록을 받으려는 날이 3개월보다 짧은 경우에는 그 날까지의 기간) 중 어느 하나에 해당하는 기간에 취지 및 증명서류를 제출할 수 있다(법 제30조 제3항).
⑤ |○| 乙의 출원은 甲의 2015년 10월 5일 공지에 의해 신규성 위반이며, 甲의 2015년 10월 12일 출원에 의해 선출원주의 또는 확대된 선출원의 지위에 위반될 수 있다.

정답 ④

19 특허법 제30조의 공지 등이 되지 아니한 발명으로 보는 경우(이하 '공지예외적용'이라 함)에 관한 설명으로 옳은 것은? [2018년 기출문제]

① 발명이 출원 전에 공지되었으나 공지예외적용의 요건을 갖춘 경우에 그 발명은 특허법 제29조(특허요건)의 신규성이나 진보성에 관한 규정 적용시 출원일이 소급된다.

② 특허를 받을 수 있는 권리를 가진 자의 의사에 반하여 발명이 공지된 경우에 공지예외적용을 받으려는 자는 공지된 날부터 6개월 이내에 특허출원을 하여야 한다.

③ 특허를 받을 수 있는 권리를 가진 자의 의사에 반하여 발명이 공지된 경우에 공지예외적용을 받으려는 자는 출원서에 그 취지를 기재하여야 한다.

④ 특허를 받을 수 있는 권리를 가진 자에 의하여 발명이 공지된 경우에 공지예외적용을 받을 수 있으나, 그 발명이 조약 또는 법률에 따라 국내 또는 국외에서 출원공개되거나 등록공고된 경우는 제외한다.

⑤ 특허를 받을 수 있는 권리를 가진 자에 의하여 발명이 공지된 경우에 공지예외적용을 받으려는 자는 출원서에 그 취지를 기재하여야 하고, 이를 추후 보완할 수 없다.

해설

① 공지예외적용의 효과는 정당권리자출원, 분할출원, 분리출원, 변경출원 같은 출원일 소급이 아니다. 단지 특허법 제29조 제1항 각호에 해당하지 아니한 것으로 취급해주는 것이 효과다(특허법 제30조 제1항).
② 6개월이 아니라 12개월 이내에 출원하면 된다(특허법 제30조 제1항).
③ 의사에 반한 공지가 있는 경우는 의사에 의한 공지와 달리 출원서에 취지를 기재할 필요가 없다(특허법 제30조 제2항).
④ 국제공개, 출원공개, 등록공고 등 WIPO나 각 나라의 특허청에서 공개한 것은 의사에 의한 공지로 보지 않는다(특허법 제30조 제1항 제1호 단서).
⑤ 보완수수료를 납부하면 추후에 보완할 수 있다(특허법 제30조 제3항).

정 답 ④

20 특허법 제30조(공지 등이 되지 아니한 발명으로 보는 경우)에 관한 설명으로 옳지 않은 것은?

① 공지 등이 있는 날로부터 12개월 이내에 공지예외적용 신청을 수반하여 선출원을 한 경우, 해당 선출원을 기초로 한 국내우선권주장 출원은 위 공지 등이 있는 날로부터 12개월 이내에 출원했어야 특허법 제30조를 적용 받을 수 있다.
② 특허법 제30조 제1항 제1호의 규정을 적용 받으려면 출원서에 그 취지를 적어야 하고 이를 증명할 수 있는 서류를 출원일로부터 30일 이내에 특허청장에게 제출하여야 한다.
③ 특허법 제30조는 발명이 출원 전에 공지되었다 하더라도 일정요건을 갖춘 경우 신규성이나 진보성에 관한 규정을 적용할 때 그 발명을 선행기술로 사용하지 않도록 하는 규정이지 출원일이 소급되는 것은 아니다.
④ 보완수수료를 납부한 경우는 특허결정의 등본을 송달받은 날부터 3개월 이내의 기간 또는 설정등록일 중 **빠른** 날까지 특허법 제30조 제1항 제1호에 따른 취지 및 이의 증명서류를 추후 제출할 수 있다.
⑤ 출원공개 또는 등록공고된 경우로는 특허법 제30조 제1항 제1호의 규정을 적용 받을 수 없다.

해설

① 조약우선권주장과 달리 국내우선권주장은 선출원이 공지 등이 있는 날부터 12개월 이내에 출원했으면 특허법 제30조를 적용 받을 수 있다(특허법 제55조 제3항).
② 특허법 제30조 제2항
③ 특허법 제30조 제1항
④ 특허법 제30조 제3항
⑤ 특허법 제30조 제1항 제1호

정답 ①

21 특허법 제30조의 공지 등이 되지 아니한 발명으로 보는 경우(이하'공지예외적용'이라 함)에 관한 설명으로 옳지 않은 것은? (다툼이 있는 경우에는 판례에 의함)?

① 국제특허출원한 발명에 관하여 의사에 의한 공지에 대해 공지예외적용을 받고자 하는 경우, 공지행위가 있었던 날부터 12개월 이내에 국제출원하면 되고, 그 취지를 기재한 서면 및 증명서류는 기준일 경과 후 30일 이내에 특허청장에게 제출할 수 있다.

② 국내우선권주장출원에 있어서, 그 선출원이 발명의 공지일부터 12개월 이내에 공지예외적용 요건에 맞추어 특허출원을 하였고, 그 선출원에 기초하여 국내우선권주장의 후출원을 하는 경우, 후출원의 특허출원일이 그 공지일부터 12개월 이내가 아니더라도 공지예외적용을 받을 수 있다.

③ 공지예외적용이 적법한 경우 특허법 제29조(특허요건) 및 제36조(선출원)의 규정을 적용함에 있어서 공지된 날에 출원된 것으로 본다.

④ 특허를 받을 수 있는 권리를 가진 자의 의사에 의하여 수회에 걸친 공개행위가 있은 경우, 최초 공지일로부터 12개월 이내에 출원하면서 공지예외적용 절차를 밟아야 특허를 받을 수 있다.

⑤ 공지예외적용에 있어서, 특허를 받을 수 있는 권리를 가진 자의 의사에 반한 공지는 공개형태에 제한이 없으나, 의사에 의한 공지는 공개형태에 제한이 있다.

해설

① 취지 및 증명서류는 기준일 경과 후30일까지 특허청장에게 제출할 수 있다(특허법 제200조, 특허법 시행규칙 제111조).

② 선출원이 공지된 날부터12개월 이내에 출원된 것이라면 국내우선권주장출원이 공지된 날부터 12개월 경과하여 출원되었어도, 특허법 제30조 절차를 밟을 수 있다(특허법 제55조 제3항). 참고로 심사기준에 따르면 조약우선권주장은 그렇지 않다. 조약우선권주장출원이 공지된 날부터 12개월 이내에 출원되어야 특허법 제30조 절차를 밟을 수 있다(심사기준).

③ 특허법 제30조는 공지되지 않는 것으로 취급할 뿐, 출원일 소급효는 없다.

④ 각 공개행위에 대해 공지예외적용을 받아야 특허를 받을 수 있을 것이고, 공지예외적용은 공개일부터 12개월 이내에 출원하여야 가능하므로, 최초 공개일부터 12개월 이내에 출원하여야 모든 공개행위에 대해 공지예외적용을 받아 특허를 받을 수 있다.

⑤ 의사에 의한 공지는 출원공개 또는 등록공고 등에 의한 공개형태에 대해서는 공지예외적용이 불가하다(특허법 제30조 제1항 제1호 단서).

정답 ③

22 공지예외적용에 관한 설명 중 옳지 않은 것은? (다툼이 있는 경우에는 판례에 의함)

① 특허를 받을 수 있는 권리자의 의사에 반하여 발명이 공지된 경우는 그 발명의 공지방법에 제한이 없다.
② 특허를 받을 수 있는 자의 의사에 반하여 공지된 경우에도 공지된 발명은 공지된 날부터 12개월 이내에 특허출원을 하여야 하며, 다만 특허를 받을 수 있는 권리를 가진 자가 발명을 공개한 경우와 달리 출원서에 그 취지를 기재할 필요는 없다.
③ 특정한 하나의 공개행위와 밀접 불가분의 관계에 있는 복수회에 걸친 공개일 경우에는 2번째 이후의 공개에 대해서는 증명서류의 제출을 생략할 수 있으며 이 경우 특허법 제30조 제1항의 기간 12개월의 기산일은 최선 공개일이다.
④ 특허법 제30조 제1항 제1호 규정에 의한 공지예외주장규정을 적용받기 위해서는 특허를 받을 수 있는 권리를 가진 자가 공개자와 일치해야 한다.
⑤ 출원된 발명이 공개가 있기 전에 취하 또는 무효로 되거나 거절결정이 확정되는 등 출원에 관한 절차가 종료된 후 특허청의 착오로 공개된 경우에는 본인의 의사에 반하는 공개로 보아 특허법 제30조의 규정을 적용할 수 있다.

해설

① 의사에 의한 경우와 달리 의사에 반한 경우는 공지방법에 제한이 없다(심사기준).
② 심사기준
③ 심사기준
④ 특허법 제30조 제1항 제1호 규정에 의한 공지예외주장규정을 적용받기 위한 공개행위는 그 발명의 공개가 특허를 받을 수 있는 권리를 가진 자의 적극적 공개 행위뿐만 아니라 특허를 받을 수 있는 권리를 가진 자가 공개를 의뢰하여 제3자가 공개하는 행위나 제3자가 특허를 받을 수 있는 권리를 가진 자의 허락(묵시적 허락을 포함한다)을 받아 인용하는 공개행위 등을 포함한다(심사기준). 즉 공개자와 출원인 또는 발명자가 일치하지 않아도 의사에 의한 공개면 특허법 제30조 제1항 제1호 적용이 가능하다.
⑤ 착오로 출원공개된 경우 의사에 반한 공지를 적용할 수는 있다(심사기준).

정답 ④

23 甲은 자신이 개발한 발명 A의 제품을 2019. 9. 1. 판매하였고, 그 판매 제품에 대해 고객의 의견을 받아서 발명 A에 구성 B를 추가한 발명의 신제품(A+B)을 2020. 5. 1. 판매하였으며, 그 후 甲은 특허법 제30조(공지 등이 되지 아니한 발명으로 보는 경우)의 규정에 의하여 2020. 8. 1. 특허출원(제1항 : A, 제2항 : B)을 하였다. 다른 거절이유가 없는 경우 甲의 특허출원과 그 특허심사에 관한 설명으로 옳지 않은 것은? [2021년 기출]

① 甲은 특허법 제30조의 규정을 적용받기 위하여 2019. 9. 1.부터 1년 이내에 특허출원하였으므로 특허를 받을 수 있다.

② 甲은 특허법 제30조를 적용받고자 하는 취지를 특허출원서에 기재하고, 이를 증명할 수 있는 서류를 2020. 5. 1. 판매한 신제품(A+B)에 대해서만 제출하면 특허를 받을 수 있다.

③ 乙이 자체 개발한 신제품(A+B)을 2020. 7. 1. 판매한 경우, 甲은 특허법 제30조의 규정을 적용받는다고 하더라도 제1항 및 제2항에 대해 특허를 받을 수 없다.

④ 丙이 甲의 판매제품을 인지하지 못한 상태에서 개발한 발명 B를 2020. 7. 1. 특허출원한 경우, 甲은 제1항에 대해서 특허를 받을 수 있지만, 제2항에 대해서는 특허를 받을 수 없다.

⑤ 丁이 甲의 판매제품을 인지하지 못한 상태에서 자신이 개발한 발명을 2020. 7. 1. 특허출원(제1항 : A, 제2항 : B)한 경우, 丁은 제1항 및 제2항 모두 특허를 받을 수 없다.

해 설

① 특허법 제30조는 공지된 날부터 1년 이내에 출원하여야 한다(특허법 제30조 제1항).

② 먼저 2019. 9. 1. 판매와 2020. 5. 1. 판매가 각각 A와 B에 대한 공지행위인지가 문제에서 명확하지 않다(영업비밀을 유지한 노하우 실시라면 위 판매행위는 공지행위가 아니다). 다만 각각 A와 B에 대한 공지행위가 맞다고 본다면, 의사에 의한 연속된 공개행위가 있는 경우는 최초 공개에 대해서만 취지 및 증명서류를 제출하면 후속 공개행위에 대해서도 특허법 제30조 효과를 인정받을 수 있으나, 2019. 9. 1. 판매와 2020. 5. 1. 판매는 같은 내용에 대한 연속된 공개행위가 아닌, A와 A+B 별개 발명에 대한 별개의 공지행위이므로, 각 공지행위별로 취지 및 증거서류의 제출이 필요하다. 따라서 A+B에 대해서만 증명서류를 제출하면 2019. 9. 1. A 공지행위에 대해서는 특허법 제30조 효과를 인정받지 못해 청구항 1이 신규성 위반이 되고, 출원일체원칙에 따라 출원 전체가 거절될 수 있다.

③ 다만 2020. 7. 1. A+B 판매가 A와 B 각각에 대한 공지행위가 맞다고 본다면, 이는 타인인 乙의 발명(자체 개발)이 공지된 것이므로, 甲은 특허법 제30조 절차를 밟을 수 없어, 제1항 및 제2항이 신규성 위반에 해당할 수 있다.

④ 甲 출원이 丙 출원보다 출원일이 늦지만, 甲의 2020. 5. 1. A+B 판매가 B의 공지행위가 맞다고 본다면, 丙은 타인인 甲의 발명에 대해서 특허법 제30조 절차를 밟을 수 없어 신규성 위반으로 거절될 것이며, 丙 출원이 만약 출원공개 전에 거절결정 확정되어 출원공개되지 않는다면, 丙 출원에 대해서는 선원지위 및 확대된 선원지위 모두 발생하지 않을 것이므로, 甲 출원은 丙 출원에 의해 거절되지 않을 수 있다.

⑤ 甲의 2019. 9. 1. 판매와 2020. 5. 1. 판매가 각각 A와 B에 대한 공지행위가 맞다면, 丁은 타인인 甲의 발명에 대해서 특허법 제30조 절차를 밟을 수 없는바, 제1항 및 제2항 모두 신규성 위반에 해당할 수 있다.

정답 ②, ④

24 특허출원 절차에 관한 설명으로 옳지 않은 것은? [2022년 기출]

① 특허출원인의 의사에 반한 공지가 있어 이를 주장하고자 하는 경우, 특허출원시에 그 취지와 증명서류를 제출하여야 하나, 보완수수료를 납부하면 보정 기간에 그 취지를 적은 서류 또는 이를 증명할 수 있는 서류를 제출할 수 있다.

② 무권리자의 특허출원에 해당한다는 이유로 특허거절결정이 확정된 경우, 정당한 권리자의 출원에 대한 심사청구는 무권리자 출원일로부터 3년이 경과한 이후라도 정당한 권리자의 출원일부터 30일 이내에 청구할 수 있다.

③ 분할출원을 기초로 특허법 제54조(조약에 의한 우선권 주장)에 따른 우선권을 주장하고자 하는 경우, 분할출원을 한 날부터 3개월 이내에 우선권 주장 서류를 특허청장에게 제출할 수 있다.

④ 특허출원에 대한 최후거절이유통지에 따른 보정이 각하된 경우에, 이에 대하여 독립하여 불복할 수 없고, 심판에서 다투는 경우에는 특허거절결정에 대한 심판에서 다툴 수 있다.

⑤ 특허출원인은 특허출원서에 최초로 첨부한 명세서에 청구범위를 적지 아니한 변경출원의 경우 특허법 제42조의2(특허출원일 등) 제2항에 따른 기한이 지난 후에도 변경출원을 한 날부터 30일이 되는 날까지 명세서에 청구범위를 적는 보정을 할 수 있다.

해설

① |×| 제30조 제1항 제1호의 의사에 의한 공지와 달리 제2호의 의사에 반한 공지의 경우는 취지표시가 필요 없다.
② |○| 출원일 소급효 있는 분할, 분리, 변경, 정당권리자 출원의 경우 3년 경과 후라도 각각의 출원한 날부터 30일 이내에 심사청구할 수 있다(특허법 제59조 제3항).
③ |○| 우선일부터 1년 4개월 경과 후라도 분할출원한 날부터 3개월 이내 조약 우선권주장 증명서류를 특허청장에게 제출할 수 있다(특허법 제52조 제6항).
④ |○| 보정각하결정은 예고 통지가 없고, 단독 불복이 불가하다(특허법 제63조 제1항 단서, 제51조 제3항).
⑤ |○| 특허법 제53조 제8항

정답 ①

25 甲은 자신이 발명한 '발명 X'에 관하여 학술논문으로 공개 발표하였고, 얼마 되지 않아 乙도 독자적으로 '발명 X'를 발명하여 학술논문으로 공개 발표하였다. 그 후, 甲은 제1국 특허청에 '발명 X'에 관하여 특허출원하였다. 甲은 우리나라 특허청에 제1국에서의 출원을 근거로 조약우선권을 주장하면서 '발명 X'에 관하여 특허출원하였다(이하 '국내출원 A'). 이어서 甲은 자신이 학술논문에 발표한 '발명 X'에 대하여 공지예외의 적용과 '국내출원 A'를 기초로 국내우선권을 주장하면서 출원하였다(이하 '국내출원 B'). 다음 설명에서 옳지 않은 것을 모두 고른 것은?

[2022년 기출]

> ㄱ. 甲의 '국내출원 B'가 특허 등록된다면, 특허권은 '국내출원 A'의 출원일부터 20년이 되는 날까지 존속한다.
> ㄴ. 甲이 공지예외의 적용을 받기 위한 증명서류의 제출은, '국내출원 A'의 출원일로부터 30일 이내에 하여야 한다.
> ㄷ. 甲은 공지예외 주장이 인정되더라도, '국내출원 B'의 '발명 X'에 대해서는 乙의 공개행위에 의하여 특허받지 못하게 된다.
> ㄹ. 甲의 '국내출원 A'는 제1국 출원일로부터 1년 3개월이 지난 시점에서 취하된 것으로 본다.

① ㄱ, ㄴ
② ㄴ, ㄷ
③ ㄷ, ㄹ
④ ㄱ, ㄴ, ㄹ
⑤ ㄴ, ㄷ, ㄹ

해 설

ㄱ) |×| 국내출원 B 는 국내우선권 주장 출원이다. 국내우선권 주장 출원의 존속기간은 출원일부터 20년이며, 우선일(국내출원 A 의 출원일)부터 20년이 아니다.
ㄴ) |×| 제30조 제1항 제1호는 취지 표시 및 증명서류 제출이 요구되며, 증명서류는 출원일부터 30일 이내 제출하면 된다. 우선일(국내출원 A 의 출원일)부터 30일이 아니다.
ㄷ) |○| 제30조는 자신의 발명이 의사에 의해 공지되거나 의사에 반해 공지되었을 때만 적용 가능하다. 乙의 공개는 甲의 발명이 아닌 乙의 발명을 공개한 것이기 때문에 甲이 제30조를 주장할 수 없다. 제30조는 이와 같이 한계가 있어 공지 전에 출원 먼저 하는 것이 중요하다.
ㄹ) |×| 국내우선권 주장의 기초가 된 선출원인 국내출원 A 는 중복권리 우려 때문에 취하간주되는데, 이때 취하간주 시점은 국내출원 A 의 우선일(제1국 출원일)부터 1년 3개월이 아니라 국내출원 A 의 출원일부터 1년 3개월이 지났을 때이다.

정답 ④

CHAPTER 02 무권리자 출원·특허와 정당권리자 보호

01 甲은 발명 A를 완성한 후 그 내용을 연구노트에 기재하였는데, 甲의 연구노트를 우연히 보게 된 甲의 친구 乙은 2016년 2월 5일 발명 A에 대하여 본인 명의로 무단으로 특허출원을 하였다. 乙의 특허출원은 2017년 8월 14일 출원공개되었고 2017년 11월 2일 특허권의 설정등록이 이루어졌다(등록공고는 2017년 11월 6일에 이루어짐). 한편, 丙과 丁은 공동으로 발명 B를 완성하였는데, 丙몰래 丁이 2017년 2월 6일 자신의 단독 명의로 발명 B에 대하여 특허출원을 하였다. 丁의 특허출원은 2018년 8월 13일 출원공개되었고 2018년 11월 2일 특허권의 설정등록이 이루어졌다(등록공고는 2018년 11월 6일에 이루어짐). 다음 설명 중 옳지 않은 것은? (다툼이 있으면 판례에 따름)   [2019년 기출]

① 甲은 乙을 피청구인으로 하여 특허무효심판을 청구할 수 있다.
② 정당한 권리자로부터 특허를 받을 수 있는 권리를 승계받은 바 없는 무권리자인 乙이 특허를 받은 위 사안에서, 甲은 특허법 제35조(무권리자의 특허와 정당한 권리자의 보호)에 따른 구제절차에 따르지 아니하고 법원에 직접 무권리자 乙명의의 특허권의 이전을 청구할 수는 없다.
③ 甲이 乙의 특허에 대해 무권리자 특허임을 사유로 특허무효심판을 청구한 다음, 乙 병의 특허의 등록공고일부터 2년이 경과한 후라도 무효심결 확정일부터 30일 이내에 특허법 제35조에 따라 발명 A를 특허출원하면, 甲의 출원은 2016년 2월 5일 출원된 것으로 간주된다.
④ 丙은 丁을 피청구인으로 하여 특허무효심판을 청구할 수 있다.
⑤ 丙은 법원에 丁명의의 특허권 중 자신의 지분의 이전을 청구할 수 있다.

해설

① 乙은 특허법 제33조 제1항 본문 위반의 무권리자다. 특허법 제33조 제1항 본문 위반은 특허무효사유에 해당한다. 특허법 제33조 제1항 본문 위반을 이유로 특허무효심판 청구할 때는 특허를 받을 수 있는 권리를 가진 자 또는 심사관만 청구할 수 있다(특허법 제133조 제1항 괄호). 甲은 특허를 받을 수 있는 권리를 가진 자이므로 乙을 피청구인으로 하여 특허무효심판을 청구할 수 있다.
② 특허법 제35조 또는 제99조의2 중 선택해서 하나의 절차를 밟을 수 있다.
③ 구 특허법 제35조에는 등록공고 후 2년이라는 제한이 있었으나 삭제되었다. 현행 특허법 제35조는 등록공고 후 2년이 지났어도 무효심결확정일부터 30일 이내라면 정당권리자 출원절차를 밟을 수 있다.
④ 특허법 제44조 위반도 특허를 받을 수 있는 권리를 가진 자 또는 심사관만 특허무효심판을 청구할 수 있다(특허법 제133조 제1항 괄호). 丙은 특허를 받을 수 있는 권리를 가진 자이므로 특허무효심판 청구가 가능하다.
⑤ 특허법 제99조의2의 이전청구절차는 특허법 제35조의 정당권리자 출원절차와 달리 특허법 제44조 위반인 경우도 이용할 수 있다(특허법 제99조의2 제1항).

정답 ②

02 다음은 무권리자의 출원 및 등록과 정당권리자의 보호에 관한 설명이다. 다음 설명 중 잘못된 것은?

① 정당권리자는 무권리자 특허의 무효심결이 확정된 날부터 30일이 지나기 전에 법 제35조에 따른 절차를 밟아 특허권을 획득할 수 있다.
② 무권리자의 특허출원은 선출원주의의 적용에 있어서 처음부터 없었던 것으로 간주되나 그 출원이 공개된 경우에는 확대된 선출원의 적용에 있어서 다른 출원으로서의 지위는 인정된다.
③ 무권리자가 출원 후 정당권리자가 출원한 경우 정당권리자의 출원은 무권리자의 출원으로부터 법29조 제3항 확대된 선출원 주의에 위반되는 경우는 없다.
④ 정당권리자는 무권리자에 대해 특허권의 이전 등록 청구를 구할 수 없다.
⑤ 무권리자에게는 일정한 경우 법정실시권이 인정될 수 있다.

해 설

① |O| 법 제35조.
② |O| 법 제36조 제5항에 의해서 선출원의 지위는 없다. 다만, 출원공개되면 확대된 선출원의 지위는 가지나, 정당권리자에게는 발명자 동일성으로 인해 확대된 선출원 주의가 적용되지 않을 뿐이다.
③ |O| i)정당권리자의 출원일이 무권리자의 출원일로 소급하기 때문에 동일자 출원의 경우에는 확대된 선출원의 지위가 인정되지 않으며 ii)설사 정당권리자의 출원의 출원일이 소급하지 않더라도 발명자가 동일하게 때문에 법 제29조 제3항 단서에 의해 확대된 선출원의 지위가 인정되지 않는다.
④ |×| 법 제99조의2
⑤ |O| 무권리자의 특허 또는 등록실용신안을 무효로 하고 동일한 발명에 관해 정당권리자에게 특허를 허여한 경우 무권리자가 선의인 경우에는 그 실시 또는 준비를 하고 있는 발명 또는 고안 및 사업의 목적의 범위안에서 유상의 통상실시권을 가진다(법 제104조). 또는 법 제103조의2 도 있다.

정 답 ④

03 무권리자인 甲은 발명 A에 대하여 2010년 12월 1일 특허출원하여 2012년 6월 1일 조기공개 되었다. 2012년 8월 우연히 특허출원공보를 검색하던 정당권리자인 乙은 자신의 조수이었던 甲이 자신의 발명을 도용하여 특허출원하였음을 알게 되었다. 다음 설명 중 옳지 않은 것은?

[2005년 기출변형]

① 乙은 특허청장에게 甲이 특허를 받을 수 있는 자가 아니라는 증거와 함께 특허될 수 없다는 취지의 정보를 제공할 수 있다.
② 무권리자의 출원이라는 이유로 甲의 출원이 거절결정되었고, 특허를 받지 못하게 된 날부터 30일 이내에 乙이 당해 발명에 대해 특허출원한 경우 甲의 특허출원시에 특허출원한 것으로 본다.
③ 무권리자인 甲의 특허출원에 의한 공지는 정당권리자인 乙의 의사에 반한 공지라 볼 수 있으므로, 출원공개일부터 12월이 경과한 후 乙이 당해 발명에 대하여 출원하는 때에는 특허받을 수 없다.
④ 무권리자인 甲의 출원이 특허결정된 경우 등록공고가 있는 날부터 2년이 경과했어도 乙의 출원은 甲의 특허출원일에 특허출원한 것으로 볼 수 있는 경우가 있을 수 있다.
⑤ 무권리자인 甲의 출원이 특허된 후 당해 특허권을 스스로 포기한 경우에도 乙의 출원이 甲의 특허출원일에 특허출원한 것으로 인정받기 위해서는 별도의 무효심판을 청구할 필요가 있다.

해설

① |O| 심사관의 심사부담을 경감하기 위하여 누구든지 당해 발명이 거절이유(법 제42조 제8항 및 법 제45조 제외)에 의해 특허될 수 없다는 정보를 증거와 함께 제공할 수 있다(법 제63조의2).
② |O| 법 제34조
③ |X| 출원공개는 법 제30조 제1항 제2호의 의사에 반한공지에 해당할 수는 있으나, 출원공개일로부터 12개월이 경과하여 출원하여 공지예외주장을 할 수 없다고 할지라도, 乙은 법정기간 내 정당권리자주장을 수반하여 특허출원하면 출원일 소급을 받아 특허를 받을 수 있다.
④ |O| 법 제35조, 특허무효심결이 확정될 날부터 30일이 지난 경우가 아니면 법 제35조의 절차를 밟을 수 있다. 참고로 구법 제35조에서는 무권리자 특허의 등록공고가 있는 날부터 2년이 지난 후 또는 특허무효심결이 확정된 날부터 30일이 지난 후에 정당한 권리자가 특허출원을 한 경우는 출원일소급효의 효과를 받을 수 없는 것으로 규정하고 있었으나, 현행법에서는 등록공고가 있는 날부터 2년의 기간이 삭제되었다.
⑤ |O| 법 제35조의 적용을 받기 위해서는 법 제33조 제1항 본문의 규정에 의한 특허를 받을 수 있는 권리를 가지지 아니한 사유로 특허무효심결이 확정되어야 한다. 무권리자인 甲이 당해 특허권을 스스로 포기한 경우에도 乙의 출원이 甲의 특허출원일에 특허출원한 것으로 인정받기 위해서는 별도의 무효심판을 청구해야 한다(사견).

정답 ③

04 甲은 발명 A,B를 완성하고 이에 대한 출원을 준비 중에 甲의 발명을 모인하여 乙이 발명 A에 관한 특허출원을 완료하였다. 이후, 甲은 발명 A,B를 청구범위와 발명의 설명에 기재하여 특허출원하였다. 한편, 丙은 乙과 甲의 출원 사이에 자신이 독자적으로 완성한 발명 A와 B를 발명의 설명에 기재하고 청구범위에는 발명 A를 기재하여 출원하였다. 한편, 乙과 丙의 출원은 甲이 출원한 후 출원공개가 되었다고 할 때, 다음의 설명 중에 가장 옳지 못한 것은?

① 甲의 출원은 乙의 선출원으로부터는 거절이유가 없다.
② 甲의 출원은 丙의 선출원으로부터 확대된 선출원주의에 위반된다.
③ 甲이 출원서에 취지표시하여 법 제34조에 따른 정당권리자 출원절차를 밟더라도 출원일은 소급되지 않는다.
④ 丙이 자신의 출원을 취하한다면 甲은 출원일을 소급 받지 않은 경우라도 등록을 받을 수 있다.
⑤ 丙은 A를 삭제하는 보정을 하고 발명 B를 청구범위로 보정하면 발명 B에 대해서는 특허취득이 가능하다.

해설

①, ② |O| 乙의 선출원은 무권리자 출원으로 법 제36조 제5항에 의해 선출원의 지위가 없고 발명 A에 대한 발명자가 甲으로 동일하기 때문에 법 제29조 제4항 단서에 의해 확대된 선출원의 지위도 甲에게 적용되지 않으므로 甲의 출원은 乙의 출원으로부터는 거절이유가 없다. 다만, 丙의 선출원으로부터는 丙의 출원이 공개되었기 때문에 확대된 선출원주의 위반으로 특허를 받을 수 없다.

③ |O| 정당권리자 출원의 청구범위에 기재된 발명에 무권리자 출원의 청구범위에 기재된 발명과 다른 발명이 있는 경우 정당권리자 출원의 출원일은 소급되지 않는다.(명문의 규정은 없으나 해석상)
(심사기준)
정당한 권리자의 출원의 발명 범위가 적법한 것으로 인정되기 위해서는 청구범위에 기재된 발명뿐만 아니라 상세한 설명 및 도면에 기재된 발명도 무권리자가 한 출원의 발명 범위에 포함되어야 한다.
출원 범위를 벗어난 정당한 권리자의 출원이 있는 경우(정당한 권리자의 출원에 다수의 발명이 포함되어 있고 그 발명 중 일부의 발명만이 무권리자에 의하여 출원된 발명에 해당하는 경우) 정당한 권리자의 출원의 출원일은 소급되지 않는다.

④ |×| 丙의 출원은 출원공개된 상태이므로 丙이 자신의 출원을 취한 한 경우 법36조④에 의하여 선출원의 지위는 없어질 것이지만, 확대된 선출원의 지위는 취하 후에도 유지되므로 甲은 丙의 출원으로부터 확대된 선출원주의 위반사유를 극복할 수 없다.

⑤ |O| 丙의 출원은 乙의 선출원의 출원공개로 인하여 발명 A가 확대된 선출원주의가 위반인데 발명 A를 삭제하는 보정을 하고 발명 B를 청구항으로 보정하는 경우 등록이 가능한다. 한편, 甲이 B를 삭제보정하고 출원일이 소급되는 경우 법 제34조 규정에 분할·분리·변경출원의 경우처럼 확대된 선출원의 다른 출원의 지위에 대한 소급효의 예외규정이 없어서 규정만 놓고 보면 丙이 발명 B에 대해서 확대된 선출원주의 위반으로 등록을 받을 수 없을 것으로 보이나, 이는 입법불비로 판단되고 이 경우는 확대된 선출원 적용이 제외되는 것으로 해석하여 丙을 보호하여야 할 것이나 명확한 규정이 필요한 것으로 판단된다.

정답 ④

05 甲은 乙의 발명을 모인하여 2000년 5월 1일 X특허출원(청구범위 : a, 발명의 설명 : a, b, c)을 하였다. 이 특허출원은 2001년 11월 1일 출원공개되었고 2002년 5월 1일 甲이 무권리자임을 이유로 하여 거절결정등본이 송달되었다. 한편 정당한 권리자 乙은 2001년 5월 10일 Y특허출원(청구범위 : a, c, 발명의 설명 : a, b, c)을 하였다. 다음 설명 중 옳지 않은 것은? (단 법 시행일자 관계 없이 현행법 적용한다) [2006년 기출]

① 甲이 2002년 8월 1일(목요일)까지 거절결정에 대한 불복심판을 청구하지 아니하면 甲의 특허출원은 거절결정이 확정된다.
② 특허거절결정에 대한 甲의 불복심판 청구 없이 거절결정이 확정된 경우, 정당한 권리자 乙은 2002년 9월 2일(월요일)까지 특허출원을 하여야 특허법 제34조(무권리자의 특허출원과 정당한 권리자의 보호)에 의한 보호를 받을 수 있다.
③ 甲의 X특허출원에 대한 거절결정이 확정된 경우 乙의 Y특허출원은 특허법 제29조 제3항(확대된 선출원)에 의한 거절이유를 갖지 않으나 동법 제36조(선출원)에 의한 거절이유를 가진다.
④ 만약 乙의 발명내용을 알지 못한 발명자인 丙이 2001년 4월 10일 Z특허출원(청구범위 : b, c, 발명의 설명 : a, b, c)을 한 경우, 甲의 X특허출원에 대한 거절결정과 무관하게 丙의 Z특허출원은 특허법 제29조 제3항에 의한 거절이유를 가진다.
⑤ 위 ④에서 丙의 Z특허출원이 2001년 7월 10일 조기공개 되었을 경우, 甲의 X특허출원에 대한 거절결정이 확정되었더라도 乙은 Y특허출원의 청구범위에서 c를 삭제보정하지 않는 한 특허를 받을 수 없다.

해설

① |O| 등본 송달일로부터 3개월 이내에 불복심판청구를 할 수 있고(법 제132조의17), 청구하지 않으면 거절결정 확정된다.
② |O| 무권리자 출원의 거절결정 확정일부터 30일 이내에 정당권리자 출원하면 정당권리자 출원일이 무권리자 출원일로 소급한다(법 제34조). 한편, 거절결정확정일인 2002년 8월 1일 오전 0시부터 30일이므로 8월31일(토요일)이 만료일이나, 토요일이므로 9월2일(월요일)까지 출원하면 된다 (법 제14조 제4호).
③ |X| ④ |O| 무권리자 출원은 선원의 지위를 가지지도 않고(법 제36조 제5항) 무권리자의 출원이 공개되면 확대된 선출원의 지위는 인정이 되나 정당권리자와의 관계에 있어서는 발명자가 동일한 관계에 있으므로 확대된 선출원의 지위가 인정되지 아니한다(법 제29조제3항 단서). 그러므로, 제3자 丙에게는 X 출원이 출원공개시 확대된 선출원의 지위를 가지만 乙에게는 확대된 선출원주의가 적용되지 않는다. 한편, 甲의 출원은 무권리자 출원으로 乙의 Y 출원은 선출원주의 위반도 아니다.
⑤ |O| 乙의 Y 출원은 정당권리자 출원 절차를 밟았다 하더라도 청구범위에 발명 a, c가 기재되어 있어서 무권리자 甲 출원의 청구범위의 발명 a와 일치하지 않기 때문에 출원일이 무권리자 출원일로 소급받지 못하고 그 결과 丙의 Z 출원으로부터 발명 a, c는 확대된 선출원주의 위반이고 발명 c는 선출원주의 위반이므로, 乙은 청구범위에서 발명 c를 삭제하여 무권리자 출원일로 소급받아야 발명 a에 대해서라도 특허 받을 수 있다.

정답 ③

06 특허법상 특허출원절차에 관한 설명으로 옳지 않은 것은? [2011년 기출]

① 특허출원인이 특허출원서에 착오로 발명자 중 일부의 기재를 누락하거나 잘못 기재한 경우에는 설정등록 전까지 필요에 따라 추가 또는 정정할 수 있다.
② 등록된 특허발명에 대하여 무권리자에 의한 출원이라는 사유로 무효심결이 확정된 경우에 무권리자의 특허출원에 대한 등록공고가 있는 날부터 2년이 경과한 후에 정당한 권리자가 출원을 하였다면 정당한 권리자의 출원일은 무권리자가 특허출원한 날로 소급되지 않는다.
③ 특허를 받을 수 있는 권리가 공유인 경우에 각 공유자는 다른 공유자의 동의를 얻지 아니하면 그 지분을 양도할 수 없다.
④ 특허를 받을 수 있는 권리를 출원 전에 양도하는 경우에는 특별한 절차를 필요로 하지 않으나, 특허출원 후의 양도는 상속 기타 일반승계를 제외하고는 출원인변경신고를 하여야 그 효력이 발생한다.
⑤ 무권리자가 한 특허출원이 특허받을 수 있는 권리를 가지지 아니한 사유로 거절결정된 경우에, 거절결정이 확정된 날부터 30일이 경과하여 정당한 권리자가 한 특허출원은 무권리자가 특허출원한 때로 소급적용을 받지 아니한다.

해설

① |O| 특허출원인이 착오로 인하여 특허출원서에 발명자 중 일부의 발명자의 기재를 누락하거나 잘못 적은 때에는 설정등록 전까지 출원서에 대한 보정서를 제출하면 발명자의 추가 또는 정정을 할 수 있다. 다만, 설정등록 후에는 발명자의 기재가 누락(특허출원서에 적은 발명자의 누락에 한정한다) 또는 잘못 적은 것임이 명백한 경우을 제외하고는 특허권자 및 신청 전후 발명자 전원이 서명 또는 날인한 확인서류를 첨부하여 특허권자가 정정발급신청서를 제출해야 발명자의 추가 또는 정정이 가능할 수 있다(시행규칙 제28조 제1항).
② |×| 구법에서는 무권리자의 특허의 등록공고가 있는 날부터 2년을 경과한 후 또는 무효심결이 확정된 날부터 30일을 경과한 후에 특허출원을 한 경우는 출원일을 소급 받을 수 없었으나, 현행법에서는 무권리자의 특허의 등록공고가 있는 날부터 2년의 기간이 삭제되었다(법 제35조 단서).
③ |O| 법 제37조 제3항
④ |O| 특허출원후에 있어서 특허를 받을 수 있는 권리의 승계는 상속 기타 일반승계의 경우를 제외하고는 특허출원인변경신고를 하지 아니하면 그 효력이 발생하지 아니한다(법 제38조 제4항).
⑤ |O| 법 제34조 단서

정답 ②

07 무권리자인 甲은 2012년 5월 10일에 발명 A를 출원하였고, 그 출원은 2013년 12월 10일에 출원공개되었으며, 2014년 5월 10일에 무권리자에 의한 출원이라는 이유로 거절결정이 확정되었다. 한편 무권리자인 乙은 2010년 6월 10일에 발명 B를 출원하였고, 그 출원은 2012년 1월 10일에 출원공개되었으며, 2012년 10월 5일에 등록공고되었으나, 무효심판이 제기되어 무권리자라는 이유로 2014년 9월 20일에 무효심결이 확정되었다. 다음 설명 중 옳지 않은 것은?

[2015년 기출]

① 발명 A의 정당한 권리자 丙이 2014년 6월 1일에 자신의 발명 A를 특허출원하였다면, 丙의 출원은 2012년 5월 10일에 출원된 것으로 간주된다.
② 발명 A의 정당한 권리자 丙이 2014년 7월 1일에 자신의 발명 A를 특허출원하였다면, 丙출원의 출원일은 2012년 5월 10일로 소급되지 않는다.
③ 발명 B의 정당한 권리자 丁이 2014년 10월 1일에 자신의 발명 B를 특허출원하였다면, 丁의 출원은 2010년 6월 10일에 출원된 것으로 간주된다.
④ 발명 B의 정당한 권리자 丁이 2014년 10월 20일이 경과한 후 자신의 발명 B를 특허출원하면, 丁의 출원은 취하된 것으로 간주된다.
⑤ 발명 B의 정당한 권리자 丁이 2014년 10월 30일에 자신의 발명 B를 특허출원하였다면, 출원일 소급이 인정되지 않는다.

해설

①, ② |○| 무권리자가 특허를 받지 못하게 된 날부터 30일이 지난 후에, 즉 거절결정확정일로부터 30일이 지난 후에 정당한 권리자가 특허출원을 한 경우가 아니라면, 무권리자의 특허출원 후에 한 정당한 권리자의 특허출원은 무권리자가 특허출원한 때에 특허출원한 것으로 본다(특허법 제34조). 2014년 5월 10일부터 30일이면 2014년 6월 8일까지이다(참고로, 불복하지 않아 거절결정확정된 경우는 확정일 0시부터 확정 효력이 있기에, 초일 산입하여 계산하여야 할 것이다).
③, ⑤ |○| 심결이 확정된 날부터 30일이 지난 후에 정당한 권리자가 특허출원을 한 경우가 아니라면, 무권리자의 특허출원 후에 한 정당한 권리자의 특허출원은 무효로 된 특허출원의 출원 시에 특허출원한 것으로 본다(특허법 제35조).
④ |×| 특허법 제35조에 따른 출원일 소급효를 인정받지 못할 뿐, 출원 절차가 취하되거나, 출원절차 자체에 기타 방식상 하자가 있는 것으로 취급되지는 않는다.

정답 ④

08 다음 설명 중 틀린 것은? (다툼이 있는 경우 판례에 의함)

① 발명자가 아닌 사람으로서 특허를 받을 수 있는 권리의 승계인이 아닌 사람이 발명자가 한 발명의 구성을 일부 변경함으로써 그 기술적 구성이 발명자가 한 발명과 상이하게 되었다 하더라도, 그 변경이 그 기술분야에서 통상의 지식을 가진 사람이 보통으로 채용하는 정도의 기술적 구성의 부가·삭제·변경에 지나지 아니하고 그로 인하여 발명의 작용효과에 특별한 차이를 일으키지 아니하는 등 기술적 사상의 창작에 실질적으로 기여하지 않은 경우에는 그 특허발명은 무권리자의 특허출원에 해당하여 그 등록이 무효라고 할 것이다.

② 발명자에 해당하기 위하여는 기술적 사상의 창작에 실질적으로 기여할 것이 요구되나, 이는 발명의 특허요건으로서 요구되는 신규성·진보성을 갖추어야 한다는 것과는 구분되는 것이다.

③ 발명자가 특허출원 전에 특허를 받을 수 있는 권리를 계약에 따라 이전했더라도, 발명자가 먼저 특허출원하여 설정등록이 이루어진 특허권은 정당권리자의 특허이다.

④ 공동발명자가 되기 위해서는 발명의 완성을 위하여 실질적으로 상호 협력하는 관계가 있어야 하므로 발명의 기술적 과제를 해결하기 위한 구체적인 착상을 새롭게 제시·부가·보완한 자, 실험 등을 통하여 새로운 착상을 구체화한 자, 발명의 목적 및 효과를 달성하기 위한 구체적인 수단과 방법의 제공 또는 구체적인 조언·지도를 통하여 발명을 가능하게 한 자 등과 같이 기술적 사상의 창작행위에 실질적으로 기여하기에 이르러야 공동발명자에 해당한다.

⑤ 단순히 발명에 대한 기본적인 과제와 아이디어만을 제공하였거나, 연구자를 일반적으로 관리하였거나, 연구자의 지시로 데이터의 정리와 실험만을 하였거나 또는 자금·설비 등을 제공하여 발명의 완성을 후원·위탁하였을 뿐인 정도 등에 그치는 경우에는 공동발명자로 볼 수 없다.

해 설

① |○| ② |○| 2011. 9. 29. 선고 2009후2463 판결

특허법 제33조 제1항 본문은 발명을 한 사람 또는 그 승계인은 특허법에서 정하는 바에 따라 특허를 받을 수 있는 권리를 가진다고 규정하고, 제133조 제1항 제2호는 제33조 제1항 본문의 규정에 의한 특허를 받을 수 있는 권리를 가지지 아니한 사람이 출원하여 특허받은 경우를 특허무효 사유의 하나로 규정하고 있다.

한편 특허법 제2조 제1호는 '발명'이란 자연법칙을 이용하여 기술적 사상을 고도로 창작한 것을 말한다고 규정하고 있으므로, 특허법 제33조 제1항에서 정하고 있는 '발명을 한 자'는 바로 이러한 발명행위를 한 사람을 가리킨다고 할 것이다.

따라서 발명자가 아닌 사람으로서 특허를 받을 수 있는 권리의 승계인이 아닌 사람(이하 '무권리자'라 한다)이 발명자가 한 발명의 구성을 일부 변경함으로써 그 기술적 구성이 발명자가 한 발명과 상이하게 되었다 하더라도, 그 변경이 그 기술분야에서 통상의 지식을 가진 사람(이하 '통상의 기술자'라고 한다)이 보통으로 채용하는 정도의 기술적 구성의 부가·삭제·변경에 지나지 아니하고 그로 인하여 발명의 작용효과에 특별한 차이를 일으키지 아니하는 등 기술적 사상의 창작에 실질적으로 기여하지 않은 경우에는 그 특허발명은 무권리자의 특허출원에 해당하여 그 등록이 무효라고 할 것이다.

발명자에 해당하기 위하여는 기술적 사상의 창작에 실질적으로 기여할 것이 요구되나, 이는 발명의 특허요건으로서 요구되는 신규성·진보성을 갖추어야 한다는 것과는 구분되는 것임에도, 이와 달리 원심이 발명자가 되기 위하여 그 발명이 신규성·진보성 등의 특허요건까지 구비하여야 한다고 판단한 것은 잘못이라고 할 것이다.

③ |×| 특허를 받을 수 있는 권리를 이전하면 더 이상 그 자는 권리자가 아니므로, 그 자가 한 특허출원은 무권리자 출원에 해당한다. 2020. 5. 14. 선고 2020후10087 판결

발명을 한 사람 또는 그 승계인은 특허법에서 정하는 바에 따라 특허를 받을 수 있는 권리를 가진다. 만일 이러한 정당한 권리자 아닌 사람이 한 특허출원에 대하여 특허권의 설정등록이 이루어지면 특허무효사유에 해당한다. 특허출원 전에 특허를 받을 수 있는 권리를 계약에 따라 이전한 양도인은 더 이상 그 권리의 귀속주체가 아니므로 그러한 양도인이 한 특허출원에 대하여 설정등록이 이루어진 특허권은 특허무효사유에 해당하는 무권리자의 특허이다.

특허출원 전에 이루어진 특허를 받을 수 있는 권리의 승계는 그 승계인이 특허출원을 하여야 제3자에게 대항할 수 있다. 여기서 제3자는 특허를 받을 수 있는 권리에 관하여 승계인의 지위와 양립할 수 없는 법률상 지위를 취득한 사람에 한한다. 정당한 권리자 아닌 사람의 특허로서 특허무효사유가 있는 특허권을 이전받은 양수인은 특허법 제38조 제1항에서 말하는 제3자에 해당하지 않는다.

④ |○| ⑤ |○| 2011. 7. 28. 선고 2009다75178 판결

공동발명자가 되기 위해서는 발명의 완성을 위하여 실질적으로 상호 협력하는 관계가 있어야 하므로(대법원 2001. 11. 27. 선고 99후468 판결 등 참조), 단순히 발명에 대한 기본적인 과제와 아이디어만을 제공하였거나, 연구자를 일반적으로 관리하였거나, 연구자의 지시로 데이터의 정리와 실험만을 하였거나 또는 자금·설비 등을 제공하여 발명의 완성을 후원·위탁하였을 뿐인 정도 등에 그치지 않고, 발명의 기술적 과제를 해결하기 위한 구체적인 착상을 새롭게 제시·부가·보완한 자, 실험 등을 통하여 새로운 착상을 구체화한 자, 발명의 목적 및 효과를 달성하기 위한 구체적인 수단과 방법의 제공 또는 구체적인 조언·지도를 통하여 발명을 가능하게 한 자 등과 같이 기술적 사상의 창작행위에 실질적으로 기여하기에 이르러야 공동발명자에 해당한다.

한편 이른바 실험의 과학이라고 하는 화학발명의 경우에는 당해 발명의 내용과 기술수준에 따라 차이가 있을 수는 있지만 예측가능성 내지 실현가능성이 현저히 부족하여 실험데이터가 제시된 실험예가 없으면 완성된 발명으로 보기 어려운 경우가 많이 있는데(대법원 2001. 11. 30. 선고 2001후65 판결 등 참조), 그와 같은 경우에는 실제 실험을 통하여 발명을 구체화하고 완성하는데 실질적으로 기여하였는지 여부의 관점에서 공동발명자인지 여부를 결정해야 한다.

정답 ③

09 특허를 받을 수 있는 자 또는 무권리자의 특허출원에 관한 설명으로 옳은 것을 모두 고른 것은? (다툼이 있으면 판례에 따름) [2015년 기출]

> ㄱ. 무권리자가 발명자의 발명의 구성을 일부 변경함으로써 그 기술적 구성이 발명자가 한 발명과 상이하게 되었다 하더라도, 그 변경이 그 기술분야에서 통상의 지식을 가진 사람이 보통으로 채용하는 정도의 기술적 구성의 부가·삭제·변경에 지나지 아니하고 그로 인하여 발명의 작용효과에 특별한 차이를 일으키지 아니하는 등 기술적 사상의 창작에 실질적으로 기여하지 않은 경우에는 그 특허발명은 무권리자의 특허출원에 해당하여 그 등록이 무효이다.
>
> ㄴ. 화학발명에서 예측가능성 내지 실현가능성이 현저히 부족하여 실험데이터가 제시된 실험예가 없으면 완성된 발명으로 보기 어려운 경우에는 실제 실험을 통하여 발명을 구체화 하고 완성하는 데 실질적으로 기여하였는지 여부의 관점에서 발명자인지의 여부를 결정해야 한다.
>
> ㄷ. 양도인이 특허를 받을 수 있는 권리를 양수인에게 양도하고, 그에 따라 양수인이 특허권의 설정등록을 받았으나 그 양도계약이 무효나 취소 등의 사유로 효력을 상실하게 된 경우에, 그 특허를 받을 수 있는 권리와 설정등록이 이루어진 특허권이 동일한 발명에 관한 것이라도, 양도인은 양수인에 대하여 특허권에 관하여 이전등록을 청구할 수 없다.
>
> ㄹ. 정당한 권리자로부터 특허를 받을 수 있는 권리를 승계받은 바 없는 무권리자가 특허출원하여 특허권의 설정등록이 이루어졌더라도, 정당한 권리자로서는 무권리자에 대하여 직접 특허권의 이전등록을 구할 수 있다.

① ㄴ, ㄷ
② ㄱ, ㄴ, ㄷ
③ ㄱ, ㄴ, ㄹ
④ ㄱ, ㄷ, ㄹ
⑤ ㄱ, ㄴ, ㄷ, ㄹ

해설

ㄱ. |○| ㄴ. |○| 대법원 2012. 12. 27. 선고 2011다67705 판결, 특허법 제33조 제1항 본문은 발명을 한 자 또는 그 승계인은 특허법에서 정하는 바에 의하여 특허를 받을 수 있는 권리를 가진다고 규정하고 있는데, 특허법 제2조 제1호는 '발명'이란 자연법칙을 이용한 기술적 사상의 창작으로서 고도한 것을 말한다고 규정하고 있으므로, 특허법 제33조 제1항에서 정하고 있는 '발명을 한 자'는 바로 이러한 발명행위를 한 사람을 가리킨다고 할 것이다(대법원 2011. 9. 29. 선고 2009후 2463 판결 참조). 따라서 발명자(공동발명자를 포함한다)에 해당한다고 하기 위해서는 단순히 발명에 대한 기본적인 과제와 아이디어만을 제공하였거나 연구자를 일반적으로 관리하고 연구자의 지시로 데이터의 정리와 실험만을 한 경우 또는 자금·설비 등을 제공하여 발명의 완성을 후원·위탁하였을 뿐인 정도 등에 그치지 않고, 발명의 기술적 과제를 해결하기 위한 구체적인 착상을 새롭게 제시·부가·보완하거나, 실험 등을 통하여 새로운 착상을 구체화하거나, 발명의

목적 및 효과를 달성하기 위한 구체적인 수단과 방법의 제공 또는 구체적인 조언·지도를 통하여 발명을 가능하게 한 경우 등과 같이 기술적 사상의 창작행위에 실질적으로 기여하기에 이르러야 한다.

한편 이른바 실험의 과학이라고 하는 화학발명의 경우에는 당해 발명 내용과 기술수준에 따라 차이가 있을 수는 있지만 예측가능성 내지 실현가능성이 현저히 부족하여 실험데이터가 제시된 실험예가 없으면 완성된 발명으로 보기 어려운 경우가 많이 있는데, 그와 같은 경우에는 실제 실험을 통하여 발명을 구체화하고 완성하는 데 실질적으로 기여하였는지의 관점에서 발명자인지 여부를 결정해야 한다(대법원 2011. 7. 28. 선고 2009다75178 판결 참조).

ㄷ. |X| 양도인이 특허 또는 실용신안(이하 '특허 등'이라 한다)을 등록출원한 후 출원중인 특허등을 받을 수 있는 권리를 양수인에게 양도하고, 그에 따라 양수인 명의로 출원인명의변경이 이루어져 양수인이 특허권 또는 실용신안권(이하 '특허권 등'이라 한다)의 설정등록을 받은 경우에 있어서 그 양도계약이 무효나 취소 등의 사유로 효력을 상실하게 되는 때에 그 특허 등을 받을 수 있는 권리와 설정등록이 이루어진 특허권 등이 동일한 발명 또는 고안에 관한 것이라면 그 양도계약에 의하여 양도인은 재산적 이익인 특허 등을 받을 수 있는게 됨에 대하여 양수인은 법률상 원인 없이 특허권 등을 얻게 되는 이익을 얻었다고 할 수 있으므로, 양도인은 양수인에 대하여 특허권 등에 관하여 이전등록을 청구할 수 있다(대법원 2004. 1. 16. 선고 2003다47218 판결 참조).

ㄹ. |O| 법 제99조의2가 신설되어 이 경우도 특허권의 이전등록이 가능할 것으로 판단된다(사견). 참고로 법 제99조의2가 신설되기 이전에는 이 경우는 특허권의 이전등록이 불가했다. 관련 참고 판례를 아래에 소개한다. 다만 이는 법 제99조의2가 신설되기 이전의 구법상의 판례이므로 현재는 적용이 곤란할 것으로 판단된다.

발명을 한 자 또는 그 승계인은 특허법에서 정하는 바에 의하여 특허를 받을 수 있는 권리를 가진다(특허법 제33조 제1항 본문). 만일 이러한 정당한 권리자가 아닌 자가 한 특허출원에 대하여 특허권의 설정등록이 이루어지면 특허무효사유에 해당하고(특허법 제133조 제1항 제2호), 그러한 사유로 특허를 무효로 한다는 심결이 확정된 경우 정당한 권리자는 심결이 확정된 날부터 30일 이내라는 기간 내에 특허출원을 함으로써 그 특허의 출원 시에 특허출원한 것으로 간주되어 구제받을 수 있다(특허법 제35조). 이처럼 특허법이 선출원주의의 일정한 예외를 인정하여 정당한 권리자를 보호하고 있는 취지에 비추어 보면, 정당한 권리자로부터 특허를 받을 수 있는 권리를 승계받은 바 없는 무권리자의 특허출원에 따라 특허권의 설정등록이 이루어졌더라도, 특허법이 정한 위와 같은 절차에 의하여 구제받을 수 있는 정당한 권리자로서는 특허법상의 구제절차에 따르지 아니하고 무권리자에 대하여 직접 특허권의 이전등록을 구할 수는 없다고 할 것이다. 그리고 상고이유에서 들고 있는 대법원 2004. 1. 16. 선고 2003다47218 판결은 특허를 받을 수 있는 권리를 가진 사람이 특허출원을 한 후 그 권리를 다른 사람에게 양도하고 그에 따라 양수인 명의로 출원인 명의변경이 이루어져 양수인이 특허권의 설정등록을 받았는데 그 양도계약이 무효나 취소 등의 사유로 효력을 상실하게 된 사안에서 그 특허를 받을 수 있는 권리와 설정등록이 이루어진 특허권이 동일한 발명에 관한 것이라면 양도인은 양수인에 대하여 특허권에 관하여 이전등록을 청구할 수 있다고 본 것으로서, 사안이 달라 이 사건에 원용하기에 적절하지 아니하다(대법원 2014. 5. 16. 선고 2012다11310 판결 참조).

정답 ③

10 정당권리자인 甲의 발명 A를 의도적으로 도용한 乙이 2015. 5. 9. 발명 A를 특허출원하여, 2016. 10. 2.에 등록되었고, 2016. 11. 15.에 등록공고되었다. 다음 설명 중 옳지 않은 것은?

① 甲이 乙 특허에 대해 무권리자 특허임을 이유로 특허무효심판을 청구하여 무효심결을 받은 경우 2019. 2. 5.에 발명 A를 출원했어도 무효심결확정일부터 30일을 경과하지 않았다면 특허를 받을 수 있다.
② 甲은 乙 특허의 등록공고일인 2016. 11. 15. 부터 6개월 이내에 乙 특허에 대해 특허취소신청을 함으로써 乙 특허를 처음부터 없었던 것으로 할 수 있다.
③ 甲이 정당권리자임을 이유로 乙에게 특허권의 이전을 청구하여 2017. 12. 19.에 이전등록을 받은 경우 甲의 특허권은 2035. 5. 9. 까지 존속한다.
④ 甲이 특허법 제35조 또는 제99조의2에서 정한 절차에 따라 발명 A에 대한 특허권을 확보한 경우 乙은 무효심판청구의 등록 전 또는 특허권의 이전등록이 있기 전에 특허발명 A를 실시한 사정이 있다고 하더라도 甲의 특허권에 대하여 법정실시권을 인정 받을 수 없다.
⑤ 乙 특허가 특허법 제33조 제1항 본문 위반의 무권리자 특허임을 이유로 2017. 10. 25.에 무효심결확정된 경우 甲이 2017. 11. 21.에 특허법 제35조에 따라 정당권리자 출원을 했다면 甲이 심사청구할 수 있는 기간은 2018. 5. 9. 까지이다.

해설

① 구법에서는 등록공고일부터 2년을 경과하면 특허법 제35조의 정당권리자 출원이 불가했으나 지금은 삭제되었으므로 2018. 11. 15.이 지나서 출원하더라도 무효심결확정일부터 30일이 지나지 않았다면 특허법 제35조에 따른 정당권리자 출원이 가능하다.
② 특허법 제33조 제1항 본문 위반은 특허취소사유에 해당하지 않는다.
③ 존속기간은 출원일부터 20년이다(특허법 제88조 제1항). 이는 특허법 제99조의2에 따라 이전등록을 받은 경우도 특별한 규정이 없는 바 마찬가지다.
④ 특허법 제103조의2 나 제104조의 법정실시권은 선의인 자가 취득할 수 있는 법정실시권이나 乙은 甲의 발명을 도용한 악의의 자이므로 법정실시권이 발생하지 않는다.
⑤ 무효심결확정일부터 30일 이내에 특허법 제35조 절차를 밟았으므로 서류만 적법하게 제출했다면 출원일 소급효가 인정될 수 있다. 출원일부터 3년이 지나도 정당권리자출원을 한 날부터 30일 이내에 심사청구를 할 수 있으나, 이 경우는 정당권리자출원을 한 날부터 30일이 출원일부터 3년보다 짧으므로 출원일부터 3년인 2018. 5. 9. 까지 심사청구가 가능하다(특허법 제59조 제2항, 제3항).

정답 ②

CHAPTER 03 보정제도

01 명세서 등의 보정에 관한 설명으로 옳지 않은 것은?

① 특허법 제47조 제3항 제1호에 따른 보정 중 청구항을 삭제하는 보정에 의해 새로운 거절이유가 발생하는 경우에 심사관은 보정각하 결정을 해서는 안 된다.
② 특허법 제67조의2(재심사의 청구)에 따른 재심사의 청구 또는 거절결정불복심판의 청구가 있는 경우 청구 전에 한 명세서 등의 보정이 부적법하다면 그 부적법한 보정을 각하하여야 한다.
③ 특허법 제54조(조약에 의한 우선권주장)를 수반하는 특허출원에서 청구범위를 적지 않고 출원한 후 우선일부터 12개월이 되는 날 후에 제3자의 심사청구가 있다는 취지의 통지를 출원인이 받은 경우 출원인은 우선일부터 1년 2개월이 되는 날까지 특허청구범위가 기재되도록 명세서를 보정하여야 한다.
④ 출원 후 거절이유통지를 받기 전까지 명세서 등의 보정을 여러 차례 한 경우는 각각의 보정이 모두 유효하다.
⑤ 외국어특허출원은 국어번역문을 제출한 경우에만 명세서 등의 보정을 할 수 있다.

해설
① 특허법 제51조 제1항 괄호
② 재심사청구 또는 거절결정불복심판청구 전에 한 보정은 각하할 수 없다(특허법 제51조 제1항 제3호, 제170조 제1항).
③ 특허법 제42조의2 제2항
④ 특허법 제47조 제4항
⑤ 특허법 제47조 제5항

정답 ②

02 보정에 관한 설명으로 옳은 것은?

① 기재불비를 이유로 최초거절이유통지를 받아 기재불비를 해소시키는 보정을 한 출원에 대해서, 심사관이 보정에 의하여 발생한 거절이유가 아닌 발명의 진보성 결여를 이유로 거절이유를 통지한 경우, 이는 최후거절이유가 된다.
② 요약서에 대한 직권보정 사항의 전부를 받아들일 수 없어 특허법 제79조 제1항에 따라 특허료를 낼 때까지 그 직권보정 사항에 대해 출원인이 의견서를 제출한 경우, 특허결정은 취소되지 않는다.
③ 최초거절이유를 통지할 때는 외국인으로서 권리능력에 관한 흠결이 없었으나 보정 이후 특허에 관한 권리를 향유할 수 없게 된 경우, 최후거절이유를 통지한다.
④ 거절이유통지 후 보정에 의해 신규사항이 추가된 경우 심사관은 보정각하결정을 하여야 한다.
⑤ 직권 재심사하는 경우 특허결정을 취소한다는 통지를 하기 전의 거절이유통지에 대한 보정에 따라 발생한 거절이유는 최후거절이유로 통지한다.

해설

① 거절이유통지에 대한 보정에 의해서 발생한 거절이유가 아니면 최후로 통지하지 않는다.
② 요약서에 대한 직권보정사항만 처음부터 없었던 것으로 보는 경우는 특허결정이 취소되지 않는다(특허법 제66조의2 제4항 단서).
③ 본 거절이유는 보정에 따라 발생한 거절이유가 아니고, 단지 시점상 보정 이후에 발생한 거절이유에 불과하므로, 최후로 통지하지 않는다(심사기준).
④ 만약 최초거절이유통지 후 신규사항추가 보정을 한 경우는 보정각하결정이 아니라 최후거절이유를 통지한다. 보정각하결정은 최후거절이유통지 후 보정에 의해 특허법 제47조 제2항, 제3항, 제51조 제1항 위반된 경우만 가능하다(특허법 제51조 제1항).
⑤ 직권 재심사하는 경우는 출원인에게 가혹하지 않도록 특허결정을 취소한다는 통지를 하기 전의 거절이유통지에 대한 보정에 따라 발생한 거절이유는 최초거절이유로 통지한다(특허법 제47조 제1항).

정답 ②

03 특허법상 보정에 관한 설명으로 옳지 않은 것은? [2017년 기출]

① 최초거절이유통지에 따른 의견서 제출기간 내에 한 보정에 의해 최초거절이유는 극복되었으나 심사관이 그 보정에 의한 새로운 거절이유를 발견한 경우에는 최후거절이유통지를 한다.
② 기재불비를 이유로 최초거절이유통지를 받아 기재불비를 해소하는 보정을 한 출원에 대하여 심사관이 보정의 결과에 의하여 발생한 거절이유가 아닌 발명의 진보성 결여를 이유로 거절이유를 통지하는 경우에는 다시 최초거절이유로 통지한다.
③ 최후거절이유통지에 따른 의견서 제출기간 내에 한 보정에 의하여 특허법 제47조(특허출원의 보정)제2항에 위반되게 된 때에는 심사관은 원칙적으로 보정각하결정을 하여야 한다.
④ 출원인이 거절이유통지서에 지정된 기간 내에 한 명세서에 대한 보정이 출원서에 최초로 첨부한 명세서 또는 도면에 기재한 사항의 범위를 벗어나는 것이라면 심사관은 그 보정을 각하해야 한다.
⑤ 국제특허출원에 있어서 특허법 제203조(서면의 제출)제1항 전단에 따른 서면을 국내서면 제출기간에 제출하지 아니하여 보정명령을 받은 자가 지정된 기간에 보정을 하지 아니하더라도 특허청장은 해당 국제특허출원을 무효로 하여야 하는것은 아니다.

해설

① 거절이유통지에 대응한 보정에 의해 거절이유가 새롭게 발생한 경우는 최후 거절이유를 통지한다(특허법 제47조 제1항 제2호).
② 특허법 제42조 제4항 제2호의 명세서 기재요건을 구비하지 못한 기재불비가 있다는 거절이유를 통지함에 따라 이를 해소하기 위한 보정이 이루어졌는데, 그 보정 이후 발명에 대한 심사 결과 신규성이나 진보성 부정의 거절이유가 발견되었다고 하더라도, 그러한 거절이유가 보정으로 인해 청구항이 신설되거나 실질적으로 신설에 준하는 정도로 변경됨에 따라 비로소 발생한 경우와 같은 특별한 사정이 없는 한 보정으로 인하여 새롭게 발생한 것이라고 보지 않는다(대법원 2014. 7. 10. 선고 2012후3121 판결). 따라서 일반 거절이유로 다시 통지할 수 있다.

③ 특허법 제51조 제1항.
④ 거절이유의 종류를 보아야 한다. 보정각하결정은 특허법 제47조 제1항 제2호 및 제3호에 따른 보정에 대해서만 적용한다(특허법 제51조 제1항). 만약 최후 거절이유통지에 따른 보정이었다면 위 지문 3과 같이 될 것이나, 일반 거절이유통지에 따른 보정이었다면 보정을 승인하고 최후 거절이유통지를 하여야 할 것이다.
⑤ 특허법 제203조 제1항 전단에 따른 서면 미제출에 따른 보정명령에 불응한 경우 특허청장은 해당 국제특허출원을 무효로 할 수 있다. 즉 재량사항이다(특허법 제203조 제4항).

정답 ④

04 거절이유통지에 관한 설명 중 옳은 것은? (다툼이 있는 경우에는 판례에 의함)

① 심사가 착수된 이후 첫 번째의 거절이유통지는 자진 보정이 있었는지 여부에 관계없이 최초 거절이유통지한다.
② 심사에 착수하여 최초거절이유를 통지할 때에는 외국인으로서 권리능력에 관한 흠결이 없었으나 보정 이후 특허법 제25조에 따라 특허에 관한 권리를 향유할 수 없게 된 경우, 해당 거절이유는 최후거절이유로 통지하여야 한다.
③ 거절이유가 자진보정에 따라 발생된 것일 때에는 최후거절이유통지를 한다.
④ 거절이유통지 후 명세서 또는 도면을 보정하여 신규사항이 추가된 경우 최초거절이유를 통지한다.
⑤ 거절이유통지 후 보정에 의해 신설되거나 실질적으로 신설에 준하는 정도로 바뀐 청구항에 신규성, 진보성 등의 거절이유가 있는 경우 최초거절이유를 통지한다.

해설

① 심사기준
② 심사에 착수하여 최초거절이유를 통지할 때에는 외국인으로서 권리능력에 관한 흠결이 없었으나 보정 이후 특허법 제25조에 따라 특허에 관한 권리를 향유할 수 없게 된 경우, 해당 거절이유는 거절이유통지에 대한 보정에 따라 발생한 거절이유가 아니므로 최초거절이유로 통지하여야 한다(심사기준).
③ 자진보정에 따라 발생한 거절이유는 최초로 통지한다.
④ 보정에 따라 신규사항 추가라는 새로운 거절이유가 발생했으므로 최후로 통지한다.
⑤ 신설되거나 실질적으로 신설에 준하는 정도로 바뀐 청구항에 신규성, 진보성 등의 거절이유가 있는 경우는 최후로 통지한다.

정답 ①

05 명세서 또는 도면의 보정에 관한 설명 중 옳지 않은 것은?

① 특허출원인은 심사관이 특허결정의 등본을 송달하기 전까지 명세서 또는 도면을 보정할 수 있으나, 거절이유를 통지 받은 경우에는 당해 거절이유통지에 대한 의견서 제출기간 이내에 한하여 보정할 수 있다.
② 거절이유를 통지 받기 전에 명세서 또는 도면의 보정을 여러 번 한 경우는 마지막 보정 전에 한 모든 보정은 취하된 것으로 본다.
③ 보정각하결정은 독립하여 불복할 수 없으나, 특허거절결정에 대한 불복심판을 청구하면서 그 심판절차에서 그 각하결정에 대하여 다툴 수는 있다.
④ 보정에 이른바 '신규사항'이 추가된 경우는 그 보정을 곧바로 각하할 것이 아니라 경우에 따라서는 거절이유를 통지하여 의견서를 제출할 기회를 주어야 한다.
⑤ 특허법 제66조의3에 따른 직권 재심사를 하는 경우 취소된 특허결정 전에 한 보정에 대해서는 보정을 각하할 수 없다.

해설

① 특허법 제47조 제1항
② 거절이유통지에 대한 의견서 제출기간에 여러 번 보정을 한 경우만 마지막 보정 전에 한 모든 보정이 취하된 것으로 간주된다(특허법 제47조 제4항).
③ 특허법 제51조 제3항
④ 최후거절이유통지 또는 거절결정서를 받은 후 보정한 경우가 아니라면 보정에 따라 신규사항이 추가된 경우 보정각하결정을 할 것이 아니라(특허법 제51조 제1항 본문), 특허법 제47조 제2항 전단 위반을 이유로 거절이유통지를 해야 한다.
⑤ 특허법 제51조 제1항 제2호

정답 ②

06 특허법 제47조 제1항 제2호에 의한 거절이유통지 후의 청구범위의 보정이 항상 허용되는 범위에 해당하는 것끼리 묶인 것은? [2002년 기출변형]

> (가) 청구항의 삭제
> (나) 구성요소의 직렬적 또는 병렬적 부가
> (다) 잘못된 기재의 정정
> (라) 직렬적 구성요소의 삭제
> (마) 상위개념의 기재를 하위개념의 기재로의 변경
> (바) 택일적 기재요소의 삭제

① 가, 나, 다, 라 ② 가, 나, 다, 마
③ 가, 나, 다, 바 ④ 가, 다, 라, 마
⑤ 가, 다, 마, 바

해설

청구범위에 대한 보정은 ⅰ) 청구항을 한정 또는 삭제하거나 청구항에 부가하여 청구범위를 감축하는 경우(법 제47조 제3항 제1호), ⅱ) 잘못된 기재를 정정하는 경우(법 제47조 제3항 제2호), ⅲ) 분명하지 아니한 기재를 명확하게 하는 경우(법 제47조 제3항 제3호), ⅳ) 신규사항추가 보정에 대하여 그 보정 전 청구범위로 되돌아가거나 되돌아가면서 청구범위를 제1호부터 제3호까지의 규정에 따라 보정하는 경우(법 제47조 제3항 제4호) 중 어느 하나에 해당하는 경우에만 할 수 있다(법 제47조 제3항).
(나)(라) |×| 법 제47조 제3항 제1호에 위반된다.
법 제47조 제3항 제1호에 해당되지 않는 청구범위의 보정을 정리하면 다음과 같다.
① 발명을 추가하는 경우
　　▶ 청구항의 신설
　　▶ 택일적으로 기재된 구성요소의 추가
　　▶ 인용항의 추가
② 청구범위가 당초 범위를 벗어난 경우
　　▶ 하위개념의 기재로부터 상위개념의 기재로의 변경
　　　　예 당초 : ...스프링으로 지지되는..... → ....탄성체로 지지되는 ...
　　▶ 직렬적 구성요소의 삭제
　　　　예 당초 : A, B, C, D로 구성된 자동차 → A, B, C로 구성된 자동차
　　▶ 직렬적 구성요소의 가감
　　　　예 당초 : A, B, C로 구성된 장치 → B, C, D, E로 구성된 장치
　　▶ 수치범위의 확장
　　　　예 당초 : 10°~ 50°C의 온도에서... →10°~ 70°C의 온도에서 ....
　　▶ 구성요소의 치환
　　　　예 당초 : 볼트로 결합시킨...→ 리벳으로 결합시킨 ....

▸ 수치범위의 변경
  예 당초 : 10°~ 20°C의 온도에서...→ 30°~ 50C의 온도에서....

정답 ⑤

07 특허법 제47조 제1항 제2호에 의한 거절이유통지(최후거절이유통지) 후의 보정에 대하여 옳지 않은 것은?
[2004년 기출변형]

① 명세서 또는 도면의 보정은 특허출원서에 최초로 첨부된 명세서 또는 도면에 기재된 사항의 범위 안에서 이를 할 수 있다.
② 청구범위가 확장된 경우에는 심사관은 결정으로 그 보정을 각하하여야 한다.
③ 심사관의 보정각하 결정에 대하여는 특허거절결정에 대한 심판에서 다툴 수 있다.
④ 출원인이 자발적으로 분명하지 아니한 기재를 명확하게 하는 보정은 적법한 보정으로 인정된다.
⑤ 보정 후 청구범위에 기재된 사항에 종전의 최후거절이유통지시 지적한 거절이유가 그대로 존재하는 경우 보정각하된다.

해 설

① |O| 법 제47조 제2항
② |O| 최후거절이유통지에 따른 보정 중 청구범위에 대한 보정은법 제47조 제3항 각호의 어느 하나에 해당하는 경우에만 할 수 있다(법 제47조 제3항). 청구범위가 확장된 경우는 당해 보정이 법 제47조 제3항 각호의 어느 하나에 해당하지 않는 것이므로, 보정각하된다(법 제51조 제3항).
③ |O| 출원인은 보정각하결정에 대하여는 단독으로 불복할 수 없고 특허거절결정에 대한 심판을 청구한 경우에는 함께 보정각하결정에 대하여 다툴 수 있다(법 51③). 즉, 신속한 심사처리를 도모하고자 보정각하결정에 대해서는 단독으로 불복할 수 없도록 하고 특허거절결정불복심판에서 이를 다툴 수 있도록 하고 있다.
④ |O| 법 제47조 제3항 제3호의 '분명하지 아니한 기재를 명확하게 하는 경우'의 보정과 관련하여, 종래에는 심사관이 지적한 경우에 한하여만 분명하지 않은 기재를 명확화 하는 보정을 할 수 있었다. 그러나 개정법(09.7.1시행)에서는 '심사관이 지적한 경우에 한하여'라는 조건을 삭제하였는바, 심사관이 지적하지 않아도 출원인이 스스로 불명확하다고 판단하는 경우라면 이를 명확히 하는 보정을 할 수 있다.
⑤ |×| 최후거절이유통지에 대한 의견서 제출기간(법 제47조 제1항 제2호) 이내 보정에 의하여 새로운 거절이유가 발생한 것으로 인정되면 보정각하를 한다(법 제51조 제1항). "그 보정에 따라 새로운 거절이유가 발생한 경우"의 의미는 "해당보정서의 제출로 인해 전에 없던 거절이유가 발생한 경우"를 의미하는 것으로, 해당 보정 전 의견제출통지 되었던 거절이유들은 물론 보정 이전의 명세서에 있었으나 통지되지 않았던 거절이유는 새로운 거절이유가 아니다.

정답 ⑤

08 다음은 보정제도와 관련한 설명이다. 틀린 것으로만 연결된 것은?

> ㈎ 최후거절이유통지에 대한 보정이 있는 경우 심사관은 연이어 다시 최후거절이유통지를 할 수 있는 경우는 없다.
> ㈏ 최초거절이유통지에 대한 보정으로 인해 원 거절이유가 해소되었으나 이 보정이 신규사항추가에 해당하면 심사관은 최후거절이유를 통지한다.
> ㈐ 최초거절이유통지에 대한 보정이 신규사항추가에 해당되지는 않으나 그 보정에 의해 최초거절이유가 극복되지 못한 경우에는 심사관은 최후거절이유통지를 한다.
> ㈑ 최후거절이유통지에 대한 보정이 청구범위를 형식적으로 감축하였으나 실질적으로 청구범위를 확장 또는 변경하는 경우는 있을 수 없다.
> ㈒ 최후거절이유통지에 대한 보정이 청구항을 신설하는 보정이라 하여도 보정각하되지 않는 경우가 있다.
> ㈓ 최후 거절이유통지에 대응하는 모든 보정은 청구범위의 감축, 잘못된 기재의 정정 및 분명하지 않은 기재를 명확히 하는 경우 중 하나를 반드시 만족하여야 한다.

① ㈎, ㈐
② ㈎, ㈏, ㈐, ㈑
③ ㈏, ㈐, ㈓
④ ㈎, ㈐, ㈑, ㈓
⑤ ㈏, ㈐, ㈒, ㈓

해설

㈎ |×| 최초거절이유통지에 대응하는 보정에 의해서 발생한 거절이유 중 일부를 최후거절이유통지 시에 지적하지 못하고 누락하고 그 누락된 거절이유만을 새로이 발견한 경우 다시 최후거절이유통지를 하여야 한다.

㈏ |○| 최초거절이유통지에 대한 보정으로 인해 발생한 거절이유이므로 최후거절이유통지의 대상이 된다. 한편, 최초거절이유통지의 보정에 의해서도 원 거절이유가 해소되지 않은 경우에는 최후거절이유를 통지하지 않고 원 거절이유가 해소되지 않았음을 이유로 거절결정한다.

㈐ |×| 최초거절이유통지에 대한 보정에 의하여 거절이유가 발생한 경우에 최후거절이유를 통지하게 되는 것이고, 위와 같은 경우에는 심사관은 보정이 거절이유를 해소하지 못하였으므로 당해 출원을 거절결정한다.

㈑ |×| 외견상 청구범위가 감축된 것으로 보이지만 실질적으로는 발명의 구체적인 목적이나 특허발명의 보호범위가 변경되어 다른 내용의 발명이 되는 경우에는 청구범위가 실질적으로 변경될 수는 있다.

㈒ |○| 청구항을 신설하는 보정은 원칙적으로 법 제47조 제3항의 요건을 만족하지 못한 것으로 하여 보정각하 하는 것이 원칙이다. 다만 청구항을 신설하였다고 하더라도 항 정리에 따른 불가피한 경우에는 제외한다. 이 경우 항을 정리하였음을 명확히 표시하여야 한다.

㈓ |×| 법 제47조 제3항 각호는 청구범위를 보정하는 경우에 대하여만 적용한다. 따라서 발명의 설명이 보정된 경우에는 이를 적용하지 않는다. 또한 청구범위 보정에 있어서도 감축, 잘못된 기재 정정, 분명하지 않은 기재 명확화뿐 아니라, 제47조 제2항에 따른 범위를 벗어난 보정에 대하여 그 보정 전으로 되돌아가는 등의 보정도 허용된다. (제47조 제3항 제4호)

정답 ④

09 명세서 또는 도면의 보정에 관한 설명 중 옳지 않은 것은?

① 특허출원인은 거절이유를 통지 받기 전까지는 심사관이 특허결정의 등본을 송달하기 전까지 명세서 또는 도면을 보정할 수 있으나, 거절이유를 통지 받은 경우는 당해 거절이유통지에 대한 의견서 제출기간에 한하여 보정할 수 있다.
② 거절이유를 통지 받기 전에 명세서 또는 도면의 보정을 여러 번 한 경우는 마지막 보정 전에 한 모든 보정은 취하된 것으로 본다.
③ 재심사청구시 청구항을 삭제하는 보정에 따라 새로운 거절이유가 발생한 경우는 보정을 각하하지 않는다.
④ 자진보정에 따라 최초 명세서에는 존재하지 않았던 거절이유가 발생한 경우는 최초로 통지한다.
⑤ 외국어특허출원인 경우는 국어번역문을 제출한 경우에만 명세서 또는 도면을 보정할 수 있다.

해 설

① 특허법 제47조 제1항 제1호, 제2호
② 거절이유통지에 대한 의견서 제출기간에 여러 번 보정을 한 경우만 마지막 보정 전에 한 모든 보정이 취하된 것으로 간주된다(특허법 제47조 제4항).
③ 특허법 제51조 제1항 괄호
④ 최초 명세서 또는 자진보정 후 명세서에 존재하는 거절이유는 최초로 통지한다(특허법 제47조 제1항). 거절이유통지에 대한 보정에 따라 발생한 거절이유에 대해서만 최후로 통지한다.
⑤ 특허법 제47조 제5항.

정답 ②

10 명세서 또는 도면의 보정에 관한 설명 중 옳지 않은 것은?

① 특허출원인은 특허결정의 등본을 송달하기 전까지 명세서 또는 도면을 보정할 수 있으나, 거절이유를 통지 받은 경우에는 당해 거절이유통지에 대한 의견서 제출기간에만 보정할 수 있다.
② 재심사 청구시 보정된 발명이 신규성 또는 진보성이 없어 특허를 받을 수 없는 경우에는 심사관은 보정각하하고 거절결정을 하여야 한다.
③ 보정각하결정에 대하여는 독립하여 불복할 수 없으나, 특허거절결정에 대한 불복심판청구를 하는 경우에는 그 심판절차에서 보정의 적법 여부를 함께 다툴 수 있다.
④ 자진보정기간내의 보정에 이른바 특허법 제47조 제2항 위반의 신규사항이 추가된 경우에는, 그 보정을 곧바로 각하할 것이 아니라 거절이유를 통지하여 의견서를 제출할 기회를 주어야 한다.
⑤ 최후거절이유통지에 따른 의견서 제출 기간 내에 보정이 있었고, 해당 보정 후 청구범위에 그 보정에 따라 새로 발생한 거절이유는 없으나, 종전의 최후거절이유통지시 지적한 거절이유가 그대로 존재하는 경우 거절결정된다.

해설

① 심사관의 특허결정을 특허청장이 송달하기 전까지 하는 보정은 자진보정이라 하며, 자진보정은 출원 후 아무 때나 가능하다. 그러나 거절이유를 통지 받은 경우는 거절이유통지에 따른 지정기간에만 보정이 가능하다(특허법 제47조 제1항).
② 상황에 따라 다르다. 신규성, 진보성의 거절이유가 재심사청구시의 보정에 따라 새롭게 발생된 거절이유라면 보정각하하나, 그렇지 않고 재심사청구시의 보정에 따라 새롭게 발생된 거절이유는 없고 문제의 신규성, 진보성의 거절이유가 기 통지한 거절결정이유를 여전히 극복하지 못한 것이라면, 보정각하결정 없이 거절결정한다. 또는 재심사청구시의 보정에 따라 새롭게 발생된 거절이유는 없고, 기 통지 거절결정이유도 극복했으나, 문제의 신규성, 진보성의 거절이유가 미처 통지하지 못했던 거절이유라면 최초 또는 최후 거절이유로 통지할 것이다.
③ 보정각하결정에 대해서는 예고통지가 없다는 점, 단독 불복절차가 없다는 점이 특징이다. 단 거절결정불복심판에서 거절결정과 함께 다툴 수는 있다(특허법 제51조 제3항).
④ 최후거절이유통지에 따른 보정, 재심사 청구시의 보정이라면 보정에 의해 특허법 제47조 제2항 위반의 사유가 발생할 경우 보정각하결정을 하지만, 그렇지 않은 상황에서는 보정각하결정을 하지 않고, 거절이유를 통지한다.
⑤ 기 통지 거절이유가 극복되지 않은 경우는 거절결정한다.

정답 ②

11 특허법상의 보정에 관한 설명으로 옳지 않은 것은?

① 특허법 시행규칙 제11조에 따른 반려이유통지에 대해서는 보정으로써 하자를 치유하는 것이 허용되지 않는다.
② 청구항을 삭제하는 보정을 하면서 새로운 거절이유가 발생한 경우는 특허법 제51조에 따른 보정각하결정을 하지 않는다.
③ 특허청장이 국제출원에 대해 특허법 제195조 각 호 중 어느 하나의 위반을 이유로 보정을 명한 경우 지정된 기간에 보정을 하지 않으면 그 국제출원은 취하된 것으로 본다.
④ 심사관이 특허법 제66조에 따른 특허결정을 할 때 요약서에 적힌 사항만 직권 보정한 경우 출원인이 직권보정 사항의 일부를 받아들일 수 없어 특허법 제79조 제1항에 따라 특허료를 낼 때까지 의견서를 제출하면, 특허결정이 취소된 것으로 본다.
⑤ 심판청구서의 보정은 요지를 변경할 수 없으나, 권리범위확인심판에서 심판청구서의 확인대상발명의 설명서에 대하여 피청구인이 자신이 실제로 실시하고 있는 발명과 다르다고 주장하는 경우 피청구인의 실시 발명과 동일하게 하기 위하여 확인대상발명의 설명서를 보정하는 것은 요지를 변경하더라도 허용된다.

해 설

① 반려사유는 보정이 허용되지 않고, 소명하거나 반려요청하는 것만 가능하다(특허법 시행규칙 제11조 제3항).
② 특허법 제51조 제1항 괄호
③ 국내출원에 대한 방식 위반의 특허법 제46조의 보정명령은 지정된 기간 내에 보정을 하지 않으면 무효로 할 수 있다이나, 국제출원에 대한 방식 위반의 특허법 제195조의 보정명령은 지정된 기간 내에 보정을 하지 않으면 취하간주된다(특허법 제196조 제1항 제1호).
④ 심사관의 직권보정은 명세서, 도면뿐 아니라 요약서도 가능하며, 직권보정사항의 전부 또는 일부를 받아들일 수 없으면 특허료를 낼 때까지 의견서를 특허청장에게 제출하면 되고, 의견서를 제출하면 직권보정 사항의 전부 또는 일부가 처음부터 없었던 것으로 된다(특허법 제66조의2 제4항 전단). 한편 요약서에 대한 직권보정만 전부 또는 일부가 처음부터 없었던 것으로 되는 경우는 특허결정은 취소된 것으로 보지 않는다(특허법 제66조의2 제4항 단서).
⑤ 확인대상발명은 심판청구서의 청구취지를 구성하는바, 확인대상발명 설명서 및 도면의 보정은 심판청구서의 보정으로 본다. 특허법 제135조 제1항의 적극적 권리범위확인심판에서 피청구인이 실시하고 있는 발명과 동일하게 하기 위하여 확인대상발명 설명서 또는 도면을 보정하는 것은 요지변경도 허용된다(특허법 제140조 제2항 제3호).

정 답 ④

12 보정에 관한 설명으로 옳지 않은 것으로만 묶인 것은? [2010년 기출]

> ㄱ. 최후 거절이유통지에 따른 보정으로 인해 새로운 거절이유가 생긴 때에는 심사관은 보정각하를 하게 되나, 그것이 재심사 청구 전에 한 보정인 경우에는 보정각하를 할 수 없다.
>
> ㄴ. 최후 거절이유통지에 따른 보정 및 재심사 청구에 수반한 보정 시 구성요소의 직렬적 부가로 청구범위가 감축되더라도 실질적으로 청구범위가 변경되면 보정이 허용되지 않는다.
>
> ㄷ. 보정이 특허법 제47조 제2항 전단의 신규사항추가에 해당하는 것은 등록거절의 이유가 되며, 일단 등록이 되었더라도 특허의 무효심판의 사유가 된다.
>
> ㄹ. 특허거절결정에 대하여 특허법 제67조의2(재심사의 청구) 제1항에 따른 출원인의 재심사 청구가 있다는 사유만으로 종전에 이루어진 특허거절결정이 취소되는 것은 아니다.
>
> ㅁ. 최초 거절이유통지에 따른 보정으로 거절이유를 극복하지 못하는 경우 심사관은 특허거절결정을 한다.

① ㄱ, ㄹ
② ㄴ, ㄷ
③ ㄴ, ㄹ
④ ㄴ, ㅁ
⑤ ㄷ, ㅁ

해설

ㄱ) |○| 최후거절이유통지에 대한 의견서 제출기간 내에 한 보정이 부적법한 보정임에도 불구하고 심사관이 이를 간과하여 보정각하결정을 하지 않는 경우, 추후 재심사 단계에서 심사관이 당해 보정이 부적법한 보정임을 발견한 경우에는 보정각하를 하지 못한다(법 제51조 제1항 단서). 이는 당해 보정이 적법한 것으로 전제하고 재심사 청구를 한 출원인을 보호하기 위함이다.

ㄴ) |×| 구 특허법 제47조 제4항 제1호에서는 '명세서 또는 도면의 보정은 청구범위를 실질적으로 확장하거나 변경하지 아니할 것'이라고 규정하고 있었다. 한편, 종래에는 구성요소 직렬적 부가한 보정의 경우 외견상 청구범위가 감축된 것으로 보이지만 실질적으로 발명의 구체적인 목적이나 특허발명의 보호범위가 변경된다고 보아 보정을 인정하지 않고 보정각하 하였다. 그러나 구 특허법 제47조 제4항 제1호의 규정은 보정범위를 지나치게 제한한다는 비판이 있었는바, 개정법(09.7.1 시행)에서는 이를 삭제하고, 법 제47조 제3항 제1호(청구항을 한정 또는 삭제하거나 청구항에 부가하여 청구범위를 감축하는 경우)를 개정하여 출원인의 권익을 도모하고 있다.

ㄷ) |○| 법 제62조 제5호 및 법 제133조 제1항 제6호

ㄹ) |×| 재심사의 청구가 있는 경우 해당 특허출원에 대하여 종전에 이루어진 특허결정 또는 거절결정은 취소된 것으로 본다(법 제67조의2 제3항).

ㅁ) |○| 동일한 거절이유로 두 번의 거절이유통지를 하지 않는다. 즉 최초거절이유통지에 대응한 보정에 의하여 원거절이유가 해소되지 못하면 심사관은 거절 결정한다.

정답 ③

13 특허출원의 보정에 관하여 옳지 않은 것만을 모두 고른 것은? [2011년 기출]

> ㄱ. 특허출원인은 명세서 또는 도면에 대하여 자진하여 보정하는 경우에도 신규사항을 추가하는 보정을 하여서는 안 된다.
> ㄴ. 특허출원인이 최후거절이유통지에 대한 의견서제출기간 내에, 신규사항을 추가하지는 않았으나 청구범위를 확장하는 보정을 하여 특허등록이 된 경우, 위 보정이 위법하다는 사유로 특허무효심판을 청구할 수 있다.
> ㄷ. 특허출원인이 최후거절이유통지에 대한 의견서제출기간 내에 청구항을 삭제하여 청구범위를 감축하는 보정을 한 경우에 심사관은 그 보정에 따라 새로운 거절이유가 발생한 경우 서면으로 이유를 붙여 그 보정에 대해 직권으로 각하결정할 수 있다.
> ㄹ. 특허출원인은 직권보정 사항의 전부 또는 일부를 받아들일 수 없을 때에는 특허료를 납부할 때까지 의견서를 제출하여 심사관의 직권보정 통지에 대하여 직권보정 사항별로 취사선택을 할 수 있다.

① ㄱ, ㄴ
② ㄱ, ㄷ
③ ㄴ, ㄷ
④ ㄴ, ㄹ
⑤ ㄷ, ㄹ

해설

ㄱ) |O| 법 제47조 제1항 실체보정을 할 수 있는 시기의 명세서 또는 도면의 보정은 신규사항이 추가되지 않는 범위 내에서만 가능하다. 즉, 실체보정을 할 때에는 언제나 신규사항이 추가되지 않아야 한다.

ㄴ) |×| 최후거절이유통지이후의 보정범위제한(법 제47조 제3항)에 위반 불구하고 착오등록된 경우, 법 제47조 제3항은 심사의 신속성을 위해 둔 규정이기 때문에 형식적 하자에 불과하고, 일반인의 이익을 해하지 않으므로 별도의 제재조치를 취하지 않음이 원칙이다.

ㄷ) |×| i) 청구항을 한정 또는 삭제하거나 청구항에 부가하여 청구범위를 감축하는 보정(법 제47조 제3항 제1호) 및 ii) 신규사항추가 보정에 대하여 그 보정 전 청구범위로 되돌아가거나 되돌아가면서 청구범위를 제1호부터 제3호까지의 규정에 따른 보정(법 제47조 제3항 제4호) 중 청구항을 삭제하는 보정의 경우에는 보정각하를 하지 못하도록 하고 있다(법 제51조 제1항 괄호). 즉, 삭제된 청구항을 인용하게 된 결과 기재불비라는 새로운 거절이유가 발생한 것이므로 원칙적으로 보정각하해야 하나, 이는 명백한 오기에 해당하기 때문에 보정각하지 않고, 출원인에게 다시 최후거절이유통지(법 제47조 제1항 제2호)를 하여 보정기회를 제공한다.

ㄹ) |O| 출원인은 직권보정 사항의 전부 또는 일부를 받아들일 수 없으면 특허료를 납부할 때까지 그 직권보정 사항에 대한 의견서를 특허청장에게 제출하여(법 제66조의2 제3항), 심사관의 직권보정통지에 대하여 직권보정 사항별로 취사선택을 할 수 있다.

정답 ③

14 특허출원의 보정에 관한 설명으로 옳지 않은 것은? [2013년 기출]

① 특허법 제47조(특허출원의 보정) 제3항 제1호에 따른 보정 중 청구항을 삭제하는 보정에 의해 새로운 거절이유가 발생하는 경우에 심사관은 보정각하 결정을 해서는 안 된다.
② 특허법 제67조의2(재심사의 청구)에 따른 재심사의 청구가 있는 경우에 그 청구 전에 한 보정이 부적법한 경우에는 보정각하하여야 한다.
③ 특허법 제54조(조약에 의한 우선권 주장)를 수반하는 특허출원에서 우선권주장의 기초가 된 출원일부터 11개월이 되는 날 후에 제3자의 심사청구가 있다는 취지의 통지를 출원인이 받은 경우에 우선권 주장의 기초가 되는 출원일부터 1년 2개월이 되는 날까지 청구범위가 기재되도록 명세서를 보정하도록 하고 있으며, 그 기한까지 보정하지 아니하면 그 기한이 되는 날의 다음날에 그 특허출원은 취하된 것으로 본다.
④ 제3자가 심사청구를 한 후 출원인의 보정에 의해 청구범위의 청구항의 수가 증가한 경우에 그 증가한 청구항에 대하여 심사청구료를 납부하지 아니하여 보정명령을 받은 자가 지정된 기간 이내에 그 심사청구료를 납부하지 아니한 경우에는 특허출원서에 첨부한 명세서에 관한 보정을 무효로 할 수 있다.
⑤ 거절결정불복심판 청구 전에 한 보정이 거절결정불복심판 청구 후에 부적법한 보정임을 심판관이 발견한 경우에 심판관은 보정각하 결정을 해서는 안 된다.

해 설

① |O| 법 제51조 제1항 괄호
② |×| 법 제51조 제1항 단서, 재심사의 청구가 있는 경우 그 청구 전에 한 보정은 보정각하 사유의 판단대상이 아니다.
③ |O| 법 제42조의 2 제2항 및 제3항
④ |O| 법 제82조 제2항 및 제16조 제1항 단서
⑤ |O| 법 제170조 제1항 괄호

정 답 ②

15 특허출원의 보정에 관한 설명으로 옳지 않은 것은? [2014년 기출]

① 출원인이 특허출원에 대한 거절이유통지를 받은 후 그 통지에 따른 의견서 제출기간 내에 2회 이상 명세서 등의 보정서를 제출한 경우, 그 기간 내 마지막 보정 전의 모든 보정은 취하된 것으로 보지만, 실체심사에 대한 최초의 거절이유통지를 받기 전에 제출된 자진보정서의 경우에는 그러하지 아니하다.

② 출원인은 심사관에 의하여 직권보정된 사항의 특정 일부만을 받아들일 수 없는 경우 특허료를 납부할 때까지 그 직권보정사항의 특정 일부에 대한 의견서를 제출하여 그 부분만에 관한 직권보정사항을 처음부터 없었던 것으로 할 수 있다.

③ 출원인이 특허거절결정에 대응하여 재심사를 청구하는 경우 그 청구 전에 있었던 보정각하결정에 대하여는 불복할 수 없지만, 그 재심사에 따른 특허거절결정에 대하여 불복심판을 청구한 경우 그 심판에서는 이를 다툴 수 있다.

④ 출원인이 특허출원의 '발명의 설명'에 발명의 배경기술이 기재되지 않았다는 거절이유를 받은 경우, '발명의 설명'에 선행기술문헌의 정보와 함께 그 문헌에 개시된 배경기술의 설명을 추가하는 보정을 할 수 있지만, 그러한 배경기술의 설명이 최초로 제출된 명세서 등의 기재로부터 자명하게 도출할 수 있는 사항이 아니면 신규사항의 추가에 해당된다.

⑤ 출원인이 재심사를 청구하면서 명세서 등을 보정하였는데, 그 재심사 청구 전에있었던 보정이 보정각하의 대상이었음에도 불구하고 심사관이 이를 간과하여 보정각하결정을 하지 않아 추후 재심사 절차에서 발견된 경우, 심사관은 그 종전의 보정에 대해서 보정각하의 결정을 할 수 없다.

> **해 설**
>
> ① |O| 법 제47조 제4항, 한편 자진보정의 경우에는 보정의 경우에는 복수의 보정이 있으면 각각의 보정을 모두 인정하여야지 마지막 보정 전의 모든 보정을 취하한 것으로 보면 안된다.
> ② |O| 법 제66조의2 제3항
> ③ |×| 법 제51조 제3항 단서
> ④ |O| 심사기준
> 선행기술문헌명을 명세서에 단순히 추가하는 보정은 신규사항 추가로 보지 않는다.
> ⑤ |O| 법 제51조 제1항 단서
>
> 정답 ③

16 특허법상의 보정에 관한 설명으로 옳지 않은 것은? (다툼이 있으면 판례에 따름)

[2016년 기출문제]

① 특허법 제51조(보정각하)제1항이 규정하는 '청구항을 삭제하는 보정'의 경우에는 청구항을 한정·부가하는 보정 등 다른 경우와 달리 그로 인하여 새로운 거절이유가 발생하더라도 그와 같은 보정의 반복에 의하여 심사관의 새로운 심사에 따른 업무량 가중 및 심사절차 지연의 문제가 생기지 않는다.

② 보정 이후 발명에 대한 심사 결과 신규성이나 진보성 부정의 거절이유가 발견된다고 하더라도, 그러한 거절이유가 보정으로 청구항이 신설되거나 실질적으로 신설에 준하는 정도로 변경됨에 따라 비로소 발생한 경우와 같은 특별한 사정이 없는 한 심사관은 보정에 대한 각하결정을 하여서는 아니 되고, 신규성이나 진보성 부정의 거절이유를 출원인에게 통지하여 의견제출 및 보정의 기회를 부여하여야 한다.

③ 심사관이 특허출원의 보정에 대하여 각하결정을 한 후 보정 전의 특허출원에 대하여 거절결정을 하였고, 그에 대한 불복심판 절차에서 그 보정각하결정 및 거절결정이 적법하다는 이유로 심판청구를 기각하는 특허심판원의 심결이 있었던 경우, 심결취소소송에서 법원은 심사관 또는 심판관이 판단하지 않은 '보정 이후의 특허출원'에 대한 거절결정의 위법성을 스스로 심리하여 이 역시 위법한 경우에만 심결을 취소할 수 있다.

④ 청구항을 삭제하는 보정을 하면서 삭제한 청구항을 직·간접적으로 인용하던 종속항에서 인용번호를 잘못 변경함으로써 기재불비가 발생한 경우에도 특허법 제51조(보정각하)의 청구항을 삭제하는 보정에 따라 새로운 거절이유가 발생한 경우에 포함된다.

⑤ 보정의 정도가 확인대상발명에 관하여 심판청구서에 첨부된 설명서 및 도면에 표현된 구조의 불명확한 부분을 구체화한 것이거나 처음부터 당연히 있어야 할 구성 부분을 부가한 것에 지나지 아니하여 심판청구의 전체 취지에 비추어 볼 때 그 발명의 동일성이 유지된다고 인정되는 경우에는 특허법 제140조(심판청구방식) 제2항에서 말하는 요지의 변경에 해당하지 않는다.

해설

①, ④ |○| 대법원 2014. 7. 10. 선고 2013후2101

② |○| ③ |×| 대법원 2014. 7. 10. 선고 2012후3121 특허거절결정에 대한 불복심판청구를 기각한 심결의 취소소송에서 법원은 특허거절결정을 유지한 심결의 위법성 여부를 판단하는 것일 뿐 특허출원에 대하여 직접 특허결정 또는 특허거절결정을 하는 것은 아니다. 따라서 심사관이 특허출원의 보정에 대한 각하결정을 한 후 '보정 전의 특허출원'에 대하여 거절결정을 하였고, 그에 대한 불복심판 절차에서 위 보정각하결정 및 거절결정이 적법하다는 이유로 심판청구를 기각하는 특허심판원의 심결이 있었던 경우, 그 심결취소소송에서 법원은 위 보정각하결정이 위법하다면 그것만을 이유로 곧바로 심결을 취소하여야 하는 것이지, 심사관 또는 특허심판원이 하지도 아니한 '보정 이후의 특허출원'에 대한 거절결정의 위법성 여부까지 스스로 심리하여 이 역시 위법한 경우에 만 심결을 취소할 것은 아니다.

⑤ |○| 대법원 2012. 5. 24. 선고 2012후44

정답 ③

17 특허법 제51조의 보정각하결정에 관한 설명 중 옳지 않은 것은? (다툼이 있는 경우에는 판례에 의함)

① 특허법 제51조 제1항이 보정에 따라 새로운 거절이유가 발생했어도 청구항을 삭제하는 보정을 보정각하대상에서 제외하고 있는 취지는 위 경우는 심사절차의 지연의 문제가 거의 생기지 아니하는 데 반해, 그에 대하여 거절이유를 통지하여 보정의 기회를 다시 부여함으로써 출원인을 보호하고자 함이다.

② 특허법 제42조 제4항 제2호의 명세서 기재요건을 구비하지 못한 기재불비가 있다는 거절결정이유를 통지함에 따라 재심사청구와 함께 이를 해소하기 위한 보정이 이루어졌는데, 보정 이후 발명에 대한 심사결과 신규성이나 진보성 부정의 거절이유가 발견된다고 하더라도, 보정으로 청구항이 신설되거나 실질적으로 신설에 준하는 정도로 변경됨에 따라 비로소 발생한 경우가 아니라면, 그 보정을 각하하지 않는다.

③ 재심사청구와 함께 청구항을 삭제하는 보정을 하면서 삭제한 청구항을 직·간접적으로 인용하던 종속항에서 인용번호를 잘못 변경함으로써 기재불비가 발생한 경우는 거절이유를 통지하여 보정의 기회를 다시 부여해야 한다.

④ 청구항을 삭제하는 보정을 하면서 삭제된 청구항과 관련이 없는 부분에서 새롭게 거절이유가 발생했어도 그 거절이유가 출원인의 실수에 의해 비롯된 것이라면 보정을 각하하지 않는다.

⑤ 청구항을 삭제하는 보정을 하면서 그 삭제된 청구항을 직·간접적으로 인용하던 종속항을 보정하는 과정에서 인용번호를 잘못 변경하거나 종속항이 2이상의 항을 인용하는 경우에 인용되는 항의 번호 사이의 택일적 관계에 대한 기재를 누락함으로써 기재불비가 발생한 경우는 특허법 제51조 제1항 본문이 규정하는 청구항을 삭제하는 보정에 따라 발생한 새로운 거절이유에 포함된다고 보아야 한다.

해 설

①, ④ 특허법 제51조 제1항이 위와 같이 보정에 따라 새로운 거절이유가 발생한 것으로 인정되면 그 보정을 각하하도록 하면서도 '청구항을 삭제하는 보정'의 경우를 그 대상에서 제외하고 있는 취지는, 보정에 따라 새로운 거절이유가 발생한 경우에는 그 보정을 각하함으로써 새로운 거절이유에 대한 거절이유통지와 또 다른 보정이 반복되는 것을 배제하여 심사절차의 신속한 진행을 도모하되, '청구항을 삭제하는 보정'의 경우에는 그로 인하여 새로운 거절이유가 발생하더라도 위와 같은 보정의 반복에 의하여 심사관의 새로운 심사에 따른 업무량 가중이나 심사절차의 지연의 문제가 거의 생기지 아니하는 데 반해 그에 대하여 거절이유를 통지하여 보정의 기회를 다시 부여함으로써 출원인을 보호할 필요성이 크다는 데 있다.

이러한 규정의 취지에 비추어 볼 때, 청구항을 삭제하는 보정을 하였더라도 삭제된 청구항과 관련이 없는 부분에서 새롭게 발생한 거절이유는 심사관에게 새로운 심사에 따른 업무량을 가중시키고, 심사절차가 지연되는 결과를 가져오게 하는 등 달리 취급하여야 할 필요가 없으므로 2009년 개정 특허법 제51조 제1항 본문이 규정하는 청구항을 삭제하는 보정에 따라 발생한 새로운 거절이유에 포함된다고 할 수 없다(2015후2259).

② 심사관이 '발명이 명확하고 간결하게 기재되지 아니하여 특허법 제42조 제4항 제2호의 명세서 기재요건을 구비하지 못한 기재불비가 있다'는 거절이유를 통지함에 따라 이를 해소하기 위한 보정

이 이루어졌는데, 보정 이후 발명에 대한 심사 결과 신규성이나 진보성 부정의 거절이유가 발견된다고 하더라도, 그러한 거절이유는 보정으로 청구항이 신설되거나 실질적으로 신설에 준하는 정도로 변경됨에 따라 비로소 발생한 경우와 같은 특별한 사정이 없는 한 보정으로 새롭게 발생한 것이라고 할 수 없으므로, 심사관으로서는 보정에 대한 각하결정을 하여서는 아니 되고, 위와 같은 신규성이나 진보성 부정의 거절이유를 출원인에게 통지하여 의견제출 및 보정의 기회를 부여하여야 한다(2012후3121).

③ 단순히 '청구항을 삭제하는 보정을 하면서 삭제된 청구항을 인용하던 종속항에서 인용번호를 그대로 둠으로써 특허법 제42조 제3항, 제4항에서 정한 명세서 기재요건을 충족하지 않은 기재불비가 발생한 경우'뿐만 아니라, '청구항을 삭제하는 보정을 하면서 삭제한 청구항을 직·간접적으로 인용하던 종속항에서 인용번호를 잘못 변경함으로써 위와 같은 기재불비가 발생한 경우'에도, 이에 대해 거절이유를 통지하여 보정의 기회를 다시 부여하더라도 또 다른 보정의 반복에 의하여 심사관의 새로운 심사에 따른 업무량 가중 및 심사절차의 지연의 문제가 생길 염려가 없음은 마찬가지이므로, 이들 경우 모두가 위 규정에서 말하는'청구항을 삭제하는 보정에 따라 새로운 거절이유가 발생한 경우'에 포함된다(2013후2101).

⑤ 특허법 제51조 제1항 본문이 규정하는 청구항을 삭제하는 보정에 따라 발생한 새로운 거절이유에는 단순히'청구항을 삭제하는 보정을 하면서 그 삭제된 청구항을 인용하던 종속항에서 인용번호를 그대로 둠으로써 명세서 기재요건을 충족하지 않은 기재불비가 발생한 경우'뿐만 아니라, '청구항을 삭제하는 보정을 하면서 그 삭제된 청구항을 직·간접적으로 인용하던 종속항을 보정하는 과정에서, 인용번호를 잘못 변경하거나, 종속항이 2이상의 항을 인용하는 경우에 인용되는 항의 번호 사이의 택일적 관계에 대한 기재를 누락함으로써 위와 같은 기재불비가 발생한 경우'도 포함된다고 보아야 한다(2014후553).

정답 ④

18 보정각하결정에 관한 설명으로 옳지 않은 것은? (다툼이 있는 경우에는 판례에 의함)

① 복수의 보정사항을 포함하는 보정서가 제출된 경우, 그 보정은 불가분적인 하나의 보정으로 보정사항 전부를 일체로 보정인정 여부를 판단하여야 하므로 보정사항 중 어느 하나라도 특허법 제47조 제2항 및 제3항을 위반하거나 그 보정(청구항을 삭제하는 보정은 제외)에 따라 새로운 거절이유가 발생한 것으로 인정되면 그 보정서의 보정 전체를 각하하여야 한다.

② 직권보정을 하는 경우, 직권 재심사를 하는 경우 및 재심사의 청구가 있는 경우, 그 전에 이루어진 보정이 보정각하 대상이었음에도 불구하고 심사과정에서 간과되었다면 이 보정사항은 보정각하여부를 판단함에 있어서는 제외되어야 한다.

③ 최후거절이유통지에 대한 의견서 제출기간의 보정 또는 재심사를 청구하면서 하는 보정이 특허법 제47조 제2항 및 제3항의 규정을 위반하거나 그 보정에 따라 새로운 거절이유가 발생한 것으로 인정되는 때에는 특허법 제51조 제1항에 따라 보정을 각하하여야 한다.

④ 재심사청구 후 보정에 의해 청구항 삭제 보정과 관련이 없는 부분에서 새롭게 발생한 거절이유가 있는 경우 출원인을 보호할 필요성이 있는바 보정의 기회를 다시 부여한다.

⑤ 청구항을 삭제하는 보정에 의해 새로운 거절이유가 발생한 경우에는 단순히 청구항을 삭제하는 보정을 하면서 그 삭제된 청구항을 인용하던 청구항에서 인용번호를 그대로 둠으로써 기재불비가 발생한 경우뿐만 아니라, 청구항을 삭제하는 보정을 하면서 그 삭제한 청구항을 직·간접적으로 인용하던 청구항에서 그 인용번호를 잘못 변경함으로써 기재불비가 발생한 경우도 해당한다.

해 설

① 심사기준
② 심사기준
③ 심사기준
④ 청구항을 삭제하는 보정을 하였더라도 삭제된 청구항과 관련이 없는 부분에서 새롭게 발생한 거절이유는 심사관에게 새로운 심사에 따른 업무량을 가중시키고, 심사절차가 지연되는 결과를 가져오게 하는 등 달리 취급하여야 할 필요가 없으므로 2009년 개정 특허법 제51조 제1항 본문이 규정하는 청구항을 삭제하는 보정에 따라 발생한 새로운 거절이유에 포함된다고 할 수 없다(대법원2018. 7. 12. 선고2015후2259 판결).
⑤ 심사기준

정답 ④

19 특허법 제51조(보정각하)에 관한 설명으로 옳지 않은 것은? (다툼이 있으면 판례에 따름)

[2020년 기출]

① 특허법 제51조 제1항 본문에 의하면, 심사관은, 청구항을 삭제하는 보정을 제외하고, 특허법 제47조(특허출원의 보정) 제1항 제2호 및 제3호에 따른 보정이 그 보정에 따라 새로운 거절이유가 발생한 것으로 인정하면 결정으로 그 보정을 각하하여야 한다.

② 특허법 제51조 제1항 본문의 '새로운 거절이유가 발생한 것'이란 해당 보정으로 인하여 이전에 없던 거절이유가 새롭게 발생한 경우를 의미하는 것이다.

③ 기재불비의 최후거절이유를 통지함에 따라 이를 해소하기 위한 보정으로 청구항이 신설된 경우, 신설된 청구항이 청구항을 정리하면서 발생하는 불가피한 경우로서 청구범위를 감축하는 경우가 아니라면 심사관은 결정으로 그 보정을 각하하여야 한다.

④ 미완성발명을 이유로 하는 최초거절이유를 통지함에 따라 이를 해소하기 위하여 미완성발명을 완성시키는 보정을 한 경우라고 심사관이 인정하면 결정으로 그 보정을 각하하여야 한다.

⑤ 최후거절이유통지에 대한 의견서 제출기간 내에 단순히 청구항을 삭제하는 보정을 하면서 삭제된 청구항을 인용하던 종속항에서 그 인용번호를 잘못 변경함으로써 기재불비가 발생한 경우, 심사관은 거절이유를 통지하여 출원인에게 보정의 기회를 부여하여야 한다.

해설

① 특허법 제51조 제1항.
② 심사기준
③ 청구항을 신설했어도 발명의 내용상 보정 전에도 있었던 발명이고 단지 청구항 정리를 위해 불가피하게 청구항 수가 증가된 경우는 불명확한 부분을 명확히 한 것으로 보아 보정각하결정하지 않는다(심사기준).
④ 미완성발명을 완성시키는 보정을 한 경우 그 보정은 신규사항을 추가한 것으로 된다(심사기준). 최초거절이유통지에 대한 보정을 하면서 신규사항을 추가한 경우 심사관은 보정은 승인하고 기통지 거절이유가 극복되었는지를 심사한 후 극복되었다면 보정에 의해 발생한 새로운 거절이유인 신규사항추가에 대해 최후거절이유통지를 한다.
⑤ 청구항 삭제만 하여 특허법 제42조 제4항 제2호 위반이 발생한 경우, 청구항 삭제하면서 인용번호를 잘못 변경하여 특허법 제42조 제4항 제2호 위반이 발생한 경우, 청구항 삭제하면서 택일적 기재를 누락하여 특허법 제42조 제8항 위반이 발생한 경우는 보정각하하지 않는다. 참고판례를 아래에 소개한다.

"특허법 제51조 제1항이 보정에 따라 새로운 거절이유가 발생한 것으로 인정되면 보정을 각하하도록 하면서도 '청구항을 삭제하는 보정'의 경우를 대상에서 제외하고 있는 취지는, 보정에 따라 새로운 거절이유가 발생한 경우에는 보정을 각하함으로써 새로운 거절이유에 대한 거절이유통지와 또 다른 보정이 반복되는 것을 배제하여 심사절차의 신속한 진행을 도모하되, '청구항을 삭제하는 보정'의 경우에는 청구항을 한정·부가하는 보정 등 다른 경우와 달리 그로 인하여 새로운 거절이유가 발생하더라도 위와 같은 보정의 반복에 의하여 심사관의 새로운 심사에 따른 업무량 가중 및 심사절차의 지연의 문제가 생기지 아니하므로 그에 대하여 거절이유를 통지하여 보정의 기회를 다시 부여함으로써 출원인을 보호하려는 데 있다.

이러한 규정의 취지에 비추어 볼 때, 단순히 '청구항을 삭제하는 보정을 하면서 삭제된 청구항을 인용하던 종속항에서 인용번호를 그대로 둠으로써 특허법 제42조 제3항, 제4항에서 정한 명세서 기재요건을 충족하지 않은 기재불비가 발생한 경우'뿐만 아니라, '청구항을 삭제하는 보정을 하면서 삭제한 청구항을 직·간접적으로 인용하던 종속항에서 인용번호를 잘못 변경함으로써 위와 같은 기재불비가 발생한 경우'에도, 이에 대해 거절이유를 통지하여 보정의 기회를 다시 부여하더라도 또 다른 보정의 반복에 의하여 심사관의 새로운 심사에 따른 업무량 가중 및 심사절차의 지연의 문제가 생길 염려가 없음은 마찬가지이므로, 이들 경우 모두가 위 규정에서 말하는 '청구항을 삭제하는 보정에 따라 새로운 거절이유가 발생한 경우'에 포함된다(대법원 2014. 7. 10. 선고 2013후2101 판결)."

정답 ④

20 특허 명세서 및 도면의 보정에 관한 설명으로 옳은 것은? [2021년 기출]

① 특허출원인은 최초 거절이유를 통지받기 전까지의 자진보정에서는 특허출원서에 최초로 첨부한 명세서에 없는 구성을 추가하는 보정이 가능하다.
② 최초 거절이유를 통지받고 해당 거절이유에 따른 보정을 할 수 있지만, 이 경우에는 거절이유에 기재되지 않은 다른 사항에 대하여 보정을 할 수 없다.
③ 최초 거절이유를 해소하고자 청구항의 구성 A를 하위개념의 구성인 "a+b"로 보정하였으나, 이에 대하여 심사관으로부터 다시 거절이유를 통지받은 경우, 구성 "a+b"를 "a"로 보정하고 "b"를 신설 청구항으로 보정을 할 수 있다.
④ 거절결정에 대한 재심사청구에서는 보정을 하여야 하며, 이 경우에는 청구항을 신설할 수 없지만, 청구항의 구성 A에 발명의 설명에 기재된 하위개념의 구성 "a"를 직렬 부가하는 "A+a"로 보정할 수 있다.
⑤ 거절결정등본을 받은 후, 재심사를 청구하지 않고 거절결정불복심판을 청구하는 경우에는 심사관의 거절결정 이유를 해소하기 위한 도면의 보정만 가능하다.

해설

① 자진보정에서 최초 명세서 또는 도면에 기재되어 있지 않고 출원시 통상의 기술자가 자명하게 도출할 수도 없는 신규사항을 추가하면 특허법 제47조 제2항 전단 위반으로 거절된다.
② 거절이유와 무관한 사항도 보정할 수 있다. 자진보정기간과 최초 거절이유통지에 따른 의견서제출기간에는 신규사항만 추가하지 않으면 어떠한 보정도 가능하다.
③ a+b에 대한 거절이유가 최초인지 최후인지에 따라 사정이 다른데, 최초와 최후를 구분할 수 있는 조건이 제시되어 있지 않다. a+b에 대한 거절이유가 최초라면 a로 보정하고 b를 신설하는 것이 가능하나, 최후라면 이는 청구범위 확장이므로 잘못된 기재 정정이나 불명확한 기재 명확화, 또는 뺴박의 상황이 아닌 이상 특허법 제47조 제3항에 위반되어 보정각하된다.
④ 시험에서는 본 지문이 정답으로 처리되었으나, 엄밀하게는 본 지문도 그릇된 지문이다. 특허법 제47조 제3항은 청구항 신설 불가를 뜻하는 규정이 아니다. 예컨대 심사기준도 청구항을 신설하

였다고 하더라도 청구항을 정리하면서 발생하는 불가피한 경우는 보정각하사유에 해당하지 않는 다고 본다. 한편 A+a는 부가에 따른 청구범위 감축 보정이므로 특허법 제47조 제3항 제1호를 만족한다.
⑤ 거절결정불복심판 청구할 때는 보정이 불가하다.

정답 ④

21 특허출원에 관한 설명으로 옳지 않은 것은? (다툼이 있으면 판례에 따름) [2022년 기출]

① 청구범위가 기재되지 아니한 명세서가 첨부된 특허출원에 대하여 특허출원인이 출원심사청구서를 제출한 경우에는 부적법한 서류로서 반려처분 대상이 된다.
② 출원이 법령에 정한 방식에 위반하였으나 반려 대상이 아닌 경우에는 보정명령을 받게 되고, 보정명령을 받은 자가 지정된 기간내에 보정을 하지 아니하는 경우에는 그 특허에 관한 절차는 무효가 될 수 있다.
③ 요약서는 특허출원서류의 일부로 필요적으로 제출되어야 할 서류이고, 요약서에만 기재되어 있고 발명의 명세서에 기재를 빠뜨린 경우에는 보정을 할 수 있는 기간 내에 요약서 기재 내용을 명세서에 추가할 수 있다.
④ 특허출원인은 출원시에는 명세서에 청구범위를 적지 않을 수 있으나 이 경우에는 출원일(우선권 주장을 수반하는 특허출원의 경우 최우선일)부터 1년 2개월이 되는 날까지 명세서에 청구범위를 적는 보정을 하여야 하고, 출원인은 청구범위를 기재하는 보정을 하여야 출원심사청구가 가능하다.
⑤ 특허법 제42조(특허출원) 제4항 제1호가 정한 명세서 기재요건을 충족하는지는 특허출원 당시의 기술수준을 기준으로 하여 그 발명이 속하는 기술분야에서 통상의 지식을 가진 사람의 입장에서 청구범위에 기재된 발명과 대응되는 사항이 발명의 설명에 기재되어 있는지에 의하여 판단하여야 하므로, 특허출원 당시의 기술수준에 비추어 발명의 설명에 개시된 내용을 청구범위에 기재된 발명의 범위까지 확장 또는 일반화할 수 있다면 청구범위는 발명의 설명에 의하여 뒷받침된다.

해설
① |O| 임시명세서(청구범위 제출유예) 출원은 심사청구(출원인)·조기공개신청에 대해서 제한 있다. 위반시 반려사유다.
② |O| 방식 위반은 반려사유 또는 보정명령사유 중 하나로 처리된다. 보정명령사유의 경우는 보정명령 받은 자가 하자 치유하지 못할 경우 절차가 무효로 될 수 있다(특허법 제16조 제1항).
③ |×| 요약서는 필수적 제출 서류가 맞다(특허법 제42조 제2항. 미제출시 출원절차가 무효로 될 수 있다. 한편 명세서 보정은 최초 명세서 또는 도면의 범위에서 할 수 있기 때문에, 요약서에만 기재되어 있는 사항을 명세서에 추가하는 보정은 허용되지 않는다(특허법 제47조 제2항 전단).
④ |O| 임시명세서(청구범위 제출유예) 출원시 우선일부터 1년 2개월까지 청구범위 기재하는 전문보정을 하여야 하며, 그렇지 않을 경우 출원 취하간주된다. 임시명세서(청구범위 제출유예) 출원

은 심사청구(출원인)·조기공개신청에 대해서 제한 있으며, 출원인은 청구범위 적는 전문 보정 후에만 심사청구할 수 있다(특허법 제59조 제2항 제1호).

⑤ |O| 제42조 제4항 제1호는 청구범위 내용이 Ctrl C + Ctrl V 로 발명의 설명에 기재되어 있는지 여부로 판단한다.

"특허법 제42조 제4항 제1호는 특허청구범위에 보호받고자 하는 사항을 기재한 청구항이 발명의 설명에 의하여 뒷받침될 것을 규정하고 있는데, 이는 특허출원서에 첨부된 명세서의 발명의 상세한 설명에 기재되지 아니한 사항이 청구항에 기재됨으로써 출원자가 공개하지 아니한 발명에 대하여 특허권이 부여되는 부당한 결과를 막으려는 데에 취지가 있다. 따라서 특허법 제42조 제4항 제1호가 정한 명세서 기재요건을 충족하는지는 위 규정 취지에 맞게 특허출원 당시의 기술수준을 기준으로 하여 통상의 기술자의 입장에서 특허청구범위에 기재된 발명과 대응되는 사항이 발명의 설명에 기재되어 있는지에 의하여 판단하여야 하므로, 특허출원 당시의 기술수준에 비추어 발명의 설명에 개시된 내용을 특허청구범위에 기재된 발명의 범위까지 확장 또는 일반화할 수 있다면 특허청구범위는 발명의 설명에 의하여 뒷받침된다(대법원 2016. 5. 26. 선고 2014후2061 판결 참조)."

정답 ③

CHAPTER 04 분할출원

01 분할출원에 관한 설명으로 옳지 않은 것은? [2017년 기출]

① 분할출원이 외국어특허출원인 경우 국어번역문을 제출한 특허출원인이 출원심사의 청구를 한 때에는 그 국어번역문을 갈음하여 새로운 국어번역문을 제출할 수 없다.

② 특허출원인은 둘 이상의 발명을 하나의 특허출원으로 한 경우에는 그 특허출원의 출원서에 최초로 첨부된 명세서 또는 도면에 기재된 사항의 범위에서 특허거절결정등본을 송달받은 날로부터 3개월 이내에 그 일부를 하나 이상의 특허출원으로 분할할 수 있다.

③ 분할출원이 외국어특허출원인 때 특허출원인은 명세서 또는 도면을 보정한 경우에 새로운 국어번역문을 제출할 수 없다.

④ 분할출원의 경우에 특허법 제54조(조약에 의한 우선권 주장)에 따른 우선권을 주장하는 자는 같은 조 제4항에 따른 서류를 조약 당사국에 최초로 출원한 출원일 중 최우선일부터 1년 4개월이 지난 후에도 분할출원을 한 날로부터 3개월 이내에 특허청장에게 제출할 수 있다.

⑤ 특허출원서에 최초로 첨부한 명세서에 청구범위를 적지 아니한 분할출원은 그 우선권 주장의 기초가 된 출원일부터 1년 2개월이 지난 후에도 분할출원을 한 날로부터 3개월 이내에 명세서에 청구범위를 적는 보정을 할 수 있다.

해설

① 심사청구절차 수속 이후에는 종래 제출한 국어번역문을 갈음하는 새로운 국어번역문의 제출이 불가하다(특허법 제42조의3 제3항 제2호).
② 특허법 제52조 제1항 제2호.
③ 명세서 또는 도면의 보정절차 수속 이후에는 종래 제출한 국어번역문을 갈음하는 새로운 국어번역문의 제출이 불가하다(특허법 제42조의3 제3항 제1호).
④ 특허법 제52조 제6항.
⑤ 추가 기간은 3개월이 아니라 30일이다(특허법 제52조 제7항).

정답 ⑤

02 발명 X에 대해서 특허출원 A를 한 특허출원인이 특허출원 A의 출원일부터 3월 후에 특허출원 A를 기초로 국내우선권주장(특허법 제55조)을 하면서 발명 X, Y에 대하여 특허출원 B를 하고, 특허출원 A의 출원일부터 1년 2월이 경과한 후 특허출원 B에서 일부 발명을 적법한 절차에 의해 새로운 특허출원 C로 하였다. 다음 중 옳은 것은? [2007년 기출]

① 특허출원 C는 특허출원 A를 기초로 특허법 제55조에 의한 우선권주장이 인정되는 경우가 없다.
② 특허출원 C는 조기공개를 신청하지 않은 경우, 특허출원 B의 출원일부터 1년 6월이 경과되기 전에 출원공개가 되는 경우가 있다.
③ 특허출원 C의 발명이 발명 Y인 경우 특허요건에 대해서 특허출원 A의 출원일에 출원한 것으로 보는 경우도 있다.
④ 특허출원 C는 특허출원 B의 출원일부터 3년이 경과하여 출원의 심사청구를 할 수 있는 경우는 없다.
⑤ 특허출원 B가 출원공개되면 특허출원 C는 언제나 출원공개된 것으로 본다.

해설

① |×| 특허출원 C(분할출원이라는 명시적인 표현이 없으나 출제의도를 고려해 볼 때 특허출원 C를 분할출원으로 해석하고 풀이함)를 하면서 원출원인 B출원에서 우선권 주장을 수반한 경우라면 분할출원시 우선권 주장을 수반할 수 있으므로(법 제52조 제2항 제4호), 특허출원 C를 하면서 A에 대한 우선권주장을 할 수 있다.
② |O| A에 대한 우선권주장을 수반한 분할출원인 경우라면 최선일인 A의 출원일로부터 1년 6월되는 시점에 공개되므로(법 제64조 제1항) B의 출원일부터 1년 6월이 경과하기 전인 A의 출원일로부터 1년 6월되는 시점에 출원이 공개될 수 있다.
③ |×| 특허출원 A는 발명 X에 관한 것이므로 이와 동일성이 없는 발명 Y에 대해서는 특허출원 C를 기준으로 등록가능성을 판단하게 되고 A의 출원일로 소급될 수는 없다.
④ |×| 심사청구는 출원일로부터 3년 이내에 할 수 있다(법 제59조 제2항). 그러나 특허법은 분할출원에 관하여는 원출원일로부터 3년의 기간이 경과된 후라도 분할출원을 한 날부터 30일 이내에 심사청구를 할 수 있도록 하고 있다(법 제59조 제3항).
⑤ |×| 분할출원은 원출원일부터 1년 6월경과 전에 분할된 경우에는 원출원일부터 1년 6월 경과시에, 원출원일부터 1년 6월경과 후에 분할된 경우에는 즉시 출원공개된다. 즉, 분할출원은 원출원과 별개의 출원이므로 별도로 특허출원 X가 공개된다.

정답 ②

03 甲은 발명의 설명에 발명 A, B, C를 기재하고 청구항 1에 발명 A, 청구항2에 발명 B를 기재하여 특허출원 X를 했다. 乙은 甲의 출원일 후에 발명의 설명 및 청구항 1에 발명 C를 기재하여 특허출원 Y를 했다. 甲은 乙의 출원일 후에 발명의 설명 및 청구항 1에 발명 C를 기재하여 특허출원 X를 기초로 분할출원 Z를 했다. 다음 설명 중 옳은 것은? (단, 특허출원 X와 Y의 발명자는 동일인이 아니며, 주어진 사항 이외는 고려하지 않는다.) [2012년 기출]

① 甲의 분할출원 Z가 乙의 출원일 후에 출원 공개되면, 乙의 특허출원 Y는 甲의 분할출원 Z의 소위 확대된 선출원의 지위로 인하여 거절될 수 있다.
② 甲의 특허출원 X는 발명 C가 삭제 보정되었고, 특허출원 Y의 출원일 후에 공개되었다. 이 경우 乙의 특허출원 Y는 甲의 특허출원 X의 확대된 선출원의 지위로 인하여 거절될 수 있다.
③ 분할출원 Z의 출원일 후에 甲이 발명 A, B, C, D에 관하여 특허출원 X를 기초로 하는 국내우선권주장 특허출원을 한 경우에, 乙의 특허출원 Y는 특허를 받을 수 있다.
④ 특허출원 Y의 출원일 후 특허출원 X의 출원공개 전에, 甲이 특허 받을 수 있는 권리를 乙에게 양도한 경우 특허출원 X는 특허출원 Y에 대하여 확대된 선출원의 지위를 가지지 못한다.
⑤ 甲이 분할출원 Z의 출원일 전에 특허출원 X에서 발명 C를 삭제하는 보정을 한상태에서 특허출원 X를 기초로 하는 국내우선권주장 특허출원을 한 경우, 乙의 특허출원 Y는 특허를 받을 수 있다.

해 설

① |×| 분할출원(Z출원)의 경우 확대된선출원의 다른 출원의 지위가 원출원(X출원)일로 소급하지 않는다.
② |○| 다른 출원의 지위는 최초 첨부된 명세서 또는 도면에 대하여 인정이 되므로 보정에 의하여 C가 삭제보정되었다고 하더라도 C는 확대된선출원의 지위를 갖는다.
③ |×| 국내우선권주장 출원의 경우 선출원의 최초 첨부된 명세서 또는 도면 및 우선권주장출원의 최초 첨부된 명세서 또는 도면에 모두 기재되어 있는 발명에 대해서는 다른 출원의 지위가 선출원일로 소급된다.
④ |×| 확대된선출원지위가 적용되지 않기 위해서는 당해출원(Y출원)시에 출원인이 동일하여야 한다. 지문의 경우 Y출원일 후에 권리의 양도가 있었으므로 여전히 확대된선출원규정이 적용된다.
⑤ |×| 甲의 분할출원(Z출원)은 원출원(X출원)일로 소급하므로 乙의 Y출원은 갑의 Z출원에 의해서 선출원주의(36조)위반으로 거절된다.

정답 ②

04 분할출원에 관한 설명으로 옳은 것을 모두 고른 것은? [2013년 기출]

ㄱ. 특허출원인은 2이상의 발명을 하나의 특허출원으로 한 경우에는 그 특허출원의 출원서에 최초로 첨부된 명세서 또는 도면에 기재된 사항의 범위 안에서, 특허법 제47조(특허출원의 보정) 제1항에 따라 보정을 할 수 있는 기간 또는 특허거절결정등본을 송달받은 후 특허법 제132조의17(특허거절결정 등에 대한 심판)에 따라 심판을 청구할 수 있는 기간 중 어느 하나에 해당하는 기간에 그 일부를 하나 이상의 특허출원으로 분할할 수 있다.

ㄴ. 특허법 제52조(분할출원) 제1항의 규정에 의한 분할출원으로 인하여 원특허출원의 내용을 보정할 필요가 있는 경우에는 원특허출원서에 첨부된 명세서 등을 보정하여야 한다.

ㄷ. 원출원이 특허법 제54조(조약에 의한 우선권 주장)의 규정에 의한 우선권을 주장하고 있는 경우, 분할출원시에 특허법 제54조 제4항의 규정에 의한 우선권 증명 서류는 분할출원과 동시에 특허청장에게 제출하여야 한다.

ㄹ. 원출원이 특허법 제54조(조약에 의한 우선권 주장)의 규정에 의한 우선권을 주장하고 있는 경우 그 특허출원서에 그 취지, 최초로 출원한 국명 및 출원의 연월일을 기재하여야 하고, 분할출원시 분할출원서에도 그 취지, 최초로 출원한 국명 및 출원의 연월일을 기재함이 바람직하나 기재하지 않더라도 원출원의 우선권 주장을 자동승계한다.

ㅁ. 분할출원의 시기가 원출원일부터 3년을 경과한 경우에는 분할출원과 동시에 심사청구를 하여야 하고, 이 때 출원심사 청구가 없으면 그 특허출원은 취하한 것으로 본다.

① ㄱ, ㄴ, ㄷ　　　② ㄱ, ㄴ, ㄹ
③ ㄱ, ㄹ, ㅁ　　　④ ㄴ, ㄷ, ㄹ
⑤ ㄷ, ㄹ, ㅁ

해설

ㄱ. |O| 법 제52조 제1항
ㄴ. |O| 청구범위가 같으면 법 제36조 제2항에 해당하게 되니, 필요한 경우 청구범위를 서로 다르게 구성하기 위해 보정해야 하는 경우가 있을 수 있다.
ㄷ. |×| 법 제52조 제6항
ㄹ. |O| 분할출원에 대하여 우선권 주장 하고자 할 때는 분할출원시 분할출원서에 그 취지 등을 기재하고(법 제52조 제2항 제3호), 그 주장에 필요한 증명서류를 우선일부터 1년 4개월 또는 분할출원일부터 3월 이내 제출함이 바람직하다(법 제52조 제6항). 다만 분할출원은 위 기재 및 제출을 누락하더라도 원출원의 우선권 주장을 자동승계한다(법 제52조 제4항).
ㅁ. |×| 법 제59조 제3항

정답 ②

05 분할출원 및 변경출원에 관한 설명 중 옳지 않은 것은?

① 분할출원을 할 수 있는 권리를 가진 자는 원출원을 한 자 또는 그 승계인(원출원인)이다.
② 분할출원할 때는 원출원에 대하여 보정서를 제출하여 원출원과 분할출원의 청구범위에 기재된 발명을 다르게 하여야 하나, 분할출원의 청구범위에 기재된 발명이 원출원의 발명의 설명이나 도면에만 기재되어 있고 청구범위에 기재되어 있지 않은 경우에는 원출원을 보정하지 않아도 된다.
③ 분할출원에 대하여 조약우선권주장을 하고자 할 때에는 분할출원서에 그 취지를 기재하고 그 주장에 필요한 증명서류를 분할출원일부터 30일 이내 제출하여야 한다.
④ 거절결정이 심결에 의해 취소된 후 재심사 결과 다시 거절결정등본을 받았다면 그 거절결정등본을 송달받은 날부터 3개월 이내에는 변경출원을 할 수 없다.
⑤ 원출원을 기초로 분할출원을 하고, 그 분할출원을 기초로 다시 분할출원하는 것은 허용된다.

해 설

① 분할출원 당시의 원출원인이 분할출원할 수 있다.
② 심사기준
③ 분할출원한 날부터 3개월 이내이다.
④ 최초 거절결정등본을 송달받은 날부터 3개월이 경과한 후에는 변경출원이 불가하다.
⑤ 심사기준.

정답 ③

06 특허법 제52조(분할출원)에 관한 설명으로 옳지 않은 것은? [2020년 기출]

① 특허출원이 외국어특허출원인 경우에는 그 특허출원에 대한 제42조의3(외국어특허출원 등) 제2항에 따른 국어번역문이 제출되지 않아도 분할할 수 있다.
② 특허법 제52조(분할출원) 제1항에 따라 분할출원을 하려는 자는 분할출원을 할 때에 특허출원서에 그 취지 및 분할의 기초가 된 특허출원의 표시를 하여야 한다.
③ 특허출원서에 최초로 첨부한 명세서에 청구범위를 적지 아니한 분할출원에 관하여는 제42조의2(특허출원일 등) 제2항에 따른 기한이 지난 후에도 분할출원을 한 날부터 30일이 되는 날까지는 명세서에 청구범위를 적는 보정을 할 수 있다.
④ 분할출원을 할 수 있는 권리를 가진 자는 원출원을 한 자 또는 그 승계인이고, 공동출원의 경우에는 원출원과 분할출원의 출원인 전원이 완전히 일치하여야 한다.
⑤ 분할출원의 경우에 제54조(조약에 의한 우선권 주장)에 따른 우선권을 주장하는 자는 같은 조 제4항에 따른 서류를 같은 조 제5항에 따른 기간이 지난 후에도 분할출원을 한 날부터 3개월 이내에 특허청장에게 제출할 수 있다.

> **해 설**

① 외국어출원의 제한과 관련된 내용이다. 외국어출원의 경우는 번역문을 제출해야만 보정, 분할출원, 변경출원, 출원인 심사청구, 조기공개신청이 가능하다(특허법 제52조 제1항).
② 특허법 제52조 제3항.
③ 특허법 제52조 제8항.
④ 심사기준
⑤ 특허법 제52조 제6항.

정 답 ①

07 분할출원에 관한 설명으로 옳은 것은? [2022년 기출]

① 분할출원은 출원서에 최초로 첨부된 명세서 또는 도면에 기재된 사항의 범위 내에서 할 수 있으며, 원출원이 외국어출원인 경우에 국어번역문이 제출되지 않았다면 원문에 기재된 범위 내에서 분할출원할 수 있다.
② 분할출원된 명세서에 기재된 발명의 내용이 분할후 원출원서에 기재된 발명의 내용과 동일하다면, 적법한 분할출원이 아니라는 점을 근거로 거절결정이 된다.
③ 분할출원에서 자기공지예외적용의 주장을 하는 경우, 그 증명서류는 분할출원일로부터 30일이 되는 날까지 제출하여야 한다.
④ 분할출원은 특허출원서에 최초로 첨부한 명세서에 청구범위가 적혀 있는 경우에만 가능하므로 최초로 첨부한 명세서에 청구범위가 적혀 있지 아니한 경우에는 분할출원을 할 수 없다.
⑤ 분할출원은 특허결정등본을 송달받은 이후에도 가능하나, 특허권설정등록을 받으려는 날이 3개월보다 짧은 경우에는 분할출원을 할 수 없다.

> **해 설**

① |×| 외국어출원의 경우 번역문 미제출시 보정·분할·변경·심사청구(출원인)·조기공개신청 제한 있다. 위반시 반려사유다. 즉 원출원에 대해 국어번역문 제출하지 않았다면 분할출원 못한다(특허법 제52조 제1항 단서).
② |×| 지문이 명료하지 않다. "분할후"가 어떤 시점을 의미하는지 명료하지 않으며, "원출원서에 기재된 발명"이란 표현도 잘못되었다. 발명은 명세서 또는 도면에 기재하지, 출원서에 기재하지 않는다. 참고로 분할출원은 원출원 최초 명세서 또는 도면에 기재된 사항의 범위에서 할 수 있으며 위반시 거절결정된다(특허법 제52조 제1항).
③ |○| 분할출원의 출원일 소급효 예외에 관한 내용이다(특허법 제52조 제2항 제2호). 제30조 제1항 제1호에 따른 공지예외주장은 출원시 취지표시 및 출원일부터 30일 이내 증명서류 제출이 요구되나, 분할출원에 대해서는 출원시가 아니라 분할출원한 한 때 취지표시 및 분할출원한 날부터 30일 이내 증명서류 제출하면 된다.
④ |×| 임시명세서(청구범위 제출유예) 출원은 심사청구(출원인)·조기공개신청에 대해서만 제한

있다. 즉 분할출원은 제한 없다. 원출원을 임시명세서로 출원한 경우 원출원에 대해 청구범위 기재하는 전문 보정 하지 않았어도 분할출원 가능하다.
⑤ |×| 특허결정서 받은 날부터 3개월 또는 설정등록일 중 빠른 날까지 분할출원할 수 있다(특허법 제52조 제1항 제3호).

정답 ③

변경출원

01 甲과 乙은 음식물 보관 용기에 관한 발명 A 및 그 제조방법에 관한 발명 B를 완성하고, 2009.1.3 실용신안등록 출원하였다. 한편, 甲은 A를 제조하는 방법 B에 대해서 대상적격 흠결로 거절이유 통지를 받고 특허출원으로 변경을 고려 중이다. 이하 다음 보기 중에 옳은 것은?

> (가) 출원인인 甲과 乙이 특허청에 대표자를 신고하지 않은 상태에서 변경출원을 하고자 할 때에는 甲 또는 乙이 단독으로 변경출원을 할 수 있다.
>
> (나) 변경출원 시기는 거절결정등본 송달일로부터 3개월 이내에 해야 하므로, 甲과 乙의 출원이 2009.9.3 최초로 거절결정 등본을 송달 받은 경우 2009.12.3. 이후로는 변경출원을 할 수 있는 경우는 없다.
>
> (다) 2009.1.3 실용신안등록 출원을 특허로 변경출원 한 경우, 변경출원의 심사청구시기는 2009.1.3부터 3년 이내에만 하면 되고, 2012.1.3. 경과 후 변경출원 한 경우에는 변경출원일에 심사청구를 해야 한다.
>
> (라) 甲과 乙은 보관용기 A는 실용신안으로 보호 받고 제조방법 B에 대해서만 특허로 변경출원을 하고자 하는 경우, 제조방법 B만 원출원에서 바로 특허로 변경출원 하면 된다.

① (가)   ② (나)
③ (다)   ④ (라)
⑤ 옳은 것 없음

해설

(가) |✗| 변경출원하면 원출원이 취하간주되기 때문에 특허관리인을 제외한 임의대리인은 특별수권을 얻어야 대리가 가능하고, 복수당사자의 경우 전원이 함께 절차를 밟아야 한다.(법 제11조 제1항 각호)

(나) |✗| 실용신안등록출원에 관하여 최초의 거절결정등본을 송달받은 날부터 3개월이 경과한 때에는 특허출원으로 변경할 수 없다. 다만, 이 기간은 「실용신안법」 제3조의 규정에 의하여 준용되는 이 법 제15조 제1항의 규정에 의하여 법 제132조의17에서 규정한 기간이 연장된 때에는 그 연장된 기간에 따라 연장된 것으로 본다(법 제53조 제1항 제1호).

(다) |✗| 특허로 변경출원 한 경우, 원출원일(실용신안등록출원)로 부터 3년의 기간이 경과된 후에도 변경출원을 한 날부터 30일 이내에 출원심사의 청구를 할 수 있다.(법 제59조 제3항)

(라) |✗| 변경출원이 있는 경우에는 그 실용신안등록출원은 취하된 것으로 본다.(법 제53조 제4항) 그러므로, 발명(고안) 일부만을 변경출원을 하고자 하는 경우, 변경하고자 하는 발명을 분할출원한 후 이 분할출원을 변경출원해야 한다. 보기에서 만약 갑과 을이 제조방법 B를 바로 변경출원하면 보관용기 A를 실용신안으로 보호받지 못하므로, B를 분할출원 후 변경출원 해야 한다.

정답 ⑤

02 분할출원과 변경출원에 관한 설명 중 옳지 않은 것은? (다툼이 있는 경우 판례에 의함)

① 분할출원은 특허법 제47조 제1항에 따라 보정할 수 있는 기간에 가능하므로 심사관이 거절이유통지 없이 특허결정 했다면 특허결정의 등본을 송달한 후에는 분할출원을 할 수 없다.

② 원출원 명세서 또는 도면에 명시적으로 기재되지 않은 사항이라도 통상의 기술자가 원출원 명세서의 다른 기재나 최초 출원 당시의 기술상식에 비추어 일의적이고 명확하게 인식할 수 있는 사항이라면 분할출원이 가능하다.

③ 최초의 거절결정등본을 송달받은 날부터 3개월이 경과한 후에는 그 거절결정이 재심사청구 또는 심결에 의해 취소되었다거나 그에 따라 거절결정등본을 다시 송달받아 3개월 이내라고 하더라도 변경출원을 할 수 없다.

④ 원출원이 외국어실용신안등록출원인 경우 원출원에 국어번역문이 제출되지 않았으면 특허출원으로 변경할 수 없다.

⑤ 원출원일부터 5년이 경과한 후 분할출원을 한 경우 분할출원한 날부터 30일 이내에 심사청구를 할 수 있으며, 분할출원한 날부터 30일 이내에 심사청구를 하지 않으면 그 분할출원은 취하된 것으로 본다.

해 설

① 특허결정이 난 후에도 특허결정의 등본을 송달받은 날부터 3개월 이내와 설정등록일 중 빠른 날까지 분할출원이 가능하다(특허법 제52조 제1항 제3호).

② 분할출원된 발명의 특허청구범위는 원출원의 명세서 또는 도면에 기재된 발명과 실질적으로 동일하여야 하고, 여기에 원출원 명세서 또는 도면에 기재된 발명이라 함은 원출원 명세서 또는 도면에 명시적으로 기재된 발명뿐만 아니라, 원출원 명세서 또는 도면에는 명시적으로 기재되지 않은 사항이라도 이 기술분야에서 통상의 지식을 가진 자(이하 '통상의 기술자' 라 한다)가 원출원 명세서의 다른 기재나 최초 출원 당시의 기술상식에 비추어 일의적이고 명확하게 인식할 수 있는 사항도 포함될 수 있다(2011허4110).

③ 심사기준문구이다. 재심사에 따른 거절결정은 거절결정등본을 최초로 송달받은 경우가 아니므로 재심사에 따른 거절결정 이후에는 분할출원이 불가하다.

④ 번역문이 제출되어야 변경출원이 가능하다(특허법 제53조 제1항 제2호).

⑤ 원출원일부터 3년이 지났어도 분할출원한 날부터 30일 이내에 심사청구가 가능하다. 만약 기간 내에 심사청구하지 않으면 출원이 취하간주된다(특허법 제59조 제3항, 제5항).

정답 ①

03 변경출원에 대한 다음 설명 중 옳은 것은?

① 기간을 경과하여 된 변경출원은 실제로 변경출원을 한 날을 기준으로 실체심사를 진행한다.
② 변경출원을 선출원으로 하여서 국내우선권 주장 출원을 할 수는 없고, 국내우선권 주장 출원을 기초로 하여 변경출원을 할 수도 없다.
③ 요건을 만족하는 '적법'한 변경출원(A)의 청구범위에 기재된 발명 X는, 변경출원(A)의 출원일과 그 변경출원(A)의 원실용신안등록출원(B)의 출원일 사이에 출원된 타인의 출원(C)의 당초 명세서의 발명의 설명에 발명 X가 기재되어 있다면, 특허법 제29조 제3항의 위반을 이유로 특허 받을 수 없게 된다.
④ 특허에서 실용신안으로 또는 실용신안에서 특허로 변경출원 할 수 있는 시기적 요건은 동일하다.
⑤ 실용신안등록출원에 대하여 최초의 거절결정등본을 송달받은 날부터 3개월이 경과된 때에는 변경출원을 할 수 있는 경우가 없다.

해설

① |×| 기간을 경과한 변경출원은 반려 대상에 해당한다(시행규칙 제11조 제1항 제7호). 이에 따라 소명 기회를 부여한 후 기간 내에 소명하지 못한 경우 변경출원 자체를 반려한다.
② |×| 국내우선권주장의 선출원은 분할출원, 분리출원 또는 변경출원이 아니어야 한다(법 제55조 제1항 제2호). 그러나, 국내우선권 주장 출원에 대해서 분할출원, 분리출원 또는 변경출원하는 것은 가능하다.
③ |×| 법 제29조 제3항에서 규정하는 '다른 출원'(즉, 동 규정상 선출원)에 해당할 때에만 소급효가 없으며 '당해 출원'에 해당할 때에는 원출원일로 소급하여 심사한다.
④ |○| ⑤ |×| 변경출원의 시기적 요건은 원출원에 관하여 최초의 거절결정등본을 송달받은 날부터 3개월이 경과한 때에는 변경할 수 없다. 다만 법 제15조 제1항에 의해 연장된 경우에는 그 연장된 기간 이내에 변경출원하는 것이 가능하다(법 제53조 제1항 제1호 괄호, 실용신안법 제10조 제1항 제1호 괄호).

정답 ④

04 다음 중 특허법에 따른 "변경출원제도"에 관한 설명으로 옳은 것은? [2004년 기출변형]

① 실용신안등록출원을 한 자는 그 실용실안등록출원을 한 날부터 실용신안권의 설정등록 후 1년이 되는 날까지 변경출원을 할 수 있다.
② 실용신안등록출원을 한 자의 변경출원은 그 실용신안등록출원의 출원서에 최초로 첨부된 명세서의 실용신안등록청구범위에 기재된 사항의 범위 안에서만 가능하다.
③ 실용신안등록출원을 한 자의 변경출원이 그 실용신안등록출원의 출원서에 최초로 첨부된 명세서 또는 도면에 기재된 사항의 범위를 벗어난 것으로 특허권설정등록 후에 인정된 때에는 그 변경출원은 당연 무효가 된다.
④ 변경출원서가 변경출원 기간을 경과하여 제출된 경우, 이는 불수리 처분의 대상이다.
⑤ 실용신안등록출원을 한 자가 변경출원을 함에 있어서 특허법 제55조에 의한 우선권을 주장하는 때에는 그 우선권을 입증하기 위한 첨부서류를 변경출원일부터 3월 이내에 제출하여야 한다.

해설

① ② |×| 변경출원 제도하에서는 변경출원의 경우 시기적 요건은 원출원이 출원 계속중이어야 하고, '최초의 거절결정등본을 송달받은 날부터 3개월이 경과한 때에는' 변경할 수 없다. 한편, 변경출원은 원출원의 '출원서에 최초로 첨부된 명세서 또는 도면에 기재된 사항의 범위 안에서' 할 수 있다(법 제53조 제1항). 지문의 내용은 모두 구법상의 이중출원 제도에 관한 설명으로 틀렸다.

③ |×| 변경출원의 객체적 범위 위반은 거절이유(법 제62조 제7호), 정보제공사유(법 제63조의2)이고, 착오로 등록된 경우에는 무효사유(법 제133조 제1항 제8호)에 해당된다. 즉, 당연무효는 아니다.

④ |○| 기간을 경과한 변경출원은 반려 대상에 해당한다(시행규칙 제11조 제1항 제7호). 이에 따라 소명 기회를 부여한 후 기간 내에 소명하지 못한 경우 변경출원 자체를 반려한다.

⑤ |×| 국내우선권 주장의 경우에는 변경출원시 그 취지를 기재하고 선출원을 표시하면 되고(법 제53조 제2항 제4호), 국내우선권 주장의 경우에는 증명서류의 제출은 불필요하므로 틀린 지문이다.

정답 ④

05 변경출원에 관한 아래의 설명 중 옳지 않은 것으로 짝지어진 것은? [2005년 기출변형]

> ㄱ. 변경출원을 할 수 있는 시기는 분할출원을 할 수 있는 시기와 동일하다.
> ㄴ. 변경출원은 그 내용이 기초출원의 범위를 벗어날 수 없으므로 기초출원에 최초로 첨부된 청구범위에 기재된 사항이내에서 해야 한다.
> ㄷ. PCT 국제출원이 우리나라를 지정한 경우, 동 국제출원은 국내법에 의한 특허출원의 지위를 가진다. 그러므로 동 PCT 국제출원을 기초출원으로 하여 출원과 동시에 실용신안으로 변경출원을 할 수 있다.
> ㄹ. 원출원이 조약우선권주장을 하고 있는 경우에도 변경출원은 조약우선권주장을 따로 하여야 하며, 최우선일부터 1년 4개월이 지난 후에도 변경출원을 한 날부터 3월 이내에 조약우선권주장 증명서류를 제출할 수 있다.

① ㄱ, ㄴ, ㄷ
② ㄱ, ㄴ, ㄹ
③ ㄱ, ㄷ, ㄹ
④ ㄴ, ㄷ, ㄹ
⑤ ㄱ, ㄴ, ㄷ, ㄹ

해설

ㄱ) |×| 분할출원은 보정할 수 있는 기간, 거절결정불복심판 청구 기간 또는 특허결정 등본을 송달받은 날로부터 3개월 이내에 할 수 있고(법 제52조 제1항 각호), 변경출원은 원출원이 출원 계속 중에 할 수 있지만 '최초의 거절결정등본을 송달받은 날부터 3개월이 경과한 때에는' 변경할 수 없다(법 제53조 제1항 단서).

ㄴ) |×| 변경출원은 실용신안등록출원의 출원서에 최초로 첨부된 명세서 또는 도면에 기재된 사항의 범위 안에서 할 수 있다(법 제53조 제1항).

ㄷ) |×| 국제특허출원을 기초로 변경출원을 하기 위해서는 국제특허출원에 대한 수수료 납부 및 번역문 제출을 한 이후이어야 한다(실용신안법 제37조).

ㄹ) |O| 원출원이 조약우선권주장을 수반한 경우 변경출원시에 별도로 우선권을 수반하여야 우선권의 이익을 향유할 수 있으며, 최우선일부터 1년 4개월이 지난 후에도 변경출원을 한 날부터 3월 이내에 우선권증명서류를 특허청장에게 제출할 수 있다(법 제53조 제6항).

정답 ①

06 특허법상 분할 및 변경출원에 관한 설명 중 옳은 것으로만 묶인 것은?   [2010년 기출]

> ㄱ. 적법한 분할출원은 원출원을 한 때에 출원한 것으로 보며, 따라서 신규성, 진보성, 출원공개의 시기, 존속기간의 기산일은 원출원일을 기준으로 판단한다.
> ㄴ. 분할출원이나 변경출원의 절차는 원출원 절차에 종속되므로 분할출원이나 변경출원에 대해서는 별도의 심사청구가 없더라도 원출원의 심사청구 순위에 따라 출원의 심사가 이루어진다.
> ㄷ. 분할출원에는 출원일의 소급효가 인정되므로 분할출원 기간이 연장되는 효과를 방지하기 위해 선출원(父출원)에서 분할출원(子출원)을 하고, 다시 子출원으로부터 분할출원(孫출원)을 하는 것은 허용되지 않는다.
> ㄹ. 특허출원인은 그 특허출원에 관하여 최초의 거절결정등본을 송달받은 날부터 3개월이 경과한 때에는 해당 특허출원을 실용실안등록출원으로 변경할 수 없으나, 원출원에 대하여 최초의 거절결정을 받은 자가 거절결정에 대한 불복심판을 청구하는 경우 그 거절결정에 대한 불복심판을 청구할 수 있는 기간이 연장된 때에는 그 연장된 기간 내에 변경출원을 할 수 있다.

① ㄱ, ㄴ
② ㄱ, ㄷ
③ ㄱ, ㄹ
④ ㄴ, ㄷ
⑤ ㄷ, ㄹ

해설

ㄱ) |O| 법 제52조 제2항 각호에 규정된 것을 제외하고는 분할출원은 원특허출원을 한 때에 출원한 것으로 본다(법 제52조 제2항).
ㄴ) |×| 분할·분리·변경에 의한 새로운 출원은 분할·분리·변경 후의 원출원과는 전혀 별개의 것이다. 따라서 원출원에 대하여 생긴 절차상의 효력을 그대로 승계할 수 없다(단 분할·분리에서 우선권주장 자동승계 제외). 즉 분할·분리·변경출원에 대한 새로운 심사청구, 출원공개, 특허결정 또는 특허거절결정도 원특허출원과 독립하여 행하여진다.
ㄷ) |×| 원출원(이하 "父출원"이라 한다)으로부터 분할출원(이하 "子출원"이라 한다)하고, 다시 子출원을 원출원으로 하여 분할출원(이하 "孫子출원"이라 한다)하였을 때 i) 孫子출원이 子출원에 대하여 분할출원의 요건을 충족할 것, ii) 子출원이 父출원에 대하여 분할출원의 요건을 충족할 것을 만족하는 경우 孫子출원의 출원일은 父출원의 출원일로 소급한다.
ㄹ) |O| 법 제53조 제1항 제1호 괄호

정답 ③

CHAPTER 06 분리출원

01 특허출원에 관한 설명으로 옳은 것은?

① 분할출원은 특허출원이 특허청에 계속 중인 경우에 한하여 할 수 있으므로, 거절결정이 있는 때에는 거절결정등본을 송달받은 날부터 3개월 이내에 분할출원을 할 수 있으나, 특허결정이 있는 때에는 분할출원을 할 수 없다.
② 특허출원하여 거절결정이 되면 거절결정등본을 송달받은 날부터 30일 이내에 분리출원을 할 수 있으나, 실용신안등록출원하여 거절결정이 되면 거절결정등본을 송달받은 날부터 30일 이내라도 분리출원을 할 수 없다.
③ 특허출원인이 특허청구범위를 기재하지 아니한 임시 명세서를 특허출원한 후에 소정기간 내에 보정하지 아니하면 특허출원은 취하된 것으로 간주된다.
④ 특허출원서에는 출원인의 성명 및 주소(고유번호가 있는 경우는 고유번호)를 적어야만 하며, 발명자의 성명 및 주소는 생략할 수 있다.
⑤ 특허출원은 우선일부터 3년 이내에 심사청구를 할 수 있다.

> 해 설
>
> ① 특허결정이 있는 때에도 특허결정서 받은 날부터 3개월 또는 설정등록을 받으려는 날 중 빠른 날까지 분할출원 가능하다(특허법 제52조 제1항 제3호).
> ② 분리출원은 거절결정불복심판 기각심결 받은 날부터 30일 이내 할 수 있다(특허법 제52조의2 제1항). 실용신안도 마찬가지다(실용신안법 제11조).
> ③ 우선일부터 1년 2개월 또는 제3자 심사청구취지 통지 받은 날부터 3개월 중 빠른 날까지 청구범위를 기재하는 보정을 하지 않으면 출원은 취하간주된다(특허법 제42조의2 제2항, 제3항).
> ④ 발명자의 성명 및 주소도 적어야 한다(특허법 제42조 제1항 제4호).
> ⑤ 우선일이 아닌 출원일부터 3년 이내 청구할 수 있다(특허법 제59조 제2항).
>
> 정답 ③

02 특허법 제52조(분할출원) 및 제52조의2(분리출원)에 관한 설명으로 옳지 않은 것은?

① 특허출원이 외국어특허출원인 경우에는 그 특허출원에 대한 제42조의3(외국어특허출원 등) 제2항에 따른 국어번역문이 제출되지 않아도 분할출원 할 수 있는 반면, 분리출원은 할 수 없다.

② 특허법 제52조(분할출원) 제1항에 따라 분할출원을 하거나 제52조의2(분리출원) 제1항에 따라 분리출원을 하려는 자는 분할출원 또는 분리출원을 할 때에 특허출원서에 그 취지 및 분할 또는 분리의 기초가 된 특허출원의 표시를 하여야 한다.

③ 특허출원서에 최초로 첨부한 명세서에 청구범위를 적지 아니한 분할출원에 관하여는 제42조의2(특허출원일 등) 제2항에 따른 기한이 지난 후에도 분할출원을 한 날부터 30일이 되는 날까지는 명세서에 청구범위를 적는 보정을 할 수 있는 반면, 특허출원서에 최초로 첨부한 명세서에 청구범위를 적지 아니한 채 분리출원하는 것은 불가하다.

④ 분할출원을 할 수 있는 권리를 가진 자는 원출원을 한 자 또는 그 승계인이고, 공동출원의 경우에는 원출원과 분할출원의 출원인 전원이 완전히 일치하여야 한다.

⑤ 분할출원의 경우에 제54조(조약에 의한 우선권 주장)에 따른 우선권을 주장하는 자는 같은 조 제4항에 따라 서류를, 같은 조 제5항에 따른 기간이 지난 후에도 분할출원을 한 날부터 3개월 이내에 특허청장에게 제출할 수 있는 반면, 분리출원은 관련 규정이 없다.

해설

① 국어번역문 제출이 없는 한 보정, 분할, 변경, 심사청구(출원인이 하는 경우), 조기공개신청이 불가하다(특허법 제52조 제1항 단서).
② 특허법 제52조 제3항, 제52조의2 제2항.
③, ⑤ 분할출원시에는 청구범위 +30일(특허법 제52조 제8항), 국어번역문 +30일(특허법 제52조 제7항), 심사청구 +30일(특허법 제59조 제3항), 조약우선권주장 증명서류 제출 +3개월의 추가 기간을 더 준다(특허법 제52조 제6항). 이에 반해 분리출원은 임시명세서 출원, 외국어 출원 자체가 금지되며, 조약우선권주장 증명서류 제출 +3개월의 추가 기간도 없다(특허법 제52조의2 제3항).
④ 심사기준 내용이다.

정답 ①

03 특허출원인 甲은 2022. 6. 1. 출원한 특허출원(청구항 제1항 내지 제10항)에 대한 의견제출통지서(청구항 제1항 내지 제8항은 특허법 제29조 제2항 진보성흠결, 제9항 및 제10항은 특허가능한 청구항으로 인정)를 2022. 8. 1. 통지받았다. 甲은 2022. 8. 30. 의견서 및 보정서를 제출하였으나, 심사관으로부터 2022. 10. 3. 특허거절결정서를 통지받았다. 이에 대응하여 甲은 특허거절결정에 대해서 특허법 제67조의2에 따른 재심사 청구를 하지 않고 2022. 10. 21. 특허법 제132조의17에 따른 심판을 청구하였으나 2023. 2. 10. 특허법 제132조의17에 따른 심판청구가 기각되었고, 2023. 2. 17. 심결의 등본을 송달받았다. 특허출원인 甲이 청구항 제9항 및 제10항에 대한 특허권을 획득하기 위하여 취할 수 있는 특허법상의 조치를 모두 고른 것은?

[2023년 기출]

ㄱ. 특허법 제52조(분할출원)에 따라 청구항 제9항 및 제10항을 분할 출원
ㄴ. 특허법 제52조의2(분리출원)에 따라 청구항 제9항 및 제10항을 분리 출원
ㄷ. 특허법 제55조(특허출원 등을 기초로 한 우선권 주장)에 따라 청구항 제9항 및 제10항을 청구범위에 기재하여 국내 우선권 주장 출원
ㄹ. 특허법 제67조의2(재심사의 청구)에 따라 청구항 제9항 및 제10항을 남기고 나머지 청구항을 삭제하는 보정을 하면서 재심사 청구

① ㄱ, ㄴ
② ㄱ, ㄷ
③ ㄱ, ㄹ
④ ㄴ, ㄷ
⑤ ㄴ, ㄹ

해설

ㄱ) |×| 분할출원 vs 분리출원 대비 문제다. 분할출원은 보정기간, 거절결정서 받은 날부터 3개월, 특허결정서 받은 날부터 3개월·설정등록일 중 빠른 날 가능하며, 분리출원은 거절결정불복심판 기각심결 받은 날부터 30일 이내 가능하다.

ㄴ) |○| 기각심결 받은 후 30일 이내 거절결정에서 거절되지 아니한 청구항으로 분리출원 가능하다 (특허법 제52조의2 제1항 제1호).

ㄷ) |○| 법리적 관점이 아닌 실무적 관점에서 보았을 때 본 지문 다소 아쉽다. 물론 선출원일인 2022. 6. 1.부터 1년 이내(2023. 6. 1.) + 선출원 기각심결 확정 전까지 국내 우선권 주장 이론적으로 가능하다. 하지만 국내 우선권 주장은 선출원과 다른 발명 추가로 했을 때 주로 밟는 절차고, 본 사안의 경우는 분리출원하는 것이 제도 도입 취지상 바람직하다.

ㄹ) |×| 보정 vs 분리출원 대비 문제다. 기각심결 받은 후에는 분할출원도 불가하고, 보정도 불가다. 분리출원만 가능하다.

정답 ④

CHAPTER 07 조약우선권 제도

01 조약우선권주장에 관한 설명 중 옳은 것은?

① 특허출원할 때 우선권의 기초가 되는 출원이 무효 또는 포기되었더라도 그 출원을 기초로 조약우선권을 주장할 수 있다.
② 심사를 위하여 필요한 경우 특허청장은 기간을 정하여 우선권증명서류에 대한 국어번역문의 제출을 명할 수 있으며, 이 경우 그 국어번역문이 지정된 기간 내에 제출되지 않으면 그 우선권주장을 무효로 할 수 있다.
③ 우선권증명서류를 전자적 매체에 의하여 교환할 수 있는 체제가 구축된 국가로서 특허청장이 고시하는 국가를 기초로 조약우선권을 주장하는 경우는 기초가 되는 출원의 출원번호 및 그 출원의 연월일을 기재한 서면을 최우선일부터 1년 4개월 이내에 특허청장에게 제출하여야 한다.
④ 조약우선권 주장을 한 자는 최우선일부터 1년 이내에 조약우선권 주장을 추가할 수 있다.
⑤ 최우선일부터 1년 4개월이 지나 분할출원하면서 원출원에서 했었던 조약우선권 주장을 동일하게 하는 경우는 분할출원을 한 날부터 30일 이내에 우선권증명서류를 특허청장에게 제출할 수 있다.

> **해설**
> ① 국내우선권주장과 달리 정규성과 최선성만 만족하면 제1국 출원이 계속 중이 아니더라도 우선권주장을 할 수 있다.
> ② 국어번역문 제출명령 불응시 우선권주장을 무효로 하는 규정이 삭제되었다(특허법 시행규칙 제25조 제5항 삭제).
> ③ 출원번호와 접근코드번호를 제출하면 된다(특허법 제54조 제4항).
> ④ 최우선일부터 1년 4개월 이내에 추가할 수 있다(특허법 제54조 제7항).
> ⑤ 3개월 이내에 제출할 수 있다(특허법 제52조 제6항).
>
> **정답** ①

02 연구원 甲은 유전자에 관한 발명을 하여 2015년 5월 10일 미국에서 논문으로 발표를 하였다. 甲은 상업적 성공에 확신을 갖게 되어 2016년 3월 10일 미국 특허상표청에 특허출원을 하였다. 그 후 甲은 자신의 미국 특허출원에 근거하여 조약우선권을 주장하면서 2017년 2월 10일 한국 특허청에 특허출원을 하였다. 이에 관한 설명으로 옳은 것을 모두 고른 것은? (모든 일자는 공휴일이 아닌 것으로 함)

[2017년 기출]

> ㄱ. 甲은 미국 특허출원일인 2016년 3월 10일부터 1년 이내에 한국에 특허출원을 하였으므로, 다른 요건을 충족할 경우 조약에 의한 우선권을 인정받을 수 있다.
>
> ㄴ. 甲이 조약에 의한 우선권 주장을 하지 않는 경우, 특허법 제30조(공지 등이 되지 아니한 발명으로 보는 경우)에 의한 신규성의제를 인정받기 위해서는 2015년 5월 10일부터 1년 이내에 특허출원을 하여야 한다.
>
> ㄷ. 甲이 조약에 의한 우선권 주장을 하는 경우, 조약우선권 주장과 신규성 의제를 모두 인정받기 위해서는 2016년 3월 10일부터 1년 이내에 특허출원을 하면 된다.

① ㄱ
② ㄱ, ㄴ
③ ㄱ, ㄷ
④ ㄱ, ㄴ, ㄷ
⑤ ㄴ, ㄷ

해설

ㄱ. |○| 최초출원일부터 우선기간인 1년(특허법 제54조 제2항)을 만족하므로, 절차적 요건(특허법 제54조 제3항 및 제4항)을 충족할 경우 조약에 의한 우선권의 효력(특허법 제54조 제1항)을 인정 받을 수 있다.

ㄴ. |○| 조약에 의한 우선권 주장 여부를 떠나(심사기준), 특허법 제30조에 따른 공지예외효력을 인정받기 위해서는 공지 등이 된 날인 2015. 5. 10. 로부터 12개월 이내인 2016. 5. 10. 까지 특허출원을 하여야 한다(특허법 제30조 제1항).

ㄷ. |×| 심사기준에 따르면 조약에 의한 우선권 주장을 수반하는 출원에 있어서 특허법 제30조 규정을 받기 위해서는 특허법 제30조 규정의 적용대상이 되는 행위를 한 날부터 12개월 이내에 우리나라에 출원을 하여야 한다. 그러나 국내 우선권 주장출원에 있어서는 공지 등이 있는 날부터 12개월 이내에 공지예외의 적용 신청을 수반하여 선출원을 한 경우라면 후출원을 12개월 이내에 하지 않더라도 특허법 제30조의 적용을 받을 수 있다.

정답 ②

03 다음은 조약에 의한 우선권주장 제도와 관련한 설명이다. 타당한 것으로만 연결된 것은?

> (가) 조약에 의한 우선권 주장을 수반하는 출원에 있어서 출원공개 기산일, 확대된 선원의 지위에 있어서 다른 특허출원일, 심사청구의 기산일, 존속기간의 기산일, 특허발명의 불실시에 대한 재정여부의 판단시점 중 소급효가 인정되는 것은 없다.
>
> (나) 조약 우선권 주장에 있어서 기초출원의 정규성, 우선권주장기간의 준수, 및 우선권 주장취지 표시 누락의 경우 우선권은 인정되지 않으며, 당해 출원절차는 우선권 주장을 하지 않은 통상의 출원으로 유효하다.
>
> (다) 특허출원인은 우선권의 이익을 갖는 특허출원을 2개 이상의 출원으로 분할할 수 있으나 그 분할된 각 출원에 대해서는 우선권의 이익을 보유할 수가 없다.
>
> (라) 최초의 출원과 동일한 대상에 대하여 동일한 동맹국에 있어서 출원된 후출원이 우선권 주장의 기초로 될 수 있는 경우도 있다.
>
> (마) 조약 우선권주장의 보정 또는 추가는 최선일부터 1년 4월이 경과된 경우에는 할 수 없다.

① (가), (다)
② (나), (다)
③ (다), (마)
④ (마), (가)
⑤ (나), (라), (마)

해 설

(가) |×| 출원공개 시점은 최선일로부터 1년 6월로서 소급효가 인정된다. 또한, 확선의 지위는 명문의 규정이 없지만, 국내우선권과 형평성을 위해서 선출원의 최명도와 후출원의 최명도의 발명에 대해서 제1국출원일 즉, 선출원일로 소급하여 확선의 지위를 인정한다.

(나) |O| 조약 우선권 주장출원에 있어서 기초출원의 정규성, 우선권주장기간의 준수, 우선권 주장취지 표시 누락의 경우 방식위반으로 우선권주장의 효력이 인정되지 않으며, 우선권주장의 효력이 인정되지 않더라도 통상의 출원으로 출원절차는 유효하다.

(다) |×| 파리조약 제4조 G(1)(2)에서는 분할출원에 관해서도 우선권의 이익을 보유할 수 있도록 규정하고 있다. 또한, 법 제52조 제2항 제3호, 제4호, 제4항, 제6항에서도 분할출원시에 조약우선권주장을 수반할 수 있음을 전제로 법을 규정하고 있다.

(라) |O| 다음과 같은 요건을 모두 만족하는 경우에는 후속출원을 기초로 우선권 주장을 할 수 있다 (파리조약 4C(4)).
  i) 후속출원이 같은 국가에서 같은 대상에 대하여 출원될 것
  ii) 후속출원이 출원되기 전에 전출원이 취하, 포기 또는 거절되었을 것.
  iii) 전출원이 공개되지 않았을 것
  iv) 전출원에 의해 어떠한 권리도 존속되지 않았을 것.
  v) 전출원이 같은 국가 혹은 타국에서 아직 우선권주장의 기초로 되지 않았을 것.

(마) |O| 조약 우선권주장의 보정 또는 추가는 최선일부터 1년 4월이 경과된 경우에는 할 수 없다.

참고로 위 기간이 경과된 후라도 우선권주장에 대한 명백한 오기를 정정하는 경우는 물론 우선권주장을 취하하는 보정은 인정된다(심사기준).

정답 ⑤

04 다음은 조약에 의한 우선권 주장의 요건이다. 틀린 것은? [1999년 기출]

① 우선권을 주장하기 위해서는 제1국에 최선의 정규적인 출원을 하여야 한다.
② 제1국에 한 출원은 후에 무효 또는 거절결정되어도 그 출원에 기하여 우선권을 주장할 수 있다.
③ 제2국에 조약우선권주장을 할 수 있는 권리는 각기 다른 승계인에게 이전할 수 없다.
④ 제1국에 출원한 날로부터 특허, 실용신안은 1년 이내에 출원하여야 한다.
⑤ 우선권을 주장하게 위해서는 제1국에 출원한 것과 동일한 발명을 제2국에 출원하여야 한다.

해 설

①, ② |O| 선출원은 정규의 출원이어야 한다. 「정규출원」이란 동맹 제1국에서 출원에 대한 방식심사를 한 결과 출원번호와 연월일이 부여된 출원을 의미한다. 한편, 정규성만 인정되면 족하고 선출원이 무효·취하·포기·거절되어 출원절차가 종료된 경우에도 이를 기초로 우선권주장을 할 수 있다.
③ |×| 제2국에 조약우선권주장을 할 수 있는 권리는 각기 다른 승계인에게 이전할 수 있다[심사기준, 파리조약4(A)(1)].
④ |O| 우선기간(periods of priority)이란 제2국에 출원해야 하는 기간으로 i) 특허 및 실용신안에 대하여는 12월, ii) 디자인 및 상표에 대하여는 6월로 규정하고 있다(파리조약 4C(1), 법 54②).
⑤ |O| 조약에 의한 우선권주장출원에 기재된 발명 중 특허요건 판단시점을 소급 받을 수 있는 발명은 제1국출원에 기재된 발명과 동일한 발명이다. 발명의 동일성은 우선권주장출원의 청구범위의 청구항에 기재된 발명과 제1국출원의 (최초) 명세서 또는 도면 등으로부터 파악되는 발명이 동일하면 된다. 다만, 우선권주장출원의 청구범위에 동일성이 없는 발명이 기재되어 있는 경우 조약우선권주장출원 전체가 부적법하게 되는 것은 아니며, 동일성이 인정된 발명의 경우에는 우선권의 이익을 향유하고 그 이외의 발명은 우리나라 출원일을 기준으로 특허요건 등을 심사하게 된다.

정답 ③

05 대학원생 甲은 2009년 1월에 자신이 완성한 발명 A를 일본에 특허출원하였고 발명 B에 대하여 2009년 3월에 미국에 특허출원하였다. 이후 甲은 2009년 12월에 일본에서의 특허출원을 기초로 우선권주장을 수반하여 한국특허청에 A, B에 관하여 특허출원을 하였다. 한편, 乙은 발명 B를 완성하여 2009년 7월에 특허출원한바 있다. 이하 甲과 乙에 대한 관계로 옳지 않은 것은?

① 甲은 특허출원시 특허출원서에 취지, 최초로 출원한 국명 및 출원의 년월일을 기재해야 하고, 2010년 5월까지 일본에서의 특허출원의 출원번호와 접근코드번호를 기재한 서면을 제출하여야 한다.
② 甲이 2012년 1월까지 심사청구를 하지 아니한다면 甲의 출원은 취하간주된다.
③ 乙은 특별한 사정이 없는 이상 등록받을 수 있다.
④ 甲이 乙의 특허를 저지하기 위해서는 2010년 5월 이내에 미국에서의 출원을 기초로 우선권주장을 추가하여야 한다.
⑤ 甲이 미국에서의 출원을 기초로 우선권주장을 추가하는 경우 그 증명서류의 제출은 2010년 5월 이내에 하여야 한다.

해 설

① |O| 법 제54조 제3항 및 제4항. 다만 증명서류를 제출하는 경우 일본, 유럽특허청(EPO), 미국 및 세계 지적 재산권 기구(WIPO)의 전자적 접근 시스템을 통하여 우선권 증명서류를 전자적으로 송달하기로 합의한 국가(시행규칙 제25조 제2항)의 출원을 기초로 하는 경우라면 출원번호와 접근코드번호를 기재한 서면만 제출하면 된다(법 제54조 제4항 제2호).
② |×| 심사청구의 기산점은 출원일이지, 우선일이 아니다.
③, ④, ⑤ |O| 선출원주의는 우리나라에 출원한 특허출원 사이에 적용되므로 특별한 사정이 없는 한 乙의 특허출원은 등록이 가능하다. 그러나 甲이 최선일(2009년 1월)로부터 1년 4월인 2010년 5월 이내에 미국출원을 우선권주장 추가하는 경우라면 乙의 출원은 36조 위반으로 거절될 것이다. 이때 甲이 제출하여야 하는 증명서류는 최선일로부터 기산되므로(법 54조 5항) 2010년 5월까지 제출하여야 한다.

정답 ②

06 甲은 2003년 3월 7일 미국에 발명 a에 관한 특허출원 A를 하고, 2003년 4월 15일 일본에 발명 b에 관한 특허출원 B를 하였으며, 그에 대하여 각각 우선권주장을 수반하여 2004년 2월 7일 우리나라에 발명 a와 발명 b에 관하여 특허출원 C를 하였다. 甲의 특허출원 C는 2005년 2월 28일 특허권이 설정등록되었다. 이에 대한 다음 설명 중 옳지 않은 것은?

[2005년 기출]

① 甲의 특허출원 C에 대한 특허법 제29조(특허요건) 및 특허법 제36조(선출원) 규정을 적용함에 있어서 판단시점이 소급되기 위해서는 특허출원 C에 관한 발명의 구성부분이 특허출원 A 또는 B의 특허청구범위 내에 기재되어 있어야 한다.

② 甲의 특허출원 C에 대한 특허권의 존속기간은 특허출원 A 또는 특허출원 B에 관한 특허권과 관계없이 존속기간 연장등록이 이루어지지 않는 한 2024년 2월 7일에 만료된다.

③ 甲의 특허출원 C는 조기공개신청이 없는 한 2004년 9월 7일 이후 출원 공개된다.

④ 甲의 특허출원 C에 대한 심사청구는 C가 출원계속중이라면 2007년 2월 7일까지 누구든지 할 수 있고, 그 심사청구는 취하할 수 없다.

⑤ 甲이 특허출원 C에 대한 명세서 또는 도면을 보정한 경우 그에 대한 신규사항 추가여부의 판단은 특허출원 A 또는 B와 관계없이 특허출원 C의 출원서에 최초로 첨부된 명세서 또는 도면과 보정된 명세서 또는 도면의 동일성여부로 판단한다.

해설

① |×| 판단시점이 소급되는 범위는 기초가 되는 출원의 명세서와 도면 전체에 기재된 발명과 동일성이 있는 발명이다. 즉, 특허출원 C에 관한 발명의 구성부분이 특허출원 A 또는 B의 특허청구범위 내에 기재되어 있어야 하는 것이 아니고, 특허출원 C의 청구범위에 기재된 발명이 특허출원A 또는 B의 최초 명세서 도면 범위 내에 있어야 한다.

② |○| 우선권의 혜택으로 획득된 특허는 각 동맹국에서 우선권의 혜택 없이 출원 또는 부여된 특허와 같은 존속기간을 갖는다(파리조약 4의2(5)). 즉, 특허권 존속기간 만료일의 기준일은 판단시점이 소급되지 않고 우리나라 출원일을 기준으로 한다.

③ |○| 출원공개와 관련하여서는 될 수 있으면 빨리 공개시켜 공중의 이용을 도모함으로써 중복투자 및 연구를 방지하는 것이 특허법의 목적에 부합하기 때문에 우선권주장출원일이 아니라 최선출원일로부터 1년 6월 경과한 때 출원 공개된다(법 64①). 따라서 최선일인 2003년 3월 7일부터 1년 6개월이 경과된 2004년 9월 7일에 출원 공개된다.

④ |○| 특허출원에 관한 출원심사청구기간의 기산일은 판단시점이 소급되는 경우 출원인에게 불이익하므로 실제 조약우선권주장출원일을 기준으로 한다.

⑤ |○| 우선권주장출원에 대한 보정에 있어서 신규사항추가의 판단 대상은 우선권주장출원시 최초 첨부된 명세서 또는 도면이다.

정답 ①

07 파리협약에 의한 우선권과 국내 우선권과의 비교 설명 중 옳지 않은 것은? [2008년 기출]

① 파리협약에 의한 우선권주장은 절차상 제약을 극복하고 발명의 국제적 보호를 하기 위한 것이나, 국내 우선권주장은 개량발명을 보호하기 위한 것이다.
② 파리협약에 의한 우선권주장은 제1국 출원이 정규 출원으로 인정되면 제1국 출원의 결과에 관계없이 할 수 있으나, 국내 우선권주장은 후출원시 선출원이 출원 계속 중이어야 한다.
③ 파리협약에 의한 우선권주장과 국내 우선권주장은 특허출원·실용신안등록출원·디자인등록출원을 대상으로 한다.
④ 파리협약에 의한 우선권을 입증하는 서류는 최선일부터 1년 4월 이내에 제출되어야 하나, 국내 우선권을 입증하는 서류는 제출될 필요가 없다.
⑤ 파리협약에 의한 우선권주장과 국내 우선권주장의 경우 출원일이 우선권주장 기초가 된 출원일로 소급되는 것은 아니다.

해설

① |O| 타당한 설명이다.
② |O| 조약우선권 주장출원의 경우에는 선출원이 정규성만 인정되면 족하고 선출원이 무효·취하·포기·거절되어 출원절차가 종료된 경우에도 이를 기초로 우선권주장을 할 수 있다. 반면, 국내 우선권 주장 출원의 경우에는 선출원 계속 중에만 우선권 주장을 할 수 있다(법 제55조 제1항 제3호 및 제4호).
③ |X| 조약 우선권의 경우에는 제1국 출원은 특허출원, 실용신안등록출원 뿐만 아니라 디자인등록출원도 가능하다(파리조약 4A(1)). 또한, 출원인이 재량으로 특허 또는 발명자증(inventor's certificate) 중 어느 하나를 신청할 수 있는 국가에서 행하여진 발명자증의 출원을 기초로도 우선권주장을 할 수 있다(파리조약 I(1)). 그러나 국내 우선권의 경우, 선출원은 특허출원 또는 실용신안등록출원이어야 한다. 국내우선권주장출원의 취지인 개량발명 보호의 적정화에 비추어볼 때 디자인등록출원이나 상표출원은 선출원의 대상에 포함되지 않는다.
④ |O| 법 제54조 제4항. 반면, 국내우선권 주장출원의 경우 선출원이 국내출원이므로 증명서류 제출을 요하지 않는다.
⑤ |O| 분할출원, 분리출원 및 변경출원과 달리 조약우선권 주장 출원이나 국내우선권 주장 출원은 모두 발명에 관해서는 판단시점이 선출원일로 소급한다.

정답 ③

08 다음 중 옳은 것만을 있는 대로 고른 것은?   [2009년 기출]

ㄱ. 2개의 특허출원된 발명이 동일한 내용으로 같은 날에 출원되었으나 협의가 성립되지 않아 거절결정이 확정된 경우에는 다른 출원에 대해 특허법 제36조에 규정된 선출원의 지위를 가질 수 없다.

ㄴ. 특허출원 X(X의 출원일 : 2009.1.15. X의 발명의 설명 및 청구범위에는 각각 발명 a와 b 모두가 기재됨)는 출원 A, B를 기초로 하는 파리협약에 의한 우선권주장 2건 (A의 출원일 : 2008.11.6. B의 출원일 : 2008.12.1. A의 발명의 설명 및 청구범위에는 각각 발명 a만이 기재되었고 B의 발명의 설명 및 청구범위에는 각각 발명 a와 b 모두가 기재됨)을 수반하였고, 특허출원 Y(출원일 : 2008.11.20. 발명의 설명 및 청구범위 각각에 발명 b만 기재됨)는 우선권주장을 수반하지 않은 경우, 출원 X는 출원 Y에 대해 특허법 제36조에 규정된 선출원의 지위를 가질 수 없다.

ㄷ. 특허출원 또는 실용신안등록출원이 포기되었을 경우에는 특허법 제36조에 규정된 선출원의 지위를 가질 수 없다.

ㄹ. 특허출원 S(출원일 : 2008.8.14. 파리협약에 의한 우선권주장일 : 2007.8.18. 발명의 설명 기재내용 : a, b, c, 청구범위 기재내용 : a, b)는 특허출원 T(출원일 : 2007.9.5. 파리협약에 의한 우선권주장 없음, 발명의 설명 기재내용 : a, b, c, 청구범위 기재내용 : c)에 대해 특허법 제36조에 규정된 선출원의 지위를 가진다.

ㅁ. 특허출원 P(출원일 : 2008.2.5. 우선권주장 없음)의 발명의 설명 및 청구범위에 각각 발명 a, b가 기재되었고, 미국의 특허출원 Q(출원일 : 2008.2.3. 우선권주장 없음)의 발명의 설명 및 청구범위에 각각 발명 a가 기재되었다면 출원 P는 특허법 제36조의 선출원 규정에 의해 특허 받을 수 없다.

① ㄴ, ㄹ
② ㄱ, ㄴ, ㄷ
③ ㄷ, ㄹ
④ ㄴ, ㄷ
⑤ ㄴ, ㄷ, ㅁ

해설

ㄱ) |×| 동일자 출원에 대하여 협의 불성립 등으로 거절결정이나 거절한다는 취지의 심결이 확정된 때에는 선출원의 지위가 있다(법 제36조 제2항 단서). 협의제 위반으로 거절결정 확정된 경우까지 선원의 지위를 부정하면 동일자 출원인에게 협의가 강제되지 않고, 거절결정 후에 다시 먼저 출원한자가 선출원으로 등록 받게 되는 불합리 방지하기 위함이다.

ㄴ) |○| 복합우선권 주장을 한 특허출원 X에 기재된 발명 a는 2008.11.6.(A 특허출원일)로 소급하고, 발명 b는 2008.12.1.(B 특허출원일)로 소급한다. 한편, 2008.11.20.에 출원된 특허출원 Y에는 발명 b가 기재되어 있다. 따라서 특허출원 X에서 소급된 발명 b는 2008.12.1.(B 특허출원일)을 기준으로 등록가능성을 판단하는바 2008.11.20.에 출원된 특허출원 Y보다 후출원이 된다.

ㄷ) |○| 특허출원 또는 실용신안등록출원이 무효·취하 또는 포기되거나 거절결정이나 거절한다는 취지의 심결이 확정된 경우에는 선출원의 지위가 없다(법 제36조 제4항).

ㄹ) |×| 선출원의 지위는 청구범위에 기재된 발명에 인정된다. 특허출원 S는 우선권 주장을 수반하여 2007.8.18.로 청구범위에 기재된 발명 a, b에 대한 판단시점이 소급한다. 한편, 특허출원 T는 2007.9.5. 출원으로 등록가능성 판단시점을 소급 받는 특허출원 S보다는 후출원이지만 특허출원 T의 청구범위에는 발명 c가 기재되어 있기 때문에 발명의 동일성이 인정되지 않아, 특허출원 S는 특허출원 T에 대해 특허법 제36조에 의한 선출원의 지위를 가질 수 없다. 특허출원 T는 특허출원 S를 다른 출원으로 하여 확대된 선출원주의 위반(법 제29조 제3항)으로 등록을 받을 수 없을 뿐이다.

ㅁ) |×| 속지주의 원칙상 외국의 출원에 대해 선출원의 지위를 부여하지는 않는다. 따라서 특허출원 P는 미국의 특허출원 Q로 인해 법 제36조에 의한 선출원주의 위반에 해당되지 않는다.

정답 ④

09 다음 설명 중 옳지 않은 것은? (다툼이 있는 경우에는 판례에 의함) [2012년 기출]

① 발명자가 아닌 사람으로서 특허를 받을 수 있는 권리의 승계인이 아닌 사람이 발명자가 한 발명의 구성을 일부 변경하여 발명자의 발명과 기술적 구성이 상이하게 되었으나 기술적 사상의 창작에 실질적으로 기여하지 않은 경우, 그 특허등록은 무권리자의 특허출원에 해당한다.

② 특허의 권리범위확인심판 청구에서 심판청구대상이 되는 확인대상발명의 특정 정도 및 확인대상발명의 일부 구성이 불명확하여 다른 것과 구별될 수 있는 정도로 구체적으로 특정되어 있지 않은 경우, 심판장은 기간을 정하여 보정을 명하여야 한다.

③ 출원발명에 대하여 우선권주장의 불인정으로 발생한 거절이유를 들어 특허거절결정을 하면서 우선권주장이 인정되지 않는다는 취지 및 그 이유가 포함된 거절이유를 통지하지 않는 것은 적법하다.

④ 소위 확대된 선출원에 관한 특허법 제29조(특허요건) 제3항에서 규정하는 발명의 동일성은 발명의 진보성과는 구별되는 것으로서 두 발명의 기술적 구성이 동일한가 여부에 의하되 발명의 효과도 참작하여 판단하여야 한다.

⑤ 출원발명이 자연법칙을 이용한 것이 아닌 때에는 특허법 제29조(특허요건) 제1항 본문의 '산업상 이용할 수 있는 발명'의 요건을 충족하지 못함을 이유로 그 특허출원을 거절하여야 하고, 여기서 출원발명이 자연법칙을 이용한 것인지 여부는 청구항 전체로서 판단하여야 한다.

해설

① |○| 발명자가 아닌 사람으로서 특허를 받을 수 있는 권리의 승계인이 아닌 사람(이하 '무권리자'라 한다)이 발명자가 한 발명의 구성을 일부 변경함으로써 그 기술적 구성이 발명자의 발명과 상이하게 되었더라도, 변경이 그 기술분야에서 통상의 지식을 가진 사람이 보통으로 채용하는 정도의 기술적 구성의 부가·삭제·변경에 지나지 않고 그로 인하여 발명의 작용효과에 특별한 차

이를 일으키지 않는 등 기술적 사상의 창작에 실질적으로 기여하지 않은 경우에 그 특허발명은 무권리자의 특허출원에 해당하여 등록이 무효이다(대법원 2009후2463).

② |○| 특허권의 권리범위확인심판을 청구할 때 심판청구의 대상이 되는 확인대상발명은 당해 특허발명과 서로 대비할 수 있을 만큼 구체적으로 특정되어야 할 뿐만 아니라, 그에 앞서 사회통념상 특허발명의 권리범위에 속하는지를 확인하는 대상으로서 다른 것과 구별될 수 있는 정도로 구체적으로 특정되어야 한다. 만약 확인대상발명의 일부 구성이 불명확하여 다른 것과 구별될 수 있는 정도로 구체적으로 특정되어 있지 않다면, 특허심판원은 요지변경이 되지 아니하는 범위 내에서 확인대상발명의 설명서 및 도면에 대한 보정을 명하는 등 조치를 취해야 하며, 그럼에도 그와 같은 특정에 미흡함이 있다면 심판의 심결이 확정되더라도 일사부재리의 효력이 미치는 범위가 명확하다고 할 수 없으므로, 나머지 구성만으로 확인대상발명이 특허발명의 권리범위에 속하는지를 판단할 수 있는 경우라 하더라도 심판청구를 각하하여야 한다(대법원 2012후3356).

③ |×| 출원발명에 대하여 우선권주장의 불인정으로 거절이유가 생긴 경우에는 우선권주장의 불인정은 거절이유 일부를 구성하는 것이므로, 우선권주장이 인정되지 않는다는 취지 및 그 이유가 포함된 거절이유를 통지하지 않은 채 우선권주장의 불인정으로 인하여 생긴 거절이유를 들어 특허거절결정을 하는 것은 구 특허법 제63조 본문에 위반되어 위법하다(대법원 2009후2371).

④ |○| 확대된 선출원에 관한 구 특허법(2006. 3. 3. 법률 제7871호로 개정되기 전의 것) 제29조 제3항에서 규정하는 발명의 동일성은 발명의 진보성과는 구별되는 것으로서 두 발명의 기술적 구성이 동일한가 여부에 의하되 발명의 효과도 참작하여 판단할 것인데, 기술적 구성에 차이가 있더라도 그 차이가 과제해결을 위한 구체적 수단에서 주지·관용기술의 부가·삭제·변경 등에 지나지 아니하여 새로운 효과가 발생하지 않는 정도의 미세한 차이에 불과하다면 두 발명은 서로 실질적으로 동일하다고 할 것이나, 두 발명의 기술적 구성의 차이가 위와 같은 정도를 벗어난다면 설사 그 차이가 해당 발명이 속하는 기술분야에서 통상의 지식을 가진 사람이 쉽게 도출할 수 있는 범위 내라고 하더라도 두 발명을 동일하다고 할 수 없다(대법원 2010후2179).

⑤ |○| 구 특허법(2006. 3. 3. 법률 제7871호로 개정되기 전의 것, 이하 같다) 제2조제1호는 자연법칙을 이용한 기술적 사상의 창작으로서 고도한 것을 '발명'으로 정의하고 있으므로, 출원발명이 자연법칙을 이용한 것이 아닌 때에는 같은 법 제29조 제1항 본문의 '산업상 이용할 수 있는 발명'의 요건을 충족하지 못함을 이유로 그 특허출원을 거절하여야 하고, 여기서 출원발명이 자연법칙을 이용한 것인지 여부는 청구항 전체로서 판단하여야 한다(대법원 2009후436).

정답 ③

10 특허법 제54조의 조약에 의한 우선권(이하 '조약우선권'이라 함) 및 특허법 제55조의 특허출원 등을 기초로 한 우선권(이하 '국내우선권'이라 함)에 관한 설명으로 옳은 것을 모두 고른 것은?

[2014년 기출]

ㄱ. 조약우선권 규정에 따라 우리나라에 특허출원을 하려는 경우 그 특허출원을 할 때에 우선권의 기초가 되는 제1국 출원이 포기 또는 무효되었더라도 그 우선권을 주장할 수 있지만, 국내우선권 규정에 따라 특허출원을 하려는 경우 그 특허출원을 할 때에 선출원이 포기·무효 또는 취하되었으면 그 우선권을 주장할 수 없다.

ㄴ. 국내우선권 규정에 따른 요건을 갖추어 우선권을 주장한 자는 선출원일(선출원이 2이상인 경우 최선출원일)부터 1년 4개월 이내에 그 우선권 주장을 보정하거나 취하할 수 있다.

ㄷ. 심사를 위하여 필요한 경우 특허청장은 기간을 정하여 우선권증명서류에대한 국어 번역문의 제출을 명할 수 있다.

ㄹ. 조약우선권 규정에 의하여 우선권을 주장한 자는, 특허청과 외국의 특허업무를 담당하는 행정기관 간에 우선권증명서류를 전자적 매체에 의하여 교환할 수 있는 체제가 구축된 국가로서 특허청장이 고시하는 국가인 경우에, 최초로 출원한 국가의 특허출원의 출원번호 및 그 연월일을 기재한 서면을 최선일부터 1년 4개월 이내에 특허청장에게 제출하여야 한다.

ㅁ. 국제특허출원절차에 따라 우리나라 특허청에 국내단계를 밟는 경우, 국제단계에서 조약우선권 증명서류를 제출하지 않았더라도 특허청장은 기간을 정하여 우선권증명서류 제출기회를 반드시 부여하여야 하며, 그 기간 내에 우선권증명서류를 제출하지 않으면 그 우선권주장은 효력을 상실한다.

① ㄱ, ㄴ, ㄷ
② ㄱ, ㄴ, ㄹ
③ ㄱ, ㄷ, ㅁ
④ ㄴ, ㄹ, ㅁ
⑤ ㄷ, ㄹ, ㅁ

해설

ㄱ) |○| 심사기준 및 법 제55조 제1항
ㄴ) |×| 법 제55조 제7항
ㄷ) |○| 시행규칙 제25조 제3항
ㄹ) |×| 시행규칙 제25조 제2항
ㅁ) |○| 시행규칙 113조의2

① 법 제201조의 규정에 의한 절차를 밟는 자가 조약규칙 17.1(a)·(b) 또는 (b-bis)의 규정에 의한 우선권서류의 제출의무를 이행하지 아니한 경우에는 특허청장은 기간을 정하여 우선권서류를 제출할 것을 명하여야 한다.

② 제25조제1항 및 제3항 내지 제5항의 규정은 제1항의 규정에 의하여 우선권서류를 제출하는 경우에 이를 준용한다.

③ 제1항의 규정에 따라 제출명령을 받은 자가 제1항의 규정에 따른 기간내에 우선권서류를 제출하지 아니한 경우에는 그 우선권주장은 효력을 상실한다.

정답 ③

11 甲은 미국에서 2016년 3월 5일 특허출원한 발명 A를 2017년 2월 4일 우리나라에 특허법 제54조(조약에 의한 우선권주장)의 규정에 의한 우선권을 주장하여 특허출원하였다. 한편, 乙은 2016년 1월 30일에 간행된 저명한 학술잡지에 甲의 발명 A와 동일한 발명을 발표하였고, 2017년 1월 25일에 발명 A를 우리나라에 특허출원하였다. 다음 설명 중 옳은 것은? (단, 甲과 乙은 각각 독자적으로 발명 A를 발명한 것으로 보며, 甲의 한국 출원은 아직 출원공개되지 않은 것으로 본다)

① 甲은 적법하게 조약우선권주장을 수반하는 출원을 하였다면 乙의 국내출원 여부와 상관없이 특허를 받을 수 있다.
② 甲의 출원이 출원공개되지 않더라도 乙의 국내출원은 특허를 받을 수 없다.
③ 乙은 국내출원 당시 특허법 제30조에 따른 공지예외주장과 관련된 절차를 밟지 않았으므로 이후에 공지예외주장을 할 수 없다.
④ 甲은 乙보다 국내 출원일이 늦기 때문에 乙 출원에 의해 특허를 받을 수 없다.
⑤ 乙이 특허를 받을 수 있는 경우가 있다.

해설

① 미국출원일부터 우선기간인 1년 이내에 우리나라에 출원했으므로, 서류만 적법하게 작성하고 제출했다면 적법한 조약우선권주장절차의 수속이 가능하, 그럼 2016년 3월 5일이 우선일이 되는데, 이미 우선일 전인 2016년 1월 30일에 동일한 발명이 공지되었으므로, 신규성이 없다.
②, ⑤ 乙이 보완수수료를 납부하면서 추후에 특허법 제30조에 따른 절차를 밟으면 2016년 1월 30일자 공지는 문제가 되지 않고(특허법 제30조 제3항), 甲의 출원이 출원공개 없이 2016년 1월 30일자 공지에 의해 신규성 위반으로 거절결정확정되면, 甲의 출원에 선원 및 확선지위가 인정되지 않으므로, 乙의 출원은 신규성, 진보성, 선원, 확선에서 문제가 없을 수 있다.
③ 보완수수료를 납부하면 특허법 제47조 제1항에 따른 보정기간 혹은 특허결정서 받고 특허료를 납부할 때까지 공지예외주장을 할 수 있다(특허법 제30조 제3항).
④ 조약우선권주장이 적법하다면 우선일을 인정받을 수 있고, 선원인지 여부는 우선일 기준으로 하기 때문에, 甲 출원은 비록 출원일은 乙 출원보다 늦으나, 우선일이 乙 출원보다 빨라서, 乙 출원 때문에 선원이나 확선으로 거절되는 경우는 없다.

정답 ⑤

12 우선권주장에 관한 설명 중 옳은 것은? (다툼이 있는 경우 판례에 의함)

ㄱ. 우선권주장이 인정되지 않는다는 취지 및 그 이유를 통지하지 않은 채 우선권주장의 불인정으로 인하여 생긴 신규성 위반의 거절이유를 들어 특허거절결정을 하는 것은 위법하다.

ㄴ. 특허청과 외국의 특허업무를 담당하는 행정기관간에 우선권증명서류를 전자적 매체에 의하여 교환할 수 있는 체계가 구축된 국가로서 특허청장이 고시하는 국가의 출원을 기초로 특허법 제54조에 따른 우선권주장을 하는 경우 그 국가의 정부가 인정하는 서류로서 특허출원의 연월일을 적은 서면, 발명의 명세서 및 도면의 등본을 우선권주장 증명서류로 제출할 수 있다.

ㄷ. 특허청장 또는 특허심판원장은 필요한 경우 특허법 제54조에 의하여 우선권주장을 한 자에 대해 기간을 정하여 우선권증명서류에 대한 국어번역문을 제출하도록 명할 수 있다.

ㄹ. 국내우선권주장을 수반하는 출원 중 선출원발명의 명세서 등에 명시적으로 기재되어 있는 사항이 아닐 뿐만 아니라, 통상의 기술자가 우선권 주장일 당시의 기술상식에 비추어 보아 선출원발명의 명세서 등에 기재되어 있는 것과 마찬가지로 이해할 수 있는 사항이라고 볼 수도 없는 발명은 우선권 주장일과 출원일 사이에 공지된 발명에 의해 진보성이 부정될 수 있다.

ㅁ. 복수의 원출원을 기초로 하나의 분할이나 변경출원을 할 수는 없으나 둘 이상의 선출원을 하나의 국내우선권주장출원으로 한 후 분할이나 변경출원하는 것은 가능하다.

① ㄱ, ㄷ, ㄹ
② ㄱ, ㄴ
③ ㄱ, ㄴ, ㄷ
④ ㄱ, ㄴ, ㄷ, ㄹ
⑤ ㄱ, ㄴ, ㄷ, ㄹ, ㅁ

해설

ㄱ. 심사관은 특허거절결정을 하고자 할 때는 특허출원인에게 거절이유를 통지하고 기간을 정하여 의견서를 제출할 수 있는 기회를 주어야 한다고 규정하고 있는데, 출원발명에 대하여 우선권주장의 불인정으로 거절이유가 생긴 경우는 우선권주장의 불인정은 거절이유 일부를 구성하는 것이므로, 우선권주장이 인정되지 않는다는 취지 및 그 이유가 포함된 거절이유를 통지하지 않은 채 우선권주장의 불인정으로 인하여 생긴 거절이유를 들어 특허거절결정을 하는 것은 특허법 제63조에 위반되어 위법하다. 그리고 거절이유 통지에 위와 같은 우선권주장 불인정에 관한 이유가 포함되어 있었는지는 출원인에게 실질적으로 의견서 제출 및 보정의 기회를 부여하였다고 볼 수 있을 정도로 그 취지와 이유가 명시되었는지 관점에서 판단되어야 한다(2009후2371).

ㄴ. 지문의 경우 출원번호와 접근코드를 적음으로써 증명서류의 제출을 갈음할 수 있지만 그렇다고 증명서류를 제출하는 것이 허용되지 않는 것은 아니다.

ㄷ. 특허법 시행규칙 제25조 제3항.

ㄹ. 특허법 제55조 제3항에 따라 특허요건 적용의 기준일이 우선권 주장일로 소급하는 발명은 특허법 제47조 제2항과 마찬가지로 우선권 주장을 수반하는 특허출원된 발명 가운데 우선권 주장의

기초가 된 선출원의 최초 명세서 등에 기재된 사항의 범위 안에 있는 것으로 한정된다고 봄이 타당하다. '우선권 주장의 기초가 된 선출원의 최초 명세서 등에 기재된 사항'이란, 우선권 주장의 기초가 된 선출원의 최초 명세서 등에 명시적으로 기재되어 있는 사항이거나 또는 명시적인 기재가 없더라도 그 발명이 속하는 기술분야에서 통상의 지식을 가진 사람(이하 '통상의 기술자'라 한다)이라면 우선권 주장일 당시의 기술상식에 비추어 보아 우선권 주장을 수반하는 특허출원된 발명이 선출원의 최초 명세서 등에 기재되어 있는 것과 마찬가지라고 이해할 수 있는 사항이어야 한다(2012후2999).

ㅁ. 복수의 원출원을 기초로 하나의 분할, 분리, 변경출원을 할 수 없다. 그러나 둘 이상의 선출원을 하나의 국내우선권주장출원으로 한 후 분할, 분리, 변경출원하는 것은 가능하다(심사기준).

정답 ⑤

13 甲은 미국에서 2019년 2월 10일 특허출원한 발명 A를 2019년 12월 1일 우리나라에 특허법 제54조(조약에 의한 우선권주장)의 규정에 의한 우선권을 주장하여 특허출원하였고, 현재 국내에서 심사가 진행 중이다. 한편 乙은 2019년 1월 5일에 간행된 저명한 학술잡지에 甲의 발명 A와 동일한 발명을 발표하였고, 2019년 6월 10일에 특허법 제30조(공지 등이 되지 아니한 발명으로 보는 경우)의 규정에 의하여 공지 등이 되지 아니하였다는 취지를 기재한 서면 및 증명서를 첨부하여 발명 A를 우리나라에 특허출원하였다. 다음 설명 중 옳은 것은? (단 甲과 乙은 각각 독자적으로 발명 A를 발명한 것으로 본다)

① 甲은 乙이 학술잡지에 발표한 발명과 동일한 발명인 발명 A에 대해 적법하게 조약우선권주장을 수반하는 출원을 하였으므로 공지예외적용을 받을 수 있다.
② 甲의 국내출원은 乙의 국내출원에 의해 확대된 선출원주의에 위반될 가능성이 없다.
③ 乙의 국내출원은 출원시 공지예외주장을 수반하고 있어 甲의 국내출원과 상관없이 특허를 받을 수 있다.
④ 乙의 국내출원은 甲의 미국출원에 의해 확대된 선출원주의에 위반될 수 있다.
⑤ 乙의 국내출원은 甲의 미국출원보다 늦게 출원된 것이므로 신규성이 부정된다.

해설

① 乙의 학술잡지 발표는 乙의 발명이지 甲의 발명이 아니므로 甲은 공지예외적용을 받을 수 없다.
② 甲은 우선일을 인정 받을 수 있어 선출원이 되므로 옳은 지문이다.
③ 甲의 국내출원이 출원공개되면 확대된 선출원주의에 의해 乙의 국내출원은 거절된다.
④ 선출원주의와 확대된 선출원주의는 국내출원을 기준으로 판단한다. 미국출원에 대해서는 선원지위 혹은 확대된 선원지위가 인정되지 않는다.
⑤ 신규성이 부정되려면 甲의 미국출원이 乙의 출원 전에 미국에서 출원공개되었어야 한다. 甲의 미국출원의 출원공개시점이 밝혀져 있지 않는 한 甲의 미국출원보다 출원이 늦었다고 신규성이 부정된다고 단정할 수는 없다.

정답 ②

14 甲은 발명 A를 2014. 1. 8. 일본 특허청에 특허출원(특허출원 1, 우선권 1)하였다. 발명 A는 독자적으로 발명한 丙에 의해 잡지에 게재되어 동년 1. 15. 반포되었고(인용문헌), 甲은 선출원발명 A를 개량하여 발명 B를 완성하였다. 또한 甲은 발명의 단일성 요건을 충족하는 발명 A, 발명 B를 제1항(A), 제2항(B)으로 하여 국내우선권을 주장하면서, 2014. 5. 16. 일본 특허청에 특허출원(특허출원 2, 우선권 2)하였다. 이후 甲은 특허출원 1과 특허출원 2를 기초로 하여 공업소유권의 보호를 위한 파리협약상의 우선권을 주장하면서 2014. 11. 19. 대한민국 특허청에 발명 A, 발명 B를 제1항(A), 제2항(B)으로 하여 특허출원하였다. 다음 설명 중 옳은 것은? (우선권주장과 관련하여 일본 특허법은 국내 특허법과 동일하다고 보고, 발명 A와 발명 B는 서로 다른 발명으로 본다.)

① 독자적으로 발명 B를 완성한 乙이 대한민국에서 2014. 3. 5. 발명 B를 특허출원이 아니라 실용신안등록출원한 경우 甲의 대한민국 특허출원은 특허 받을 수 있다.
② 인용문헌은 甲의 대한민국 특허출원 제1항 및 제2항의 신규성 및 진보성을 대비 판단하는 선행문헌에 해당할 수 없다.
③ 甲의 대한민국 특허출원은 2017. 1. 8. 까지 심사청구하지 않는 경우 취하간주된다.
④ 甲의 대한민국 특허출원은 조기공개신청이 없는 한 2015. 7. 8. 이 지난 후 특허공보에 게재되어 출원공개된다.
⑤ 甲의 대한민국 특허출원을 2014. 11. 20. 취하했다면 최우선일부터 1개월을 경과하여 특허출원을 취하한 경우에 해당하므로 이미 낸 출원료 및 우선권주장 신청료를 반환받을 수 없다.

해 설

① 실용신안등록출원도 선원의 지위가 인정된다. 甲의 B발명은 우선일이 2014. 5. 16. 이므로 乙 실용신안등록출원에 의해 선원주의에 위배되고 출원일체원칙에 따라 특허 받을 수 없다.
② 발명 A에 대해서는 선행문헌의 지위가 인정되지 않으나, 발명 B에 대해서는 선행문헌의 지위가 인정된다.
③ 심사청구기간은 출원일부터 3년이다. 출원일은 2014. 11. 19. 이므로 2017. 11. 19. 까지 심사청구 가능하다.
④ 최우선일부터 1년 6개월 경과 후 출원공개된다. 최우선일이 2014. 1. 8. 이므로 2015. 7. 8. 지나면 출원공개된다.
⑤ 출원 후 1개월 이내 취하하면 출원료와 우선권주장 신청료를 반환받을 수 있다(특허법 제84조 제1항 제4호).

정답 ④

CHAPTER 08 특허출원 등에 의한 우선권제도 (국내우선권 제도)

01 우선권 주장 출원에 관한 설명으로 옳지 않은 것은? (다툼이 있으면 판례에 따름)

[2017년 기출]

① 국내우선권 주장 출원은 선출원의 증명서류를 제출할 필요가 없고, 조약우선권 주장 출원은 산업통상자원부령으로 정하는 국가의 경우 최초로 출원한 국가의 정부가 인증하는 서류로서 특허출원의 연월일을 적은 서면, 발명의 명세서 및 도면의 등본만을 증명서류로 제출하면 인정된다.

② 국내우선권 주장 출원에 있어서 선출원이 둘 이상인 경우에는 최선출원일부터 1년 4월 이내에 우선권 주장을 보정하거나 추가할 수 있다.

③ '국내우선권 주장의 기초가 된 선출원의 최초 명세서 등에 기재된 사항'이란, 우선권 주장의 기초가 된 선출원의 최초 명세서 등에 명시적으로 기재되어 있는 사항이거나 또는 그 발명이 속하는 기술분야에서 통상의 지식을 가진 사람이라면 우선권 주장일 당시의 기술상식에 비추어 보아 우선권 주장을 수반하는 특허출원된 발명이 선출원의 최초 명세서 등에 기재되어 있는 것과 마찬가지라고 이해할 수 있는 사항이어야 한다.

④ 국내우선권 주장을 수반하는 특허출원이 선출원의 출원일부터 1년 3월 이내에 취하된 때에는 그 우선권 주장도 동시에 취하된 것으로 본다.

⑤ 국내우선권 주장을 수반하는 특허출원된 발명 중 해당 우선권 주장의 기초가 된 선출원의 출원서에 최초로 첨부된 명세서 또는 도면에 기재된 발명과 같은 발명에 관하여 특허법 제29조(특허요건)제1항·제2항을 적용할 때는 그 특허출원은 그 선출원을 한 때에 특허출원한 것으로 본다.

해 설

① 국내우선권 주장은 선출원의 기록이 특허청에 있으니 별도의 증명서류 제출이 요구되지 않는다. 조약우선권 주장은 증명서류 제출이 요구되는데(특허법 제54조 제4항), 전자적 매체에 의해 기록의 교환이 가능한 국가의 출원을 기초로 한 경우는 출원번호와 접근코드만 제출하면 된다(특허법 제54조 제4항 제2호, 특허법 시행규칙 제25조 제2항, 제6항).

② 특허법 제55조 제7항.

③ '우선권 주장의 기초가 된 선출원의 최초 명세서 등에 기재된 사항'이란, 우선권 주장의 기초가 된 선출원의 최초 명세서 등에 명시적으로 기재되어 있는 사항이거나 또는 명시적인 기재가 없더라도 그 발명이 속하는 기술분야에서 통상의 지식을 가진 사람이라면 우선권 주장일 당시의 기술상식에 비추어 보아 우선권 주장을 수반하는 특허출원된 발명이 선출원의 최초 명세서 등에 기재되어 있는 것과 마찬가지라고 이해할 수 있는 사항을 말한다(대법원 2015. 1. 15. 선고 2012후2999 판결).

④ 특허법 제56조 제3항.

⑤ 특허법 제55조 제3항.

정답 ①

02 국내우선권주장에 대한 설명으로 옳지 않은 것은?

① 국내의 특허출원을 기초로 하여 개량발명을 완성한 자는 선출원의 청구범위를 기초로 하여 우선권주장을 해야 한다.
② 국내우선권주장출원의 선출원인 실용신안등록출원은 선출원일로부터 1년 3월이 지난 때 취하간주된다.
③ 선출원이 우선권주장 출원의 출원시에 특허여부의 결정 또는 심결이 확정된 경우에는 국내우선권주장 출원을 할 수 없다.
④ 2이상의 선출원을 기초로 국내우선권주장을 하여 출원한 자는 최선출원일로부터 1년 4월 이내에 우선권주장을 보정하거나 추가할 수 있다.
⑤ 국내우선권주장출원의 선출원이 조약 또는 국내우선권주장출원인 경우 선출원의 기초가 된 출원에 기재된 발명에 대해서 확대된 선원의 지위를 적용할 때는 소급효가 없다.

해설

① |×| 법 제55조 제1항 본문. 국내우선권주장출원은 선출원의 출원서에 최초로 첨부된 명세서 또는 도면에 기재된 발명을 기초로 하여 우선권주장을 할 수 있다.
② |O| 법 제56조 제1항
③ |O| 법 제55조 제1항 제4호
④ |O| 법 제55조 제7항
⑤ |O| 법 제55조 제5항. 국내우선권주장의 기간이 실질적으로 연장되는 것을 방지하기 위하여 중복불소급의 원칙을 두고 있다.

정답 ①

03 다음은 국내우선권제도에 관한 설명이다. 옳은 것은? [1999년 기출]

① PCT에 의한 국제출원을 하는 경우 국내출원을 우선권주장의 기초로 하여 출원할 수 있다.
② 국내우선권을 기초로 하여 우선권 주장을 수반하는 후출원 발명은 우선권 주장의 기초가 된 선출원의 출원시에 특허출원한 것으로 보아 출원일이 소급된다.
③ 국내우선권제도는 출원일의 소급을 인정하는 등 그 제도적 취지는 조약에 의한 우선권제도와 같다.
④ 우선권주장의 기초가 되는 선출원은 국내에 출원된 출원이면 그것이 분할출원이든 변경출원이든 무방하다.
⑤ 국내우선권을 주장할 때에는 선출원에 관한 출원서류를 제출하여야 한다.

해설

① |○| 국제출원은 파리협약의 당사국에서 또는 동 조약의 당사국에 대하여 행하여진 선출원에 의한 우선권을 주장하는 선언을 수반할 수 있다(PCT 제8조 제1항).
② |×| 국내우선권주장을 수반하는 특허출원된 발명, 즉 청구범위에 기재된 발명 중 당해 우선권주장의 기초가 된 선출원의 최초명세서 등에 기재되어 있는 발명에 관해서는 판단시점이 선출원일로 소급한다(법 제55조 제3항). 즉, 판단시점이 소급되는 것이고 출원일 자체가 소급되는 것은 아니다.
③ |×| 조약우선권제도는 속지주의 원칙상 발명을 국제적으로 보호받기 위해서는 각국마다 별개로 특허출원을 하여야 하므로 이 경우 발생되는 시간, 거리, 언어, 비용 등의 절차상 제약을 극복하고 선출원자의 지위를 국제적으로 보호하기 위하여 마련된 제도임에 반하여, 국내우선권제도는 최초의 기본발명에 대한 출원후에 개량발명을 한 경우 이를 하나로 묶어 새로운 특허출원을 할 수 있도록 함으로써 기술개발의 성과를 포괄적으로 보호하는 것을 가능하게 한 것으로서 그 취지가 상이하다.
④ |×| 국내우선권주장의 선출원은 분할출원, 분리출원 또는 변경출원이 아니어야 한다(법 제55조 제1항 제2호).
⑤ |×| 국내우선권주장출원시는 출원서에 우선권주장의 취지 및 선출원의 표시를 하면 되고 조약우선권에서와 같이 그 증명서류를 제출할 필요는 없다.

정답 ①

04 국내우선권제도에 관한 설명 중 가장 잘못 설명된 것은? [2000년 기출]

① 우선권 주장을 수반한 출원의 기초출원은 출원공개대상이 아니다.
② 분할출원 또는 변경출원을 기초로 해서는 우선권의 주장을 할 수 없다.
③ 우선권주장의 기초로 된 선출원은 확대된 선출원의 지위가 인정된다.
④ 우선권주장출원의 발명과 기초출원의 발명의 동일성이 부인되면 단지 출원일 소급만 부인된다.
⑤ 우선권의 기초출원이 출원일로부터 1년 3개월이 경과하기 전에 당해출원을 기초로 한 우선권 주장이 취하되면 당해 기초로 된 선출원은 취하로 간주된다.

해설

① |○| 우선권주장의 선출원은 그 출원일로부터 1년 3월을 경과한 때 취하간주되므로, 출원인이 조기공개 신청을 미리 한 경우가 아닌 이상 출원공개가 되지 않음이 원칙이다(법 제56조 제1항).
② |○| 국내우선권주장의 선출원은 분할출원, 분리출원 또는 변경출원이 아니어야 한다(법 제55조 제1항 제2호).
③ |○| 후출원의 최초 첨부된 명세서 또는 도면에 기재된 발명 중 선출원의 출원서에 최초로 첨부된 명세서 또는 도면에 기재된 발명에 대해서만 후출원이 출원공개 또는 등록공고된 때 확대된 선출원의 지위가 인정된다(법 제55조 제4항).
④ |○| 후출원 발명과 선출원의 발명의 동일성이 없는 경우에는 특허요건 등의 판단시점이 소급되지 않는 것일 뿐 후출원의 계속에는 영향이 없다.

⑤ |×| 우선권주장을 수반하는 특허출원의 출원인은 선출원의 출원일부터 1년 3월을 경과한 후에는 그 우선권주장을 취하할 수 없다(법 제56조 제2항). 선출원의 출원일부터 1년 3월을 경과하기 전에 i) 국내우선권 주장이 취하된 때에는 당해 국내우선권 주장은 효력을 잃기 때문에 출원은 실제 출원일을 기준으로 특허요건 등을 판단한다. 또한, ii) 그 선출원은 취하 간주되지 않으며 원출원 상태로 유효하게 존속한다(법 제56조 제1항 제3호).

정답 ⑤

05 다음은 특허출원 등에 의한 우선권주장 제도와 관련한 설명이다. 타당한 것으로만 연결된 것은?

⑺ 재내자로부터 특허에 관한 절차의 수행을 위임받은 대리인은 특별수권을 얻은 경우에는 언제라도 국내우선권 주장을 취하할 수 있다.

⑷ 발명 X에 관한 특허출원(A)을 한 후 그 출원을 기초로 하여 발명 X, Y를 청구범위에 기재한 국내우선권 주장출원(B)을 한 경우, 특허출원 B는 특허출원 A의 출원일과 특허출원 B의 출원일 사이에 발명 Y가 국내에서 공연히 실시된 것을 이유로 거절될 수 있다.

⑸ 출원일이 다른 여러 개의 특허출원을 기초로 국내우선권주장을 한 경우에 최선출원일로부터 1년 3월이 경과한 때 선출원은 일괄적으로 동시에 취하된다.

⑹ 2이상의 선출원을 기초로 하여 국내우선권주장을 한 경우 최선일로부터 1년 4월 이후라도 국내우선권주장의 일부를 취하할 수 있다.

⑺ 甲은 국내에 2007. 4. 1.자로 발명 A에 대하여 출원 X를 하고 2007. 8. 1.자로 X 출원을 기초로 국내우선권 주장을 하여 발명 A 및 B에 대하여 출원 Y를 하고, 2008. 3. 1.자로 출원 Y를 기초로 하여 국내우선권 주장을 하여 발명 A, B, 및 C에 대하여 Z 출원하였다면, Z출원 발명 중 판단 시점이 소급되는 것은 B발명 만이다.

⑻ 상기 ⑺의 경우 乙이 발명 A에 대하여 2007. 9. 1.자로 출원한 경우 乙의 출원은 Z 출원의 공개 의제에 의한 확대된 선원의 지위를 적용받지 않기 때문에 특허를 받을 수 있다.

① ⑺, ⑷, ⑸ ② ⑷, ⑸, ⑹
③ ⑸, ⑺, ⑻ ④ ⑹, ⑺, ⑻
⑤ ⑷, ⑹, ⑺

해설

⑺ |×| 선출원의 출원일로부터 1년 3월이 경과한 후에는 어느 누구도 우선권주장을 취하할 수 없다(법 제56조 제2항).

⑷ |○| 출원일이 소급되는 것은 X발명에 한하며, Y발명은 출원일이 소급되지 않으므로 B출원전에 Y가 공지되었으므로 신규성 상실로 거절이유가 된다.

㈐ |×| 국내우선권주장의 기초가 된 선출원이 다수인 경우의 취하 간주시점은 각각의 출원일로부터 1년 3월 후이다.

㈑ |○| 국내우선권주장의 기초가 된 선출원이 다수인 경우의 취하 간주시점은 각각의 출원일로부터 1년 3월이다. 따라서, 각각의 선출원으로부터 1년 3월이 경과한 후에는 우선권주장의 취하가 금지된다. 결국, 최선일로부터 1년 4월이 경과하여도 우선권 주장의 일부취하가 가능할 수 있다.

㈒ |○| 발명 C는 우선권 주장의 기초 출원인 Y출원 발명과 동일성이 없으므로 판단시점이 소급되지 않으며, 발명 A는 우선권 주장의 기초출원인 Y출원 발명과 동일성이 있으나, X출원을 기초로 하여 이미 우선권 주장이 되어 있으므로 이중우선에 해당하여 판단시점이 소급되지 않는다.

㈓ |×| 국내우선권주장의 선출원이 우선권 주장을 수반하는 경우에 그 주장의 기초가 된 출원에 출원시의 명세서 또는 도면에 기재된 발명에 관해서는 선출원을 다른 출원으로 하여 확대된 선원의 지위를 적용할 수 없으며 선원지위를 적용함에 있어서 판단시점 또한 소급되지 않는다. 또한 X출원 및 Y출원은 각각 그 출원일로부터 1년 3월경과 후인 2008. 7. 1. 및 2008. 11. 1.자로 취하 간주되므로 선원의 지위도 인정되지 않으나, Y출원은 그 선출원인 X출원의 출원일로부터 1년 6개월인 2008. 10. 1. 공개된다. 확대된 선원의 지위는 공개 후에 취하된 경우라도 적용되므로 甲의 Y출원은 乙의 출원 전에 출원되고, 乙의 출원 후에 공개된 경우에 해당하므로 乙의 출원은 Y출원의 확대된 선원의 지위에 의하여 등록받지 못한다.

정답 ⑤

06 국내우선권주장에 대한 다음 설명 중에서 옳지 않은 것은? [2004년 기출]

① 출원일이 다른 여러 개의 특허출원을 기초로 국내우선권주장을 한 경우에 최선출원일로부터 1년 3월이 경과한 때 선출원은 일괄적으로 동시에 취하된다.
② 선출원이 2이상인 경우에는 최선출원일로부터 1년 4월 이내에 우선권주장을 보정하거나 추가할 수 있다.
③ 선출원이 국내우선권주장 또는 파리조약에 의한 우선권주장을 수반하는 경우에 후출원에서는 선출원에 대하여 새로 추가된 사항에 대해서만 우선권의 효과를 인정한다.
④ 선출원이 2이상의 발명을 포함하고 있을 때에는 그 선출원의 출원일로부터 1년 3월 이내에 그 선출원을 2이상의 특허출원으로 분할출원할 수 있다.
⑤ 선출원이 우선권주장 출원의 출원시에 특허여부 결정 또는 심결이 확정되어 있는 경우에는 국내우선권주장 출원을 할 수 없다.

해설

① |×| 여러 개의 특허출원을 기초로 한 복합우선권주장출원에 있어서 최선일부터 1년 3월에 선출원들이 일괄적으로 취하되는 것으로 보는 것이 아니라 각각의 선출원의 출원일부터 1년 3월이 경과한 때에 취하되는 것으로 본다.
② |○| 법 제55조 제7항
③ |○| 국내우선권주장의 선출원이 국내 우선권주장 또는 조약 우선권주장을 수반하는 경우에는 그 주장의 기초가 된 출원의 출원서에 최초로 첨부된 명세서 또는 도면에 기재된 발명에 관해서 후출원에서 우선권을 주장하는 것은 우선권의 효과를 인정하지 않고 선출원에 대하여 새로 추가된 사항에 대해서만 우선권의 효과를 인정한다(법 제55조 제5항).

④ |O| 분할출원은 원출원이 특허청에 계속 중인 때 할 수 있으므로, 선출원이 취하간주되기 전인 선출원의 출원일로부터 1년 3월 이내라면 선출원의 발명 중 일부를 분할출원할 수 있다.

⑤ |O| 우선권주장출원의 출원시에 선출원의 절차가 계속 중이어야 한다. 따라서 i) 선출원이 우선권주장출원의 출원시에 포기·무효·취하된 경우 ii) 선출원이 우선권주장출원의 출원시에 특허여부의 결정, 실용신안등록여부의 결정 또는 거절한다는 취지의 심결이 확정된 경우가 아니어야 한다(법 제55조 제1항 제3호 및 제4호).

정답 ①

07 甲은 2000년 2월 1일 X특허출원(청구범위 : a, 발명의 설명 : a, b)을 하고, 이를 기초로 특허법 제55조(특허출원 등에 의한 우선권 주장)에 의한 우선권 주장을 하여 2000년 5월 1일 Y특허출원(청구범위 : a, c, 발명의 설명 : a, b, c)을 하였다. 또한 X특허출원은 2001년 5월 1일이 경과하여 취하간주되고, Y특허출원은 2001년 8월 1일 특허공보에 출원공개되었다. 乙이 아래와 같이 Z특허출원을 할 경우 옳지 않은 것은? [2006년 기출]

① 청구범위를 a로 하여 2000년 2월 10일 Z특허출원을 한 경우 특허법 제29조 제3항(확대된 선출원)과 동법 제36조(선출원) 규정에 의한 거절이유를 가진다.

② 청구범위를 b로 하여 2000년 2월 10일 Z특허출원을 한 경우 특허법 제29조 제3항 규정에 의한 거절이유를 가진다.

③ 청구범위를 b로 하여 2000년 6월 20일 Z특허출원을 한 경우 특허법 제29조 제3항 규정에 의한 거절이유를 가진다.

④ 청구범위를 c로 하여 2001년 9월 20일 Z특허출원을 한 경우 특허법 제29조 제1항(신규성)과 동법 제36조 규정에 의한 거절이유를 가진다.

⑤ 청구범위를 c로 하여 2000년 2월 10일 Z특허출원을 한 경우 특허법 제29조 제3항 규정에 의한 거절이유를 가진다.

해설

甲 출원의 후등록 배제효는 다음과 같다.

1. Y 출원의 선원의 지위(법 제55조 제3항)
   (1) 우선권주장을 수반하는 특허출원된 발명 중 그 우선권주장의 기초가 된 선출원의 출원서에 최초로 첨부된 명세서 또는 도면에 기재된 발명은 판단시점이 선출원일로 소급한다.
   (2) 그러므로, 발명 a는 2000년 2월1일 기준으로 선원의 지위를 가진다. (한편, X 출원은 법 제56조 제1항에 의해 2001년5월1일 취하간주되고 그 결과 제36조제4항에 의해 X 출원자체는 선원의 지위가 없다.)

2. X 출원 공개간주에 의한 확대된 선원의 지위(법 제55조 제4항)
   (1) 우선권주장을 수반하는 특허출원의 출원서에 최초로 첨부된 명세서 또는 도면에 기재된 발명중 당해 우선권주장의 기초가 된 선출원의 출원서에 최초로 첨부된 명세서 또는 도면에 기재된 발명은 후출원의 출원공개시 선출원이 공개된 것으로 보고 확대된 선원의 지위가 인정된다.

(2) 그러므로, 발명 a, b는 X 출원일부터 2001년8월1일 Y가 출원공개시 X가 공개된 것으로 보아 확대된 선출원의 지위가 발생한다.
3. Y 출원의 최초 명세서 도면에만 기재된 발명의 확대된 선출원의 지위
   (1) 당해 출원일(Y 출원일)을 기준으로 Y 출원이 출원공개되면 확대된 선출원의 지위가 발생한다.
   (2) 그러므로, 발명 c에 대해서는 Y 출원일부터 Y가 출원공개되는 2001년8월1일까지 확대된 선출원의 지위가 발생한다.
4. 공지기술로서의 지위
   2001년8월1일 Y 출원이 출원공개되면 이는 반포된 간행물에 게재에 해당하여 법 제29조 제1항 제2호의 공지기술의 지위를 가지므로, 발명 a,b,c는 2001년8월1일 이후부터는 신규성, 진보성 판단의 인용참증이 된다.

⑤ |×| 발명 c에 대해서는 Y 출원일부터 Y가 출원공개되는 2001년8월1일까지 확대된 선출원의 지위가 발생한다. 그러므로 2000년 2월10일 乙의 Z출원은 확대된 선출원주의나 선출원주의 위반이 아니어서 등록가능하다.

정답 ⑤

08 甲은 자기의 A발명에 대하여 2009년 10월 실용신안등록출원을 하였고 이를 기초로 하여 2009년 12월에 특허로 변경출원을 하였다. 한편 甲은 2010년 3월 A발명을 개량한 A´발명(A´발명은 A발명에 비해 추가의 구성요소가 사용되고, 진보성이 인정됨)을 하였다. 甲이 A´에 대해서 특허를 받고자 하는 경우, 특허법상 인정될 수 있는 절차로 바르게 짝지어진 것은? (A, A´발명은 물건발명임)

[2006년 기출변형]

> (가) 별개의 출원
> (나) 2009년 10월의 실용신안등록출원을 기초로 한 국내우선권주장 출원
> (다) 2009년 12월의 특허출원을 기초로 한 국내우선권주장 출원
> (라) 2009년 10월의 실용신안등록출원 및 2009년 12월의 특허출원을 기초로 한 국내우선권주장 출원
> (마) 2009년 12월의 특허출원에 대한 보정

① (가)
② (가), (나)
③ (가), (나), (다)
④ (가), (나), (다), (라)
⑤ (가), (나), (다), (라), (마)

해설

(가) |○| A´은 A보다 진보성이 인정되므로 별개출원으로 보호 받을 수 있다.

(나) |×| (다) |×| (라) |×| 한편, 甲은 기본발명인 A와 이를 개량한 발명 A′을 하나로 보호하기 위하여 국내우선권 주장제도를 이용할 수도 있다. 그러나 국내우선권주장시 선출원은 i)출원계속 중이어야 하는바 변경출원의 원출원인 2009년 10월의 실용신안등록출원은 변경출원과 동시에 취하 간주되므로 이를 기초로 우선권주장을 할 수 없고(법 제55조 제1항 제3호), ii)분할, 분리, 변경출원을 선출원으로 하여서는 국내 우선권주장을 할 수 없으므로(법 제55조 제1항 제2호), 모두 틀린 설명이다.

(마) |×| A′은 A로부터 새로운 구성요소가 포함된 것으로서 변경출원의 발명 A를 A′으로 보정한다면 특허법 제47조제2항의 신규사항 추가가 되어 부적법한 보정으로 보정이 인정되지 않을 것인바 부적법한 조치가 된다.

정답 ①

09

발명 A에 대하여 특허출원 X를 한 특허출원인이 특허출원 X의 출원일부터 2월 후에 특허출원 X를 기초로 국내우선권주장(특허법 제55조)를 하면서 발명 A, B, C에 대하여 특허출원 Y를 하였다. 이후 특허출원 X의 출원일부터 1년 2월이 경과한 후 임의의 시점에서 특허출원 Y에서 발명 A, B를 적법한 절차에 의해 새로운 특허출원 Z로 하였다. 다음 중 옳은 것은?

① 특허출원 Z는 특허출원 X를 기초로 특허법 제55조에 의한 우선권주장이 인정되는 경우가 없다.
② 특허출원 Z는 조기공개를 신청하지 않더라도 특허출원 Y의 출원일부터 1년 6월이 경과되기 전에 출원공개가 되는 경우가 있다.
③ 특허출원 Z의 발명 B는 신규성, 진보성을 판단함에 있어서 특허출원 X의 출원일에 출원한 것으로 본다.
④ 특허출원 Z는 특허출원 Y의 출원일부터 3년이 경과하여 출원의 심사청구를 할 수 있는 경우는 없다.
⑤ 특허출원 Y가 출원공개되면 특허출원 Z는 언제나 출원공개된 것으로 본다.

해설

① 특허출원 Z가 특허출원 Y의 분할출원이라면 특허법 제52조 제2항 제4호에 따라 분할출원을 할 때 특허법 제55조에 따른 절차를 밟아 특허출원 X를 기초로 국내우선권주장을 할 수 있다.
② 특허출원 Z가 특허출원 Y로부터 분할출원하면서 동시에 적법하게 특허출원 X를 기초로 국내우선권주장절차를 밟았다면 특허출원 X의 출원일부터 1년 6월이 경과되었을 때 출원공개가 될 것이다.
③ 발명 B는 특허출원 X에 포함되어 있지 아니한 발명이므로 우선권주장의 효과를 받을 수 없다.
④ 특허출원 Z가 적법하게 분할출원의 절차를 수속했다면 원출원일부터 3년을 경과해서 분할출원을 했다고 하더라도 분할출원을 한 날부터 30일 이내에 심사청구를 할 수 있다(특허법 제59조 제3항).
⑤ 특허출원 Z가 적법한 분할출원이라고 하더라도 원출원과 분할출원은 엄연히 별개의 출원이다.

원출원이 공개되었다고 분할출원이 공개된 것으로 간주되지는 않는다. 원출원과 분할출원은 각각 별도로 공개한다.

정답 ②

10 국내우선권과 관련된 설명 중 옳은 것은?   [2009년 기출]

① 국내우선권주장을 수반하는 출원시에 기초가 된 선출원이 특허여부의 결정, 실용신안등록여부의 결정 또는 심결이 확정된 경우, 국내우선권을 주장할 수 있다.
② 하나의 선출원을 기초로 한 국내우선권주장을 수반하는 출원은 선출원일부터 1년3월을 경과한 후에는 취하할 수 없다.
③ 특허에 관한 분할출원이나 변경출원을 기초로 하여 국내우선권을 주장할 수 있다.
④ 선출원의 최초명세서 또는 도면에는 기재되어 있었으나, 보정에 의해 삭제된 발명을 기초로 하여 국내우선권주장을 할 수 있다.
⑤ 국내우선권주장을 수반하지 아니한 출원이라도 선출원일부터 1년 4월 이내라면 우선권주장을 할 수 있다.

해 설

① |×| 국내우선권 주장 출원의 선출원이 우선권주장출원의 출원시에 특허여부의 결정, 실용신안등록여부의 결정 또는 거절한다는 취지의 심결이 확정된 경우가 아니어야 한다(법 제55조 제1항 제4호).
② |×| 출원의 취하는 출원절차 계속 중이면 언제든 가능하다. 또한 선출원일로부터 1년 3월 경과 이후에는 우선권주장의 취하가 금지(법 제56조 제2항)될 뿐 출원의 취하가 금지되는 것은 아니다.
③ |×| 국내우선권주장의 선출원은 분할출원, 분리출원 또는 변경출원이 아니어야 한다(법 제55조 제1항 제2호).
④ |○| 선출원의 출원서에 최초로 첨부된 명세서 또는 도면에 기재된 발명을 기초로 그 특허출원한 발명에 관하여 우선권을 주장할 수 있다(법 제55조 제1항 본문). 따라서 선출원의 「최초」 명세서 또는 도면에는 기재되어 있었으나 보정에 의해 삭제된 발명을 기초로도 우선권주장을 할 수 있다. 한편, 우선권주장출원의 청구범위가 보정 된 경우에는 보정 후에 최종적으로 확정된 청구범위를 기준으로 우선권주장의 적법성을 판단한다.
⑤ |×| 법 제55조 제7항은 'i) 제55조 제1항의 규정에 의하여 국내우선권주장을 한 자 중 ii) 특허법 제55조 제1항의 요건을 갖춘 자는 iii) 최선일로부터 1년 4월 이내에 당해 우선권주장을 보정하거나 추가할 수 있다.'고 규정하고 있다. 위 i)요건에서 알 수 있듯이 최초 출원시에 법 제55조에 따른 우선권주장을 하지 않은 경우라면 법 제55조 제7항에 따른 우선권주장에 대한 보정도 할 수 없다.

정답 ④

11 국내우선권에 관한 설명으로 옳지 않은 것은? [2010년 기출]

① 국내우선권주장을 수반하는 특허출원된 발명 중 해당 우선권주장의 기초가 된 선출원의 최초 명세서에 기재된 발명과 같은 발명에 관하여 특허요건(법 제29조), 특허를 받을 수 없는 발명(법 제32조), 선출원(법 제36조), 선사용에 의한 통상실시권(법 제103조)에 대한 판단의 기준시점을 선출원일로 소급한다.
② 국내우선권주장을 하는 경우에 출원인의 현실적인 이익을 고려하여 심사청구기간의 기산일(법 제59조), 특허권존속기간의 기산일(법 제88조), 재정청구가 가능한 기간의 기산일(법 제107조)을 적용할 때에는 현실의 우선권주장출원일을 기준으로 하여 판단한다.
③ 국내우선권주장 출원의 선출원이 국내우선권주장을 수반하는 경우(이중우선)에는 그 선출원의 출원서에 최초로 첨부된 명세서 또는 도면에 기재된 발명 중 그 선출원에 관하여 우선권 주장의 기초가 된 특허출원의 출원을 한 때 명세서 또는 도면에 기재된 발명에 대해서 다시 후출원에서 우선권을 주장하는 것은 우선권의 효과를 인정받을 수 없다.
④ 적법하게 국내우선권주장을 한 자는 선출원일(선출원이 2이상인 경우 최선출원일)부터 1년 4개월 이내에 그 우선권주장을 보정하거나 추가할 수 있다.
⑤ 출원인은 선출원일부터 1년 3개월 이내에 선출원을 기초로 한 국내우선권주장을 취하할 수 있으며, 이 경우 실제 출원일을 기준으로 특허요건 등을 판단하고 그 선출원은 취하로 간주되지 않는다.

> 해 설

① |×| 판단시점이 소급되는 경우는 다음과 같다(법 제55조 제3항). ⅰ) 신규성(법 제29조 제1항 각호) ⅱ) 진보성(법 제29조 제2항) ⅲ) 확대된 선출원의 지위(법 제29조 제3항 본문) ⅳ) 공지 등이 되지 아니한 발명으로 보는 경우의 출원기간(법 제30조 제1항) ⅴ) 선출원주의(법 제36조 제1항 내지 제3항) ⅵ) 특허출원시부터 국내에 있던 물건(법 제96조 제1항 제3호) ⅶ) 이용·저촉(법 제98조) ⅷ) 선사용권(법 제103조) ⅸ) 디자인권 존속기간만료후의 법정실시권(법 제105조 제1항 및 제2항) ⅹ) 생산방법의 추정(법 제129조) ⅺ) 정정요건(법 제136조 제5항)
한편, 특허를 받을 수 없는 발명(법 제32조)에 대한 판단시점에 대해서는 위 법 제55조제3항에 규정되어 있지 않아, 우선일을 기준으로 판단한다고 볼 수 없을 것이다.
② |○| 다음의 경우에는 출원인의 이익을 위하여 판단시점이 소급하지 않고 현실의 우선권주장출원일을 기준으로 한다. ⅰ) 심사청구기간의 기산일(법 제59조 제2항) ⅱ) 공지예외주장 취지 및 증명서류제출기간(법 제30조 제2항) ⅲ) 존속기간의 만료일의 기준일(법 제88조 제1항) ⅳ) 재정에 있어서 출원일의 기산일(법 제107조 제1항) ⅴ) 국내우선권 주장과 관련된 취하 쟁점(법 제56조) ⅵ) 등록지연 기간계산(법 제92조의2) ⅶ) 특허여부결정 보류신청(시규 제40조의2)
③ |○| 법 제55조 제5항
④ |○| 법 제55조 제7항
⑤ |○| 우선권주장을 수반하는 특허출원의 출원인은 선출원의 출원일부터 1년 3월을 경과한 후에는 그 우선권주장을 취하할 수 없다(법 제56조 제2항). 국내우선권주장에 따라 선출원이 이미 특허법상의 규정(법 제56조 제1항)에 의해 취하간주된 후에는 국내우선권주장의 취하를 인정할 실익이 없기 때문이다. 선출원의 출원일부터 1년 3월을 경과한 전에 우선권주장이 취하된 경우(법 56조 제1항 제3호)에는 선출원이 취하되지 않는다.

정 답 ①

12 파리협약에 의한 조약우선권과 국내우선권의 비교 설명 중 옳지 않은 것은?

① 파리협약에 의한 우선권주장은 제1국 출원이 정규 출원으로 인정되면 제1국 출원의 결과에 관계없이 할 수 있으나, 국내우선권주장은 후출원시 선출원이 출원 계속 중이어야 한다.
② 파리협약에 의한 우선권을 입증하는 서류는 최선일부터 1년 4월 이내에 제출되어야 하나, 국내우선권을 입증하는 서류는 제출될 필요가 없다.
③ 파리협약에 의한 우선권주장과 국내우선권주장의 경우 출원일이 우선권주장 기초가 된 출원일로 소급되는 것은 아니다.
④ 파리협약에 의한 우선권주장은 후출원이라 할지라도 우선권주장의 기초가 될 수 있는 경우도 있으나 국내우선권주장은 분할, 분리, 변경출원으로는 우선권주장의 기초가 될 수 없다.
⑤ 파리협약에 의한 우선권주장과 국내우선권주장 모두 최우선일 또는 최선출원일부터 1년 4개월 이내에만 그 우선권 주장을 보정하거나 취하할 수 있다.

해 설

① 파리조약 제4조 A.2 vs 특허법 제55조 제1항 제3호, 제4호
② 특허법 제54조 제5항
③ 특허법 제29조, 제36조 등의 규정의 적용에 있어서만 발명별로 우선일을 출원일로 볼 따름이다.
④ 파리조약 제4조 C.4 vs 특허법 제55조 제1항 제2호
⑤ 조약우선권주장의 취하는 절차 계속 중 임의의 시기에 가능하나, 국내우선권주장의 취하는 각 우선권 주장별로 선출원일부터 1년 3개월 전까지만 취하가 가능하다(특허법 제56조 제2항).

정 답 ⑤

13 특허에 관한 설명으로 옳지 않은 것은? (다툼이 있으면 판례에 따름) [2023년 기출]

① 선특허권 등과 후출원 등록상표권이 저촉되는 경우에, 선특허권 등의 권리자는 후출원 상표권자의 동의가 없더라도 자신의 권리를 자유롭게 실시할 수 있지만, 후출원 상표권자가 선특허권 등의 권리자의 동의를 받지 않고 그 등록상표를 지정상품에 사용하면 선특허권 등에 대한 침해가 성립한다.

② 선출원에 대한 우선권 주장을 수반하는 후출원을 한 후출원인은 그 특허출원시에 선출원인과 동일인이거나 그 적법한 승계인이어야 하고, 후출원인이 선출원인의 특허출원 후 특정승계의 방법으로 그 특허를 받을 수 있는 권리를 양수한 경우에는 특허출원인 변경신고를 하지 아니하면 그 권리승계의 효력이 발생하지 않는다.

③ 특허권침해소송의 상대방이 제조하는 제품 또는 사용하는 방법이 특허발명의 특허권을 침해한다고 하기 위하여는 특허발명의 청구범위에 기재된 각 구성요소와 그 구성요소 간의 유기적 결합관계가 침해대상제품 등에 그대로 포함되어 있어야 한다.

④ 특허출원 전에 특허를 받을 수 있는 권리를 계약에 따라 이전한 양도인이 특허출원을 하여 설정등록이 이루어진 경우, 그 특허권은 특허무효사유에 해당하는 '정당한권리자 아닌 사람'의 특허이다.

⑤ 특허심판원에 계속 중인 심판에 대하여 동일한 당사자가 동일한 심판을 다시 청구한 경우, 후심판이 중복심판청구 금지에 위반되는지 판단하는 기준 시점은 후심판의 심결 시이다.

해 설

① |O| 상표법 문제다(상표법 제92조 제1항). 선출원주의에서는 후출원 권리에 제한 있다.

② |×| 출원인 변경신고하지 않았어도 선출원 특허를 받을 수 있는 권리를 실질적으로 양수한 자는 국내우선권 주장 가능하다. "발명을 한 자 또는 그 승계인은 특허법에서 정하는 바에 의하여 특허를 받을 수 있는 권리를 갖고(특허법 제33조 제1항 본문), 특허를 받을 수 있는 권리는 이전할 수 있으므로(특허법 제37조 제1항), 후출원의 출원인이 후출원 시에 '특허를 받을 수 있는 권리'를 승계하였다면 우선권 주장을 할 수 있고, 후출원 시에 선출원에 대하여 특허출원인변경신고를 마쳐야만 하는 것은 아니다. 특허출원 후 특허를 받을 수 있는 권리의 승계는 상속 기타 일반승계의 경우를 제외하고는 특허출원인변경신고를 하지 아니하면 그 효력이 발생하지 아니한다고 규정한 특허법 제38조 제4항은 특허에 관한 절차에서 참여자와 특허를 등록받을 자를 쉽게 확정함으로써 출원심사의 편의성 및 신속성을 추구하고자 하는 규정으로 우선권주장에 관한 절차에 적용된다고 볼 수 없다. 따라서 후 출원의 출원인이 선출원의 출원인과 다르더라도 특허를 받을 수 있는 권리를 승계받았다면 우선권 주장을 할 수 있다고 보아야 한다(대법원 2019. 10. 17. 선고 2016두58543 판결)."

③ |O| 문언범위 내용이다.

④ |O| 특허를 받을 수 있는 권리를 양도한 자는 더 이상 권리자 아니고 무권리자가 된다. 그 자가 먼저 출원했더라도 이는 무권리자 출원에 해당하며, 특허등록된 경우 제33조 제1항 본문 위반 무효사유에 해당한다. "발명을 한 사람 또는 그 승계인은 특허법에서 정하는 바에 따라 특허를 받을 수 있는 권리를 가진다(특허법 제33조 제1항 본문). 만일 이러한 정당한 권리자 아닌 사람(이하 '무권리자'라 한다)이 한 특허출원에 대하여 특허권의 설정등록이 이루어지면 특허무효사유에 해당한다(특허법 제133조 제1항 제2호). 특허출원 전에 특허를 받을 수 있는 권리를 계약에 따라 이전한

양도인은 더 이상 그 권리의 귀속주체가 아니므로 그러한 양도인이 한 특허출원에 대하여 설정등록이 이루어진 특허권은 특허무효사유에 해당하는 무권리자의 특허이다. 특허출원 전에 이루어진 특허를 받을 수 있는 권리의 승계는 그 승계인이 특허출원을 하여야 제3자에게 대항할 수 있다(특허법 제38조 제1항). 여기서 제3자는 특허를 받을 수 있는 권리에 관하여 승계인의 지위와 양립할 수 없는 법률상 지위를 취득한 사람에 한한다. 무권리자의 특허로서 특허무효사유가 있는 특허권을 이전받은 양수인은 특허법 제38조 제1항에서 말하는 제3자에 해당하지 않는다(대법원 2020. 5. 14. 선고 2020후10087 판결)."

⑤ |○| 중복심판인지 여부는 후심판 심결시 기준으로 전심판 계속 중인지 여부로 판단한다. "민사소송에서 중복제소금지는 소송요건에 관한 것으로서 사실심의 변론종결시를 기준으로 판단하여야 하므로, 전소가 후소의 변론종결시까지 취하·각하 등에 의하여 소송계속이 소멸되면 후소는 중복제소금지에 위반되지 않는다. 마찬가지로 특허심판에서 중복심판청구 금지는 심판청구의 적법요건으로, 심결 시를 기준으로 전심판의 심판계속이 소멸되면 후심판은 중복심판청구 금지에 위반되지 않는다고 보아야 한다(대법원 2020. 4. 29. 선고 2016후2317 판결)."

정답 ②

14 甲은 2015년 5월 12일 신규 물질 X와 물질 X의 제조방법 Y에 대하여 이를 발명의 설명에 기재를 하고 특허청구범위에는 물질 X 만을 기재하여 특허출원 A를 하였다. 乙은 2015년 10월 5일 甲과는 별도로 물질 X의 제조방법 Y를 발명의 설명 및 특허청구범위에 기재하여 특허출원 B를 하였다. 그 후 甲은 특허출원 A를 기초로 적법하게 국내우선권을 주장하면서 물질 X, 물질 X의 제조방법 Y, 물질 X의 제조방법 Z에 대하여 2015년 11월 1일 특허출원 C를 하였고, 특허출원 C는 2016년 11월 12일 출원공개가 되었다. 다음 설명 중 옳은 것은? (제시된 것 이외의 사안에 대해서는 甲과 乙의 특허출원에 거절이유가 없는 것으로 보며, 물질 X, 물질 X의 제조방법 Y 및 물질 X의 제조방법 Z는 서로 다른 발명으로 본다.)

① 甲이 특허출원 A에 대하여 2015년 9월 10일 발명의 설명에서 물질 X의 제조방법 Y를 삭제하는 보정을 한 경우 乙의 특허출원 B는 특허를 받을 수 있다.
② 甲의 특허출원 A는 그 출원이 공개되기 전인 그 출원일부터 1년 3월이 경과한 때에 취하간주되므로 乙의 특허출원 B는 특허를 받을 수 있다.
③ 甲이 특허출원 C에 대하여 2016년 3월 5일 출원취하서를 제출한 경우 乙의 특허출원 B는 특허를 받을 수 있다.
④ 甲이 특허출원 C에 대하여 2016년 8월 1일 출원취하서를 제출한 경우 乙의 특허출원 B는 특허법 제36조 제1항의 규정에 위배되어 특허를 받을 수 없다.
⑤ 甲이 출원 모두를 취하하는 등 특별한 조치를 취하지 않는 경우 乙의 특허출원 B는 어떠한 경우에도 특허를 받을 수 없다.

> 해 설

① 선원과 확대된 선원의 적용 여부를 검토하는 문제다. 삭제보정하더라도 확대된 선원의 지위는 최초 명세서에 기재된 발명에 인정된다. 국내우선권 주장을 하면 우선일이 인정되는 발명은 우선일부터 확대된 선원의 지위가 인정된다. 출원공개된 특허출원 C의 최초 명세서에 기재된 발명 중 물질 X의 제조방법 Y는 우선일이 인정되는 발명이므로 우선일인 2015년 5월 12일부터 공개일인 2016년 11월 12일까지 확대된 선원의 지위가 있다. 따라서 그 사이인 2015년 10월 5일에 출원한 乙의 출원은 확대된 선원에 위배되어 특허 받을 수 없다.
② 甲의 선출원이 취하간주되더라도 국내우선권주장 출원을 한 이상, 乙의 출원은 확대된 선원에 위배된다.
③ 선출원일부터 1년 3개월 이내에 국내우선권주장 출원을 취하하면 국내우선권주장이 취하간주되어 선출원은 취하간주되지 않는다. 2006년 3월 5일은 선출원일부터 1년 3개월인 2006년 8월 12일 전이므로 甲의 특허출원 A는 취하간주되지 않는다. 따라서 乙의 출원은 甲의 특허출원 A가 출원공개되면 이에 의해 확대된 선원에 위배된다.
④ 2006년 8월 1일도 선출원일부터 1년 3개월 전이므로 甲의 특허출원 A는 취하간주되지 않는다. 다만 특허법 제36조 제1항의 선원지위는 청구범위에 기재된 발명에 인정되는데, 甲의 특허출원 A의 청구범위에는 물질 X의 제조방법 Y가 기재되어 있지 않으므로, 乙의 특허출원은 특허법 제36조 제1항에 위배되지는 않는다.
⑤ 확대된 선원에 의해 乙의 특허출원은 특허를 받을 수 없다.

정답 ⑤

PART 06

심 사

CHAPTER 01 심사주의 제도 / 심사의 주체 / 심사청구 / 우선심사 제도

01 특허법상 심사청구제도에 관한 설명으로 옳은 것은? [2019년 기출]

① 특허출원인이 아닌 자가 출원심사의 청구를 한 후 출원인이 그 특허출원서에 첨부된 명세서를 보정하여 청구범위에 기재된 청구항의 수가 증가한 경우에는 그 증가한 청구항에 관하여 납부해야 할 심사청구료는 심사청구인이 납부해야 한다.

② 특허청장은 특허출원인이 아닌 자로부터 출원심사의 청구가 있으면 그 취지를 특허출원인에게 알려야 한다.

③ 무권리자 甲이 발명 A를 2014년 3월 3일에 특허출원을 하고, 정당한 권리자인 乙은 특허법 제34조(무권리자의 특허출원과 정당한 권리자의 보호)에 따라 발명 A를 2017년 2월 3일에 특허출원을 한 경우, 乙은 2017년 3월 3일까지 자신의 특허출원에 대하여 심사청구를 해야 한다.

④ 특허출원인은 심사가 착수되기 전이고, 특별한 사유를 증명한다면 심사청구를 취하할 수 있다.

⑤ 심사청구가 없어도 공익상 필요한 경우에는 심사관은 직권으로 특허출원에 대한 심사를 할 수 있다.

해 설

① 명세서 보정으로 청구항이 증가한 경우 증가된 청구항에 대한 심사청구료는 심사청구인이 아닌 출원인이 납부하여야 한다(특허법 제82조 제2항).

② 특허법 제60조 제3항

③ 출원일부터 3년이 경과했어도 정당권리자 출원한 날부터 30일 이내에 심사청구할 수 있다. 2017. 2. 3. 출원한 경우 2월을 28일까지 있다고 가정하면 30일은 2017. 3. 5. 이다. 지문의 2017. 3. 3.은 1달로 계산했을 때의 기간이다.

④ 심사청구, 재심사청구는 취하할 수 없다(특허법 제59조 제4항).

⑤ 심사관이 무효심판청구할 수 있다는 규정은 있어도, 심사청구할 수 있다는 규정은 없다.

정 답 ②

02 심사청구에 관한 설명 중 옳은 것은?

① 외국어특허출원에 대해 제3자는 우선일부터 1년 2개월이 경과한 이후에만 심사청구를 할 수 있다.
② 외국어특허출원의 경우 출원인이 국어번역문을 제출하기 전에 심사청구하면 심사청구절차가 무효로 될 수 있다.
③ 제3자가 심사청구를 한 후 출원인이 명세서를 보정하여 청구항의 수를 증가시켰다면 증가된 청구항에 대한 심사청구료 또한 그 제3자가 내야 한다.
④ 분할출원의 경우는 원출원의 절차를 승계하므로 새로이 심사청구를 할 필요가 없다.
⑤ 국제특허출원에 대해 제3자는 우선일부터 2년 7개월(국어번역문 제출기간이 연장된 경우는 연장된 국어번역문 제출기간)이 지난 후에만 심사청구를 할 수 있다.

해 설

①, ⑤ 국제특허출원(특허법 제210조)과 달리 외국어특허출원에 대해서는 제3자는 아무때나 심사청구를 할 수 있다.
② 반려사유다(특허법 시행규칙 제11조 제1항 제20호).
③ 특허법 제82조 제2항, 증가된 청구항에 대한 심사청구료는 출원인이 납부해야 한다.
④ 원출원과 분할출원은 별개의 출원이다. 우선권주장 자동승계되는 것 제외하고, 심사청구도 별도로 해야 하고, 출원공개도 별도로 된다.

정답 ⑤

03 특허법상 심사청구 제도에 관련한 각종 제도에 대한 설명이다. 틀린 것은?

① 심사관은 특허출원심사의 청구 후 출원인이 특허출원일부터 6개월 이내에 특허여부결정 보류신청서를 특허청장에게 제출하는 경우에는 특허출원일부터 12개월이 경과하기 전까지 특허여부결정을 보류할 수 있다.
② 상기 ①의 경우 특허출원이 분할출원, 분리출원 또는 변경출원인 경우, 특허출원에 대하여 우선심사결정을 한 경우, 특허여부결정의 보류신청이 있기 전에 이미 특허거절결정서 또는 특허결정서를 통지한 경우에는 보류신청을 할 수 없다.
③ 특허출원된 발명에 관하여 전문기관에 선행기술의 조사를 의뢰한 경우로서 그 조사결과를 특허청장에게 통지하도록 해당 전문기관에 요청한 특허출원은 우선심사 대상이다.
④ 특허출원인이 출원심사의 청구를 한 경우로서 출원심사의 청구일부터 24개월이 지난 후에 특허출원에 대한 심사를 받으려면 유예희망시점을 적은 심사유예신청서를 특허청장에게 제출할 수 있고, 심사관은 심사유예신청이 있으면 유예희망시점까지 특허출원에 대한 심사를 유예할 수 있다.
⑤ 상기 ④의 심사유예신청서는 출원일부터 6개월 이내에 제출해야하고, 출원일로부터 18개월과 출원일로부터 5년 사이의 임의의 시점으로 희망유예시점을 기재할 수 있다.

> 해 설

① |○| ② |○| 시행규칙 제40조의2 : 최근 심사기간이 단축됨에 따라 심사가 1년 이내에 조기 마무리될 경우 우선권 주장을 적기에 못할 수가 있으므로 우선권 주장 시기에 주의해야 한다. 이러한 문제를 극복하기 위하여 개정 시행규칙에서는 제40조의2 신설하여 '특허여부 결정 보류제도'를 도입하였다.

제40조의2(특허여부결정의 보류) ① 심사관은 특허출원심사의 청구 후 출원인이 특허출원일부터 6개월 이내에 별지 제22호의2서식의 결정 보류신청서를 특허청장에게 제출하는 경우에는 특허출원일부터 12개월이 경과하기 전까지 특허여부결정을 보류할 수 있다. 다만, 다음 각 호의 어느 하나에 해당하는 경우에는 그러하지 아니하다.
   1. 특허출원이 분할출원, 분리출원 또는 변경출원인 경우
   2. 특허출원에 대하여 우선심사결정을 한 경우
   3. 특허여부결정의 보류신청이 있기 전에 이미 특허거절결정서 또는 특허결정서를 통지한 경우
② 대리인에 의하여 절차를 밟는 경우에는 제1항에 따른 서식에 그 대리권을 증명하는 서류를 첨부하여야 한다.

③ |○| 시행령 제9조 제11호 신설(시행일 : 2008년 10월 1일) - 빠른심사제도
특허출원 발명에 대하여 공인된 전문기관에 선행기술조사를 의뢰하고 그 조사결과를 특허청장에게 통지토록 요청하면 누구든지 우선심사를 받을 수 있도록 우선심사대상이 확대되었다.

④ |○| 시행규칙 제40조의3 신설(시행일 : 2008년 10월 1일) - 늦은심사제도
특허출원인이 출원심사의 청구를 한 경우로서 출원심사의 청구일부터 24개월이 지난 후에 특허출원에 대한 심사를 받으려면 출원심사의 청구일부터 9개월 이내에 심사를 받으려는 시점(출원일부터 5년 이내에 한정하며, 이하 "유예희망시점"이라 한다)을 적은 별지 제22호의2서식의 심사유예신청서를 특허청장에게 제출할 수 있다(시행규칙 제40조의3 제1항). 또한, 심사관은 제1항에 따른 심사유예신청이 있으면 유예희망시점까지 특허출원에 대한 심사를 유예할 수 있다. 다만, ⅰ) 특허출원이 분할출원, 분리출원, 변경출원 또는 정당한 권리자의 출원인 경우 ⅱ) 특허출원에 대하여 우선심사결정을 한 경우 ⅲ) 특허출원심사의 유예신청이 있기 전에 이미 거절이유를 통지하거나 특허결정서를 통지한 경우에는 그러하지 아니하다(시행규칙 제40조의3 제3항).

⑤ |×| 심사유예신청서는 출원일부터 6개월 이내가 아니라, 출원심사청구일로부터 9개월 이내에 제출해야 한다. 또한, 출원심사청구일로부터 24개월과 출원일로부터 5년 사이의 임의의 시점으로 희망유예시점을 기재할 수 있다.

정 답 ⑤

04 우선심사와 관련하여 아래 각 출원인들은 다음과 같이 우선심사 신청을 하였다. 우선심사를 인정할 수 있는 것은?

[2005년 기출]

> ㄱ. 한국 거주 미국인 스미스는 만년필에 관한 발명을 하고 2004년 3월 1일 대한민국 특허청에 특허출원을 하였다. 다음 날 우연히 스미스는 서울에 거주하는 홍길동이 자기의 만년필에 관한 발명을 실시하고 있는 것을 알고 그 사실을 근거로 바로 우선심사 신청을 하였다.
>
> ㄴ. 한국 거주 미국인 로버트는 자신의 미국특허출원을 근거로 파리협약에 의한 우선권을 주장하면서 대한민국 특허청에 특허출원을 하였으며 미국특허출원의 존재를 근거로 우선심사 신청을 하였다.
>
> ㄷ. 미국 거주 미국인 브라운은 반도체에 관한 발명을 하였으며 미국과 한국에서 동시에 특허출원을 하였다. 브라운은 동 발명이 미국으로부터 한국으로의 수출을 촉진할 것이라는 점을 근거로 우선심사 신청을 하였다.
>
> ㄹ. 한국 거주 미국인 영어강사 찰스는 "사이버 코인"에 관한 발명을 하여 동 발명을 대한민국 특허청에 특허출원하였다. 찰스는 현재 동 발명을 실시하고 있지 않으나 모 벤처기업과 함께 실시를 준비 중이라는 점을 근거로 우선심사 신청을 하였다.

① ㄱ
② ㄴ
③ ㄷ
④ ㄹ
⑤ 모두 다 인정할 수 없다.

해설

ㄱ. |×| 특허출원인이 아닌 자가 업으로서 특허출원된 발명을 실시함을 이유로 우선심사를 청구하기 위해서는 출원공개가 된 이후이어야 한다(법 제61조 제1호).

ㄴ. |×| 조약에 의한 우선권주장의 기초가 되는 출원으로서 당해 출원을 기초로 하는 우선권 주장에 의하여 외국특허청에서 특허에 관한 절차가 진행 중인 출원(시행령 제9조 제7호)은 우선심사의 대상이다. 한국에 출원하면서 조약에 의한 우선권주장을 한 특허출원을 우선심사하겠다는 의미가 아닌 점에 주의해야 한다.

ㄷ. |×| 수출촉진에 직접 관련된 출원(시행령 제9조 제3호)은 우선심사의 대상이다. 브라운의 반도체에 관한 발명은 미국으로부터 한국으로의 수출을 촉진하는바, 한국 입장에서는 수입이므로 이는 우선심사의 대상이 아니다.

ㄹ. |○| 특허출원인이 자기실시 중이거나 자기실시 준비 중인 특허출원 된 발명은 우선심사의 대상이다(시행령 제9조 제8호). 이때 「자기」는 출원인 또는 출원인으로부터 실시허락을 받은 자를 의미한다. 또한 「실시」는 법 제2조 제3호의 실시로서 국내에서의 실시를 의미한다.

정답 ④

05 우선심사에 관한 설명으로 옳은 것은? [2010년 기출]

① 특허청이 특허협력조약에 따른 국제조사기관으로서 국제조사를 수행한 국제특허출원은 우선심사대상에 해당한다.
② 특허출원인이 우선심사를 신청하기 위해서는 우선심사의 대상이 자기 실시인 경우에도 출원공개의 요건을 갖추어야 한다.
③ 특허출원인 이외의 제3자도 우선심사의 신청인이 될 수 있으며, 외국인의 경우 외국에서 실시한 것을 자기 실시의 증거로 하여 우선심사를 받을 수 있고, 대한민국 국민의 경우 특허협력조약(PCT)에 의한 국제 출원의 기초출원에 대하여 우선심사를 받을 수 있다.
④ 심사관이 우선심사를 결정하여 우선심사에 착수한 후라도 그 출원에 대한 특허 허여여부가 확정되기 전까지는 언제든지 우선심사의 신청을 취하할 수 있다.
⑤ 자원순환 및 친환경기술 등 사회・경제활동의 전 과정에 걸쳐 에너지와 자원을 절약하고 효율적으로 사용하여 온실가스 및 오염물질의 배출을 최소화하는 녹색기술과 간접 관련된 특허출원도 우선심사의 대상이다.

해설

① |O| 특허청이 국제조사기관으로서 이미 신규성과 진보성에 대해 심사를 진행한 국제특허출원이 대한민국에 진입하여 다시 심사 받는 경우는 우선심사사유에 해당한다(특허법 시행령 제9조 제7호의2).
② |×| 특허출원인이 자기실시 중이거나 자기실시 준비 중인 특허출원 된 발명 또는 디자인 등록출원(시행령 제9조 제8호)은 우선심사의 대상이다. 한편, 대통령령(시행령 제9조)이 정하는 특허출원으로서 긴급처리가 필요하다고 인정되는 경우(법 제61조 제2호)에는 법 제61조 제1호와는 달리 출원공개를 요건으로 하지 않는다.
③ |×| i)특허출원이 있는 때에는 누구든지 특허청장에게 그 출원에 관하여 우선심사를 신청할 수 있다. 다만, 「국가 또는 지방자치단체의 직무에 관한 출원」에 대해서는 국가 또는 지방자치단체만이 우선심사의 신청을 할 수 있다(우선심사의 신청에 관한 고시 3) ii)외국인이 출원한 발명이 공개된 후 제3자가 그 발명을 실시하고 있는 경우에는 "제3자실시"를 이유로 한 우선심사신청은 인정되며 출원인이나 실시권자 또는 실시권자로부터 실시허락을 받은자가 그 발명을 실시하거나 실시준비 중인 경우 "자기실시"를 이유로한 우선심사신청도 인정된다. 다만 출원인이 외국인인 경우도 실시는 우리나라 내에서의 실시를 의미함으로 외국에서 실시를 근거로 한 우선심사신청은 인정되지 않는다(우선심사기준 P10). iii) 우리나라 특허청에 출원한 후 이 출원을 기초로 우선권을 주장하여 PCT출원을 한 경우에는 자기지정 출원을 제외하고 우선심사를 인정한다(우선심사기준 P29).
④ |×| 우선심사결정 통지가 있는 경우에는 취하를 인정하지 않는다. 이는 심사관의 우선심사결정 통지가 있는 경우에는 우선심사신청의 효력이 발생하여 심사관(또는 특허청)은 우선심사신청이 유효한 것으로 보고 심사에 착수하기 때문이다. 따라서 취하서를 인정할 수 없다는 취지를 우선심사신청인(취하인)에게 통지한다(우선심사기준 P46).
⑤ |×| 녹색기술과 직접 관련된 특허출원(시행령 제9조 제2호)만이 우선심사의 대상이며, 간접 관련된 특허출원은 우선심사의 대상이 아니다.

정답 ①

06 우선심사에 관한 설명으로 옳지 않은 것은?

① 제3자 또는 출원인이 특허출원된 발명을 실시 중인 경우는 출원공개 전이라도 우선심사사유에 해당한다.
② 녹색기술과 직접 관련된 친환경 특허출원은 우선심사가 가능하다.
③ 기술혁신형 중소기업으로 선정된 기업의 특허출원은 우선심사가 가능하다.
④ 65세 이상인 사람이 한 특허출원은 우선심사가 가능하다.
⑤ 우선심사결정을 한 특허출원에 대해서는 특허여부결정을 출원일부터 12개월이 경과하기 전까지 보류하거나 특허출원심사를 출원인의 유예희망시점까지 유예할 수 없다.

해설

① 제3자가 실시 중인 경우는 출원공개 후에만 가능하고, 출원인이 실시 또는 실시 준비 중인 경우는 출원공개 전에도 우선심사가 가능하다(특허법 제61조 제1호 vs 특허법 시행령 제9조 제8호).
② 특허법 시행령 제9조 제2호
③ 특허법 시행령 제9조 제5호의2
④ 특허법 시행령 제9조 제12호
⑤ 특허법 시행규칙 제40조의2 제1항 제2호, 제40조의3 제3항 제2호

정답 ①

07 심사청구에 관한 설명 중 옳은 것은?

① 국제특허출원은 국제출원일부터 5년 이내에 심사청구를 할 수 있다.
② 특허법 제42조의3의 외국어특허출원은 출원인이 번역문을 제출하지 않았어도 제3자가 심사청구를 할 수 있다.
③ 제3자가 심사청구를 한 경우 이후 출원인이 명세서를 보정하여 청구항의 수를 증가시켰다면 증가된 청구항에 대한 심사청구료 또한 그 제3자가 내야 한다.
④ 출원일부터 5년까지 심사청구가 없으면 그 특허출원은 취하된 것으로 본다.
⑤ 정당한 권리자의 특허출원에 관하여는 심사청구기간이 지난 후에도 정당한 권리자가 특허출원을 한 날부터 1월 이내에 심사청구를 할 수 있다.

해설

① 특허법 제59조 제2항, 국제출원일부터 3년이다.
② 특허법 제59조 제2항, 제3자는 제한 없이 심사청구가 가능하다.
③ 특허법 제82조 제2항, 증가된 청구항에 대한 심사청구료는 출원인이 납부해야 한다.
④ 특허법 제59조 제2항, 제5항, 심사청구기간은 출원일부터 3년이다.
⑤ 특허법 제59조 제3항, 1월이 아니고 30일이다.

정답 ②

08 다음 중 우선심사의 대상이 아닌 것은?

① 조약에 의한 우선권 주장의 기초가 되는 특허출원으로서 당해 특허출원을 기초로 하는 우선권 주장에 의하여 외국특허청에서 특허에 관한 절차가 진행중인 특허출원
② 특허청장이 외국특허청장과 우선심사하기로 합의한 특허출원
③ 발명진흥법 제11조의2에 따라 직무발명보상 우수기업으로 선정된 기업의 특허출원
④ 교육 또는 연구에 긴요한 특허출원
⑤ 특허출원인이 특허출원된 발명을 실시준비중인 경우에 불과한 특허출원

해 설

① |○| 시행령 제9조 제7호
② |○| 시행령 제9조 제11호
③ |○| 시행령 제9조 제5호의 3(2013. 7. 1. 시행 시행령)
④ |×| 시행령 제9조 각호에 해당하지 않음
⑤ |○| 시행령 제9조 제8호

정 답 ④

09 우선심사에 관한 설명 중 옳지 않은 것은?

① 출원과 동시에 심사청구를 하고 2개월 이내 우선심사신청한 실용신안등록출원은 우선심사대상에 해당한다.
② 특허청이 특허협력조약에 따른 국제조사기관으로서 국제조사를 수행한 국제특허출원은 우선심사대상에 해당한다.
③ 우선심사를 신청하는 자는 우선심사신청서를 특허청장에게 제출하여야 한다.
④ 제3자가 아닌 특허출원인이 특허출원된 발명을 실시하고 있거나 실시준비중인 경우는 출원공개 전이라도 우선심사대상에 해당한다.
⑤ 특허청장은 우선심사신청이 있는 때에는 우선심사여부를 결정하여야 한다.

해 설

① 개정법에서는 본 사유가 삭제되었다(실용신안법 시행령 제5조 제11호 삭제).
② 개정법에서 새로 도입된 제도다(특허법 시행령 제9조 제7호의2).
③ 특허법 시행령 제10조 제1항
④ 출원공개 필요 여부는 특허법 제61조 제1호와 특허법 시행령 제9조 제8호의 차이점이다.
⑤ 우선심사신청을 하면 방식심사를 한 후, 우선심사사유에 해당하는지를 보고, 우선심사사유에 해당하면 특허청장 명의로 우선심사결정을 한 뒤(특허법 시행령 제10조 제2항), 심사관이 우선심사를 진행한다.

정 답 ①

10 우선심사에 관한 설명 중 옳은 것은?

① 외국인이 출원한 발명이 공개된 후 제3자가 그 발명을 실시하고 있는 경우 제3자 실시를 이유로 한 우선심사신청이 가능하다.
② 출원인이 특허출원된 발명을 실시하고 있는 경우는 우선심사신청이 가능하나 실시준비중인 경우는 우선심사신청을 할 수 없다.
③ 환경오염 방지시설에 관한 출원은 특허출원은 우선심사가 가능하나 실용신안등록출원은 우선심사가 불가능하다.
④ 출원과 동시에 심사청구를 하고 그 출원 후 2개월 이내에 우선심사의 신청이 있는 실용신안등록출원은 우선심사대상에 해당한다.
⑤ 외국의 특허출원을 기초로 조약우선권주장을 한 특허출원은 우선심사사유에 해당한다.

해설

① 내국인과 외국인 사이에 차별은 없다. 외국인도 출원공개 후 제3자가 모방하고 있는 경우라면 우선심사신청할 수 있다(심사기준).
② 실시준비중인 경우도 가능하다.
③ 환경오염과 관련된 사유(공해방지)는 특허출원과 실용신안등록출원 모두 우선심사사유에 해당하다(심사기준).
④ 개정법에서 삭제되었다.
⑤ 조약우선권주장의 기초가 된 특허출원인 경우 우선심사가 가능하다.

정답 ①

11 특허거절결정에 대한 특허법 제67조의2(재심사의 청구) 및 특허법 제132조의17(특허거절결정 등에 대한 심판)에 관한 설명으로 옳지 않은 것은? (다툼이 있는 경우에는 판례에 의함)

[2014년 기출]

① 출원인이 특허출원의 특허거절결정에 대해 재심사 청구를 한 경우에 해당 거절결정등본을 송달받은 날부터 3개월 이내에는 분할출원을 할 수 있다.
② 출원인이 특허거절결정에 대해 심판청구서를 제출한 후 재심사 청구의 취지를 기재한 보정서를 제출한 경우, 그 보정서는 반려되고 심판절차가 진행된다.
③ 출원인이 특허거절결정에 대해 보정서의 제출과 함께 재심사 청구를 한 후 거절결정불복심판청구서를 제출한 경우, 재심사 청구에 따라 거절결정은 취소되고 그 보정서에 기초하여 재심사 절차가 진행되는 한편, 심판청구는 부적법한 것으로 심결로써 각하될 수 있다.
④ 특허거절결정의 이유 중에 심사관이 통지하지 않았던 거절이유가 일부 포함되어 있다 하더라도, 특허거절결정에 대한 심판청구를 기각하는 심결이유가 심사관이 통지하지 아니한 거절이유를 들어 특허거절결정을 유지한 경우가 아니라면, 그와 같은 사유만으로는 그 심결을 위법하다고 할 수 없다.
⑤ 출원인은 특허출원에 관하여 거절결정등본을 송달받은 날부터 3개월 이내에, 또는 특허거절결정에 대한 불복심판 청구기간이 연장된 경우에는 그 연장된 기간내에 그 특허출원에 대하여 재심사를 청구할 수 있으며, 해당 특허출원에 대해 2회 이상의 재심사를 청구할 수 있는 경우도 있다.

해 설

① |×| 심사기준
심사기준에서는 거절결정불복심판이 청구된 경우는 거절결정서를 받은 날부터 3개월이 남았을 때 분할출원이 가능하나, 재심사가 청구된 경우는 거절결정서를 받은 날부터 3개월이 남았어도 재심사 청구 후에는 분할출원이 불가하다고 지침한다.

② |○| 심사기준
거절결정불복심판이 청구된 출원에 대해서는 재심사를 청구할 수 없다. 재심사청구와 거절결정불복심판이 같이 청구된 때에는 다음과 같이 취급한다.
  ⅰ) 심판청구서를 제출한 후 재심사청구 취지를 기재한 보정서를 제출한 경우 법 제67조의2의 단서에서 거절결정불복심판이 청구된 경우에는 재심사를 청구할 수 없다고 규정하고 있는 바, 시행규칙 제11조 제1항 제19호를 이유로 소명 기회를 부여하고 보정서를 반려한다. 이때 보정서를 반려 받은 출원인은 법 제67조의2 제1항의 기간이 경과하지 않았다면 심판청구를 취하하고 보정하면서 재심사를 다시 청구할 수 있다.
  ⅱ) 재심사청구 취지를 기재한 보정서를 제출한 후 심판청구서를 제출한 경우 보정서 제출에 따른 보정 및 재심사청구 절차는 적법하므로 거절결정이 취소된 것으로 보고 재심사절차를 진행한다.
  ⅲ) 심판청구서와 재심사청구 취지를 기재한 보정서가 동일자로 제출된 경우 심판청구서와 보정서의 제출 시점을 확정할 수 없는바, 출원인의 선택을 유도하기 위해 보정서가 늦게 제출된 것으로 보고 보정서에 대하여 반려이유를 즉시 통지한다. 반려이유통지서에서는 출원인이 거절결정불복심판이나 재심사 중 어느 하나를 선택할 수 있음을 상세히 설명하여야 한다. 출

원인이 심판청구를 취하하는 경우에는 재심사청구가 유효한 것으로 보고 재심사절차를 진행하고, 반려 요청하는 경우에는 보정서를 즉시 반려한다.

iv) 심판청구서와 재심사청구 취지가 기재되지 않은 보정서를 동일자에 제출한 경우 보정서에 재심사청구의 취지가 기재되지 않은바, 보정서는 보정이 가능한 기간 내에 제출된 것으로 볼 수 없으므로 이 법 또는 이 법에 의한 명령이 정하는 기간 이내에 제출되지 아니한 서류로 취급하여 소명 기회를 부여한 후 반려한다.

④ |이| 대판 2007후3820
⑤ |이| 심사기준
거절결정에 대한 불복심판청구가 인용되어 거절결정이 취소되고 다시 심사를 한 결과 새로운 거절이유에 의해 거절결정이 이루어진 경우 다시 재심사청구를 할 수 있다.

정답 ①

12 재심사 청구에 관한 설명 중 틀린 것은?

① 재심사청구 시의 보정에 의해서도 이전에 지적한 거절이유가 해소되지 않은 경우 그 보정에 따라 새로운 거절이유가 발생한 것은 아니므로 보정은 인정하고 거절결정한다.

② 재심사가 청구된 경우 거절결정은 취소된 것으로 보므로 거절결정등본을 송달받은 날부터 3개월 이내에 할 수 있는 행위 즉, 거절결정에 대한 불복심판청구 및 분할출원은 할 수 없다. 다만, 분할출원은 재심사청구와 동시에 하거나 재심사 과정에서 거절이유통지에 따른 의견서 제출기간에 하는 것은 가능하다.

③ 특허법 제67조의2제4항에서 재심사 청구는 취하할 수 없도록 규정하고 있다. 이는 재심사 청구가 있는 경우 거절결정은 취소된 것으로 간주되므로 재심사청구의 취하에 따라 절차상 혼란이 발생할 수 있기 때문이다. 재심사청구에 대한 취하서가 제출되는 경우 서류의 종류가 불명확한 것으로 보아 소명 기회를 부여한 후 반려한다.

④ 특허법 제67조의2제3항에서 재심사청구가 있는 경우 종전에 이루어진 특허결정 또는 거절결정은 취소된 것으로 보도록 규정하고 있다. 따라서 동일자로 재심사청구의 취지가 기재된 보정서가 복수 회 제출된 경우, 제2회째부터의 보정서는 보정이 가능한 기간 내에 제출된 보정서로 볼 수 없다. 심사관은 이와 같은 경우 2회째부터의 보정서들에 대하여 이 법 또는 이 법에 의한 명령이 정하는 기간 이내에 제출되지 아니한 서류로 보아 소명 기회를 부여한 후 반려한다.

⑤ 재심사를 청구할 수 있는 출원은 무효, 취하 또는 포기되지 않은 출원으로서 거절결정(재심사에 따른 거절결정은 제외된다)이 있어야 하고, 거절결정불복심판 청구가 없어야 하며, 명세서 또는 도면을 보정하여 재심사청구의 의사표시를 하여야 한다. 여기서 보정은 실질적 내용의 보정을 의미하므로, 형식적인 보정만 이루어진 경우에는 재심사청구의 의사표시가 있는 것으로 보지 아니한다.

해 설

①, ②, ③, ④ |○| 심사기준의 내용으로 모두 옳은 설명이다.
⑤ |×| 심사기준
　재심사를 청구할 수 있는 출원은 무효, 취하 또는 포기되지 않은 출원으로서 거절결정(재심사에 따른 거절결정은 제외된다)이 있어야 하고, 거절결정불복심판 청구가 없어야 하며, 명세서 또는 도면을 보정하여 재심사청구의 의사표시를 하여야 한다. 여기서 보정은 형식적 보정을 의미하므로 실질적 내용을 보정하지 않은 경우에도 재심사청구의 의사표시가 있던 것으로 본다.

정 답 ⑤

13 특허출원의 심사에 관한 설명으로 옳은 것은? [2018년 기출]

① 특허출원 공개 후 특허법 제132조의13(특허취소신청에 대한 결정)제1항에 따른 특허취소결정이 확정된 경우에는 그 특허취소결정이 확정된 때부터 보상금청구권의 효력은 발생하지 않는다.
② 심사관은 명세서 등에 적힌 사항이 명백히 잘못된 경우에 직권보정할 수 있으며, 특허출원인은 직권보정 사항의 전부 또는 일부를 받아들일 수 없으면 그 직권보정사항에 대한 의견서를 심사관에게 제출해야 한다.
③ 특허거절결정등본을 송달받은 특허출원인은 해당 특허출원에 관한 재심사를 청구할 수 있으며, 재심사의 청구는 청구일로부터 30일 이내에 취하할 수 있다.
④ 심사관은 특허결정된 특허출원에 관하여 명백한 거절이유를 발견한 경우에는 직권으로 특허결정을 취소하고, 그 특허출원을 직권 재심사할 수 있지만, 그 특허출원이 취하되거나 포기된 경우에는 할 수 없다.
⑤ 특허출원인이 정당한 사유로 특허법 제67조의2(재심사의 청구)제1항에 따라 재심사의 청구를 할 수 있는 기간을 지키지 못하여 특허거절결정이 확정된 것으로 인정되는 경우에는 그 사유가 소멸한 날부터 1개월 이내에 재심사를 청구하여야 한다.

해 설

① 확정된 특허취소결정은 소급효가 있어 처음부터 보상금청구권이 발생하지 아니한 것으로 된다(특허법 제65조 제6항 제3호).
② 심사절차에서 서류 제출처는 특허청장이다(특허법 제66조의2 제3항). 의견서는 심사관이 아닌 특허청장에게 제출한다.
③ 심사청구와 재심사청구는 취하할 수 없다(특허법 제67조의2 제4항).
④ 출원이 취하되거나 포기되면 출원절차가 종결되었으므로 직권재심사를 진행하지 않는다(특허법 제66조의3 제1항 제3호).
⑤ 1개월이 아니라 추후보완은 정당한 사유가 소멸한 날부터 2개월 이내에 할 수 있다(특허법 제67조의3 제1항 제2호).

정 답 ④

14 특허출원의 심사에 관한 설명으로 옳은 것은?

① 심사관은 요약서에 적힌 사항이 명백히 잘못된 경우에 직권보정할 수 있으며, 특허출원인은 직권보정 사항의 전부 또는 일부를 받아들일 수 없으면 그 직권보정사항에 대한 의견서를 심사관에게 제출하면 된다.
② 특허거절결정등본을 송달받은 특허출원인은 해당 특허출원에 관한 재심사를 청구할 수 있으며, 재심사의 청구는 취하도 가능하다.
③ 심사관은 특허결정된 특허출원에 관하여 명백한 거절이유를 발견한 경우에는 직권으로 특허결정을 취소하고, 그 특허출원을 직권 재심사할 수 있다.
④ 보정에 따라 발생한 거절이유는 최후로 거절이유를 통지한다.
⑤ 심사관은 특허법 제51조(보정각하)제1항에 따라 각하결정을 하려는 경우 특허출원인에게 보정각하사유를 통지하고 기간을 정하여 의견서를 제출할 기회를 주어야 한다.

해설

① 나머지 내용은 다 맞으나, 의견서 제출처는 심사관이 아닌 특허청장이다(특허법 제66조의2 제3항).
② 심사청구와 재심사 청구는 취하가 불가하다(특허법 제67조의2 제4항).
③ 특허법 제66조의3
④ 자진보정에 따라 발생한 거절이유는 최초로 통지한다. 또한 직권재심사할 때도 특허결정 취소 통지 전의 거절이유통지에 대한 보정에 따라 발생한 거절이유에 대해서 최초로 통지한다(특허법 제47조 제1항 제2호).
⑤ 보정각하결정에 대해서는 사전에 사유를 통지하지 않는다(특허법 제63조 제1항 단서).

정답 ③

15 재심사청구에 관한 설명 중 옳지 않은 것은?

① 재심사 후 다시 거절결정된 출원에 대하여 취소환송되어 다시 거절결정된 출원에 대하여는 재심사 청구할 수 없다.
② 거절결정불복심판청구서를 제출한 후 재심사청구 취지를 기재한 보정서를 제출한 경우 소명기회를 부여하고 보정서를 반려한다.
③ 재심사청구시의 보정에 의해서도 이전에 지적한 거절이유가 해소되지 않은 경우 그 보정에 따라 새로운 거절이유가 발생한 것은 아니므로 보정은 인정하고 거절결정한다.
④ 동일자로 재심사청구의 취지가 기재된 보정서가 복수회 제출된 경우 제2회째부터의 보정서는 보정이 가능한 기간 내에 제출된 보정서로 볼 수 없다.
⑤ 재심사청구한 경우 그 청구 전에 한 보정은 각하할 수 없다.

해 설

① 기존 거절결정이유가 거절결정불복심판에서 극복되어 다시 심사가 시작되었을 때 새로운 사유로 거절이유통지된 후 거절결정된 출원에 대해서는 다시 재심사청구 가능하다(심사기준).
② 심사기준
③ 심사기준
④ 심사기준
⑤ 특허법 제51조 제1항 제3호

정답 ①

CHAPTER 02 심사의 진행

01 심사관의 심사에 관한 설명 중 옳지 않은 것은?

① 심사관의 배우자가 출원인인 경우 심사관은 그 특허출원의 심사에서 제척된다.
② 심사관은 필요한 경우 기간을 정하여 우선권주장의 기초가 되는 출원을 한 국가의 심사결과에 대한 자료를 제출할 것을 출원인에게 명할 수 있다.
③ 심사관은 특허법 제51조 제1항에 따라 보정각하결정을 하려는 경우에는 출원인에게 이유를 통지하고 기간을 정하여 의견서를 제출할 수 있는 기회를 주어야 한다.
④ 심사관은 직권보정을 한 경우 직권보정 전에 한 보정을 각하할 수 없다.
⑤ 심사관은 보정각하결정, 거절결정 또는 특허결정을 하는 경우 서면으로 하여야 하며 그 이유를 붙여야 한다.

해설

① 특허법 제68조
② 특허법 제63조의3
③ 보정각하결정만 의견제출기회를 부여하지 않고 바로 처분한다(특허법 제63조 제1항 단서).
④ 특허법 제51조 제1항 제1호.
⑤ 특허법 제67조 제1항, 제51조 제2항

정답 ③

02 심사관에 의한 심사에 관하여 옳지 않은 것은?

① 심사관은 통지하지 아니한 거절이유로는 거절결정을 할 수 없다.
② 심사관은 우선권 주장을 수반한 특허출원의 심사에 필요한 경우 기간을 정하여 그 우선권 주장의 기초가 되는 출원을 한 국가의 심사결과에 대한 자료를 제출할 것을 명할 수 있다.
③ 거절이유통지에 대한 보정에 따라 발생한 거절이유라 하더라도 특허법 제47조 제1항 제2호에 따른 최후로 거절이유를 통지하지 않는 경우가 있다.
④ 심사관이 특허결정을 취소하고 그 사실을 출원인에게 통지했다면, 출원인이 그 사실을 통지받기 전에 그 특허출원이 설정등록되었다 하더라도 직권재심사가 진행된다.
⑤ 거절결정불복심판에서 거절결정이 취소되어 심사국으로 환송된 경우, 취소의 기본이 된 이유는 그 사건에 대하여 심사관을 기속한다.

해설

① 특허법 제63조
② 특허법 제63조의3

CHAPTER 2. 심사의 진행 **429**

③ 특허결정취소하면서 직권재심사할 때는 거절이유를 통지하게 되는데, 거절이유통지에 대한 보정에 따라 발생한 거절이유라 할지라도 일반(최초)으로 통지한다(특허법 제47조 제1항 제2호 괄호).
④ 특허법 제66조의3 제3항
⑤ 특허법 제176조 제3항

정답 ④

03 특허출원에 대한 거절이유통지 및 보정에 관한 설명으로 옳은 것은? [2017년 기출]

① 심사관은 특허법 제51조(보정각하)제1항에 따라 각하결정을 하려는 경우에, 특허출원인에게 거절이유를 통지하고 기간을 정하여 의견서를 제출할 기회를 주어야 한다.
② 외국어특허출원인 경우에는 국어번역문 제출 전이라도 특허출원서에 최초로 첨부한 명세서 또는 도면에 기재된 사항의 범위에서 보정할 수 있다.
③ 심사관의 거절이유통지에 대한 보정에 따라 발생한 거절이유에 대하여 거절이유를 통지받은 경우에는, 청구항을 한정 또는 삭제하거나 청구항에 부가하여 청구범위를 감축하는 경우, 잘못 기재된 사항을 정정하는 경우, 분명하지 아니한 사항을 명확히 하는 경우에 보정할 수 있다.
④ 거절이유통지를 받은 후 그 통지에 따른 의견서 제출기한 내에 2회 이상 보정을 하는 경우, 그 보정 내용은 순차적으로 명세서에 반영된다.
⑤ 심사관은 특허결정을 할 때에 특허출원서에 첨부된 명세서, 도면 또는 요약서 상에 명백히 잘못 기재된 내용이 있으면 직권으로 보정할 수 있으며, 특허결정서 송달 시에 그 직권보정 사항을 출원인과 발명자에게 알려야 한다.

해설

① 보정각하결정은 의견서 제출기회를 부여하지 않고 가능하다(특허법 제63조 제1항 단서).
② 외국어특허출원은 국어번역문 제출 이후에만 명세서 또는 도면의 보정이 가능하다(특허법 제47조 제5항).
③ 특허법 제47조 제3항.
④ 의견제출기한 내에 복수의 보정을 한 경우 마지막 보정만 효력이 인정된다(특허법 제47조 제4항). 특허법 제47조 제1항 본문에 따른 자진보정기간에 2회 이상의 보정을 한 경우나 그 보정 내용이 순차적으로 명세서에 반영된다.
⑤ 직권보정사항을 발명자에게 알릴 필요는 없다(특허법 제66조의2 제2항).

정답 ③

04 거절이유통지에 관한 설명으로 옳지 않은 것은? (다툼이 있으면 판례에 따름) [2020년 기출]

① 심사관은 특허법 제62조(특허거절결정)에 따라 특허거절결정을 하고자 할 때에는 출원인에게 통지하고 기간을 정하여 의견서를 제출할 기회를 주어야 하지만, 보정각하결정을 하려는 경우에는 그러하지 아니하다.
② 거절결정에 대한 심판청구를 기각하는 심결이유가 적어도 그 주지에 있어서 거절이유통지서의 기재이유와 부합하여야 하고, 거절결정에 대한 심판에서 그 거절결정의 이유와 다른 거절이유를 발견한 경우에는 특허출원인에게 새로운 거절이유에 대한 의견서 제출의 기회를 주어야 한다.
③ 거절이유통지를 받은 후 그 통지에 따른 의견서 또는 보정서 제출기한 내에 2회 이상 보정을 하는 경우, 각각의 보정절차에서 마지막 보정 전에 한 모든 보정은 취하된 것으로 본다.
④ 거절이유통지에서 지정된 기간이 경과하여 보정서와 의견서가 제출되더라도 등록 또는 거절결정 전에는 모두 수리하여야 한다.
⑤ 심사관은 청구범위에 둘 이상의 청구항이 있는 특허출원에 대하여 거절이유를 통지할 때에는 그 통지서에 거절되는 청구항을 명확히 밝히고, 그 청구항에 관한 거절이유를 구체적으로 적어야 한다.

해설

① 반려, 절차무효, 거절결정 등 불리한 처분을 받기 전에는 반드시 예고통지를 해줘야 하지만 유일하게 보정각하결정시에는 예고통지 없이 곧바로 처분이 가능하다(특허법 제63조 제1항).
② 통지하지 아니한 새로운 거절이유로 거절결정, 거절결정불복심판 기각심결, 심결취소소송 기각판결을 할 수는 없다. 참고판례를 아래에 소개한다.
"특허출원의 거절결정과 거절이유통지 등에 관하여 규정하고 있는 특허법 제62조, 제63조 및 제170조 제2항에 의하면, 거절결정에 대한 심판에서 그 거절결정의 이유와 다른 거절이유를 발견한 경우에는 거절이유의 통지를 하여 특허출원인에게 새로운 거절이유에 대한 의견서 제출의 기회를 주어야 하지만, 거절결정에 대한 심판청구를 기각하는 심결 이유가 그 주된 취지에서 거절결정의 이유와 부합하는 경우에는 거절결정의 이유와 다른 별개의 새로운 이유로 심결을 한 것으로 볼 수 없으므로, 이러한 경우에까지 특허출원인에게 새로이 거절이유를 통지하여 그에 대한 의견서 제출의 기회를 주어야 하는 것은 아니다(대법원 2007. 7. 26. 선고 2006후1766 판결)."
③ 자진보정기간 혹은 재심사청구시와 달리, 최초 거절이유통지 혹은 최후 거절이유통지에 따른 지정기간에 2회 이상의 보정 절차를 밟은 경우는 가장 마지막 보정 전 보정절차는 처음부터 없었던 것으로 본다(특허법 제47조 제4항).
④ 의견서는 실무상 거절이유통지에서의 지정기간이 경과했어도 수리한다. 그러나 보정서는 거절이유통지에서의 지정기간을 경과하여 제출하면 특허법 제47조 제1항에 따른 보정기간 경과 후 밟은 보정절차로 보아 반려이유통지 후 반려한다(시행규칙 제11조 제1항 제7호).
⑤ 특허법 제63조 제2항.

정답 ④

05 심사관에 의한 심사에 관하여 옳지 않은 것은?

① 심사관은 조약우선권 주장을 수반한 특허출원의 심사에 필요한 경우는 기간을 정하여 그 우선권 주장의 기초가 되는 출원을 한 국가의 심사결과에 대한 자료를 제출할 것을 출원인에게 명할 수 있다.
② 심사관은 청구범위에 둘 이상의 청구항이 있는 특허출원에 대하여 거절이유를 통지할 때는 통지서에 거절되는 청구항을 명확히 밝혀야 한다.
③ 심사관은 거절이유통지에 대한 보정에 따라 발생한 거절이유라 하더라도 특허법 제47조 제1항 제2호에 따른 최후로 거절이유를 통지하지 않는 경우가 있다.
④ 심사관이 특허결정을 취소하고 그 사실을 출원인에게 통지했다면, 출원인이 그 사실을 통지받기 전에 그 특허출원이 설정등록되었다 하더라도 직권재심사가 진행된다.
⑤ 심사관은 직권보정으로써 거절이유를 극복해줄 수도 있다.

해 설

① 특허법 제63조의3.
② 특허법 제63조 제2항.
③ 특허결정취소하면서 직권재심사할 때는 거절이유를 통지하게 되는데, 거절이유통지에 대한 보정에 따라 발생한 거절이유라 할지라도 일반(최초)으로 통지한다(특허법 제47조 제1항 제2호 괄호).
④ 특허법 제66조의3 제3항
⑤ 특허법 제66조의2 제4항, 거절이유의 극복을 위한 직권보정도 있을 수 있어서, 직권보정이 처음부터 없었던 것으로 되면, 특허결정이 취소된다.

정 답 ④

06 다음 설명 중 옳은 것은? (다툼이 있는 경우 판례에 의함)

① 특허출원에 대한 심사 단계에서 거절결정을 하려면 그에 앞서 출원인에게 거절이유를 통지하여 의견제출의 기회를 주어야 하고, 거절결정에 대한 특허심판원의 심판절차에서 그와 다른 사유로 거절결정이 정당하다고 하려면 먼저 그 사유에 대해 의견제출의 기회를 주어야만 이를 심결의 이유로 할 수 있으나, 위와 같은 절차적 권리를 보장하는 특허법의 규정이 강행규정은 아니다.
② 거절결정불복심판청구 기각 심결의 취소소송절차에서 특허청장이 비로소 주장하는 사유라고 하더라도 심사 또는 심판 단계에서 의견제출의 기회를 부여한 거절이유와 주요한 취지가 부합하여 이미 통지된 거절이유를 보충하는 데 지나지 아니하는 것이라도 이를 심결의 당부를 판단하는 근거로 할 수 없다.
③ 이미 통지된 거절이유가 비교대상발명에 의하여 출원발명의 진보성이 부정된다는 취지인 경우에, 위 비교대상발명을 보충하여 특허출원 당시 그 기술분야에 널리 알려진 주지관용기

술의 존재를 증명하기 위한 자료는 새로운 공지기술에 관한 것에 해당하므로, 심결취소소송의 법원이 이를 진보성을 부정하는 판단의 근거로 채택하였다면 이미 통지된 거절이유와 주요한 취지가 부합하지 아니하는 새로운 거절이유를 판결의 기초로 삼은 것이라고 할 수 있다.

④ 특허법 제163조가 정한 일사부재리 원칙의 취지에 비추어 보면, 전에 확정된 심결의 증거를 그 증거의 선행기술을 확정된 심결의 결론을 번복할 만한 유력한 증거의 선행기술에 추가적, 보충적으로 결합하여 판단하는 경우 등과 같이 후행 심판청구에 대한 판단 내용이 확정된 심결의 기본이 된 이유와 실질적으로 저촉된다고 할 수 없는 경우에는, 일사부재리 원칙에 반한다고 할 수 없으나, 전에 확정된 심결의 증거를 그 심결에서 판단하지 않았던 사항에 관한 증거로 들어 판단하는 정도이면 일사부재리 원칙에 반한다고 할 수 있다.

⑤ 여러 선행기술문헌을 인용하여 특허발명의 진보성을 판단함에 있어서는 그 인용되는 기술을 조합 또는 결합하면 당해 특허발명에 이를 수 있다는 암시, 동기 등이 선행기술문헌에 제시되어 있거나 그렇지 않더라도 당해 특허발명의 출원 당시의 기술수준, 기술상식, 해당 기술분야의 기본적 과제, 발전경향, 해당 업계의 요구 등에 비추어 보아 통상의 기술자가 용이하게 그와 같은 결합에 이를 수 있다고 인정할 수 있는 경우에는 당해 특허발명의 진보성은 부정된다.

해 설

① |×| ② |×| ③ |×|

대법원 2013. 9. 26. 선고 2013후1054 판결

특허출원에 대한 심사 단계에서 거절결정을 하려면 그에 앞서 출원인에게 거절이유를 통지하여 의견제출의 기회를 주어야 하고, 거절결정에 대한 특허심판원의 심판절차에서 그와 다른 사유로 거절결정이 정당하다고 하려면 먼저 그 사유에 대해 의견제출의 기회를 주어야만 이를 심결의 이유로 할 수 있다(특허법 제62조, 제63조, 제170조 참조).

위와 같은 절차적 권리를 보장하는 특허법의 규정은 강행규정이므로 의견제출의 기회를 부여한 바 없는 새로운 거절이유를 들어서 거절결정이 결과에 있어 정당하다는 이유로 거절결정불복심판청구를 기각한 심결은 위법하다.

같은 취지에서 거절결정불복심판청구 기각 심결의 취소소송절차에서도 특허청장은 심사 또는 심판 단계에서 의견제출의 기회를 부여한 바 없는 새로운 거절이유를 주장할 수 없다고 보아야 한다. 다만 거절결정불복심판청구 기각 심결의 취소소송절차에서 특허청장이 비로소 주장하는 사유라고 하더라도 심사 또는 심판 단계에서 의견제출의 기회를 부여한 거절이유와 주요한 취지가 부합하여 이미 통지된 거절이유를 보충하는 데 지나지 아니하는 것이면 이를 심결의 당부를 판단하는 근거로 할 수 있다 할 것이다(대법원 2003. 2. 26. 선고 2001후1617 판결, 대법원 2003. 10. 10. 선고 2001후2757 판결 등 참조).

특히 이미 통지된 거절이유가 비교대상발명에 의하여 출원발명의 진보성이 부정된다는 취지인 경우에, 위 비교대상발명을 보충하여 특허출원 당시 그 기술분야에 널리 알려진 주지관용기술의 존재를 증명하기 위한 자료는 새로운 공지기술에 관한 것에 해당하지 아니하므로, 심결취소소송의 법원이 이를 진보성을 부정하는 판단의 근거로 채택하였다고 하더라도 이미 통지된 거절이유와 주요한 취지가 부합하지 아니하는 새로운 거절이유를 판결의 기초로 삼은 것이라고 할 수 없다(대법원2013. 2. 15. 선고 2012후1439 판결 등 참조).

④ |×| 대법원 2013. 9. 13. 선고 2012후1057 판결
　(1) 일사부재리의 원칙을 정한 구 특허법(2001. 2. 3. 법률 제6411호로 개정되기 전의 것) 제163조는 "심판의 심결이 확정 등록되거나 판결이 확정된 때에는 누구든지 동일사실 및 동일증거에 의하여 그 심판을 청구할 수 없다."고 하여 일사부재리의 원칙을 규정하고 있으나, 확정된 심결의 결론을 번복할 만한 유력한 증거가 새로이 제출된 경우에는 위와 같은 일사부재리의 원칙에 저촉되지 아니한다.
　(2) 동일사실에 의한 동일한 심판청구에 대하여 전에 확정된 심결의 증거에 대한 해석을 다르게 하는 등으로 그 심결의 기본이 된 이유와 실질적으로 저촉되는 판단을 하는 것은 구 특허법(2001. 2. 3. 법률 제6411호로 개정되기 전의 것) 제163조가 정한 일사부재리 원칙의 취지에 비추어 허용되지 않으나, 전에 확정된 심결의 증거를 그 심결에서 판단하지 않았던 사항에 관한 증거로 들어 판단하거나 그 증거의 선행기술을 확정된 심결의 결론을 번복할 만한 유력한 증거의 선행기술에 추가적, 보충적으로 결합하여 판단하는 경우 등과 같이 후행 심판청구에 대한 판단 내용이 확정된 심결의 기본이 된 이유와 실질적으로 저촉된다고 할 수 없는 경우에는, 확정된 심결과 그 결론이 결과적으로 달라졌다고 하더라도 일사부재리 원칙에 반한다고 할 수 없다.
⑤ |○| 대법원 2013. 7. 25. 선고 2011후1814 판결

정 답 ⑤

07 심사관에 의한 심사에 대한 설명 중 옳지 않은 것은? (다툼이 있는 경우에는 판례에 의함)

① 거절이유통지서가 추상적이거나 개괄적으로 기재되어 있으면 그 출원이 속하는 기술분야에서 통상의 지식을 가진 자가 전체적으로 그 취지를 이해할 수 있을 정도로 기재되어 있다 하더라도, 거절이유를 통지한 것으로 인정할 수 없다.
② 특허거절결정의 이유 중에 심사관이 통지하지 아니한 거절이유가 일부 포함되어 있다 하더라도, 특허거절결정에 대한 심판청구를 기각하는 심결이유가 심사관이 통지하지 아니한 거절이유만을 들어 특허거절결정을 유지하는 경우가 아니라면, 그와 같은 사유만으로 심결을 위법하다고는 할 수 없다.
③ 우선권주장의 불인정으로 인하여 거절이유가 생긴 경우에는 거절이유통지에 우선권주장 불인정에 관한 이유가 포함되어 있어야 하고, 우선권주장 불인정에 관한 이유가 포함되어 있었는지 여부는 출원인에게 실질적으로 의견서 제출 및 보정의 기회를 부여하였다고 볼 수 있을 정도인지의 관점에서 판단한다.
④ 거절결정이유가 통지한 거절이유와 주요한 취지가 부합하면 일부의 문구나 표현이 다르다 하더라도 문제되지 않는다.
⑤ 이미 통지된 거절이유가 비교대상발명에 의하여 출원발명의 진보성이 부정된다는 취지인 경우, 위 비교대상발명을 보충하여 그 기술적 의의를 밝히는 특허출원 당시의 기술상식이나 주지관용기술의 존재를 증명하기 위한 자료를 추가하더라도 이는 통지된 거절이유와 주요한 취지가 부합하지 아니하는 새로운 거절이유에 해당하지 않는다.

> 해설

① 심사관이 출원을 거절하고자 할 때에는 그 거절이유를 상세히 기재한 문서로 이를 출원인에게 통지하여야 한다고 규정하고 있는데, 이는 출원에 대하여 등록을 허용할 것인가에 대한 판단에는 고도의 전문지식을 요하고, 심사관이라 하여 그와 같은 지식을 두루 갖출 수는 없으므로 이로 인한 과오를 예방하고, 또 출원인에게 설명하여 선원주의제도에서 야기되기 쉬운 과오를 보정할 기회도 주지 않고 곧바로 거절결정함은 출원인에게 지나치게 가혹하다는데 있으므로, 그 거절이유통지서가 어느 정도 추상적이거나 개괄적으로 기재되어 있다고 하더라도 그 출원이 속하는 기술분야에서 통상의 지식을 가진 자가 전체적으로 그 취지를 이해할 수 있을 정도로 기재하면 충분하다(96후1217).

② 특허거절결정의 이유 중에 심사관이 통지하지 아니한 거절이유가 일부 포함되어 있다 하더라도, 특허거절결정에 대한 심판청구를 기각하는 심결이유가 심사관이 통지하지 아니한 거절이유를 들어 특허거절결정을 유지하는 경우가 아니라면, 그와 같은 사유만으로 심결을 위법하다고는 할 수 없다(2007후3820).

③ 출원발명에 대하여 우선권주장의 불인정으로 인하여 거절이유가 생긴 경우에는 우선권주장의 불인정은 거절이유의 일부를 구성하는 것이므로, 우선권주장이 인정되지 아니한다는 취지 및 그 이유가 포함된 거절이유를 통지하지 않은 채 우선권주장의 불인정으로 인하여 생긴 거절이유를 들어 특허거절결정을 하는 것은 위 법 제63조 본문에 위반되어 위법하다. 그리고 거절이유 통지에 위와 같은 우선권주장 불인정에 관한 이유가 포함되어 있었는지 여부는 출원인에게 실질적으로 의견서 제출 및 보정의 기회를 부여하였다고 볼 수 있을 정도로 그 취지와 이유가 명시되었는지의 관점에서 판단되어야 한다(2009후2371).

④ 출원인에게 의견제출의 기회를 주기 위해서는 종전의 특허거절결정의 이유와 그 주된 취지가 전혀 다른 새로운 거절이유가 발생하였을 것이 필요하고, 위 주된 취지의 이동(異同)을 판단함에 있어서는 일부의 문구나 표현에 구애될 것이 아니라 특허거절결정과 원결정 유지결정 전체의 취지를 종합적, 합리적으로 파악하여 출원인이 예측하지 못한 거절사유로 인하여 실질적인 불이익을 입게 되는지 여부를 따져 보아야 한다(2004허6767).

⑤ 이미 통지된 거절이유가 비교대상발명에 의하여 출원발명의 진보성이 부정된다는 취지인 경우에, 위 비교대상발명을 보충하여 그 기술적 의의를 밝히는 특허출원 당시의 기술상식이나 주지관용기술의 존재를 증명하기 위한 자료는 새로운 공지기술에 관한 것에 해당하지 아니하므로, 심결취소소송의 법원이 이를 진보성을 부정하는 판단의 근거로 채택하였다고 하더라도 이미 통지된 거절이유와 주요한 취지가 부합하지 아니하는 새로운 거절이유를 판결의 기초로 삼은 것이라고 할 수 없다(2013후1054).

> 정답 ①

08 심사관의 심사에 관한 설명 중 옳지 않은 것은? (다툼이 있는 경우에는 판례에 따름)

① 의견제출의 기회를 부여한 거절이유와 주요한 취지가 부합하여 이미 통지된 거절이유를 보충하는 데 지나지 아니하는 것이면 이를 거절결정의 당부를 판단하는 근거로 할 수 있다.
② 통지한 거절이유에 기재된 주선행발명을 다른 선행발명으로 변경하는 경우에는 출원인에게 이에 대해 실질적으로 의견제출의 기회가 주어졌다고 볼 수 있는 등의 특별한 사정이 없는 한 이미 통지된 거절이유와 주요한 취지가 부합하지 아니하는 새로운 거절이유에 해당한다.
③ 통지한 거절이유와 다른 별개의 새로운 이유로 거절결정을 한 것이 아니고, 통지한 거절이유에서의 거절이유와 실질적으로 동일한 사유로 거절결정을 하는 경우에는 출원인에게 그 거절이유를 통지하여 그에 대한 의견서 제출의 기회를 주어야 하는 것은 아니다.
④ 거절이유통지시 인용된 바 없던 공지기술이라면 그것이 거절이유통지시 인용된 비교대상발명을 보충하여 그 기술적 의의를 밝히는 특허출원 당시의 기술상식이나 주지관용기술의 존재를 증명하기 위한 자료라 하더라도 이를 거절결정 판단의 근거로 채택할 수 없다.
⑤ 거절이유통지서가 어느 정도 추상적이거나 개괄적으로 기재되어 있다고 하더라도 그 출원이 속하는 기술분야에서 통상의 지식을 가진 자가 전체적으로 그 취지를 이해할 수 있을 정도로 기재되어 있다면 충분하다.

해 설

①, ② 2015후2341.
③ 2001후2702.
④ 이미 통지한 비교대상발명을 보충하는데 불과한 것은 새로운 공지기술이 아니므로 채택 가능하다(2013후1054).
⑤ 96후1217.

정 답 ④

09 다음 설명 중 틀린 것은? (다툼이 있는 경우 판례에 의함)

① 특허법 제51조 제1항이 보정에 따라 새로운 거절이유가 발생한 것으로 인정되면 보정을 각하하도록 하면서 '청구항을 삭제하는 보정'의 경우를 대상에서 제외하고 있는 취지에 비추어 볼 때, 단순히 '청구항을 삭제하는 보정을 하면서 삭제된 청구항을 인용하던 종속항에서 인용번호를 그대로 둠으로써 특허법 제42조 제3항, 제4항에서 정한 명세서 기재요건을 충족하지 않은 기재불비가 발생한 경우'뿐만 아니라, '청구항을 삭제하는 보정을 하면서 삭제한 청구항을 직·간접적으로 인용하던 종속항에서 인용번호를 잘못 변경함으로써 위와 같은 기재불비가 발생한 경우'에도, 이에 대해 거절이유를 통지하여 보정의 기회를 다시 부여하더라도 또 다른 보정의 반복에 의하여 심사관의 새로운 심사에 따른 업무량 가중 및 심사절차의 지연의 문제가 생길 염려가 없음은 마찬가지이므로, 이들 경우 모두가 위 규정에서 말하는 '청구항을 삭제하는 보정에 따라 새로운 거절이유가 발생한 경우'에 포함된다.

② 특허법 제51조 제1항에 의하면, 심사관은 재심사청구시 보정에 따라 새로운 거절이유가 발생한 것으로 인정하면 결정으로 보정을 각하하여야 한다. 위 규정에서 "새로운 거절이유가 발생한 것"이란 해당 보정으로 인하여 이전에 없던 거절이유가 새롭게 발생한 경우를 의미하는 것으로서, 이러한 경우에 보정을 각하하도록 한 취지는 이미 거절이유가 출원인에게 통지되어 그에 대한 의견제출 및 보정의 기회가 충분히 부여되었음에도 보정으로 인하여 거절이유가 새롭게 발생하여 그에 대한 거절이유통지와 또 다른 보정이 반복되는 것을 배제함으로써 심사절차의 신속한 진행을 도모하는 데에 있다.

③ 심사관이 "발명이 명확하고 간결하게 기재되지 아니하여 특허법 제42조 제4항 제2호의 명세서 기재요건을 구비하지 못한 기재불비가 있다"는 거절이유를 통지함에 따라 이를 해소하기 위한 보정이 이루어졌는데, 보정 이후 발명에 대한 심사 결과 신규성이나 진보성 부정의 거절이유가 발견된다고 하더라도, 그러한 거절이유는 보정으로 청구항이 신설되거나 실질적으로 신설에 준하는 정도로 변경됨에 따라 비로소 발생한 경우와 같은 특별한 사정이 없는 한 보정으로 새롭게 발생한 것이라고 할 수 없으므로, 심사관으로서는 보정에 대한 각하결정을 하여서는 아니 되고, 위와 같은 신규성이나 진보성 부정의 거절이유를 출원인에게 통지하여 의견제출 및 보정의 기회를 부여하여야 한다.

④ 특허거절결정에 대한 불복심판청구를 기각한 심결의 취소소송에서 법원은 특허거절결정을 유지한 심결의 위법성 여부를 판단하는 것일 뿐 특허출원에 대하여 직접 특허결정 또는 특허거절결정을 하는 것은 아니다.

⑤ 심사관이 특허출원의 보정에 대한 각하결정을 한 후 "보정 전의 특허출원"에 대하여 거절결정하였고, 그에 대한 불복심판 절차에서 위 보정각하결정 및 거절결정이 적법하다는 이유로 심판청구를 기각하는 특허심판원의 심결이 있었던 경우, 심결취소소송에서 법원은 위 보정각하결정이 위법하더라도 그것만을 이유로 곧바로 심결을 취소하여야 할 것이 아니라, "보정 이후의 특허출원"에 대한 거절결정의 위법성 여부까지 심리하여 위법한 경우에만 심결을 취소하여야 한다.

해설

① |이| 대법원 2014. 7. 10. 선고 2013후2101 판결
특허법 제51조 제1항이 보정에 따라 새로운 거절이유가 발생한 것으로 인정되면 보정을 각하하도록 하면서도 '청구항을 삭제하는 보정'의 경우를 대상에서 제외하고 있는 취지는, 보정에 따라 새로운 거절이유가 발생한 경우에는 보정을 각하함으로써 새로운 거절이유에 대한 거절이유통지와 또 다른 보정이 반복되는 것을 배제하여 심사절차의 신속한 진행을 도모하되, '청구항을 삭제하는 보정'의 경우에는 청구항을 한정·부가하는 보정 등 다른 경우와 달리 그로 인하여 새로운 거절이유가 발생하더라도 위와 같은 보정의 반복에 의하여 심사관의 새로운 심사에 따른 업무량 가중 및 심사절차의 지연의 문제가 생기지 아니하므로 그에 대하여 거절이유를 통지하여 보정의 기회를 다시 부여함으로써 출원인을 보호하려는 데 있다.

이러한 규정의 취지에 비추어 볼 때, 단순히 '청구항을 삭제하는 보정을 하면서 삭제된 청구항을 인용하던 종속항에서 인용번호를 그대로 둠으로써 특허법 제42조 제3항, 제4항에서 정한 명세서 기재요건을 충족하지 않은 기재불비가 발생한 경우'뿐만 아니라, '청구항을 삭제하는 보정을 하면서 삭제한 청구항을 직·간접적으로 인용하던 종속항에서 인용번호를 잘못 변경함으로써 위와

같은 기재불비가 발생한 경우'에도, 이에 대해 거절이유를 통지하여 보정의 기회를 다시 부여하더라도 또 다른 보정의 반복에 의하여 심사관의 새로운 심사에 따른 업무량 가중 및 심사절차의 지연의 문제가 생길 염려가 없음은 마찬가지이므로, 이들 경우 모두가 위 규정에서 말하는 '청구항을 삭제하는 보정에 따라 새로운 거절이유가 발생한 경우'에 포함된다.

② |○| ③ |○| ④ |○| ⑤ |×|

대법원 2014. 7. 10. 선고 2012후3121 판결

(1) 심사전치절차에서 심사에 준용되는 특허법 제51조 제1항에 의하면, 심사관은 심사전치보정에 따라 새로운 거절이유가 발생한 것으로 인정하면 결정으로 보정을 각하하여야 한다.

위 규정에서 "새로운 거절이유가 발생한 것"이란 해당 보정으로 인하여 이전에 없던 거절이유가 새롭게 발생한 경우를 의미하는 것으로서, 이러한 경우에 보정을 각하하도록 한 취지는 이미 거절이유가 출원인에게 통지되어 그에 대한 의견제출 및 보정의 기회가 충분히 부여되었음에도 보정으로 인하여 거절이유가 새롭게 발생하여 그에 대한 거절이유통지와 또 다른 보정이 반복되는 것을 배제함으로써 심사절차의 신속한 진행을 도모하는 데에 있다.

이러한 취지에 비추어 보면, 심사관이 "발명이 명확하고 간결하게 기재되지 아니하여 특허법 제42조 제4항 제2호의 명세서 기재요건을 구비하지 못한 기재불비가 있다"는 거절이유를 통지함에 따라 이를 해소하기 위한 보정이 이루어졌는데, 보정 이후 발명에 대한 심사 결과 신규성이나 진보성 부정의 거절이유가 발견된다고 하더라도,

그러한 거절이유는 보정으로 청구항이 신설되거나 실질적으로 신설에 준하는 정도로 변경됨에 따라 비로소 발생한 경우와 같은 특별한 사정이 없는 한 보정으로 새롭게 발생한 것이라고 할 수 없으므로, 심사관으로서는 보정에 대한 각하결정을 하여서는 아니 되고, 위와 같은 신규성이나 진보성 부정의 거절이유를 출원인에게 통지하여 의견제출 및 보정의 기회를 부여하여야 한다.

(2) 특허거절결정에 대한 불복심판청구를 기각한 심결의 취소소송에서 법원은 특허거절결정을 유지한 심결의 위법성 여부를 판단하는 것일 뿐 특허출원에 대하여 직접 특허결정 또는 특허거절결정을 하는 것은 아니다.

따라서 심사관이 특허출원의 보정에 대한 각하결정을 한 후 "보정 전의 특허출원"에 대하여 거절결정하였고, 그에 대한 불복심판 절차에서 위 보정각하결정 및 거절결정이 적법하다는 이유로 심판청구를 기각하는 특허심판원의 심결이 있었던 경우, 심결취소소송에서 법원은 위 보정각하결정이 위법하다면 그것만을 이유로 곧바로 심결을 취소하여야 하는 것이지, 심사관 또는 특허심판원이 하지도 아니한 "보정 이후의 특허출원"에 대한 거절결정의 위법성 여부까지 스스로 심리하여 이 역시 위법한 경우에만 심결을 취소할 것은 아니다.

정답 ⑤

10 다음 설명 중 옳은 것은? (다툼이 있는 경우 판례에 의함)

① 출원발명에 대하여 우선권주장의 불인정으로 인하여 거절이유가 생긴 경우에 우선권주장이 인정되지 아니한다는 취지 및 그 이유를 포함하지 않은 거절이유를 통지한 후, 우선권주장의 불인정으로 인하여 생긴 거절이유를 들어 특허거절결정을 하였다고 하여 특허법 제63조 본문에 위반되는 것은 아니다.

② 일사부재리의 원칙에 따라 심판청구가 부적법하게 되는지 여부를 판단하는 기준시점은 심판청구를 제기하던 당시로 보아야 할 것이고, 심판청구 후에 비로소 동일사실 및 동일증거에 의한 다른 심판의 심결이 확정 등록된 경우에는 당해 심판청구를 일사부재리의 원칙에 의하여 부적법하다고 할 수 없다.

③ 청구범위를 정정하는 것이 청구범위를 확장하거나 변경하는 경우에 해당하는지 여부를 판단할 때는 청구범위 자체의 형식적인 기재만을 가지고 대비하여야 할 것이지, 청구범위 이외의 발명의 설명, 도면 등의 내용을 고려하여 판단하여야 할 것은 아니다.

④ 제조방법이 기재된 물건발명의 특허요건을 판단함에 있어서 그 기술적 구성을 제조방법 자체로 한정하여 파악하여야지, 제조방법의 기재를 포함하여 청구범위의 모든 기재에 의하여 특정되는 구조나 성질 등을 가지는 물건으로 파악하여야 할 것은 아니다.

⑤ 상기 ④에서 제조방법이 기재된 물건발명의 특허요건을 판단함에 있어서 그 기술적 구성을 제조방법 자체로 한정하여 파악하여야 하는 것은 특허침해소송이나 권리범위확인심판 등 특허침해 단계에서 그 특허발명의 권리범위에 속하는지 여부를 판단하면서도 마찬가지로 적용되어야 한다.

해 설

① |×| 2011. 9. 8. 선고 2009후2371 판결
구 특허법(2007. 1. 3. 법률 제8197호로 개정되기 전의 것, 이하 같다) 제63조 본문에 의하면, 심사관은 제62조의 규정에 의하여 특허거절결정을 하고자 할 때에는 그 특허출원인에게 거절이유를 통지하고 기간을 정하여 의견서를 제출할 수 있는 기회를 주어야 한다고 규정하고 있는바, 출원발명에 대하여 우선권주장의 불인정으로 인하여 거절이유가 생긴 경우에는 우선권주장의 불인정은 거절이유의 일부를 구성하는 것이므로, 우선권주장이 인정되지 아니한다는 취지 및 그 이유가 포함된 거절이유를 통지하지 않은 채 우선권주장의 불인정으로 인하여 생긴 거절이유를 들어 특허거절결정을 하는 것은 위 법 제63조 본문에 위반되어 위법하다.
그리고 거절이유 통지에 위와 같은 우선권주장 불인정에 관한 이유가 포함되어 있었는지 여부는 출원인에게 실질적으로 의견서 제출 및 보정의 기회를 부여하였다고 볼 수 있을 정도로 그 취지와 이유가 명시되었는지의 관점에서 판단되어야 한다.

② |○| 2012. 1. 19. 선고 2009후2234 전원합의체 판결

③ |×| 2009. 5. 28. 선고 2009후498 판결
특허청구범위를 정정하는 것이 특허청구범위를 확장하거나 변경하는 경우에 해당하는지 여부를 판단할 때는 특허청구범위 자체의 형식적인 기재만을 가지고 대비할 것이 아니라 발명의 설명을 포함한 명세서 및 도면의 전체내용을 실질적으로 대비하여 확장이나 변경에 해당하는지 여부를 판단하는 것이 합리적이다.

④ |×| ⑤ |×|

대법원 2015.2.12. 선고 2013후1726 판결

특허법 제2조 제3호는 발명을 '물건의 발명', '방법의 발명', '물건을 생산하는 방법의 발명'으로 구분하고 있다. 특허청구범위가 전체적으로 물건으로 기재되어 있으면서 그 제조방법의 기재를 포함하고 있는 발명(이하 '제조방법이 기재된 물건발명'이라 한다)의 경우 제조방법이 기재되어 있다고 하더라도 발명의 대상은 그 제조방법이 아니라 최종적으로 얻어지는 물건 자체이므로 위와 같은 발명의 유형 중 '물건의 발명'에 해당한다. 물건의 발명에 관한 특허청구범위는 발명의 대상인 물건의 구성을 특정하는 방식으로 기재되어야 하는 것이므로, 물건의 발명의 특허청구범위에 기재된 제조방법은 최종 생산물인 물건의 구조나 성질 등을 특정하는 하나의 수단으로서 그 의미를 가질 뿐이다.

따라서 제조방법이 기재된 물건발명의 특허요건을 판단함에 있어서 그 기술적 구성을 제조방법 자체로 한정하여 파악할 것이 아니라 제조방법의 기재를 포함하여 특허청구범위의 모든 기재에 의하여 특정되는 구조나 성질 등을 가지는 물건으로 파악하여 출원 전에 공지된 선행기술과 비교하여 신규성, 진보성 등이 있는지 여부를 살펴야 한다.

한편 생명공학 분야나 고분자, 혼합물, 금속 등의 화학 분야 등에서의 물건의 발명 중에는 어떠한 제조방법에 의하여 얻어진 물건을 구조나 성질 등으로 직접적으로 특정하는 것이 불가능하거나 곤란하여 제조방법에 의하여만 물건을 특정할 수밖에 없는 사정이 있을 수 있지만, 이러한 사정에 의하여 제조방법이 기재된 물건발명이라고 하더라도 그 본질이 '물건의 발명'이라는 점과 특허청구범위에 기재된 제조방법이 물건의 구조나 성질 등을 특정하는 수단에 불과하다는 점은 마찬가지이므로, 이러한 발명과 그와 같은 사정은 없지만 제조방법이 기재된 물건발명을 구분하여 그 기재된 제조방법의 의미를 달리 해석할 것은 아니다(대법원 2015. 1. 22. 선고 2011후927 전원합의체 판결 참조).

그리고 제조방법이 기재된 물건발명에 대한 위와 같은 특허청구범위의 해석방법은 특허침해소송이나 권리범위확인심판 등 특허침해 단계에서 그 특허발명의 권리범위에 속하는지 여부를 판단하면서도 마찬가지로 적용되어야 할 것이다. 다만 이러한 해석방법에 의하여 도출되는 특허발명의 권리범위가 명세서의 전체적인 기재에 의하여 파악되는 발명의 실체에 비추어 지나치게 넓다는 등의 명백히 불합리한 사정이 있는 경우에는 그 권리범위를 특허청구범위에 기재된 제조방법의 범위 내로 한정할 수 있다.

정답 ②

11 특허거절결정 등에 대한 설명 중 옳지 않은 것은? (다툼이 있는 경우에는 판례에 의함)

① 심사관이 특허거절결정을 할 때까지 진보성을 문제 삼았을 뿐이고 출원인에게 신규성이 없다는 이유로 거절이유의 통지를 하여 명세서를 보정할 기회를 부여한 바 없는 경우에는 신규성이 없다는 이유로 거절결정을 할 수 없다.

② 거절결정불복심판 또는 심결취소소송에서 특허출원 심사 또는 심판 단계에서 통지한 거절이유에 기재된 주선행발명을 다른 선행발명으로 변경하는 경우에는 일반적으로 출원발명과의 공통점 및 차이점의 인정과 그러한 차이점을 극복하여 출원발명을 쉽게 발명할 수 있는지에 대한 판단 내용이 달라지므로, 출원인에게 이에 대해 실질적으로 의견제출의 기회가 주어졌다고 볼 수 있는 등의 특별한 사정이 없는 한 이미 통지된 거절이유와 주요한 취지가 부합하지 아니하는 새로운 거절이유에 해당한다.

③ 청구범위가 여러 개의 청구항으로 되어있는 경우 그 중 하나의 항에만 거절이유가 있는 경우에는 그 특허출원 전체가 거절결정되는 것은 아니다.

④ 특허법에 규정된 거절이유 이외의 이유로는 특허거절결정되는 경우가 없다.

⑤ 출원발명에 대하여 우선권주장의 불인정으로 거절이유가 생긴 경우에는 우선권주장의 불인정은 거절이유 일부를 구성하는 것이므로 우선권주장이 인정되지 않는다는 취지 및 그 이유가 포함된 거절이유를 통지하지 않은 채 우선권주장의 불인정으로 인하여 생긴 거절이유를 들어 특허거절결정을 하는 것은 위법하다.

해 설

① 2000후1177
② 2015후2341
③ 출원일체원칙에 따라 전체 거절된다.
④ 거절이유는 법정화되어 있다.
⑤ 2009후2371

정답 ③

12 특허거절결정과 특허결정에 대한 설명 중 옳지 않은 것은?

① 특허청구범위가 여러 개의 청구항으로 되어 있는 경우는 거절이유를 통지할 때 거절되는 청구항을 명확히 밝히고, 그 청구항에 관한 거절이유를 구체적으로 적어야 한다.
② 심사관은 거절이유를 통지할 때 필요한 경우는 외국의 심사결과에 대한 자료를 출원인에게 제출할 것을 명할 수 있다.
③ 심사관은 특허결정을 했다면 특허권이 설정등록되기 전에 특허법 제63조의2에 따른 정보제공이 있어 이로부터 새로운 거절이유가 있음을 알게 되었더라도 특허결정을 한 이상 특허결정을 취소할 수 없다.
④ 재심사 청구시의 보정에 새로운 거절이유가 있더라도 심사관은 그 보정을 각하하지 않고 직권보정으로써 거절이유를 해소하고 특허결정을 할 수 있다.
⑤ 심사관이 특허거절결정을 할 때까지 신규성을 문제 삼았을 뿐이고 출원인에게 진보성이 없다는 이유로 거절이유의 통지를 하여 명세서를 보정할 기회를 부여한 바 없는 경우는 진보성이 없다는 이유로 거절결정을 할 수 없다.

> 해 설

① 특허법 제63조 제2항
② 특허법 제63조의3
③ 특허법 제66조의3
④ 특허법 제66조의2 제1항, 제51조 제1항 제1호
⑤ 특허법 제63조 제1항 제1호, 통지한 거절이유만으로 거절결정을 할 수 있다.

정 답 ③

13 재심사에 관한 설명 중 옳지 않은 것은?

① 거절결정 후 특허법 제67조의2에 따라 재심사가 청구된 경우 그 특허출원에 대하여 종전에 이루어진 거절결정은 취소된 것으로 본다.
② 출원인이 의견서를 제출하여 도면에 대한 심사관의 직권보정사항이 처음부터 없었던 것으로 되면 특허결정도 함께 취소된 것으로 본다.
③ 특허결정된 특허출원에 관하여 통지한 거절이유가 극복되지 아니한 것으로 판단된 경우 심사관은 직권으로 특허결정을 취소할 수 있다.
④ 출원인이 특허결정 취소 통지를 받기 전에 등록료를 납부하여 그 출원이 설정등록된 경우는 특허결정의 취소는 처음부터 없었던 것으로 본다.
⑤ 특허여부결정 후 재심사 과정에서는 제3자가 정보제공을 할 수 없다.

해설

① 특허법 제67조의2 제3항 본문
② 특허법 제66조의2 제4항
③ 특허법 제66조의3 제1항
④ 특허법 제66조의3 제3항
⑤ 정보제공은 출원 절차 종결 전이면 언제든지 할 수 있다(특허법 제63조의2).

정답 ⑤

14 직권재심사 및 직권보정에 관한 설명 중 옳지 않은 것은?

① 심사관은 특허결정된 특허출원에 관하여 배경기술 기재요건, 청구범위 기재방법 및 단일성 위배의 거절이유를 제외한 명백한 거절이유를 발견한 경우에 직권으로 특허결정을 취소하고 다시 심사할 수 있다.
② 심사관은 특허결정취소를 통지한 날부터 가급적 신속하게 직권 재심사를 하게 된 명백한 거절이유를 최초 의견제출통지서 또는 최후 의견제출통지서로 출원인에게 통지하여 의견서를 제출한 기회를 주어야 하며, 직권재심사를 하여 취소된 특허결정 전에 통지한 거절이유로 거절결정하려는 경우에도 출원인에게 거절이유를 다시 동시하여 의견서를 제출할 기회를 주어야 한다.
③ 직권재심사하는 경우 취소된 특허결정 전에 한 보정은 각하결정할 수 없다.
④ 출원인이 직권보정 사항의 전부 또는 일부를 받아들일 수 없다는 의견서를 제출한 경우 심사관은 출원인이 받아들이지 않은 직권보정사항을 확인하고, 요약서에 관한 직권보정사항 이외의 직권보정사항을 받아들이지 않은 경우라면 다시 심사에 착수하여야 한다.
⑤ 직권보정 후 특허결정이 취소되어 재심사한 결과 심사관은 거절이유를 발견할 수 없는 경우에는 특허결정을 하여야 한다.

해설

① 심사관이 직권재심사 할 수 있다.
② 최후가 아니라 최초 의견제출통지서로 통지한다.
③ 특허법 제51조 제1항 제2호.
④ 특허법 제66조의2 제4항.
⑤ 직권보정이 취하간주되어 특허결정이 취소되었어도 거절이유가 전혀 없다면 다시 곧바로 특허결정한다(심사기준).

정답 ②

15 특허출원심사에 관한 설명으로 옳은 것은? [2022년 기출]

① 심사관은 특허결정되어 특허권 설정등록된 특허출원에 명백한 거절이유를 발견한 경우에는 직권으로 특허결정을 취소하고 다시 심사하여야 한다.
② 심사관의 직권 재심사에 의하여 특허결정을 취소한다는 사실이 특허출원인에게 통지가 되기 이전에 특허권 설정등록이 이루어졌다면, 특허취소결정은 처음부터 없었던 것으로 본다.
③ 심사관이 특허출원서에 첨부된 명세서, 도면의 일부를 직권보정하면서 특허등록결정을 하였으나, 특허출원인에 의하여 의견서가 제출되면, 특허결정은 유지되나 직권 보정 사항은 처음부터 없었던 것으로 본다.
④ 특허출원인은 특허거절결정등본을 송달받고 재심사를 청구하였더라도 거절결정불복심판 청구기간 이내라면 이를 취하하고 거절결정불복심판 청구를 할 수 있다.
⑤ 특허출원인은 출원공개 후 특허등록을 무효로 한다는 심결의 확정이 있더라도, 출원된 사실을 알면서 출원된 발명을 업으로서 실시하고 있는 자에게 무효로 확정될 때까지의 특허발명의 실시에 대하여 합리적으로 받을 수 있는 금액의 보상금을 청구할 수 있다.

해설

① |×| 설정등록된 특허권에 대해서는 직권재심사가 불가하다. 심사관은 특허결정취소 통지서가 출원인에게 송달되기 전까지 출원이 취하, 포기, 설정등록되지 않았어야, 즉 출원절차가 종료되지 않았어야 직권재심사를 할 수 있다(특허법 제66조의3 제1항 제2호).
② |○| 특허결정취소 통지서가 출원인에게 송달되기 전 출원절차가 종료되면 직권재심사 진행되지 않는다(특허법 제66조의3 제3항).
③ |×| 명세서 또는 도면에 대한 직권보정사항에 대해 출원인이 거부 취지의 의견서를 제출하면, 특허결정 취소되고 재심사 진행된다(특허법 제66조의2 제4항 본문).
④ |×| 심사기준 사례다. 심사기준에 따르면 출원인이 거절결정서 받고 거절결정불복심판 청구했으나 재심사로 바꾸고 싶은 경우는 재심사청구 가능 기간 내에 거절결정불복심판을 취하하고 재심사청구하면 된다. 그러나 그 반대는 불가하다. 재심사청구는 취하가 불가하기 때문이다(특허법 제67조의2 제4항).
⑤ |×| 특허무효심결 확정(후발적 무효사유 제외)되어 특허권이 소급소멸되면, 보상금청구권 행사할 수 없다(특허법 제65조 제6항 제4호).

정답 ②

CHAPTER 03 정보제공제도 / 출원공개제도

01 특허법상 출원공개에 관한 설명으로 옳은 것은?

① 보상금청구권의 행사는 출원공개와 상관 없이 특허출원된 발명을 실시한 자에게 특허권이 설정등록된 후 행사할 수 있다.
② 등록공고가 된 특허라 하더라도 이후 출원공개가 될 수 있다.
③ 국내우선권주장출원의 기초가 된 선출원은 그 선출원이 출원공개 또는 설정등록되기 전에 취하 간주되었다면 그 선출원에 관한 서류를 열람할 수 없다.
④ 특허출원인이 특허출원된 발명을 실시하고 있음을 이유로 한 우선심사신청은 출원공개 전에도 가능하다.
⑤ 출원공개는 출원서에 최초로 첨부한 명세서 또는 도면을 공개하므로, 외국어특허출원의 경우는 그 외국어 명세서 및 도면을 공개한다.

해 설

① 특허법 제65조 제1항, 제2항, 보상금의 지급은 출원공개 후 경고를 해서 그 경고를 받았거나, 출원공개된 발명인을 알았을 때부터 특허권의 설정등록을 할 때까지의 기간 동안 특허출원된 발명을 실시한 자에게 특허권이 설정등록된 후 행사할 수 있다.
② 특허법 제64조 제2항 제3호, 등록공고가 된 이후는 출원공개하지 않는다.
③ 특허법 제216조 제2항 제1호 괄호, 국내우선권주장출원이 출원공개 또는 설정등록되면 선출원에 관한 서류도 열람할 수 있다.
④ 특허법 시행령 제9조 제8호는 특허법 제61조 제2호에 해당하며, 이는 출원공개를 요건 중 하나로 하지 않는다.
⑤ 특허법 시행령 제19조 제3항 제5호, 출원공개는 국어로 한다. 외국어특허출원은 번역문을 공개한다.

정답 ④

02 특허법상 출원공개에 관한 설명으로 옳은 것은?
[2010년 기출]

① 분할출원의 경우 분할출원일부터 1년6월을 기준으로 출원공개가 이루어지거나 출원인의 신청에 따라 출원공개가 이루어진다.
② 보상금청구권의 행사에는 특허법상 침해로 보는 행위(법 제127조), 생산방법의 추정(법 제129조), 과실의 추정(법 제130조)의 규정이 준용된다.
③ 특허출원인은 출원공개된 후 출원공개된 발명임을 알고 그 특허출원된 발명을 실시하는 모든 자에 대하여 출원공개된 발명임을 안 때부터 특허권 설정등록시까지의 기간 동안 그 특허발명의 실시에 대해 합리적으로 받을 수 있는 금액에 상당하는 보상금의 지급을 특허권의 설정등록 이후에 청구할 수 있다.
④ 국제출원은 국제공개의 기술적 준비가 완료되기 전에 국제출원이 취하되거나 취하된 것으로 보는 경우 또는 국제출원이 선량한 풍속이나 공공의 질서에 반하는 표현이나 도면을 포함하는 경우에 한하여 국제공개 되지 않는다.
⑤ 국제특허출원의 경우에는 원칙적으로 국내서면제출기간이 지난 때에 출원공개된 것으로 보며, 이로 인한 보상금청구권은 설정등록 후가 아니면 이를 행사할 수 없다.

해설

① |×| 분할출원은 원출원일부터 1년 6월경과 전에 분할된 경우에는 원출원일부터 1년 6월 경과시에, 원출원일부터 1년 6월경과 후에 분할된 경우에는 즉시 출원 공개된다.
② |×| 보상금청구권의 행사에 대해서는 특허법상 간접침해(법 제127조), 생산방법의 추정(법 제129조), 서류의 제출(법 제132조)이 준용된다(법 제65조 제5항). 과실의 추정(법 제130조) 규정은 준용되지 않는다.
③ |×| 출원공개가 있는 후 경고 받거나 안 때부터 정당한 권원 없는 제3자가 업으로서 당해 출원발명을 실시한 경우이어야 한다. 따라서 정당한 권원이 있는 자의 실시에 대해서는 보상금청구권을 행사할 수 없다.
④ |×| 원칙적으로 모든 국제출원이 국제공개된다. 다만, 국제사무국은 i) 국제공개의 기술적 준비가 완료되기 전에 국제출원이 취하되거나 또는 취하된 것으로 보이는 경우(PCT 21(5)) ii) 국제출원이 선량한 풍속이나 공공의 질서에 반하는 표현이나 도면을 포함하고 있거나 PCT 규칙에 규정된 비방하는 기재사항을 포함하고 있다고 인정하는 경우(PCT 21(6)) iii) 국제출원이 어느 국가도 자국에 관한 한 국제출원을 공개할 필요가 없다고 선언한 국가만을 지정하고 있는 경우(PCT 64(3))에 해당하는 경우에는 국제공개를 하지 않을 수 있다.
⑤ |○| 법 제207조 제1항 및 제3항

정답 ⑤

03 특허법상 출원공개제도에 관한 설명으로 옳은 것을 모두 고른 것은? [2015년 기출]

> ㄱ. 특허청장은 출원공개 전에 출원심사청구가 있는 경우에는 지체 없이 그 취지를 특허공보에 게재해야 한다.
>
> ㄴ. 특허출원인은 특허법 제65조(출원공개의 효과)에 따른 경고를 받은 자에게 그 경고를 받았을 때부터 특허결정등본을 송달받은 날까지의 기간에 대해서만 보상금지급청구권을 행사할 수 있다.
>
> ㄷ. 국제특허출원의 경우 국제공개에 의해서도 보상금청구권 발생이 가능하다.

① ㄱ
② ㄴ
③ ㄷ
④ ㄱ, ㄷ
⑤ ㄱ, ㄴ, ㄷ

해설

ㄱ. |×| 특허법 제60조 제2항(특허청장은 출원공개 전에 출원심사의 청구가 있으면 출원공개시에, 출원공개 후에 출원심사의 청구가 있으면 지체 없이 그 취지를 특허공보에 게재하여야 한다.)

ㄴ. |×| 특허법 제65조 제2항(특허권의 설정등록을 할 때까지 기간에 대하여 보상금청구권을 행사할 수 있다.)

ㄷ. |○| 국어로 출원한 국제특허출원에 관하여는 국제공개가 된 때 출원공개가 된 것으로 보므로, 국제공개에 의해서 보상금청구권 발생이 가능한 경우도 있다(특허법 제207조 제2항).

정답 ③

04 특허법상 출원공개에 관한 설명으로 옳은 것은?

① 보상금청구권의 행사는 출원공개와 상관없이 특허출원된 발명을 실시한 자에게 특허권이 설정등록된 후 행사할 수 있다.
② 등록공고가 된 특허라 하더라도 이후 출원공개가 될 수 있다.
③ 국내우선권주장출원의 기초가 된 선출원은 그 선출원이 출원공개 또는 설정등록되기 전에 취하 간주되었다면 그 선출원에 관한 서류를 열람할 수 없다.
④ 비밀취급된 특허출원의 발명에 대해서는 그 발명의 비밀취급이 해제될 때까지 출원공개를 보류한다.
⑤ 특허청장은 심사청구가 있으면 지체없이 그 취지를 특허공보에 게재하여야 한다.

해 설

① 특허법 제65조 제1항, 제2항, 보상금의 지급은 출원공개 후 경고를 해서 그 경고를 받았거나, 출원공개된 발명임을 알았을 때부터 특허권의 설정등록을 할 때까지의 기간 동안 특허출원된 발명을 실시한 자에게 특허권이 설정등록된 후 행사할 수 있다.
② 특허법 제64조 제2항 제3호, 등록공고가 된 이후는 출원공개하지 않는다.
③ 특허법 제216조 제2항 제1호 괄호, 국내우선권주장출원이 출원공개 또는 설정등록되면 선출원에 관한 서류도 열람할 수 있다.
④ 특허법 제64조 제3항.
⑤ 특허법 제60조 제2항, 출원공개 후에 심사청구가 있으면 지체없이 그 취지를 특허공보에 게재하여야 하나, 출원공개 전에 심사청구가 있으면 출원공개할 때 그 취지를 특허공보에 게재한다.

정답 ④

CHAPTER 04 보상금청구권

01 특허법 제65조의 보상금청구권에 관한 설명으로 옳은 것은?

① 보상금청구권의 행사는 출원공개와 상관없이 특허출원된 발명을 무단으로 실시한 자에게 특허권이 설정등록된 후 행사할 수 있다.
② 보상금청구권은 설정등록일부터 3년 이내에 행사할 수 있다.
③ 보상금청구권을 행사한 이후에는 특허권 침해에 따른 손해배상청구권을 행사할 수 없다.
④ 출원인은 특허출원된 발명을 무단으로 실시한 자가 그 행위로 인하여 얻은 이익액을 보상금으로 청구할 수 있다.
⑤ 외국어 국제특허출원의 출원인은 국제공개가 있은 후 국제특허출원된 발명을 업으로 실시한 자에게 국제특허출원된 발명인 것을 서면으로 경고할 수 있다.

해설

① 보상금의 지급은 출원공개 후 경고를 해서 그 경고를 받았거나, 출원공개된 발명임을 알았을 때부터 특허권의 설정등록을 할 때까지의 기간 동안 특허출원된 발명을 실시한 자에게 특허권이 설정등록된 후 행사할 수 있다(특허법 제65조 제1항, 제2항).
② 소멸시효 3년이며, 설정등록일부터 기산한다(특허법 제65조 제2항 후단).
③ 보상금청구권의 행사는 특허권의 행사에 영향을 미치지 아니한다(특허법 제65조 제4항).
④ 보상금청구권은 특허법 제128조를 준용하지 않는다. 합리적으로 받을 수 있는 금액을 보상금으로 청구할 수 있을 뿐이다(특허법 제65조 제2항).
⑤ 국어로 출원된 국제특허출원만 국제공개 후 서면 경고가 가능하고, 외국어 국제특허출원은 출원공개 후 서면 경고가 가능하다(특허법 제207조 제3항).

정답 ②

02 다음은 출원공개의 효과에 설명이다. 틀린 것은? [1999년 기출]

① 특허출원인은 출원공개가 있은 후 그 특허출원된 발명을 업으로서 실시한 자에게 특허출원된 발명임을 서면으로 경고할 수 있다.
② 출원공개된 발명임을 알고 그 특허출원된 발명을 업으로 실시한 자에게 특허출원인은 출원공개된 발명임을 안 때부터 특허권의 설정등록시까지의 기간 동안 그 특허발명의 실시에 대하여 합리적으로 받을 수 있는 금액에 상당하는 보상금의 지급을 청구할 수 있다.
③ 위 ②에서 언급한 청구권은 특허의 등록공고가 있은 후가 아니면 이를 행사할 수 없다.
④ 위 ②에서 언급한 청구권의 행사는 특허권의 행사에 영향을 미치지 않는다.
⑤ 특허출원이 취하된 때는 위 ②에서 언급한 청구권은 처음부터 발생하지 아니한 것으로 본다.

해설

① |O| 법 제65조 제1항
② |O| 법 제65조 제2항
③ |×| 보상금청구권은 당해 특허출원에 대한 특허권의 설정등록이 있어야 행사할 수 있다(법 제65조 제3항). 즉, 등록공고가 아니라 설정등록이다.
④ |O| 법 제65조 제4항
⑤ |O| 특허권의 설정등록이 되지 않거나 설정등록이 된 경우라도 특허권이 소급하여 소멸한 경우에 보상금청구권은 소멸한다. 구체적으로 i) 특허출원이 포기·무효 또는 취하된 때, ii) 특허출원의 특허거절결정이 확정된 때, iii) 특허무효심판에 의한 특허를 무효로 한다는 심결(후발적 무효사유 제외)이 확정된 때에는 보상금청구권은 처음부터 발생하지 아니한 것으로 본다(법 제65조 제6항).

정답 ③

03 甲은 국내에서 공연히 알려지지 아니한 특정화합물 A를 발명하고, 그 A를 제조하는 방법 B에 대해 특허출원하였다. 그런데 甲은 자기의 특허출원이 출원공개된 후 乙이 정당한 이유없이 업으로서 특정화합물 A를 생산하고 있음을 알게 되었다. 그 후 甲은 심사관으로부터 특허결정통지서를 받았다. 다음 중 타당하지 아니한 것은? [1999년 기출]

① 乙이 생산하고 있는 특정화합물 A는 달리 반증이 없는 한 甲이 발명한 방법인 B에 의하여 생산된 것이라고 추정한다.
② 甲이 乙을 상대로 보상금청구권을 행사하려면 반드시 그 특허권을 설정등록하여야 한다.
③ 甲은 乙을 상대로 일정기간에 한해서만 보상금청구권을 행사할 수 있고 이와는 별도로 특허권도 행사할 수 있다.
④ 甲이 보상금청구권을 행사한 후에 甲의 특허를 무효로 한다는 심결이 확정되었을 때라도 甲의 고의나 과실이 없는 때에는 甲이 乙에게 준 손해를 배상할 책임을 지지 않는다.
⑤ 甲의 특허출원이 출원공개되었음에도 불구하고 乙이 그 공개된 발명을 업으로서 실시한 것은 과실이 있는 것으로 추정된다.

해설

① |O| 특허법은 특허권자를 두텁게 보호하기 위하여 물건을 생산하는 방법의 발명에 관하여 특허가 된 경우에 그 물건이 특허출원전에 공지 등이 되지 않은 신규한 것이라면 그 물건과 동일한 그 물건은 그 특허된 방법에 의하여 생산된 것으로 추정한다(법 제129조). 이러한 생산방법의 추정 규정은 보상금청구권의 행사에 있어서도 준용된다(법 제65조 제6항).
② |O| 보상금청구권은 특허권의 설정등록이 있은 후에 행사할 수 있다(법 제65조 제3항).
③ |O| 보상금청구권은 특허권 설정등록일로부터 3년 이내에 행사하지 않으면 시효의 만료로 소멸한다(법 제65조 제6항 준용 민법 제766조). 한편, 보상금청구권의 행사는 특허권의 행사에 영향을 미치지 아니하므로(법 제65조 제4항), 보상금청구권의 행사와 별도로 특허권을 행사하는 것도 가능하다.
④ |O| 권리행사 후 무효심결의 확정에 의해 특허권이 소급하여 소멸한 경우, 권리침해소송 등의

민사소송의 확정판결 혹은 침해죄의 확정판결에 대하여 재심의 소를 제기할 수 있다(민사소송법 제451조 제1항 및 형사소송법 제420조 제6항). 또한, 특허권자가 무효심결의 확정 전에 특허권을 행사하여 고의 또는 과실로 타인에게 손해를 입힌 경우 그 손해를 배상하여야 하며, 고의 또는 과실에 의하지 아니한 경우에도 부당이득은 반환하여야 한다.

⑤ |×| 특허권 또는 전용실시권을 침해한 자에 대해서는 그 침해행위에 대하여 과실이 있는 것으로 추정되나(법 제130조), 이 과실추정규정은 보상금청구권의 행사에 있어서는 준용되지 않는다.

정답 ⑤

04 甲은 발명의 설명에 A, B, C를 기재하고 청구범위에는 A. B를 기재하여 특허출원을 완료하였다. 한편, 乙은 甲의 허락을 얻지 않고 국내에서 발명 B, C를 실시하고 있는 자이다. 이하 다음의 내용 중에 옳은 것으로만 연결된 것은?

(가) 특허법 제61조 제1호 우선심사 신청의 대상이 되기 위해서는 출원공개가 전제되어 있어야 하기 때문에 甲은 자신의 출원이 공개되지 않았다면 조기공개 신청을 할 필요가 있다.

(나) 甲의 출원에 대해 우선심사를 신청하는 경우는 누구든지 할 수 있기 때문에 甲 뿐만 아니라 乙도 심사청구 및 우선심사 신청을 할 수 있다.

(다) 甲의 출원의 발명의 설명에만 기재된 발명 C에 대해서 정당한 권원 없이 C를 실시하는 乙에게도 甲은 경고하여 보상금청구권을 발생시킬 수 있다.

(라) 甲이 乙에게 경고한 후 발명 C를 청구범위로 추가하는 보정을 한 경우 발명 C에 대해서 보상금청구권을 발생시키기 위해서는 재경고 할 필요가 없다.

(마) 甲의 출원이 출원공개되었고 A가 물건의 발명인 경우에는 그 물건 A의 생산에만 사용하는 물건이 C인 경우, 乙이 C를 생산하거나 양도하는 행위도 보상금청구권의 행사대상이 될 수 있다.

① (가), (나), (다)   ② (가), (나), (라), (마)
③ (나), (다)   ④ (가), (나), (마)
⑤ (나), (다), (라)

해설

(가) |○| 출원공개 후 특허출원인이 아닌 자가 업으로서 특허출원된 발명을 실시하고 있다고 인정되는 경우에는 우선심사를 신청할 수 있다.(법 제61조 제1호) 결국, 갑은 을에게 조기에 특허권 및 보상금청구권을 행사하기 위해서는 우선심사를 신청하고 조기공개 신청의 필요성이 있다.

(나) |○| 특허출원이 있는 때에는 누구든지 특허청장에게 그 출원에 관하여 심사청구 및 우선심사를 신청할 수 있다. 그러므로 을도 갑의 출원에 대해서 심사청구 및 우선심사 신청을 할 수 있다.

CHAPTER 4. 보상금청구권 451

⒟ |×| 경고하거나 보상금 청구권을 발생시킬 수 있는 대상은 청구범위에 기재된 발명에 대해서만이다. 그러므로, 갑의 출원 중 발명의 설명 C에 대해서 을에게 경고를 하여 보상금청구권을 발생기키고자 하는 경우에는 발명 C를 청구항으로 추가하는 보정을 하거나 별도의 출원으로 분할하여야 한다.

⒣ |×| 청구범위가 확장된 경우 그 확장된 발명에 대해서도 보상금청구권을 발생시키고자 하는 경우에는 재경고를 해야한다. 다만, 청구범위가 감축된 경우에는 이에 대한 재경고는 불요하다.

⒤ |○| 보상금청구권의 행사에 있어서 간접침해(법 제127조)규정은 준용된다.

정답 ④

05. 벤처기업(관련법령에 의해 벤처기업의 확인을 받음) 甲은 공장자동화 기기장치에 관한 발명 A에 대해 특허출원하였다. 출원후 발명 A가 공개되기 전에, 甲은 자신의 출원발명 A를 乙이 무단으로 업으로서 제조, 판매하고 있다는 사실을 알게 되었다. 이 경우 甲이 발명 A에 대해 조기에 권리를 취득하여 乙에게 권리행사를 하고자 할 때 甲이 취할 수 있는 조치들에 대한 설명 중 잘못된 것은?

① 특허법은 실체심사의 개시는 출원의 순서가 아닌 심사청구의 순서에 의하는 심사청구제도를 취하고 있는바, 甲은 특허권의 조기 취득을 위하여 자신의 출원에 대해 출원심사의 청구를 하여야 한다.

② 특허법은 심사청구제도에 대한 보완책으로서 우선심사제도를 채택하고 있는바, 甲은 우선심사신청을 하기 위해서는 반드시 전제조건으로 우선 조기공개신청을 하여 출원공개된 후에 심사청구와 우선심사신청을 하여야 한다.

③ 특허법은 출원공개에 의한 출원발명의 제3자의 도용이나 모방으로부터 출원인을 보호하기 위해 보상금청구권을 인정하고 있는바, 甲은 출원공개후 乙에게 출원발명의 실시임을 서면으로 경고할 수 있고 이로써 보상금청구권이 발생하지만 특허권의 설정등록을 받은 후에야 보상금청구권을 행사할 수 있다.

④ 甲의 심사청구로 인해 실체심사 진행 중 심사관으로부터 진보성 흠결이라는 거절이유통지를 받은 경우, 甲은 실용신안으로 변경출원을 고려해 볼 수 있다.

⑤ 위 ④의 경우에 甲은 거절이유통지에 대응한 의견서제출기간이 지나서도 변경출원할 수 있다.

해설

① |○| 법 제59조

② |×| 법 제61조에 의하면 제1호의 출원인 아닌 자의 실시를 이유로 하는 우선심사신청에 있어서는 출원공개가 전제되어야 하지만, 제2호의 긴급처리가 필요하다고 인정되는 대통령령이 정하는 특허출원을 이유로 하는 경우에는 출원공개가 전제되지 않는다. 본 사안의 경우 갑은 관련법령에 의해 벤처기업의 확인을 받았으므로 제2호의 사유에도 해당한다.

③ |○| 법 제64조 제2항 및 제3항

④ |○| 본 사안의 경우, 출원발명이 공장자동화기기장치에 관한 발명으로서 물건발명에 해당하므로 물품의 형상, 구조, 조합에 관한 고안이라 볼 수 있어 실용신안등록출원으로 변경출원이 가능하다고 할 것이다.
⑤ |○| 변경출원의 시기적 요건은 원칙적으로 원출원이 출원계속중일 때 가능하며, 최초의 거절결정등본을 송달받은 날부터 3개월이 경과한 때에는 변경할 수 없다. 다만 법 제15조 제1항에 의해 연장된 경우에는 그 연장된 기간 이내에 변경출원하는 것이 가능하다. 그러므로 타당한 설명이다.

정답 ②

06 甲은 2009년 11월 1일에 발명 A를 출원하였고 아직 출원공개되지 않았다. 그런데 甲은 乙이 2009년 12월 1일부터 甲이 출원한 A를 실시하고 있다는 것을 발견하였다. 이 경우 甲과 乙의 대응방안에 관한 설명 중 옳은 것은?

① 甲은 우선심사신청을 할 수 있지만, 실시자인 乙이 우선심사신청을 할 수 있는 것은 아니다. 이 경우 甲은 우선심사신청의 전제로서 甲의 출원이 출원공개되어 있어야 하는 것은 아니다.
② 甲은 A가 실용신안의 대상인 경우 변경출원을 하여 실용신안으로 선등록받아 조기에 실용신안권을 행사할 수 있다.
③ 乙은 甲의 출원에 대한 조기공개신청을 하여 정보제공을 할 수 있다. 그러함에도 불구하고 甲의 특허발명 A가 등록된 경우에는 무효심판을 청구할 수 있다.
④ 甲은 특허발명 A가 공개된 경우 乙에게 경고를 함으로써 보상금청구권을 발생시킬 수 있다. 상기 보상금청구권은 설정등록 후에 행사가능하며 특허권과는 독립적이다. 그리고 특허권의 침해에 대한 민사적 구제조치 중 간접침해(제127조), 생산방법의 추정(제129조), 자료제출명령(제132조) 등이 준용된다. 그러나 형사상 구제조치는 준용되지 아니한다.
⑤ 甲은 특허발명 A가 공개된 경우 경고하고 보상금 청구권을 발생시키는 것이 외에도 乙의 실시를 금지시킬 수 있다.

해설

① |×| 대통령령이 정하는 긴급처리가 요구되는 발명의 경우에는 출원공개를 하지 않아도 되지만(법 제61조 제2호) 출원공개 후 업으로 제3자가 실시한다고 인정되는 경우로 우선심사 신청(법 제61조 제1호)하는 경우이므로 출원공개가 전제되어 있어야 한다. 또한, 우선심사신청은 누구나 할 수 있다.
② |×| 2006년 10월 1일 시행되는 개정법에서는 실용신안등록 출원의 경우도 실체심사한 후에 등록시키는 심사제도로 전환함에 따라 실용신안으로 변경출원해도 선등록 받아 권리행사 할 수는 없다.
③ |×| 조기공개신청은 출원인만이 가능하다. 따라서, 乙은 조기공개신청을 할 수 없다. 또한, 정보제공시 출원공개를 전제로 하지 않기 때문에(법 제63조의2) 틀린 지문이다.
시행규칙 제44조(조기공개신청)
제1항 : 법 제64조제1항에 따라 특허출원일부터 1년 6월이 경과하기 전에 특허출원의 공개를 신청하고자 하는 자는 별지 제25호서식의 조기공개신청서를 특허청장에게 제출하여야 한다. 다만,

특허출원과 동시에 공개를 신청하고자 하는 경우(청구범위가 기재된 명세서가 첨부된 경우에 한한다)에는 출원서에 그 취지를 기재함으로써 신청서의 제출에 갈음할 수 있다.
제2항 : 국제특허출원에 있어서는 법 제201조제1항의 규정에 의하여 번역문을 제출한 후가 아니면 조기공개의 신청을 할 수 없다.
제3항 : 특허에 관한 절차를 밟는 자가 제1항의 규정에 의한 조기공개의 신청을 취하하고자 하는 경우에는 조기공개신청서를 제출한 날부터 10일 이내에 별지 제12호서식의 취하서를 제출하여야 한다.
제4항 : 대리인이 제1항 내지 제3항의 규정에 의한 절차를 밟고자 하는 경우에는 그 대리권을 증명하는 서류를 첨부하여야 한다.
④ |O| 법 제65조 제5항
⑤ |X| 특허 받을 수 있는 권리는 불확정 권리이기 때문에 설정등록되기 전에 특허 받을 수 있는 권리에 근거하여 실시금지를 요구할 수는 없다.

정답 ④

07 출원공개제도에 관한 설명으로 옳지 않은 것은? [2014년 기출]

① 특허청장은 출원인의 신청이 있는 때에는 1년 6개월이 경과하기 전이라도 출원공개를 할 수 있다.
② 특허출원인은 출원공개된 발명임을 알고 그 발명을 업으로 실시한 자에게 출원공개된발명임을 안 때부터 특허권의 설정등록시까지의 기간동안 그 특허발명의 실시에 대하여 합리적으로 받을 수 있는 금액에 상당하는 보상금의 지급을 청구할 수 있다.
③ 출원공개후 특허출원이 포기·무효 또는 취하되거나 특허출원의 특허거절결정이 확정된 경우 출원공개에 따른 보상금청구권은 처음부터 발생하지 아니한 것으로 본다.
④ 출원공개가 있은 후 그 특허출원된 발명을 업으로서 실시한 자는 그 침해행위에 대하여 과실이 있는 것으로 추정한다.
⑤ 청구범위가 기재되지 아니한 명세서를 첨부한 특허출원과 이미 등록공고를 한 특허의 경우에는 출원공개의 대상이 되지 아니한다.

해 설

① |O| 시행규칙 제44조(조기공개신청)
② |O| 법 제65조 제2항
③ |O| 법 제65조 제6항
④ |X| 법 제65조 제5항, 법 제130조(과실의 추정) 규정은 준용하지 않고 있다.
⑤ |O| 법 제64조 제1항 단서

정답 ④

08 甲은 2019년 11월 1일에 발명 A를 출원하였고 아직 출원공개되지 않았다. 그런데 甲은 乙이 2019년 12월 1일부터 甲이 출원한 A를 실시하고 있다는 것을 발견하였다. 이 경우 甲과 乙의 대응방안에 관한 설명 중 옳은 것은?

① 甲은 출원공개 전에도 乙의 실시행위를 근거로 우선심사를 받을 수 있다.
② 甲의 출원이 출원공개되면 甲은 출원 중인 발명을 근거로 乙의 실시를 금지시킬 수 있다.
③ 乙은 甲의 출원에 대해 신규성 위반의 사유를 수집하여 정보제공하여 등록을 저지할 수 있으며, 甲의 출원이 등록된 이후에도 신규성 위반을 이유로 특허무효심판을 청구할 수 있다.
④ 甲은 출원이 출원공개된 경우 乙에게 경고하여 설정등록 전에도 보상금청구권을 행사할 수 있다.
⑤ 甲의 출원이 출원공개된 경우 보상금청구권은 甲이 乙의 실시행위를 안 날부터 3년 이내에 행사할 수 있다.

해설
① 제3자가 실시는 출원공개가 전제되어야 한다.
② 특허를 받을 수 있는 권리에는 실시금지효가 없다.
③ 정보제공은 누구나 가능하며, 특허무효심판은 이해관계인이 가능하나 乙은 A를 실시하고 있는 자이므로 이해관계가 인정된다.
④ 보상금청구권은 설정등록 후에 행사할 수 있다.
⑤ 설정등록일부터 3년이다.

정답 ③

CHAPTER 05 심사의 종료

01 甲은 발명의 설명에 발명 A, 발명 B 및 발명 C를 기재하고, 청구범위에 발명 A만을 기재한 명세서를 첨부한 특허출원서를 2013년 2월 4일 특허청에 제출하여 특허출원(X출원)을 하였다. 甲은 X출원에 대해서 2014년 6월 3일 심사청구를 하였다. 심사관은 발명 A가 X출원 전에 공지된 인용발명 1로부터 쉽게 발명할 수 있으므로 X출원에 특허법 제29조(특허요건) 제2항 위반의 거절이유가 있다는 내용의 의견제출통지서(제출기한 2015년 8월 3일)를 2015년 6월 3일에 발송하였다. 甲은 2015년 8월 3일 의견서 및 보정서를 제출하여 청구범위에서 A를 삭제하고, B를 추가하는 보정을 하였다. 이후 심사관은 2017년 6월 13일 특허결정의 등본을 송달하였고, 甲은 그 등본을 2017년 6월 15일 송달받았다. 다음 설명 중 옳은 것은?

[2019년 기출]

① 甲은 설정등록일 이후라도 2017년 9월 13일 이전에는 분할출원을 할 수 있다.
② 甲의 특허권이 2017년 8월 2일 설정등록되고, 2017년 8월 10일 등록공고된 경우, 甲은 2017년 11월 10일까지 등록지연에 따른 특허권의 존속기간의 연장등록출원을 할 수 있다.
③ 甲이 특허결정의 등본을 송달받더라도 특허료를 납부하기 전이라면 X출원의 청구범위에 발명 C를 추가하는 보정을 할 수 있다.
④ 甲은 2017년 9월 13일까지 최초 3년분의 특허료를 납부해야 한다.
⑤ 甲은 특허결정의 등본을 송달받은 이후에도 발명 C를 별도로 권리화할 기회를 가진다.

해설

① 설정등록 후에는 출원절차가 종결되었으므로 분할출원이 불가능하다. 분할출원, 분리출원, 변경출원, 국내우선권주장은 출원절차 계속 중에만 가능하다(특허법 제52조 제1항).
② 설정등록된 날인 2017년 8월 2일부터 3개월 이내인 2017년 11월 2일까지 가능하다(특허법 제92조의3 제2항).
③ 특허결정 이후에도 재심사청구하면서 명세서 보정 가능하다. 다만 이때 청구범위에 발명 C를 추가하면 제47조 제3항에 해당하지 않아 보정각하결정된다. 때문에 특허결정 후 청구범위에 발명 C를 추가하고 싶다면 분할출원해야 한다(특허법 제52조 제1항).
④ 특허결정서 송달 받은 날인 2017년 6월 15일부터 3개월 이내인 2017년 9월 15일까지 납부하면 된다(특허료등의 징수규칙 제8조 제5항).
⑤ 분할출원하면 된다(특허법 제52조 제1항). 특허법 제52조 제1항 제3호의 입법취지가 바로 본 지문의 상황이다.

정답 ⑤

02 특허출원 또는 특허권의 취하와 포기에 관한 설명 중 틀린 것은? [1998년 기출변형]

① 국제출원에 대하여 보정명령을 받은 자가 지정된 기간 내에 보정을 하지 않는 경우 당해 국제출원은 취하간주된다.
② 직무발명에 의한 특허권자는 통상실시권자인 사용자의 승낙없이 특허권을 포기할 수 없다.
③ 출원의 취하는 출원인의 자발적인 의사표시 또는 법률의 의제에 의하여 성립되나 출원의 포기는 출원인의 자발적인 의사표시에 의해서만 성립된다.
④ 국제출원의 국내단계에서 법정기간내에 발명의 설명 및 청구범위에 대한 번역문을 제출하지 않은 경우 그 국제특허출원은 취하된 것으로 간주한다.
⑤ 특허권의 통상실시권자는 질권자의 승낙이 있으면 그 통상실시권을 포기할 수 있다.

해설

① |○| 국제출원에 대하여 법 제195조의 보정명령을 받은 자가 지정된 기간 내에 보정을 하지 않는 경우 당해 국제출원은 취하간주된다(법 제196조 제1항 제1호).
② |○| 특허권의 포기시 특허권자가 동의를 받아야 할 자는 전용실시권자, 질권자, 직무발명에 대한 통상실시권자 및 허락에 의한 통상실시권자이다(법 제119조 제1항).
③ |×| 법률에 의한 출원의 포기간주로는 특허권 설정등록료 미납의 경우(법 제81조 제3항)와 국방상 필요한 발명의 경우(법 제41조 제5항)가 있다.
④ |○| 국내서면제출기간 내에 국제출원의 명세서 및 청구범위의 번역문의 제출이 없는 경우에는 그 국제특허출원은 취하된 것으로 본다(법 제201조 제2항).
⑤ |○| 법 제119조 제3항

정답 ③

03 출원의 취하, 포기에 관한 다음 설명 중 옳지 않은 것은? [2000년 기출]

① 공동특허출원의 경우 출원의 포기는 전원이 함께 하여야 한다.
② 특허출원인이 행위무능력자인 경우에는 그 법정대리인이 출원의 포기 또는 취하를 할 수 있다.
③ 특허출원의 취하나 포기는 청구항마다 가능한 것으로 인정되고 있다.
④ 특허료 납부기간 또는 추가납부기간 내에 특허료를 납부하지 아니한 때에는 특허권의 설정등록을 받고자 하는 자의 특허출원은 이를 포기한 것으로 본다.
⑤ 특허출원이 공개된 후에 당해 출원이 취하되더라도 확대된 선출원의 지위는 남는다.

해설

① |○| 특허출원의 변경·포기·취하 등 불이익한 특허에 관한 절차에 대해서는 전원이 함께 하여야 한다(법 제11조).
② |○| 법정대리인은 행위무능력자에 대해 포괄적으로 대리권을 가진다. 따라서 특허출원인이 미

성년자, 피한정후견인 또는 피성년후견인 등 행위무능력자인 경우에는 법정대리인이 출원을 포기 또는 취하할 수 있다.
③ |×| 특허출원의 취하 또는 포기는 출원전체에 대해 이루어지는 것이고 청구항별로 취하 또는 포기할 수 없다. 다만, 특허법은 제215조의2에서 "2이상의 청구항이 있는 특허출원에 대한 특허결정을 받은 자가 특허료를 납부하는 때에는 이를 청구항 별로 포기할 수 있다."고 규정하여 보호받고자 하는 청구항에 대해서만 설정등록료를 납부할 수 있도록 하고 있다. 한편, 판례는 "출원서에 첨부된 명세서와 도면의 보정이라는 제도 및 그 보정의 시기와 범위를 제한하는 규정을 두고 있을 뿐 특허결정이 되기 전에 특허출원의 일부를 취하할 수 있다고 규정해 놓은 바 없으며, 특허법에 정해진 보정기간 경과 후에도 특허출원의 일부 취하를 허용하는 것은 특허출원의 보정에 엄격한 시기적 제한을 두고 있는 특허법의 취지에도 반하므로 특허출원인이 출원의 일부 취하라는 이름의 서류를 제출하였다고 하더라도 보정과 같은 목적을 달성하고자 하는 것이라면 특허법상 보정과 마찬가지로 보아야 한다."고 판시하여(大判 2001후1044), 청구항별 취하를 부정한다.
④ |○| 법 제81조 제3항
⑤ |○| 확대된 선출원의 지위는 출원의 공개로 인해 발생하는 것이고 이후 출원이 취하 또는 포기되어도 인정된다.

정답 ③

04 다음 중 틀린 것은?

[2001년 기출변형]

① 추가납부기간까지도 특허료를 납부하지 않은 경우, 특허출원은 포기한 것으로 간주되고 특허권은 추가납부기간이 경과한 때부터 소멸된 것으로 본다.
② 출원공개된 후에 취하된 출원을 근거로 확대된 선출원의 규정을 적용하여 후출원을 거절할 수 있다.
③ 출원이 공개된 후에 포기된 경우 보상금청구권은 처음부터 없었던 것으로 본다.
④ 특허출원이 포기된 경우 해당발명은 재출원하여 특허를 받을 수도 있다.
⑤ 국내우선권주장을 수반하는 특허출원의 경우 선출원의 출원일로부터 1년 3개월이 경과한 후에는 그 우선권 주장을 취하할 수 없다.

해설

① |×| 추가납부기간 이내에 특허료를 납부하지 아니한 때에는 특허권의 설정등록을 받고자 하는 자의 특허출원은 이를 포기한 것으로 보며, 특허권자의 특허권은 법 제79조 제1항 또는 제2항에 따라 납부된 특허료에 해당되는 기간이 만료되는 날의 다음날로 소급하여 소멸된 것으로 본다(법 제81조 제3항). 즉, 특허권은 원 납부기간의 만료시로 소급하여 소멸한다.
② |○| 취하된 특허출원도 출원이 공개되었으면 확대된 선출원의 지위가 인정된다.
③ |○| 법 제65조 제6항
④ |○| 특허출원이 포기되면 선출원의 지위가 소멸되므로(법 제36조 제4항), 출원이 공개되기 전에 포기되면 재출원하여 등록받을 수도 있다.
⑤ |○| 법 제56조제2항

정답 ①

05 특허출원의 취하·포기에 대한 다음 설명 중 옳지 않은 것은? [2004년 기출변형]

① 출원심사의 청구는 취하할 수 없다.
② 출원이 공개된 후에는 취하·포기되더라도 특허법 제29조제3항의 규정에 의한 소위 확대된 선출원의 지위를 갖는다.
③ 조약에 의한 우선권주장을 하는 경우에는 제1국에 한 출원이 취하·포기되는 경우에도 이를 기초로 하여 우선권주장을 할 수 있다.
④ 출원공개 후 발생한 보상금청구권은 특허출원이 포기된 때에도 그 때까지의 발생 부분에 대하여는 이를 행사할 수 있다.
⑤ 출원인은 국제조사를 위하여 국제출원의 접수일로부터 1월 이내 국제조사기관이 인정하는 언어로 된 번역문을 특허청장에게 제출하지 아니하여 보정명령 받은 경우 당해 보정기간 내에도 번역문을 제출하지 아니한 경우 당해 국제출원은 취하간주된다.

해 설

① |O| 법 제59조 제4항
② |O| 확대된 선출원의 지위는 출원의 공개로 인해 발생한다.
③ |O| 조약우선권주장출원의 기초가 되는 제1국 출원은 출원의 정규성이 인정되면 되고 출원일이 인정된 후 취하·포기되어도 조약우선권주장의 기초가 될 수 있다.
④ |×| 특허출원이 포기된 때에는 보상금청구권은 처음부터 없었던 것으로 본다(법 제65조 제6항). 따라서 이러한 경우에는 보상금청구권을 행사할 수 없다.
⑤ |O| 국제조사기관이 인정하지 아니하는 언어로 국제출원이 출원된 경우 출원인은 국제조사를 위하여 국제출원의 접수일로부터 1월 이내에 조약규칙 12.3(a)의 규정에 따라 국제조사기관이 인정하는 언어로 된 번역문을 특허청장에게 제출하여야 한다(시행규칙 제95조의2 제1항). 특허청장은 출원인이 국제출원의 접수일로부터 1월 이내에 번역문을 제출하지 아니한 경우에는 보정을 명한 날로부터 1월 이내에 그 번역문을 제출하도록 출원인에게 보정을 명하여야 한다(시행규칙 제95조의2 제2항). 출원인이 보정기간 내에 번역문을 제출하지 아니하거나 가산료를 납부하지 아니한 경우에는 조약규칙 12.3(d)의 규정에 따라 그 출원은 취하된 것으로 본다. 이 경우 특허청장은 그 취지를 출원인에게 통지하여야 한다(시행규칙 제95조의2 제3항).

정 답 ④

06 거절이유에 대한 설명 중 옳지 않은 것은?

① 거절결정불복심판에서 원 거절결정의 이유와 다른 거절이유를 발견한 경우, 거절이유의 통지를 하여 새로운 거절이유에 대한 의견서 제출의 기회를 주어야 한다.
② 특허법에 규정된 거절이유 이외의 이유로는 특허거절결정이 되는 경우가 없다.
③ 특허청구범위가 여러 개의 청구항으로 된 경우 거절이유를 통지할 때는 거절되는 청구항을 명확히 밝히고, 그 청구항에 관한 거절이유를 구체적으로 적어야 한다.
④ 거절이유통지를 받은 후 그 통지에 따른 의견서 제출기간 내에 2회 이상 명세서 보정을 하는 경우 그 보정 내용은 순차적으로 명세서에 반영된다.
⑤ 심사관은 통지하지 아니한 거절이유로는 거절결정을 할 수 없다.

해설

① 기존 원 거절결정이 잘못된 경우 원 거절결정을 취소한 다음, 심사국으로 환송하여 심사관이 다른 거절이유가 있는지를 심사하거나, 또는 심판부에서 직접 다른 거절이유가 있는지를 심리할 수 있다. 만약 심판부에서 직접 심리하여 다른 거절이유가 있음을 발견하면 통지하고 의견서 제출기회를 부여한다(특허법 제170조).
② 정해진 거절이유에 의해서만 거절결정된다(특허법 제62조).
③ 특허법 제63조 제2항
④ 자진보정기간이 아닌 거절이유통지 후 의견제출기간에 행해진 복수의 보정은 마지막 보정만 인정된다(특허법 제47조 제4항).
⑤ 거절이유통지 없이 거절결정하면 절차적 위법으로 거절결정불복심판에서 거절결정이 취소될 수 있다(특허법 제63조).

정답 ④

07 거절이유에 관한 설명으로 옳지 않은 것은?

① 공동발명자 중 한 사람이 단독으로 특허출원한 경우 등록 전에는 거절이유와 정보제공사유에 해당하고 등록 이후에는 특허무효사유에 해당한다.
② 1군의 발명에는 하나의 출원 내에 카테고리가 동일한 여러 개의 독립항을 포함하는 경우도 있고, 하나의 출원 내에 카테고리가 상이한 여러 개의 독립항을 포함하고 있는 경우도 있을 수 있다.
③ 요약서가 부실하게 작성되거나 청구범위에 기재된 발명과 무관한 내용으로 잘못 기재된 경우는 거절이유에 해당한다.
④ 발명은 자연법칙을 이용한 것이어야 하므로 자연법칙에 위배되는 것은 발명에 해당되지 않는다.
⑤ 특허기탁과 관련된 절차에 흠결이 있어 그 절차가 무효처분된 경우 심사관은 해당 미생물과 관계되는 출원발명에 대해 특허법 제42조 제3항 제1호 위반을 적용할 수 있다.

해설

① 특허법 제44조 위반은 특허취소사유 빼고, 거절이유, 정보제공사유, 직권재심사사유, 특허무효사유 모두에 해당한다.
② 심사기준 문구이다. 예컨대 청구항 1이 A+B인 엔진이고, 청구항 2가 A+C인 엔진의 경우 서로 엔진이라는 같은 카테고리의 발명이면서 서로 독립항이지만, 공통되거나 상응하는 기술적 특징인 A가 선행기술에 비해 개선된 것이면 특허법 제45조를 만족한다. 또한 청구항 1이 A+B인 엔진이고, 청구항 2가 X+Y인 청구항 1의 엔진의 제조방법인 경우 엔진과 제조방법으로 서로 다른 카테고리의 발명이면서 서로 독립항이지만, 공통되거나 상응하는 청구항 1의 엔진이 선행기술에 비해 개선된 것이면 특허법 제45조를 만족한다.
③ 요약서 기재와 관련해서는 특허법 제42조 제3항 제1호나 제4항의 요건을 충족하지 못했다는 이유로 거절이유통지를 해서는 안 된다(심사기준). 요약서 기재는 거절이유 어디에도 해당하지 않는다. 단지 요약서를 첨부하지 않거나 시행규칙의 작성방법에 의하지 않고 부실하게 작성한 경우는 보정명령의 대상이 될 수 있을 뿐이다(특허법 제46조, 제16조).
④ 특허법 제2조 제1호.
⑤ 심사기준 문구이다. 출원시 쉽게 입수할 수 없는 미생물과 관련된 발명은 기탁이 필요하며, 기탁이 필요함에도 불구하고 기탁하지 않거나 기탁절차가 무효로 되었다면, 특허법 제42조 제3항 제1호 위반에 해당할 수 있다.

정답 ③

08 특허거절결정에 대한 설명 중 옳지 않은 것은? (다툼이 있는 경우에는 판례에 의함)

[2007년 기출]

① 심사관이 특허거절결정을 할 때까지 진보성을 문제 삼았을 뿐이고 출원인에게 신규성이 없다는 이유로 거절이유의 통지를 하여 명세서를 보정할 기회를 부여한 바 없는 경우에는 신규성이 없다는 이유로 거절결정을 할 수 없다.
② 청구범위가 여러 개의 청구항으로 되어있는 경우 그 중 하나의 항에만 거절이유가 있는 경우에는 그 특허출원 전체가 거절결정되는 것은 아니다.
③ 특허명세서에 대한 보정기간 경과 후에는 특허출원의 일부취하가 허용되지 않는다.
④ 거절결정불복심판에서 원 거절결정의 이유와 다른 거절이유를 발견한 경우, 거절이유의 통지를 하여 새로운 거절이유에 대한 의견서 제출의 기회를 주어야 한다.
⑤ 특허법에 규정된 거절이유 이외의 이유로는 특허거절결정이 되는 경우가 없다.

해설

① [O] 특단의 사정이 없는 한 발명에 신규성이 없다는 것과 진보성이 없다는 것은 원칙적으로 특허를 받을 수 없는 사유로서 독립되어 있는 것이라고 할 것인데, 출원발명에 대한 최초의 거절이유통지부터 심결이 내려질 때까지 특허청이 출원인에게 출원발명이 신규성이 없다는 이유로 의견서제출통지를 하여 그로 하여금 명세서를 보정할 기회를 부여한 바 없고, 심결에 이르기까지

특허청이 일관하여 출원발명의 요지로 인정하고 있는 부분에 관하여는 진보성이 있다고 여겨지는바, 법원이 출원발명의 요지를 제대로 파악한 결과 신규성이 없다고 인정되는 부분이 있다고 하더라도, 출원인에게 그 발명의 요지를 보정할 기회도 주지 않은 채 곧바로 이와 다른 이유로 출원발명의 출원을 거절한 심결의 결론이 그 결과에 있어서는 정당하다고 하여 심결을 그대로 유지하는 것은 당사자에게 불측의 손해를 가하는 것으로 부당하다고 보여지므로, 출원발명의 요지를 잘못 인정하고 그에 따른 진보성 판단도 잘못된 심결을 취소함이 상당하다(大判 2000후1177).

② |×| 심사관은 특허출원에 있어서 청구범위에 2이상의 청구항이 있고, 하나의 청구항이라도 거절이유가 해소되지 못한 경우에는 출원 전체를 특허거절결정해야 하는데, 이를 강학상 출원일체의 원칙이라고 한다.

③ |○| 출원서에 첨부된 명세서와 도면의 보정이라는 제도 및 그 보정의 시기와 범위를 제한하는 규정을 두고 있을 뿐 특허결정이 되기 전에 특허출원의 일부를 취하할 수 있다고 규정해 놓은 바 없으며, 특허법에 정해진 보정기간 경과 후에도 특허출원의 일부 취하를 허용하는 것은 특허출원의 보정에 엄격한 시기적 제한을 두고 있는 특허법의 취지에도 반하므로 특허출원인이 출원의 일부 취하라는 이름의 서류를 제출하였다고 하더라도 보정과 같은 목적을 달성하고자 하는 것이라면 특허법상 보정과 마찬가지로 보아야 한다(大判 2001후1044).

④ |○| 심판관은 원거절이유에 대해서는 심판청구인에게 다시 거절이유를 통지하지 않고, 새로이 다른 거절이유를 발견한 경우에 한하여 심판청구인에게 거절이유를 통지하고 기간을 정하여 의견서 제출기회를 주어야 한다(법 제170조 제2항 및 법 제170조 제1항 준용 법 제63조).

⑤ |○| 법 제62조의 거절이유는 제한 열거적이다.

정답 ②

09 특허출원이 취하된 것으로 간주되는 경우가 아닌 것은? [2008년 기출]

① 국방상 필요한 발명에 대한 비밀취급 명령을 위반한 때
② 특허출원을 실용신안등록출원으로 변경출원한 때
③ 특허출원인이 청구범위를 기재하지 아니한 명세서를 특허출원한 후에 소정기간 내에 보정하지 아니한 때
④ 국제출원에 관한 수수료 미납에 대하여 보정명령을 받은 날부터 1월 내에 납부하지 아니한 때
⑤ 국제출원의 경우 발명의 명칭 미기재에 대한 보정명령시 소정기간 내에 보정을 하지 아니한 때

해설

① |×| 국방상 필요한 발명에 대해 비밀취급명령을 위반한 경우에는 그 발명에 대하여 특허를 받을 수 있는 권리를 포기한 것으로 본다(법 제41조 제5항).

② |○| 실용신안법 제10조 제4항

③ |○| 청구범위를 기재하지 아니한 명세서를 특허출원한 후에 법정 기한까지 명세서를 보정하지 아니한 경우에는 그 기한이 되는 날의 다음 날에 해당특허출원은 취하된 것으로 본다(법 제42조 제7항).

④ |○| 국제출원에 관한 수수료를 납부의 보정을 명한 날부터 1월내에 납부하지 않은 경우 당해 국제출원은 취하된 것으로 간주한다(법 제196조 제1항 제2호).

⑤ |○| 법 제195조에 따른 특허청장의 보정명령을 받은 자가 지정기간 내에 보정을 하지 않는 경우 당해 국제출원은 취하된 것으로 간주한다(법 제196조 제1항 제2호). 법 제195조의 보정사유는 ⅰ) 발명의 명칭이 기재되지 않는 경우 ⅱ) 요약서가 포함되지 아니한 경우 ⅲ) 특허법상 행위무능력자가 법정대리인에 의하지 않고 절차를 밟거나 선임된 대리인이 변리사가 아닌 경우 ⅳ) 산업통상자원부령이 정하는 방식에 위반된 경우 이다.

정답 ①

PART 07

특허권

CHAPTER 01 특허료의 납부, 설정등록 및 등록공고

01 다음은 특허료 납부에 관한 내용이다. 다음 중 틀린 것을 고르시오.

① 특허료는 최초 3년분을 등록결정 또는 등록심결의 등본을 받은 날부터 3월 이내에 일시에 납부하여야 한다.
② 특허료는 이해관계인이 특허권자 등의 의사에도 불구하고 납부할 수 있고 이때 납부하여야 할 자가 현재 이익을 받은 한도에서 그 비용의 상환을 청구할 수 있다.
③ 특허권의 설정등록을 받고자 하는 자 또는 특허권자는 특허료 납부기간이 경과한 후에도 6월 이내에 특허료를 추가납부 할 수 있다.
④ 특허권의 설정등록을 받고자 하는 자 또는 특허권자가 정당한 사유로 말미암아 추가납부기간 이내에 특허료를 납부하지 아니하였거나 보전기간 이내에 보전하지 아니한 경우에는 그 사유가 종료한 날부터 2월 이내에 그 특허료를 납부하거나 보전할 수 있다. 다만, 추가납부기간의 만료일 또는 보전기간의 만료일중 늦은 날부터 1년이 경과한 때에는 그러하지 아니하다.
⑤ 추가납부기간 이내에 특허료를 납부하지 아니하였거나 보전기간 이내에 보전하지 아니하여 실시 중인 특허발명의 특허권이 소멸한 경우 그 특허권자는 추가납부기간 또는 보전기간 만료일부터 3월 이내에 특허료의 3배를 납부하고 그 소멸한 권리의 회복을 신청할 수 있다. 이 경우 그 특허권은 특허료 납부기간이 경과한 때에 소급하여 존속하고 있었던 것으로 본다.

해설

① |O| 징수규칙 제8조 제5항
② |O| 법 제80조 제1항 및 제2항
③ |O| 특허권의 설정등록을 받고자 하는 자 또는 특허권자는 특허료 납부기간(법 제79조 제3항)이 경과한 후에도 6개월 이내에 특허료를 추가 납부할 수 있다. 다만, 특허료를 추가 납부할 때에는 납부하여야 할 특허료의 2배 이내의 범위에서 산업통상자원부령으로 정한 금액을 납부하여야 한다(법 제81조 제1항 및 제2항).
④ |O| 법 제81조의3 제1항
⑤ |X| 법 제81조의3 제3항 추가납부기간에 특허료를 내지 아니하였거나 보전기간에 보전하지 아니하여 특허발명의 특허권이 소멸한 경우 그 특허권자는 추가납부기간 또는 보전기간 만료일부터 3개월 이내에 제79조에 따른 특허료의 2배를 내고, 그 소멸한 권리의 회복을 신청할 수 있다. 이 경우 그 특허권은 계속하여 존속하고 있던 것으로 본다.
즉, '특허법 제81조의3 제3항'에 따라 권리를 회복의 대상이 되는 것은 특허료 중에 유지료, 연차료를 납부하지 못하여 특허권이 소멸한 경우에만 해당이 되고, 설정등록료를 납부하지 못하여 특허출원이 포기된 경우에는 회복신청을 할 수 없다.
한편, 2013년 7월 1일 시행법에서 특허법조약의 취지를 반영하여 특허출원인이 정당한 사유로 출원심사의 청구기간 또는 재심사의 청구기간을 지키지 못하여 특허출원이 취하되거나 특허거절결정이 확정된 것으로 인정되는 경우에는 그 사유가 소멸한 날부터 2개월 이내에 출원심사의 청구 또는 재심사의 청구가 가능하도록 하였다.

제67조의3(특허출원의 회복) ① 특허출원인이 정당한 사유로 다음 각호의 어느 하나에 해당하는 기간을 지키지 못하여 특허출원이 취하되거나 특허거절결정이 확정된 것으로 인정되는 경우에는 그 사유가 소멸한 날부터 2개월 이내에 출원심사의 청구 또는 재심사의 청구를 할 수 있다. 다만, 그 기간의 만료일로부터 1년이 지난 때에는 그러하지 아니하다.
    1. 제59조제2항 또는 제3항에 따라 출원심사의 청구를 할 수 있는 기간
    2. 제67조의2제1항에 따라 재심사의 청구를 할 수 있는 기간
② 제1항에 따른 출원심사의 청구나 재심사의 청구가 있는 경우에는 제59조제5항에도 불구하고 그 특허출원은 취하되지 아니한 것으로 보거나 특허거절결정이 확정되지 아니한 것으로 본다.

정답 ⑤

02 특허발명 A의 특허권자 甲은 2003년 1월 20일까지 제4년차 특허료를 납부하여야 했으나 제 때에 납부하지 못하였고, 甲의 특허료 불납 사실을 확인한 乙은 甲의 특허권 소멸을 믿고 A와 동일성이 있는 특허내용을 국내에서 2003년 7월 21일부터 실시사업 준비를 하고 있다. 본 사안과 관련하여 옳은 것은?

[2004년 기출]

① 甲은 2003년 7월 20일까지 2배 납부를 조건으로 특허료를 추가납부할 수 있으나 이 기한 내에 특허료를 납부하지 않으면 甲의 특허권은 추가납부 기간이 경과한 때에 소멸된 것으로 본다.
② 甲이 정당한 사유로 특허료를 납부하지 못한 경우라면 2003년 7월 20일 이후에도 사유 소멸일로부터 2월 이내라면 언제라도 특허료를 납부하여 권리를 회복할 수 있다.
③ 甲의 권리가 회복된 경우 乙이 실시준비를 시작한 시점부터 권리회복 전까지 특허발명을 실시한 것이 甲의 특허권 침해라고 볼 수 없다.
④ 乙이 甲의 특허권 소멸을 믿고 선의로 실시사업을 진행하였으므로 甲이 특허권을 회복한 후에도 乙은 대가를 지급하고 계속하여 실시사업을 확대 변경해 갈 수 있는 법정통상실시권이 있다.
⑤ 위 어느 것도 옳지 않다.

해설

① |X| 특허권자는 특허료 납부기간(법 제79조 제3항)이 경과한 후에도 6개월 이내에 특허료를 추가납부할 수 있고, 추가 납부할 때에는 납부하여야 할 특허료의 2배 이내의 범위에서 산업통상자원부령으로 정한 금액을 납부하여야 한다(법 제81조 제1항 및 제2항). 추납기간까지 특허료를 납부하지 않으면, 특허권자의 특허권은 제79조 제1항 또는 제2항에 따라 납부된 특허료에 해당되는 기간이 만료되는 날의 다음 날로 소급하여 소멸된 것으로 본다(법 제81조 제3항). 즉, '추가납부 기간이 경과한 때에 소멸된 것으로 본다.'가 아니고 '납부 기간이 경과한 때에 소멸된 것으로 본다.'가 맞는 표현이다.
② |X| 추가납부기간의 만료일 또는 보전기간의 만료일중 늦은 날부터 1년이 경과하기 전에 특허료를 추가납부하여야 특허권을 회복할 수 있다(법 제81조의3 제1항 단서).

③ |○| 회복된 특허출원 또는 특허권의 효력은 특허료 추가납부기간이 경과한 날부터 납부하거나 보전한 날까지 기간(이하 "효력제한기간"이라 한다)중에 다른 사람이 특허발명을 실시한 행위에 대하여는 그 효력이 미치지 아니한다(법 제81의3 제4항). 따라서 乙의 실시는 침해가 아니다.
④ |×| 법정실시권의 인정 범위는 '그 실시 또는 준비를 하고 있는 발명 및 사업의 목적 범위내'로 한정된다. 동일한 사업목적의 범위 내에서라면 공장부지의 확장, 종업원의 증원, 영업소의 확장 등의 양적 확장은 무방하나, 특허출원시 정관에 기재된 사항을 후에 변경하여 영업을 확장하는 경우는 질적 확장에 해당하여 허용될 수 없을 것이다. 따라서 실시사업을 확대할 수는 있다고 보이나 변경할 수는 없다고 본다.

정답 ③

03 특허료에 관한 설명으로 옳은 것은?

① 보전명령을 받은 자는 그 보전명령을 받은 날부터 1개월 이내에 내지 아니한 금액의 2배의 금액을 내야 한다.
② 국가에 속하는 특허출원 또는 특허권에 관한 특허료는 면제된다.
③ 특허료는 최초 3년분을 등록결정 또는 등록심결의 등본을 받은 날부터 6개월 이내에 납부하여야 한다.
④ 잘못 납부된 특허료는 납부한 자의 청구가 없더라도 반환한다.
⑤ 특허권자가 정당한 사유로 추가납부기간에 특허료를 내지 못한 경우는 그 사유가 소멸한 날부터 2개월 이내라면 언제든지 특허료를 낼 수 있다.

해 설

① 2배의 범위에서 정해진다(특허법 제81조의2 제3항). 2배의 금액은 권리회복신청에서나 납부하는 금액이다.
② 특허법 제83조 제1항 제1호
③ 6개월이 아니라 3개월이다(특허료등의 징수규칙 제8조 제5항).
④ 통지 받은 날부터 5년 이내에 반환청구해야 반환받을 수 있다(특허법 제84조).
⑤ 추가납부기간 만료일부터(본 지문은 일부납부 상황은 아니므로 보전기간은 고려할 필요 없다) 1년이 지나면 불가하다(특허법 제81조의3 제1항).

정답 ②

04 특허료에 관한 설명으로 옳은 것은?

① 특허권자가 6개월의 추가납부기간에 특허료를 내지 아니하였거나 또는 1개월의 보전기간에 보전하지 아니하였다 하더라도 추가납부기간 또는 보전기간 만료일부터 3개월 이내에 특허법 제79조에 따른 특허료의 3배를 내면서 소멸한 권리의 회복을 신청할 수 있다.

② 이해관계인은 특허권자의 의사에 불구하고 특허료를 납부할 수 있으며, 이 경우는 납부해야 할 자가 현재 이익을 받은 한도에서만 그 비용의 상환을 청구할 수 있다.

③ 특허권자가 특허법 제79조 제3항 또는 제81조 제1항에 따른 기간에 특허료의 일부를 내지 아니한 경우는 심사관이 특허료의 보전을 명하여야 하며, 보전기간은 30일 이내이다.

④ 특허취소결정, 특허를 무효로 한다는 심결이나, 특허권의 존속기간의 연장등록을 무효로 한다는 심결이 확정된 경우는 이미 낸 특허료 중 확정된 해의 다음 해부터의 특허료 해당분을 반환 받을 수 있으나, 특허권을 특허권자가 스스로 포기한 경우는 이미 낸 특허료를 반환 받을 수 없다.

⑤ 특허권자가 정당한 사유로 추가납부기간에 특허료를 내지 못한 경우는 그 사유가 소멸한 날부터 14일 이내에 특허료를 낼 수 있다.

해 설

① 추가납부기간 6개월 또는 보전기간 1개월까지 특허료를 내지 않거나 일부 미납액을 보전하지 않으면 특허권이 소멸되나, 추가납부기간 6개월 또는 보전기간 1개월의 만료일부터 3개월 이내에 특허법 제79조에 따른 원래 납부해야 할 특허료의 2배를 내면 소멸한 권리의 회복을 신청할 수 있다(특허법 제81조의3 제3항). 특허법 제79조에 따른 원래 납부해야 할 특허료의 3배를 납부하면서 권리회복신청하는 것은 구법상의 규정이다. 현행법은 3배를 2배로 금액을 하향 조정했다.

② 특허료는 특허권자가 아닌 제3자가 납부할 수도 있다(특허법 제80조 제1항, 제2항).

③ 보전명령은 심사관이 아닌 특허청장이 하며, 보전기간은 30일이 아니고 1개월이다(특허법 제81조의2 제1항, 제2항). 14일과 2주는 같고, 2년 7개월과 31개월은 같으나, 30일과 1개월은 다르다. 1개월은 경우에 따라 28일 혹은 31일일 수도 있기 때문이다.

④ 법을 개정하면서 특허권을 포기한 경우도 이미 낸 특허료 중 포기한 해의 다음 해부터의 특허료 해당분을 반환 받을 수 있게 되었다(특허법 제84조 제1항 제6호).

⑤ 14일이 아니고 2개월이다(특허법 제81조의3 제1항).

정 답 ②

05 특허법 제84조(특허료 등의 반환)에 관한 설명으로 옳지 않은 것은? [2023년 기출]

① 납부된 특허료 및 수수료는 제1항 각호의 어느 하나에 해당하는 경우에만 납부한 자의 청구에 의하여 반환한다.
② 잘못 납부된 특허료 및 수수료는 납부한 자의 청구에 의하여 반환한다.
③ 납부된 특허료 및 수수료는 특허권의 존속기간의 연장등록을 무효로 한다는 심결이 확정된 해의 다음 해부터의 특허료 해당분에 해당하는 경우 납부한 자의 청구에 의하여 반환한다.
④ 특허청장 또는 특허심판원장은 납부된 특허료 및 수수료가 제1항 각호의 어느 하나에 해당하는 경우에는 그 사실을 납부한 자에게 통지하여야 한다.
⑤ 제1항에 따른 특허료 및 수수료의 반환청구는 제2항에 따른 통지를 받은 날부터 3년이 지나면 할 수 없다.

해 설

① |O| 제84조에 규정된 사유로만 반환 가능하며, 납부한 자의 청구가 있어야 반환 가능하다(특허법 제84조 제1항).
② |O| 잘못 납부된 경우 반환사유에 해당한다(특허법 제84조 제1항 제1호).
③ |O| 존속기간연장등록 무효심결 확정된 경우 반환사유에 해당하며, 심결이 확정된 해의 다음 해부터의 특허료 해당분 반환 가능하다(특허법 제84조 제1항 제3호).
④ |O| 반환사유에 해당하는 경우 납부한 자에게 반환사유 통지하고, 납부한 자의 청구가 있는 경우 반환한다(특허법 제84조 제2항).
⑤ |×| 구법상 3년이고 현행법은 5년으로 개정되었다(특허법 제84조 제3항).

정 답 ⑤

06 특허료 및 수수료에 대한 다음의 설명 중 옳은 것은?

① 특허청장은 국가에 속하는 특허출원 또는 특허권에 관한 수수료 또는 특허료를 감면할 수 있다.
② 오납된 특허료는 반환대상이 아니다.
③ 특허출원에 대한 출원심사청구를 한 후에 그 특허출원을 취하하거나 또는 포기한 경우에 이미 납부된 수수료는 반환하지 않는다.
④ 심리의 종결을 통지받기 전까지 법 제155조 제1항에 따른 참가신청을 취하한 경우 이미 낸 수수료 중 참가신청료를 반환받을 수 있다.
⑤ 특허권자가 존속기간의 만료시까지의 특허료를 납부한 상태에서 당해 특허에 대한 무효심결이 확정된 경우, 특허청장은 반환대상에 해당된다는 사실을 특허권자에게 통지하여야 하며, 특허권자는 통지를 받은 날로부터 5년이 되는 날까지 반환을 청구할 수 있다.

해 설

① |×| 국가에 속하는 권리에 관한 수수료, 특허료는 감면대상이 아니라 면제대상이다(법 제83조 제1항 제1호).
② |×| 오납된 특허료, 수수료는 반환대상이다(법 제84조 제1항 제1호).
③ |×| 특허출원(분할출원, 분리출원, 변경출원 및 우선심사의 신청이 있는 특허출원을 제외한다) 후 1월 이내에 해당 특허출원을 취하하거나 포기한 경우에 이미 납부된 수수료 중 특허출원료 및 특허출원의 우선권주장 신청료는 반환한다(법 제84조 제1항 제4호).
한편, 심사청구료는 다음 각목의 어느 하나가 있기 전이면 반환한다(법 제84조 제1항 제5호).
가. 제36조제6항에 따른 협의 결과 신고 명령(동일인에 의한 특허출원에 한정한다)
나. 제58조제1항에 따라 의뢰된 선행기술의 조사업무에 대한 결과 통지
다. 제63조에 따른 거절이유통지
라. 제67조제2항에 따른 특허결정의 등본 송달
④ |×| 참가신청료 전액이 아니라 2분의 1에 해당하는 금액만 반환받을 수 있다(법 제84조 제1항 제9호).
⑤ |O| 납부된 특허료 및 수수료는 반환하지 않는 것이 원칙이나, 법 제84조 제1항 제1호 내지 제11호 사유에 해당되는 경우, 납부한 자의 청구에 의하여 반환받을 수 있다. 해당 사유 발생시 모두 통지해주고, 그 통지받은 날부터 5년 이내 청구하면 된다(법 제84조 제2항 및 3항).

정 답 ⑤

07 특허료 및 수수료에 대한 다음 설명 중 옳지 않은 것을 모두 고른 것은? [2004년 기출]

> (가) 특허출원인이 아닌 자가 출원심사의 청구를 한 후 그 특허출원서에 첨부한 명세서를 보정하여 청구항의 수가 증가한 때에는 그 증가한 청구항에 관한 심사청구료는 그 출원심사의 청구를 한 자가 납부하여야 한다.
> (나) 2이상의 청구항이 있는 특허에 대하여 일부 청구항을 포기하는 경우에 포기된 청구항에 대해서는 다음 년도부터의 청구항 수에 따른 특허료 해당분을 반환받을 수 없다.
> (다) 특허를 무효로 한다는 심결이 있을 때에는 그 심결이 있는 년도의 다음 년도부터의 특허료 해당분을 반환한다.
> (라) 특허권의 질권자는 특허권자의 의사에 반하여 특허료를 납부할 수 있다.

① (가), (나) ② (가), (다)
③ (나), (다) ④ (가), (나), (다)
⑤ (가), (나), (다), (라)

해 설

(가) |×| 특허출원인이 아니 자가 출원심사의 청구를 한 후 그 특허출원서에 첨부한 명세서를 보정하여 청구범위에 기재한 청구항의 수가 증가한 때에는 그 증가한 청구항에 관하여 납부하여야 할 심사청구료는 특허출원인이 납부하여야 한다(법 제82조 제2항).

(나) |×| 특허권이 포기된 경우 미리 납부한 특허료 중 포기된 청구항 수만큼에 해당하는 금액을 반환 받을 수 있다(법 제84조 제1항 제6호, 제215조).
(다) |×| 특허무효심결이 확정된 연도의 다음 연도부터의 특허료 해당분이 반환 대상이다.
(라) |○| 이해관계인은 납부하여야 할 자의 의사에 불구하고 특허료를 납부할 수 있다(법 제80조 제1항). 특허권이 소멸하면 이에 부수적인 권리인 질권도 소멸하므로, 질권자는 특허권의 존속에 이해관계가 있으며 특허료 납부가 가능하다.

정답 ④

08 특허료 납부 및 특허료 추가납부와 보전과 관련된 설명이다. 옳은 것으로만 연결된 것은?

(가) 甲은 최초 3년분의 특허료를 특허결정 또는 심결등본 송달일로부터 3월 이내에 일시에 납부해야 한다.
(나) 甲은 최초 3년분의 특허료를 특허결정 또는 심결등본 송달일로부터 1년 9개월이 경과한 후에도 특허료를 완납할 수 있는 경우가 있다.
(다) 甲이 특허결정 또는 심결등본 송달을 받은 경우 9월이 경과한 시점까지 특별한 이유 없이 특허료를 납부하지 않았어도 원 설정등록료의 2배를 납부하여 소멸한 권리의 회복을 신청할 수 있는 경우가 있다.
(라) 甲은 최초 3년분의 특허료를 납부하지 못하는 경우 기간연장을 신청할 수 있다.
(마) 甲의 특허권은 4년차 연차료를 납부 기간이 2008. 1. 20이었으나 불납하였고, 乙은 2008. 7. 21부터 실시사업의 준비를 한 경우 甲의 권리가 회복된 경우 乙이 실시 준비를 시작한 시점부터 권리회복 전까지 특허발명의 실시는 甲의 특허권을 침해한 것이라고 볼 수 없고, 이 경우 乙은 선의인 경우만 보호된다.

① (가), (나)
② (나), (다)
③ (가), (라)
④ (다), (마)
⑤ (라), (마)

해설

(가) |○| 특허결정 또는 특허할 것이라는 등록심결의 등본을 받은 날로부터 3월 이내에 최초 3년분의 특허료를 일시에 납부하여야 한다(징수규칙 제8조 제5항).
(나) |○| 추납기간 6월, 그리고 이 기간 내에도 정당한 사유로 불납한 경우 최장 1년 내에 납부할 수 있다. 한편, 6월의 추납기간 내에 특허료의 일부를 부족납부하여 특허청장으로부터 보전명령을 받은 경우에 그 보전기간의 만료일이 6월의 추납기간 경과 후이고 보전기간 내 정당한 사유로 특허료를 보전하지 못한 경우에는 그 보전기간의 만료일로부터 최장 1년까지 부족한 특허료를 보전할 수 있다(법 제81조의3 제1항).
(다) |×| 추가납부 또는 보전기간 만료 후 3월 이내에 특허료의 2배를 납부함으로써 권리를 회복할

수 있는 대상은 "특허권이 소멸한 경우"이며, 설정등록을 받고자 하는 특허출원은 그 대상이 아니다(법 제81조의3 제3항).
㈑ |×| 특허료 납부기간에 대해서는 추납기간이 인정될 뿐 기간연장은 인정되지 않는다.
㈒ |×| 회복된 특허출원 또는 특허권의 효력은 특허료 추가납부기간이 경과한 날부터 납부하거나 보전한 날까지 기간(이하 "효력제한기간"이라 한다) 중에 다른 사람이 특허발명을 실시한 행위에 대하여는 그 효력이 미치지 아니한다(법 제81조의3 제4항). 법문상 乙의 선의를 요하지 않는다.

정답 ①

09 특허권 등의 등록에 관한 설명이다 옳은 것은?

① 특허권의 이전(상속 기타 일반승계에 의한 경우를 제외한다), 포기에 의한 소멸 또는 처분의 제한은 등록하지 않으면 효력이 발생하지 않는다.
② 전용실시권의 설정, 이전(상속 기타 일반승계에 의한 경우를 제외한다), 변경, 소멸(혼동에 의한 경우를 포함한다) 또는 처분의 제한도 등록하지 않으면 효력이 발생하지 않는다.
③ 특허권 또는 전용실시권을 목적으로 하는 질권의 설정, 이전(상속 기타 일반승계에 의한 경우를 제외한다), 변경, 소멸(혼동에 의한 경우를 포함한다) 또는 처분의 제한도 등록을 하지 않으면 효력이 발생하지 않는다.
④ 통상실시권 또는 이를 목적으로 하는 질권의 설정, 이전, 변경, 소멸 또는 처분의 제한은 등록을 하지 않으면 효력이 발생하지 않는다.
⑤ 특허권, 전용실시권, 및 특허권, 전용실시권에 대한 질권의 상속 기타 일반승계의 경우에는 그 효력이 곧바로 발생하므로 그 취지를 특허청장에게 신고할 필요가 없다.

해설

① |○| 법 제101조 제1항 제1호
②, ③ |×| 전용실시권의 소멸이나 특허권 또는 전용실시권을 목적으로 하는 질권의 소멸에 있어서 혼동에 의한 경우는 등록하지 않아도 효력이 발생한다(법 제101조 제1항 제2호 및 제3호).
④ |×| 통상실시권을 등록한 때에는 그 등록 후에 특허권 또는 전용실시권을 취득한 자에 대하여도 그 효력이 발생한다(법 제118조 제1항). 통상실시권의 이전·변경·소멸 또는 처분의 제한, 통상실시권을 목적으로 하는 질권의 설정·이전·변경·소멸 또는 처분의 제한은 이를 등록하지 아니하면 제3자에게 대항할 수 없다(법 제118조 제3항). 즉, 등록이 효력발생요건이 아니라, 제3자 대항요건이다.
⑤ |×| 상속 기타 일반승계의 경우 등록하지 않아도 효력은 발생하나 특허권·전용실시권 및 질권의 상속 기타 일반 승계의 경우에는 지체 없이 그 취지를 특허청장에게 신고하여야 한다(법 제101조 제2항).

정답 ①

10 특허료에 관한 설명으로 옳지 않은 것은? [2013년 기출]

① 이해관계인은 특허권자의 의사에 불구하고 특허료를 납부할 수 있으며, 이 경우에 납부해야 할 자가 현재 이익을 받은 한도에서 그 비용의 상환을 청구할 수 있다.
② 특허권자가 6개월의 추가납부기간 이내에 특허료를 납부하지 아니한 때에는 특허권자의 특허권은 특허법 제79조(특허료)에 따라 납부된 특허료에 해당하는 기간이 만료되는 날의 다음 날로 소급하여 소멸된 것으로 본다.
③ 특허권자가 6개월의 추가납부기간 이내에 특허료의 일부를 납부하지 않은 경우에 심사관은 특허료의 보전명령을 내려야 하며, 보전명령을 받은 자는 그 보전명령을 받은 날부터 30일 이내에 특허료를 보전할 수 있다.
④ 특허권자가 추가납부기간 이내에 특허료를 납부하지 않아 특허권이 소멸한 경우 그 특허권자는 추가납부기간 만료일부터 3개월 이내에 특허법 제79조(특허료)에 의한 특허료의 2배를 납부하고 그 소멸한 권리의 회복을 신청할 수 있다.
⑤ 특허권자가 정당한 사유로 말미암아 추가납부기간 이내에 특허료를 납부하지 않았다가 사후에 납부하여 특허권이 회복된 경우에 추가납부기간이 경과한 날부터 납부한 날까지의 기간 중에 다른 사람이 특허발명을 실시한 행위에 대하여는 그 효력이 미치지 않는다.

해설

① |O| 법 제80조 제1항 및 제2항
② |O| 법 제81조 제3항
③ |×| 법 제81조의2 제2항, 특허료의 보전명령은 특허청장이 하며, 보전기간은 1월이다.
④ |O| 법 제81조의3 제3항
⑤ |O| 법 제81조의3 제4항

정답 ③

11 특허료 및 수수료에 대한 다음 설명 중 옳은 것은?

① 잘못 납부된 특허료는 반환대상이 아니다.
② 이미 납부한 심사청구료는 출원 후 1개월 이내에 그 출원을 취하 또는 포기해야 반환 받을 수 있다.
③ 특허권의 존속기간의 연장등록을 무효로 한다는 심결이 있은 해의 다음 해부터의 특허료 해당분은 반환 받을 수 있다.
④ 특허료 및 수수료의 반환청구는 반환대상에 해당된다는 사실을 통지 받은 날부터 5년이 지나면 할 수 없다.
⑤ 심판청구가 특허법 제141조 제2항에 따라 결정으로 각하되고 그 결정이 확정된 경우 심판청구료 전액을 반환 받을 수 있다.

해설

① 잘못 납부된 특허료나 수수료도 반환대상에 해당한다(특허법 제84조 제1항 제1호).
② 출원료와 우선권주장신청료나 출원 1개월 이내에 취하, 포기해야 반환 받을 수 있고, 심사청구료는 출원 후1개월이 경과했어도 심사결과의 통지가 있기 전까지 출원을 취하, 포기하면 반환 받을 수 있다(특허법 제84조 제1항 제5호).
③ 심결이 있은 해가 아니라, 심결이 확정되어 특허권이 소멸된 해의 다음 해부터의 특허료 해당분을 반환 받을 수 있다(특허법 제84조 제1항 제3호).
④ 통지 받은 날부터 5년 내에 반환청구해야 한다(특허법 제84조 제3항).
⑤ 심리종결 후 심결을 받지 못한 경우는 심판청구료 전액이 아니고, 심판청구료의 2분의1을 반환 받을 수 있다(특허법 제84조 제1항 제8호).

정답 ④

12 특허료 및 수수료의 반환에 관한 설명으로 옳은 것은?

① 분할출원 후 1개월 이내에 그 출원을 취하하거나 포기한 경우 이미 낸 수수료 중 우선권 주장 신청료는 납부한 자의 청구에 의하여 반환 받을 수 있다.
② 심결 확정 전까지 심판청구를 취하한 경우 이미 내 수수료 중 심판청구료의 2분의 1에 해당하는 금액은 납부한 자의 청구에 의하여 반환 받을 수 있다.
③ 특허료 및 수수료의 반환청구는 특허청장 또는 특허심판원장으로부터 반환안내서를 통지 받은 날부터 2년이 지나면 할 수 없다.
④ 둘 이상의 청구항이 있는 특허권에 관하여 일부 청구항을 포기한 경우 포기한 해부터의 그 포기한 일부 청구항에 관한 특허료 해당분을 납부한 자의 청구에 의하여 반환 받을 수 있다.
⑤ 특허권의 존속기간의 연장등록거절결정이 거절결정불복심판의 심결로써 취소된 경우 이미 낸 수수료 중 심판청구료는 전액을 납부한 자의 청구에 의하여 반환 받을 수 있다.

해설

① 분할출원, 분리출원, 변경출원, 우선심사의 신청을 한 특허출원은 출원료 및 우선권 주장 신청료의 반환에서 제외한다(특허법 제84조 제1항 제4호 괄호). 분할출원, 분리출원, 변경출원, 우선심사의 신청을 한 특허출원이 아닌 특허출원을 1개월 이내에 취하하거나 포기한 경우 출원료 및 우선권 주장 신청료를 반환 받을 수 있다. 참고로 심사청구료는 분할출원 등이라 하더라도 심사관의 심사 등이 진행되기 이전에 출원을 취하하거나 포기했다면(특허법 제53조 제4항, 제56조 제1항에 따른 취하간주 포함) 반환 받을 수 있다(특허법 제84조 제1항 제5호).
② 심결 확정 전이 아니라 심리의 종결을 통지받기 전까지 심판청구를 취하한 경우에만 심판청구료의 절반을 반환 받을 수 있다(특허법 제84조 제1항 제11호).
③ 특허법 제84조 제1항의 사유에 해당하면 특허청장 또는 특허심판원장이 반환안내서를 통지한다(특허법 제84조 제2항). 반환청구는 반환안내서를 통지 받은 날부터 2년이 아니라 5년이 지나면 할 수 없다(특허법 제84조 제3항).

④ 특허권은 청구항별로 포기가 가능하며 일부 청구항을 포기했을 경우 포기한 청구항에 관한 특허료만 반환 받을 수 있다(특허법 제215조에서 제84조 제1항 제6호 규정). 다만 포기한 해부터의 특허료를 반환해주는 것이 아니라, 포기한 해의 다음해부터의 특허료를 반환해준다(특허법 제84조 제1항 제6호).
⑤ 특허거절결정(특허법 제170조 제1항에 따라 준용되는 제47조 제1항 제1호 또는 제2호에 따른 보정이 있는 경우는 제외)이나 존속기간의 연장등록거절결정이 취소된 경우 거절결정불복심판의 심판청구료 전액을 반환 받을 수 있다. 다만 심판단계에서 특허법 제47조 제1항 제1호 또는 제2호에 따른 보정이 있는 경우는 제외한다(특허법 제84조 제1항 제7호).

정답 ⑤

13 특허료 및 수수료에 관한 설명으로 옳은 것은? [2018년 기출]

① 특허출원인이 아닌 자가 출원심사의 청구를 하는 때의 심사청구료는 심사를 청구한 자가 부담하므로 명세서가 보정되어 청구항의 수가 증가한 경우에도 이에 대한 심사청구료는 심사를 청구한 자가 부담한다.
② 이해관계인은 특허료를 내야 할 자의 의사에 반하여 특허료를 낼 수 없다.
③ 특허권의 설정등록을 받으려는 자 또는 특허권자가 정당한 사유로 추가납부기간에 특허료를 내지 아니하였거나 보전기간에 보전하지 아니한 경우에는 그 사유가 소멸한 날부터 6개월 이내에 그 특허료를 내거나 보전할 수 있다.
④ 특허무효심결이 확정되면 무효심결이 확정된 해의 다음 해부터의 특허료에 해당하는 액수는 납부한 자의 청구가 없더라도 반환한다.
⑤ 납부된 수수료는 심리의 종결을 통지받기 전까지 심판청구를 취하한 경우에 이미 낸 수수료 중 심판청구료의 2분의 1에 해당하는 금액을 납부한 자의 청구에 의하여 반환한다.

해설

① 출원인이 청구범위를 보정하여 청구항 수가 증가되면, 증가된 청구항 수에 따른 심사청구료는 보정절차를 밟은 출원인이 납부하여야 한다(특허법 제82조 제2항).
② 의사와 관계없이 이해관계인이 대신 특허료를 납부할 수 있다(특허법 제80조 제1항).
③ 6개월이 아니고 정당한 사유가 소멸한 날부터 2개월이내에 특허료를 내거나 보전할 수 있다(특허법 제81조의3 제1항).
④ 특허청장이 반환사유에 해당하여 반환통지를 했을 때(특허법 제84조 제2항), 그 통지에 대해 납부한 자가 반환청구를 하면, 반환해준다(특허법 제84조 제1항). 납부한 자의 청구가 있어야 한다.
⑤ 특허법 제84조 제1항 제11호

정답 ⑤

14 특허공보에 관한 설명으로 옳은 것은?

① 공개특허공보에는 공공의 질서 또는 선량한 풍속을 문란하게 하거나 공중의 위생을 해할 염려가 있다고 인정되는 사항은 게재하지 아니한다.
② 외국어특허출원은 특허출원서에 최초로 첨부된 명세서 및 도면을 공개특허공보에 게재한다.
③ 허가등 또는 등록지연에 따른 특허권의 존속기간의 연장등록출원이 있으면 연장신청의 기간을 특허공보에 게재하여야 한다.
④ 특허발명의 명세서 또는 도면에 대한 정정을 한다는 심결이 있는 경우 특허심판원장은 특허공보에 이를 게재하여야 한다.
⑤ 특허청장은 출원공개 전에 출원심사의 청구가 있으면 지체 없이 그 취지를 특허공보에 게재하여야 한다.

해설

① 특허법 시행령 제19조 제3항 단서
② 외국어특허출원은 번역문으로 출원공개한다(특허법 시행령 제19조 제3항 제5호).
③ 등록지연에 따른 특허권의 존속기간의 연장등록출원은 특허공보에 게재하지 않는다(특허법 제90조 제5항).
④ 정정심결이 있으면 특허심판원장이 특허청장에게 그 내용을 통보하고, 특허청장이 이를 특허공보에 게재한다(특허법 제136조 제12항, 제13항).
⑤ 출원공개 전에 심사청구가 있으면 출원공개할 때 그 취지를 게재한다(특허법 제60조 제2항).

정답 ①

15 특허료에 관한 설명으로 옳은 것은? [2022년 기출]

① 추가납부기간에 특허료를 납부하지 않은 경우에는 특허권의 설정등록을 받으려는 자의 특허출원은 취하한 것으로 본다.
② 특허권의 설정등록을 받으려는 자 또는 특허권자가 정당한 사유로 추가납부기간에 특허료를 내지 아니하였거나 보전기간에 보전하지 아니한 경우에는 그 사유가 소멸한 날부터 30일 이내에 그 특허료를 내거나 보전할 수 있다.
③ 특허권의 존속기간의 연장등록을 무효로 한다는 심결이 확정된 경우에 심결이 확정된 해부터의 특허료는 납부한 자의 청구에 의하여 반환한다.
④ 특허청장은 특허료가 잘못 납부된 경우에는 그 사실을 납부한 자에게 통지하여야 하며, 특허료의 반환청구는 이 통지를 받은 날부터 5년이 지나면 할 수 없다.
⑤ 특허청장은 특허료의 감면을 거짓이나 그 밖의 부정한 방법으로 받은 자에 대하여는 산업통상자원부령으로 정하는 바에 따라 감면받은 특허료의 3배액을 징수할 수 있다.

해설

① |×| 출원 취하간주가 아니고 출원 포기간주이다(특허법 제81조 제3항).
② |×| 30일이 아니고 2개월이다(특허법 제81조의3 제1항 본문).
③ |×| 심결이 확정된 해가 아니고 확정된 해의 다음해부터의 특허료를 반환받을 수 있다(특허법 제84조 제1항 제3호).
④ |○| 특허청장으로부터 특허료 반환 받을 수 있다는 통지서를 받고 5년 이내 계좌번호 제출하면서 반환청구하면 해당 계좌번호로 특허료 반환받을 수 있다(특허법 제84조 제3항).
⑤ |×| 3배가 아니고 2배다(특허법 제83조 제4항 전단).

정 답 ④

CHAPTER 02 특허권 본질 및 효력일반

01 다음 중에서 옳은 것은?

① 둘 이상의 의약이 혼합되어 제조되는 의약의 발명 또는 둘 이상의 의약을 혼합하여 의약을 제조하는 방법의 발명에 관한 특허권의 효력은 약사법에 따른 조제행위와 그 조제에 의한 의약에도 미친다.
② 의료기구에 대한 특허발명 X를 무상치료를 위해 보건소에서 사용하는 경우 국가기관 또는 공공기관의 실시에 해당하므로 특허법 제2조 제3호의 "실시"에 포함되지 않는다.
③ 외국에서 생산되어 국내에 수입된 물건에 대하여는 원칙적으로 국내 특허권의 효력은 미치지 아니한다.
④ 무효심결확정 후 재심청구의 등록 후의 실시에 대하여 회복된 특허권의 효력이 미친다.
⑤ 조약우선권을 수반한 특허출원이 특허된 경우 우리나라에의 특허출원 당시에 국내에 있었던 물건에 대하여는 특허권의 효력이 미치지 아니한다.

> **해 설**
>
> ① |×| 2이상의 의약을 혼합함으로써 제조되는 의약의 발명에 대한 특허권의 효력은 약사법에 의한 조제행위와 그 조제에 의한 의약에 대하여 미치지 아니한다(법 제96조 제2항).
> ② |×| 국가 또는 공공기관의 실시 또한 실시에 해당한다.
> ③ |×| 수입행위는 법 제2조 제3호의 실시유형에 포함되므로 특허권의 효력이 미친다.
> ④ |○| 효력이 제한되는 것은 무효심결확정 후 재심청구등록전의 실시행위에 국한된다(법 제181조 제1항).
> ⑤ |×| 법 제96조 제1항 제3호의 '특허출원시부터 국내에 있던 물건'에서 특허출원시는 조약우선권 주장출원의 경우는 국내출원시가 아닌 제1국 출원시이므로 특허권의 효력이 미친다.
>
> **정답** ④

02 다음은 특허권의 효력에 관한 내용이다. 옳은 것으로만 연결된 것은?

(가) 특허발명이 세제를 제조하는 방법의 발명인 경우 가정에서 세탁에 그 제조방법으로 제조한 세제를 사용하는 행위는 그 특허발명의 실시가 아니다.

(나) 물건발명의 경우 특허발명의 실시를 위한 부품 또는 구성 전부가 생산되거나 대부분의 생산단계를 마쳐 주요 구성을 모두 갖춘 반제품이 생산된 상태에 대해서도 특허발명의 생산으로 보는 경우가 있다.

(다) 물건을 제조하는 장치에 관한 특허발명이 존재하는 경우 그 장치에 의해 제조된 물건을 판매하는 행위는 특허발명의 실시다.

(라) 연구 또는 시험의 결과 생산된 물건을 업으로서 판매하는 행위에는 특허권의 효력이 미치지 아니한다.

(마) 특허발명이 2개 이상의 의약을 혼합함으로써 제조되는 의약의 발명인 경우 의사의 처방전에 의해 그 의약을 조제하는 행위는 특허발명의 실시가 아니다.

① (가), (나)
② (나)
③ (나), (라)
④ (가), (라)
⑤ (다), (마)

해설

(가) |✕| 물건을 생산하는 방법의 발명인 경우에는 그 방법을 사용하는 행위 외에도 그 방법에 의하여 생산한 물건을 사용·양도·대여 또는 수입하거나 그 물건의 양도 또는 대여의 청약을 하는 행위도 특허발명의 실시에 해당한다(법 제2조 제3호). 다만, 업으로서의 실시가 아니므로 특허권 침해가 되지는 않는다.

(나) |○| 특허권의 속지주의 원칙상 물건의 발명에 관한 특허권자가 물건에 대하여 가지는 독점적인 생산·사용·양도·대여 또는 수입 등의 특허실시에 관한 권리는 특허권이 등록된 국가의 영역 내에서만 효력이 미치는 것이 원칙이다. 그러나 국내에서 특허발명의 실시를 위한 부품 또는 구성 전부가 생산되거나 대부분의 생산단계를 마쳐 주요 구성을 모두 갖춘 반제품이 생산되고, 이것이 하나의 주체에게 수출되어 마지막 단계의 가공·조립이 이루어질 것이 예정되어 있으며, 그와 같은 가공·조립이 극히 사소하거나 간단하여 위와 같은 부품 전체의 생산 또는 반제품의 생산만으로도 특허발명의 각 구성요소가 유기적으로 결합한 일체로서 가지는 작용효과를 구현할 수 있는 상태에 이르렀다면, 예외적으로 국내에서 특허발명의 실시제품이 생산된 것과 같이 보는 것이 특허권의 실질적 보호에 부합한다(2019다222782, 2019다222799).

(다) |✕| 물건을 제조하는 장치 또한 물건발명이므로 그 장치의 생산, 사용, 양도 등을 특허발명의 실시로 보고, 그 장치에 의해 제조된 물건을 판매하는 행위는 특허발명의 실시가 아니다.

(라) |✕| 연구 또는 시험을 위한 특허발명의 실시만 특허권의 효력이 미치지 아니한다.

(마) |✕| 이는 특허발명의 실시이나 법 제96조 제2항에 의해 특허권의 효력이 제한되어 침해가 되지 아니하는 것이다.

정답 ②

03 프랑스의 G사는 프랑스, 미국, 한국, 카타르 및 일본에 선박의 프로펠러에 관련된 특허권 P를 가지고 있다. 한국의 D사가 상기 특허권 P를 침해하는 프로펠러를 국내에서 제작하여 장착한 선박 S를 건조하여 카타르에 본사가 있는 가스기업 Q사에 수출하였다. Q사는 위의 선박 S를 카타르에서 수입 및 등록하여 LNG 운반에 이용하였다. 이 경우, 다음 중 옳지 않은 것은? (상기 국가는 모두 파리조약 가입국임)

[2006년 기출]

① 한국의 D사가 한국에서 무효심판에 의하여 특허권 P를 무효로 한 경우에도 Q사의 선박수입 행위는 카타르에서의 특허권을 침해할 수 있다.
② 위의 사안에서 만약 D사가 Q사에 선박 S를 수출하기 직전 한국과 카타르에서의 특허권 P의 존속기간이 만료되었다면, G사는 D사에 대하여 한국에서의 특허권침해에 대한 책임을 물을 수 없다.
③ 위의 사안에서 만약 한국의 C사가 G사의 특허권 P가 보호되지 못하는 국가에서 제작된 상기 프로펠러와 동일성 있는 프로펠러를 국내로 수입하고, D사가 이를 C사로부터 구입하여 선박에 장착한 후 건조한 선박을 Q사에 수출한 경우, C사 및 D사 모두 G사의 한국 특허권을 침해한다.
④ Q사의 선박 S가 일본으로 항해하는 중 한국의 영해를 통과하는 경우에는 한국에서의 특허권 P의 침해가 발생하지 않는다.
⑤ 선박 S가 운항 중 태풍을 만나 프랑스에 일시적으로 입항하는 것은 프랑스 특허권의 침해를 구성하지 않는다.

해설

① |○| 파리조약 3대 원칙 중 하나인 특허독립의 원칙 즉, 속지주의 원칙에 따르면 한국에서의 특허권이 소멸되더라도 카타르에서의 G사의 특허권 P는 여전히 유효한 것이므로 Q사의 수입행위는 P 특허권 침해이다.
② |×| 존속기간의 만료의 효과는 특허권의 장래효로 소멸하는 것이다. 즉, 존속기간 만료시점 이전의 제3자의 무단실시행위에 대해서는 소멸시효가 만료되지 않는 한 특허권 침해를 이유로 손해배상청구가 가능할 것이다. 즉, D사는 Q사에 수출하기 전단계에 선박에 프로펠러를 생산하였을 것이므로 실시행위의 독립성에 따라, 수출하기 이전의 생산행위는 P 특허권의 존속 중에 실시한 것으로 G사는 D사에게 특허권 침해를 주장할 수 있을 것이다.
③ |○| 특허법 제2조제3호 가목에서는 '물건을 생산·사용·양도·대여 또는 수입하거나 그 물건의 양도 또는 대여의 청약(양도 또는 대여를 위한 전시를 포함한다. 이하 같다)을 하는 행위'를 실시로 규정하는바, C사의 수입행위는 P 특허권 침해이고, 실시행위 독립의 원칙상 D사의 행위는 별개로 판단해야하는바, D사는 선박에 이를 장착하는 것은 프로펠러를 사용하는 행위로 판단되는바, C,D사 모두 G사의 한국 특허권 침해이다.
④ |○| 국내를 통과하는데 불과한 선박·항공기·차량 또는 이에 사용되는 기계·기구·장치 기타의 물건에 대해서는 특허권의 효력이 제한된다(특허법 제96조제1항제2호).
⑤ |○| 파리조약 제5조의 3에서는 '동맹국의 선박, 항공기, 차량 또는 이에 사용되는 기계·기구·장치 기타의 물건에 대해서는 특허권의 효력이 제한된다'고 규정하므로 타당한 설명이다.

정답 ②

04 특허권의 효력에 관한 판례의 입장으로 옳지 않은 것은? [2008년 기출변형]

① 특허발명의 출원과정에서 어떤 구성이 청구범위로부터 의식적으로 제외된 것인지 여부는 명세서뿐만 아니라 출원에서부터 특허될 때까지 특허청 심사관이 제시한 견해 및 출원인이 심사과정에서 제출한 보정서와 의견서 등에 나타난 출원인의 의도 등을 참작하여 판단하여야 한다.

② 특허발명에 대한 무효심결이 확정되기 전이라고 하더라도 특허발명의 진보성이 부정되어 특허가 특허무효심판에 의하여 무효로 될 것임이 명백한 경우에는 특허권침해소송을 담당하는 법원으로서도 당부를 살피기 위한 전제로서 특허발명의 진보성 여부에 대하여 심리·판단할 수 있다.

③ 특허발명이 물건을 생산하는 방법 발명인 경우에는 그 방법에 의하여 생산된 물건에까지 특허권의 효력이 미치므로 특허권자는 특정한 생산방법에 의하여 생산된 물건을 확인대상발명으로 특정하여 당해 특허권의 보호범위에 속하는지 여부의 확인을 구할 수 있다.

④ 출원이 경합된 상태에서 등록된 특허권이나 실용신안권 중 어느 하나에 대하여 등록 후 권리자가 그 권리를 포기한 때에는 경합출원으로 인한 하자가 치유된다고 할 것이다.

⑤ 특허발명의 청구범위 기재나 발명의 설명 기타 도면의 설명에 의하더라도 특허출원 당시 발명의 구성요건의 일부가 추상적이거나 불분명하여 그 발명의 기술적 범위를 특정할 수 없을 때, 특허권자는 그 특허발명의 권리범위를 주장할 수 없다.

해 설

① |O| 특허발명의 출원과정에서 어떤 구성이 청구범위로부터 의식적으로 제외된 것인지 여부는 명세서뿐만 아니라 출원에서부터 특허될 때까지 특허청 심사관이 제시한 견해 및 출원인이 심사과정에서 제출한 보정서와 의견서 등에 나타난 출원인의 의도 등을 참작하여 판단하여야 하고, 특허청구범위가 수 개의 항으로 이루어진 발명에 있어서는 특별한 사정이 없는 한 각 청구항의 출원경과를 개별적으로 살펴서 어떤 구성이 각 청구항의 권리범위에서 의식적으로 제외된 것인지를 확정하여야 한다(大判 2001후171).

② |O| 특허발명에 대한 무효심결이 확정되기 전이라고 하더라도 특허발명의 진보성이 부정되어 특허가 특허무효심판에 의하여 무효로 될 것임이 명백한 경우에는 특허권에 기초한 침해금지 또는 손해배상 등의 청구는 특별한 사정이 없는 한 권리남용에 해당하여 허용되지 아니한다고 보아야 하고, 특허권침해소송을 담당하는 법원으로서도 특허권자의 그러한 청구가 권리남용에 해당한다는 항변이 있는 경우 당부를 살피기 위한 전제로서 특허발명의 진보성 여부에 대하여 심리·판단할 수 있다(大判 2010다95390).

③ |O| 대상 실시발명이 '물건의 발명'이기는 하지만 실시발명의 설명서에 그 생산방법을 구체적으로 특정하고 있는 경우, '방법의 발명'인 특허발명과 대비하여 그 권리범위에 속하는지 여부를 판단하여야 한다(大判 2003후2164 판결).

④ |×| 구 특허법(2001. 2. 3. 법률 제6411호로 개정되기 전의 것) 제36조 제3항 등의 적용에 있어 특허권이나 실용신안권의 포기에 의하여 경합출원의 하자가 치유되어 제3자에 대한 관계에서 특허권의 효력을 주장할 수 있다고 보는 것은 명문의 근거가 없을 뿐만 아니라 권리자가 포기의 대상과 시기를 임의로 선택할 수 있어 권리관계가 불확정한 상태에 놓이게 되는 등 법적 안정성을 해칠 우려가 있는 점, 특허권이나 실용신안권의 포기는 그 출원의 포기와는 달리 소급효가

없음에도 결과적으로 그 포기에 소급효를 인정하는 셈이 되어 부당하며, 나아가 특허권 등의 포기는 등록만으로 이루어져 대외적인 공시방법으로는 충분하지 아니한 점 등을 종합하여 보면, 출원이 경합된 상태에서 등록된 특허권이나 실용신안권 중 어느 하나에 대하여 사후 권리자가 그 권리를 포기하였다고 하더라도 경합출원으로 인한 하자가 치유된다고 보기는 어렵다(大判 2005후3017).
⑤ |O| 권리범위확인 사건에서 명세서의 다른 기재에 의한 보충을 하더라도 특허발명의 구성요소의 일부가 추상적이거나 불분명하여 그 특허 자체의 기술적 범위를 특정할 수 없는 때에는 특허권자는 그 특허발명의 권리범위를 주장할 수 없다(大判 2000후235).

정답 ④

05 특허권의 제한에 관한 설명으로 옳지 않은 것은? [2011년 기출]

① 특허출원일 전 출원되어 등록된 디자인권이 그 특허권과 저촉되는 경우, 그 디자인권의 존속기간이 만료되는 때에는 그 원디자인권자는 원디자인권의 범위 안에서 당해 특허권에 대하여 무상의 통상실시권을 가진다.
② 행정절차에 의하여 불공정거래행위로 판정받은 사항의 시정을 위하여 특허발명을 실시할 필요가 있어서 재정에 의하여 통상실시권을 허락받은 경우에는 상당한 대가를 지급하여야 한다.
③ 특허발명의 실시가 정당한 이유 없이 3년 이상 국내 수요에 미치지 못하는 경우, 그 특허발명이 출원일부터 4년이 지난 것이어야 통상실시권 설정의 재정을 청구할 수 있다.
④ 특허출원시부터 국내의 자동차 생산라인에 설치되어 있던 자동화장치에는 특허권의 효력이 미치지 않는다.
⑤ 농약관리법에 따른 제초제의 등록을 위한 시험의 목적으로 제초제를 사용하는 행위에는 특허권의 효력이 미친다.

해 설

① |O| 법 제105조
② |O| 통상실시권자는 재정에서 정한 바에 따라 대가를 지급하거나 그 대가를 공탁하여야 한다(법 제112조). 특허청장은 재정을 함에 있어서 상당한 대가가 지급될 수 있도록 하여야 한다. 이 경우 사법적 절차 또는 행정적 절차에 의하여 불공정거래행위로 판정된 사항을 시정하기 위하여 특허발명을 실시할 필요가 있는 경우에 따른 재정의 경우에는 불공정 거래행위를 시정하기 위한 취지를 대가 결정에 참작할 수 있다(법 제107조 제5항).
③ |O| 불충분 실시의 경우 특허발명이 특허출원일로부터 4년이 경과되어야 한다(법 제107조 제2항). 이는 특허권자에게 실시를 위한 검토와 준비기간 등을 보장하기 위해서이다.
④ |O| 특허출원시 국내에 있는 물건에 대해서는 특허권의 효력을 제한하여 기존의 상태를 보호하고 선발명자가 생산해 둔 물건을 보호한다(법 제96조 제1항 제3호).

⑤ |×| 「약사법」에 따른 의약품의 품목허가·품목신고 및 「농약관리법」에 따른 농약의 등록을 위한 연구 또는 시험을 하기 위한 특허발명의 실시에 대해서 특허권의 효력이 미치지 아니한다(법 제96조 제1항 제1호 괄호). 이로 인해 후발 의약품 또는 농약품 제조업자가 등록을 위해 연구 또는 시험을 하여 특허발명을 실시하게 되는 경우라도, 특허권의 효력이 제한되어 특허권의 침해를 구성하지 않게 되었다.

정 답 ⑤

06 특허발명의 무효사유 항변과 관련된 판례의 태도 중 옳지 않은 것은?

① 특허발명에 대한 무효심결이 확정되기 전이라고 하더라도 특허발명의 진보성이 부정되어 특허가 특허무효심판에 의하여 무효로 될 것임이 명백한 경우에는 특허권에 기초한 침해금지 또는 손해배상 등의 청구는 특별한 사정이 없는 한 권리남용에 해당하여 허용되지 아니한다고 보아야 하고, 특허권침해소송을 담당하는 법원으로서도 특허권자의 그러한 청구가 권리남용에 해당한다는 항변이 있는 경우 당부를 살피기 위한 전제로서 특허발명의 진보성 여부에 대하여 심리, 판단할 수 있다.

② 청구범위의 기재나 발명의 설명에 의하더라도 출원 당시 발명구성요건의 일부가 추상적이거나 불명하여 그 발명 자체의 기술적 범위를 특정할 수 없는 때에는 특허권자는 그 특허발명의 권리범위를 주장할 수 없다.

③ 특허발명의 특허청구항 기재가 발명의 설명, 기타 도면의 설명에 의하더라도 특허출원 당시 발명의 구성요건의 일부가 추상적이거나 불분명하여 그 발명 자체의 기술적 범위를 특정할 수 없을 때에는 특허권자는 그 특허발명의 권리범위를 주장할 수 없다.

④ 특허발명의 청구범위에 그 효과 달성에 필요한 필수적 구성요소가 모두 기재되었다고 볼 수 없는 발명은 그 특허를 무효로 하는 심결이 확정되기 전이라도 그 권리범위를 인정할 수 없고, 이처럼 권리범위가 인정되지 아니하는 특허발명과 동일 또는 균등한 관계에 있는 발명을 실시하는 행위는 특허권침해죄를 구성하지 아니한다.

⑤ 등록된 특허발명이 그 출원 전에 국내에서 공지되었거나 공연히 실시된 발명으로서 신규성이 없는 경우에는 그에 대한 등록무효심판이 없어도 그 권리범위를 인정할 수 없는바, 이는 공중의 영역에 있는 발명에 관하여 특정인의 독점권을 인정하지 않기 위한 취지이므로 중복특허배제의 취지를 가지고 있는 선원주의 위반의 경우에는 등록무효심판이 없이 후출원발명의 권리범위를 부정할 수 없다.

해 설

① |○| 대법원 2012. 1. 19. 선고 2010다95390 전원합의체 판결
② |○| 대법원 1983. 1. 18. 선고 82후36 판결
③ |○| 대법원 2002. 6. 14. 선고 2000후235 판결
④ |○| 대법원 2005. 10. 14. 선고 2005도1262 판결

특허발명의 청구범위에 그 효과 달성에 필요한 필수적 구성요소가 모두 기재되었다고 볼 수 없는 발명은 구 특허법(1990. 1. 13. 법률 제4207호로 전문 개정되기 전의 것) 제8조 제4항에 위반하여 등록된 것으로서 그 특허를 무효로 하는 심결이 확정되기 전이라도 그 권리범위를 인정할 수 없고, 이처럼 권리범위가 인정되지 아니하는 특허발명과 동일 또는 균등한 관계에 있는 발명을 실시하는 행위는 특허권침해죄를 구성하지 아니한다.

⑤ |×| 대법원 2009. 9. 24. 선고 20072827 판결
등록된 특허발명이 그 출원 전에 국내에서 공지되었거나 공연히 실시된 발명으로서 신규성이 없는 경우에는 그에 대한 등록무효심판이 없어도 그 권리범위를 인정할 수 없는바, 특허무효사유에 있어서 신규성 결여와 선원주의 위반은 특허발명 내지 후출원발명과 선행발명 내지 선출원발명의 동일성 여부가 문제된다는 점에서 다르지 않으므로, 위 법리는 후출원발명에 선원주의 위반의 무효사유가 있는 경우에도 그대도 적용된다.

정답 ⑤

07 다음 설명 중 틀린 것은? (다툼이 있는 경우 판례에 의함)

① 일반적으로는 특허권의 공유자들이 반드시 공동목적이나 동업관계를 기초로 조합체를 형성하여 특허권을 보유한다고 볼 수 없을 뿐만 아니라 특허법에 특허권의 공유를 합유관계로 본다는 등의 명문의 규정도 없는 이상, 특허법의 다른 규정이나 특허의 본질에 반하는 등의 특별한사정이 없는 한 공유에 관한 민법의 일반규정이 특허권의 공유에도 적용된다.
② 특허권의 공유자 상호 간에 이해관계가 대립되는 경우 등에 공유관계를 해소하기 위한 수단으로서 각 공유자에게 민법상의 공유물분할청구권을 인정하더라도 공유자 이외의 제3자에 의하여 다른 공유자 지분의 경제적 가치에 위와 같은 변동이 발생한다고 보기 어려워서 특허법 제99조 제2항 및 제4항에 반하지 아니하고, 달리 분할청구를 금지하는 특허법 규정도 없으므로, 특허권의 공유관계에 민법상 공유물분할청구에 관한 규정이 적용될 수 있다.
③ 특허권은 발명실시에 대한 독점권으로서 그 대상은 형체가 없을 뿐만 아니라 각 공유자에게 특허권을 부여하는 방식의 현물분할을 인정하면 하나의 특허권이 사실상 내용이 동일한 복수의 특허권으로 증가하는 부당한 결과를 초래하게 되므로, 특허권의 성질상 그러한 현물분할은 허용되지 아니한다.
④ 특허법이 선출원주의의 일정한 예외를 인정하여 정당한 권리자를 보호하고 있는 취지에 비추어 보면, 정당한 권리자로부터 특허를 받을 수 있는 권리를 승계받은 바 없는 무권리자의 특허출원에 따라 특허권의 설정등록이 이루어졌다면, 정당한 권리자로서는 무권리자에 대하여 직접 특허권의 이전등록을 구할 수 없다.
⑤ 의약용도발명에서는 특정 물질과 그것이 가지고 있는 의약용도가 발명을 구성하는 것이고, 약리기전은 특정 물질에 불가분적으로 내재된 속성으로서 특정 물질과 의약용도와의 결합을 도출해내는 계기에 불과하다. 따라서 의약용도발명의 특허청구범위에 기재되어 있는 약리기전은 특정 물질이 가지고 있는 의약용도를 특정하는 한도 내에서만 발명의 구성요소로서 의미를 가질 뿐 약리기전 자체가 특허청구범위를 한정하는 구성요소라고 보아서는 아니 된다.

> 해설

① |○| ② |○| ③ |○|

2014. 8. 20. 선고 2013다41578 판결

(1) 특허권이 공유인 경우에 각 공유자는 다른 공유자의 동의를 얻지 아니하면 지분을 양도하거나 지분을 목적으로 하는 질권을 설정할 수 없고 또한 특허권에 대하여 전용실시권을 설정하거나 통상실시권을 허락할 수 없는 등[특허법(2014. 6. 11. 법률 12753호로 개정되기 전의 것) 제99조 제2항, 제4항 참조]권리의 행사에 일정한 제약을 받아 그 범위에서는 합유와 유사한 성질을 가진다.

그러나 일반적으로는 특허권의 공유자들이 반드시 공동목적이나 동업관계를 기초로 조합체를 형성하여 특허권을 보유한다고 볼 수 없을 뿐만 아니라 특허법에 특허권의 공유를 합유관계로 본다는 등의 명문의 규정도 없는 이상, 특허법의 다른 규정이나 특허의 본질에 반하는 등의 특별한 사정이 없는 한 공유에 관한 민법의 일반규정이 특허권의 공유에도 적용된다.

(2) 특허법(2014. 6. 11. 법률 12753호로 개정되기 전의 것) 제99조 제2항 및 제4항 의 규정 취지는, 공유자 외의 제3자가 특허권 지분을 양도받거나 그에 관한 실시권을 설정받을 경우 제3자가 투입하는 자본의 규모·기술 및 능력 등에 따라 경제적 효과가 현저하게 달라지게 되어 다른 공유자 지분의 경제적 가치에도 상당한 변동을 가져올 수 있는 특허권의 공유관계의 특수성을 고려하여, 다른 공유자의 동의 없는 지분의 양도 및 실시권 설정 등을 금지한다는 데에 있다.

그렇다면 특허권의 공유자 상호 간에 이해관계가 대립되는 경우 등에 공유관계를 해소하기 위한 수단으로서 각 공유자에게 민법상의 공유물분할청구권을 인정하더라도 공유자 이외의 제3자에 의하여 다른 공유자 지분의 경제적 가치에 위와 같은 변동이 발생한다고 보기 어려워서 특허법 제99조 제2항 및 제4항에 반하지 아니하고, 달리 분할청구를 금지하는 특허법 규정도 없으므로, 특허권의 공유관계에 민법상 공유물분할청구에 관한 규정이 적용될 수 있다.

다만 특허권은 발명실시에 대한 독점권으로서 그 대상은 형체가 없을 뿐만 아니라 각 공유자에게 특허권을 부여하는 방식의 현물분할을 인정하면 하나의 특허권이 사실상 내용이 동일한 복수의 특허권으로 증가하는 부당한 결과를 초래하게 되므로, 특허권의 성질상 그러한 현물분할은 허용되지 아니한다.

④ |×| 법 제99조의2가 신설되어 직접 특허권의 이전등록을 구할 수 있을 것으로 판단된다(사견). 다만 법 제99조의2가 신설되기 이전의 구법상의 판례는 이 경우는 무권리자에 대한 특허권의 이전등록청구가 불가하고 법 제35조에 따른 구제만이 가능하다고 한 바 있다. 이를 아래에 소개한다. 그러나 이는 구법상의 판례에 불과하니 현재는 적용될 수 없는 논리라 할 것이다.

2014. 5. 16. 선고 2012다11310 판결

(1) 발명을 한 자 또는 그 승계인은 특허법에서 정하는 바에 의하여 특허를 받을 수 있는 권리를 가진다(특허법 제33조 제1항 본문). 만일 이러한 정당한 권리자 아닌 자가 한 특허출원에 대하여 특허권의 설정등록이 이루어지면 특허무효사유에 해당하고(특허법 제133조 제1항 제2호), 그러한 사유로 특허를 무효로 한다는 심결이 확정된 경우 정당한 권리자는 심결이 확정된 날부터 30일 이내라는 기간 내에 특허출원을 함으로써 특허의 출원 시에 특허출원한 것으로 간주되어 구제받을 수 있다(특허법 제35조).

이처럼 특허법이 선출원주의의 일정한 예외를 인정하여 정당한 권리자를 보호하고 있는 취지에 비추어 보면, 정당한 권리자로부터 특허를 받을 수 있는 권리를 승계받은 바 없는 무권리자의 특허출원에 따라 특허권의 설정등록이 이루어졌더라도, 특허법이 정한 위와 같은 절차에 의하여 구제받을 수 있는 정당한 권리자로서는 특허법상의 구제절차에 따르지 아니하고 무권리자에 대하여 직접 특허권의 이전등록을 구할 수는 없다.

(2) 그리고 상고이유에서 들고 있는 대법원 2004. 1. 16. 선고 2003다47218 판결은 특허를 받을 수 있는 권리를 가진 사람이 특허출원을 한 후 그 권리를 다른 사람에게 양도하고 그에 따라 양수인 명의로 출원인 명의변경이 이루어져 양수인이 특허권의 설정등록을 받았는데 그 양도계약이 무효나 취소 등의 사유로 효력을 상실하게 된 사안에서 그 특허를 받을 수 있는 권리와 설정등록이 이루어진 특허권이 동일한 발명에 관한 것이라면 양도인은 양수인에 대하여 특허권에 관하여 이전등록을 청구할 수 있다고 본 것으로서, 사안이 달라 이 사건에 원용하기에 적절하지 아니하다.

⑤ |이| 2014. 5. 16. 선고 2012후3664 판결

정답 ④

08 특허에 관한 설명으로 옳지 않은 것은? (다툼이 있으면 판례에 따름) [2018년 기출]

① 특허를 받을 수 있는 권리를 이전하기로 하는 계약은 명시적으로만 이루어질 수 있고, 그러한 계약에 따라 특허등록을 공동출원한 경우에는 그 출원인이 발명자가 아니라도 등록된 특허권의 공유지분을 가진다.

② 권리범위확인심판에서 확인대상발명이 불명확하여 특허발명과 대비대상이 될 수 있을 정도로 구체적으로 특정되어 있지 않다면, 특허심판원은 요지변경이 되지 아니하는 범위 내에서 확인대상발명의 설명서 및 도면에 대한 보정을 명하는 등의 조치를 취하여야 하며, 그럼에도 불구하고 그와 같은 특정에 미흡함이 있다면 심판청구를 각하하여야 한다.

③ 특허의 일부 또는 전부가 출원 당시 공지공용의 것인 경우 특허청구범위에 기재되어 있다는 이유만으로 권리범위를 인정하여 독점적·배타적 실시권을 부여할 수는 없으므로 권리범위확인심판에서도 특허무효의 심결 유무에 관계없이 그 권리범위를 부정할 수 있으며, 이러한 법리를 진보성이 부정되는 경우까지 확장할 수는 없다.

④ 전용실시권 설정계약상 특별한 제한을 등록하지 않은 경우에 그 제한을 넘어 특허발명을 실시한 전용실시권자는 특허권자에 대하여 채무불이행 책임을 지게 됨은 변론으로 하고 특허권 침해가 성립하는 것은 아니다.

⑤ 특허무효심판이 상고심에 계속 중 당해 특허의 정정심결이 이루어지고 확정되어 특허발명의 명세서가 정정되었다고 하더라도 정정된 사항이 특허무효사유의 유무를 판단하는 전제가 된 사실인정에 영향을 미치는 것이 아니라면 재심사유가 있다고 할 수 없다.

해설

① 계약은 명시 또는 묵시 모두 가능하다. 참고판례를 아래에 발췌한다.

특허를 받을 수 있는 권리는 발명의 완성과 동시에 발명자에게 원시적으로 귀속되지만, 이는 재산권으로서 양도성을 지니므로 계약 또는 상속 등을 통하여 그 전부 또는 일부 지분을 이전할 수 있는바(특허법 제37조 제1항), 그 권리를 이전하기로 하는 계약은 명시적으로는 물론 묵시적으로도 이루어질 수 있고, 그러한 계약에 따라 특허등록을 공동출원한 경우에는 그 출원인이 발명자가 아니라도 등록된 특허권의 공유지분을 가진다(대법원 2015. 7. 23. 선고 2013다77591 판결).

② 심판청구를 각하하기 전에 보정명령을 해야 한다. 참고판례를 아래에 발췌한다.

실용신안의 권리범위확인 심판을 청구함에 있어서 심판청구의 대상이 되는 기술은 당해 등록고안과 서로 대비할 수 있을 만큼 구체적으로 특정되어야 하고, 그 특정을 위하여는 대상물의 구체적인 구성을 전부 기재할 필요는 없고 등록고안의 구성요소에 대응하는 부분의 구체적인 구성을 기재하면 되는 것이나, 다만 그 구체적인 구성의 기재는 등록고안의 구성요소와 대비하여 그 차이점을 판단함에 필요한 정도는 되어야 하고, 만약 심판청구의 대상이 되는 기술이 불명확하여 등록고안과 대비대상이 될 수 있을 정도로 구체적으로 특정되어 있지 않다면, 특허심판원으로서는 요지 변경이 되지 아니하는 범위 내에서 심판청구의 대상이 되는 기술의 설명서 및 도면에 대한 보정을 명하는 등의 조치를 취하여야 할 것이며, 그럼에도 불구하고 그와 같은 특정에 미흡함이 있다면 심판청구를 각하하여야 한다(대법원 2004. 2. 13. 선고 2002후2471 판결).

③ 문제 3번의 2번 보기와 같은 취지의 내용이다. 특허의 전부가 공지공용의 것인 경우가 곧 특허발명이 신규성 위반인 경우를 말한다. 권리범위확인심판에서 특허발명이 신규한지 여부는 심리할 수 있으나, 진보한지 여부는 심리할 수 없다(대법원 2014. 3. 20. 선고 2012후4162 전원합의체 판결).

④ 특허법 제101조 제1항은 "다음 각 호에 해당하는 사항은 이를 등록하지 아니하면 그 효력이 발생하지 아니한다."고 하면서, 제2호에 "전용실시권의 설정·이전(상속 기타 일반승계에 의한 경우를 제외한다)·변경·소멸(혼동에 의한 경우를 제외한다) 또는 처분의 제한"을 규정하고 있다. 따라서 설정계약으로 전용실시권의 범위에 관하여 특별한 제한을 두고도 이를 등록하지 않으면 그 효력이 발생하지 않는 것이므로, 전용실시권자가 등록되어 있지 않은 제한을 넘어 특허발명을 실시하더라도, 특허권자에 대하여 채무불이행 책임을 지게 됨은 별론으로 하고 특허권 침해가 성립하는 것은 아니다(대법원 2013. 1. 24. 선고 2011도4645 판결).

⑤ 특허의 무효심판사건이 상고심에 계속 중 당해 특허의 정정심결이 확정된 경우에, 그 특허발명은 정정 후의 명세서대로 특허출원이 되고 특허권의 설정등록이 된 것이므로 정정 전의 특허발명을 대상으로 하여 무효 여부를 판단한 원심판결에 민사소송법 제451조 제1항 제8호 소정의 재심사유가 있게 되는 수가 있지만, 특허무효심판이 상고심에 계속 중 당해 특허의 정정심결이 이루어지고 확정되어 특허발명의 명세서가 정정되었다고 하더라도 정정된 사항이 특허무효사유의 유무를 판단하는 전제가 된 사실인정에 영향을 미치는 것이 아니라면 위와 같은 재심사유가 있다고 할 수 없다(대법원 2007. 11. 30. 선고 2007후3394 판결).

정답 ①

09 특허권에 관한 설명으로 옳은 것은? (다툼이 있으면 판례에 따름) [2020년 기출]

① 특허권은 특허권설정등록이 있는 날에 발생하고 출원일로부터 20년이 되는 날까지 존속하며, 특허권 존속기간의 말일이 공휴일(근로자의 날 및 토요일을 포함한다)이면 그 다음 날로 만료한다.
② 특허권자는 자신의 특허발명에 관하여 업으로서 실시할 권리를 독점하므로, 다른 특허발명의 권리범위에 속하더라도 실시허락을 얻을 필요 없이 자신의 특허발명을 실시할 수 있다.
③ 무권리자의 특허출원 후 정당한 권리자의 특허출원이 있고 무권리자가 특허출원한 때에 정당한 권리자가 특허출원한 것으로 보는 경우, 특허권의 존속기간은 무권리자의 특허출원일부터 기산한다.
④ 특허권이 무효심판에 의하여 무효로 되면 그 특허권은 처음부터 없던 것으로 보게 되므로 특허권자가 이미 받은 특허실시료는 특허발명 실시계약이 유효하게 존재하는 기간에 상응하는 부분을 실시권자에게 부당이득으로 반환하여야 한다.
⑤ 방법발명에 대한 특허권자 등이 우리나라에서 그 특허방법의 사용에 쓰이는 물건을 적법하게 양도한 경우로서 그 물건이 방법발명을 실질적으로 구현한 것이라면, 양수인 등이 그 물건을 이용하여 방법발명을 실시하는 행위에 대하여 특허권의 효력이 미치지 않는다.

해설

① 절차에서 기간의 마지막 날이 공휴일인 경우에 해당해야 기간이 그 다음날로 만료한다(특허법 제14조 제4호). 존속기간은 절차가 아니다.
② 이용·저촉관계에 해당하는 경우는 선출원 권리자의 허락을 받아야만 자신의 특허발명을 실시할 수 있다(특허법 제98조).
③ 정당권리자 특허출원이 특허된 경우 존속기간은 무권리자의 특허출원일부터가 아니고 무권리자의 특허출원일의 다음 날부터 기산한다(특허법 제88조 제2항).
④ 특허무효심결 확정으로 특허권이 소급 소멸되었어도 특허무효심결확정 전까지의 특허실시료는 반환할 필요가 없다. 참고판례를 아래에 소개한다.
 "특허발명 실시계약이 체결된 이후에 계약 대상인 특허가 무효로 확정되면 특허권은 특허법 제133조 제3항의 규정에 따라 같은 조 제1항 제4호의 경우를 제외하고는 처음부터 없었던 것으로 간주된다. 그러나 특허발명 실시계약에 의하여 특허권자는 실시권자의 특허발명 실시에 대하여 특허권 침해로 인한 손해배상이나 금지 등을 청구할 수 없게 될 뿐만 아니라 특허가 무효로 확정되기 이전에 존재하는 특허권의 독점적·배타적 효력에 의하여 제3자의 특허발명 실시가 금지되는 점에 비추어 보면, 특허발명 실시계약의 목적이 된 특허발명의 실시가 불가능한 경우가 아닌 한 특허무효의 소급효에도 불구하고 그와 같은 특허를 대상으로 하여 체결된 특허발명 실시계약이 계약 체결 당시부터 원시적으로 이행불능 상태에 있었다고 볼 수는 없고, 다만 특허무효가 확정되면 그때부터 특허발명 실시계약은 이행불능 상태에 빠지게 된다고 보아야 한다. 따라서 특허발명 실시계약 체결 이후에 특허가 무효로 확정되었더라도 특허발명 실시계약이 원시적으로 이행불능 상태에 있었다거나 그 밖에 특허발명 실시계약 자체에 별도의 무효사유가 없는 한 특허권자가 특허발명 실시계약에 따라 실시권자로부터 이미 지급받은 특허실시료 중 특허발명 실시계약이 유효하게 존재하는 기간에 상응하는 부분을 실시권자에게 부당이득으로 반환할 의무가 있다고 할 수 없다(대법원 2014. 11. 13. 선고 2012다42666 판결)."

⑤ 특허된 방법발명의 전용품을 적법한 권리자로부터 양수한 양수인은 권리소진이론에 따라 그 전용품을 사용하여 방법발명을 실시하더라도 특허권 침해에 해당하지 않는다. '방법발명을 실질적으로 구현한 물건'이란 방법발명의 전용품을 말한다. 참고판례를 아래에 소개한다.

"특허법 제2조 제3호는 발명을 '물건의 발명', '방법의 발명', '물건을 생산하는 방법의 발명'으로 구분하고 있다.

'물건의 발명'(이하 '물건발명'이라고 한다)에 대한 특허권자 또는 특허권자로부터 허락을 받은 실시권자(이하 '특허권자 등'이라고 한다)가 우리나라에서 그 특허발명이 구현된 물건을 적법하게 양도하면, 양도된 당해 물건에 대해서는 특허권이 이미 목적을 달성하여 소진된다. 따라서 양수인이나 전득자(이하 '양수인 등'이라고 한다)가 그 물건을 사용, 양도하는 등의 행위에 대하여 특허권의 효력이 미치지 않는다. '물건을 생산하는 방법의 발명'에 대한 특허권자 등이 우리나라에서 그 특허방법에 의하여 생산한 물건을 적법하게 양도한 경우에도 마찬가지이다.

'물건을 생산하는 방법의 발명'을 포함한 '방법의 발명'(이하 통틀어 '방법발명'이라고 한다)에 대한 특허권자 등이 우리나라에서 그 특허방법의 사용에 쓰이는 물건을 적법하게 양도한 경우로서 그 물건이 방법발명을 실질적으로 구현한 것이라면, 방법발명의 특허권은 이미 목적을 달성하여 소진되었으므로, 양수인 등이 그 물건을 이용하여 방법발명을 실시하는 행위에 대하여 특허권의 효력이 미치지 않는다.

방법발명도 그러한 방법을 실시할 수 있는 장치를 통하여 물건에 특허발명을 실질적으로 구현하는 것이 가능한데, 방법발명이 실질적으로 구현된 물건을 특허권자 등으로부터 적법하게 양수한 양수인 등이 그 물건을 이용하여 방법발명을 실시할 때마다 특허권자 등의 허락을 받아야 한다면, 그 물건의 자유로운 유통 및 거래안전을 저해할 수 있다. 그리고 특허권자는 특허법 제127조 제2호에 의하여 방법발명의 실시에만 사용되는 물건을 양도할 권리를 사실상 독점하고 있는 이상 양수인 등이 그 물건으로 방법발명을 사용할 것을 예상하여 그 물건의 양도가액 또는 실시권자에 대한 실시료를 결정할 수 있으므로, 특허발명의 실시 대가를 확보할 수 있는 기회도 주어져 있다. 또한, 물건발명과 방법발명은 실질적으로 동일한 발명일 경우가 적지 않고, 그러한 경우 특허권자는 필요에 따라 특허청구항을 물건발명 또는 방법발명으로 작성할 수 있으므로, 방법발명을 특허권 소진 대상에서 제외할 합리적인 이유가 없다. 오히려 방법발명을 일률적으로 특허권 소진 대상에서 제외한다면 특허권자는 특허청구항에 방법발명을 삽입함으로써 특허권 소진을 손쉽게 회피할 수 있게 된다.

어떤 물건이 방법발명을 실질적으로 구현한 것인지 여부는 사회통념상 인정되는 그 물건의 본래 용도가 방법발명의 실시뿐이고 다른 용도는 없는지 여부, 그 물건에 방법발명의 특유한 해결수단이 기초하고 있는 기술사상의 핵심에 해당하는 구성요소가 모두 포함되었는지 여부, 그 물건을 통해서 이루어지는 공정이 방법발명의 전체 공정에서 차지하는 비중 등 위의 각 요소들을 종합적으로 고려하여 사안에 따라 구체적·개별적으로 판단하여야 한다.

사회통념상 인정되는 물건의 본래 용도가 방법발명의 실시뿐이고 다른 용도는 없다고 하기 위해서는, 그 물건에 사회통념상 통용되고 승인될 수 있는 경제적, 상업적 또는 실용적인 다른 용도가 없어야 한다. 이와 달리 단순히 특허방법 이외의 다른 방법에 사용될 이론적, 실험적 또는 일시적 사용가능성이 있는 정도에 불과한 경우에는 그 용도는 사회통념상 인정되는 그 물건의 본래 용도라고 보기 어렵다(대법원 2019. 1. 31. 선고 2017다289903 판결)."

정답 ⑤

10 특허권의 행사에 관한 설명으로 옳은 것은? (다툼이 있으면 판례에 따름) [2021년 기출]

① 특허발명 실시계약 체결 이후에 특허가 무효로 확정된 경우 특허발명 실시계약이 원시적으로 이행불능 상태에 있었더라도 특허권자는 특허발명 실시계약이 유효하게 존재하는 기간 동안 실시료의 지급을 청구할 수 있다.
② 특허발명 실시계약을 체결하면 특허권자는 실시권자의 특허발명 실시에 대하여 특허권 침해로 인한 손해배상이나 그 금지 등을 청구할 수 없고, 특허가 무효로 확정되기 전에는 특허권의 독점적·배타적 효력에 따라 제3자의 특허발명 실시가 금지된다.
③ 특허발명 또는 등록실용신안이 신규성은 있으나 진보성이 없는 경우 이에 관한 권리범위확인심판에서 당연히 그 권리범위를 부정할 수 있다.
④ 특허법 제128조(손해배상청구권 등) 제5항에 의하여 특허발명의 실시에 대하여 합리적으로 받을 수 있는 금액을 결정함에 있어서는, 당해 특허발명에 대하여 특허권자가 제3자와 사이에 특허권 실시계약을 맺고 실시료를 받은 바 있다면 일방 당사자에게 현저하게 불합리하더라도 그 실시계약에서 정한 실시료를 기준으로 위 금액을 산정하여야 한다.
⑤ 특허법은 전용실시권이 설정된 범위를 제외하고는 특허권자가 업으로서 특허발명을 실시할 권리를 독점하도록 명시적으로 규정하며, 전용실시권자가 등록되어 있지 않은 제한을 넘어 특허발명을 실시하는 경우 특허권자에 대하여 채무불이행 책임을 지게됨은 물론 특허권 침해가 성립한다.

해 설

① 참고판례.
특허발명 실시계약 체결 이후에 특허가 무효로 확정되었더라도 특허발명 실시계약이 원시적으로 이행불능 상태에 있었다거나 그 밖에 특허발명 실시계약 자체에 별도의 무효사유가 없는 한, 특허권자는 원칙적으로 특허발명 실시계약이 유효하게 존재하는 기간 동안 실시료의 지급을 청구할 수 있다(대법원 2019. 4. 25. 선고 2018다287362).
② 본 지문은, 특허가 무효 확정되어 소급 소멸되어도 무효 확전 전까지 실시권 설정 계약에 따른 실시료를 특허권자가 지급 받는 것에 대해 법률상 원인 없는 부당이득으로 볼 수 없음을 뒷받침하는 내용이다. 참고판례.
특허발명 실시계약을 체결하면 특허권자는 실시권자의 특허발명 실시에 대하여 특허권 침해로 인한 손해배상이나 그 금지 등을 청구할 수 없고, 특허가 무효로 확정되기 전에는 특허권의 독점적·배타적 효력에 따라 제3자의 특허발명 실시가 금지된다(대법원 2019. 4. 25. 선고 2018다287362).
③ 침해소송과 달리 권리범위확인심판에서는 진보성 무효사유 항변을 할 수 없다. 참고판례.
"권리범위확인심판에서는 특허발명의 진보성이 부정된다는 이유로 그 권리범위를 부정하여서는 안 된다. 다만 대법원은 특허의 일부 또는 전부가 출원 당시 공지공용의 것인 경우까지 특허청구 범위에 기재되어 있다는 이유만으로 권리범위를 인정하여 독점적·배타적인 실시권을 부여할 수는 없으므로 권리범위확인심판에서도 특허무효의 심결 유무에 관계없이 그 권리범위를 부정할 수 있다고 보고 있으나, 이러한 법리를 공지공용의 것이 아니라 그 기술분야에서 통상의 지식을 가진 자가 선행기술에 의하여 용이하게 발명할 수 있는 것뿐이어서 진보성이 부정되는 경우까지 확장할 수는 없다(대법원 2014. 3. 20. 선고 2012후4162 전원합의체 판결)."

④ 특허법 제128조 제5항의 손해액을 산정할 때 특허권자가 다른 실시권자와 실시계약을 맺은 바 있다면 그 실시료 금액을 참고할 수 있다. 다만 만약 위 실시계약이 실시권자와 특허권자의 오랜 기간 우호적 관계가 반영되어 비교적 저렴한 실시료로 계약된 것이라면 해당 실시료를 비우호적 관계인 침해자의 침해행위에 대한 손해액으로 산정하는 것은 현저하게 불합리한 바, 새롭게 합리적 실시료를 책정하여 손해액으로 산정할 수 있다. 참고판례.

"당해 특허발명에 대하여 특허권자가 제3자와 사이에 특허권 실시계약을 맺고 실시료를 받은 바 있다면 그 계약 내용을 침해자에게도 유추적용하는 것이 현저하게 불합리하다는 특별한 사정이 없는 한 그 실시계약에서 정한 실시료를 참작하여 위 금액을 산정하여야 하며, 그 유추적용이 현저하게 불합리하다는 사정에 대한 입증책임은 그러한 사정을 주장하는 자에게 있다(대법원 2006. 4. 27. 선고 2003다15006 판결)."

⑤ 참고판례.

"특허법 제101조 제1항은 "다음 각 호에 해당하는 사항은 이를 등록하지 아니하면 그 효력이 발생하지 아니한다."고 하면서, 제2호에 "전용실시권의 설정·이전(상속 기타 일반승계에 의한 경우를 제외한다)·변경·소멸(혼동에 의한 경우를 제외한다) 또는 처분의 제한"을 규정하고 있다. 따라서 설정계약으로 전용실시권의 범위에 관하여 특별한 제한을 두고도 이를 등록하지 않으면 그 효력이 발생하지 않는 것이므로, 전용실시권자가 등록되어 있지 않은 제한을 넘어 특허발명을 실시하더라도, 특허권자에 대하여 채무불이행 책임을 지게 됨은 별론으로 하고 특허권 침해가 성립하는 것은 아니다(대법원 2013. 1. 24. 선고 2011도4645 판결)."

정 답 ②

CHAPTER 03 존속기간 및 존속기간연장등록 제도

01 특허법상 '허가 등에 따른 특허권의 존속기간 연장제도'에 관한 설명으로 옳지 않은 것은? (다툼이 있으면 판례에 따름)

[2023년 기출]

① 허가 등에 따른 특허권존속기간 연장등록출원은 대상이 되는 특허발명의 특허권이 존속되는 경우에만 가능하다.

② 하나의 특허와 관련하여 연장등록출원의 대상이 되는 유효성분 A, B 및 C에 대하여 각각 허가 A, B 및 C를 받았다면 각 유효성분에 대하여 연장 받고자 하는 허가 모두에 대하여 1회씩 연장등록출원 할 수 있다.

③ 특허권의 존속기간을 연장 받을 수 있는 기간은 그 특허발명을 실시할 수 없었던 기간으로서 5년의 기간 내로 한정된다.

④ 해당 관청의 심사부서 중 어느 한 부서의 보완요구로 인하여 보완기간이 소요되었다 하더라도, 다른 부서에서 허가를 위한 심사 등의 절차가 계속 진행되고 있었던 경우에는 그 보완기간 중 다른 부서에서 심사가 진행되고 있는 기간과 중첩되는 기간에 관한 한 허가 등을 받은 자의 책임 있는 사유로 인하여 허가가 지연되었다고 볼 수 없으므로 위 중첩되는 기간은 그 특허발명을 실시할 수 없었던 기간에서 제외할 수 없다.

⑤ 특허권 존속기간의 연장등록출원의 출원인은 특허권자에 한하며 특허권이 공유인 경우에는 공유자 전원이 공동으로 특허권 존속기간의 연장등록출원을 하여야 한다.

해설

① |O| 심사기준 문구다. "허가등에 따른 특허권존속기간 연장등록출원은 대상이 되는 특허발명의 특허권이 존속되는 경우에만 가능하다. 따라서 그 특허권이 무효 또는 취소되거나 특허료를 납부하지 않아 소멸한 경우에는 특허권존속기간연장등록 출원이 인정되지 않는다. 그 특허권에 대하여 무효심판이 계속 중인 경우에는 연장등록출원을 할 수 있다(심사기준)."

② |×| 심사기준 문구다. 연장등록은 1번만 가능하다. "하나의 특허와 관련하여 연장등록출원의 대상이 되는 유효성분 A, B 및 C에 대하여 각각 허가 A, B 및 C를 받았다면 각 유효성분 중에서 연장 받고자 하는 허가 하나만을 선택하여 1회에 한해 연장등록출원 할 수 있다(심사기준)."

③ |O| 허가등 vs 등록지연 대비 문제다. 허가등은 최대 5년까지만 연장 가능하다(특허법 제89조 제1항).

④ |O| 식품의약품안전처 내 어느 심사부서에서 보완요구가 이루어지고 그 결과 보완자료를 제출할 때까지 그 보완요구 사항에 대한 심사가 진행되지 못하였다 하더라도, 그동안 식품의약품안전처의 다른 심사부서에서 그 의약품의 제조판매·수입품목 허가를 위한 심사 등의 절차가 계속 진행되고 있었던 경우에는 다른 특별한 사정이 없는 한 그 기간 역시 허가를 위하여 소요된 기간으로 볼 수 있으므로, 이를 가지고 허가 등을 받은 자의 귀책사유로 인하여 허가 등의 절차가 지연된 기간이라고 단정할 수 없다(대법원 2017. 11. 29. 선고 2017후882,899 판결).

⑤ |O| 특허법 제91조 제4호, 제5호

정답 ②

02 특허법상 '허가 등에 따른 특허권의 존속기간 연장제도'에 관한 설명으로 옳지 않은 것은? (다툼이 있으면 판례에 따름)

[2019년 기출]

① 허가 등에 따른 특허권의 존속기간 연장은 한 차례만 가능하다.
② 특허권이 공유인 경우에는 공유자 모두가 공동으로 특허권의 존속기간의 연장등록출원을 하여야 한다.
③ 허가 신청 당시 통상실시권자의 지위에 있었지만 통상실시권의 등록을 마치지 않았던 자가 허가를 받았더라도, 특허청 심사관의 연장등록결정의 등본이 송달되기 전에 통상실시권 등록 및 그에 대한 증명자료 제출이 모두 이루어진 경우 그 연장등록결정은 적법하다.
④ 존속기간이 연장된 특허권의 효력은 그 연장등록된 특허권의 청구범위에 적혀 있는 사항에 의하여 정하여진다.
⑤ 특허권의 존속기간의 만료 전 6개월 이후에는 그 특허권의 존속기간의 연장등록출원을 할 수 없다.

해설

① 특허법 제89조 제1항
② 특허법 제90조 제3항
③ 특허법 제91조 제2호를 판단함에 있어 신청 당시부터 통상실시권이 등록되어 있었어야만 할 필요는 없다. 아래에 참고판례를 소개한다(대법원 2017. 11. 29. 선고 2017후844 판결).
"구 특허법 제134조 제1항 제2호가 연장등록의 무효사유로서 '등록된 통상실시권을 가진 자가 제89조의 허가 등을 받지 아니한 출원에 대하여 연장등록이 된 경우'라고 규정한 것은, 특허권 존속기간의 연장등록을 받는 데에 필요한 허가 등을 신청할 수 있는 자의 범위에 통상실시권자도 포함되지만, 그 통상실시권의 등록이 연장등록출원서의 필수적 기재사항 및 증명자료임에 비추어 그것이 누락된 채로 연장등록이 이루어진 경우에는 적법한 연장등록 요건을 갖추지 못한 것이므로 그 등록을 무효로 하겠다는 취지라고 해석함이 상당하다. 이와 달리 위 법률 조항이 허가 등을 신청한 통상 실시권자가 그 신청 당시부터 통상실시권의 등록을 마치고 있어야만 한다는 취지를 규정한 것이라고 볼 수는 없다."
④ 청구범위에 적혀 있는 사항 모두가 아니고, 이 중 허가등의 대상물건에 관한 특허발명의 실시행위에만 연장된 존속기간의 효력이 미친다(특허법 제95조).
⑤ 특허법 제91조 제2항 단서

정답 ④

03 특허권의 존속기간 및 허가등에 의한 존속기간연장등록 출원에 관한 설명이다. 타당한 것은?

① 甲은 2005. 2. 27. 항암제 A에 대해 출원하였고, 甲의 출원은 2008. 4. 1.에 설정등록 되었다. 한편, 甲은 2006. 3. 1.에 임상시험계획서를 식품의약청에 제출하여 이를 2006. 4. 1.에 승인 받았고 임상시험을 걸쳐 2009. 4. 1.에 의약품 허가를 받았다. 이 경우 존속기간에 대해 연장 가능한 기간은 3년이다.
② 위 ①에서 甲이 2009. 7. 2.에 존속기간연장등록출원을 한 경우 그 출원은 거절된다.
③ 존속기간의 기산에 있어서 국제출원의 경우 현실적으로 국제출원한 날 이후부터 기산하는 경우가 있다.
④ 출원인이 그 특허발명을 실시할 수 없었던 기간을 초과하여 연장 신청을 한 경우에 해당하여 거절하는 경우에는 그 초과하는 기간의 연장만 없는 것으로 본다.
⑤ 존속기간연장등록출원은 특허권자만이 출원할 수 있으며, 특허권이 공유인 경우 보존행위로 공유자 중 한 사람의 출원은 다른 공유자 전원을 위하여 효력이 있다.

해 설

① |×| 법 제89조 제1항 연장기간은 실시할 수 없었던 기간 중 5년 내에서 연장 가능하며, 실시할 수 없었던 기간이란 식약처장으로부터 임상시험 계획서의 승인을 받은 날 또는 특허권의 설정등록일 중 늦은 날부터 의약품 허가를 받은 날까지를 의미하므로 사안에서는 설정등록일인 2008. 4. 1.부터 2009. 4. 1.까지의 1년의 기간이다.
② |×| 법 제90조 제2항 존속기간연장등록 출원의 시기는 허가 등을 받은 날로부터 3월 내 존속기간 만료 전 6월 내에 하여야 하며 이를 위반한 경우 그 출원은 불수리 대상이다. 사안에서 甲이 연장등록 출원할 수 있는 시기는 허가를 받은 2009. 4. 1.부터 3월인 2009. 7. 1.이다.
③ |O| 국제출원의 존속기간은 우리나라에 번역문을 제출한 날부터 기산하지 않고 국제출원일부터 기산한다. 다만 국제출원일 이후 보완 명령이 있는 경우 보완서 제출일이 국제출원일이 되므로 현실적으로 국제출원한 날 이후부터 기산하는 경우가 있다(법 제194조 제4항 참조).
④ |×| 법 제91조 제3호 연장등록무효의 효과와 달리 연장등록 출원 중에 거절결정이 된 경우에는 전체기간이 인정되지 않는다.
⑤ |×| 법 제91조 제5호 존속기간연장등록 출원은 특허권자만이 할 수 있으나, 특허권이 공유인 경우 공유자 전원이 하여야 한다.

정답 ③

04 특허권의 허가등에 의한 존속기간에 관한 다음 설명 중 옳은 것은? [2002년 기출변형]

① A는 2000년 1월 10일 특허출원을 하였으나, 무권리자의 출원이라는 이유로 2002년 4월 29일 특허거절결정이 확정되었다. 정당권리자인 B가 2000년 5월 23일 특허 출원을 하여 2002년 6월 12일에 특허권이 설정등록되었을 경우, B의 특허권은 2020년 5월 23일까지 존속한다.

② 특허권의 존속기간을 연장하기 위해서는 다른 법령에 의하여 허가나 등록 등을 받은 날부터 6월내로서 존속기간 만료전 6월 이내에 출원하여야 한다.

③ A는 2006년 10월 1일에 출원한 실용신안 등록출원에 기초하여 2006년 12월 11일에 특허로 변경출원을 하였고, 특허권이 2007년 5월 12일 설정등록 되었다고 할 때, 그 특허권의 존속기간은 2026년 10월 1일까지이다.

④ 특허권의 존속기간 연장등록출원인은 연장등록 출원서에 기재된 연장 대상 특허권의 특허번호의 보정이 가능하다.

⑤ 특허청장은 특허권의 존속기간 연장등록 출원이 있는 경우 그 사실을 특허공보에 게재하지 아니할 수 있다.

해 설

① |×| 무권리자의 특허출원이 법 제33조 제1항 본문 규정 위반으로 특허를 받지 못하게 된 경우에는 그 무권리자의 특허출원 후에 한 정당한 권리자의 특허출원은 무권리자의 특허출원일로 그 출원일이 소급된다(법 제34조). 이 경우 정당한 권리자의 특허권의 존속기간은 무권리자의 특허출원일의 다음날부터 기산한다(법 제88조 제2항). 따라서 정당권리자 B의 특허출원의 출원일은 2000년 1월 10일로 소급되며 존속기간은 그 다음날부터 20년이므로 그 만료일은 2020년 1월 10일이다.

② |×| 특허권의 존속기간의 연장등록출원은 허가 등을 받은 날부터 3월 이내에 출원하여야 하고, 존속기간의 만료 전 6월 이후에는 할 수 없다(법 제90조 제2항).

③ |○| 변경출원의 출원일은 그 기초가 실용신안등록출원일로 소급된다(법 제53조 제3항). 따라서 존속기간의 만료일은 2006년 10월 1일부터 20년이 되는 날인 2026년 10월 1일까지이다.

④ |×| 연장등록출원인은 연장등록출원서에 기재된 사항 중 i) 연장대상 청구범위의 표시, ii) 연장신청의 기간, iii) 법 제89조의 허가 등의 내용, iv) 산업통상자원부령이 정하는 연장이유 등 절차적 사항에 한하여 보정할 수 있다(법 제90조 제6항). 연장대상특허권의 특허번호의 보정은 요지를 변경하는 것으로서 인정되지 않는다.

⑤ |×| 특허청장은 특허권의 존속기간의 연장등록출원이 있는 때에는 이를 특허공보에 게재하여야 한다(법 제90조 제5항).

정답 ③

05 존속기간연장등록출원에 관한 설명 중 옳지 않은 것은?

① 등록지연에 따른 특허권의 존속기간의 연장에 있어서 특허법 제149조 또는 제150조에 따른 제척 또는 기피의 신청으로 인해 심판절차가 중지된 경우 그 중지된 기간은 출원인으로 인하여 지연된 기간에 해당한다.
② 허가 등에 따른 특허권의 존속기간의 연장은 한 차례만 5년의 기간 내에서 연장할 수 있다.
③ 허가 등에 따른 특허권의 존속기간의 연장에 있어서 허가 등을 받은 자에게 책임 있는 사유로 인해 소요된 기간은 연장되지 않는다.
④ 허가 등에 따른 특허권의 존속기간의 연장의 효력은 허가 등의 대상물건에 관한 특허발명의 실시행위에만 제한적으로 미친다.
⑤ 등록지연에 따른 특허권의 존속기간의 연장등록결정이 있으면 특허권의 존속기간의 연장을 특허원부에 등록하여야 한다.

> 해설

① 특허법 시행령 제7조의2 제1항 제거목, 제척 또는 기피의 결정이 받아들여진 경우는 중지된 기간을 출원인으로 인하여 지연된 기간으로 볼 수 없다.
② 특허법 제89조 제1항
③ 특허법 제89조 제2항
④ 특허법 제95조
⑤ 특허법 제92조의5 제2항

> 정답 ①

06 다음 특허권의 허가등에 의한 존속기간 연장등록출원에 대한 설명 중 옳지 않은 것은?

[2003년 기출변형]

① 존속기간 연장등록출원은 심사청구가 없어도 심사를 행한다.
② "신청의 기간이 그 특허발명을 실시할 수 없었던 기간을 초과하는 경우"에 해당하여 거절하는 경우에는 그 초과하는 기간의 연장만 없는 것으로 본다.
③ 존속기간 연장등록이 이루어진 경우 특허청장은 이를 특허공보에 게재한다.
④ 특허권의 존속기간 연장등록결정이 있는 경우 특허청장은 직권으로 특허권의 존속기간 연장을 특허원부에 등록하여야 한다.
⑤ 특허권의 존속기간 연장등록출원이 있는 때에는 일단 그 존속기간은 연장된 것으로 본다.

> 해설

① [O] 존속기간연장등록출원절차에는 성격상 심사청구제도, 출원공개제도 및 정보제공제도는 준용되지 않는다.

② |×| 연장등록출원의 연장기간이 그 특허발명을 실시할 수 없었던 기간을 초과하는 경우에는 연장등록출원 전체가 거절결정된다(법 제91조 제1항 제3호). 다만, 이것이 간과되어 등록되어 연장등록무효심판이 제기된 경우에는 그 특허발명을 실시할 수 없었던 기간을 초과하여 연장된 기간에 대하여만 연장이 없었던 것으로 본다(법 제134조 제3항).

③④ |○| 특허청장은 연장등록결정이 있는 때에는 특허권의 존속기간의 연장을 특허원부에 등록하고 특허공보에 게재하여야 한다(법 제92조 제2항 및 제3항).

⑤ |○| 법 제90조 제4항

정답 ②

07 甲은 물질 A를 주성분으로 이용한 의약품에 관한 특허권자이다. 甲의 특허권은 1988년 2월 10일 특허출원하여 1991년 2월 10일 설정등록된 것이다. 甲의 의약품은 품목허가를 받기 위해 1989년 2월 10일부터 임상시험을 거쳐서 1993년 2월 10일 제품허가(허가 X)를 받았다. 또한, 甲은 1996년 6월 10일부터는 용액 제재로 제형을 변경하기 위하여 임상시험을 하고 1997년 6월 10일에는 제형변경 허가(허가 Y)를 받았다. 한편, 乙은 甲 특허권이 소멸할 것을 대비하여 공장부지를 설립하여 물질 A를 주성분으로 하는 의약품을 2010년 2월 15일 제작·판매하였다. 다음 설명 중 옳은 것은?

① 甲의 특허권의 존속기간은 2008년 2월 10일이지만, 허가 X를 받기 위해서 소요된 기간인 4년과 허가 Y를 받기 위해 소요된 기간 1년을 합하여 甲이 존속기간 연장등록출원을 하면 2013년 2월 10일까지로 존속기간인 연장된다.

② 甲의 특허권의 존속기간은 2008년 2월 10일이지만, 제형변경 허가 Y는 연장대상이 되지 않기 때문에 甲이 존속기간 연장등록 출원을 적법하게 했다면 존속기간은 2012년 2월10일까지 이다.

③ 乙이 물질 A를 주성분으로 하는 의약품을 판매하는 행위는 甲의 특허권을 침해하지 않는다.

④ 甲이 상기의 허가가 있는 날로부터 3월 이내, 존속기간 만료일 전 6개월이 되기 전에 연장등록 출원을 하지 않았다면, 연장등록출원이 거절된다.

⑤ 연장등록에 의하여 연장된 기간이 특허권자에게 책임 있는 사유로 인해 소요된 기간을 포함한 경우에는 존속기간 연장등록무효사유에 해당하고 무효심판청구가 인용되면 연장등록전체가 무효 된다.

해설

①, ② |×| ③ |○| i) 하나의 특허에 포함된 동일 유효성분에 대하여 복수의 허가가 있는 경우 최초의 허가에 한해 존속기간 연장이 가능하다. — 예시) 하나의 특허에 포함된 동일 유효성분에 대하여 복수의 허가가 있는 경우 최초의 허가에 한해 존속기간 연장이 가능하다. 즉, 제품허가 X, 제형변경허가 Y를 차례로 받았다면, 최초허가인 제품허가 X로서 특허발명의 실시가 가능해지므로 최초의 허가인 X에 대해서만 연장등록 출원이 가능하다.(심사기준) ii) 또한, 특허발명을

실시하지 못한 경우 연장등록으로 보호하는 것이지 출원단계에서 실시하지 못한 경우에는 존속기간 연장등록의 대상이 되지 않는다.

결국, 甲은 허가 X를 받기위해 실시하지 못한 기간이 4년이지만 설정등록 후 실시 못한 기간은 2년이고, 허가 Y에 대해서는 연장등록대상이 되지 못하는 것이므로 존속기간의 연장은 2년만 가능하다. 따라서 甲의 특허권이 연장등록출원에 의해 다른 거절이유가 없다면 2010년 2월 10일까지 존속기간이 연장될 것이고, 그 결과 2010년 2월 15일 乙의 실시는 甲의 특허권의 침해가 될 수 없다.

④ |X| 거절이유가 아니고, 반려처분의 대상이다.
⑤ |X| 법 제134조 제3항은 '연장등록을 무효로 한다는 심결이 확정된 때에는 그 연장등록에 의한 존속기간의 연장은 처음부터 없었던 것으로 본다. 다만, 연장등록이 제1항 제3호의 규정에 해당되어 무효로 된 경우에는 그 특허발명을 실시할 수 없었던 기간을 초과하여 연장된 기간에 대하여만 연장이 없었던 것으로 본다.'고 규정하므로 초과하여 연장등록 된 경우만 무효 된다.

정답 ③

08 甲은 물질 A를 주성분으로 이용한 의약품 및 그 의약품의 제조방법에 관한 특허권자이며, 乙은 甲의 등록된 통상실시권자이다. 甲의 특허권은 1984년 2월 10일 특허출원하여 1985년 12월 1일 설정등록된 것이다. 甲의 의약품은 품목허가를 받기 위해 임상시험을 거쳐서 乙만이 1995년 2월 20일 품목허가를 받았다. 甲은 연장등록신청기간을 5년으로 하여 1995년 5월 5일 존속기간연장등록출원을 하였다. 한편, 丙은 甲 특허권이 소멸할 것을 대비하여 공장부지를 설립하여 물질 A를 주성분으로 하는 의약품을 甲의 특허발명인 제조방법을 이용하여 2004년 2월 15일 제작·판매하였다. 다음 설명 중 옳지 않은 것은?

① 甲의 특허권의 존속기간은 2004년 2월 10일이지만 존속기간 연장등록출원에 의해 2009년 2월 10일까지 연장된다.
② 丙이 물질 A를 주성분으로 하는 의약품을 판매하는 행위는 甲의 특허권을 침해한다.
③ 甲의 연장등록된 특허권의 효력은 연장등록의 이유가 된 A를 주성분으로 이용한 의약품에 대해서만 미치므로 丙이 그 의약품의 제조방법을 사용하는 행위는 甲의 특허권을 침해하지 않는다.
④ 乙이 설정행위로 정한 범위내에서 물질A를 주성분으로 하는 의약품을 판매하는 것은 甲의 특허권을 침해하는 것이 아니다.
⑤ 연장등록에 의하여 연장된 기간이 특허권자에게 책임있는 사유로 인해 소요된 기간을 포함한 경우에는 존속기간 연장등록무효사유에 해당한다.

해설

① |O| i)특허권자가 존속기간연장등록출원을 하였고 ii)허가를 받은 날로부터 3월이내에 출원하였으며 iii)의약품은 연장등록의 대상이고 iv)그 특허발명을 실시할 수 없었던 기간이 5년이므로 존속기간 연장등록출원은 적법하다. 따라서 존속기간이 2009년 2월 10일까지 연장된다.

② |O| ③ |X| 연장된 특허권의 효력은 그 이유가 된 허가등의 대상물건에 관한 그 특허발명의 실시 외의 행위에는 미치지 않는다. 따라서 연장등록의 대상인 의약품발명에 대해서만 영향이 있는 것이고 의약품의 제조방법에 대해서는 연장된 특허권의 효력이 인정되지 않는다. 그러나, 의약품의 제조방법을 사용하는 행위는 결국 '의약품의 생산'으로 귀결되므로 이는 그 의약품 발명의 실시 태양에 해당된다. 따라서, 丙이 그 의약품의 제조방법을 사용하는 행위는 甲의 연장등록된 특허권을 침해하는 것이다.

④ |O| 乙은 통상실시권자이므로 설정범위내의 실시는 특허권의 침해가 되지 않는다.

⑤ |O| 법 제134조 제1항 제3호, 제2항 제1호

정 답 ③

09 甲은 신규한 화합물 A와 A′를 발명하였고 그 효과를 시험해 본 결과 모두 항균작용이 있었으므로 A와 A′를 하나의 청구항에 기재하여 2004.3.3. 특허출원을 하여 그대로 특허결정을 받아 2005.7.1. 특허권 설정등록을 하였다. 한편, 甲은 A와 A′ 중 효과가 보다 우수한 A만을 항생제로 개발하기로 결정하였다. 이에 2005.6.1.부터 약사법에 따른 활성·안전성을 확인하기 위한 임상시험을 약 2년간 진행하여, 2007.8.1. 제조판매품목허가를 받기 위한 서류를 식품의약품안전청에 제출하였다. 그러나 2007.9.1. 자료가 미비하여 추가 실험 자료가 필요하다는 통지를 받았다. 甲은 추가실험을 한 다음 2007.10.12. 추가자료를 제출하여 2008.1.8. 최종적으로 화합물 A를 유효성분으로 하는 제조판매품목허가를 받았다. 다음 설명 중 옳은 것은?

[2009년 기출]

① 甲이 2008.5.8.에 특허권 존속기간의 연장등록출원을 하면 수리될 것이다.
② 특허청장은 甲이 특허권 존속기간의 연장등록출원을 한 때에는 최종적으로 연장등록결정이 되는지 여부와 무관하게 그 특허권 존속기간의 연장등록출원서에 기재된 사항들을 특허공보에 게재하여야 한다.
③ 甲의 특허권 존속기간이 연장되는 기간은 2005.6.1.부터 2007.9.1.까지 소요된 기간과 2007.10.12.부터 2008.1.8.까지 소요된 기간을 합산한 기간이다.
④ 甲의 특허권 존속기간의 연장등록출원이 등록결정 된다면 A와 A′를 모두 포함하는 청구항이 연장등록 될 것이므로 연장된 특허권의 효력은 A는 물론 A′에도 미치게 된다.
⑤ 甲이 乙에게 화합물 A의 특허권에 대한 전용실시권을 설정하였다면 乙도 상기 특허권 존속기간의 연장등록출원을 할 수 있다.

해 설

① |X| 존속기간연장등록출원은 허가나 등록을 받은 날로부터 3월 이내 및 존속기간의 만료 6월 이전에 연장등록출원을 하여야 한다(법 제90조 제2항). 기간을 경과하여 존속기간 연장등록출원을 하면 부적법한 출원에 해당하여 출원서류가 반려된다(시행규칙 제11조). 따라서 甲은 허가일(2008. 1. 8.)부터 3월인 2008. 4. 8.까지 존속기간연장등록출원을 해야 한다. 결국, 2008. 5. 8. 출원하면 반려될 것이다.

② |○| 특허청장은 특허권의 존속기간의 연장등록출원이 있는 때에는 연장등록 출원서에 기재된 사항을 특허공보에 게재하여야 한다(법 제90조 제5항).
③ |×| 존속기간을 연장 등록할 수 있는 기간은 그 특허발명을 실시할 수 없었던 기간으로서 5년 내이다. 다만, 특허권자에게 책임 있는 사유로 인해 소요된 기간은 그 특허발명을 실시할 수 없었던 기간에 포함되지 않는다(법 제91조 제2항). 따라서 자료가 미비하여 추가자료를 제출하기 위한 기간인 2007. 9. 1.부터 2007. 10. 12.까지의 기간은 특허권자에게 귀책사유가 있으므로 실시할 수 없었던 기간에 포함되지 않는다. 한편,「특허발명」을 실시하지 못한 경우만 보호하는 것이므로, 특허를 받기 이전부터 허가 등으로 인해 실시하지 못하였더라도 그 부분은 특허발명을 실시할 수 없었던 기간에 포함되지 않는다. 따라서 임상실험을 시작한 시점인 2005. 6. 1.부터 기산하는 것이 아니고 특허권이 등록된 2005. 7. 1.부터 기산하여야 한다. 결국 2005. 7. 1.부터 2007. 9. 1.까지 소요된 기간과 2007. 10. 12.부터 2008. 1. 8.까지 소요된 기간을 합산한 기간이 연장가능 기간이다.
④ |×| 특허권의 존속기간이 연장된 특허권의 효력은 그 연장등록의 이유가 된 허가 등의 대상물건(그 허가 등에 있어 물건이 특정의 용도가 정하여져 있는 경우에 있어서는 그 용도에 사용되는 물건)에 관한 그 특허발명의 실시외의 행위에는 미치지 아니한다(법 제95조). 甲은 화합물 A를 유효성분으로 하는 제조판매 품목허가를 받았는바, 허가의 대상물건이 아닌 화합물 A′에 대해서는 연장된 특허권의 효력이 미치지 않는다.
⑤ |×| 존속기간연장등록출원은 특허권자만이 할 수 있으며(법 제91조 제1항 제4호), 특허권이 공유인 경우에는 전원이 공동으로 출원하여야 한다(법 제90조 제3항). 따라서 전용실시권자인 乙은 연장등록출원을 할 수 없다.

정답 ②

10 다음 설명 중 옳지 않은 것은? [2010년 기출]

① 甲의 발명 A를 도용한 乙이 2008.5.9. 발명 A를 특허출원하여 이후에 등록되었고, 乙이 정당한 권리자가 아니라는 것을 이유로 乙의 특허권이 2009.8.25. 특허무효라는 심결이 확정된 후 甲이 2009.9.18. 발명 A를 특허출원하여 등록된 경우, 甲의 특허권은 2028.5.9.까지 존속한다.
② 특허권의 연장등록에 의하여 연장된 기간이 특허발명을 실시할 수 없었던 기간을 초과하였다는 것을 이유로 그 연장등록이 심판에 의하여 무효로 된 경우에는 연장등록에 의한 존속기간의 연장은 처음부터 없었던 것이 된다.
③ 甲이 특허발명을 실시하기 위하여 법령의 규정에 의한 허가를 필요로 하였다는 이유로 존속기간의 연장등록출원을 하여 연장등록이 되었다가 甲의 특허권이 존속기간 만료로 소멸한 경우, 이해관계인 乙은 당초 甲의 특허발명 실시에 허가가 필요 없었다고 주장하면서 甲의 특허권 존속기간 연장등록에 대한 무효심판을 청구할 수 있다.
④ 특허권이 공유인 경우에는 공유자 전원이 공동으로 특허권의 존속기간의 연장등록출원을 하지 않으면 연장등록거절결정 사유가 될 뿐만 아니라 연장등록의 무효심판 사유가 된다.
⑤ 특허권의 존속기간이 연장된 특허권의 효력은 그 연장등록의 이유가 된 허가 등의 대상물건에 관한 그 특허발명의 실시행위에만 미친다.

> 해설

① |○| 정당한 권리자의 특허출원에 대하여 법 제34조 및 법 제35조의 규정에 의하여 특허된 경우에 특허권의 존속기간은 무권리자의 특허출원일의 다음날부터 기산한다(법 제88조 제2항). 따라서 甲의 특허권은 무권리자인 乙의 출원일인 2008. 5. 9.부터 20년간 존속하므로 2028. 5. 9.이 존속기간 만료일이다.

② |×| 존속기간의 연장등록을 무효로 한다는 심결이 확정된 때에는 그 존속기간의 연장은 처음부터 없었던 것으로 본다. 다만 연장등록이 그 특허발명을 실시할 수 없었던 기간을 초과하여 연장된 것에 해당하여 무효로 된 경우에는 그 특허발명을 실시할 수 없었던 기간을 초과하여 연장된 기간에 대해서만 연장이 없었던 것으로 본다(법 제134조 제3항).

③ |○| 특허권의 존속기간이 연장등록된 후 언제든지 청구할 수 있음은 물론 특허권이 소멸된 후에도 청구할 수 있다(법 제134조 제3항). 특허권이 소멸된 후라도 소멸되기 전의 제3자의 실시에 대해서는 특허권자가 권리행사를 할 수 있기 때문에 연장등록을 무효로 시킬 실익이 있다. 다만, 특허권이 무효심결확정에 의하여 소급하여 소멸한 경우에는 청구할 수 없다.

④ |○| 법 제90조 제3항(공유인 경우)의 규정에 위반한 출원에 대하여 연장등록이 된 경우 연장등록 거절이유에 해당한다(법 제91조 제1항 제4호). 한편, 특허권의 존속기간 연장등록의 무효사유(법 제134조 제1항)는 연장등록출원의 거절이유(법 제91조 제1항)와 실질적으로 동일하므로 타당한 설명이다.

⑤ |○| 법 제95조

> 정답 ②

11 甲은 진통효과가 뛰어난 신규한 화합물 A를 발명하였고, 청구범위에 화합물 A와 이를 포함하는 약학 조성물을 각각 기재한 특허출원을 하여 특허권 설정등록을 하였다. 이후 甲은 약사법에 따른 허가를 받기 위하여 필요한 활성 및 안전성 등을 확인하기 위한 임상시험을 3년간 진행하였고, 이에 대한 자료를 식품의약품안전청에 제출하여 화합물 A를 유효성분으로 함유하는 정제의 제조 및 판매 허가를 받았다. 이후 甲은 화합물 A를 유효성분으로 함유하는 캡슐제에 대한 임상시험을 6개월간 추가로 실시하여 화합물 A를 유효성분으로 함유하는 캡슐제의 제조 및 판매 허가를 추가로 받았다. 다음 설명 중 옳지 않은 것은? [2011년 기출]

① 甲은 화합물 A를 유효성분으로 함유하는 정제의 제조 및 판매 허가를 받은 날부터 3월이 경과한 때 또는 특허권 존속기간의 만료 전 6월 이후에는 특허권 존속기간 연장등록출원을 할 수 없다.

② 특허권자인 甲만이 특허권 존속기간 연장등록출원을 할 수 있다.

③ 甲의 특허권 존속기간의 연장은 최초로 제조 및 판매 허가를 받은 화합물 A를 유효성분으로 함유하는 정제와 관련된 임상시험 기간에 대해서만 이루어질 수 있다.

④ 甲은 특허권 존속기간 연장등록출원에 대하여 연장등록여부결정등본 송달 전까지 또는 심사관의 거절이유통지가 있은 후에는 당해 거절이유통지에 따른 의견서 제출기간 내에 연장대상청구범위 및 연장대상특허권의 특허번호의 표시를 변경하는 보정을 할 수 있다.

⑤ 甲의 특허권의 존속기간이 연장된 경우, 그 특허권의 효력은 그 연장등록의 이유가 된 허가 등의 대상물건에 관한 그 특허발명의 실시 외의 행위에는 미치지 않는다.

해설

① |O| 존속기간연장등록출원은 허가나 등록을 받은 날로부터 3월 이내 및 존속기간의 만료 6월 이전에 연장등록출원을 하여야 한다(법 제90조 제2항). 기간을 경과하여 존속기간 연장등록출원을 하면 부적법한 출원에 해당하여 출원서류가 반려된다(시행규칙 제11조).

② |O| 존속기간연장등록출원은 특허권자만이 할 수 있으며(법 제91조 제1항 제4호), 특허권이 공유인 경우에는 전원이 공동으로 출원하여야 한다(법 제90조 제3항).

③ |O| 연장등록출원의 대상이 되는 유효성분에 대하여 제품허가, 원제허가 및 제형변경허가를 차례로 받았다면 그 최초 허가인 제품 허가로서 특허발명의 실시가 가능해지므로, 최초 허가인에 대해서만 연장등록 출원이 가능하다. 따라서 최초 허가인 화합물 A를 유효성분으로 함유하는 정제와 관련된 임상시험 기간만이 연장대상이 되는 기간일 뿐, 화합물 A를 유효성분으로 함유하는 캡슐제에 대한 임상시험 기간(6개월)은 연장대상이 되지 않는다.

④ |X| 연장등록출원인은 연장등록출원서에 기재된 사항 중 i) 연장대상 청구범위의 표시 ii) 연장신청의 기간 iii) 법 제89조의 허가 등의 내용 iv) 산업통상자원부령이 정하는 연장이유 등 절차적 사항에 한하여 보정할 수 있다(법 제90조 제6항). 특허권의 설정등록 후에 연장등록출원을 하는 것이기 때문에 명세서 등의 보정과 같은 실체보정은 허용되지 않으며, 절차보정이라도 i) 연장등록출원인의 보정 ii) 연장대상 특허권의 특허번호의 변경 등 요지를 변경하는 것은 허용되지 않는다.

⑤ |O| 법 제95조

정답 ④

12 등록지연에 따른 특허권의 존속기간 연장등록 출원에 대한 설명으로 옳지 않은 것은?

① 등록지연에 따른 존속기간연장등록출원의 출원인은 특허권자이어야 한다.
② 등록지연에 따른 존속기간의 연장등록출원은 특허권의 등록공고일로부터 3개월 이내에 출원하여야 한다.
③ 당해 특허권에 대하여 무효심판이 계속중인 경우에도 연장등록출원은 인정된다.
④ 특허출원일부터 4년과 심사청구일부터 3년 중 늦은 날보다 지연되어 설정등록이 된 특허발명에 대하여 연장등록이 가능하다.
⑤ 본 제도는 한미 FTA협정사항을 반영하여 신설된 규정이다.

해설

① |O| 등록지연에 따른 존속기간연장등록출원의 주체적 요건은 특허권자이며, 공유인 경우에는 전원이 공동으로 출원하여야 한다(법 제92조의3 제3항).

② |X| 등록지연에 따른 존속기간연장등록출원의 시기적요건으로는 특허권의 설정등록일로부터 3개월 이내에 하여야 한다(법 제92조의3 제2항).

③ |O| 등록지연에 따른 특허권존속기간연장등록출원의 경우 특허권이 계속되고 있는 한 가능하므로 무효심판이 청구되었다고 하더라도 무효심결이 확정되기 전까지는 출원을 할 수 있다.

④ |O| 법 제92조의2 제1항 정당권리자 출원, 분할출원, 분리출원, 변경출원의 경우 출원일이 소급하지 않고 해당출원일을 기준으로 4년의 기간을 계산한다.
⑤ |O| 출원인의 귀책사유가 아닌 특허청의 심사지연으로 인한 경우 특허권자를 보호해주어야 한다는 취지에서 도입되었으며, 미국에서는 이러한 규정이 이미 존재하고 있었다. 한미 FTA협정에서는 이러한 사항을 반영하여 국내법에 도입하게 되었다.

정답 ②

13 등록지연에 따른 특허권의 존속기간 연장등록 출원에 대한 설명으로 옳은 것은?

① 본 제도의 취지상 등록지연 기간 중 출원인에 의해 지연된 기간이 있다고 하더라도 연장기간에서 제외되지 않는다.
② 등록지연에 따른 특허권의 존속기간 연장등록출원의 경우 이미 특허청에 제출되어 있는 특허를 대상으로 하므로 별도의 출원서를 제출할 필요가 없다.
③ 등록지연에 따른 연장등록출원인은 심사관이 연장등록여부결정 전까지 연장등록출원서에 기재된 사항중 일부를 보정할 수 있으므로, 거절이유 통지를 받은 후에는 보정을 할 수 없다.
④ 연장등록출원인이 해당 특허권자가 아닌 경우 심사관은 그 출원에 대하여 거절결정을 하여야 한다.
⑤ 등록지연에 따른 특허권의 존속기간 연장등록출원의 경우 법 제132의3 거절결정불복심판과는 달리 거절결정등본을 송달받은 날부터 3개월 이내에 불복심판을 청구할 수 없다.

해설

① |X| 본 제도의 취지가 출원인의 사유가 아닌 특허청의 지연으로 인한 불이익을 구제해주는 것이므로 출원인에 의해 지연된 기간이 있는 경우 연장기간에 제외한다(법 제92조의2 제2항).
② |X| 등록지연에 따른 존속기간연장등록출원의 경우에도 법정사항을 기재한 출원서를 특허청장에게 제출하여야 한다(법 제92조의3 제1항).
③ |X| 거절이유 통지를 받은 경우에는 거절이유통지에 따른 의견서 제출기간내에 보정을 할 수가 있다(법 제92조의3 제4항).
④ |O| 그 밖의 거절이유로서는 i) 연장신청기간이 연장가능 기간을 초과한 경우와 ii) 공유인 특허권에 대해서 공유자 전원이 연장등록출원을 하지 아니한 경우가 있다.
⑤ |X| 거절결정에 대하여 불복하고자 하는 자는 거절결정등본을 송달받은 날부터 3개월 이내에 거절결정불복심판을 청구할 수 있다.

정답 ④

14 특허권의 허가등에 따른 존속기간연장제도에 관한 설명으로 옳은 것은? [2013년 기출]

① 약사법에 따라 품목허가를 받아야 하는 의약품, 농약관리법에 따라 등록해야 하는 농약 또는 원제, 인간 유전자 관련 발명을 실시하기 위하여 해당 법령 규정에 의한 허가 등을 위해 필요한 활성·안전성 등의 시험으로 인하여 장기간이 소요되는 경우에 해당 발명을 실시할 수 없었던 기간에 대하여 5년의 기간 내에서 특허권존속기간을 연장할 수 있다.
② 특허권의 존속기간의 연장등록출원은 허가 등을 받은 날부터 3월 이내에 출원하여야 하지만, 특허권의 존속기간의 만료 전 6월 이후에도 할 수 있다.
③ 특허권의 존속기간은 연장등록거절결정이 확정된 경우를 제외하고는 해당 특허권의 존속기간연장등록출원에 대해 특허청이 특허권존속기간을 연장한다는 심사가 확정된 때부터 연장된 것으로 본다.
④ 특허출원일부터 4년 또는 출원심사청구일부터 3년 중 늦은 날보다 지연되어 특허권의 설정등록이 이루어지는 경우에는 그 지연된 기간만큼 해당 특허권의 존속기간을 연장할 수 있으며, 이때 무권리자의 출원에 대한 정당한 권리자의 특허출원인 경우에 출원일부터 4년을 기산할 때에는 무권리자가 출원한 날을 특허출원일로 본다.
⑤ 특허권의 존속기간연장등록출원에 대해 거절이유통지를 받은 특허권자는 해당 거절이유통지에 따른 의견서 제출기간에만 보정할 수 있다.

> 해설

① |×| 법 제89조 제1항 및 시행령 제7조, 약사법에 따라 품목허가 받아야 하는 의약품 및 농약관리법에 따라 등록하여야 하는 농약 또는 원제가 대상임.
② |×| 법 제90조 제2항, 특허권의 존속기간의 만료전 6월이후에는 할 수 없다.
③ |×| 법 제90조 제4항, 연장등록출원이 있는 때에 존속기간이 연장된 것으로 본다.
④ |×| 법 제92조의2 제4항 제1호, 정당권리자가 출원한 날부터 기산한다.
⑤ |O| 법 제90조 제6항 단서 및 제92조의3 제4항 단서

> 정답 ⑤

15 등록지연에 따른 특허권의 존속기간의 연장에 관한 설명 중 틀린 것은?

① '출원인으로 인하여 지연'되었다는 것은 절차가 지연된 원인이 출원인에게 있는 것을 말한다.
② 동일한 발명에 대하여 같은 날에 2이상의 특허출원이 있어서 특허청장이 특허 출원인에게 기간을 정하여 협의의 결과를 신고할 것을 명한 경우에 그 지정기간은 '출원인으로 인하여 지연된 기간'이 된다. 출원인이 청구에 의하여 그 지정기간을 단축한 경우에는 단축된 만큼의 기간은 '출원인으로 인하여 지연된 기간'에 포함되지 않는다.
③ 출원인이 특허받을 수 없는 발명을 출원하거나 명세서를 불비하게 작성하거나 출원인에 관한 요건을 충족하지 못하여 거절이유를 통지하는 경우에는 그 의견서제출기간은 '출원인으로 인하여 지연된 기간'이 된다. 다만, 심사관이 거절이유를 통지한 후에 출원인이 명세서 또는 도면의 보정이나 다른 출원의 취하·포기 또는 출원의 이전 등 거절이유를 해소하기 위한 별도의 조치 없이 의견서나 소명서의 제출만으로 심사관이 거절이유가 해소된 것으로 판단하고 특허결정한 경우에는 그 의견서제출기간은 '출원인으로 인하여 지연된 기간'에 해당되지 않는다.
④ 등록지연에 따른 특허권 존속기간의 연장등록출원은 특허권의 설정등록일로부터 3개월 이내에 출원하여야 한다. 설정등록일 이전에 특허권 존속기간의 연장등록출원을 하거나 설정등록일로부터 3개월이 경과한 이후에 특허권 존속기간의 연장등록출원을 한 경우에는 특허법 제46조에 따라 기간을 정하여 보정을 명하여야 하고, 보정명령을 받은 자가 기간내에 보정을 하지 아니하면 등록지연에 따른 특허권의 존속기간의 연장출원 절차는 무효로 될 수 있다.
⑤ 재심사를 청구한 경우에는 재심사 청구 전에 거절결정서를 송달받은 날부터 재심사에 따른 특허여부의 결정을 한 날까지의 기간이 출원인으로 인하여 지연된 기간에 해당한다.

해 설

① |○| ② |○| ③ |○|
④ |×| 심사기준
　등록지연에 따른 특허권 존속기간의 연장등록출원은 특허권의 설정등록일로부터 3개월 이내에 출원하여야 한다. 설정등록일 이전에 특허권 존속기간의 연장등록출원을 하거나 설정등록일로부터 3개월이 경과한 이후에 특허권 존속기간의 연장등록출원을 한 경우에는 특허법 시행규칙 제11조 규정에 따라 소명의 기회를 부여한 후 등록지연에 따른 특허권 존속기간 연장등록출원서를 반려한다.
⑤ 특허법 시행령 제7조의2 제1항 제1호 제하목

정 답 ④

16 특허권의 존속기간연장등록에 관한 설명 중 옳은 것은?

① 등록지연에 따른 존속기간연장등록 출원이 있으면 그 존속기간은 연장된 것으로 본다.
② 허가 등에 따른 존속기간연장등록출원의 출원인은 심사관의 거절이유통지에 따른 의견서 제출기간에만 연장대상청구범위의 표시를 보정할 수 있다.
③ 특허청장은 허가 등에 따른 존속기간연장등록출원이 있는 때에는 존속기간의 연장을 특허원부에 등록하여야 한다.
④ 출원인의 청구에 의하여 특허에 관한 절차를 밟을 기간이 연장된 경우에는 그 연장된 만큼의 기간은 출원인으로 인하여 지연된 기간에 해당한다.
⑤ 등록지연에 따른 존속기간의 연장등록출원은 특허권의 등록공고일부터 3개월 이내에 출원하여야 한다.

해설

① 허가 등에 따른 존속기간연장등록 출원의 경우만 출원이 있으면 존속기간이 연장된 것으로 본다 (특허법 제90조 제4항).
② 거절이유통지에 따른 의견서 제출기간뿐 아니라 자진보정도 가능하다(특허법 제90조 제6항).
③ 허가 등에 따른 존속기간연장등록출원이 있으면 특허청장은 특허공보에 허가 등의 내용을 게재한다. 특허원부의 등록은 존속기간연장등록결정을 한 후에 한다(특허법 제92조 제2항).
④ 특허법 시행령 제7조의2 제1항 제1호 제나목
⑤ 등록공고일부터가 아니고 설정등록일부터 3개월이다(특허법 제92조의3 제2항).

정답 ④

17 특허권 존속기간의 연장에 관한 설명으로 옳은 것은? [2014년 기출]

① 특허출원에 대하여 출원심사청구일부터 4년과 특허출원일부터 3년 중 늦은 날보다 지연되어 특허권의 설정등록이 이루어지는 경우에는 그 지연된 기간만큼 해당 특허권의 존속기간을 연장할 수 있다.
② 등록지연에 따른 특허권 존속기간의 연장등록출원이 있는 때에는 그 존속기간은 연장된 것으로 보나, 그 출원에 관하여 연장등록거절결정이 확정된 때에는 그러하지 아니하다.
③ 등록지연에 따른 특허권 존속기간의 연장등록출원은 특허권의 설정등록일부터 3개월 이내에 출원하여야 한다.
④ 특허발명의 실시를 위하여 다른 법령의 규정에 의하여 허가등이 필요한 경우 이를 위한 활성·안전성 등의 시험으로 인하여 실시할 수 없었던 모든 기간만큼 그 특허권의 존속기간을 연장할 수 있다.
⑤ 허가등에 따른 특허권 존속기간 연장등록출원의 출원인이 해당 특허권자가 아닌 경우에는 심사관은 그에 대한 보정을 명하여야 한다.

해 설

① |×| 법 제92조의2 제1항 특허출원에 대하여 <u>특허출원일로부터 4년과 출원심사 청구일로부터 3년 중 늦은 날</u>보다 지연되어 특허권의 설정등록이 이루어지는 경우에는 제88조 제1항에도 불구하고 그 지연된 기간만큼 해당 특허권의 존속기간을 연장할 수 있다.
② |×| 허가등에 의한 특허권의 존속기간의 연장등록출원의 경우에는 연장등록출원이 있으면 그 존속기간은 연장된 것으로 보나(법 제90조 제4항) <u>등록지연에 따른 특허권의 존속기간의 연장등록출원은 특허권의 설정등록일로부터 3개월 이내에 출원하여야 하고(법 제92조의3 제2항), 연장등록출원이 있다고 하여 허가등에 의한 연장등록출원과 같이 그 존속기간이 연장된 것으로 보지는 않는다.</u>
③ |○| 법 제92조의3 제2항
④ |×| 법 제89조 제1항. <u>5년의 기간까지 특허권의 존속기간을 한 차례만 연장할 수 있다.</u>
⑤ |×| 법 제92조의4 제2호. 방식이 아닌 실체적 사항으로서, 거절이유에 해당한다.

정답 ③

18 특허권의 존속기간에 관한 설명으로 옳은 것은? [2015년 기출문제]

① 특허발명을 실시하기 위하여 다른 법령에 따라 허가를 받아야 하고, 그 허가를 위하여 필요한 유효성·안전성 등의 시험으로 인하여 장기간이 소요되는 경우에는 그 실시할 수 없었던 기간에 대하여 3년의 기간까지 그 특허권의 존속기간을 한 차례만 연장할 수 있다.
② 특허권이 공유인 경우 각 공유자는 단독으로도 특허권의 존속기간의 연장등록출원을 할 수 있다.
③ 허가등에 따른 특허권의 존속기간의 연장등록출원은 의약품발명을 실시하기 위하여 약사법의 규정에 의한 허가를 받은 날부터 6개월 이내에 출원하여야 한다.
④ 특허권의 존속기간의 연장등록출원에 대하여 연장등록거절사유를 발견할 수 없어 심사관이 연장등록결정을 한 경우 특허청장은 존속기간의 연장을 특허원부에 등록하여야 한다.
⑤ 허가등에 따른 특허권의 존속기간의 연장등록출원이 다른 법령의 규정에 의한 허가를 위하여 그 특허발명을 실시할 수 없었던 기간을 초과하는 경우에는 그 출원에 대하여 존속기간의 연장등록출원을 반려하여야 한다.

해 설

① |×| 특허법 제89조 제1항(5년의 기간까지 연장할 수 있다)
② |×| 특허법 제90조 제3항(반드시 공유자 전원이 함께 연장등록출원을 하여야 한다)
③ |×| 특허법 제90조 제2항(허가를 받은 날로부터 3개월 이내에 출원하여야 한다)
④ |○| 특허법 제92조 제2항
⑤ |×| 거절이유에 해당한다(특허법 제91조 제3호).

정답 ④

19 甲은 '화합물 a를 유효성분으로 하는 천식치료제'에 대한 특허권자로 이 특허권('특허권 A')의 존속기간은 2016년 5월에 만료될 예정이다. 다음 중 옳지 않은 것은? (다툼이 있으면 판례에 따르며, 乙의 행위는 모두 권한 없이 업으로서 행해진 것으로 본다) [2016년 기출문제]

① 특허권 A의 존속기간 만료 후에 판매할 목적으로 '화합물 a를 유효성분으로 하는 천식치료제'에 대하여 약사법에 따른 품목허가신청에 필요한 시험을 하기 위해 화합물 a를 제조하고 이를 위 목적으로 사용한 乙의 행위는 특허권 침해에 해당하지 않는다.

② 특허권 A의 존속기간 만료 후에 판매할 목적으로 '화합물 a를 유효성분으로 하는 천식치료제'에 대하여 약사법에 따른 품목허가신청을 한 乙의 행위는 특허권 침해에 해당하지 않는다.

③ 특허권 A의 존속기간 만료 후에 판매할 목적으로 특허권 A의 존속기간 중에 '화합물 a를 유효성분으로 하는 천식치료제'를 제조하여 창고에 보관한 乙의 행위는 특허권 침해에 해당한다.

④ '화합물 a를 유효성분으로 하는 천식치료제'에 대하여 약사법에 따른 품목허가를 받은 후 아직 그 제품을 제조하지 않은 상태에서 특허권 A의 존속기간만료 후의 판매를 위하여 특허권 A의 존속기간 중에 X병원에 대해 청약한 乙의 행위는 특허권 침해에 해당한다.

⑤ 乙이 '화합물 a를 유효성분으로 하는 천식치료제'에 대하여 약사법에 따른 품목허가를 받은 후 특허권 A의 존속기간 중에 '화합물 a를 유효성분으로 하는 천식치료제'('乙 제품')의 제조・판매를 하였고 존속기간 만료 후에도 계속 乙 제품의 제조・판매를 하고 있는 사실에 대해 甲이 특허권 A의 존속기간 만료 후에 알았다면, 甲은 乙 제품의 폐기를 주장할 수 있다.

해설

①, ② |○| 법 제96조 제1항 제1호

③, ④ |○| 특허권의 존속 중의 제3자의 실시이면 침해의 성립요건으로 족하고, 특허권의 권리행사 당시 특허권이 존속 중이어야 하는 것은 아니다.

⑤ |×| 대법원 2009. 10. 15. 선고 2007다45876 명칭을 '방직기용 실 저장 및 공급장치'로 하는 이 사건 특허발명(특허번호 제29468호)은 원심 변론종결일인 2007. 4. 10. 이전인 2007. 1. 20.에 존속기간이 경과하여 소멸하였음을 알 수 있으므로, 원고는 이미 소멸된 이 사건 특허발명에 터 잡아 피고들을 상대로 특허법 제126조에 따른 특허침해금지 및 특허 침해제품의 폐기를 주장할 수 없다.

정답 ⑤

20 의약품 특허권 존속기간의 연장에 관한 설명으로 옳지 않은 것은? (다툼이 있으면 판례에 따름)

[2018년 기출문제]

① 특허발명을 실시하기 위하여 다른 법령에 따라 허가를 받거나 등록 등을 하고, 그 허가 또는 등록 등을 위하여 필요한 유효성·안전성 등의 시험으로 인하여 장기간이 소요되는 대통령령으로 정하는 발명인 경우에는 그 실시할 수 없었던 기간에 대하여 5년의 기간까지 그 특허권의 존속기간을 한 차례만 연장할 수 있다.

② 의약품 등의 발명을 실시하기 위해 약사법 등에 따라 허가 또는 등록 등을 받은 자의 귀책사유로 그 허가 또는 등록 등의 절차가 지연된 경우, 귀책사유가 인정되는 기간은 특허권 존속기간 연장의 범위에 포함되지 않는다.

③ 허가 또는 등록 등을 받은 자에게 책임있는 사유를 판단할 경우에는 특허권 존속기간의 연장등록을 받는 데에 필요한 허가 또는 등록 등을 신청한 전용실시권자와 통상실시권자에 관한 사유는 포함되지 않는다.

④ 특허발명을 실시할 수 없었던 기간을 초과한다는 사유로 특허법 제134조(특허권 존속기간의 연장등록의 무효심판)제1항제3호에 따라 존속기간 연장등록 무효심판을 청구하는 경우 무효심판을 청구하는 자는 그 사유에 대하여 주장·증명할 책임을 진다.

⑤ 식품의약품안전처의 의약품 제조판매·수입품목 허가신청에 대하여 어느 심사부서의 보완요구로 보완자료를 제출할 때까지 보완요구 사항에 대한 심사가 진행되지 못하였더라도, 그 동안 다른 심사부서에서 그 의약품의 제조판매·수입품목허가를 위한 심사 등의 절차가 계속 진행되고 있었던 경우, 의약품 등의 발명을 실시하기 위해 약사법 등에 따라 허가 또는 등록 등을 받은 자의 귀책사유로 그 허가 또는 등록 등의 절차가 지연된 기간이라고 단정할 수 없다.

해설

① 특허법 제89조 제1항
② 특허법 제89조 제2항
③ 허가 신청인의 책임있는 사유로 인해 소요된 기간은 연장해주지 않는다(특허법 제89조 제2항). 허가 신청인은 특허권자, 전용실시권자 또는 등록된 통상실시권자일 수 있다(특허법 제91조 제2호). 만약 등록된 통상실시권자가 허가를 받았다면, 그 통상실시권자의 귀책사유로 인해 허가 받기까지 지연된 기간을 고려해야 할 것이다.
④ 특허법원에서 무효사유는 무효심판청구인이 주장입증책임을 진다. 아래에 참고판례를 발췌한다. 허가 등을 받은 자의 귀책사유로 인하여 약사법 등에 따른 허가 등의 절차가 지연된 기간이 연장등록에 의하여 연장된 기간 안에 포함되어 있어 연장된 기간이 특허법 제89조 제1항의 특허발명을 실시할 수 없었던 기간을 초과한다는 사유로 특허법 제134조 제1항 제3호에 의하여 존속기간 연장등록에 대하여 무효심판을 청구하는 자는 그 사유에 대하여 주장·증명할 책임을 진다(대법원 2017. 11. 29. 선고 2017후844 판결).
⑤ 식약처에서 허가는 3개의 부서에서 심사를 진행한다. 그래서 어느 하나의 부서에서 허가신청인의 서류 미비로 보완요구가 나와 절차가 중지되고 있었다고 하더라도, 다른 부서에서 심사가 계속되고 있었다면, 위 보완요구 때문에 전체적으로 허가가 지연되었다고 단정하기는 어려워, 위

보완요구 때문에 허가를 받기까지 기간이 지연되었음이 명백히 입증되지 않는 한, 이는 허가 신청인의 귀책사유로 인해 허가가 지연된 기간으로 보지 않는다. 참고판례를 아래에 발췌한다.
식품의약품안전처의 의약품 제조판매·수입품목 허가는 그 허가신청에 대하여 의약품 등의 안전에 관한 규칙 제4조 제1항에서 정한 사항별로 해당 심사부서에서 심사를 진행하고 이에 따라 보완요구를 비롯한 구체적인 심사 절차도 해당 심사부서의 내부 사정에 따라 진행된다. 그렇지만 이러한 해당 심사부서별 심사는 식품의약품안전처 내의 업무 분장에 불과하고, 또한 그 심사 등의 절차가 모두 종결되어야 허가가 이루어질 수 있다. 결국 심사부서별 심사 등의 절차 진행은 최종 허가에 이르는 중간 과정으로서, 전체적으로 허가를 위한 하나의 절차로 평가할 수 있다. 이러한 사정에 비추어 보면, 식품의약품안전처 내 어느 심사부서에서 보완요구가 이루어지고 그 결과 보완자료를 제출할 때까지 그 보완요구 사항에 대한 심사가 진행되지 못하였다 하더라도, 그 동안 식품의약품안전처의 다른 심사부서에서 그 의약품의 제조판매·수입품목 허가를 위한 심사 등의 절차가 계속 진행되고 있었던 경우에는 다른 특별한 사정이 없는 한 그 기간 역시 허가를 위하여 소요된 기간으로 볼 수 있으므로, 이를 가지고 허가 등을 받은 자의 귀책사유로 인하여 허가 등의 절차가 지연된 기간이라고 단정할 수 없다(대법원 2017. 11. 29. 선고 2017후844 판결).

정답 ③

21 甲은 당뇨병 치료와 우울증 치료효과가 뛰어난 신규한 화합물 A를 발명하였고, 화합물 A를 특허출원하여 특허권 설정등록을 하였다. 이후 甲의 특허발명에 대한 등록된 통상실시권자인 乙은 약사법에 따른 허가를 받기 위하여 필요한 임상시험을 3년간 진행하였고, 이에 대한 자료를 식품의약품안전처에 제출하여 화합물 A를 유효성분으로 하는 당뇨병 치료제의 제조 및 판매 허가를 받았다. 이어서 乙은 임상시험을 6개월간 추가로 실시하여 화합물 A를 유효성분으로 하는 우울증 치료제의 제조 및 판매 허가를 추가로 받았다. 다음 설명 중 옳지 않은 것은?

① 甲의 특허는 최초의 허가인 당뇨병 치료제의 허가에 의한 것만으로 존속기간의 연장등록을 받을 수 있다.
② 특허권자가 임상시험을 진행하고 품목허가를 받아야만 존속기간연장등록이 가능하다.
③ 甲의 특허권의 존속기간이 연장된 경우, 그 특허권의 효력은 화합물 A를 당뇨병 치료제로 실시하려는 경우 외의 행위에는 미치지 않는다.
④ 甲이 존속기간 연장등록출원을 하면 특허청장은 관련 사항을 특허공보에 게재하여야 한다.
⑤ 甲은 특허권의 존속기간의 만료 전 6개월 이후에는 그 특허권의 존속기간의 연장등록출원을 할 수 없다.

해설

① 하나의 특허와 관련하여 복수의 허가가 있는 경우는 그 중 최초의 허가로만 연장등록이 인정된다(허가등에 따른 특허권의 존속기간의 연장제도 운용에 관한 규정 제3조 제3항).
② 존속기간연장등록출원은 특허권자인 甲만이 가능하나, 식약처 허가는 등록된 실시권자가 받으면 충분하다(특허법 제91조 제2호).

③ 최초 허가인 당뇨병 치료제로 연장이 가능할 것이고, 당뇨병 치료제로 연장되면, 당뇨병 치료제로 실시되는 화합물 A의 실시행위만 특허권의 연장된 효력이 미친다(특허법 제95조). 예컨대 화합물 A를 우울증 치료제로 실시하는 것은 연장된 특허권의 효력이 미치지 않을 것이다.
④ 허가 등에 따른 존속기간연장등록출원은 출원과 동시에 존속기간이 연장된 것으로 간주되므로(특허법 제90조 제4항), 관련 사항을 특허공보에 게재하여, 제3자에게 알린다(특허법 제90조 제5항).
⑤ 허가 받은 날부터 3개월 + 존속기간 만료 전 6개월 이내에만 출원이 가능하다(특허법 제90조 제2항).

정 답 ②

22 다음 설명 중 옳지 않은 것은?

① 어떠한 구성요소가 청구범위의 전제부에 기재되었다는 사정만으로는 공지성을 인정할 근거가 되지 못한다.
② 명세서의 전체적인 기재와 출원경과를 종합적으로 고려하여 출원인이 공지기술이라는 취지로 청구범위의 전제부에 기재하였음을 인정할 수 있어야 별도의 증거 없이도 전제부 기재 구성요소를 출원 전 공지된 것이라고 추정할 수 있다.
③ 청구범위의 전제부에 기재된 구성이 출원 전 공지된 것으로 추정되어 심사가 이루어졌다 하더라도 특별한 사정이 있다면 위 추정이 번복될 수 있다.
④ 허가 등에 따른 존속기간연장등록의 무효심판에 있어서 특허발명을 실시할 수 없었던 기간을 초과하여 연장등록되었다는 사유로 무효심판을 청구하는 자는 그 사유에 대해 주장·증명할 책임이 있다.
⑤ 등록된 통상실시권자가 허가를 받지 아니한 출원에 대하여 연장등록이 된 경우 연장등록의 무효사유에 해당하는바, 의약품의 허가 신청 당시 통상실시권의 등록을 마치지 아니한 통상실시권자가 허가 신청했다면 그 허가에 따른 연장등록은 무효로 될 수 있다.

해설

①, ②, ③ 특허발명의 신규성 또는 진보성 판단과 관련하여 해당 특허발명의 구성요소가 출원 전에 공지된 것인지는 사실인정의 문제이고, 그 공지사실에 관한 증명책임은 신규성 또는 진보성이 부정된다고 주장하는 당사자에게 있다. 따라서 권리자가 자백하거나 법원에 현저한 사실로서 증명을 필요로 하지 않는 경우가 아니라면, 그 공지사실은 증거에 의하여 증명되어야 하는 것이 원칙이다. 그리고 청구범위의 전제부 기재는 청구항의 문맥을 매끄럽게 하는 의미에서 발명을 요약하거나 기술분야를 기재하거나 발명이 적용되는 대상물품을 한정하는 등 그 목적이나 내용이 다양하므로, 어떠한 구성요소가 전제부에 기재되었다는 사정만으로 공지성을 인정할 근거는 되지 못한다. 또한 전제부 기재 구성요소가 명세서에 배경기술 또는 종래기술로 기재될 수도 있는데, 출원인이 명세서에 기재하는 배경기술 또는 종래 기술은 출원발명의 기술적 의의를 이해하는 데 도움이 되고 선행기술 조사 및 심사에 유용한 기존의 기술이기는 하나 출원 전 공지되었음을 요건으로 하는 개념은 아니다. 따라서 명세서에 배경기술 또는 종래기술로 기재되어 있다고 하여 그 자체로 공지기술로 볼 수도 없다. 다만 특허심사는 특허청 심사관에 의한 거절이유통지

와 출원인의 대응에 의하여 서로 의견을 교환하는 과정을 통해 이루어지는 절차인 점에 비추어 보면, 출원과정에서 명세서나 보정서 또는 의견서 등에 의하여 출원된 발명의 일부 구성요소가 출원 전에 공지된 것이라는 취지가 드러나는 경우에는 이를 토대로 하여 이후의 심사절차가 진행될 수 있도록 할 필요가 있다. 그렇다면 명세서의 전체적인 기재와 출원경과를 종합적으로 고려하여 출원인이 일정한 구성요소는 단순히 배경기술 또는 종래기술인 정도를 넘어서 공지기술이라는 취지로 청구범위의 전제부에 기재하였음을 인정할 수 있는 경우에만 별도의 증거 없이도 전제부 기재 구성요소를 출원 전 공지된 것이라고 사실상 추정함이 타당하다. 그러나 이러한 추정이 절대적인 것은 아니므로 출원인이 실제로는 출원 당시 아직 공개되지아니한 선출원발명이나 출원인의 회사 내부에만 알려져 있었던 기술을 착오로 공지된 것으로 잘못 기재하였음이 밝혀지는 경우와 같이 특별한 사정이 있는 때에는 추정이 번복될 수 있다. 그리고 위와 같은 법리는 실용신안의 경우에도 마찬가지로 적용된다. 이와 달리 출원인이 청구범위의 전제부에 기재한 구성요소나 명세서에 종래기술로 기재한 사항은 출원 전에 공지된 것으로 본다는 취지로 판시한 대법원 2005. 12. 23. 선고 2004후2031 판결을 비롯한 같은 취지의 판결들은 이 판결의 견해에 배치되는 범위 내에서 이를 모두 변경하기로 한다(2013후37).

④ 허가 등을 받은 자의 귀책사유로 인하여 약사법 등에 따른 허가 등의 절차가 지연된 기간이 연장등록에 의하여 연장된 기간 안에 포함되어 있어 연장된 기간이 특허법 제89조 제1항의 특허발명을 실시할 수 없었던 기간을 초과한다는 사유로 특허법 제134조 제1항 제3호에 의하여 존속기간 연장등록에 대하여 무효심판을 청구하는 자는 그 사유에 대하여 주장·증명할 책임을 진다(2017후844).

⑤ 특허법 제134조 제1항 제2호가 연장등록의 무효사유로서 '등록된 통상실시권을 가진 자가 제89조의 허가 등을 받지 아니한 출원에 대하여 연장등록이 된 경우'라고 규정한 것은, 특허권 존속기간의 연장등록을 받는 네에 필요한 허가 등을 신청할 수 있는 자의 범위에 통상실시권자도 포함되지만, 그 통상실시권의 등록이 연장등록출원서의 필수적 기재사항 및 증명자료임에 비추어 그것이 누락된 채로 연장등록이 이루어진 경우에는 적법한 연장등록 요건을 갖추지 못한 것이므로 그 등록을 무효로 하겠다는 취지라고 해석함이 상당하다. 이와 달리 위 법률 조항이 허가 등을 신청한 통상 실시권자가 그 신청 당시부터 통상실시권의 등록을 마치고 있어야만 한다는 취지를 규정한 것이라고 볼 수는 없다(2017후844).

정답 ⑤

23 존속기간연장등록출원에 관한 설명 중 옳지 않은 것은?

① 등록지연에 따른 특허권의 존속기간의 연장에 있어서 특허법 제149조 또는 제150조에 따른 제척 또는 기피의 신청으로 인해 심판절차가 중지된 경우 그 중지된 기간은 출원인으로 인하여 지연된 기간에 해당한다.
② 정당권리자 출원의 경우에는 정당한 권리자가 출원을 한 날부터4년과 심사청구일부터3년 중 늦은 날보다 지연되어 특허권의 설정등록이 이루어지는 경우 그 지연된 기간만큼 해당 특허권의 존속기간이 연장될 수 있다.
③ 거절이유통지를 받은 등록지연에 따른 특허권의 연장등록출원인은 연장등록출원서에 기재된 사항 중 연장신청의 기간과 연장이유를 해당 거절이유통지에 따른 의견서 제출기간에 보정할 수 있다.
④ 특허청장은 등록지연에 따른 존속기간연장등록결정이 있으면 특허권의 존속기간의 연장을 특허원부에 등록하여야 한다.
⑤ 등록지연에 따른 존속기간연장등록출원의 심사가 잘못되어 법에 따라 인정되는 연장의 기간을 초과하여 연장된 경우 무효심판에 의해 초과하여 연장된 기간이 처음부터 없었던 것으로 될 수 있다.

해설

① 특허법 시행령 제7조의2 제1항 제거목, 제척 또는 기피의 결정이 받아들여진 경우는 중지된 기간을 출원인으로 인하여 지연된 기간으로 볼 수 없다.
② 특허법 제92조의2 제4항
③ 특허법 제92조의3 제4항
④ 특허법 제92조의5 제2항
⑤ 특허법 제134조 제4항 제2호

정답 ①

24 특허권의 존속기간연장제도에 관한 설명으로 옳은 것은? [2021년 기출]

① 특허권자 또는 그 특허권의 전용실시권이나 등록된 통상실시권을 가진 자가 특허법 제89조(타인의 특허발명 등과의 관계) 제1항에 따른 의약품 제조허가를 받지 않고 다른 사람이 허가를 받은 경우, 그 존속기간 연장등록출원은 거절결정된다.
② 특허발명을 실시하기 위하여 의약품제조 허가를 신청하였으나, 신청자의 책임있는 사유로 보완지시를 받은 날부터 6개월 후에 관련 서류를 제출하여 신청일부터 3년 6개월 후에 허가를 받은 경우의 존속기간연장 기간은 3년 6개월이다.
③ 특허권의 존속기간 연장등록출원은 허가를 받은 날부터 6개월 이내에 출원하여야 하며, 특허권의 존속기간의 만료 전 6개월 후에는 그 특허권의 존속기간 연장등록출원을 할 수 없다.
④ 청구범위의 독립 청구항이 2개가 있는 경우, 그 독립항 각각 별도로 의약품 제조허가를 받기 위하여 소요된 기간이 각 독립항별로 2년 및 3년이 걸린 때에는 5년간 존속기간 연장등록이 가능하다.
⑤ 특허발명을 실시하기 위하여 의약품제조 허가를 받기 위한 유효성·안전성 시험에 7년이 소요된 경우에는 그 허가를 받는데 걸린 소요기간에 대하여 특허권의 존속기간을 연장할 수 있다.

해 설

① 특허법 제91조 제2호
② 존속기간연장 기간은 설정등록 후 임상시험기간과 허가서류검토기간을 합산한 기간에서 허가신청인의 책임있는 사유로 소요된 기간을 제외하고, 5년까지만 가능하다(특허법 제89조). 지문에서는 설정등록시기, 임상시험기간 등이 제시되어 있지 않아 연장기간 산정 자체가 불가하다. 또 6개월의 기간이 허가신청인 귀책사유로 지연된 기간이라면 연장기간에서 제외되어야 한다.
③ 허가 받은 날부터 3개월이다(특허법 제90조 제2항).
④ 특허가 복수의 허가와 연관이 있어도 존속기간연장은 한 차례만 가능하다(특허법 제89조 제1항). 즉 2년 또는 3년 중 하나만 연장이 가능하다.
⑤ 허가 등에 따른 존속기간연장은 최대 5년까지만 가능하다(특허법 제89조 제1항).

정답 ①

CHAPTER 04 내용적 효력(특허발명의 보호범위)

01 청구범위의 해석에 관한 설명 중 옳지 않은 것은? (다툼이 있는 경우에는 판례에 의함)

① 청구범위의 기재만으로 기술적 범위가 명백한 경우는 원칙적으로 명세서의 다른 기재에 의하여 청구범위의 기재를 제한 해석할 수 없다.
② 특허권의 권리범위를 판단함에 있어서 청구범위를 문언 그대로 해석하는 것이 명세서의 다른 기재에 비추어 보아 명백히 불합리할 때는 출원된 기술사상의 내용, 명세서의 다른 기재, 출원인의 의사 및 제3자에 대한 법적 안정성을 두루 참작하여 청구범위를 제한 해석할 수 있다.
③ 청구범위에 기재된 문언으로부터 기술적 구성의 구체적 내용을 알 수 없는 경우에는 명세서의 다른 기재 및 도면을 보충하여 그 문언이 표현하고자 하는 기술적 구성을 확정하여 청구범위를 해석한다.
④ 어떤 구성요소를 포함하는 이라는 형식으로 청구범위가 기재된 경우는 명시적으로 기재된 구성요소 이외에 다른 구성요소를 추가하는 경우까지도 포함하는 것으로 해석한다.
⑤ 청구범위에 작성된 기능적 표현의 경우는 그 표현에 대해 발명의 설명에서 별도의 정의가 없더라도 발명의 설명에 그러한 기능을 달성하는 구체적인 수단으로 예시된 것에 따라 제한 해석해야 한다.

해설

①, ② 특허권의 권리범위 내지 보호범위는 특허출원서에 첨부한 명세서의 특허청구범위에 기재된 사항에 의하여 정하여지고, 청구범위의 기재만으로 기술적 범위가 명백한 경우에는 원칙적으로 명세서의 다른 기재에 의하여 청구범위의 기재를 제한 해석할 수 없다. 다만, 청구범위를 문언 그대로 해석하는 것이 명세서의 다른 기재에 비추어 보아 명백히 불합리할 때에는 출원된 기술사상의 내용, 명세서의 다른 기재, 출원인의 의사 및 제3자에 대한 법적 안정성을 두루 참작하여 특허권의 권리범위를 제한 해석할 수 있다(대법원 2008. 10. 23. 선고 2007후2186 판결).
③ 등록실용신안의 권리범위 내지 보호범위는 실용신안등록 청구범위에 기재된 사항에 의하여 정하여야 할 것이되, 거기에 기재된 문언의 의미내용을 해석함에 있어서는 문언의 일반적인 의미내용을 기초로 하면서도 고안의 상세한 설명의 기재 및 도면 등을 참작하여 객관적·합리적으로 하여야 하고, 실용신안등록 청구범위에 기재된 문언으로부터 기술적 구성의 구체적 내용을 알 수 없는 경우에는 명세서의 다른 기재 및 도면을 보충하여 그 문언이 표현하고자 하는 기술적 구성을 확정하여 등록실용신안의 권리범위 내지 보호범위를 정하여야 한다(대법원 1998. 4. 10. 선고 96후1040 판결, 2003. 5. 16. 선고 2001후3262 판결).
④ 특허청구범위가 '어떤 구성요소들을 포함하는'이라는 형식으로 기재된 경우에는, 그 특허청구범위에 명시적으로 기재된 구성요소 전부에다가 명시적으로 기재되어 있지 아니한 다른 구성요소를 추가하더라도 그 기재된 '어떤 구성요소들을 포함하는'이라는 사정에는 변함이 없으므로, 명시적으로 기재된 구성요소 이외에 다른 구성요소를 추가하는 경우까지도 그 특허발명의 기술적 범위로 하는 것이다(대법원 2012. 3. 29. 선고 2010후2605 판결).

⑤ 특허출원된 발명이 특허법 제29조 제1항, 제2항에서 정한 특허요건, 즉 신규성과 진보성이 있는지를 판단할 때에는, 특허출원된 발명을 같은 조 제1항 각호에서 정한 발명과 대비하는 전제로서 그 발명의 내용이 확정되어야 한다. 따라서 특허청구범위는 특허출원인이 특허발명으로 보호받고자 하는 사항이 기재된 것이므로, 발명의 내용의 확정은 특별한 사정이 없는 한 특허청구범위에 기재된 사항에 의하여야 하고 발명의 설명이나 도면 등 명세서의 다른 기재에 의하여 특허청구범위를 제한하거나 확장하여 해석하는 것은 허용되지 않으며, 이러한 법리는 특허출원된 발명의 특허청구범위가 통상적인 구조, 방법, 물질 등이 아니라 기능, 효과, 성질 등의 이른바 기능적 표현으로 기재된 경우에도 마찬가지이다. 따라서 특허출원된 발명의 특허청구범위에 기능, 효과, 성질 등에 의하여 발명을 특정하는 기재가 포함되어 있는 경우에는 특허청구범위에 기재된 사항에 의하여 그러한 기능, 효과, 성질 등을 가지는 모든 발명을 의미하는 것으로 해석하는 것이 원칙이나, 다만, 특허청구범위에 기재된 사항은 발명의 설명이나 도면 등을 참작하여야 그 기술적 의미를 정확하게 이해할 수 있으므로, 특허청구범위에 기재된 용어가 가지는 특별한 의미가 명세서의 발명의 설명이나 도면에 정의 또는 설명이 되어 있는 등의 다른 사정이 있는 경우에는 그 용어의 일반적인 의미를 기초로 하면서도 그 용어에 의하여 표현하고자 하는 기술적 의의를 고찰한 다음 용어의 의미를 객관적, 합리적으로 해석하여 발명의 내용을 확정하여야 한다(대법원 2009. 7. 23. 선고 2007후4977 판결).

정답 ⑤

02 다음은 특허권의 보호범위에 관한 설명이다. 다음의 설명 중에 가장 타당한 것은?

① 하자 있는 특허권이라고 할지라도 무효심판에 의하여 무효로 확정되기 전이라도 다른 절차에서 당연무효라고 판단할 수 있다는 것이 일반적인 판례의 태도이다.
② 특허발명의 보호범위는 청구범위의 기재에 의하여 정해지므로 발명의 설명을 참작해서는 안 된다.
③ 확인대상발명이 특허발명의 출원 전 공지된 선행기술에 의하여 용이하게 발명할 수 있는 경우에는 특허발명과 대비할 필요도 없이 특허발명의 권리범위에 속한다.
④ 판례에 따르면, 청구범위 기재만으로 특허의 기술적 구성을 알 수 없거나 알 수는 있더라도 기술적 범위를 확정할 수 없는 경우에는 명세서의 다른 기재에 의한 보충을 할 수는 있으나, 그 경우에도 명세서의 다른 기재에 의하여 특허범위의 확장해석은 허용되지 아니함은 물론 청구범위의 기재만으로 기술적 범위가 명백한 경우에 명세서의 다른 기재에 의하여 청구범위의 기재를 제한 해석할 수 없다고 판시하였다.
⑤ 특허발명의 보호범위를 정함에 있어서 청구범위 기준으로 판단하되, 발명의 설명 또는 도면, 요약서, 출원 경과, 출원 전 공지기술 등을 참작할 수 있다.

해설

① |×| "실용신안법은 실용신안등록이 일정한 사유에 해당하는 경우에 별도로 마련한 실용신안등록의 무효심판절차를 거쳐 무효로 할 수 있도록 규정하고 있으므로, 등록실용신안은 일단 등록이 된 이상 이와 같은 심판에 의하여 실용신안등록을 무효로 한다는 심결이 확정되지 않는 한 유효

하며, 위와 같은 실용신안등록을 무효로 할 수 있는 사유가 있더라도 다른 절차에서 그 전제로서 실용신안등록이 당연무효라고 판단할 수 없다"(大判 97후2095 ; 2000후693 ; 2000후1283 등)고 판시하여 원칙적으로 하자있는 권리라도 타 절차에서 당연무효로 판단할 수 없다는 입장이다.

② |×| 청구범위의 기재만으로는 발명의 해결 과제·해결 수단 및 효과를 충분히 파악하기 어렵기 때문에 보호범위 판단시 발명의 설명을 참작할 수 있다. 특히, 기능식 청구항의 경우 청구항을 근거로만 판단하는 경우 보호범위가 지나치게 넓어질 수 있기 때문에 발명의 설명이나 그 중 특히 실시예를 참작하여 실질적으로 보호범위를 해석한다.

③ |×| "어느 발명이 특허발명의 권리범위에 속하는지를 판단함에 있어서 특허발명과 대비되는 발명이 공지의 기술만으로 이루어지거나 그 기술분야에서 통상의 지식을 가진 자(당업자)가 공지기술로부터 용이하게 실시할 수 있는 경우에는 특허발명과 대비할 필요 없이 특허발명의 권리범위에 속하지 않게 된다"(大判 99후 710 판결.)고 판시하여 판례는 자유기술의 항변을 인정하였다. 즉, 특허발명의 권리범위에 속하지 않는다.

④ |○| 특허권의 권리범위 내지 실질적인 보호범위는 특허명세서의 여러 기재 내용 중 청구범위에 기재된 사항에 의하여 정하여 지는 것이 원칙이며, 다만 그 기재만으로 특허의 기술적 구성을 알 수 없거나 알 수는 있더라도 기술적 범위를 확정할 수 없는 경우에는 명세서의 다른 기재에 의한 보충을 할 수는 있으나, 그 경우에도 명세서의 다른 기재에 의하여 특허범위의 확장해석은 허용되지 아니함은 물론 청구범위의 기재만으로 기술적 범위가 명백한 경우에는 명세서의 다른 기재에 의하여 청구범위의 기재를 제한 해석할 수 없다(대법원 2004.10.28. 선고 2003후2454 판결)

⑤ |×| 요약서는 특허발명의 보호범위를 정하는 데에는 사용할 수 없다(법 제43조).

정답 ④

03 특허발명의 보호범위에 관한 다음 설명 중 옳은 것은?

① 연구 또는 시험의 결과 생산된 물건을 업으로서 실시하는 경우에는 제96조에 의해 특허권의 배타적 효력이 미치지 않는다.

② 특허발명의 보호범위는 출원서에 첨부한 명세서의 청구범위의 기재에 의하여 정해지므로 발명의 설명을 참작해서는 안 된다.

③ 甲은 출원서에 최초 첨부한 청구범위에는 a+b+c로 구성된 발명으로 출원을 하고자 하였으나 c가 출원시에 이미 알려져 있어서 a+b+c′로 구성된 발명으로 최초 출원한 경우 甲의 보호범위를 확정하는데 있어서는 c는 청구범위에 기재되어 있지 않으므로 c를 고려할 여지가 없다.

④ 특허권이 공유인 경우에 타공유자의 동의없이 공유자 중의 1인이 타인에게 실시권을 허락하더라도 허락받은 자의 실시행위는 타공유자에 대하여 특허권의 침해를 구성한다.

⑤ 재심에 의하여 회복한 특허권은 당해 심결이 확정된 후 재심청구의 등록 전에 악의로 당해 특허발명을 실시하더라도 특허권의 효력이 미치지 않는다.

해설

① |×| 법 제96조의 연구 또는 시험을 위한 발명의 실시에 대해서는 특허권의 효력이 미치지 아니하나 연구 또는 시험의 결과 생산된 물건에 대해서는 특허권의 효력이 미친다.
② |×| 청구범위의 기재만으로는 특허의 기술구성을 알 수 없거나 설사 알 수는 있더라도 그 기술적 범위를 확정할 수 없는 경우에는 청구범위에 발명의 설명이나 도면 등의 명세서의 다른 기재부분을 보충하여 명세서 전체로서 기술적 범위 내지 그 권리범위를 실질적으로 확정하여 통상의 지식을 가진 자가 극히 용이하게 생각해 낼 수 있을 정도의 것에 한하고 이를 넘어 권리범위를 확장해석해서는 아니된다. 그러나 청구범위의 기재만으로 기술적 범위가 명백한 경우에는 명세서의 다른 기재에 의하여 청구범위의 기재를 제한 해석할 수 없다.
③ |×| c는 출원당시의 공지기술이므로 청구범위를 해석함에 있어서 고려대상이 된다.
④ |○| 특허권이 공유인 경우에는 다른 공유자의 동의를 얻지 아니하면 그 특허권에 대하여 통상실시권을 허락할 수 없다(법 제99조 제4항). 따라서, 공유자 중 1인에게만 실시허락을 받았다 하여도 타 공유자에 대해서는 침해가 성립한다.
⑤ |×| 재심에 의해 회복된 특허권의 효력은 당해 심결이 확정된 후 재심청구의 등록 전에 선의로 수입 또는 국내에서 생산하거나 취득한 물건이나 당해 발명의 선의의 실시 행위에 대해서 제한된다(법 제181조). 악의의 실시에 대해서는 효력이 제한되지 않는다.

정답 ④

04 특허발명의 보호범위에 관한 설명 중 가장 틀린 것은?

① 확인대상발명이 특허발명의 출원시 공지된 기술인 경우 특허발명의 권리범위에 속하지 않는다.
② 특허발명의 보호범위를 정함에 있어서 발명의 설명, 도면, 요약서, 출원인의 의견서 등을 참고할 수 있다.
③ 확인대상발명이 특허발명의 출원시 공지된 선행기술에 의하여 용이하게 발명할 수 있는 경우 특허발명과 대비할 것도 없이 특허발명의 권리범위에 속하지 아니한다.
④ 발명의 설명 등과 출원시의 기술수준을 고려하여도 특허발명의 구성요소의 일부가 추상적이거나 불분명하여 기술적 범위를 특정할 수 없는 경우 특허권자는 그 특허발명의 권리범위를 주장할 수 없다.
⑤ 복수의 구성요소로 이루어진 특허발명에서 그 중 일부구성이 공지된 경우, 공지구성요소가 나머지 신규의 구성요소와 유기적 결합관계를 이루지 않는다 할 수 없으므로 권리범위에 속하는지 여부의 판단시 공지부분을 제외할 것은 아니다.

해설

①, ③ |○| 대법원 2001. 10. 30. 선고 99후710 판결. 어느 발명이 특허발명의 권리범위에 속하는지를 판단함에 있어서 특허발명과 대비되는 발명이 공지의 기술만으로 이루어지거나 그 기술분야에서 통상의 지식을 가진 자(당업자)가 공지기술로부터 용이하게 실시할 수 있는 경우에는 특허발명과 대비할 필요 없이 특허발명의 권리범위에 속하지 않게 된다. (자유기술의 항변)

② |×| 법 제43조. 요약서는 특허발명의 보호범위를 정하는데 사용할 수 없다.
④ |○| 대법원 1985. 3. 26. 선고 83후106 판결. 실용신안등록청구범위기재나 고안의 상세한 설명 기타 도면 및 등록출원 당시의 기술적 수준 등에 의하더라도 등록고안의 구성요건의 일부가 추상적이거나 불분명하여 그 고안자체의 기술적 범위를 특정할 수 없는 때에는 등록권자는 그 등록고안의 권리범위를 주장할 수 없다.
⑤ |○| 대법원 2001. 6. 15. 선고 2001후617 판결. 복수의 구성요소로 이루어진 특허발명에 있어서 그 중 일부 구성이 공지된 경우, 각 구성요소가 독립하여 별개의 발명이 되는 것이 아니라 그 구성요소들이 결합된 전체로서 하나의 발명이 되는 것이고, 또한 여기에서 이들 구성요소를 분리하게 되면 그 발명의 목적달성은 불가능하게 되고, 이러한 공지의 구성요소가 나머지 신규의 구성요소들과 유기적 결합관계를 이루고 있다고 하지 않을 수 없으므로 확인대상발명이 특허발명의 권리범위에 속하는지 여부를 판단하는 데에도 공지된 부분을 제외하여서는 아니된다.

정답 ②

05 다음 중 판례의 태도로서 옳지 않은 것은?

① 1개의 청구범위의 항의 일부가 공지기술의 범위에 속하는 등 특허무효의 사유가 있는 경우에는 그 공지기술 등이 다른 진보성이 인정되는 부분과 유기적으로 결합된 것이라고 인정되지 않는 경우에는 그 청구범위 중 그 공지기술에 대한 부분만 무효로 하면 된다.
② 복수의 구성요소로 이루어진 특허발명에 있어서 그 중 일부구성이 공지된 경우, 각 구성요소가 독립하여 별개의 발명이 되는 것이 아니라 그 구성요소들이 결합된 전체로서 하나의 발명이 되는 것이고, 또한 여기에서 이들 구성요소를 분리하게 되면 그 발명의 목적달성은 불가능하게 되고, 이러한 공지의 구성요소가 나머지 신규의 구성요소들과 유기적 결합관계를 이루고 있다고 하지 않을 수 없으므로, 확인대상발명이 특허발명의 권리범위에 속하는지 여부를 판단하는 데에도 공지된 부분을 제외하여서는 아니 된다.
③ 어느 발명이 특허발명의 권리범위에 속하는지를 판단함에 있어서 특허발명과 대비되는 발명이 공지의 기술만으로 이루어지거나 그 기술분야에서 통상의 지식을 가진 자(당업자)가 공지기술로부터 용이하게 실시할 수 있는 경우에는 특허발명과 대비할 필요 없이 특허발명의 권리범위에 속하지 않게 된다.
④ 등록된 특허발명의 전부가 출원 당시 공지공용의 것인 경우에도 특허무효의 심결의 유무에 관계없이 그 권리범위를 인정할 수 없다.
⑤ 실용신안등록청구범위의 기재만으로는 등록실용신안의 기술구성을 알 수 없거나 알 수는 있더라도 그 기술적 범위를 확정할 수 없는 경우에는 실용신안등록청구범위에 고안의 상세한 설명이나 도면 등 명세서의 다른 기재부분을 보충하여 명세서 전체로서 등록실용신안의 기술적 범위 내지 권리범위를 확정하여야 하는 것이지만, 그 경우에도 명세서 중의 다른 기재에 의하여 실용신안등록청구범위를 확장 해석하는 것은 허용될 수 없다.

해설

① |×| 대법원 1994. 4. 15. 선고 90후1567 판결. 특허청구범위에 관하여 다항제를 채택하고 있는 우리 나라에 있어서 특허청구범위의 항이 2이상인 경우 그 특허청구범위의 항마다 무효로 할 수 있으나, 이와는 달리 1개의 청구범위의 항의 일부가 공지기술의 범위에 속하는 등 특허무효의 사유가 있는 경우에는 그 공지기술 등이 다른 진보성이 인정되는 부분과 유기적으로 결합된 것이라고 인정되지 아니하는 한 그 항 전부에 관하여 무효로 하여야 하고, 그 청구범위의 항 중 일부에 관하여만 무효라 할 수는 없다.

② |○| 대법원 2001. 6. 15. 선고 2000후617 판결. 즉, 원칙적으로 청구범위해석에 있어서는 구성요건완비의 원칙에 따른다. 다만, 대법원 1998. 1. 23. 선고 97후2330 판결, 특허법원 2001. 3. 23. 선고 2000허2279 판결 등에서는 생략발명 또는 불완전이용발명을 인정하여 청구범위에 기재된 발명과 동일한 기술사상을 가지고 있으면서 청구범위 중 비교적 중요하지 아니한 구성요소를 생략하고 그와 같이 생략하더라도 당해 청구범위 기재발명이 목적으로 하는 특별한 작용효과를 발휘할 수 있는 경우에는 일부 구성요소를 생략한 경우에도 침해로 인정할 수 있다고 한 경우도 있다.

③ |○| 대법원 2001. 10. 30. 선고 99후710 판결.
④ |○| 대법원 1983. 7. 26. 선고 81후56 판결.
⑤ |○| 대법원 2000. 11. 14. 선고 98후2351 판결.

정답 ①

06 특허명세서의 작성 및 청구범위의 해석에 관한 설명 중 옳지 않은 것은? (다툼이 있는 경우에는 판례에 의함)   [2007년 기출]

① 청구범위의 기재만으로 권리범위가 명백하게 되는 경우에는 발명의 설명이나 도면 등 다른 기재에 의하여 청구범위를 제한하여 해석하는 것은 허용되지 않는다.
② 요약서는 기술정보로서의 용도로 사용되며 특허발명의 보호범위를 정하는 데에는 사용될 수 없다.
③ 어떠한 용어를 특정한 의미로 사용하기 위하여 그 의미가 명세서에서 정의된 경우라고 하더라도, 명세서에 기재되는 용어는 반드시 그것이 가지고 있는 보통의 의미로 해석되어야 한다.
④ 약리효과의 기재가 요구되는 의약의 용도발명에서는 특별한 사정이 없는 한 특정 물질에 약리효과가 있다는 것을 약리데이터 등이 나타난 시험예로 기재하거나 이에 대신할 수 있을 정도로 구체적으로 기재하여야만 비로소 명세서의 기재요건을 충족하였다고 볼 수 있다.
⑤ 발명의 설명에 기재하지 아니한 사항을 청구범위에 기재하여 특허를 받게 되면 개시(disclose)하지 아니한 발명에 대하여 특허권이 부여된 것이므로 특허무효사유에 해당한다.

해설

① |O| 특허권의 권리범위 내지 실질적인 보호범위는 특허명세서의 여러 기재 내용 중 청구범위에 기재된 사항에 의하여 정하여 지는 것이 원칙이며, 다만 그 기재만으로 특허의 기술적 구성을 알 수 없거나 알 수는 있더라도 기술적 범위를 확정할 수 없는 경우에는 명세서의 다른 기재에 의한 보충을 할 수는 있으나, 그 경우에도 명세서의 다른 기재에 의하여 특허범위의 확장해석은 허용되지 아니함은 물론 청구범위의 기재만으로 기술적 범위가 명백한 경우에는 명세서의 다른 기재에 의하여 청구범위의 기재를 제한 해석할 수 없다(大判 2003후2454 판결).

② |O| 요약서는 기술정보로서의 용도로 사용하여야 하며, 특허발명의 보호범위를 정하는 데에는 사용할 수 없다(법 제43조).

③ |X| 특허의 명세서에 기재되는 용어는 그것이 가지고 있는 보통의 의미로 사용하고 동시에 명세서 전체를 통하여 통일되게 사용하여야 하나, 다만 어떠한 용어를 특정한 의미로 사용하려고 하는 경우에는 그 의미를 정의하여 사용하는 것이 허용되므로, 용어의 의미가 명세서에서 정의된 경우에는 그에 따라 해석하면 족하다(大判 97후990 ; 2004후486. 판결).

④ |O| 약리효과의 기재가 요구되는 의약의 용도발명에 있어 약리기전이 명확히 밝혀진 경우와 같은 특별한 사정이 있지 않은 이상 약리데이터 등이 나타난 실험예로 기재하거나 이에 대신할 수 있을 정도로 구체적으로 기재하여야만 비로소 발명이 완성되었다고 볼 수 있는 동시에 명세서의 기재요건을 충족하였다고 볼 수 있다(大判 2001후65).

⑤ |O| 법 제42조 제3항 제1호 및 제4항 제1호에 위반됨에도 불구하고 착오로 등록된 경우 법 제133조 제1항 제1호에 의해 무효사유에 해당한다.

정답 ③

07 특허권의 보호범위에 대한 설명 중 틀린 것으로만 연결된 것은?

(가) 화학물질 제조방법의 발명에서 촉매의 부가로 인하여 그 수율에 현저한 상승이 있는 경우에는 이용발명이라고 볼 수 없다는 것이 대법원 판례의 확립된 입장이다.

(나) 특허발명이 a+b+c의 구성요소로 된 경우에, 제3자가 구성요소를 a+b로 하여 실시하는 것은 특허발명의 침해가 아니지만 a+b+c+d로 하여 실시하는 경우에는 특허발명의 침해가 성립한다.

(다) a+b+c로 구성된 발명을 특허출원한 후 거절이유를 피하기 위해 a+b+c′로 한정 보정한 경우에 a+b+c를 자기의 보호범위로 주장할 수 없다.

(라) 특허출원서에 최초로 첨부한 명세서 또는 도면에 기재된 발명과 동일한 후출원의 청구범위에 기재된 발명을 거절시키는 것은 특허출원서에 최초로 첨부된 명세서 또는 도면에 기재된 발명이 특허발명의 보호범위에 속하기 때문이다.

(마) 확인대상발명이 특허발명의 출원시 공지기술과 동일하거나 그 공지기술로부터 당업자가 용이하게 창작해 낼 수 있는 경우에는 특허발명과 비교할 필요 없이 그 권리범위에 속하지 않는다는 것이 판례의 태도이다.

(바) 특허발명이 신규성이 없는 경우와 달리 진보성이 없는 경우 무효심판에 의하지 아니하고 권리범위를 부정할 수 있다는 것이 대법원 판례의 입장이다.

① (가), (다), (라) ② (가), (라), (바)
③ (라), (마), (바) ④ (라), (바)
⑤ (다), (마)

> 해설

(가) |×| 대법원 2001. 8. 21. 선고 98후522 판결. 화학물질 제조방법의 발명에서 촉매의 부가로 인하여 그 수율에 현저한 상승이 있는 경우 이용발명에 해당한다.

(나) |○| 특허권의 침해가 되기 위해서는 청구범위에 기재된 구성요소 전부를 실시하여야 한다(구성요건완비의 원칙). 구성요소 전부를 포함하는 경우에만 침해가 성립되며 필수적 구성요소 중 일부라도 결여된 경우에는 원칙적으로 특허발명의 보호범위에 포함되지 않는다.

(다) |○| c가 c'의 균등물에 해당하는 경우에도 출원인이 보정에 의해 이를 삭제하였다면 의식적 제외설이 적용되어 보호범위에서 제외된다.

(라) |×| 본 지문은 확대된 선출원 규정이다. 특허발명의 보호범위에 속해 중복특허를 배제하고자 도입한 규정은 선원 규정이다. 확대된 선출원 규정은 선원지위의 변동가능성으로 인해 후출원의 심사가 지연될 수 있다는 선출원주의의 한계점을 보완하고자 도입된 제도이다.

(마) |○| 대법원 2001. 10. 30. 선고 99후710 판결
어느 발명이 특허발명의 권리범위에 속하는지를 판단함에 있어서는 특허발명과 대비되는 발명이 공지의 기술만으로 이루어지거나 그 기술분야에서 통상의 지식을 가진 자가 공지기술로부터 용이하게 실시할 수 있는 경우에는 특허발명과 대비할 필요없이 특허발명의 권리범위에 속하지 않게 된다.

(바) |×| 대법원 2014. 3. 20. 선고 2012후4162 전원합의체 판결
특허법은 특허가 일정한 사유에 해당하는 경우에 별도로 마련한 특허의 무효심판절차를 거쳐 무효로 할 수 있도록 규정하고 있으므로, 특허는 일단 등록이 되면 비록 진보성이 없어 당해 특허를 무효로 할 수 있는 사유가 있더라도 특허무효심판에 의하여 무효로 한다는 심결이 확정되지 않는 한 다른 절차에서 그 특허가 무효임을 전제로 판단할 수는 없다.
나아가 특허법이 규정하고 있는 권리범위확인심판은 심판청구인이 그 청구에서 심판의 대상으로 삼은 확인대상발명이 특허권의 효력이 미치는 객관적인 범위에 속하는지 여부를 확인하는 목적을 가진 절차이므로, 그 절차에서 특허발명의 진보성 여부까지 판단하는 것은 특허법이 권리범위확인심판 제도를 두고 있는 목적을 벗어나고 그 제도의 본질에 맞지 않다. 특허법이 심판이라는 동일한 절차 안에 권리범위확인심판과는 별도로 특허무효심판을 규정하여 특허발명의 진보성 여부가 문제되는 경우 특허무효심판에서 이에 관하여 심리하여 진보성이 부정되면 그 특허를 무효로 하도록 하고 있음에도 진보성 여부를 권리범위확인심판에서까지 판단할 수 있게 하는 것은 본래 특허무효심판의 기능에 속하는 것을 권리범위확인심판에 부여함으로써 특허무효심판의 기능을 상당 부분 약화시킬 우려가 있다는 점에서도 바람직하지 않다. 따라서 권리범위확인심판에서는 특허발명의 진보성이 부정된다는 이유로 그 권리범위를 부정하여서는 안된다.
다만 대법원은 특허의 일부 또는 전부가 출원 당시 공지공용의 것인 경우까지 특허청구범위에 기재되어 있다는 이유만으로 권리범위를 인정하여 독점적·배타적인 실시권을 부여할 수는 없으므로 권리범위확인심판에서도 특허무효의 심결 유무에 관계없이 그 권리범위를 부정할 수 있다고 보고 있으나(대법원 1983. 7. 26. 선고 81후56 전원합의체 판결 등 참조), 이러한 법리를 공지공용의 것이 아니라 그 기술분야에서 통상의 지식을 가진 자가 선행기술에 의하여 용이하게 발명할 수 있는 것뿐이어서 진보성이 부정되는 경우까지 확장할 수는 없다.
위와 같은 법리는 실용신안의 경우에도 마찬가지로 적용된다.

> 정답 ②

08 청구범위의 해석에 관한 판례의 입장이 아닌 것은?
[2008년 기출]

① 청구범위는 청구범위에 기재된 문언의 일반적인 의미를 기초로 하고, 출원명세서의 발명의 설명이나 첨부된 도면을 참작하여 객관적·합리적으로 해석하여야 한다.
② 청구범위에 기재된 청구항이 복수의 구성요소로 되어 있는 경우에는 각 구성요소가 유기적으로 결합한 전체로서의 기술사상이 진보성 판단의 대상이 되는 것이지 각 구성요소가 독립하여 진보성 판단의 대상이 되는 것은 아니다.
③ 청구범위에 기재된 용어의 의미가 명료하더라도 그 용어로부터 기술적 구성의 구체적인 내용을 알 수 없는 경우에는 그 발명의 설명과 도면의 기재를 참작하여 그 용어가 표현하고 있는 기술적 구성을 확정하여 특허발명의 권리범위를 정하여야 한다.
④ 특허요건을 판단하기 위한 발명의 기술구성은 특별한 사정이 없는 한 청구범위의 기재를 기초로 확정하여야 하며, 발명의 설명이나 도면 등 다른 기재에 의하여 청구범위를 제한 해석하는 것은 허용되지 않는다.
⑤ 청구범위는 각 항이 상호 독립되어 있는 이상 그 독립항은 그대로 두고, 그 독립항을 기술적으로 한정하고 구체화하는 종속항만을 추가하는 정정심판청구는 가능하다.

해설

① |O| 등록실용신안의 권리범위 내지 보호범위는 실용신안등록 청구범위에 기재된 사항에 의하여 정하여야 할 것이되, 거기에 기재된 문언의 의미내용을 해석함에 있어서는 문언의 일반적인 의미내용을 기초로 하면서도 고안의 상세한 설명의 기재 및 도면 등을 참작하여 객관적·합리적으로 하여야 하고, 실용신안등록 청구범위에 기재된 문언으로부터 기술적 구성의 구체적 내용을 알 수 없는 경우에는 명세서의 다른 기재 및 도면을 보충하여 그 문언이 표현하고자 하는 기술적 구성을 확정하여 등록실용신안의 권리범위 내지 보호범위를 정하여야 한다(大判 96후1040 판결, 2001후3262 판결 등).
② |O| 공지공용의 기술을 결합한 고안이라고 할지라도 결합 전에 각 기술이 가지고 있던 작용효과의 단순한 집합이 아니라 결합 전에 비하여 증진된 작용효과가 인정되고 당해 기술분야에서 통상의 지식을 가진 자가 손쉽게 이를 실시할 수 없을 때에는 신규성 및 진보성이 있는 고안이라 할 것이다(大判 20001후2269 판결 등).
③ |O| 특허발명의 권리범위를 판단함에 있어서는, 청구범위에 기재된 용어의 의미가 명료하더라도, 그 용어로부터 기술적 구성의 구체적인 내용을 알 수 없는 경우에는 그 발명의 설명과 도면의 기재를 참작하여 그 용어가 표현하고 있는 기술적 구성을 확정하여 특허발명의 권리범위를 정하여야 한다(大判 2007후883 판결 등).
④ |O| 특허의 요건을 판단하기 위한 발명의 기술구성은 특별한 사정이 없는 한 청구범위의 기재를 기초로 확정하여야 하며 발명의 설명이나 도면 등 다른 기재에 의하여 청구범위를 제한 해석하는 것은 허용되지 않는다(大判 2007후807 판결).
⑤ |×| 특허권자는 i) 청구범위의 감축, ii) 잘못된 기재의 정정, iii) 분명하지 아니한 기재의 명확화 중 어느 하나에 해당하는 경우에 한하여 특허발명의 명세서 또는 도면에 대하여 정정을 청구할 수 있다(법 제136조 제1항). 따라서 독립항은 그대로 두고 종속항을 추가하는 정정은 청구항의 신설에 해당하고 이는 청구범위의 확장에 해당하므로 인정되지 않는다. 다만, 청구항을 신설하였다고 하더라도 아래예와 같이 항 정리에 따른 불가피한 경우임이 명백한 경우에는 인정될 수도 있다.

예시)
* 정정전
  청구항 1 : 구성요소 A, B로 이루어진 장치
  청구항 2 : 청구항 1에 있어서, 구성요소 C를 부가한 장치
  청구항 3 : 청구항 1 또는 청구항 2에 있어서 D, E를 부가한 장치
* 정정후
  청구항 1 : 삭제
  청구항 2(정정) : 구성요소 A, B, C로 이루어진 장치
  청구항 3(정정) : 구성요소 A, B, D, E로 이루어진 장치
  청구항 4(신설) : 구성요소 A, B, C, D, E로 이루어진 장치

정답 ⑤

09 다음은 특허발명의 보호범위에 관한 설명이다. 틀린 것으로 연결된 것은?

⑺ 특허발명과 대비되는 확인대상발명이 특허발명의 청구항에 기재된 필수적 구성요소들 중의 일부만을 갖추고 있는 경우 확인대상발명은 특허발명의 권리범위에 속하지 않음이 원칙이다.

⑷ 특허발명의 청구범위 중 일부가 특허출원시 특허법 제29조 제2항의 진보성 없는 발명인 경우라도 권리범위확인심판에서 그 권리범위를 부정할 수 없다는 것이 대법원 판례의 입장이다.

⑸ 확인대상발명이 특허발명의 출원시 공지된 기술인 경우 특허발명의 권리범위에 속하지 않는다.

⑹ 확인대상발명이 특허발명의 출원시 공지된 선행기술에 의하여 용이하게 발명할 수 있는 경우에는 특허발명과 대비할 필요도 없이 특허발명의 권리범위에 속하지 아니한다.

⑺ 특허발명의 보호범위는 출원서에 첨부한 명세서의 청구범위의 기재에 의하여 정하지 않으면 안 되며, 발명의 설명을 참작하는 것이 허용되는 경우는 없다.

① ⑺
② ⑷, ⑺
③ ⑸, ⑹
④ ⑺
⑤ ⑹, ⑺

해설

⑺ |O| 대법원 2001. 8. 21. 선고 99후2372 판결. 특허발명의 청구범위의 청구항이 복수의 구성요소로 되어 있는 경우에는 그 각 구성요소가 유기적으로 결합된 전체로서의 기술사상이 보호되는 것이지 각 구성요소가 독립하여 보호되는 것은 아니므로, 특허발명과 대비되는 확인대상발명이 특허발명의 청구항에 기재된 필수적 구성요소들 중의 일부만을 갖추고 있고 나머지 구성요소가 결여된 경우에는 원칙적으로 그 확인대상발명은 특허발명의 권리범위에 속하지 아니한다 할 것이고, 또한 특허발명의 청구항이 일정한 범위의 수치로 한정한 것을 구성요소의 하나로 하고 있

는 경우에는 그 범위 밖의 수치가 균등한 구성요소에 해당한다는 등의 특별한 사정이 없는 한 특허발명의 청구항에서 한정한 범위 밖의 수치를 구성요소로 하는 확인대상발명은 원칙적으로 특허발명의 권리범위에 속하지 아니한다.

(나) |O| 대법원 96후238 판결에 의하면, "이 건 등록고안은 그 기술분야에서 통상의 지식을 가진 자가 인용발명으로부터 극히 용이하게 고안해 낼 수 있는 것이므로 실용신안법 제32조 및 제4조 2항에 의하여 그 등록이 무효라 할 것이고, 따라서 이 건 등록고안에 대하여는 그 권리범위를 인정할 수 없는 것이므로, 확인대상고안은 이건 등록고안과 대비하여 판단할 필요도 없이 이건 등록고안의 권리범위에 속하지 아니한다."라고 판시하여 진보성이 없는 경우 그 권리범위를 부정하는 취지의 판시를 하는 반면, 대법원 97후2095판결에 의하면 "등록실용신안의 일부 또는 전부가 출원 당시 공지공용의 것인 경우에는 실용신안등록무효의 심결 유무에 관계없이 그 권리범위를 인정할 수 없으나, 이는 등록실용신안의 일부 또는 전부가 출원 당시 공지공용의 기술에 비추어 새로운 것이 아니어서 이른바 신규성이 없는 경우 그렇다는 것이지, 신규성은 있으나 그 분야에서 통상의 지식을 가진 자가 선행기술에 의하여 극히 용이하게 발명할 수 있는 것이어서 이른바 진보성이 없는 경우까지 다른 절차에서 당연히 권리범위를 부정할 수는 없다."라고 판시하여 진보성이 없는 경우까지 당연히 권리범위를 부정할 수는 없다고 판시하였다.

상기와 같이 공지기술제외설은 판례가 확립된 견해를 보이고 있으나, 출원시 진보성이 부정되는 부분에 대해서는 대법원이 긍정과 부정의 판결이 일관하지 못하고 있었다.

그러나 최근 대법원 2014. 3. 20. 선고 2012후4162 전원합의체 판결은 권리범위확인심판에서 특허발명의 진보성이 부정된다는 이유로 그 권리범위를 부정하여서는 안된다는 입장을 명확히 하였다.

(다), (라) |O| 대법원 2001.10.30 선고 99후 710 판결. 어느 발명이 특허발명의 권리범위에 속하는지를 판단함에 있어서 특허발명과 대비되는 발명이 공지의 기술만으로 이루어지거나 그 기술분야에서 통상의 지식을 가진 자(당업자)가 공지기술로부터 용이하게 실시할 수 있는 경우에는 특허발명과 대비할 필요 없이 특허발명의 권리범위에 속하지 않게 된다.

(마) |X| 청구범위의 기재에 근거해서 정해지나 그 해석에 있어서 발명의 설명을 참작해야 할 것이다.

정답 ④

10 특허발명의 보호범위에 관한 설명 중 틀린 것으로만 연결된 것은?

> ㈎ 청구범위에 기재되지 않은 발명을 실시하고 있는 경우라도 특허권을 침해하게 되는 경우가 있다.
> ㈏ 특허발명 또는 그와 균등한 발명을 이용하는 경우에도 이용발명으로서 특허발명의 권리범위에 속한다.
> ㈐ 특허발명의 보호범위에 속하는 발명을 실시하는 경우에는 언제나 특허권을 침해하게 된다.
> ㈑ 특허발명의 보호범위를 정함에 있어서 발명의 설명, 도면, 요약서, 출원인의 의견서, 출원시 기술수준 등을 참작할 수 있다.

① ㈎, ㈏
② ㈎, ㈐
③ ㈐
④ ㈏, ㈑
⑤ ㈐, ㈑

해설

㈎ |O| 간접침해(법 제127조)에 해당하는 행위는 특허발명의 실시는 아니나 특허권자를 두텁게 보호하기 위하여 침해로 간주된다.

㈏ |O| 대법원 2001. 8. 21. 선고 98후 522 판결. 확인대상발명이 특허발명의 권리범위에 속한다고 할 수 있기 위하여는 특허발명의 각 구성요소와 구성요소 간의 유기적 결합관계가 확인대상발명에 그대로 포함되어 있어야 할 것이고, 다만 확인대상발명에 구성요소의 치환 내지 변경이 있더라도 양 발명에서 과제의 해결원리가 동일하며, 그러한 치환에 의하더라도 특허발명에서와 같은 목적을 달성할 수 있고 실질적으로 동일한 작용효과를 나타내며, 그와 같이 치환하는 것을 그 발명이 속하는 기술분야에서 통상의 지식을 가진 자(당업자)가 용이하게 생각해 낼 수 있을 정도로 자명하다면, 확인대상발명이 특허발명의 출원시에 이미 공지된 기술 내지 공지기술로부터 당업자가 용이하게 발명할 수 있었던 기술에 해당하거나 특허발명의 출원절차를 통하여 확인대상발명의 치환된 구성요소가 청구범위로부터 의식적으로 제외된 것에 해당하는 등의 특별한 사정이 없는 한, 확인대상발명의 치환된 구성요소는 특허발명의 대응되는 구성요소와 균등관계에 있는 것으로 보아 확인대상발명은 여전히 특허발명의 권리범위에 속한다고 보아야 한다. 나아가 판례는 '선특허발명과 동일한 발명뿐만 아니라 균등한 발명을 이용하는 경우도 마찬가지이다'고 판시하여 균등물의 이용관계를 긍정한다.

㈐ |×| 특허권의 효력이 제한되는 경우(법 제96조)에는 침해가 되지 않는다.

㈑ |×| 요약서는 특허발명의 보호범위를 정하는 데에는 사용할 수 없다(법 제43조).

정답 ⑤

11 다음 중 옳지 않은 것은? (다툼이 있는 경우에는 판례에 의함) [2010년 기출]

① 후행발명이 선행의 특허발명의 구성요소 전부를 그대로 이용하는 경우는 물론, 선행의 특허발명의 일부 구성요소가 균등물로 치환된 경우에도 이용침해는 성립한다.
② 물질의 의약용도 발명에 있어서 청구범위에 물질의 의약용도를 대상질병 또는 약효로 명확히 기재하는 대신 약리기전만을 기재하더라도 명세서의 다른 기재에 의하여 의약으로서의 구체적 용도를 명확히 파악할 수 있다면 청구범위 기재요건을 충족한다.
③ 특허출원인이 심사관으로부터 거절이유통지를 받고서 거절결정을 피하기 위하여 원출원의 청구범위를 한정하는 보정을 하는 한편, 원출원발명 중 일부를 별개의 발명으로 분할출원한 사실이 있다면 위 분할출원된 발명은 보정된 발명의 보호범위로부터 의식적으로 제외된 것이라고 볼 수 없다.
④ 권리범위확인심판에서 특허권자는 특허된 방법의 실시에만 사용하는 물건과 대비되는 물건을 심판청구의 대상이 되는 발명으로 특정하여 특허권의 보호범위에 속하는지 여부의 확인을 구할 수 있다.
⑤ 청구범위의 일부가 불명료하게 표현되어 있거나 그 기재에 오기가 있다 하더라도, 발명의 설명과 도면 등을 참작하여 볼 때 그 기술분야에서 통상의 지식을 가진 자가 명확하게 이해할 수 있고 오기임이 명백하여 그 발명 자체의 보호범위를 특정할 수 있는 경우에는 특허발명의 권리범위를 부정할 수 없다.

해설

① |O| 판례는 '선특허 발명과 동일한 발명뿐만 아니라 균등한 발명을 이용하는 경우도 마찬가지이다'고 판시하여 균등물의 이용관계를 긍정한다(大判 2001후393 ; 98후522 등).
② |O| 의약의 용도발명에서는 특정 물질이 가지고 있는 의약의 용도가 발명의 구성요건에 해당하므로, 발명의 청구범위에는 특정 물질의 의약용도를 대상 질병 또는 약효로 명확히 기재하는 것이 원칙이나, 특정 물질의 의약용도가 약리기전만으로 기재되어 있다 하더라도 발명의 설명 등 명세서의 다른 기재나 기술상식에 의하여 의약으로서의 구체적인 용도를 명확하게 파악할 수 있는 경우에는 특허법 제42조 제4항 제2호에 정해진 청구항의 명확성 요건을 충족하는 것으로 볼 수 있다(大判 2006후3564 ; 2007후2230).
③ |×| 특허출원인이 특허청 심사관으로부터 기재불비 및 진보성 흠결을 이유로 한 거절이유통지를 받고서 거절결정을 피하기 위하여 원출원의 청구범위를 한정하는 보정을 하면서 원출원발명 중 일부를 별개의 발명으로 분할출원한 경우, 이 분할출원된 발명은 특별한 사정이 없는 한 보정된 발명의 보호범위로부터 의식적으로 제외한 것이라고 보아야 한다(大判 2006다 35308).
④ |O| 권리범위확인심판은 특허발명의 기술적 범위를 기초로 하여 구체적으로 문제된 실시형태와의 관계에 있어 권리의 효력이 미치는지 여부를 확인하는 권리관계 또는 법률관계 확정을 목적으로 하는 것이므로, 간접침해 물건에 대하여도 권리범위확인심판을 청구할 수 있다(大判 98후 2580; 2003후 2164).
⑤ |O| 대판 2000후235 ; 2003후2515 ; 2008후64 등

정답 ③

12 특허청구범위의 해석론과 관련된 설명 중 틀린 것은?

① 특허발명의 보호범위는 특허청구범위에 기재된 사항에 의하여 정하여지는 것이 원칙이고, 다만 그 기재만으로 특허발명의 기술적 구성을 알 수 없거나 알 수는 있더라도 기술적 범위를 확정할 수 없는 경우에는 명세서의 다른 기재에 의한 보충을 할 수는 있으나, 그 경우에도 명세서의 다른 기재에 의하여 특허청구범위의 확장 해석은 허용되지 아니함은 물론 특허청구범위의 기재만으로 기술적 범위가 명백한 경우에는 명세서의 다른 기재에 의하여 특허청구범위의 기재를 제한 해석할 수 없다.

② 특허권의 권리범위는 특허출원서에 첨부한 명세서의 특허청구범위에 기재된 사항에 의하여 정하여지고, 청구범위의 기재만으로 기술적 범위가 명백한 경우에는 원칙적으로 명세서의 다른 기재에 의하여 청구범위의 기재를 제한 해석할 수 없지만, 청구범위에 포함되는 것으로 문언적으로 해석되는 것 중 일부가 발명의 설명의 기재에 의하여 뒷받침되고 있지 않거나 출원인이 그 중 일부를 특허권의 권리범위에서 의식적으로 제외하고 있다고 보이는 경우 등과 같이 청구범위를 문언 그대로 해석하는 것이 명세서의 다른 기재에 비추어 보아 명백히 불합리할 때에는, 출원된 기술사상의 내용과 명세서의 다른 기재 및 출원인의 의사와 제3자에 대한 법적 안정성을 두루 참작하여 특허권의 권리범위를 제한 해석하는 것은 가능하다.

③ 명세서에서 출원서에 첨부된 도면을 들어 당해 발명의 특정한 기술구성 등을 설명하고 있는 경우 그 명세서에서 지적한 도면에 당해 기술구성이 전혀 표시되어 있지 않아 그 기술구성이나 결합관계를 알 수 없다면, 비록 그러한 오류가 출원서에 첨부된 여러 도면의 번호를 잘못 기재함으로 인한 것이고, 당해 기술분야에서 통상의 지식을 가진 자가 명세서 전체를 면밀히 검토하면 출원서에 첨부된 다른 도면을 통하여 그 기술구성 등을 알 수 있다면 특허명세서의 기재불비라고 할 수 없다.

④ 특허출원된 발명의 특허청구범위에 기능, 효과, 성질 등에 의하여 발명을 특정하는 기재가 포함되어 있는 경우에는 특허청구범위에 기재된 사항에 의하여 그러한 기능, 효과, 성질 등을 가지는 모든 발명을 의미하는 것으로 해석하는 것이 원칙이나, 다만, 특허청구범위에 기재된 사항은 발명의 설명이나 도면 등을 참작하여야 그 기술적 의미를 정확하게 이해할 수 있으므로, 특허청구범위에 기재된 용어가 가지는 특별한 의미가 명세서의 발명의 설명이나 도면에 정의 또는 설명이 되어 있는등의 다른 사정이 있는 경우에는 그 용어의 일반적인 의미를 기초로 하면서도 그 용어에 의하여 표현하고자 하는 기술적 의미를 고찰한 다음 용어의 의미를 객관적, 합리적으로 해석하여 발명의 내용을 확정하여야 한다.

⑤ PBP청구항의 특허요건을 판단할 때에는 제조방법으로 한정하여 구성을 파악할 것이 아니라, 제조방법의 기재를 포함해 청구범위의 모든 기재에 의해 특정되는 구조나 성질 등을 가지는 물건으로 파악하여 신규성 또는 진보성 등의 특허요건을 판단해야 한다.

해설

① |○| 대법원 2011. 7. 14. 선고 2010후1107 판결
② |○| 대법원 2003. 7. 11. 선고 2001후2856 판결
③ |×| 명세서에서 출원서에 첨부된 도면을 들어 당해 발명의 특정한 기술구성 등을 설명하고 있는

경우에 그 명세서에서 지적한 도면에 당해 기술구성이 전혀 표시되어 있지 않아 그 기술구성이나 결합관계를 알 수 없다면, 비록 그러한 오류가 출원서에 첨부된 여러 도면의 번호를 잘못 기재함으로 인한 것이고, 당해 기술분야에서 통상의 지식을 가진 자가 명세서 전체를 면밀히 검토하면 출원서에 첨부된 다른 도면을 통하여 그 기술구성 등을 알 수 있다 하더라도 이를 가리켜 명세서의 기재불비가 아니라고 할 수 없다(大判 97후2675).

④ |O| 대법원 2009. 7. 23. 선고 2007후4977 판결

특허출원된 발명이 특허법 제29조 제1항, 제2항 소정의 특허요건, 즉 신규성과 진보성이 있는지를 판단할 때에는, 특허출원된 발명을 같은 조 제1항 각호 소정의 발명과 대비하는 전제로서 그 발명의 내용이 확정되어야 하는바, 특허청구범위는 특허출원인이 특허발명을 보호받고자 하는 사항이 기재된 것이므로, 발명의 내용의 확정은 특별한 사정이 없는 한 특허청구범위에 기재된 사항에 의하여야 하고 발명의 설명이나 도면 등 명세서의 다른 기재에 의하여 특허청구범위를 제한하거나 확장하여 해석하는 것은 허용되지 않으며, 이러한 법리는 특허출원된 발명의 특허청구범위가 통사적인 구조, 방법, 물질 등이 아니라 기능, 효과, 성질 등의 이른바 기능적 표현으로 기재된 경우에도 마찬가지이다. 따라서 특허출원된 발명의 특허청구범위에 기능, 효과, 성질 등에 의하여 발명을 특정하는 기재가 포함되어 있는 경우에는 특허청구범위에 기재된 사항에 의하여 그러한 기능, 효과, 성질 등을 가지는 모든 발명을 의미하는 것으로 해석하는 것이 원칙이나, 다만, 특허청구범위에 기재된 사항은 발명의 설명이나 도면 등을 참작하여야 그 기술적 의미를 정확하게 이해할 수 있으므로, 특허청구범위에 기재된 용어가 가지는 특별한 의미가 명세서의 발명의 설명이나 도면에 정의 또는 설명이 되어 있는등의 다른 사정이 있는 경우에는 그 용어의 일반적인 의미를 기초로 하면서도 그 용어에 의하여 표현하고자 하는 기술적 의미를 고찰한 다음 용어의 의미를 객관적, 합리적으로 해석하여 발명의 내용을 확정하여야 한다.

⑤ |O| 대법원 2011후927 판결

정답 ③

13 권리범위 판단에 관한 설명 중 옳지 않은 것은? (다툼이 있으면 판례에 따름)

① 후 발명이 선 특허발명의 요지를 전부 포함하고 이를 그대로 이용하되 후 발명 내에서 선 특허발명이 발명으로서의 일체성을 유지하는 경우 후 발명은 선 특허발명의 보호범위 내에 속한다.
② 청구범위에 적혀 있는 사항의 해석은 문언의 일반적인 의미 내용을 기초로 하면서도 발명의 설명이나 도면 등을 참작하여 문언에 의하여 표현하고자 하는 기술적 의의를 고찰한 다음 객관적·합리적으로 하여야 한다.
③ 균등론에 있어서 작용효과가 실질적으로 동일한지 여부는 선행기술에서 해결되지 않았던 기술과제로서 특허발명이 해결한 과제를 침해제품 등도 해결하는지를 중심으로 판단하여야 하므로, 특허발명에 특유한 해결수단이 기초하고 있는 기술사상의 핵심이 침해제품에서도 구현되어 있다면 위 기술사상의 핵심이 특허발명의 출원 당시에 이미 공지되었거나 그와 다름없는 것에 불과한 경우라 하더라도 작용효과가 실질적으로 동일하다고 보아야 한다.
④ 균등론에 있어서 특허발명의 과제 해결원리를 파악할 때는 발명의 설명에 기재되지 않은 공지기술을 근거로 발명의 설명에서 파악되는 기술사상의 핵심을 제외한 채 다른 기술사상을 기술사상의 핵심으로 대체하여서는 안 된다.
⑤ 특허의 명세서에 기재된 용어는 명세서 전체를 통하여 통일되게 해석할 필요가 있으므로, 하나의 용어가 청구범위나 발명의 설명에 다수 사용된 경우 특별한 사정이 없는 한 동일한 의미로 해석해야 한다.

해 설
① 이를 이용관계라 한다.
② 이를 문언해석이라 한다.
③ 기술사상의 핵심이 출원 당시에 이미 공지 등이 된 경우라면 균등 여부가 문제되는 구성요소의 개별적 기능이나 역할 등을 비교하여 효과의 실질적 동일여부를 판단한다(2018다267252).
④ 2017후424
⑤ 2017다209761

정답 ③

CHAPTER 05 균등침해

01 甲은 최초로 제출한 특허출원서의 청구범위에서 a+b+c로 구성되는 발명으로 출원하였으나, c와 관련된 선행기술에 기한 심사관의 거절로 인하여 이를 a+b+c′로 보정하여 특허를 허여 받았다. 이에 대한 다음 설명 중 옳지 않은 것은?

[2003년 기출]

① a+b+c로 구성된 물품을 제조한 乙에 대하여 甲이 침해를 주장하는 경우, 출원과정참작의 원칙에 의하면 甲의 특허는 침해되지 않는다.
② 乙이 a+b+c′로 구성된 물품을 제조한 경우 乙의 침해는 문언적 침해를 구성한다.
③ 乙이 a+b′+c′로 구성된 물품을 제조하였는데 b와 b′가 균등한 것이라고 입증된다면 甲의 특허권이 침해될 수 있다.
④ 위 ③의 경우 전문가의 증언이나 문헌에 의하여 b와 b′가 균등한 것이 아니라는 판명은 특허권자에게 불리하게 작용할 수 있다.
⑤ 甲이 a+b+c로 구성되는 발명으로 출원하고자 하였으나 c가 출원시에 이미 알려져 있어서 甲이 a+b+c′로 구성되는 발명으로 최초 출원한 경우, 甲의 특허발명의 보호범위를 확정하는데 있어서 c는 청구범위에 나타나 있지 않으므로 c를 고려할 여지가 없다.

해설

① |○| '출원경과 참작의 원칙'이란 출원으로부터 특허에 이르기까지의 과정을 참작하여 특허발명의 보호범위를 파악한다는 이론이다. 결국 甲은 거절이유를 극복하기 위해서 'a+b+c로 구성되는 발명'을 'a+b+c′로 구성되는 발명'으로 보정하여 'a+b+c로 구성되는 발명'을 보호범위에서 의식적으로 제외시킨 것인바, 乙의 실시는 甲의 특허는 침해되지 않는다.
② |○| 문언적 침해란 침해가 문제되는 물품이 청구범위에 기재된 모든 구성요소를 구비하여 문언적으로 일치하는 경우의 침해를 말한다.
③, ④ |○| 일부 구성요소가 치환된 경우라도 그 치환된 구성요소가 청구범위의 구성요소 중 일부와 균등물로 인정될 경우에는 침해로 인정될 수 있다.
⑤ |×| 甲의 a+b+c′로 구성되는 발명의 보호범위를 확정함에 있어서 甲의 출원시에 이미 공지되어 있는 c를 고려할 수 있다. 예컨대 乙이 a+b+c를 실시하는 경우 甲의 특허발명과 乙의 실시발명이 균등침해에 해당할 가능성이 크다. 특히 균등침해의 1요건인 치환용이성(당업자가 용이하게 치환할 수 있을 것) 판단에 있어서 큰 영향을 미치게 된다.

정답 ⑤

02 신규의 구성요소 A, B, C로 이루어진 특허발명과, 구성요소 A, B, x로 이루어진 제3자의 실시발명(발명 1) 및 구성요소 A, B, y, D로 이루어진 제3자의 실시발명(발명 2) 사이의 균등침해 또는 이용관계에 관한 설명이다. 옳지 않은 것은? (다툼이 있는 경우에는 판례에 의함)

[2007년 기출]

① C에 대한 균등범위를 특정한 결과 C의 균등물로 x가 인정된다면 발명 1의 실시는 특허발명의 균등침해에 해당하는 것이 원칙이다.
② x 또는 y가 C의 균등물로 인정되기 위해서는 C를 x 또는 y로 각각 치환하는 것이 그 발명이 속하는 기술분야에서 통상의 지식을 가진 자가 용이하게 생각해 낼 수 있을 정도로 자명하여야 한다.
③ 최초 출원명세서에는 C와 x가 모두 기재되어 있었으나 출원인이 심사단계에서 선행기술과의 저촉을 회피하기 위하여 x를 삭제하였다면 발명 1의 실시는 특허발명의 균등침해에 해당하지 아니한다.
④ 발명 1의 구성요소 x가 특허발명의 출원시에 이미 공지된 것이라면 발명 1의 실시는 특허발명의 균등침해에 해당하지 아니한다.
⑤ 발명 2가 특허발명의 균등물의 이용관계에 있다면 특허발명의 침해에 해당될 수 있다.

해설

① |O| 균등침해에 대한 일반적 설명으로 타당하나.
② |O| 치환하는 것 자체가 그 발명이 속하는 기술분야에서 통상의 지식을 가진 자이면 용이하게 생각해 낼 수 있을 정도로 자명한 것이어야 한다(치환용이성).
③ |O| 당해 특허발명의 출원절차를 통하여 확인대상발명의 치환된 구성요소가 청구범위로부터 의식적으로 제외되는 등 특단의 사정이 없어야 균등침해를 긍정할 수 있는바, 이를 「포대금반언의 원칙(File Wrapper Estoppel)」 또는 「출원경과참작의 원칙(Prosecution History Estoppel)」 또는 의식적 제외설이라 한다.
④ |×| 자유기술의 항변이 가능하면 균등침해에 해당하지 않는다. 한편, 자유기술의 항변은 출원전 공지기술의 확인대상발명 전체를 비교하는 것이고 구성요소만을 비교하는 것이 아니다. 그리고 치환된 구성요소인 x가 공지기술이라면 특허발명의 구성요소 C를 x로 치환하는 것이 용이한바 오히려 균등침해의 적극적 요건인 치환용이성이 긍정되어 균등침해에 해당할 가능성이 크다. 참고로, 치환용이성 판단기준 시점과 관련하여 출원시설과 침해시설이 대립하는데, 종래의 균등침해와 관련한 대법원 판결은 상기 요건의 판단기준시점에 관하여는 아무런 언급을 하지 않고 있다. 그러나 최근 대법원(대법원 2009.5.14. 선고 2007후5116 판결)은 "소팅 피커가 소팅부의 직상부에 설치된 X-Y축 상에서 평면상의 임의의 좌표 위치로 이동 가능하도록 하는 기술은 확인대상발명의 제조시점에 이미 많이 공지되어 있다"고 판단하여 치환 용이성을 긍정하여 균등침해를 인정한 원심을 수긍하여, 침해시설 입장에 있는 것으로 해석된다.
⑤ |O| 판례(大判 2001후393 ; 98후522 등)는 '선특허 발명과 동일한 발명뿐만 아니라 균등한 발명을 이용하는 경우도 마찬가지이다.'고 판시하여 균등물의 이용침해를 긍정한다.

정답 ④

CHAPTER 06 이용, 저촉 침해

01 특허권에 관한 설명으로 옳지 않은 것은? (다툼이 있으면 판례에 따름)

① 甲이 구성요소 a+b로 이루어진 특허발명 A의 특허권자인 상태에서, 乙이 구성 a+b'(구성 b의 균등물)+c로 이루어진 개량발명 B에 대해 특허를 받았다면, 특허발명 A와 개량발명 B 사이에는 이용관계가 성립한다.

② 동일한 발명 A에 대하여 甲과 乙이 각각 특허를 받았고 甲이 선출원하여 선등록된 상태라면, 乙이 A 발명을 실시하기 위해서는 특허법 제98조(타인의 특허발명 등과의 관계)에 따라 甲의 허락을 받아야 한다.

③ 甲이 물건발명 A(구성요소 a+b)의 특허권자이고, 乙이 그 물건을 생산하는 장치발명 B(구성요소 x+y+z)의 특허권자인 경우, B를 실시(사용)하게 되면 A의 실시(생산)가 불가피하게 수반되지만, 그렇다고 하여 B가 A와 이용관계에 있는 것은 아니다.

④ 후출원 특허권자가 특허법 제138조(통상실시권 허락의 심판)의 통상실시권 허락을 받기 위해서는, 후출원 특허발명이 선출원 특허발명에 비해 상당한 경제적 가치가 있는 중요한 기술적 진보가 있어야 한다.

⑤ 甲이 발명 A의 특허권자이고 乙이 발명 A와 이용관계에 있는 발명 B의 특허권자라면, 甲은 乙을 상대로 발명 B가 발명 A의 권리범위에 속한다는 적극적 권리범위확인심판을 청구할 수 있다.

해설

① 출제의도는 균등물에 대해서도 이용관계의 성립이 가능한지를 묻고자 했던 것으로 추측된다. 선등록발명과 후 발명이 이용관계에 있는 경우에는 후 발명은 선 등록발명의 권리범위에 속하게 되고, 이러한 이용관계는 후 발명이 선 등록발명의 기술적 구성에 새로운 기술적 요소를 부가하는 것으로서 후 발명이 선 등록발명의 요지를 전부 포함하고 이를 그대로 이용하되, 후 발명 내에 선 등록발명이 발명으로서의 일체성을 유지하는 경우에 성립하며, 이는 선 등록발명과 동일한 발명뿐만 아니라 균등한 발명을 이용하는 경우도 마찬가지이다(대법원 2001. 9. 7. 선고 2001후393 판결).

② 동일한 발명이니 저촉관계의 상황이다. 특허법 제98조는 특허와 특허의 저촉관계를 규율하고 있지 않다. 즉 을은 A 발명을 실시하기 위해 갑의 허락을 구해야 할 필요가 있을 수 있으나, 그 근거가 특허법 제98조는 아니다.

③ 불명료한 지문이다. 이용관계의 정의를 문제에 제시했어야 한다. 이용관계가 곧 침해여부를 일컫는 것이라면 B의 사용은 A의 생산으로서 A의 침해를 구성하는바, 본 지문은 그릇된 것이 된다. 그러나 이용관계가 위 2001후393 처럼 요지를 전부 포함하고 이를 그대로 이용하되 일체성을 유지하는 경우를 일컫는 것이라면 B는 A의 요지를 전부 포함하거나 이를 그대로 이용한 것이 아니므로, 본 지문은 옳은 것이 된다. 참고로 이용관계는 선 특허발명의 기술적 구성에 새로운 기술적 요소를 부가하는 것으로서 선 특허발명의 요지를 전부 포함하고 이를 그대로 이용하되, 선 특허발명이 발명으로서의 일체성을 유지하는 경우에 성립한다라는 판결문구가 있으나 이는

이용관계를 정의하는 문구라 단언할 수 없다. 즉 위 문구처럼 개량발명만을 이용관계라고 보는 정의는 어디에도 확립된 바 없다. 환언하면 이용관계의 의미는 법 또는 판례를 통해 명확히 정립된 바 없다. 단지 개량발명의 경우 이용관계에 해당할 수 있다의 정도만이 판례를 통해 확립된 상태이다.
④ 특허법 제138조 제2항.
⑤ 저촉관계가 아닌 한 권리 대 권리의 적극적 권리범위확인심판의 확인의 이익이 인정된다(대법원 2002. 6. 28. 선고 99후2433 판결).

정답 ②

02 이용발명에 대한 설명으로 타당하지 아니한 것은?

① 판례에 따르면 이용관계는 후 발명이 선 특허발명의 기술적 구성에 새로운 기술적 요소를 부가하는 것으로서 후 발명이 선 특허발명의 요지를 전부 포함하고 이를 그대로 이용하되, 후 발명 내에 선 특허발명이 발명으로서의 일체성을 유지하는 경우에 성립하는 것이다.
② 판례는 선 특허발명과 동일한 발명뿐만 아니라 균등한 발명을 이용하는 경우도 이용관계가 성립한다고 판시한바 있다.
③ 선행 특허발명에 대하여 이용관계가 성립되는 경우 후행 특허발명의 특허권자는 자신이 특허발명의 실시하기 위해서는 먼저 실시권 허락의 협의절차를 거쳐야 하며, 협의절차를 거치지 아니하고 통상실시권허여 심판을 청구한 경우 심결각하대상이다.
④ 특허발명이 그 특허발명의 특허출원일전에 출원된 타인의 등록디자인을 이용한 이용발명인 경우 특허권자가 통상실시권허여심판을 청구할 때 그 특허발명의 출원일전에 출원된 타인의 등록디자인에 비하여 상당한 경제적 가치가 있는 중요한 기술적 진보를 가져오는 것이 아니면 통상실시권의 허여를 하여서는 아니 된다.
⑤ 판례는 촉매란 반응 후에도 그대로 남아 있고 목적물질의 화학적 구조에도 기여하지 않음을 고려할 때 제조방법 발명의 유기적 일체성이 상실된다고 할 수 없어 그의 부가로 인하여 수율이 현저히 상승하는 경우라 하더라도 특별한 사정이 없는 이상 이용 발명에 해당한다고 판시한바 있다.

해설

①, ②, ⑤ |이| 대법원 2001. 8. 21. 선고 98후522 판결.
이용관계는 후 발명이 선 특허발명의 기술적 구성에 새로운 기술적 요소를 부가하는 것으로서 후 발명이 선 특허발명의 요지를 전부 포함하고 이를 그대로 이용하되, 후 발명 내에 선 특허발명이 발명으로서의 일체성을 유지하는 경우에 성립하는 것이다. 이는 선 특허발명과 동일한 발명뿐만 아니라 균등한 발명을 이용하는 경우도 마찬가지이다. 화학반응에서 촉매라 함은 반응에 관여하여 반응속도 내지 수율 등에 영향을 줄 뿐 반응 후에는 그대로 남아 있고 목적물질의 화학적 구조에는 기여를 하지 아니하는 것임을 고려하면, 화학물질 제조방법의 발명에서 촉매를 부가함에 의하여 그 제조방법 발명의 기술적 구성의 일체성, 즉 출발물질에 반응물질을 가하여 특정한

목적물질을 생성하는 일련의 유기적 결합관계의 일체성이 상실된다고 볼 수는 없으므로, 촉매의 부가로 인하여 그 수율에 현저한 상승을 가져오는 경우라 하더라도, 달리 특별한 사정이 없는 한 선행 특허발명의 기술적 요지를 그대로 포함하는 이용발명에 해당한다고 봄이 상당하다.

③ |O| 법 제138조 및 법 제142조. 통상실시권허여심판은 선행 특허권자 등이 정당한 이유 없이 허락하지 아니하거나 타인의 허락을 받을 수 없는 경우에 가능하다. 따라서 그러하지 아니한 경우라면 흠결을 보정할 수 없는 때로서 심결각하 대상이 된다.

④ |×| 법 제138조 제2항. 상당한 경제적 가치가 있는 중요한 기술적 진보는 선출원된 타인의 특허발명 또는 등록실용신안에 한하여 요구되는 것으로 기본발명의 특허권자 등을 보호하기 위함이다.

정답 ④

03 이용발명에 대한 다음의 설명 중 옳지 않은 것으로만 연결된 것은?

> (가) 이용관계란 어느 일방이라도 타방을 침해하지 않고는 실시할 수 없는 경우를 의미하며, 동일자 출원의 경우에는 성립하지 않는다.
>
> (나) 통상실시권허여심판에서 인용심결을 받기 위해서는 후행 특허발명은 선 특허발명이나 등록실용신안에 비하여 상당한 경제적 가치가 있는 중요한 기술적 진보가 있어야 하며, 이러한 요건을 갖추지 못하여 기각심결이 확정된 경우에 후행 특허권자는 선행 권리자의 허락을 얻는 등의 정당한 권원이 없는 한 자신의 특허발명을 실시할 수 없다.
>
> (다) 판례는 이용관계는 후 발명이 선 특허발명의 기술적 구성에 새로운 기술적 요소를 부가하는 것으로서 후 발명이 선 특허발명의 요지를 전부 포함하고 이를 그대로 이용하되, 후 발명 내에 선 특허발명이 발명으로서의 일체성을 유지하는 경우에 성립하는 것이며, 이는 선 특허발명과 동일한 발명뿐만 아니라 균등한 발명을 이용하는 경우도 마찬가지이다라고 판시하고 있다.
>
> (라) 우리법은 특허권 대 특허권 또는 실용신안권 사이의 저촉은 규정하고 있지 않다.

① (가) ② (나)
③ (다) ④ (라)
⑤ 모두 옳음

해설

(가) |×| 이용관계는 동일자 출원의 경우 성립하지 않으나 일방이 타방을 침해하지 않고는 실시할 수 없는 경우는 저촉관계이다.

(나) |O| 법 제138조 제2항, 법 제98조.

(다) |O| 대법원 2001. 8. 21. 선고 98후522 판결. 특허발명과 후 발명이 특허법 제98조에서 규정하는 이용관계에 있는 경우에는 후 발명은 선 특허발명의 권리범위에 속하게 되고, 이러한 이용관계는 후 발명이 선 특허발명의 기술적 구성에 새로운 기술적 요소를 부가하는 것으로서 후 발명

이 선 특허발명의 요지를 전부 포함하고 이를 그대로 이용하되, 후 발명 내에 선 특허발명이 발명으로서의 일체성을 유지하는 경우에 성립하는 것이며, 이는 선 특허발명과 동일한 발명뿐만 아니라 균등한 발명을 이용하는 경우도 마찬가지이다.
㈏ |O| 특허와 특허, 특허와 실용신안이 동일한 경우에는 선원주의가 적용되어 등록을 받을 수 없으므로 무효심판으로 후원권리를 무효시키는 것으로 선 후원 권리를 조정하고 있으며, 별도의 저촉규정을 두고 있지 않다.

정답 ①

04 甲은 타이어에 관한 발명 A를 완성하고 특허등록과 입체상표등록을 받았다. 이 발명 A와 관련하지 지속적으로 연구를 진행하던 乙은 甲의 특허발명과 입체상표인 A가 미끄럼에 약하다는 사실을 착안하고 미끄럼 방지기능을 개량한 발명 B를 완성하고 甲 보다 후출원으로 하여 특허등록을 받았다. 이 경우 甲과 乙의 관계에 대한 다음의 설명 중 옳지 않은 것은?

① 乙은 자신이 특허권자임에도 불구하고 자신의 특허발명 B를 원칙적으로 실시할 수 없다.
② 이용관계에 해당하게 되면 이용발명인 후출원 특허발명에 대해서는 원칙적으로 어느 누구도 실시할 수 없다.
③ 만약, 甲이 상표출원만 하여 A를 등록받고 乙의 특허발명인 B가 A와 동일성이 있다고 인정되는 경우 선출원권리자인 甲은 존속기간 만료 후에도 乙의 특허발명에 대해서 법정실시권을 취득할 수는 없을 것이다.
④ 甲의 경우 독점권은 자신의 특허발명인 발명 A에 대해서만 미치는 것이어서, 발명 B를 실시하면 乙의 특허권의 침해에 해당할 것이며, 乙이 허락을 해주지 않는 경우라도 甲이 발명 B의 실시가 가능한 경우가 있다.
⑤ 乙은 甲이 실시허락을 해주지 않는 경우 통상실시권 허여심판을 청구할 수 있고, 이 경우 통상실시권은 설정등록하지 않아도 등록 후 특허권이나 전용실시권을 취득한 자에 대해서 효력을 주장할 수 있다.

해설

① |O| 법 제98조 이용저촉관계에 해당하면 후원권리자는 선원권리자의 동의를 얻지아니하면 자신의 특허발명을 실시할 수없고 실시하면 선원권리자의 특허권 침해이다.
② |O| 이용관계에 해당하는 경우, 이는 적극적 효력의 제한일 뿐 소극적 효력의 제한은 아니므로 후원권리자는 자신이 실시할 수도 없고, 반면 타인의 실시는 배제시킬 수가 있기 때문에 허락이나 법 제138조 실시권 이외에는 원칙적으로 누구도 후원발명을 실시할 수는 없다.
③ |O| 법 제105조에서는 디자인권과 저촉되고 디자인권이 존속기간 만료로 소멸한 경우, 선출원 또는 동일자에 출원된 디자인권자에게 법정실시권을 인정하며, 상표권리자 선출원인 경우는 제외된다. 그이유는 상표권의 경우 존속기간의 갱신이 가능하기 때문에 제외되어 있다.
④ |O| 갑이 법 제138조 제1항에 의해 통상실시권을 허여해주고, 을이 발명 B에 대해 실시권을 허락해주지 않는다면 법 제138조 제3항의 cross-license를 청구하여 을의 특허발명을 실시할 수도 있다.

⑤ |×| 법 제138조 통상실시권은 강제실시권이므로 설정등록해야 등록후 특허권이나 전용실시권을 취득한 자에 대해서 효력을 주장할 수 있다(법 제118조 제1항). 한편, 강제실시권에 대한 설정등록은 특허청장의 직권등록사항이다.

정답 ⑤

05 다음은 특허법 제98조(타인의 특허발명등과의 관계)에 대한 설명이다. 다음의 설명 중에 타당하지 않은 것은?

① 판례는 화학물질 제조방법의 발명에서 촉매의 부가로 인하여 그 수율에 현저한 상승을 가져오는 경우라 하더라도 달리 특별한 사정이 없는 한 선행 특허발명의 기술적 요지를 그대로 포함하는 이용발명에 해당한다고 판시하였다.
② 통상실시권 허락의 심판에서 자신의 특허발명의 실시를 위해 통상실시권을 허락받은 자는 심결주문에서 정해진 대가를 지급하거나 공탁하지 아니하면 그 특허발명을 실시를 할 수 없다.
③ 후출원 발명의 권리자는 선출원 권리자의 허락을 얻지 않거나 통상실시권허여심판에 의하지 않고서는, 후출원발명을 실시하고 있는 제3자에 대해 특허권에 근거한 민·형사 조치를 취할 수 없다.
④ 이용관계에 해당할 때 동의나 실시권의 허락 및 강제실시권 등이 설정되지 않는 이상 후출원 특허발명은 누구도 실시할 수 없는 것이 원칙이다.
⑤ 판례는 양 고안이 이용관계에 있어 확인대상고안의 등록의 효력을 부정하지 않고 권리범위의 확인을 구할 수 있는 경우에는 권리 대 권리간의 적극적 권리범위확인심판의 청구가 허용된다고 판시한 바 있다.

해설

① |○| 촉매부가 완성발명에 대한 판례의 변화를 정리하면 다음과 같다.
  1. 과거 판례(大判 90후1499 판결)
    '비록 출발물질과 생성물질이 같다고 하더라도, 후자의 촉매사용이 작용효과상의 우월성을 얻기 위한 것이 아니라 무가치한 공정을 부가한 것에 지나지 않는다고 인정되는 경우를 제외하고는 후발명이 선행발명을 이용하고 있다고 볼 수 없으므로 후발명은 선행발명의 권리범위의 영역 밖에 있는 것이다.'고 판시하여 이용관계를 부정하였다.
  2. 최근 판례(大判 98후522 판결)
    "화학반응에서 촉매라 함은 반응에 관여하여 반응속도 내지 수율 등에 영향을 줄 뿐 반응 후에는 그대로 남아 있고 목적물질의 화학적 구조에는 기여를 하지 아니하는 것임을 고려하면, 화학물질 제조방법의 발명에서 촉매를 부가함에 의하여 그 제조방법 발명의 기술적 구성의 일체성, 즉 출발물질에 반응물질을 가하여 특정한 목적물질을 생성하는 일련의 유기적 결합관계의 일체성이 상실된다고 볼 수는 없으므로, 촉매의 부가로 인하여 그 수율에 현저한 상승을 가져오는 경우라 하더라도, 달리 특별한 사정이 없는 한 선행 특허발명의 기술적 요지를 그대로 포함하는 이용발명에 해당한다고 봄이 상당하다."라고 판시하여 이용관계를 긍정하였다.

② |O| 통상실시권자는 특허권자・실용신안권자・디자인권자 또는 그 전용실시권자에 대하여 대가를 지급하여야 한다. 다만, 대가를 지급할 수 없을 때에는 그 대가를 공탁하여야 하며(법 제138조 제4항) 대가를 지급하지 아니하거나 공탁을 하지 아니하면 그 특허발명・등록실용신안 또는 등록디자인이나 이와 유사한 디자인을 실시할 수 없다(법 제138조 제5항).

③ |×| 후출원 권리가 선출원 권리를 이용하고 있는 경우 특허권의 적극적 효력이 제한되어 그 실시를 위해서는 선출원 권리자의 허락을 얻어야 하나, 소극적 효력은 제한되지 않는 바 정당한 권원없는 자가 후출원 권리를 실시하는 경우에는 민・형사상 구제조치를 취할 수 있다. 심지어, 선출원 권리자라도 후출원 권리자의 허락없이 후출원 권리에 대한 발명을 실시하는 경우에는 후출원 권리를 침해하는 것이 된다.

④ |O| 이는 이용관계에 해당될 때 후출원은 적극적 효력만 제한 받을 뿐 소극적 효력이 제한되지는 않기 때문이다.

이를 그림으로 정리하면 다음과 같다.

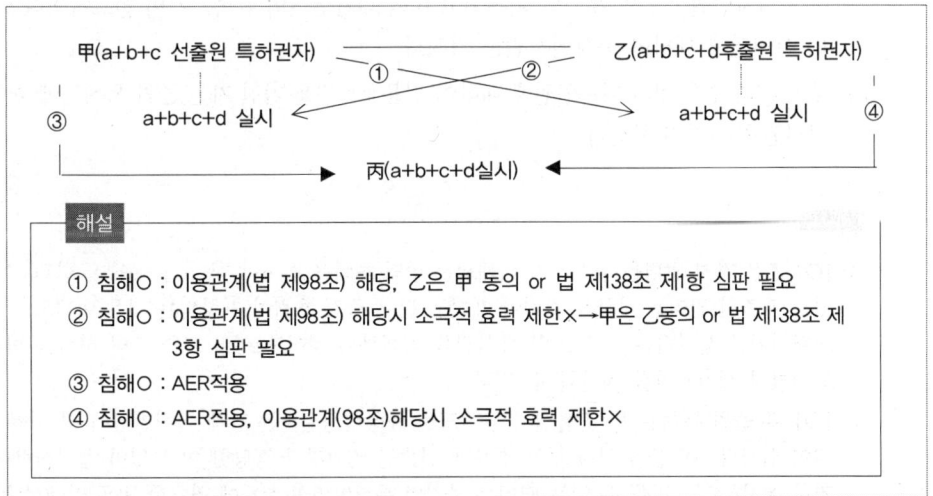

> **해설**
> ① 침해O : 이용관계(법 제98조) 해당, 乙은 甲 동의 or 법 제138조 제1항 심판 필요
> ② 침해O : 이용관계(법 제98조) 해당시 소극적 효력 제한× → 甲은 乙동의 or 법 제138조 제3항 심판 필요
> ③ 침해O : AER적용
> ④ 침해O : AER적용, 이용관계(98조)해당시 소극적 효력 제한×

⑤ |O| 대법원 2002. 6. 28. 선고 99후2433 판결. 후 출원에 의하여 등록된 고안을 확인대상고안으로 하여 선 출원에 의한 등록고안의 권리범위에 속한다는 확인을 구하는 적극적 권리범위확인심판은 후 등록된 권리에 대한 무효심판의 확정 전에 그 권리의 효력을 부정하는 결과로 되어 원칙적으로 허용되지 아니하고, 다만 예외적으로 양 고안이 구 실용신안법(1990. 1. 13. 법률 제4209호로 전문 개정되기 전의 것) 제11조 제3항에서 규정하는 이용관계에 있어 확인대상고안의 등록의 효력을 부정하지 않고 권리범위의 확인을 구할 수 있는 경우에는 권리 대 권리 간의 적극적 권리범위확인심판의 청구가 허용된다.

정답 ③

06 시험기기 제작사인 甲은 일정한 시간동안 일정한 속도로 미세용액을 자동적으로 계속 혼합하여 주는 실험기기를 제작하여 특허등록과 디자인등록을 받았다. 이 기기를 사용하고 있던 乙은 용액을 혼합하는 과정에서 다소 떨림이 있고 약간의 고음이 있다는 것에 착안하여 이 기기를 바탕으로 하여 떨림과 고음을 제거한 실험기기를 제작하여 특허등록을 받았다. 이 경우 甲과 乙의 관계에 대한 다음의 설명 중 옳지 않은 것은? [2003년 기출]

① 甲과 乙은 모두 상대방으로부터 사용허락을 받지 않는다면 乙이 개발한 기기를 생산할 수 없다.
② 乙이 甲으로부터 사용허락을 받을 수 없는 경우 乙은 甲을 상대로 하는 통상실시권허여심판을 청구함으로써 자신의 발명을 실시할 수 있다.
③ 甲이 乙의 발명을 실시하고자 하는데 乙로부터 사용허락을 받을 수 없는 경우 甲도 乙을 상대로 하는 통상실시권허여심판을 청구함으로써 乙의 발명을 실시할 수 있다.
④ 甲의 디자인권이 乙의 특허와 저촉되고 甲의 디자인권의 존속기간이 만료하였다면, 甲은 乙의 특허권에 대하여 통상실시권을 가진다.
⑤ 앞의 ④의 경우 甲의 디자인권에 대하여 전용실시권을 가진 자는 乙의 특허권에 대하여 통상실시권을 가지지 못한다.

해설

① |O| 乙은 자기 발명을 실시하기 위해서는 甲의 허락을 받아야 한다(법 제98조). 한편, 이용관계에 있는 후출원 권리는 적극적 효력이 제한될 뿐 소극적 효력이 제한되는 것은 아니므로 甲이 乙의 실험기기를 생산하는 것은 乙의 특허권을 침해하는 것이므로 甲 또한 乙의 허락을 받아야 乙의 특허발명 실험기기를 생산할 수 있다.
② |O| 후 출원 특허권자·전용실시권자 또는 통상실시권자는 당해 특허발명이 법 제98조에 해당되어 실시의 허락을 받고자 하는 경우에 선출원 권리자가 정당한 이유 없이 실시허락을 하지 않거나 실시허락을 받을 수 없는 때에는 자기의 특허발명의 실시에 필요한 범위 안에서 통상실시권허여심판을 청구할 수 있다. 다만, 후출원 특허발명이 그 특허발명의 출원일전에 출원된 타인의 특허발명 또는 등록실용신안과 이용관계에 있는 경우에는 상당한 경제적 가치가 있는 중요한 기술적 진보를 가져오는 것이어야 한다(법 제138조 제1항 및 제2항).
③ |O| 통상실시권허여심판에 의해 통상실시권을 허여한 선출원 권리자가 통상실시권을 허여 받은 자의 후출원 발명의 실시를 필요로 하는 경우에 후출원 권리자가 실시를 허락하지 아니하거나 실시의 허락을 받을 수 없을 때에는 통상실시권의 허여를 받아 실시하고자 하는 특허발명의 범위에서 통상실시권허여의 심판을 청구할 수 있다(법 제138조 제3항).
④ |O| ⑤ |×| 특허출원일전 또는 같은 날에 출원되어 등록된 디자인권이 특허권과 저촉되는 경우 디자인권의 존속기간이 만료되는 때에는 그 디자인권자 및 실시권자(디자인권에 대한 전용실시권자 및 제3자 대항력을 구비한 통상실시권자)는 원디자인권의 범위 또는 원권리의 범위 안에서 법정의 통상실시권을 갖는다(법 제105조 제1항 및 제2항). 이때 디자인권자는 무상으로 실시할 수 있으나 실시권자는 특허권자 등에게 상당한 대가를 지급하여야 한다(법 제105조 제3항).

정답 ⑤

07 甲은 "a+b+c"로 구성된 에어컨을 발명하여 특허등록을 하였다. 이후 乙은 甲의 발명 중 실외기 c를 c′로 주지관용 기술의 범위 내에서 개조하고 새로운 기능을 가진 구성요소 d를 추가하여 "a+b+c′+d"로 구성된 발명을 하여 특허등록을 하였다. 다음 보기 중 옳은 것으로만 묶인 것은? (단, 甲과 乙의 발명은 각각 특허요건을 충족하며, c와 c′는 동일한 효과를 발생시킨다)

[2008년 기출]

〈보기〉

ㄱ. 乙의 발명은 甲의 발명을 개조하였다 하더라도 균등범위에 속하는 발명을 이용하였으므로 양 발명은 이용관계가 성립한다고 볼 수 있다.
ㄴ. 甲이 정당한 이유 없이 실시의 허락을 하지 않는 경우 乙은 통상실시권허여의 심판을 청구하여 심결의 주문에서 정하여지는 범위 내에서 업으로서 자신의 특허발명을 실시할 수 있다.
ㄷ. 乙의 특허권이 선출원된 타인의 디자인권과 저촉되는 경우에는 통상실시권 허여의 심판을 청구할 수 없다.
ㄹ. 乙은 甲으로부터 실시허락을 받거나 특허권을 양수하여 발명을 실시할 수 있다.
ㅁ. 통상실시권 허여의 심판비용은 심판의 결과에 따라 청구인 또는 피청구인이 부담한다.

① ㄱ, ㄴ, ㄹ
② ㄱ, ㄴ, ㅁ
③ ㄱ, ㄹ, ㅁ
④ ㄴ, ㄷ, ㄹ
⑤ ㄷ, ㄹ, ㅁ

해설

ㄱ) |O| 판례(大判 2001후393 ; 98후522 등)는 '선특허 발명과 동일한 발명뿐만 아니라 균등한 발명을 이용하는 경우도 마찬가지이다.'고 판시하여 균등물의 이용관계를 긍정한다.
ㄴ) |O| 후 출원 특허권자·전용실시권자 또는 통상실시권자는 당해 특허발명이 법 제98조에 해당되어 실시의 허락을 받고자 하는 경우에 선출원 권리자가 정당한 이유 없이 실시허락을 하지 않거나 실시허락을 받을 수 없는 때에는 자기의 특허발명의 실시에 필요한 범위 안에서 통상실시권허여심판을 청구할 수 있다(법 제138조 제1항).
ㄷ) |×| 특허권자 디자인권이 저촉되는 경우 법 제98조에 해당하고, 이 경우도 선출원 디자인권자가 정당한 이유없이 허락을 하지 않는다면 후출원 특허권자는 선출원 디자인권자를 상대로 통상실시권 허여심판을 청구할 수 있다.
ㄹ) |O| 乙은 甲으로부터 실시허락을 받으며 자신의 발명을 자유로이 실시할 수 있다(법 제98조). 또한, 甲의 특허권을 양수 받으면 선출출원의 특허권자가 동일인이 되어 동일인간에는 법 제98조를 적용하지 않으므로 乙은 자신의 후출원 발명을 자유로이 실시할 수 있다.
ㅁ) |×| 당사자계 심판 중 통상실시권허여심판의 경우에는 언제나 청구인이 심판비용을 부담한다(법 제165조 제3항). 이러한 심판은 언제나 청구인의 이익에 관계되는 것이기 때문이다.

정답 ①

08 선출원 특허권자 甲은 접착제에 관한 발명에 대해서 특허권을 획득했다. 후출원 특허권자 乙은 甲의 특허발명인 접착제가 자신이 새로 개발한 집광필름의 접합방법에 가장 적합한 것을 실험을 통해 알아내고, 甲의 특허발명인 접착제를 그대로 사용하여 기존보다 효과가 뛰어난 집광필름에 관한 발명에 대하여 특허를 획득했다. 다음 설명 중 옳은 것은? [2012년 기출]

① 乙이 자기 특허발명을 실시하기 위해서 甲이 판매하는 특허발명 제품인 접착제를 구입하여 집광필름을 생산·판매하고자 할 경우, 乙은 甲을 상대로 통상실시권허여심판을 청구하여 통상실시권을 허여 받아야 한다.

② 乙이 자기 특허발명을 실시하기 위해서 丙에게 甲의 특허발명 제품인 접착제를 제조하여 납품하게 하고, 丁이 제조한 프리즘시트를 납품받아서 자기 특허발명인 집광필름을 제조·판매하고자 할 경우, 丙은 접착제를 제조하기 위해서 甲을 상대로 통상실시권허여심판을 청구하여 통상실시권을 허여 받아야 한다.

③ 乙의 특허발명은 甲의 특허발명인 접착제와 새로운 접합방법의 상호작용에 의한 이용발명이므로, 乙은 甲의 특허권과 관계없이 자기 특허발명을 자유롭게 실시할 수 있다.

④ 乙이 자기 특허발명을 실시하기 위해서 甲을 상대로 소극적 권리범위확인심판을 청구하여 기각심결을 받은 경우, 그 심결만을 기초로 하여 甲을 상대로 통상실시권허여심판을 청구할 수 있다.

⑤ 乙이 甲을 상대로 통상실시권 허여의 심판을 통해 통상실시권을 획득한 경우, 乙의 허락이 없더라도 甲은 통상실시권 허여의 심결에 의하여 집광필름을 실시할 수 있다.

해설

① |×| 을이 접착제를 정당한 대가를 지급하고 구입한 경우 소모이론에 의하여 갑의 허락없이도 그 접착제를 이용하여 집광필름을 생산, 판매할 수 있다.
② |×| 통상실시권허여심판을 청구할 수 있는 경우는 이용발명을 실시하기 위해 필요한 경우로서, 지문의 병은 이용발명이 아닌, 갑의 특허발명을 실시하는 것이므로 갑에게 통상실시권허여심판을 청구할 수 없다.
③ |×| 이용발명이라고 하더라도, 선원권리자가 있는 경우 그 허락을 받아야 실시할 수 있다.
④ |×| 통상실시권허여심판을 청구하기 위해서는 선출원 권리자와 협의를 통해 실시허락을 받기 위해 노력해야 한다. 단순히 소극적권리범위확인심판의 기각심결을 받았다고 하여 이러한 노력이 있다고 보기 어려울 것이며, 그 이외에 이용발명이 선출원된 타인의 특허발명등에 비하여 상당한 경제적 가치가 있는 중요한 기술상의 진보가 있어야 한다.
⑤ |○| 갑이 을에게 통상실시권허여심판에 의해서 통상실시권을 부여한 경우, 갑이 을의 발명을 실시하고자 하는 경우에는 을이 허락을 하지 않는 경우 을을 상대로 통상실시권허여심판을 청구하여 통상실시권을 획득할 수 있다.

정답 ⑤

09 甲은 "살균성분이 있는 물질 A"에 대한 선출원 등록 특허권자이고, 乙은 "살균성분이 있는 물질 A와 B를 결합하여 생성한 제초제 AB"에 대한 후출원 등록 특허권자이다. 甲과 乙의 특허권 행사에 관한 설명으로 옳지 않은 것은? (다툼이 있으면 판례에 따름) [2021년 기출]

① 甲은 자기의 특허발명인 물질 A가 乙의 제초제에 그대로 실시되고 있다는 이유로 乙의 특허발명을 확인대상발명으로 하여 자기의 특허발명의 권리범위에 속한다는 확인을 구하는 적극적 권리범위확인심판을 청구할 수 있다.
② 乙의 특허발명이 甲의 특허발명과 이용관계가 성립하기 위해서는 물질 A와 B의 유기적 결합관계에 의하여 생성된 제초제 AB는 甲의 특허발명인 물질 A의 살균성분과 특성이 일체성을 가지고 있어야 한다.
③ 乙은 자기의 특허발명이 특허법 제98조(타인의 특허발명 등과의 관계)에 해당하여 그 실시의 허락을 받고자 하였으나 甲이 정당한 이유 없이 허락하지 아니하는 경우, 자기의 특허발명의 실시에 필요한 범위에서 통상실시권허락심판을 청구할 수 있다.
④ 乙이 자기의 특허발명을 실시하기 위하여 甲을 상대로 특허법 제138조(통상실시권허락의 심판)의 심판을 청구한 경우, 乙의 특허발명이 甲의 특허발명과 비교하여 상당한 경제적 가치가 있는 중요한 기술적 진보를 가져오는 것이 아니면 통상실시권을 허락하여서는 아니 된다.
⑤ 乙은 자기의 특허발명이 甲의 특허발명과 이용관계에 있는 경우 甲의 허락을 받지 아니하고는 자기의 특허발명을 업으로서 실시할 수 없다.

해설

① 이용관계에 대해서는 적극적, 소극적 모두 청구할 수 있다. 저촉관계에 대해서만 적극적 권리범위확인심판 청구가 제한된다.
② 참고판례.
"선 특허발명과 후 발명이 이용관계에 있는 경우에는 후 발명은 선 특허발명의 권리범위에 속하게 된다. 여기서 두 발명이 이용관계에 있는 경우라고 함은 후 발명이 선 특허발명의 기술적 구성에 새로운 기술적 요소를 부가하는 것으로서, 후 발명이 선 특허발명의 요지를 전부 포함하고 이를 그대로 이용하되, 후 발명 내에서 선 특허발명이 발명으로서의 일체성을 유지하는 경우를 말한다(대법원 2016. 4. 28. 선고 2015후161 판결)."
③ 특허법 제138조 제1항
④ 특허법 제138조 제2항
⑤ 특허법 제98조

정답 전항 정답

CHAPTER 07 침해의 정의

01 a+b+c로 구성된 물품에 대한 특허권자 甲은 乙을 상대로 특허침해금지청구 소송을 제기하였다. 다음 중 기각판결이 날 것으로 예상되는 것은?

① 乙이 a+b+c+d로 구성된 물품을 실시한다고 항변하는 경우
② 乙이 a+b+c로 구성된 물품을 생산만하고 판매는 하지 아니하였다는 항변을 하는 경우
③ 甲의 특허권이 丙과 공유인 경우, 乙이 자신의 a+b+c의 실시는 공유자 중 丙으로부터 허여받은 통상실시권에 기한 실시임을 항변한 경우
④ 乙이 실시하는 발명은 a+b+c'로서 양 발명의 과제해결원리가 동일하고 c'가 c와 실질적으로 동일한 작용효과를 나타내며 그와 같이 변경하는 것이 통상의 기술자가 용이하게 도출할 수 있을 정도로 자명한 경우
⑤ 상기 ④에서 甲이 a+b+c'으로 구성된 발명을 특허출원한 후 명세서기재불비(법 42조)의 거절이유를 피하기 위하여 a+b+c로 보정하였으므로 금반언의 원칙이 적용된다는 항변을 乙이 한 경우

해설

① |○| 구성요건완비의 법칙에 의하여 을의 실시는 침해를 구성한다.
② |○| 법 제2조 제3호. 물건발명의 경우 실시란 그 물건을 생산, 사용, 양도, 대여 또는 수입하거나 물건의 양도 또는 대요의 청약하는 행위이다. 상기 실시행위는 각각 독립된 것으로서 생산을 하였으므로 실시에 해당한다.(실시행위 독립성)
③ |○| 법 제99조 제4항. 특허권이 공유인 경우 각 공유자는 다른 공유자의 동의를 얻지 아니하면 그 특허권에 대하여 전용실시권을 설정하거나 통상실시권을 허여할 수 없다. 乙이 丙으로부터 통상실시권을 설정받았다 하더라도 甲의 동의가 없으므로 정당한 권원이 있다고 할 수 없다.
④ |○| 균등론. 대법원 2000.7.28.선고 97후2200 판결. 확인대상발명이 특허발명과, 출발물질 및 목적물질은 동일하고 다만 반응물질에 있어 특허발명의 구성요소를 다른 요소로 치환한 경우라고 하더라도, 양 발명의 기술적 사상 내지 과제의 해결원리가 공통하거나 동일하고, 확인대상발명의 치환된 구성요소가 특허발명의 구성요소와 실질적으로 동일한 작용효과를 나타내며, 또 그와 같이 치환하는 것 자체가 그 발명이 속하는 기술분야에서 통상의 지식을 가진 자이면 당연히 용이하게 도출해 낼 수 있는 정도로 자명한 경우에는, 확인대상발명이 당해 특허발명의 출원시에 이미 공지된 기술이거나 그로부터 당업자가 용이하게 도출해 낼 수 있는 것이 아니고, 나아가 당해 특허발명의 출원절차를 통하여 (가) 발명의 치환된 구성요소가 특허청구범위로부터 의식적으로 제외되는 등의 특단의 사정이 없는 한, 확인대상발명의 치환된 구성요소는 특허발명의 그것과 균등물이라고 보아야 한다.
⑤ |×| 출원경과참작의 원칙. 대법원 2002.9.6선고 2001후171 판결. 특허발명의 출원과정에서 어떤 구성이 청구범위로부터 의식적으로 제외된 것인지 여부는 명세서뿐만 아니라 출원에서부터 특허될 때까지 특허청심사관이 제시한 견해 및 출원인이 심사과정에서 제출한 보정서와 의견서 등에 나타난 출원인의 의도 등을 참작하여 판단하여야 하고, 특허청구범위가 수 개의 항으로 이

루어진 발명에 있어서는 특별한 사정이 없는 한 각 청구항의 출원경과를 개별적으로 살펴서 어떤 구성이 각 청구항의 권리범위에서 의식적으로 제외된 것인지를 확정하여야 한다.

정답 ⑤

02 특허권의 침해에 관한 설명이다. 잘못된 것은? [2001년 기출]

① 특허권자가 그 특허 발명을 실시하고 있지 않은 경우에도 특허권자는 과실로 특허권을 침해하고 있는 자에 대하여 손해 배상을 청구할 수 있다.
② 특허 발명이 인터넷 통신 방법인 경우에, 당해 인터넷 통신 방법에만 사용하는 컴퓨터 통신 장치를 제조하는 행위는 특허 발명의 실시에 해당되어 특허권자는 침해 중지를 청구할 수 있다.
③ 전용 실시권을 침해한 자는 그 침해 행위에 과실이 있었던 것으로 추정된다.
④ 생산 방법의 특허권이 설정되어 있는 경우에, 그 생산 방법에 의해 물건을 제조하는 행위뿐만 아니라 그 생산 방법에 의해 생산된 물건을 외국에서 수입하는 행위도 특허권의 침해이다.
⑤ 특허권자는 출원공개에 의한 보상금청구권을 행사한 경우에도, 해당 특허발명을 업으로 실시하는 자에 대하여 그 행위의 금지를 청구할 수 있다.

해 설

① |O| 특허발명의 실시에 대하여 합리적으로 받을 수 있는 금액에 상당하는 액을 특허권자 또는 전용실시권자가 받은 손해의 액으로 하여 그 손해배상을 청구할 수 있다(법 제128조 제5항). 본 규정은 특허권자가 그 특허발명을 실시하고 있지 아니한 경우에도 청구할 수 있다고 본다. 이는 일단 특허침해가 발생하면 그 손해의 발생 및 최저손해액, 그리고 인과관계의 존재가 인정된다고 해석함으로서 특허 침해자로서는 특허권자의 손해액이 그보다 적다는 것을 주장·입증함으로써 위 규정의 적용으로부터 벗어나는 것은 허용되지 않는다고 해석되며, 최저배상액의 법정이라고 해석된다.
② |×| 간접침해행위는 실질상 특허발명의 실시는 아니나 침해의 개연성이 높아 침해로 간주하는 것이다. 간접침해행위에 대해서도 특허권자는 침해금지청구를 할 수 있으나 그것이 특허발명의 실시에 해당되기 때문이 아니라 특허권의 침해로 간주되기 때문이다.
③ |O| 특허권 및 전용실시권의 침해자는 그 침해행위에 대하여 과실이 있는 것으로 추정한다(법 제130조).
④ |O| 물건을 생산하는 방법발명의 실시태양은 '그 방법을 사용하는 행위 외에 그 방법에 의해 생산된 물건을 사용·양도·대여 또는 수입하거나 양도 또는 대여의 청약'하는 행위이다(법 제2조 제3호 다목). 결국 제법발명이 특허발명일때 그 생산 방법에 의해 생산된 물건을 외국에서 수입하는 행위도 특허권의 실시가 되고 침해가 된다.
⑤ |O| 보상금청구권의 행사는 특허권의 행사에 영향을 미치지 아니한다(법 제65조 제4항).

정답 ②

03 다음에 열거한 甲의 행위 중 특허권의 침해행위에 해당하는 것은? 다만, 甲과 乙은 당해 특허발명에 관계된 특허권자, 전용실시권자, 통상실시권자 중 어느 자도 아닌 것으로 한다.

① 특허발명 「모형 레이싱 카」에 관한 특허권을 가진 완구제조회사로부터 당해 특허에 관한 모형 레이싱 카를 구입하여 판매회사 甲이 그 모형 레이싱 카를 소매점에 판매하는 행위
② 특허발명 「과자 제조기」에 관한 특허권이 있는 경우, 乙이 당해 특허에 관한 과자 제조기를 제작하고 그것을 사용하여 제조한 과자를 甲이 구입하여 판매하는 행위
③ 안경제조회사 丙이 특허발명 「안경 세정방법」에 관한 특허권 P와 그 특허발명의 실시에만 사용하는 특허발명 「안경 세정장치」에 관한 특허권 Q를 소유하는 경우에 있어서, P에 관한 방법은 Q에 관한 장치 이외의 장치에 의해서도 사용할 수 있는 때 甲이 丙으로부터 구매한 Q에 관한 장치에 의하여 P에 관한 방법을 사용하는 행위
④ 특허발명 「엔진」에 관한 특허권이 있는 경우에 있어서, 그 특허권의 설정등록시에는 당해특허에 관한 엔진에만 사용되던 피스톤이 당해 특허에 관한 엔진 이외의 엔진에도 사용되도록 된 후에 甲이 그 피스톤을 제조하여 판매하는 행위
⑤ 특허출원 등에 기초한 우선권주장(특허법 제55조)을 수반한 특허출원 B에 관한 발명으로서 그 우선권주장의 기초가 되는 특허출원 A(단, A는 어떠한 우선권주장도 수반하지 않는 것으로 한다.)의 출원서에 최초로 첨부된 명세서 및 도면에 기재된 발명 「나사」에 대하여 특허가 되고, 당해 특허권이 있는 경우, 甲이 A의 출원 후 B의 출원 전에 국내에서 공연히 알려지지 않고 제조된 그 특허에 관한 나사를 그 특허권의 설정등록 후에 판매하는 행위

> 해설

① |×| 특허권자, 전용실시권자 등과 같이 정당한 제조자가 제조하여 판매한 특허품을 구입한 자가 그것을 사용, 판매하더라도 특허권의 효력은 미치지 아니하고 권리침해가 되지 않는다(소모이론).
② |×| 물건을 생산하는 방법발명의 경우에는 그 방법에 의해 생산된 물건을 사용, 양도 등을 하는 행위는 특허발명의 실시에 해당하나(법 제2조 제3호 다목), 물건 발명의 경우에는 그 물건을 생산, 사용 등을 하는 행위는 특허발명의 실시이나 그 물건을 사용하여 생산된 또 다른 물건을 양도하는 행위는 특허발명의 실시가 아니다(법 제2조 제3호 가목). 따라서 乙이 과자 제조기를 제작하고 사용하는 행위는 특허권을 침해하는 것이나, 과자 제조기에 의해 제조한 과자를 甲이 구입하여 판매하는 행위는 특허권을 침해하는 것이 아니다.
③ |×| 특허권자가 방법특허권과 함께 그 방법을 실시하기 위한 장치에 대해서도 특허권을 갖지만 그 방법이 다른 장치에 의해서도 사용하는 것이 가능한 경우에 특허권자가 그 특허장치를 판매한 이상 그 방법의 특허권은 소진된 것이 된다. 그러나, 甲이 Q에 관한 장치 이외의 장치로 P 방법을 사용하는 경우라면 침해가 된다.
④ |×| 특허가 물건의 경우 그 물건의 생산에만 사용하는 물건을 생산하는 생산, 양도 등을 하는 행위는 간접침해에 해당한다(법 제127조 제1호). 이 경우 간접침해품이 되기 위해서는 침해시를 기준으로 그 특허물건의 생산 이외의 타용도가 없어야 하는데, 지문의 경우에는 피스톤의 타용도가 있으므로 간접침해에 해당하지 않는다.
⑤ |○| 특허출원시부터 국내에 있는 물건에 대해서는 특허권의 효력이 미치지 아니하는데(법 제96조

제1항 제3호), 우선권주장출원의 경우에는 선출원시를 기준으로 법 제96조 제1항 제3호가 적용된다(법 제55조 제3항). 따라서 甲의 행위는 특허권을 침해한다.

정답 ⑤

04 다음의 乙의 행위 중 특허권자인 甲의 특허권 침해행위에 해당하는 것은 무엇인가?

① 특허발명「애완견 독감예방주사제」에 관한 특허권이 甲에게 있는 경우, 그 주사제가 2이상의 의약을 혼합함으로써 제조되는 것인 때 수의사 乙이 이를 조제하는 행위
② 특허발명「방향유도장치」에 관한 특허권이 甲에게 있는 경우, 우리나라를 통과하는 乙이 운전하는 선박에 장착된 방향유도장치를 사용하는 경우
③ 甲이 미국의 특허권을 기초로 조약우선권 주장을 하여 국내에「송진추출방법」에 관한 특허등록을 받은 경우, 甲의 제1국에서의 기초출원일 이전부터 乙이 甲과 동일한 내용의 송진추출방법을 사용하여 생산한 물건을 판매하는 경우
④ 특허발명「나사제조기」에 관한 특허권이 甲에게 있는 경우, 甲으로부터 나사제조기를 구입하여 나사제조기로부터 생산된 나사를 판매하는 乙의 행위
⑤ 특허발명「은행잎의 유효성분 추출방법」에 관한 특허권이 甲에게 있는 경우, 乙이 A대학 연구소에서 연구 또는 시험을 하기 위하여 甲의 특허발명을 실시하는 경우

해설

① |O| 법 제96조 제2항. 2이상의 의약을 혼합함으로써 제조되는 의약의 발명 또는 2이상의 의약을 혼합하여 의약을 제조하는 방법의 발명에 관한 특허권의 효력제한은 약사법의 대상인 인체를 대상으로 하는 의약에 해당한다. 따라서 동물에 해당하는 애완견 독감예방주사제는 대상이 아니다.
② |X| 법 제96조 제1항 제2호. 국내를 통과하는데 불과한 선박 기타 물건에 대해서는 효력이 제한된다.
③ |X| 법 제96조 제1항 제3호. 법 제54조의 조약우선권 주장을 하여 출원한 경우 제1국 출원시를 기준으로 한다.
④ |X| 乙은 甲으로부터 특허발명인 나사제조기를 구입하여 실시한바, 나사제조기를 사용하는 행위는 실시에 해당한다. 다만 甲의 특허권은 소진이론에 의하여 乙에게 미치지 아니한다. 또한, 나사제조기로부터 생산된 나사를 양도하는 행위는 甲의 특허발명의 실시태양에 해당하지 않는다.
⑤ |X| 법 제96조 제1항 제1호. 연구 또는 시험을 위한 특허발명의 실시에는 효력이 제한된다.

정답 ①

05 다음에 열거한 甲의 행위 중 특허권의 침해행위에 해당하는 것으로만 연결된 것은? 단, 甲, 乙은 당해 특허발명에 대한 특허권자, 전용실시권자, 통상실시권자의 어느 자도 아닌 것으로 한다.

> (가) 특허발명 「건조야채를 제조하는 방법」에 관한 특허권이 있는 경우, 연구소에서 乙에 의해 그 방법의 시험결과로 얻은 건조야채를 甲이 판매하는 행위
>
> (나) 특허발명 「고양이 병 치료약」에 관한 특허권이 있는 경우, 그 치료약이 2이상의 의약을 혼합하는 것에 의해 제조되는 것인 때 그 치료약을 수의사 乙의 처방전에 의해 甲이 조제하는 행위
>
> (다) 특허발명 「나사 절단구」에 관한 특허권이 있는 경우, 공구 메이커 乙이 제조한 그 나사 절단구를 공구점 甲이 구입하여 창고에 보관하는 행위
>
> (라) 특허발명 「의약을 제조하는 방법」에 관한 특허권이 있는 경우, 乙이 그 제조방법에 의해 제조한 분말의약을 甲이 구입하여 캡슐에 넣어 판매하는 행위
>
> (마) 특허발명 「다이너마이트」에 관한 특허권이 있는 경우, 乙이 제조한 그 다이너마이트를 지방공공단체 甲이 구입하여 공공사업으로서 행하는 도로공사에 있어서 1회만 사용하는 행위
>
> (바) 특허발명 「당분석장치」에 관한 특허권이 있는 경우, 乙이 제조한 그 당분석장치를 식품성분분석회사 甲이 자기의 업무에 있는 물엿중의 당분석에 사용하는 행위
>
> (사) 특허발명 「해수를 음료수화하는 방법」에 관한 특허권이 있는 경우, 국내에 일시 기항한 캐나다 선박의 선박내에서 그 선박의 장치를 사용하여 甲이 그 방법에 의해 선내용 음료수를 제조하는 행위

① 모두 침해이다.
② (가), (나), (다), (라), (마)
③ (나), (다), (라), (마), (바), (사)
④ (가), (나), (라), (마), (바), (사)
⑤ (가), (나), (라), (바), (사)

해설

(가) |○| 방법발명의 실시는 그 방법을 사용하는 행위 외에 그 방법에 의하여 생산된 물건을 사용, 양도 등을 하는 행위까지 포함한다(법 제2조 제3호 다목). 연구 또는 시험을 위한 특허발명의 실시에 대해서는 특허권의 효력이 미치지 아니하나(법 제96조 제1항 제1호) 그 시험결과 생산된 물건을 판매하는 행위에 대해서는 실시행위 독립의 원칙상 침해가 된다.

(나) |○| 2이상의 의약을 혼합하는 의약의 발명 또는 2이상의 의약을 혼합하여 의약을 제조하는 방법의 발명에 관한 특허권의 효력은 약사법에 의한 조제행위와 그 조제에 의한 의약에는 미치지 아니하나, 여기서의 의약은 사람의 질병의 진단·경감·치료·처리 또는 예방을 위하여 사용하는 물건을 말한다(법 제96조 제2항). 따라서, 동물 치료약의 경우에는 특허권의 효력이 제한되지 않으므로 이를 조제하는 행위는 특허권을 침해한다.

(다) |×| 특허권이 물건발명에 관한 경우, 그 물건을 생산·사용·양도 또는 수입하거나 양도 또는 대여의 청약을 하는 행위에 대해 특허권의 효력이 미친다(법 제94조, 법 제2조 제3호 가목). 특허 물

건을 단순히 보관하는 행위는 특허발명의 실시가 아니므로 특허권의 침해에는 해당하지 않는다. 다만, 침해의 우려가 있으므로 침해예방청구(법 제126조)의 대상은 될 수 있을 것이다.

(라) |O| 乙의 제조는 약사법에 의한 조제행위라고 볼 수 없으므로 특허권의 효력이 제한되지 않는다.

(마) |O| 업으로서의 실시이면 단 1회의 실시이더라도 특허권 침해가 되며, 여기서 업으로서의 실시는 영리 또는 비영리를 불문한다.

(바) |O| 특허발명의 실시가 연구 또는 시험에 해당하여 특허권의 효력이 제한되는 것은 당해 발명 자체에 대한 연구 또는 시험에 한정된다. 따라서, 특허발명을 실시하여 다른 연구 또는 시험을 수행하는 행위는 특허권을 침해하는 것이다.

(사) |O| 법 제96조 제1항 제2호는 국내를 통과하는데 불과한 선박 등과 이에 사용되는 기계·기구·장치 기타의 물건에 대해서는 특허권의 효력이 미치지 않는다고 규정한다. 따라서 물건발명이 아니라 방법발명인 경우에는 특허권의 효력이 미치게 된다.

정답 ④

06 다음은 특허권의 침해에 대한 설명이다. 다음 설명 중 옳은 것으로만 연결된 것은?

(가) 특허권의 침해가 성립되기 위해서는 반드시 침해자의 고의 또는 과실을 요한다.

(나) 특허발명의 실시에 해당하지 않는 행위를 하고 있는 경우에도 특허권의 침해에 해당하는 경우가 있다.

(다) 갑은 레이져 프린트(A)의 특허권자 이다. 을은 갑의 레이져프린터에 사용되는 감광카트리지(B)를 생산하고 있다. 만일 B가 일반적으로 널리 쉽게 구할 수 있는 물건이고, B가 A의 본질적 구성요소이고, 타용도는 없으며, A의 구입시 교체가 예정되어 있고, 갑에 의해 따로 제조 판매되고 있다면, 을의 실시행위는 침해로 간주된다.

(라) 물건의 제조방법이 특허가 된 경우 그 방법에 의하여 생산된 물건을 사용하는 행위는 침해가 아니다.

(마) 특허가 물건의 발명인 경우엔 그 물건의 생산에만 사용하는 물건을 업으로서 생산, 사용, 양도 하는 행위는 특허권의 간접침해가 된다.

① (가), (다) ② (나)
③ (나), (다) ④ (다), (라)
⑤ (나), (다), (마)

해설

(가) |×| 고의 과실은 특허권의 침해의 성립여부와는 무관하다. 다만 민, 형사상 제제 조치를 위하여 필요할 뿐이다.

(나) |O| 간접침해 행위는 특허발명의 실시에 해당하지 않으나 이를 침해로 간주하고 있다.

(다) |×| 소모부품일지라도, ⅰ)특허발명의 본질적인 구성요소에 해당하고 ⅱ)다른 용도로는 사용되지 아니하며 ⅲ)일반적으로 널리 쉽게 구할 수 없는 물품으로서 ⅳ)당해 발명에 관한 물건의 구입

시에 이미 그러한 교체가 예정되어 있었고, v)특허권자측에 의하여 그러한 부품이 따로 제조·판매되고 있다면, 그 물건은 특허권에 대한 이른바 간접침해에서 말하는 '특허 물건의 생산에만 사용하는 물건'에 해당한다는 것이 판례의 태도이다.

㈐ |×| 물건의 제조방법의 경우 그 방법의 사용외에 그 방법에 의하여 생산된 물건을 사용, 양도, 대여 하는 행위등도 실시에 포함된다.

㈑ |×| 특허가 물건의 발명인 경우 그 물건의 생산에만 사용하는 물건을 업으로서 사용하는 행위는 특허권의 간접침해가 아니라 직접침해가 된다. 그 물건의 생산에만 사용하는 물건을 업으로서 사용했다는 것은 그 물건을 생산했다는 것과 동일한 의미이기 때문이다.

정답 ②

07 특허권 침해에 관한 설명으로 옳은 것은? (다툼이 있는 경우에는 판례에 의함) [2013년 기출]

① 특허권자의 금지청구권에 관한 원심 변론종결일 이전에 특허권의 존속기간이 경과하여 소멸한 경우에, 특허권자는 소멸된 특허발명에 터잡아 특허침해금지 및 특허침해제품의 폐기를 주장할 수 없다.

② 특허권의 침해를 판단하는데 있어 그 보호범위는 청구범위에 기재된 사항에 의하여 정하여야 할 것이지, 발명의 설명의 기재 및 도면을 참작하거나 보충하여 보호범위를 정하여서는 아니된다.

③ 특허침해가 있은 후에 청구범위를 정정하는 심결이 확정된 경우에 정정심결의 확정 전·후로 청구범위에 실질적인 변경이 없더라도 정정심결 이전에 있은 침해행위에 대해 특허법 제130조(과실의 추정)를 적용할 수 없다.

④ 가처분 등 보전처분의 집행 후에 집행채권자가 본안소송에서 패소 확정되었다면 그 보전처분의 집행으로 인하여 채무자가 입은 손해에 대해서는 집행채권자의 과실이 추정되지 아니하므로, 채무자는 집행채권자의 과실을 입증하여야 한다.

⑤ 특허출원전에 국내에서 공지되었거나 공연히 실시된 물건인 경우에도, 그 물건을 생산하는 방법의 발명에 관하여 특허가 된 경우에는 그 물건과 동일한 물건은 그 특허된 방법에 의하여 생산된 것으로 추정한다.

해설

① |O| 대법원 2009.10.15.선고, 2007다45876 판결
② |×| ③ |×| 대법원 2009.10.15.선고, 2009다19925 판결
특허발명의 보호범위는 청구범위에 기재된 사항에 의하여 정하여야 할 것이되, 거기에 기재된 문언의 의미내용을 해석함에 있어서는 문언의 일반적인 의미내용을 기초로 하면서도 발명의 설명의 기재 및 도면 등을 참작하여 객관적·합리적으로 하여야 하고, 청구범위에 기재된 문언으로부터 기술적 구성의 구체적 내용을 알 수 없는 경우에는 명세서의 다른 기재 및 도면을 보충하여 그 문언이 표현하고자 하는 기술적 구성을 확정하여 특허발명의 보호범위를 정하여야 한다(대법원 2006. 12. 22. 선고 2006후2240 판결 참조).

피고가 원심 판시 실시제품들을 생산, 판매하여 원고의 특허권을 침해하였으므로 「특허법」 제130조에 의하여 피고는 그 침해행위에 과실이 있는 것으로 추정되는바, 피고가 원심 판시 실시제품들을 생산, 판매한 이후에 원심 판시와 같은 경위로 이 사건 제1항 발명의 청구범위를 정정하는 심결(2002당2405)이 확정되었더라도, 이 사건 제1항 발명은 정정심결의 확정 전·후로 청구범위에 실질적인 변경이 없었으므로, 이 사건 제1항 발명의 특허권을 침해한 피고의 행위에 과실이 있는 것으로 추정하는 법리는 정정을 전·후하여 그대로 유지된다고 봄이 옳다.

④ |×| 대법원 2002.09.24.선고, 2000다46184 판결

가압류나 가처분 등 보전처분은 법원의 재판에 의하여 집행되는 것이기는 하나, 그 실체상 청구권이 있는지 여부는 본안소송에 맡기고 단지 소명에 의하여 채권자의 책임 아래 하는 것이므로, 그 집행 후에 집행채권자가 본안소송에서 패소 확정되었다면 그 보전처분의 집행으로 인하여 채무자가 입은 손해에 대하여는 특별한 반증이 없는 한 집행채권자에게 고의 또는 과실이 있다고 추정되고, 따라서 그 부당한 집행으로 인한 손해에 대하여 이를 배상할 책임이 있다.

⑤ |×| 법 제129조 제1호

정답 ①

08 특허발명의 실시에 관한 설명으로 옳은 것을 모두 고른 것은? (다툼이 있으면 판례에 따름)

[2020년 기출]

> ㄱ. "실시"란 '물건의 발명'인 경우 그 물건을 생산·사용·양도·대여 또는 수입하거나 그 물건의 양도 또는 대여의 청약(양도 또는 대여를 위한 전시를 포함한다)을 하는 행위를 말한다.
> ㄴ. '물건의 발명'에서 "생산"이란 발명의 구성요소 일부를 결여한 물건을 사용하여 발명의 구성요소를 가진 물건을 새로 만들어내는 행위를 의미하므로, 가공, 조립 등의 행위는 이에 포함되지 않는다.
> ㄷ. '물건의 발명'에 대한 특허권자 또는 특허권자로부터 허락을 받은 실시권자가 우리나라에서 그 특허발명이 구현된 물건을 적법하게 양도한 경우, 양수인이나 전득자가 그 물건을 사용, 양도하는 등의 행위에 대하여 특허권의 효력이 미치지 않는다.
> ㄹ. 타인의 특허발명을 허락 없이 실시한 자에게 과실이 없다고 하기 위해서는 특허권의 존재를 알지 못하였다는 점을 정당화할 수 있는 사정이 있다거나 자신이 실시하는 기술이 특허발명의 권리범위에 속하지 않는다고 믿은 점을 정당화할 수 있는 사정이 있다는 것을 주장·입증하여야 한다.

① ㄱ, ㄴ
② ㄱ, ㄷ
③ ㄱ, ㄹ
④ ㄱ, ㄷ, ㄹ
⑤ ㄴ, ㄷ, ㄹ

해설

ㄱ. 특허법 제2조 제3호 가목.

ㄴ. 물건발명의 생산에만 사용되는 물건의 양도 등을 간접침해라 한다. 여기서 "생산"이란 공업적 생산에 한하지 않고, 가공·조립도 포함하며, 나아가 구성요소 일부를 결여한 물건이 모든 구성요소를 갖춘 물건으로 되는 것도 폭넓게 포함한다. 참고판례를 아래에 소개한다.

"간접침해 규정에서 말하는 "생산"이란 발명의 구성요소 일부를 결여한 물건을 사용하여 발명의 모든 구성요소를 가진 물건을 새로 만들어내는 모든 행위를 의미하므로, 공업적 생산에 한하지 않고 가공, 조립 등의 행위도 포함된다고 할 것이다(대법원 2002. 11. 8. 선고 2000다27602 판결 등 참조)."

ㄷ. 이를 권리소진이라 한다. 적법한 권리자에게서 양도한 물건은 특허권이 소진된다. 참고판례를 아래에 소개한다.

"특허법 제2조 제3호는 발명을 '물건의 발명', '방법의 발명', '물건을 생산하는 방법의 발명'으로 구분하고 있다.

'물건의 발명'(이하 '물건발명'이라고 한다)에 대한 특허권자 또는 특허권자로부터 허락을 받은 실시권자(이하 '특허권자 등'이라고 한다)가 우리나라에서 그 특허발명이 구현된 물건을 적법하게 양도하면, 양도된 당해 물건에 대해서는 특허권이 이미 목적을 달성하여 소진된다. 따라서 양수인이나 전득자(이하 '양수인 등'이라고 한다)가 그 물건을 사용, 양도하는 등의 행위에 대하여 특허권의 효력이 미치지 않는다. '물건을 생산하는 방법의 발명'에 대한 특허권자 등이 우리나라에서 그 특허방법에 의하여 생산한 물건을 적법하게 양도한 경우에도 마찬가지이다.

'물건을 생산하는 방법의 발명'을 포함한 '방법의 발명'(이하 통틀어 '방법발명'이라고 한다)에 대한 특허권자 등이 우리나라에서 그 특허방법의 사용에 쓰이는 물건을 적법하게 양도한 경우로서 그 물건이 방법발명을 실질적으로 구현한 것이라면, 방법발명의 특허권은 이미 목적을 달성하여 소진되었으므로, 양수인 등이 그 물건을 이용하여 방법발명을 실시하는 행위에 대하여 특허권의 효력이 미치지 않는다(대법원 2019. 1. 31. 선고 2017다289903 판결)"

ㄹ. 실용신안법 제46조가 준용하는 특허법 제130조는 타인의 특허권 또는 전용실시권을 침해한 자는 그 침해행위에 대하여 과실이 있는 것으로 추정한다고 규정하고 있고, 위 규정에도 불구하고 타인의 등록고안을 허락 없이 실시한 자에게 과실이 없다고 하기 위해서는 실용신안권의 존재를 알지 못하였다는 점을 정당화할 수 있는 사정이 있다거나 자신이 실시하는 기술이 등록고안의 권리범위에 속하지 않는다고 믿은 점을 정당화할 수 있는 사정이 있다는 것을 주장·입증하여야 할 것이다(대법원 2006. 4. 27. 선고 2003다15006 판결 참조).

정답 ④

09 특허권 침해와 특허소송에 관한 설명으로 옳은 것은? (다툼이 있으면 판례에 따름)

[2022년 기출]

① 심결취소소송에서도 자백 또는 의제자백이 인정되지만, 자백의 대상은 사실이고 이러한 사실에 대한 법적 판단 내지 평가는 자백의 대상이 되지 않으므로, 특허발명의 진보성 판단에 제공되는 선행발명이 어떤 구성요소를 가지고 있는지 여부에 대해서는 자백이 허용되지 않는다.
② 특허권의 권리범위는 청구범위에 기재된 사항에 의하여 정하여지는 것이 원칙이나, 청구항은 발명의 설명에 의하여 뒷받침될 것이 요구되기 때문에, 청구범위의 기재만으로 특허의 기술적 구성을 알 수 없거나 알 수 있더라도 기술적 범위를 확정할 수 없는 경우에는 명세서의 기재에 의한 보충을 통해 기술적 범위의 확장 또는 제한 해석을 함으로써 특허권의 권리범위가 발명의 크기에 맞게 실질적으로 정해질 수 있도록 해야 한다.
③ 후 발명이 선 특허발명의 요지를 전부 포함하고 이를 그대로 이용하되, 후 발명 내에 선 특허발명이 발명으로서의 일체성을 유지하는 경우에는 이용관계가 성립하고, 선 특허권자의 허락없이 선 특허발명을 실시하면 이용침해에 해당하나, 후 발명이 선 특허발명과 동일한 발명이 아니라 균등한 발명을 이용하는 경우에는 그렇지 않다.
④ 청구항에 기재된 구성요소는 모두 필수구성요소로 파악되어야 하며 일부 구성요소를 그 중요성이 떨어진다는 등의 이유로 필수구성요소가 아니라고 주장할 수 없다.
⑤ 특허권침해소송의 상대방이 제조하는 제품이 특허발명의 특허권을 침해한다고 할 수 있기 위해서는 특허발명의 청구범위에 기재된 각 구성요소와 그 구성요소 간의 유기적 결합관계가 침해대상제품에 그대로 포함되어 있을 필요까지는 없다.

해설

① |×| 심결취소소송은 특허소송법이 별도로 존재하지 않아 민사소송법을 대체로 준용하고 있다. 민사소송에서는 사실관계에 대해 자백이 허용된다. 출원 전 어떤 내용이 공개되어 있었는지는 법적평가가 아닌 사실관계이므로 자백이 허용된다. 참고판례를 아래에 소개한다.
"행정소송의 일종인 심결취소소송에서도 원칙적으로 변론주의가 적용되어 주요사실에 대해서는 당사자의 불리한 진술인 자백이 성립하는바, 특허발명의 진보성 판단에 제공되는 선행발명이 어떤 구성요소를 가지고 있는지는 주요사실로서 당사자의 자백의 대상이 된다(대법원 2006. 8. 24. 선고 2004후905 판결 참조)."
② |×| 권리범위 판단을 위해 청구범위 해석할 때는 발명의 설명 또는 도면의 내용을 보충·참작할 수 있으며, 이에 의해 확장해석하는 것은 금지된다. 다만 보충·참작하여 청구범위 그 자체로 문언해석하는 것이 제3자에게 비추어 보아 명백히 불합리한 때는 발명의 설명 또는 도면에 따라 제한해석할 수 있다. 참고판례를 아래에 소개한다.
"특허발명의 보호범위는 청구범위에 적혀 있는 사항에 따라 정해지고 발명의 설명이나 도면 등으로 보호범위를 제한하거나 확장하는 것은 원칙적으로 허용되지 않는다. 그러나 청구범위에 적혀 있는 사항은 발명의 설명이나 도면 등을 참작하여야 기술적인 의미를 정확하게 이해할 수 있으므로, 청구범위에 적혀 있는 사항의 해석은 문언의 일반적인 의미 내용을 기초로 하면서도 발명의 설명이나 도면 등을 참작하여 문언에 의하여 표현하고자 하는 기술적 의의를 고찰한 다음 객관적·합리적으로 하여야 한다(대법원 2019. 10. 17. 선고 2019다222782 판결 참조)."

③ |×| 균등한 발명을 이용하는 경우도 이용관계가 성립한다.

"선 특허발명과 후 발명이 이용관계에 있는 경우에는 후 발명은 선 특허발명의 권리범위에 속하게 되고, 이러한 이용관계는 후 발명이 선 특허발명의 기술적 구성에 새로운 기술적 요소를 부가하는 것으로서 후 발명이 선 특허발명의 요지를 전부 포함하고 이를 그대로 이용하되, 후 발명 내에 선 특허발명이 발명으로서의 일체성을 유지하는 경우에 성립하는 것이며, 이는 선 특허발명과 동일한 발명뿐만 아니라 균등한 발명을 이용하는 경우도 마찬가지이다(대법원 2001. 8. 21. 선고 98후522 판결 참조)."

④ |O| 생략발명 관련 판례이다. 특허발명이 A+B+C 이고, 제3자 발명이 A+B 인 경우, C가 비교적 중요하지 않은 사항이라 하더라도 제3자 발명은 간접침해는 별론으로 하고 C 구성요소가 결여되어 있어 특허발명의 권리범위에 속하지 않는 것으로 봄이 일반적 판례의 태도다. 참고판례를 아래에 소개한다.

"등록고안의 등록청구범위의 청구항이 복수의 구성요소로 되어 있는 경우에는 그 각 구성요소가 유기적으로 결합된 전체로서의 기술사상이 보호되는 것이지, 각 구성요소가 독립하여 보호되는 것은 아니므로, 등록고안과 대비되는 확인대상고안이 등록고안의 등록청구범위의 청구항에 기재된 필수적 구성요소들 중의 일부만을 갖추고 있고 나머지 구성요소가 결여된 경우에는 원칙적으로 그 확인대상고안은 등록고안의 권리범위에 속하지 아니하고, 등록고안의 등록청구범위의 청구항에 기재된 구성요소는 모두 그 등록고안의 구성에 없어서는 아니되는 필수적 구성요소로 보아야 하므로(실용신안법 제9조 제4항 제3호, 실용신안법 제42조, 특허법 제97조), 구성요소 중 일부를 권리행사의 단계에서 등록고안에서 비교적 중요하지 않은 사항이라고 하여 무시하는 것은 사실상 등록청구범위의 확장적 변경을 사후에 인정하는 것이 되어 허용될 수 없다(대법원 2005. 9. 30. 선고 2004후3553 판결)."

⑤ |×| 위 4번 지문과 연관된다. 청구범위의 각 구성요소(문언범위) 또는 균등한 구성요소(균등범위)와 이의 유기적 결합관계가 그대로 포함되어 있어야 특허발명의 권리범위에 속한다고 보며, 일부 구성요소가 결여된 경우는 원칙적으로 특허발명의 권리범위에 속한다고 보지 않는다. 참고판례를 아래에 소개한다.

"특허발명의 보호범위는 청구범위에 적혀 있는 사항에 의하여 정하여진다(특허법 제97조). 다만 청구범위에 적혀 있는 사항은 발명의 설명이나 도면 등을 참작해야 그 기술적인 의미를 정확하게 이해할 수 있으므로, 청구범위에 적혀 있는 사항은 그 문언의 일반적인 의미를 기초로 하면서도 발명의 설명과 도면 등을 참작하여 그 문언으로 표현하고자 하는 기술적 의의를 고찰한 다음 객관적·합리적으로 해석하여야 한다. 또한, 특허권침해소송의 상대방이 제조하는 제품 또는 사용하는 방법이 특허발명의 특허권을 침해한다고 하기 위해서는 특허발명의 청구범위에 기재된 각 구성요소와 그 구성요소 간의 유기적 결합관계가 침해대상제품 등에 그대로 포함되어 있어야 한다(대법원 2022. 1. 27. 선고 2019다277751 판결 참조)."

정답 ④

CHAPTER 08 간접침해

01 간접침해에 관한 설명으로 옳지 않은 것은? (다툼이 있는 경우에는 판례에 의함)

① 어떠한 부품이 이론적 내지 실험적으로 특허발명과 다른 발명에도 사용될 수 있다는 사정만 있으면 간접침해에서 벗어날 수 있다.
② 침해대상제품이 특허청구범위에 기재되어 있지 않은 추가적인 기술수단을 구비하고 있고 이로 인해 특허발명보다 더 우수한 작용효과를 기대할 수 있더라도 특허발명의 생산에만 사용되는 물건이라면 그 물건의 생산 등은 간접침해에 해당한다.
③ 특허발명의 생산에만 사용하는 물건이라는 점은 특허권의 간접침해를 주장하는 자가 입증하여야 한다.
④ 특허발명의 생산이 국외에서 일어나는 경우는 특허발명의 생산에만 사용하는 물건을 생산하더라도 간접침해가 성립할 수 없다.
⑤ 마모되거나 소진되어 자주 교체해 주어야 하는 소모품을 교체하는 행위도 특허법 제127조 제1호의 특허발명의 생산에 해당할 수 있으므로, 위 소모품이 특허발명에만 꼭 맞는 구성을 취하고 있다면 위 소모품의 생산 등은 간접침해를 구성한다.

해설

① 이론적 내지 실험적 다른 용도만으로는 간접침해를 벗어날 수 없다. 아래에 참고판례를 소개한다.
　　간접침해에 관하여 규정하고 있는 특허법 제127조 제1호 규정은 발명의 모든 구성요소를 가진 물건을 실시한 것이 아니고 그 전 단계에 있는 행위를 하였더라도 발명의 모든 구성요소를 가진 물건을 실시하게 될 개연성이 큰 경우에는 장래의 특허권 침해에 대한 권리 구제의 실효성을 높이기 위하여 일정한 요건 아래 이를 특허권의 침해로 간주하더라도 특허권이 부당하게 확장되지 않는다고 본 것이라고 이해된다. 위 조항의 문언과 그 취지에 비추어 볼 때, 여기서 말하는 '생산'이란 발명의 구성요소 일부를 결여한 물건을 사용하여 발명의 모든 구성요소를 가진 물건을 새로 만들어내는 모든 행위를 의미하므로, 공업적 생산에 한하지 않고 가공, 조립 등의 행위도 포함된다. 나아가 '특허 물건의 생산에만 사용하는 물건'에 해당하기 위하여는 사회통념상 통용되고 승인될 수 있는 경제적, 상업적 내지 실용적인 다른 용도가 없어야 하고, 이와 달리 단순히 특허 물건 이외의 물건에 사용될 이론적, 실험적 또는 일시적인 사용가능성이 있는 정도에 불과한 경우에는 간접침해의 성립을 부정할 만한 다른 용도가 있다고 할 수 없다(대법원 2009. 9. 10. 선고 2007후3356 판결).
② 확인대상발명의 물건은 이 사건 특허 물건의 생산에만 사용되는 것이어서 원고가 업으로서 확인대상발명의 물건을 생산·판매한 행위는 이 사건 권리범위확인심판의 심결시를 기준으로 하여 이 사건 특허권에 대한 간접침해에 해당된다고 할 것이다. 그 외에 컨디셔닝이 연마패드의 표면에 미치는 영향 내지 변화의 유무와 정도는 컨디셔너의 종류, 연마패드의 경도, 사용하는 슬러리의 종류 및 슬러리에 포함된 연마입자의 종류, 컨디셔너에 의하여 연마패드에 가하여지는 압력의 정도 등 여러 가지 요소에 따라 달라질 수 있다는 점, 확인대상발명이 마이크로 홀이라는 기술수단에 의하여 이 사건 특허발명보다 더 우수한 작용효과를 기대할 수 있어 진보된 발명일 수 있다는 점 등의 사정은 그러한 결론에 영향이 없다(대법원 2009. 9. 10. 선고 2007후3356 판결).

③ '등록고안 물품의 생산에만 사용하는 물건'에 해당한다는 점은 실용신안권자가 주장, 입증하여야 할 것이다(대법원 2001. 1. 30. 선고 98후2580 판결).
④ 특허법 제127조 제1호의 '그 물건의 생산에만 사용하는 물건'에서 말하는 '생산'이란 국내에서의 생산을 의미한다고 봄이 타당하다. 따라서 이러한 생산이 국외에서 일어나는 경우에는 그 전단계의 행위가 국내에서 이루어지더라도 간접침해가 성립할 수 없다.
⑤ 특허발명의 대상이거나 그와 관련된 물건을 사용함에 따라 마모되거나 소진되어 자주 교체해 주어야 하는 소모부품일지라도, 특허발명의 본질적인 구성요소에 해당하고 다른 용도로는 사용되지 아니하며 일반적으로 널리 쉽게 구할 수 없는 물품으로서 당해 발명에 관한 물건의 구입시에 이미 그러한 교체가 예정되어 있었고 특허권자측에 의하여 그러한 부품이 따로 제조·판매되고 있다면, 그러한 물건은 특허권에 대한 이른바 간접침해에서 말하는 '특허 물건의 생산에만 사용하는 물건'에 해당하고, 위 '특허 물건의 생산에만 사용하는 물건'에 해당하는 점은 특허권자가 주장·입증하여야 한다. ㈎호 발명의 감광드럼카트리지는 전체적으로 이 사건 특허발명을 채택한 레이저 프린터에 꼭 맞는 구성을 취하고 있고, 현재 ㈎호 발명의 감광드럼카트리지는 전량 이 사건 특허발명을 채택한 레이저 프린터에만 사용되고 있으며, 이 사건 특허발명을 채택하지 아니한 레이저 프린터 중 ㈎호 발명의 감광드럼카트리지를 사용할 수 있는 것은 없는 사실, 레이저 프린터에 있어서 인쇄되는 종이를 기준으로 할 때 레이저 프린터 자체의 수명은 약 300,000장이나, 그 중 토너카트리지는 약 3,000장, 감광드럼은 약 15,000장, 현상기는 약 50,000장의 수명을 가지고 있어 그 이후에는 새로운 것으로 교체해 주어야 하고, 이 사건 특허발명을 실시하고 있는 피고는 이 사건 특허발명을 채택한 레이저 프린터에 사용되는 각 부품을 별도로 생산하여 판매하고 있는 사실을 인정한 다음, 위 감광드럼카트리지는, 이 사건 특허발명의 본질적인 구성요소이고, 다른 용도로는 사용되지도 아니하며, 일반적으로 널리 쉽게 구입할 수도 없는 물품일 뿐만 아니라, 레이저 프린터의 구입시에 그 교체가 예정되어 있었고, 특허권자인 피고측에서 그러한 감광드럼카트리지를 따로 제조·판매하고 있으므로, 결국 ㈎호 발명의 감광드럼카트리지는 이 사건 특허발명의 물건의 생산에만 사용하는 물건에 해당하며, 원고의 주장과 같이 ㈎호 발명의 기술사상을 채택하되 설계변경에 의하여 ㈎호 발명과 다른 제품을 만드는 경우에 그것이 이 사건 특허발명의 실시물건 이외의 물건에 사용될 가능성이 있다는 것만으로는, ㈎호 발명이 이 사건 특허발명의 권리범위를 벗어날 수는 없다고 판단한 것은 정당하고, 거기에 상고이유의 주장과 같은 특허법 제127조에 관한 법리오해 등의 위법이 없다(대법원 2001. 1. 30. 선고 98후2580 판결).

정답 ①

02 甲은 레이저프린터의 특허권자이다. 乙은 甲의 레이저프린터에 사용되는 감광카트리지를 생산하고 있는바, 甲과 乙에 대한 법률관계로서 틀린 것은?

① 감광카트리지는 소모품으로서, 판례에 따르면 특허발명의 본질적 요소에 해당하고 다른 용도가 없고 일반적으로 쉽게 구입할 수 없는 물품이고 구입시 교체가 예상되어 있으며 특허권자 甲이 별도로 그러한 부품을 제조, 판매한다면 특허법 제127조의 행위에 해당한다고 본다.
② 위 ①의 감광카트리지가 레이저프린터의 생산에만 사용하는 물건에 해당한다는 점은 甲이 주장, 입증해야 한다.
③ 위 ①의 경우 甲은 乙에 대하여 침해금지를 청구하거나 손해배상청구를 할 수 있다.
④ 위 ①의 경우 甲은 乙에 대하여 형사상 침해죄를 물을 수 있다.
⑤ 특허법 제127조에 의하여 乙에 대하여 침해금지를 청구하는 경우 乙의 고의 또는 과실은 불문한다.

해 설

①, ② |○| 대법원 2001. 1. 30. 선고 98후2580 판결. 특허발명의 대상이거나 그와 관련된 물건을 사용함에 따라 마모되거나 소진되어 자주 교체해 주어야 하는 소모부품일지라도, 특허발명의 본질적인 구성요소에 해당하고 다른 용도로는 사용되지 아니하며 일반적으로 널리 쉽게 구할 수 없는 물품으로서 당해 발명에 관한 물건의 구입시에 이미 그러한 교체가 예정되어 있었고 특허권자에 의하여 그러한 부품이 따로 제조·판매되고 있다면, 그러한 물건은 특허권에 대한 이른바 간접침해에서 말하는 '특허 물건의 생산에만 사용하는 물건'에 해당하고, 위 '특허 물건의 생산에만 사용하는 물건'에 해당한다는 점은 특허권자가 주장·입증하여야 한다.
③ |○| ④ |×| 특허권자 甲은 직접침해와 마찬가지로 침해금지 및 예방청구권(법 제126조), 손해배상청구권(민법 제750조), 신용회복청구권(제 제131조), 부당이득반환청구권(민법 제741조)을 행사할 수 있다. 다만, 죄형법정주의상 침해죄를 물을 수는 없다. (대판 92도3350)
⑤ |○| 침해금지청구는 침해자의 고의 또는 과실과 무관하게 행사할 수 있다.

정 답 ④

03 다음에 열거한 행위들 중에서 논란의 여지없이 특허법 제127조에 규정한 '특허권을 침해한 행위'로 볼 수 있는 가능성이 가장 높은 것은? [2000년 기출]

① 甲은 특허발명인 레이저 프린터에만 사용되는 토너 카트리지를 제조하여 특허권자의 허락 없이 실험 용도로 사용하였다.
② 乙은 특허발명인 산업용 로봇을 구성하는 한 부품인 제어장치를 특허권자의 허락없이 생산 하였는데, 그 제어장치는 카메라 제어를 위한 용도로도 사용될 수 있다.
③ 丙은 특허발명인 컴퓨터 마우스의 특허에 대한 공동소유자인데, 그 마우스에만 사용되는 볼 을 다른 공동소유자인 戊의 동의없이 월 1만원에 대여하였다.
④ 丁은 특허발명인 잉크 제조방법에만 사용되는 거름망을 제조하여 특허권자의 허락없이 개 인적으로 사용하였다.
⑤ 특허발명인 카메라에만 사용되는 용수철을 산업자원부에서 특허권자의 허락없이 공공구제 사업의 일환으로 생산하여 판매하였다.

해설

① |×| 甲은 간접침해품인 토너 카트리지를 실험 용도로 사용하였으므로, 연구 또는 시험(「약사법」 에 따른 의약품의 품목허가·품목신고 및 「농약관리법」에 따른 농약의 등록을 위한 연구 또는 시험을 포함한다)을 하기 위한 특허발명의 실시(법 제96조 제1항 제1호)에 해당하여 침해를 구성하 지 않는다.
② |×| 산업용 로봇을 구성하는 제어장치가 카메라 제어의 용도로도 사용될 수 있으므로 제어장치 는 타용도가 있으므로, 간접침해가 되지 않는다.
③ |×| 특허권이 공유인 경우 각 공유자는 계약으로 특별히 약정한 경우를 제외하고는 다른 공유자 의 동의를 얻지 아니하고 그 특허발명을 자신이 실시할 수 있고(법 제99조 제3항), 이 경우 각 공유 자는 그 특허권의 간접침해에 해당하는 행위도 다른 공유자의 동의없이 실시할 수 있다고 본다. 따라서 丙이 戊의 동의 없이 월 1만원에 마우스에만 사용되는 볼을 대여하는 행위는 간접침해로 볼 수 없다.
④ |×| 개인적인 실시의 경우에는 업으로서의 실시가 아닌바 간접침해가 되지 않는다.
⑤ |○| 비록 공공 구제 사업을 목적으로 한 것이라도 개인적이거나 가정적 실시가 아닌 이상 업으 로서의 실시에 해당한다. 따라서 카메라에만 사용되는 용수철을 산업자원부에서 공공구제 사업 의 일환으로 생산하여 판매하는 행위는 간접침해를 구성한다.

정답 ⑤

04 다음에 열거한 제3자의 행위들 중에서 특허법 제127조에서 규정한 특허권의 '침해로 보는 행위'로 볼 수 있는 것으로만 올바르게 짝지어진 것은?   [2007년 기출]

> (가) 특허발명인 분석장치의 생산에만 사용되는 기구를 업으로서 사용하는 행위
> (나) 특허발명인 화상기록장치의 생산에만 사용되는 카트리지를 생산하여 특허권자의 허락 없이 그 화상기록장치의 연구를 위한 실험용도로 사용하는 행위
> (다) 특허발명인 체중계의 생산에만 사용되는 센서를 보건복지부의 공공구제 사업의 일환으로 특허권자의 허락 없이 생산하여 판매하는 행위
> (라) 특허발명인 LCD모니터의 생산에만 사용되는 장치를 수출전시회에서 전시하는 행위
> (마) 특허발명인 로봇청소기를 구성하는 부품 중 하나인 제어장치를 특허권자의 허락 없이 생산하여 자동차 제어를 위한 용도로 사용하는 행위
> (바) 부품 X와 부품 Y로 이루어진 국내 특허발명 A의 생산에만 사용되는 부품 X는 국내에서 생산하고 부품 Y는 중국에서 생산한 후 특허권이 없는 중국에서만 조립하여 판매하는 행위
> (사) 특허발명인 양말제조방법의 실시에만 사용되는 양말제조기를 제작하여 대여하는 행위

① (가), (나), (다)
② (가), (마), (바)
③ (나), (다), (라)
④ (다), (라), (사)
⑤ (라), (마), (사)

해 설

(가) |×| 특허가 물건의 발명인 경우에는 그 물건의 생산에만 사용하는 물건을 생산·양도·대여 또는 수입하거나 그 물건의 양도 또는 대여의 청약을 하는 행위가 간접침해이다(법 제127조 제1호). 분석장치의 생산에만 사용되는 기구를 업으로서 사용하는 행위는 특허권의 직접침해를 구성한다.

(나) |×| 연구 또는 시험(「약사법」에 따른 의약품의 품목허가·품목신고 및 「농약관리법」에 따른 농약의 등록을 위한 연구 또는 시험을 포함한다)을 하기 위한 특허발명의 실시에 대해서는 특허권의 효력이 제한된다(법 제96조 제1항 제1호).

(다) |○| 특허권의 침해가 성립하기 위해서는 「업」으로 특허발명을 실시해야 하는데, 「업」으로서의 의미는 산업발전에 이바지라는 특허법의 목적에 비추어 단순히 개인적 또는 가정적인 실시를 제외하는 의미로 해석된다. 한편, 개인적·가정적 실시가 아닌 이상 그 목적의 영리·비영리를 불문하며 1회의 실시라도 무방하다. 보건복지부의 공공구제 사업의 일환으로 특허권자의 허락 없이 간접침해품을 생산하여 판매하는 경우 「업」의 실시에 해당하여 특허권의 간접침해를 구성한다.

(라) |○| 수출전시회에서 전시하는 행위는 간접침해품의 양도 또는 대여의 청약에 해당하므로 간접침해를 구성한다.

(마) |×| 제어장치를 자동차 제어를 위한 용도로 사용한 이상 타용도가 발생하였으므로 간접침해를 구성하지 않는다.

(바) |×| 특허법 제127조 1호의 '그 물건의 생산에만 사용하는 물건'에서 말하는 '생산'이란 국내에서의 생산을 의미한다고 봄이 타당하다. 따라서 이러한 생산이 국외에서 일어나는 경우에는 그 전 단계의 행위가 국내에서 이루어지더라도 간접침해가 성립할 수 없다.(2014다 42110)

(사) |O| 특허가 방법의 발명인 경우에는 그 방법의 실시에만 사용하는 물건을 생산·양도·대여 또는 수입하거나 그 물건의 양도 또는 대여의 청약을 하는 행위가 간접침해이다(법 제127조 제2호).

정답 ④

05 甲은 프린터에 관한 발명을 하여 2010년 2월 15일 특허출원한 후 이를 제작·판매하면서, 사용수명이 다 되면 교체해주어야 하는 프린터의 핵심부품으로 甲의 프린터에만 사용될 수 있는 카트리지를 별도로 독자 판매하였다. 그런데 경쟁업자인 乙이 甲의 허락 없이 甲의 프린터의 소모품인 카트리지를 제작·판매하기 시작하였고, 甲은 이에 대한 조치를 취하고자 한다. 甲이 특허등록 전·후 취할 수 있는 조치 및 결과로서 옳지 않은 것은? (다툼이 있는 경우에는 판례에 의함)

[2011년 기출]

① 甲은 특허권을 조기에 획득하여 乙의 행위에 대응하기 위해 출원공개 전이라도 출원된 발명을 업으로서 실시중임을 이유로 우선심사를 신청할 수 있다.
② 甲은 특허등록 전이라도 乙에게 출원공개 후 경고를 하여 보상금청구권을 발생시킬 수 있고, 이를 특허권 설정등록 후 행사할 수 있다.
③ 甲은 특허등록 후 乙에게 침해금지청구를 할 수 있으며, 이와 함께 침해행위를 조성한 물건의 폐기도 청구할 수 있다.
④ 甲은 특허등록 후 손해배상청구를 통해 乙로부터 손해배상을 받을 수 있다.
⑤ 甲은 특허등록 후 乙을 특허권 침해죄로 고소할 수 있으며, 乙의 행위는 침해죄에 해당한다.

해설

① |O| 특허출원인이 자기실시 중이거나 자기실시 준비 중인 특허출원 된 발명 또는 디자인 등록출원(시행령 제9조 제8호)은 대통령령(시행령 제9조)이 정하는 특허출원으로서 긴급처리가 필요하다고 인정되는 경우(법 제61조 제2호)로서 우선심사의 대상이 된다. 법 제61조 제2호의 경우에는 출원공개가 되지 않아도 우선심사를 신청할 수 있으므로 타당한 설명이다.
② |O| 보상금청구권의 행사에 대해서는 특허법상 간접침해(법 제127조)가 준용된다(법 제65조 제5항). 乙이 甲의 허락 없이 甲의 프린터의 소모품인 카트리지를 제작·판매하는 행위는 간접침해에 해당하므로, 甲은 乙에게 출원공개 후 경고를 하여 보상금청구권을 발생시킬 수 있고, 이를 특허권 설정등록 후 행사할 수 있다(법 제65조 제3항).
③, ④ |O| 보상금청구권의 행사는 특허권의 행사에 영향을 미치지 아니한다(법 제65조 제4항). 즉, 출원단계(경고 받거나 안 때부터 특허권설정등록 전)에서 무단실시한 자에게 등록 후 보상금의 지급을 요구하는 것이 보상금청구권의 행사이고 특허권은 설정등록 후 실시하는 자에게 권리를 행사하는 것으로 권리의 발생 시점이 다르기 때문이다.
⑤ |X| 간접침해의 경우에도 형사적 권리를 행사할 수 있는지가 문제되는데, 직접침해의 미수단계도 처벌되지 않으므로 미수의 전단계로서 예비적 행위인 간접침해는 처벌되지 않아야 하며, 죄형법정주의 원칙상 형벌의 대상에서는 제외된다(大判 92도3350).

정답 ⑤

06 甲은 물건 X 발명의 특허권자이며, 물건 a는 물건 X의 생산에만 사용되는 물건이다. 乙은 물건 a를 우리나라에서 100개 생산한 다음 전량 미국에 수출하였고 미국에 수출된 물건 a는 모두 미국에서 물건 X를 생산하는 데 사용되었다. 한편, 丙은 일본에서 물건 a를 100개 생산한 다음 전량 우리나라에 수입하였고 우리나라에 수입된 물건 a는 모두 우리나라에서 물건 X를 생산하는 데 사용되었다. 또한, 丁은 물건 a를 우리나라에서 100개 생산한 다음 50개는 일본에 수출하고, 나머지 50개는 우리나라에서 판매하였는데 일본에 수출된 물건 a는 모두 일본에서 물건 X를 생산하는 데 사용되었고, 우리나라에서 판매된 물건 a도 모두 우리나라에서 물건 X를 생산하는 데 사용되었다. 乙, 丙, 丁의 행위는 모두 특허권 존속기간 중 권한 없이 업으로서 행해진 것이다. 다음 중 특허법 제127조에 따른 '침해로 보는 행위'에 해당하는 것을 모두 고른 것은? (다툼이 있으면 판례에 따름)

[2016년 기출문제]

> ㄱ. 乙이 물건 a를 우리나라에서 생산한 행위
> ㄴ. 乙이 물건 a를 미국에 수출한 행위
> ㄷ. 丙이 물건 a를 우리나라에 수입한 행위
> ㄹ. 丁이 물건 a를 우리나라에서 판매한 행위
> ㅁ. 丁이 물건 a를 일본에 수출한 행위

① ㄱ, ㄴ
② ㄴ, ㄷ
③ ㄷ, ㄹ
④ ㄱ, ㄷ, ㄹ
⑤ ㄷ, ㄹ, ㅁ

해 설

대법원 2015. 7. 23. 선고 2014다42110
특허권의 속지주의 원칙상 물건의 발명에 관한 특허권자가 그 물건에 대하여 가지는 독점적인 생산·사용·양도·대여 또는 수입 등의 특허실시에 관한 권리는 특허권이 등록된 국가의 영역 내에서만 그 효력이 미치는 점을 고려하면, 특허법 제127조 제1호의 '그 물건의 생산에만 사용하는 물건'에서 말하는 '생산'이란 국내에서의 생산을 의미한다고 봄이 타당하다. 따라서 이러한 생산이 국외에서 일어나는 경우에는 그 전단계의 행위가 국내에서 이루어지더라도 간접침해가 성립할 수 없다.
따라서 국내에서 생산이 있었던 ㄷ, ㄹ이 간접침해이다.

정 답 ③

07 간접침해에 관한 설명으로 옳은 것은? (다툼이 있으면 판례에 따름) [2018년 기출문제]

① 특허가 방법의 발명인 경우, 특허권자 또는 이해관계인은 그 방법의 실시에만 사용하는 물건과 대비하는 물건을 심판청구의 대상이 되는 발명으로 특정하여 특허권의 보호범위에 속하는지 여부의 확인을 구할 수 없다.
② 특허가 물건의 발명인 경우, 특허받은 물건의 생산은 국내외를 불문하므로 특허받은 물건의 생산에만 사용하는 물건을 국내외에서 생산, 양도, 대여, 수입하거나 그 물건의 양도 또는 대여의 청약을 하는 행위는 특허발명의 간접침해를 구성한다.
③ 간접침해를 전제로 한 적극적 권리범위확인심판에서 심판청구의 대상이 되는 확인대상발명이 자유실시기술에 해당하는지 여부를 판단하는 경우 실시부분의 구성만으로 한정하여 파악한다.
④ 간접침해에서 말하는 '특허 물건의 생산에만 사용하는 물건'에 해당하는 점은 특허권자가 주장·입증하여야 한다.
⑤ 간접침해도 특허침해를 구성하는 것으로 보는 것이므로 특허침해금지, 손해배상 등 민사상의 책임과 특허권 침해죄에 따른 형사처벌의 대상이 된다.

해설

① 권리범위확인심판은 간접침해 여부도 심리할 수 있으므로, 특허가 방법발명이라 하더라도 그 방법의 실시에만 사용하는 물건을 확인대상발명으로 해서 권리범위확인심판을 청구할 수 있다. 즉 특허발명과 확인대상발명의 카테고리가 서로 달라도 권리범위확인이 가능할 수 있다. 참고판례를 아래에 발췌한다.
특허법 제135조는 특허권자 또는 이해관계인은 특허발명의 보호범위를 확인하기 위하여 특허권의 권리범위확인심판을 청구할 수 있다고 규정하고 있고, 특허법 제127조 제2호는 특허가 방법의 발명인 때에는 그 방법의 실시에만 사용하는 물건을 생산·양도·대여 또는 수입하거나 그 물건의 양도 또는 대여의 청약을 하는 행위를 업으로서 하는 경우에 특허권 또는 전용실시권을 침해한 것으로 본다는 취지로 규정하고 있으므로, 특허권자 또는 이해관계인은 그 방법의 실시에만 사용하는 물건과 대비되는 물건을 심판청구의 대상이 되는 발명으로 특정하여 특허권의 보호범위에 속하는지 여부의 확인을 구할 수 있다(대법원 2005. 7. 15. 선고 2003후1109 판결).
② 법원은 특허받은 물건을 국외에서 생산했다면 그 물건의 전용품을 국내에서 생산 등을 하였어도 간접침해로 보지 않았다. 참고판례를 아래에 발췌한다.
간접침해 제도는 어디까지나 특허권이 부당하게 확장되지 아니하는 범위에서 그 실효성을 확보하고자 하는 것이다. 그런데 특허권의 속지주의 원칙상 물건의 발명에 관한 특허권자가 그 물건에 대하여 가지는 독점적인 생산·사용·양도·대여 또는 수입 등의 특허실시에 관한 권리는 특허권이 등록된 국가의 영역 내에서만 효력이 미치는 점을 고려하면, 특허법 제127조 제1호의 '그 물건의 생산에만 사용하는 물건'에서 말하는 '생산'이란 국내에서의 생산을 의미한다고 봄이 타당하다. 따라서 이러한 생산이 국외에서 일어나는 경우에는 그 전 단계의 행위가 국내에서 이루어지더라도 간접침해가 성립할 수 없다(대법원 2015. 7. 23. 선고 2014다42110 판결).
③ 전용품이면 간접침해가 성립되는 제도의 취지상 전용품이 자유실시기술인지 여부는 침해판단에서 고려하지 않는다. 참고판례를 아래에 발췌한다.
간접침해를 전제로 한 적극적 권리범위확인심판 절차에서 심판청구의 대상이 되는 확인대상발명

이 자유실시기술에 해당하는지 여부를 판단할 때에는, 피심판청구인이 실시하는 부분이 특허발명에 대응하는 제품의 일부 구성에 불과하여 그 자체만으로는 침해가 성립되지 않는 경우에도 그 실시 부분이 그 대응제품의 생산에만 사용되는 경우에는 침해로 의제되는 간접침해의 특성상, 확인대상발명을 위 실시 부분의 구성만으로 한정하여 파악할 것은 아니고, 그 실시 부분의 구성과 함께 심판청구인이 그 생산에만 사용되는 것으로 특정한 대응제품의 구성 전체를 가지고 그 해당 여부를 판단하여야 한다(특허법원 2009. 1. 23. 선고 2008허4523 판결).

④ 침해가 성립함은 특허권자가 주장입증책임을 진다. 참고판례를 아래에 발췌한다.

특허발명의 대상이거나 그와 관련된 물건을 사용함에 따라 마모되거나 소진되어 자주 교체해 주어야 하는 소모부품일지라도, 특허발명의 본질적인 구성요소에 해당하고 다른 용도로는 사용되지 아니하며 일반적으로 널리 쉽게 구할 수 없는 물품으로서 당해 발명에 관한 물건의 구입시에 이미 그러한 교체가 예정되어 있었고 특허권자측에 의하여 그러한 부품이 따로 제조·판매되고 있다면, 그러한 물건은 특허권에 대한 이른바 간접침해에서 말하는 '특허 물건의 생산에만 사용하는 물건'에 해당하고, 위 '특허 물건의 생산에만 사용하는 물건'에 해당한다는 점은 특허권자가 주장·입증하여야 한다(대법원 2001. 1. 30. 선고 98후2580 판결).

⑤ 간접침해는 형사처벌의 대상에서 제외된다. 참고판례를 아래에 발췌한다.

특허법 제127조 소정의 "침해로 보는 행위"(강학상의 간접침해행위)에 대하여 특허권 침해의 민사책임을 부과하는 외에 같은 법 제225조에 의한 형사처벌까지 가능한가가 문제될 수 있는데, 확장해석을 금하는 죄형법정주의의 원칙이나, 특허권 침해의 미수범에 대한 처벌규정이 없어 특허권 직접침해의 미수범은 처벌되지 아니함에도 특허권 직접침해의 예비단계행위에 불과한 간접침해행위를 특허권 직접침해의 기수범과 같은 벌칙에 의하여 처벌할 때 초래되는 형벌의 불균형성 등에 비추어 볼 때, 제127조의 규정은 특허권자 등을 보호하기 위하여 특허권의 간접침해자에게도 민사책임을 부과시키는 정책적 규정일 뿐 이를 특허권 침해행위를 처벌하는 형벌법규의 구성요건으로서까지 규정한 취지는 아니다(대법원 1993. 2. 23. 선고 92도3350 판결).

정답 ④

08 간접침해에 관한 설명으로 옳지 않은 것은? (다툼이 있는 경우에는 판례에 의함)

① 특허 물건 이외의 물건에 사용될 일시적인 사용가능성이 있는 경우 간접침해의 성립을 부정할 만한 다른 용도가 인정된다.
② 침해대상제품이 특허청구범위에 기재되어 있지 않은 추가적인 기술수단을 구비하고 있고 이로 인해 특허발명보다 더 우수한 작용효과를 기대할 수 있더라도 특허발명의 생산에만 사용되는 물건이라면 그 물건의 생산 등은 간접침해에 해당한다.
③ 특허발명의 생산에만 사용하는 물건이라는 점은 특허권의 간접침해를 주장하는 자가 입증하여야 한다.
④ 특허발명의 생산이 국외에서 일어나는 경우는 특허발명의 생산에만 사용하는 물건을 생산하더라도 간접침해가 성립할 수 없다.
⑤ 간접침해에서 말하는 특허발명의 생산이란 공업적 생산에 한하지 않고 특허발명의 구성요소 일부를 결여한 물건을 사용하여 특허발명의 모든 구성요소를 가진 물건을 새로 만들어내는 모든 행위를 의미한다.

해설

① 특허 물건의 생산 "에만" 사용하는 물건에 해당되기 위하여는 사회통념상 통용되고 승인될 수 있는 경제적, 상업적 내지 실용적인 다른 용도가 없어야 할 것이고, 이와 달리 단순히 특허 물건 이외의 물건에 사용될 이론적, 실험적 또는 일시적인 사용가능성이 있는 정도에 불과한 경우에는 간접침해의 성립을 부정할 만한 다른 용도가 있다고 할 수 없다(2007후3356).
② 확인대상발명의 물건은 이 사건 특허 물건의 생산에만 사용되는 것이어서 원고가 업으로서 확인대상발명의 물건을 생산·판매한 행위는 이 사건 권리범위확인심판의 심결시를 기준으로 하여 이 사건 특허권에 대한 간접침해에 해당된다고 할 것이다. 그 외에 컨디셔닝이 연마패드의 표면에 미치는 영향 내지 변화의 유무와 정도는 컨디셔너의 종류, 연마패드의 경도, 사용하는 슬러리의 종류 및 슬러리에 포함된 연마입자의 종류, 컨디셔너에 의하여 연마패드에 가하여지는 압력의 정도 등 여러 가지 요소에 따라 달라질 수 있다는 점, 확인대상발명이 마이크로 홀이라는 기술수단에 의하여 이 사건 특허발명보다 더 우수한 작용효과를 기대할 수 있어 진보된 발명일 수 있다는 점 등의 사정은 그러한 결론에 영향이 없다(대법원2009. 9. 10. 선고2007후3356 판결).
③ '등록고안 물품의 생산에만 사용하는 물건'에 해당한다는 점은 실용신안권자가 주장, 입증하여야 할 것이다(대법원2001. 1. 30. 선고98후2580 판결).
④ 특허법 제127조 제1호의 '그 물건의 생산에만 사용하는 물건'에서 말하는 '생산'이란 국내에서의 생산을 의미한다고 봄이 타당하다. 따라서 이러한 생산이 국외에서 일어나는 경우에는 그 전단계의 행위가 국내에서 이루어지더라도 간접침해가 성립할 수 없다.
⑤ 특허발명의 "생산"이란 발명의 구성요소 일부를 결여한 물건을 사용하여 발명의 모든 구성요소를 가진 물건을 새로 만들어내는 모든 행위를 의미하므로, 공업적 생산에 한하지 않고 가공, 조립 등의 행위도 포함된다고 할 것이다(2007후3356).

정답 ①

09 특허권의 간접침해를 규정한 특허법 제127조(침해로 보는 행위)에 관한 설명으로 옳지 않은 것은? (다툼이 있으면 판례에 따름) [2020년 기출]

① 시장에서 다른 용도로 판매되고 있어 오로지 특허발명의 생산에만 사용되는 전용물이 아니더라도, 그것이 특허발명의 과제해결에 필수불가결한 기능을 하고, 당사자가 그 물건이 특허발명의 실시에 사용된다는 사정을 알면서 업으로 이를 공급한다면 특허법 제127조에서 정한 간접침해에 해당한다.

② 특허법 제127조 규정은 특허권 침해에 대한 권리 구제의 실효성을 높이기 위하여 일정한 요건 아래 이를 특허권의 침해로 간주하더라도 특허권이 부당하게 확장되지 않는다고 본 것이라고 이해된다.

③ 특허권자가 실시권자와의 계약에서 "본 계약에서 부여한 실시권을 다른 자에게 허락할 수 없다"고 규정하고 있는데도 불구하고, 실시권자와의 계약으로 특허발명의 실시에만 사용하는 물건을 생산하여 실시권자에게만 양도한 자의 행위는 당해 특허권에 대한 간접침해에 해당하지 아니한다.

④ 특허법 제127조는 "특허권을 침해한 것으로 본다"고 규정하고 있으나, 본 규정이 특허권 침해행위를 처벌하는 형벌법규인 특허권 침해죄의 구성요건을 규정한 것은 아니다.

⑤ 특허권의 속지주의 원칙상 특허권은 특허권이 등록된 국가의 영역 내에서만 효력이 미치므로, 특허가 물건의 발명인 경우 국외에서 행한 그 물건의 '생산'행위에 대해 간접침해가 성립할 수 없다.

해설

① 이는 논문 내용이다. 「특허권 간접침해 적용범위 확대를 위한 특허법 제127조 개정방안 연구(2020), 김진희」논문에 따르면, 전용품(특허발명에만 사용되는 물건), 중성품(국내에서 널리 유통되지는 않으나 특허발명의 사용에 있어서 필수불가결한 물건) 그리고 범용품(특허발명에 사용되면서 국내에서 널리 유통되는 물건)의 개념상의 구분이 있다. 그러나 특허법 제127조와 판례는 중성품과 범용품의 개념을 고려하지 않는다. 간접침해와 관련하여 전용품인지 전용품이 아닌지만을 구분할 뿐이다.

이와 관련하여 1차 시험은 법과 판례에 의거하여 정답을 찾아야 하므로, 따라서 본 지문의 '전용물은 아니지만 특허발명의 과제해결에 필수불가결한 물건'은 전용물이 아니라는 점에서 전용품이 아닌바, 이의 실시는 간접침해가 아니다.

본 지문은 '과제해결에 필수불가결한 물건'이라는 논문의 용어를 몰랐어도 전용물(전용품)이 아니라는 점만으로 간접침해가 아니라고 풀면 된다.

② 간접침해는 특허권자 보호를 위해 특허권의 보호범위를 확장한 논리다. 다만 전용품의 실시에 한해 간접침해를 인정하므로 제3자 입장에서 특허권이 부당하게 확장된 것은 아니라고 본다. 참고판례를 아래에 소개한다.

"특허법 제127조 제1호는 이른바 간접침해에 관하여 "특허가 물건의 발명인 경우에는 그 물건의 생산에만 사용하는 물건을 생산·양도·대여 또는 수입하거나 그 물건의 양도 또는 대여의 청약을 하는 행위를 업으로서 하는 경우에는 특허권 또는 전용실시권을 침해하는 행위로 본다"고 규정하고 있다. 이는 발명의 모든 구성요소를 가진 물건을 실시한 것이 아니고 그 전 단계에 있는 행위를 하였더라도 발명의 모든 구성요소를 가진 물건을 실시하게 될 개연성이 큰 경우에는 장래의 특허권 침해에 대한 권리 구제의 실효성을 높이기 위하여 일정한 요건 아래 이를 특허권의 침해로 간주하더라도 특허권이 부당하게 확장되지 않는다고 본 것이라고 이해된다. 여기서 말하는 "생산"이란 발명의 구성요소 일부를 결여한 물건을 사용하여 발명의 모든 구성요소를 가진 물건을 새로 만들어내는 모든 행위를 의미하므로, 공업적 생산에 한하지 않고 가공, 조립 등의 행위도 포함된다고 할 것이다(대법원 2009. 9. 10. 선고 2007후3356 판결)."

③ 실시권자의 의뢰에 따라 전용품을 생산하여 실시권자에게만 납품한 경우 간접침해로 보지 않는다. 참고판례를 아래에 소개한다.

"방법의 발명(이하 '방법발명'이라고 한다)에 관한 특허권자로부터 허락을 받은 실시권자가 제3자에게 그 방법의 실시에만 사용하는 물건(이하 '전용품'이라고 한다)의 제작을 의뢰하여 그로부터 전용품을 공급받아 방법발명을 실시하는 경우에 있어서 그러한 제3자의 전용품 생산・양도 등의 행위를 특허권의 간접침해로 인정하면, 실시권자의 실시권에 부당한 제약을 가하게 되고, 특허권이 부당하게 확장되는 결과를 초래한다. 또한, 특허권자는 실시권을 설정할 때 제3자로부터 전용품을 공급받아 방법발명을 실시할 것까지 예상하여 실시료를 책정하는 등의 방법으로 당해 특허권의 가치에 상응하는 이윤을 회수할 수 있으므로, 실시권자가 제3자로부터 전용품을 공급받는다고 하여 특허권자의 독점적 이익이 새롭게 침해된다고 보기도 어렵다. 따라서 방법발명에 관한 특허권자로부터 허락을 받은 실시권자가 제3자에게 전용품의 제작을 의뢰하여 그로부터 전용품을 공급받아 방법발명을 실시하는 경우에 있어서 그러한 제3자의 전용품 생산・양도 등의 행위는 특허권의 간접침해에 해당한다고 볼 수 없다(대법원 2019. 2. 28. 선고 2017다290095 판결)."

④ 간접침해 행위에 대해서는 침해죄를 적용하지 않는다. 참고판례를 아래에 소개한다.

"특허법은 제127조에서 '침해로 보는 행위'라 하여 현실로 특허권 또는 전용실시권의 침해로 보기 어려운 예비단계의 행위를 침해행위로 의제하는 규정을 두고 있는 바, 여기에서 위 제127조에 해당하는 간접침해행위에 대하여 특허권등 침해의 민사책임을 부과하는 외에 위 법 제225조 제1항에 의한 형사처벌까지 가능한가가 문제될 수 있는데, 확장해석을 금하는 죄형법정주의의 원칙에 비추어, 또한 특허권등 침해의 미수범에 대한 처벌규정이 없어 특허권등 직접침해의 미수범은 처벌되지 아니함에도 특허권등 직접침해의 예비단계 행위에 불과한 간접침해행위를 위 벌칙조항에 의하여 특허권등 직접침해의 기수범과 같은 벌칙에 의하여 처벌할 때 초래되는 형벌의 불균형성등에 비추어 볼 때, 위 제127조의 규정은 특허권자 등을 보호하기 위하여 특허권 등의 간접침해자에게도 민사책임을 부과시킴으로써 특허권자 등을 보호하기 위한 취지의 정책적 규정일 뿐 이를 특허권등의 침해행위를 처벌하는 형벌법규의 구성요건으로서까지 규정한 취지는 아닌 것으로 봄이 옳을 것이다(대법원 1993. 2. 23. 선고 92도3350 판결)."

⑤ 논리적인 모순이 있다는 비판이 있으나 판례는 국내에서 특허발명의 전용품을 생산했어도, 이를 전량 해외로 수출하여 해외에서 특허발명의 생산이 이루어졌다면, 국내에서의 전용품의 생산행위를 간접침해로 보지 않는다. 참고판례를 아래에 소개한다.

"간접침해 제도는 어디까지나 특허권이 부당하게 확장되지 아니하는 범위에서 그 실효성을 확보하고자 하는 것이다. 그런데 특허권의 속지주의 원칙상 물건의 발명에 관한 특허권자가 그 물건에 대하여 가지는 독점적인 생산・사용・양도・대여 또는 수입 등의 특허실시에 관한 권리는 특허권이 등록된 국가의 영역 내에서만 그 효력이 미치는 점을 고려하면, 특허법 제127조 제1호의 '그 물건의 생산에만 사용하는 물건'에서 말하는 '생산'이란 국내에서의 생산을 의미한다고 봄이 타당하다. 따라서 이러한 생산이 국외에서 일어나는 경우에는 그 전 단계의 행위가 국내에서 이루어지더라도 간접침해가 성립할 수 없다(대법원 2015. 7. 23. 선고 2014다42110 판결)."

정답 ①

10 간접침해에 관한 다음 설명 중 옳지 않은 것은? (다툼이 있는 경우에는 판례에 따름)

① 특허발명의 생산에서의 '생산'이란 발명의 구성요소 일부를 결여한 물건을 사용하여 발명의 모든 구성요소를 가진 물건을 새로 만들어내는 모든 행위를 의미하는 개념으로서, 공업적 생산에 한하지 않고 가공, 조립 등의 행위도 포함한다.

② 특허발명의 생산에서의 '생산'이란 국내에서의 생산을 의미하므로 이러한 생산이 국외에서 일어나는 경우에는 그 전단계의 행위가 국내에서 이루어지더라도 간접침해가 성립할 수 없다.

③ 특허발명의 생산에만 사용하는 물건에 해당하기 위하여는 사회통념상 통용되고 승인될 수 있는 경제적, 상업적 내지 실용적인 다른 용도가 없어야 할 것이고, 이와 달리 단순히 특허발명 이외의 물건에 사용될 이론적, 실험적 또는 일시적인 사용가능성이 있는 정도에 불과한 경우에는 간접침해의 성립을 부정할 만한 다른 용도가 있다고 할 수 없다.

④ 특허발명의 생산에만 사용하는 물건에 해당하는 점은 특허권자가 주장, 입증하여야 한다.

⑤ 간접침해를 전제로 한 적극적 권리범위확인심판 절차에서 심판청구의 대상이 되는 확인대상발명이 자유실시기술에 해당하는지 여부를 판단할 때에는 피청구인이 실시하고 있는 확인대상발명 실시 부분의 구성으로 판단하여야 하며, 그 실시 부분의 구성과 함께 심판청구인이 그 생산에만 사용되는 것으로 특정한 대응제품의 구성 전체를 가지고 판단할 것은 아니다.

해 설

①, ② 2014다42110
③ 2007후3356
④ 2000다27602
⑤ 대응제품 전체를 기준으로 판단한다(2008허4523).

정 답 ⑤

CHAPTER 09 침해에 대한 특허권자의 구제방법 및 침해 주장에 대한 대응방안

01 甲은 2016년 1월 1일 설정등록된 특허발명 X의 특허권자이고, 乙은 甲의 허락 없이 2016년 1월 1일부터 甲의 특허제품과 동일한 제품(이하 '침해제품'이라 함)을 생산하여 판매하고 있는 자이다. 甲은 자신의 특허제품을 2016년에 0개, 2017년에 1,000개, 2018년에 1,500개를 판매하였고, 乙은 침해제품을 2016년에 2,000개, 2017년에 2,500개, 2018년에 3,000개를 판매하였다(특허제품 및 침해제품의 단위 수량당 이익액은 모두 1,000원임). 甲은 2016년 12월 말까지 공장을 건설하였기 때문에 그 기간까지는 특허제품을 생산할 수 없었고, 공장 완공 후 2017년 1월 1일부터 연간 2,000개까지 생산할 수 있었다. 특허발명 X의 실시에 대하여 합리적으로 받을 수 있는 금액은 개당 200원에 판매수량을 곱한 것이다. 다음 설명 중 옳은 것은?

[2019년 기출]

① 甲은 2016년에 특허발명 X를 생산할 수 없었기 때문에 발생한 손해가 없었으므로, 그 기간 중 乙의 특허권 침해에 대한 손해배상을 청구할 수 없다.
② 특허법 제128조(손해배상청구권 등) 제2항에 따를 경우 甲이 2018년에 乙의 침해행위 외의 사유로 특허제품 500개를 판매하지 못하였다면 乙의 특허권 침해로 인한 甲의 2018년 중 입은 손해액은 500,000원이다.
③ 특허법 제128조 제2항에 따를 경우 乙이 2017년에 판매한 침해제품의 양도수량(2,500개) 중 甲이 2017년에 생산하여 판매한 특허제품의 양도수량(1,000개)을 뺀 수량(1,500개)에 乙의 침해 행위가 없었다면 판매할 수 있었던 특허권자 甲의 물건의 단위수량당 이익액(1,000원)을 곱하여 얻어진 금액(1,500,000원)을 甲이 2017년 중 입은 손해액으로 할 수 있다.
④ 특허법 제128조 제4항에 따를 경우 2,500,000원을 甲이 2017년 중 입은 손해액으로 추정한다.
⑤ 甲이 2017년 중 乙의 침해행위로 인해 입은 손해액으로 500,000원을 초과하여 청구한 경우, 법원은 500,000원으로 감액해야 한다.

해설

① 특허법 제128조 제2항이나 제4항의 적용에 있어서는 특허권자가 특허발명을 실시할 것을 요건으로 요구하는 경우가 있지만 특허법 제128조 제5항의 실시료 상당액을 청구함에 있어서는 특허권자의 특허발명 실시를 요구하는 견해가 없다(특허법 주해). 또한 특허법 제128조 제5항은 제2항이나 제4항과 달리 손해발생을 배타권자가 증명하지 못해도 배상 받을 수 있다고 보는 간주규정설이 지배적이다. 참고로 특허법 제128조 제5항에 관해 판례는 없으나, 상표법에서는 실시료 상당액도 간주규정설이 아닌 추정규정설로 보아, 배타권자에게 손해발생이 없으면 배상받을 수 없다고 판시한 바 있다(대법원 2002. 10. 11. 선고 2002다33175 판결, 특허법 주해). 그러나 대체적으로 위 상표법 판례는 상표권에 한하여 적용될 것이지 창작적 가치가 다른 특허권에 대해서도 그대로 적용될 것은 아니라고 보는 견해가 다수다.
② 특허법 제128조 제2항 제1호에 따른 금액은 甲의 생산가능수량인 2,000개에서 甲의 판매수량인 1,500개를 제외한 결과인 500개에 甲의 단위 수량당 이익액을 곱한 금액인 500,000원이다. 그러

나 甲이 실시권을 설정 또는 허락할 수 있었다고 인정되지 않는 경우가 아니라면 특허법 제128조 제2항 제2호에 따른 금액을 더 청구할 수 있으며, 이는 乙의 판매수량인 3,000개에서 특허법 제128조 제2항 제1호에 따른 수량인 500개를 넘는 수량인 2,500개(=max 초과수량+공제수량)에 대해 합리적으로 받을 수 있는 실시료 상당액이다.

③ 특허법 제128조 제2항 제1호에 따른 금액은 甲의 생산가능수량인 2,000개에서 甲의 판매수량인 1,000개를 제외한 결과인 1,000개에 甲의 단위 수량당 이익액을 곱한 금액인 1,000,000원이다. 그러나 甲이 실시권을 설정 또는 허락할 수 있었다고 인정되지 않는 경우가 아니라면 특허법 제128조 제2항 제2호에 따른 금액을 더 청구할 수 있으며, 이는 乙의 판매수량인 2,500개에서 특허법 제128조 제2항 제1호에 따른 수량인 1,000개를 넘는 수량인 1,500개에 대해 합리적으로 받을 수 있는 실시료 상당액이다.

④ 특허법 제128조 제4항의 침해자의 이익액은 침해자 양도수량 X 침해자 단위수량당 이익액(한계이익액)으로 계산한다. 2017년 乙 양도수량 2,500개 X 乙 단위수량당 이익액 1,000원 = 2,500,000원.

⑤ 특허법 제128조 제5항에도 불구하고 실제 발생한 손해액이 그 보다 높은 경우 그 초과액에 대해서도 손해배상을 청구할 수 있으나 침해자에게 고의 또는 중과실이 없으면 손해배상액을 산정할 때 그 사실을 고려할 수 있다(특허법 제128조 제6항). 특허법 제128조 제5항에 따른 합리적 실시료는 당사자가 계약으로 정하기 나름이어서 특허법 제128조 제2항이나 제4항처럼 정해진 공식이 없다. 따라서 문제에서 계산방법을 제시할 것이며 그에 따라 계산하면 된다. 본 문제에서는 개당 200원에 판매수량을 곱한 금액으로 계산하라고 하므로, 이 방법에 따르면 200원 X 2017년 乙 판매수량 2,500개 = 500,000원이 된다. 특허법 제128조 제6항은 실제 손해액이 위 500,000원 보다 초과한다면 초과 금액에 대해서도 손해배상을 청구할 수 있으나, 침해자에게 고의 또는 중과실이 없으면 그러한 사실을 고려하라는 규정이며, 500,000원보다 초과하는 금액은 청구할 수 없다는 규정이 아니다.

정답 ④

02 특허권 침해소송에서 피고의 의무 및 부담에 관한 설명으로 옳지 않은 것은? (다툼이 있으면 판례에 따름)
[2019년 기출]

① 특허권자가 주장하는 침해행위의 구체적 행위태양을 부인하는 피고는 자기의 구체적 행위태양을 제시할 의무가 없다.

② 특허권자의 일실이익을 산정함에 있어서 특허권자가 침해행위 외의 사유로 판매할 수 없었던 사정이 있었던 경우 그 판매할 수 없었던 수량에 대하여는 피고가 증명하여야 한다.

③ 법원이 침해로 인한 손해액의 산정을 위하여 감정을 명한 때에는 피고는 감정인에게 감정에 필요한 사항을 설명하여야 한다.

④ 물건을 생산하는 방법의 발명에 관하여 특허가 된 경우에 피고의 제품이 그 물건과 동일한 경우, 특별한 경우를 제외하고는, 피고의 제품이 그 특허된 방법에 의하여 생산되지 않았다는 사실을 피고가 증명하여야 한다.

⑤ 손해액의 산정에 반드시 필요한 자료라는 이유로 법원이 피고에게 자료의 제출을 명령한 경우, 그 자료가 '영업비밀'에 해당하더라도 이는 피고가 그 자료의 제출을 거절할 정당한 이유로 인정되지 아니한다.

> 해설

① 특허권자 또는 전용실시권자가 주장하는 침해행위의 구체적 행위태양을 부인하는 당사자는 자기의 구체적 행위태양을 제시하여야 하며, 정당한 이유 없이 자기의 구체적 행위태양을 제시하지 않는 경우 법원은 특허권자 또는 전용실시권자가 주장하는 침해행위의 구체적 행위태양을 진실한 것으로 인정할 수 있다(특허법 제126조의2 제1항, 제4항).

② 자신에게 유리한 사실은 자신이 입증해야 한다. 침해행위 외의 사유로 판매할 수 없었던 수량은 특허법 제128조 제2항, 제3항의 추정 손해액을 공제할 수 있는 사실로서, 침해자에게 유리한 사실이므로, 침해자가 입증해야 한다. 참고 판례를 아래에 발췌한다(대법원 2006. 10. 13. 선고 2005다36830 판결).

"디자인권 등의 침해로 인한 손해액의 추정 규정 중 침해행위 외의 사유는 침해자의 시장개발 노력·판매망, 침해자의 상표, 광고·선전, 침해제품의 품질의 우수성 등으로 인하여 디자인권의 침해와 무관한 판매수량이 있는 경우를 말하는 것으로서, 디자인권을 침해하지 않으면서 디자인권자의 제품과 시장에서 경쟁하는 경합제품이 있다는 사정이나 침해제품에 실용신안권이 실시되고 있다는 사정 등이 포함될 수 있으나, 위 단서를 적용하여 손해배상액의 감액을 주장하는 침해자는 그러한 사정으로 인하여 디자인권자가 판매할 수 없었던 수량에 의한 금액에 관해서까지 주장과 입증을 하여야 한다."

③ 특허법 제128조의2

④ 제조방법에 의해 생산된 물건이 출원 전 국내에서 공지 또는 공연 실시된 물건이 아니거나, 출원 전 국내외에서 반포된 간행물에 게재 또는 전기통신회선을 통하여 공중이 이용할 수 있는 물건이 아닌 경우 그 물건과 동일한 물건은 그 특허된 제조방법에 의해 생산된 것으로 추정하므로(특허법 제129조), 만약 특허된 제조방법에 의해 그 물건을 생산하지 않았다면 이 점은 침해자가 입증해야 한다.

⑤ 침해의 증명 또는 손해액의 산정에 반드시 필요한 때는 제출할 자료에 영업비밀이 포함되어 있다 하더라도 자료제출을 거부할 수 있는 정당한 이유로 보지 않는다(특허법 제132조 제3항).

정답 ①

03 특허권자의 보호에 관한 설명으로 옳지 않은 것은? [2020년 기출]

① 특허권자 또는 전용실시권자는 자기의 권리를 침해한 자 또는 침해할 우려가 있는 자에 대하여 그 침해의 금지 또는 예방을 청구할 수 있다.
② 특허권자 또는 전용실시권자가 침해의 금지 또는 예방을 청구할 때에는 침해행위를 조성한 물건(물건을 생산하는 방법의 발명인 경우에는 침해행위로 생긴 물건을 포함한다)의 폐기, 침해행위에 제공된 설비의 제거, 그 밖에 침해의 예방에 필요한 행위를 청구할 수 있다.
③ 특허권 또는 전용실시권 침해소송에서 특허권자 또는 전용실시권자가 주장하는 침해행위의 구체적 행위태양을 부인하는 당사자는 자기의 구체적 행위태양을 제시하여야 한다.
④ 당사자가 정당한 이유 없이 자기의 구체적 행위태양을 제시하지 않는 경우에는 법원은 특허권자 또는 전용실시권자가 주장하는 침해행위의 구체적 행위태양을 진실한 것으로 본다.
⑤ 법원은 타인의 특허권 또는 전용실시권을 침해한 행위가 고의적인 것으로 인정되는 경우에는 손해로 인정된 금액의 3배를 넘지 아니하는 범위에서 배상액을 정할 수 있다.

해설

① 특허법 제126조 제1항.
② 특허법 제126조 제2항.
③ 특허법 제126조의2 제1항.
④ 당사자가 정당한 이유 없이 자기의 구체적 행위태양을 제시하지 않는 경우에는 법원은 특허권자 또는 전용실시권자가 주장하는 침해행위의 구체적 행위태양을 진실한 것으로 보는 것은 아니고, 진실한 것으로 인정할 수 있다(특허법 제126조의2 제4항).
⑤ 특허법 제128조 제8항.

정답 ④

04 특허침해에 관한 설명 중 옳지 않은 것은?

① 물건을 생산하는 방법의 발명에 관한 특허에 있어서 특허권자는 그 방법에 따라 생산한 물건의 폐기도 청구할 수 있다.
② 특허가 물건의 발명인 경우에는 그 물건의 생산에만 사용하는 물건을 업으로서 생산하는 행위도 특허권의 침해로 본다.
③ 타인의 특허권을 침해한 자는 그 침해행위에 대하여 고의가 있는 것으로 추정한다.
④ 특허권자는 침해자의 고의 또는 과실 유무와 관계없이 침해금지를 청구할 수 있다.
⑤ 손해배상액의 증액을 위해서는 침해자에게 고의가 있어야 한다.

해설

① 특허법 제126조 제2항 괄호
② 이를 간접침해라 한다(특허법 제127조).

③ 과실을 추정할 뿐이다(특허법 제130조).
④ 침해금지청구는 침해자에게 고의 또는 과실이 없어도 행사할 수 있다.
⑤ 징벌적 개념에 따른 손해배상액의 증액을 위해서는 침해자에게 고의가 있어야 한다(특허법 제128조 제9항).

정답 ③

05 특허법상 특허권 침해에 관한 설명으로 옳은 것은? (다툼이 있으면 판례에 따름)

[2023년 기출]

① 물건 A에 대한 특허권의 전용실시권자 甲은 乙이 아무런 과실 없이 자신의 전용실시권을 침해하는 행위를 하였더라도 乙을 상대로 A를 제조하는데 제공된 기계의 제거를 청구할 수 없다.
② 의약이라는 물건의 발명에서 대상 질병 또는 약효와 함께 투여용법과 투여용량을 부가하더라도 이러한 투여용법과 투여용량은 의료행위 그 자체에 해당하므로 이러한 투여용법과 투여용량의 부가에 의하여 별개의 의약용도발명이 된다고 볼 수 없다.
③ 발명의 상세한 설명의 기재와 출원당시의 공지기술 등을 참작하여 파악되는 특허발명의 해결수단이 기초하고 있는 기술사상의 핵심이 침해제품 등에서도 구현되어 있다면 작용효과가 실질적으로 동일하다고 보는 것이 원칙이다.
④ 시장에서 다른 용도로 판매되고 있어 오로지 특허발명의 생산에만 사용되는 전용물이 아니더라도, 그것이 특허발명의 과제해결에 필수불가결한 기능을 하고, 당사자가 그 물건이 특허발명의 실시에 사용된다는 사정을 알면서 업으로 이를 공급한다면 특허법 제127조에서 정한 간접침해에 해당한다.
⑤ 법원은 타인의 특허권을 침해한 행위가 고의적인 것으로 인정되는 경우에는 손해로 인정된 금액 범위 내에서 배상액을 정하여야 한다.

해설

① |×| 침해금지청구 vs 손해배상청구 대비 문제다. 특허법 제128조 제1항과 달리, 특허법 제126조 제2항은 과실 없이 침해행위 하였어도 행사 가능하다.
② |×| 과거 판례는 용법·용량을 의료행위로 보았으나 최신 판례는 의료행위로 보지 않는다. 판례 문구는 다음과 같다. "의약이 부작용을 최소화하면서 효능을 온전하게 발휘하기 위해서는 약효를 발휘할 수 있는 질병을 대상으로 하여 사용하여야 할 뿐만 아니라 투여주기·투여부위나 투여경로 등과 같은 투여용법과 환자에게 투여되는 용량을 적절하게 설정할 필요가 있는데, 이러한 투여용법과 투여용량은 의약용도가 되는 대상 질병 또는 약효와 더불어 의약이 그 효능을 온전하게 발휘하도록 하는 요소로서 의미를 가진다. 이러한 투여용법과 투여용량은 의약물질이 가지는 특정의 약리효과라는 미지의 속성의 발견에 기초하여 새로운 쓰임새를 제공한다는 점에서 대상 질병 또는 약효에 관한 의약용도와 본질이 같다고 할 수 있다. 그리고 동일한 의약이라도 투여용법과 투여용량의 변경에 따라 약효의 향상이나 부작용의 감소 또는 복약 편의성의 증진 등과 같이 질병의 치료나 예방 등에 예상하지 못한 효과를 발휘할 수 있는데, 이와 같은 특정한 투여용법과

투여용량을 개발하는 데에도 의약의 대상 질병 또는 약효 자체의 개발 못지않게 상당한 비용 등이 소요된다. 따라서 이러한 투자의 결과로 완성되어 공공의 이익에 이바지할 수 있는 기술에 대하여 신규성이나 진보성 등의 심사를 거쳐 특허의 부여 여부를 결정하기에 앞서 특허로서의 보호를 원천적으로 부정하는 것은 발명을 보호·장려하고 그 이용을 도모함으로써 기술의 발전을 촉진하여 산업발전에 이바지한다는 특허법의 목적에 부합하지 아니한다. 그렇다면 의약이라는 물건의 발명에서 대상 질병 또는 약효와 함께 투여용법과 투여용량을 부가하는 경우에 이러한 투여용법과 투여용량은 의료행위 그 자체가 아니라 의약이라는 물건이 효능을 온전하게 발휘하도록 하는 속성을 표현함으로써 의약이라는 물건에 새로운 의미를 부여하는 구성요소가 될 수 있다고 보아야 하고, 이와 같은 투여용법과 투여용량이라는 새로운 의약용도가 부가되어 신규성과 진보성 등의 특허요건을 갖춘 의약에 대해서는 새롭게 특허권이 부여될 수 있다(대법원 2015. 5. 21. 선고 2014후768 전원합의체 판결)."

③ |O| 균등범위 요건 중 과제해결원리가 동일할 것에 관한 내용이다. "'양 발명에서 과제의 해결원리가 동일'한지 여부를 가릴 때에는 청구범위에 기재된 구성의 일부를 형식적으로 추출할 것이 아니라, 명세서 중 발명의 설명 기재와 출원 당시의 공지기술 등을 참작하여 선행기술과 대비하여 볼 때 특허발명에 특유한 해결수단이 기초하고 있는 기술사상의 핵심이 무엇인가를 실질적으로 탐구하여 판단하여야 한다(대법원 2022. 1. 14. 선고 2021후10589 판결)."

④ |×| 전용품이어야 간접침해 해당한다(특허법 제127조). 전용품 아니면 간접침해 성립하지 않는다.

⑤ |×| 고의적인 것으로 인정되는 경우 손해배상액 증액 가능하다(특허법 제128조 제8항).

정답 ③

06 특허권 침해의 손해배상에 관한 설명으로 옳지 않은 것은? (다툼이 있는 경우에는 판례에 의함)

① 특허침해로 손해가 발생된 것은 인정되나 그 손해액을 입증하기 위하여 필요한 사실을 입증하는 것이 극히 곤란한 경우 법원은 변론 전체의 취지와 증거조사의 결과에 기초하여 상당한 손해액을 결정할 수 있다.

② 법원은 변론 전체의 취지와 증거조사의 결과에 기초하여 상당한 손해액을 결정할 때 손해액 산정의 근거가 되는 간접사실들의 탐색에 최선의 노력을 다해야 하고, 그와 같이 탐색해 낸 간접사실들을 합리적으로 평가하여 객관적으로 수긍할 수 있는 손해액을 산정해야 한다.

③ 손해의 발생에 관한 입증은 경업관계 등으로 인하여 손해 발생의 염려 내지 개연성이 있음을 입증하면 족하다.

④ 특허발명의 실시에 대하여 합리적으로 받을 수 있는 금액에 상당하는 액을 손해액으로 결정함에 있어서는 제3자와의 실시계약 내용을 유추적용하는 것이 현저하게 불합리하지 않더라도 제3자와의 실시계약 내용을 참작하여 위 금액을 산정할 수는 없다.

⑤ 자백의 구속법칙은 권리의 발생소멸이라는 법률효과의 판단에 직접 필요한 주요사실에 대해서만 적용되는 것이므로 침해자가 침해행위로 인하여 얻은 이익액의 계산방식은 자백의 대상이 아니다.

> 해 설

① 특허침해로 손해가 발생된 것은 인정되나 특허침해의 규모를 알 수 있는 자료가 모두 폐기되어 그 손해액을 입증하기 위하여 필요한 사실을 입증하는 것이 어렵게 된 경우에는 특허법 제128조 제7항을 적용하여 상당한 손해액을 결정할 수 있고, 이 경우에는 그 기간 동안의 침해자의 자본, 설비 등을 고려하여 평균적인 제조수량이나 판매수량을 가늠하여 이를 기초로 삼을 수 있다고 할 것이며, 특허침해가 이루어진 기간의 일부에 대해서만 손해액을 입증하기 어려운 경우 반드시 손해액을 입증할 수 있는 기간에 대하여 채택된 손해액 산정 방법이나 그와 유사한 방법으로만 상당한 손해액을 산정하여야만 하는 것은 아니고, 자유로이 합리적인 방법을 채택하여 변론 전체의 취지와 증거조사의 결과에 기초하여 상당한 손해액을 산정할 수 있다(대법원 2006. 4. 27. 선고 2003다15006 판결).

② 특허법 제128조 제7항은 법원은 특허권 또는 전용실시권의 침해에 관한 소송에 있어서 손해가 발생된 것은 인정되나 그 손해액을 입증하기 위하여 필요한 사실을 입증하는 것이 해당 사실의 성질상 극히 곤란한 경우에는 제2항 내지 제6항의 규정에 불구하고 변론 전체의 취지와 증거조사의 결과에 기초하여 상당한 손해액을 인정할 수 있다라고 규정하고 있는바, 이는 자유심증주의하에서 손해가 발생된 것은 인정되나 그 손해액을 입증하기 위하여 필요한 사실을 입증하는 것이 해당 사실의 성질상 극히 곤란한 경우에는 증명도·심증도를 경감함으로써 손해의 공평·타당한 분담을 지도원리로 하는 손해배상제도의 이상과 기능을 실현하고자 함에 그 취지가 있는 것이고, 법원이 위와 같은 방법으로 구체적 손해액을 판단함에 있어서는, 손해액 산정의 근거가 되는 간접사실들의 탐색에 최선의 노력을 다해야 하고, 그와 같이 탐색해 낸 간접사실들을 합리적으로 평가하여 객관적으로 수긍할 수 있는 손해액을 산정해야 한다(대법원 2011. 5. 13. 선고 2010다58728 판결).

③ 특허법 제128조 제4항은 특허권자가 고의 또는 과실로 자기의 특허권을 침해한 자에 대하여 그 침해에 의한 손해배상을 청구하는 경우에, 권리를 침해한 자가 침해행위에 의하여 이익을 받은 때에는 그 이익의 액을 특허권자의 손해액으로 추정한다고 규정하고 있고, 여기서 말하는 이익이란 침해자가 침해행위에 따라 얻게 된 것으로서 그 내용에 특별한 제한은 없으나, 이 규정은 특허권자에게 손해가 발생한 경우에 그 손해액을 평가하는 방법을 정한 것에 불과하여 침해행위에도 불구하고 특허권자에게 손해가 없는 경우에는 적용될 여지가 없으며, 다만 손해의 발생에 관한 주장·입증의 정도에 있어서는 위 규정의 취지에 비추어 경업관계 등으로 인하여 손해 발생의 염려 내지 개연성이 있음을 주장·입증하는 것으로 족하다고 보아야 할 것이다(대법원 1997. 9. 12. 선고 96다43119 판결).

④ 특허법 제128조 제5항에 의하여 특허발명의 실시에 대하여 통상 받을 수 있는 금액에 상당하는 액을 결정함에 있어서는, 특허발명의 객관적인 기술적 가치, 당해 특허발명에 대한 제3자와의 실시계약 내용, 당해 침해자와의 과거의 실시계약 내용, 당해 기술분야에서 같은 종류의 특허발명이 얻을 수 있는 실시료, 특허발명의 잔여 보호기간, 특허권자의 특허발명 이용 형태, 특허발명과 유사한 대체기술의 존재 여부, 침해자가 특허침해로 얻은 이익 등 변론종결시까지 변론과정에서 나타난 여러 가지 사정을 모두 고려하여 객관적, 합리적인 금액으로 결정하여야 하고, 특히 당해 특허발명에 대하여 특허권자가 제3자와 사이에 특허권 실시계약을 맺고 실시료를 받은 바 있다면 그 계약 내용을 침해자에게도 유추적용하는 것이 현저하게 불합리하다는 특별한 사정이 없는 한 그 실시계약에서 정한 실시료를 참작하여 위 금액을 산정하여야 하며, 그 유추적용이 현저하게 불합리하다는 사정에 대한 입증책임은 그러한 사정을 주장하는 자에게 있다(대법원 2006. 4. 27. 선고 2003다15006 판결).

참고로 특허법 제128조 제5항이 "통상 받을 수 있는 금액"에서 "합리적으로 받을 수 있는 금액"으로 개정되었다. 구법상의 통상 받을 수 있는 금액에 따르면 침해자와의 구체적인 상황을 고려하지 않고 제3자와의 통상적인 실시료 금액에 의존할 수 있어 손해배상액이 지나치게 낮을 수 있다는 지적이 있었기 때문이다. 다만 위 해설의 대법원 판례는 구법상의 판례이기는 하나 개정된 특허법 제128조 제5항의 취지와 유사하게 "제3자의 계약 내용을 침해자에게 유추적용하는 것이 현저하게 불합리하다는 특별한 사정이 없는 한"이라는 전제조건이 있으므로 현행법에도 적용 가능한 논리로 보인다.

⑤ 특허침해행위로 인한 수입액에서 그에 상응하는 비용을 공제하는 방법으로 특허법 제128조 제4항에 의한 특허권자의 손해액을 산정함에 있어서 위 비용산출의 계산방식은 자백의 대상이 아니다(대법원 2006. 10. 12. 선고 2006다1831 판결).

정답 ④

07 특허권 침해에 관한 설명으로 옳은 것은? (다툼이 있는 경우에는 판례에 의함)

① 회사 임원의 직무발명에 관하여 회사 등이 그 임원을 배제한 채 회사 명의의 특허등록을 마친 경우 위 임원이 입은 재산상 손해액은 특허권의 침해행위로 인한 손해배상액의 산정에 관한 규정을 유추적용하여 산정할 수 있다.
② 침해금지청구소송 제기 당시 유효하게 특허권이 존속하고 있었다면 변론종결 전에 특허권의 존속기간이 경과하였더라도 법원은 소멸된 특허권을 기초로 하여 침해금지 및 침해제품의 폐기를 명할 수 있다.
③ 침해제품이 특허청구범위에 기재된 일부 구성요소를 생략하거나 변경한 경우에도 여전히 특허발명의 특허권을 균등침해하는 것으로 성립될 수 있다.
④ 균등침해의 판단에서 특허발명의 과제의 해결원리는 특허청구범위에 기재된 구성 중 공지기술과 상이한 구성 일부를 형식적으로 추출하여 판단한다.
⑤ 특허출원 전에 국내에서 공지되었거나 공연히 실시된 물건의 제조방법특허의 특허권 침해를 주장하는 자는 상대방이 특허된 제조방법을 실시하였음을 입증해야 한다.

해설

① 구 특허법(2006. 3. 3. 법률 제7869호로 개정되기 전의 것) 제39조 제1항의 직무발명에 해당하는 회사 임원의 발명에 관하여 회사와 그 대표이사가 임원의 특허를 받을 수 있는 권리를 적법하게 승계하지 않고 같은 법 제40조에 의한 보상도 하지 않은 상태에서 위 임원을 배제한 채 대표이사를 발명자로 하여 회사 명의의 특허등록을 마침으로써 임원의 특허를 받을 수 있는 권리를 침해한 경우, 위 임원이 입은 재산상 손해액은 임원이 구 특허법 제40조에 의하여 받을 수 있었던 정당한 보상금 상당액이다. 그 수액은 직무발명제도와 그 보상에 관한 법령의 취지를 참작하고 증거조사의 결과와 변론 전체의 취지에 의하여 밝혀진 당사자들 사이의 관계, 특허를 받을 수 있는 권리를 침해하게 된 경위, 위 발명의 객관적인 기술적 가치, 유사한 대체기술의 존재 여부, 위 발명에 의하여 회사가 얻을 이익과 그 발명의 완성에 위 임원과 회사가 공헌한 정도, 회사의 과거 직무발명에 대한 보상금 지급례, 위 특허의 이용 형태 등 관련된 모든 간접사실들을 종합하여 정함이 상당하고, 등록된 특허권 또는 전용실시권의 침해행위로 인한 손해배상액의 산정에

관한 특허법 제128조 제2항을 유추적용하여 이를 산정할 것은 아니다(대법원 2008. 12. 24. 선고 2007다37370 판결).

② 이 사건 특허발명(특허번호 제29468호)은 원심 변론종결일인 2007. 4. 10. 이전인 2007. 1. 20.에 존속기간이 경과하여 소멸하였음을 알 수 있으므로, 원고는 이미 소멸된 이 사건 특허발명에 터잡아 피고들을 상대로 특허법 제126조에 따른 특허침해금지 및 특허침해제품의 폐기를 주장할 수 없다. 그럼에도 원심은 이 사건 특허발명의 존속기간에 관하여 심리·판단하지 아니한 채 피고들에게 특허침해금지 및 특허침해제품의 폐기를 명하였으니, 이러한 원심판단에는 특허침해금지 등에 관한 법리를 오해하여 필요한 심리를 다하지 아니함으로써 판결에 영향을 미친 위법이 있다. 이 점을 지적하는 피고들의 상고이유 주장은 이유 있다(대법원 2009. 10. 15. 선고 2007다45876 판결).

③, ④ 변경한 경우는 균등침해 요건을 만족하면 침해가 성립되나, 생략한 경우는 균등침해가 인정될 수 없고 간접침해가 아닌 이상 비침해가 명백하다. 또한 과제의 해결원리는 일부 구성을 형식적으로 추출하여 그것을 과제의 해결원리라고 국한해서 해석할 것이 아니라, 공지기술과 대비하여 볼 때 특허발명의 특유의 기술사상의 핵심이 무엇인지를 참고하여 특정한다. 참고판례를 아래에 소개한다.

특허권침해소송의 상대방이 제조 등을 하는 제품 또는 사용하는 방법(이하 '침해제품 등'이라고 한다)이 특허발명의 특허권을 침해한다고 할 수 있기 위해서는 특허발명의 특허청구범위에 기재된 각 구성요소와 그 구성요소 간의 유기적 결합관계가 침해제품 등에 그대로 포함되어 있어야 한다. 한편 침해제품 등에 특허발명의 특허청구범위에 기재된 구성 중 변경된 부분이 있는 경우에도, 특허발명과 과제의 해결원리가 동일하고, 그러한 변경에 의하더라도 특허발명에서와 실질적으로 동일한 작용효과를 나타내며, 그와 같이 변경하는 것이 그 발명이 속하는 기술분야에서 통상의 지식을 가진 사람(이하 '통상의 기술자'라고 한다)이라면 누구나 쉽게 생각해 낼 수 있는 정도라면, 특별한 사정이 없는 한 침해제품 등은 특허발명의 특허청구범위에 기재된 구성과 균등한 것으로서 여전히 특허발명의 특허권을 침해한다고 보아야 한다. 그리고 여기서 '과제의 해결원리가 동일'한지 여부를 가릴 때에는 특허청구범위에 기재된 구성의 일부를 형식적으로 추출할 것이 아니라, 명세서에 적힌 발명의 설명의 기재와 출원 당시의 공지기술 등을 참작하여 선행기술과 대비하여 볼 때 특허발명에 특유한 해결수단이 기초하고 있는 기술사상의 핵심이 무엇인가를 실질적으로 탐구하여 판단하여야 한다(대법원 2014. 7. 24. 선고 2013다14361 판결).

⑤ 특허법 제129조에 의하면 물건을 생산하는 방법의 발명에 관하여 특허가 된 경우에 그 물건과 동일한 물건은 그 특허된 방법에 의하여 생산된 것으로 추정하되, 다만 그 물건이 특허출원 전에 국내에서 공지되었거나 공연히 실시된 물건 또는 특허출원 전에 국내 또는 국외에서 반포된 간행물에 게재된 경우에는 그러하지 아니하다고 규정하고 있어 동일한 물건이 위 규정에 따라 생산방법의 추정을 받으려면, 그 출원 전에 공개되지 아니한 신규한 물건이라야 할 것이다. 채무자가 생산한 부직포가 이미 채권자의 특허출원 전에 공지되었거나 공연히 실시된 물건에 해당하여 특허법 제129조의 생산방법의 추정을 받지 않는 경우는 특허권의 침해를 주장하는 채권자가 채무자의 생산방법을 증명하여야 한다(대법원 2005. 10. 27. 선고 2003다37792 판결).

정답 ⑤

08 특허권의 효력 등에 관한 설명으로 옳지 않은 것은? (다툼이 있으면 판례에 따름) [2017년 기출]

① A국의 특허권자인 甲으로부터 당해 특허에 관한 실시권을 얻은 자가 A국 내에서 실시권의 범위 내에서 생산 판매한 제품을 B국에 수출한 경우, B국에서 이를 업으로 수입한 자가 B국의 해당 특허의 특허권자 乙로부터 실시허락을 받지 않았다면 乙에 대하여 특허침해의 책임을 부담한다.

② 특허권의 포기, 특허의 정정 또는 정정심판을 청구하고자 하는 경우 전용실시권자, 허락에 의한 통상실시권자, 직무발명에 의한 통상실시권자 및 질권자 등의 동의를 필요로 한다.

③ 특허발명에 대한 무효심결 확정 전이라 하더라도 진보성이 부정되어 특허가 무효로 될 것이 명백한 경우에 그 특허권에 기초한 침해금지 또는 손해배상 등의 청구는 특별한 사정이 없는 한 권리남용에 해당하며, 이 경우 특허권침해소송 담당 법원은 권리남용 항변의 당부를 판단하기 위한 전제로서 특허발명의 진보성 여부를 심리할 수 있다.

④ 특허발명에 대한 무효심결 확정 전 권리범위 확인심판에 있어서 심판청구의 대상이 되는 특허발명이 통상의 기술자가 선행기술로부터 용이하게 발명할 수 있어 진보성 흠결을 이유로 그 권리범위를 부정할 수는 없다.

⑤ 물건(A)을 생산하는 기계(B)를 청구범위로 하는 특허 X의 권리범위는 그 기계(B)로 생산된 물건(A) 및 그 제조방법에는 미치지 않는 것이므로 그 기계(B)를 제3자로부터 구입하여 물건(A)을 제조·판매하는 행위는 그 제3자가 X의 특허권자로부터 정당한 실시허락을 받았는지에 관계없이 특허 X의 특허권을 침해하는 행위가 아니다.

해설

① 속지주의 원칙에 따라 특허권자의 허락이 없는 한 특허발명의 실시에 정당한 권원이 부여되지는 않을 것이다.
② 특허법 제119조 제1항, 제136조 제8항 본문.
③ 권리범위확인심판 사건과 달리 침해금지 또는 손해배상 등의 민사사건에서는 특허발명의 진보성 여부에 대해 심리·판단할 수 있고, 진보성이 부정되어 무효로 될것임이 명백한 경우에는 그 특허권에 기초한 침해금지 또는 손해배상 등의 청구를 권리남용에 해당하는 것으로 본다(대법원 2012. 1. 19. 선고 2010다95390 판결).
④ 진보성 여부를 권리범위확인심판에서 판단하면 특허무효심판의 기능을 약화시킬 우려가 있다고 보아 권리범위확인심판에서는 침해금지 또는 손해배상 등의 민사사건과 달리 특허발명의 진보성이 부정된다는 이유로 그 권리범위를 부정하지 않는다(대법원 2014. 3. 30. 선고 2012후4162 판결).
⑤ B를 구입하여 A를 제조한 행위는 곧 B의 사용이 되고, 이는 특허법 제2조 제3호의 실시에 해당하는 바, 권리가 소진된 B를 구입한 것 등이 아닌 한, B로써 A를 제조하는 행위는 X의 특허권에 저촉될 가능성이 있다.

정답 ⑤

09 특허권의 효력에 관한 설명 중 옳지 않은 것은? (다툼이 있으면 판례에 따름)

① 물건의 발명에 대한 특허권자가 우리나라에서 그 특허발명이 구현된 물건을 적법하게 양도하면 양도된 당해 물건에 대해서는 특허권이 이미 목적을 달성하여 소진된다.
② 특허된 방법발명이 실질적으로 구현된 물건을 특허권자로부터 적법하게 양수한 양수인이 그 물건을 이용하여 방법발명을 실시할 때는 방법발명의 특허권자에게 허락을 받지 않아도 된다.
③ 특허권의 속지주의 원칙상 물건발명에 관한 특허권자가 물건에 대하여 가지는 독점적인 생산, 사용, 양도, 대여 또는 수입 등의 특허실시에 관한 권리는 특허권이 등록된 국가의 영역 내에서만 그 효력이 미치는 것이 원칙이다.
④ 국내에서 특허발명의 실시를 위한 부품 또는 구성 전부가 생산되거나 대부분의 생산단계를 마쳐 주요 구성을 모두 갖춘 반제품이 생산되고, 이것이 하나의 주체에게 수출되어 마지막 단계의 가공조립이 이루어질 것이 예정되어 있더라도, 해외에서 그와 같은 반제품들을 각 기능에 맞게 조립·결합하여 특허발명을 사용했다면 국내에서의 위 행위는 침해로 볼 수 없다.
⑤ 방법발명에 관한 특허권자로부터 허락을 받은 실시권자가 제3자에게 전용품의 제작을 의뢰하여 그로부터 전용품을 공급받아 방법발명을 실시하는 경우에 있어서 그러한 제3자의 전용품 생산, 양도 행위는 특허권의 간접침해에 해당한다고 볼 수 없다.

해설

①, ② 이를 권리소진이라 한다. 실질적으로 구현된 물건이란 방법발명의 전용품을 생각하면 된다(2017다289903).
③ 이를 속지주의라 한다(2019다222782).
④ 가공조립이 극히 사소하거나 간단하여 부품 전체의 생산 또는 반제품의 생산만으로도 특허발명의 각 구성요소가 유기적으로 결합한 일체로서 가지는 작용효과를 구현할 수 있는 상태에 이르렀다면 예외적으로 국내에서 특허발명의 실시제품이 생산된 것과 같이 본다(2019다222782).
⑤ 2017다290095

정답 ④

10 甲이 다음과 같은 청구범위로 특허권을 받은 경우, 그 특허권의 효력범위와 침해판단에 관한 설명으로 옳지 않은 것은? (다툼이 있으면 판례에 따름) [2021년 기출]

> [청구범위]
> 제1항 A의 스마트폰에서 B와 C로 구성되는 스마트폰의 음성인식장치
> 제2항 제1항에 있어서, 상기 C는 음성인식시스템(c)으로 구성되는 스마트폰의 음성인식장치
> 제3항 C와 결합하여 D단계, E단계, F단계로 음성을 컴퓨터에 의하여 인식하는 프로그램(P)에 의하여 구현되는 스마트폰의 음성인식방법

① 甲은 제1항과 제2항이 물건발명으로 그 물건을 생산·사용·양도·대여 또는 수입하거나 그 물건의 양도 또는 대여의 청약(양도 또는 대여를 위한 전시를 포함)을 하는 행위에 대한 권리를 독점한다.

② 乙이 甲의 허락없이 "A의 스마트폰에서 B와 음성인식시스템(c)으로 구성되는 스마트폰의 음성인식장치"를 실시하는 경우에는 제2항의 구성과 동일하고, 제2항은 제1항(독립항)의 종속항이므로 제1항 및 제2항을 침해한다.

③ 乙이 甲의 허락없이 제2항의 특허발명의 생산에만 사용하는 음성인식시스템(c)을 생산·판매하는 경우에는 특허법 제127조(침해로 보는 행위) 제1호의 규정에 의한 침해이다.

④ 乙이 "K의 스마트폰에서 B와 C로 구성되는 스마트폰의 음성인식장치"를 판매하는 경우에는 甲의 제1항 전제부인 "A의 스마트폰"과 다르기 때문에 침해가 성립하지 않는 것이 원칙이다.

⑤ 제3자가 甲의 특허권을 인지하지 못하고 개발한 프로그램(P)이 제3항 방법발명의 실시에만 사용하는 물건인 경우, 그 프로그램(P)의 양도의 청약은 특허법 제127조(침해로 보는 행위) 제2호의 규정에 의한 침해이다.

해설

① 음성인식장치는 물건이므로, 물건발명에 해당한다. 물건발명은 생·사·양·대·수·청·전 행위에 대해 실시권과 배타권을 갖는다(특허법 제2조 제3항 제가목).

② 제2항은 제1항을 인용하면서 C 구성을 한정하고 있는 바 제1항의 종속항에 해당한다. 종속항의 권리범위에 속하는 발명은 당연히 그보다 범위가 넓은 독립항의 권리범위에도 속한다.

③ 특허법 제127조 제1호

④ 문언범위에 속하지 않는다. 문언범위에 속하지 않음을 지문에서는 "원칙적으로 침해가 아니다"라고 표현한 것으로 보인다. 다만 균등요건을 만족하는 경우에는 균등범위에 속하여 침해가 성립할 수도 있다.

⑤ 방법의 사용을 청약하는 행위의 경우 특허권의 효력은 악의의 행위에 한하여 미친다는 규정을 출제하고자 한 의도로 보이나(특허법 제94조 제2항), 내용이 다소 불명료하다. 다만 간접침해는 전용품, 즉 물건에 대한 특정 행위에 대해서만 성립할 수 있는데(특허법 제127조 제2호), 현행법상 "프로그램"은 유체물이 아니므로 물건이라고 해석할 수 없어 간접침해 대상이 될 수 없고, 또 "프로

그램"은 정보통신망에 의한 전송은 가능해도 유체물이 아니므로 양도행위의 대상이 될 수도 없어, 전체적으로 타당한 지문이 아니다.

정답 ⑤

11 특허권 침해 구제에 관한 설명으로 옳지 않은 것은? (다툼이 있으면 판례에 따름)

① 특허법은 물건발명에 대한 전용실시권자가 자기의 권리를 침해한 자 또는 침해할 우려가 있는 자에 대하여 그 침해행위를 조성한 물건의 반환을 청구할 수 있음을 명시하지 않는다.
② 물건 A에 대한 특허권의 전용실시권자 甲은 乙이 아무런 과실 없이 자신의 전용실시권을 침해하는 행위를 하였더라도 乙을 상대로 A를 제조하는데 제공된 기계의 제거를 청구할 수 있다.
③ 특허권자 甲이 침해자 乙을 상대로 특허법 제128조(손해배상청구권 등)제4항에 따라 乙의 침해로 인한 이익액을 甲자신의 손해액으로 삼는 경우, 손해의 발생과 관련해서는 경업관계 등으로 인하여 손해 발생의 염려 내지 개연성이 있음을 주장·입증하는 것으로 족하다.
④ 특허법 제128조(손해배상청구권 등)제5항에 따라 통상실시료 상당의 손해배상을 명할 때, 특허법은 법원으로 하여금 특허침해한 자에게 고의 또는 중대한 과실이 없다고 인정할 경우 통상실시료 상당의 손해배상액을 산정함에 있어 고의 또는 중과실이 없다는 사실을 고려할 수 있도록 명시하고 있다.
⑤ 물건을 생산하는 방법의 발명에 관하여 특허가 된 경우에 그 물건과 동일한 물건은 그 특허된 방법에 의하여 생산된 것으로 추정하지만, 그 물건이 특허출원 전에 국내에서 공지되었다면 그런 추정은 적용되지 않는다.

해설

① 민사상 침해행위를 조성한 물건의 반환을 청구할 수 있는 규정은 부재한다라는 취지의 지문인 듯 하다. 민사상 침해행위를 조성한 물건 등은 침해금지를 청구할 때 폐기 청구가 가능함은 규정되어 있으나, 반환 청구에 대한 명시적인 규정은 없다(특허법 제126조 제2항). 일부는 침해행위를 조성할 여지가 있는 물건을 보관하고 있는 경우 위 보관 중인 물건의 점유 인도를 특허법 제126조 제2항의 그 밖에 침해의 예방에 필요한 행위의 일부로서 해석한다. 다만 이는 해석이며 본 지문과 같이 위 점유의 인도가 가능한지가 특허법 제126조 제2항에 명시되어 있지는 않다. 한편 본 지문이 교부에 관한 규정을 고려했는지 의문이나, 침해행위를 조성한 물건은 특허권자 또는 전용실시권자의 청구에 따라 특허권자 또는 전용실시권자에게 교부할 것이 형사상 선고될 수는 있다(특허법 제231조).
② 침해금지청구에 부대하여 침해행위에 제공된 설비의 제거를 청구할 때에는 침해자의 고의 또는 과실이 요구되지 않는다(특허법 제126조 제2항).
③ 손해의 발생에 관한 주장, 입증의 정도는 경업관계 등으로 인하여 손해발명의 염려 내지 개연성이 있음을 주장, 입증하면 족한 것으로 본다(대법원 2006. 10. 12. 선고 2006다1831 판결).

④ 통상실시료 상당액이 아닌 통상실시료 상당액 보다 초과손해액을 청구할 때에 한해 침해자의 고의 또는 중대한 과실 존재 여부를 참작한다(특허법 제128조 제6항).
⑤ 특허법 제129조 제1호.

정답 ④

12 특허권 침해에 대한 손해배상청구에 관한 다음 설명 중 옳지 않은 것은?

① 특허권자는 손해액이 특허발명의 실시에 대하여 합리적으로 받을 수 있는 금액을 초과하는 경우 그 초과액에 대해서도 손해배상을 청구할 수 있다.
② 특허권을 침해한 자가 그 침해물건을 제3자에게 양도한 때는 특허권자는 그 물건의 양도수량에 당해 침해행위가 없었다면 특허권자가 판매할 수 있었던 물건의 단위수량당 이익액을 곱한 금액을 손해액으로 하여 손해배상청구를 할 수 있다.
③ 특허권을 침해한 자가 그 침해물건을 제3자에게 양도한 때 특허권자의 손해액을 정함에 있어서 특허권자가 침해행위 외의 사유로 판매할 수 없었던 사정이 있었다면 이러한 사정의 입증책임은 특허권 침해자에게 있다.
④ 특허권 침해로 인하여 손해가 발생된 것은 인정되나 그 손해액의 입증이 해당 사실의 성질상 극히 곤란한 경우 법원은 변론 전체의 취지와 증거조사의 결과에 기초하여 상당한 손해액을 인정할 수 있다.
⑤ 법원이 특허권 침해로 인한 손해액의 산정에 필요한 자료의 제출을 특허권 침해자에게 명령한 경우 침해자는 제출하여야 할 자료가 영업비밀에 해당한다는 점을 이유로 그 명령을 항상 거부할 수 있다.

해설

① 특허법 제128조 제5항
② 특허법 제128조 제2항 제1호
③ 2005다36830
④ 특허법 제128조 제7항
⑤ 특허법 제132조 제3항, 손해액의 산정에 반드시 필요한 경우에 한해서는 침해자가 영업비밀이 있다고 하더라도 그 자료제출명령을 거부할 수 없다.

정답 ⑤

13 특허침해와 관련된 다음 기술 중 옳지 않은 것은? [2000년 기출변형]

① 물건을 생산하는 방법의 발명에 관한 특허에 있어서 특허권자는 그 방법에 따라 생산한 물건의 폐기도 청구할 수 있다.
② 특허가 물건의 발명인 경우에는 그 물건의 생산에만 사용하는 물건을 업으로서 생산하는 행위도 특허권 또는 전용실시권의 침해로 본다.
③ 특허가 방법의 발명인 경우에는 그 방법의 실시에만 사용하는 물건을 업으로서 생산하는 행위도 특허권 또는 전용실시권의 침해로 본다.
④ 타인의 특허권 또는 전용실시권을 침해한 자는 그 침해행위에 대하여 고의가 있는 것으로 추정한다.
⑤ 특허권 또는 전용실시권 침해소송에서 법원이 침해로 인한 손해액의 산정을 위하여 감정을 명한 때에는 당사자는 감정인에게 감정에 필요한 사항을 설명하여야 한다.

해 설

① |○| 물건을 생산하는 방법 발명(제법발명)의 경우, 그 방법을 사용하는 행위 외에 그 방법에 의하여 생산한 물건을 사용·양도·대여 또는 수입하거나 그 물건의 양도 또는 대여의 청약을 하는 행위가 실시이다(법 제2조 제3호 다목). 한편, 특허권자 또는 전용실시권자가 침해금지·예방청구를 할 때에는 침해행위를 조성한 물건(물건을 생산하는 방법의 발명인 경우에는 침해행위로 생긴 물건을 포함한다)의 폐기, 침해행위에 제공된 설비의 제거 기타 침해의 예방에 필요한 행위를 청구할 수 있다(법 제126조 제2항).
② |○| 법 제127조 제1호
③ |○| 법 제127조 제2호
④ |×| 타인의 특허권 또는 전용실시권을 침해한 자는 그 침해행위에 대해 '과실'이 있는 것으로 추정한다(법 제130조).
⑤ |○| 법 제128조의 2

정답 ④

14 특허권자의 보호에 관한 설명 중 가장 맞는 것은? [2000년 기출]

① 특허권자는 자기의 권리를 침해한 자에 대하여 침해의 금지를 청구할 수는 있으나, 침해할 우려가 있는 자에 대하여 침해의 예방을 청구할 수는 없다.
② 특허권자가 침해금지 청구를 할 때에는 침해행위를 조성한 물건의 폐기, 침해행위에 제공된 설비의 제거도 청구할 수 있다.
③ 특허권자가 자기의 특허권을 침해한 자에 대하여 손해배상을 청구하는 경우, 그 특허발명의 실시에 대하여 합리적으로 받을 수 있는 금액에 상당하는 액을 손해액으로 하여 청구할 수 있으며, 손해액이 이 금액을 초과하는 경우에는 그 초과액에 대하여는 손해배상을 청구할 수 없다.
④ 물건을 생산하는 방법의 발명에 관하여 특허가 된 경우에 그 물건이 특허출원전에 국내에서 공지된 물건이 아닌 때에는 그 물건과 동일한 물건은 그 특허된 방법에 의하여 생산된 것으로 간주한다.
⑤ 특허권 침해에 대한 손해배상청구권은 최초 침해가 발생한 날부터 3년내에 행사하지 않으면 안 된다.

해설

① |×| 특허권자는 침해의 우려가 있는 경우에 대해서는 침해의 예방을 청구할 수 있다(법 제126조제1항).
② |○| 법 제126조 제2항.
③ |×| 손해의 액이 통상실시료 상당액을 초과하는 경우에는 그 초과액에 대하여도 손해배상을 청구할 수 있다. 이 경우 침해자에게 고의 또는 중대한 과실이 없는 때에는 법원은 손해배상의 액을 정함에 있어 이를 참작할 수 있다(법 제128조 제6항).
④ |×| 특허권 침해의 증명이 어려운 점을 고려하여 물건을 생산하는 방법의 발명에 관하여 특허가 된 경우에 그 물건이 특허출원전에 공지 등이 되지 않은 경우에는 그 물건과 동일한 물건은 그 특허된 방법에 의하여 생산된 것으로 추정한다(법 제129조). 이는 신규의 동일물은 동일한 방법에 의해 생산될 것이라는 개연성이 높다는 경험칙에 따라 신규의 동일물인 경우 동일한 방법에 의해 생산된 것으로 법률상 추정케 함으로써 입증책임을 전환 시켜 특허권자를 입증의 곤란에서 구제하려는 점에서 의의가 있다. 즉, 추정시키는 규정일 뿐 간주규정이 아니다.
⑤ |×| 손해배상의 청구에 있어서는 민법 제766조의 손해배상청구권의 소멸시효에 대한 규정이 적용된다. 따라서 피해자나 법정대리인이 그 손해 및 가해자를 안 날부터 3년, 침해행위가 있는 날부터 10년 이내에 손해배상청구권을 행사하여야 한다.

정답 ②

15 특허권에 근거한 민사·형사상 조치에 관한 설명이다. 틀린 것으로만 연결된 것을 고르시오.

> (가) 침해죄에 해당하는 침해행위를 조성한 물건 또는 그 침해행위로부터 생긴 물건은 이를 몰수하거나 피해자의 청구에 의하여 그 물건을 피해자에게 교부할 것을 선고하여야 한다. 몰수한 경우 피해자는 그 물건의 가액을 초과하는 손해의 액에 한하여 배상을 청구할 수 있다.
> (나) 특허권자가 침해금지 청구를 할 때에는 침해행위를 조성한 물건의 폐기, 침해행위에 제공된 설비의 제거도 청구할 수 있고 폐기, 제거 청구만을 단독으로 청구할 수는 없다.
> (다) 부당이득 반환청구의 경우 침해자의 고의 또는 과실이 필요하다.
> (라) 특허권의 침해죄는 특허권자 또는 전용실시권자의 고소가 있어야만 논할 수 있다.
> (마) 개인의 종업원이 개인의 업무에 관하여 침해죄를 범한 경우 그 종업원을 7년 이하의 징역 또는 1억원 이하의 벌금을 처하는 외에 그 개인에 대해 1억원 이하의 벌금형을 과한다. 다만, 일정한 경우 그 개인에게 벌금형이 부과되지 않는 경우도 있다.

① (가), (다), (라) ② (나), (다), (라)
③ (가), (라), (마) ④ (다), (라), (마)
⑤ (나), (다), (마)

해설

(가) |×| 피해자는 물건의 교부를 받은 경우에는 그 물건의 가액을 초과하는 손해의 액에 한하여 배상을 청구할 수 있다.(법 제231조 제2항)

(나) |○| 폐기, 제거 청구는 침해금지청구의 부대 청구권으로서 단독으로 소송을 제기할 수는 없다. (법 제126조 제2항)

(다) |×| 부당이득 반환청구의 경우 고의나 과실을 불문하고 반환청구를 할 수 있다. 또한, 부당이득 반환청구는 손해배상청구의 단기소멸시효가 완성된 경우에도 민법 제741조을 만족한다면 행사 가능하다는 점에 그 실익이 크다.

(라) |×| 특허권, 실용신안권 침해죄는 친고죄에서 반의사불벌죄로 개정되었다(법 제225조 제2항).

(마) |○| 양벌규정에 있어, 법인의 경우는 해당조의 벌금형보다 더 많은 벌금을, 개인인 경우는 해당조에서 규정하는 벌금형과 동일한 벌금을 부가 받게 된다. 다만, 개정법(2008. 12. 26. 시행)에서는 영업주가 종업원 등에 대한 관리·감독상 주의의무를 다한 경우에는 처벌을 면하게 함으로써 양벌규정에도 책임주의 원칙이 관철되도록 하였다.

제230조 (양벌규정) 법인의 대표자, 법인 또는 개인의 대리인·사용자 기타 종업원이 그 법인 또는 개인의 업무에 관하여 침해죄(제225조제1항), 허위표시죄(제228조) 또는 거짓행위죄(제229조)의 위반행위를 한 때에는 행위자를 벌하는 외에 그 법인에 대하여는 다음 각호의 1에 해당하는 벌금형을, 그 개인에 대하여는 각 해당 조의 벌금형을 과한다. 다만, 법인 또는 개인이 그 위반행위를 방지하기 위하여 해당 업무에 관하여 상당한 주의와 감독을 게을리하지 아니한 경우에는 그러하지 아니하다(법 제230조 단서).
 i) 침해죄(제225조)에 해당하는 경우에는 3억원 이하의 벌금
 ii) 허위표시죄(제228조), 거짓행위죄(제229조)에 해당하는 경우에는 6천만 원 이하의 벌금

정답 ①

16 특허권 침해의 형사적 구제에 대한 다음의 설명 중에서 옳지 않은 것을 모두 열거한 것은?

[2005년 기출]

> ㄱ. 특허권의 침해죄는 특허권자 또는 전용실시권자의 고소가 있어야만 논할 수 있다.
> ㄴ. 회사의 특정사업부에 종사하는 직원들이 특정사업장에서 타인의 특허발명을 무단으로 실시하여 제품을 제조한 후 회사명으로 판매한 경우에는 사업주만이 형사책임이 있다.
> ㄷ. 방송사가 "동 제품에 대한 특허권 침해에 대하여는 납품자가 책임진다"는 계약조건 하에 제품을 납품자로부터 구입하여 유료스포츠중계에 사용한 경우, 납품자가 아닌 특허권자로부터 중계기의 사용 중지를 요구하는 경고장(침해금지)을 받고서도 계속 사용하였다면, 방송사도 특허권 침해죄의 책임을 면할 수 없다.
> ㄹ. 특허권의 침해죄는 고의 또는 과실에 의하여 성립한다.
> ㅁ. 대법원 판례에 의하면 소위 간접침해행위에 대해서도 특허권의 침해죄로 처벌될 수 있다.

① ㄱ, ㄴ, ㄷ
② ㄴ, ㄷ, ㄹ
③ ㄱ, ㄴ, ㄹ, ㅁ
④ ㄴ, ㄷ, ㄹ, ㅁ
⑤ ㄱ, ㄴ, ㄷ, ㄹ, ㅁ

해 설

ㄱ. |×| 특허권 및 실용신안권 침해죄는 반의사불벌죄이다(법 제225조 제2항). 반의사불벌죄는 친고죄와 달리 피해자가 고소를 하지 않아도 수사기관의 인지수사를 통해 가해자를 형사재판에 넘겨 처벌받도록 할 수 있지만, 피해자가 처벌을 원치 않으면 가해자에게 유죄판결을 내릴 수 없다. 즉 피해자가 적극적으로 처벌을 원치 않을 시 그 의사에 반해 공소를 제기할 수 없고, 설령 공소가 제기되더라도 법원에서 공소기각 판결을 선고하게 되는 범죄가 바로 반의사불벌죄이다.

ㄴ. |×| 법인의 대표자, 법인 또는 개인의 대리인·사용자 기타 종업원이 그 법인 또는 개인의 업무에 관하여 특허침해죄, 허위표시죄 또는 거짓행위죄를 범한 경우에는 양벌규정이 적용된다(법 제230조). 이 경우 행위자인 '회사의 특정사업부에 종사하는 직원들'은 침해죄의 주체가 될 뿐만 아니라, 사업주도 양벌규정에 의해 형사책임이 부가된다.

ㄷ. |○| 침해자들의 합의로 특허권의 효력을 제한시킬 수는 없다. 방송사와 납품자의 "동 제품에 대한 특허권 침해에 대하여는 납품자가 책임진다"는 계약은 손해배상의 책임 소재에 관한 것으로 한정해석될 뿐, 특허권자로부터 경고장을 받은 이후의 고의의 실시에 대한 침해죄까지 면책되는 것은 아니다.

ㄹ. |×| 침해죄가 성립하기 위해서는 침해 행위에 고의가 있어야 한다. 과실범 처벌규정은 없기 때문에 과실로 특허권을 침해한 경우는 처벌되지 않는다.

ㅁ. |×| 구 특허법(1990.1.13. 법률 제4207호로 개정되기 전의 것) 제64조 소정의「침해로 보는 행위」에 대하여 특허권 침해의 민사책임을 부과하는 외에 같은 법 제158조 제1항 제1호에 의한 형사처벌까지 가능한가가 문제될 수 있는데, 확장해석을 금하는 죄형법정주의의 원칙이나, 특허권 침해의 미수범에 대한 처벌규정이 없어 특허권 직접침해의 미수범은 처벌되지 아니함에도 특허권 직접침해의 예비단계행위에 불과한 간접침해행위를 특허권 직접침해의 기수범과 같은 벌칙에 의하여 처벌할 때 초래되는 형벌의 불균형성 등에 비추어 볼 때, 제64조의 규정은 특허권자

등을 보호하기 위하여 특허권의 간접침해자에게도 민사책임을 부과시키는 정책적 규정일 뿐 이를 특허권 침해행위를 처벌하는 형벌법규의 구성요건으로서 까지 규정한 취지는 아니다(대판 92도3350).

정답 ③

17 특허권의 침해에 대한 설명 중 옳지 않은 것은? [2006년 기출]

① 특허발명의 청구범위의 구성요소가 「a+b+c」인 경우 정당한 권원이 없는 제3자가 「(a+b+c)+d」를 업으로서 실시하면 특허권의 침해가 된다.
② 특허권자는 침해금지를 청구하지 않고서는 침해행위를 조성한 물건의 폐기를 청구할 수 없다.
③ 특허권자는 자기의 권리를 침해한 자에 대하여 고의 또는 과실 유무와 관계없이 침해금지, 부당이득반환 및 업무상 신용회복을 위하여 필요한 조치를 청구할 수 있다.
④ 특허권 침해자는 정당한 이유가 있는 경우 손해의 계산을 위하여 필요한 서류를 제출하도록 한 법원의 명령에 응하지 않을 수 있다.
⑤ 개인의 대리인이 그 개인의 업무에 관하여 침해죄의 위반행위를 한 경우, 그 대리인에 대하여는 7년 이하의 징역 또는 1억원 이하의 벌금형에 처하고 그 개인에 대하여는 1억원 이하의 벌금을 과한다.

해설

① |○| 특허권의 침해가 되기 위해서는 청구범위에 기재된 구성요소 전부를 실시하여야 한다(구성요건완비의 원칙). 구성요소 전부를 포함하는 경우에만 침해가 성립되며 필수적 구성요소 중 일부라도 결여된 경우에는 원칙적으로 특허발명의 보호범위에 포함되지 않는다.
② |○| 특허권자나 전용실시권자는 침해금지, 예방 청구를 할 때 침해행위를 조성한 물건의 폐기, 침해행위에 제공된 설비의 제거 기타 침해의 예방에 필요한 행위를 청구할 수 있다(법 제126조 제2항). 즉, 폐기, 제거청구는 침해금지청구의 부대청구이다.
③ |×| 침해금지 청구는 물권적 청구권이어서 상대방의 고의, 과실을 불문하고 부당이득도 고의, 과실을 묻지 않으나 법 제131조(신용회복 청구)에서는 '고의 또는 과실에 의하여 침해함으로써 업무상의 신용을 실추하게 한 자에 대하여는 손해배상에 갈음하거나 손해배상과 함께 업무상의 신용회복을 위하여 필요한 조치를 명할 수 있다.'고 하여 신용회복 청구의 경우 고의, 과실이 요건이므로 틀린 설명이다.
④ |○| 법원은 손해의 계산을 하는 데에 필요한 서류의 제출을 명할 수 있다. 다만, 그 서류의 소지자가 그 서류의 제출을 거절할 정당한 이유가 있는 때에는 그러하지 아니한다(법 제132조).
⑤ |○| 특허권 또는 전용실시권을 침해한 자는 7년 이하의 징역 또는 1억원 이하의 벌금에 처한다(법 제225조). 한편 법 제230조(양벌규정)에서는 법인의 대표자, 법인 또는 개인의 대리인·사용자 기타 종업원이 그 법인 또는 개인의 업무에 관하여 제225조 제1항 위반행위를 한 때에는 행위자를 벌하는 외에 그 법인에 대하여는 3배의 벌금형을, 그 개인에 대하여는 제225조 제1항의 벌금형을 과하므로 타당한 설명이다. 다만, 법인 또는 개인이 그 위반행위를 방지하기 위하여 해당 업무에 관하여 상당한 주의와 감독을 게을리하지 아니한 경우에는 그러하지 아니하다(법 제230조 단서).

정답 ③

18 다음은 특허권자 보호에 관련된 설명이다. 옳은 것은?

① 법원이 신용회복 조치를 명할 때에는 청구 또는 직권으로 할 수 있으나, 반드시 손해배상에 갈음하여 명하여야 한다.
② 특허권자가 자기의 특허권을 침해한 자에 대하여 손해배상을 청구하는 경우, 그 특허발명의 실시에 대하여 합리적으로 받을 수 있는 금액에 상당하는 액을 손해액으로 하여 청구할 수 있으며, 손해액이 이 금액을 초과하는 경우에는 그 초과액에 대하여는 손해배상을 청구할 수 없다.
③ 생산방법의 특허발명이 있는 경우 외국에서 그 생산방법에 의해 생산된 물건과 동일물을 수입한 경우에도 생산방법의 추정규정이 적용된다.
④ 특허권 침해에 대한 손해배상청구권은 최초 침해가 발생한 날부터 3년 내에 행사하지 않으면 안되며, 이 기간이 도과된 경우 특허권자는 금전적 손실을 보상받을 기회는 없다.
⑤ 특허권 침해죄에 있어서 과실범도 처벌 대상이다.

해설

① |×| 신용회복조치는 청구에 의해서만 가능하며 손해배상에 갈음하거나 손해배상과 함께 특허권자 또는 전용실시권자의 업무상의 신용회복을 위하여 필요한 조치를 명할 수 있다(법 제131조).
② |×| 그 금액을 초과하는 경우에는 그 초과액에 대하여도 손해배상을 청구할 수 있으며, 이 경우 특허권 또는 전용실시권을 침해한 자에게 고의 또는 중대한 과실이 없는 때에는 법원은 손해배상의 액을 정함에 있어서 이를 참작할 수 있다(법 제128조 제5항 및 제6항).
③ |○| 물건을 생산하는 방법의 발명에 관하여 특허가 된 경우에 그 물건과 동일한 물건은 그 물건이 신규하다면 그 특허된 방법에 의하여 생산된 것으로 추정하며, 이는 그 물건이 수입된 경우에도 마찬가지이다.
④ |×| 손해배상청구권은 본인이나 법정대리인이 손해 및 가해자를 안날로부터 3년, 행위시로 10년 내에 행사하여야 한다. 또한 상기 단기소멸시효가 완성된 경우라 하더라도 부당이득반환청구권의 행사가 가능하다.
⑤ |×| 특허권의 침해죄의 경우, 과실의 경우에는 처벌하지 않고 고의범만을 처벌한다.

정답 ③

19 특허권 침해에 대한 손해배상청구에 관한 다음 설명 중 옳지 않은 것은? [2007년 기출]

① 특허권자는 그 손해액이 특허발명의 실시에 대하여 합리적으로 받을 수 있는 금액을 초과하는 경우 그 초과액에 대해서도 손해배상을 청구할 수 있다.
② 특허법 제128조(손해액의 추정 등) 제2항은 특허권 침해로 인하여 판매수량이 감소하여 발생한 일실이익만을 그 대상으로 하는 것이 아니라, 특허권자가 침해의 제거 또는 방지를 위하여 지출한 비용 등의 적극적 재산손해에 대하여도 적용될 수 있다.
③ 특허권을 침해한 자가 그 침해물건을 제3자에게 양도한 때에는 특허권자는 그 물건의 양도수량에 당해 침해행위가 없었다면 특허권자가 판매할 수 있었던 물건의 단위수량당 이익액을 곱한 금액을 손해액으로 하여 손해배상청구를 할 수 있다.
④ 특허권을 침해한 자가 그 침해물건을 제3자에게 판매한 경우, 특허권자의 손해액을 정함에 있어서 특허권자가 침해행위 외의 사유로 판매할 수 없었던 사정이 있는 때에는 이러한 사정의 입증책임은 특허권 침해자에게 있다.
⑤ 특허권 침해로 인하여 손해가 발생된 것은 인정되나 그 손해액의 입증이 해당 사실의 성질상 극히 곤란한 경우에는 법원은 변론 전체의 취지와 증거조사의 결과에 기초하여 상당한 손해액을 인정할 수 있다.

해설

① |○| 법 제128조 제6항
② |×| 일반적으로 특허권 침해를 근거로 하는 손해배상청구 소송을 제기하는 경우, 손해액의 범위는 침해행위와 인과관계에 있는 모든 손해로서 ⅰ) 침해행위로 인하여 특허권자 등이 이미 가지고 있던 이익이 손실되는 적극적 손해, ⅱ) 침해행위가 없었더라면 특허권자가 얻을 수 있었던 이익의 손실(逸失利益)인 소극적 손해 및 정신적 손해를 모두 포함한다. 그러나 법 제128조에서 규정하는 '손해'는 이익의 손실(일실이익)인 소극적 손해만을 의미한다.
③ |○| 법 제128조 제2항 제1호
④ |○| 2005다36830
⑤ |○| 법 제128조 제7항

정답 ②

20 특허권 침해에 대한 형사상의 구제에 관한 설명 중 옳은 것은? (다툼이 있는 경우에는 판례에 의함)

[2007년 기출]

① 간접침해행위에 대하여도 특허권 침해죄가 성립한다.
② 특허권 침해죄가 성립하기 위해서는 침해자의 고의 또는 과실이 있어야 한다.
③ 특허권 침해죄에 해당하는 침해행위를 조성한 물건 또는 그 침해행위로부터 생긴 물건은 이를 몰수하여야 하며 피해자의 청구가 있다고 하더라도 그 물건을 피해자에게 교부할 수는 없다.
④ 청구범위에 그 효과 달성에 필요한 필수구성요소가 모두 기재되었다고 볼 수 없는 발명의 경우 그 특허를 무효로 하는 심결이 확정되기 전이라도 그 특허발명과 동일 또는 균등한 관계에 있는 발명을 실시하는 행위는 특허권 침해죄를 구성하지 않는다.
⑤ 청구범위에 기재불비의 하자가 있어 권리범위를 인정할 수 없었던 특허발명에 대하여 침해행위가 있은 후 그 청구범위를 정정하는 심결이 확정되었다면 정정의 소급효가 인정되므로 특허권 침해여부를 판단함에 있어서 정정 후의 청구범위를 침해여부 판단의 대상으로 본다.

해 설

① |×| 구 특허법(1990.1.13. 법률 제4207호로 개정되기 전의 것) 제64조 소정의 「침해로 보는 행위」에 대하여 특허권 침해의 민사책임을 부과하는 외에 같은 법 제158조 제1항 제1호에 이한 형사처벌까지 가능한가가 문제될 수 있는데, 확장해석을 금하는 죄형법정주의의 원칙이나, 특허권 침해의 미수범에 대한 처벌규정이 없어 특허권 직접침해의 미수범은 처벌되지 아니함에도 특허권 직접침해의 예비단계행위에 불과한 간접침해행위를 특허권 직접침해의 기수범과 같은 벌칙에 의하여 처벌할 때 초래되는 형벌의 불균형성 등에 비추어 볼 때, 제64조의 규정은 특허권자 등을 보호하기 위하여 특허권의 간접침해자에게도 민사책임을 부과시키는 정책적 규정일 뿐 이를 특허권 침해행위를 처벌하는 형벌법규의 구성요건으로서 까지 규정한 취지는 아니다(대판 92도3350).
② |×| 특허법에 특별히 규정된 것을 제외하고는 형법이 적용된다(형법 제8조). 따라서 특허권 침해죄와 관련하여서는 특별히 과실범 처벌규정을 두고 있지 않는바 고의범(故意犯)만 처벌한다.
③ |×| 침해죄에 해당하는 침해행위를 조성한 물건 또는 그 침해행위로부터 생긴 물건은 이를 몰수하거나 피해자의 청구에 의하여 그 물건을 피해자에게 교부할 것을 선고하여야 한다(법 제231조 제1항).
④ |O| 청구범위의 기재나 발명의 설명에 의하더라도 출원 당시 발명의 구성요소의 일부가 추상적이거나 불분명하여 그 발명 자체의 기술적 범위를 특정할 수 없는 때에는 특허권자는 그 특허발명의 권리범위를 주장할 수 없다(大判 2000후235 ; 82후36 ; 83후106). 특허권의 권리범위가 부정되는 결과 특허권의 침해죄도 성립하지 않는다.
⑤ |×| 청구범위에 기재불비의 하자가 있어 권리범위를 인정할 수 없었던 특허발명에 대하여 그 청구범위를 정정하는 심결이 확정된 경우, 정정 전에 행하여진 피고인의 제품 제조, 판매행위가 특허권 침해죄에 해당하는지 여부를 판단함에 있어 정정 전의 특허 청구범위를 침해대상 특허발명으로 하여야 한다(대판 2005도1262).

정 답 ④

21 특허권의 침해 및 그 구제수단에 관한 다음 보기 중 옳은 것으로만 묶인 것은? [2008년 기출]

〈보기〉

ㄱ. 통상실시권자는 침해자의 침해행위에 고의나 과실이 없더라도 침해금지청구 또는 침해금지 가처분신청을 할 수 있다.
ㄴ. 변경가능성 또는 변경용이성 등의 용어를 사용하면서 균등론을 사실상 적용하는 것이 우리나라 판례의 태도이다.
ㄷ. 특허권 설정등록 후 특허권자가 제3자에 대하여 출원공개로 인한 보상금청구권을 행사하는 경우, 특허권자는 침해자가 침해행위에 의하여 이익을 얻은 때에 그 이익액을 손해액으로 청구할 수 있다.
ㄹ. 특허권자는 침해의 금지 또는 예방을 청구함과 동시에 침해행위를 조성한 물건의 폐기를 청구할 수 있다.
ㅁ. 특허권 침해에 대해서는 권리자가 침해자의 처벌을 원하지 않아도 침해자를 처벌할 수 있다.

① ㄱ, ㄴ
② ㄱ, ㄷ
③ ㄴ, ㄹ
④ ㄴ, ㅁ
⑤ ㄹ, ㅁ

해 설

ㄱ) |×| 통상실시권은 독점·배타성이 없으며, 단지 채권적 권리이기 때문에 타인의 침해를 배제할 민·형사상 권리를 가지지 아니한다.
ㄴ) |○| 확인대상발명에 있어서 구성요소의 변경이 있더라도 양 발명에 있어서의 과제의 해결원리가 동일하며, ii) 그러한 변경에 의하더라도 특허발명에서와 같은 목적을 달성할 수 있고 실질적으로 동일한 작용효과를 나타내며, iii) 그와 같이 변경하는 것을 그 발명이 속하는 기술분야에서 통상의 지식을 가진 자가 용이하게 생각해낼 수 있을 정도로 자명하다면, iv) 확인대상발명이 특허발명의 출원시에 이미 공지된 기술 내지 공지기술로부터 당업자가 용이하게 발명할 수 있었던 기술에 해당하거나 v) 특허발명의 출원절차를 통하여 확인대상발명의 치환된 구성요소가 청구범위로부터 의식적으로 제외된 것에 해당하는 등의 특단의 사정이 없는 한, 확인대상발명의 변경된 구성요소는 특허발명의 대응되는 구성요소와 균등관계에 있는 것으로 보아 확인대상발명은 여전히 특허발명의 권리범위에 속한다고 보아야 할 것이다(大判 98후2016 ; 97후2200). 상기 판례 중 ii)이 변경가능성에 관한 요건이며 iii)이 변경용이성에 관한 요건이다.
ㄷ) |×| 법 제128조는 특허권 침해에 대한 손해배상청구에 적용되는 규정일 뿐 보상금청구권을 행사하는 경우에 적용되는 규정이 아니다. 보상금청구권의 행사에 대해서는 특허법상 간접침해(제127조), 생산방법의 추정(제129조), 서류의 제출(제132조)이 준용된다(법 제65조 제5항). 즉, 법 제128조는 준용되지 않는다.
ㄹ) |○| 폐기·제거 청구권은 단독으로 행사할 수 없으며 반드시 침해금지소송과 함께만 행사할 수 있는 「부대청구」이다(법 제126조 제2항).
ㅁ) |×| 특허권 및 실용신안권 침해죄는 반의사불벌죄이다(법 제225조 제2항). 피해자의 명시적인 의사에 반하여서는 공소를 제기할 수 없다.

정답 ③

22 다음은 특허권 침해 및 구제에 관한 설명이다. 옳은 것으로만 연결된 것은?

> ㈎ 침해행위를 조성한 물건 또는 침해행위로부터 생긴 물건은 몰수하거나 또는 피해자의 청구로 피해자에게 교부할 것을 선고할 수 있으며, 몰수 또는 교부한 경우 그 물건의 가액을 초과하는 손해의 액에 한하여 손해 배상청구 가능하다.
> ㈏ 개인의 종업원이 침해죄를 행한 경우 양벌규정이 적용되므로 개인 및 그 종업원은 7년 이하의 징역 또는 1억이하의 벌금형에 처할 수 있다.
> ㈐ 타인의 전용실시권을 침해한 자는 침해행위에 있어서 고의 및 과실이 있는 것으로 추정된다.
> ㈑ 특허권 침해에 따른 손해배상을 청구하는 경우 침해자가 판매한 개수에 특허권자의 물건당 이익액을 곱한 금액을 손해액으로 청구할 수 있다. 이 경우 침해자의 생산가능물량에서 실제 특허권자가 판매한 수량을 뺀 것에 특허권자의 물건당 이익액을 곱한 것을 한도로 한다.
> ㈒ 특허법에서 양벌규정이 적용되는 것은 침해죄, 허위표시죄, 거짓행위죄뿐이다.
> ㈓ 물건을 생산하는 방법의 발명에 관하여 특허가 된 경우에 그 물건이 특허출원전에 국내에서 공지된 물건이 아닌 때에는 그 물건과 동일한 물건은 그 특허된 방법에 의하여 생산된 것으로 간주한다.

① ㈎, ㈑
② ㈏, ㈒, ㈓
③ ㈑, ㈒
④ ㈐, ㈑, ㈒, ㈓
⑤ ㈒

해 설

㈎ |×| 침해행위 조성한 물건 또는 침해행위로부터 생긴 물건은 몰수 또는 피해자의 청구로 피해자에게 교부할 것을 선고하여야 하며, 단지 교부받은 경우에 한하여 그 물건의 가액을 초과하는 손해의 액에 한하여 손해 배상청구 가능하다.
㈏ |×| 양벌규정의 적용에 있어서 법인 또는 개인의 사용자에 대해서는 벌금형만을 규정하고 있다.
㈐ |×| 타인의 특허권 또는 전용실시권을 침해한 자는 그 침해행위에 대하여 과실이 있는 것으로 추정하나, 특허법은 상표법과 달리 고의를 추정하지 않는다.
㈑ |×| 침해자의 생산가능물량이 아닌 특허권자(전용실시권자)의 생산 가능물량이다(법 제128조 제2항 제1호). 또한 침해자의 판매수량 중 특허권자의 생산가능물량에서 실제 특허권자가 판매한 수량을 뺀 것을 초과한 수량에 대해서 합리적인 실시료를 더 받을 수도 있다(법 제128조 제2항 제2호).
㈒ |○| 양벌규정은 침해죄, 허위표시죄, 및 거짓행위죄에만 적용된다.
㈓ |×| 특허권 침해의 증명이 어려운 점을 고려하여 물건을 생산하는 방법의 발명에 관하여 특허가 된 경우에 그 물건이 특허출원전에 공지 등이 되지 않은 경우(법 제129조 각호)에는 그 물건과 동일한 물건은 그 특허된 방법에 의하여 생산된 것으로 추정한다(법 제129조). 다만, 지문 중 '간주한다'라는 표현은 '추정한다'라고 수정하여야 올바른 표현이 된다.

정답 ⑤

23 특허권 침해에 관한 설명으로 옳지 않은 것은? (다툼이 있는 경우에는 판례에 의함)

[2010년 기출]

① 특허권자는 고의 또는 과실이 있는 경우는 물론 무과실로 특허권을 침해한 자에 대하여도 침해금지청구권을 행사할 수 있다.
② 특허권을 침해하는 제품을 생산·판매한 이후에 특허발명의 청구범위를 정정하는 심결이 확정되었더라도, 특허법 제130조(과실의 추정)에 의하여 특허권 침해행위에 과실이 있는 것으로 추정하는 법리는 정정을 전·후하여 그대로 유지된다.
③ 특허된 제조방법으로 생산된 물건과 동일한 물건이 특허법 제129조(생산방법의 추정)의 규정을 적용 받기 위해서는 그 출원 전에 국내에서 공개되지 아니한 신규한 물건이라야 한다.
④ 특허법 제127조(침해로 보는 행위) 제1호의 물건의 발명에 대한 간접침해에서 '생산'이란 발명의 구성요소 일부를 결여한 물건을 사용하여 발명의 모든 구성요소를 가진 물건을 새로 만들어내는 모든 행위를 의미하므로, 공업적 생산에 한하지 않고 가공, 조립 등의 행위도 포함된다.
⑤ 특허권의 존속기간이 만료된 때라도 특허권자는 소멸된 특허권에 터 잡아 특허법 제126조(권리침해에 대한 금지청구권 등)에 따른 특허침해금지 및 특허침해제품의 폐기를 주장할 수 있는 경우가 있다.

해설

① |O| 침해금지청구권은 물권적 청구권으로서 침해자의 고의·과실·책임능력은 요구하지 않으며 객관적인 위법요소만 있으면 족하다. 이 점에서 고의·과실을 요하는 손해배상청구의 요건과 다르다.
② |O| 특허권을 침해하는 제품을 생산·판매한 후에 특허발명의 청구범위를 정정하는 심결이 확정되었더라도, 정정심결의 확정 전·후로 청구범위에 실질적인 변경이 없었으므로, 법 제130조에 의해 특허권 침해행위에 과실이 있는 것으로 추정하는 법리는 정정을 전·후하여 그대로 유지된다(대판 2009다19925).
③ |O| 법 제129조에 의해 대체적으로 옳은 표현이 된다. 그러나 엄밀하게는 당해 물건이 i) '국내'에서 공지되었거나 공연히 실시된 경우 ii) '국내 또는 국외'에서 반포된 간행물에 게재되거나 대통령령이 정하는 전기통신회선을 통하여 공중이 이용가능하게 된 경우가 아니어야 본 추정규정이 적용될 수 있다.
④ |O| 대판 2007후3356(연마패드 사례)
⑤ |X| 특허권이 소멸된 이상 침해금지청구소송을 제기할 수는 없다. 다만 특허 존속기간 중의 침해자에게 소멸시효가 완성되지 않았다면 손해배상청구소송을 제기할 수 있을 뿐이다.

정답 ⑤

24 특허권 침해에 대한 구제조치에 관한 설명 중 옳은 것만 모두 고른 것은? (다툼이 있는 경우에는 판례에 의함) [2010년 기출]

> ㄱ. 특허권 침해의 피해자가 침해죄에 해당하는 침해행위를 조성한 물건을 교부받은 경우에는 이미 침해대상 물건을 교부받았기 때문에 그 물건의 가액을 초과하는 손해액에 대해서는 배상을 청구할 수 없다.
> ㄴ. 확장해석을 금하는 죄형법정주의의 원칙이나 특허권 직접침해의 예비단계행위에 불과한 간접침해행위를 특허권 직접침해의 기수범과 같은 벌칙에 의하여 처벌할 때 초래되는 형벌의 불균형성 등에 비추어 간접침해행위는 형사 처벌할 수 없다.
> ㄷ. 침해죄, 사위행위의 죄 및 허위표시의 죄에 대해서는 양벌규정이 적용되나, 법인 또는 개인은 그 위반행위 방지를 위해 해당 업무에 관하여 상당한 주의와 감독을 게을리 하지 않은 경우 책임을 면할 수 있다.
> ㄹ. 작은 발명에는 작은 보호, 큰 발명에는 큰 보호를 한다는 원칙에 따라 실용신안권 침해죄는 특허권 침해죄에 비해 처벌이 가볍다.

① ㄱ, ㄷ
② ㄴ, ㄷ
③ ㄴ, ㄹ
④ ㄱ, ㄴ, ㄷ
⑤ ㄴ, ㄷ, ㄹ

해설

ㄱ. |×| 침해죄에 해당하는 침해행위를 조성한 물건 또는 그 침해행위로부터 생긴 물건은 이를 몰수하거나 피해자의 청구에 의하여 그 물건을 피해자에게 교부할 것을 선고하여야 한다(법 제231조 제1항). 이 경우 피해자는 물건을 교부받은 경우에는 그 물건의 가액을 초과하는 손해의 액에 한하여 배상을 청구할 수 있다(법 제231조 제2항).

ㄴ. |○| 구 특허법(1990.1.13. 법률 제4207호로 개정되기 전의 것) 제64조 소정의「침해로 보는 행위」에 대하여 특허권 침해의 민사책임을 부과하는 외에 같은 법 제158조 제1항 제1호에 의한 형사처벌까지 가능한가가 문제될 수 있는데, 확장해석을 금하는 죄형법정주의의 원칙이나, 특허권 침해의 미수범에 대한 처벌규정이 없어 특허권 직접침해의 미수범은 처벌되지 아니함에도 특허권 직접침해의 예비단계행위에 불과한 간접침해행위를 특허권 직접침해의 기수범과 같은 벌칙에 의하여 처벌할 때 초래되는 형벌의 불균형성 등에 비추어 볼 때, 제64조의 규정은 특허권자 등을 보호하기 위하여 특허권의 간접침해자에게도 민사책임을 부과시키는 정책적 규정일 뿐 이를 특허권 침해행위를 처벌하는 형벌법규의 구성요건으로서 까지 규정한 취지는 아니다(대판 92도3350).

ㄷ. |○| 법인 또는 개인이 그 위반행위를 방지하기 위하여 해당 업무에 관하여 상당한 주의와 감독을 게을리하지 아니한 경우에는 그러하지 아니하다(법 제230조 단서). 종래의 양벌규정은 문언상 영업주가 종업원 등에 대한 관리·감독상 주의의무를 다하였는지 여부에 관계없이 영업주를 처벌하도록 하고 있어 책임주의 원칙에 위배될 소지가 있었다. 따라서 개정법(08.12.26 시행)에서는 영업주가 종업원 등에 대한 관리·감독상 주의의무를 다한 경우에는 처벌을 면하게 함으로써 양벌규정에도 책임주의 원칙이 관철되도록 하였다.

ㄹ. |×| 실용신안법 제45조는 특허법 제225조와 동일한 규정을 두고 있다. 따라서 실용신안권 침해죄는 특허권 침해죄와 처벌이 동일하다.

정답 ②

25 특허권 침해에 대한 권리자의 구제와 관련된 설명 중 옳지 않은 것으로만 묶인 것은?

[2010년 기출]

> ㄱ. 특허권자는 특허법 제128조(손해액의 추정 등) 제2항에 따라 침해로 인해 감소한 특허권자의 특허물품 판매수량에 침해자가 판매한 침해물품의 단위당 이익액을 곱한 금액을 손해로 주장할 수 있다.
> ㄴ. 침해자가 침해행위로 인하여 얻은 이익액은 특허법 제128조(손해액의 추정 등) 제4항 따라 특허권자의 손해로 추정되지만 침해자가 위와 같은 추정의 번복사유를 주장, 입증하면 위 추정은 깨질 수 있다.
> ㄷ. 특허법 제128조(손해액의 추정 등) 제5항에 의하여 통상실시료 상당의 손해액이 추정되는 경우, 침해자에게 고의 또는 중과실이 없는 때에는 법원은 손해배상의 액을 정함에 있어 위 추정된 손해액에 이를 참작할 수 있다.
> ㄹ. 특허권 침해로 인하여 특허권자의 업무상 신용이 실추된 경우에 법원이 특허권자의 신용회복을 위하여 필요한 조치를 명하기 위해서는 특허권 침해가 고의 또는 과실에 의하여 이루어졌을 것이 요구된다.

① ㄱ, ㄴ
② ㄱ, ㄷ
③ ㄴ, ㄷ
④ ㄴ, ㄹ
⑤ ㄷ, ㄹ

해설

ㄱ. |×| 침해자가 침해행위를 조성한 물건을 양도한 경우 그 양도수량이 특허권자 생산가능수량에서 실제 판매한 수량을 뺀 수량보다 적다면, 그 물건의 양도수량에 특허권자 또는 전용실시권자가 침해행위가 없었다면 판매할 수 있었던 물건의 단위 수량당 이익액을 곱한 금액을 특허권자 또는 전용실시권자가 받은 손해액으로 할 수 있다(법 제128조 제2항 제1호). 즉, 법 제128조 제2항 제1호의 금액은 특허권자 또는 전용실시권자의 판매물건의 단위 수량당 이익액을 곱해야 한다. 이 규정에 의하면 특허권자 등이 침해자의 판매수량만 확인하면 침해자의 단위 이익액을 알 수 없다고 하더라도 특허권자 등의 단위이익을 이용할 수 있으므로 계산이 용이하여 특허권자 등을 충분히 보호할 수 있다.

ㄴ. |○| 권리를 침해한 자가 그 침해행위에 의하여 이익을 받은 때에는 그 이익의 액을 특허권자 또는 전용실시권자가 받은 손해의 액으로 추정한다(법 제128조 제4항). 한편, 이는 입증책임 전환 규정이므로 침해자는 특허권자 등의 실 손해액이 자신의 이익액 보다 적음을 입증하여 본 조항의 추정효과를 벗어날 수 있다.

ㄷ. |×| 특허발명의 실시에 대하여 합리적으로 받을 수 있는 금액에 상당하는 액을 특허권자 또는 전용실시권자가 받은 손해의 액으로 하여 그 손해배상을 청구할 수 있는데(법 제128조 제5항), 침해자에게 고의 또는 중과실이 없을 때 이를 참작하는 것은 통상실시료 상당의 손해액에 대해서가 아니라 그 초과액에 대해서이다(법 제128조 제6항).

ㄹ. |○| 법원은 '고의 또는 과실'에 의하여 특허권 또는 전용실시권을 침해함으로써 특허권자 또는 전용실시권자의 업무상의 신용을 실추하게 한 자에 대하여는 특허권자 또는 전용실시권자의 청구에 의하여 손해배상에 갈음하거나 손해배상과 함께 특허권자 또는 전용실시권자의 업무상의 신용회복을 위하여 필요한 조치를 명할 수 있다(법 제131조).

정답 ②

26 다음 설명 중 옳은 것은? (다툼이 있는 경우 판례에 의함)

① 특허법 제128조 제7항은 자유심증주의하에서 손해가 발생된 것은 인정되나 손해액을 입증하기 위하여 필요한 사실을 입증하는 것이 해당 사실의 성질상 극히 곤란한 경우에는 증명도·심증도를 경감함으로써 손해의 공평·타당한 분담을 지도원리로 하는 손해배상제도의 이상과 기능을 실현하고자 하는 데 취지가 있는 것이므로, 법관에게 손해액 산정에 관한 자유재량을 부여한 규정으로 해석된다.

② 특허권의 존속기간이 경과한 후라도 특허권자는 소멸된 특허발명에 터잡아 특허법 제126조에 따른 특허침해금지 및 특허침해제품의 폐기를 주장할 수 있다.

③ 특허권을 침해하는 제품을 생산·판매한 이후에 특허발명의 청구범위를 정정하는 심결이 확정되었더라도, 정정심결의 확정 전·후로 청구범위에 실질적인 변경이 없었으므로, 특허권 침해행위에 과실이 있는 것으로 추정하는 법리는 정정을 전·후하여 그대로 유지된다.

④ 甲 회사가 특허기술이 적용된 공사를 직접 수주받아 시공함으로써 이익을 얻고자 특허권자인 乙 회사에게서 전용실시권을 취득하였는데, 乙 회사가 위 전용실시권을 침해하여 제3자로 하여금 공사를 수주하도록 한 후 이를 하도급받아 시공하여, 甲 회사가 위 공사를 수주받아 시공할 수 없게 된 경우, 乙 회사의 전용실시권 침해행위로 인하여 甲 회사가 입은 손해는, 전용실시권 침해로 인하여 甲 회사가 공사를 수주·시공하지 못하여 얻지 못한 이익을 기준으로 산정할 것이 아니라, 乙 회사가 특허기술이 적용되어 설계된 공사를 수주한 회사로부터 받기로 한 실시료를 기준으로 산정하여야 한다.

⑤ 위 ④에서 甲 회사가 특허권자인 乙 회사와 특허전용사용승인계약을 체결하였는데, 乙 회사 대표이사 丙이 직접 전용사용승인계약을 체결하고 甲 회사에 전용실시권을 설정하였음에도 이후 제3자에게 통상실시권을 설정하여 특허기술이 적용된 공사를 수주할 수 있도록 하였다면, 丙의 행위가 乙 회사의 직무에 관하여 이루어진 것이므로 乙 회사가 책임질 뿐 丙이 甲 회사에 대하여 손해배상책임을 지지 않는다.

해설

① |×| 법원은 특허권 또는 전용실시권 침해에 관한 소송에서 손해 발생 사실은 입증되었으나 사안의 성질상 손해액에 대한 입증이 극히 곤란한 경우 특허법 제128조 제2항 내지 제6항의 규정에도 불구하고 같은 조 제7항에 의하여 변론 전체의 취지와 증거조사 결과에 기초하여 상당한 손해액을 인정할 수 있으나, 이는 자유심증주의하에서 손해가 발생된 것은 인정되나 손해액을 입증하기 위하여 필요한 사실을 입증하는 것이 해당 사실의 성질상 극히 곤란한 경우에는 증명도·심증도를 경감함으로써 손해의 공평·타당한 분담을 지도원리로 하는 손해배상제도의 이상과 기능을 실현하고자 하는 데 취지가 있는 것이지, 법관에게 손해액 산정에 관한 자유재량을 부여한 것은 아니므로, 법원이 위와 같은 방법으로 구체적 손해액을 판단할 때에는 손해액 산정 근거가 되는 간접사실들의 탐색에 최선의 노력을 다해야 하고, 그와 같이 탐색해 낸 간접사실들을 합리적으로 평가하여 객관적으로 수긍할 수 있는 손해액을 산정해야 한다(대법원 2011. 5. 13. 선고 2010다58728 판결).

② |×| 특허권의 존속기간이 경과한 후에는 특허권자가 소멸된 특허발명에 터잡아 특허법 제126조에 따른 특허침해금지 및 특허침해제품의 폐기를 주장할 수 없다(대법원 2009.10.15. 선고 2007다45876 판결).

③ |O| 대법원 2009.10.15. 선고 2007다45876 판결

④, ⑤ |×| 甲 회사가 특허기술이 적용된 공사를 직접 수주받아 시공함으로써 이익을 얻고자 특허권자인 乙 회사에게서 전용실시권을 취득하였는데, 乙 회사가 위 전용실시권을 침해하여 제3자로 하여금 공사를 수주하도록 한 후 이를 하도급받아 시공하여, 甲 회사가 위 공사를 수주받아 시공할 수 없게 된 사안에서, 乙 회사의 전용실시권 침해행위로 인하여 甲 회사가 입은 손해는, 특허법 제128조 제7항에 의하여 손해액을 산정할 수밖에 없더라도, 위 전용실시권 침해로 인하여 甲 회사가 위 공사를 수주·시공하지 못하여 얻지 못한 이익을 기준으로 산정하는 것이 합리적이고, 乙 회사가 특허기술이 적용되어 설계된 공사를 수주한 회사로부터 받기로 한 실시료를 기준으로 산정할 수 없다. 또한, 甲 회사가 특허권자인 乙 회사와 특허전용사용승인계약을 체결하였는데, 乙 회사 대표이사 丙이 직접 위 전용사용승인계약을 체결하고 甲 회사에 특허전용실시권을 설정하였음에도 이후 제3자에게 위 특허에 관한 통상실시권을 설정하여 특허기술이 적용된 공사를 수주할 수 있도록 한 사안에서, 丙은 甲 회사의 전용실시권을 침해하는 불법행위를 한 자로서 甲 회사에 대하여 손해배상책임이 있고, 丙의 행위가 乙 회사의 직무에 관하여 이루어진 것이라고 하여 위 책임을 면할 수 없다(대법원 2011. 5. 13. 선고 2010다58728 판결).

정답 ③

27 甲은 자신이 특허 받은 제품을 매년 25,000개 생산할 수 있는 공장시설을 완공하여 2014년 1년간 10,000개를 제조·판매하였다. 甲의 제품 한 개당 판매가격은 11,000원이며, 한 개당 이익액은 1,000원이다. 乙은 甲의 특허제품과 동일한 제품을 2014년 1년간 15,000개를 제조·판매하였다. 乙의 제품 한 개당 판매가격은 10,000원이며, 한 개당 이익액은 2,000원이다. 한편, 甲의 특허제품의 실시에 대하여 합리적으로 받을 수 있는 금액은 매출액의 5%이다. 특허법 제128조(손해액의 추정 등)에 따른 甲의 2014년 1년간 손해액에 관한 설명으로 옳지 않은 것은? (단, 乙의 제조·판매 행위가 甲의 특허권을 침해한 것으로 보며, 특허권자 甲이 침해행위 외의 사유로 판매할 수 없었던 사정은 없는 것으로 본다.) [2015년 기출]

① 특허법 제128조 제2항에 따를 경우 乙의 판매수량 15,000개에 甲의 제품 한 개당 이익액 1,000원을 곱한 1,500만원을 甲의 손해액으로 할 수 있다.
② 만일 甲 공장의 생산능력이 연간 20,000개라면, 특허법 제128조 제2항에 따를 경우 1,000만원까지만 甲의 손해액으로 할 수 있다.
③ 만일 甲 공장의 생산능력이 연간 30,000개라면, 특허법 제128조 제2항에 따를 경우 2,000만원을 甲의 손해액으로 할 수 있다.
④ 특허법 제128조 제4항에 따를 경우 乙의 이익액인 3,000만원을 甲의 손해액으로 추정한다.
⑤ 특허법 제128조 제5항에 따를 경우 乙의 매출액 1억 5천만원의 5%인 750만원을 甲의 손해액으로 하여 손해배상을 청구할 수 있다.

해 설

① |O| 1,500만원
  [(침해자 양도수량 15,000개 − 공제수량 0개) ≤ Max 수량 15,000개] × 배타권자 이익액 1,000원 + [공제수량 0개 + Max 초과수량 0개 − 실시권 설정 불가수량 0개] × 10,000원 × 0.05
② |×| 1,250만원
  [(침해자 양도수량 15,000개 − 공제수량 0개) ≤ Max 수량 10,000개] × 배타권자 이익액 1,000원 + [공제수량 0개 + Max 초과수량 5,000개 − 실시권 설정 불가수량 0개] × 10,000원 × 0.05
③ |×| 1,500만원
  [(침해자 양도수량 15,000개 − 공제수량 0개) ≤ Max 수량 20,000개] × 배타권자 이익액 1,000원 + [공제수량 0개 + Max 초과수량 0개 − 실시권 설정 불가수량 0개] × 10,000원 × 0.05
④ |O| 15,000 × 2,000 = 3,000만원
⑤ |O| 15,000 × 10,000 × 0.05 = 750만원

정 답 ②, ③

28 특허법상 비밀유지명령제도에 관한 설명으로 옳은 것은?

① 국내는 물론 외국에서 정당한 사유 없이 비밀유지명령을 위반한 자에 대해서도 비밀유지명령을 신청한 자의 고소가 있어야 공소를 제기할 수 있다.
② 비밀유지명령을 받은 자는 비밀유지명령에 대한 법원의 결정이 확정된 때부터 효력이 발생한다.
③ 비밀유지명령을 받은 자는 일정한 경우에 법원의 비밀유지명령에 대해 취소신청을 할 수 있지만, 취소 신청에 대한 재판에 대하여 즉시항고를 할 수 없다.
④ 특허권 침해에 관한 소송에서 특허청장은 특허법 제224조의3(비밀유지명령)제1항에 따라 그 당사자의 신청에 따라 결정으로 다른 당사자 등에게 그 영업비밀을 그 소송의 계속적인 수행외의 목적으로 사용하거나 그 영업비밀에 관계된 이 항에 따른 명령을 받은 자 외의 자에게 공개하지 아니할 것을 명할 수 있다.
⑤ 비밀유지명령을 위반한 자는 3년 이하의 징역 또는 3천만원 이하의 벌금에 처한다.

해 설

① 국외에서 위반해도 죄에 해당한다. 비밀유지명령 위반되는 친고죄이다(특허법 제229조의2).
② 비밀유지명령 결정은 불복이 허용되지 않아 결정서를 송달받은 때부터 효력이 발생한다(특허법 제224조의3).
③ 즉시항고를 통해 불복 가능하다(특허법 제224조의4).
④ 비밀유지명령은 판사가 담당한다(특허법 제224조의3 제1항).
⑤ 5년 이하의 징역 또는 5천만원 이하의 벌금에 처한다(특허법 제229조의2 제1항).

정답 ①

29 특허법상 비밀유지명령에 관한 설명으로 옳은 것은? [2018년 기출]

① 특허권 침해에 관한 소송에서 특허청장은 특허법 제224조의3(비밀유지명령)제1항에 따라 그 당사자의 신청에 따라 결정으로 다른 당사자 등에게 그 영업비밀을 그 소송의 계속적인 수행 외의 목적으로 사용하거나 그 영업비밀에 관계된 이 항에 따른 명령을 받은 자 외의 자에게 공개하지 아니할 것을 명할 수 있다.
② 비밀유지명령을 취소하는 재판은 확정되어야 효력이 발생하고, 비밀유지명령의 취소신청에 대한 재판에 대해서는 즉시항고를 할 수 있다.
③ 비밀유지명령을 취소하는 재판을 한 법원은 비밀유지명령의 취소신청을 한 자에게 취소재판을 한 날로부터 2주일 이내에 비밀유지명령의 취소 재판을 한 사실을 알려야 한다.
④ 특허권 침해소송에서 비밀유지명령이 결정된 경우에 비밀유지명령은 이 결정서가 비밀유지명령을 받은 자에게 송달된 날의 다음 날부터 효력이 발생한다.
⑤ 비밀유지명령이 내려진 소송에 관한 소송기록에 대하여 민사소송법 제163조(비밀보호를 위한 열람 등의 제한)제1항의 결정이 있었던 경우, 법원서기관 등은 그 열람 등의 청구를 한

자를 포함하여 민사소송법 제163조제1항의 신청을 한 당사자에게 그 청구 직후에 그 열람 등의 청구가 있었다는 사실을 알려야 한다.

> **해설**
> ① 비밀유지명령은 소송절차에서 등장하는 내용이기 때문에 특허청장이 담당하지 않는다. 특허청장이 아니라 법원이 명령한다(특허법 제224조의3 제1항).
> ② 특허법 제224조의4 제3항, 제4항
> ③ 비밀유지명령의 취소신청을 한 자와 상대방 외에 비밀유지명령을 받은 자가 또 있다면 그 자에게 즉시 비밀유지명령의 취소 재판을 한 사실을 알린다(특허법 제224조의4 제5항).
> ④ 다음날이 아니라 송달된 때부터 효력이 발생한다(특허법 제224조의3 제4항).
> ⑤ 당사자가 열람청구를 했으나 그 열람문서를 복사하러 온 자가 비밀유지명령을 받지 아니한 자라면 법원사무관 등은 열람청구가 있었다는 사실을 열람제한신청을 한 당사자에게 알린다(특허법 제224조의5 제1항).

정답 ②

30 특허법상 비밀유지명령제도에 관한 설명으로 옳은 것은? [2013년 기출]

① 국내는 물론 외국에서 정당한 사유 없이 비밀유지명령을 위반한 자에 대해서도 비밀유지명령을 신청한 자의 고소가 있어야 공소를 제기할 수 있다.
② 비밀유지명령을 받은 자는 비밀유지명령에 대한 법원의 결정서가 송달된 때부터 제3자에 대하여 대항할 수 있다.
③ 비밀유지명령을 받은 자는 일정한 경우에 법원의 비밀유지명령에 취소신청을 할 수 있지만, 취소 신청에 대한 재판에 대하여 즉시항고를 할 수 없다.
④ 모든 비밀유지명령이 취소된 소송을 제외하고 비밀유지명령이 내려진 소송에 관한 소송기록의 열람 등의 청구가 있는 경우에 법원사무관 등은 그 청구일부터 2주일 이내에 그 열람 등의 청구가 있었다는 사실을 당사자에게 알려야 한다.
⑤ 법원은 특허침해소송에서 당사자가 보유한 영업비밀에 대해서는 다른 당사자가 그 영업비밀을 어떠한 경우에도 해당 소송의 계속적인 수행 외의 목적으로 사용하지 아니할 것을 명령할 수 있다.

> **해설**
> ① |○| 법 제229조의2
> 제1항 : 국내외에서 정당한 사유 없이 제224조의3제1항에 따른 비밀유지명령을 위반한 자는 5년 이하의 징역 또는 5천만원 이하의 벌금에 처한다.
> 제2항 : 제1항의 죄는 비밀유지명령을 신청한 자의 고소가 없으면 공소를 제기할 수 없다.
> ② |×| 법 제224조의3

제3항 : 법원은 비밀유지명령이 결정된 경우에는 그 결정서를 비밀유지명령을 받은 자에게 송달하여야 한다.

제4항 : 비밀유지명령은 제3항의 결정서가 비밀유지명령을 받은 자에게 송달된 때부터 효력이 발생한다.

③ |×| 법 제224조의4

제1항 : 비밀유지명령을 신청한 자 또는 비밀유지명령을 받은 자는 제224조의3제1항에 따른 요건을 갖추지 못하였거나 갖추지 못하게 된 경우 소송기록을 보관하고 있는 법원(소송기록을 보관하고 있는 법원이 없는 경우에는 비밀유지명령을 내린 법원)에 비밀유지명령의 취소를 신청할 수 있다.

제3항 : 비밀유지명령의 취소신청에 대한 재판에 대해서는 즉시항고할 수 있다.

④ |×| 법 제224조의5 제1항

비밀유지명령이 내려진 소송(모든 비밀유지명령이 취소된 소송은 제외한다)에 관한 소송기록에 대하여 「민사소송법」 제163조제1항의 결정이 있었던 경우, 당사자가 같은 항에서 규정하는 비밀 기재부분의 열람 등의 청구를 하였으나 그 청구 절차를 해당 소송에서 비밀유지명령을 받지 아니한 자가 밟은 경우에는 법원서기관, 법원사무관, 법원주사 또는 법원주사보(이하 이 조에서 "법원사무관등"이라 한다)는 「민사소송법」 제163조제1항의 신청을 한 당사자(그 열람 등의 청구를 한 자는 제외한다. 이하 제3항에서 같다)에게 그 청구 직후에 그 열람 등의 청구가 있었다는 사실을 알려야 한다.

⑤ |×| 법 제224조의3 제1항 단서

법원은 특허권 또는 전용실시권의 침해에 관한 소송에서 그 당사자가 보유한 영업비밀(「부정경쟁방지 및 영업비밀보호에 관한 법률」 제2조제2호에 따른 영업비밀을 말한다. 이하 같다)에 대하여 다음 각 호의 사유를 모두 소명한 경우에는 그 당사자의 신청에 따라 결정으로 다른 당사자(법인인 경우에는 그 대표자), 당사자를 위하여 소송을 대리하는 자, 그 밖에 그 소송으로 인하여 영업비밀을 알게 된 자에게 그 영업비밀을 그 소송의 계속적인 수행 외의 목적으로 사용하거나 그 영업비밀에 관계된 이 항에 따른 명령을 받은 자 외의 자에게 공개하지 아니할 것을 명할 수 있다. 다만, 그 신청 시점까지 다른 당사자(법인인 경우에는 그 대표자), 당사자를 위하여 소송을 대리하는 자, 그 밖에 그 소송으로 인하여 영업비밀을 알게 된 자가 제1호에 규정된 준비서면의 열람이나 증거조사 외의 방법으로 그 영업비밀을 이미 취득하고 있는 경우에는 그러하지 아니하다.

정답 ①

31 특허권 침해의 구제에 관한 설명으로 옳은 것은? (다툼이 있는 경우에는 판례에 의함)

[2012 기출문제]

① 회사 임원의 직무발명에 관하여 회사 등이 그 임원을 배제한 채 회사 명의의 특허등록을 마친 경우, 위 임원이 입은 재산상 손해액의 산정 시에는 특허법 제128조(손해액의 추정등) 제4항을 유추적용 할 수 있다.
② 특허법 제128조(손해액의 추정등) 제4항은 특허권자에게 손해가 발생한 경우에 그 손해액을 평가하는 방법을 정한 것에 불과하여 침해행위에도 불구하고 특허권자에게 손해가 없는 경우에는 적용되지 않지만, 손해의 발생에 관한 주장·입증의 정도에 있어서는 경업관계 등으로 인하여 손해 발생의 염려 내지 개연성이 있음을 주장·입증하는 것으로 충분하다.
③ 특허법에서는 "법원은 특허권 또는 전용실시권의 침해에 관한 소송에 있어서 손해가 발생된 것은 인정되나 그 손해액을 입증하기 위하여 필요한 사실을 입증하는 것이 해당 사실의 성질상 극히 곤란한 경우에는 변론 전체의 취지와 증거조사의 결과에 기초하여 상당한 손해액을 인정할 수 있다"고 하여 법관에게 손해액 산정에 관하여 자유재량권을 부여하고 있다.
④ 특허권의 존속기간이 경과하였더라도 특허권자는 소멸된 특허권을 기초로 하여 손해배상, 특허침해금지 및 특허침해제품의 폐기를 청구할 수 있다.
⑤ 특허침해행위로 인한 수입액에서 그에 상응하는 비용을 공제하는 방법으로 특허법 제128조(손해액의 추정등) 제4항에 의한 특허권자의 손해액을 산정함에 있어서, 비용산출의 계산방식은 자백의 대상이다.

> 해 설

① |×| 구 특허법(2006. 3. 3. 법률 제7869호로 개정되기 전의 것) 제39조 제1항의 직무발명에 해당하는 회사 임원의 발명에 관하여 회사와 그 대표이사가 임원의 특허를 받을 수 있는 권리를 적법하게 승계하지 않고 같은 법 제40조에 의한 보상도 하지 않은 상태에서 위 임원을 배제한 채 대표이사를 발명자로 하여 회사 명의의 특허등록을 마침으로써 임원의 특허를 받을 수 있는 권리를 침해한 경우, 위 임원이 입은 재산상 손해액은 임원이 구 특허법 제40조에 의하여 받을 수 있었던 정당한 보상금 상당액이다. 그 수액은 직무발명제도와 그 보상에 관한 법령의 취지를 참작하고 증거조사의 결과와 변론 전체의 취지에 의하여 밝혀진 당사자들 사이의 관계, 특허를 받을 수 있는 권리를 침해하게 된 경위, 위 발명의 객관적인 기술적 가치, 유사한 대체기술의 존재 여부, 위 발명에 의하여 회사가 얻을 이익과 그 발명의 완성에 위 임원과 회사가 공헌한 정도, 회사의 과거 직무발명에 대한 보상금 지급례, 위 특허의 이용 형태 등 관련된 모든 간접사실들을 종합하여 정함이 상당하고, 등록된 특허권 또는 전용실시권의 침해행위로 인한 손해배상액의 산정에 관한 특허법 제128조 제4항을 유추적용하여 이를 산정할 것은 아니다(대판 2007다37370).
② |O| 특허권 등의 침해로 인한 손해액의 추정에 관한 특허법 제128조 제4항에서 말하는 이익은 침해자가 침해행위에 따라 얻게 된 것으로서 그 내용에 특별한 제한은 없으나, 이 규정은 특허권자에게 손해가 발생한 경우에 그 손해액을 평가하는 방법을 정한 것에 불과하여 침해행위에도 불구하고 특허권자에게 손해가 없는 경우에는 적용될 여지가 없으며, 다만 손해의 발생에 관한 주장·입증의 정도에 있어서는 경업관계 등으로 인하여 손해 발생의 염려 내지 개연성이 있음을 주장·입증하는 것으로 충분하다(대판 2006다1831).
③ |×| 법원은 특허권 또는 전용실시권 침해에 관한 소송에서 손해 발생 사실은 입증되었으나 사안

의 성질상 손해액에 대한 입증이 극히 곤란한 경우 특허법 제128조 제2항 내지 제6항의 규정에도 불구하고 같은 조 제7항에 의하여 변론 전체의 취지와 증거조사 결과에 기초하여 상당한 손해액을 인정할 수 있으나, 이는 자유심증주의하에서 손해가 발생된 것은 인정되나 손해액을 입증하기 위하여 필요한 사실을 입증하는 것이 해당 사실의 성질상 극히 곤란한 경우에는 증명도·심증도를 경감함으로써 손해의 공평·타당한 분담을 지도원리로 하는 손해배상제도의 이상과 기능을 실현하고자 하는 데 취지가 있는 것이지, 법관에게 손해액 산정에 관한 자유재량을 부여한 것은 아니므로, 법원이 위와 같은 방법으로 구체적 손해액을 판단할 때에는 손해액 산정 근거가 되는 간접사실들의 탐색에 최선의 노력을 다해야 하고, 그와 같이 탐색해 낸 간접사실들을 합리적으로 평가하여 객관적으로 수긍할 수 있는 손해액을 산정해야 한다(대판 2010다58728).

④ |×| 특허권의 존속기간이 경과한 후에는 특허권가 소멸된 특허발명에 터잡아 특허 법 제126조에 따른 특허침해금지 및 특허침해제품의 폐기를 주장 할 수 없다(대판 2007다45876).

⑤ |×| 특허침해행위로 인한 수입액에서 그에 상응하는 비용을 공제하는 방법으로 특허법 제128조 제4항에 의한 특허권자의 손해액을 산정함에 있어서 위 비용산출의 계산방식이 자백의 대상이 아니다(대판 2006다1831).

정답 ②

32 특허권 침해의 손해배상에 관한 설명으로 옳지 않은 것은? (다툼이 있는 경우에는 판례에 의함)

[2014년 기출]

① 법원은 특허권의 침해소송에서 당사자의 신청에 의하여 타당사자에 대하여 당해 침해행위로 인한 손해의 계산을 하는 데에 필요한 서류의 제출을 명할 수 있으며, 법원의 제출명령에도 불구하고 그 서류의 소지자가 그 제출을 거절할 정당한 이유가 있는 때에는 그 서류를 제출하지 않을 수 있다.

② 특허법 제128조(손해액의 추정등) 제2항 제1호 규정을 적용함에 있어서 특허권자가 그 일실이익 손해액을 입증하기 위해서는 적어도 침해자가 침해행위를 하게 한 물건의 양도수량과 당해 침해행위가 없었다면 판매할 수 있었던 물건의 단위수량당 이익액을 입증하여야 한다.

③ 특허법 제128조(손해액의 추정등) 제4항에서의 침해행위에 의한 이익은 침해자가 특허침해행위에 의하여 얻게 된 것을 말하는데, 그 침해행위에도 불구하고 특허권자에게 손해가 없는 경우에도 침해자가 침해행위로 인하여 이익을 받았으면 이 규정을 적용할 수 있다.

④ 특허법 제128조(손해액의 추정등) 제5항에 의하여 특허발명의 실시에 대하여 합리적으로 받을 수 있는 금액에 상당하는 액을 결정함에 있어 당해 특허발명에 대하여 특허권자가 제3자와의 사이에 특허권 실시계약을 맺고 실시료를 받은 바 있다면 그 계약내용을 침해자에게도 유추적용하는 것이 현저하게 불합리하다는 특별한 사정이 없는 한 그 실시계약에서 정한 실시료를 참작하여 위 금액을 산정하여야 한다.

⑤ 특허침해로 손해가 발생된 것은 인정되나 그 손해액을 입증하기 위하여 필요한 사실을 입증하는 것이 극히 곤란한 경우에는 법원은 변론 전체의 취지와 증거조사의 결과에 기초하여 상당한 손해액을 인정할 수 있다.

해설

① |○| 법 제132조
② |○| 입증책임 분배의 결정은 민사소송법에서의 통설과 판례인「법률요건분류설」에 의한다. 「법률요건분류설」이란 입증책임의 분배를 결정하는 것은 사법법규이든 행정법규이든 간에 실체법규의 구조 그 자체이며 실체법규는 일정한 권리발생을 규정한 권리근거 규정과 그 권리발생을 방해하는 권리장애 규정 및 권리의 소멸사유를 규정한 권리소멸 규정으로 나누어지므로 ⅰ) 권리의 존재를 주장하는 자는 권리근거 규정의 요건사실을, ⅱ) 그 부존재를 주장하는 자는 권리장애 규정과 권리소멸 규정의 요건사실을 입증하여야 한다는 견해이다.
③ |×| 법 제128조 제4항은 손해의 발생을 전제로 하여 침해자의 이익을 손해액으로 추정하는 규정으로서 침해자의 이익으로부터 손해의 발생까지 추정하는 규정은 아니다. 따라서 특허권자 또는 전용실시권자가 스스로 실시하고 있지 않는 경우는 추정의 전제인 손해의 발생 자체를 관념할 수 없으므로 이 추정규정은 적용되지 않는다(대판 2004다36505). 한편, 손해의 발생에 관한 주장, 입증의 정도에 있어서는 위 규정의 취지에 비추어 경업관계 등으로 인하여 손해 발생의 염려 내지 개연성이 있음을 주장, 입증는 것으로 족하다고 보아야 할 것이다(대판 2006다1831).
④ |○| 대법원 2006. 4. 27. 선고 2003다15006
⑤ |○| 법 제128조 제7항

정답 ③

33 특허법 제128조(손해배상청구권 등)에 따른 손해액과 배상액의 산정에 관한 설명으로 옳지 않은 것은? [2021년 기출]

① 침해에 의하여 특허권자의 손해가 발생된 것은 인정되나 그 손해액을 증명하기 위하여 필요한 사실을 증명하는 것이 해당 사실의 성질상 극히 곤란한 경우, 법원은 변론전체의 취지와 증거조사의 결과에 기초하여 상당한 손해액을 인정할 수 있다.
② 특허권자는 고의 또는 과실에 의한 특허권 침해로 입은 손해의 배상을 청구할 수 있으며, 침해한 자가 그 침해행위로 인하여 얻은 이익액을 특허권자가 입은 손해액으로 추정한다.
③ 특허권자가 손해배상을 청구하는 경우 그 특허발명의 실시에 대하여 합리적으로 받을 수 있는 금액을 본인이 입은 손해액으로 하여 손해배상을 청구할 수 있지만, 손해액이 합리적으로 받을 수 있는 금액을 초과하는 경우에는 그 초과액에 대해서도 손해배상을 청구할 수 있다.
④ 특허권자가 생산할 수 있었던 물건의 수량에서 실제 판매한 물건의 수량을 뺀 수량에 특허권자가 판매한 단위수량당 이익액을 곱한 금액을 손해액의 한도로 하고, 여기서 침해행위 외의 사유로 판매할 수 없었던 수량에 따른 금액은 빼야 한다.
⑤ 법원은 타인의 특허권을 침해한 행위가 고의적인 것으로 인정되는 경우에는 특허법 제128조(손해배상청구 등) 제1항에도 불구하고 제2항부터 제7항까지의 규정에 따라 손해로 인정된 금액의 3배를 넘지 아니하는 범위에서 배상액을 정할 수 있다.

해설

① 특허법 제128조 제7항
② 특허법 제128조 제4항
③ 특허법 제128조 제6항
④ 본 지문은 구법상 지문이다. 개정법에서는 특허권자가 생산할 수 있었던 물건의 수량에서 실제 판매한 물건의 수량을 뺀 수량을 넘는 수량 또는 침해행위 외의 사유로 판매할 수 없었던 수량에 대해서도 실시권 설정 불가 사정이 없는 한 합리적으로 받을 수 있는 금액을 손해액으로 추가할 수 있다(특허법 제128조 제2항 제2호).
⑤ 특허법 제128조 제8항

정답 ④

34 특허권 침해 구제에 관한 설명으로 옳지 않은 것은?

① 물건발명에 대한 전용실시권자는 자기의 권리를 침해한 자에 대하여 침해행위를 조성한 물건의 폐기를 청구할 수 있다.
② 물건 A에 대한 특허권의 전용실시권자 甲은 乙이 아무런 과실 없이 자신의 전용실시권을 침해하는 행위를 하였더라도 乙을 상대로 A를 제조하는데 제공된 기계의 제거를 청구할 수 있다.
③ 침해자 乙이 고의 또는 과실로 특허권 침해행위를 한 경우 법원은 특허법 제128조(손해배상청구권 등)제2항부터 제7항까지의 규정에 따라 손해로 인정된 금액보다 더 많은 금액을 배상액으로 정할 수 있다.
④ 특허권 또는 전용실시권 침해소송에서 법원이 침해로 인한 손해액의 산정을 위하여 감정을 명한 때에는 당사자는 감정인에게 감정에 필요한 사항을 설명하여야 한다.
⑤ 특허권 또는 전용실시권 침해소송에서 특허권자 또는 전용실시권자가 주장하는 침해행위의 구체적 행위태양을 부인하는 당사자는 자기의 구체적 행위태양을 제시하여야 하며, 정당한 이유 없이 자기의 구체적 행위태양을 제시하지 않는 경우 법원은 특허권자 또는 전용실시권자가 주장하는 침해행위의 구체적 행위태양을 진실한 것으로 인정할 수 있다.

해설

① 침해금지청구뿐 아니라, 장래의 침해 예방을 위해 침해행위를 조성한 물건의 폐기나 침해행위에 제공된 설비의 제거도 부대하여 청구할 수 있다(특허법 제126조 제2항).
② 손해배상청구나 신용회복청구 등과 달리 침해금지청구 및 침해 예방에 필요한 청구는 침해자의 고의 또는 과실을 요구하지 않는다(특허법 제126조).
③ 최대 3배까지의 징벌적 손해배상은 고의가 있어야 된다. 과실만 있는 경우는 징벌적 손해배상의 대상으로 인정되지 않는다(특허법 제128조 제8항).
④ 특허법 제128조의2
⑤ 특허법 제126조의2 제1항, 제4항

정답 ③

35 특허권 침해의 구제에 관한 설명으로 옳은 것은?

① 특허법은 특허권 또는 전용실시권을 침해한 자에 대하여 침해로 인하여 입은 손해의 배상을 청구할 수 있다는 명문규정을 두고 있지는 않다.
② 특허권 침해소송에서 침해의 증명에 필요한 자료를 제출하라는 명령을 받은 자가 정당한 이유없이 자료제출명령을 따르지 아니한 경우 법원은 자료의 기재에 대한 상대방의 주장을 진실한 것으로 인정할 수 있을 뿐만 아니라 상대방이 자료의 기재에 의하여 증명하고자 하는 사실에 관한 주장을 진실한 것으로 인정할 수 있는 경우도 있다.
③ 전용실시권 침해소송에서 법원이 침해로 인한 손해액의 산정을 위하여 감정을 명한 때에는 당사자는 감정인에게 감정에 필요한 사항을 설명할 수 있으며, 특별한 사유가 있는 경우에는 설명을 거부할 수 있다.
④ 법원은 특허권 침해소송에서 당사자의 신청이 있는 때 상대방 당사자에게 해당 침해의 증명 또는 침해로 인한 손해액의 산정에 필요한 자료의 제출을 명하여야 한다.
⑤ 침해소송에서 침해의 증명 또는 침해로 인한 손해액의 산정을 위하여 필요한 자료를 제출할 것을 명령받은 당사자는 그 자료가 영업비밀에 해당하는 경우, 자료의 제출을 거절할 수 있고 이는 그 자료가 침해의 증명 또는 손해액의 산정에 반드시 필요한 경우라도 마찬가지이다.

해설

① |×| 법 제128조 제1항
② |○| 법 제132조 제4항 및 제5항
③ |×| 법 제128조의 2 (필요한 사항을 설명하여야 한다. 또한 설명을 거부할 수 있는 사유에 대하여는 명문규정이 없다)
④ |×| 법 제132조 제1항 (자료의 제출을 명할 수 있다)
⑤ |×| 법 제132조 제3항 (그 자료가 영업비밀에 해당하더라도 침해의 증명 또는 손해액의 산정에 반드시 필요한 때에는 자료제출을 거절할 정당한 사유가 있는 것으로 인정되지 않는다. 다만 법원은 제출명령의 목적 내에서 열람할 수 있는 범위 또는 열람할 수 있는 사람을 지정하여야 한다)

정답 ②

36 甲은 발명 X에 대하여 특허권 등록을 받은 후, X기술이 구현된 제품을 생산·판매하고 있었다. 乙은 甲의 특허발명 X와 동일한 기술을 이용하여 정당한 권한 없이 제품을 생산·판매하였다. 甲은 乙에 대하여 특허권 침해를 주장하면서 침해금지 및 손해배상을 청구하는 소송을 제기하였다. 그러나 甲의 특허발명 X는 출원시 선행기술로부터 통상의 기술자가 쉽게 생각해 낼 수 있는 발명이었다. 다음 설명 중 옳은 것을 모두 고른 것은? (다툼이 있으면 판례에 따름)

[2016년 기출문제]

ㄱ. 甲의 침해금지 및 손해배상의 청구가 권리남용에 해당한다고 乙이 항변하는 경우, 법원은 권리남용항변의 당부를 살피기 위한 전제로서 특허발명의 진보성에 대하여 심리·판단할 수 있다.
ㄴ. 甲의 청구는 권리남용에 해당하므로 甲의 乙에 대한 침해금지 및 손해배상청구는 인용되지 않는다.
ㄷ. 乙이 실시하는 발명이 통상의 기술자가 선행기술로부터 쉽게 실시할 수 있는 것이므로 乙의 실시가 특허발명의 권리범위에 속하지 않는다는 乙의 항변은 타당하다.
ㄹ. 甲이 乙에 대하여 적극적 권리범위확인심판을 청구하는 경우, 심판관은 해당 특허발명이 진보성 결여를 이유로 무효될 것이 명백하므로 심판을 청구할 이익이 없다고 보아 甲의 청구를 각하하여야 한다.

① ㄱ, ㄴ, ㄷ
② ㄱ, ㄴ, ㄹ
③ ㄱ, ㄷ, ㄹ
④ ㄴ, ㄷ, ㄹ
⑤ ㄱ, ㄴ, ㄷ, ㄹ

해 설

ㄱ, ㄴ. |O| 대법원 2012. 1. 19. 선고 2010다95390 전원합의체
ㄷ. |O| 대법원 2001. 10. 30. 선고 99후710
ㄹ. |X| 대법원 2014. 3. 20. 선고 2012후4162 전원합의체 판결
특허법은 특허가 일정한 사유에 해당하는 경우에 별도로 마련한 특허의 무효심판절차를 거쳐 무효로 할 수 있도록 규정하고 있으므로, 특허는 일단 등록이 되면 비록 진보성이 없어 당해 특허를무효로 할 수 있는 사유가 있더라도 특허무효심판에 의하여 무효로 한다는 심결이 확정되지 않는 한 다른 절차에서 그 특허가 무효임을 전제로 판단할 수는 없다. 나아가 특허법이 규정하고 있는 권리범위확인심판은 심판청구인이 그 청구에서 심판의 대상으로 삼은 확인대상발명이 특허권의 효력이 미치는 객관적인 범위에 속하는지 여부를 확인하는 목적을 가진 절차이므로, 그 절차에서 특허발명의 진보성 여부까지 판단하는 것은 특허법이 권리범위확인심판 제도를 두고 있는 목적을 벗어나고 그 제도의 본질에 맞지 않다. 특허법이 심판이라는 동일한 절차 안에 권리범위확인심판과는 별도로 특허무효심판을 규정하여 특허발명의 진보성 여부가 문제되는 경우 특허무효심판에서 이에 관하여 심리하여 진보성이 부정되면 그 특허를 무효로 하도록 하고 있음에도 진보성 여부를 권리범위확인심판에서까지 판단할 수 있게 하는 것은 본래 특허무효심판의 기능에 속하는 것을 권리범위확인심판에 부여함으로써 특허무효심판의 기능을 상당부분 약화시킬 우려가 있다는 점에서도 바람직하지 않다. 따라서 권리범위확인심판에서는 특허발명의 진보

성이 부정된다는 이유로 그 권리범위를 부정하여서는 안된다. 다만 대법원은 특허의 일부 또는 전부가 출원 당시 공지공용의 것인 경우까지 청구범위에 기재되어 있다는 이유만으로 권리범위를 인정하여 독점적·배타적인 실시권을 부여할 수는 없으므로 권리범위확인심판에서도 특허무효의 심결 유무에 관계없이 그 권리범위를 부정할 수 있다고 보고 있으나(대법원 1983. 7. 26. 선고 81후56 전원합의체 판결 등 참조), 이러한 법리를 공지공용의 것이 아니라 그 기술분야에서 통상의 지식을 가진 자가 선행기술에 의하여 용이하게 발명할 수 있는 것뿐이어서 진보성이 부정되는 경우까지 확장할 수는 없다. 위와 같은 법리는 실용신안의 경우에도 마찬가지로 적용된다. 이와 달리 특허발명 또는 등록실용신안이 신규성은 있으나 진보성이 없는 경우 이에 관한 권리범위확인심판에서 당연히 그 권리범위를 부정할 수 있다는 취지로 판시한 대법원 1991. 3. 12. 선고 90후823 판결, 대법원 1991. 12. 27. 선고 90후1468, 1475(병합) 판결, 대법원 1997. 7. 22. 선고 96후1699 판결, 대법원 1998. 2. 27. 선고 97후2583 판결 등을 비롯한 같은 취지의 판결들은 이 판결의 견해에 배치되는 범위 내에 서 이를 모두 변경하기로 한다.

정답 ①

37 특허권 또는 전용실시권 침해에 관한 소송에 관한 설명 중 옳지 않은 것은?

① 특허권 또는 전용실시권 침해소송에서 법원이 침해로 인한 손해액의 산정을 위하여 감정을 명한 때 당사자는 감정인에게 감정에 필요한 사항을 설명하여야만 한다.
② 법원으로부터 침해의 증명 또는 침해로 인한 손해액의 산정에 필요한 자료의 제출을 명령받은 때 그 자료의 제출을 거절할 수 있는 경우가 있다.
③ 당사자가 정당한 이유 없이 법원의 자료제출명령을 따르지 아니한 때는 법원은 항상 상대방 당사자가 그 자료의 기재에 의하여 증명하고자 하는 사실에 관한 주장을 진실한 것으로 인정할 수 있다.
④ 특허권자 또는 전용실시권자가 자기의 특허권 또는 전용실시권을 침해한 자에 대하여 침해로 인하여 입은 손해의 배상을 청구한 소송에서 법원은 침해한 자의 침해행위에 대해 과실이 있는 것으로 추정한다.
⑤ 특허권자 또는 전용실시권자는 침해의 금지를 청구하는 소송에서 침해행위에 제공된 설비의 제거 또한 청구할 수 있다.

해설

① 감정을 명한 때 당사자는 감정인에게 감정사항의 설명의무가 있다(특허법 제128조의2).
② 자료의 소지자가 제출 명령 받은 자료의 제출을 거절할 정당한 이유가 있으면 제출하지 아니할 수 있다. 다만 영업비밀에 해당하나 침해의 증명 또는 손해액의 산정에 반드시 필요한 때는 자료제출을 거부할 수 있는 정당한 이유로 보지 않는다(특허법 제132조 제1항 단서, 제3항).
③ 항상이 아니고, 자료의 제출을 신청한 당사자가 그 자료의 기재에 관하여 구체적으로 주장하기에 현저히 곤란한 사정이 있고, 또한 그 자료로 증명할 사실을 다른 증거로 증명하는 것을 기대하기도 어려운 경우에 한해서만 법원이 위 당사자가 자료의 기재에 의하여 증명하고자 하는 사실에 관한 주장을 진실한 것으로 인정할 수 있다(특허법 제132조 제5항).
④ 특단의 사정이 없는 한 침해한 자는 침해행위에 대하여 과실이 있는 것으로 추정한다(특허법 제130조).

⑤ 침해금지청구에 부대해서 침해행위를 조성한 물건의 폐기, 침해행위에 제공된 설비의 제거, 그 밖에 침해의 예방에 필요한 행위를 추가로 청구할 수 있다(특허법 제126조 제2항).

정답 ③

38 특허권 침해에 관한 설명으로 옳지 않은 것은? (다툼이 있으면 판례에 따름) [2020년 기출]

① 물건에 관한 특허발명의 존재를 모르고 특허발명을 실시하는 기계를 구입하여 설명서대로 조작한 것뿐이라는 사정만으로 특허침해에 관한 과실의 추정을 번복할만한 정당한 사유라고 볼 수 없다.

② 특허권의 존재를 모른 채 도급계약에 따라 제3자 특허발명의 실시제품을 생산하였을 뿐, 계약상대방 이외의 자에게 생산된 제품을 판매하지 않았다는 사정만으로 특허침해에 관한 과실의 추정을 번복할만한 정당한 사유라고 볼 수 없다.

③ 균등침해를 판단하기 위하여 '과제 해결원리가 동일'한지 여부를 가릴 때에는 명세서에 적힌 발명의 설명의 기재는 물론 출원 당시의 공지기술을 참작하여 기술사상의 핵심을 실질적으로 판단하여야 한다.

④ 특허권에 대한 침해의 금지를 청구하는 경우 청구의 대상이 되는 제품이나 방법은 사회통념상 침해의 금지를 구하는 대상으로서 다른 것과 구별될 수 있는 정도로 구체적으로 특정되면 족하다.

⑤ 특허권 침해죄에 관한 공소사실의 특정은 피고인의 방어권 행사에 지장 없는 정도이면 족하므로, 청구범위를 기재하는 것으로 그 보호대상을, 침해자의 행위태양을 기재함으로써 공소사실을 특정해야 한다는 것이 판례의 태도이다.

해설

① 특허법 제130조의 과실추정은 복멸된 사례가 아직 특별히 없다. 참고판례를 아래에 소개한다.
"특허법 제130조는 타인의 특허권 또는 전용실시권을 침해한 자는 그 침해행위에 대하여 과실이 있는 것으로 추정한다고 규정하고 있고, 그 취지는 특허발명의 내용은 특허공보 또는 특허등록원부 등에 의해 공시되어 일반 공중에게 널리 알려져 있을 수 있고, 또 업으로서 기술을 실시하는 사업자에게 당해 기술분야에서 특허권의 침해에 대한 주의의무를 부과하는 것이 정당하다는 데 있는 것이고, 위 규정에도 불구하고 타인의 특허발명을 허락 없이 실시한 자에게 과실이 없다고 하기 위해서는 특허권의 존재를 알지 못하였다는 점을 정당화할 수 있는 사정이 있다거나 자신이 실시하는 기술이 특허발명의 권리범위에 속하지 않는다고 믿은 점을 정당화할 수 있는 사정이 있다는 것을 주장·입증하여야 할 것이다.
피고가 이 사건 특허발명의 존재를 모르고 고가의 CD복제용 기계를 구입하여 설명서대로 조작한 것뿐이라거나 이 사건 특허발명을 실시한 결과물이 유형적 형상으로 남아 있지 아니하다는 등의 사정만으로 피고가 이 사건 특허발명의 존재를 몰랐다는 점, 또는 자신이 실시하도록 한 기술이 이 사건 특허발명의 권리범위에 속하지 아니한다고 믿었던 점을 정당화할 수 있는 사정이 입증되었다고 할 수 없으므로, 피고에 대해서는 여전히 특허침해에 관하여 과실이 있는 것으로 추정된다고 판단한 원심의 조치는 옳은 것으로 수긍이 가고, 거기에 심리미진 등의 위법이 있다고 할 수 없다(대법원 2006. 4. 27. 선고 2003다15006 판결)."

② 특허법 제130조의 과실추정은 복멸된 사례가 아직 특별히 없다. 참고판례를 아래에 소개한다.
"특허법 제130조는 타인의 특허권 또는 전용실시권을 침해한 자는 그 침해행위에 대하여 과실이 있는 것으로 추정한다고 정하고 있다. 위 규정에도 불구하고 타인의 특허발명을 허락 없이 실시한 자에게 과실이 없다고 하기 위해서는 특허권의 존재를 알지 못하였다는 점을 정당화할 수 있는 사정이 있다거나 자신이 실시하는 기술이 특허발명의 권리범위에 속하지 않는다고 믿은 점을 정당화할 수 있는 사정이 있다는 것을 주장·증명하여야 한다.
원심은 간접침해자인 피고 덕우메디칼이 카테터 등 관련 의료기기 제작을 전문으로 하는 업체로서 단순히 피고 4의 요구에 따라 이 사건 카테터를 제작한 것으로 보이고, 원고의 특허를 알고 있었다거나 이 사건 카테터 등을 피고 4이외의 일반에게 판매하였다고 볼 자료가 없다는 이유로 피고 덕우메디칼의 과실 추정이 번복되었다고 보아 위 피고에 대한 손해배상청구를 기각하였다. 그러나 위에서 본 법리에 비추어 보면, 원심이 든 이유만으로는 피고 덕우메디칼이 원고의 특허권의 존재를 알지 못하였다는 점을 정당화할 수 있는 사정이나 이 사건 카테터가 이 사건 특허발명의 생산에만 사용된다는 점을 몰랐다는 것을 정당화할 수 있는 사정이 주장·증명되었다고 보기 어렵다(대법원 2019. 10. 17. 선고 2019다222782, 2019다222799 판결)."

③ 과제해결원리는 특허발명의 명세서·도면에 기재된 공지기술과 특허발명을 대비하여 그 공지기술과 차이가 나는 특허발명의 기술적 사상으로 특정한다. 따라서 특허발명 명세서와 공지기술을 참고하여 특허발명의 과제해결원리를 판단하여야 한다는 본 지문은 옳은 지문이 된다. 참고판례를 아래에 소개한다.
"특허권침해소송의 상대방이 제소 등을 하는 제품 또는 사용하는 방법(이하 '침해제품 등'이라고 한다)이 특허발명의 특허권을 침해한다고 하기 위해서는 특허발명의 특허청구범위에 기재된 각 구성요소와 그 구성요소 간의 유기적 결합관계가 침해제품 등에 그대로 포함되어 있어야 한다. 침해제품 등에 특허발명의 특허청구범위에 기재된 구성 중 변경된 부분이 있는 경우에도, 특허발명과 과제 해결원리가 동일하고, 특허발명에서와 실질적으로 동일한 작용효과를 나타내며, 그와 같이 변경하는 것이 그 발명이 속하는 기술분야에서 통상의 지식을 가진 사람이라면 누구나 쉽게 생각해 낼 수 있는 정도라면, 특별한 사정이 없는 한 침해제품 등은 특허발명의 특허청구범위에 기재된 구성과 균등한 것으로서 여전히 특허발명의 특허권을 침해한다고 보아야 한다. 여기서 침해제품 등과 특허발명의 과제 해결원리가 동일한지 여부를 가릴 때에는 특허청구범위에 기재된 구성의 일부를 형식적으로 추출할 것이 아니라, 명세서에 적힌 발명의 상세한 설명의 기재와 출원 당시의 공지기술 등을 참작하여 선행기술과 대비하여 볼 때 특허발명에 특유한 해결수단이 기초하고 있는 기술사상의 핵심이 무엇인가를 실질적으로 탐구하여 판단하여야 한다(대법원 2019. 1. 31. 선고 2018다267252 판결)."

④ 권리범위확인심판과 침해소송의 민사소송에서는 확인대상발명 혹은 침해대상제품은 특허발명과 대비가 가능하고, 다른 발명과 구별될 수 있을 정도로만 특정되면 된다. 참고판례를 아래에 소개한다.
"민사소송에 있어서 청구의 취지는 그 내용 및 범위를 명확히 알아볼 수 있도록 구체적으로 특정되어야 하는 것인바, 특허권에 대한 침해의 금지를 청구함에 있어 청구의 대상이 되는 제품이나 방법은 사회통념상 침해의 금지를 구하는 대상으로서 다른 것과 구별될 수 있는 정도로 구체적으로 특정되어야 한다(대법원 2011. 9. 8. 선고 2011다17090 판결)."

⑤ 형사소송에서는 피고인의 방어권 행사에 지장 없는 정도만이 아니라, 추가로 판단자가 능률적이고 신속하게 침해죄 여부를 판단할 수 있도록 사건(=공소사실)을 특정하여야 하므로, 특허발명에 대해서는 특허등록번호를 특정하고, 침해제품에 대해서는 제품명, 제품번호 또는 침해제품의 구성 등을 특정하여야 한다. 참고판례를 아래에 소개한다.

"형사소송법 제254조 제4항이 "공소사실의 기재는 범죄의 시일, 장소와 방법을 명시하여 사실을 특정할 수 있도록 하여야 한다."라고 규정한 취지는, 심판의 대상을 한정함으로써 심판의 능률과 신속을 꾀함과 동시에 방어의 범위를 특정하여 피고인의 방어권 행사를 쉽게 해 주기 위한 것이므로, 검사로서는 위 세 가지 특정요소를 종합하여 다른 사실과의 식별이 가능하도록 범죄 구성요건에 해당하는 구체적 사실을 기재하여야 한다. 피고인이 생산 등을 하는 물건 또는 사용하는 방법(이하 '침해제품 등'이라고 한다)이 특허발명의 특허권을 침해하였는지가 문제로 되는 특허법 위반 사건에서 다른 사실과 식별이 가능하도록 범죄 구성요건에 해당하는 구체적 사실을 기재하였다고 하기 위해서는 침해의 대상과 관련하여 특허등록번호를 기재하는 방법 등에 의하여 침해의 대상이 된 특허발명을 특정할 수 있어야 하고, 침해의 태양과 관련하여서는 침해제품 등의 제품명, 제품번호 등을 기재하거나 침해제품 등의 구성을 기재하는 방법 등에 의하여 침해제품 등을 다른 것과 구별할 수 있을 정도로 특정할 수 있어야 한다(대법원 2016. 5. 26. 선고 2015도17674 판결)."

정답 ⑤

39 특허법 또는 실용신안법상 벌칙에 관한 설명으로 옳지 않은 것은? [2018년 기출문제]

① 특허심판원으로부터 증거조사 또는 증거보전에 관하여 서류나 그 밖의 물건 제출 또는 제시의 명령을 받은 자로서 정당한 이유 없이 그 명령에 따르지 아니한 자에게는 50만원 이하의 과태료를 부과한다.

② 특허법 제58조(전문기관의 등록 등)제2항에 따른 전문기관 또는 특허문서 전자화기관의 임직원이거나 임직원이었던 사람은 특허법 제226조(비밀누설죄 등)를 적용하는 경우에는 특허청 소속 직원 또는 직원이었던 사람으로 추정한다.

③ 국내외에서 정당한 사유 없이 특허법 제224조의3(비밀유지명령)제1항에 따른 비밀유지명령을 위반한 자는 5년 이하의 징역 또는 5천만원 이하의 벌금에 처한다.

④ 특허청 또는 특허심판원 소속 직원이거나 직원이었던 사람이 특허출원 중인 발명(국제출원 중인 발명을 포함한다)에 관하여 직무상 알게 된 비밀을 누설하거나 도용한 경우에는 5년 이하의 징역 또는 5천만원 이하의 벌금에 처한다.

⑤ 특허청 또는 특허심판원 소속 직원이거나 직원이었던 사람이 실용신안등록출원 중인 고안(국제출원 중인 고안을 포함한다)에 관하여 직무상 알게 된 비밀을 누설하거나 도용한 경우에는 5년 이하의 징역 또는 5천만원 이하의 벌금에 처한다.

해설

① 특허법 제232조 제1항 제2호
② 추정이 아니라 특허청 소속 직원 또는 직원이었던 사람으로 본다(특허법 제226조의2).
③ 특허법 제229조의2 제1항
④ 특허법 제226조
⑤ 실용신안법도 특허법과 내용이 같다(실용신안법 제46조).

정답 ②

40 특허법상 벌칙에 관한 설명 중 옳은 것은?

① 특허권 침해죄는 친고죄이다.
② 전용실시권을 침해한 자는 7년 이하의 징역 또는 1억원 이하의 벌금에 처한다.
③ 이 법에 따라 선서한 증인, 감정인 또는 통역인이 특허심판원에 대하여 거짓으로 진술, 감정 또는 통역을 한 경우는 5년 이하의 징역 또는 1천만원 이하의 벌금에 처하나, 특허취소신청에 대한 결정 또는 심결이 확정되기 전에 자수한 경우는 그 형을 감경 또는 면제할 수 있다.
④ 종업원이 법인의 업무에 관하여 침해죄의 위반행위를 하면 그 종업원을 벌하는 외에 그 법인에는 1억원 이하의 벌금형을 과할 수 있으나, 법인이 그 위반행위를 방지하기 위해 해당 업무에 관하여 상당한 주의와 감독을 게을리하지 아니한 경우는 그러하지 아니하다.
⑤ 침해행위를 조성한 물건 또는 그 침해행위로부터 생긴 물건은 몰수할 수 있으나 그 물건을 피해자에게 교부할 수는 없다.

해설

① 특허권 및 실용신안권 침해죄는 반의사불벌죄이다(특허법 제225조 제2항). 고소하지 않아도 수사는 할 수 있으나 피해자의 의사에 반해서 처벌할 수는 없다.
② 특허법 제225조 제1항
③ 침해죄를 제외한 나머지를 1년당 1천만원으로 벌금기준을 설정했다. 구법상에서는 위증죄이 벌금형이 1천만원 이하였으나, 개정법에서 5천만원 이하로 상향조정했다(특허법 제227조 제1항).
④ 양벌규정의 경우 개인사업자와 법인사업자를 구분한다. 개인사업자는 해당 조문의 벌금형을 과하나, 법인사업자는 해당 조문의 벌금형보다 높게 과한다. 침해죄의 경우 법인사업자는 3억원 이하의 벌금을 과한다(특허법 제230조 제1항).
⑤ 피해자의 청구에 따라 침해행위를 조성한 물건 또는 그 침해행위로부터 생긴 물건을 피해자에게 교부할 수도 있다(특허법 제231조 제1항).

정답 ②

41 다음 설명 중 옳지 않은 것은? (다툼이 있으면 판례에 따름)

① 침해금지 가처분신청 당시 채무자가 특허청에 별도로 제기한 심판절차에 의하여 그 특허권이 무효라고 하는 취지의 심결이 있은 경우는 보전의 필요성을 결한 것으로 본다.

② 가처분 보전처분의 집행채권자가 본안소송에서 패소확정된 경우 채권자는 채무자의 보전처분의 집행으로 인한 손해에 대하여 과실이 있다고 추정된다.

③ 특허발명에 대한 무효심결 확정 전이라 하더라도 진보성이 부정되어 특허가 무효로 될 것이 명백한 경우는 그러한 특허권에 기초한 침해금지 또는 손해배상 등의 청구는 권리남용에 해당하여 허용되지 아니한다.

④ 공지의 기술만으로 이루어지거나 그 기술분야에서 통상의 지식을 가진 자가 공지기술로부터 용이하게 실시할 수 있는 이른바 자유실시기술에 해당하는 경우는 특허발명과 대비할 필요도 없이 특허발명의 권리범위에 속하지 않는다.

⑤ 침해대상제품이 자유실시기술인지 여부는 특허발명의 청구범위에 기재된 구성과 대응되는 구성으로 한정하여 파악한다.

해설

① 민사소송법 제714조 제2항에서 규정하는 임시의 지위를 정하기 위한 가처분을 필요로 하는지 여부는 가처분신청의 인용 여부에 따른 당사자 쌍방의 이해득실관계, 본안소송에 있어서의 장래의 승패의 예상, 기타의 제반 사정을 고려하여 법원의 재량에 따라 합목적적으로 결정하여야 할 것이므로 가처분채권자가 신청 당시에 실체법상의 권리를 가지고 있다 하더라도 그 권리가 가까운 장래에 소멸하여 본안소송에서 패소판결을 받으리라는 점이 현재에 있어 충분히 예상되는 경우에는 필요성이 없다고 풀이하는 것이 상당하고, 더구나 특허권침해의 금지라는 부작위의무를 부담시키는 이른바 만족적 가처분일 경우에 있어서는 보전의 필요성 유무를 더욱 신중하게 결정하여야 할 것으로서 만일 가처분신청 당시 채무자가 특허청에 별도로 제기한 심판절차에 의하여 그 특허권이 무효라고 하는 취지의 심결이 있은 경우나, 무효심판이 청구되고 그 청구의 이유나 증거관계로부터 장래 그 특허가 무효로 될 개연성이 높다고 인정되는 등의 특별한 사정이 있는 경우에는 당사자간의 형평을 고려하여 보전의 필요성을 결한 것으로 보는 것이 합리적이라 할 것이다(대법원 1993. 2. 12. 선고 92다40563 판결).

② 가압류나 가처분 등 보전처분은 법원의 재판에 의하여 집행되는 것이기는 하나, 그 실체상 청구권이 있는지 여부는 본안소송에 맡기고 단지 소명에 의하여 채권자의 책임 아래 하는 것이므로, 그 집행 후에 집행채권자가 본안소송에서 패소 확정되었다면 그 보전처분의 집행으로 인하여 채무자가 입은 손해에 대하여는 특별한 반증이 없는 한 집행채권자에게 고의 또는 과실이 있다고 추정되고, 따라서 그 부당한 집행으로 인한 손해에 대하여 이를 배상할 책임이 있다(대법원 2002. 9. 24. 선고 2000다46184 판결).

③ 특허발명에 대한 무효심결이 확정되기 전이라고 하더라도 특허발명의 진보성이 부정되어 특허가 특허무효심판에 의하여 무효로 될 것임이 명백한 경우에는 특허권에 기초한 침해금지 또는 손해배상 등의 청구는 특별한 사정이 없는 한 권리남용에 해당하여 허용되지 아니한다고 보아야 하고, 특허권침해소송을 담당하는 법원으로서도 특허권자의 그러한 청구가 권리남용에 해당한다는 항변이 있는 경우 당부를 살피기 위한 전제로서 특허발명의 진보성 여부에 대하여 심리·판단할 수 있다(대법원 2012. 1. 19. 선고 2010다95390 전원합의체 판결).

④ 어느 발명이 특허발명의 권리범위에 속하는지를 판단함에 있어서 특허발명과 대비되는 발명이 공지의 기술만으로 이루어지거나 그 기술분야에서 통상의 지식을 가진 자가 공지기술로부터 용이하게 실시할 수 있는 경우에는 특허발명과 대비할 필요도 없이 특허발명의 권리범위에 속하지 않게 된다(대법원 2004. 9. 3. 선고 2002다60610 판결).

⑤ 공지의 기술만으로 이루어지거나 그 기술분야에서 통상의 지식을 가진 자가 공지기술로부터 극히 용이하게 실시할 수 있는지 여부를 판단할 때에는, 확인대상고안을 등록실용신안의 실용신안등록청구범위에 기재된 구성과 대응되는 구성으로 한정하여 파악할 것은 아니고, 심판청구인이 특정한 확인대상고안의 구성 전체를 가지고 그 해당 여부를 판단하여야 한다(대법원 1990. 10. 16. 선고 89후568 판결, 대법원 2001. 10. 30. 선고 99후710 판결)

정답 ⑤

42 다음 설명 중 옳은 것은? (다툼이 있는 경우 판례에 의함)

① 침해대상제품이 공지의 기술만으로 이루어진 경우는 특허발명과 대비할 필요 없이 특허발명의 권리범위에 속하지 않으나, 침해대상제품이 통상의 기술자가 공지기술로부터 용이하게 실시할 수 있는 경우는 그러하지 아니하다.

② 침해대상제품에 특허발명의 청구범위에 기재된 구성 중 변경된 부분이 있는 경우에도 특허발명과 과제의 해결원리가 동일하고 그러한 변경에 의하더라도 특허발명에서와 실질적으로 동일한 작용효과를 나타내며 그와 같이 변경하는 것이 그 발명이 속하는 기술분야에서 통상의 지식을 가진 사람이라면 누구나 쉽게 생각해 낼 수 있는 정도인 경우는 특별한 사정이 없는 한 침해대상제품은 특허발명의 청구범위에 기재된 구성과 균등한 것으로 보는데 여기서 특허발명의 과제의 해결원리는 선행기술에 공지된 바 없는 청구범위에 기재된 구성의 일부를 형식적으로 추출하여 판단하여야 한다.

③ 물건발명에 대해 특허권자 또는 실시권자가 아닌 타인으로부터 양도 받은 경우는 양도된 당해 발명 제품에 대해서는 특허권이 이미 목적을 달성하여 소진되었으므로 양수인이 그 물건발명 제품을 사용, 양도 또는 대여하는 등의 행위 등에 대하여 특허권의 효력이 미치지 아니한다.

④ 특허법 제128조 제4항은 권리를 침해한 자가 침해행위에 의하여 이익을 받은 때에는 그 이익의 액을 손해액으로 추정한다고 규정하고 있으나 이 규정은 손해가 발생한 경우에 그 손해액을 평가하는 방법을 정한 것에 불과하여 침해행위에도 불구하고 손해가 없는 경우는 적용될 여지가 없다.

⑤ 특허권에 대한 침해대상제품과 동일한 발명에 대하여 적극적 권리범위확인을 구하는 심판이 특허심판원에 계속 중에 있는 경우 법원은 모순되는 판단을 배제하기 위해 그 특허권에 기초한 침해금지 청구 및 손해배상청구 등의 침해소송을 중지하여야만 한다.

해 설

① 특허권침해소송의 상대방이 제조 등을 하는 제품 또는 사용하는 방법이 공지의 기술만으로 이루어지거나 통상의 기술자가 공지기술로부터 용이하게 실시할 수 있는 경우는 특허발명과 대비할

필요 없이 특허발명의 권리범위에 속하지 않는다(2002다60610). 이를 자유실시기술이라 하며 자유실시기술은 신규성이 없는 경우뿐 아니라 진보성이 없는 경우도 포함한다.
② 과제의 해결원리가 동일한지 여부를 가릴 때는 청구범위에 기재된 구성의 일부를 형식적으로 추출할 것이 아니라, 명세서에 적힌 발명의 설명의 기재와 출원 당시의 공지기술 등을 참작하여 선행기술과 대비하여 볼 때 특허발명에 특유한 해결수단이 기초하고 있는 기술사상의 핵심이 무엇인가를 실질적으로 탐구하여 판단하여야 한다(2013다14361).
③ 물건발명에 대한 특허권자 또는 특허권자로부터 허락을 받은 실시권자가 우리나라에서 그 특허발명이 구현된 물건을 적법하게 양도한 경우에만 양도된 당해 물건발명 제품에 대해 특허권이 이미 목적을 달성하여 소진되었으므로 양수인이나 전득자가 그 물건발명 제품을 사용, 양도 또는 대여하는 등의 행위 등에 대하여 특허권의 효력이 미치지 아니한다(2002도3445).
④ 특허법 제128조 제4항은 특허권자가 고의 또는 과실로 자기의 특허권을 침해한 자에 대하여 그 침해에 의한 손해배상을 청구하는 경우에, 권리를 침해한 자가 침해행위에 의하여 이익을 받은 때에는 그 이익의 액을 특허권자의 손해액으로 추정한다고 규정하고 있고, 여기서 말하는 이익이란 침해자가 침해행위에 따라 얻게 된 것으로서 그 내용에 특별한 제한은 없으나, 이 규정은 특허권자에게 손해가 발생한 경우에 그 손해액을 평가하는 방법을 정한 것에 불과하여 침해행위에도 불구하고 특허권자에게 손해가 없는 경우는 적용될 여지가 없으며, 다만 손해의 발생에 관한 주장, 입증의 정도에 있어서는 위 규정의 취지에 비추어 경업관계 등으로 인하여 손해 발생의 염려 내지 개연성이 있음을 주장, 입증하는 것으로 족하다고 보아야 할 것이다(96다43119).
⑤ 특허권에 대한 침해대상제품 등과 동일 또는 유사한 발명에 대하여 적극적 권리범위확인을 구하는 심판이 특허심판원에 계속 중에 있더라도, 그 특허권에 기초한 침해금지 청구 및 손해배상청구 등의 침해소송을 중지할 것인지 여부는 법원이 합리적인 재량에 의하여 직권으로 정하는 것이다(91마612).

정답 ④

43 다음 설명 중 옳지 않은 것은? (다툼이 있는 경우 판례에 의함)

① 확인대상발명이 결과적으로 특허발명의 청구범위에 나타난 모든 구성요소와 그 유기적 결합관계를 그대로 가지고 있는 이른바 문언침해에 해당하는 경우에도 자유실시기술의 법리가 적용될 수 있다.
② 권리범위확인심판에서는 특허발명의 진보성이 부정된다는 이유로 그 권리범위를 부정하여서는 안 된다.
③ 간접침해 사건에서 특허물건의 생산에만 사용하는 물건에 해당한다는 점은 특허권자가 주장·입증하여야 하며, 특허물건 이외의 물건에 사용될 이론적, 실험적 또는 일시적인 사용 가능성이 있는 정도에 불과한 경우는 간접침해의 성립을 부정할 만한 다른 용도가 있다고 할 수 없다.
④ 특허청구의 범위가 수 개의 항으로 이루어진 발명에 있어서는 특별한 사정이 없는 한 각 청구항의 출원경과를 개별적으로 살펴서 어떤 구성이 각 청구항의 권리범위에서 의식적으로 제외된 것인지를 확정하여야 한다.

⑤ 출원과정에서 청구범위의 감축이 이루어졌다면 그 사정만으로 감축 전의 구성과 감축 후의 구성을 비교하여 그 사이에 존재하는 모든 구성이 청구범위에서 의식적으로 제외되었다고 단정할 수 있다.

해설

① 자유실시기술 법리의 본질, 기능, 대비하는 대상 등에 비추어 볼 때, 위 법리는 특허권 침해 여부를 판단할 때 일반적으로 적용되는 것으로, 확인대상발명이 결과적으로 특허발명의 청구범위에 나타난 모든 구성요소와 그 유기적 결합관계를 그대로 가지고 있는 이른바 문언침해에 해당하는 경우에도 그대로 적용된다(2016후366).

② 특허무효심판을 규정하여 특허발명의 진보성 여부가 문제되는 경우 특허무효심판에서 이에 관하여 심리하여 진보성이 부정되면 그 특허를 무효로 하도록 하고 있음에도 진보성 여부를 권리범위확인심판에서까지 판단할 수 있게 하는 것은 본래 특허무효심판의 기능에 속하는 것을 권리범위확인심판에 부여함으로써 특허무효심판의 기능을 상당 부분 약화시킬 우려가 있다는 점에서 바람직하지 않다. 따라서 권리범위확인심판에서는 특허발명의 진보성이 부정된다는 이유로 그 권리범위를 부정하여서는 안 된다(2012후4162).

③ 특허물건의 생산에만 사용하는 물건에 해당한다는 점은 특허권자가 주장, 입증하여야 한다(98후2580). 특허물건 이외의 물건에 사용될 이론적, 실험적 또는 일시적인 사용가능성이 있는 정도에 불과한 경우는 간접침해의 성립을 부정할 만한 다른 용도가 있다고 할 수 없다(2007후3356).

④ 특허발명의 출원과정에서 어떤 구성이 특허청구범위로부터 의식적으로 제외된 것인 것 여부는 명세서뿐만 아니라 출원에서부터 특허될 때까지 특허청 심사관이 제시한 견해 및 출원인이 심사과정에서 제출한 보정서와 의견서 등에 나타난 출원인의 의도 등을 참작하여 판단하여야 하고, 특허청구의 범위가 수 개의 항으로 이루어진 발명에 있어서는 특별한 사정이 없는 한 각 청구항의 출원경과를 개별적으로 살펴서 어떤 구성이 각 청구항의 권리범위에서 의식적으로 제외된 것인지를 확정하여야 한다(2001후171).

⑤ 특허발명의 출원과정에서 어떤 구성이 청구범위에서 의식적으로 제외된 것인지 여부는 명세서뿐만 아니라 출원에서부터 특허될 때까지 특허청 심사관이 제시한 견해 및 출원인이 출원과정에서 제출한 보정서와 의견서 등에 나타난 출원인의 의도, 보정이유 등을 참작하여 판단하여야 한다. 따라서 출원과정에서 청구범위의 감축이 이루어졌다는 사정만으로 감축 전의 구성과 감축 후의 구성을 비교하여 그 사이에 존재하는 모든 구성이 청구범위에서 의식적으로 제외되었다고 단정할 것은 아니고, 거절이유통지에 제시된 선행기술을 회피하기 위한 의도로 그 선행기술에 나타난 구성을 배제하는 감축을 한 경우 등과 같이 보정이유를 포함하여 출원과정에 드러난 여러 사정을 종합하여 볼 때 출원인이 어떤 구성을 권리범위에서 제외하려는 의사가 존재한다고 볼 수 있을 때에 이를 인정할 수 있다(2014후638).

정답 ⑤

44 특허법상 벌칙에 관한 설명 중 옳지 않은 것은? (다툼이 있는 경우 판례에 따름)

① 간접침해(특허법 제127조의 침해로 보는 행위)는 특허권 침해죄가 성립하지 않는다.
② 국내외에서 정당한 사유 없이 특허법 제224조의3 제1항의 법원의 비밀유지명령을 위반한 비밀유지명령 위반죄는 친고죄이다.
③ 과거 특허청 직원이었던 자에게도 직무상 알게 된 비밀을 누설했다면 특허법 제226조의 비밀누설죄 등의 규정이 적용된다.
④ '특허출원 전에 국내 또는 국외에서 반포된 간행물에 게재된 발명' 으로서 특허를 받을 수 없는 발명임에도 불구하고 특허출원을 하였다는 사실만으로는 특허법 제229조의 거짓행위의 죄가 있다고 볼 수 없다.
⑤ 피고인의 행위가 특허권 침해죄에 해당하는지 여부를 판단함에 있어서도 특허정정의 소급적 효력이 미친다.

해설

① "침해로 보는 행위"(강학상의 간접침해행위)에 대하여 특허권 침해의 민사책임을 부과하는 외에 형사처벌까지 가능한가가 문제될 수 있는데, 확장해석을 금하는 죄형법정주의의 원칙이나, 특허권 침해의 미수범에 대한 처벌규정이 없어 특허권 직접침해의 미수범은 처벌되지 아니함에도 특허권 직접침해의 예비단계행위에 불과한 간접침해행위를 특허권 직접침해의 기수범과 같은 벌칙에 의하여 처벌할 때 초래되는 형벌의 불균형성 등에 비추어 볼 때, 특허법 제127조는 특허권자 등을 보호하기 위하여 특허권의 간접침해자에게도 민사책임을 부과시키는 정책적 규정일 뿐 이를 특허권 침해행위를 처벌하는 형벌법규의 구성요건으로서까지 규정한 취지는 아니다(92도3350)
② 특허법 제229조의2 제2항.
③ 특허법 제226조
④ 2003도6283
⑤ 2005도1262

정답 ⑤

45 특허법상 벌칙에 대한 설명 중 옳은 것은?

① 특허권 침해의 피해자가 침해죄에 해당하는 침해행위를 조성한 물건을 교부받은 경우에는 이미 침해대상 물건을 교부받았기 때문에 그 물건의 가액을 초과하는 손해액에 대해서는 배상을 청구할 수 없다.
② 특허권 침해죄는 권리자의 명시적인 의사에 반하여 침해자를 처벌할 수 있다.
③ 심결 확정 후 위증죄를 범한 자가 자수한 경우에는 그 형을 감경 또는 면제할 수 있다.
④ 침해죄, 거짓행위의 죄 및 허위표시의 죄에 대해서는 양벌규정이 적용되나, 법인 또는 개인은 그 위반행위 방지를 위해 해당 업무에 관하여 상당한 주의와 감독을 게을리 하지 않은 경우 책임을 면할 수 있다.
⑤ 거짓이나 그 밖의 부정한 행위로 특허를 받은 자는 3년 이하의 징역 또는 2천만원 이하의 벌금에 처한다.

해설

① 교부 받았어도 교부 받은 물건의 가액을 초과하는 손해액에 대해 배상청구 가능하다(특허법 제231조 제2항).
② 특허권 및 실용신안권 침해죄는 반의사불벌죄이다(특허법 제225조 제2항). 피해자의 명시적인 의사에 반하여 침해자를 처벌할 수 없다.
③ 확정 전 자수해야 한다(특허법 제227조 제2항).
④ 특허법 제230조
⑤ 3년 이하 징역, 3천만원 이하 벌금에 처한다(특허법 제229조).

정답 ④

46 소송에 관한 설명 중 옳지 않은 것은? (다툼이 있으면 판례에 따름)

① 국제출원을 한 출원인이 명세서에 명백한 잘못이 있어 특허협력조약 규칙 91.1(a)에 따라 특허청장에게 이의 정정을 신청했으나 특허청장이 거부사실을 통지한 경우, 거부통지에 위법이 있다면 이는 항고소송의 대상이 된다.

② 민사재판에 있어서 이와 관련된 다른 권리범위확인심판사건 등의 확정심결에서 인정된 사실은 특별한 사정이 없는 한 유력한 증거자료가 되는 것이나, 당해 민사재판에서 제출된 다른 증거내용에 비추어 관련 권리범위확인심판사건 등의 확정심결에서의 사실판단을 그대로 채용하기 어렵다고 인정될 경우에는 이를 배척할 수 있다.

③ 특허권에 대한 침해대상제품 등과 동일 또는 유사한 발명에 대하여 적극적 권리범위확인을 구하는 심판이 특허심판원에 계속 중에 있더라도, 그 특허권에 기초한 침해금지 청구 및 손해배상청구 등의 침해소송을 중지할 것인지 여부는 법원이 합리적인 재량에 의하여 직권으로 정하는 것이다.

④ 특허의 무효심결이 확정되기 이전이라고 하더라도 특허권침해소송을 심리하는 법원은 특허에 무효사유가 있는 것이 명백한지 여부에 대하여 판단할 수 있고, 심리한 결과 당해 특허에 무효사유가 있는 것이 분명한 때에는 그 특허권에 기초한 금지와 손해배상 등의 청구는 특별한 사정이 없는 한 권리남용에 해당하여 허용되지 아니한다.

⑤ 민사소송에 있어서 청구의 취지는 그 내용 및 범위를 명확히 알아볼 수 있도록 구체적으로 특정되어야 하는 것인바, 특허권에 대한 침해의 금지를 청구함에 있어 청구의 대상이 되는 제품이나 방법은 사회통념상 침해의 금지를 구하는 대상으로서 다른 것과 구별될 수 있는 정도로 구체적으로 특정되어야 한다.

해설

① 국제조사절차는 예비적 중간 단계로서 선행기술을 발견하여 국내단계에서의 지정 관청이 출원된 특허를 심사하는 데 필요한 자료를 제공하는 정도의 기능을 수행하고, 특허요건에 대한 실질적 판단은 각국의 국내단계에서 이루어진다. 이러한 점에서 특허 협력조약은 국제조사단계에서의 정정을 출원인이 제출한 서류에 명백한 잘못이 있는 경우로 엄격하게 제한하고, 이러한 정정신청이 받아들여지지 않을 경우에도 별도로 이 의절차를 마련하지 않고 정정신청서 등을 국제출원과 함께 공개하여 줄 것을 신청하는 절차만을 마련하였다. 그러면서 명세서 등의 보정은 특허요건을 판단하는 각국의 국내 단계에서 이루어질 수 있도록 규정하고 있다(특허협력조약 제28조). 그 밖에 국제출원인은 ① 국제조사보고서를 받은 후 세계지식재산권기구의 국제사무국에 보정서를 제출함으로써 국제출원의 청구범위에 대하여 보정할 수 있고(특허협력조약 제19조), ② 국제예비심사단계가 진행되는 경우에는 국제예비심사보고서가 작성되기 전에 청구범위, 명세서 및 도면을 보정할 수 있다(특허협력조약 제34조 제2항). 이러한 국제출원에 관한 법령과 조약의 규정, 국제출원에서 국제조사절차가 갖는 의미와 역할 등에 비추어 보면, 이 사건 통지가 국제출원에서 원고의 실체상의 권리관계에 직접적인 변동을 일으키거나 원고가 권리를 행사함에 중대한 지장을 초래한다고 보기 어려우므로, 이 사건 통지는 항고소송의 대상이 된다고 볼 수 없다. 그러므로 이 사건 통지의 취소를 구하는 소가 부적법하다고 본 원심의 결론은 정당하고, 거기에 상고이유 주장과 같이 이 사건 소의 적법성에 대한 법리를 오해하는 등으로 판결에 영향을 미친 잘못이 없다(2016두45745).

② 99다59320

③ 2009다46712
④ 2000다69194
⑤ 민사소송에 있어서 청구의 취지는 그 내용 및 범위를 명확히 알아볼 수 있도록 구체적으로 특정되어야 하는 것인바, 특허권에 대한 침해의 금지를 청구함에 있어 청구의 대상이 되는 제품이나 방법은 사회통념상 침해의 금지를 구하는 대상으로서 다른 것과 구별될 수 있는 정도로 구체적으로 특정되어야 한다. (중략) 청구취지의 특정 여부는 직권조사사항이라고 할 것이므로 청구취지가 특정되지 않은 경우에는 법원은 피고의 이의 여부에 불구하고 직권으로 그 보정을 명하고, 이에 응하지 않을 때에는 소를 각하하여야 하나(대법원 1981. 9. 8. 선고 80다2904 판결, 대법원 2009. 11. 12. 선고 2007다53785 판결 등 참조), 형식적으로는 청구취지 보정의 기회가 주어지지 아니하였어도 실질적으로는 이러한 기회가 주어졌다고 볼 수 있을 만한 특별한 사정이 있는 경우에는 보정명령 없이 소를 각하하더라도 이를 위법하다 할 수 없다. (중략) 위와 같은 사정을 앞에서 본 법리에 비추어 살펴보면, 청구취지 불특정을 이유로 이 사건 소를 각하하더라도 원고에게 예측할 수 없었던 불의의 타격을 주는 것은 아니며, 원고에게는 실질적으로 청구취지 보정의 기회가 주어졌다고 보아야 하므로, 원심 법원이 새삼스럽게 이 사건 피고 제품의 특정에 관한 법률상의 사항을 지적하여 원고에게 그 보정의 기회를 주어야 할 필요는 없다고 할 것이고, 따라서 보정명령 없이 소를 각하하더라도 이를 위법하다 할 수 없다(2011다17090).

정답 ①

47 특허법에 규정된 최고 벌금액수를 제일 많은 것부터 적은 것까지의 순서로 올바르게 나열한 것은? [2021년 기출]

ㄱ. 특허법에 따라 선서한 통역인이 특허심판원에 대하여 거짓으로 통역을 한 경우 그 통역인에 대한 벌금
ㄴ. 법인의 업무에 관하여 그 대표자가 특허권을 침해한 경우 그 대표자에 대한 벌금
ㄷ. 법인의 업무에 관하여 그 종업원이 특허된 것이 아닌 방법을 사용하기 위하여 광고에 그 방법이 특허 또는 특허출원된 것으로 혼동하기 쉬운 표시를 한 경우 법인에 대한 벌금
ㄹ. 법인의 업무에 관하여 그 종업원이 전용실시권을 침해한 경우 법인에 대한 벌금
ㅁ. 개인이 부정한 행위로 특허권의 존속기간 연장등록에 대한 결정을 받은 경우 개인에 대한 벌금

① ㄱ-ㄴ-ㄷ-ㄹ-ㅁ
② ㄴ-ㄷ-ㄱ-ㅁ-ㄹ
③ ㄴ-ㄹ-ㄷ-ㅁ-ㄱ
④ ㄹ-ㄴ-ㄱ-ㄷ-ㅁ
⑤ ㄹ-ㄴ-ㄷ-ㄱ-ㅁ

해설

ㄱ. 위증죄 5년 이하의 징역 또는 5천만원 이하의 벌금(특허법 제227조 제1항)
ㄴ. 침해죄 7년 이하의 징역 또는 1억원 이하의 벌금(특허법 제225조 제1항)
ㄷ. 허위표시죄 법인에 대한 양벌규정 6천만원 이하의 벌금(특허법 제230조 제2호)
ㄹ. 침해죄 법인에 대한 양벌규정 3억원 이하의 벌금(특허법 제230조 제1호)
ㅁ. 거짓행위죄 3년 이하의 징역 또는 3천만원 이하의 벌금(특허법 제229조)

정답 ⑤

48 특허법에 규정된 벌칙에 관한 설명으로 옳지 않은 것은? [2022년 기출]

① 특허권 침해죄는 피해자의 명시적 의사에 반하여 공소를 제기할 수 없고, 비밀유지명령을 국내외에서 정당한 사유 없이 위반한 행위에 대해서는 비밀유지명령을 신청한 자의 고소가 없으면 공소를 제기할 수 없다.
② 특허법에 따라 선서한 증인, 감정인 또는 통역인이 특허심판원에 대하여 거짓으로 진술·감정 또는 통역한 경우에 그 사건의 특허취소신청에 대한 결정 또는 심결이 확정되기 전에 자수한 경우에는 그 형을 감경 또는 면제할 수 있다.
③ 특허심판원으로부터 증인·감정인 또는 통역인으로 소환된 자로서 정당한 이유 없이 소환에 따르지 아니하거나 선서·진술·증언·감정 또는 통역을 거부한 경우에는 과태료 부과의 대상이 된다.
④ 피해자는 침해행위를 조성한 물건 또는 그 침해행위로부터 생긴 물건을 받은 경우에는 그 물건의 가액을 초과하는 손해액에 대해서만 배상을 청구할 수 있다.
⑤ 법인의 대표자나 법인 또는 개인의 대리인, 사용인, 그 밖의 종업원이 그 법인 또는 개인의 업무에 관하여 비밀누설죄를 범하면 그 행위자를 벌하는 외에 그 법인에는 6천만원 이하의 벌금형을, 그 개인에게는 해당 조문의 벌금형을 과(科)한다. 다만, 법인 또는 개인이 그 위반행위를 방지하기 위하여 해당 업무에 관하여 상당한 주의와 감독을 게을리하지 아니한 경우에는 그러하지 아니하다.

해설

① |○| 침해죄는 반의사불벌죄이고(특허법 제225조 제2항), 비밀유지명령 위반죄는 친고죄이다(특허법 제229조의2 제2항).
② |○| 위증죄는 사전에 자수하면 감경 또는 면제 가능하다(특허법 제227조 제2항).
③ |○| 심판원 절차 협조 강제 위해 과태료 부과할 수 있다(특허법 제232조 제1항).
④ |○| 형사상 몰수된 물건을 피해자 청구에 따라 피해자 교부 받은 경우에는 그 물건의 가액을 초과하는 손해액에 대해서만 민사상 배상을 청구할 수 있다(특허법 제231조 제2항).
⑤ |×| 비밀누설죄는 특허청 또는 심판원 직원 등에게 적용될 수 있는 죄이기 때문에 법인이나 개인에 대한 양벌규정이란 것이 있을 수가 없다(특허법 제230조).

정답 ⑤

CHAPTER 10. 특허권의 공유·이전 및 특허법상 질권

01 甲, 乙은 발명 A의 공동발명자, 丙, 丁은 제3자이다. 이에 관한 설명으로 옳은 것은?

[2017년 기출]

① 발명 A의 출원 전이라면, 甲은 乙의 동의 없이도 발명 A에 관하여 자신의 특허를 받을 수 있는 권리를 丙에게 양도할 수 있다.
② 甲과 乙이 공동으로 발명 A를 출원하여 특허등록을 받은 경우, 甲은 乙의 동의 없이는 발명 A를 스스로 실시할 수 없다.
③ 甲과 乙이 공동으로 출원하여 특허등록을 받은 경우, 甲은 乙의 동의 없이 丙에게 전용실시권은 설정할 수 없으나 통상실시권은 허락할 수 있다.
④ 丙이 甲과 乙로부터 발명 A에 대한 권리 일체를 양수하여 자신의 이름으로 특허출원하면서 자신을 발명자라고 표시하여 등록되었다면, 이는 등록무효사유에 해당한다.
⑤ 丙이 甲과 乙로부터 발명 A에 대한 권리 일체를 양수한 후 그 출원을 하기 전에, 그러한 사정을 모르는 丁이 甲과 乙로부터 발명 A에 대한 특허를 받을 수 있는 권리를 이중으로 양수하여 자신의 이름으로 출원한 경우, 丁의 출원은 적법하다.

해설

① 발명을 공동으로 완성하면 특허를 받을 수 있는 권리를 공유한다(특허법 제33조 제2항). 특허를 받을 수 있는 권리를 공유한 상태에서 자신의 지분 양도는 타 공유자의 동의가 요구된다(특허법 제37조 제3항). 갑은 을의 동의가 있어야 자신의 특허를 받을 수 있는 권리의 지분을 병에게 양도할 수 있다.
② 특별히 약정한 경우를 제외하고는 다른 공유자의 동의를 받지 아니하고 공유인 특허발명의 실시가 가능하다(특허법 제99조 제3항).
③ 타 공유자 동의를 받아야 공유인 특허권에 대해 실시권의 설정 또는 허락이 가능하다(특허법 제99조 제4항).
④ 병이 특허를 받을 수 있는 권리를 승계 받았다고 하더라도, 발명자는 갑과 을이다. 그러나 발명자 표시의 그릇됨은 특허무효사유(특허법 제133조 제1항 각호)에 해당하지 않는다.
⑤ 출원 전 이중 양도의 경우 먼저 출원한 자가 특허를 받을 수 있다(특허법 제38조 제1항).

정답 ⑤

02 특허를 받을 수 있는 권리 및 특허권의 공유에 관한 설명 중 올바른 것은?

① 특허권이 공유인 경우에 공유 특허권자 1인이 상속인 없이 사망한 경우에는 그 지분은 타공유자에게 균등하게 귀속된다.
② 특허를 받을 수 있는 권리가 공유인 경우에는 각 공유자는 그 지분을 이전하거나 지분을 목적으로 질권을 설정하기 위해서는 타공유자의 동의를 얻어야 한다.
③ 특허권이 공유인 경우에 각 공유자는 전용실시권을 설정하기 위해서는 타공유자의 동의를 얻어야 하나 통상실시권을 설정하기 위해서는 타공유자의 동의를 요하지 않는다.
④ 특허권의 공유자가 그 공유인 권리에 관하여 심판을 청구하는 때에는 각 공유자는 전원의 이름으로 청구할 수 있으며 공유특허권에 대하여 심판을 청구하는 때에는 공유자 전원을 피청구인으로 하여 청구하여야 한다.
⑤ 특허권이 공유인 경우에 각 공유자는 자기의 지분을 포기함에 있어 다른 공유자의 동의를 요하지 않는다.

해설

① |×| 각 공유자의 지분비율로 귀속한다.
② |×| 특허를 받을 수 있는 권리는 다른 공유자의 동의를 받아 양도할 수는 있으나, 특허를 받을 수 있는 권리에 대해서는 질권설정이 불가능하다(법 제37조 제2항).
③ |×| 전용실시권 뿐만 아니라 통상실시권의 설정에 있어서도 다른 공유자의 동의를 받아야 한다(법 제99조 제4항).
④ |×| 공유자는 전원이 심판의 청구인 또는 피청구인이 되어야 한다(법 제139조 제3항). 각 공유자가 전원의 이름으로 심판을 청구할 수 있는 것은 아니다.
⑤ |○| 지분 포기시에는 타공유자에게 동의를 받지 않아도 된다. 지분이 포기되면 그 지분은 타 공유자에게 그 지분 비율로 귀속되어 타공유자에게 불이익이 초래되지 않기 때문이다.

정답 ⑤

03 특허를 받을 수 있는 권리와 특허권의 공유에 대한 설명 중 옳은 것은?

① 甲과 乙은 각각 2분의 1의 지분을 가지고 있는 공유특허권자이다. 甲은 특허제품으로 연간 2억원의 순익을 올렸으나, 乙은 특허제품을 생산하고 있지 않는 경우 乙은 甲에게 1억 원을 분배받을 수 있다.
② 특허권이 공유인 경우 각 공유자는 다른 공유자의 동의를 얻지 아니하면 그 특허권에 대하여 통상실시권을 설정할 수 없다. 그러나 공유자의 1인이 행방불명인 경우에는 다른 공유자는 특허청의 허가를 얻어 통상실시권을 설정할 수 있다.
③ 특허발명의 실시를 위하여 타법령에 의한 허가 등을 받아야 하는 발명에 대하여 특허권의 존속기간의 연장등록을 받는 것은 다른 공유자에게도 이익이 되는 보존행위이므로 공유특

허권자의 1인은 단독으로 존속기간연장등록출원을 할 수 있으며, 그 존속기간연장등록출원에 대하여 거절결정이 난 경우에도 거절결정에 대한 심판의 청구도 1인이 할 수 있다.
④ 공유 특허권의 지분을 다른 공유자의 동의 없이 상속하는 것은 정당하다.
⑤ 특허권자가 사망한 경우에 상속이 개시된 때에 상속인이 존재하지 않는 경우에는 민법과 달리 특허권이 소멸한 것으로 보지만, 특허권이 공유인 경우에 공유특허권자의 1인이 사망한 경우에는 그 사망한 특허권자의 지분은 다른 공유자에게 균등하게 귀속된다.

해설

① |×| 특허권이 공유인 경우 각 공유자는 계약으로 특별히 약정한 경우를 제외하고는 타 공유자의 동의를 얻지 않고 그 특허발명을 자신이 실시할 수 있으므로 자신이 실시하여 얻은 이익액은 자신의 것이며 특허발명을 실시하지 않은 타 공유자에게 분배할 필요는 없다.
② |×| 다른 공유자의 동의를 얻지 아니하면 통상실시권을 설정할 수 없으며, 그에 대한 특허청의 허가는 명문의 규정이 없다.
③ |×| 존속기간연장등록출원은 공유자 전원이 함께 하여야 하며(법 제90조 제3항), 그 거절결정에 대한 심판청구도 전원이 함께 하여야 한다(법 제139조 제3항).
④ |○| 공유인 특허권은 타공유자의 동의 없이 그 지분을 이전할 수 없으나 상속 기타 일반승계의 경우에는 타공유자의 동의를 요하지 않는다.
⑤ |×| 다른 공유자에게 균등하게 귀속되는 것이 아니라, 지분의 비율로 귀속된다.

정답 ④

04 다음은 특허권의 공유에 관한 설명이다. 이들 중 틀린 것은? [1999년 기출]

① 특허권이 공유인 때에는 특허권의 존속기간 연장등록출원은 공유자 전원이 하여야 한다.
② 특허권이 공유인 때에는 각 공유자는 다른 공유자의 동의를 얻지 아니하면 그 특허권에 대하여 통상실시권을 설정할 수 없다. 그러나 공유자의 1인이 행방불명인 경우에는 다른 공유자는 특허청의 허가를 얻어 통상실시권을 설정할 수 있다.
③ 특허권이 공유인 경우 공유자는 다른 공유자의 동의를 얻지 아니하고 그 특허발명을 실시할 수 있다.
④ 특허권이 공유인 경우라도 특허권의 침해가 있을 때에는 각 공유자는 단독으로 침해금지 청구를 할 수 있다(다수설).
⑤ 특허권이 공유인 때에는 공유자 전원이 심판의 청구인 또는 피청구인이 되어야 하며 공유자의 일부만이 청구인 또는 피청구인이 된 때에는 그 심판을 부적법한 심판이므로 각하하여야 한다.

해설

① |O| 법 제90조 제3항
② |X| 특허권이 공유인 경우에는 다른 공유자의 동의를 얻어야만 그 특허권에 대하여 통상실시권을 설정할 수 있다(법 제99조 제4항). 한편, 공유자 중 1인이 행방불명인 경우 특허청장의 허가를 얻어 통상실시권을 설정할 수 있다는 규정은 없다.
③ |O| 법 제99조 제3항.
④ |O| 공유인 특허권이 침해된 경우 공유자 전원이 아닌 각자가 그 침해에 대하여 특허권침해금지청구 소송을 제기할 수 있는지 문제된다. 이에 대해 ⅰ) 소송 패소시 이는 처분행위가 되기 때문에 각 공유자는 자기 지분권에 기하여만 침해금지청구권을 행사할 수 있다는 견해(제1설)와 ⅱ) 각공유자는 보존행위에 기해서 침해금지청구권을 단독으로 행사할 수 있다는 견해(제2설)가 대립하는데, 소송을 게을리 한 타 공유자의 불이익까지 고려해야 하는 것은 아닐 것이므로 제2설이 타당하다고 본다.
⑤ |O| 법 제139조 제2항 및 제3항. 이에 위반시 중대한 하자이므로 당해 심판청구로서 심결각하된다(법 제142조).

정답 ②

05 다음 중 틀린 것은?
[2001년 기출]

① 특허권의 이전은 상속 기타 일반승계의 경우를 제외하고는 등록을 하지 않으면 효력을 발생하지 아니한다.
② 특허권·전용실시권 또는 통상실시권을 목적으로 하는 질권의 설정에 있어서 등록은 효력발생요건이다.
③ 특허권자는 질권자의 승낙이 없으면 정정심판을 청구하지 못한다.
④ 특허권이 양도담보의 목적이 될 수 있음은 일반적으로 인정된다.
⑤ 특허권자는 질권설정 이전에 그 특허발명을 실시하고 있는 경우에는 질권행사로 인한 경매 등에 의하여 특허권이 이전되더라도 그 특허발명에 대하여 통상실시권을 가진다.

해설

① |O| 특허권의 이전(상속 기타 일반승계의 경우를 제외)·포기에 의한 소멸 또는 처분의 제한은 등록이 효력발생요건이다(법 제101조 제1항 제1호).
② |X| 특허권 또는 전용실시권을 목적으로 하는 질권의 설정·이전(상속 기타 일반 승계의 경우를 제외)·변경·소멸 또는 처분의 제한은 등록이 효력발생요건이다(법 제101조 제1항 제3호). 그러나 통상실시권을 목적으로 하는 질권의 설정은 등록이 제3자 대항요건이다(법 제118조 제3항).
③ |O| 정정심판의 청구에 있어 특허권자는 전용실시권자·질권자 및 직무발명에 의한 사용자 또는 허락에 의한 통상실시권자의 동의를 얻어야 한다(법 제136조 제8항 본문).
④ |O| 특허권도 양도담보의 목적이 될 수 있다고 본다.
⑤ |O| 법 제122조

정답 ②

06 다음 중 특허권에 관한 설명으로 옳은 것은? [2004년 기출변형]

① 특허권의 존속기간은 특허권의 설정등록일부터 20년이 되는 날까지이다.
② 특허권은 상속이 개시된 때 상속인이 없는 경우에는 국가에 귀속된다.
③ 특허권이 공유인 경우 각 공유자는 다른 공유자의 동의가 없는 한 그 특허권에 대하여 전용실시권을 설정할 수 없으나 통상실시권의 허락은 가능하다.
④ 특허발명이 전시·사변 또는 이에 준하는 비상시에 있어서 국방상 필요에 의하여 특허권이 수용되는 때에는 그 특허발명에 관한 특허권 외의 권리는 그것이 전용실시권이라 하더라도 모두 소멸된다.
⑤ 특허권을 목적으로 하는 질권을 설정한 때에 질권자가 당해 특허발명을 실시할 수 있는 경우는 없다.

해설

① |×| 특허권의 존속기간은 특허권의 설정등록이 있는 날부터 특허출원일후 20년이 되는 날까지이다(법 제88조 제1항).
② |×| 특허권은 상속이 개시된 때 상속인이 없는 경우에는 소멸된다(법 제124조).
③ |×| 특허권이 공유인 경우에는 각 공유자는 다른 공유자의 동의를 얻지 아니하면 그 특허권에 대하여 전용실시권을 설정하거나 통상실시권을 허락할 수 없다(법 제99조 제4항). 이는 새로운 실시권자의 자본력·기술력·신용력 여하에 따라 다른 공유자의 이해관계에 영향을 미치기 때문이다.
④ |○| 법 제106조 제2항.
⑤ |×| 특허권, 전용실시권 또는 통상실시권을 목적으로 하는 질권을 설정한 때에는 질권자는 계약으로 특별히 정한 경우를 제외하고는 당해 특허발명을 실시할 수 없다.(법 제121조) 따라서, 특약이 있는 경우 질권자도 당해 특허발명을 실시할 수 있는 경우가 있다.

정답 ④

07 특허권의 공유에 관한 설명 중 옳지 않은 것은? [2008년 기출]

① 공동발명자는 각자가 발명에 실질적으로 기여한 정도와 다르게 특허권에 대한 각자의 지분을 약정할 수 있다.
② 공유자는 다른 공유자의 동의 없이 전용실시권을 설정하거나 통상실시권을 허락할 수 없다.
③ 공유자가 특허발명을 스스로 실시하는 경우 불실시에 대한 일정한 보상금을 다른 공유자에게 지급하기로 하는 약정은 유효하다.
④ 공유자가 공유의 특허권에 대한 심판을 청구하는 경우 공유자 전원이 심판청구인이 되지 않아도 심판의 대세적 효력으로 인하여 심판의 효력은 모든 공유자에게 미친다.
⑤ 특허권을 공유한 대학의 기술이전전담조직이 이를 대학기술지주회사에 출자하기 위해서는 다른 공유자의 동의를 얻어야 한다.

해설

① |O| 사적자치의 원칙에 따라 기여한 정도와 다르게 지분을 약정할 수 있다.
② |O| 법 제99조 제4항
③ |O| 이를 제재하는 규정이 없으므로 당연히 허용된다. 즉, 수익을 분배해야 할 의무는 없지만 당사자들 사이에 약정에 의해 이를 분배하는 것을 특허법에서 금지시키지는 않는다.
④ |X| 특허권 또는 특허를 받을 수 있는 권리의 공유자가 그 공유인 권리에 관하여 심판을 청구하는 때에는 공유자 전원이 공동으로 청구하여야 한다(법 제139조 제3항). 따라서 공유자 전원이 심판청구인이 되지 않는 경우가 존재하지 않는다.
⑤ |O| 출자는 사실상 특허권 지분의 양도를 의미한다. 따라서 타공유자의 동의가 필요하다(법 제99조 제2항).

정답 ④

08 특허권 또는 전용/통상실시권에 관한 다음 설명 중 옳은 것은?

① 전용실시권은 특허권자의 동의를 얻은 경우 및 상속 기타 일반승계의 경우에 한하여 이전할 수 있다.
② 통상실시권에 대한 질권의 설정시 등록하지 아니하여도 그 효력이 발생한다.
③ 특허권이 공유인 경우 각 공유자는 다른 공유자의 동의를 얻어야 그 특허발명 전부를 실시할 수 있다.
④ 특허권의 이전이나 전용실시권의 소멸은 언제나 등록하지 아니하면 효력이 발생하지 아니한다.
⑤ 특허권이 공유인 경우 각 공유자는 자유롭게 그 지분을 양도할 수 없으나, 그 지분을 목적으로 하는 질권은 자유롭게 설정할 수 있다.

해설

① |X| 전용실시권을 실시사업과 같이 이전하는 경우에는 특허권의 동의없이도 이전가능하다(법 제100조 제3항).
② |O| 통상실시권에 대한 질권은 등록하지 아니하여도 그 효력이 발생하며, 설정 등록은 제3자 대항요건일 뿐이다(법 제118조 제3항).
③ |X| 특허권이 공유인 경우 각 공유자는 계약으로 특별히 약정한 경우를 제외하고는 다른 공유자의 동의를 얻지 아니하고 그 특허발명을 자신이 실시할 수 있다(법 제99조 제3항).
④ |X| 특허권의 이전이 있는 경우, 상속 기타 일반 승계 및 전용실시권의 소멸 중 혼동의 경우에는 등록하지 않아도 그 효력이 발생한다(법 제101조 제1항).
⑤ |X| 특허권이 공유인 경우 각 공유자는 다른 공유자의 동의를 얻지 아니하면 그 지분을 양도하거나 지분을 목적으로 하는 질권을 설정할 수 없다(법 제99조 제2항). 질권의 설정은 이전을 전제로 하는 것이므로 질권 설정의 경우도 이전과 동일하게 취급된다.

정답 ②

09 다음 설명 중 옳은 것은? [2009년 기출]

① 특허권자는 자기의 특허권에 대해서 전용실시권을 설정한 후에는 당해 전용실시권을 침해하는 자에 대하여 금지청구권을 행사할 수 없다.
② 특허권자는 침해자의 고의 또는 과실을 불문하고 당해 특허권을 침해한 자에 대하여 손해배상을 청구할 수 있다.
③ 특허권이 공유인 경우, 각 공유자는 다른 공유자의 동의 없이 당해 특허권을 침해한 자에 대해 그 침해의 금지를 청구할 수 없다.
④ 특허권에 질권이 설정된 경우, 계약으로 특별히 정한 경우를 제외하고는 질권자가 그 특허발명을 업으로서 실시하는 것은 당해 특허권의 침해가 된다.
⑤ 특허권자는 자기의 특허권을 침해하는 자에 대하여 등록된 발명임을 서면으로 제시하여 경고한 후가 아니면 그 침해의 금지를 청구할 수 없다.

해설

① |×| 전용실시권의 설정을 받은 전용실시권자는 그 설정행위로 정한 범위 안에서 업으로서 그 특허발명을 실시할 권리를 독점한다(법 제100조 제2항). 따라서 전용실시권이 설정된 범위 내에서 특허권자가 실시하면 전용실시권을 침해하게 된다. 즉 전용실시권의 설정으로 인해 특허권의 적극적 효력이 제한될 뿐 소극적 효력이 제한되지는 않는바, 전용실시권 설정 후라도 특허권자는 침해자에게 침해금지청구권을 행사할 수 있다.
② |×| 특허법에 특별규정이 없는 경우 민법이 적용된다. 특허권자 또는 전용실시권자는 고의 또는 과실에 의해 자기의 권리를 침해한 자에 대해 손해의 배상을 청구할 수 있다(법 제128조제1항).
③ |×| 공유인 특허권이 침해된 경우 공유자 전원이 아닌 각자가 그 침해에 대하여 특허권침해금지청구 소송을 제기할 수 있는지 문제된다. 이에 대해 ⅰ) 소송 패소시 이는 처분행위가 되기 때문에 각 공유자는 자기 지분권에 기하여만 침해금지청구권을 행사할 수 있다는 견해(제1설)와 ⅱ) 각 공유자는 보존행위에 기해서 침해금지청구권을 단독으로 행사할 수 있다는 견해(제2설)가 대립하는데, 소송을 게을리 한 타 공유자의 불이익까지 고려해야 하는 것은 아닐 것이므로 제2설이 타당하다고 본다.
④ |○| 특허권·전용실시권 또는 통상실시권을 목적으로 하는 질권을 설정한 때에는 질권자는 계약으로 특별히 정한 경우를 제외하고는 당해 특허발명을 실시할 수 없다(법 제121조). 따라서 실시특약이 없는 질권자의 무단실시는 특허권의 침해를 구성한다.
⑤ |×| 침해금지청구는 물권적 청구권으로서 침해자의 고의나 과실을 필요로 하지 않는바 서면 경고 없이도 이를 행사할 수 있다.

정답 ④

10 다음 설명 중 옳은 것으로만 연결된 것은?

> (가) 공유인 특허를 받을 수 있는 권리에 대하여 공동으로 특허출원을 한 후, 그 특허출원에 대하여 거절결정이 된 경우에 거절결정에 대한 심판의 청구는 보존행위이므로 공동출원인 중 1인이 그 거절결정에 대하여 심판을 청구할 수 있다.
>
> (나) 공유인 특허를 받을 수 있는 권리에 대하여 그 공유자 중 1인이 지분을 처분하는 행위는 다른 공유자의 이해관계에 중대한 영향을 미치므로 다른 공유자의 동의를 얻지 아니하면 지분의 양도, 포기를 할 수 없다.
>
> (다) 전용실시권의 설정등록이 이루어지면 설정 행위로 정한 범위내에서 특허권자와 전용실시권자가 특허발명의 실시를 할 수 있는 권리를 공유한다.
>
> (라) 허락에 의한 통상실시권자는 특허권자에 대하여 해당 통상실시권의 설정의 등록 절차를 청구할 수 있는 권리를 갖는다.
>
> (마) 특허권이 공유인 경우 공유자 1인은 타공유자의 동의를 얻은 경우 적극적권리범위확인 심판을 청구할 수 있다.

① (가), (나)
② (다)
③ (라)
④ (마)
⑤ (다), (라)

해설

(가) |×| 공유인 특허를 받을 수 있는 권리에 대하여 심판을 청구함에 있어서는 공유자 전원이 공동으로 심판을 청구하여야 한다(법 제139조 제3항).

(나) |×| 지분의 양도에 대하여는 제한이 있지만, 지분의 포기는 이러한 제한이 없다(법 제37조 제2항). 공유자의 1인이 지분을 포기한 경우에는 그 포기된 지분이 다른 공유자들에게 지분의 비율로 귀속되기 때문이다.

(다) |×| 전용실시권자는 설정행위로 정한 범위내에서 업으로서 특허발명을 실시할 수 있는 권리를 독점하며(법 제100조 제2항), 특허권자도 전용실시권의 범위내에서는 발명을 실시할 수 없다.

(라) |○| 통상실시권은 등록하여야 제3자에게 대항할 수 있다(법 제118조 제1항). 이에 따라 통상실시권자는 특허권자에게 통상실시권의 등록에 대한 등록청구권을 갖는다고 본다.

(마) |×| 공유인 특허권에 관한 심판은 공유자 전원이 청구인 또는 피청구인이 되어야 한다. 이를 위반한 경우 부적법한 심판청구로 각하된다.

정답 ③

11 다음은 특허권 및 실시권에 관한 설명이다. 옳은 것으로만 연결된 것은?

> ㈎ 특허출원에 관계된 발명의 내용을 모르고 스스로 그 발명을 하여 특허출원시에 실제로 국내에서 그 발명의 실시사업을 하고 있는 자 또는 그 사업의 준비를 하고 있는 자는 그 구체적인 실시형식에 한하여 그 특허출원에 관계된 특허권에 대하여 통상실시권을 갖는다.
>
> ㈏ 특허권은 특허권에 관한 전용실시권자가 있을 때에는 상속 기타 일반승계의 경우를 제외하고 전용실시권자의 동의를 얻지 않으면 이전할 수 없다.
>
> ㈐ 특허권의 이전등록에 의하여 해당 특허권의 과거의 침해행위에 의하여 발생한 손해배상청구권도 동시에 이전한다.
>
> ㈑ 주식회사인 특허권자가 다른 주식회사와의 합병으로 소멸한 경우에도 이전 등록이 이루어질 때까지는 존속 회사 또는 신설 회사에의 특허권의 이전의 효력이 발생하지 않는다.

① ㈎, ㈏   ② ㈐
③ ㈑   ④ ㈒
⑤ 옳은 것 없음

해설

㈎ |×| 선사용권의 인정범위와 관련하여, 출원당시의 실시 형식만을 보호하면 된다는 견해(실시형식설)와 법 제103조의 발명의 범위는 선사용자가 한 발명의 범위로 해석하여 그 형식을 통해 출원시 기술수준에 비추어 당연히 당업자라면 가할 수 있는 정도에 불과하다면 선사용권의 범위로 보아야 한다는 견해(발명범위설)가 있다. 후자가 통설이다.
㈏ |×| 특허권의 이전에 대해서 전용실시권자의 동의는 불필요하다.
㈐ |×| 특허권의 이전등록이 있다고 하여 과거의 손해배상청구권까지 당연 이전되는 것은 아니다.
㈑ |×| 합병과 같은 일반승계의 경우에는 등록하지 아니하여도 효력이 발생하며(제101조제1항제1호), 그 취지를 특허청장에게 신고하여야 한다(법 제101조 제2항).

정답 ⑤

12 특허발명의 실시권에 관한 설명으로 옳은 것은? [2013년 기출]

① 전용실시권의 설정, 이전, 상속, 변경, 소멸 또는 처분의 제한, 전용실시권을 목적으로 하는 질권의 설정이 있는 경우에는 이를 등록하지 아니하면 그 효력이 발생하지 아니한다.
② 심사관은 재정을 함에 있어서 매 청구별로 통상실시권 설정의 필요성을 검토하여야 한다.
③ 특허권자가 정정심판을 청구하거나 특허권을 포기하고자 할 때에는 허락에 의한 통상실시권자, 「발명진흥법」에 의한 통상실시권자, 선사용에 의한 통상실시권자 또는 질권자의 동의를 받아야 한다.
④ 정부가 국가비상사태를 이유로 특허발명을 비상업적으로 실시하는 경우에 국가비상사태로 인한 실시이기 때문에 정부는 특허권자에게 보상금을 지급할 필요가 없다.
⑤ 자국민 다수의 보건을 위협하는 질병을 치료하기 위하여 의약품을 수입하고자 하는 국가에 그 의약품을 수출할 수 있도록 특허발명을 실시할 필요가 있는 경우에는 생산된 의약품 전량을 수입국에 수출할 것을 조건으로 재정을 해야 한다.

해 설

① |×| 법제101조 제1항 제2호 및 제2항, 전용실시권의 설정·이전(상속 기타 일반승계에 의한 경우를 제외한다)·변경·소멸(혼동에 의한 경우를 제외한다) 또는 처분의 제한
② |×| 법 제107조 제3항, 특허청장은 재정을 함에 있어서는 매 청구별로 통상실시권 설정의 필요성을 검토하여야 한다.
③ |×| 법 제119조 제1항 및 법 제136조 제8항 본문
④ |×| 법 제106조의2 제3항
⑤ |○| 법 제107조 제4항 제2호

정답 ⑤

13 특허권의 공유에 관한 설명으로 옳은 것은? (다툼이 있으면 판례에 따름) [2020년 기출]

① 공동발명자가 되기 위해서는 발명의 완성을 위하여 단순히 아이디어를 제공하거나 관리하는 수준을 넘어 실질적으로 상호 협력하는 관계가 있어야 하므로, 발명에 대한 새로운 착상을 구체화하고 공동 연구자에 대한 구체적인 지도를 하여 발명을 가능케 하였다고 하더라도 공동발명자에 해당하지 않는다.
② 당사자계 심판에 대한 심결취소소송은 공유자 전원이 공동으로 제기하여야만 하는 고유필수적 공동소송이라는 것이 판례의 태도이다.
③ 특허권의 각 공유자에게 민법상의 공유물분할청구권을 인정하더라도 특허법 제99조(특허권의 이전 및 공유 등)에 반하지 아니하고, 달리 분할청구를 금지하는 특허법 규정이 없음에도 불구하고, 각 공유자에게 특허권을 부여하는 방식의 현물분할은 허용되지 않는다.
④ 심결취소소송에 관한 보존행위설 또는 유사필수적 공동소송설에 의하면, 특허권 공유자 중 1인이 단독으로 제기한 소는 일종의 방해배제청구소송이므로 부적법하여 각하하여야 한다.

⑤ 특허법 제99조(특허권의 이전 및 공유 등)의 규정은 특허권 공유관계의 특수성을 고려하여 다른 공유자의 동의 없는 지분의 양도를 금지하면서, 특허권의 공유를 합유관계로 본다는 명분의 규정이다.

> [!NOTE] 해 설

① 발명이란 창작(특허법 제2조 제1호)이므로 발명자란 창작적 행위를 한 자를 말한다. 따라서 창작행위에 실질적으로 상호 협력한 경우는 공동발명자에 해당할 수 있다. 본 지문은 새로운(=창작적) 착상의 구체화에 참여했다고 하므로 공동발명자에 해당한다. 참고판례를 아래에 소개한다.

"공동발명자가 되기 위해서는 발명의 완성을 위하여 실질적으로 상호 협력하는 관계가 있어야 하므로, 단순히 발명에 대한 기본적인 과제와 아이디어만을 제공하였거나, 연구자를 일반적으로 관리하였거나, 연구자의 지시로 데이터의 정리와 실험만을 하였거나 또는 자금·설비 등을 제공하여 발명의 완성을 후원·위탁하였을 뿐인 정도 등에 그치지 않고, 발명의 기술적 과제를 해결하기 위한 구체적인 착상을 새롭게 제시·부가·보완한 자, 실험 등을 통하여 새로운 착상을 구체화한 자, 발명의 목적 및 효과를 달성하기 위한 구체적인 수단과 방법의 제공 또는 구체적인 조언·지도를 통하여 발명을 가능하게 한 자 등과 같이 기술적 사상의 창작행위에 실질적으로 기여하기에 이르러야 공동발명자에 해당한다. 한편 이른바 실험의 과학이라고 하는 화학발명의 경우에는 당해 발명의 내용과 기술수준에 따라 차이가 있을 수는 있지만 예측가능성 내지 실현가능성이 현저히 부족하여 실험데이터가 제시된 실험예가 없으면 완성된 발명으로 보기 어려운 경우가 많이 있는데, 그와 같은 경우에는 실제 실험을 통하여 발명을 구체화하고 완성하는데 실질적으로 기여하였는지 여부의 관점에서 공동발명자인지 여부를 결정해야 한다(대법원 2011. 7. 28. 선고 2009다75178 판결)."

② 특허를 받을 수 있는 권리 또는 특허권이 공유인 경우 심판은 공유자 전원이 참여하여야만 하는 고유필수적 공동심판에 해당하나, 심결취소소송은 고유필수적 공동소송으로 보지 않고 유사필수적 공동소송으로 보아 공유자 중 1인의 제기가 가능하다. 참고판례를 아래에 소개한다.

"이른바 고유필수적 공동소송이 아닌 사건에서 소송 도중에 당사자를 추가하는 것은 허용될 수 없다 할 것인데, 동일한 특허권에 관하여 2인 이상의 자가 공동으로 특허의 무효심판을 청구하여 승소한 경우에 그 특허권자가 제기할 심결취소소송은 심판청구인 전원을 상대로 제기하여야만 하는 고유필수적 공동소송이라고 할 수 없다. 특허를 무효로 한다는 심결이 확정된 때에는 당해 특허는 제3자와의 관계에서도 무효로 되는 것이므로, 동일한 특허권에 관하여 2인 이상의 자가 공동으로 특허의 무효심판을 청구하는 경우 그 심판은 심판청구인들 사이에 합일확정을 필요로 하는 이른바 유사필수적 공동심판에 해당한다 할 것이다(대법원 2009. 5. 28. 선고 2007후1510 판결)."

③, ⑤ 특허권의 공동소유의 법적성격은 공유로 보며, 따라서 민법상 공유에 관한 규정에 따라 공유물분할청구가 가능하다. 다만 특허권은 현물로 존재할 수 없어 현물분할이 아닌 경매절차를 통한 대금분할에 따라 분할이 가능하다. 참고판례를 아래에 소개한다.

"특허권이 공유인 경우에 각 공유자는 다른 공유자의 동의를 얻지 아니하면 지분을 양도하거나 지분을 목적으로 하는 질권을 설정할 수 없고 또한 특허권에 대하여 전용실시권을 설정하거나 통상실시권을 허락할 수 없는 등 권리의 행사에 일정한 제약을 받아 그 범위에서는 합유와 유사한 성질을 가진다. 그러나 일반적으로는 특허권의 공유자들이 반드시 공동 목적이나 동업관계를 기초로 조합체를 형성하여 특허권을 보유한다고 볼 수 없을 뿐만 아니라 특허법에 특허권의 공유를 합유관계로 본다는 등의 명문의 규정도 없는 이상, 공유에 관한 민법의 일반규정이 특허권의 공유에도 적용된다. 특허권의 공유자 상호 간에 이해관계가 대립되는 경우 등에 공유관계를 해소하기 위한 수단으로서 각 공유자에게 민법상의 공유물분할청구권을 인정하더라도 공유자 이외의 제3자에 의하여 다른 공유자 지분의 경제적 가치에 변동이 발생한다고 보기 어려워 특허법 제99

조 제2항 및 제4항에 반하지 아니하고, 달리 분할청구를 금지하는 특허법 규정도 없으므로, 특허권의 공유관계에 민법상 공유물분할청구에 관한 규정이 적용될 수 있다. 다만 특허권은 발명실시에 대한 독점권으로서 그 대상은 형체가 없을 뿐만 아니라 각 공유자에게 특허권을 부여하는 방식의 현물분할을 인정하면 하나의 특허권이 사실상 내용이 동일한 복수의 특허권으로 증가하는 부당한 결과를 초래하게 되므로, 특허권의 성질상 그러한 현물분할은 허용되지 아니한다(대법원 2014. 8. 20. 선고 2013다41578 판결)."

④ 2번 지문과 동일한 내용이다. 심결취소소송은 특허권 공유자 모두가 함께 제기하여야 하는 것은 아니며, 유사필수적 공동소송의 관계로 보아, 공유자 중 1인의 단독제기가 가능하다. 참고판례를 아래에 소개한다.

"상표권의 공유자가 그 상표권의 효력에 관한 심판에서 패소한 경우에 제기할 심결취소소송은 공유자 전원이 공동으로 제기하여야만 하는 고유필수적 공동소송이라고 할 수 없고, 공유자의 1인이라도 당해 상표등록을 무효로 하거나 권리행사를 제한·방해하는 심결이 있는 때에는 그 권리의 소멸을 방지하거나 그 권리행사방해배제를 위하여 단독으로 그 심결의 취소를 구할 수 있다 할 것이고, 위와 같이 공유자 1인에 의한 심결취소소송의 제기를 인정하더라도 위에서 본 바와 같이 다른 공유자의 이익을 해한다거나 합일확정의 요청에 반하는 사태가 생긴다고 할 수 없다.

그렇다면 피고가 제기한 이 사건 등록상표에 관한 권리범위확인심판에서 패소한 원고들로서는 이 사건 등록상표권의 권리행사를 방해하는 위 심결의 확정을 배제하기 위하여 보존행위로서 이 사건 심결취소소송을 제기할 수 있다고 할 것이다(대법원 2004. 12. 9. 선고 2002후567)."

정답 ③

14 특허권에 관한 설명 중 옳지 않은 것은? (다툼이 있는 경우에는 판례에 따름)

① 특허법의 다른 규정이나 특허의 본질에 반하는 등의 특별한 사정이 없는 한 공유에 관한 민법의 일반규정은 특허권의 공유에도 적용된다.
② 특허권의 공유관계에 민법상 공유물분할청구에 관한 규정이 적용될 수 있으나, 특허권은 성질상 현물분할은 허용되지 아니한다.
③ 특허권의 일부지분을 양수하기로 한 자는 그 지분의 이전등록이 있기까지는 특허권의 공유자로서 양수의 목적이 되지 아니한 다른 지분의 양도에 대하여 동의권을 행사할 수 없다.
④ 특허권의 일부 지분에 대하여만 처분행위를 금하는 가처분등록이 경료된 후 제3자 앞으로 당해 특허권에 대한 전용실시권이 설정된 경우 가처분권자가 본안소송에서 승소하여 그 앞으로 위 일부 지분에 관한 이전등록이 이루어졌다면, 그 전용실시권의 설정은 그 전부가 무효가 된다.
⑤ 특허권이 공유인 경우에는 각 공유자는 다른 공유자 모두의 동의를 받아야만 그 지분에 대하여 전용실시권을 설정할 수 있다.

해설

①, ② 2013다41578.

③ 97다41295.
④ 97다41295.
⑤ 실시권의 성질상 특허권의 일부지분에 대한 실시권의 설정은 상정할 수 없다(97다41295).

정답 ⑤

15 특허를 받을 수 있는 권리 및 특허권의 공유에 관한 설명으로 옳지 않은 것은? (다툼이 있으면 판례에 따름) [2022년 기출]

① 단독으로 발명을 완성한 후 특허를 받을 수 있는 권리의 일부 지분을 양도한 경우에는 공유자 모두가 공동으로 특허출원을 하지 않더라도 해당 출원은 거절되지 않는다.
② 특허권이 공유인 경우 다른 공유자와 경업관계에 있는 제3자에게 지분이 양도되면 다른 공유자는 불측의 손해를 입을 우려가 있기 때문에 특허권이 공유인 경우에는 각 공유자는 다른 공유자 모두의 동의를 받아야만 그 지분을 양도할 수 있다.
③ 특허권의 각 공유자에게 민법상의 공유물분할청구권을 인정하더라도 특허법 제99조(특허권의 이전 및 공유 등)에 반하지 아니하고, 달리 분할청구를 금지하는 특허법 규정이 없으므로, 특허권의 공유관계에 민법상 공유물분할청구에 관한 규정이 적용될 수 있다.
④ 특허권 분할시 각 공유자에게 특허권을 부여하는 방식의 현물분할을 인정하면 하나의 특허권이 사실상 내용이 동일한 복수의 특허권으로 증가하는 부당한 결과를 초래하게 되므로 현물분할은 허용되지 않는다.
⑤ 심판청구서의 보정은 그 요지를 변경할 수 없는 것이 원칙이나, 공동출원인 중 일부만이 심판청구를 제기한 경우 나머지 공동출원인을 심판청구인으로 추가하는 보정은 허용된다.

해 설

① |×| 특허를 받을 수 있는 권리를 공유하고 있는 경우는 공유자 전원이 출원해야 하며, 그렇지 않을 경우 제44조 위반으로 거절결정된다(특허법 제44조).
② |O| 특허권은 무체재산권이라는 특성으로 지분별로 고정된 경제적 가치가 없어, 지분 양도시 타 공유자 불이익 발생 우려가 있다. 이에 지분 양도시 타 공유자 동의 필요하다(특허법 제99조 제2항).
③ |O| 특허법에 관련 규정이 없을 때는 특허법 성질에 반하지 않는 범위 내에서 일반법인 민법 규정을 적용할 수 있다. 민법상의 공유물분할청구권은 특허법 성질에 반하지 않으므로 특허권에 적용할 수 있다. 참고판례를 아래에 소개한다.
"특허권이 공유인 경우에 각 공유자는 다른 공유자의 동의를 얻지 아니하면 그 지분을 양도하거나 그 지분을 목적으로 하는 질권을 설정할 수 없고 또한 그 특허권에 대하여 전용실시권을 설정하거나 통상실시권을 허락할 수 없는 등[특허법(2014. 6. 11. 법률 12753호로 개정되기 전의 것. 이하 같다) 제99조 제2항, 제4항 참조] 그 권리의 행사에 일정한 제약을 받아 그 범위에서는 합유와 유사한 성질을 가진다. 그러나 일반적으로는 특허권의 공유자들이 반드시 공동 목적이나 동업관계를 기초로 조합체를 형성하여 특허권을 보유한다고 볼 수 없을 뿐만 아니라 특허법에 특허권의 공유를 합유관계로 본다는 등의 명문의 규정도 없는 이상, 특허법의 다른 규정이나 특허의

본질에 반하는 등의 특별한 사정이 없는 한 공유에 관한 민법의 일반규정이 특허권의 공유에도 적용된다고 할 것이다.

그런데 앞에서 본 특허법 제99조 제2항 및 제4항의 규정 취지는, 공유자 외의 제3자가 특허권 지분을 양도받거나 그에 관한 실시권을 설정받을 경우 그 제3자가 투입하는 자본의 규모·기술 및 능력 등에 따라 그 경제적 효과가 현저하게 달라지게 되어 다른 공유자 지분의 경제적 가치에도 상당한 변동을 가져올 수 있는 특허권의 공유관계의 특수성을 고려하여, 다른 공유자의 동의 없는 지분의 양도 및 실시권 설정 등을 금지한다는 데에 있다. 그렇다면 특허권의 공유자 상호간에 이해관계가 대립되는 경우 등에 그 공유관계를 해소하기 위한 수단으로서 각 공유자에게 민법상의 공유물분할청구권을 인정하더라도 공유자 이외의 제3자에 의하여 다른 공유자 지분의 경제적 가치에 위와 같은 변동이 발생한다고 보기 어려워서 위 특허법 제99조 제2항 및 제4항에 반하지 아니하고, 달리 분할청구를 금지하는 특허법 규정도 없으므로, 특허권의 공유관계에 민법상 공유물분할청구에 관한 규정이 적용될 수 있다. 다만 특허권은 발명실시에 대한 독점권으로서 그 대상은 형체가 없을 뿐만 아니라 각 공유자에게 특허권을 부여하는 방식의 현물분할을 인정하면 하나의 특허권이 사실상 내용이 동일한 복수의 특허권으로 증가하는 부당한 결과를 초래하게 되므로, 특허권의 성질상 그러한 현물분할은 허용되지 아니한다고 봄이 상당하다(대법원 2014. 8. 20. 선고 2013다41578 판결)."

④ |O| 특허권은 현물분할이 허용되지 않고 대금분할에 따른다(대법원 2014. 8. 20. 선고 2013다41578 판결).

⑤ |O| 특허법 제140조 제2항 제1호

정답 ①

CHAPTER 11 특허권자의 의무 및 특허권의 소멸

01 특허권에 대한 설명으로 틀린 것은?

① 특허청장은 특허권자, 전용실시권자 또는 통상실시권자에게 특허발명의 실시여부 및 그 규모 등에 관하여 보고하게 할 수 있으며 이에 응하지 아니한 경우 50만원의 과태료에 처해질 수 있다
② 특허권자가 특허권을 포기할 때 특허권에 관한 권리를 가진 자의 동의를 구해야만 하는 경우가 있다.
③ 특허권의 포기가 있는 때에는 특허권, 전용실시권 및 통상실시권은 그때부터 소멸된다.
④ 특허권자의 사망으로 상속이 개시되었으나 상속인이 없는 경우 그 특허권은 소멸된다.
⑤ 특허, 전용실시권 또는 통상실시권을 목적으로 하는 질권을 설정한 때에는 질권자는 특별한 경우를 제외하고는 당해 특허발명을 실시할 수 없다.

해설

① |×| 법 제125조 및 제232조. 2006년 3월 3일 개정법에서는 특허권자 등의 실시보고의무 위반시 과태료부과대상에서 삭제하였다.
② |○| 법 제119조. 특허권에 전용실시권, 질권, 법정실시권 등을 설정한 경우라면 당해 특허권에 대한 이해관계가 있으므로 이들의 동의를 얻지 아니하고는 특허권을 포기할 수 없다.
③ |○| 법 제120조.
④ |○| 법 제124조.
⑤ |○| 법 제121조.

정답 ①

02 특허권 및 실시권에 관하여 다음 중 옳은 것으로만 연결된 것은?

> ⑺ 특허권자와의 계약에 의하여 독점적 실시가 인정된 통상실시권자는 특허권을 침해한 자에 대하여 침해금지청구권 및 손해배상청구권을 행사할 수 있다.
>
> ⑷ 특허권은 일부양도가 가능하므로 청구항별 이전도 가능하다.
>
> ⑸ 특허권의 포기에 의한 소멸은 등록을 하지 않으면 그 효력을 발생하지 않는다.
>
> ⑹ 공유인 특허권에 대하여 공유자 전원을 피청구인으로 하는 특허무효심판이 청구되고 무효심결이 난 경우에, 무효심결의 확정을 막기 위하여 심결취소의 소송을 제기함에 있어서 공유자의 1인이라도 당해 권리의 소멸을 방지하기 위하여 단독으로 그 심결의 취소를 구할 수 있다.
>
> ⑺ 특허권자는 청구항 중 일부에 대해서 포기할 수 있으나 출원인은 설정등록을 하는 때에 청구항 중 일부에 대해 포기할 수 없다.

① ⑺, ⑷ ② ⑺, ⑸
③ ⑸, ⑹ ④ ⑷, ⑺
⑤ ⑸, ⑺

해설

⑺ |×| 특허권자와의 계약에 의해 독점적 실시가 인정되는 통상실시권을 소위 독점적 통상실시권이라 하는데, 독점적인 지위는 특허권자와의 관계에서만 인정될 뿐이며 제3자에 대한 침해금지 또는 손해배상을 청구할 수는 없다.

⑷ |×| 특허권의 일부양도는 가능하나 이는 지분의 일부를 양도한다는 의미이며 청구항별로 일부 이전이 가능한 것은 아니다.

⑸ |○| 특허권의 포기는 제3자가 그 사실을 알 수 없으므로 등록을 효력발생요건으로 하고 있다.

⑹ |○| 대법원 2004. 12. 9. 선고 2002후567 판결. "상표권의 공유자가 그 상표권의 효력에 관한 심판에서 패소한 경우에 제기할 심결취소소송은 공유자 전원이 공동으로 제기하여야만 하는 고유필수적 공동소송이라고 할 수 없고, 공유자의 1인이라도 당해 상표등록을 무효로 하거나 권리행사를 제한·방해하는 심결이 있는 때에는 그 권리의 소멸을 방지하거나 그 권리행사방해배제를 위하여 단독으로 그 심결의 취소를 구할 수 있다"고 판시하였는데, 위 판결은 상표권에 관한 것이지만 그 법리는 특허권·실용신안권·디자인권에도 그대로 적용될 수 있다.

⑺ |×| 법 제215조의2 제1항에 의하면 특허권자 외에 특허출원인도 설정등록을 하는 경우 청구항별로 일부 포기할 수 있다.

정답 ③

03 다음 보기 중 특허권이 소멸하지 않는 것으로만 묶인 것은?

> ㄱ. 특허권이 수용된 경우
> ㄴ. 특허권 포기서를 제출했으나 포기등록이 되지 않은 경우
> ㄷ. 특허발명이 계속해서 3년 이상 국내에서 실시되고 있지 아니한 경우
> ㄹ. 법인의 청산사무가 종결되어 청산종결등기가 이루어진 경우
> ㅁ. 특허취소결정이 확정된 경우

① ㄱ, ㄴ ② ㄴ, ㄷ
③ ㄴ, ㅁ ④ ㄷ, ㄹ
⑤ ㄱ, ㄴ, ㄷ

해설

ㄱ. 특허법 제106조 제2항, 특허권 이외의 권리만 소멸된다.
ㄴ. 특허법 제101조 제1항 제1호, 포기는 등록하여야만 효력이 발생한다.
ㄷ. 특허권은 불사용으로 인해 취소되는 경우가 없다.
ㄹ. 특허법 제124조 제2항
ㅁ. 특허법 제132조의13 제3항

정답 ⑤

04 특허권의 소멸사유에 관한 설명으로 옳은 것은? [2012년 기출]

① 전시, 사변 또는 이에 준하는 비상시에 있어서 국방상의 필요를 이유로 특허권이 수용된 경우, 그 특허발명에 관한 전용실시권이나 통상실시권은 소멸되지만 특허권까지 소멸되는 것은 아니다.
② 특허권의 상속인이 없는 경우 그 상속이 개시된 때 그 특허권은 소멸하며, 이는 공유의 특허권자 중 일부가 상속인 없이 사망한 경우에도 그러하다.
③ 청구범위에 청구항이 2이상인 경우 청구항별로 특허권을 포기하는 것이 가능하며, 특허권의 포기가 있는 때에는 그 특허권은 처음부터 없었던 것으로 본다.
④ 특허심판원의 심결 또는 법원의 판결에 의하여 특허권이 무효로 확정된 경우, 그 때부터 그 특허권은 없었던 것으로 본다.
⑤ 특허권은 존속기간의 만료로 소멸하는 것이 원칙이지만, 의약품과 같이 다른 법령의 규정에 의한 허가를 받기 위하여 장기간이 소요되는 때에는 특허권자나 전용실시권자에 의한 존속기간의 연장등록출원이 가능하다.

해 설

① |O| 특허권이 수용되므로 특허권이 소멸되는 것이 아니라 정부로 이전되는 것이라고 볼 수 있다.
② |×| 공유특허권자의 경우 일부가 상속인 없이 사망하는 경우에는 사망자의 지분은 다른 공유자에게 지분비율로 귀속된다.
③ |×| 청구항별 특허권 포기는 가능하나, 특허권의 포기가 있는 경우 그 특허권은 그때부터 없었던 것으로 본다(법 제120조).
④ |×| 무효로 확정된 경우 처음부터 없었던 것으로 본다. 즉, 소급효가 있다.
⑤ |×| 존속기간연장등록출원의 경우 출원인은 특허권자에 한한다. 단, 특허권자, 전용실시권자 또는 등록된 통상실시권는 필요한 허가를 받을 수 있다.

정 답 ①

05 특허출원이 취하된 것으로 간주되는 경우가 아닌 것은?

① 국방상 필요한 발명에 대한 비밀취급 명령을 위반한 때
② 특허출원을 실용신안등록출원으로 변경출원한 때
③ 특허출원인이 특허청구범위를 기재하지 아니한 명세서를 특허출원한 후에 소정기간 내에 보정하지 아니한 때
④ 국제출원에 관한 수수료 미납에 대하여 보정명령을 받은 날부터 1월 내에 납부하지 아니한 때
⑤ 국내우선권주장출원의 선출원이 출원일부터 1년 3개월이 지난 때

해 설

① 특허법 제41조 제5항, 특허를 받을 수 있는 권리를 포기한 것으로 본다.
② 특허법 제53조 제4항과 동일한 법령이 실용신안법에도 있다.
③ 특허법 제42조의2 제3항
④ 특허법 제196조 제1항 제2호, PCT 출원의 경우 보정명령을 따르지 아니한 경우 취하간주한다.
⑤ 특허법 제56조 제1항 본문

정 답 ①

PART 08

실시권

CHAPTER 01 허락실시권

01 다음 설명 중 옳은 것은? (다툼이 있는 경우에는 판례에 의함)

① 심사 또는 심판 단계에서 의견제출의 기회를 부여한 거절이유를 보충하는데 지나지 않더라도 심사 또는 심판 단계에서 제출된 바 없는 증거는 거절결정불복심판청구 기각 심결의 취소소송절차에서 법원이 판단의 근거로 채택할 수 없다.
② 특허발명의 기술적 범위를 특정할 수 없는 때에는 특허권자는 그 특허발명의 권리범위를 주장할 수 없다.
③ 청구범위에 기재된 발명의 구성을 기술분야에서 보통으로 채용하는 정도로 일부 변경했다면 특허발명과 효과상 특별한 차이가 없다 하더라도 특허된 것이라고 표시해서는 아니 된다.
④ 특허무효심판은 공유자 지분에 따라 특허를 분할하여 일부 지분만의 무효심판을 청구하는 것이 허용된다.
⑤ 특허발명 실시계약이 체결된 이후에 그 계약 대상인 특허가 무효로 확정되었다면 특허권자는 과거 특허가 유효하게 존속할 당시 실시권자로부터 이미 지급받은 실시료를 모두 부당이득으로 실시권자에게 반환할 의무가 있다.

해설

① 거절결정불복심판청구 기각 심결의 취소소송절차에서 특허청장이 비로소 주장하는 사유라고 하더라도 심사 또는 심판 단계에서 의견제출의 기회를 부여한 거절이유를 보충하는 데 지나지 않아 출원인에게 그에 대한 의견제출의 기회를 실질적으로 주었다고 볼 수 있을 정도로 주요한 취지가 부합하면 이를 심결의 당부를 판단하는 근거로 할 수 있다. 특히 이미 통지된 거절이유가 선행발명에 의하여 출원발명의 진보성이 부정된다는 취지인 경우에, 특허출원 당시 그 기술분야에 널리 알려진 주지관용기술의 존재를 증명하기 위한 자료로서 위 선행발명을 보충하여 그 의의를 분명하게 하기 위한 것은 새로운 공지기술에 관한 것에 해당하지 아니하므로, 심결취소소송의 법원이 이를 진보성을 부정하는 판단의 근거로 채택하였다고 하더라도 이미 통지된 거절이유와 주된 취지가 부합하지 아니하는 새로운 거절이유를 판결의 기초로 삼은 것이라고 할 수 없다(대법원 2013. 9. 26. 선고 2013후1054 판결 등 참조).
② 특허발명의 특허청구의 범위 기재나 발명의 설명, 기타 도면의 설명에 의하더라도 특허출원 당시 발명의 구성요건의 일부가 추상적이거나 불분명하여 그 발명 자체의 기술적 범위를 특정할 수 없을 때에는 특허권자는 그 특허발명의 권리범위를 주장할 수 없다(대법원 2002. 6. 14. 선고 2000후235 판결).
③ 특허된 것 등으로 표시한 물건의 기술적 구성이 청구범위에 기재된 발명의 구성을 일부 변경한 것이라고 하더라도, 그러한 변경이 해당 기술분야에서 통상의 지식을 가진 사람(이하 '통상의 기술자'라고 한다)이 보통 채용하는 정도로 기술적 구성을 부가, 삭제, 변경한 것에 지나지 아니하고 그로 인하여 발명의 효과에 특별한 차이가 생기지도 아니하는 등 공중을 오인시킬 정도에 이르지 아니한 경우에는, 위 물건에 특허된 것 등을 표시를 하는 행위가 위 규정에서 금지하는 표시행위에 해당한다고 볼 수 없다(대법원 2015. 8. 13. 선고 2013도10265 판결).
④ 특허처분은 하나의 특허출원에 대하여 하나의 특허권을 부여하는 단일한 행정행위이므로, 설령

그러한 특허처분에 의하여 수인을 공유자로 하는 특허등록이 이루어졌다고 하더라도, 그 특허처분 자체에 대한 무효를 청구하는 제도인 특허무효심판에서 그 공유자 지분에 따라 특허를 분할하여 일부 지분만의 무효심판을 청구하는 것은 허용할 수 없다(대법원 2015. 1. 15. 선고 2012후2432 판결).

⑤ 특허발명 실시계약이 체결된 이후에 그 계약 대상인 특허가 무효로 확정되면 특허권은 특허법 제133조 제3항의 규정에 따라 같은 조 제1항 제4호의 경우를 제외하고는 처음부터 없었던 것으로 간주된다. 그러나 특허발명 실시계약에 의하여 특허권자는 실시권자의 특허발명 실시에 대하여 특허권 침해로 인한 손해배상이나 그 금지 등을 청구할 수 없게 될 뿐만 아니라 특허가 무효로 확정되기 이전에 존재하는 특허권의 독점적·배타적 효력에 의하여 제3자의 특허발명 실시가 금지되는 점에 비추어 보면, 특허발명 실시계약의 목적이 된 특허발명의 실시가 불가능한 경우가 아닌 한 특허무효의 소급효에도 불구하고 그와 같은 특허를 대상으로 하여 체결된 특허발명 실시계약이 그 계약의 체결 당시부터 원시적으로 이행불능 상태에 있었다고 볼 수는 없고, 다만 특허무효가 확정되면 그때부터 특허발명 실시계약은 이행불능 상태에 빠지게 된다고 보아야 한다. 따라서 특허발명 실시계약 체결 이후에 특허가 무효로 확정되었더라도 앞서 본 바와 같이 특허발명 실시계약이 원시적으로 이행불능 상태에 있었다거나 그 밖에 특허발명 실시계약 자체에 별도의 무효사유가 없는 한 특허권자가 특허발명 실시계약에 따라 실시권자로부터 이미 지급받은 특허실시료 중 특허발명 실시계약이 유효하게 존재하는 기간에 상응하는 부분을 실시권자에게 부당이득으로 반환할 의무가 있다고 할 수 없다(대법원 2014. 11. 13. 선고 2012다42666 판결).

정답 ②

02 전용실시권에 대한 설명으로 틀린 것은?

① 전용실시권은 물권적 권리로서 권리를 침해한자 또는 침해할 우려가 있는 자에 대하여 그 침해의 금지 또는 예방을 청구할 수 있으나 권리범위확인심판을 청구할 수는 없다.
② 전용실시권자는 특허권자의 동의가 있는 경우 그 전용실시권을 목적으로 하는 질권을 설정하거나 통상실시권을 설정할 수 있다.
③ 등록이 되지 않은 전용실시권에 기해서는 타인의 실시에 대해 침해금지청구권을 행사할 수 없다.
④ 전용실시권자가 사망한 경우 상속인은 이전 등록이 없어도 이전의 효력이 발생하지만 이를 지체 없이 신고해야 한다.
⑤ 전용실시권이 공유인 경우 다른 공유자의 동의가 없다면 그 지분을 양도할 수 없다.

해설

① |×| 법 제126조 및 법 제135조. 특허권자 뿐만 아니라 전용실시권자도 권리범위확인심판의 청구인 적격을 인정하고 있다.
② |○| 법 제100조 4항
③ |○| 미등록된 경우 전용실시권의 효력이 발생하지 않으므로 타인의 무단실시를 배제할 수 없다.
④ |○| 법 제101조 제1항 제2호 및 제2항
⑤ |○| 법 제100조 제5항

정답 ①

03 특허권 또는 전용실시권에 관한 다음 설명 중 옳지 않은 것은?

① 전용실시권은 특허권자의 동의를 얻은 경우 및 상속 기타 일반승계의 경우에 한하여 이전할 수 있다.
② 특허권이 공유인 경우 각 공유자는 다른 공유자의 동의를 얻지 아니하면 그 특허권에 대하여 통상실시권을 허락할 수 없다.
③ 특허권이 공유인 경우 각 공유자는 계약으로 특별히 약정한 경우를 제외하고는 다른 공유자의 동의를 얻지 아니하고 그 특허발명을 실시할 수 있다.
④ 전용실시권자는 특허권자의 동의를 받아야만 그 전용실시권을 목적으로 질권을 설정할 수 있다.
⑤ 전용실시권의 소멸은 혼동에 의한 경우를 제외하고는 등록하지 아니하면 효력이 발생하지 아니한다.

해 설

① 실시사업과 함께 이전하는 경우에도 이전할 수 있다(특허법 제100조 제3항).
② 특허법 제99조 제4항
③ 특허법 제99조 제3항
④ 특허법 제100조 제4항
⑤ 특허법 제101조 제1항 제2호

정 답 ①

04 특허권 또는 전용실시권에 관한 다음 설명 중 옳지 않은 것은? [2000년 기출]

① 전용실시권은 특허권자의 동의를 얻은 경우 및 상속 기타 일반승계의 경우에 한하여 이전할 수 있다.
② 특허권이 공유인 경우 각 공유자는 다른 공유자의 동의를 얻지 아니하면 그 지분을 양도하거나 그 지분을 목적으로 하는 질권을 설정할 수 없다.
③ 특허권이 공유인 경우 각 공유자는 계약으로 특별히 약정한 경우를 제외하고는 다른 공유자의 동의를 얻지 아니하고 그 특허발명 전부를 자신이 실시할 수 있다.
④ 특허권의 이전은 상속 기타 일반승계의 경우를 제외하고는 등록하지 아니하면 효력이 발생하지 아니한다.
⑤ 전용실시권의 이전은 상속 기타 일반승계의 경우를 제외하고는 등록하지 아니하면 효력이 발생하지 아니한다.

해설

① |×| 전용실시권자는 특허권자의 동의를 얻지 아니하면 그 전용실시권을 이전할 수 없다. 그러나 실시사업과 함께 이전하는 경우 또는 상속 기타 일반승계에 의해 이전하는 경우에는 특허권자의 동의가 없더라도 전용실시권을 이전할 수 있다(법 제100조 제3항).
② |○| 법 제99조 제2항
③ |○| 법 제99조 3항
④, ⑤ |○| 법 제101조 제1항

정답 ①

05 실시권의 이전에 관한 설명 중 틀린 것은? [2001년 기출]

① 통상실시권 설정의 재정에 의한 통상실시권은 특허권자의 허락이 있다 하더라도 반드시 실시사업과 함께가 아니라면 그 통상실시권을 이전할 수 없다.
② 법정실시권은 실시사업과 함께 이전하는 경우라면 특허권자의 동의없이 이전 가능하다.
③ 통상실시권허여심판에 의한 통상실시권은 특허권자의 동의를 얻어 실시사업과 함께 이전할 수 있다.
④ 일반승계에 의해 전용실시권을 이전하는 경우 특허청에 등록을 하지 않아도 효력이 있다.
⑤ 전용실시권자가 통상실시권을 허락한 경우 그 통상실시권은 특허권자 및 전용실시권자 모두의 동의를 얻어야 이전할 수 있다.

해설

① |○| 법 제102조 제3항.
② |○| 법 제102조 제5항.
③ |×| 통상실시권허여심판에 의한 통상실시권은 그 통상실시권자의 당해 특허권·실용신안권 또는 디자인권과 함께 이전되고 함께 소멸된다(법 제102조 제4항).
④ |○| 상속 기타 일반승계의 경우에는 전용실시권의 이전을 등록하지 아니하여도 그 효력이 발생한다(법 제101조 제1항 제2호). 다만, 그 취지를 지체없이 특허청장에게 신고하여야 한다(법 제101조 제2항).
⑤ |○| 전용실시권자가 특허권자의 동의를 얻어 통상실시권을 허락한 경우, 그 통상실시권은 특허권자 및 전용실시권자의 동의를 얻어야 이전가능하다(법 제102조 제5항 괄호).

정답 ③

06 특허권에 대한 설명 중 틀린 것은?

[2001년 기출]

① 특허권이 공유인 경우 각 공유자가 제3자에게 통상실시권을 설정하고자 할 때 타공유자의 동의를 얻어야 한다.
② 전용실시권이 침해된 경우 전용실시권자가 직접 침해금지청구 및 손해배상청구권을 행사할 수 있다.
③ 제3자가 권원없이 통상실시권의 범위내에서 특허발명을 업으로 실시한다 하더라도 통상실시권자는 그 실시를 직접 금지시킬 수 없다.
④ 특허법 제138조의 규정에 의한 통상실시권 허여의 심판은 이용발명의 특허권자와 전용실시권자만이 이를 청구할 수 있다.
⑤ 강제실시권은 모두 그 실시에 대한 대가나 보상금의 지급이 강제되어 있다.

해 설

① |O| 법 제99조 제4항.
② |O| 전용실시권자는 그 설정행위로 정한 범위안에서 업으로서 그 특허발명을 실시할 권리를 독점하므로(법 제100조 제2항), 따라서 전용실시권자는 제3자의 침해행위에 대해 직접 침해금지청구권 및 손해배상청구권을 행사할 수 있다.
③ |O| 통상실시권은 채권적 권리이므로 제3자의 특허발명의 실시에 대해 민사상 구제조치나 형사상 구제조치를 취할 수 없다.
④ |X| 일반적인 통상실시권허여심판의 경우 심판청구인은 이용·저촉관계의 후출원 특허권자, 전용실시권자 또는 통상실시권자이며 피청구인은 선출원 특허권자, 전용실시권자, 실용신안권자 또는 디자인권자이다.
⑤ |O| i) 국방상 필요에 의한 강제실시권의 경우, 정부 또는 정부 외의 자는 제1항에 따라 특허발명을 실시하는 경우에는 특허권자, 전용실시권자 또는 통상실시권자에게 정당한 보상금을 지급하여야 한다(법 제106조의2 제3항). ii) 재정의 경우, 재정을 받은 자가 제110조 제2항 제2호의 지급시기까지 대가(대가를 정기 또는 분할하여 지급할 경우에는 최초의 지급분)를 지급하지 아니하거나 공탁을 하지 아니한 때에는 그 재정은 효력을 잃는다(법 제113조). iii) 통상실시권허여심판에 의한 강제실시권의 경우, 통상실시권자가 그 대가를 지급하지 아니하거나 공탁하지 아니하면 그 특허발명을 실시할 수 없다(법 제138조제5항).

정답 ④

07 다음은 실시권에 관한 설명이다. 틀린 것으로만 연결된 것은?

> ㈎ 전용실시권자는 그 특허발명 실시의 범위 내에서 스스로 실시하지 않으면 침해금지청구권을 행사할 수 없다.
>
> ㈏ 법정실시권자는 업으로서 법률이 정한 범위 내에서 특허발명을 실시할 권리를 독점한다.
>
> ㈐ 甲과 乙은 특허발명 A에 대한 공유특허권자이며 丙은 특허발명 A에 대한 통상실시권을 설정받은 경우 丙은 甲과 乙의 동의를 받지 아니하면 통상실시권을 목적으로 하는 질권을 설정할 수 없으며 자신의 통상실시권을 이전할 수도 없다.
>
> ㈑ 특허출원일 전 또는 특허출원일과 같은 날에 출원되어 등록된 디자인권이 그 특허권과 저촉되는 경우 그 디자인권이 디자인등록료의 불납으로 소멸한 경우에는 그 원디자인권자는 원디자인권의 범위 안에서 당해 특허권 또는 전용실시권에 대하여 통상실시권을 가진다.
>
> ㈒ 특허권자의 동의나 특허권자 및 전용실시권자의 동의가 있다고 하더라도 언제나 통상실시권을 질권의 대상으로 할 수 있는 것은 아니다.

① ㈎
② ㈎, ㈏
③ ㈎, ㈏, ㈐
④ ㈎, ㈏, ㈐, ㈑
⑤ ㈎, ㈏, ㈐, ㈑, ㈒

해설

㈎ |×| 전용실시권은 타인의 실시를 배제할 수 있는 소극적 효력을 가지고 있으며, 특허권과 마찬가지로 권리자의 실시여부는 침해금지청구권 행사와 무관하다.

㈏ |×| 통상실시권자는 업으로서 그 특허발명을 실시할 권리를 가질 뿐 독점권이나 배타권은 인정되지 않는다.

㈐ |×| 통상실시권자인 丙은 특허권자인 甲과 乙의 동의를 얻지 아니하면 통상실시권을 목적으로 하는 질권을 설정할 수 없다. 다만, 특허권자 甲과 乙의 동의를 얻지 아니한 경우에도 실시사업과 함께 또는 상속 기타 일반승계의 경우 자신의 통상실시권을 이전할 수 있다.

㈑ |×| 디자인권이 존속기간 만료로 소멸한 경우에만 법정실시권이 인정된다(법 제105조).

㈒ |○| 통상실시권 중 재정에 의한 통상실시권(법 제107조) 및 통상실시권허여심판에 의한 통상실시권(제138조)은 질권의 목적으로 할 수 없다(법 제102조 제6항).

정답 ④

08 甲과 乙은 특허발명 A에 대한 공유특허권자이며 丙은 특허발명 A에 대한 통상실시권을 설정받은 자이다. 이 경우 각 당사자들의 법률관계와 관련한 다음 설명 중 옳지 않은 것은?

[2004년 기출]

① 丙이 제3자의 특허침해 사실을 발견한 경우 자신의 통상실시권에 기한 소제기권이 있는지에 대하여는 견해가 나뉘어 있다.
② 丙이 甲과 乙로부터 특허발명의 제조판매 허락을 얻은 경우라도 계약에서 정한 지역적 범위를 넘어 타 지역에 판매하게 되면 공유특허권의 침해가 성립된다.
③ 甲과 乙은 각각 서로의 동의 없이 자기 공유지분을 포기할 수 있으나 丙의 동의가 없으면 특허권 전체를 포기할 수 없다.
④ 丙은 甲과 乙의 동의를 받지 아니하면 통상실시권을 목적으로 하는 질권을 설정할 수 없으며 자신의 통상실시권을 이전할 수도 없다.
⑤ 제3자가 특허발명 A의 특허권에 대하여 무효심판을 청구할 경우 甲과 乙 모두를 피청구인으로 하여야 하며 丙은 이에 보조참가할 수 있다.

해설

① |○| 특허침해에 대한 통상실시권자의 소제기권과 관련하여, 통상실시권은 채권적인 권리이므로 배타성이 없으며 제3자에 의한 권리침해는 있을 없다는 견해(부정설)과 채권적인 것일지라도 권리인 이상 불가침성이 있다하여 권리침해가 있을 수 있다는 견해(긍정설)이 대립한다. 다수설은 통상실시권자의 소제기권을 부정하며 특허권자 침해금지청구권을 대위행사할 수도 없다고 본다.
② |○| 통상실시권자는 이 법의 규정에 의하여 또는 설정행위로 정한 범위 안에서 업으로서 그 특허발명을 실시 할 수 있는 권리를 가진다(법 제102조 제2항). 따라서 계약에 따라 설정된 범위를 넘는 실시는 특허권의 침해가 된다.
③ |○| 특허권이 공유인 경우 공유지분의 포기는 타공유자에게 유리한 행위이므로 타 공유자의 동의를 얻을 필요가 없다. 그러나 특허권 전체를 포기하는 경우에는 전용실시권자, 질권자, 직무발명 및 허락에 의한 통상실시권자의 동의를 얻어야 한다(법 제119조 제1항).
④ |×| 통상실시권을 목적으로 하는 질권의 설정에 있어서는 특허권자의 동의를 얻어야 한다(법 제102조 제6항). 통상실시권의 이전에 있어서는 원칙적으로 특허권자의 동의를 얻어야 하나 실시사업과 같이 이전하는 경우 및 상속 기타 일반 승계의 경우에는 특허권자의 동의가 없어도 이전가능하다(법 제102조 제5항).
⑤ |○| 공유인 특허권의 특허권자에 대하여 심판을 청구하는 때에는 공유자 전원을 피청구인으로 청구하여야 한다(법 제139조 제2항). 한편, 특허권이 소멸하면 부수적 권리인 실시권도 소멸하므로 심판의 결과에 대하여 이해관계가 있는 丙은 그 심판에 보조참가할 수 있다(법 제155조 제3항).

정답 ④

09 특허권자의 동의가 필요한 경우에 관한 설명 중 옳은 것은? [2008년 기출]

① 전용실시권자는 실시사업과 같이 이전하는 경우에 특허권자의 동의가 없더라도 그 전용실시권을 이전할 수 있다.
② 특허권이 공유인 경우 각 공유자는 다른 공유자의 동의가 없더라도 특허권의 존속기간의 연장등록출원을 할 수 있다.
③ 특허법 제107조(통상실시권 설정의 재정)에 의한 통상실시권은 실시사업과 같이 이전하는 경우가 아니라 하더라도 특허권자의 동의가 있으면 이를 이전할 수 있다.
④ 공공의 이익을 위하여 비상업적으로 실시할 필요가 있음을 이유로 특허권을 수용하는 때에는 특허권자의 동의가 있어야 한다.
⑤ 전용실시권자는 특허권자의 동의를 얻지 아니하면 전용실시권을 포기할 수 없다.

해 설

① |O| 전용실시권자는 실시사업과 같이 이전하는 경우 또는 상속 기타 일반승계의 경우를 제외하고는 특허권자의 동의를 얻지 아니하면 그 전용실시권을 이전할 수 없다(특허법 제100조 제3항).
② |×| 특허권이 공유인 경우에는 공유자 전원이 공동으로 특허권의 존속기간의 연장등록출원을 하여야 한다(법 제90조 제3항).
③ |×| 법 제107조의 규정에 의한 통상실시권은 실시사업과 같이 이전하는 경우에 한하여 이전할 수 있다(법 제102조 제3항).
④ |×| 정부는 특허발명이 전시, 사변 또는 이에 준하는 비상시에 있어서 국방상 필요한 때에는 특허권을 수용할 수 있다(법 제106조 제1항). 한편, 특허권자의 동의가 없어도 수용이 가능하다. 아울러 지문에서 수용의 요건 또한 잘못되었다. '공공의 이익을 위하여 비상업적으로 실시할 필요가 있는 경우'는 특허권 수용의 요건이 아니고 강제실시권 설정 요건이다(법 제106조의2 제1항).
⑤ |×| 전용실시권자는 질권자 또는 전용실시권에 대한 통상실시권자의 동의를 얻지 아니하면 전용실시권을 포기할 수 없다(법 제119조 제2항). 즉, 전용실시권 포기시 특허권자의 동의를 요하지는 않는다.

정답 ①

10 다음은 특허권과 실시권에 대한 설명이다. 다음의 설명 중에 타당한 것으로만 연결된 것은?

> (가) 특허권에 대하여 2이상의 통상실시권이 설정될 수는 있지만 2이상의 전용실시권이 설정되는 경우는 없다.
>
> (나) 동일한 발명에 대한 2이상의 특허 중 그 하나를 무효로 한 경우 무효로 된 특허권에 대하여 실시권을 갖고 있는 자는 등록무효로 되지 않은 특허권에 대하여 법정실시권을 가질 수 있는데, 이때 실시권이 등록되어 있지 않은 경우라도 보호되는 경우가 있다.
>
> (다) 질권은 물권적 권리로서 통상실시권을 목적으로 질권의 경우라도 그 질권은 등록하지 아니하면 효력이 발생하지 아니한다.
>
> (라) 허락에 의한 실시권 및 법정실시권은 실시사업과 같이 이전하는 경우 또는 상속 기타 일반 승계의 경우를 제외하고는 특허권자(전용실시권에 관한 통상실시권에 있어서는 특허권자 및 전용실시권자)의 동의를 얻지 아니하면 이를 이전할 수 없다.
>
> (마) 직무발명과 관련하여 인정하고 있는 사용자 등에게 부여되는 법정실시권은 경제적 약자인 종업원의 권익 보장측면에서 사용자가 종업원에게 대가를 지급해야 함을 명시하고 있다.

① (가), (나)   ② (나), (라)
③ (가), (나), (다)   ④ (다), (라)
⑤ (가), (나), (마)

해 설

(가) |×| 전용실시권은 허락에 의해 발생하는 물권적인 권리이므로 시기·지역·실시내용이 중복되는 2이상의 전용실시권은 병존할 수 없다 한편, 중복되지 않는 내용의 전용실시권이 2이상 설정될 수 있다. 가령, 갑에게는 서울에서만 실시하기로 하는 전용실시권을 설정해주고 부산에서는 을에게만 실시하기로 하는 전용실시권을 설정해 줄 수 있다.

(나) |O| 무효로 된 특허권 또는 실용신안권에 대하여 무효심판청구의 등록 당시에 이미 전용실시권이나 통상실시권 또는 그 전용실시권에 대한 통상실시권을 취득하고 그 등록을 받은 자도 중용권으로 보호를 한다. 다만, 법 제118조 제2항의 규정에 해당하는 자(즉, 무효되는 권리에 대한 법정실시권자)인 경우에는 등록을 요하지 아니한다(법 제104조 제1항 제5호).

(다) |×| 통상실시권에 대한 질권 설정은 등록하지 아니하여도 효력이 발생하나 등록하지 아니하면 제3자에게 대항할 수 없다(법 제118조 제3항).

(라) |O| 법 제100조 제3항, 법 제102조 제5항.

(마) |×| 이에 대한 명문의 규정은 없지만, 직무발명에 대해서 사용자에게 법정실시권을 인정하는 것은 공평의 견지에서 인정되는 것이므로, 무상으로 해석하고 있다.

정 답 ②

11 실시권에 관한 설명으로 옳지 않은 것은? (다툼이 있는 경우에는 판례에 의함) [2012년 기출]

① 특허출원시에 그 특허출원된 발명의 내용을 알지 못하고 그 발명을 하거나 그 발명을 한 자로부터 지득하여 국내에서 그 발명의 실시사업을 하거나 그 사업의 준비를 하고 있는 자는 그 실시 또는 준비를 하고 있는 발명 및 사업의 목적의 범위안에서 그 특허출원된 발명에 대한 특허권에 대하여 통상실시권을 가진다.

② 전용실시권자는 실시사업과 같이 이전하거나 또는 상속 기타 일반승계의 경우에는 특허권자의 동의가 없더라도 그 전용실시권을 이전할 수 있다.

③ 전용실시권자는 전용실시권에 대한 질권 또는 통상실시권이 설정된 때에는 질권자 또는 통상실시권자의 동의가 없는 한 그 전용실시권을 포기할 수 없다.

④ 물품의 일부에 대한 실용신안권의 경우, 통상실시권자가 실용신안권의 존속기간내에 제작이 완료된 실용신안 대상 부품을 사용하여 완성한 물품을 그 존속기간이 끝난 후에 출고한 경우에는 그 실시료를 지급할 의무가 없다.

⑤ 실용신안에 대한 통상실시권은 실용신안권의 존속을 전제로 하는 권리이므로 실용신안권이 그 존속기간의 만료로 소멸한다면 이에 따른 통상실시권도 함께 소멸한다.

해설

① |○| 법 제103조
② |○| 법 제100조제3항
③ |○| 전용실시권이 포기되는 경우 질권자 또는 통상실시권자의 권리도 같이 소멸하므로 이들의 동의를 얻지 아니하면 포기할 수 없다.
④ |×| 실용신안권은 물품의 일부, 즉 물품의 구성부분으로서 독립 물품으로 취급되지 않는 것에 대하여도 인정되는 것이므로, 통상실시권자들이 실용신안권자의 실용신안권의 존속기간 내에 실용신안 내용에 따라 물품의 일부에 대한 제작행위를 함으로써 통상실시권을 사용한 것이 되며, 따라서 통상실시권자가 그 존속기간 내에 제작이 끝난 실용신안 대상 부품을 사용하여 완성한 물품을 그 존속기간이 끝난 후에 출고한 경우에도 그 실시료를 지급할 의무가 있다(대법원 96다50599).
⑤ |○| 전용실시권, 통상실시권등은 특허권의 존재를 전제로 하는 권리이므로 특허권이 소멸하는 경우 같이 소멸한다.

정답 ④

12 전용실시권에 관한 설명으로 옳지 않은 것은? (다툼이 있는 경우에는 판례에 의함)

[2014년 기출]

① 전용실시권의 설정·이전(상속 기타 일반승계에 의한 경우를 제외)·변경·소멸(혼동에 의한 경우를 제외) 또는 처분의 제한은 이를 등록하지 아니하면 그 효력이 발생하지 아니한다.
② 특허권의 소멸로 인한 전용실시권의 소멸, 피담보채무의 소멸로 인한 질권의 소멸은 등록하여야 효력이 발생한다.
③ 전용실시권자는 실시사업과 같이 이전하는 경우 또는 상속 기타 일반승계의 경우를 제외하고는 특허권자의 동의를 얻지 아니하면 그 전용실시권을 이전할 수 없다.
④ 전용실시권자가 그 권리를 포기함에 있어서는 그 전용실시권에 관한 질권자 및 전용실시권자의 허락에 의한 통상실시권자의 동의를 얻어야 한다.
⑤ 공유자 중 한 사람이 다른 공유자의 동의를 얻어 전용실시권을 설정하는 경우에도 그 전용실시권의 설정은 특허권의 일부 지분에 국한된 처분이 아니라 특허권 자체에 대한 처분행위에 해당하는 것이며, 전용실시권의 성질상 특허권의 일부 지분에 대한 전용실시권의 설정은 상정할 수 없다.

해설

① |O| 법 제101조 제1항 제2호
② |×| 특허권이 소멸하면 부수적인 권리인 전용실시권은 당연히 소멸하게 되므로 등록을 하여야 소멸하는 것은 아니다.
③ |O| 법 제100조 제3항
④ |O| 법 제119조 제2항
⑤ |O| 대법원 1999.3.26. 선고 97다41295 판결. 특허권의 전용실시권자는 그 설정행위로 정한 범위 안에서 업으로서 그 특허발명을 실시할 권리를 독점하고(법 제100조 제2항 참조) 그 범위 내에서는 특허권자일지라도 그 특허권을 실시할 수 없는 것이므로, 특허권이 공유인 경우 각 공유자는 다른 공유자의 동의를 얻지 아니하면, 그 특허권에 대하여 전용실시권을 설정할 수 없는 것인바, 공유자의 한 사람이 다른 공유자의 동의를 얻어 전용실시권을 설정하는 경우에도 그 전용실시권의 설정은 특허권의 일부 지분에 국한된 처분이 아니라 특허권 자체에 대한 처분행위에 해당하는 것이며, 전용실시권의 성질상 특허권의 일부 지분에 대한 전용실시권의 설정은 상정할 수 없는 것이므로, 특허권의 일부 지분에 대하여만 처분행위를 금하는 가처분등록이 경료된 후 제3자 앞으로 당해 특허권에 대한 전용실시권이 설정된 경우에, 가처분권자가 본안소송에서 승소하여 그 앞으로 위 일부 지분에 관한 이전등록이 이루어졌다면, 그 전용실시권의 설정은 그 전부가 위 가처분의 취지에 반하는 것으로서 무효가 된다고 보아야 할 것이고, 이는 전용실시권 설정 당시 가처분권자가 그 설정에 대하여 동의를 할 지위에 있지 아니하였다고 하더라도 마찬가지라고 할 것이다.

정답 ②

13 통상실시권에 관한 설명으로 옳지 않은 것은?

① 특허법 제99조의2 제2항에 따른 특허권의 이전청구에 의한 이전등록이 있기 전에 해당 특허가 무권리자 특허에 해당하는 것을 알지 못하고 통상실시권을 취득한 후 등록은 하지 않고 국내에서 그 특허발명을 실시한 자는 실시한 발명 및 사업목적 범위에서 특허권에 대하여 통상실시권을 가진다.
② 질권설정 이전에 특허발명을 실시하고 있었던 특허권자는 그 특허권이 경매 등에 의해 타인에게 이전되더라도 그 특허발명에 대하여 통상실시권을 가질 수 있으나, 이 경우 특허권자는 특허권을 이전 받은 자에게 상당한 대가를 지급해야 한다.
③ 특허발명을 공공의 이익을 위하여 비상업적으로 실시할 필요가 특히 있는 경우는 특허권자 또는 전용실시권자와 합리적인 조건으로 통상실시권의 허락에 관한 협의를 사전에 하지 않았어도 재정을 청구할 수 있다.
④ 특허취소결정이 확정된 후 특허취소심판에 대한 재심청구 등록 전에 국내에서 선의로 그 발명을 실시한 자는 재심에 의해 취소된 특허권이 회복되더라도 실시한 발명 및 사업목적의 범위에서 그 특허권에 관하여 무상의 통상실시권을 가진다.
⑤ 특허법 제107조에 따른 재정에 의한 통상실시권을 받은 자가 정기적으로 지급하도록 되어 있는 대가의 최초 지급분을 지급하지 아니하거나 공탁하지 아니한 경우는 재정의 효력을 잃는다.

> 해 설

① 특허법 제99조의2 제2항에 따른 이전등록이 있기 전에 무권리자 특허에 대해 통상실시권을 취득한 자는 특허법 제118조 제2항과 같이 등록을 하지 않아도 대항요건을 갖추는 법정실시권을 취득한 자가 아닌 이상, 해당 특허의 등록원부에 통상실시권을 등록해서 대항요건을 갖추었어야만 해당 특허가 정당권리자에게 이전되더라도 법정실시권을 가질 수 있다(특허법 제103조의2 제1항 제2호).
② 질권행사에 따른 법정실시권은 유상이다(특허법 제122조).
③ 특허법 제107조 제1항 단서
④ 재심에 의하여 회복한 특허권에 대한 법정실시권은 무상이다(특허법 제182조).
⑤ 특허법 제113조

정답 ①

CHAPTER 02 권리 등록의 효력

01 특허권자 甲은 2007년 1월 乙에게 통상실시권을 설정하고, 자신과 乙이 실시하던 중에 甲의 특허권에 대해 2009년 1월에 질권이 설정되었다. 乙은 2009년 5월에 자신의 통상실시권을 丙에게 이전하였으나, 丙의 명의로 이전등록을 하지 않은 상태에서 甲의 특허권은 경매에 의하여 2010년 1월에 丁에게 이전되었다. 새로운 특허권자 丁은 甲, 乙, 丙에게 특허발명의 실시를 중단하라고 경고하였다. 이들의 법률관계에 대한 설명으로 옳은 것은? (乙의 통상실시권은 2007년 1월 설정등록을 한 상태였다.)

① 甲은 질권설정 이전에 특허발명을 실시하고 있던 중이므로 무상의 통상실시권자로서 丁의 경고는 부당하다.
② 甲에게는 특허법 제122조에 따른 통상실시권이 인정되지 않는다.
③ 丙은 통상실시권자이므로 丁의 경고에 대항하여 정당한 권원이 있음을 주장할 수 있다.
④ 丙은 실시를 중단해야 하나 甲에 대하여 손해배상청구가 가능하다.
⑤ 어떤 것도 옳지 않다.

해 설

①, ② |×| 법 제122조. 甲은 특허권을 목적으로 하는 질권설정 이전에 특허발명을 실시하고 있었으므로 통상실시권을 갖는다. 하지만 특허권을 이전 받은 丁에게 상당한 대가를 지급해야 하는 유상의 통상실시권이다.

③, ④ |×| 법 제118조 3항. 통상실시권의 이전이 있는 경우 등록이 제 3자 대항요건이다. 따라서 乙로부터 통상실시권을 이전 등록하였다는 사정이 없는 한 丙은 특허발명의 실시를 중단해야 한다. 丙은 민사상 계약 위반으로 乙에 대하여 손해배상을 청구할 수 있는 것은 별론으로하되 甲에게 손해배상을 청구할 권원은 없다.

정답 ⑤

02 특허권자인 甲은 2002년 1월에 乙에게 전용실시권을 설정하고, 乙이 실시를 하고 있던 중에 乙의 동의를 얻어 그 특허권을 2002년 4월에 丙에게 이전하였다. 乙은 전용실시권 설정등록을 하지 않고 있었다. 새로운 특허권자 丙은 乙에게 그 실시를 중단하도록 경고하였다. 이들 간의 법률관계에 관한 설명 중 옳은 것은? [2004년 기출]

① 乙은 전용실시권자이므로 丙의 乙에 대한 경고는 정당한 행위가 아니다.
② 乙은 실시행위를 중단하여야 하나, 丙에 대하여 손해배상청구가 가능하다.
③ 乙은 실시행위를 중단하여야 하며, 만일 특허발명을 실시하면 이는 丙의 특허권 침해가 된다.
④ 乙은 甲에 대하여 손해배상을 청구할 수 있고, 丙에 대하여는 무상의 법정 통상실시권을 갖는다.
⑤ 乙은 2002년 4월까지는 전용실시권을 가지나 그 이후에는 통상실시권을 갖는다.

해 설

① 乙은 특허원부에 등록되지 아니한 자이므로 실시권을 대항할 수 없다.
② 乙이 특허권자인 丙에게 손해배상을 청구할 권리는 없다.
③ 전용실시권은 설정계약 및 설정등록에 의해 발생한다. 등록하지 않은 전용실시권자의 지위는 독점적 통상실시권자로서의 지위만 인정될 뿐이다. 한편, 통상실시권의 등록은 제3자 대항요건인 바(법 제118조 제1항), 乙은 이후에 특허권을 취득한 丙에게 대항하지 못한다. 따라서 丙의 경고에 대해 대항하지 못하며 실시를 중단하여야 하고, 무단 실시의 경우에는 丙의 특허권을 침해하는 것이 된다.
④ 乙의 사정은 법정실시권 사유에 해당하지 않는다.
⑤ 전용실시권은 등록해야 효력이 발생한다. 乙은 甲과 계약만 맺었을 뿐 등록하지 않았으므로 전용실시권자라고 볼 수 없다.

정답 ③

CHAPTER 03 법정실시권

01 다음은 특허권과 실시권에 관한 설명이다. 다음 중 옳은 것은?

① 특허권자는 당해 특허권에 관하여 전용실시권을 설정하지 않는 한 여하한 경우에도 업으로서 자기의 특허발명을 실시할 수 있다.
② 디자인권이 특허출원일과 동일자 출원되고, 특허권과 저촉하는 경우 그 디자인권 존속기간 만료로 소멸한 경우 존속기간 만료 당시 그 디자인권의 실시나 실시준비를 하고 있는 경우에 한하여 원디자인권자는 특허권에 대하여 통상실시권을 가진다.
③ 불공정행위를 시정하기 위한 취지를 반영할 때에는 그 대가를 통상적인 것보다 축소결정도 가능하며, 재정을 함에 있어서는 그 통상실시권이 국내수요를 위한 공급을 주목적으로 실시되어야 함을 조건으로 부과하여야 한다.
④ 직무발명에 의해 사용자 등에게 부여되는 법정실시권은 경제적 약자인 종업원의 권익을 좀 더 보장하기 위한 차원에서 대가지급을 요하는 것으로 운용하고 있다.
⑤ 특허권자의 동의나 특허권자 및 전용실시권자의 동의가 있다고 하더라도 언제나 통상실시권을 질권의 대상으로 할 수 있는 것은 아니다.

해설

① |×| 자기의 특허발명이 선출원에 관련된 타인의 특허발명을 이용하거나 선출원에 관련된 타인의 디자인권과 저촉하는 것인 경우 등에는 선출원권리자의 허락을 얻어야 자신의 특허발명을 실시할 수 있다(법 제98조).
② |×| 법 제105조의 디자인권 존속기간 만료 후의 통상실시권은 실시나 실시 준비를 요구하지 않는다.
③ |×| 불공정행위를 시정하기 위한 취지를 반영할 때에는 그 대가를 통상적인 것보다 축소결정도 가능하다. 단, 재정을 함에 있어서는 그 통상실시권이 국내수요를 위한 공급을 주목적으로 실시되어야 함을 조건으로 부과할 필요는 없다.
④ |×| 공평의 원칙에 입각하여 직무발명과 관련된 법정실시권은 무상으로 처리하고 있다.
⑤ |○| 통상실시권 중 재정에 의한 통상실시권(법 제107조) 및 통상실시권허여심판에 의한 통상실시권(법 제138조)은 질권의 목적으로 할 수 없다(법 제102조 제6항).

정답 ⑤

02 甲은 발명 A에 대하여 특허출원을 한 후 그에 대해서 특허권을 받았다. 그런데 乙은 甲의 특허출원 이전에 발명 A를 실시하고 있었으나 甲이 특허를 출원한 시점에서는 발명 A에 대한 사업을 폐지하였고 사업을 폐지하기 전에 丙에게 그 특허발명에 대해서 알려주었다. 그 후 丙은 甲의 특허출원 후에 국내에서 발명 A를 실시하기 위한 사업준비를 하였다. 다음 설명 중 맞는 것은? (단 법 제96조의 특허권의 효력이 미치지 아니하는 범위의 규정은 고려하지 않는다)

[1999년 기출]

① 乙은 선사용권에 의한 통상실시권을 갖는다.
② 乙이 제조한 물건을 제3자가 판매할 경우 특허권의 침해가 아니다.
③ 丙은 선사용권에 의한 통상실시권을 갖는다.
④ 乙의 선사용권에 의한 통상실시권은 인정될 수 없고 乙이 특허발명 A를 다시 실시하게 되면 甲의 특허권을 침해하는 것이다.
⑤ 甲의 특허출원 전에 이미 乙이 발명 A를 완성했으므로 甲의 특허는 무효이다.

> 해설

①, ② |×| 특허출원시에 그 특허출원된 발명의 내용을 알지 못하고 그 발명을 하거나 그 발명을 한 자로부터 지득하여 국내에서 그 발명의 실시사업을 하거나 그 사업의 준비를 하고 있는 자는 그 실시 또는 준비를 하고 있는 발명 및 사업의 목적의 범위안에서 통상실시권을 가진다(특허법 제103조). 특허출원시에 발명의 실시사업 또는 사업의 준비를 하고 있어야 하며 특허출원전에 발명의 실시사업을 한 경우라도 특허출원시에 그 실시사업을 폐지한 경우에는 선사용권이 인정되지 않는바, 甲이 특허를 출원한 시점에서는 乙은 발명 A에 대한 사업을 폐지하였으므로 乙에게 선사용권이 인정되지 않는다. 또한 정당권원이 없는 乙이 제조한 물건을 제3자가 판매한다면 이는 甲의 특허권을 침해하는 것이다.
③ |×| 乙로부터 발명 A를 지득한 丙은 甲의 특허출원후에 발명 A의 실시를 위한 사업준비를 한 자이므로 선사용권이 인정되지 않는다.
④ |○| 乙은 선사용권자가 아니므로, 乙이 특허발명 A를 다시 실시하게 되면 甲의 특허권을 침해하는 것이다.
⑤ |×| 우리 법제는 선출원주의를 취하고 있으므로 乙이 비록 A가 발명을 먼저 완성하였다 하더라도 甲이 먼저 출원하여 등록된 이상 甲의 특허가 무효로 되지는 않는다. 다만, 甲의 특허출원 이전에 乙이 발명 A를 실시한 결과, 발명 A가 공지되었다면 甲의 특허는 신규성 흠결로 무효될 수는 있다.

정답 ④

03 다음은 법정실시권에 관한 설명이다. 옳은 것을 고르시오.

① 甲의 특허권에 대하여 2007년 4월 5일 乙에게 질권 설정이 이루어졌으며, 甲이 2007년 4월 15일부터 자신의 특허발명을 실시하기 시작하였으나 결국 乙에 대한 채무를 변제하지 못함으로써 甲의 특허권이 경매에 의하여 丙에게 이전한 경우, 甲은 丙의 특허권에 대하여 통상실시권을 가진다.
② 질권 행사에 따른 법정실시권의 경우 특허권에 존재하던 실시권자들도 질권 설정이전에 실시사업을 하고 있었다면 특허법 제122조의 법정실시권을 취득할 수 있다.
③ 저촉되는 특허와 디자인이 동일자에 출원된 후 양자모두 등록 된 경우 타방의 허락없이도 자유 실시가 가능하고, 디자인권이 먼저 존속기간 만료로 소멸한 경우 특허권에 대해서 원 디자인권자나 그에 따른 실시권자들은 유상의 법정실시권이 인정된다.
④ 동일자에 출원되어 등록된 입체상표와 특허가 저촉되는 경우, 특허권이 상표권보다 존속기간이 먼저 만료하여 소멸하는 경우에는 상표법상 법정사용권이 인정되나, 상표권이 특허권보다 존속기간이 먼저 만료하여 소멸하는 경우에는 특허법상 법정실시권이 인정되지 않는다.
⑤ 특허법 제104조 무효심판청구등록전의 실시에 의한 통상실시권의 경우, 법정실시권 인정 취지는 산업설비 보호 측면에 있기 때문에 무상의 실시권이 인정된다.

해설

① |×| 질권행사로 인한 특허권의 이전에 따른 통상실시권이 인정되기 위해서는 특허권자가 질권 설정 이전에 그 특허발명을 실시하고 있는 경우이어야 한다(법 제122조). 따라서, 질권설정 이후에 특허발명을 실시한 甲은 丙의 특허권에 대해 법 제122조의 통상실시권을 가질 수 없다.
② |×| 전용실시권이나 통상실시권등은 특허권이 경매등으로 이전되면 소멸되지 않고, 경락 후 특허권에 존속하기 때문에 법정실시권을 인정할 필요가 없다.
③ |×| 법 제98조 '일전'의 해석 결과 법 제98조에 해당하지 않기 때문에 각각의 특허권과 디자인권인 존속 중에는 타방의 동의를 얻지 않고 실시해도 양 권리의 침해가 되지 않는다. 또한, 디자인권이 먼저 존속기간만료로 소멸한 경우 특허권에 법 재105조 실시권을 인정하지만, 원디자인권자는 무상의 법정실시권이 인정된다.
④ |○|
  ⅰ) 특허권 ≤ 상표권인 경우
    상표권 존속기간 만료한 경우, 특허권에 법정실시권 인정하지 않는다. 그 이유는 상표권의 존속기간은 설정등록이 있는 날부터 10년까지이지만 존속기간 갱신등록출원을 하여 존속기간을 늘릴 수 있기 때문에 사실상 무한하다. 그러므로, 상표는 존속기간 갱신등록출원을 통해 갱신할 수 있었음에도 불구하고 하지 않아서 소멸한 경우이므로, 상표권자를 법정실시권으로 보호하지 않는다.
  ⅱ) 특허권 ≥ 상표권인 경우
    특허권 존속기간 만료한 경우, 상표권에 법정사용권이 인정된다.(상표법 제57조의2) 한편, 등록상표와 동일·유사범위까지 사용가능 하지만 부정경쟁 목적으로 실시할 수는 없다.
⑤ |×| 법 제104조 중용권은 유상의 법정실시권이다.

정답 ④

04 다음 중 틀린 것은? [2001년 기출]

① 법정실시권은 모두 통상실시권이다.
② 직무발명에 의한 사용자의 통상실시권은 특허권자의 동의가 있으면 이를 목적으로 질권을 설정할 수 있다.
③ 선사용자에게 인정되는 법정통상실시권은 그가 실시 또는 준비하고 있는 발명의 범위 및 그가 영위하는 사업목적의 범위 내에서만 인정된다.
④ 특허권을 목적으로 하는 질권설정 이전에 그 특허발명을 실시하고 있던 특허권자는 특허권이 경매로 이전된 경우 실시 대가의 지급없이 통상실시권을 유지한다.
⑤ 재심에 의하여 회복한 특허권에 대하여 선의의 실시자는 대가 지급없이 법정실시권을 갖는다.

해 설

① |O| 법정실시권은 법률의 규정에 의하여 발생하는 통상실시권이다.
② |O| 통상실시권 중 재정에 의한 통상실시권(법 제107조)과 통상실시권허여심판에 의한 통상실시권(법 제138조)을 제외하고는 특허권자의 동의가 있으면 그 통상실시권을 목적으로 하는 질권을 설정할 수 있다(법 제102조 제6항).
③ |O| 법 제103조.
④ |×| 특허권자는 특허권을 목적으로 하는 질권설정 이전에 그 특허발명을 실시하고 있는 경우에는 그 특허권이 경매등에 의하여 이전되더라도 그 특허발명에 대하여 통상실시권을 가진다. 이 경우에는 특허권자는 경매등에 의하여 특허권을 이전받은 자에게 상당한 대가를 지급하여야 한다(법 제122조).
⑤ |O| 재심에 의하여 회복한 특허권에 대한 선사용자의 통상실시권(후용권)은 대가를 지급하지 않아도 된다(법 제182조).

정답 ④

05 다음은 법정실시권에 관한 사항이다. 이 중에서 틀린 것은? [2001년 기출]

① 먼저 발명을 하였다고 하더라도 실시를 하지 않거나 실시준비를 하지 않은 자는 선사용에 의한 통상실시권을 갖지 못한다.
② 선사용에 의한 통상실시권은 실시의 사업과 함께라면 자유로이 양도할 수 있다.
③ 무효심판청구등록전의 실시에 의한 통상실시권을 취득한 자는 특허권자 또는 전용실시권자에게 대가를 지급하여야 한다.
④ 특허출원일전에 출원된 디자인권의 존속기간이 만료됨에 따라 디자인권자가 통상실시권을 취득하는 경우, 특허권자 또는 전용실시권자에게 대가를 지급하여야 한다.
⑤ 선사용에 의한 통상실시권을 취득하는 경우에는 특허권자 또는 전용실시권자에 대하여 대가를 지급하지 아니한다.

해 설

① |O| 선사용에 의한 통상실시권이 인정되기 위해서는 특허출원시에 그 발명에 대한 실시사업 또는 사업준비를 하고 있어야 한다. 즉, 발명을 완성하였다고 선사용권이 부여되는 것이 아니다.
② |O| 선사용에 의한 통상실시권은 원칙적으로 특허권자의 동의를 얻어야 이전할 수 있으나, 실시사업과 같이 또는 상속 기타 일반승계의 경우에는 특허권자의 동의를 얻지 아니하고도 이를 이전할 수 있다(법 제102조 제5항).
③ |O| 중용권자는 특허권자 또는 전용실시권자에게 상당한 대가를 지급하여야 한다(법 제104조 제2항).
④ |×| 특허출원일 전 또는 특허출원일과 같은 날에 출원되어 등록된 디자인권이 그 특허권과 저촉되는 경우 디자인권의 존속기간이 만료되는 때에 인정되는 통상실시권의 경우에, 디자인권의 전용실시권자 또는 등록된 효력을 가지는 통상실시권자의 경우에는 특허권자 또는 전용실시권자에게 상당한 대가를 지급하여야 하나, 원디자인권자는 대가를 지급하지 않아도 된다(법 제105조).
⑤ |O| 선사용권은 무상의 법정실시권이다.

정답 ④

06 다음 실시권에 관한 설명 중 옳은 것은?

[2003년 기출변형]

① 甲은 乙이 출원한 발명과 동일한 발명에 대하여 乙의 출원전부터 실시해 왔는데, 乙의 특허취득 후에도 계속 실시하기 위하여서는 乙에게 대가를 지급하여야 한다.
② 복수의 청구항들 중에 일부 청구항이 무효가 된 경우에 원특허권자는 해당 청구항에 대해서 중용권을 가질 수 없다.
③ 2002년 3월 25일 설정등록이 이루어진 甲의 특허권에 대하여 2002년 4월 5일 乙에게 질권설정이 이루어졌으며, 甲이 2002년 5월 1일부터 자신의 특허발명을 실시하기 시작하였으나 결국 乙에 대한 채무를 변제하지 못함으로써 甲의 특허권이 경매에 의하여 丙에게 이전한 경우, 甲은 丙의 특허권에 대하여 통상실시권을 가진다.
④ 무효로 된 특허권이 재심에 의하여 회복된 경우 재심청구등록 후에 특허발명을 선의로 실시한 경우에 대해서는 통상실시권이 인정된다.
⑤ A회사에 근무하는 종업원 甲이 직무발명을 자기 명의로 특허출원하여 특허를 받은 경우, A회사는 甲의 특허권에 대하여 무상의 통상실시권을 가진다.

해 설

① |×| 선사용권은 무상의 법정실시권이다.
② |×| 무효심판은 복수항의 청구항이 있는 경우 청구항마다 청구할 수 있고, 그 중 일부 청구항이 무효가 된 경우에도 제도적 취지상 원특허권자는 해당 청구항에 대해서 중용권이 인정된다(법 제215조).
③ |×| 질권행사로 인한 특허권의 이전에 따른 통상실시권이 인정되기 위해서는 특허권자가 질권설정 이전에 그 특허발명을 실시하고 있는 경우이어야 한다(법 제122조). 따라서 질권설정 이후에 특허발명을 실시한 甲은 丙의 특허권에 대해 법정실시권을 가질 수 없다.

④ |×| 재심에 의하여 회복한 특허권에 대한 선사용자의 통상실시권(후용권)이 인정되기 위해서는 "당해 심결이 확정된 후 재심청구의 등록 전"에 발명을 선의로 실시한 경우이어야 한다(법 제182조)."
⑤ |○| 직무발명에 대하여 종업원 등이 특허를 받은 경우에 사용자 등은 그 특허권에 대하여 무상의 법정통상실시권을 갖는다(발명진흥법 제10조 제1항).

정답 ⑤

07 甲은 자기가 한 발명 A에 대해서 특허출원을 하지 않고 실시를 하고 있는 중에 그 발명과 동일한 발명에 대하여 乙의 명의로 특허출원 및 실용신안등록이 되어 있다는 것을 특허공개공보 및 실용신안등록공보를 보고 알았다. 다음은 甲이 발명 A를 계속적으로 실시하기 위하여 취해야 할 대책과 乙의 출원에 대한 법적 취급에 대한 설명이다. 이에 관하여 옳지 않은 것은?

[2005년 기출변형]

① 甲이 당해발명 A를 乙의 특허출원 전에 공연히 실시하였다면 乙의 특허출원은 신규성이 상실된 것이지만, 甲이 비밀유지 상태에서 실시하였다면 乙의 특허출원은 신규성을 상실하지 아니한 것으로 본다.
② 甲이 乙의 특허출원 전에 발명 A를 공연히 실시한 경우에는 그와 관련한 정보를 제공하여 특허를 못 받게 할 수 있다.
③ 甲이 乙의 특허출원 후 그 출원발명과 무관하게 독자적으로 완성하여 자기의 발명 A를 실시하는 것이 명백한 경우에는 설령 乙의 특허출원이 출원공개가 되고 乙로부터 서면경고를 받은 후에 특허권의 설정등록 전까지 업으로서 실시하더라도 보상금청구권이 발생하지 않는다.
④ 甲이 乙의 특허출원일 이전에 선의로 국내에서 당해 발명의 실시사업을 하였다면 선사용권이 발생할 수 있고, 실용신안등록에 대하여는 무효심판을 할 수 있다.
⑤ 乙의 특허출원이 설정등록이 되어 甲에 대한 침해소송이 제기된 경우, 甲은 선사용권이 발생한다는 항변을 할 수 있고, 본 항변이 인정된다면 乙의 특허권을 소급 소멸시키지 않더라도 자신의 실시를 계속할 수 있다.

해 설
① |○| 타당한 설명이다.
② |○| 甲이 乙의 특허출원 전에 발명 A를 공연히 실시한 경우라면 乙의 출원은 신규성 흠결이므로 甲은 乙의 출원에 대해 정보제공을 할 수 있다(법 제63조의2).
③ |×| 특허권 성립 후의 선사용자는 법정실시권자로서 특허법의 보호를 받지만, 특허권 성립 전의 선사용자의 실시행위에 대하여 특허권자가 보상금청구권을 행사할 수 있는지 문제가 된다. 선사용권제도의 취지를 고려하여 볼 때 장래 선사용권자로 될 수 있는 자를 특허권의 성립 이전이라고 하여 보호하지 않는 것은 불합리하므로, 선사용권의 요건을 갖춘 자는 특허권의 성립 이전이라고 하더라도 선사용권자가 될 기대의 위치에 있는 자이므로 선사용권자와 마찬가지로 보호된다고 해석하여야 할 것이다. 그러나 甲은 乙의 특허출원 후에 발명 A를 실시하였는바, 乙이 등록된다하더라도 甲은 선사용권을 가질 수 없다. 따라서 甲을 선사용권에 대한 기대권으로 보호할 이유도 없다.

④ |○| 甲이 乙의 특허출원일 이전에 국내에서 당해 발명의 실시사업을 하였다면 乙의 특허발명은 신규성 흠결의 하자를 가지고 있다. 따라서 甲은 乙의 실용신안등록에 대하여는 무효심판을 할 수 있다.
⑤ |○| 선사용권은 비침해의 항변수단으로 사용되며, 선사용권이 인정되면 정당한 권원에 의한 실시이므로 선사용권자는 특허권자에게 대가 지급 없이 특허발명의 실시가 가능하다.

정답 ③

08 다음 설명 중 옳지 않은 것으로만 묶인 것은? [2010년 기출]

ㄱ. 동일한 발명 A에 대하여 甲이 2008.1.1. 발명을 먼저 완성한 상태에서 乙이 2008.3.1. 우연히 독자적으로 발명을 완성하여 2008.5.1. 출원 후 2009.5.1. 특허등록까지 받았다면, 2008.7.1. A발명품을 제조하는 사업을 시작한 甲은 乙의 허락 없이도 사업목적 내에서 계속하여 A발명품을 생산·판매할 수 있다.

ㄴ. 동일한 발명 A에 대하여 丙이 2008.1.1. 발명을 완성하여 2008.4.2. 특허출원함으로써 2009.3.16. 등록이 이루어졌고, 丁이 우연히 독자적으로 2008.2.1. 발명을 완성하여 2008.5.2. 특허출원함으로써 2009.4.1. 특허등록을 받았다가 丙이 선출원주의 위반을 이유로 丁특허에 대해 2009.10.1. 특허의 무효심판을 청구하여 결국 특허무효되었다면 丙발명의 선출원을 모르고 2008.7.2.부터 국내에서 A발명품의 실시사업을 해 온 丁은 사업 목적 내에서 A 발명품을 계속 생산·판매할 수 있다.

ㄷ. 甲이 자신의 특허권에 대하여 乙에게 질권설정을 한 후 특허발명을 실시하고 있었는데 甲이 乙에게 채무변제를 하지 못하자 乙이 질권을 행사하여 특허권에 대한 경매가 이루어져 丙에게 이전등록이 되었다. 이 때 甲은 丙에 대하여 위 발명에 대한 법정통상실시권을 주장할 수 있으나, 실시료 상당의 대가를 지급해야 한다.

ㄹ. 특허법은 공공의 이익을 위한 비상업적 실시인 경우, 반도체기술에 대하여 통상실시권 설정의 재정을 청구할 수 있도록 명문으로 규정하고 있다.

ㅁ. 甲이 발명 A에 대하여 2008.2.5. 특허출원하여 2009.7.3. 특허등록되었고, 乙이 이와 저촉관계에 있는 디자인에 관하여 2008.4.3. 출원하여 2009.2.12. 디자인등록되었다가 존속기간 만료로 소멸하였다면 乙은 甲의 특허발명 A에 관하여 법정통상실시권을 취득 할 수 없다.

① ㄱ, ㄴ
② ㄱ, ㄷ
③ ㄴ, ㄷ
④ ㄴ, ㅁ
⑤ ㄹ, ㅁ

해설

ㄱ) |×| 특허출원시에 그 특허출원된 발명의 내용을 알지 못하고 그 발명을 하거나 그 발명을 한

자로부터 지득하여 국내에서 그 발명의 실시사업을 하거나 그 사업의 준비를 하고 있는 자는 그 실시 또는 준비를 하고 있는 발명 및 사업의 목적의 범위안에서 그 특허출원된 발명에 대한 특허권에 대하여 통상실시권을 가진다(법 제103조). 선사용권의 시기적 요건은 '특허출원시'이다. 한편, 甲은 乙이 2008. 5. 1. 출원 한 후인 2008. 7. 1. A발명품을 제조하는 사업을 시작한 것이므로 선사용권이 인정되지 않는다.

ㄴ) |○| 특허에 대한 무효심판청구의 등록전에 자기의 특허발명이 무효사유에 해당되는 것을 알지 못하고 국내에서 그 발명의 실시사업을 하거나 그 사업의 준비를 하고 있는 경우에는 그 실시 또는 준비를 하고 있는 발명 및 사업의 목적의 범위안에서 그 특허권에 대하여 통상실시권을 가지거나 특허가 무효로 된 당시에 존재하는 특허권에 대한 전용실시권에 대하여 통상실시권을 가진다(법 제104조). 중용권의 시기적 요건은 '무효심판청구의 등록전'이다. 丙의 무효심판 청구시는 2009.10.1. 이고, 그 이전인 2008.7.2.부터 丁은 국내에서 A발명품의 실시사업을 해 온 것인바 丁은 자신의 특허가 무효되어도 丙의 특허권에 대해 중용권이 인정된다.

ㄷ) |×| 특허권자는 특허권을 목적으로 하는 질권설정 이전에 그 특허발명을 실시하고 있는 경우에는 그 특허권이 경매등에 의하여 이전되더라도 그 특허발명에 대하여 통상실시권을 가진다. 이 경우에는 특허권자는 경매등에 의하여 특허권을 이전받은 자에게 상당한 대가를 지급하여야 한다(법 제122조). 甲은 乙에게 질권설정을 한 후 자신의 특허발명을 실시하였는바, '질권설정 이전에 그 특허발명을 실시'하지 않은 것이므로 법정실시권이 인정되지 않는다.

ㄹ) |○| 반도체 기술에 대하여는 ⅰ) 공공의 이익을 위하여 비상업적으로 특허발명을 실시할 필요가 있는 경우, ⅱ) 사법적 절차 또는 행정적 절차에 의하여 불공정거래행위로 판정된 사항을 시정하기 위하여 특허발명을 실시할 필요가 있는 경우에 한하여 재정을 청구할 수 있다(법 제107조 제6항). 이는 국가 산업분야에서 중요한 위치를 차지하고 있는 반노체 기술분야의 특수성을 고려한 것이다.

ㅁ) |○| 특허출원일전 또는 특허출원일과 같은 날에 출원되어 등록된 디자인권이 그 특허권과 저촉되는 경우 그 디자인권의 존속기간이 만료되는 때에는 그 원디자인권자는 원디자인권의 범위안에서 당해 특허권 또는 그 디자인권의 존속기간이 만료되는 당시에 존재하는 전용실시권에 대하여 통상실시권을 가진다(법 제105조 제1항). 甲은 발명 A를 2008.2.5. 특허출원하였고, 乙은 이와 저촉관계에 있는 디자인을 2008.4.3. 특허출원하였는바 乙의 출원은 후출원이므로 乙의 디자인권이 존속기간 만료로 소멸하더라도 甲의 특허권에 대해 법정실시권을 가질 수 없다.

정답 ②

09 직무발명에 대한 통상실시권의 설명으로 옳지 않은 것은? (다툼이 있는 경우에는 판례에 의함)

[2012년 기출문제]

① 발명진흥법 제10조(직무발명) 제1항에 따른 통상실시권을 취득하게 되는 사용자는 그 피용자나 종업원이 직무발명을 완성할 당시의 사용자이다.
② 특허권자는 발명진흥법 제10조(직무발명) 제1항에 따른 통상실시권자의 동의를 얻지 아니하면 특허권을 포기할 수 없다.
③ 발명진흥법 제10조(직무발명) 제1항에 따른 통상실시권은 법률의 규정에 의하여 특허권의 설정등록시부터 당연히 발생하며, 그 통상실시권을 등록하지 않아도 특허권 설정등록 이후에 특허권을 취득한 자에게 대하여도 효력을 갖는다.
④ 발명진흥법 제10조(직무발명) 제1항에 따른 통상실시권자는 특허권자의 동의를 얻지 아니하면 그 통상실시권을 목적으로 하는 질권을 설정할 수 없다.
⑤ 발명진흥법 제10조(직무발명) 제1항에 따른 통상실시권의 이전·변경·소멸 또는 처분의 제한은 이를 등록하지 아니하더라도 제3자에게 대항할 수 있다.

해 설

① |○| 발명완성시의 사용자가 통상실시권을 가지는 것이 원칙이다.
② |○| 법정실시권 중에서 유일하게 특허권자의 특허권 포기시 직무발명에 따른 통상실시권자의 동의를 얻어야 한다.
③ |○| 법 제118조 제2항
④ |○| 질권 설정으로 인하여 실시권이 이전되는 경우 특허권자의 이해관계에 중대한 영향을 끼치기 때문에 특허권자의 동의를 얻도록 하고 있다.
⑤ |×| 통상실시권의 이전·변경·소멸 또는 처분의 제한은 등록을 하여야 제3자에게 대항할 수 있다(법 제118조 제3항).

정답 ⑤

10 통상실시권에 관한 설명으로 옳지 않은 것은?

[2014년 기출]

① 무효심판청구등록전의 실시에 의한 통상실시권을 가진 자는 그 특허권자 또는 전용실시권자에게 상당한 대가를 지급하여야 한다.
② 특허출원시에 그 특허출원된 발명의 내용을 알지 못하고 그 발명을 한 자로부터 지득하여 국내에서 그 발명의 실시사업을 하고 있는 자는 그 실시를 하고 있는 발명 및 사업의 목적의 범위 안에서 그 특허출원된 발명에 대한 특허권에 대하여 통상실시권을 가진다.
③ 특허발명의 상업적 실시가 공공의 이익을 위하여 특히 필요한 때에는 특허권자 또는 전용실시권자와 통상실시권 허락에 관한 협의를 하지 아니하여도 통상실시권 설정의 재정을 청구할 수 있다.

④ 질권의 행사로 인한 특허권의 이전에 따른 통상실시권은 질권의 설정 이전에 특허권자가 그 특허발명을 실시하고 있는 경우에 발생하며, 이 경우 특허권자는 특허권을 이전받은 자에게 상당한 대가를 지급하여야 한다.
⑤ 디자인권의 존속기간 만료 후의 통상실시권은 등록을 하지 아니하더라도 특허권자 또는 전용실시권자에 대하여 그 효력을 가진다.

> 해 설

① |O| 법 제104조 제2항
② |O| 법 제103조
③ |×| 법 제107조 제1항 단서
④ |O| 법 제122조
⑤ |O| 법 제118조 제2항 유추적용

정 답 ③

11 특허법상 실시권에 관한 설명으로 옳은 것은? (다툼이 있으면 판례에 따름) [2015년 기출]

① 재정에 의한 통상실시권은 실시사업과 함께 이전하는 경우 외에도 이전할 수 있다.
② 설정계약으로 전용실시권의 범위에 관하여 특별한 제한을 두고도 이를 등록하지 않으면, 전용실시권자가 등록되어 있지 않은 제한을 넘어 특허발명을 실시하더라도, 특허권 침해가 성립하는 것은 아니다.
③ 공공의 이익을 위하여 비상업적으로 특허발명을 실시하려는 경우 그 특허발명의 특허권자 또는 전용실시권자와의 협의 없이는 재정을 청구할 수 없다.
④ 전용실시권의 설정·이전·상속·변경·소멸·혼동은 등록하여야만 효력이 발생한다.
⑤ 특허권이 공유인 경우 각 공유자는 다른 공유자의 동의를 받지 아니하고 그 특허권에 대하여 통상실시권을 허락할 수 있다.

> 해 설

① |×| 특허법 제102조 제3항(실시사업과 함께 이전하는 경우에만 이전할 수 있다)
② |O| 특허법 제101조 제1항은 "다음 각 호에 해당하는 사항은 이를 등록하지 아니하면 그 효력이 발생하지 아니한다."고 하면서, 제2호에 "전용실시권의 설정·이전(상속 기타 일반승계에 의한 경우를 제외한다)·변경·소멸(혼동에 의한 경우를 제외한다) 또는 처분의 제한"을 규정하고 있다. 따라서 설정계약으로 전용실시권의 범위에 관하여 특별한 제한을 두고도 이를 등록하지 않으면 그 효력이 발생하지 않는 것이므로, 전용실시권자가 등록되어 있지 않은 제한을 넘어 특허발명을 실시하더라도, 특허권자에 대하여 채무불이행 책임을 지게 됨은 별론으로 하고 특허권 침해가 성립하는 것은 아니다(대법원 2013. 1. 24. 선고 2011도4645 판결 참조).
③ |×| 특허법 제107조 제1항 단서(공공의 이익을 위하여 비상업적으로 실시하려는 경우와 법 제107조 제1항 제4호에 해당하는 경우에는 협의 없이도 재정을 청구할 수 있다)

④ |×| 특허법 제101조 제1항 제2호(상속에 의한 이전 및 혼동에 의한 소멸은 예외적으로 등록하지 않아도 효력이 발생한다)
⑤ |×| 특허법 제99조 제4항(특허권이 공유인 경우 각 공유자는 다른 공유자 모두의 동의를 받아야만 그 특허권에 대하여 전용실시권을 설정하거나 통상실시권을 허락할 수 있다)

정답 ②

12 실시권에 관한 설명으로 옳지 않은 것은 모두 몇 개인가? [2018년 기출]

> ㄱ. 전용실시권자는 상속이나 그 밖의 일반승계의 경우 특허권자의 동의를 얻지 아니하고 그 전용실시권을 이전할 수 있다.
>
> ㄴ. 전용실시권자는 특허권자의 동의를 받아야만 그 전용실시권을 목적으로 하는 질권을 설정하거나 통상실시권을 허락할 수 있다.
>
> ㄷ. 전용실시권자가 그 권리를 포기함에 있어서는 그 전용실시권에 관한 질권자 또는 특허법 제100조(전용실시권)제4항에 따른 통상실시권자의 동의를 얻어야 한다.
>
> ㄹ. 통상실시권을 등록한 경우에는 그 등록 후에 특허권 또는 전용실시권을 취득한 자에 대해서도 그 효력이 발생한다.
>
> ㅁ. 특허청장은 재정을 한 경우에는 당사자 및 그 특허에 관하여 등록을 한 권리를 가지는 자에게 재정서등본을 송달하여야 한다.
>
> ㅂ. 특허청장은 재정청구일부터 3개월 이내에 재정에 관한 결정을 하여야 한다.
>
> ㅅ. 특허청장은 재정을 받은 자가 재정을 받은 목적에 적합하도록 그 특허발명을 실시하지 아니한 경우 이해관계인의 신청에 따라 또는 직권으로 그 재정을 취소할 수 있다.

해설

ㄱ. |○| 특허법 제100조 제3항 각호
ㄴ. |○| 특허법 제100조 제4항
ㄷ. |○| 특허법 제119조 제2항
ㄹ. |○| 특허법 제118조 제1항
ㅁ. |○| 특허법 제111조 제1항
ㅂ. |×| 특별한 사정이 없는 한 가급적 재정청구일부터 6개월 이내에 재정에 관한 결정을 할 것을 권장하고 있다(특허법 제110조 제3항).
ㅅ. |○| 특허법 제114조 제1항 제1호

정답 ②

13 실시권에 관한 설명 중 옳지 않은 것은?

① 선사용에 의한 통상실시권은 실시사업과 함께 이전 가능하다.
② 특허출원일 전에 출원된 디자인권의 존속기간이 만료됨에 따라 디자인권자가 통상실시권을 갖는 경우는 특허권자 또는 전용실시권자에게 대가를 지급하여야 한다.
③ 선사용에 의한 통상실시권은 특허권자 또는 전용실시권자에게 대가를 지급할 필요 없다.
④ 재정에 의한 통상실시권은 실시사업과 함께 이전하는 경우만 이전이 가능하다.
⑤ 법정실시권과 강제실시권은 모두 통상실시권이다.

해설

① 특허법 제102조 제5항
② 무상이다.
③ 특허법 제103조의 선사용권은 무상이다.
④ 특허법 제102조 제3항
⑤ 법정과 강제는 모두 통상실시권이며, 전용실시권은 특허권자와의 계약에 의해서만 설정 가능하다.

정답 ②

CHAPTER 04 강제실시권

01 통상실시권에 관한 설명으로 옳은 것은? (다툼이 있으면 판례에 따름) [2017년 기출]

① 특허법 제138조(통상실시권 허락의 심판)에 따라 통상실시권이 설정된 경우, 그 통상실시권이 설정된 특허권에 기한 사업이 계속되고 있는 이상 그 특허권이 소멸하더라도 이미 발생한 통상실시권의 존속에는 영향이 없다.

② 특허법 제138조(통상실시권 허락의 심판)에 따라 통상실시권이 설정된 경우, 그 통상실시권이 설정된 특허권자는 사업의 계속을 위해 통상실시권을 유보한 채 특허권만 이전할 수 있다.

③ 乙이 발명 A를 사업상 실시하기 위해 특허권자 甲으로부터 통상실시권을 설정 받았다면, 乙이 丙에게 그 실시사업을 양도하는 경우에는 甲의 동의 없이도 위 통상실시권을 함께 양도할 수 있다.

④ 특허법 제107조(통상실시권 설정의 재정)에 따른 통상실시권은 특허권자의 동의가 있는 경우에 이전할 수 있다.

⑤ 특허법은 선사용에 의한 통상실시권에 대하여 특허출원한 발명자 甲으로부터 알게되어 국내에서 그 발명의 실시사업을 하거나 이를 준비하고 있는 乙은 그 실시하거나 준비하고 있는 발명 및 사업목적의 범위에서 그 특허출원된 발명의 특허권에 대하여 통상실시권을 가지도록 명시하고 있다.

해설

①, ② 특허법 제138조에 따른 통상실시권은 그 통상실시권이 요구되는 특허권과 함께 이전되고 함께 소멸된다(특허법 제102조 제4항).

③ 실시권은 실시업과 함께 이전하는 경우는 특허권자의 동의 없이 이전이 가능하다(특허법 제102조 제5항).

④ 특허법 제107조에 따른 통상실시권은 실시사업과 함께 이전하는 경우에만 이전이 가능하다(특허법 제102조 제3항).

⑤ 선사용에 의한 통상실시권은 특허출원된 발명의 내용을 알지 못하고 그 발명을 하거나 그 발명을 한 사람으로부터 승계 받은 경우에 한해 인정될 수 있다(특허법 제103조).

정답 ③

02 특허법상 '통상실시권 설정의 재정'에 관한 설명으로 옳지 않은 것은? [2023년 기출]

① 특허발명의 실시가 공공의 이익을 위하여 특히 필요하여 하는 재정의 경우, 특허청장은 재정을 받은 자에게 통상실시권은 국내수요충족을 위한 공급을 주목적으로 하여야 한다는 조건을 붙일 수 있다.
② 특허발명을 실시하려는 자는 공공의 이익을 위하여 특허발명을 비상업적으로 실시하려는 경우와 사법적 절차 또는 행정적 절차에 의하여 불공정거래행위로 판정된 사항을 바로잡기 위하여 특허발명을 실시할 필요가 있는 경우, 특허권자 또는 전용실시권자와 협의 없이도 재정을 청구할 수 있다.
③ 반도체 기술에 대해서는, 공공의 이익을 위하여 비상업적으로 실시하려는 경우와, 사법적 절차 또는 행정적 절차에 의하여 불공정거래행위로 판정된 사항을 바로잡기 위하여 특허발명을 실시할 필요가 있는 경우에만 재정을 청구할 수 있다.
④ 특허출원일부터 4년이 지나지 아니한 특허발명에 관하여는 특허발명이 정당한 이유없이 계속하여 3년 이상 국내에서 상당한 영업적 규모로 실시되고 있지 아니하거나 적당한 정도와 조건으로 국내수요를 충족시키지 못한다는 것을 근거로 재정을 청구할 수 없다.
⑤ 재정에 의한 통상실시권은 실시사업과 함께 이전하는 경우에만 이전할 수 있다.

해설

① |×| 조건을 붙일 수 있다가 아니고 붙여야 한다(특허법 제107조 제4항).
② |○| 특허법 제107조 제1항 단서.
③ |○| 특허법 제107조 제6항.
④ |○| 특허법 제107조 제2항.
⑤ |○| 특허법 제102조 제3항.

정답 ①

03 특허법 제107조(통상실시권 설정의 재정)에 관한 설명으로 옳지 않은 것은?

① 특허발명을 실시하려는 자는 그 특허발명이 천재 지변이나 그 밖의 불가항력이 아닌 사유로 계속하여 3년 이상 국내에서 실시되고 있지 아니하고 특허권자, 전용실시권자 또는 통상실시권자와 합리적인 조건으로 협의하였으나 합의가 이루어지지 아니한 경우, 특허청장에게 재정을 청구할 수 있다.
② 특허출원일로부터 4년이 지나지 아니한 특허발명에 관하여는, 대통령령으로 정하는 정당한 이유 없이 계속하여 3년 이상 국내에서 실시되고 있지 않다는 것을 근거로 재정을 청구할 수 없다.
③ 특허발명의 실시가 공공의 이익을 위하여 특히 필요하여 하는 재정의 경우, 통상실시권은 국내수요충족을 위한 공급을 주목적으로 하여야 한다.
④ 반도체 기술에 대해서는, 공공의 이익을 위하여 비상업적으로 실시하려는 경우와, 사법적 절차 또는 행정적 절차에 의하여 불공정거래행위로 판정된 사항을 바로잡기 위하여 특허발명을 실시할 필요가 있는 경우에만 재정을 청구할 수 있다.
⑤ 특허발명을 실시하려는 자는 공공의 이익을 위하여 특허발명을 비상업적으로 실시하려는 경우와 사법적 절차 또는 행정적 절차에 의하여 불공정거래행위로 판정된 사항을 바로잡기 위하여 특허발명을 실시할 필요가 있는 경우, 특허권자 또는 전용실시권자와 협의 없이도 재정을 청구할 수 있다.

해설

① 실시권이란 배타권의 실시에 대한 허락이다. 따라서 실시권의 요구는 배타권자에게 한다. 본 지문은 통상실시권자와의 협의를 요구하는 점 때문에 그릇된다(특허법 제107조 제1항).
② 특허법 제107조 제2항
③ 특허법 제107조 제4항 제1호
④ 특허법 제107조 제6항
⑤ 특허법 제107조 제1항 단서

정답 ①

04 특허법 제107조 통상실시권의 재정에 관한 설명이다. 다음 옳지 않은 것은?

① 재정을 청구함에 있어서 공공의 이익을 위하여 비상업적으로 실시하고자 하는 경우와 불공정거래행위의 시정을 위하여 특허발명을 실시할 필요가 있는 경우를 제외하고는 합리적 조건하에서 특허권자 또는 전용실시권자와 협의를 하여야 한다.
② 특허청장은 재정을 함에 있어서 매 청구별로 통상실시권 설정의 필요성을 검토해야 한다.
③ 특허청장은 재정을 함에 있어서 산업재산권분쟁조정위원회 및 관계부처의 장의 의견을 들을 수 있다.

④ 특허청장은 재정을 한 때에는 당사자 및 그 특허에 관하여 등록을 한 권리를 가지는 자에게 재정서 등본을 송달하여야 하고, 재정서 등본이 송달된 때에는 재정서에 명시된 바에 따라 당사자 사이에 협의가 성립된 것으로 간주된다.
⑤ 재정을 받은 자가 대가를 지급하지 아니하거나 공탁을 하지 아니한 때에는 그 재정은 취소된다.

해 설

① |O| 법 제107조 제1항 단서.
② |O| 법 제107조 제3항.
③ |O| 법 제109조.
④ |O| 법 제111조 제1항 제2항.
⑤ |×| 법 제113조. 취소대상이 아닌 재정의 실효대상이다.

정 답 ⑤

05 재정에 의한 통상실시권에 관한 설명으로 틀린 것은? [2001년 기출]

① 공공의 이익을 위하여 비상업적으로 특허발명을 실시할 필요가 있는 경우의 재정도 그 청구에 앞서 일단은 청구자와 특허권자 또는 전용실시권자간의 협의를 거쳐야 한다.
② 불공정거래행위로 판정된 사항을 시정하기 위한 재정에 있어서는 그 시정의 취지를 대가결정에 참작할 수 있다.
③ 반도체기술에 대하여는 불실시를 이유로 하는 재정을 청구할 수 없다.
④ 특허권자가 심신장애로 인한 활동불능상태에서 그 특허발명을 실시하지 못하는 경우에는 불실시를 이유로 하는 재정을 청구할 수 없다.
⑤ 불공정한 거래행위의 시정을 위한 재정의 청구는 그 청구시기에 제한이 없다.

해 설

① |×| ⅰ) 제3호 중 공공의 이익을 위하여 비상업적으로 실시하고자 하는 경우와 ⅱ) 제4호 불공정거래행위 판정을 시정하고자 하는 경우를 제외하고는, 그 특허발명의 특허권자 또는 전용실시권자와 합리적인 조건하에 통상실시권 허락에 관한 협의를 하였으나 합의가 이루어지지 아니하는 경우 또는 주소불명 등으로 협의를 할 수 없는 경우에는 특허청장에게 통상실시권 설정에 관한 재정을 청구할 수 있다(법 제107조 제1항).
② |O| 법 제107조 제5항
③ |O| 반도체 기술에 대하여는 ⅰ) 공공의 이익을 위하여 비상업적으로 특허발명을 실시할 필요가 있는 경우, ⅱ) 사법적 절차 또는 행정적 절차에 의하여 불공정거래행위로 판정된 사항을 시정하기 위하여 특허발명을 실시할 필요가 있는 경우에 한하여 재정을 청구할 수 있다(법 제107조 제6항). 이는 국가 산업분야에서 중요한 위치를 차지하고 있는 반도체 기술분야의 특수성을 고려한 것이다.

④ |O| 특허발명이 천재·지변 기타 불가항력 또는 대통령령이 정하는 정당한 이유없이 계속하여 3년 이상 국내에서 불실시되고 있는 경우에 재정을 청구할 수 있다. 「대통령령이 정하는 정당한 이유」란 특허권의 수용·실시 등에 관한 규정 제6조에서 열거하고 있는 다음의 사유에 해당하는 경우를 말한다.
  i) 특허권자가 심신장애로 인한 활동불능의 경우(의료기관장이 증명한 경우에 한함) ii) 특허발명의 실시에 필요한 정부기관이나 타인의 인·허가, 동의 또는 승낙을 받지 못한 경우 iii) 특허발명의 실시가 법령으로 금지 또는 제한된 경우 iv) 특허발명의 실시에 필요한 원료 또는 시설이 국내에 없거나 수입이 금지된 경우 v) 물건의 수요가 없거나 그 수요가 적어 이를 영업적 규모로 실시할 수 없는 경우
⑤ |O| 재정청구사유에 해당하는 경우 3년 이상 불실시(법 제107조 제1항 제1호) 또는 불충분한 실시(법 제107조 제1항 제2호)의 경우에는 특허발명이 특허출원일로부터 4년을 경과하여야 재정을 청구할 수 있으나, 제4호의 경우에는 이러한 기간적 제한이 없다(법 제107조 제2항).

정답 ①

06 다음은 통상실시권 설정의 재정에 관한 설명이다. 옳은 것으로만 연결된 것은?

(가) 질병치료를 위한 의약품 수출(5호)을 근거로 한 재정청구의 경우 요건이 만족되면 어떠한 경우라도 통상실시권의 재정을 설정하여야한다.
(나) 공공의 이익을 위해 특히 필요로 하여(3호) 재정을 청구 한때는 특허권자와 선협의를 불요한다.
(다) 질병치료를 위한 의약품 수출(5호)을 근거로 한 재정청구의 경우 의약품 전량을 수입국에 수출하라는 조건을 부가할 수 있다.
(라) 공중보건문제 해결을 위한 실시가 필요한 경우를 이유로 재정을 청구함에 있어서, 수입국 중 세계무역기구(WTO) 회원국이 아닌 경우에는 대통령령이 정한 국가로서 수입국이 필요로 하는 의약품의 명칭과 수량, 당해 의약품의 생산시설이 없거나 부족하다는 사실 및 당해 특허발명에 대한 강제실시권 허여 의사를 세계무역기구에 통보하여야 재정을 받을 수 있다.
(마) 재정을 받은 자가 정당한 사유 없이 재정서에 명시된 대가를 지급하지 않은 경우 특허청장은 이해관계인의 신청에 의하여 또는 직권으로 그 재정을 취소할 수 있다.

① 없다
② (가), (다)
③ (나)
④ (다), (마)
⑤ (라)

해설

(가) |×| 법 제110조 제4항에서는 '제107조제1항제5호의 규정에 따른 재정청구가 동조제7항 및 제8항의 규정에 해당하고 동조제9항의 규정에 따른 서류가 모두 제출된 경우에는 특허청장은 정당한 사유가 있는 경우를 제외하고는 통상실시권 설정의 재정을 하여야 한다.'고 규정함으로서 원칙적

으로 요건이 만족되면 재정을 해야만 하지만 정당한 이유가 있다면 재정을 인정하지 않을 수도 있다.
㈏ |×| 3호중 비상업적으로 실시하는 경우에는 선협의를 불요하지만 상업적실시를 위한 경우는 선협의를 거쳐야한다.(법 제107조 제1항 단서)
㈐ |×| 법 제107조 제4항에서는 '특허청장은 제1항제1호 내지 제3호 또는 제5호의 규정에 따른 재정을 함에 있어서 재정을 받는 자에게 다음 각 호의 조건을 부과하여야 한다.'고 하여 조건부가는 재량이 아니고, 기속적이다.
㈑ |×| 수입국이 WTO 회원국인 경우에는 WTO에, WTO회원국이 아닌 경우에는 대한민국정부에 상기 사항을 통보하여야 한다(법 제107조 제7항).
㈒ |×| 대가를 지급하거나 공탁하지 않은 경우에는 재정이 실효된다(법 제113조). 재정의 취소가 가능한 경우는, ⅰ)재정을 받은 목적에 적합하도록 그 특허발명을 실시하지 않은 경우, ⅱ)재정 사유가 없어지고 그 사유가 다시 발생하지 아니할 것이라고 인정되는 경우(단, 통상실시권자의 정당한 이익이 보호될 수 있는 경우에 한함), 및 ⅲ)정당한 사유없이 재정서에 명시된 제107조제1항 제5호의 재정에 있어서 특허권자 등의 의약품과의 구별이나, 법령 또는 조약 규정의 이행에 필요한 준수사항을 위반한 경우이다(법 제114조 제1항).

정 답 ①

07 통상실시권의 재정에 관하여 옳지 않은 것은? [2002년 기출변형]

① 특허발명이 천재, 지변 기타 불가항력 또는 대통령령이 정하는 정당한 이유없이 계속하여 3년 이상 국내에서 실시되고 있지 아니한 경우는 재정청구의 대상이 된다.
② 특허발명이 정당한 이유없이 계속하여 3년 이상 국내에서 상당한 영업적 규모로 실시되지 아니하거나 적당한 정도와 조건으로 국내수요를 충족시키지 못한 경우 재정청구의 대상이 된다.
③ 공공의 이익을 위하여 특히 필요한 경우에 해당됨을 이유로 재정청구하는 경우 특허출원일로부터 4년이 경과되어야 한다.
④ 재정청구가 있는 경우 특허청장은 직권으로 예고등록을 하여야 한다.
⑤ 재정에 의하여 통상실시권을 허여받고자 하는 자는 대가를 지급하여야 한다.

해 설

① |○| 법 제107조 제1항 제1호.
② |○| 법 제107조 제1항 제2호.
③ |×| 불실시 또는 불충분 실시의 경우 특허발명이 특허출원일로부터 4년이 경과되어야 한다(법 제107조 제2항). 공공의 이익을 위하여 특히 필요한 경우(제4호)의 경우 출원일로부터 4년 경과여부를 묻지 않는다.
④ |○| 법 제107조 제1항의 규정에 의한 통상실시권 설정의 재정신청이 있는 경우 특허청장은 이를 직권으로 예고등록한다(등록령 제3조제3호).
⑤ |○| 통상실시권의 재정에 있어서는 통상실시권의 범위·기간과 대가·지급방법·지급시기에

대한 사항을 명시하여야 하고(법 제110조 제2항), 재정을 받은 자는 그 대가를 지급시기까지 지급 또는 공탁하여야 하며 그렇지 아니한 때에는 그 재정을 효력을 잃는다(법 제113조).

정답 ③

08 다음의 재정에 관한 설명 중 옳은 것은?

① 재정에 대한 결정은 특허청장의 재량이다.
② 특허청장은 재정청구일로부터 6월 이내에 재정에 관한 결정을 하여야 하며, 이는 강행규정으로 볼 수 있다.
③ 특허청장은 특허법 제107조제1항제5호의 공중보건문제 해결을 위해 수입국에 의약품을 수출할 수 있도록 특허발명의 실시가 필요한 경우의 재정에 있어 특허권자 등이 공급하는 의약품과 재정을 받은 자가 공급하는 의약품을 외관상 구분할 수 있는 포장이나 표시 등에 관한 사항을 재정서에 명시하여야 한다.
④ 재정을 받은 자가 정당한 사유 없이 재정서에 명시된 대가를 지급하지 않은 경우 특허청장은 이해관계인의 신청에 의하여 또는 직권으로 그 재정을 취소할 수 있다.
⑤ 특허청장은 재정청구가 있는 경우 특허권자에게 재정청구서에 대한 답변서를 제출할 수 있는 기회를 주어야 하며, 재정을 하고자 하는 경우 산업재산권심의위원회의 의견을 들어야만 한다.

해설

① |×| 원칙적으로는 올바른 표현이다. 다만, 5호의 경우 의약품/유효성분/진단키트 등의 실시가 필요한 경우(법 제107조 제8항), 수입국 요건(법 제107조 제7항) 및 재정청구인이 제출해야하는 서류(법 제107조 제9항)가 적법하게 제출된다면 특허청장은 정당한 사유가 있는 경우 외에 통상실시권 설정의 재정을 해야 한다.
② |×| 정당한 사유가 있는 경우를 제외하고는 6월 이내에 재정에 관한 결정을 하여야 한다(법 제110조 제3항). 이는 절차의 신속을 도모하여 청구인과 특허권자 등의 이익을 도모하고자 하는 것으로 선언적인 규정으로 이해하여야 한다.
③ |○| 법 제110조 제2항 제3호.
④ |×| 대가를 지급하거나 공탁하지 않은 경우에는 재정이 실효된다(법 제113조). 재정의 취소가 가능한 경우는, ⅰ)재정을 받은 목적에 적합하도록 그 특허발명을 실시하지 않은 경우, ⅱ)재정 사유가 없어지고 그 사유가 다시 발생하지 아니할 것이라고 인정되는 경우(단, 통상실시권자의 정당한 이익이 보호될 수 있는 경우에 한함), 및 ⅲ)정당한 사유없이 재정서에 명시된 제107조제1항 제5호의 재정에 있어서 특허권자 등의 의약품과의 구별이나, 법령 또는 조약 규정의 이행에 필요한 준수사항을 위반한 경우이다(법 제114조 제1항).
⑤ |×| 특허청장은 재정청구가 있는 경우 특허권자에게 재정청구서에 대한 답변서를 제출할 수 있는 기회를 주어야 한다(법 제108조). 또한 재정을 하고자 하는 경우 산업재산권심의위원회 및 관계 부처장의 의견을 들 수 있다(법 제109조).

정답 ③

09 다음 중에서 통상실시권 설정의 재정에 관하여 옳지 않은 것은? [2004년 기출]

① 특허청장은 재정을 함에 있어서는 매 청구별로 통상실시권 설정의 필요성을 검토하여야 한다.
② 특허발명의 실시가 공공의 이익을 위하여 특히 필요한 경우에는 특허발명이 특허출원일부터 4년을 경과하지 아니한 때에도 재정을 청구할 수 있다.
③ 재정에 의한 통상실시권은 실시사업과 함께 이전하는 경우를 제외하고는 특허권자의 동의를 얻지 아니하면 이를 이전할 수 없다.
④ 특허청장은 통상실시권을 재정한 사유가 없어지고 그 사유가 다시 발생하지 아니할 것이라고 인정되는 경우에는 재정을 받은 통상실시권자의 정당한 이익이 보호될 수 있는 경우에 한하여 재정을 취소할 수 있다.
⑤ 재정을 받은 자가 재정의 대가 지급시기까지 대가를 지급하지 아니하거나 공탁을 하지 아니한 때에는 그 재정은 효력을 잃는다.

해설

① |O| 법 제107조 제3항.
② |O| 법 제107조 제2항.
③ |X| 재정에 의한 통상실시권은 실시사업과 같이 이전하는 경우에 한하여 이전할 수 있다(법 제102조 제3항). 특허권자의 동의가 있다 할지라도 실시사업이 이전되지 않는 다면 통상실시권이 이전되지 않는다.
④ |O| 재정의 취소는 재정을 받은 목적에 적합하도록 그 특허발명을 실시하지 아니한 경우 및 통상실시권을 재정한 사유가 없어지고 그 사유가 다시 발생하지 아니할 것이라고 인정되는 경우에 이해관계인의 신청 또는 직권으로 할 수 있다. 다만, 후자의 경우에는 재정을 받은 통상실시권자의 정당한 이익이 보호될 수 있는 경우에 한한다(법 제114조 제1항).
⑤ |O| 법 제113조.

정답 ③

10 통상실시권 설정의 재정에 관한 다음 설명 중 옳은 것은?

① 재정서등본 송달일부터 30일이 되는 때에 재정서에 명시된 바에 따라 당사자 사이에 협의가 성립된 것으로 본다.
② 반도체 기술의 경우 공공의 이익을 위해 실시(3호)하거나 불공정거래행위 시정(4호)하고자 하는 경우에 재정청구가 가능하다.
③ 수입국으로의 수출을 위한 재정에 있어서, 대가를 참작할 수 있는데, 이 경우 특허발명의 실시로 인한 경제적 가치를 고려하는바, 경제적 가치는 수출국에서의 경제적 가치를 고려해야 한다.
④ 특허청장은 재정을 한 때에는 당사자 및 그 특허에 관하여 등록을 한 권리를 가지는 자에게 재정서 등본을 송달하여야 한다.
⑤ 통상실시권을 설정하는 재정을 받은 자가 일정한 대가를 지급하지 아니하거나 공탁을 하지 아니한 때에는 그 재정은 이해관계인의 신청에 의하여 취소된다.

해설

① |×| 당사자에게 재정서 등본이 송달된 때에는 재정서에 명시된 바에 따라 당사자 사이에 협의가 성립된 것으로 본다(법 제111조 제2항). 이에 따라 재정서 등본의 송달시에 재정에 의한 통상실시권이 발생한다.
② |×| 반도체 기술의 경우 3호(공공의 이익을 위한 실시) 경우 비상업적 실시의 경우와 불공정거래행위 시정(법 제107조 제1항 제4호)하기 위한 경우에만 재정청구가 가능하다. 즉, 3호의 경우 상업적 실시의 경우에는 반도체 기술을 대상으로 재정 청구가 불가능하다.
③ |×| 재정시 대가 참작이 가능한 것은 4호 및 5호의 경우로, 4호는 불공정거래행위 시정 취지를 참작할 수 있고, 5호의 경우는 수입국에서의 경제적 가치를 고려해야 한다.
④ |○| 법 제111조 제1항.
⑤ |×| 재정을 받은 자가 일정한 대가를 지급하지 아니하거나 공탁을 하지 아니한 때에는 그 재정은 당연히 자동적으로 실효된다.

정답 ④

11 특허법 제107조(통상실시권 설정의 재정)에 관한 설명으로 옳지 않은 것은? [2010년 기출]

① 사법적 절차에 의하여 불공정거래행위로 판정된 사항을 시정하기 위하여 특허발명을 실시할 필요가 있는 경우에는 특허권자 또는 전용실시권자와 협의 없이도 통상실시권 설정의 재정을 청구할 수 있다.
② 의약품과 관련된 사안은 보건복지가족부 관할이므로 의약품이 문제되는 경우에 보건복지가족부장관은 비상업적 실시를 조건으로 특허청장과 협의하여 재정한다.
③ 사법적 절차에 의하여 불공정거래행위로 판정된 사항을 시정하기 위한 재정의 경우에는 대가 결정시 불공정거래행위를 시정하기 위한 취지를 참작할 수 있다.
④ 공공의 이익을 위하여 특허발명을 비상업적으로 실시하고자 하는 자는 그 특허발명의 특허권자 또는 전용실시권자와 협의 없이도 통상실시권 설정의 재정을 청구할 수 있다.
⑤ 특허발명이 천재, 지변 기타 불가항력의 사유로 이유 없이 국내에서 계속하여 3년 이상 실시되지 아니하였음을 이유로 통상실시권 설정의 재정을 청구하는 경우에도 그 특허발명의 출원일부터 4년을 경과하지 않았다면 그 재정의 청구는 부적법하다.

해설

①, ④ |○| i) 제3호 중 공공의 이익을 위하여 비상업적으로 실시하고자 하는 경우와 ii) 제4호 불공정거래행위 판정을 시정하고자 하는 경우를 제외하고는, 그 특허발명의 특허권자 또는 전용실시권자와 합리적인 조건하에 통상실시권 허락에 관한 협의를 하였으나 합의가 이루어지지 아니하는 경우 또는 주소불명 등으로 협의를 할 수 없는 경우에는 특허청장에게 통상실시권 설정에 관한 재정을 청구할 수 있다(법 제107조 제1항).
② |×| 그러한 규정이 없다. 의약품의 경우라도 i) 제3호 중 공공의 이익을 위하여 비상업적으로 실시하고자 하는 경우와 ii) 제4호 불공정거래행위 판정을 시정하고자 하는 경우를 제외하고는,

특허권자 또는 전용실시권자와 협의를 해야 하고, 협의를 할 수 없는 경우에는 특허청장에게 통상실시권 설정에 관한 재정을 청구할 수 있다(법 제107조 제1항).
③ |O| 특허청장은 재정을 함에 있어서 상당한 대가가 지급될 수 있도록 하여야 한다. 이 경우 제4호 불공정거래행위 판정을 시정하고자 하는 경우에는 대가 결정에 불공정 거래행위를 시정하기 위한 취지를 참작할 수 있다(법 제107조 제5항 제1호).
⑤ |O| 불실시 또는 불충분 실시의 경우 특허발명이 특허출원일로부터 4년이 경과되어야 한다(법 제107조 제2항). 이는 특허권자에게 실시를 위한 검토와 준비기간 등을 보장하기 위해서이다.

정답 ②

12 다음은 법정실시권 및 강제실시권에 관한 설명이다. 타당한 것으로만 연결된 것은?

> (가) 발명자 A가 B에게 특허를 받을 수 있는 권리를 양도한 경우 B로부터 발명 내용을 전해 들은 X가 그 발명품의 생산을 개시한 후 B가 특허를 출원하여 B에게 특허권이 설정된 경우 X에게는 무상의 통상실시권이 발생한다.
>
> (나) 동일한 발명에 대한 2이상의 특허 중 하나를 무효로 한 경우 무효로 된 특허권에 대하여 등록하지 않은 통상실시권을 가지고 있는 자는 등록 무효로 되지 않은 특허권에 대하여 그 후에 특허권 또는 전용실시권을 취득한 특허권자 또는 전용실시권자의 허락을 얻지 않더라도 그 특허발명을 실시할 수 있는 경우가 있다.
>
> (다) 특허청장은 특허법 제107조제1항제5호의 공중보건문제 해결을 위해 수입국에 의약품을 수출할 수 있도록 특허발명의 실시가 필요한 경우의 재정에 있어 특허권자 등이 공급하는 의약품과 재정을 받은 자가 공급하는 의약품을 외관상 구분할 수 있는 포장이나 표시 등에 관한 사항을 재정서에 명시하여야 한다.
>
> (라) 반도체 기술에 대하여는 특허발명의 실시가 공공의 이익을 위하여 필요한 경우에는 언제나 재정을 청구할 수 있다.

① (가), (나) ② (나), (다)
③ (나), (라) ④ (다), (라)
⑤ (가), (나), (다)

해설

(가) |X| 선사용권이 발생되기 위해서는 특허출원 전 발명의 내용을 알지 못하고 스스로 발명한 자 및 스스로 발명한 그 자로부터 발명을 지득한 자, 즉 특허권자와 발명의 루트가 달라야 한다. 설문에서 발명자의 A는 특허를 받을 수 있는 권리를 B에게 이전하였고, X는 이를 B에게 지득하였으므로 특허권자 B와 지득 루트가 동일하므로 선사용권이 발생하지 않는다.
(나) |O| 중용권은 무효심판청구 등록 당시 무효로 된 특허권의 전용실시권자, 통상실시권자, 또는 전용실시권자의 통상실시권자 중 등록을 받은 자에 대해서 발생한다. 다만, 법정실시권자는 등록

이 없어도 발생한다. 또한 법정실시권은 그 등록이 없어도 그 후에 특허권 또는 전용실시권을 취득한 자에게도 대항할 수 있다(법 제118조 제2항).
(다) |○| 법 제110조 제2항 제3호.
(라) |×| 공공의 이익을 위한 비상업적 실시에 한한다(법 제107조 제6항).

정답 ②

13 특허권의 제한에 관한 설명으로 옳지 않은 것은?

① 특허발명이 정당한 이유 없이 계속하여 3년 이상 국내 또는 국외에서 실시되고 있지 아니한 경우 특허발명을 실시하려는 자는 특허청장에게 통상실시권 설정에 관한 재정을 청구할 수 있다.
② 행정절차에 의하여 불공정거래행위로 판정받은 사항의 시정을 위하여 특허발명을 실시할 필요가 있어서 재정에 의하여 통상실시권을 허락받은 경우에는 상당한 대가를 지급하여야 한다.
③ 자국민 다수의 보건을 위협하는 질병을 치료하기 위하여 의약품을 수입하려는 국가에 그 의약품을 수출할 수 있도록 특허발명을 실시할 필요가 있는 경우에는 특허권자 또는 전용실시권자와 합리적인 조건으로 통상실시권 허락에 관한 협의를 하였으나 합의가 이루어지지 아니하는 경우 또는 협의를 할 수 없는 경우에 한하여 재정을 청구할 수 있다.
④ 재정을 받은 자가 재정을 받은 목적에 적합하도록 그 특허발명을 실시하지 아니한 경우 이해관계인의 신청에 따라 또는 직권으로 특허청장은 그 재정을 취소할 수 있다.
⑤ 재정으로 정한 대가는 법원에 소송을 제기하여 불복할 수 있다.

해 설

① 국내 불실시의 경우만 재정사유에 해당한다(특허법 제107조 제1항 제1호).
② 특허법 제107조 제5항.
③ 특허법 제107조 제1항.
④ 특허법 제114조 제1항.
⑤ 특허법 제190조 제1항.

정답 ①

14 특허권에 관한 설명으로 옳지 않은 것은? [2022년 기출]

① 반도체 기술에 대해서는 특허법 제107조(통상실시권 설정의 재정) 제1항 제3호(공공의 이익을 위하여 비상업적으로 실시하는 경우만 해당한다)의 경우에만 재정을 청구할 수 있다.
② 비밀취급이 필요한 특허발명에 대해서는 그 발명의 비밀취급이 해제될 때까지 그 특허의 등록공고를 보류하여야 하며, 그 발명의 비밀취급이 해제된 경우에는 지체 없이 특허법 제87조(특허권의 설정등록 및 등록공고) 제3항에 따라 등록공고를 하여야 한다.
③ 특허발명의 실시가 특허법 제2조(정의) 제3호 나목에 따른 방법의 사용을 청약하는 행위인 경우 특허권의 효력은 그 방법의 사용이 특허권 또는 전용실시권을 침해한다는 것을 알면서 그 방법의 사용을 청약하는 행위에만 미친다.
④ 정부는 특허발명이 국가 비상사태, 극도의 긴급상황 또는 공공의 이익을 위하여 비상업적으로 실시할 필요가 있다고 인정하는 경우에는 그 특허발명을 실시하거나 정부 외의 자에게 실시하게 할 수 있다.
⑤ 청산절차가 진행 중인 법인의 특허권은 법인의 청산종결등기일(청산종결등기가 되었더라도 청산사무가 사실상 끝나지 아니한 경우에는 청산사무가 사실상 끝난 날과 청산종결등기일부터 6개월이 지난 날 중 빠른 날로 한다)까지 그 특허권의 이전등록을 하지 아니한 경우에는 청산종결등기일의 다음 날에 소멸한다.

해설

① |×| 불공정거래행위로 판정된 사항을 바로잡을 때도 할 수 있다(특허법 제107조 제6항).
② |○| 특허법 제87조 제4항
③ |○| 특허법 제94조 제2항
④ |○| 특허법 제106조의2 제1항
⑤ |○| 특허법 제124조 제2항

정답 ①

PART 09

특허심판 및 특허소송

CHAPTER 01 특허심판원

01 특허심판관에 대한 설명으로 틀린 것으로만 연결된 것은?

> (가) 심판관은 심판사무에 대하여는 직무상 독립하여 심판한다.
> (나) 심판관 합의체를 구성하는 심판관중에서 1인을 심판장으로 지정하며 심판장은 그 심판사건에 관한 사무를 총괄한다.
> (다) 심판관 합의체의 합의는 과반수에 의하여 결정하며 합의는 일정한 경우 일반에게 공개된다.
> (라) 심판장은 심판의 청구가 있는 때에는 청구서의 부본을 피청구인에게 송달하고 기간을 정하여 답변서를 제출할 수 있는 기회를 주어야 한다.
> (마) 심판관에 대한 제척 또는 기피의 신청이 있는 때에는 언제나 그 신청에 대한 결정이 있을 때까지 심판절차를 중지하여야 한다.

① (가), (다) ② (다), (마)
③ (나), (라) ④ (다), (라)
⑤ (가), (마)

해설

(가) |O| 법 제143조 제3항.
(나) |O| 법 제145조 제1항 및 제2항.
(다) |×| 법 제146조 제2항 및 제3항. 심판의 합의는 공개대상이 아니다.
(라) |O| 법 제147조 제1항.
(마) |×| 법 제153조. 예외적으로 긴급을 요하는 때에는 심판절차를 중지하지 아니한다.

정답 ②

CHAPTER 02 심판관의 제척·기피

01 다음은 특허심판에 관한 내용이다. 다음의 설명 중에 틀린 것은?

① 심판관은 자기가 제척 또는 기피 사유에 해당하는 경우 특허심판장의 허가를 받아 스스로 당해 사건에 대한 심판을 회피할 수도 있다.
② 동일한 청구항에 관련되는 특허무효심판을 청구하는 자가 수인인 경우에 청구이유가 다른 경우라도 공동으로 특허무효심판을 청구할 수 있다.
③ 판례는 무효심판과 같은 대상에 대한 정정심판은 서로 동일사건이라 할 수 없으므로 정정심판에 관여한 심판관이 같은 특허에 대한 무효심판에 관여하였다 하더라도 특허법 제148조 제6호의 심판관 제척사유에 해당한다고 할 수 없다고 본다.
④ 판례는 주된 당사자인 심판청구인이 이해관계를 갖지 아니한 경우에는 가사 보조참가인이 독립하여 무효심판을 청구할 수 있는 이해관계를 가진 자라 하더라도 그로써 심판청구인의 심판청구를 적법하게 할 수는 없다고 판시하였다.
⑤ 판례에 따르면 심판장의 심리종결통지에 관한 규정은 훈시규정이라고 할 것이므로 이에 위반하여 심결 전에 미리 심리종결통지를 하지 아니하였다고 하여도 위법하다고 볼 수는 없다고 판시하였다.

해설

① |×| 심판관이 법 제148조 또는 법 제150조의 규정에 해당하는 경우에는 특허심판원장의 허가를 받아 당해 사건에 대한 심판을 회피할 수 있다(법 제153조의2).
② |○| 동일한 특허권에 관하여 법 제133조제1항·법 제134조 제1항 및 법 제137조 제1항의 무효심판 또는 법 제135조 제1항의 권리범위확인심판을 청구하는 자가 2인 이상이 있는 때에는 그 전원이 공동으로 심판을 청구할 수 있는데(법 제139조 제1항), 무효심판의 경우 청구항이 청구취지에 해당하므로, 청구이유가 상이해도 무효를 구하는 청구항만 동일하면 무효심판을 함께 청구할 수 있다.
③ |○| 특허법원 98허1822 판결
④ |○| 大判 69후13 판결
⑤ |○| 심리종결을 통지하는 이유는 특허심판은 서면심리의 경우는 물론이거니와 구두심리의 경우에도 당사자 또는 참가인의 출석여부에 관계없이 직권으로 진행할 수 있도록 되어 있어(법 제117조, 법 제113조 제4항), 당사자 또는 참가인으로서는 심판의 진행상태를 명확히 파악하기 어려운 실정이므로 심결전에 이들에게 미리 사건이 심결을 함에 성숙하였음을 알림으로써 심리의 진행상황을 주지시켜 심결절차의 공정과 촉진을 기하고자 함에 있다고 보여진다. 그러므로 심판장은 심결전에 반드시 심리종결의 통지를 하여야 하나 다만 위 심리종결통지에 관한 규정은 훈시규정이라고 할 것이므로 이에 위반하여 심결전에 미리 심리종결통지를 하지 아니하였다고 하여도 위법하다고 볼 수는 없는 것이다(大判 1984.1.31. 선고83후71).

정답 ①

02 심판관의 제척, 기피에 관한 설명 중 틀린 것은?
[2000년 기출]

① 심판관의 제척 사유로는 당해 사건에 대하여 심사관 또는 심판관으로서 결정 또는 심결에 관여한 경우이다.
② 제척의 원인으로 되지 않는 사항이 기피의 원인으로 되는 경우는 없다.
③ 심판관이 사건의 당사자 또는 참가인의 친족의 관계가 있거나, 있었던 경우에는 제척사유에 해당된다.
④ 제척사유에 해당됨에도 심판에 관여하여 심결에 이를 경우 그 심판은 재심사유가 된다.
⑤ 기피신청을 구두심리 진행중에는 구두로 신청할 수 있다.

해설

① |O| 법 제148조 제6호.
② |X| 제척원인은 법 제148조 각호에 법정되어 있는 사유에 한정된다. 기피원인은 심판관에게 심판의 공정을 기대하기 어려운 사정이 있는 경우이다(법 제150조 제1항). 「심판의 공정을 기대하기 어려운 사정」이란 불공정한 심판을 받을지도 모른다는 주관적인 의혹만으로는 해당되지 않고 객관적 사정이 있어야 한다. 예컨대, 당사자와 심판관이 약혼관계, 사실혼관계, 친밀한 우정관계, 원한관계, 또는 민법 제777조의 범위를 넘는 친척관계 등에 있을 때 기피원인에 해당된다. 따라서 기피의 원인은 제척의 원인보다 넓다.
③ |O| 법 제148조 제2호.
④ |O| 심결 후에는 제척원인이 있는 심판관이 행한 심결이 당연 무효가 되는 것이 아니며 그렇다고 하여 제척원인의 하자가 치유되는 것도 아니기 때문에 심판의 당사자는 별도로 하자를 다투어야 한다. 구체적으로 심결 후 확정전이면 그 심결에 대하여 특허법원에 소를 제기한 후 특허법원에서, 확정 후에는 재심을 청구하여 다투어야 한다.
⑤ |O| 제척 및 기피신청을 하고자 하는 자는 그 원인을 기재한 서면을 특허심판원장에게 제출하여야 하나, 구술심리에 있어서는 구술로 할 수 있다(법 제151조 제1항).

정답 ②

03 다음은 심판관의 제척·기피·회피에 관한 설명이다. 틀린 것으로만 연결된 것은?

> (가) 당사자 또는 참가인은 서면 또는 구술로 제척 또는 기피를 신청할 수 있으며, 제척 또는 기피를 신청한 경우에는 신청일부터 3일 이내에 제척 또는 기피의 원인을 소명하여야 한다.
> (나) 정정심판에서 이유가 있다고 하는 심결을 한 심판관이 동일의 특허권에 관해서 무효심판의 심판관으로 관여한 경우 그 심판관은 제척된다.
> (다) 심판관에게 서면 또는 구술로 진술을 한 후에는 심판관을 제척 또는 기피를 할 수 없다. 다만, 그 원인이 있는 것을 알지 못한 때 또는 그 원인이 그 후에 발생한 때에는 그러하지 아니하다.
> (라) 제척 및 기피신청이 있는 경우 당해 심판절차를 중지하지 않는 경우도 있다.
> (마) 심판관은 자기가 제척 또는 기피 사유에 해당하는 경우 특허심판원장의 허가를 받아 스스로 당해 사건에 대한 심판을 회피할 수도 있다.

① (가), (나) ② (나), (다)
③ (다), (라) ④ (라), (마)
⑤ (나), (다), (라)

해설

(가) |○| 법 제151조.
(나) |×| 전심관여에서 사건이라 함은 동일사건을 의미하므로 동일한 특허권에 관한 것이라 하더라도 무효심판과 정정심판은 서로 동일사건이라 할 수 없다는 것이 판례의 태도이다.
(다) |×| 이는 기피에 대한 설명으로 제척과는 무관하다(법 제150조 제2항). 제척은 신청여부와 관계없이 법률상 당연히 심판관여로부터 배제되는 것으로서 제척사유가 있는 심판관이 심결에 관여한 경우에는 심결확정전에는 특허법원에 심결취소소송을 제기하여 다툴 수 있으며, 심결이 확정된 이후에는 재심사유가 된다.
(라) |○| 제척 또는 기피의 신청이 있는 때에는 긴급을 요하는 경우를 제외하고는 제척 또는 기피에 대한 결정이 있을 때까지 심판절차를 중지하여야 한다. (법 제153조)
(마) |○| 법 제153조의2.

정답 ②

CHAPTER 03 심판의 당사자 / 이해관계인

01 공동심판에 관한 설명으로 옳은 것은?

① 동일한 특허권에 대하여 특허무효심판을 청구하려는 자가 2인 이상인 경우 이들은 공동으로 심판을 청구해야만 한다.
② 공유인 특허권의 특허권자에 대하여 특허무효심판을 청구하는 때는 공유자 전원을 피청구인으로 하여야 하며, 일부 공유자를 누락한 경우 누락한 공유자를 추가하는 심판청구서 보정은 허용되지 않는다.
③ 공동으로 청구한 특허무효심판에 대해 기각심결하는 경우 심판관은 심결로써 공동심판 청구인의 심판비용의 부담액과 부담비율을 정한다.
④ 공동심판청구인 중 임의대리인을 위임하지 아니한 1인이 사망한 경우 해당 상속인이 절차를 수계하여 절차가 속행되기 전까지는 심판절차가 모두 중단된다.
⑤ 공동출원인 중 일부만이 거절결정불복심판을 청구했을 때 누락된 공동출원인을 심판청구인으로 추가하는 심판청구서 보정은 언제나 허용된다.

> **해설**
> ① 동일한 특허권에 대한 이해관계인이 2인 이상인 경우 개별적으로 해당 특허권에 대해 특허무효심판을 청구할 수도 있고, 함께 공동으로 심판을 청구할 수도 있다(특허법 제139조 제1항). 반드시 공동으로 심판을 청구해야 하는 것은 아니다. 한편 개별적으로 특허무효심판을 청구한 경우 심판부에서 필요하다면 재량에 따라 각 사건의 심리 또는 심결을 병합할 수 있다(특허법 제160조).
> ② 특허권이 공유인 경우는 공유자 모두가 심판청구인 또는 피청구인으로 참여하여야 한다(특허법 제139조 제2항, 제3항). 공유자 중 일부를 누락한 경우 누락된 특허권자를 추가하는 보정은 허용된다(특허법 제140조 제2항 제1호).
> ③ 심판비용액은 심결 확정 후 당사자의 청구에 따라 특허심판원장이 결정한다(특허법 제165조 제5항). 심판관이 심결문을 작성할 때는 심판비용액이 아니라, 심판비용의 부담자까지만 정한다(특허법 제165조 제1항, 제2항). 예컨대 특허무효심판을 공동으로 청구했는데 공동청구인이 패소하여 기각 심결을 받은 경우는 "심판비용은 청구인들이 부담한다." 라는 문구를 심결문에 작성한다. 보통 이렇게 정하면 나중에 심판비용액이 결정되었을 때 이 금액을 민사소송법 제102조에 따라 균등하게 부담한다.
> ④ 심판의 당사자 또는 참가인 중 1인에게 심판절차의 중단 원인이 있으면 모두에게 그 효력이 발생하기 때문에, 절차 전체가 중단된다(특허법 제139조 제4항, 제155조 제5항).
> ⑤ 특허권 또는 특허를 받을 수 있는 권리가 공유인 상황에서 심판청구인으로 공유자 중 일부를 추가하는 경우는 추가하는 자의 동의가 있는 경우에만 가능하다(특허법 제140조 제2항 제1호 괄호, 제140조의2 제2항 제1호 괄호).
>
> **정답** ④

02 다음 중 틀린 것은? [2001년 기출]

① 공유인 특허권에 대하여 심판을 청구하는 경우에는 공유자 전원을 피청구인으로 하여 청구하여야 한다.
② 공유인 특허권에 대한 무효심판 진행 중 공유자 1인이 사망한 경우에는 심판절차는 중단된다.
③ 공유인 특허권에 대한 침해금지 청구소송은 공유자 중 1인이 청구할 수 있다.
④ 공동으로 청구한 특허무효심판이 기각되어 이에 불복하는 경우에는 심판청구인 전원이 소송을 제기하여야 한다.
⑤ 공유인 특허권에 대한 정정심판의 경우 공유자 전원이 공동으로 청구하여야 한다.

해 설

① |○| 법 제139조 제2항.
② |○| 당사자가 사망한 경우 특허청 또는 특허심판원에 계속 중인 절차는 중단된다(특허법 제20조 제1호). 한편, 공동심판청구인 또는 공동심판피청구인 중 1인에 관하여 심판절차의 중단 또는 중지의 원인이 있는 때에는 전원에 관하여 그 효력이 발생한다(법 제139조 제4항).
③ |○| 이와 관련하여 ⅰ) 소송 패소시 이는 처분행위가 되기 때문에 각 공유자는 자기 지분권에 기하여만 침해금지청구권을 행사할 수 있다는 견해(제1설)와 ⅱ) 각공유자는 보존행위에 기해서 침해금지청구권을 단독으로 행사할 수 있다는 견해(제2설)가 대립하는데, 소송을 게을리 한 타 공유사의 불이익까지 고려해야 하는 것은 아닐 것이므로 제2설(다수설)이 타당하다고 본다.
④ |×| 이와 관련하여 아직 우리나라의 대법원 판례는 없지만, 법 제139조 제1항에 따라 이들의 공동심판청구는 유사필수적 공동심판의 성격을 가지므로 1인의 심결취소소송의 제기도 적법한 것으로 보아야 할 것이고, 심결취소소송을 제기하지 않는 공동심판청구인도 심판청구인의 지위를 유지하며, 소송에서 판결의 효력을 받는다고 본다. 한편, 공동심판청구인의 청구를 인용하는 심결이 있는 경우 심판청구인이 공동심판청구인 중 1인을 피고로 하여 심결취소소송을 제기할 수 있는지가 문제되는데, 최근 판례(大判 2007후1510)는 '특허를 무효로 한다는 심결이 확정된 때에는 당해 특허는 제3자와의 관계에서도 무효로 되는 것이므로, 동일한 특허권에 관하여 2인 이상의 자가 공동으로 특허의 무효심판을 청구하는 경우 그 심판은 심판청구인들 사이에 합일확정을 필요로 하는 이른바 유사필수적 공동심판에 해당한다 할 것이다.'라고 판시하면서, 공동심판청구인 중 1인만을 상대로 심결취소소송을 제기하였다고 하더라도, 그 심결은 모두 확정 차단된다고 판시하여, 소송의 피고로 되지 아니한, 타 공동심판청구인의 심판청구에 대한 부분만이 분리 확정되었다고는 할 수 없다고 판시하였다. 결국, 소 각하 소송 판결을 한 원심의 판결을 파기하고, 특허법원으로 환송하였다.
⑤ |○| 법 제139조 제3항.

정 답 ④

03 이해관계에 대한 판례의 태도를 기술한 것이다. 다음 중 옳은 것만으로 연결된 것은?

> (가) 피고는 이 사건 특허발명의 대상물품과 동종물품의 제조를 영업으로 하는 회사의 대표이사이고 이 사건 특허발명과 같은 종류의 원심 판시 등록고안의 권리자이며 이 사건 특허발명의 진정한 발명자가 자신이라고 다투고 있는 사람이므로, 피고가 이 사건 특허의 소멸에 직접적이고도 현실적인 이해관계가 있는 자이므로 무효심판 청구의 이해관계가 있다.
>
> (나) 등록고안의 실용신안권자로부터 실용신안권 침해의 고소를 당한 자가 그 등록고안의 권리를 인정하고 그 권리에 위반되는 행위를 하지 않는다는 내용의 약정을 한 경우에는, 그 고소를 당한 자가 자신이 실시했던 특정 고안이 그 등록고안의 권리범위에 속함을 인정한 것으로 볼 수 있으므로 권리범위확인심판에 관한 이해관계가 소멸하였다고 볼 것이다.
>
> (다) 등록고안과 유사한 고안을 출원·등록 받았을 뿐 실제로 자신이 고안한 물건을 생산·판매하지는 않고 자신이 대표이사로 있는 회사를 통하여 생산·판매하고 있는 자는 대주주이자 대표이사로서 받을 수 있는 배당이나 보수 또는 주식가치의 하락에 의한 손실 등 사실상의 경제적인 이해관계를 가질 뿐 확인대상고안의 권리범위에 관한 직접적인 법률상의 이해관계를 갖지 아니하므로, 소극적 권리범위확인심판을 청구할 수 있는 이해관계인에 해당하지 않는다.
>
> (라) 적극적 권리범위확인 심판에서 확인대상발명이 특허발명의 권리범위에 속한다는 심결이 난 후 피심판청구인이 불복하여 특허법원에 계속 중 확인대상발명이 등록된 경우에는 결과적으로 권리 대 권리간의 적극적 권리범위확인심판이 되어 부적법하게 되었고, 따라서 이 사건 심판의 청구를 각하하지 아니하고 실체 판단에 나아가 심판의 청구를 인용한 이 사건 심결은 위법하다.
>
> (마) 등록고안의 침해가 되는 물품을 생산하지 않겠다는 약속을 한 것만으로는 등록고안이 공지공용의 고안으로서 권리범위를 인정할 수 없거나 확인대상고안이 공지공용의 고안이어서 등록고안의 침해로 인정되지 아니하는 경우에까지 확인대상고안을 생산하지 않겠다는 약속을 한 것으로는 볼 수는 없다고 보아 권리범위 확인을 청구할 이해관계가 소멸되지 않는다고 판시하였다.

① (가), (나), (다) 　② (가), (나), (마)
③ (가), (다), (마) 　④ (나), (다), (마)
⑤ (다), (라), (마)

해 설

(가) |O| 대법원 2005. 3. 25. 선고 2003후373 판결
(나) |×| 대법원 1996. 12. 6. 선고 95후1050 판결. 등록고안의 실용신안권자 갑과 그로부터 실용신

안권 침해의 고소를 당한 을 사이에 을이 그 등록고안의 권리를 인정하고 그 권리에 위반되는 행위를 하지 않는다는 내용의 약정을 하였다 하더라도, 문언상으로는 그 합의의 취지를 을이 갑의 등록고안에 대한 정당한 권리를 인정하고 그 권리에 위반되는 행위를 하지 아니하기로 한 것으로 볼 수 있을 뿐이어서, 그 합의로써 곧바로 을이 자신이 실시했던 특정 고안이 그 등록고안의 권리범위에 속함을 인정하였다거나 그 등록고안의 권리범위를 확인하는 심판청구 권까지를 포기하기로 한 것으로 볼 수 없으므로, 그와 같은 합의가 있었다는 사정만으로 심판 청구인의 권리범위확인심판에 관한 이해관계가 소멸하였다고 할 수는 없다.

㈐ |O| 특허법원 2004. 10. 22. 선고, 2004허905 판결

㈑ |X| 대법원 2002.4.12 선고 99후2211 판결. 원심판결 이유에 의하면, 원심은 확인대상발명이 이 사건 소의 계속 중인 1998.11.19 특허등록 되었으므로 결과적으로 피고가 청구한 이 사건 권리범위확인심판의 청구는 후등록 특허권자를 상대로 한 적극적 권리범위확인심판이 되어 부적법 하게 되었고, 따라서 이 사건 심판의 청구를 각하하지 아니하고 실체 판단에 나아가 심판의 청구를 인용한 이 사건 심결은 위법하다고 판단하였다. 그러나 특허심판원 심결의 취소소송에서 심결의 위법 여부는 심결당시의 법령과 사실상태를 기준으로 판단하여야 하고, 원칙적으로 심결이 있은 이후 비로소 발생한 사실을 고려하여 판단의 근거로 삼을 수는 없다할 것이며(대법원 1995.11.10 선고 95누8461 판결 등 참조), 이 사건의 경우 심결시 이후에 발생한 확인대상발명의 특허 등록사실을 고려하여 심결의 위법 여부를 판단하여야 할 아무런 사정이 없다.

㈒ |O| 대법원 2002. 4. 12. 선고 99후 2853판결

정답 ③

04 특허심판을 청구할 수 있는 이해관계인에 관한 설명 중 옳지 않은 것은? [2008년 기출]

① 전용실시권자는 특허권의 적극적 권리범위확인심판을 청구할 수 있다.
② 특허권자 등으로부터 권리의 대항을 받거나 받을 염려가 있는 자는 무효심판을 청구할 수 있다.
③ 심판청구시 이해관계가 있어도 심결시 이해관계가 소멸되면 부적법한 심판청구에 해당된다.
④ 이해관계에 관하여 상대방의 다툼이 없는 경우에는 심판관이 이해관계의 존부를 직권으로 조사할 필요가 없다.
⑤ 이해관계 없는 자의 심판청구에 대하여는 그것이 보정되지 아니하는 한 심결로 각하하여야 한다.

해설

① |O| 구실용신안법 제50조는 "실용신안권자 또는 이해관계인은 등록실용신안의 보호범위를 확인 하기 위하여 실용신안권의 권리범위 확인심판을 청구할 수 있다."고 규정하고 있고, 판례는 이해 관계인에 실용신안권의 전용실시권자가 포함되는 것으로 볼 수는 없다(大判 2001후3262)고 판시하 였으나, 이후 개정법(法律 제7871호, 2006.03.03 공포/2006.10.01. 시행)에서는 법 제135조에서 전용실 시권자의 청구인 적격을 인정하였다.

② |O| 당해 특허발명과 동종의 물품을 제조・판매하거나 제조・판매할 업자로서 당해 특허발명의 권리존속으로 인하여 그 권리자로부터 권리의 대항을 받거나 받을 염려가 있어 그 피해를 받는

직접적이고도 현실적인 이해관계가 있는 사람을 말하나 이에는 장차 제조 판매할 것을 현실로 희망하는 자도 포함된다(大判 81후59).
③ |O| 심결시를 기준으로 이해관계의 존부를 판단한다. 따라서 심판청구 당시에는 이해관계가 없는 경우라도 「심결시」에 이해관계가 있으면 적법한 심판청구로 인정되며, 심판 청구시에는 이해관계가 성립되었던 심판청구도 그 심결시에 이해관계가 소멸된 경우에는 부적법한 심판청구로서 심결각하 된다.
④ |×| 이해관계의 존부에 대한 판단은 직권조사사상으로서 심판청구서를 통해 이해관계 존부 여부에 대해 판단하기 어려운 경우 이해관계가 있음을 주장하여 입증하도록 보정을 명하고, 이에 의하여도 이해관계의 존부가 불분명할 때는 직권조사를 하여 판단한다(大判 80후77).
⑤ |O| 이해관계 존부 판단은 적법성 심리의 대상으로 이해관계 부존재시 심판은 심결로서 각하된다(특허법 제142조).

정답 ④

05 공동심판에 관한 설명으로 옳은 것은? (다툼이 있는 경우에는 판례에 의함) [2014년 기출]

① 동일한 특허권에 대하여 특허무효심판을 청구하는 자가 2인 이상인 경우, 이들은 공동으로 심판을 청구해야 한다.
② 공유인 특허권의 특허권자에 대하여 특허무효심판을 청구하는 때에는 공유자 전원을 피청구인으로 하여야 한다.
③ 하나의 청구항에 대하여 특허무효심판을 청구하는 자가 2인인 경우, 각각의 청구이유가 다르다면 공동으로 특허무효심판을 청구할 수 없다.
④ 공동으로 청구한 특허무효심판에 있어 청구인 중 1인이 자기의 청구를 취하할 수 있으며, 특허권이 공유인 경우에는 특허무효심판의 피청구인이 된 공유 특허권자 중 1인의 탈퇴가 허용된다.
⑤ 공동으로 청구한 특허부효심판의 기각심결시 심판관이 그 심결로써 공동심판청구인의 심판비용의 부담액 및 부담비율을 정한다.

해설

① |×| 법 제139조 제1항
② |O| 법 제139조 제2항
③ |×| 청구취지가 동일하면 공동으로 특허무효심판을 청구할 수 있고, 청구이유가 다르더라도 상관없다. 이는 청구이유는 직권심리가 가능하기 때문이다(법 제159조 제1항)
④ |×| 공동으로 청구한 특허무효심판에서 청구인 중 1인은 자기의 청구를 취하할 수 있다. 그러나 특허권이 공유인 경우에 특허무효심판의 피청구인은 반드시 공유 특허권자 전원이어야 하므로 1인의 탈퇴는 허용되지 않는다.
⑤ |×| 법 165조 제1항, 제5항

정답 ②

CHAPTER 04 심판의 참가

01 특허법 제155조의 참가에 대한 기술로 옳은 것은?

① 특허법 제155조 3항에 의한 보조참가를 할 수 있는 자에 대하여 심판절차의 중단 또는 중지의 원인이 있는 때에는 그 중단 또는 중지는 피참가인에 대하여 그 효력이 발생하지 아니한다.
② 심판에 참가하고자 하는 자는 참가신청서를 심판원장에게 제출하여야 한다.
③ 참가신청에 대해서는 심판에 의하여 참가여부를 결정하며 이에 대하여는 불복할 수 없다.
④ 참가하려는 자는 심결확정 전까지 그 심판에 참가할 수 있다.
⑤ 특허무효심판을 청구할 수 있는 자는 계속 중인 타인의 무효심판에 피청구인으로 참가할 수 있다.

해 설

① |×| 법 제155조 제5항. 당사자참가 및 보조참가를 할수 있는 자에 대하여 심판절차의 중단 또는 중지의 원인이 있는 때에는 그 중단 또는 중지는 피참가인에 대하여 도 그 효력이 발생한다.
② |×| 법 제156조 제1항. 참가신청서는 심판장에게 제출하여야 한다.
③ |○| 이는 부수적 심판이기 때문에 독자적으로 불복할 수 없다.
④ |×| 참가신청은 심리종결 전까지 가능하다. 또한 법 제162조 제4항에 의하여 심리가 재개되는 경우라면 재개된 심리의 종결 전까지 참가신청이 가능하다.
⑤ |×| 특허무효심판을 청구할 수 있는 자가 타인의 무효심판에 참가하는 것은 당사자 참가이다.(법 제155조 제1항) 당사자 참가는 직접 심판을 청구할 수 있는 자가 하는 것으로서 심판청구인에 대하여만 참가가 가능하고 피청구인에 대하여는 불가능하다.

정답 ③

02 심판에 관한 다음 설명 중 맞는 것은? [1998년 기출]

① 공동으로 청구한 무효심판에서 공동청구인의 한 사람은 자기의 청구를 취하하여 당해 심판에서 탈퇴할 수 없다.
② 참가신청서는 특허심판원장에게 제출하여야 한다.
③ 하나의 청구항의 특허에 대하여 무효심판을 청구하는 자 甲과 乙이 甲의 청구이유와 乙의 청구이유가 다른 경우에도 甲과 乙은 공동하여 그 무효심판을 청구할 수 있다.
④ 심결이 확정되기 전에 청구된 재심청구는 보정을 명하고 불응하면 결정으로 재심청구서를 각하하여야 한다.
⑤ 권리범위확인심판을 청구할 때 명세서 및 도면이 첨부되지 아니한 경우에는 보정의 대상이 아니다.

해설

① |×| 무효심판을 청구하는 자가 2인 이상이 있는 때에는 그 전원이 공동으로 심판을 청구할 수 있다(법 제139조 제1항). 즉, 공동심판 청구 여부는 이해관계인들의 재량이므로, 공동심판청구 이후 1인은 자신의 청구를 심결확정전까지 취하할 수 있다.
② |×| 심판에 참가하고자 하는 자는 참가신청서를 심판장에게 제출하여야 한다(법 제156조 제1항).
③ |○| 공동으로 심판을 청구하는 경우에는 청구 취지가 동일해야 한다. 예컨대, 무효심판은 청구항 별로 할 수 있으므로 동일한 특허권에 관하여 甲이라는 자가 청구범위 제1항이 무효임을 주장하고, 乙이라는 자는 청구범위 제2항이 무효임을 주장하는 경우에는 소송물을 합일적으로 확정할 수 없는 경우이므로 공동심판청구는 불가능하다(심판편람(2006), 125면). 그러나 청구이유의 동일성은 요지하지 아니한다.
④ |×| 재심청구의 대상은 확정된 종국심결이다. 그러므로 미확정심결은 재심의 대상이 될 수 없다. 따라서, 심결 확정전에 청구된 재심청구는 보정불가능 중대한 하자이므로 심판관 합의체는 심결로써 그 재심청구를 각하한다(법 제142조).
⑤ |×| 권리범위확인심판을 청구할 때에는 특허발명과 대비될 수 있는 확인대상발명의 설명서 및 필요한 도면을 첨부하여 특허심판원장에게 제출하여야 한다(법 제140조 제3항). '확인대상발명의 설명서 및 도면이 첨부되지 않은 경우, 심판청구서가 기재방식에 위반된 경우(법 제141조 제1항 제1호)에 해당하여 보정 명령의 대상이 되고, 보정되지 않으면 심판청구는 각하된다(법 제141조).

정답 ③

03 특허법상 심판참가에 대해 옳은 것은?
[2003년 기출]

① 특허무효심판을 청구할 수 있는 자는 계속 중인 타인의 무효심판에 청구인 또는 피청구인으로 참가할 수 있다.
② 심판장은 심결이 있는 때에는 그 등본을 당사자·참가인 및 심판에 참가신청을 하였으나 그 신청이 거부된 자에게 송달하여야 한다.
③ 심판참가신청에 대한 결정에 대해서는 특허법원에 불복신청을 할 수 있다.
④ 심판의 결과에 대하여 이해관계를 가진 자가 당사자 일방을 보조하기 위해서 그 심판에 참가한 경우 참가인은 피참가인이 심판청구를 취하한 후에도 심판절차를 속행할 수 있다.
⑤ 거절결정에 대한 심판에는 당사자 일방을 보조하기 위한 참가만 가능하다.

해설

① |×| 특허무효심판을 청구할 수 있는 자가 타인의 무효심판의 심리종결전에 참가하는 것은 당사자 참가에 해당한다(법 제155조 제1항). 당사자 참가는 직접 심판을 청구할 수 있는 자가 하는 것으로서 심판청구인 측에만 참가가 가능하다.
② |○| 법 제162조 제6항.
③ |×| 부수적 심판인 참가신청에 대한 허부 결정에 관하여는 불복할 수 없다(법 제156조 제5항).
④ |×| 심판의 결과에 대하여 이해관계를 가진 자가 당사자 일방을 보조하기 위하여 심판에 참가하는 것은 보조참가에 해당한다(법 제155조 제3항). 보조참가인은 일체의 심판절차를 행할 수 있다(법

제155조 제4항). 다만, 피참가인이 그 심판청구를 취하하면 참가인의 지위를 상실한다(법 제155조 제2항 반대해석).

⑤ |×| 심판의 참가는 당사자계 심판에만 가능한 것으로 해석된다. 결정계 심판 중 거절결정불복심판(법 제132조의17)은 심판단계에서는 법 제171조 제2항에 따라 참가가 허용되지 않지만 심결취소소송에서 보조참가가 허용된다(특허법원 99허 1535). 참고로, 정정심판도 법령에서 참가를 허용하지 않음을 밝힌다.(특허법 제136조 제9항에서 제155조, 제156조 적용하지 않음).

정답 ②

04 특허법 제155조에서 규정하고 있는 참가에 대한 설명으로 타당한 것은?

① 특허법 제155조 제1항에 의한 당사자 참가는 무효심판과 권리범위확인심판에서 청구인측에 참가하는 경우에만 허용된다.
② 참가의 허부 결정은 심판장이 하며, 그 결정에 대해서는 불복할 수 없다.
③ 심판의 결과에 대하여 이해관계를 가지는 자가 당사자 일방을 보조하기 위해서 그 심판에 참가한 경우 참가인은 피참가인이 심판청구를 취하한 후에도 심판절차를 속행할 수 있다.
④ 참가신청 및 참가신청의 취하는 모두 심리 종결 전까지 가능하다.
⑤ 참가는 당사자계 심판과 거절결정 불복심판에 있어서 인정된다.

해설

① |○| 당사자 참가는 법 제139조 제1항의 규정에 의한 심판(특허무효심판, 연장등록무효심판, 정정무효심판, 권리범위확인심판)을 청구할 수 있는 자가 타인의 심판에 참가하는 것이다.
② |×| 참가신청이 있는 경우 그 참가허부결정에 대해서 불복할 수 없으나, 그 허부의 결정은 심판(합의체)에 의하여 결정하여야 한다.
③ |×| 피참가인이 심판청구를 취하한 후에도 심판절차를 속행할 수 있는 자는 당사자 참가인에 한한다.
④ |×| 참가신청은 심리종결 전까지 가능하나, 참가신청의 취하는 심결확정 전까지 가능하다.
⑤ |×| 대법원 1997.7.8. 선고 97후75 판결 등 참고. 결정계 심판사건에 대해서는 참가의 근거규정이 없으므로 보조참가신청은 부적법하다.

정답 ①

05 특허권자인 甲이 자기의 특허발명 A에 관한 특허권 침해를 이유로 乙과 丙에 대하여 침해행위의 금지를 청구하였고, 이에 대응하여 乙이 甲의 특허권에 대하여 특허무효심판을 청구하여 그 사건이 심판에 계속 중인 상태이다. 다음 설명 중 옳지 않은 것은 어느 것인가?

[2005년 기출]

① 丙이 이해관계인에 해당한다고 하여 참가를 신청한 경우 심판장은 참가신청서의 부본을 당사자 및 피참가인에게 송달하여 의견서를 제출할 수 있는 기회를 반드시 주어야 한다.
② 丙이 당해 심판에 청구인으로서 당사자참가한 경우 乙이 당해 심판청구를 취하하고자 할 때는 丙의 동의를 요하는 경우가 있다.
③ 丙이 청구인으로서 당사자로 참가할 때는 심판당사자 중 乙측에만 참가할 수 있고 甲측에는 참가할 수 없는데 반해, 제3자 丁이 이해관계가 있다고 주장하여 보조참가신청을 하는 경우에는 甲과 乙 어느 일방 측에 참가할 수 있고, 참가신청이 거부된 경우에도 심판장은 丁에게도 심결등본을 송달하여야 한다.
④ 丙이 그 무효심판에서 乙측에 청구인으로서 참가한 때는 丙은 불이익행위를 포함하여 일체의 심판절차를 수행할 수 있고, 丙이 청구인으로서 당사자로 참가인 적격이 있는지 여부는 당해 심판의 심결시를 기준으로 한다.
⑤ 丙이 乙측에 청구인으로서 참가한 경우 그 참가 후 乙이 甲의 승낙을 얻어 심판청구를 취하한 때는 丙은 그 심판절차를 속행할 수가 있다.

해설

① |O| 법 제156조 제2항.
② |×| 피참가인의 이익을 해하는 것이 아니므로 피참가인의 동의를 필요로 하지 않는다. 다만 i) 당사자 참가시 ii) 심판 청구인(피참가인)의 심판청구 취하에 의해 참가인만이 심판절차를 밟게 되는 경우(법 제155조 제2항) iii) 피청구인의 답변서 제출이 있을 때는 피청구인의 동의를 얻어야 참가 신청을 취하할 수 있다(법 제161조 제1항 심판청구의 취하 유추적용). 따라서 乙이 심판청구를 취하하고자 할 경우에, 상대방인 甲이 답변서를 제출한 경우라면 甲의 동의를 얻으면 되고 참가인 丙의 동의를 얻을 필요는 없다.
③ |O| 당사자참가는 심판 청구인측에만 가능한 반면, 보조참가는 심판청구인이나 피청구인측 모두에 대해 가능하다. 한편, 심판장은 심결 또는 결정 등본을 당사자, 참가인 및 참가신청을 하였으나 거부된 자에게 송달한다(법 제162조 제6항).
④ |O| 당사자 참가인은 당사자로서 참가하는 것이므로 피참가인, 즉 심판청구인과 대등한 법적 지위를 갖는다. 그러므로 피참가인의 행위와 모순되는 절차를 밟을 수 있으며, 불리한 행위도 할 수 있다. 한편, 피참가인이 그 심판의 청구를 취하한 후에도 심판절차를 속행 할 수 있다(법 제155조 제2항). 또한, 丙이 청구인으로서 당사자로 참가인 적격이 있는지 여부는 결국 丙이 당해 무효심판의 이해관계 존부 판단과 동일한바, 이해관계 존부 판단은 심결시를 기준으로 판단하므로 타당한 설명이다.
⑤ |O| 당사자 참가인은 피참가인이 심판청구를 취하한 후에도 심판절차를 속행할 수 있다(법 제155조 제2항).

정답 ②

CHAPTER 05 심판청구

01 다음 설명 중 옳지 않은 것은?

[2002년 기출]

① 심판장은 심판청구서가 법령에 정한 방식에 적합한지 여부를 심사하여 그 요건을 갖추고 있지 아니한 경우에는 보정을 명하고 그럼에도 불구하고 흠결을 보정하지 아니한 경우에는 심결로 심판청구를 각하하여야 한다.
② 심판을 청구하는 자는 심판청구방식의 불비 또는 기재사항의 오기 등이 있을 때에는 심판청구서를 보정할 수 있으나, 이는 요지변경이 되지 않는 범위 내에서만 가능하다.
③ 심판청구서의 보정에 있어서 청구이유의 보정 또는 변경은 요지변경으로 되지 않는다.
④ 심판장의 심판청구서에 대한 각하결정에 대하여 불복이 있는 때에는 심판청구인은 그 각하결정등본을 송달받은 날로부터 30일 이내에 특허법원에 소를 제기할 수 있다.
⑤ 대리인에 의하여 특허심판에 관한 절차를 밟는 경우 대리권에 관한 특별수권 여부도 방식심사의 대상이 된다.

해설

① |×| 심판청구시의 불비에 대해 심판장이 보정을 명하였음에도 흠결을 보정하지 아니한 경우에는 심판장은 결정으로 심판청구를 각하하여야 한다(법 제141조).
② |○| 심판을 청구하는 자는 심판청구방식의 불비 또는 기재사항의 오기 등이 있을 때에 심판청구서를 보정할 수 있다. 다만, 요지변경이 되지 않는 범위 내에서만 가능하다(법 제140조 제2항).
③ |○| 심판청구서의 기재사항 중 청구이유의 보정은 요지변경이 되더라도 상관없다(법 제140조 제2항 제2호, 법 제140조의2 제2항 제2호). 심판청구이유에 대해서는 심판청구인이 기재한 범위에 한정되지 않고 직권심리가 가능하기 때문에(법 제159조 제1항) 변경을 자유롭게 허용하고 있다.
④ |○| 심판청구서의 각하결정에 대해서는 그 등본을 송달받은 날부터 30일 이내에 특허법원에 소를 제기하여 불복할 수 있다(법 제186조 제1항).
⑤ |○| ⅰ) 심판청구서가 기재방식에 위반된 경우(법 제140조 제1항 및 제3항 내지 제5항, 법 제140조의2 제1항) ⅱ) 행위능력 없는 자가 절차를 밟거나(법 제3조 제1항) 특별수권사항이 없는 임의대리인이 절차를 밟는 경우(법 제6조) ⅲ) 납부하여야 할 수수료를 납부하지 아니한 경우(법 제82조) ⅳ) 이 법 또는 이 법에 의한 명령이 정하는 방식에 위반된 경우는 방식심리의 대상이다. 이에 위반시 심판장은 기간을 정하여 그 흠결의 보정을 명하여야 한다(법 제141조 제1항).

정답 ①

02 특허심판에 관한 설명으로 옳지 않은 것은? (다툼이 있는 경우에는 판례에 의함) [2010년 기출]

① 특허의 무효심판청구의 대상이 된 특허발명이 정정심판의 결과에 의하여 정정된 경우 정정 후의 특허발명을 심판청구의 대상으로 변경하는 보정은 요지변경으로 보지 아니한다.
② 선출원주의 위반을 이유로 한 특허의 무효심판 청구는 특허권이 소멸된 이후에도 할 수 있다.
③ 후등록권리자가 선등록권리자를 상대로 하는 소극적 권리범위확인심판의 청구는 부적법하나, 후등록권리가 이용발명인 경우에는 소극적 권리범위확인심판을 청구하더라도 적법하다.
④ 특허의 무효심판이 상고심 계속 중 당해 특허의 정정심결이 확정되더라도 재심사유 준하는 위법이 있다고 볼 수 없다.
⑤ 특허발명의 진보성 판단의 대상이 되는 선행기술이 어떠한 기술구성을 가지고 있는지는 자백의 대상이 될 수 있다.

해 설

① |O| 요지변경이라 함은 청구의 취지 및 이유 등 심판청구서 전체의 취지를 살펴보아 등록된 권리를 중심으로 하여 적어도 그 동일성을 해하지 아니하는 범위내의 것을 말한다(대판 85후119). 또한 정정인용 심결이 확정되면 소급효가 발생하는바(법 제136조 제10항), 정정 후의 특허발명을 심판청구의 대상으로 변경하는 보정은 동일성이 유지되는 보정으로 보아 요지변경으로 보지 않는 것이 타당하다.
② |O| 특허권의 존속기간 중에는 물론 특허권이 소멸된 후에도 청구의 이익이 있는 한 특허무효심판을 청구할 수 있다(법 제133조 제2항).
③ |×| 실용신안권의 권리범위 확인은 등록된 실용신안권을 중심으로 어떠한 비등록 실용신안이 적극적으로 등록 실용신안의 권리범위에 속한다거나 소극적으로 이에 속하지 아니함을 확인하는 것이므로, 등록된 두 개의 실용신안권의 고안 내용이 동일 또는 유사한 경우, 선등록 실용신안권자는 후등록 실용신안권자를 상대로 후등록 실용신안권의 무효를 청구할 수 있을 뿐이고 그를 상대로 하는 적극적 권리범위 확인심판을 청구할 이익은 없으나, 후등록 실용신안권자는 선등록 실용신안권자를 상대로 양 고안의 내용이 서로 다르다고 주장하면서 후등록된 실용신안권이 선등록된 실용신안권의 권리범위에 속하지 아니함을 청구하는 소극적 권리범위 확인심판 청구는 피심판청구인의 선등록 실용신안권의 효력을 부인하는 결과가 되는 것이 아니고 이를 청구할 이익도 있으므로 이를 부적법하다고 할 수는 없다(대법원 1996.7.30. 선고 96후375). 즉, 권리 대 권리 간 소극적 권리범위확인심판 청구는 어떠한 경우라도 허용된다.
④ |O| 재심은 확정된 종국판결에 대하여 판결의 효력을 인정할 수 없는 중대한 하자가 있는 경우 예외적으로 판결의 확정에 따른 법적 안정성을 후퇴시켜 그 하자를 시정함으로써 구체적 정의를 실현하고자 마련된 것이다. 행정소송법 제8조에 따라 심결취소소송에 준용되는 민사소송법 제451조 제1항 제8호는 '판결의 기초로 된 행정처분이 다른 행정처분에 의하여 변경된 때'를 재심사유로 규정하고 있다. 이는 판결의 심리·판단 대상이 되는 행정처분 그 자체가 그 후 다른 행정처분에 의하여 확정적·소급적으로 변경된 경우를 말하는 것이 아니고, 확정판결에 법률적으로 구속력을 미치거나 또는 그 확정판결에서 사실인정의 자료가 된 행정처분이 다른 행정처분에 의하여 확정적·소급적으로 변경된 경우를 말하는 것이다. 여기서 '사실인정의 자료가 되었다'는 것은 그 행정처분이 확정판결의 사실인정에서 증거자료로 채택되었고 그 행정처분의 변경이 확정판결의 사실인정에 영향을 미칠 가능성이 있는 경우를 말한다. 이에 따르면 특허권자가 정정심판을 청구하여 특허무효심판에 대한 심결취소소송의 사실심 변론종결 이후에 특허발명의 명세서 또는

도면(이하 '명세서 등'이라 한다)에 대하여 정정을 한다는 심결(이하 '정정심결'이라 한다)이 확정되더라도 정정 전 명세서 등으로 판단한 원심판결에 민사소송법 제451조 제1항 제8호가 규정한 재심사유가 있다고 볼 수 없다(대법원 2020. 1. 22. 선고 2016후2522).

⑤ |O| 행정소송인 심결취소소송에서도 원칙적으로 변론주의가 적용되므로 자백 또는 의제자백도 인정되나 자백의 대상은 사실이고 이러한 사실에 대한 법적판단 내지 평가는 자백의 대상이 되지 아니한다(大判 2000후1542). 또한, 특허법원의 다수 판결은 특허청에서의 절차의 경위, 등록고안의 요지, (가)호고안의 요지, 심결이유의 요지는 의제자백의 대상이지만, 등록고안과 확인대상고안의 동일, 유사여부는 의제자백의 대상이 아닌 법적판단 사항임을 전제로 판단하였다(특허법원 98허4883; 98허7622 등). 위 설문에서 '선행기술의 기술구성'은 확인대상발명 또는 확인대상고안의 요지에 해당하므로 자백의 대상이 될 수 있다.

정답 ③

03 심판청구방식에 관한 설명으로 옳지 않은 것은? [2012년 기출]

① 심판청구서에 기재한 당사자 중 특허권자의 기재를 바로잡기 위하여 보정(추가하는 것을 포함하되, 청구인이 특허권자인 경우에는 추가되는 특허권자의 동의가 있는 경우로 한정한다)하는 경우는 요지변경이 아니다.
② 적극적 권리범위확인심판에서 확인대상발명의 설명서 및 도면에 대하여 피청구인이 자신이 실제로 실시하고 있는 발명과 비교하여 다르다고 주장하는 경우, 청구인이 피청구인의 실시발명과 동일하게 하기 위하여 확인대상발명의 설명서 및 도면을 보정하는 것은 요지변경이 아니다.
③ 특허무효심판의 심판청구서에 기재한 청구의 취지 및 그 이유를 나중에 보정한 경우는 요지변경이 아니다.
④ 권리범위확인심판을 청구하면서 확인대상발명의 설명서 및 필요한 도면을 첨부하지 아니한 경우, 심판장은 기간을 정하여 보정을 명하여야 한다.
⑤ 청구의 취지가 특정되지 않는 경우에 심판장은 기간을 정하여 그 보정을 명하고 이에 응하지 않을 때는 심판청구를 결정으로 각하하여야 한다.

해설

① |O| 법 제140조 제2항 제1호
② |O| 법 제140조 제2항 제3호
③ |X| 심판청구서의 보정이 요지변경이 아닌 경우는 ①, ② 지문의 경우와 청구의 이유를 보정하는 경우이다(법 제140조 제2항 제2호). 청구의 취지를 변경하는 경우 당연히 요지변경에 해당한다.
④ |O| 법 제141조 제1항 제1호
⑤ |O| 법 제141조 제2항

정답 ③

04 특허심판에 관한 설명으로 옳지 않은 것은?

① 특허권자가 전용실시권자, 질권자, 특허법 제100조 제4항·제102조 제1항에 따른 통상실시권자, 발명진흥법 제10조 제1항에 따른 통상실시권을 갖는 자의 동의를 받지 못하면 정정심판을 청구할 수 있는 경우가 없다.
② 전용실시권자도 권리범위 확인심판을 청구할 수 있다.
③ 특허무효심판과 권리범위 확인심판은 청구항마다 청구할 수 있다.
④ 특허법 제138조 제1항의 통상실시권 허락의 심판은 선원권리자가 정당한 이유 없이 실시권을 허락하지 아니하거나 그 허락을 받을 수 없을 때에 후원권리의 실시자가 청구할 수 있다.
⑤ 거절결정불복심판은 보조참가가 허용되지 않는다.

해설

① 특허법 제136조 제8항 단서, 동의를 받아야 하는 자가 무효심판을 청구한 경우는 그 자의 동의를 받지 않고서도 정정심판을 청구할 수 있다.
② 특허법 제135조 제1항
③ 특허법 제133조 제1항 후단, 제135조 제3항
④ 특허법 제138조 제1항, 특별한 경우 몇몇을 제외하고는 권리자와의 선협의 과정이 요구된다.
⑤ 특허법 제171조, 거절결정불복심판과 정정심판의 결정계 사건은 참가가 허용되지 않는다.

정답 ①

05 특허심판에 관한 설명으로 옳지 않은 것은? (다툼이 있으면 판례에 따름) [2018년 기출]

① 특허의 등록무효심판청구에 관하여 종전에 확정된 심결이 있더라도 종전 심판에서 청구원인이 된 무효사유 외에 다른 무효사유가 추가된 경우에 새로운 심판청구는 그 자체로 동일사실에 의한 것이 아니어서 일사부재리의 원칙에 위배되지 아니한다.
② 거절결정에 대한 특허심판원의 심판절차에서 의견제출의 기회를 부여한 바 없는 새로운 거절이유를 들어서 거절결정이 결과에 있어 정당하다는 이유로 거절결정불복심판청구를 기각한 심결은 위법하다.
③ 특허취소신청이 특허심판원에 계속 중인 때부터 그 결정이 확정될 때까지의 기간에는 정정심판을 청구할 수 없지만, 특허무효심판의 심결 또는 정정의 무효심판의 심결에 다한 소가 특허법원에 계속 중인 경우에는 특허법원에서 변론이 종결(변론 없이 한 판결의 경우에는 판결의 선고를 말한다)된 날까지 정정심판을 청구할 수 있다.
④ 심판에서는 당사자 또는 참가인이 신청하지 아니한 이유에 대해서도 심리할 수 있지만, 청구인이 신청하지 아니한 청구의 취지에 대해서는 심리할 수 없다.
⑤ 확인대상발명이 특허발명인 경우에는 적극적 권리범위확인심판을 허용한다면 특허권의 무효를 인정하는 것과 다름이 없게 되므로 확인대상발명이 특허발명의 이용발명인 경우에는 이와 같은 권리범위확인심판은 허용되지 않는다.

> 해 설

① 특허나 실용신안의 등록무효심판청구에 관하여 종전에 확정된 심결이 있더라도 종전 심판에서 청구원인이 된 무효사유 외에 다른 무효사유가 추가된 경우에는 새로운 심판청구는 그 자체로 동일사실에 의한 것이 아니어서 일사부재리의 원칙에 위배되지는 아니한다(대법원 2017. 1. 19. 선고 2013후37 전원합의체 판결).

② 특허출원에 대한 심사 단계에서 거절결정을 하려면 그에 앞서 출원인에게 거절이유를 통지하여 의견제출의 기회를 주어야 하고, 거절결정에 대한 특허심판원의 심판절차에서 그와 다른 사유로 거절결정이 정당하다고 하려면 먼저 그 사유에 대해 의견제출의 기회를 주어야만 이를 심결의 이유로 할 수 있다(특허법 제62조, 제63조, 제170조 참조). 위와 같은 절차적 권리를 보장하는 특허법의 규정은 강행규정이므로 의견제출의 기회를 부여한 바 없는 새로운 거절이유를 들어서 거절결정이 결과에 있어 정당하다는 이유로 거절결정불복심판청구를 기각한 심결은 위법하다. 같은 취지에서 거절결정불복심판청구 기각 심결의 취소소송절차에서도 특허청장은 심사 또는 심판 단계에서 의견제출의 기회를 부여한 바 없는 새로운 거절이유를 주장할 수 없다고 보아야 한다(대법원 2013. 9. 26. 선고 2013후1054 판결).

③ 특허법 제136조 제2항 제1호 단서

④ 특허법 제159조 제2항

⑤ 이용관계인 경우는 권리 대 권리 적극적 권리범위확인심판을 허용한다. 참고판례를 아래에 발췌한다.

후 출원에 의하여 등록된 발명을 확인대상발명으로 하여 선 출원에 의한 등록발명의 권리범위에 속한다는 확인을 구하는 적극적 권리범위확인심판은 후 등록된 권리에 대한 무효심판의 확정 전에 그 권리의 효력을 부정하는 결과가 되므로 원칙적으로 허용되지 아니한다. 다만, 예외적으로 두 발명이 특허법 제98조에서 규정하는 이용관계에 있어 확인대상발명의 등록의 효력을 부정하지 않고 권리범위의 확인을 구할 수 있는 경우에는 권리 대 권리 간의 적극적 권리범위확인심판의 청구가 허용된다.

한편 선 특허발명과 후 발명이 이용관계에 있는 경우에는 후 발명은 선 특허발명의 권리범위에 속하게 된다. 여기서 두 발명이 이용관계에 있는 경우라고 함은 후 발명이 선 특허발명의 기술적 구성에 새로운 기술적 요소를 부가하는 것으로서, 후 발명이 선 특허발명의 요지를 전부 포함하고 이를 그대로 이용하되, 후 발명 내에서 선 특허발명이 발명으로서의 일체성을 유지하는 경우를 말한다(대법원 2016. 4. 28. 선고 2015후161 판결).

정 답 ⑤

06 특허법상 심판제도에 관한 설명으로 옳은 것을 모두 고른 것은? (다툼이 있으면 판례에 따름)

[2022년 기출]

> ㄱ. 적극적 권리범위 확인심판의 청구인은 특허권자, 전용실시권자이다.
> ㄴ. 심판장은 구술심리로 심판을 할 경우에는 심판장이 지정한 직원에게 기일마다 심리의 요지와 그 밖에 필요한 사항을 적은 조서를 작성하게 하여야 하며, 이 조서에는 심판의 심판장 및 조서를 작성한 직원이 서명날인하여야 한다.
> ㄷ. 제138조(통상실시권 허락의 심판) 제1항에 따른 심판 청구인은 이용・저촉관계에 있는 후출원 특허권자, 전용실시권자 또는 통상실시권자이다.
> ㄹ. 제139조(공동심판의 청구 등) 제1항에 따라 심판에 참가하려는 자는 참가신청서를 심판장에게 제출하여야 하며, 참가여부는 심판으로 결정하여야 하고, 이 결정에 대해서는 불복할 수 없다.
> ㅁ. 부적법한 심판청구로서 그 흠을 보정할 수 없을 경우라도 피청구인에게 답변서 제출의 기회를 주어야 하고, 심결로써 그 청구를 각하할 수 없다.

① ㄱ, ㄴ, ㄷ
② ㄱ, ㄴ, ㅁ
③ ㄱ, ㄷ, ㄹ
④ ㄴ, ㄹ, ㅁ
⑤ ㄷ, ㄹ, ㅁ

해설

ㄱ) |○| 전용실시권자도 적극적 권리범위확인심판 청구할 수 있다(특허법 제135조 제1항).
ㄴ) |×| 처분의 주체에 관한 지엽적 내용이다. 조서 작성 직원은 심판장이 아닌 심판원장이 지정한다(특허법 제154조 제5항). 한편 심판절차는 모든 것을 서면화한다. 구술심리시 구술한 내용도 모두 조서로 작성하여 서면화한다. 이때 조서 작성한 책임자 확인 위해 조서에는 구술심리 주관한 심판장 및 조서 작성한 직원의 기명날인이 포함되어 있다(특허법 제154조 제6항).
ㄷ) |○| 후출원 특허권의 전용실시권자, 통상실시권자도 통상실시권 허락 심판 청구할 수 있다(특허법 제138조 제1항).
ㄹ) |○| 제139조 제1항의 요건을 만족하는 자의 참가는 당사자 참가라 한다. 당사자 참가나 보조 참가나 마찬가지인데, 참가하려는 자는 (기간) 심리종결 전까지 (서면) 참가신청서를 (수신처) 심판원장이 아닌 심판장에게 제출하면 된다(특허법 제156조 제1항). 참가여부는 기존 당사자 및 참가자의 의견을 참고하여(특허법 제156조 제2항), 심판으로 결정하며(특허법 제156조 제3항), 참가 여부 결정에 대해서는 불복 불가하다(특허법 제156조 제5항). 다만 참가가 거부되더라도 심결취소소송의 원고가 될 수는 있다(특허법 제186조 제2항 제3호).
ㅁ) |×| 결정이 아닌 심결로써 심판사건 종결하고자 할 때는 방어권 보장 위해 피청구인에게 답변서 제출 기회를 사전에 부여해야 한다. 다만 그 심결이 각하심결인 경우는 피청구인에게 딱히 불리한 결론이 아니어서 답변서 제출 기회 부여 생략할 수 있는 경우가 있다(특허법 제142조).

정답 ③

CHAPTER 06 방식심리 및 적법성 심리

01 심판청구이익에 관한 설명으로 옳은 것은? (다툼이 있는 경우에는 판례에 의함)

① 일사부재리의 원칙에 따라 심판청구가 부적법하게 되는지 여부를 판단하는 기준시점은 심결시이므로, 심결시를 기준으로 하여 그 때에 이미 동일사실 및 동일증거에 의한 다른 심판의 심결이 확정된 경우는 일사부재리의 효력에 의하여 부적법하게 된다.
② 심판청구인이 장래 실시할 예정이라고 주장하면서 심판대상으로 특정한 확인대상발명이 특허권의 권리범위에 속하지 않는다는 점에 관하여 당사자간에 아무런 다툼이 없더라도 심판에서는 확인대상발명이 특허발명의 권리범위에 속하는지의 여부를 판단해야 한다.
③ 확인대상발명이 실시하고 있는 발명과 요지가 같아서 동일성이 있는 발명이라고 볼 수 있다 하더라도 실시하고 있는 발명과 다르고 실시할 계획도 없다면 확인의 이익이 없다.
④ 심판 계속 중 특허권이 무효로 되었다고 하더라도 권리범위확인을 구할 이익은 있다.
⑤ 권리 대 권리의 권리범위확인심판은 허용되지 않으므로 후등록된 실용신안권이 선등록된 실용신안권의 권리범위에 속하지 아니함을 청구하는 소극적 권리범위확인심판은 이익이 없어 부적법하다.

해설

① 일사부재리의 원칙에 따라 심판청구가 부적법하게 되는지 여부를 판단하는 기준시점은 심판청구를 제기하던 당시로 보아야 할 것이고, 심판청구 후에 비로소 동일사실 및 동일증거에 의한 다른 심판의 심결이 확정 등록된 경우에는 당해 심판청구를 일사부재리의 원칙에 의하여 부적법하다고 할 수 없다(대법원 2012. 1. 19. 선고 2009후2234 전원합의체 판결).
② 소극적 권리범위확인심판에서는 현재 실시하는 것만이 아니라 장래 실시 예정인 것도 심판대상으로 삼을 수 있다. 그러나 당사자 사이에 심판청구인이 현재 실시하고 있는 기술이 특허권의 권리범위에 속하는지에 관하여만 다툼이 있을 뿐이고, 심판청구인이 장래 실시할 예정이라고 주장하면서 심판대상으로 특정한 확인대상발명이 특허권의 권리범위에 속하지 않는다는 점에 관하여는 아무런 다툼이 없는 경우라면, 그러한 확인대상발명을 심판대상으로 하는 소극적 권리범위확인심판은 심판청구의 이익이 없어 허용되지 않는다(대법원 2016. 9. 30. 선고 2014후2849 판결).
③ 직권으로 이 사건 심판청구가 적법한 것인지 여부에 대하여 살피건대, 특허법 제135조가 정하고 있는 권리범위확인심판은 특허권의 효력의 범위를 대상물과의 관계에서 구체적으로 확정하기 위한 것(대법원 1991. 3. 27. 선고 90후373 판결 참조)으로서 심판청구의 이익이 있는 경우에 한하여 심판을 제기할 수 있다고 할 것이고, 이 사건 심판청구와 같이 특허권자가 아닌 이해관계인이 자신의 발명이 특허권의 권리범위에 속하지 아니함을 구체적으로 확정하기 위한 소극적 권리범위확인심판을 청구하기 위하여는, 자신이 현재 실시하고 있거나 장래에 실시하려고 하는 기술에 관하여 특허권자로부터 권리의 대항을 받는 등으로 법적 불안을 가지고 있는 경우에 한하여, 그리고 이러한 법적 불안을 제거하기 위하여 소극적 권리범위확인심판을 받는 것이 효과적인 수단이 되는 경우에 한하여 심판청구의 이익이 인정되어 심판청구가 가능하다고 할 것이고, 따라서 심판청구인이 심판의 대상으로 삼고 있는 확인대상 발명이 자신이 현실적으로 실시하고 있는 발명과 다르다면, 설령 발명의 요지가 같아서 동일성이 있는 발명이라고 볼 수 있다 한들 확인대상 발명이

이 사건 특허발명의 권리범위에 속하지 않는다는 심결이 확정되어도 그 기판력은 확인대상 발명에만 미치는 것이지 이와 다른 현실적으로 실시하고 있는 발명에는 미친다고 볼 수 없으므로 심판청구인이 현실적으로 실시하지 않고 실시할 계획도 없는 확인대상 발명에 대한 심판청구는 확인의 이익이 없어 부적법하므로 각하되어야 한다(대법원 1996. 3. 8. 선고 94후2247 판결 참고).

④ 특허권의 권리범위확인심판의 청구는 현존하는 특허권의 범위를 확정하려는 데 그 목적이 있으므로, 특허권이 무효로 되었다면 그에 대한 권리범위확인을 구할 이익이 없어지고, 나아가 권리범위확인심판의 심결 이후에 특허권이 무효로 된 것이라면 그 심결을 취소할 법률상 이익도 소멸된다(대법원 2008. 6. 26. 선고 2007후4120 판결, 대법원 2011. 2. 24. 선고 2008후4486 판결).

⑤ 후등록 실용신안권자는 선등록 실용신안권자를 상대로 양 고안의 내용이 서로 다르다고 주장하면서 후등록된 실용신안권이 선등록된 실용신안권의 권리범위에 속하지 아니함을 청구하는 소극적 권리범위 확인심판 청구는 피심판청구인의 선등록 실용신안권의 효력을 부인하는 결과가 되는 것이 아니고 이를 청구할 이익도 있으므로 이를 부적법하다고 할수 없다(대법원 1996. 7. 30. 선고 96후375 판결).

정답 ③

02
다음은 '심판제도'에 있어서, 방식심리와 적법성심리에 관련한 설명이다. 다음의 설명 중 옳은 것으로만 연결된 것은?

> (가) 청구기간을 경과한 심판청구는 결정각하의 대상이고, 행위능력 없는 자의 심판청구는 심결각하의 대상이다.
>
> (나) 결정각하는 심판청구서가 법령에 정한 방식에 위배되는 경우와 수수료를 납부하지 아니한 경우 등에 해당할 때 심판장 단독으로 행해지는 반면에, 심결각하는 부적법한 심판청구로서 그 흠결을 보정할 수 없을 때 심판관 합의체에 의해 행해지며, 양자 공히 각하 전에 심판청구인에게 보정을 명한 후가 아니면 각하할 수 없다.
>
> (다) 결정각하와 심결각하는 그 결정 또는 심결의 등본을 송달받은 날로부터 30일 이내에 특허법원에 소송을 제기할 수 있다.
>
> (라) 심판청구서에 청구의 이유를 기재하지 아니한 경우에는 보정명령을 하여야 하고 정하여진 기간 내에 보정을 하지 아니한 경우 심결로서 각하하여야 한다.

① (가) ② (나)
③ (다) ④ (라)
⑤ 옳은 것 없음.

해설

(가) |×| 청구기간을 도과한 경우는 심결각하의 대상이고, 행위능력없는 자의 청구는 결정각하의 대상이다.

㈏ |×| 결정각하는 심판청구서가 법령에 정한 방식에 위배되는 경우와 수수료를 납부하지 아니한 경우 심판장 단독으로 행해지는 반면에, 심결각하는 부적법한 심판청구로서 그 흠결을 보정할 수 없을 때 심판관 합의체에 의해 행해지나, 심결각하는 심판청구인에게 보정을 명하지 않고도 할 수 있다.

㈐ |○| 심결 및 심판청구서의 각하결정에 대해서는 모두 특허법원에 소를 제기하여 불복할 수 있다 (법 제186조 제1항).

㈑ |×| 심판청구 이유서에 대한 보정명령에 대해 기간 내에 하자를 치유하지 못한 경우 심판장은 결정으로 심판청구서를 각하하여야 한다.

정답 ③

03 다음 중 각하심결을 할 수 없는 경우는?
[2002년 기출]

① 청구기간이 경과된 후에 이루어진 심판청구
② 일사부재리원칙에 반하는 심판청구
③ 특허권자가 아닌 자를 피청구인으로 한 무효심판청구
④ 특허권자인 회사에 대하여 회사정리법에 의한 정리절차개시결정이 있은 후 그 관리인을 피청구인으로 하여 특허무효심판을 청구한 경우
⑤ 특허거절결정에 대한 심판청구후 심판계속 중에 특허출원의 취하나 포기가 있는 경우

해설

①, ②, ③, ⑤ |○| 심판청구요건 내지 적법요건의 흠결로 인해 심판청구가 부적법해지는 경우로서, ⅰ) 이해관계 없는 자의 심판청구 ⅱ) 심판청구서의 요지변경 ⅲ) 거절결정불복 심판 중 출원의 취하나 포기 ⅳ) 일사부재리 위반 ⅴ) 심판청구기간 경과 후 심판청구 ⅵ) 심판이 중복하여 청구된 경우(중복심판청구) ⅶ) 실존하지 않는 자를 당사자로 하는 심판청구 또는 당사자능력이 없는 자의 심판청구 ⅷ) 권리범위확인 심판 중 특허권의 소멸 등은 심결각하의 대상이 된다.

④ |×| 회사정리법에 의한 정리절차개시결정이 있는 때에는 회사사업의 경영과 재산의 관리 및 처분을 하는 권리는 관리인에게 전속하며(회사정리법 제53조제1항), 회사의 재산에 관한 소에서는 관리인이 원고 또는 피고가 되는 것인바(같은 법 제96조), 여기에서 말하는 회사의 재산에 관한 소송 가운데는 회사명의의 상표등록취소를 구하는 심판도 당연히 포함되므로, 정리회사가 상표권자인 상표에 대한 등록의 취소를 청구하는 심판에서 정리회사는 피심판청구인이 될 수 없고 오로지 관리인만이 피심판청구인 적격이 있는 것이다(大判 97후3371).

정답 ④

04 다음 설명 중 옳은 것은? (다툼이 있는 경우 판례에 의함)

① 특허발명의 명세서 또는 도면의 정정은 그 명세서 또는 도면에 기재된 사항의 범위 이내에서 할 수 있다(특허법 제136조 제2항). 여기서 '명세서 또는 도면에 기재된 사항'이라 함은 거기에 명시적으로 기재되어 있는 것을 말하는 것이지, 기재되어 있지는 않지만 출원시의 기술상식으로 볼 때 그 발명이 속하는 기술분야에서 통상의 지식을 가진 사람이면 그와 같은 기재가 있는 것과 마찬가지라고 이해할 수 있는 사항을 포함하는 것은 아니다.

② 청구범위를 실질적으로 확장하거나 변경하는 경우에 해당하는지 여부는 청구범위 자체의 형식적인 기재를 기준으로 판단하여야 하고, 발명의 설명을 포함하여 명세서와 도면 전체에 의하여 파악되는 청구범위의 실질적인 내용을 대비하여 판단하여야 할 것은 아니다.

③ 특허법 제14조 제4호는 "특허에 관한 절차에 있어서 기간의 말일이 공휴일(「근로자의 날 제정에 관한 법률」에 의한 근로자의 날을 포함한다)에 해당하는 때에는 기간은 그 다음날로 만료한다."고 규정하고 있으므로, 여기에는 특허법 제186조에서 규정한 심결에 대한 소에 관한 절차도 포함되는 것으로 해석된다.

④ 특허법 제140조 제2항 본문은 "제1항의 규정에 따라 제출된 심판청구서의 보정은 그 요지를 변경할 수 없다"고 규정하고 있다. 이 규정의 취지는 요지의 변경을 쉽게 인정할 경우 심판절차의 지연을 초래하거나 피청구인의 방어권행사를 곤란케 할 우려가 있다는 데 있으므로, 그 보정의 정도가 확인대상발명에 관하여 심판청구서에 첨부된 설명서 및 도면에 표현된 구조의 불명확한 부분을 구체화한 것인 경우에는 요지의 변경에 해당하지 아니하나, 심판청구의 전체 취지에 비추어 볼 때 그 발명의 동일성이 유지된다고 인정되는 경우에도 처음부터 당연히 있어야 할 구성 부분을 부가하는 것은 요지의 변경에 해당된다.

⑤ 특허발명의 보호범위는 특허청구범위에 기재된 사항에 의하여 정하여지는 것이 원칙이고, 다만 그 기재만으로 특허발명의 기술적 구성을 알 수 없거나 알 수는 있더라도 기술적 범위를 확정할 수 없는 경우에는 명세서의 다른 기재에 의한 보충을 할 수는 있으나, 그 경우에도 명세서의 다른 기재에 의하여 특허청구범위의 확장 해석은 허용되지 아니함은 물론 특허청구범위의 기재만으로 기술적 범위가 명백한 경우에는 명세서의 다른 기재에 의하여 특허청구범위의 기재를 제한 해석할 수 없다.

> 해설

① |×| 대법원 2014. 2. 27. 선고 2012후3404 판결
특허발명의 명세서 또는 도면의 정정은 그 명세서 또는 도면에 기재된 사항의 범위 이내에서 할 수 있다(특허법 제136조 제2항). 여기서 '명세서 또는 도면에 기재된 사항'이라 함은 거기에 명시적으로 기재되어 있는 것뿐만 아니라 기재되어 있지는 않지만 출원 시의 기술상식으로 볼 때 그 발명이 속하는 기술분야에서 통상의 지식을 가진 사람이면 명시적으로 기재되어 있는 내용 자체로부터 그와 같은 기재가 있는 것과 마찬가지라고 명확하게 이해할 수 있는 사항을 포함하지만, 그러한 사항의 범위를 넘는 신규사항을 추가하여 특허발명의 명세서 또는 도면을 정정하는 것은 허용될 수 없다.

② |×| 대법원 2014. 2. 13. 선고 2012후627 판결
　(1) 구 특허법(2009. 1. 30. 법률 제9381호로 개정되기 전의 것) 제136조 제1항, 제47조 제3항 제2호에 따라 특허발명의 명세서 또는 도면에 대하여 정정심판을 청구할 수 있는 잘못된 기재

를 정정하는 경우란 명세서와 도면 전체의 기재와 당해 기술분야의 기술상식 등에 비추어 보아 명백히 잘못 기재된 것을 본래의 올바른 기재로 고치는 경우를 의미한다.

(2) 구 특허법(2009. 1. 30. 법률 제9381호로 개정되기 전의 것) 제136조 제1항, 제3항은, 특허권자는 특허청구범위를 실질적으로 확장하거나 변경하지 아니하는 범위 내에서 명세서 또는 도면에 대하여 정정을 청구할 수 있다고 규정하고 있다. 여기서 특허청구범위를 실질적으로 확장하거나 변경하는 경우에 해당하는지 여부는 특허청구범위 자체의 형식적인 기재뿐만 아니라 발명의 설명을 포함하여 명세서와 도면 전체에 의하여 파악되는 특허청구범위의 실질적인 내용을 대비하여 판단하여야 하는바, 정정 후의 특허청구범위에 의하더라도 발명의 목적이나 효과에 어떠한 변경이 없고 발명의 설명 및 도면에 기재되어 있는 내용을 그대로 반영한 것이어서 정정 전의 특허청구범위를 신뢰한 제3자에게 예기치 못한 손해를 줄 염려가 없다면 그 정정청구는 특허청구범위를 실질적으로 확장하거나 변경하는 것에 해당하지 아니한다.

③ |×| 대법원 2014. 2. 13. 선고 2013후1573 판결

구 특허법(2006. 3. 3. 법률 제7871호로 개정되기 전의 것, 이하 같다) 제14조 제4호는 "특허에 관한 절차에 있어서 기간의 말일이 공휴일(「근로자의 날 제정에 관한 법률」에 의한 근로자의 날을 포함한다)에 해당하는 때에는 기간은 그 다음날로 만료한다."고 규정하고 있다. 구 특허법 제3조 제1항에 의하면 특허에 관한 절차란 특허에 관한 출원·청구 기타의 절차를 말하는데, 구 특허법 제5조 제1항, 제2항에서 특허에 관한 절차와 특허법 또는 특허법에 의한 명령에 의하여 행정청이 한 처분에 대한 소의 제기를 구별하여 규정하고 있는 점, 특허에 관한 절차와 관련된 구 특허법의 제반 규정이 특허청이나 특허심판원에서의 절차에 관한 사항만을 정하고 있는 점, 구 특허법 제15조에서 특허에 관한 절차에 관한 기간의 연장 등을 일반적으로 규정하고 있음에도, 구 특허법 제186조에서 심결에 대한 소의 제소기간과 그에 대하여 부가기간을 정할 수 있음을 별도로 규정하고 있는 점 등에 비추어 보면, 여기에는 심결에 대한 소에 관한 절차는 포함되지 아니한다고 할 것이다.

따라서 심결에 대한 소의 제소기간 계산에는 구 특허법 제14조 제4호가 적용되지 아니하고, 그에 관하여 특허법이나 행정소송법에서 별도로 규정하고 있는 바도 없으므로, 결국 행정소송법 제8조에 의하여 준용되는 민사소송법 제170조에 따라 민법 제161조가 적용된다고 할 것이고 구 실용신안법(2006. 3. 3. 법률 제7872호로 전부 개정되기 전의 것)은 구 특허법의 위 규정들을 모두 준용하고 있으므로, 위와 같은 법리는 실용신안에 관하여도 적용된다.

④ |×| 대법원 2014. 2. 13. 선고 2012후610 판결

특허법 제140조 제2항 본문은 "제1항의 규정에 따라 제출된 심판청구서의 보정은 그 요지를 변경할 수 없다"고 규정하고 있다. 이 규정의 취지는 요지의 변경을 쉽게 인정할 경우 심판절차의 지연을 초래하거나 피청구인의 방어권행사를 곤란케 할 우려가 있다는 데 있으므로, 그 보정의 정도가 확인대상발명에 관하여 심판청구서에 첨부된 설명서 및 도면에 표현된 구조의 불명확한 부분을 구체화한 것이거나 처음부터 당연히 있어야 할 구성 부분을 부가한 것에 지나지 아니하여 심판청구의 전체 취지에 비추어 볼 때 그 발명의 동일성이 유지된다고 인정되는 경우에는 위 규정에서 말하는 요지의 변경에 해당하지 아니한다.

⑤ |○| 대법원 2014. 1. 16. 선고 2013후785 판결

특허발명의 보호범위는 특허청구범위에 기재된 사항에 의하여 정하여지는 것이 원칙이고, 다만 그 기재만으로 특허발명의 기술적 구성을 알 수 없거나 알 수는 있더라도 기술적 범위를 확정할 수 없는 경우에는 명세서의 다른 기재에 의한 보충을 할 수는 있으나, 그 경우에도 명세서의 다른 기재에 의하여 특허청구범위의 확장 해석은 허용되지 아니함은 물론 특허청구범위의 기재만으로 기술적 범위가 명백한 경우에는 명세서의 다른 기재에 의하여 특허청구범위의 기재를 제한 해석할 수 없다(대법원 2011. 2. 10. 선고 2010후2377 판결, 대법원 2012. 3. 29. 선고 2010후2605 판결 등 참조).

정답 ⑤

CHAPTER 07 본안심리 및 직권주의

01 전문심리위원에 관한 다음 설명 중 옳지 않은 것은?

① 심판장은 직권에 따른 결정으로 전문심리위원을 지정하여 심판절차에 참여하게 할 수 있다.
② 전문심리위원도 제척 및 기피의 대상이 될 수 있다.
③ 전문심리위원 또는 전문심리위원이었던 자가 그 직무수행 중에 알게 된 다른 사람의 비밀을 누설하는 경우에는 5년 이하의 징역 또는 5천만원 이하의 벌금에 처한다.
④ 전문심리위원은 형법 제129조부터 제132조까지의 규정을 적용할 때에는 공무원으로 본다.
⑤ 특허 분쟁 내용이 복잡 및 고도화됨에 따라 심판의 전문성을 확보하기 위해 전문가와의 협력 필요성이 증대되고 있어 심판관의 전문성을 보완하고자 전문심리위원 제도가 도입되었다.

해설

① |○| 법 제154조의2 제1항, 심판장은 기술내용에 대한 본안심리에 필요한 경우 외부 기술전문가 등을 전문심리위원으로 지정할 수 있다.
② |○| 법 제154조의2 제6항, 전문심리위원에 대해서도 특허법 제148조부터 152조의 규정을 준용한다.
③ |×| 법 제226조 제2항, 2년 이하의 징역이나 금고 또는 1천만원 이하의 벌금에 처한다.
④ |○| 법 제226조의2 제2항
⑤ |○| 전문심리위원 도입 취지이다.

정답 ③

02 특허심판에 대한 설명 중 틀린 것은?

① 증거조사 신청은 심판청구전에는 특허심판원장에게 심판계속중에는 그 사건의 심판장에게 하여야 한다.
② 심판에서는 당사자, 참가인 또는 이해관계인의 신청 뿐만 아니라 직권에 의하여 증거조사나 증거보전을 할 수 있다.
③ 심판장은 직권으로 증거조사나 증거보전을 한 때에는 그 결과를 당사자, 참가인 또는 이해관계인에게 송달하고 기간을 정하여 의견서제출 기회를 주어야 한다.
④ 심판에서는 당사자가 신청하지 아니한 이유에 대하여도 심리할 수 있다.
⑤ 심판관은 동일한 2이상의 심판에 대하여 병합하여 심리할 수 있다.

해 설

① |×| 법 제157조 제3항. 증거보전이란 특정의 증거를 미리 조사해 두었다가 본 심리에서 사실인 정에 쓰기 위한 증거조사방법이므로 심판청구전 또는 후에 가능하나, 증거조사는 법정의 절차에 따라 증거의 내용을 지각하는 행위로서 심판청구 후에 가능하다 볼 것이다.
② |○| 법 제157조 제1항.
③ |○| 법 제157조 제5항.
④ |○| 법 제159조 제1항. 다만 이 경우 당사자 및 참가인에게 기간을 정하여 그 이유에 대한 의견 진술기회를 주어야 한다.
⑤ |○| 법 제160조. 심판 실무상 병합의 요건은 당사자의 쌍방 또는 일방이 동일하고 2이상의 심판 이 동일 종류이며 심리종결 전일 것을 필요로 한다(심판편람).

정 답 ①

03 특허심판에 대한 다음 설명 중 옳은 것과 가장 거리가 먼 것은? [1998년 기출변형]

① 권리범위확인심판은 특허권 소멸 이후에도 청구할 수 있는데 그 이유는 청구인이 과거에 지불한 로열티 등과 관련하여 특허권 소멸 이후에도 청구이익이 있기 때문이다.
② 일사부재리의 원칙에 따라 심판청구가 부적법하게 되는지 여부를 판단하는 기준시점은 심판청구를 제기하던 당시이다.
③ 당사자에게 심판관이 누구인지를 통보하지 않고 심결을 했더라도 그 심결이 무효라고 할 수 없다.
④ 특허소송에서는 당사자가 변론기일에 출석하지 않으면 취하간주와 같은 불이익 처분을 받게 되나 특허심판에서는 이러한 불이익처분은 받지 않는다.
⑤ 심판절차에서도 증인신문, 감정, 검증 및 당사자 신문을 할 수 있다.

해 설

① |×| 피고가 그 등록료를 납부하지 아니하여 이 사건 등록고안은 등록료 불납을 원인으로 소멸등록된 이상 원고로서는 확인대상고안이 이 사건 등록고안의 권리범위에 속하지 아니한다는 권리범위확인심판을 청구할 확인의 이익이 없고, 피고의 대표이사가 원고의 전 대표이사를 상대로 이 사건 등록고안을 침해하였다고 고소한 실용신안법 위반 사건에 대하여 이 사건 심결 내용을 이유로 재수사명령이 났다는 사정만으로는 이미 소멸한 이 사건 등록고안에 대한 권리범위 확인심판을 청구할 이익이 있다고 볼 수도 없으므로 그 심판청구를 기각한 심결의 취소를 구할 소의 이익도 없어 이사건 소는 부적법하다(大判 2000후75).
② |○| 심판청구를 제기하던 당시에 다른 심판의 심결이 확정 등록되지 아니하였는데 그 심판청구에 관한 심결을 할 때에 다른 심판의 심결이 확정 등록된 경우에까지 그 심판청구가 일사부재리의 원칙에 의하여 소급적으로 부적법하게 될 수 있다고 하는 것은 합리적인 해석이라고 할 수 없다. 그렇다면 일사부재리의 원칙에 따라 심판청구가 부적법하게 되는지 여부를 판단하는 기준시점은 심판청구를 제기하던 당시로 보아야 할 것이다(大判 2009후2234).

③ |O| 심판관을 당사자에게 통지하도록 한 것은 당사자에게 항고심판관의 자격에 대한 이의신청, 제척이나 기피신청을 할 수 있도록 기회를 제공함에 있는 것이므로, 이러한 통지규정은 훈시규정이라 할 것이다(大判 96후856).

④ |O| 특허소송과 달리 특허심판에서는 당사자가 기일에 출석하지 아니하여도 심판을 진행할 수 있으므로(특허법 제158조), 민사소송과 달리 기일해태에 따른 불이익은 없다.

⑤ |O| 민사소송법 중 증거조사 및 증거보전에 관한 규정은 특허심판에서의 증거조사 및 증거보전에 관하여 이를 준용한다(제157조제2항). 구체적으로는 증인신문, 감정, 서증, 검증, 당사자신문 등이 있다. 다만, 특허심판은 직권주의에 의한 것이므로 민사소송법 중 당사자주의와 관련된 규정은 준용하지 않는다. 예를 들어, 불요증사실 중 재판상자백(민사소송법 제288조), 당사자가 문서를 제출하지 아니한 때의 효력(민사소송법 제349조), 당사자가 사용을 방해한 때의 효과(민사소송법 제350조), 출석·선서·진술의 의무(민사소송법 제369조)는 준용하지 않는다.

정답 ①

04 다음은 특허심판에 있어서 증거에 관한 설명이다. 틀린 것은? [2000년 기출]

① 사문서의 진정성립을 상대방이 다툴 때에는 제출자가 이를 입증하여야 한다.
② 심판관의 직권에 의하여 조사된 증거에 대하여는 당사자에게 의견진술의 기회를 주지 않아도 절차상의 위법은 아니다.
③ 거절결정불복심판에 있어서, 청구인이 실물견본을 제출하기 전에 심리를 종결한 것은 잘못이 아니다.
④ 육본군수참모부 군원기획관이 직무상 작성한 문서는 진정한 공문서로 추정하여 증거로 채택할 수 있다.
⑤ 특허법 제157조제1항의 규정은 심판의 필요에 따라서 당사자의 신청이 없는 경우라도 직권으로 증거조사를 할 수 있음을 규정한 것일 뿐 모든 경우에 직권에 의하여 증거조사를 하여야 한다는 취지는 아니다.

해설

① |O| 진정성립이란 거증자(입증자)가 작성자라고 주장하는 자가 진실로 작성한 것이 다른 사람에 의해 위변조된 것은 아님을 뜻하는 것으로서, 진정하게 성립된 문서를 형식적 증거력이 있다고 한다. 민사소송법 제328조에는 사문서는 그 진정한 것임을 증명하여야 한다고 규정하고 있으므로 당사자가 제출하는 서증의 진정성립에 대하여 상대방이 다투지 아니하면 그 증거능력이 인정되는 것이나(大判 89후1905), 상대방이 이를 다툴 때에는 제출자가 이를 입증하여야 한다(大判 91후1595).

② |×| 당사자 또는 참가인이 신청하지 아니한 이유에 대하여도 이를 심리할 수 있다. 다만, 이 경우 당사자 및 참가인에게 기간을 정하여 그 이유에 대하여 의견을 진술할 수 있는 기회를 주어야 한다(법 제159조 제1항). 이는 당사자 및 참가인이 자기도 모르는 사이에 불리한 자료가 심판관에게 모아지고, 그에 대한 진술의 기회가 부여되지 않는 상태에서 심판관이 심증을 형성하게 되는 불리함을 구제하기 위함이며 이는 강행규정(大判 70후50 ; 71후1 ; 81후10)으로 해석된다.

③ |○| 심리종결통지는 당사자에게 자료의 추가제출이나 심리재개 신청의 기회를 주려는 취지가 아니고 심판장이 사건이 심결을 할 정도로 성숙한 때에 하는 것이다(법 제162조 제3항). 또한, 심리 종결통지에 관한 규정은 훈시적 규정에 불과하므로, 거절결정불복심판에서 당사자가 실물견본을 제출하기 전에 심리를 종결하였다고 하여도 위법은 아니다.
④ |○| 육본군수참모부 군원기획관이 직무상 작성한 문서는 공문서이고, 문서의 방식과 취지에 의하여 공문서로 인정되는 때에는 진정한 공문서로 추정된다(민사소송법 제356조 제1항). 따라서 육본 군수참모부 군원기획관이 직무상 작성한 문서를 공문서로 추정하여 증거로 채택할 수 있다.
⑤ |○| 심판에서는 당사자가 신청하지 아니한 이유에 관하여도 심리할 수 있다고 규정되어 있음은 소론과 같으나, 이 규정은 공익적인 견지에서 필요한 경우에 당사자가 주장하지 아니한 사실에 관하여도 직권으로 심리하여 판단할 수 있다는 것이지 심판관이 이를 적극적으로 탐지할 의무가 있다는 취지는 아니며, 더욱이 당사자가 심판으로 청구하지 아니한 사항에 관하여는 판단할 수도 없는 것이다(大判 92후599). 직권증거조사의 경우도 마찬가지이다.

정답 ②

05 다음 심판에 관한 설명 중 옳지 않은 것은? [2003년 기출]

① 특허무효심판을 청구하면서 어떠한 인용발명에 의하여 대상 특허가 신규성이 결여되었다는 이유에서 동일한 인용발명에 의하여 진보성이 결여되었다고 주장하는 이유로 변경하는 심판청구서의 보정은 허용된다.
② 심판청구가 취하되었다면 동일한 청구취지에 의하여 동일한 피청구인에 대하여 다시 심판을 청구할 수 없다.
③ 심결각하는 심판관 합의체의 심리에 의한다.
④ 청구인이 신청하지 아니한 청구의 취지에 대하여는 심리할 수 없다.
⑤ 특허거절결정에 대한 심판에서 심판관은 스스로 특허 여부를 결정하는 자판(自判)을 할 수 있다.

해 설

① |○| 심판청구서의 보정은 요지를 변경할 수 없으나 그 청구의 이유에 대하여는 요지를 변경하는 보정도 허용된다(법 제140조 제2항 제2호). 따라서 청구이유를 신규성 위반에서 진보성 위반으로 보정할 수 있다.
② |×| 「재소금지」란 본안에 대한 종국판결이 있은 뒤에 소를 취하한 자는 다시 동일한 소를 제기할 수 없다(민사소송법 제267조 제2항)는 민사소송법상의 원칙이다. 재소금지 원칙의 제도적 취지는 종국판결이 있는데도 원고가 스스로 소를 취하한 경우 그 자에게 더 이상 심판의 기회를 줄 필요가 없다는 제재적인 의미의 원칙이다. 한편, 특허법에서는 민사소송법과 달리 재심판청구 금지 제도가 없다.
③ |○| 심결각하는 심판청구요건이 흠결된 부적법한 심판청구를 심결로써 각하(법 제142조)하는 것으로서, 심판관 합의체의 심리에 의한다.
④ |○| 법 제159조 제2항.

⑤ |O| 원결정이 위법·부당하여 심판청구가 이유 있다고 인정되는 때에는 심결로서 특허거절결정·존속기간연장등록거절결정을 취소하여야 한다. 이 때 심판관은 i) 당해 사건을 자판하여 특허심결(법 제170조 준용 법 제66조)하거나 ii) 심사에 붙일 것이라는 심결 즉, 심사국으로 환송할 수도 있다(법 제176조 제1항 및 제2항).

정답 ②

06 심판에 대한 다음 설명 중 옳지 않은 것은? [2004년 기출변형]

① 심판청구의 취지는 요지를 변경하지 않는 범위 내에서만 보정이 가능하나 청구의 이유는 제한없이 보정이 가능하다.
② 무효심판에 의하여 특허가 무효된 경우에는 정정심판을 청구할 수 있다.
③ 심판청구는 답변서 제출이 있는 경우 상대방의 동의를 얻어 심결이 확정될 때까지 취하할 수 있다.
④ 청구범위의 청구항이 2이상인 경우 청구항마다 특허무효심판, 권리범위확인심판을 청구할 수 있다.
⑤ 당사자가 신청하지 아니한 청구의 취지에 대해서는 심리할 수 없으나 당사자가 신청하지 않은 이유에 대해서는 직권으로 심리할 수 있다.

해설

① |O| 법 제140조 제2항 제2호.
② |×| 정정심판은 특허권이 소멸된 후에도 청구할 수 있으나, 심결에 의하여 특허가 무효된 경우에는 정정심판을 청구할 수 없다(법 제136조 제7항).
③ |O| 심판청구는 심결이 확정될 때까지 취하할 수 있으며, 답변서의 제출이 있는 때에는 상대방의 동의를 얻어야 한다(법 제161조 제1항).
④ |O| 법 제133조 제1항, 제135조 제2항.
⑤ |O| 법 제159조.

정답 ②

07 "특허심판제도"에 관한 아래의 기술내용 가운데 옳은 것을 모두 고른 것은? [2004년 기출]

⑺ 심판의 결과에 대하여 이해관계를 가진 자가 당사자 일방을 보조하기 위하여 참가인이 된 때에는 그 심판에 관한 일체의 절차를 행할 수 있다.

⑷ 공유인 특허권의 공유자가 그 공유인 권리에 관하여 심판을 청구하는 경우 반드시 공유자 전원이 공동으로 청구해야 하는 것은 아니다.

⑸ 보정 불능한 심판청구를 심결로써 각하하고자 하는 경우 먼저 피청구인에게 답변서 제출의 기회를 제공하여야 한다.

⑹ 제척 또는 기피의 신청이 있는 때에는 긴급을 요하는 때를 제외하고는 그 신청에 대한 결정이 있을 때까지 심판절차를 중지하여야 한다.

⑺ 심결은 심판장이 당사자 및 참가인에게 심리종결을 통지하고 그 통지를 한 날부터 30일 이내에 하여야 한다.

① 가, 나
② 가, 라
③ 나, 다
④ 나, 마
⑤ 라, 마

해설

⑺ |O| 보조 참가인은 공격·방어방법의 제출 및 기타 일체의 심판절차를 행할 수 있다(법 제155조 제4항). 보조 참가인은 당사자 적격이 없는 자로서 일방 당사자를 보조하기 위하여 심판에 참가한 자이므로 피참가인에게 종속되지만, 참가인은 피참가인의 대리인이 아니며 자기의 이익을 주장하기 위해 독자적인 권한으로 심판에 관여하므로 독자성도 인정된다. 다만, 피참가인이 그 심판청구를 취하하면 참가인의 지위를 상실한다(법 제155조 제2항 반대 해석).

⑷ |X| 특허권의 공유자가 그 특허권에 관하여 심판을 청구하는 때에는 공유자 전원이 공동으로 청구하여야 한다(법 제139조 제3항).

⑸ |X| 부적법한 심판청구로서 그 흠결을 보정할 수 없는 때에는 피청구인에게 답변서 제출의 기회를 주지 아니하고 심결로써 이를 각하할 수 있다(법 제142조).

⑹ |O| 법 제153조.

⑺ |X| 심결은 심리종결통지를 한 날부터 20일 이내에 한다(법 제162조 제5항). 그러나 판례에 따르면 i) 이 규정은 심리종결 후의 조속한 심결을 촉구하는 훈시적 규정에 불과하므로 심리종결통지를 하지 않아도 위법이 아니고(大判 선고83후71), ii) 심리종결통지 후 20일의 기간을 경과하여도 위법한 심결이 되는 것은 아니며(大判 79후35 ; 76후6), iii) 심리종결통지를 발한 즉일 심결을 하였다거나 심리종결통지서와 심결문 등본을 동시에 송달하였다 하여도 그 심결을 위법이라 할 수 없다(大判 63후25)고 한다.

정답 ②

08 다음은 직권주의에 관한 설명이다. 틀린 것은?

① 당사자 또는 참가인이 신청하지 아니한 이유에 대하여도 심리할 수 있으나, 이 경우 당사자 및 참가인에게 기간을 정하여 의견을 진술할 수 있는 기회를 주지 않으면 안 된다.
② 심판에서는 직권으로 증거조사나 증거보전을 할 수 있다.
③ 특허심판에서는 당사자가 신청하지 아니한 청구취지에 대해서도 심리할 수 있는 경우가 있다.
④ 심판관은 당사자 쌍방 또는 일방의 동일한 2이상의 심판에 대하여 심리 또는 심결을 병합하거나 분리할 수 있다.
⑤ 심판장은 당사자 또는 참가인이 법정기간 또는 지정기간 내에 절차를 밟지 아니하거나 기일에 출석하지 아니하여도 심판을 진행할 수 있다.

해설

① |O| 법 제159조 제1항. 심판부에서 새로운 이유를 발견하였을 경우 이를 심결의 기초로 삼을 수 있음을 의미하며 또한 당사자가 신청한 이유를 후에 취하하였을 때에도 이를 심리할 수 있다. 다만, 당사자의 절차권 보장을 위해 직권심리에 대해서는 당사자 및 참가인에게 의견진술기회를 주어야 한다.
② |O| 심판에서는 당사자·참가인 또는 이해관계인의 신청에 의하여 또는 직권으로 증거조사나 증거보전을 할 수 있다(법 제157조 제1항).
③ |×| 직권주의로 당사자가 신청하지 아니한 이유에 대해서는 심리할 수 있으나, 직권주의의 제한으로 당사자가 신청하지 아니한 청구취지에 대해서는 심리할 수 없다(법 제159조 제2항). 이는 심판대상물의 특정을 당사자에게 일임하는 처분권주의에 의한 것이며 직권탐지주의의 한계라고 할 수 있다.
④ |O| 심판관은 당사자 쌍방 또는 일방의 동일한 2이상의 심판에 대하여 심리 또는 심결을 병합하거나 분리할 수 있다(법 제160조).
⑤ |O| 법 제158조. 이를, 직권진행주의라고 한다.

정답 ③

09 특허법상 직권심리 일반에 관한 설명 중 옳은 것은? (다툼이 있는 경우에는 판례에 의함)

[2007년 기출]

① 심판에서는 당사자가 신청하지 아니한 이유 및 청구의 취지에 대하여도 이를 심리할 수 있다.
② 심판에서는 당사자가 신청하지 아니한 경우에도 직권으로 증거조사를 할 수 있으나 직권으로 증거보전은 할 수 없다.
③ 특허법상 직권증거조사 규정(특허법 제157조)은 당사자의 신청이 없는 경우라면 법원 등이 모든 경우에 직권으로 증거조사를 하여야 한다는 취지이다.
④ 특허심판원이 심판절차에서 직권으로 심리한 이유에 대하여는 당사자 또는 참가인에게 의견진술의 기회를 주어야 하나, 이는 강행규정은 아니다.
⑤ 특허심판원이 심판절차에서 직권심리이유에 대하여 원고에게 의견진술의 기회를 주지 아니한 경우에도 실질적으로 의견진술의 기회가 주어졌다고 볼 수 있는 사정이 있는 경우에는 절차 위반의 위법이 없다.

해 설

① |×| 심판에서는 청구인이 신청하지 아니한 청구의 취지에 대하여는 심리할 수 없다(특허법 제159조 제2항).
② |×| 심판에서는 당사자·참가인 또는 이해관계인이 신청에 의하여 또는 직권으로 증거조사나 증거보전을 할 수 있다(법 제157조 제1항).
③ |×| 구 의장법(1990.1.13. 법률 제4208호로 전문 개정되기 전의 것) 제53조에 의하여 준용되는 구 특허법(1990.1.13. 법률 제4207호로 전문 개정되기 전의 것) 제116조 제3항에 의하면, 민사소송법 중 증거조사에 관한 규정은 의장등록무효심판에서의 증거조사에 준용하도록 되어 있고, 민사소송법 제328조는 사문서는 그 진정한 것임을 증명하여야 한다고 규정하고 있으므로 사문서의 진정성립을 상대방이 다툴 때에는 제출자가 이를 입증하여야 하는 것이고, 함께 준용되는 구 특허법 제116조 제1항에 의하면, 심판에서는 신청에 의하여 또는 직권으로써 증거조사를 할 수 있다고 되어 있으나 이는 심판의 필요에 따라서 당사자의 신청이 없는 경우라도 직권으로 증거조사를 할 수 있음을 규정한 것일 뿐이고, 모든 경우에 반드시 직권에 의하여 증거조사를 하여야 한다는 취지는 아니다(大判 93후107).
④ |×| 이는 당사자 및 참가인이 자기도 모르는 사이에 불리한 자료가 심판관에게 모아지고, 그에 대한 진술의 기회가 부여되지 않는 상태에서 심판관이 심증을 형성하게 되는 불리함을 구제하기 위함이며 이는 강행규정으로 해석된다(大判 70후50 ; 71후1 ; 81후10).
⑤ |○| 특허심판원이 심판절차에서 직권으로 특허발명의 명세서의 기재불비 여부를 심리하면서 형식적으로는 직권심리이유에 대하여 원고에게 의견진술의 기회를 주지 아니하였더라도 실질적으로는 의견진술의 기회가 주어졌다고 보아야 한다는 이유로, 심판절차에 절차위반의 위법이 없다(大判 2004후387).

정답 ⑤

10 다음은 증거조사 및 증거보전에 대한 설명 중 틀린 것은?

① 심판에 있어서 심판청구 전에는 이해관계인의 신청에 의하여 증거보전을 하는 것이 가능하다.
② 심판장은 직권으로 증거조사나 증거보전을 한 때에는 그 결과를 당사자에게 통지하고 상당한 기간을 정하여 의견서를 제출할 수 있는 기회를 주어야 한다.
③ 증거채택여부는 심판관의 재량사항이나, 당사자가 철회한 증거방법은 조사할 수 없다.
④ 심판에 있어서 당사자가 자백한 사실에 대하여 증거조사를 할 수 있다.
⑤ 심판관은 당사자의 신청한 증거에 대하여 심판에 있어서 불필요하다고 인정하는 때는 증거조사를 하지 않아도 된다.

해설

① |○| 심판에서는 당사자·참가인 또는 이해관계인의 신청 또는 직권으로 증거조사나 증거보전을 할 수 있는데, 심판청구 전에는 이해관계인 특허심판원장에게 증거보전신청을 할 수 있다(법 제157조제1항 및 제3항).
② |○| 법 제157조 제5항.
③ |×| 증거신청 및 조사결과의 채부 결정은 심판관의 직권사항에 속하는 것으로, 당사자가 철회한 증거방법도 조사할 수 있다.
④ |○| 일반 민사소송에 있어서는 당사자주의가 지배하는 바 당사자가 자백한 사실은 불요증 사실이 되어 별도의 증거조사가 필요하지 않지만, 직권주의가 적용되는 특허심판에 있어서는 당사자의 자백에 구속받지 않고 이에 대해서도 증거조사를 할 수 있다.
⑤ |○| 심판의 심리에 있어서는 직권주의가 적용되는 바 증거조사신청을 인용하거나 각하하는 것은 심판관의 재량에 위임된다.

정답 ③

11 다음 설명 중 틀린 것은? (다툼이 있는 경우 판례에 의함)

① 특허발명에 대한 무효심결이 확정되기 전이라고 하더라도 특허발명의 진보성이 부정되어 그 특허가 특허무효심판에 의하여 무효로 될 것임이 명백한 경우에는 그 특허권에 기초한 침해금지 또는 손해배상 등의 청구는 특별한 사정이 없는 한 권리남용에 해당하여 허용되지 아니한다고 보아야 하나, 특허권침해소송을 담당하는 법원이 특허권자의 그러한 청구가 권리남용에 해당한다는 항변이 있는 경우 그 당부를 살피기 위한 전제로서 당연히 특허발명의 진보성 여부에 대하여 심리·판단할 수 있는 것은 아니다.
② 특허법 제42조 제3항은 발명의 설명에는 그 발명이 속하는 기술분야에서 통상의 지식을 가진 자(이하 '통상의 기술자'라고 한다)가 용이하게 실시할 수 있을 정도로 그 발명의 목적·구성 및 효과를 기재하여야 한다고 규정하고 있는바, 이는 특허출원된 발명의 내용을 제3자가 명세서만으로 쉽게 알 수 있도록 공개하여 특허권으로 보호받고자 하는 기술적 내용과 범위를 명확하게 하기 위한 것이므로, 위 조항에서 요구하는 명세서 기재의 정도는 통상의

기술자가 출원시의 기술수준으로 보아 과도한 실험이나 특수한 지식을 부가하지 않고서도 명세서의 기재에 의하여 당해 발명을 정확하게 이해할 수 있고 동시에 재현할 수 있는 정도를 말한다.
③ 당해 발명의 성격이나 기술내용 등에 따라서는 명세서에 실시례가 기재되어 있지 않다고 하더라도 통상의 기술자가 그 발명을 정확하게 이해하고 재현하는 것이 용이한 경우도 있으므로 구 특허법 제42조 제3항이 정한 명세서 기재요건을 충족하기 위해서 항상 실시례가 기재되어야만 하는 것은 아니다.
④ 구성요소의 범위를 수치로써 한정하여 표현한 발명에 있어서, 그러한 수치한정이 단순히 발명의 적당한 실시 범위나 형태 등을 제시하기 위한 것으로서 그 자체에 별다른 기술적 특징이 없어 통상의 기술자가 적절히 선택하여 실시할 수 있는 정도의 단순한 수치한정에 불과하다면, 그러한 수치한정에 대한 이유나 효과의 기재가 없어도 통상의 기술자로서는 과도한 실험이나 특수한 지식의 부가 없이 그 의미를 정확하게 이해하고 이를 재현할 수 있을 것이므로, 이런 경우에는 명세서에 수치한정의 이유나 효과가 기재되어 있지 않더라도 구 특허법 제42조 제3항에 위배된다고 할 수 없다.
⑤ 특허법은 특허가 일정한 사유에 해당하는 경우에 별도로 마련한 특허의 무효심판절차를 거쳐 무효로 할 수 있도록 규정하고 있으므로, 특허는 일단 등록된 이상 비록 진보성이 없어 무효사유가 존재한다고 하더라도 이와 같은 심판에 의하여 무효로 한다는 심결이 확정되지 않는 한 대세적(對世的)으로 무효로 되는 것은 아니다.

해 설

① |×| ⑤ |○| 2012. 1. 19. 선고 2010다95390 전원합의체 판결
특허법은 특허가 일정한 사유에 해당하는 경우에 별도로 마련한 특허의 무효심판절차를 거쳐 무효로 할 수 있도록 규정하고 있으므로, 특허는 일단 등록된 이상 비록 진보성이 없어 무효사유가 존재한다고 하더라도 이와 같은 심판에 의하여 무효로 한다는 심결이 확정되지 않는 한 대세적(對世的)으로 무효로 되는 것은 아니다.
그런데 특허법은 제1조에서 발명을 보호·장려하고 그 이용을 도모함으로써 기술의 발전을 촉진하여 산업발전에 이바지함을 목적으로 한다고 규정하여 발명자뿐만 아니라 그 이용자의 이익도 아울러 보호하여 궁극적으로 산업발전에 기여함을 입법목적으로 하고 있는 한편, 제29조 제2항에서 그 발명이 속하는 기술분야에서 통상의 지식을 가진 자(이하 '통상의 기술자'라고 한다)가 특허출원 전에 공지된 선행기술에 의하여 용이하게 발명할 수 있는 것에 대하여는 특허를 받을 수 없다고 규정함으로써 사회의 기술발전에 기여하지 못하는 진보성 없는 발명은 누구나 자유롭게 이용할 수 있는 이른바 공공영역에 두고 있다.
따라서 진보성이 없어 본래 공중에게 개방되어야 하는 기술에 대하여 잘못하여 특허등록이 이루어져 있음에도 별다른 제한 없이 그 기술을 당해 특허권자에게 독점시킨다면 공공의 이익을 부당하게 훼손할 뿐만 아니라 위에서 본 바와 같은 특허법의 입법목적에도 정면으로 배치된다.
또한, 특허권도 사적 재산권의 하나인 이상 그 특허발명의 실질적 가치에 부응하여 정의와 공평의 이념에 맞게 행사되어야 할 것인데, 진보성이 없어 보호할 가치가 없는 발명에 대하여 형식적으로 특허등록이 되어 있음을 기화로 그 발명을 실시하는 자를 상대로 침해금지 또는 손해배상 등을 청구할 수 있도록 용인하는 것은 특허권자에게 부당한 이익을 주고 그 발명을 실시하는 자에

게는 불합리한 고통이나 손해를 줄 뿐이므로 실질적 정의와 당사자들 사이의 형평에도 어긋난다. 이러한 점들에 비추어 보면, 특허발명에 대한 무효심결이 확정되기 전이라고 하더라도 특허발명의 진보성이 부정되어 그 특허가 특허무효심판에 의하여 무효로 될 것임이 명백한 경우에는 그 특허권에 기초한 침해금지 또는 손해배상 등의 청구는 특별한 사정이 없는 한 권리남용에 해당하여 허용되지 아니한다고 보아야 하고, 특허권침해소송을 담당하는 법원으로서도 특허권자의 그러한 청구가 권리남용에 해당한다는 항변이 있는 경우 그 당부를 살피기 위한 전제로서 특허발명의 진보성 여부에 대하여 심리·판단할 수 있다고 할 것이다.

이와 달리 신규성은 있으나 진보성이 없는 경우까지 법원이 특허권 또는 실용신안권 침해소송에서 당연히 권리범위를 부정할 수는 없다고 판시한 대법원 1992. 6. 2. 자 91마540 결정 및 대법원 2001. 3. 23. 선고 98다7209 판결은 이 판결의 견해에 배치되는 범위에서 이를 변경하기로 한다

② |○| ③ |○| ④ |○|

2011. 10. 13. 선고 2010후2582 판결

구 특허법 제42조 제3항은 발명의 설명에는 그 발명이 속하는 기술분야에서 통상의 지식을 가진 자(이하 '통상의 기술자'라고 한다)가 용이하게 실시할 수 있을 정도로 그 발명의 목적·구성 및 효과를 기재하여야 한다고 규정하고 있는바, 이는 특허출원된 발명의 내용을 제3자가 명세서만으로 쉽게 알 수 있도록 공개하여 특허권으로 보호받고자 하는 기술적 내용과 범위를 명확하게 하기 위한 것이므로, 위 조항에서 요구하는 명세서 기재의 정도는 통상의 기술자가 출원시의 기술수준으로 보아 과도한 실험이나 특수한 지식을 부가하지 않고서도 명세서의 기재에 의하여 당해 발명을 정확하게 이해할 수 있고 동시에 재현할 수 있는 정도를 말한다(대법원 2005. 11. 25. 선고 2004후3362 판결, 대법원 2006. 11. 24. 선고 2003후2072 판결 등 참조).

그리고 당해 발명의 성격이나 기술내용 등에 따라서는 명세서에 실시례가 기재되어 있지 않다고 하더라도 통상의 기술자가 그 발명을 정확하게 이해하고 재현하는 것이 용이한 경우도 있으므로 구 특허법 제42조 제3항이 정한 명세서 기재요건을 충족하기 위해서 항상 실시례가 기재되어야만 하는 것은 아니다.

또한 구성요소의 범위를 수치로써 한정하여 표현한 발명에 있어서, 그러한 수치한정이 단순히 발명의 적당한 실시 범위나 형태 등을 제시하기 위한 것으로서 그 자체에 별다른 기술적 특징이 없어 통상의 기술자가 적절히 선택하여 실시할 수 있는 정도의 단순한 수치한정에 불과하다면, 그러한 수치한정에 대한 이유나 효과의 기재가 없어도 통상의 기술자로서는 과도한 실험이나 특수한 지식의 부가 없이 그 의미를 정확하게 이해하고 이를 재현할 수 있을 것이므로, 이런 경우에는 명세서에 수치한정의 이유나 효과가 기재되어 있지 않더라도 구 특허법 제42조 제3항에 위배된다고 할 수 없다.

정 답 ①

CHAPTER 08 심판의 종료 / 일사부재리 원칙 / 심판비용

01 특허쟁송에 관한 설명으로 옳지 않은 것은? (다툼이 있으면 판례에 따름) [2017년 기출]

① 특허심판원 심결 후에는 그 심결의 흠이 있어도 오기나 기타 유사한 잘못임이 명백한 경우를 바로 잡는 것 외에 특허심판원 스스로도 이를 취소, 철회 또는 변경하는 것은 허용되지 않는바, 이를 일사부재리라 한다.
② 특허발명 X에 대하여 정정심판 사건이 특허심판원에 계속 중인 경우, 상고심에 계속 중인 특허발명 X에 관한 특허무효심결에 대한 취소소송의 심리를 중단하여야 하는 것은 아니다.
③ 동일한 특허권에 관하여 甲과 乙이 각각 등록무효심판 청구를 하려는 경우, 甲, 乙은 공동으로 심판청구를 할 수 있으며, 공동심판 청구 후 甲에게 심판중지의 원인이 있으면 乙에 대해서도 그 효력이 발생한다.
④ 행정소송인 심결취소소송에서도 원칙적으로 변론주의가 적용되지만 사실에 대한 법적 평가에 대하여 자백할 수 없다.
⑤ 특허권의 공유자가 다른 공유자들을 상대로 공유특허권에 대한 공유물분할청구의 소를 제기할 수 있으나, 특허권의 현물분할은 허용되지 않는다.

해설

① 일사부재리란 확정된 심결의 모순·저촉을 방지하기 위한 규정이다(특허법 제163조). 일사부재리의 적용을 위해서는 심결의 확정이 전제되어야 한다. 본 지문은 심결의 확정 여부를 밝히지 않았는바 일사부재리를 언급할 수 없다. 한편 대법원 판례는 아닌 듯 하나, 특허심판원이 행하는 심결은 준사법적 행위로서 그 절차, 불복방법, 효력 등이 법률에 엄격하게 규정되어 있는 행위이므로 심결이 일단 행하여진 경우에는 설사 그 심결에 어떤 흠이 있다고 하더라도 오기 기타 이에 유사한 잘못임이 명백한 것을 바로잡는 경우를 제외하고는 특허심판원 스스로도 이를 취소, 철회 또는 변경하는 것은 허용되지 않는다고 본 판례가 있다(특허법원 2005. 4. 22. 선고 2004허4693 판결).
② 소송절차의 중지 여부는 재량이다(특허법 제164조 제2항). 동일한 특허발명에 대하여 특허무효사건과 정정사건이 동시에 계속되고 있는 경우는 정정심판제도의 취지상 정정심판을 특허무효사건에 우선하여 심리·판단하는 것이 바람직하나, 그렇다고 하여 반드시 정정심판을 먼저 심리·판단하여야 하는 것은 아니고, 또 특허무효사건을 먼저 심리하는 경우에도 그 판단대상은 정정심판청구 전 특허발명이다(대법원 2002. 8. 23. 선고 2001후713 판결 참조).
③ 특허법 제139조 제1항, 제4항.
④ 행정소송인 심결취소소송에서는 변론주의가 적용되고 따라서 자백 또는 의제자백도 인정된다. 자백의 대상은 사실이고, 이러한 사실에 대한 법적 판단 내지 평가는 자백의 대상이 되지 아니한다(대법원 2000. 12. 22. 선고 2000후1542 판결).
⑤ 특허권의 공유관계에도 민법상 공유물분할청구에 관한 규정을 적용한다. 다만 특허권의 성질상 현물분할은 허용되지 아니하고, 경매에 의한 대금분할이 인정된다(대법원 2014. 8. 20. 선고 2013다41578 판결).

정답 ①

02 심판의 심결에 대한 특허법의 태도로 타당하지 아니한 것은?

① 심판장은 사건이 심결을 할 정도로 성숙한 때에 당사자 및 참가인에게 심리종결을 통지하여야 한다.
② 심결은 심리종결통지를 한 날로부터 20일 이내에 하여야 하나 이를 위반하더라도 위법이 아니다.
③ 특허무효심판청구를 한 후에 동일인이 동일한 특허에 대하여 다시 특허무효심판을 청구하는 경우 중복심판청구로 심결각하된다.
④ 심판장은 심결이 있는 때에 그 등본을 당사자, 참가인 및 심판에 참가신청을 하였으나 그 신청이 거부된 자에게도 송달하여야 한다.
⑤ 심결은 서면 또는 구술로 하여야 한다.

해설

① |O| 법 제162조 제3항.
② |O| 법 제162조 제5항. 1984.1.31선고 83후71 판결. 이러한 심리종결통지에 관한 규정은 훈시규정으로 이에 위반하더라도 이를 이유로 심결이 위법해지는 것은 아니다.
③ |O| 법 제154조 제8항. 민사소송법 제259조의 중복된 소제기 금지규정을 준용하는바 동일한 심판에 청구한 후 동일한 심판을 청구하는 경우 그 흠결을 보정할 수 없는 때로 심결각하 대상이다.(법 제142조)
④ |O| 법 제165조 제6항.
⑤ |×| 법 제162조 제2항. 심결은 162조 2항 각호의 사항을 기재한 서면으로 하여야 하고 심판관은 이에 기명날인 하여야 한다.

정답 ⑤

03 다음은 심판의 심결에 관한 내용이다. 다음 중 맞는 것은? [1999년 기출 변형]

① 심결은 심리종결통지 후 20일 이내에 하여야 한다. 그러므로 이 규정에 위반한 심결은 위법이므로 특허법원에 제소할 수 있다.
② 심결은 서면 또는 구두로 할 수 있다.
③ 특허무효심결이 확정되면 누구든지 동일사실 또는 동일증거에 의하여 그 심판을 청구할 수 없다.
④ 심결이 일단 행하여진 경우에는 설사 그 심결에 어떤 흠이 있다고 하더라도 오기 기타 이에 유사한 잘못임이 명백한 것을 바로잡는 경우를 제외하고는 특허심판원 스스로 이를 취소, 철회 또는 변경하는 것이 허용되지 않는다.
⑤ 심결이 확정되어도 고도의 공익적 요구가 있을 때에는 이를 취소할 수 있다.

해설

① |×| 심결은 심리종결통지를 한 날부터 20일 이내에 한다(법 제162조 제5항). 이러한 심리종결통지에 관한 규정은 훈시규정으로 이에 위반하였다고 하여도 이를 이유로 심결이 위법해지는 것은 아니다(大判 83후71).
② |×| 심결은 서면으로 하여야 하며 심결한 심판관은 이에 기명날인하여야 한다(법 제162조 제2항). 구술심리는 가능하나 심결은 서면으로만 해야 하지 구두로는 할 수 없다.
③ |×| 특허무효심결이 확정되면 누구든지 동일사실 '및' 동일증거에 의하여 그 심판을 청구할 수 없다(법 제163조).
④ |○| 심결의 경정(심결에 표현상의 잘못이 있고 그 잘못이 분명한 경우 심결내용을 실질적으로 변경하지 않는 범위 내에서 심판원 스스로가 그 잘못을 결정으로써 정정하는 것)이 가능한 사유 아닌 이상, 심판원 스스로 심결을 취소, 철회 또는 변경하는 것 허용되지 않는다(2004허4693).
⑤ |×| 확정된 심결은 취소될 수 없음이 원칙이며 예외적으로 확정된 심결에 재심사유에 해당하는 중대한 하자가 있는 경우 재심을 청구할 수 있을 뿐, 고도의 공익적 요구가 있을 때에는 이를 취소할 수 있다는 규정은 없다.

정답 ④

04 심판청구에 관한 사항 중 옳은 것은? [2001년 기출변형]

① 사건의 표시, 즉 출원번호 또는 특허번호 등의 표시의 보정은 언제나 요지변경이다.
② 이해관계인이 2인 이상인 경우에는 전원이 공동으로 심판을 청구하여야 한다.
③ 심판의 당사자가 다른 경우에는 일사부재리원칙이 적용되지 않는다.
④ 무효심판이 특허심판원에 계속 중인 경우에는 언제라도 정정심판을 청구할 수 없다.
⑤ 심판청구가 부적법하여 이를 각하하는 경우에도 일단 피청구인에게 답변서제출의 기회를 주어야 한다.

해설

① |×| 사건의 표시, 즉 출원번호 또는 특허번호 등의 표시의 보정은 오기의 정정과 같이 심판청구 대상의 동일성을 잃지 않는 경우를 제외하고는 요지변경이다.
② |×| 특허무효심판, 연장등록무효심판, 정정무효심판, 권리범위확인심판을 청구하는 자가 2인 이상인 경우 전원이 공동으로 심판을 청구할 수 있다(법 제139조 제1항). 즉, 이는 재량사항이지 기속사항이 아니다.
③ |×| 심결이 확정된 때에는 그 사건에 대하여는 '누구든지' 동일사실 및 동일증거에 의하여 다시 심판을 청구할 수 없다(법 제163조).
④ |○| 특허무효심판 특허심판원 계속 중에는 정정심판 청구할 수 없다(법 제136조 제2항).
⑤ |×| 부적법한 심판청구로서 그 흠결을 보정할 수 없는 때에는 피청구인에게 답변서 제출의 기회를 주지 아니하고 심결로써 각하할 수 있다(법 제142조).

정답 ④

05 심판절차 일반에 대한 설명 중 옳은 것만으로 연결된 것은?

> ㈎ 심판청구전에도 증거보전이 가능하고 이 경우 심판은 공익적 특성이 강하기 때문에 직권 또는 신청에 의해 증거보전이 가능하다.
>
> ㈏ 특허법 제163조는 확정된 심결에 대하여 동일사실 및 동일증거에 의한 재심판청구를 금지하는 일사부재리의 원칙을 규정하고 있는바, 여기서 동일증거라 함은 전에 확정된 심결의 증거와 동일한 증거뿐만 아니라 그 확정된 심결을 번복할 수 있을 정도로 유력하지 아니한 증거가 부가되는 것도 포함하는 것이므로 확정된 심결의 결론을 번복할 만한 유력한 증거를 새로이 제출한 경우에는 일사부재리의 원칙에 저촉된다고 할 수 없다.
>
> ㈐ 특허거절결정에 대한 심판 등 결정계 심판에서는 당사자 참가는 물론 보조참가도 할 수 없다. 다만, 거절결정에 대한 심판의 심결취소소송에서는 보조참가가 인정된다는 것이 판례이다.
>
> ㈑ 특허무효심판의 비용액은 심판이 심결에 의해 종결할 때에는 그 심결로써, 심판이 심결에 의하지 아니하고 종결할 때에는 그 결정으로써 정해야 한다.

① ㈎
② ㈎, ㈏
③ ㈏, ㈐
④ ㈎, ㈏, ㈐
⑤ ㈐, ㈑

해설

㈎ |×| 심판의 청구되기 전에는 증거보전이 가능하고 심판원장에게 증거보전 신청을 해야한다(법 제157조). 그러나, 심판의 청구전에는 직권으로 증거보전을 할 수는 없다.

㈏ |○| 대법원 1991.1.15. 선고 90후212 판결, 대법원 1991.11.26. 선고 90후1840 판결, 대법원 2000. 10. 27. 선고 2000후1412 판결 등 다수. 특허법 제163조는 확정된 심결 또는 판결에 대하여 동일사실 및 동일증거에 의한 재심판청구를 금지하는 일사부재리의 원칙을 규정하고 있는바, 여기서 동일증거라 함은 전에 확정된 심결의 증거와 동일한 증거뿐만 이 아니라 그 확정된 심결을 번복할 수 있을 정도로 유력하지 아니한 증거가 부가되는 것도 포함하는 것이므로 확정된 심결의 결론을 번복할 만한 유력한 증거를 새로이 제출한 경우에는 일사부재리의 원칙에 저촉된다고 할 수 없다.

㈐ |○| 특허법원 판례(99허1535)

㈑ |×| 심판비용과 관련하여 심결 또는 결정으로써 정하는 것은 심판비용의 부담이다(법 제165조 제1항). 심판비용의 부담에 따른 심판비용액의 결정은 심결 또는 결정이 확정된 후 당사자의 청구에 의하여 특허심판원장이 결정한다(법 제165조 제5항).

정답 ③

06 다음 설명 중 판례의 입장과 다른 것은? [2002년 기출]

① 특허심판에 있어서 직권심리의 경우 당사자 또는 참가인에게 의견진술의 기회를 주도록 규정(특허법 제159조 제1항)한 것과, 직권에 의한 증거조사나 증거보전의 결과를 당사자 등에게 송달하고 이에 대한 의견서 제출의 기회를 주도록 규정(특허법 제157조 제5항)한 것은 심판의 적정을 기하여 심판제도의 신용을 유지하기 위하여 준수하여야 할 공익상 요구에 기인하는 강행규정이다.
② 특허법에서 신청 또는 직권으로 증거조사를 할 수 있다고 규정(특허법 제159조 제1항)한 것은 심판의 필요에 따라서는 당사자의 신청이 없는 경우에도 직권으로 증거조사를 할 수 있음을 규정한 것일 뿐, 모든 경우에 반드시 직권에 의하여 증거조사를 하여야 한다는 취지는 아니다.
③ 특허심판에서 심리종결을 통지하는 규정(특허법 제162조 제3항)은 단순히 훈시규정이라고 볼 수 없으므로, 심리종결통지를 발송한 같은 날 심결을 하였거나 심리종결통지서와 심결등본을 동시에 송달한 경우에는 그 심결은 위법하다.
④ 특허심판에 있어서 필요한 때에는 당해 사건과 관련되는 다른 심판의 심결 등이 확정되거나 소송절차가 완결될 때까지 그 절차를 중지할 수 있다는 규정(특허법 제164조 제1항)에 의한 심판절차의 중지 여부는 심판장의 자유재량에 속한다.
⑤ 심결에는 대세적 효력이 인정되는 관계로 직권심리주의가 채용되고 있으므로 당사자의 일방이 상대방의 주장을 자인하였다고 하여 그것만으로는 심결에 영향을 줄 수 없다.

해설

① |○| 大判 86후90 ② |○| 大判 86후6,12
③ |×| 실용신안법 제29조에 의하여 준용되는 특허법 제121조 제3항 심리종결통지의 규정은 당사자에게 자료의 추가제출이나 심리재개신청의 기회를 주려는 취지가 아니고 심결을 할 수 있을 정도로 사건이 성숙되었다고 인정된 경우에는 그 심리종결을 당사자에게 통지하고 지체없이 심결하도록 하기 위한 훈시규정에 불과하다 할 것이므로 심리종결을 발한 같은 날 심결을 하였거나, 심리종결통지서와 심결문정본을 동시에 송달하였다 하여도 그 심결을 위법이라 할 수 없다(大判 79후35).
④ |○| 상표법 제77조, 제82조에 의하여 각 준용되는 특허법 제164조제1항에서 심판에 있어서 필요한 때에는 타심판의 심결이나 타항고심판의 심결이 확정될 때까지 또는 소송절차가 완결될 때까지 그 절차를 중지할 수 있다고 규정한 것은 임의규정으로서 심판절차를 꼭 중지하여야 하는 것은 아니므로, 인용상표에 대한 등록무효심판이 계속중임에도 심판절차를 중지하지 아니하고 심결에 이른 조치를 위법하다고 할 수 없다(大判 94후2094).
⑤ |○| 심결에 대세적 효력이 인정되는 관계로 실용신안법 제28조에서 준용하는 특허법 제108조, 제109조, 제111조의 규정에 의하여 직권심리가 채택되고 있는 실용신안심판에 있어서 당사자의 일방이 상대방의 주장을 자인하였다고 하여 그것만으로는 심결에 영향을 줄 수는 없다(大判 63후3).

정답 ③

07 다음은 심판의 종료와 관련한 설명이다. 옳은 것으로만 연결된 것은?

> (가) 통상실시권허여심판에 관한 심판비용은 언제나 청구인이 부담하여야 한다.
>
> (나) 특허무효심판의 비용액은 심판이 심결에 의해 종결할 때에는 그 심결로써, 심판이 심결에 의하지 아니하고 종결할 때에는 그 결정으로써 정해야 한다.
>
> (다) 특허심판에서 심리종결을 통지하는 규정은 단순히 훈시규정이라고 볼 수 없으므로, 심리종결통지를 발송한 같은 날 심결을 하였거나 심리종결통지서와 심결등본을 동시에 송달한 경우에는 그 심결은 위법하다.
>
> (라) 심판청구의 취하는 청구인의 의사에 의해 자유로이 할 수 있으며, 답변서 제출이 있는 후에는 심판청구의 취하가 불가능하다.
>
> (마) 심결에는 대세적 효력이 인정되는 관계로 직권심리주의가 채용되고 있으므로 당사자의 일방이 상대방의 주장을 자인하였다고 하여 그것만으로는 심결에 영향을 줄 수 없다.

① (가), (나) ② (나), (다)
③ (다), (라) ④ (라), (마)
⑤ (가), (마)

해설

(가) |O| 결정계 심판(거절결정에 대한 심판, 정정심판, 통상실시권허여심판)에 대한 심판비용은 청구인의 부담으로 한다(법 제165조 제3항).

(나) |×| 심판비용과 관련하여 심결 또는 결정으로써 정하는 것은 심판비용의 부담이다(제165조제1항). 심판비용의 부담에 따른 심판비용액의 결정은 심결 또는 결정이 확정된 후 당사자의 청구에 의하여 특허심판원장이 한다(법 제165조 제5항).

(다) |×| 대법원 1979. 10. 10. 선고 79후35 판결. 실용신안법 제29조에 의하여 준용되는 특허법 제121조 제3항 심리종결통지의 규정은 당사자에게 자료의 추가제출이나 심리재개신청의 기회를 주려는 취지가 아니고 심결을 할 수 있을 정도로 사건이 성숙되었다고 인정된 경우에는 그 심리종결을 당사자에게 통지하고 지체없이 심결하도록 하기 위한 훈시규정에 불과하다 할 것이므로 심리종결을 발한 같은 날 심결을 하였거나, 심리종결통지서와 심결문정본을 동시에 송달하였다 하여도 그 심결을 위법이라 할 수 없다.

(라) |×| 심판청구의 취하는 심결확정시까지 가능하다. 단, 답변서 제출시 상대방의 동의를 요한다.

(마) |O| 대법원 1965. 7. 7. 선고 63후3 판결. 심결에 대세적 효력이 인정되는 관계로 실용신안법 제28조에서 준용하는 특허법 제108조, 제109조, 제111조의 규정에 의하여 직권심리가 채택되고 있는 실용신안심판에 있어서 당사자의 일방이 상대방의 주장을 자인하였다고 하여 그것만으로는 심결에 영향을 줄 수는 없다.

정답 ⑤

08 특허심판에 관한 설명 중 옳지 않은 것은? (다툼이 있는 경우에는 판례에 의함)

[2009년 기출변형]

① 확정된 심결에서 주장한 청구원인과 다른 사실을 주장하여 새로운 심판청구가 제기되었다거나, 그로 인하여 양 심판에서 판단의 대상이 되는 소송 자체가 달라진다면 비록 확정된 심결의 심판에서 제출된 것과 동일한 증거를 제시하여 새로운 심판청구를 하였다고 하더라도 이는 특허법상의 일사부재리의 원칙이 적용되는 경우에 해당하지 않는다.

② 특허심판원이 직권으로 심리한 이유에 대하여 당사자 또는 참가인에게 의견 진술의 기회를 주지 않은 채 이루어진 심결을 원칙적으로 위법하여 유지될 수 없지만, 형식적으로는 이러한 의견진술의 기회가 주어지지 아니하였어도 실질적으로는 이러한 기회가 주어졌다고 볼 수 있을 만한 특별한 사정이 있는 경우에는 심판절차에서의 직권심리에 관한 절차위반의 위법이 없다고 보아야 한다.

③ 거절결정에 대한 심판을 담당하는 심판관이 과거에 그 특허출원에 대해서 진보성이 결여되어 특허 받을 수 없으니 이에 대해 의견을 제출하라는 내용의 의견제출통지서를 발송한 심사관이었다면, 설사 거절결정 자체는 다른 심사관에 의해 이루어졌다고 해도, 그 심판관은 당해 심판에 대해 심판관 제척사유를 갖는 것으로 보아야 한다.

④ 심판청구를 제기한 이후 당사자 사이에 심판을 취하하기로 한다는 내용의 합의가 이루어졌다면 그 취하서를 심판부에 제출하지 아니한 이상 심판청구취하로 인하여 사건이 종결되지는 아니하나, 당사자 사이에 심판을 취하하기로 하는 합의를 함으로써 특별한 사정이 없는 한 심판을 계속 유지할 법률상의 이익은 소멸되었다 할 것이어서 당해 청구는 각하되어야 한다.

⑤ 공동출원인 중 일부만이 거절결정불복심판청구를 제기한 경우 나머지 공동출원인을 추가하는 보정을 할 수 있다.

해 설

① |○| 일사부재리가 적용되기 위해서는 '동일사실 「및」 동일증거'로 심판이 제기되어야 한다. 즉, 동일사실에 의한 심판청구라도 다른 증거에 의한 경우나 동일한 증거에 의한 것이라도 다른 사실에 관하여 새로운 심판청구를 하는 것은 허용된다.

② |○| 특허심판원의 심판절차에서 당사자 또는 참가인에게 직권으로 심리한 이유에 대하여 의견 진술의 기회를 주도록 한 구 특허법(2001. 2. 3. 법률 제6411호로 개정되기 전의 것) 제159조 제1항의 규정은 심판의 적정을 기하여 심판제도의 신용을 유지하기 위하여 준수하지 않으면 안된다는 공익상의 요구에 기인하는 이른바 강행규정이므로, 특허심판원이 직권으로 심리한 이유에 대하여 당사자 또는 참가인에게 의견진술의 기회를 주지 않은 채 이루어진 심결은 원칙적으로 위법하여 유지될 수 없지만, 형식적으로는 이러한 의견진술의 기회가 주어지지 아니하였어도 실질적으로는 이러한 기회가 주어졌다고 볼 수 있을 만한 특별한 사정이 있는 경우에는 심판절차에서의 직권심리에 관한 절차위반의 위법이 없다고 보아야 한다(大判 2004후387).

③ |×| 「사정에 관여한 때」라고 함은 심사관으로서 직접 사정을 담당하였을 경우를 말하는 것인 바, 일건 기록에 의하면 원심의 항고심판에 관여한 심판관 ○○○는 그 전심인 거절사정 자체에 관여한 것이 아니라 구 특허법 제74조의 규정에 의거하여 본원 특허에 대한 거절사정을 하기 전

에 출원인으로 하여금 의견서제출의 기회를 주기 위하여 그 거절이유를 명시한 거절이유의 통지 즉 거절의 예고통지를 하는데 관여 하였을 뿐이고, 그 후에 의견서를 제출받아 이를 검토한 후, 출원인의 의견을 이유없다고 판단하여 1976. 4. 19자로 그 거절사정을 한 것은 심사관 ○○○임을 알 수 있으므로 원심의 심판에 관여한 심판관 ○○○는 그 전심의 거절사정에 관여한 사람이 아니라고 할 것이다(大判 78후3).

④ |이| 大判 96후1743.
⑤ |이| 실수로 인해 심판이 각하(법 142)되는 사례를 방지하기 위해 나머지 공동출원인을 추가하는 보정을 할 수 있다. 단 추가되는 자의 동의를 받아야 한다.

정답 ③

09 특허법상 일사부재리에 관한 설명으로 옳은 것은? (다툼이 있으면 판례에 따름) [2019년 기출]

① 각하심결이 확정된 경우 일사부재리의 효력이 발생한다.
② 동일 사실에 의한 동일한 심판청구에 대한 판단에서 전에 확정된 심결의 증거를 그 심결에서 판단하지 않았던 사항에 관한 증거로 들어 판단함으로써 확정된 심결과 그 결론이 결과적으로 달라졌다면 일사부재리 원칙에 반한다.
③ 동일 사실에 의한 동일한 심판청구에 대한 판단에서 전에 확정된 심결의 증거의 선행기술을 확정된 심결의 결론을 번복할 만한 유력한 증거의 선행기술에 추가적·보충적으로 결합하여 판단함으로써 확정된 심결과 그 결론이 결과적으로 달라졌다면 일사부재리 원칙에 반한다.
④ 동일 증거 여부는 확정된 심결의 결론을 번복할 만한 유력한 증거가 새로 제출되었는지 여부가 아니라 증거 내용이 동일한지 여부로 판단한다.
⑤ 전에 확정된 심결에서의 무효사유 외에 다른 무효사유가 추가된 심판청구의 경우 일사부재리 원칙에 위배되지 아니하지만, 전에 확정된 심결에서 판단이 이루어진 청구원인과 공통되는 부분에 대해서는 일사부재리 원칙 위배 여부의 관점에서 전에 확정된 심결의 결론을 번복할 만한 유력한 증거가 새로이 제출되었는지를 따져 전에 확정된 심결에서와 다른 결론을 내릴 것인지를 판단하여야 한다.

해설

① 일사부재리는 각하심결이 아닌 본안심결에 대해 발생한다(특허법 제163조).
②, ③ 동일사실에 의한 동일한 심판청구에 대하여 전에 확정된 심결의 증거에 대한 해석을 다르게 하는 등으로 그 심결의 기본이 된 이유와 실질적으로 저촉되는 판단을 하는 것은 특허법 제163조가 정한 일사부재리 원칙의 취지에 비추어 허용되지 않으나, 전에 확정된 심결의 증거를 그 심결에서 판단하지 않았던 사항에 관한 증거로 들어 판단하거나 그 증거의 선행기술을 확정된 심결의 결론을 번복할 만한 유력한 증거의 선행기술에 추가적, 보충적으로 결합하여 판단하는 경우 등과 같이 후행 심판청구에 대한 판단 내용이 확정된 심결의 기본이 된 이유와 실질적으로 저촉된다고 할 수 없는 경우에는, 확정된 심결과 그 결론이 결과적으로 달라졌다고 하더라도 일사부재리 원칙에 반한다고 할 수 없다(대법원 2013. 9. 13. 선고 2012후1057 판결).

④ '동일 증거'에는 전에 확정된 심결의 증거와 동일한 증거만이 아니라 그 심결을 번복할 수 있을 정도로 유력하지 아니한 증거가 부가되는 것도 포함하는 것이므로 확정된 심결의 결론을 번복할 만한 유력한 증거가 새로 제출된 경우에는 일사부재리의 원칙에 저촉된다고 할 수 없다(대법원 2005. 3. 11. 선고 2004후42 판결).
⑤ 전에 확정된 심결과 동일사실, 동일증거인 쟁점에 대해서는 일사부재리의 취지상 심리하지 않으며(대법원 2017. 1. 19. 선고 2013후37 판결), 이때 동일증거란 확정된 심결의 결론을 번복할 수 있을 정도로 유력한지 여부로 판단한다.

정답 ⑤

10 특허법 제163조의 일사부재리에 대한 특허법 및 판례의 태도로서 틀린 것은?

① 특허무효심판의 심결이 확정된 때에는 그 사건에 대하여는 누구든지 동일사실 및 동일증거에 의하여 다시 심판을 청구 할 수 없다.
② 소극적 권리범위확인심판과 적극적 권리범위확인심판은 심판의 종류가 다르므로 일사부재리가 적용되지 않는다.
③ 특허법 163조의 동일증거란 판례에 의하면 전에 확정된 심결의 증거와 동일한 증거뿐만 아니라 그 확정된 심결을 번복할 수 있을 정도로 유력하지 아니한 증거가 부가되는 것도 포함한다고 한다.
④ 일사부재리 저촉여부는 심판청구시를 기준으로 판단되어야 한다.
⑤ 일사부재리의 원칙에서 동일증거와 동일사실은 동시에 만족되어야 하는 것으로 어느 하나라도 다르다면 일사부재리의 대상이 아니다.

해설

①, ⑤ |O| 법 제163조.
② |×| 판례에 의하면 소극적 권리범위확인심판과 적극적 권리범위확인심판을 동일한 심판으로 본다. 실무도 마찬가지이다.
③ |O| 대법원 1991.1.15선고 2000후1412 판결.
④ |O| 대법원 2012.1 19. 선고 2009후2234 전원합의체 판결.

정답 ②

11 다음은 일사부재리에 관한 설명이다. 타당한 것으로만 연결된 것은?

> (가) 일사부재리의 원칙에 따라 심판청구가 부적법하게 되는지 여부를 판단하는 기준시점은 심판청구를 제기하던 당시이다.
>
> (나) 일사부재리의 원칙은 적극적인 권리범위확인심판과 소극적 권리범위확인심판 사이에 있어서도 적용될 수 있다.
>
> (다) 특허법 제163조는 확정된 심결에 대하여 동일사실 및 동일증거에 의한 재심판청구를 금지하는 일사부재리의 원칙을 규정하고 있는바, 여기서 동일증거라 함은 전에 확정된 심결의 증거와 동일한 증거뿐만 이 아니라 그 확정된 심결을 번복할 수 있을 정도로 유력하지 아니한 증거가 부가되는 것도 포함하는 것이므로 확정된 심결의 결론을 번복할 만한 유력한 증거를 새로이 제출한 경우에는 일사부재리의 원칙에 저촉된다고 할 수 없다.
>
> (라) 심판의 심결이 확정된 때에는 그 사건에 대하여는 누구든지 동일사실 또는 동일증거에 의하여 다시 심판을 청구할 수 없다.

① 옳은 것 없음.
② (가)
③ (가), (나)
④ (가), (나), (다)
⑤ (가), (나), (다), (라)

해설

(가) |O| 대법원 2012. 1. 19. 선고 2009후2234 전원합의체 판결. 심판청구를 제기하던 당시에 다른 심판의 심결이 확정 등록되지 아니하였는데 그 심판청구에 관한 심결을 할 때에 다른 심판의 심결이 확정 등록된 경우에까지 그 심판청구가 일사부재리의 원칙에 의하여 소급적으로 부적법하게 될 수 있다고 하는 것은 합리적인 해석이라고 할 수 없다. 그렇다면 일사부재리의 원칙에 따라 심판청구가 부적법하게 되는지 여부를 판단하는 기준시점은 심판청구를 제기하던 당시로 보아야 할 것이다.

(나) |O| 일사부재리에서 동일 심판은 청구취지의 대상으로 하고 있는 권리가 동일하고, 그 종류가 같은 심판을 의미하므로 적극적 권리범위확인심판과 소극적 권리범위확인심판은 동일 심판에 속한다.

(다) |O| 대법원 1991.1.15. 선고 90후212 판결, 대법원 1991.11.26. 선고 90후1840 판결, 대법원 2000. 10. 27. 선고 2000후1412 판결 등 다수. 특허법 제163조는 확정된 심결 또는 판결에 대하여 동일사실 및 동일증거에 의한 재심판청구를 금지하는 일사부재리의 원칙을 규정하고 있는바, 여기서 동일증거라 함은 전에 확정된 심결의 증거와 동일한 증거뿐만 이 아니라 그 확정된 심결을 번복할 수 있을 정도로 유력하지 아니한 증거가 부가되는 것도 포함하는 것이므로 확정된 심결의 결론을 번복할 만한 유력한 증거를 새로이 제출한 경우에는 일사부재리의 원칙에 저촉된다고 할 수 없다.

한편, 전에 확정된 심결의 증거와 전혀 다른 새로운 증거만을 제출한 경우의 취급은 어떠한지 문제된다.

判例(특허법원 2006허732)는 "전에 확정된 심결의 증거와 전혀 다른 새로운 증거만을 제출하는 경우에는 그 새로운 증거가 전에 확정된 심결과 다른 결론을 내릴 수 있을 만한 것인지의 여부에 관계없이 '동일증거'라고 할 수 없으므로 일사부재리의 원칙에 위반되지 아니한다."고 판시하였다.
㈑ |×| 심결확정후에는 누구든지 "동일사실 및 동일증거"로 다시 동일 심판을 청구할 수 없다(법 제163조). 또한 확정된 심결이 각하심결인 경우는 일사부재리 효력이 미치지 않는다.

정답 ④

12 특허법상 일사부재리(특허법 제163조) 원칙에 관한 설명으로 옳은 것은? (다툼이 있으면 판례에 따름)
[2016년 기출문제]

① 심결이 확정되어 등록되었을 때 일사부재리의 효력이 발생한다.
② 일사부재리 원칙 적용 여부의 판단 기준 시점은 해당 심판의 심결시이다.
③ 적극적 권리범위확인심판과 소극적 권리범위확인심판 사이에는 일사부재리 원칙이 적용되지 않는다.
④ 확정 심결과 확정 판결 사이에는 일사부재리 원칙이 적용되지 않는다.
⑤ 일사부재리의 효력은 당사자나 그 승계인에게만 미치며 제3자에게는 미치지 아니한다.

해 설

① |×| ④ |○| 심결(각하심결 제외)이 확정됨을 요건으로 하는 것이고, 심결이 확정되어 등록됨을 요건으로 하지는 않는다. 또한, 확정심결과 확정판결 사이에서는 일사부재리가 적용되지 않는다. 참고로 이를 명확히 하기 위해서 법률 제6411호, 2001.2.3., 특허법 일부개정에서는 법 제163조를 "이 법에 의한 심판의 심결이 확정 등록되거나 판결이 확정된 때에는 누구든지 동일사실 및 동일증거에 의하여 그 심판을 청구할 수 없다."에서 "이 법에 의한 심판의 심결이 확정된 때에는 그 사건에 대하여는 누구든지 동일사실 및 동일증거에 의하여 다시 심판을 청구할 수 없다. 다만, 확정된 심결이 각하심결인 경우에는 그러하지 아니하다."로 개정하였다.
② |×| 심판청구시이다(대법원 2012. 1. 19. 선고 2009후2234).
③ |×| 본 건의 심판청구는 소극적 권리범위확인심판이고 전의 사건은 적극적 권리범위확인심판이기는 하나 양자는 본건 고안에 대한 동일한 확인대상 도면과의 확인심판사건이므로 양자는 동일사건과 동일증거에 의한 청구로 귀결되는 것이다(대법원 1976. 6. 8. 선고 75후18).
⑤ |×| 법 제163조

정답 ④

13 특허법상 심판에 관한 설명으로 옳지 않은 것은? (다툼이 있으면 판례에 따름)

① 실시권자도 실시료 지급이나 실시범위 등 여러 제한사항에 대해 다툼이 있는 경우에는 특허발명에 대해 특허무효심판을 청구할 수 있다.
② 당사자가 동일하고 심판청구가 동일하며 전심판의 계속 중에 후심판을 청구한 경우는 중복심판에 해당하며 중복심판에 해당하는지의 판단기준시는 후심판의 심결시이다.
③ 종전 심판에서 청구원인이 된 무효사유 외에 다른 무효사유가 추가된 경우에는 새로운 심판청구는 그 자체로 동일사실에 의한 것이 아니어서 일사부재리의 원칙에 위배되지 않는다.
④ 확정된 심결의 결론을 번복할 만한 유력한 증거가 새로이 제출된 경우에는 일사부재리의 원칙에 저촉되지 아니한다.
⑤ 공동출원인 중 1인만이 거절결정에 대한 불복심판을 제기한 경우에는 심판청구를 기각하여야 한다.

해설

① 2017후2819
② 일사부재리는 청구시 기준으로 판단하고 중복심판은 심결시 기준으로 판단한다(2016허4405).
③ 2013후37
④ 2012후1057
⑤ 공동출원인 중1인이 심판청구한 경우는 기각할 것이 아니라 각하하여야 한다(2014허5589).

정답 ⑤

14 일사부재리에 관한 설명으로 옳지 않은 것은? (다툼이 있으면 판례에 따름) [2022년 기출문제]

① 확인대상발명의 일부 구성이 불명확하여 다른 것과 구별될 수 있는 정도로 구체적으로 특정되어 있지 않다면 심판의 심결이 확정되더라도 일사부재리의 효력이 미치는 범위가 명확하다고 할 수 없으므로 나머지 구성만으로 확인대상발명이 특허발명의 권리범위에 속하는지 여부를 판단할 수 없는 경우라 하더라도 심판청구를 각하하여야 한다.
② 종전에 확정된 심결에서의 무효사유 외에 다른 무효사유가 추가된 심판청구의 경우 일사부재리 원칙에 위배되지 아니하지만, 종전에 확정된 심결에서 판단이 이루어진 청구원인과 공통되는 부분에 대해서는 일사부재리 원칙 위배 여부의 관점에서 종전에 확정된 심결을 번복할 수 있을 정도로 유력한 증거가 새로이 제출되었는지를 따져 종전 심결에서와 다른 결론을 내릴 것인지를 판단하여야 한다.
③ 적극적 권리범위확인심판의 심결이 확정된 때에는 그 일사부재리의 효력은 동일사실 및 동일증거에 의한 소극적 권리범위확인심판 청구에 대해서도 그대로 미친다.
④ 동일사실이란 청구원인사실의 동일성을 말하고, 진보성의 결여를 이유로 하는 등록무효심판 청구에 대한 심결이 확정된 후, 다시 특허가 미완성발명 내지 기재불비에 해당한다는 이유를 들어 등록무효심판 청구를 하는 것은 일사부재리에 해당하지 않는다.

⑤ 확정된 심결이 각하심결인 경우에는 일사부재리의 효력이 없다고 정한 특허법 제163조(일사부재리) 단서 규정은 새로 제출된 증거가 선행 확정 심결을 번복할 수 있을 만큼 유력한 증거인지에 관한 심리·판단이 이루어진 후 선행 확정 심결과 동일 증거에 의한 심판청구라는 이유로 각하된 심결인 경우에는 적용되지 않는다.

해 설

① |O| 본 지문은 일사부재리와 연관 있기 보다는 확인대상발명 특정 요건에 관한 판례다. 확인대상발명은 특허발명의 권리범위에 속하는지 여부를 판단할 수 있을 정도와(대비 가능), 동시에 다른 것과 구별될 수 있을 정도로 특정되어야 한다. 둘 중 어느 하나라도 만족하지 못할 경우 부적법한 심판청구로 각하심결 나온다. 참고판례를 아래에 소개한다.

"특허권의 권리범위확인심판을 청구할 때 심판청구의 대상이 되는 확인대상발명은 당해 특허발명과 서로 대비할 수 있을 만큼 구체적으로 특정되어야 할 뿐만 아니라, 그에 앞서 사회통념상 특허발명의 권리범위에 속하는지를 확인하는 대상으로서 다른 것과 구별될 수 있는 정도로 구체적으로 특정되어야 한다. 만약 확인대상발명의 일부 구성이 불명확하여 다른 것과 구별될 수 있는 정도로 구체적으로 특정되어 있지 않다면, 특허심판원은 요지변경이 되지 아니하는 범위 내에서 확인대상발명의 설명서 및 도면에 대한 보정을 명하는 등 조치를 취해야 하며, 그럼에도 그와 같은 특정에 미흡함이 있다면 심판의 심결이 확정되더라도 일사부재리의 효력이 미치는 범위가 명확하다고 할 수 없으므로, 나머지 구성만으로 확인대상발명이 특허발명의 권리범위에 속하는지를 판단할 수 있는 경우라 하더라도 심판청구를 각하하여야 한다(대법원 2011. 9. 8. 선고 2010후3356 판결 참조)."

② |O| 특허나 실용신안의 등록무효심판청구에 관하여 종전에 확정된 심결이 있더라도 종전 심판에서 청구원인이 된 무효사유 외에 다른 무효사유가 추가된 경우에는 새로운 심판청구는 그 자체로 동일사실에 의한 것이 아니어서 일사부재리의 원칙에 위배되지는 아니한다. 그러나 모순·저촉되는 복수의 심결이 발생하는 것을 방지하고자 하는 일사부재리 제도의 취지를 고려하면, 위와 같은 경우에도 종전에 확정된 심결에서 판단이 이루어진 청구원인과 공통되는 부분에 대해서는 일사부재리의 원칙 위배 여부의 관점에서 확정된 심결을 번복할 수 있을 정도로 유력한 증거가 새로이 제출되었는지를 따져 종전 심결에서와 다른 결론을 내릴 것인지를 판단하여야 한다(대법원 2017. 1. 19. 선고 2013후37 전원합의체 판결).

③ |O| 등록상표에 대한 권리범위확인심판에서 확정이 요구되는 구체적인 사실은 적극적 권리범위확인심판에서의 그것과 소극적 권리범위확인심판에서의 그것을 달리 볼 것이 아니므로 적극적 권리범위확인심판의 심결이 확정 등록된 때에는 그 일사부재리의 효력이 소극적 권리범위확인심판 청구에 대해서도 그대로 미치는 것이라고 볼 것이다(대법원 2006. 5. 26. 선고 2003후427 판결 참조).

④ |O| 일사부재리의 효력이 미치기 위한 요건으로서 동일사실이라 함은 동일 권리에 대하여 동일한 원인을 이유로 하는 특정한 사실을 가리키는 것으로서, 특허의 등록무효심판에 있어서 무효의 효과를 발생시키는 사유인 진보성의 결여와 미완성발명, 기재불비는 각각 별개의 사실을 구성한다 할 것이므로, 확정된 심결이 진보성의 결여를 이유로 하는 등록무효심판청구에 대하여 행하여진 경우, 다시 특허가 기재불비에 해당한다는 이유를 들어 등록무효심판청구를 하는 것은 다른 사실에 의한 심판청구가 되어 일사부재리에 해당하지 않는다(특허법원 2010. 6. 4. 선고 2009허7444 판결 참조).

⑤ |X| 유력한 증거인지에 관한 심리·판단이 이루어진 후 각하된 심결도 각하 심결인 이상 특허법 제163조 단서에 의거 일사부재리 효력이 인정되지 않는다. 참고판례를 아래에 소개한다.

"일사부재리 원칙에 관한 특허법 제163조는 "이 법에 따른 심판의 심결이 확정되었을 때에는 그 사건에 대해서는 누구든지 동일 사실 및 동일 증거에 의하여 다시 심판을 청구할 수 없다. 다만 확정된 심결이 각하심결인 경우에는 그러하지 아니하다."라고 규정하고 있다. 따라서 확정된 심결이 심판청구의 적법요건을 갖추지 못하여 각하된 심결인 경우에는 특허법 제163조 단서에 따라 일사부재리의 효력이 없다.

다음과 같은 점을 고려하면, 위 단서 규정은 새로 제출된 증거가 선행 확정 심결을 번복할 수 있을 만큼 유력한 증거인지에 관한 심리·판단이 이루어진 후 선행 확정 심결과 동일 증거에 의한 심판청구라는 이유로 각하된 심결인 경우에도 동일하게 적용된다고 보아야 한다.

① 종래 심판청구의 적법요건을 갖추지 못해 각하된 심결이 확정된 경우에 일사부재리의 효력이 있는지에 관하여 견해대립이 있었으나, 2001. 2. 3. 법률 제6411호로 일부 개정된 특허법에서 위 단서 규정을 신설함으로써, 각하심결에 대하여는 일사부재리의 효력이 없음을 명확히 하였다.

② 특허법 제163조의 '동일 증거'라 함은 전에 확정된 심결의 증거와 동일한 증거만이 아니라 그 심결을 번복할 수 있을 정도로 유력하지 않은 증거가 부가되는 것도 포함한다. 이에 따라 후행 심판에서 새로 제출된 증거가 확정된 심결의 증거와 동일 증거인지 판단하기 위해서는 선행 확정 심결을 번복할 수 있을지를 심리·판단하게 되고, 그 과정에서 본안에 관한 판단이 선행되는 것과 같은 결과가 발생하기도 한다. 하지만 일사부재리 원칙은 심판청구의 적법요건일 뿐이어서, 위와 같은 경우라도 일사부재리 원칙을 위반하여 심판청구가 부적법하다고 한 각하심결을 본안에 관한 실체심리가 이루어진 기각심결과 동일하게 취급하는 것은 문언의 가능한 해석 범위를 넘어선다.

③ 심판청구의 남용을 막고, 모순·저촉되는 복수의 심결이 발생하는 것을 방지하고자 하는 일사부재리 제도의 취지를 고려하더라도, 심판청구권 보장 역시 중요한 가치인 점, 현행 특허법 제163조는 일사부재리 효력이 제3자에게까지 미치도록 하고 있다는 점에서 특허법 제163조 단서의 예외를 인정하여 그 적용 범위를 확대하는 것은 정당화되기 어렵다(대법원 2021. 6. 3. 선고 2021후10077 판결 참조)."

정답 ⑤

CHAPTER 09 특허취소신청

01 특허취소신청에 관한 설명으로 옳지 않은 것을 모두 고른 것은? [2018년 기출]

> ㄱ. 누구든지 특허권의 설정등록일부터 등록공고일 후 6개월이 되는 날까지 그 특허가 특허법 제29조(특허요건)제1항제1호에 위반되는 경우에는 특허청장에게 특허취소신청을 할 수 있다.
>
> ㄴ. 특허취소신청절차가 진행 중인 특허에 대한 특허권자는 특허법 제136조(정정심판)제1항 각 호의 어느 하나에 해당하는 경우에만 제132조의13(특허취소신청에 대한 결정)제2항에 따라 지정된 기간에 특허발명의 명세서 또는 도면에 대하여 정정청구를 할 수 있다.
>
> ㄷ. 특허취소신청절차가 진행 중인 특허에 대한 특허권자가 정정청구를 한 경우에 정정을 청구할 수 있도록 지정된 기간과 그 기간의 만료일부터 2개월 이내의 기간에는 정정을 취하할 수 있다.
>
> ㄹ. 부적법한 특허취소신청으로서 그 흠을 보정할 수 없을 때에는 특허취소신청의 합의체는 특허권자에게 특허취소신청서의 부본을 송달하지 아니하고, 결정으로 그 특허취소신청을 각하할 수 있으며, 각하결정에 대해서는 결정등본송달일로부터 1주일 이내에 불복할 수 있다.
>
> ㅁ. 특허취소신청은 특허취소신청 결정등본이 송달되기 전까지만 취하할 수 있으며, 다만 특허법 제132조의13(특허취소신청에 대한 결정)제2항에 따라 특허권자 및 참가인에게 특허의 취소이유가 통지된 후에는 취하할 수 없다.

① ㄱ, ㄴ, ㄷ
② ㄱ, ㄴ, ㄹ
③ ㄱ, ㄷ, ㄹ
④ ㄴ, ㄹ, ㅁ
⑤ ㄷ, ㄹ, ㅁ

해설

ㄱ. |×| 특허취소신청은 특허청장이 아니라 특허심판원장에게 특허취소신청서를 제출한다(특허법 제132조의2 제1항).
ㄴ. |○| 특허법 제132조의17 제1항
ㄷ. |×| 2개월이 아니라 1개월이다(특허법 제132조의17 제4항 제1호).
ㄹ. |×| 특허취소신청의 각하결정은 불복할 수 없다(특허법 제132조의6 제2항).
ㅁ. |○| 특허법 제132조의12 제1항

정답 ③

02 특허취소신청에 관하여 옳지 않은 것은?

① 누구든지 특허권의 설정등록일부터 6개월이 되는 날까지 특허심판원장에게 특허취소신청을 할 수 있다.
② 특허취소결정에 대해서는 특허권자가 특허법원에 불복할 수 있으나 특허취소신청의 기각결정에 대해서는 불복할 수 없다.
③ 특허취소신청은 결정등본이 송달되기 전까지만 취하할 수 있으나 취소이유가 통지된 후에는 취하할 수 없다.
④ 특허취소신청에 대한 결정이 있을 때까지 특허권자를 보조하기 위하여 그 심리에 참가할 수 있다.
⑤ 특허취소신청에 관한 심리는 서면으로 할 뿐 구술심리는 하지 않는다

> 해 설
>
> ① 등록공고일부터 6개월이 되는 날까지이다.
> ② 특허법 제132조의13 제5항.
> ③ 특허법 제132조의12 제1항.
> ④ 특허법 제132조의9 제1항.
> ⑤ 특허법 제132조의8 제1항.

정 답 ①

03 특허취소신청에 관한 설명으로 옳은 것은?

① 공지 또는 공연 실시된 발명과 동일하거나 실질적으로 동일하다는 이유로 특허취소신청을 할 수 있다.
② 특허권의 등록공고일부터 6개월이 되는 날까지는 특허무효심판청구와 특허취소신청을 누구든지 할 수 있다.
③ 특허취소이유는 심리종결통지 전까지 추가할 수 있다.
④ 특허권에 관하여 이해관계를 가진 자는 특허무효심판과 특허취소신청 모두에서 특허권자를 보조하기 위해 심리에 참가할 수 있다.
⑤ 특허취소신청은 특허취소결정이 확정되기 전까지 청구항별로 취하할 수 있다.

> 해 설
>
> ① 특허법 제29조 제1항 제1호에 의해서는 특허취소신청이 불가능하다(특허법 제132조의2 제1항 제1호 괄호).
> ② 특허무효심판은 이해관계인 또는 심사관만 가능하다(특허법 제133조 제1항 본문).

③ 특허법 제132조의4 제2항 단서, 특허취소신청의 이유는 등록공고일부터 6개월 또는 취소이유통지 중 빠른 날까지만 추가하는 보정을 할 수 있다.
④ 특허취소신청도 특허권자측의 보조참가는 가능하다(특허법 제132조의9 제1항).
⑤ 특허법 제132조의12, 특허취소신청은 청구항마다 취하할 수 있다. 다만 결정등본 송달 전 또는 취소이유 통지 중 빠른 날까지만 취하가 가능하다.

정답 ④

04 특허취소신청에 관한 설명으로 옳은 것은?

① 미성년자의 법정대리인은 후견감독인의 동의 없이는 상대방이 청구한 특허취소신청에 대한 절차를 밟을 수 없다.
② 특허권의 등록공고일부터 6개월이 되는 날까지는 특허무효심판청구는 불가능하고, 특허취소신청만 가능하다.
③ 특허취소이유는 심리종결통지 전까지 추가할 수 있다.
④ 재외자도 특허관리인 없이 특허취소신청 절차를 밟을 수 있는 경우가 있다.
⑤ 특허취소신청은 특허취소결정이 확정되기 전까지 청구항별로 취하할 수 있다.

해설

① 특허법 제3조 제2항, 상대방이 청구한 특허취소신청은 후견인이라 할지라도 후견감독인의 동의 없이 밟을 수 있다.
② 특허법 제132조의2 제1항, 제133조 제2항, 특허무효심판은 언제든지 청구 가능하다. 특허취소신청만 특허권의 등록공고일부터 6개월이 지나면 불가능하다. 즉 등록공고일부터 6개월 이내에는 특허취소신청 또는 특허무효심판청구 모두 가능하다.
③ 특허법 제132조의4 제2항 단서, 특허취소신청의 이유는 등록공고일부터 6개월 또는 취소이유통지 중 빠른 날까지만 추가하는 보정을 할 수 있다.
④ 특허법 제5조 제1항, 국내에 체류하는 경우에는 재외자도 특허관리인 없이 특허에 관한 절차를 밟을 수 있다.
⑤ 특허법 제132조의12, 특허취소신청은 청구항마다 취하할 수 있다. 다만 결정등본 송달 전 또는 취소이유 통지 중 빠른 날까지만 취하가 가능하다.

정답 ④

05 특허취소신청제도와 특허무효심판제도의 비교에 관한 설명으로 옳지 않은 것은? [2020년 기출]

① 특허취소신청은 결정계로 누구든지 신청인이 될 수 있는 반면에, 무효심판은 당사자계로 이해관계인 또는 심사관이 심판을 청구할 수 있다.
② 특허취소신청은 청구항이 둘 이상인 경우에 청구항마다 할 수 없지만, 무효심판은 청구항이 둘 이상인 경우에는 청구항마다 청구할 수 있다.
③ 특허취소신청은 물론이고 무효심판에서도 특허권자는 지정된 기간에 특허발명의 명세서 또는 도면에 대하여 정정청구를 할 수 있다.
④ 특허취소신청에 관한 심리는 서면으로 하는 반면에, 무효심판은 구술심리 또는 서면심리로 한다.
⑤ 특허취소신청은 특허권의 설정등록일부터 등록공고일 후 6개월이 되는 날까지 신청할 수 있으나, 무효심판은 특허권이 소멸된 후에도 청구할 수 있다.

해설

① 특허취소신청은 특허청에서는 결정계로 소개한다. 특허무효심판은 당사자계이다. 특허취소신청은 누구든지 신청 가능하나(특허법 제132조의2 제1항), 특허무효심판은 이해관계인 또는 심사관에 한해 청구 가능하다(특허법 제133조 제1항).
② 특허취소신청, 특허무효심판, 권리범위확인심판은 청구항별로 청구할 수 있다(특허법 제132조의2 제1항 후단, 제133조 제1항 후단, 제135조 제3항).
③ 특허취소신청에서는 취소이유통지에 따른 지정기간에 정정청구가 가능하다(특허법 제132조의3 제1항). 특허무효심판에서는 답변서제출기간(지정기간), 직권심리에 따른 의견서제출기간(지정기간), 청구인이 새로운 주장·증거 제출했을 때 심판장이 부여한 지정기간에 정정청구가 가능하다(특허법 제133조의2 제1항).
④ 특허취소신청은 서면으로 진행하고 구술을 진행하지 않는다(특허법 제132조의8 제1항). 특허무효심판은 서면 또는 구술로 심리한다(특허법 제154조 제1항).
⑤ 특허취소신청은 등록공고일 후 6개월까지만 가능하고(특허법 제132조의2 제1항), 특허권 소멸 후에는 불가하다(심판편람). 특허무효심판은 등록공고일부터 6개월 전에도 가능하고 그 후에도 가능하며, 특허권이 소급소멸된 경우가 아니면 특허권 소멸 후에도 가능하다(특허법 제133조 제2항).

정답 ②

CHAPTER 10 거절결정불복심판

01 재심사 청구 및 거절결정불복심판에 대한 특허법의 태도로 옳은 것은?

① 특허출원인은 그 특허출원에 관하여 거절결정등본을 송달받은 날부터 3개월이 경과하면 재심사 청구를 할 수 있는 경우는 없다.

② 출원인은 거절결정불복심판을 청구한 후라도 거절결정등본 송달일로부터 3개월 이전이라면 재심사를 함께 청구할 수도 있다.

③ 재심사 청구인은 재심사 청구와 동시에 특허출원서에 첨부된 명세서 또는 도면을 보정하여야 한다. 여기서 보정은 실질적 내용을 보정하는 경우를 의미하므로 형식적 보정의 경우에는 적법한 재심사 청구로 인정하지 않는다.

④ 상기 ③의 경우 재심사 청구를 하면서 보정서를 제출하지 않고, 의견서만을 제출하여 거절이유가 없음을 주장한 경우 이러한 주장이 타당하다면 재심사 단계에서 심사관이 등록결정을 할 수도 있다.

⑤ 재심사를 청구하여 재심사 결과 거절이유를 극복할 수 없는 경우 출원인은 거절결정불복심판을 청구할 수 있고, 거절결정불복심판 청구를 한 후에 보정을 할 수 있는 경우도 있다.

해설

① |×| 특허출원인은 그 특허출원에 관하여 거절결정등본을 송달받은 날부터 3개월(법 제15조 제1항에 따라 법 제132조의17에 따른 기간이 연장된 경우 그 연장된 기간을 말한다) 이내에 특허출원의 특허출원서에 첨부된 명세서 또는 도면을 보정하여 해당 특허출원에 관하여 재심사(이하 "재심사"라 한다)를 청구할 수 있다(법 제67조의2 제1항 본문). 즉, 기간이 연장되면 연장된 기간에도 재심사 청구가 가능하다.

② |×| 거절결정불복심판 청구와 재심사 청구는 선택적 사항이므로, 거절결정불복심판 청구한 상태에서는 재심사 청구를 할 수 없다(법 제67조의2 제1항 단서). 다만 참고로 거절결정불복심판 청구를 취하하면 거절결정불복심판 청구 상태가 아니게 되어 거절결정등본 송달일로부터 3개월 이내 재심사 청구할 수 있다(심사기준).

③ |×| 재심사 청구인은 재심사 청구와 동시에 특허출원서에 첨부된 명세서 또는 도면을 보정하여야 한다(법 제67조의2 제1항 본문, 법 제47조 제1항 제3호). 여기서 보정은 형식적 보정을 의미하므로 실질적 내용을 보정하지 않은 경우에도 재심사 청구의 대상이 된다(심사기준).

④ |×| 재심사 청구시에 보정을 해야한다. 또한, 재심사 청구는 한번만 허용되고, 거절결정불복심판을 청구하면 재심사를 청구할 수 없다. 이에 위반하여 특허출원서에 첨부된 명세서 또는 도면의 보정 없이 재심사를 청구하거나 법 제67조의 2제1항 단서에 해당하여 재심사를 청구할 수 없는 경우임에도 불구하고 재심사를 청구하면 소명기회를 부여받고 재심사 청구서는 반려된다(시행규칙 제11조 제1항 제14호).

⑤ |O| 일반적으로 재심사에 따른 재거절등본이 송달되어 거절결정불복심판을 청구하는 경우에는 보정을 할 수 없다. 그러나, 심판에서 심판관이 새로운 거절이유를 발견하여 거절이유통지를 하거나, 심판이 심사국으로 환송된 후에 심사관이 새로운 거절이유를 발견하여 거절이유를 통지하는 경우라면 보정을 할 수도 있다.

정답 ⑤

02 특허거절결정에 대한 심판에 관한 다음 설명 중 잘못된 것은?

① 심사에서 밟은 특허에 관한 절차는 거절결정에 대한 심판에서도 그 효력이 있다.
② 거절결정에 대한 심판청구를 미성년자가 독립하여 법률행위를 할 수 있는 경우를 제외하고 법정대리인에 의하지 않고 한 경우 그 심판청구서는 결정으로 각하된다.
③ 거절결정불복심판에서 원결정을 취소할 때에는 반드시 이를 다시 심사에 붙일 것이라는 심결을 하여야 한다.
④ 거절결정에 대한 심판에 있어서 신규사항을 추가하지 않는 한 출원서에 최초로 첨부한 명세서의 청구범위를 확장하는 보정을 할 수 있는 경우가 있다.
⑤ 특허거절에 대한 심판에 있어서는 최후거절이유통지 후의 보정이 청구범위를 실질적으로 변경한 경우라도 그 보정이 각하되지 않는 경우가 있다.

해설

① |O| 법 제172조. ② |O| 법 제141조
③ |X| 심판에서 특허거절결정, 특허권의 존속기간의 연장등록거절결정을 취소할 경우에는 심사에 붙일 것이라는 심결을 할 수 있다. 즉, 거절결정불복심판에서는 상기와 같은 파기환송이 강제되지 않으며, 자판도 가능하다.
④ |O| 거절결정불복심판의 심리 중 심사에서 지적되지 아니한 새로운 거절이유가 발견된 경우에는 심판관은 최초거절이유를 통지한다(법 제170조 제1항 준용 법 제147조). 이러한 경우에 출원인은 신규사항을 추가하지 않는 범위 내에서 명세서 등을 보정하는 것이 가능하다.
⑤ |O| 법 제170조 제1항 괄호. 심사단계에서의 최후거절이유통지에 따른 보정이 보정의 허용범위를 벗어난 잘못된 보정임에도 불구하고 보정각하되지 않고 심판단계에서 발견된 경우에는 그 보정을 각하하지 않는다. 즉, 심판단계에서는 심판청구 전의 최후거절이유통지에 대한 보정에 대해서는 각하하지 않고 그 보정에 의해 거절이유가 존재하는 경우에는 최후성에 준하는 거절이유를 통지한다.

정답 ③

03 특허법상 심판에 관한 설명으로 옳지 않은 것은? [2010년 기출]

① 보정각하결정이 있었던 경우에는 거절결정불복심판을 담당하는 심판관은 심사단계와 다른 새로운 거절이유를 발견하더라도 특허출원인에게 별도의 의견서 제출기회를 주지 않고 거절결정의 자판(自判)을 할 수 있다.
② 특허거절결정에 대한 불복심판이 특허법원에서 취소되어 환송된 경우에 당해 환송사건을 심리하는 심판관은 출원인에게 의견제출기회가 주어졌다면, 종전과 다른 거절사유를 들어 또다시 등록을 거절하는 내용의 심결을 할 수 있다.
③ 거절결정불복심판에서 심판관은 거절이유를 발견할 수 없는 경우에는 직접 특허결정을 할 수 있다.
④ 이용관계로 인한 통상실시권 허여의 심판에 있어서 실시권자는 다른 특허권자에게 지급하여야 할 대가에 대하여 독립해서 특허법원에 심결취소소송을 제기할 수 있다.
⑤ 권리범위확인심판에 있어서는 청구항마다 심판을 청구하거나 취하하는 것이 가능하다.

해설

① |×| 심판관은 원거절이유에 대해서는 심판청구인에게 다시 거절이유를 통지하지 않으나, 새로이 다른 거절이유를 발견한 경우에는 심판청구인에게 거절이유를 통지하고 기간을 정하여 의견서 제출기회를 주어야 한다(법 제170조 제2항, 법 제170조 제1항 준용 법 제63조).
② |○| 특단의 사정이 없는 한 판결의 취소된 이유에 반하여 심결이나 결정을 할 수 없으나, 다만 출원인에게 의견제출기회가 주어졌다면 종전과 다른 새로운 거절이유에 의하여 다시 특허거절결정을 할 수 있다(특허법원 2005허2724; 2000허976).
③ |○| 원결정이 위법·부당하여 심판청구가 이유 있다고 인정되는 때에는 심결로서 특허거절결정을 취소하여야 한다. 이 때 심판관은 i) 당해 사건을 자판하여 특허심결(법 제170조 제1항 준용 법 제66조)하거나 ii) 심사에 붙일 것이라는 심결 즉, 심사국으로 환송할 수도 있다(법 제176조 제1항 및 제2항). 한편, 위 지문에서 '특허결정을 할 수 있다'는 표현보다는 '특허심결을 할 수 있다'라고 해야 올바른 표현이다.
④ |×| 통상실시권자는 특허권자·실용신안권자·디자인권자 또는 그 전용실시권자에 대하여 대가를 지급하여야 한다(법 제138조 제4항). 통상실시권 허여 심결에서 정한 대가의 심결 및 심판비용의 심결 또는 결정에 대하여는 독립하여 특허법원에 소를 제기할 수 없고(법 제186조 제7항), 대가 또는 비용에 대하여 불복하고자 하는 경우에는 법원에 별도로 소송을 제기하여야 한다(법 제190조 및 법 제191조).
⑤ |○| 권리범위확인심판의 경우 청구범위의 청구항이 2이상인 때에는 청구항마다 심판을 청구할 수 있다(법 제135조 제2항). 또한, 심판 취하의 경우 심판청구의 전부를 취하의 대상으로 하는 것이 원칙이고 청구범위에 기재된 2이상의 청구항에 관한 특허무효심판 또는 권리범위확인심판청구는 청구항마다 취하할 수 있다(법 제161조 제2항).

정답 ①, ④

04 특허거절결정 및 이에 대한 불복심판에 관한 설명으로 옳지 않은 것은? (다툼이 있는 경우에는 판례에 의함)

[2011년 기출]

① 다수의 청구항이 있는 특허출원에 있어서 단지 하나의 청구항에만 거절이유가 있는 경우라도 그 특허출원 전체에 대하여 특허거절결정을 하여야 한다.
② 특허법 제36조(선출원)를 이유로 하는 거절결정에 대하여 불복심판을 제기하지 않아 거절결정이 확정된 이후에 선출원된 등록권리가 무권리자의 출원임을 이유로 소급하여 무효가 되었다고 하더라도, 재심으로 그 거절결정에 대하여 다툴 수 없다.
③ 특허거절결정에 대한 심판은 특허를 받을 수 있는 권리가 공유인 경우 공유자 전원이 청구하여야 하며, 일부 공유자가 누락된 경우 심판청구기간 이내에는 청구인을 추가하는 보정이 가능하나 심판청구기간이 경과한 후 청구인을 추가하는 보정은 심판청구서의 요지변경에 해당되어 허용되지 않는다.
④ 특허거절결정의 이유 중에 심사관이 통지하지 않은 거절이유가 일부 포함되어있다 하더라도, 특허거절결정에 대한 심판청구를 기각하는 심결이유가 심사관이 통지하지 아니한 거절이유를 들어 특허거절결정을 유지하는 것이 아니라면, 그와 같은 사유만으로 심결이 위법하다고는 할 수 없다.
⑤ 특허거절결정 후 재심사의 청구가 있는 경우, 그 청구 전의 심사단계에서 한 보정각하결정에 대하여는 거절결정불복심판에서 다툴 수 없다.

> 해설

① |O| 출원일체의 원칙
② |O| 당사자는 확정된 심결에 대하여만 재심을 청구할 수 있다(법 제178조 제1항). 거절결정에 대하여 불복심판을 제기하지 아니한 이상 심결 자체가 존재하지 않는바 재심청구의 대상이 될 수 없다.
③ |X| 종래에는 청구인과 피청구인의 보정은 오기의 정정과 같이 그 동일성을 잃지 않는 경우를 제외하고는 요지변경으로 취급하였다. 따라서 종래에는 공유특허권자 중 일부만을 심판의 당사자로 한 후 나머지 공유자를 보충하는 경우도 요지변경으로 보았다. 다만, 판례는 아직 심판청구기간이 도과되기 전이라면 나머지 공동출원인을 추가하는 보정을 허용하는 것이 심판경제상 타당하다고 보았다(대법원 2005.5.27. 선고 2003후182 판결). 그러나 개정법(09.1.30 시행)에서는 실수로 인해 심판이 각하(법 제142조)되는 사례를 방지하기 위해 i) 통상적 심판의 경우 특허권자의 기재를 바로잡기 위하여 보정(추가하는 것을 포함한다)하는 경우(법 제140조 제2항 제1호), ii) 거절결정불복 심판의 경우 청구인의 기재를 바로잡기 위하여 보정(추가하는 것을 포함한다)하는 경우(법 제140조의2 제2항 제1호)는 요지변경이 아닌 것으로 취급하여, 심판경제를 도모하고 있다. 따라서 현행법에서는 심판청구기간이 경과한 후에도 거절결정불복심판에서 청구인 추가보정이 가능하다.
④ |O| 구 특허법(2007. 1. 3. 법률 제8197호로 개정되기 전의 것. 이하 같다) 제63조 본문은 심사관은 제62조의 규정에 의하여 특허거절결정을 하고자 할 때에는 그 특허출원인에게 거절이유를 통지하고 기간을 정하여 의견서를 제출할 수 있는 기회를 주어야 한다고 정하고 있다. 그러나 심사관이 특허출원인에게 거절이유를 통지하여 의견서를 제출할 수 있는 기회를 주지 아니하고 특허거절결정을 하였고 또 그 거절결정의 이유 중에 심사관이 통지하지 아니한 거절이유가 일부 포함되어 있다 하더라도, 후에 특허거절결정에 대한 심판청구를 기각하는 심결이 있는 경우에

그 심결이 위 규정상의 통지를 하지 아니한 거절이유를 들어 특허거절결정을 유지한 것이 아니라면, 위와 같은 통지 흠결의 사유만으로 그 심결을 위법하다고 할 수 없다(대법원 2010.4.29. 선고 2009후4285 판결; 대법원 2009. 12. 10. 선고 2007후3820 판결 등 참조).

⑤ IOI 재심사 청구가 있는 경우 그 청구 전에 한 각하결정에 대해서는 거절결정불복심판에서 다툴 수 없다(법 제51조 제3항 괄호). 즉, 재심사 청구가 있는 경우 재거절이 되어, 불복심판단계로 진입하는 경우에는 재심사 청구 전에 한 보정각하(일반심사과정에서 발생한 보정각하)에 대해서는 이미 재심사 단계에서 다툰 것이므로 거절결정 불복심판에서는 불복의 대상에서 제외된다.

정답 ③

CHAPTER 11 특허무효심판 / 특허의 정정청구 / 존속기간연장등록무효심판

01 특허무효심판의 청구에 관련하여 타당하지 아니한 것은?

① 무효심판청구인은 심판청구서 전체의 취지에 비추어 등록된 권리를 중심으로 하여 적어도 그 동일성을 해하지 아니하는 범위 안에서 심판청구서를 보정할 수 있다.
② 청구항이 2이상 있는 특허권에 대한 무효심판이 전체 청구항에 대해 청구된 경우라 하여도 심판관합의체는 일부 청구항에만 무효사유가 있음을 이유로 일부무효, 일부기각의 심결을 내릴 수 있다.
③ 동일한 특허권에 대하여 이해관계인들이 각각 특허무효심판을 청구한 경우에 두 심판의 심리나 심결을 병합할 것인지는 심판관의 재량이다.
④ 무효심판 청구인이 무효심판청구의 이해관계가 있는지 여부에 대해 당사자 사이에 다툼이 없는 이상 심판 청구를 부적법하다고 하여 각하할 수는 없다.
⑤ 심판청구인의 이해관계의 성립여부에 대한 판단은 실무상 심결시를 기준으로 한다.

해설

① |O| 대법원 1987.1.20. 선고 85후119 판결. 특허법 제140조의 규정에 의하면 심판청구서의 보정에 있어서는 청구의 이유를 제외하고는 그 요지를 변경할 수 없게 되어 있는 바, 여기서 변경할 수 없는 "요지"라 함은 청구의 취지 및 이유 등 심판청구서 전체의 취지를 살펴보아 등록된 권리를 중심으로 하여 적어도 그 동일성을 해하지 아니하는 범위내의 것을 말한다.
② |O| 청구범위에 관하여 다항제를 채택하고 있는 우리나라에 있어서 특허청구범위의 항이 2이상인 경우 그 청구범위의 항마다 무효로 할 수 있다(대법원 1994. 4. 15. 선고 90후1567 판결). 따라서, 청구인이 심판청구한 청구항 중 무효사유가 있는 청구항에 대해서는 무효로 하고 타 청구항은 무효로 하지 아니한다.
③ |O| 대법원 1989.11.28. 선고 89후469 판결 등 다수. 동일한 당사자 사이에 어느 등록상표에 대한 등록무효심판청구사건과 그 사건에서 무효주장의 근거가 된 인용상표에 대한 등록무효청구사건이 때를 같이 하여 심판의 대상이 되어 있더라도 이들의 심리나 심결을 병합할 것인지 여부는 심판관의 재량에 맡겨진 것이고 반드시 병합심리하여야 하는 것은 아니다.
④ |X| 대법원 1983.12.27. 선고 82후58 판결. 당사자 사이에 다툼이 없다 하여 이건 심판청구인을 이해관계인으로 단정하였음은 심판청구의 적법여부에 대하여 심리를 다하지 아니한 위법이 있다 할 것이다.
⑤ |O| 심판청구인의 이해관계 유무는 심판청구요건으로서 심결시를 기준으로 판단한다.

정답 ④

02 특허무효심판에 대한 다음 설명 중 맞는 것은?　　　　　　　　　　　　　　　　　[1998년 기출]

① 청구항이 둘이 있는 특허에 대하여 무효심판이 청구된 후 청구항 하나의 특허권을 포기한 경우에는 그 청구항의 무효이유에 대하여는 심판에서 심리를 하지 아니한다.
② 특허권 설정 후에 발생한 사유는 특허무효원인이 될 수 없다.
③ 특허무효심판의 피청구인의 지위는 상속인에 승계된다.
④ 특허무효심판의 청구는 상대방의 승낙 없이는 취하할 수 없다.
⑤ 특허의 무효가 확정되면 그 특허권은 장래에 향하여 효력이 없다.

해 설

① |×| 특허권자는 특허권 자체를 포기할 수도 있고, 청구범위에 2이상의 청구항이 기재되고 있는 경우에는 각 청구항 별로 포기할 수도 있다(법 제215조). 포기시 특허권은 장래를 향하여 소멸하므로, 이를 무효심판에 의해 소급적으로 소멸시킬 실익이 존재한다. 따라서 심판청구된 청구항 중 포기된 청구항에 대하여도 심리를 진행하여야 한다.
② |×| 특허된 후 그 특허권자가 법 제25조의 규정에 의하여 특허권을 향유할 수 없는 자로 되거나 그 특허가 조약에 위반된 경우에는 후발적인 특허무효사유가 된다(법 제133조 제1항 제4호).
③ |○| 특허무효심판의 계속중 피청구인이 사망한 경우에는 절차가 중단되고 그 지위는 상속인에게 승계된다. 다만, 절차를 진행할 위임대리인이 있는 경우에는 절차는 중단되지 않는다(법 제20조).
④ |×| 심판청구의 취하는 상대방의 동의 없이도 취하할 수 있으나 상대방으로부터 답변서의 제출이 있는 때에는 그의 동의를 얻어야 한다(법 제161조 제1항). 결국 상대방이 답변서를 제출하지 않은 경우라면 상대방의 동의(승낙) 없이도 심판청구를 취하할 수 있다.
⑤ |×| 특허무효심결이 확정되면 후발적 무효사유를 제외하고는 그 특허권은 처음부터 없었던 것으로 본다(법 제133조 제3항).

정답 ③

03 무효심판에 관하여 다음 중 틀린 것은?　　　　　　　　　　　　　　　　　　　[1999년 기출]

① 특허무효심판은 청구의 이익이 있는 한 특허권이 소멸된 후에도 청구할 수 있다.
② 특허가 무효된 경우 무효심결 확정 전에 지급 받은 실시료는 상대방에게 반환하여야 한다.
③ 특허권은 무효사유가 존재하고 있다고 해서 무효가 되는 것이 아니라 심판의 심결에 의해서만 무효가 된다.
④ 2이상의 청구항에 관하여 일부 무효심판이 청구된 때에는 청구항마다 심판청구의 일부 취하를 할 수 있다.
⑤ 청구범위의 독립항과 종속항의 기재가 특허법시행령 제5조(청구범위의 기재방법)의 요건에 위반된 경우 이것을 이유로 특허무효심판을 청구할 수 없다.

해 설

① |O| 특허권의 존속기간 중에는 물론 특허권이 소멸된 후에도 청구의 이익이 있는 한 특허무효심판을 청구할 수 있다(법 제133조 제2항). 특허권이 소멸된 후라도 소멸되기 전의 제3자의 실시에 대해서는 특허권자가 권리행사를 할 수 있기 때문에 특허를 무효로 시킬 실익이 있다. 한편, 후발적 사유에 의하여 무효가 된 경우를 제외하고는 특허권이 무효심결확정에 의하여 소급하여 소멸한 경우에는 특허무효심판 청구의 이익이 없으므로 청구한 무효심판은 심결각하된다.

② |X| i) 실시료를 지불한 자가 발명을 실시하여 이익을 얻은 경우 실시료를 지불하였다고 하더라도 손해를 입은 것이 아니므로 부당이득의 법리를 적용할 것이 아니라는 견해(제1설)와 ii) 실시자가 발명의 실시로 인해 얻은 이익은 누구나 실시할 수 있는 자유기술영역(public domain)의 실시로 인해 얻은 이익이므로 부당이득반환청구를 할 수 있다고 보는 견해(제2설)가 대립하는데, iii) 사견으로는 특허권이 무효 확정 전에는 특허권자나 실시권자만 실시할 수 있었을 것으로서 사실상 특허권이 존재하는 동안에 타인의 실시가 금지되어 실시권자도 반사적 이익을 얻어왔다고 할 수 있으므로 제1설(다수설)이 타당하다고 본다.

③ |O| 실용신안법은 실용신안등록이 일정한 사유에 해당하는 경우에 별도로 마련한 실용신안등록의 무효심판절차를 거쳐 무효로 할 수 있도록 규정하고 있으므로, 등록실용신안은 일단 등록이 된 이상 이와 같은 심판에 의하여 실용신안등록을 무효로 한다는 심결이 확정되지 않는 한 유효하며, 위와 같은 실용신안등록을 무효로 할 수 있는 사유가 있더라도 다른 절차에서 그 전제로서 실용신안등록이 당연 무효라고 판단할 수 없다(大判 97후2095 ; 2000후693 ; 2000후1283 등).

④ |O| 법 제161조 제2항

⑤ |O| 특허무효사유에는 법 제42조 제3항 제2호, 법 제42조 제8항(시행령 제5조) 및 법 제45조(시행령 제6조)는 포함되지 않는다.

정답 ②

04 다음 중 옳은 것을 모두 고른 것은? [2004년 기출]

> (가) 특허권이 특허료의 불납으로 소멸한 경우에도 이해관계인은 특허무효심판을 청구할 수 있다.
> (나) 권리범위확인심판이 계속되는 중에 확인대상발명을 실시하는 자가 확인대상발명이 특허발명의 권리범위에 속함을 인정하고 특허권을 침해하지 않겠다는 취지의 합의를 한 경우에는 권리범위확인심판의 청구는 각하된다.
> (다) 당해 특허발명을 장차 제조·판매할 것을 현실로 희망하는 자는 특허무효심판을 청구할 수 있는 이해관계인이고, 또한 이해관계인의 여부는 심결시를 기준으로 판단하여야 한다.
> (라) 법인이 타인의 특허권과 동일한 물품을 제조하는 경우에 그 법인의 대표자는 개인명의로 특허의 무효심판을 청구할 수 있는 이해관계를 갖는다.

① (가), (나)
② (가), (나), (다)
③ (가), (나), (라)
④ (가), (다), (라)
⑤ (나), (다), (라)

해설

(가) |O| 특허무효심판은 특허권이 소급적으로 소멸한 경우가 아닌 한 특허권이 소멸된 후에도 청구할 수 있다(특허법 제133조제2항). 판례 역시 "특허권이 특허료의 불납으로 소멸한 경우에도 이해관계인은 특허권의 무효심판을 청구할 수 있으며, 이해관계는 심판청구 당시에 존재함으로써 족한 것이지 특허권이 존속하고 있는 기간 중에 존재하여야 하는 것은 아니다."라고 판시한바 있다(大判 88후578).

(나) |O| 일반적으로 특허발명의 권리범위에 속함을 인정하고 특허권을 침해하지 않겠다는 취지의 합의를 한 경우에는 더 이상 권리범위확인심판의 이해관계가 있다고 할 수 없으므로 심판청구는 그 이익이 없어서 부적합하게 되므로 심판청구는 심결로써 각하된다. 그러나 이는 각 사안별로 각기 달리 판단해야 한다. 판례는 "등록고안의 실용신안권자 갑과 그로부터 실용신안권 침해의 고소를 당한 을 사이에 을이 그 등록고안의 권리를 인정하고 그 권리에 위반되는 행위를 하지 않는다는 내용의 약정을 하였다 하더라도, 문언상으로는 그 합의의 취지를 을이 갑의 등록고안에 대한 정당한 권리를 인정하고 그 권리에 위반되는 행위를 하지 아니하기로 한 것으로 볼 수 있을 뿐이어서, 그 합의로써 곧바로 을이 자신이 실시했던 특정 고안이 그 등록고안의 권리범위에 속함을 인정하였다거나 그 등록고안의 권리범위를 확인하는 심판청구권까지를 포기하기로 한 것으로 볼 수 없으므로, 그와 같은 합의가 있었다는 사정만으로 심판청구인의 권리범위확인심판에 관한 이해관계가 소멸하였다고 할 수는 없다(大判 95후1050)"고 판시한 것도 있다.

(다) |O| 실용신안등록의 무효심판을 청구할 수 있는 이해관계인이라 함은 당해 등록실용신안과 동종의 물품을 제조 판매하거나 제조 판매할 업자로서 당해 등록실용신안의 권리존속으로 인하여 그 권리자로부터 권리의 대항을 받거나 받을 염려가 있어 그 피해를 받는 직접적이고도 현실적인 이해관계가 있는 사람을 말하나 이에는 장차 제조 판매할 것을 현실로 희망하는 자도 포함된다고 할 것이며 이해관계인인 여부는 심결당시를 기준으로 판단하여야 한다(大判 81후59).

(라) |×| 법인의 대표자 개인이 개인명의로 특허무효심판을 청구하고 그 법인이 특허권과 동종의 물품제조를 영업내용을 하는 등의 이유로 하여 이해관계를 주장하는 경우, 법인으로서는 그 영업내용상 이해관계가 있다고 하더라도 그 법인의 대표자는 대표자로서 그 법인의 영업에 관여하고 있는 것이지 개인으로서 관여하는 것이 아니므로 그 대표자 개인은 당해 심판사건에 관하여 이해관계가 없다(심판편람). 이와 구별해야 할 사안으로서 판례는 대표이사 명의로 등록된 특허발명을 회사가 실시하고 있고 타인의 특허권과 분쟁이 발생한 사안에서 "당해 특허발명의 대상물품과 동종물품의 제조를 영업으로 하는 회사의 대표이사이고 당해 특허발명과 같은 종류의 등록고안의 권리자이며 당해 특허발명의 진정한 발명자가 자신이라고 다투고 있는 사람은 당해 특허의 소멸에 직접적이고도 현실적인 이해관계가 있는 자로 무효심판을 청구할 수 있는 이해관계에 해당한다(大判 2003후373)", 고 판시하여 대표이사 개인의 무효심판 청구인 적격을 긍정하였다.

정답 ②

05 특허무효심판과 정정청구에 대한 설명으로 틀린 것은?

① 무효심판에서의 정정이 청구범위를 감축 및 잘못된 기재를 정정하는 경우 정정 후 청구범위에 기재된 사항이 특허출원을 한 때에 특허 받을 수 있는 것이어야 하지만 특허무효심판이 청구된 청구항을 정정하는 경우는 그러하지 아니하다.
② 무효심판에서의 정정이 부적법한 경우 심판관은 의견서를 제출할 수 있는 기회를 주어야 하며 이는 강행규정이다.
③ 무효심판절차에서 심판장의 심판청구에 따른 답변서제출기회 또는 직권심리에 따른 의견진술기회부여의 기간 이후에도 정정청구를 할 수 있는 경우가 있다.
④ 특허권이 공유인 경우 정정청구는 공유자 전원이 하여야 한다.
⑤ 특허의 정정에 대하여 심리한 결과 부적법한 경우 심판관은 기각심결 하여야 한다.

해 설

① |O| 법 제133조의2 제5항. 무효심판 청구된 청구항에 대하여는 특허요건을 판단하는 바 동일한 사항이 중복하여 판단되는 심판 불경제를 막고자 개정법에서 신설되었다.
② |O| 법 제133조의2 제4항 및 법 제136조 제6항.
③ |O| 법 제133조의2 제1항 후단. 심판장은 법 제147조 제1항의 기간 후에도 무효심판청구인의 증거서류의 제출로 인하여 정정청구를 허용할 필요가 있다고 판단되는 경우에 기간을 정하여 별도의 정정청구를 할 수 있다. 다만 심판지연의 목적으로 정정청구하는 것을 방지하기 위해 정정청구를 허용할 필요가 있는 경우로 제한하고 있다.
④ |O| 법 제133조의2 제4항 및 법 제139조 제3항.
⑤ |X| 특허의 정정에 대하여 심리한 결과 부적법한 경우 별도의 각하 결정없이 심결의 이유란에 특허의 정정 불채택 이유를 기재한다. 이는 정정심판의 경우에 기각심결을 하는 것과 다른 점이다.

정답 ⑤

06 甲은 제품 X를 국내에서 직접 생산하는 제조업자이고, 乙은 甲으로부터 제품 X를 납품받아 판매하는 판매업자이다. 특허권자 丙은 乙의 제품 X가 자신의 특허권P(청구항 제1항 내지 제10항)를 직접 침해하고 있다고 판단하여 乙에게 서면으로 침해 경고장(청구항 제1항 내지 제3항을 침해한다고 기재)을 송부하였다. 乙은 丙으로부터 침해 경고장을 수령한 후에 특허 무효 조사를 실시하여 특허권 P의 청구항 제1항 및 제2항에 대한 진보성의 흠결을 입증할 수 있는 유력한 증거E를 확인하였고, 청구항 제3항은 잘못 기재된 사항이 있음을 확인하였다. 甲, 乙 및 丙이 각각 취할 수 있는 특허법상의 조치에 관한 설명으로 옳지 않은 것은? (다툼이 있으면 판례에 따름)   [2023년 기출]

① 乙은 판매하는 제품 X가 丙의 특허권 P의 제1항 및 제2항의 권리 범위에 속하지 않는다는 청구 취지로 특허법 제135조의 권리범위 확인심판을 청구할 수 있다.

② 丙은 甲에 의해서 특허무효심판(증거 E를 제출하며 청구항 제1항 및 제2항의 진보성 흠결을 청구 이유로 기재)이 청구된 후 지정 기간 내에 특허권 P의 청구항 제3항에 대해서 정정을 청구할 수 있다.

③ 甲과 乙은 특허권 P의 청구항 제1항 및 제2항에 대해서 특허법 제29조 위반을 주장하고 청구항 제3항에 대해서 특허법 제42조 제4항 위반을 주장하는 심판청구서를 공동으로 특허심판원에 제출할 수 있다.

④ 乙이 丙을 상대로 특허권 P에 대한 특허무효심판(청구항 제3항에 대해서 특허법 제42조 제4항 위반을 청구 이유로 기재)을 청구하여 특허심판원에 계속 중인 경우, 丙은 특허권 P에 대한 정정심판을 청구하여 두 심판에 대한 심리의 병합을 신청할 수있다.

⑤ 甲에 의해서 청구된 특허무효심판에서 丙이 답변서를 제출하였음에도 인용심결이 나온 경우 甲은 반드시 丙의 동의를 받아야만 특허무효심판의 취하를 할 수 있다.

해설

① |O| 乙은 경고장도 받았고 제품 X 실시 중인 자이므로 丙 특허권 존속에 이해관계 있어 소극적 권리범위확인심판 청구인 적격 인정된다.

② |O| 답변서제출기간, 직권심리에 따른 의견서 제출기간, 새로운 주장·증거 제출로 지정기간 주어진 경우 정정청구 가능하다(특허법 제133조의2 제1항).

③ |O| 甲과 乙 모두 제품 X 실시 중인 자이므로 丙 특허권 존속에 이해관계 있어 특허무효심판 청구인 적격 인정되며, 이해관계인은 공동으로 무효심판 청구 가능하다(특허법 제139조 제1항).

④ |×| 특허무효심판 심판원 계속 중인 때에는 정정심판청구 불가하다(특허법 제136조 제2항).

⑤ |O| 피청구인 답변서 제출 후에는 피청구인 동의 받아야만 심판청구 취하 가능하며, 심판청구 취하는 심결 확정 전까지 가능하므로 인용심결 후에도 확정 전이라면 취하할 수 있다(특허법 제161조 제1항).

정답 ④

07 다음은 특허의 정정과 정정심판에 관한 설명이다. 맞는 것으로만 연결된 것은?

> (가) 특허권자는 법정실시권자가 있는 경우 반드시 그 자의 동의를 얻어야 정정심판을 청구할 수 있다.
>
> (나) 정정청구 또는 정정심판에 있어서, 출원서에 최초로 첨부된 명세서 또는 도면에 기재된 범위 이내에서 정정을 해야 하는 경우가 있다.
>
> (다) 청구항의 수를 증가하는 정정이 인정되는 경우가 있다.
>
> (라) 정정심판은 특허권이 무효된 경우가 아니라면 특허권이 소멸된 후에라도 제한 없이 청구할 수 있다.
>
> (마) 정정심판의 청구가 있을 때에는 심판장은 그 취지를 그 특허권에 관한 전용실시권자 기타 특허에 관하여 등록한 권리를 가지는 자에게 통지하여야 한다.

① (가), (라) ② (라), (마)
③ (가), (다) ④ (나), (다)
⑤ (가), (마)

해 설

(가) |×| 법정실시권자 중 직무발명에 의한 통상실시권자의 동의만 얻어도 정정심판의 청구가 가능하다(법 제136조 제8항).

(나) |○| 법 제136조 제3항, 잘못된 기재를 정정하는 경우에는 출원서에 최초로 첨부된 명세서 또는 도면에 기재된 범위 이내에서 할 수 있다.

(다) |○| 청구항 8항이 '제1항 내지 제7항 중 어느 한 항에 있어서....' 이었는데, 정정을 통해 청구항 8항을 삭제하면서, 청구항 9항, 10항, 11항을 신설하면서 각각 '제1항에 있어서....', '제2항에 있어서....', '제3항에 있어서....'로 한 경우가 그러하다.

(라) |×| 정정심판은 특허권이 소멸된 후라도 청구할 수 있다. 다만 무효심판이 심판원에 계속 중인 경우 그러하지 아니하다.

(마) |×| 결정계 심판인 정정심판에 대해서는 심판장의 통지의무는 없다.

정답 ④

08 다음 설명 중 옳은 것은? (다툼이 있는 경우 판례에 의함)

① 특허를 무효로 한다는 심결에 대한 취소소송의 계속중 다른 사건에서 그 특허를 무효로 하는 심결이 확정된 경우, 심결취소소송은 부적법하여 기각된다.
② 정정으로 인하여 특허발명의 기재상의 불비가 해소된 경우 청구범위의 실질적 변경에 해당된다고 할 수 있다.
③ 행정소송의 일종인 심결취소소송에 직권주의가 가미되어 있으므로, 법원은 당사자가 주장하지 않은 법률요건에 관하여도 판단할 수 있다.
④ 심사관이 특허출원인에게 거절이유를 통지하여 의견서를 제출할 수 있는 기회를 주지 아니하고 특허거절결정을 하였고 또 그 거절결정의 이유 중에 심사관이 통지하지 아니한 거절이유가 일부 포함되어 있다 하더라도, 후에 특허거절결정에 대한 심판청구를 기각하는 심결이 있는 경우에 그 심결이 위 규정상의 통지를 하지 아니한 거절이유를 들어 특허거절결정을 유지한 것이 아니라면, 위와 같은 통지 흠결의 사유만으로 그 심결을 위법하다고 할 수 없다.
⑤ 동일한 특허권에 관하여 2인 이상의 자가 공동으로 특허의 무효심판을 청구하는 경우 그 심판은 통상의 공동심판에 해당한다.

해설

① |×| 특허를 무효로 한다는 심결에 대한 취소소송이 계속중 다른 사건에서 그 특허를 무효로 하는 심결이 확정된 경우, 심결취소소송은 부적법하여 소 각하된다(대법원 2009. 8. 20. 선고 2007후289 판결).
② |×| 특허법 제133조의2, 제136조 제4항의 규정 취지는 무효심판의 피청구인이 된 특허권자에게 별도의 정정심판을 청구할 필요 없이 그 무효심판절차 내에서 정정청구를 할 수 있도록 허용하되, 그 범위를 제3자의 권리를 침해할 우려가 없는 한도에서 청구범위를 감축하는 것이나 오기를 바로잡거나 기재상의 불비를 해소하여 오류를 정정하는 것 등에 제한하려는 데 있다고 할 것이다. 이러한 규정 취지에 비추어 보면, 이와 같은 오류의 정정에는 청구범위에 관한 기재 자체가 명료하지 아니한 경우 그 의미를 명확하게 하든가 기재상의 불비를 해소하는 것 및 발명의 설명과 청구범위가 일치하지 아니하거나 모순이 있는 경우 이를 통일하여 모순이 없는 것으로 하는 것도 포함된다고 해석된다(대법원 2006. 7. 28. 선고 2004후3096 판결 등 참조). 따라서 그 정정으로 인하여 특허발명의 기재상의 불비가 해소되었다는 사정만으로 청구범위의 실질적 변경에 해당된다고 할 수 없다(대법원 2010. 4. 29. 선고 2008후1081 판결).
③ |×| 행정소송의 일종인 심결취소소송에 직권주의가 가미되어 있다고 하더라도 여전히 변론주의를 기본 구조로 하는 이상, 심결의 위법을 들어 그 취소를 청구할 때에는 직권조사사항을 제외하고는 그 취소를 구하는 자가 위법사유에 해당하는 구체적 사실을 먼저 주장하여야 하고, 따라서 법원이 당사자가 주장하지도 않은 법률요건에 관하여 판단하는 것은 변론주의 원칙에 위배되는 것이다(대법원 2011. 3. 24. 선고 2010후3509 판결).
④ |○| 대법원 2010. 4. 29. 선고 2009후4285 판결
⑤ |×| 판례는 '특허를 무효로 한다는 심결이 확정된 때에는 당해 특허는 제3자와의 관계에서도 무효로 되는 것이므로, 동일한 특허권에 관하여 2인 이상의 자가 공동으로 특허의 무효심판을 청구하는 경우 그 심판은 심판청구인들 사이에 합일확정을 필요로 하는 이른바 유사필수적 공동심판에 해당한다 할 것이다.'라고 판시하면서(대법원 2007후1510판결), 공동심판청구인 중 1인만을 상대로 심결취소소송을 제기하였다고 하더라도, 그 심결은 모두 확정 차단된다고 판시하여, 소송의

피고로 되지 아니한, 타 공동심판청구인의 심판청구에 대한 부분만이 분리 확정되었다고는 할 수 없다고 판시하였다.

정답 ④

09 특허의 정정에 관한 설명으로 옳지 않은 것은? (다툼이 있는 경우에는 판례에 의함)

[2012년 기출]

① 특허무효심판절차에서 정정청구의 인정 여부는 특별한 사정이 없는 한 청구항별로 판단하여야 한다.
② 특허무효심판의 피청구인은 청구범위를 실질적으로 확장하거나 변경하지 아니하는 범위 내에서 명세서 또는 도면에 대하여 정정을 청구할 수 있다.
③ 청구범위를 실질적으로 확장하거나 변경하는 경우에 해당하는지 여부는 청구범위 자체의 형식적인 기재만이 아니라 발명의 설명을 포함하여 명세서 전체의 내용과 관련하여 그 정정 전후의 청구범위 전체를 실질적으로 대비하여 판단되어야 한다.
④ 특허권을 침해하는 제품을 생산·판매한 후에 특허발명의 청구범위를 정정하는 심결이 확정되었더라도 정정심결의 확정 전·후로 청구범위에 실질적인 변경이 없으므로, 특허법 제130조(과실의 추정)에 의해 특허권 침해행위에 과실이 있는 것으로 추정하는 법리는 정정을 전·후로 하여 그대로 유지된다.
⑤ 특허무효심판절차에서 정정청구가 있는 경우, 정정의 인정 여부는 무효심판절차에서 함께 심리되는 것이므로 독립된 정정심판청구의 경우와 달리 정정청구 부분은 따로 확정되지 아니하고 무효심판의 심결이 확정되는 때에 함께 확정된다.

해설

① |×| 특허의 등록무효 여부는 청구항별로 판단하여야 하더라도, 특허무효심판절차에서의 정정청구는 특별한 사정이 없는 한 불가분의 관계에 있어 일체로서 허용 여부를 판단하여야 한다(대법원 2007후1053).
② |○| 법 제133조의2 제4항 준용 법 제136조 제4항
③ |○| 법 제136조 제4항은 특허발명의 명세서 또는 도면의 정정은 청구범위를 실질적으로 확장하거나 변경할 수 없다고 규정하고 있다. 여기서 청구범위를 확장하거나 변경하는 경우에 해당하는지 여부를 판단함에 있어서는 청구범위 자체의 형식적인 기재만을 가지고 대비할 것이 아니라 발명의 설명을 포함하여 명세서 전체내용과 관련하여 실질적으로 대비하여 그 확장이나 변경에 해당하는지 여부를 판단하는 것이 합리적이라 할 것이다(특허법원 2009허7086).
④ |○| 특허권을 침해하는 제품을 생산·판매한 이후에 특허발명의 청구범위를 정정하는 심결이 확정되었더라도, 정정심결의 확정 전·후로 청구범위에 실질적인 변경이 없었으므로, 특허법 제130조에 의하여 특허권 침해행위에 과실이 있는 것으로 추정하는 법리는 정정을 전·후하여 그대로 유지된다(대법원 2007다45876).
⑤ |○| 특허무효심판절차에서 정정청구가 있는 경우 정정의 인정 여부는 무효심판절차에 대한 결

정절차에서 함께 심리되는 것이므로, 독립된 정정심판청구의 경우와 달리 정정만이 따로 확정되는 것이 아니라 무효심판의 심결이 확정되는 때에 함께 확정된다(대법원 2007후1053).

정답 ①

10 특허법 제133조의2(특허무효심판절차에서의 특허의 정정), 특허법 제136조(정정심판) 및 특허법 제137조(정정의 무효심판)에 관한 설명으로 옳은 것을 모두 고른 것은? (다툼이 있으면 판례에 따름)

[2015년 기출]

ㄱ. 특허발명에 대한 정정무효심판청구가 기각되고 난 후 해당 기각 심결의취소를 구하는 소송이 계속되던 중 그 특허발명에 대한 무효심결이 확정되었을 경우, 위 정정무효심판의 기각 심결에 관한 소는 부적법하다.

ㄴ. 출원공개된 출원서에 첨부한 명세서 또는 도면에 기재된 사항이 그 후 정정심결이 확정되어 정정되었다면, 그 정정내용이 신규성·진보성 판단에 제공되는 선행기술로서의 발명의 내용에 영향을 미친다.

ㄷ. 피고인의 행위가 특허권 침해죄에 해당하는지 여부를 판단함에 있어 정정후의 청구범위를 침해대상 특허발명으로 삼는 것이 피고인에게 불리한 결과를 가져오는 경우라도 정정의 소급적 효력은 당연히 인정된다.

ㄹ. 정정청구의 적법 여부를 판단하는 특허무효심판이나 그 심결취소소송에서 주된 취지에 있어서 정정의견제출통지서에 기재된 사유와 실질적으로 동일한 사유로 정정청구를 받아들이지 않는 심결을 하거나 그 심결에 대한 취소청구를 기각하는 것은 허용된다.

ㅁ. 특허무효심판절차에서 정정청구가 있는 경우, 정정청구 부분은 따로 확정되지 아니하고 무효심판의 심결이 확정되는 때에 함께 확정된다.

① ㄱ, ㅁ
② ㄷ, ㄹ
③ ㄱ, ㄹ, ㅁ
④ ㄱ, ㄴ, ㄷ, ㅁ
⑤ ㄱ, ㄴ, ㄹ, ㅁ

해설

ㄱ. |○| ㄴ. |×| 특허를 무효로 한다는 심결이 확정된 때에는 그 특허권은 처음부터 없었던 것으로 보게되므로, 무효로 된 특허에 대한 정정의 무효를 구하는 심판은 그 정정의 대상이 없어지게 된 결과 정정 자체의 무효를 구할 이익도 없어진다고 할 것이다. 위 법리와 기록에 비추어 살펴보면, 이 사건 특허발명(특허번호 제699769호)에 대한 정정무효심판청구가 기각되고 난 후 위 기각 심결의 취소를 구하는 이 사건 소송이 원심에 계속되던 중 원심 판시와 같은 경위로 이 사건 특허발명에 대한 무효심결이 확정되었으므로 이 사건 특허권은 처음부터 없었던 것으로 되었고, 따라서 이 사건 심판은 그 정정의 대상이 없어지게 된 결과 정정 자체의 무효를 구할 이익도 없

어져 위법하게 되었지만, 한편 이 사건 특허발명의 특허가 무효로 된 이상 원고로서는 그 심결의 취소를 구할 법률상 이익도 없어졌다고 봄이 상당하므로 이 사건 소는 부적법하게 되었다. 같은 취지의 원심판단은 정당하고, 거기에 정정의 무효를 구할 법률상 이익에 관한 법리오해의 위법이 없다. 나아가 특허법 제136조 제10항에 의하여 정정심결이 확정된 때에는 정정 후의 명세서 또는 도면에 의하여 특허출원되고 이후 이에 입각하여 특허권 설정등록까지의 절차가 이루어진 것으로 간주하는 것은 무효 부분을 포함하는 특허를 본래 유효로 되어야 할 범위 내에서 존속시키기 위한 것이므로, 조약에 의한 우선권 주장의 기초가 된 최초의 출원서 또는 출원공개된 출원서에 첨부한 명세서 또는 도면에 기재된 사항이 그 후 정정되었다 하더라도, 그 정정내용이 조약에 의한 우선권 주장의 기초가 된 발명의 내용 또는 신규성·진보성 판단에 제공되는 선행기술로서의 발명의 내용에 영향을 미칠 수 없고, 따라서 이와 다른 전제에서 특허가 무효로 된 이후에도 여전히 그 정정의 무효심판을 청구할 이익이 있다는 상고이유의 주장은 받아들일 수 없다(대법원 2011. 6. 30. 선고 2011후620 판결).

ㄷ. |×| 피고인의 위 제조, 판매행위 이후에 원심 판시와 같은 경위로 이 사건 특허발명의 특허청구범위를 정정하는 심결이 확정된 사실이 인정되고, 피고인이 제조, 판매한 제품이 정정 후의 특허청구범위와 동일 또는 균등한 관계에 있는 물건일 수도 있으며, 이와 같은 정정심결이 확정된 경우 그 정정이 별도의 정정무효심판절차에 의하여 무효로 되지 아니하는 한, 그 특허발명은 처음부터 정정된 특허청구범위에 의하여 특허권 설정등록이 된 것으로 보아야 하지만, 헌법 제13조 제1항, 형법 제1조 제1항의 입법 취지 및 특허발명의 특허청구범위는 특허권자가 독점하여 실시할 수 있는 영역과 제3자가 침해해서는 아니 되는 영역을 객관적으로 획정하여 대외적으로 공시하는 규범적 효력이 있는 점에 비추어 보면, 피고인의 행위가 특허권침해죄에 해당하는지 여부를 판단함에 있어 정정 후의 특허청구범위를 침해대상 특허발명으로 삼는 것이 피고인에게 불리한 결과를 가져오는 경우까지도 정정의 소급적 효력이 당연히 미친다고 할 수는 없는 법리이고, 그 결과 원심이 정정 전의 특허청구범위를 침해대상 특허발명으로 삼아 피고인이 그 특허발명의 침해죄를 범하였는지 여부를 판단한 것은 정당하고, 거기에 상고이유로 주장하는 바와 같은 특허발명의 정정의 소급적 효력 및 특허권침해죄의 범의에 관한 법리오해 등의 위법이 없다(대법원 2005. 10. 14. 선고 2005도1262 판결).

ㄹ. |○| 출원에 대한 심사단계에서 의견제출기회를 주는 것과 유사하게 생각하면 된다. 정정도 불인정하려면 의견제출기회를 반드시 부여해야 하는데(특허법 제136조 제6항), 심사단계와 비슷한 의견제출통지서가 날라온다. 그러면 이것에 대해 심사단계와 유사하게 보정도 할 수 있고 반박도 할 수 있다. 아래 판례를 소개한다(대법원 2012. 7. 12. 선고 2011후934 판결 참조).

특허권자는 특허무효심판청구가 있는 경우 심판청구서 부본을 송달받은 날이나 직권심리 이유를 통지받은 날로부터 일정한 기간 내에, 또는 심판청구인의 증거서류의 제출로 인하여 심판장이 허용한 기간 내에 특허발명의 명세서 또는 도면의 정정을 청구할 수 있고[구 특허법(2009. 1. 30. 법률 제9381호로 개정되기 전의 것, 이하 같다) 제133조의2 제1항 참조], 이러한 정정은 특허발명의 명세서 또는 도면에 기재된 사항의 범위 내에서 이를 할 수 있으며, 심판관은 위 정정청구가 특허발명의 명세서 또는 도면에 기재된 사항의 범위를 벗어난 것일 때에는 특허권자에게 그 이유를 통지하고 의견서를 제출할 수 있는 기회를 주어야 하는바(특허법 제133조의2 제4항, 제136조 제3항, 제6항 참조), 의견서 제출 기회를 부여하게 한 위 규정은 정정청구에 대한 심판의 적정을 기하고 심판제도의 신용을 유지하기 위한 공익상의 요구에 기인하는 이른바 강행규정이다(대법원 2003. 11. 13. 선고 2003후83 판결 참조). 따라서 정정청구의 적법 여부를 판단하는 특허무효심판이나 그 심결취소소송에서 정정의견제출통지서에 기재된 사유와 다른 별개의 사유가 아니고 주된 취지에 있어서 정정의견제출통지서에 기재된 사유와 실질적으로 동일한 사유로 정정청구를 받아들이지 않는 심결을 하거나 그 심결에 대한 취소청구를 기각하는 것은 허용되지만, 정정의견제출통지서를 통하여 특허권자에게 의견서 제출 기회를 부여한 바 없는 별개의 사유를 들어 정정청구를 받아들이지 않는 심결을 하거나 그 심결에 대한 취소청구를 기각하는 것은 위법하다(대법원 2007. 4. 27. 선고 2006후2660 판결 참조).
ㅁ. |O| 특허무효심판절차에서 정정청구가 있는 경우, 정정의 인정 여부는 무효심판절차에 대한 결정절차에서 함께 심리되는 것이므로, 독립된 정정심판청구의 경우와 달리 정정만이 따로 확정되는 것이 아니라 무효심판의 심결이 확정되는 때에 함께 확정된다 할 것이다(대법원 2008. 6. 26. 선고 2006후2912 판결 참조).

정답 ③

11 특허심판절차에 관한 설명으로 옳지 않은 것은? [2013년 기출]

① 무효심판 계류 중 정정청구의 기간 내에 특허권자가 1차 정정청구를 한 후, 청구인이 새롭게 제출한 무효증거에 대응하여 특허권자가 2차 정정청구를 한 경우, 심판관은 2차 정정청구가 1차 정정청구와 비교하여 요지변경이 된 것인지 여부를 살펴보고, 만약 요지변경이 된 것이라면 1차 정정청구를 심리대상으로 삼아야 한다.
② 거절결정불복심판은 심사관의 거절결정이 적법한 지 여부를 판단하기 위한 것이므로, 심판관은 거절결정의 이유와 다른 새로운 거절이유가 발견된 경우에는 그 새로운 거절이유에 관한 의견서 제출기회를 출원인에게 주어야 한다.
③ 특허발명의 청구범위가 청구항 제1항, 제2항, 제3항으로 이루어져 있고, 청구항 제1항은 독립항, 청구항 제2항은 제1항의 종속항, 청구항 제3항은 제2항의 종속항인 경우, 위 특허발명의 청구항 제3항에 대해서만 무효심판을 청구할 수도 있다.
④ 특허발명에 대한 정정심판이 특허심판원에 계류 중 당해 특허발명에 대한 무효심결이 확정되었다면, 위 정정심판 청구는 각하된다.
⑤ 거절결정불복심판 청구는 그 거절결정등본을 송달받은 날부터 3개월 이내에 할 수 있고, 위 기간은 청구 또는 직권으로 1회에 한하여 30일 이내에서 연장할 수 있으며, 교통이 불편한 지역에 있는 자의 경우에는 그 횟수 및 기간을 추가로 연장할 수 있다.

해설

① |X| 법 제133조의2 제2항, 정정청구를 하는 때에는 해당무효심판절차에서 그 정정청구 전에 수행한 정정청구는 취하된 것으로 본다.
② |O| 법 제170조 제2항
③ |O| 법 제133조 제1항
④ |O| 법 제142조 및 대법원 2005.03.11.선고, 2003후2294 판결
정정의 대상이 없어지게 되어 그 정정을 구할 이익도 없게 된다.
⑤ |O| 법 제15조 제1항

정답 ①

12 다음 설명 중 틀린 것은? (다툼이 있는 경우 판례에 의함)

① 특허발명 실시계약의 목적이 된 특허발명의 실시가 불가능한 경우가 아닌 한 특허무효의 소급효에도 불구하고 그와 같은 특허를 대상으로 하여 체결된 특허발명 실시계약이 그 계약의 체결 당시부터 원시적으로 이행불능 상태에 있었다고 볼 수는 없고, 다만 특허무효가 확정되면 그때부터 특허발명 실시계약은 이행불능 상태에 빠지게 된다고 보아야 한다.

② 특허발명 실시계약이 원시적으로 이행불능 상태에 있었다거나 그 밖에 특허발명 실시계약 자체에 별도의 무효사유가 없는 한 특허권자가 특허발명 실시계약에 따라 실시권자로부터 이미 지급받은 특허실시료 중 특허발명 실시계약이 유효하게 존재하는 기간에 상응하는 부분을 실시권자에게 부당이득으로 반환할 의무가 있다고 할 수 없다.

③ 특허처분은 하나의 특허출원에 대하여 하나의 특허권을 부여하는 단일한 행정행위이기는 하나, 그러한 특허처분에 의하여 수인을 공유자로 하는 특허등록이 이루어졌다고 한다면, 그 특허처분 자체에 대한 무효를 청구하는 제도인 특허무효심판에서 그 공유자 지분에 따라 특허를 분할하여 일부 지분만의 무효심판을 청구할 수 있다.

④ 특허발명과 대비되는 확인대상발명이 특허발명의 권리범위에 속한다고 할 수 있기 위해서는 특허발명의 특허청구범위에 기재된 각 구성요소와 그 구성요소 간의 유기적 결합관계가 확인대상발명에 그대로 포함되어 있어야 한다. 한편 확인대상발명에서 특허발명의 특허청구범위에 기재된 구성 중 변경된 부분이 있는 경우에도, 양 발명에서 과제의 해결원리가 동일하고, 그러한 변경에 의하더라도 특허발명에서와 실질적으로 동일한 작용효과를 나타내며, 그와 같이 변경하는 것이 그 발명이 속하는 기술분야에서 통상의 지식을 가진 자라면 누구나 용이하게 생각해 낼 수 있는 정도라면, 특별한 사정이 없는 한 확인대상발명은 특허발명의 청구범위에 기재된 구성과 균등한 것으로서 여전히 특허발명의 권리범위에 속한다고 보아야 한다.

⑤ 특허법 제55조 제3항에 따라 특허요건 적용의 기준일이 우선권 주장일로 소급하는 발명은 특허법 제47조 제2항과 마찬가지로 우선권 주장을 수반하는 특허출원된 발명 가운데 우선권 주장의 기초가 된 선출원의 최초 명세서 등에 기재된 사항의 범위 안에 있는 것으로 한정된다고 봄이 타당하다. 그리고 여기서 '우선권 주장의 기초가 된 선출원의 최초 명세서 등에 기재된 사항'이란, 우선권 주장의 기초가 된 선출원의 최초 명세서 등에 명시적으로 기재되어 있는 사항이거나 또는 명시적인 기재가 없더라도 그 발명이 속하는 기술분야에서 통상의 지식을 가진 사람이라면 우선권 주장일 당시의 기술상식에 비추어 보아 우선권 주장을 수반하는 특허출원된 발명이 선출원의 최초 명세서 등에 기재되어 있는 것과 마찬가지라고 이해할 수 있는 사항이어야 한다.

해 설

① |○| ② |○|

2014. 11. 13. 선고 2012다42673 판결
특허발명 실시계약이 체결된 이후에 그 계약 대상인 특허가 무효로 확정되면 특허권은 특허법 제133조 제3항의 규정에 따라 같은 조 제1항 제4호의 경우를 제외하고는 처음부터 없었던 것으로 간주된다.

그러나 특허발명 실시계약에 의하여 특허권자는 실시권자의 특허발명 실시에 대하여 특허권 침해로 인한 손해배상이나 그 금지 등을 청구할 수 없게 될 뿐만 아니라 특허가 무효로 확정되기 이전에 존재하는 특허권의 독점적·배타적 효력에 의하여 제3자의 특허발명 실시가 금지되는 점에 비추어 보면, 특허발명 실시계약의 목적이 된 특허발명의 실시가 불가능한 경우가 아닌 한 특허무효의 소급효에도 불구하고 그와 같은 특허를 대상으로 하여 체결된 특허발명 실시계약이 그 계약의 체결 당시부터 원시적으로 이행불능 상태에 있었다고 볼 수는 없고, 다만 특허무효가 확정되면 그때부터 특허발명 실시계약은 이행불능 상태에 빠지게 된다고 보아야 한다.

따라서 특허발명 실시계약 체결 이후에 특허가 무효로 확정되었더라도 앞서 본 바와 같이 특허발명 실시계약이 원시적으로 이행불능 상태에 있었다거나 그 밖에 특허발명 실시계약 자체에 별도의 무효사유가 없는 한 특허권자가 특허발명 실시계약에 따라 실시권자로부터 이미 지급받은 특허실시료 중 특허발명 실시계약이 유효하게 존재하는 기간에 상응하는 부분을 실시권자에게 부당이득으로 반환할 의무가 있다고 할 수 없다.

③ |×| 2015. 1. 15. 선고 2012후2432 판결

특허처분은 하나의 특허출원에 대하여 하나의 특허권을 부여하는 단일한 행정행위이므로, 설령 그러한 특허처분에 의하여 수인을 공유자로 하는 특허등록이 이루어졌다고 하더라도, 그 특허처분 자체에 대한 무효를 청구하는 제도인 특허무효심판에서 그 공유자 지분에 따라 특허를 분할하여 일부 지분만의 무효심판을 청구하는 것은 허용할 수 없다.

위 법리에 비추어 보면, 원심이 특허권의 공유자 중 일부가 다른 공유자의 지분에 대해 무효심판을 청구하는 것은 허용할 수 없으므로, 이 사건 특허무효심판 청구는 부적법하다고 판단한 것은 정당하고, 거기에 상고이유의 주장과 같이 특허권의 공유자중 일부의 지분에 대한 무효심판 청구의 허용 여부에 관한 법리를 오해하는 등의 잘못이 없다.

④ |○| 2012. 7. 24. 선고 2012후1132 판결

특허발명과 대비되는 확인대상발명이 특허발명의 권리범위에 속한다고 할 수 있기 위해서는 특허발명의 특허청구범위에 기재된 각 구성요소와 그 구성요소 간의 유기적 결합관계가 확인대상발명에 그대로 포함되어 있어야 한다. 한편 확인대상발명에서 특허발명의 특허청구범위에 기재된 구성 중 변경된 부분이 있는 경우에도, 양 발명에서 과제의 해결원리가 동일하고, 그러한 변경에 의하더라도 특허발명에서와 실질적으로 동일한 작용효과를 나타내며, 그와 같이 변경하는 것이 그 발명이 속하는 기술분야에서 통상의 지식을 가진 자(이하 '통상의 기술자'라고 한다)라면 누구나 용이하게 생각해 낼 수 있는 정도라면, 특별한 사정이 없는 한 확인대상발명은 특허발명의 특허청구범위에 기재된 구성과 균등한 것으로서 여전히 특허발명의 권리범위에 속한다고 보아야 한다.

그리고 여기서 '양 발명에서 과제의 해결원리가 동일'한지 여부를 가릴 때에는 특허청구범위에 기재된 구성의 일부를 형식적으로 추출할 것이 아니라, 명세서의 발명의 설명의 기재와 출원 당시의 공지기술 등을 참작하여 선행기술과 대비하여 볼 때 특허발명에 특유한 해결수단이 기초하고 있는 기술사상의 핵심이 무엇인가를 실질적으로 탐구하여 판단하여야 한다.

⑤ |○| 2015. 1. 15. 선고 2012후2999 판결

국내 우선권 제도에 의하여 실제 특허출원일보다 앞서 우선권 주장일에 특허출원된 것으로 보아 그 특허요건을 심사함으로써 우선권 주장일과 우선권 주장을 수반하는 특허출원일 사이에 특허출원을 한 사람 등 제3자의 이익을 부당하게 침해하는 결과가 일어날 수 있음은 특허법 제47조 제1항의 규정에 의한 명세서 또는 도면의 보정이 받아들여져 그 효과가 출원 시로 소급하는 경우와 별다른 차이가 없으므로, 이러한 보정의 경우와 같은 관점에서, 우선권 주장일에 특허출원된 것으로 보아 특허요건을 심사하는 발명의 범위를 제한할 필요가 있다. 따라서 특허법 제55조 제3

항에 따라 특허요건 적용의 기준일이 우선권 주장일로 소급하는 발명은 특허법 제47조 제2항과 마찬가지로 우선권 주장을 수반하는 특허출원된 발명 가운데 우선권 주장의 기초가 된 선출원의 최초 명세서 등에 기재된 사항의 범위 안에 있는 것으로 한정된다고 봄이 타당하다.

그리고 여기서 '우선권 주장의 기초가 된 선출원의 최초 명세서 등에 기재된 사항'이란, 우선권 주장의 기초가 된 선출원의 최초 명세서 등에 명시적으로 기재되어 있는 사항이거나 또는 명시적인 기재가 없더라도 그 발명이 속하는 기술분야에서 통상의 지식을 가진 사람(이하 '통상의 기술자'라 한다)이라면 우선권 주장일 당시의 기술상식에 비추어 보아 우선권 주장을 수반하는 특허출원된 발명이 선출원의 최초 명세서 등에 기재되어 있는 것과 마찬가지라고 이해할 수 있는 사항이어야 한다.

정답 ③

13 다음 설명 중 옳은 것은? (다툼이 있는 경우 판례에 의함)

① 특허권 공유자 중 일부가 다른 공유자는 특허법 제33조 제1항 본문의 규정에 위반된 무권리자임을 주장하며 특허무효심판을 제기한 경우 공유자 지분에 따라 특허를 분할하여 일부 지분만의 무효심판을 청구하는 것은 허용할 수 없으므로 위 심판청구는 무효사유의 심리에 앞서 부적법하여 각하되어야 한다.

② 제조방법이 기재된 물건발명의 특허요건을 판단함에 있어서는 제조방법이 기재되어 있다고 하더라도 발명의 대상은 그 제조방법이 아니라 물건 자체이므로 기술적 구성을 제조방법 자체로 한정하여 파악해서는 아니되고, 제조방법 자체를 고려할 필요 없이 특허청구범위의 기재에 의하여 물건으로 특정되는 발명만을 선행기술과 대비하는 방법으로 판단해야 한다.

③ 제조방법이 기재된 물건발명에 대한 특허청구범위의 보호범위는 특허침해소송이나 권리범위확인심판에서도 제조방법의 기재를 포함하여 특허청구범위의 모든 기재에 의하여 특정되는 구조나 성질 등을 가지는 물건 전체로 보아야 하며, 이러한 해석방법에 의하여 도출되는 특허발명의 권리범위가 명세서의 전체적인 기재에 의하여 파악되는 발명의 실체에 비추어 지나치게 넓다는 등의 명백히 불합리한 사정이 있더라도 마찬가지이다.

④ 특허출원된 발명의 내용에 불명확한 부분이 있으면 통상의 기술자에 의하여 용이하게 이해되고 재현될 수 있다 하더라도 적법한 청구범위의 기재라고 볼 수 없다.

⑤ 거절결정불복심판청구 기각 심결의 취소소송절차에서 특허청장이 비로소 제출한 새로운 증거자료는 심사 또는 심판 단계에서 의견제출의 기회를 부여한 거절이유와 주요한 취지가 부합하여 이미 통지된 거절이유를 보충하는 데 지나지 아니한다 하더라도 심사 또는 심판 단계에서 제출된 바 없는 증거이므로 이를 심결의 당부를 판단하는 근거로 할 수 없다.

해설

① 특허처분은 하나의 특허출원에 대하여 하나의 특허권을 부여하는 단일한 행정행위이므로, 설령 그러한 특허처분에 의하여 수인을 공유자로 하는 특허등록이 이루어졌다고 하더라도, 그 특허처분 자체에 대한 무효를 청구하는 제도인 특허무효심판에서 그 공유자 지분에 따라 특허를 분할하

여 일부 지분만의 무효심판을 청구하는 것은 허용할 수 없다. 위 법리에 비추어보면 특허권의 공유자 중 일부가 다른 공유자의 지분에 대해 무효심판을 청구하는 것은 허용할 수 없으므로 이 사건 특허무효심판 청구는 부적법하다고 판단한 것은 정당하다(2012후2432).

② 제조방법 자체로 한정하여 파악해서도 안 되고, 제조방법을 무시하고 판단해서도 안 된다. 제조방법이 기재된 물건발명의 특허요건을 판단함에 있어서는 제조방법의 기재를 포함하여 특허청구범위의 모든 기재에 의하여 특정되는 구조나 성질 등을 가지는 물건으로 파악하여 출원 전에 공지된 선행기술과 비교하여 신규성, 진보성 등이 있는지 여부를 살펴야 한다(2011후927).

③ 제조방법이 기재된 물건발명에 대한 특허청구범위의 해석방법은 특허침해소송이나 권리범위확인심판 등 특허침해 단계에서 그 특허발명의 권리범위에 속하는지 여부를 판단하면서도 마찬가지로 적용되어야 할 것이다. 다만 이러한 해석방법에 의하여 도출되는 특허발명의 권리범위가 명세서의 전체적인 기재에 의하여 파악되는 발명의 실체에 비추어 지나치게 넓다는 등의 명백히 불합리한 사정이 있는 경우에는 그 권리범위를 특허청구범위에 기재된 제조방법의 범위 내로 한정할 수 있다(2013후1726).

④ 특허출원된 발명의 내용이 통상의 기술자에 의하여 용이하게 이해되고 재현될 수 있다면 부분적으로 불명확한 부분이 있다고 하더라도 적법한 청구범위의 기재라고 보아야 한다(94후944).

⑤ 거절결정불복심판청구 기각 심결의 취소소송절차에서 특허청장이 비로소 주장하는 사유라 하더라도 심사 또는 심판 단계에서 의견제출의 기회를 부여한 거절이유와 주요한 취지가 부합하여 이미 통지된 거절이유를 보충하는 데 지나지 아니하는 것이면 이를 심결의 당부를 판단하는 근거로 할 수 있다 할 것이다(2001후1617). 즉 이미 통지된 거절이유가 비교대상발명에 의하여 출원발명의 진보성이 부정된다는 취지인 경우에, 위 비교대상발명을 보충하여 그 기술적 의의를 밝히는 특허출원 당시의 기술상식이나 주지관용기술의 존재를 증명하기 위한 자료는 새로운 공지기술에 관한 것에 해당하지 아니하므로, 심결취소소송의 법원이 이를 진보성을 부정하는 판단의 근거로 채택하였다고 하더라도 이미 통지된 거절이유와 주요한 취지가 부합하지 아니한 새로운 거절이유를 판결의 기초로 삼은 것이라고 할 수 없다(2012후1439).

정답 ①

14 다음 설명 중 옳은 것은? (다툼이 있는 경우에는 판례에 의함)

① 심사 또는 심판 단계에서 의견제출의 기회를 부여한 거절이유를 보충하는데 지나지 않더라도 심사 또는 심판 단계에서 제출된 바 없는 증거는 거절결정불복심판청구 기각 심결의 취소소송절차에서 법원이 판단의 근거로 채택할 수 없다.

② 특허발명의 기술적 범위를 특정할 수 없는 때에는 특허권자는 그 특허발명의 권리범위를 주장할 수 없다.

③ 청구범위에 기재된 발명의 구성을 기술분야에서 보통으로 채용하는 정도로 일부 변경했다면 특허발명과 효과상 특별한 차이가 없다 하더라도 특허된 것이라고 표시해서는 아니 된다.

④ 특허무효심판은 공유자 지분에 따라 특허를 분할하여 일부 지분만의 무효심판을 청구하는 것이 허용된다.

⑤ 특허발명 실시계약이 체결된 이후에 그 계약 대상인 특허가 무효로 확정되었다면 특허권자는 과거 특허가 유효하게 존속할 당시 실시권자로부터 이미 지급받은 실시료를 모두 부당이득으로 실시권자에게 반환할 의무가 있다.

해 설

① 거절결정불복심판청구 기각 심결의 취소소송절차에서 특허청장이 비로소 주장하는 사유라고 하더라도 심사 또는 심판 단계에서 의견제출의 기회를 부여한 거절이유를 보충하는 데 지나지 않아 출원인에게 그에 대한 의견제출의 기회를 실질적으로 주었다고 볼 수 있을 정도로 주요한 취지가 부합하면 이를 심결의 당부를 판단하는 근거로 할 수 있다. 특히 이미 통지된 거절이유가 선행발명에 의하여 출원발명의 진보성이 부정된다는 취지인 경우에, 특허출원 당시 그 기술분야에 널리 알려진 주지관용기술의 존재를 증명하기 위한 자료로서 위 선행발명을 보충하여 그 의의를 분명하게 하기 위한 것은 새로운 공지기술에 관한 것에 해당하지 아니하므로, 심결취소소송의 법원이 이를 진보성을 부정하는 판단의 근거로 채택하였다고 하더라도 이미 통지된 거절이유와 주된 취지가 부합하지 아니하는 새로운 거절이유를 판결의 기초로 삼은 것이라고 할 수 없다(대법원 2013. 9. 26. 선고 2013후1054 판결 등 참조).

② 특허발명의 특허청구의 범위 기재나 발명의 설명, 기타 도면의 설명에 의하더라도 특허출원 당시 발명의 구성요건의 일부가 추상적이거나 불분명하여 그 발명 자체의 기술적 범위를 특정할 수 없을 때에는 특허권자는 그 특허발명의 권리범위를 주장할 수 없다(대법원 2002. 6. 14. 선고 2000후235 판결).

③ 특허된 것 등으로 표시한 물건의 기술적 구성이 청구범위에 기재된 발명의 구성을 일부 변경한 것이라고 하더라도, 그러한 변경이 해당 기술분야에서 통상의 지식을 가진 사람(이하 '통상의 기술자'라고 한다)이 보통 채용하는 정도로 기술적 구성을 부가, 삭제, 변경한 것에 지나지 아니하고 그로 인하여 발명의 효과에 특별한 차이가 생기지도 아니하는 등 공중을 오인시킬 정도에 이르지 아니한 경우에는, 위 물건에 특허된 것 등을 표시를 하는 행위가 위 규정에서 금지하는 표시행위에 해당한다고 볼 수 없다(대법원 2015. 8. 13. 선고 2013도10265 판결).

④ 특허처분은 하나의 특허출원에 대하여 하나의 특허권을 부여하는 단일한 행정행위이므로, 설령 그러한 특허처분에 의하여 수인을 공유자로 하는 특허등록이 이루어졌다고 하더라도, 그 특허처분 자체에 대한 무효를 청구하는 제도인 특허무효심판에서 그 공유자 지분에 따라 특허를 분할하여 일부 지분만의 무효심판을 청구하는 것은 허용할 수 없다(대법원 2015. 1. 15. 선고 2012후2432 판결).

⑤ 특허발명 실시계약이 체결된 이후에 그 계약 대상인 특허가 무효로 확정되면 특허권은 특허법 제133조 제3항의 규정에 따라 같은 조 제1항 제4호의 경우를 제외하고는 처음부터 없었던 것으로 간주된다. 그러나 특허발명 실시계약에 의하여 특허권자는 실시권자의 특허발명 실시에 대하여 특허권 침해로 인한 손해배상이나 그 금지 등을 청구할 수 없게 될 뿐만 아니라 특허가 무효로 확정되기 이전에 존재하는 특허권의 독점적·배타적 효력에 의하여 제3자의 특허발명 실시가 금지되는 점에 비추어 보면, 특허발명 실시계약의 목적이 된 특허발명의 실시가 불가능한 경우가 아닌 한 특허무효의 소급효에도 불구하고 그와 같은 특허를 대상으로 하여 체결된 특허발명 실시계약이 그 계약의 체결 당시부터 원시적으로 이행불능 상태에 있었다고 볼 수는 없고, 다만 특허무효가 확정되면 그때부터 특허발명 실시계약은 이행불능 상태에 빠지게 된다고 보아야 한다. 따라서 특허발명 실시계약 체결 이후에 특허가 무효로 확정되었더라도 앞서 본 바와 같이 특허발명 실시계약이 원시적으로 이행불능 상태에 있었다거나 그 밖에 특허발명 실시계약 자체에 별도의 무효사유가 없는 한 특허권자가 특허발명 실시계약에 따라 실시권자로부터 이미 지급받은 특허실시료 중 특허발명 실시계약이 유효하게 존재하는 기간에 상응하는 부분을 실시권자에게 부당이득으로 반환할 의무가 있다고 할 수 없다(대법원 2014. 11. 13. 선고 2012다42666 판결).

정 답 ②

15 특허무효심판에 관한 설명으로 옳지 않은 것은? (다툼이 있으면 판례에 따름) [2018년 기출]

① 동일한 특허발명에 대하여 정정심판 사건이 특허심판원에 계속 중에 있으면 상고심에 계속 중인 그 특허발명에 관한 특허무효심결에 대한 취소소송의 심리를 중단하여야 한다.
② 특허무효심판을 청구할 수 있는 이해관계인에는 당해 특허발명과 같은 종류의 물품을 제조·판매하거나 제조·판매할 자도 포함된다.
③ 2인 이상을 공유자로 하여 등록된 특허에 대한 특허무효심판에서 공유자 지분에 따라 특허를 분할하여 일부 지분에 대한 무효심판을 청구할 수 없다.
④ 특허등록의 무효심판을 청구할 수 있는 이해관계인에 해당하는지 여부는 심결 당시를 기준으로 판단하여야 한다.
⑤ 특허무효심판절차에서 정정청구가 있는 경우 정정만이 따로 확정되는 것이 아니라 무효심판의 심결이 확정되는 때에 함께 확정된다.

해설

① 심리중단여부는 법원의 재량이다. 참고판례를 아래에 발췌한다.
동일한 특허발명에 대하여 정정심판 사건이 특허심판원에 계속 중에 있다는 이유로 상고심에 계속 중인 그 특허발명에 관한 특허무효심결에 대한 취소소송의 심리를 중단하여야 하는 것은 아니다(대법원 2007. 11. 30. 선고 2007후3394 판결).
②, ④ 제조판매할 자도 이해관계인에 포함된다. 참고판례를 아래에 발췌한다.
특허등록의 무효심판을 청구할 수 있는 이해관계인이라 함은 당해 특허발명의 권리존속으로 인하여 그 권리자로부터 권리의 대항을 받거나 받을 염려가 있어 그 피해를 받는 직접적이고도 현실적인 이해관계가 있는 사람을 말하고, 이에는 당해 특허발명과 같은 종류의 물품을 제조·판매하거나 제조·판매할 자도 포함되며, 이해관계인에 해당하는지 여부는 심결 당시를 기준으로 판단하여야 한다(대법원 2009. 9. 10. 선고 2007후4625 판결).
③ 특허무효심판은 특허권 일부 지분에 대해서만 진행할 수는 없다. 참고판례를 아래에 발췌한다.
특허처분은 하나의 특허출원에 대하여 하나의 특허권을 부여하는 단일한 행정행위이므로, 설령 그러한 특허처분에 의하여 수인을 공유자로 하는 특허등록이 이루어졌다고 하더라도, 그 특허처분 자체에 대한 무효를 청구하는 제도인 특허무효심판에서 그 공유자 지분에 따라 특허를 분할하여 일부 지분만의 무효심판을 청구하는 것은 허용할 수 없다(대법원 2015. 1. 15. 선고 2012후2432 판결).
⑤ 특허무효심판절차에서 정정청구가 있는 경우 정정의 인정 여부는 무효심판절차에서 함께 심리되는 것이므로, 독립된 정정심판청구의 경우와 달리 정정만이 따로 확정되는 것이 아니라 무효심판의 심결이 확정되는 때에 함께 확정된다(대법원 2008. 6. 26. 선고 2006후2912 판결).

정답 ①

16. 특허무효심판에 관한 설명으로 옳지 않은 것은? (다툼이 있으면 판례에 따름) [2020년 기출]

① 특허무효가 판결로 확정된 경우 특허권은 처음부터 특허발명 실시계약의 목적이 된 특허발명의 실시가 불가능한 경우가 아니라면 특허무효의 소급효에도 불구하고 그와 같은 특허를 대상으로 하여 체결된 특허발명 실시계약이 그 계약의 체결 당시부터 원시적으로 이행불능 상태에 있었다고 볼 수는 없다.

② 특별한 사정이 없는 한 특허권의 실시권자는 특허권자로부터 권리의 대항을 받거나 받을 염려가 없으므로 무효심판을 청구할 수 있는 이해관계가 소멸되었다고 볼 수 있다.

③ 특허처분에 의하여 수인을 공유자로 하는 특허등록이 이루어졌다고 하더라도 특허무효심판에서 그 공유자 지분에 따라 특허를 분할하여 일부 지분만의 무효심판을 청구하는 것은 허용할 수 없다.

④ 특허는 일단 등록이 된 이상 이와 같은 심판 등에 의하여 특허를 무효로 한다는 심결 등이 확정되지 않는 한 유효한 것이고 다른 절차에서 그 특허가 당연 무효라고 판단할 수 없지만, 등록된 특허발명의 일부 또는 전부가 출원 당시 공지공용의 것인 경우에는 특허무효의 심결 등 유무에 관계없이 그 권리범위를 인정할 수 없다.

⑤ 특허무효심판절차에서 정정청구가 있는 경우 정정의 확정시기 및 정정의 허용 여부를 일체로 판단하여야 한다.

해설

① 특허무효확정에 소급효가 있기는 하나 이 사정만으로 계약의 원시적 이행불능으로 보지는 않는다. 참고판례를 아래에 소개한다.

"특허발명 실시계약을 체결하면 특허권자는 실시권자의 특허발명 실시에 대하여 특허권 침해로 인한 손해배상이나 그 금지 등을 청구할 수 없고, 특허가 무효로 확정되기 전에는 특허권의 독점적·배타적 효력에 따라 제3자의 특허발명 실시가 금지된다. 이러한 점에 비추어 특허발명 실시계약의 목적이 된 특허발명의 실시가 불가능한 경우가 아니라면 특허 무효의 소급효에도 불구하고 그와 같은 특허를 대상으로 하여 체결된 특허발명 실시계약이 그 계약의 체결 당시부터 원시적으로 이행불능 상태에 있었다고 볼 수는 없고, 다만 특허 무효가 확정되면 그때부터 특허발명 실시계약은 이행불능 상태에 빠지게 된다고 보아야 한다(대법원 2019. 4. 25. 선고 2018다287362 판결)."

② 과거 판례는 실시권 범위 내에서의 실시행위는 특허권 침해를 구성하지 않으므로 실시권자는 권리의 대항을 받거나 받을 염려가 없다고 보아 무효심판을 청구할 수 있는 이해관계가 없다고 보았으나, 최신 판례는 로얄티 미지급시 채무불이행의 법률상 불이익을 받을 수 있고 이 또한 무효심판을 청구할 수 있는 이해관계로 해석하여야 한다고 보아 실시권자도 무효심판청구가 가능하다고 본다. 참고판례를 아래에 소개한다.

"특허법 제133조 제1항 전문은 '이해관계인 또는 심사관은 특허가 다음 각호의 어느 하나에 해당하는 경우에는 무효심판을 청구할 수 있다.'라고 규정하고 있다. 여기서 말하는 이해관계인이란 당해 특허발명의 권리존속으로 인하여 법률상 어떠한 불이익을 받거나 받을 우려가 있어 그 소멸에 관하여 직접적이고도 현실적인 이해관계를 가진 사람을 말하고, 이에는 당해 특허발명과 같은 종류의 물품을 제조·판매하거나 제조·판매할 사람도 포함된다. 이러한 법리에 의하면 특별한 사정이 없는 한 특허권의 실시권자가 특허권자로부터 권리의 대항을 받거나 받을 염려가 없다는 이유만으로 무효심판을 청구할 수 있는 이해관계가 소멸되었다고 볼 수 없다(대법원 2019. 2. 21. 선고 2017후2819 전원합의체 판결)."

③ 특허무효심판은 공유자 전원이 피청구인이 되어야 하며 일부만이 피청구인이 된 경우는 특허법 제139조 제2항에 위배된다고 보아 각하심결한다. 때문에 일부 지분에 대한 특허무효심판은 허용되지 않는다. 참고판례를 아래에 소개한다.

"특허처분은 하나의 특허출원에 대하여 하나의 특허권을 부여하는 단일한 행정행위이므로, 설령 그러한 특허처분에 의하여 수인을 공유자로 하는 특허등록이 이루어졌다고 하더라도, 그 특허처분 자체에 대한 무효를 청구하는 제도인 특허무효심판에서 그 공유자 지분에 따라 특허를 분할하여 일부 지분만의 무효심판을 청구하는 것은 허용할 수 없다(대법원 2015. 1. 15. 선고 2012후2432 판결)."

④ 권리범위확인심판에서 대상 특허권에 신규성 무효사유(출원 전 공지공용의 것)가 있으면 권리범위를 인정하지 않는다. 참고판례를 아래에 소개한다.

"특허법은 특허가 일정한 사유에 해당하는 경우에 별도로 마련한 특허의 무효심판절차나 특허이의신청절차를 거쳐 무효로 하거나 취소할 수 있도록 규정하고 있으므로, 특허는 일단 등록이 된 이상 이와 같은 심판 등에 의하여 특허를 무효로 한다는 심결 등이 확정되지 않는 한 유효한 것이고 다른 절차에서 그 특허가 당연무효라고 판단할 수 없지만, 등록된 특허발명의 일부 또는 전부가 출원 당시 공지공용의 것인 경우에는 특허무효의 심결 등 유무에 관계없이 그 권리범위를 인정할 수 없다(대법원 2004. 2. 27. 선고 2003도6283 판결)."

⑤ 특허무효심판 내에서의 정정청구는 정정 부분만이 따로 확정되지 않고 특허무효여부의 확정시 정정 부분도 함께 확정된다. 참고판례를 아래에 소개한다.

"특허무효심판절차에서 정정청구가 있는 경우 정정의 인정 여부는 무효심판절차에 대한 결정절차에서 함께 심리되는 것이므로, 독립된 정정심판청구의 경우와 달리 정정만이 따로 확정되는 것이 아니라 무효심판의 심결이 확정되는 때에 함께 확정된다(대법원 2009. 1. 15. 선고 2007후1053 판결)."

정답 ②

17 허가 등에 따른 존속기간연장등록 무효심판에 관한 설명 중 옳은 것은? (다툼이 있는 경우에는 판례에 의함)

① 설정등록일 이후 약사법에 따라 통상실시권자가 허가 등을 받는 과정에서 절차가 지연되었으나 그 사유가 특허권자의 귀책사유로 인한 경우가 아니라면 위 지연된 기간은 존속기간연장의 범위에 포함된다.

② 특허발명을 실시할 수 없었던 기간을 초과한다는 사유로 존속기간연장등록에 대하여 무효심판을 청구하는 자는 그 사유에 대하여 주장·증명할 책임을 진다.

③ 식품의약품안전처 내 어느 심사부서에서 보완요구가 이루어지고 그 결과 보완자료를 제출할 때까지 그 보완요구사항에 대한 심사가 진행되지 못하였다면, 그 동안 다른 심사부서에서 심사 등의 절차를 진행하고 있었어도, 위 기간은 허가를 위하여 소요된 기간으로 볼 수 없다.

④ 허가 등에 따른 연장된 존속기간의 효력은 허가 등의 대상 품목의 실시로 제한된다.

⑤ 허가 등을 신청할 당시부터 통상실시권의 등록을 마치지 아니한 자가 허가 등을 받았다면 이는 존속기간 연장등록무효사유에 해당한다.

> 해 설

① 특허권자가 아니라 허가 받는 자의 귀책사유로 지연된 기간이 있는지를 살핀다. 만약 있다면 이는 존속기간 연장의 범위에 포함되어서는 안 된다.
② 특별한 사정이 없는 한 무효사유는 무효심판 청구인에게 주장・입증책임이 있다.
③ 다른 부서에서 절차를 진행하고 있었으면 기간이 지연되었다고 단정할 수 없다고 본다. 허가를 위하여 소요된 기간이란 존속기간 연장대상을 뜻한다. 존속기간은 설정등록일 이후 중 허가 신청인의 귀책사유로 지연된 기간을 빼고 임상 및 허가를 위하여 소요된 기간만큼 연장해준다. 참고 판례를 아래에 발췌한다.
"특허법 제89조 제2항은 "제1항을 적용함에 있어서, 허가 등을 받은 자에게 책임 있는 사유로 소요된 기간은 제1항의'실시할 수 없었던 기간'에 포함되지 아니한다"라고 규정하고 있으므로, 허가 등을 받은 자의 귀책사유로 약사법 등에 따라 허가 등의 절차 가 지연된 경우에는 그러한 귀책사유가 인정되는 기간은 특허권 존속기간 연장의 범위에 포함되어서는 안 된다. 허가 등을 받은 자의 귀책사유로 인하여 약사법 등에 따른 허가 등의 절차가 지연된 기간이 연장등록에 의하여 연장된 기간 안에 포함되어 있어 연장된 기간이 특허법 제89조 제1항의 특허발명을 실시할 수 없었던 기간을 초과한다는 사유로 특허법 제134조 제1항 제3호에 의하여 존속기간 연장등록에 대하여 무효심판을 청구하는 자는 그 사유에 대하여 주장・증명할 책임을 진다.
식품의약품안전처의 의약품 제조판매・수입품목 허가는 그 허가신청에 대하여 의약품 등의 안전에 관한 규칙 제4조 제1항에서 정한 사항별로 해당 심사부서에서 심사를 진행하고 이에 따라 보완요구를 비롯한 구체적인 심사 절차도 해당 심사부서의 내부 사정에 따라 진행된다. 그렇지만 이러한 해당 심사부서별 심사는 식품의약품안전처 내의 업무 분장에 불과하고, 또한 그 심사 등의 절차가 모두 종결되어야 허가가 이루어질 수 있다. 결국 심사부서별 심사 등의 절차 진행은 최종 허가에 이르는 중간 과정으로서, 전체적으로 허가를 위한 하나의 절차로 평가할 수 있다. 이러한 사정에 비추어 보면, 식품의약품안전처 내 어느 심사부서에서 보완요구가 이루어지고 그 결과 보완자료를 제출할 때까지 그 보완요구 사항에 대한 심사가 진행되지 못하였더라도, 그동안 식품의약품안전처의 다른 심사부서에서 그 의약품의 제조판매・수입품목 허가를 위한 심사 등의 절차가 계속 진행되고 있었던 경우에는 다른 특별한 사정이 없는 한 그 기간 역시 허가를 위하여 소요된 기간으로 볼 수 있으므로, 이를 가지고 의약품 등의 발명을 실시하기 위해 약사법 등에 따라 허가 또는 등록 등을 받은 자의 귀책사유로 허가 또는 등록 등의 절차가 지연된 기간이라고 단정할 수 없다(2017후844).
④ 본 지문은 제품설에 따른 결론이다. 대법원은 유효성분설에 근접한 태도를 취했다.
"존속기간이 연장된 특허권의 효력에 대해 구 특허법 제95조는'그 연장등록의 이유가 된 허가 등의 대상물건(그 허가 등에 있어 물건이 특정의 용도가 정하여져 있는 경우에 있어서는 그 용도에 사용되는 물건)에 관한 그 특허발명의 실시 외의 행위에는 미치지 아니한다.'라고 규정하고 있다. 특허법은 이와 같이 존속기간이 연장된 특허권의 효력이 미치는 범위를 규정하면서 청구범위를 기준으로 하지 않고'그 연장등록의 이유가 된 허가 등의 대상물건에 관한 특허발명의 실시'로 규정하고 있을 뿐, 허가 등의 대상'품목'의 실시로 제한하지는 않았다.
이러한 법령의 규정과 제도의 취지 등에 비추어 보면, 존속기간이 연장된 의약품 특허권의 효력이 미치는 범위는 특허발명을 실시하기 위하여 약사법에 따라 품목허가를 받은 의약품과 특정 질병에 대한 치료효과를 나타낼 것으로 기대되는 특정한 유효성분, 치료효과 및 용도가 동일한지 여부를 중심으로 판단해야 한다. 특허권자가 약사법에 따라 품목허가를 받은 의약품과 특허침해소송에서 상대방이 생산 등을 한 의약품(이하'침해제품'이라 한다)이 약학적으로 허용 가능한 염 등에서 차이가 있더라도 발명이 속하는 기술분야에서 통상의 지식을 가진 사람(이하'통상의 기술자'라 한다)이라면 쉽게 이를 선택할 수 있는 정도에 불과하고, 인체에 흡수되는 유효성분의 약리작용에 의해 나타나는 치료효과나 용도가 실질적으로 동일하다면 존속기간이 연장된 특허권의 효력이 침해제품에 미치는 것으로 보아야 한다(대법원2019. 1. 17. 선고2017다245798 판결 참조)."

⑤ 특허법 제134조 제1항 제2호가 연장등록의 무효사유로서'등록된 통상실시권을 가진 자가 제89조의 허가 등을 받지 아니한 출원에 대하여 연장등록이 된 경우'라고 규정한 것은, 특허권 존속기간의 연장등록을 받는 데에 필요한 허가 등을 신청할 수 있는 자의 범위에 통상실시권자도 포함되지만, 그 통상실시권의 등록이 연장등록출 원서의 필수적 기재사항 및 증명자료임에 비추어 그것이 누락된 채로 연장등록이 이루어진 경우에는 적법한 연장등록 요건을 갖추지 못한 것이므로 그 등록을 무효로 하겠다는 취지라고 해석함이 상당하다. 이와 달리 위 법률 조항이 허가 등을 신청한 통상 실시권자가 그 신청 당시부터 통상실시권의 등록을 마치고 있어야만 한다는 취지를 규정한 것이라고 볼 수는 없다(2017후844).

정답 ②

CHAPTER 12 권리범위확인심판

01 甲은 아래 【청구항 1】 기재와 같은 연필 발명의 특허권자이다. 甲의 특허권이 설정등록된 후 乙, 丙 및 丁이 권원 없이 아래와 같은 연필을 판매하고 있다는 사실을 알게 된 甲은, 乙에 대해서는 乙의 판매로 인한 손해의 배상을 청구하는 소를 제기하였고, 丙과 丁에 대해서는 丙판매제품과 丁판매제품을 확인대상발명으로 하는 권리범위 확인심판을 각각 청구하였다. 다음 설명 중 옳은 것은? (다툼이 있으면 판례에 따르며, 아래 지문과 관련하여 위 소송·심판에서 당사자의 관련 주장이 있는 것으로 본다)

[2019년 기출]

> 【청구항 1】 중심에 흑연으로 제조된 연필심이 위치하고 상기 연필심을 둘러싸도록 목재로 구성된 외각부로 이루어진 연필에 있어서, 상기 외각부의 단면 형상이 육각형인 것을 특징으로 하는 연필.

> 乙판매제품 : 중심에 흑연으로 제조된 연필심이 위치하고 상기 연필심을 둘러싸도록 목재로 구성된 외각부로 이루어진 연필에 있어서, 상기 외각부의 단면 형상이 육각형인 것을 특징으로 하는 연필.
>
> 丙판매제품 : 중심에 흑연으로 제조된 연필심이 위치하고 상기 연필심을 둘러싸도록 목재로 구성된 외각부로 이루어진 연필에 있어서, 상기 외각부의 단면 형상이 오각형인 것을 특징으로 하는 연필.
>
> 丁판매제품 : 중심에 흑연으로 제조된 연필심이 위치하고 상기 연필심을 둘러싸도록 목재로 구성된 외각부로 이루어진 연필에 있어서, 상기 외각부의 단면 형상이 육각형이며, 한쪽 끝에 지우개를 부착한 것을 특징으로 하는 연필.

① 乙을 피고로 하는 위 소송에서 자유실시기술의 법리는 적용될 수 없다.
② 만일 甲특허발명의 출원과정에서 【청구항 1】 기재 중 외각부 단면 형상이 다각형에서 육각형으로 보정되었다면, 외각부 단면 형상과 관련하여 다각형 중 육각형을 제외한 나머지 모든 구성이 청구범위에서 의식적으로 제외된 것이므로 丙판매제품은 甲특허발명의 권리범위에 속하지 않는다.
③ 丁을 피청구인으로 하는 위 심판에서 자유실시기술 여부 판단의 대상이 되는 것은 丁판매제품 중 甲특허발명의 청구범위에 기재된 구성과 대응되는 구성에 한정된다.
④ 위 소송에서 甲특허발명의 신규성이 부정되는 경우 甲특허발명의 권리범위가 부정되며, 위 심판에서도 그러하다.
⑤ 위 심판에서 甲특허발명의 진보성이 부정되는 경우 甲특허발명의 권리범위가 부정된다.

> 해 설

① 권리범위확인심판이나 침해소송 모두 자유실시기술의 항변이 가능하다.
② 감축하는 보정만으로 의식적 제외가 인정되는 것은 아니고, 출원인이 거절이유의 극복을 위해 다각형에서 육각형으로 감축하는 보정을 했다는 사정이 추가로 있어야 한다. 아래에 참고판례를 소개한다(대법원 2017. 4. 26. 선고 2014후638 판결).
"특허발명의 출원과정에서 어떤 구성이 청구범위에서 의식적으로 제외된 것인지는 명세서뿐만 아니라 출원에서부터 특허될 때까지 특허청 심사관이 제시한 견해 및 출원인이 출원과정에서 제출한 보정서와 의견서 등에 나타난 출원인의 의도, 보정이유 등을 참작하여 판단하여야 한다. 따라서 출원과정에서 청구범위의 감축이 이루어졌다는 사정만으로 감축 전의 구성과 감축 후의 구성을 비교하여 그 사이에 존재하는 모든 구성이 청구범위에서 의식적으로 제외되었다고 단정할 것은 아니고, 거절이유통지에 제시된 선행기술을 회피하기 위한 의도로 그 선행기술에 나타난 구성을 배제하는 감축을 한 경우 등과 같이 보정이유를 포함하여 출원과정에 드러난 여러 사정을 종합하여 볼 때 출원인이 어떤 구성을 권리범위에서 제외하려는 의사가 존재한다고 볼 수 있을 때에 이를 인정할 수 있다. 그리고 이러한 법리는 청구범위의 감축 없이 의견서 제출 등을 통한 의견진술이 있었던 경우에도 마찬가지로 적용된다."
③ 대법원은 청구범위에 기재된 구성과 대응되는 구성으로 한정하지 않고, 확인대상발명 전체를 기준으로 자유실시기술인지 여부를 판단했다. 다만 최근 위 대법원 태도를 타당하지 않다고 보고 확인대상발명 전체가 아닌 확인대상발명 중 청구범위에 기재된 구성과 대응되는 구성만으로 자유실시기술 여부를 살핀 실무가 있으나, 시험은 대법원 태도에 따라 풀어야 하니, 대법원 태도에 따르면 그릇된 지문이다. 아래에 대법원 판례를 소개한다(대법원 2008. 7. 10. 선고 2008후64 판결).
"권리범위확인 심판청구의 대상이 되는 확인대상고안이 공지의 기술만으로 이루어지거나 그 기술분야에서 통상의 지식을 가진 자가 공지기술로부터 극히 용이하게 실시할 수 있는지 여부를 판단할 때에는, 확인대상고안을 등록실용신안의 실용신안등록청구범위에 기재된 구성과 대응되는 구성으로 한정하여 파악할 것은 아니고, 심판청구인이 특정한 확인대상고안의 구성 전체를 가지고 그 해당 여부를 판단하여야 한다"
④ 신규성 무효사유는 침해소송과 권리범위확인심판 모두에서 심리 가능하다. 참고로 과거 소송에서는 특허발명에 신규성 무효사유가 있으면 권리범위를 부정했으나, 최근 소송에서는 특허발명에 신규성 무효사유가 있으면 권리범위를 부정하는 것이 아니라 권리남용으로 본다.
⑤ 진보성 무효사유는 침해소송에서는 심리가 가능하나, 권리범위확인심판에서는 심리할 수 없다. 아래에 참고판례를 소개한다(대법원 2014. 3. 20. 선고 2012후4162 전원합의체 판결).
"권리범위확인심판에서는 특허발명의 진보성이 부정된다는 이유로 그 권리범위를 부정하여서는 안 된다. 다만 대법원은 특허의 일부 또는 전부가 출원 당시 공지공용의 것인 경우까지 특허청구범위에 기재되어 있다는 이유만으로 권리범위를 인정하여 독점적·배타적인 실시권을 부여할 수는 없으므로 권리범위확인심판에서도 특허무효의 심결 유무에 관계없이 그 권리범위를 부정할 수 있다고 보고 있으나, 이러한 법리를 공지공용의 것이 아니라 그 기술분야에서 통상의 지식을 가진 자가 선행기술에 의하여 용이하게 발명할 수 있는 것뿐이어서 진보성이 부정되는 경우까지 확장할 수는 없다."

정답 ④

02 특허법상 권리범위 확인심판에 관한 설명으로 옳지 않은 것은? (다툼이 있으면 판례에 따름)

[2019년 기출]

① 권리범위 확인심판의 확인대상발명이 특허권의 권리범위에 속하거나 속하지 아니하는 점에 관하여 당사자 사이에 다툼이 없는 경우에는 확인의 이익이 인정되지 않는다.
② 특허발명의 보호범위를 판단하는 절차로 마련된 권리범위 확인심판에서 특허발명의 진보성 여부를 판단하는 것은 권리범위 확인심판의 판단범위를 벗어날 뿐만 아니라, 본래 특허무효심판의 기능에 속하는 것을 권리범위 확인심판에 부여하는 것이 되어 위 두 심판 사이의 기능 배분에 부합하지 않는다.
③ 권리범위 확인심판에서 특허발명과 대비되는 확인대상발명이 공지기술과 동일한 경우뿐만 아니라 그 기술분야에서 통상의 지식을 가진 사람이 공지기술로부터 쉽게 실시할 수 있는 경우에는 그 확인대상발명은 이른바 자유실시기술로서 특허발명과 대비할 필요 없이 특허권의 권리범위에 속하지 않는다고 보아야 한다.
④ 적극적 권리범위 확인심판에서 청구인이 특정한 확인대상발명과 피청구인이 실시하고 있는 발명 사이에 동일성이 인정되지 않는 경우에는 확인의 이익이 인정되지 않는다.
⑤ 특허권자 甲과 그로부터 특허권 침해의 고소를 당한 乙사이에 乙이 그 특허권을 인정하고 그 권리에 위반되는 행위를 하지 않는다는 내용의 약정을 하였다면, 그 약정으로 인하여 乙이 권리범위 확인심판을 청구할 이익이 상실되었다고 보아야 한다.

해설

① 참고판례를 아래에 소개한다(대법원 2016. 9. 30. 선고 2014후2849 판결).
"소극적 권리범위확인심판에서는 현재 실시하는 것만이 아니라 장래 실시 예정인 것도 심판대상으로 삼을 수 있다. 그러나 당사자 사이에 심판청구인이 현재 실시하고 있는 기술이 특허권의 권리범위에 속하는지에 관하여만 다툼이 있을 뿐이고, 심판청구인이 장래 실시할 예정이라고 주장하면서 심판대상으로 특정한 확인대상발명이 특허권의 권리범위에 속하지 않는다는 점에 관하여는 아무런 다툼이 없는 경우라면, 그러한 확인대상발명을 심판대상으로 하는 소극적 권리범위 확인심판은 심판청구의 이익이 없어 허용되지 않는다."
② 법원은 권리범위확인심판에서 특허발명의 진보성 결여 무효사유를 심리하게 되면 특허무효심판의 기능과 중복된다고 보고, 침해소송과 달리 권리범위확인심판에서는 특허발명의 진보성 결여 무효사유를 심리할 수 없다고 판시했다. 아래에 참고판례를 소개한다(대법원 2014. 3. 20. 선고 2012후4162 전원합의체 판결).
"특허법이 규정하고 있는 권리범위확인심판은 심판청구인이 그 청구에서 심판의 대상으로 삼은 확인대상발명이 특허권의 효력이 미치는 객관적인 범위에 속하는지 여부를 확인하는 목적을 가진 절차이므로, 그 절차에서 특허발명의 진보성 여부까지 판단하는 것은 특허법이 권리범위확인심판 제도를 두고 있는 목적을 벗어나고 그 제도의 본질에 맞지 않다. 특허법이 심판이라는 동일한 절차 안에 권리범위확인심판과는 별도로 특허무효심판을 규정하여 특허발명의 진보성 여부가 문제 되는 경우 특허무효심판에서 이에 관하여 심리하여 진보성이 부정되면 그 특허를 무효로 하도록 하고 있음에도 진보성 여부를 권리범위확인심판에서까지 판단할 수 있게 하는 것은 본래 특허무효심판의 기능에 속하는 것을 권리범위확인심판에 부여함으로써 특허무효심판의 기능을 상당 부분 약화시킬 우려가 있다는 점에서도 바람직하지 않다. 따라서 권리범위확인심판에서는 특허발명의 진보성이 부정된다는 이유로 그 권리범위를 부정하여서는 안 된다.

다만 대법원은 특허의 일부 또는 전부가 출원 당시 공지공용의 것인 경우까지 특허청구범위에 기재되어 있다는 이유만으로 권리범위를 인정하여 독점적·배타적인 실시권을 부여할 수는 없으므로 권리범위확인심판에서도 특허무효의 심결 유무에 관계없이 그 권리범위를 부정할 수 있다고 보고 있으나, 이러한 법리를 공지공용의 것이 아니라 그 기술분야에서 통상의 지식을 가진 자가 선행기술에 의하여 용이하게 발명할 수 있는 것뿐이어서 진보성이 부정되는 경우까지 확장할 수는 없다. 위와 같은 법리는 실용신안의 경우에도 마찬가지로 적용된다."

③ 자유실시기술에 해당하면 특허발명과 대비할 필요 없이 특허권의 권리범위에 속하지 않는다고 본다(대법원 2018. 7. 24. 선고 2016후2904 판결). 아래에 참고판례를 소개한다.

"권리범위 확인심판에서 특허발명과 대비되는 확인대상 발명이 공지의 기술만으로 이루어진 경우뿐만 아니라 그 기술분야에서 통상의 지식을 가진 자가 공지기술로부터 쉽게 실시할 수 있는 경우에는 이른바 자유실시기술로서 특허발명과 대비할 필요 없이 특허발명의 권리범위에 속하지 않는다고 보아야 한다(대법원 2001. 10. 30. 선고 99후710 판결 등 참조). 이러한 법리는 특허권 침해 여부를 판단할 때 일반적으로 적용되는 것으로, 확인대상 발명이 결과적으로 특허발명의 청구범위에 나타난 모든 구성요소와 그 유기적 결합관계를 그대로 가지고 있는 이른바 문언 침해에 해당하는 경우에도 그대로 적용된다(대법원 2017. 11. 14. 선고 2016후366 판결 등 참조)."

④ 확인대상발명이 실시 또는 실시 예정인 발명과 동일하지 않으면 확인대상발명에 대해 권리범위를 확인하더라도 당사자 사이의 분쟁해결에 도움이 되지 않는다고 보아 확인의 이익을 인정하지 않는다(대법원 2012. 10. 25. 선고 2011후2626 판결). 아래에 참고판례를 소개한다.

"특허권자가 심판청구의 대상이 되는 확인대상발명이 특허발명의 권리범위에 속한다는 내용의 적극적 권리범위확인심판을 청구한 경우, 심판청구인이 특정한 확인대상발명과 피심판청구인이 실시하고 있는 발명 사이에 동일성이 인정되지 아니하면, 확인대상발명이 특허발명의 권리범위에 속한다는 심결이 확정된다고 하더라도 그 심결은 심판청구인이 특정한 확인대상발명에 대하여만 효력을 미칠 뿐 실제 피심판청구인이 실시하고 있는 발명에 대하여는 아무런 효력이 없으므로, 피심판청구인이 실시하지 않고 있는 발명을 대상으로 한 그와 같은 적극적 권리범위확인 심판청구는 확인의 이익이 없어 부적법하여 각하되어야 한다(대법원 2003. 6. 10. 선고 2002후2419 판결 등 참조). 그리고 이 경우 확인대상발명과 피심판청구인이 실시하고 있는 발명의 동일성은 피심판청구인이 확인대상발명을 실시하고 있는지 여부라는 사실확정에 관한 것이므로 이들 발명이 사실적 관점에서 같다고 보이는 경우에 한하여 그 동일성을 인정하여야 한다."

⑤ 위반되는 행위를 하지 않는다는 약정은 乙이 자신의 확인대상발명에 대해 권리범위확인심판을 청구하지 않겠다는 약정과 다르다. 참고로 권리범위확인심판을 청구하지 않겠다는 약정을 맺었다면 당사자 사이에 분쟁이 없는바 확인의 이익이 인정되지 않을 것이다. 아래에 참고판례를 소개한다(대법원 1996. 12. 6. 선고 95후1050 판결).

"등록고안의 실용신안권자 갑과 그로부터 실용신안권 침해의 고소를 당한 을 사이에 을이 그 등록고안의 권리를 인정하고 그 권리에 위반되는 행위를 하지 않는다는 내용의 약정을 하였다 하더라도, 문언상으로는 그 합의의 취지를 을이 갑의 등록고안에 대한 정당한 권리를 인정하고 그 권리에 위반되는 행위를 하지 아니하기로 한 것으로 볼 수 있을 뿐이어서, 그 합의로써 곧바로 을이 자신이 실시했던 특정 고안이 그 등록고안의 권리범위에 속함을 인정하였다거나 그 등록고안의 권리범위를 확인하는 심판청구권까지를 포기하기로 한 것으로 볼 수 없으므로, 그와 같은 합의가 있었다는 사정만으로 심판청구인의 권리범위확인심판에 관한 이해관계가 소멸하였다고 할 수는 없다."

정답 ⑤

03 권리범위확인심판에 관한 설명 중 옳지 않은 것은? (다툼이 있으면 판례에 따름)

① 특허가 방법발명인 경우 특허권자 또는 이해관계인은 그 방법의 실시에만 사용하는 물건과 대비하는 물건을 심판청구의 대상이 되는 발명으로 특정하여 특허권의 보호범위에 속하는지 여부의 확인을 구할 수 있다.
② 특허권이 소멸되었을 경우에는 그 소멸 이후에는 권리범위확인의 이익이 없다.
③ 특허발명에 침해가 되는 물건에 대하여는 생산하지 않을 것을 약속한 서약서를 작성한 자는 그 특허발명에 대해 권리범위확인심판을 청구할 이해관계가 없다.
④ 확인대상발명은 사회통념상 특허발명의 권리범위에 속하는지를 확인하는 대상으로서 다른 것과 구별될 수 있는 정도로 구체적으로 특정되어야 한다.
⑤ 확인대상고안이 적법하게 특정되었는지 여부는 특허심판의 적법요건으로서 당사자의 명확한 주장이 없더라도 의심이 있을 때는 특허심판원이나 법원이 이를 직권으로 조사하여 밝혀 보아야 할 사항이다.

해 설

① 2003후1109
② 특허권이 소멸된 이후에는 권리범위확인심판이 불가하다(94후2223).
③ 침해가 되는 물건을 생산하지 않는다는 약속은 권리범위확인심판을 제기하지 않겠다는 의미로 해석할 수 없다(99후2853).
④ 2010후3356
⑤ 2003후656

정답 ③

04 다음은 권리범위확인심판에 관한 설명이다. 틀린 것은?

① 확인대상 발명이 이 사건 특허발명의 권리범위에 속하지 않는다는 심결이 확정되어도 그 기판력은 확인대상 발명에만 미치는 것이지 이와 다른 현실적으로 실시하고 있는 발명에는 미친다고 볼 수 없다.
② 전용실시권자도 적극적 권리범위확인심판의 청구인이 될 수 있다.
③ 적극적 권리범위확인 심판에서 확인대상발명이 특허발명의 권리범위에 속한다는 심결이 난 후 피심판청구인이 불복하여 특허법원에 계속 중 확인대상발명이 등록된 경우에 심결 후 등록된 사실을 고려하면 결과적으로 권리 대 권리간의 적극적 권리범위확인심판이 되어 부적법하므로 특허법원에서는 심결을 취소하여야 한다.
④ 특허권의 권리범위확인의 심판청구는 현존하는 특허권의 범위를 확정하는 것을 목적으로 하는 것이므로, 일단 적법하게 발생한 특허권이라 할지라도 그 특허권이 소멸되었을 경우에는 그 소멸 이후에는 그 권리범위확인의 이익이 없고, 이는 상고심 계속 중 존속기간 만료로 소멸된 경우도 동일하다는 것이 판례의 태도이다.

⑤ 권리 대 권리간의 적극적 권리범위확인심판은 후 등록된 권리에 대한 무효심판의 확정 전에 그 권리의 효력을 부정하는 결과로 되어 원칙적으로 허용되지 아니하고, 다만 예외적으로 양 발명(고안)이 이용관계에 있어 확인대상고안의 등록의 효력을 부정하지 않고 권리범위의 확인을 구할 수 있는 경우에는 권리 대 권리 간의 적극적 권리범위확인심판의 청구가 허용된다.

해설

① |O| 판례문구 그대로이다. 심결의 효력은 일사부재리라고 하며 기판력이라고 하지 않으나, 판례문구 그대로이기 때문에 옳은 지문으로 표시하였다. 아래에 판결문을 발췌한다(94후2247).
"심판청구인이 심판의 대상으로 삼고 있는 확인대상 발명이 자신이 현실적으로 실시하고 있는 발명과 다르다면, 설령 발명의 요지가 같아서 동일성이 있는 발명이라고 볼 수 있다 한들 확인대상 발명이 이 사건 특허발명의 권리범위에 속하지 않는다는 심결이 확정되어도 그 기판력은 확인대상 발명에만 미치는 것이지 이와 다른 현실적으로 실시하고 있는 발명에는 미친다고 볼 수 없으므로 심판청구인이 현실적으로 실시하지 않고 실시할 계획도 없는 확인대상 발명에 대한 심판 청구는 확인의 이익이 없어 부적법하므로 각하되어야 하며, 더욱이 소극적 권리범위확인심판의 경우 심판청구인이 스스로 확인대상 발명의 실시자에 해당하기 때문에 확인대상 발명을 정확하게 특정하여야 할 의무에 있어서 피심판청구인의 실시 발명에 대하여 특허발명과 대비할 수 있을 정도로 특정하여야 하는 적극적 권리범위확인심판의 경우보다 그 정도가 더 높다고 할 것이다."

② |O| 이에 관한 명문의 규정이 없던 구법하에서는, 학설은 전용실시권자도 제135조의 이해관계인의 범주에 포함시키는 것이 타당하다고 하나, 판례는 이를 부정하여 왔다. 이에, 2006년10월1일 시행되는 개정법에서는 전용실시권자의 적극적 권리범위확인 심판 청구인 적격을 인정하였다.

③ |×| 대법원 2002.4.12 선고 99후2211 판결. 원심판결 이유에 의하면, 원심은 확인대상발명이 이 사건 소의 계속 중인 1998.11.19 특허등록되었으므로 결과적으로 피고가 청구한 이 사건 권리범위확인심판의 청구는 후등록 특허권자를 상대로 한 적극적 권리범위확인심판이 되어 부적법하게 되었고, 따라서 이 사건 심판의 청구를 각하하지 아니하고 실체 판단에 나아가 심판의 청구를 인용한 이 사건 심결은 위법하다고 판단하였다. 그러나 특허심판원 심결의 취소소송에서 심결의 위법 여부는 심결당시의 법령과 사실상태를 기준으로 판단하여야 하고, 원칙적으로 심결이 있은 이후 비로소 발생한 사실을 고려하여 판단의 근거로 삼을 수는 없다할 것이며(대법원 1995.11.10 선고 95누8461 판결 등 참조), 이 사건의 경우 심결시 이후에 발생한 확인대상발명의 특허등록사실을 고려하여 심결의 위법 여부를 판단하여야 할 아무런 사정이 없다.

④ |O| 대법원 1996. 9. 10. 선고 94후2223 판결.

⑤ |O| 대법원 2002. 6. 28. 선고 99후2433 판결.

정답 ③

05 권리범위확인심판에 대한 설명으로 틀린 것으로 연결된 것은?

(가) 판례에 따르면 특허권이 소멸된 후에 청구된 권리범위 확인심판은 심결각하되어야 한다.

(나) 권리범위 확인심판을 청구할 수 있는 자는 특허권자, 전용실시권자 및 이해관계인이다.

(다) 판례에 따르면 확인대상발명이 물건발명이기는 하지만 실시발명의 설명서에 그 생산방법을 구체적으로 특정하고 있는 경우 방법발명인 특허발명과 대비하여 권리범위에 속하는지 여부를 판단할 수 있다.

(라) 적극적 권리범위확인심판을 청구하는 특허권자는 심판청구서에 확인대상발명의 설명서 및 필요한 도면을 첨부하여야 하며, 피청구인이 실시하고 있는 발명과 비교하여 다른 경우 심판청구서의 설명서 및 도면을 보정하여도 요지변경으로 허용되지 않는다.

(마) 권리 대 권리간 적극적 권리범위확인심판의 경우 판례는 원칙적으로 부정하나 이용관계에 있어 확인대상발명의 등록의 효력을 부정하지 않고 권리범위의 확인을 구할 수 있는 경우에는 허용된다고 판시하였다.

① (가), (라)
② (나), (마)
③ (나), (다)
④ (라)
⑤ (가), (다), (라)

해설

(가) |O| 대법원 1970.3.10선고 68후21 판결. 특허권의 권리범위확인의 심판청구는 현존하는 특허권의 범위를 확정하는 것을 목적으로 하는 것이므로 특허권이 소멸되었을 경우에는 그 확인의 이익이 없다.

(나) |O| 135조. 전용실시권자도 권리범위확인심판의 청구인 적격이 인정된다.

(다) |O| 대법원 2004.10.14선고 2003후2164 판결.

(라) |X| 법140조 2항 3호. 확인대상발명이 실시대상발명과 다른 경우 확인의 이익이 없어 부적법 각하되며 새로이 권리범위확인심판을 청구하여야 하는 소송경제 및 심판사건지연의 문제가 있었다. 이에 개정법은 소송경제 및 심판사건지연을 방지하고자 확인대상발명의 설명서 및 필요한 도면의 보정을 요지변경으로 보지 아니한다.

(마) |O| 대법원 2002.6.28.선고 99후2433 판결. 적극적 권리범위확인심판은 후 등록된 권리에 대한 무효심판의 확정 전에 그 권리의 효력을 부정하는 결과로 되어 원칙적으로 허용되지 아니하고, 다만 예외적으로 양 고안이 구 실용신안법 제11조 제3항에서 규정하는 이용관계에 있어 확인대상고안의 등록의 효력을 부정하지 않고 권리범위의 확인을 구할 수 있는 경우에는 권리 대 권리간의 적극적 권리범위확인심판의 청구가 허용된다.

정답 ④

06 권리범위확인심판과 관련하여 다음 중 옳은 것으로만 묶은 것은? (견해의 대립이 있는 경우에는 판례에 의함)

[2006년 기출]

> ㈎ 권리범위확인심판은 그 권리가 소멸된 후에는 청구할 수 없다.
> ㈏ 권리범위확인심판에 있어서 청구인은 특허권자에 한정되지만, 피청구인은 특허권자와 실시자가 포함된다.
> ㈐ 무효사유가 있는 특허도 무효심결이 확정되기 전에는 무효를 주장할 수 없다는 것은 권리 대 권리간의 심판청구를 긍정하는 근거가 된다.
> ㈑ 통상실시권 허여심판의 활성화도 권리 대 권리간의 심판청구를 긍정하는 근거가 된다.
> ㈒ 확인대상발명이 특허발명의 권리범위에 속한다는 확정 심결은 대세적 효력이 있어 침해소송의 침해여부 판단에서 법원을 기속한다.

① ㈎, ㈏ ② ㈎, ㈑
③ ㈎, ㈒ ④ ㈐, ㈑
⑤ ㈑, ㈒

해설

㈎ |○| 청구의 이익이 있는 한 특허권 소멸후에도 권리범위를 청구할 수 있다는 견해가 있으나, 판례(대법원 70. 3. 10. 선고 68후21 판결)는 "특허권의 권리범위확인의 심판청구는 현존하는 특허권의 범위를 확정하는 것을 목적으로 하는 것이므로 특허권이 소멸되었을 경우에는 그 확인의 이익이 없다."고 하여 특허권이 소멸한 이후에는 권리범위확인심판을 청구할 실익이 없다고 한다.

㈏ |×| 적극적 권리범위확인 심판의 경우 청구인은 특허권자 또는 전용실시권자이고 피청구인은 실시 또는 실시 준비 중인자이다. 소극적 권리범위확인심판의 경우 청구인은 실시자 또는 실시 준비 중인 자이고 피청구인은 특허권자이다. 그러므로 틀린 설명이다.

㈐ |×| 권리 대 권리간 적극적 권리범위확인 심판은 인용심결시 무효심결 확정전 타방의 권리를 부정하게 되는 것이어서 원칙적으로 부정되는 것이므로 무효사유가 있는 특허도 무효심결이 확정되기 전에는 무효를 주장할 수 없다는 것은 권리 대 권리간의 심판청구를 부정하는 근거가 된다.

㈑ |○| 통상실시권 허여심판이 인용되기 위해서는 특허법 제98조의 이용관계에 해당함이 먼저 인정이 되어야한다. 그러므로 특허법 138조 심판청구 전 먼저 이용관계를 확인하기 위해 권리범위확인심판을 청구할 수 있는바, 통상실시권 허여심판의 활성화는 권리 대 권리간의 심판청구를 긍정하는 근거가 된다.

㈒ |×| 대법원 2002. 1. 11. 선고 99다59320 판결은 '민사재판에 있어서 이와 관련된 다른 권리범위확인심판사건 등의 확정심결에서 인정된 사실은 특별한 사정이 없는 한 유력한 증거자료가 되는 것이나, 당해 민사재판에서 제출된 다른 증거내용에 비추어 관련 권리범위확인심판사건 등의 확정심결에서의 사실판단을 그대로 채용하기 어렵다고 인정될 경우에는 이를 배척할 수 있다'고 판시하여 법원은 심판관의 판단에 구속되지 않는다는 입장이다.

정답 ②

07 특허심판에 관한 설명 중 옳지 않은 것은? (다툼이 있는 경우에는 판례에 의함)

[2009년 기출 변형]

① 심판청구인들이 실제 사용하고 있는 고안이 B임에도 불구하고 이를 은폐하기 위해 A에 대해 소극적 권리범위확인심판을 청구한 경우, 피청구인이 실제로는 심판청구인에 의해 사용되고 있는 고안이 B라는 것을 입증하였다면 그 심판 대상은 B가 되어야 한다.
② 물건을 생산하는 방법의 발명인 경우에는 그 방법에 의하여 생산된 물건에 까지 특허권의 효력이 미친다 할 것이어서, 특정한 생산방법에 의하여 생산한 물건을 실시발명으로 특정하여 특허발명의 보호범위에 속하는지 여부의 확인을 구할 수 있다.
③ 후출원하여 특허 받은 확인대상발명이 선출원된 특허발명의 권리범위에 속한다는 확인을 구하는 적극적 권리범위확인심판은, 양 발명이 이용관계에 있어서 확인대상발명의 등록의 효력을 부정하지 않고도 권리범위의 확인을 구할 수 있는 경우에는 각하되지 않는다.
④ 의약이라는 물건의 발명에서 대상질병 또는 약효와 함께 투여용법과 투여용량을 부가하는 경우에 이러한 투여용법과 투여용량은 발명의 구성요소에 해당되므로, 권리범위확인심판에서 확인대상발명이 공지기술로부터 용이하게 실시할 수 있는지를 판단할 때에서 의약이라는 물건의 발명에 부가된 투여용법과 투여용량을 발명의 구성으로 보고 판단하여야 한다.
⑤ 법인이 아닌 사단 또는 재단으로서 대표자 또는 관리인이 정하여져 있는 경우에는 그 사단 또는 재단의 이름으로 심판의 청구인 및 피청구인 또는 재심의 청구인 및 피청구인이 될 수 있다.

해설

① |×| 확인대상발명을 B로 보정하지 않는 이상 심판대상이 변경되지 않는다. 한편, 권리범위확인심판은 확인대상발명을 실시하려고 하는 자도 특허발명의 침해인지 여부를 확인할 실익이 있기 때문에 이해관계인에 포함된다. 따라서 심판청구인들이 실제 사용하는 고안이 B라고 할지라도 A를 실시할 예정에 있을 수도 있기 때문에 현재 사용하는 고안이 B라고 해서 심판대상이 B로 되는 것은 아니며, 심판대상은 여전히 A이다.
② |○| 대상 실시발명이 '물건의 발명'이기는 하지만 실시발명의 설명서에 그 생산방법을 구체적으로 특정하고 있는 경우, '방법의 발명'인 특허발명과 대비하여 그 권리범위에 속하는지 여부를 판단하여야 한다(大判 2003후2164).
③ |○| 후 출원에 의하여 등록된 고안을 확인대상고안으로 하여 선 출원에 의한 등록고안의 권리범위에 속한다는 확인을 구하는 적극적 권리범위확인심판은 후 등록된 권리에 대한 무효심판의 확정 전에 그 권리의 효력을 부정하는 결과로 되어 원칙적으로 허용되지 아니하고, 다만 예외적으로 양 고안이 구 실용신안법(1990. 1. 13. 법률 제4209호로 전문 개정되기 전의 것) 제11조 제3항에서 규정하는 이용관계에 있어 확인대상고안의 등록의 효력을 부정하지 않고 권리범위의 확인을 구할 수 있는 경우에는 권리 대 권리 간의 적극적 권리범위확인심판의 청구가 허용된다(大判 99후2433).
④ |○| 대법원 2015. 5. 21. 선고 2014후768 전원합의체 판결
[다수의견] 의약이 부작용을 최소화하면서 효능을 온전하게 발휘하기 위해서는 약효를 발휘할 수 있는 질병을 대상으로 하여 사용하여야 할 뿐만 아니라 투여주기·투여부위나 투여경로 등과 같

은 투여용법과 환자에게 투여되는 용량을 적절하게 설정할 필요가 있는데, 이러한 투여용법과 투여용량은 의약용도가 되는 대상 질병 또는 약효와 더불어 의약이 효능을 온전하게 발휘하도록 하는 요소로서 의미를 가진다. 이러한 투여용법과 투여용량은 의약물질이 가지는 특정의 약리효과라는 미지의 속성의 발견에 기초하여 새로운 쓰임새를 제공한다는 점에서 대상 질병 또는 약효에 관한 의약용도와 본질이 같다.

그리고 동일한 의약이라도 투여용법과 투여용량의 변경에 따라 약효의 향상이나 부작용의 감소 또는 복약 편의성의 증진 등과 같이 질병의 치료나 예방 등에 예상하지 못한 효과를 발휘할 수 있는데, 이와 같은 특정한 투여용법과 투여용량을 개발하는 데에도 의약의 대상 질병 또는 약효 자체의 개발 못지않게 상당한 비용 등이 소요된다. 따라서 이러한 투자의 결과로 완성되어 공공의 이익에 이바지할 수 있는 기술에 대하여 신규성이나 진보성 등의 심사를 거쳐 특허의 부여 여부를 결정하기에 앞서 특허로서의 보호를 원천적으로 부정하는 것은 발명을 보호·장려하고 그 이용을 도모함으로써 기술의 발전을 촉진하여 산업발전에 이바지한다는 특허법의 목적에 부합하지 아니한다.

그렇다면 의약이라는 물건의 발명에서 대상 질병 또는 약효와 함께 투여용법과 투여용량을 부가하는 경우에 이러한 투여용법과 투여용량은 의료행위 자체가 아니라 의약이라는 물건이 효능을 온전하게 발휘하도록 하는 속성을 표현함으로써 의약이라는 물건에 새로운 의미를 부여하는 구성요소가 될 수 있고, 이와 같은 투여용법과 투여용량이라는 새로운 의약용도가 부가되어 신규성과 진보성 등의 특허요건을 갖춘 의약에 대해서는 새롭게 특허권이 부여될 수 있다.

이러한 법리는 권리범위확인심판에서 심판청구인이 심판의 대상으로 삼은 확인대상발명이 공지기술로부터 용이하게 실시할 수 있는지를 판단할 때에도 마찬가지로 적용된다.

⑤ ㅣㅇㅣ 특허법 제4조

정답 ①

08 심판에 관한 설명 중 옳은 것은? (다툼이 있는 경우에는 판례에 의함) [2009년 기출변형]

① 어느 발명이 특허발명의 권리범위에 속하는지를 판단함에 있어서 특허발명과 대비되는 발명이 공지의 기술만으로 이루어지거나 그 기술분야에서 통상의 지식을 가진 자가 용이하게 실시할 수 있는 경우에는 특허발명과 대비할 필요 없이 특허발명의 보호범위에 속하지 않는다.

② 권리범위확인심판은 특허발명의 객관적인 보호범위를 확인하는 것이므로 간접침해 여부는 권리범위확인심판에서의 판단대상이 아니다.

③ 심판장은 심결 전에 반드시 심리종결의 통지를 하여야 하므로 이에 위반하여 심결 전에 미리 심리종결통지를 하지 아니한 경우 당해 심결은 위법하다고 볼 수 있다.

④ 특허침해소송에서 당사자가 주장한 특허무효 이유의 존재 여부에 대하여 그 진위가 불분명한 경우, 법원은 당해 특허의 무효심판의 심결이 확정될 때까지 소송절차를 중지하여야 한다.

⑤ 청구범위의 독립항은 그대로 두고 그 독립항을 기술적으로 한정하고 구체화하는 종속항만을 추가하는 정정은 실질적으로 권리범위를 확장하거나 변경하는 것이 아니므로 허용될 수 있다.

해설

① |O| 大判 99후62 ; 99후710 등
② |×| 권리범위확인심판은 특허발명의 기술적 범위를 기초로 하여 구체적으로 문제된 실시형태와의 관계에 있어 권리의 효력이 미치는지 여부를 확인하는 권리관계 또는 법률관계 확정을 목적으로 하는 것이므로, 간접침해 물건에 대하여도 권리범위확인심판을 청구할 수 있다(大判 98후 2580 ; 2003후2164).
③ |×| 심리종결을 통지하는 이유는 특허심판은 서면심리의 경우는 물론이거니와 구두심리의 경우에도 당사자 또는 참가인의 출석여부에 관계없이 직권으로 진행할 수 있도록 되어 있어(법 제117조 및 법 제113조 제4항), 당사자 또는 참가인으로서는 심판의 진행상태를 명확히 파악하기 어려운 실정이므로 심결 전에 이들에게 미리 사건이 심결을 함에 성숙하였음을 알림으로써 심리의 진행상황을 주지시켜 심결절차의 공정과 촉진을 기하고자 함에 있다. 그러므로 심판장은 심결 전에 반드시 심리종결의 통지를 하여야 하나 다만 위 심리종결통지에 관한 규정은 훈시규정이라고 할 것이므로 이에 위반하여 심결 전에 미리 심리종결통지를 하지 아니하였다고 하여도 위법하다고 볼 수는 없는 것이다(大判 83후71).
④ |×| 소송절차에 있어서 필요하다고 인정된 때에는 법원은 특허에 관한 심결이 확정될 때까지 그 소송절차를 중지할 수 있다(법 제164조 제2항). 즉, 중지여부는 기속사항이 아닌 재량사항이다.
⑤ |×| 특허권자는 i) 청구범위의 감축, ii) 잘못된 기재의 정정, iii) 분명하지 아니한 기재의 명확화 중 어느 하나에 해당하는 경우에 한하여 특허발명의 명세서 또는 도면에 대하여 정정을 청구할 수 있다(법 제136조 제1항). 따라서 독립항은 그대로 두고 종속항을 추가하는 정정은 청구항의 신설에 해당하고 이는 청구범위의 확장에 해당하므로 인정되지 않는다.

정답 ①

09 특허법상 권리범위확인심판에 관한 설명으로 옳은 것은? (다툼이 있는 경우에는 판례에 의함)

[2011년 기출]

① 소극적 권리범위확인심판의 심판청구서의 확인대상발명이 실제로 실시하고 있는 발명과 다르게 특정된 경우, 심판청구인은 요지변경에 해당하더라도 실제 실시발명과 동일하게 하기 위하여 확인대상발명을 보정할 수 있다.
② 상대방의 특허권을 인정하고 그 특허권에 위반되는 행위를 하지 않는다는 내용의 약정을 한 자는 소극적 권리범위확인심판청구의 이해관계인으로서의 지위를 상실하였다고 볼 수 있다.
③ 어느 발명이 특허발명의 권리범위에 속하는지를 판단하기 위해서는 먼저 특허발명의 청구범위를 기준으로 그 권리범위를 확정하여야 하고, 이를 확정함에 있어서는 공지·공용의 기술은 그것이 신규한 기술과 유기적으로 결합된 것이라도 권리범위에서 제외하여야 한다.
④ 특허출원인이 청구범위 중 일부를 특허권의 권리범위에서 의식적으로 제외하고 있는 사정이 보이는 경우에는 출원된 기술사상의 내용과 명세서의 다른 기재 및 출원인의 의사와 제3자에 대한 법적 안정성을 두루 참작하여 특허권의 권리범위를 제한 해석하는 것이 가능하다.
⑤ 확인대상발명이 특허발명의 권리범위에 속한다는 심결이 확정된 경우 동일한 당사자의 동일한 확인대상발명에 관한 특허침해소송에서 법원은 확인대상발명이 특허발명의 권리범위에 속하지 않는다는 판단을 할 수 없다.

해 설

① |×| 특허법 제140조 제2항 제2호에 의하면 적극적 권리범위확인심판에서 피청구인이 심판청구서의 확인대상발명의 설명서 및 도면에 의하여 특정된 확인대상발명이 자신이 실제로 실시하고 있는 발명과 다르다고 주장하는 경우에 청구인이 피청구인의 실시 발명과 동일하게 하기 위하여 심판청구서의 확인대상발명의 설명서 및 도면을 보정하는 때에는 요지의 변경에 해당하더라도 보정할 수 있는바, 이는 적극적 권리범위확인심판의 경우 확인대상발명을 특정할 의무가 있는 자와 실제로 실시하는 자가 다르기 때문에 피청구인의 협력이 없다면 청구인이 확인대상발명을 정확히 특정하는 것이 소극적 권리범위확인심판에 비하여 상당한 어려움이 있을 수 있는 점을 고려하여 확인대상발명 특정에 관한 청구인의 불리함을 보상함으로써 균형을 도모하기 위한 특칙이다. 따라서 위 규정은 확인대상발명의 특정 의무자와 실시자가 동일한 소극적 권리범위확인심판에는 적용되지 아니한다(특허법원 2009. 9. 9. 선고 2009허2227 판결).

② |×| 등록고안의 실용신안권자 갑과 그로부터 실용신안권 침해의 고소를 당한 을 사이에 을이 그 등록고안의 권리를 인정하고 그 권리에 위반되는 행위를 하지 않는다는 내용의 약정을 하였다 하더라도, 문언상으로는 그 합의의 취지를 을이 갑의 등록고안에 대한 정당한 권리를 인정하고 그 권리에 위반되는 행위를 하지 아니하기로 한 것으로 볼 수 있을 뿐이어서, 그 합의로써 곧바로 을이 자신이 실시했던 특정 고안이 그 등록고안의 권리범위에 속함을 인정하였다거나 그 등록고안의 권리범위를 확인하는 심판청구권까지 포기하기로 한 것으로 볼 수 없으므로, 그와 같은 합의가 있었다는 사정만으로 심판청구인의 권리범위확인심판에 관한 이해관계가 소멸하였다고 할 수는 없다(대법원 1996.12.6. 선고 95후1050 판결).

③ |×| 청구범위의 일부에 공지사유가 있는 경우 그 공지기술이 신규의 발명과 유기적으로 결합되어 있는 때에는 그 공지부분에까지 권리범위가 미치고, 신규의 발명에 유기적으로 결합된 것으로 볼 수 없는 공지사유에 대해서는 그 권리범위를 확장할 수 없다(대법원1964.10.22. 선고 63후45 판결). 나아가 최근 대법원 판례(2000후 617)는 '복수의 구성요소로 이루어진 특허발명에 있어서 그 중 일부 구성요소가 공지된 경우, 각 구성요소가 독립하여 별개의 발명이 되는 것이 아니라 그 구성요소들이 결합된 전체로서 하나의 발명이 되는 것이고, 또한 여기에서 이들 구성요소가 나머지 신규의 구성요소들과 유기적 결합관계를 이루고 있다고 하지 않을 수 없으므로, 특허발명의 권리범위에 속하는지 여부를 판단하는 데에도 공지된 부분을 제외하여서는 아니 된다.'고 판시하여 공지된 부분도 보호범위에서 제외하여서는 안 된다는 입장이다.

④ |○| 특허권의 권리범위 내지 보호범위는 특허출원서에 첨부한 명세서의 청구범위에 기재된 사항에 의하여 정하여지고, 청구범위의 기재만으로 기술적 범위가 명백한 경우에는 원칙적으로 명세서의 다른 기재에 의하여 청구범위의 기재를 제한 해석할 수 없다. 다만, 청구범위를 문언 그대로 해석하는 것이 명세서의 다른 기재에 비추어 보아 명백히 불합리할 때에는 출원된 기술사상의 내용, 명세서의 다른 기재, 출원인의 의사 및 제3자에 대한 법적 안정성을 두루 참작하여 특허권의 권리범위를 제한 해석할 수 있다(대법원 2008.10.23. 선고 2007후2186 판결).

⑤ |×| 민사재판에 있어서 이와 관련된 다른 권리범위확인심판사건 등의 확정 심결에서 인정된 사실은 특별한 사정이 없는 한 유력한 증거자료가 되는 것이나, 당해 민사재판에서 제출된 다른 증거내용에 비추어 관련 권리범위확인 심판사건 등의 확정 심결에서의 사실판단을 그대로 채용하기 어렵다고 인정될 경우에는 이를 배척할 수 있다(대법원 2002.1.11. 선고 99다59320 판결).

정답 ④

10 다음 설명 중 옳은 것은? (다툼이 있는 경우 판례에 의함)

① 확인대상발명의 실시와 관련된 특정한 물건과의 관계에서 특허권이 소진되었다면 확인대상발명이 특허권의 권리범위에 속하는지 여부를 심리하는 심판원은 권리범위에 속하지 않는다는 취지의 심결을 해야 한다.
② 권리범위확인심판에서는 선사용권 존재 여부를 심리할 수 있으며, 그 결과 선사용권이 인정된다면 권리범위에 속하지 않는다는 취지의 심결을 해야 한다.
③ 소극적 권리범위확인심판에서 심판청구인이 현실적으로 실시하는 기술이 심판청구에서 심판의 대상으로 삼은 구체적인 발명과 다르다면, 심판의 대상으로 삼은 발명이 실시 준비 중인 기술과 동일하더라도 실시하는 기술로 보정하지 않는 이상 당해 심판은 심결각하된다.
④ 권리범위확인심판에서는 확인대상발명의 진보성 결여는 심리할 수 있으나 특허발명의 진보성 무효사유는 심리할 수 없다.
⑤ 적극적 권리범위확인을 구하는 심판이 특허심판원에 계속 중에 있는 경우, 그 특허권에 기초한 침해금지청구 및 손해배상청구 등의 침해소송을 중지할 것인지 여부는 법원이 합리적인 재량에 의하여 직권으로 정할 수 있는 것은 아니다.

해 설

① |×| 명칭을 '유기성 폐기물을 순간 고온처리하여 사료를 제조하는 방법'으로 하는 특허발명 청구범위 제1,2항에 대한 특허권의 공유자 중 1인의 소유였던 사료제조설비가 甲에게 양도된 사안에서, 甲이 위 설비를 이용하여 확인대상발명을 실시하는 것과 관련하여 확인대상발명이 그 권리범위에 속한다는 확인을 구하는 것과 위 특허권이 소진되었는지 여부는 아무런 관련이 없다(대법원 2010. 12. 9. 선고 2010후289 판결【권리범위확인(특)】).
② |×| 본건 의장등록의 출원전부터 의장의 실시사업을 하였다면 본건 등록의장범위내에서 실시권을 가진다는 것이 의장법 제24조의 법의이므로 선사용권이 있는 여부는 권리범위를 확인하는데 아무런 관련이 없다(대법원 1974. 8. 30. 선고 73후8 판결【등록의장권리범위확인】).
③ |×| 확인대상발명(=심판의 대상으로 삼은 발명)은 실시 또는 실시 준비 중인 발명과 사실적 관점에서 동일하면 된다.
④ |○| 침해소송에서는 특허발명의 진보성 무효사유를 심리할 수 있으나 권리범위확인심판에서는 특허발명의 진보성 무효사유를 심리할 수 없다. 한편 확인대상발명이 진보성이 없어 자유실시기술에 해당하는지 여부는 침해소송이나 권리범위확인심판이나 모두에서 심리 가능하다.
⑤ |×| 특허권에 대한 침해대상제품 등과 동일 또는 유사한 발명에 대하여 적극적 권리범위확인을 구하는 심판이 특허심판원에 계속중에 있더라도, 그 특허권에 기초한 침해금지 청구 및 손해배상 청구 등의 침해소송을 중지할 것인지 여부는 법원이 합리적인 재량에 의하여 직권으로 정하는 것이다(대법원 2009. 10. 15. 선고 2009다46712 판결【특허권침해금지】).

정 답 ④

11 특허법 제135조(권리범위확인심판)와 관련된 설명으로 옳은 것은? (다툼이 있는 경우에는 판례에 의함)

[2012년 기출]

① 권리범위확인심판에서 특허발명의 청구범위가 기능적 표현으로 기재된 경우, 청구범위를 문언 그대로 해석하는 것이 명세서의 다른 기재에 비추어 보아 명백히 불합리하더라도 특허권의 권리범위를 제한하여 해석할 수 없다.
② 확인대상발명의 설명서에 특허발명의 구성요소와 대응하는 구체적인 구성이 일부기재되어 있지 않거나 불명확한 부분이 있다면, 나머지 구성만으로 확인대상발명이 특허발명의 권리범위에 속하는지 여부를 판단할 수 있더라도 확인대상발명은 특정되어 있다고 볼 수 없다.
③ 물건을 생산하는 방법의 발명인 경우에는 그 방법에 의하여 생산된 물건에까지 특허권의 효력이 미치므로, 특정한 생산방법에 의하여 생산한 물건을 실시발명으로 특정하여 특허권의 보호범위에 속하는지 여부의 확인을 구할 수 있다.
④ 권리범위확인심판에서 특허발명이 선출원주의를 위반한 경우에는 반드시 확인대상발명과 대비하여 권리범위를 인정할 수 있는지 여부를 판단하여야 한다.
⑤ 확인대상발명의 자유실시기술 여부를 판단할 때 확인대상발명을 특허발명과 대응되는 기술구성으로 한정하여 파악하여야 하고, 확인대상발명 전체를 가지고 판단하여서는 안 된다.

해 설

① |×| 권리범위확인심판에서 실용신안등록청구범위를 문언 그대로 해석하는 것이 명세서의 다른 기재에 비추어 보아 명백히 불합리한 경우, 등록실용신안의 권리범위를 제한 해석하는 것이 가능하다. (大判 2009후92).
② |×| 확인대상발명의 설명서에 특허발명의 구성요소와 대응하는 구체적인 구성이 일부 기재되어 있지 않거나 불명확한 부분이 있다고 하더라도, 나머지 구성만으로 확인대상발명이 특허발명의 권리범위에 속하는지 여부를 판단할 수 있는 경우에는 확인대상발명은 특정된 것으로 보는 것이 타당하다. (대법원 2010. 5. 27. 선고 2010후296 판결)
③ |○| 특허권자는 업으로서 그 특허발명을 실시할 권리를 독점하고, 그 중 물건을 생산하는 방법의 발명인 경우에는 그 방법을 사용하는 행위 이외에 그 방법에 의하여 생산한 물건을 사용·양도·대여 또는 수입하거나 그 물건의 양도 또는 대여의 청약을 하는 행위까지 그 실시에 포함되므로, 물건을 생산하는 방법의 발명인 경우에는 그 방법에 의하여 생산된 물건에까지 특허권의 효력이 미친다 할 것이어서, 특정한 생산방법에 의하여 생산한 물건을 실시발명으로 특정하여 특허권의 보호범위에 속하는지 여부의 확인을 구할 수 있다(大判 2003후2164).
④ |×| 형식적으로 유효한 특허로서 성립되었다고 하더라도, 그 특허발명에 구 특허법(1990. 1. 13. 법률 제4207호로 전문 개정되기 전의 것) 제69조 제1항에 정한 특허무효사유가 존재하는 것이 이해당사자 사이의 분쟁을 통하여 드러난 제반 증거에 의하여 객관적으로 명백해졌고 이에 따라 그러한 증거를 기초로 특허무효심판을 청구하는 경우 특허무효심결이 내려져 확정될 것이 확실시되는 때에는, 그 특허권의 행사는 권리남용으로서 허용되지 않는다. 따라서 특허무효심판 이외의 권리범위확인심판절차 또는 소송절차를 심리하는 특허심판원이나 법원으로서는 특허무효심결이 확정되기 이전이라도 당해 사건의 적정한 결론을 도출하기 위한 전제로서 위와 같은 범위 안에서 특허무효사유의 존재 여부를 판단할 수 있다(특허법원 2007허12961). 따라서, 해당 특허발

명에 무효사유가 존재하는 것이 명백한 경우에는 특허발명을 확인대상발명과 대비할 필요도 없이 그 특허권의 행사는 권리남용으로서 허용되지 않는다.
⑤ |×| 확인대상발명이 자유실시기술에 해당하는지 여부를 판단할 때에는, 확인대상발명 전체를 특허발명과 비교하여 판단하여야 한다.

정답 ③

12 특허법상 권리범위확인심판에 관한 설명으로 옳지 않은 것은? (다툼이 있는 경우에는 판례에 의함)

[2013년 기출]

① 특허권의 권리범위확인심판을 청구함에 있어서 심판청구의 대상이 되는 기술내용은 당해 특허발명과 서로 대비할 수 있을 만큼 구체적으로 특정되어야 하나 심판청구 대상의 특정을 위해서는 대상물의 구체적인 구성을 전부 기재할 필요는 없으므로 특허발명의 구성요건에 대응하는 부분의 구체적인 구성을 특허발명의 구성요건과 대비하여 그 차이점을 판단함에 필요한 정도로 기재하면 충분하다.
② 소극적 권리범위확인심판에서는 심판청구인이 현실적으로 실시하는 기술이 심판청구에서 심판의 대상으로 삼은 구체적인 발명과 다르다고 하더라도 심판청구인이 확인대상발명으로 특정한 발명에 대하여 실시가능성이 없을 경우에 심판의 대상은 심판청구인이 현실적으로 실시하는 기술이 아니라 심판의 대상으로 특정한 그 확인대상발명이다.
③ 특허발명의 청구항이 '어떤 구성요소들을 포함하는 것을 특징으로 하는 방법(물건)'이라는 형식으로 기재된 경우 그 특허발명의 청구항에 명시적으로 기재된 구성요소 전부에 기재되어 있지 아니한 요소를 추가하여 실시하는 것은 그 특허발명의 권리범위에 속한다고 볼 수 없다.
④ 특허권의 권리범위 내지 보호범위는 특허출원서에 첨부한 명세서의 청구범위에 기재된 사항에 의하여 정하여지고, 청구범위의 기재만으로 기술적 범위가 명백한 경우에는 원칙적으로 명세서의 다른 기재에 의하여 청구범위의 기재를 제한하여 해석할 수 없다.
⑤ 적극적 권리범위확인심판 청구에 있어서 특허권자(심판청구인)가 확인심판대상으로 특정한 발명과 피심판청구인이 실시하고 있는 발명 사이에 동일성이 인정되지 아니하면, 원칙적으로 심판청구인의 적극적 권리범위확인심판은 부적법하므로 각하된다.

해설

① |○| 대법원 2004.02.13. 선고, 2002후2471 판결
② |○| 대법원 1990.02.09. 선고, 89후1431 판결
③ |×| 대법원 2006.11.24. 선고, 2003후2072 판결
특허발명의 청구항이 '어떤 구성요소들을 포함하는 것을 특징으로 하는 방법(물건)' 이라는 형식으로 기재된 경우, 그 특허발명의 청구항에 명시적으로 기재된 구성요소 전부에 더하여 기재되어 있지 아니한 요소를 추가하여 실시하는 경우에도 그 기재된 구성요소들을 모두 포함하고 있다는 사정은 변함이 없으므로 그와 같은 실시가 그 특허발명의 권리범위에 속함은 물론이며, 나아가 위와 같은 형식으로 기재된 청구항은 명시적으로 기재된 구성요소뿐 아니라 다른 요소를 추가하여 실시하는 경우까지도 예상하고 있는 것이다.

④ |O| 대법원 2003.05.16.선고, 2001후3262 판결
⑤ |O| 대법원 2003.06.10.선고, 2002후2419 판결

정답 ③

13 다음 중 옳지 않은 것은? (다툼이 있는 경우에는 판례에 의함) [2013년 기출]

① 확인대상발명과 피심판청구인이 실시하고 있는 발명의 동일성은 피심판청구인이 확인대상 발명을 실시하고 있는지 여부를 판단하는 사실확정에 관한 것이므로 이들 발명이 사실적 관점에서 같다고 보이는 경우에 한하여 그 동일성을 인정하여야 한다.
② 동일한 두 개의 등록 고안에 있어서 선등록 실용신안권자는 후등록 실용신안권자를 상대로 적극적 권리범위 확인심판을 청구할 이익이 없다.
③ 확인대상발명이 불명확하여 특허발명과 대비대상이 될 수 있을 정도로 구체적으로 특정되어 있지 않다면, 특허심판원으로서는 요지변경이 되지 아니하는 범위 내에서 확인대상발명의 설명서 및 도면에 대한 보정을 명하는 등의 조치를 취해야 하고 그럼에도 불구하고 그와 같은 특정이 미흡하다면 심판청구를 각하해야 한다.
④ 특허권자 또는 이해관계인은 그 방법의 실시에만 사용하는 물건과 대비되는 물건을 심판청구의 대상이 되는 발명으로 특정하여 권리범위확인심판을 제기할 수 있다.
⑤ 두 개의 실용신안권에 있어서 후등록 실용신안권자는 선등록 실용신안권자를 상대로 양 고안의 내용이 서로 다르다고 주장하면서 후등록된 실용신안권이 선등록된 실용신안권의 권리범위에 속하지 아니함을 청구하는 권리범위확인심판을 청구할 이익이 없다.

해설

① |O| 특허법원 2009.02.04.선고, 2008허6307 판결
적극적 권리범위확인심판에서 피심판청구인이 실제로 실시하는 실시주장발명이 확인대상발명과 사실적 관점에서 동일성이 인정되지 않는다면, 비록 그것이 균등관계에 있다는 평가를 받을 수 있다고 하더라도 그 심판청구는 부적법하다고 보아야 할 것인바, 이 사건에 있어서 확인대상발명과 실시주장발명이 사실적 관점에서 동일한지 여부에 대하여 살펴본다.
② |O| 대법원 2002.06.28.선고, 99후2433 판결
후 출원에 의하여 등록된 고안을 확인대상고안으로 하여 선 출원에 의한 등록고안의 권리범위에 속한다는 확인을 구하는 적극적 권리범위확인심판은 후 등록된 권리에 대한 무효심판의 확정 전에 그 권리의 효력을 부정하는 결과로 되어 원칙적으로 허용되지 아니하고, 다만 예외적으로 양 고안이 이용관계에 있어 확인대상고안의 등록의 효력을 부정하지 않고 권리범위의 확인을 구할 수 있는 경우에는 권리 대 권리 간의 적극적 권리범위확인심판의 청구가 허용된다.
③ |O| 대법원 2005. 4. 29. 선고 2003후656 판결
확인대상발명의 특정여부는 직권조사사항으로서 특허심판원은 확인대상발명이 특정되지 않은 경우 보정을 명하여야하고, 원칙적으로 확인대상발명의 보정은 요지를 변경하지 아니하는 범위 내에서 가능하다. 보정에도 불구하고 확인대상발명의 특정이 미흡하면 심결로써 심판청구를 각하하여야 한다.

④ |○| 대법원 2005. 7. 15. 선고 2003후1109 판결
특허법 제135조는 특허권자 또는 이해관계인은 특허발명의 보호범위를 확인하기 위하여 특허권의 권리범위확인심판을 청구할 수 있다고 규정하고 있고, 특허법 제127조 제2호는 특허가 방법의 발명인 때에는 그 방법의 실시에만 사용하는 물건을 생산·양도·대여 또는 수입하거나 그 물건의 양도 또는 대여의 청약을 하는 행위를 업으로서 하는 경우에 특허권 또는 전용실시권을 침해한 것으로 본다는 취지로 규정하고 있으므로, 특허권자 또는 이해관계인은 그 방법의 실시에만 사용하는 물건과 대비되는 물건을 심판청구의 대상이 되는 발명으로 특정하여 특허권의 보호범위에 속하는지 여부의 확인을 구할 수 있다.

⑤ |×| 대법원 2007.10.11.선고, 2007후2766 판결
후 등록 특허권자가 선 등록 특허권자를 상대로 제기하는 소극적 권리범위확인심판은 후 등록 특허권자 스스로가 자신의 등록된 권리의 효력이 부인되는 위험을 감수하면서 타인의 등록된 권리의 범위에 속하는지 여부에 대한 판단을 구하는 것이어서 적법하다고 할 것이다.

정답 ⑤

14 권리범위확인심판에서 확인의 이익에 관한 설명으로 옳지 않은 것은? (다툼이있는 경우에는 판례에 의함)
[2014년 기출]

① 적극적 권리범위확인심판에서 피심판청구인이 확인대상발명을 실시하고 있다는 사실에 대한 입증책임은 심판청구인에게 있으며, 확인대상발명과 실시발명이 동일하여 확인의 이익이 있는지 여부는 심판의 적법요건이다.
② 권리범위확인심판의 특허심판원 심결 당시에는 특허권이 존속하고 있었으나 그 심결의 취소소송 계속 중에 특허권이 소멸한 경우 해당 심결취소소송은 부적법한 것이다.
③ 동일한 확인대상발명에 대하여 적극적 권리범위확인심판이 먼저 제기되었고 그 후 소극적 권리범위확인심판이 제기된 경우, 일사부재리 효력이 발생하지 않는 이상 각 심판은 모두 확인의 이익이 결여된다고 볼 수 없다.
④ 적극적 권리범위확인심판에서 청구인이 확인대상발명으로 특정한 것과 동일한 물품을 피청구인이 판매하였던 사실은 인정되지만 심판청구일 현재 실시하고 있지 아니하다면 확인의 이익이 없으므로 부적법한 것이다.
⑤ 소극적 권리범위확인심판에 있어서 심판을 청구할 수 있는 이해관계인에는, 권리범위에 속하는지 여부에 관하여 분쟁이 생길 염려가 있는 대상물을 제조·판매하는 것을 업으로 하고 있는 자에 한하지 아니하고 그 업무의 성질상 장래에 그러한 물품을 업으로 제조·판매하리라고 추측이 갈 수 있는 자도 포함된다.

해설

① |○| 대판 2004후1663
② |○| 대판 99후1706
③ |○| 일사부재리의 적용시점 및 중복심판청구에 관한 사항을 물어보고 있는 취지의 지문인 것으로 생각된다. 옳은 지문이다.

④ |×| 특허법원 2005허3246 (갑이 을로부터 경고장을 받은 시점 이전에는 확인대상발명을 실시하고 있었으나, 경고장을 받은 이후에는 갑이 아닌 갑의 남편이 확인대상발명을 실시한 정황이 포착된 사안에서 갑의 주장만으로는 갑이 장래 확인대상고안을 다시 실시할 가능성이 없다고 단정할 수 없어 확인의 이익이 있다고 본 사안)

적극적 권리범위확인심판에서의 확인의 이익 중 하나인 확인대상발명의 실시 가능성 여부는 심결시를 기준으로 판단해야 한다. 참고로 일사부재리를 제외하고는 심판청구이익(적법요건)은 대부분 청구시가 아닌 심결시를 기준으로 판단한다. 일사부재리는 청구시를 기준으로 판단한다.

⑤ |○| 대판 2004후1663

정답 ④

15 다음 설명 중 판례의 태도와 다른 것은?

① 확인대상발명의 일부 구성이 불명확하여 다른 것과 구별될 수 있는 정도로 구체적으로 특정되어 있지 않다면, 특허심판원으로서는 요지변경이 되지 아니하는 범위 내에서 확인대상발명의 설명서 및 도면에 대한 보정을 명하는 등의 조치를 취하여야 할 것이며, 그럼에도 불구하고 그와 같은 특정에 미흡함이 있다면 심판의 심결이 확정되더라도 그 일사부재리의 효력이 미치는 범위가 명확하다고 할 수 없으므로, 나머지 구성만으로 확인대상발명이 특허발명의 권리범위에 속하는지 여부를 판단할 수 있는 경우라 하더라도 심판청구를 각하하여야 할 것이다.

② 1개의 특허청구범위의 항의 일부가 공지기술의 범위에 속하는 등 특허무효의 사유가 있는 경우에는 그 공지기술 등이 다른 진보성이 인정되는 부분과 유기적으로 결합된 것이라고 인정되지 않는 경우에는 그 특허청구범위 중 그 공지기술에 대한 부분만 무효로 하면 된다.

③ 확인대상발명의 구성이 기능, 효과, 성질 등의 이른바 기능적 표현으로 기재되어 있는 경우에는, 그 발명이 속하는 기술분에서 통상의 지식을 가진 사람(통상의 기술자)이 확인대상대상발명의 설명서나 도면 등의 기재와 기술상식을 고려하여 그 구성의 기술적 의미를 명확하게 파악할 수 있을 정도로 기재되어 있지 않다면, 특허발명과 서로 대비할 수 있을 만큼 확인대상발명의 구성이 구체적으로 기재된 것으로 볼 수 없다. 다만, 확인대상발명의 설명서에 특허발명의 구성요소와 대응하는 구체적인 구성이 일부 기재되어 있지 않거나 불명확한 부분이 있더라도, 그 나머지 구성만으로 확인대상발명이 특허발명의 권리범위에 속하는지 판단할 수 없는 경우에 한하여 확인대상발명이 특정되지 않은 것으로 보아야 한다.

④ 확인대상발명과 피심판청구인이 실시하고 있는 발명의 동일성은 피심판청구인이 확인대상발명을 실시하고 있는지 여부라는 사실확정에 관한 것이므로 이들 발명이 사실적 관점에서 같다고 보이는 경우에 한하여 그 동일성을 인정하여야 한다.

⑤ 특허청구범위 기재만으로 특허의 기술적 구성을 알 수 없거나 알 수는 있더라도 기술적 범위를 확정할 수 없는 경우에는 명세서의 다른 기재에 의한 보충을 할 수는 있으나, 그 경우에도 명세서의 다른 기재에 의하여 특허범위의 확장해석은 허용되지 아니함은 물론 청구범위의 기재만으로 기술적 범위가 명백한 경우에 명세서의 다른 기재에 의하여 청구범위의 기재를 제한 해석할 수 없다.

해 설

① |O| 대법원 2011. 9. 8. 선고 2010후3356 판결

특허권의 권리범위확인심판을 청구함에 있어 심판청구의 대상이 되는 확인대상발명은 당해 특허발명과 서로 대비할 수 있을 만큼 구체적으로 특정되어야 할 뿐만 아니라, 그에 앞서 사회통념상 특허발명의 권리범위에 속하는지를 확인하는 대상으로서 다른 것과 구별될 수 있는 정도로 구체적으로 특정되어야 한다. 만약, 확인대상발명의 일부 구성이 불명확하여 다른 것과 구별될 수 있는 정도로 구체적으로 특정되어 있지 않다면, 특허심판원으로서는 요지변경이 되지 아니하는 범위 내에서 확인대상발명의 설명서 및 도면에 대한 보정을 명하는 등의 조치를 취하여야 할 것이며, 그럼에도 불구하고 그와 같은 특정에 미흡함이 있다면 심판의 심결이 확정되더라도 그 일사부재리의 효력이 미치는 범위가 명확하다고 할 수 없으므로, 나머지 구성만으로 확인대상발명이 특허발명의 권리범위에 속하는지 여부를 판단할 수 있는 경우라 하더라도 심판청구를 각하하여야 할 것이다.

② |X| 대법원 1994. 4. 15. 선고 90후1567 판결

특허청구범위에 관하여 다항제를 채택하고 있는 우리 나라에 있어서 특허청구범위의 항이 2이상인 경우 그 특허청구범위의 항마다 무효로 할 수 있으나, 이와는 달리 1개의 특허청구범위의 항의 일부가 공지기술의 범위에 속하는 등 특허무효의 사유가 있는 경우에는 그 공지기술 등이 다른 진보성이 인정되는 부분과 유기적으로 결합된 것이라고 인정되지 아니하는 한 그 항 전부에 관하여 무효로 하여야 하고, 그 특허청구범위의 항 중 일부에 관하여만 무효라 할 수는 없다.

③ |O| 대법원 2012. 11. 15. 선고 2011후1494 판결

특허권의 권리범위확인심판을 청구함에 있어 심판청구의 대상이 되는 확인대상발명은 당해 특허발명과 서로 대비할 수 있을 만큼 구체적으로 특정되어야 한다. 그리고, 그 특정을 위해서는 대상물의 구체적인 구성을 전부 기재하여야 하는 것은 아니지만, 적어도 특허발명의 구성요소와 대비하여 그 차이점을 판단하는 데 필요할 정도로는 특허발명의 구성요소에 대응하는 부분의 구체적인 구성을 기재하여야 한다(대법원 2009. 9. 10. 선고 2007후3355 판결 등 참조). 특히 확인대상발명의 구성이 기능, 효과, 성질 등의 이른바 기능적 표현으로 기재되어 있는 경우에는, 그 발명이 속하는 기술분에서 통상의 지식을 가진 사람(통상의 기술자)이 확인대상대상발명의 설명서나 도면 등의 기재와 기술상식을 고려하여 그 구성의 기술적 의미를 명확하게 파악할 수 있을 정도로 기재되어 있지 않다면, 특허발명과 서로 대비할 수 있을 만큼 확인대상발명의 구성이 구체적으로 기재된 것으로 볼 수 없다. 다만, 확인대상발명의 설명서에 특허발명의 구성요소와 대응하는 구체적인 구성이 일부 기재되어 있지 않거나 불명확한 부분이 있더라도, 그 나머지 구성만으로 확인대상발명이 특허발명의 권리범위에 속하는지 판단할 수 없는 경우에 한하여 확인대상발명이 특정되지 않은 것으로 보아야 한다.

④ |O| 대법원 2012. 10. 25. 선고 2011후2626 판결

특허권자가 심판청구의 대상이 되는 확인대상발명이 특허발명의 권리범위에 속한다는 내용의 적극적 권리범위확인심판을 청구한 경우, 심판청구인이 특정한 확인대상발명과 피심판청구인이 실시하고 있는 발명 사이에 동일성이 인정되지 아니하며, 확인대상발명이 특허발명의 권리범위에 속한다는 심결이 확정된다고 하더라도 그 심결은 심판청구인이 특정한 확인대상발명에 대하여만 효력을 미칠 뿐 실제 피심판청구인이 실시하고 있는 발명에 대하여는 아무런 효력이 없으므로, 피심판청구인이 실시하지 않고 있는 발명을 대상으로 한 그와 같은 적극적 권리범위확인 심판청구는 확인의 이익이 없어 부적법하여 각하되어야 한다. 그리고 이 경우 확인대상발명과 피심판청구인이 실시하고 있는 발명의 동일성은 피심판청구인이 확인대상발명을 실시하고 있는지 여부라는 사실확정에 관한 것이므로 디들 발명이 사실적 관점에서 같다고 보이는 경우에 한하여 그 동일성을 인정하여야 한다.

⑤ |이| 대법원 2004.10.28. 선고 2003후2454 판결
특허권의 권리범위 내지 실질적인 보호범위는 특허명세서의 여러 기재 내용 중 특허청구범위에 기재된 사항에 의하여 정하여 지는 것이 원칙이며, 다만 그 기재만으로 특허의 기술적 구성을 알 수 없거나 알 수는 있더라도 기술적 범위를 확정할 수 없는 경우에는 명세서의 다른 기재에 의한 보충을 할 수는 있으나, 그 경우에도 명세서의 다른 기재에 의하여 특허범위의 확장해석은 허용되지 아니함은 물론 청구범위의 기재만으로 기술적 범위가 명백한 경우에는 명세서의 다른 기재에 의하여 청구범위의 기재를 제한 해석할 수 없다.

정답 ②

16 대법원 판례의 태도로 옳지 않은 것은?

① 전에 확정된 심결의 증거를 그 심결에서 판단하지 않았던 사항에 관한 증거로 들어 판단하거나 그 증거의 선행기술을 확정된 심결의 결론을 번복할 만한 유력한 증거의 선행기술에 추가적, 보충적으로 결합하여 판단하는 경우 등과 같이 후행 심판청구에 대한 판단 내용이 확정된 심결의 기본이 된 이유와 실질적으로 저촉된다고 할 수 없는 경우에는, 확정된 심결과 그 결론이 결과적으로 달라졌다고 하더라도 일사부재리 원칙에 반한다고 할 수 없다.

② 발명의 설명의 기재에 오류가 있다고 하더라도 그러한 오류가 청구항에 기재되어 있지 아니한 발명에 관한 것이거나 청구항에 기재된 발명의 실시를 위하여 필요한 사항 이외의 부분에 관한 것이어서 그 오류에도 불구하고 통상의 기술자가 청구항에 기재된 발명을 정확하게 이해하고 재현하는 것이 용이한 경우라면 이를 들어 구 특허법 제42조 제3항에 위배된다고 할 수 없다.

③ 심판청구서에 첨부된 도면 및 설명서에 표현된 구조의 불명확한 부분을 구체화한 것이거나 처음부터 당연히 있어야 할 구성부분을 부가한 것에 지나지 아니하여 심판청구의 전체적 취지에 비추어 볼 때 그 고안의 동일성이 인정되다고 인정되는 경우에는 특허법 제140조제2항에서 말하는 요지의 변경에 해당하지 않는다.

④ 확인대상발명의 구성이 기능, 효과, 성질 등의 이른바 기능적 표현으로 기재되어 있는 경우에는, 그 발명이 속하는 기술분야에서 통상의 지식을 가진 사람이 확인대상발명의 설명서나 도면 등의 기재와 기술상식을 고려하여 그 구성의 기술적 의미를 명확하게 파악할 수 있을 정도로 기재되어 있지 않다면, 특허발명과 서로 대비할 수 있을 만큼 확인대상발명의 구성이 구체적으로 기재된 것으로 볼 수 없다. 다만 확인대상발명의 설명서에 특허발명의 구성요소와 대응하는 구체적인 구성이 일부 기재되어 있지 않거나 불명확한 부분이 있더라도, 그 나머지 구성만으로 확인대상발명이 특허발명의 권리범위에 속하는지 판단할 수 없는 경우에 한하여 확인대상발명이 특정되지 않은 것으로 보아야 한다.

⑤ 확인대상발명이 불명확하여 특허발명과 대비대상이 될 수 있을 정도로 구체적으로 특정되어 있지 않다면, 특허심판원으로서는 요지변경이 되지 아니하는 범위 내에서 확인대상발명의 설명서 및 도면에 대한 보정을 명하는 등의 조치를 취하여야 할 것이며, 그럼에도 불구하고 그와 같은 특정에 미흡함이 있다면 심판청구를 각하하여야 하며, 확인대상발명이 적법하

게 특정되었는지 여부는 당사자의 주장이 있는 경우는 별론으로 하고, 당사자의 명확한 주장이 없는 경우에 특허심판원이나 법원이 이를 직권으로 조사하여 밝혀보아야 할 것은 아니다.

해 설

① |O| 대법원 2013. 9. 13. 선고 2012후1057 판결
일사부재리의 원칙을 정한 구 특허법 제163조는 "심판의 심결이 확정 등록되거나 판결이 확정된 때에는 누구든지 동일사실 및 동일증거에 의하여 그 심판을 청구할 수 없다."고 하여 일사부재리의 원칙을 규정하고 있으나, 확정된 심결의 결론을 번복할 만한 유력한 증거가 새로이 제출된 경우에는 위와 같은 일사부재리의 원칙에 저촉되지 아니한다.
동일사실에 의한 동일한 심판청구에 대하여 전에 확정된 심결의 증거에 대한 해석을 다르게 하는 등으로 그 심결의 기본이 된 이유와 실질적으로 저촉되는 판단을 하는 것은 구 특허법 제163조가 정한 일사부재리 원칙의 취지에 비추어 허용되지 않으나, 전에 확정된 심결의 증거를 그 심결에서 판단하지 않았던 사항에 관한 증거로 들어 판단하거나 그 증거의 선행기술을 확정된 심결의 결론을 번복할 만한 유력한 증거의 선행기술에 추가적, 보충적으로 결합하여 판단하는 경우 등과 같이 후행 심판청구에 대한 판단 내용이 확정된 심결의 기본이 된 이유와 실질적으로 저촉된다고 할 수 없는 경우에는, 확정된 심결과 그 결론이 결과적으로 달라졌다고 하더라도 일사부재리 원칙에 반한다고 할 수 없다.

② |O| 대법원 2012. 11. 29. 선고 2012후2586 판결
구 특허법 제42조 제3항은 발명의 설명에는 통상의 기술자가 용이하게 실시할 수 있을 정도로 그 발명의 목적, 구성 및 효과를 기재하여야 한다고 정하고 있다. 이는 특허출원된 발명의 내용을 제3자가 명세서만으로 쉽게 알 수 있도록 공개하여 특허권으로 보호받고자 하는 기술적 내용과 범위를 명확히 하기 위한 것이므로, 위 조항에서 요구하는 명세서 기재의 정도는 통상의 기술자가 출원시의 기술수준으로 보아 과도한 실험이나 특수한 지식을 부가하지 아니하고서도 명세서의 기재에 의하여 당해 발명을 정확하게 이해할 수 있고 동시에 재현할 수 있는 정도를 말한다. 여기에서 실시의 대상이 되는 발명은 청구항에 기재된 발명을 가리키는 것이라고 할 것이므로, 발명의 설명의 기재에 오류가 있다고 하더라도 그러한 오류가 청구항에 기재되어 있지 아니한 발명에 관한 것이거나 청구항에 기재된 발명의 실시를 위하여 필요한 사항 이외의 부분에 관한 것이어서 그 오류에도 불구하고 통상의 기술자가 청구항에 기재된 발명을 정확하게 이해하고 재현하는 것이 용이한 경우라면 이를 들어 구 특허법 제42조 제3항에 위배된다고 할 수 없다.

③ |O| 대법원 2012. 5. 24. 선고 2012후344 판결
구 실용신안법 제55조 제2항 본문에 의하면, '심판청구서의 보정은 요지를 변경할 수 없다'고 규정되어 있으나, 그 규정의 취지는 요지의 변경을 쉽게 인정할 경우 심판절차의 지연을 초래하거나 피심판청구인의 방어권행사를 곤란케 할 우려가 있다는 데에 있으므로, 그 보정의 정도가 청구인의 고안에 관하여 심판청구서에 첨부된 도면 및 설명서에 표현된 구조의 불명확한 부분을 구체화한 것이거나 처음부터 당연히 있어야 할 구성부분을 부가한 것에 지나지 아니하여 심판청구의 전체적 취지에 비추어 볼 때 그 고안의 동일성이 인정된다고 인정되는 경우에는 위 규정에서 말하는 요지의 변경에 해당하지 않는다.

④ |O| 대법원 2012. 11. 15. 선고 2011후1494 판결
특허권의 권리범위확인심판을 청구함에 있어 심판청구의 대상이 되는 확인대상발명은 당해 특허발명과 서로 대비할 수 있을 만큼 구체적으로 특정되어야 한다. 그리고 그 특정을 위해서는 대상물의 구체적인 구성을 전부 기재하여야 하는 것은 아니지만, 적어도 특허발명의 구성요소와 대비하여 그 차이점을 판단하는 데 필요할 정도로는 특허발명의 구성요소에 대응하는 부분의 구체적

인 구성을 기재하여야 한다. 특히 확인대상발명의 구성이 기능, 효과, 성질 등의 이른바 기능적 표현으로 기재되어 있는 경우에는, 그 발명이 속하는 기술분야에서 통상의 지식을 가진 사람이 확인대상발명의 설명서나 도면 등의 기재와 기술상식을 고려하여 그 구성의 기술적 의미를 명확하게 파악할 수 있을 정도로 기재되어 있지 않다면, 특허발명과 서로 대비할 수 있을 만큼 확인대상발명의 구성이 구체적으로 기재된 것으로 볼 수 없다. 다만 확인대상발명의 설명서에 특허발명의 구성요소와 대응하는 구체적인 구성이 일부 기재되어 있지 않거나 불명확한 부분이 있더라도, 그 나머지 구성만으로 확인대상발명이 특허발명의 권리범위에 속하는지 판단할 수 없는 경우에 한하여 확인대상발명이 특정되지 않은 것으로 보아야 한다.

⑤ |×| 대법원 2013. 4. 25. 선고 2012후85 판결

특허발명의 권리범위확인심판을 청구함에 있어 심판청구의 대상이 되는 확인대상발명은 당해 특허발명과 서로 대비할 수 있을 만큼 구체적으로 특정되어야 하는 것인바, 그 특정을 위하여 대상물의 구체적인 구성을 전부 기재할 필요는 없다고 하더라도 특허발명의 구성요건에 대응하는 부분의 구체적인 구성을 기재하여야 하며, 그 구체적인 구성의 기재는 특허발명의 구성요건에 대비하여 그 차이점을 판단함에 필요한 정도는 되어야 할 것이다. 만약, 확인대상발명이 불명확하여 특허발명과 대비대상이 될 수 있을 정도로 구체적으로 특정되어 있지 않다면, 특허심판원으로서는 요지변경이 되지 아니하는 범위 내에서 확인대상발명의 설명서 및 도면에 대한 보정을 명하는 등의 조치를 취하여야 할 것이며, 그럼에도 불구하고 그와 같은 특정에 미흡함이 있다면 심판청구를 각하하여야 할 것인바, 확인대상발명이 적법하게 특정되었는지 여부는 특허심판의 적법요건으로서 당사자의 명확한 주장이 없더라도 의심이 있을 때에는 특허심판원이나 법원이 이를 직권으로 조사하여 밝혀보아야 할 사항이라고 할 것이다.

정답 ⑤

17 다음 설명 중 틀린 것은? (다툼이 있는 경우 판례에 의함)

① 특허권의 적극적 권리범위확인심판은 특허발명의 보호범위를 기초로 하여 심판청구인이 그 청구에서 심판의 대상으로 삼은 발명(확인대상발명)에 대하여 특허권의 효력이 미치는가를 확인하는 권리확정을 목적으로 한 것이므로, 설령 확인대상발명의 실시와 관련된 특정한 물건과의 관계에서 특허권이 소진되었다 하더라도 그와 같은 사정은 특허권 침해소송에서 항변으로 주장함은 별론으로 하고 확인대상발명이 특허권의 권리범위에 속한다는 확인을 구하는 것과는 아무런 관련이 없다고 할 것이다.

② 특허권의 권리범위확인심판을 청구함에 있어 심판청구의 대상이 되는 확인대상발명은 당해 특허발명과 서로 대비할 수 있을 만큼 구체적으로 특정되어야 할 뿐만 아니라, 그에 앞서 사회통념상 특허발명의 권리범위에 속하는지를 확인하는 대상으로서 다른 것과 구별될 수 있는 정도로 구체적으로 특정되어야 한다.

③ 확인대상발명의 일부 구성이 불명확하여 다른 것과 구별될 수 있는 정도로 구체적으로 특정되어 있지 않다면, 특허심판원으로서는 요지변경이 되지 아니하는 범위 내에서 확인대상발명의 설명서 및 도면에 대한 보정을 명하는 등의 조치를 취하여야 할 것이며, 그럼에도 불구하고 그와 같은 특정에 미흡함이 있다면 심판의 심결이 확정되더라도 그 일사부재리의 효력

이 미치는 범위가 명확하다고 할 수 없으므로, 나머지 구성만으로 확인대상발명이 특허발명의 권리범위에 속하는지 여부를 판단할 수 있는 경우라 하더라도 심판청구를 각하하여야 할 것이다.

④ 별도로 특허무효심판을 규정하여 특허발명의 진보성 여부가 문제 되는 경우 특허무효심판에서 이에 관하여 심리하여 진보성이 부정되면 그 특허를 무효로 하도록 하고 있음에도 진보성 여부를 권리범위확인심판에서까지 판단할 수 있게 하는 것은 본래 특허무효심판의 기능에 속하는 것을 권리범위확인심판에 부여함으로써 특허무효심판의 기능을 상당 부분 약화시킬 우려가 있으므로 권리범위확인심판에서 특허발명의 진보성 여부를 판단할 수 없다는 것이 대법판례의 입장이다.

⑤ 특허권의 권리범위확인심판을 청구함에 있어 심판청구의 대상이 되는 확인대상발명은 당해 특허발명과 서로 대비할 수 있을 만큼 구체적으로 특정되어야 하는바, 그 특정을 위해서 대상물의 구체적인 구성을 전부 기재할 필요는 없지만, 적어도 특허발명의 구성요건과 대비하여 그 차이점을 판단함에 필요할 정도로 특허발명의 구성요건에 대응하는 부분의 구체적인 구성을 기재하여야 함이 원칙이다. 다만, 확인대상발명의 설명서에 특허발명의 구성요소와 대응하는 구체적인 구성이 일부 기재되어 있지 않거나 불명확한 부분이 있다면, 나머지 구성만으로 확인대상발명이 특허발명의 권리범위에 속하는지 여부를 판단할 수 있는 경우에도 확인대상발명은 특정된 것으로 볼 수 없다.

해설

① |O| 2010. 12. 9. 선고 2010후289 판결
② |O| ③ |O| 2011. 9. 8. 선고 2010후3356 판결

특허권의 권리범위확인심판을 청구함에 있어 심판청구의 대상이 되는 확인대상발명은 당해 특허발명과 서로 대비할 수 있을 만큼 구체적으로 특정되어야 할 뿐만 아니라(대법원 2005. 4. 29. 선고 2003후656 판결, 대법원 2010. 5. 27. 선고 2010후296 판결 등 참조), 그에 앞서 사회통념상 특허발명의 권리범위에 속하는지를 확인하는 대상으로서 다른 것과 구별될 수 있는 정도로 구체적으로 특정되어야 한다.

만약 확인대상발명의 일부 구성이 불명확하여 다른 것과 구별될 수 있는 정도로 구체적으로 특정되어 있지 않다면, 특허심판원으로서는 요지변경이 되지 아니하는 범위 내에서 확인대상발명의 설명서 및 도면에 대한 보정을 명하는 등의 조치를 취하여야 할 것이며, 그럼에도 불구하고 그와 같은 특정에 미흡함이 있다면 심판의 심결이 확정되더라도 그 일사부재리의 효력이 미치는 범위가 명확하다고 할 수 없으므로, 나머지 구성만으로 확인대상발명이 특허발명의 권리범위에 속하는지 여부를 판단할 수 있는 경우라 하더라도 심판청구를 각하하여야 할 것이다.

그리고, 이 사건 적극적 권리범위확인심판 청구가 원고들이 실시하지 않고 있는 것이 포함된 확인대상발명을 대상으로 한 것이어서 확인의 이익이 없어 부적법하다거나, 확인대상발명은 이 사건 특허발명(특허번호 제416926호) 특허청구범위 제1항과 구성이 달라 그 권리범위에 속하지 아니한다는 취지의 원심 판단은 확인대상발명이 적법하게 특정되었음을 전제로 한 가정적·부가적 판단에 불과한데, 위에서 본 바와 같이 확인대상발명이 적법하게 특정되었다고 할 수 없다는 원심 판단이 정당한 이상 위와 같은 가정적·부가적 판단의 당부는 판결 결과에 영향을 미칠 수 없다.

더욱이 확인대상발명이 사회통념상 다른 것과 구별될 수 있는 정도로 구체적으로 특정되었다고

할 수 없는 이 사건에서 불명확한 구성을 제외한 나머지 구성만으로 확인대상발명이 특허발명의 권리범위에 속하는지 여부를 판단할 수 있는 경우라 하더라도 이와 달리 볼 수 없다.
④ |O| 대법원 2014. 3. 20. 선고 2012후4162 전원합의체 판결
⑤ |×| 2010. 5. 27. 선고 2010후296 판결

특허권의 권리범위확인심판을 청구함에 있어 심판청구의 대상이 되는 확인대상발명은 당해 특허발명과 서로 대비할 수 있을 만큼 구체적으로 특정되어야 하는바, 그 특정을 위해서 대상물의 구체적인 구성을 전부 기재할 필요는 없지만, 적어도 특허발명의 구성요건과 대비하여 그 차이점을 판단함에 필요할 정도로 특허발명의 구성요건에 대응하는 부분의 구체적인 구성을 기재하여야 함이 원칙이다(대법원 2005. 4. 29. 선고 2003후656 판결, 대법원 2005. 9. 29. 선고 2004후486판결 등 참조). 다만, 확인대상발명의 설명서에 특허발명의 구성요소와 대응하는 구체적인 구성이 일부 기재되어 있지 않거나 불명확한 부분이 있다고 하더라도 나머지 구성만으로 확인대상발명이 특허발명의 권리범위에 속하는지 여부를 판단할 수 있는 경우에는 확인대상발명은 특정된 것으로 봄이 상당하다.

정답 ⑤

18 다음 설명 중 틀린 것은? (다툼이 있는 경우 판례에 의함)

① 특허법은 특허가 일정한 사유에 해당하는 경우에 별도로 마련한 특허의 무효심판절차를 거쳐 무효로 할 수 있도록 규정하고 있으므로, 특허는 일단 등록이 되면 비록 진보성이 없어 당해 특허를 무효로 할 수 있는 사유가 있더라도 특허무효심판에 의하여 무효로 한다는 심결이 확정되지 않는 한 다른 절차에서 그 특허가 무효임을 전제로 판단할 수는 없다.

② 특허가 진보성이 없어 무효로 될 것임이 명백함에도 권리범위확인심판을 허용하는 것은 특허권에 관한 분쟁을 실효적으로 해결하는 데 도움이 되지 아니하고 당사자로 하여금 아무런 이익이 되지 않는 심판절차에 시간과 비용을 낭비하도록 하는 결과를 초래하며, 특허발명을 보호·장려하고 이용을 도모함으로써 기술의 발전을 촉진하고 산업발전에 이바지하고자 하는 특허법의 목적을 달성하기 위하여 권리범위확인심판 제도를 마련한 취지에 부합하지 않는다는 이론은 권리범위확인심판에서 특허발명의 진보성 여부를 판단할 수 있다는 근거가 되고, 특허발명의 진보성이 부정되는 경우 그러한 권리를 근거로 하는 적극적 또는 소극적 권리범위확인 심판은 그 청구를 기각하여야 한다고 본다.

③ 권리범위확인심판이 특허가 유효함을 전제로 하여서만 의미를 가질 수 있는 절차이므로 심판절차에서는 특허의 진보성 여부 등 무효사유가 있는지를 선결문제로서 심리한 다음 무효사유가 부정되는 경우에 한하여 특허발명의 권리범위에 관하여 나아가 심리·판단하도록 심판구조를 바꿀 필요가 있다고 보는 것은 권리범위확인심판에서 특허발명의 진보성 여부를 판단할 수 있다는 근거가 된다.

④ 별도로 특허무효심판을 규정하여 특허발명의 진보성 여부가 문제 되는 경우 특허무효심판에서 이에 관하여 심리하여 진보성이 부정되면 그 특허를 무효로 하도록 하고 있음에도 진보성 여부를 권리범위확인심판에서까지 판단할 수 있게 하는 것은 본래 특허무효심판의 기

능에 속하는 것을 권리범위확인심판에 부여함으로써 특허무효심판의 기능을 상당 부분 약화시킬 우려가 있다고 보는 것은 권리범위확인심판에서 특허발명의 진보성 여부를 판단할 수 없다는 근거가 된다.
⑤ 특허의 일부 또는 전부가 출원 당시 공지공용의 것인 경우까지 청구범위에 기재되어 있다는 이유만으로 권리범위를 인정하여 독점적·배타적인 실시권을 부여할 수는 없으므로 권리범위확인심판에서도 특허무효의 심결 유무에 관계없이 그 권리범위를 부정할 수 있다고 보고 있으나, 이러한 법리를 공지공용의 것이 아니라 그 기술분야에서 통상의 지식을 가진 자가 선행기술에 의하여 용이하게 발명할 수 있는 것뿐이어서 진보성이 부정되는 경우까지 확장할 수는 없고, 위와 같은 법리는 실용신안의 경우에도 마찬가지로 적용된다.

해설

① |○| ② |×| ③ |○| ④ |○| ⑤ |○|
대법원 2014. 3. 20. 선고 2012후4162 전원합의체 판결
(다수의견) 특허법은 특허가 일정한 사유에 해당하는 경우에 별도로 마련한 특허의 무효심판절차를 거쳐 무효로 할 수 있도록 규정하고 있으므로, 특허는 일단 등록이 되면 비록 진보성이 없어 당해 특허를 무효로 할 수 있는 사유가 있더라도 특허무효심판에 의하여 무효로 한다는 심결이 확정되지 않는 한 다른 절차에서 그 특허가 무효임을 전제로 판단할 수는 없다.
나아가 특허법이 규정하고 있는 권리범위확인심판은 심판청구인이 그 청구에서 심판의 대상으로 삼은 확인대상발명이 특허권의 효력이 미치는 객관적인 범위에 속하는지 여부를 확인하는 목적을 가진 절차이므로, 그 절차에서 특허발명의 진보성 여부까지 판단하는 것은 특허법이 권리범위확인심판 제도를 두고 있는 목적을 벗어나고 그 제도의 본질에 맞지 않다. 특허법이 심판이라는 동일한 절차 안에 권리범위확인심판과는 별도로 특허무효심판을 규정하여 특허발명의 진보성 여부가 문제 되는 경우 특허무효심판에서 이에 관하여 심리하여 진보성이 부정되면 그 특허를 무효로 하도록 하고 있음에도 진보성 여부를 권리범위확인심판에서까지 판단할 수 있게 하는 것은 본래 특허무효심판의 기능에 속하는 것을 권리범위확인심판에 부여함으로써 특허무효심판의 기능을 상당 부분 약화시킬 우려가 있다는 점에서도 바람직하지 않다. 따라서 권리범위확인심판에서는 특허발명의 진보성이 부정된다는 이유로 그 권리범위를 부정하여서는 안 된다.
다만 대법원은 특허의 일부 또는 전부가 출원 당시 공지공용의 것인 경우까지 특허청구범위에 기재되어 있다는 이유만으로 권리범위를 인정하여 독점적·배타적인 실시권을 부여할 수는 없으므로 권리범위확인심판에서도 특허무효의 심결 유무에 관계없이 그 권리범위를 부정할 수 있다고 보고 있으나, 이러한 법리를 공지공용의 것이 아니라 그 기술분야에서 통상의 지식을 가진 자가 선행기술에 의하여 용이하게 발명할 수 있는 것뿐이어서 진보성이 부정되는 경우까지 확장할 수는 없다. 위와 같은 법리는 실용신안의 경우에도 마찬가지로 적용된다.
(대법관 신영철, 대법관 민일영의 반대의견)
특허가 진보성이 없어 무효로 될 것임이 명백함에도 권리범위확인심판을 허용하는 것은 특허권에 관한 분쟁을 실효적으로 해결하는 데 도움이 되지 아니하고 당사자로 하여금 아무런 이익이 되지 않는 심판절차에 시간과 비용을 낭비하도록 하는 결과를 초래하며, 특허발명을 보호·장려하고 이용을 도모함으로써 기술의 발전을 촉진하고 산업발전에 이바지하고자 하는 특허법의 목적을 달성하기 위하여 권리범위확인심판 제도를 마련한 취지에 부합하지 않는다.
권리범위확인심판이 특허가 유효함을 전제로 하여서만 의미를 가질 수 있는 절차이므로 심판절차에서는 특허의 진보성 여부 등 무효사유가 있는지를 선결문제로서 심리한 다음 무효사유가 부

정되는 경우에 한하여 특허발명의 권리범위에 관하여 나아가 심리·판단하도록 심판구조를 바꿀 필요가 있다.

이러한 사정들을 종합적으로 고려하면, 진보성이 없다는 이유로 특허발명에 대한 무효심결이 확정되기 전이라고 하더라도 적어도 특허가 진보성이 없어 무효로 될 것임이 명백한 경우라면, 그러한 특허권을 근거로 하여 적극적 또는 소극적 권리범위확인심판을 청구할 이익이 없다고 보아야 하고, 그러한 청구는 부적법하여 각하하여야 한다. 그리고 위와 같은 법리는 실용신안의 경우에도 마찬가지로 적용된다.

정답 ②

19 다음 설명 중 틀린 것은? (다툼이 있는 경우 판례에 의함)

① 특허발명의 보호범위는 청구범위에 기재된 사항에 의하여 정하여지고, 특별한 사정이 없는 한 발명의 설명이나 도면 등에 의하여 청구범위를 제한하거나 확장하여 해석하는 것은 허용되지 않지만, 청구범위에 기재된 사항은 발명의 설명이나 도면 등을 참작하여야 그 기술적인 의미를 정확하게 이해할 수 있으므로, 청구범위에 기재된 사항의 해석은 그 문언의 일반적인 의미내용을 기초로 하면서도 발명의 설명 및 도면 등을 참작하여 그 문언에 의하여 표현하고자 하는 기술적 의의를 고찰한 다음 객관적·합리적으로 하여야 한다.

② 특허발명의 권리범위확인심판을 청구함에 있어 심판청구의 대상이 되는 확인대상발명은 당해 특허발명과 서로 대비할 수 있을 만큼 구체적으로 특정되어야 하는 것인바, 그 특정을 위하여 대상물의 구체적인 구성을 전부 기재할 필요는 없다고 하더라도 특허발명의 구성요건에 대응하는 부분의 구체적인 구성을 기재하여야 하며, 그 구체적인 구성의 기재는 특허발명의 구성요건에 대비하여 그 차이점을 판단함에 필요한 정도는 되어야 할 것이다.

③ 권리범위확인심판에서 확인대상발명이 적법하게 특정되었는지 여부는 특허심판의 적법요건으로서 당사자의 명확한 주장이 없더라도 의심이 있을 때에는 특허심판원이나 법원이 이를 직권으로 조사하여 밝혀보아야 할 사항이다.

④ 확인대상발명이 불명확하여 특허발명과 대비대상이 될 수 있을 정도로 구체적으로 특정되어 있지 않다면, 특허심판원으로서는 요지변경이 되지 아니하는 범위 내에서 확인대상발명의 설명서 및 도면에 대한 보정을 명하는 등의 조치를 취하여야 할 것이며, 그럼에도 불구하고 그와 같은 특정에 미흡함이 있다면 심판청구를 기각하여야 한다.

⑤ 확인대상발명에서 특허발명의 청구범위에 기재된 구성 중 변경된 부분이 있는 경우라도, 양 발명에서 과제의 해결원리가 동일하고, 그러한 변경에 의하더라도 특허발명에서와 실질적으로 동일한 작용효과를 나타내며, 그와 같이 변경하는 것이 통상의 기술자라면 누구나 용이하게 생각해 낼 수 있는 정도라면, 특별한 사정이 없는 한 확인대상발명은 특허발명의 청구범위에 기재된 구성과 균등한 것으로서 여전히 특허발명의 권리범위에 속한다고 보아야 하며, 여기서 "양 발명에서 과제의 해결원리가 동일"한지 여부를 가릴 때에는 특허청구범위에 기재된 구성의 일부를 형식적으로 추출할 것이 아니라, 명세서의 발명의 설명의 기재와 출원 당시의 공지기술 등을 참작하여 선행기술과 대비하여 볼 때 특허발명에 특유한 해결수단이 기초하고 있는 기술사상의 핵심이 무엇인가를 실질적으로 탐구하여 판단하여야 한다.

해설

① |O| 대법원 2007. 11. 29. 선고 2006후1902 판결 등
② |O| ③ |O| ④ |X| 대법원 2013. 4. 25. 선고 2012후85 판결
특허발명의 권리범위확인심판을 청구함에 있어 심판청구의 대상이 되는 확인대상발명은 당해 특허발명과 서로 대비할 수 있을 만큼 구체적으로 특정되어야 하는 것인바, 그 특정을 위하여 대상물의 구체적인 구성을 전부 기재할 필요는 없다고 하더라도 특허발명의 구성요건에 대응하는 부분의 구체적인 구성을 기재하여야 하며, 그 구체적인 구성의 기재는 특허발명의 구성요건에 대비하여 그 차이점을 판단함에 필요한 정도는 되어야 할 것이다. 만약 확인대상발명이 불명확하여 특허발명과 대비대상이 될 수 있을 정도로 구체적으로 특정되어 있지 않다면, 특허심판원으로서는 요지변경이 되지 아니하는 범위 내에서 확인대상발명의 설명서 및 도면에 대한 보정을 명하는 등의 조치를 취하여야 할 것이며, 그럼에도 불구하고 그와 같은 특정에 미흡함이 있다면 심판청구를 각하하여야 할 것인바, 확인대상발명이 적법하게 특정되었는지 여부는 특허심판의 적법요건으로서 당사자의 명확한 주장이 없더라도 의심이 있을 때에는 특허심판원이나 법원이 이를 직권으로 조사하여 밝혀보아야 할 사항이라고 할 것이다.
⑤ |O| 대법원 2014. 7. 24. 선고 2012후1132 판결

정답 ④

20 특허법상 권리범위 확인심판에 관한 설명으로 옳지 않은 것은? (다툼이 있으면 판례에 따름)

[2015년 기출]

① 소극적 권리범위 확인심판을 청구할 수 있는 이해관계인은 권리범위에 속하는지 여부에 관하여 분쟁이 생길 염려가 있는 대상물을 업으로 실시하고 있는 자에 한하지 않는다.
② 권리범위 확인심판 청구는 특허권이 존속하는 동안에만 가능하다.
③ 권리범위 확인심판의 심판청구서에 확인대상발명을 첨부하지 아니한 경우 심판장은 기간을 정하여 그 흠결을 보정할 것을 명하고, 지정된 기간 이내에 보정을 하지 아니한 경우 결정으로 심판청구를 각하하여야 한다.
④ 권리범위 확인심판에서는 특허발명의 진보성이 부정된다는 이유로 그 권리범위를 부정하여서는 안 된다.
⑤ 피청구인이 실시하지 않고 있는 물품을 대상으로 한 적극적 권리범위 확인심판청구는 확인의 이익이 없어 기각되어야 한다.

해설

① |O| 대법원 2005. 10. 14. 선고 2004후1663 판결 참조
소극적 권리범위 확인심판에서는 청구인이 실제로 실시하고 있는 발명뿐 아니라 현재 실시하고 있지 않으나 장래에 실시예정인 발명을 확인대상발명으로 특정하여 청구한 경우에도 확인의 이익이 있다고 보아 적법한 청구로 인정된다(심판편람). 다만, 특허권자가 아닌 이해관계인이 자신의 발명이 특허권의 권리범위에 속하지 아니함을 구체적으로 확정하기 위한 소극적 권리범위확

인심판을 청구하기 위하여는 자신이 현재 실시하고 있거나 장래에 실시하려고 하는 기술에 관하여 특허권자로부터 권리의 대항을 받는 등으로 법적 불안을 가지고 있는 경우에 한하여, 그리고 이러한 법적 불안을 제거하기 위하여 소극적 권리범위확인심판을 받는 것이 효과적인 수단이 되는 경우에 한하여 심판청구의 이익이 인정되어 심판청구가 가능하다고 할 것이고, 따라서 심판청구인이 심판의 대상으로 삼고 있는 확인대상발명이 자신이 현실적으로 실시하고 있는 발명과 다르다면, 설령 발명의 요지가 같아서 동일성이 있는 발명이라고 볼 수 있다 한들 확인대상발명이 특허발명의 권리범위에 속하지 않는다는 심결이 확정되어도 그 기판력은 확인대상발명에만 미치는 것이지 이와 다른 현실적으로 실시하고 있는 발명에는 미친다고 볼 수 없으므로 심판청구인이 현실적으로 실시하지 않고 실시할 계획도 없는 확인대상발명에 대한 심판청구는 확인의 이익이 없어 부적법하므로 각하되어야 한다.

② |O| 대법원 1996. 9. 10. 선고 94후2223 판결, 2002. 4. 23. 선고 2000후2439 등
권리범위확인심판의 청구는 현존하는 실용신안권의 범위를 확정하려는 데 그 목적이 있으므로, 일단 적법하게 발생한 실용신안권이라 할지라도 그 권리가 소멸된 이후에는 그에 대한 권리범위 확인을 구할 이익이 없어진다.

③ |O| 특허법 제141조 제1항 제1호 및 제2항

④ |O| 대법원 2014. 3. 20. 선고 2012후4162 판결
특허법은 특허가 일정한 사유에 해당하는 경우에 별도로 마련한 특허의 무효심판절차를 거쳐 무효로 할 수 있도록 규정하고 있으므로, 특허는 일단 등록이 되면 비록 진보성이 없어 당해 특허를 무효로 할 수 있는 사유가 있더라도 특허무효심판에 의하여 무효로 한다는 심결이 확정되지 않는 한 다른 절차에서 그 특허가 무효임을 전제로 판단할 수는 없다. 나아가 특허법이 규정하고 있는 권리범위확인심판은 심판청구인이 그 청구에서 심판의 대상으로 삼은 확인대상발명이 특허권의 효력이 미치는 객관적인 범위에 속하는지 여부를 확인하는 목적을 가진 절차이므로, 그 절차에서 특허발명의 진보성 여부까지 판단하는 것은 특허법이 권리범위확인심판 제도를 두고 있는 목적을 벗어나고 그 제도의 본질에 맞지 않다.
특허법이 심판이라는 동일한 절차 안에 권리범위확인심판과는 별도로 특허무효심판을 규정하여 특허발명의 진보성 여부가 문제되는 경우 특허무효심판에서 이에 관하여 심리하여 진보성이 부정되면 그 특허를 무효로 하도록 하고 있음에도 진보성 여부를 권리범위확인심판에서까지 판단할 수 있게 하는 것은 본래 특허무효심판의 기능에 속하는 것을 권리범위확인심판에 부여함으로써 특허무효심판의 기능을 상당 부분 약화시킬 우려가 있다는 점에서도 바람직하지 않다. 따라서 권리범위확인심판에서는 특허발명의 진보성이 부정된다는 이유로 그 권리범위를 부정하여서는 안 된다.

⑤ |X| 대법원 2004. 7. 22. 선고 2003후2836 판결
적극적 권리범위확인심판은 확인대상발명을 피심판청구인이 실시하고 있는 경우 또는 과거에 실시한 적이 있고 앞으로 실시할 가능성이 없다고 단정지을만한 사정이 없을 때 확인의 이익이 인정된다. 그리고, 확인의 이익이 없는 경우에는 심판청구를 각하한다.

정답 ⑤

21 특허심판에 관한 설명으로 옳지 않은 것은? (다툼이 있으면 판례에 따름) [2015년 기출]

① 권리범위 확인심판청구의 대상이 되는 확인대상발명이 이른바 자유실시기술에 해당하는지 여부를 판단할 때에는, 심판청구인이 특정한 확인대상발명의 구성 전체를 가지고 그 해당 여부를 판단하여야 한다.
② 확인대상발명이 적법하게 특정되었는지 여부는 특허심판의 적법요건으로서 특허심판원이나 법원의 직권조사사항이다.
③ 심판청구서의 보정의 정도가 확인대상발명에 관하여 심판청구서에 첨부된 설명서 및 도면에 표현된 구조의 불명확한 부분을 구체화한 것에 지나지 아니하여 심판청구의 전체 취지에 비추어 볼 때 그 발명의 동일성이 유지된다고 인정되는 경우에는 요지의 변경에 해당하지 않는다.
④ 권리범위 확인심판청구의 대상이 되는 확인대상발명은 청구범위에 대응하여 구체적으로 구성을 기재한 확인대상발명의 설명 부분을 기준으로 파악하여야 하고, 확인대상발명의 설명서에 첨부된 도면에 의하여 위 설명 부분을 변경하여 파악하는 것은 허용되지 않는다.
⑤ 이전에 확정된 심결의 증거를 그 심결에서 판단하지 아니하였던 사항에 관한 증거로 들어 판단하거나, 이전에 확정된 심결에서 증거로 들었던 선행기술을 확정된 심결의 결론을 번복할 만한 유력한 증거의 선행기술에 추가적, 보충적으로 결합하여 판단하는 경우, 일사부재리 원칙에 반한다.

해 설

① |O| 대법원 2001. 10. 30. 선고 99후710 판결
권리범위확인 심판청구의 대상이 되는 확인대상고안이 공지의 기술만으로 이루어지거나 그 기술분야에서 통상의 지식을 가진 자가 공지기술로부터 극히 용이하게 실시할 수 있는지 여부를 판단할 때에는, 확인대상고안을 등록실용신안의 실용신안등록청구범위에 기재된 구성과 대응되는 구성으로 한정하여 파악할 것은 아니고, 심판청구인이 특정한 확인대상고안의 구성 전체를 가지고 그 해당 여부를 판단하여야 한다.
② |O| 확인대상발명의 특정 문제는 심판의 대상물을 확정하기 위한 심판부의 직권조사사항이며, 심판 청구의 적법성을 충족하기 위한 매우 중요한 전제 요건이다(심판편람).
③ |O| 대법원 2012. 5. 24. 선고 2012후344 판결
특허법 제140조 제2항 본문은 "제1항의 규정에 따라 제출된 심판청구서의 보정은 그 요지를 변경할 수 없다"고 규정하고 있다. 이 규정의 취지는 요지의 변경을 쉽게 인정할 경우 심판절차의 지연을 초래하거나 피청구인의 방어권행사를 곤란케 할 우려가 있다는 데 있으므로, 그 보정의 정도가 확인대상발명에 관하여 심판청구서에 첨부된 설명서 및 도면에 표현된 구조의 불명확한 부분을 구체화한 것이거나 처음부터 당연히 있어야 할 구성 부분을 부가한 것에 지나지 아니하여 심판청구의 전체 취지에 비추어 볼 때 그 발명의 동일성이 유지된다고 인정되는 경우에는 위 규정에서 말하는 요지의 변경에 해당하지 아니한다.
④ |O| 대법원 2005. 11. 25. 선고 2004후3478 판결
특허권의 권리범위는 명세서의 특허청구범위에 기재된 사항에 의하여 정하여지는 것이 원칙이고, 다만 그 기재만으로 특허의 기술적 구성을 알 수 없거나 알 수는 있더라도 권리범위를 확정할

수 없는 경우에는 발명의 설명이나 도면 등 명세서의 다른 기재에 의하여 보충하여 명세서 전체로서 권리범위를 확정하여야 하는 것이지만 그 경우에도 명세서의 다른 기재에 의하여 권리범위를 확장하여 해석하거나 제한하여 해석하는 것은 허용되지 않는 것이므로(대법원 1998. 5. 22. 선고 96후1088 판결, 2001. 6. 1. 선고 98후2856 판결 등 참조), 권리범위확인심판청구의 대상이 되는 확인대상발명도 특허청구범위에 대응하여 구체적으로 구성을 기재한 확인대상발명의 설명 부분을 기준으로 파악하여야 하고, 확인대상발명의 설명서에 첨부된 도면에 의하여 위 설명 부분을 변경하여 파악하는 것은 허용되지 아니한다.

⑤ |×| 대법원 2013. 9. 13. 선고 2012후1057 판결
동일사실에 의한 동일한 심판청구에 대하여 전에 확정된 심결의 증거에 대한 해석을 다르게 하는 등으로 그 심결의 기본이 된 이유와 실질적으로 저촉되는 판단을 하는 것은 구특허법 제163조가 정한 일사부재리 원칙의 취지에 비추어 허용되지 아니한다고 할 것이나(대법원 1990. 7. 10. 선고 89후1509 판결 등 참조), 전에 확정된 심결의 증거를 그 심결에서 판단하지 아니하였던 사항에 관한 증거로 들어 판단하거나 그 증거의 선행기술을 확정된 심결의 결론을 번복할 만한 유력한 증거의 선행기술에 추가적, 보충적으로 결합하여 판단하는 경우 등과 같이 후행 심판청구에 대한 판단 내용이 확정된 심결의 기본이 된 이유와 실질적으로 저촉된다고 할 수 없는 경우에는, 확정된 심결과 그 결론이 결과적으로 달라졌다고 하더라도 일사부재리 원칙에 반한다고 할 수 없다.

정답 ⑤

22 특허법상 권리범위확인심판(특허법 제135조)에 관한 설명으로 옳지 않은 것은? (다툼이 있으면 판례에 따름)

[2016년 기출문제]

① 권리범위확인심판을 청구할 때 심판청구의 대상이 되는 확인대상발명은 해당 특허발명과 서로 대비할 수 있을 만큼 구체적으로 특정되어야 할 뿐만 아니라, 그에 앞서 사회통념상 특허발명의 권리범위에 속하는지를 확인하는 대상으로서 다른 것과 구별될 수 있는 정도로 구체적으로 특정되어야 한다.

② 확인대상발명의 특정에 미흡함이 있다면 심판의 심결이 확정되더라도 일사부재리의 효력이 미치는 범위가 명확하다고 할 수 없으므로 나머지 구성만으로 확인대상발명이 특허발명의 권리범위에 속하는지 여부를 판단할 수 있는 경우라 하더라도 심판청구를 각하하여야 한다.

③ 확인대상발명의 구성이 기능, 효과, 성질 등의 이른바 기능적 표현으로 기재되어 있는 경우, 통상의 기술자가 확인대상발명의 설명서나 도면 등의 기재와 기술상식을 고려하여 그 구성의 기술적 의미를 명확하게 파악할 수 있을 정도로 기재되어 있지 않다면 특허발명과 서로 대비할 수 있을 만큼 확인대상발명의 구성이 구체적으로 기재된 것으로 볼 수 없다.

④ 적극적 권리범위확인심판 청구에서 심판청구인이 특정한 확인대상발명과 피심판청구인이 실시하고 있는 발명 사이에 동일성이 인정되지 않으면, 그 청구는 확인의 이익이 없다는 이유로 각하되어야 한다.

⑤ 등록실용신안의 권리범위확인심판에서 진보성이 없어 해당 실용신안등록을 무효로 할 수 있는 사유가 있는 경우, 특허의 경우와 다르게 무효심판절차를 거치지 않고 권리범위를 부정할 수 있다.

> 해 설

①, ②, ④ |○| 대법원 2011. 9. 8. 선고 2010후3356
③ |○| 대법원 2012. 11. 15. 선고 2011후1494
⑤ |×| 대법원 2014. 3. 20. 선고 2012후4162 전원합의체

특허법은 특허가 일정한 사유에 해당하는 경우에 별도로 마련한 특허의 무효심판절차를 거쳐 무효로 할 수 있도록 규정하고 있으므로, 특허는 일단 등록이 되면 비록 진보성이 없어 당해 특허를 무효로 할 수 있는 사유가 있더라도 특허무효심판에 의하여 무효로 한다는 심결이 확정되지 않는 한 다른 절차에서 그 특허가 무효임을 전제로 판단할 수는 없다. 나아가 특허법이 규정하고 있는 권리범위확인심판은 심판청구인이 그 청구에서 심판의 대상으로 삼은 확인대상발명이 특허권의 효력이 미치는 객관적인 범위에 속하는지 여부를 확인하는 목적을 가진 절차이므로, 그 절차에서 특허발명의 진보성 여부까지 판단하는 것은 특허법이 권리범위확인심판 제도를 두고 있는 목적을 벗어나고 그 제도의 본질에 맞지 않다. 특허법이 심판이라는 동일한 절차 안에 권리범위확인심판과는 별도로 특허무효심판을 규정하여 특허발명의 진보성 여부가 문제되는 경우 특허무효심판에서 이에 관하여 심리하여 진보성이 부정되면 그 특허를 무효로 하도록 하고 있음에도 진보성 여부를 권리범위확인심판에서까지 판단할 수 있게 하는 것은 본래 특허무효심판의 기능에 속하는 것을 권리범위확인심판에 부여함으로써 특허무효심판의 기능을 상당 부분 약화시킬 우려가 있다는 점에서도 바람직하지 않다. 따라서 권리범위확인심판에서는 특허발명의 진보성이 부정된다는 이유로 그 권리범위를 부정하여서는 안된다. 다만 대법원은 특허의 일부 또는 전부가 출원 당시 공지공용의 것인 경우까지 청구범위에 기재되어 있다는 이유만으로 권리범위를 인정하여 독점적·배타적인 실시권을 부여할 수는 없으므로 권리범위확인심판에서도 특허무효의 심결 유무에 관계없이 그 권리범위를 부정할 수 있다고 보고 있으나(대법원 1983. 7. 26. 선고 81후56 전원합의체 판결 등 참조), 이러한 법리를 공지공용의 것이 아니라 그 기술분야에서 통상의 지식을 가진 자가 선행기술에 의하여 용이하게 발명할 수 있는 것뿐이어서 진보성이 부정되는 경우까지 확장할 수는 없다. 위와 같은 법리는 실용신안의 경우에도 마찬가지로 적용된다. 이와 달리 특허발명 또는 등록실용신안이 신규성은 있으나 진보성이 없는 경우 이에 관한 권리범위확인심판에서 당연히 그 권리범위를 부정할 수 있다는 취지로 판시한 대법원 1991. 3. 12. 선고 90후823 판결, 대법원 1991. 12. 27. 선고 90후1468,1475(병합) 판결, 대법원 1997. 7. 22. 선고 96후1699 판결, 대법원 1998. 2. 27. 선고 97후2583 판결 등을 비롯한 같은 취지의 판결들은 이 판결의 견해에 배치되는 범위 내에서 이를 모두 변경하기로 한다.

> 정 답 ⑤

23 다음 설명 중 옳지 않은 것은? (다툼이 있으면 판례에 따름)

> ㄱ. 특허권의 권리범위확인심판을 청구함에 있어 심판청구의 대상이 되는 확인대상발명은 실시 중인 발명의 구체적인 구성을 전부 기재하여야 한다.
> ㄴ. 확인대상발명의 설명서에 특허발명의 구성요소와 대응하는 구체적인 구성이 일부 기재되어 있지 않거나 불명확한 부분이 있으면 확인대상발명이 적법하게 특정된 것으로 인정되는 경우가 없다.
> ㄷ. 확인대상발명이 특허발명과 서로 대비할 수 있을 만큼 구체적으로 특정되었다면 사회통념상 다른 것과 구별될 수 있는 정도로 구체적으로 특정되지 않았더라도 적법하다.
> ㄹ. 확인대상발명은 설명서에 첨부된 도면에 의하여 설명 부분을 변경하여 파악하는 것이 허용되지 않는다.

① ㄱ, ㄴ
② ㄱ, ㄴ, ㄷ
③ ㄱ, ㄴ, ㄷ, ㄹ
④ ㄱ, ㄷ
⑤ ㄴ, ㄷ

해설

ㄱ. 특정을 위해서는 대상물의 구체적인 구성을 전부 기재하여야 하는 것은 아니지만, 적어도 특허발명의 구성요소와 대비하여 그 차이점을 판단하는데 필요할 정도로는 특허발명의 구성요소에 대응하는 부분의 구체적인 구성을 기재하여야 한다(대법원 2009. 9. 10. 선고 2007후3356 판결).
ㄴ. 확인대상발명의 설명서에 특허발명의 구성요소와 대응하는 구체적인 구성이 일부 기재되어 있지 않거나 불명확한 부분이 있더라도, 그 나머지 구성만으로 확인대상발명이 특허발명의 권리범위에 속하는지 판단할 수 없는 경우에 한하여 확인대상발명이 특정되지 않은 것으로 보아야 한다(대법원 2010. 5. 27. 선고 2010후296 판결).
ㄷ. 특허권의 권리범위확인심판을 청구함에 있어 심판청구의 대상이 되는 확인대상발명은 당해 특허발명과 서로 대비할 수 있을 만큼 구체적으로 특정되어야 할 뿐만 아니라 그에 앞서 사회통념상 특허발명의 권리범위에 속하는지를 확인하는 대상으로서 다른 것과 구별될 수 있는 정도로 구체적으로 특정되어야 한다(대법원 2009. 9. 10. 선고 2007후3356 판결).
ㄹ. 확인대상고안의 설명서에 첨부된 도면에 의하여 설명 부분을 변경하여 파악하는 것은 허용되지 아니한다(대법원 2005. 11. 25. 선고 2004후3478 판결).

정답 ②

24 다음 설명 중 옳지 않은 것은? (다툼이 있는 경우 판례에 의함)

① 약리효과의 기재가 요구되는 의약의 용도발명에서 약리데이터 등이 나타난 시험예 또는 이에 대신할 수 있을 정도의 구체적인 사항의 기재가 필요함에도 최초 명세서에 그 기재가 없었다면 이를 보완하는 보정은 명세서에 기재된 사항의 범위를 벗어나는 것으로 되어 허용되지 아니한다.
② 공유자 중 일부만이 거절결정에 대하여 불복심판을 청구하는 것은 부적법하여 각하되어야 한다.
③ 권리범위확인심판에서 확인대상발명이 대상 질병 또는 약효와 함께 투여용법과 투여용량을 부가한 물건의 발명인 경우 이러한 투여용법과 투여용량은 자유실시기술인지 여부를 판단할 때 구성요소가 될 수 있다.
④ 청구범위에 적혀 있는 사항의 해석은 그 문언의 일반적인 의미 내용을 기초로 하여야 하므로 발명의 설명이나 도면 등을 참작할 수 없다.
⑤ 이용관계는 확인대상발명이 특허발명의 구성에 새로운 기술적 요소를 부가하는 것으로서 확인대상발명이 특허발명의 요지를 전부 포함하고 이를 그대로 이용하면서 확인대상발명 내에 특허발명이 발명으로서의 일체성을 유지하는 경우에 성립하며 이는 균등한 발명을 이용하는 경우에도 마찬가지이다.

> [해설]

① 약리효과의 기재가 요구되는 의약의 용도발명에서는 그 출원 전에 명세서 기재의 약리효과를 나타내는 약리기전이 명확히 밝혀진 경우와 같은 특별한 사정이 없다면 특정 물질에 그와 같은 약리효과가 있다는 것을 약리데이터 등이 나타난 시험예로 기재하거나 또는 이에 대신할 수 있을 정도로 구체적으로 기재하여야만 명세서의 기재요건을 충족하였다고 볼 수 있다(2001후65). 약리효과의 기재가 요구되는 의약의 용도발명에서 약리데이터 등이 나타난 시험예 또는 이에 대신할 수 있을 정도의 구체적인 사항의 기재가 필요함에도 최초 명세서에 그 기재가 없었다면, 이를 보완하는 보정은 명세서에 기재된 사항의 범위를 벗어나는 것으로 되어 허용되지 아니하므로 위와 같은 명세서의 기재요건 위반은 보정에 의하여 해소될 수 있는 기재불비 사유가 아니다(2001후65).
② 특허법 제139조 제3항에 의하면 특허를 받을 수 있는 권리의 공유자가 그 공유인 권리에 관하여 심판을 청구할 때는 공유자 모두가 공동으로 청구하여야 한다라고 규정되어 있다. 따라서 공유자 중 일부만이 거절결정에 대하여 불복심판을 청구하는 것은 부적법하여 각하되어야 한다(2014허5589).
③ 의약이라는 물건의 발명에서 대상 질병 또는 약효와 함께 투여용법과 투여용량을 부가하는 경우에 이러한 투여용법과 투여용량은 의료행위 그 자체가 아니라 의약이라는 물건이 효능을 온전하게 발휘하도록 하는 속성을 표현함으로써 의약이라는 물건에 새로운 의미를 부여하는 구성요소가 될 수 있다고 보아야 하고, 이러한 법리는 권리범위확인심판에서 심판청구인이 심판의 대상으로 삼은 확인대상발명이 공지기술로부터 용이하게 실시할 수 있는지를 판단할 때에도 마찬가지로 적용된다(2014후768).
④ 특허발명의 보호범위는 청구범위에 적혀 있는 사항에 의하여 정하여지고 발명의 설명이나 도면 등에 의하여 그 보호범위를 제한하거나 확장하는 것은 원칙적으로 허용되지 않지만, 청구범위에 적혀 있는 사항은 발명의 설명이나 도면 등을 참작하여야 그 기술적인 의미를 정확하게 이해할 수 있으므로, 청구범위에 적혀 있는 사항의 해석은 그 문언의 일반적인 의미 내용을 기초로 하면서도 발명의 설명이나 도면 등을 참작하여 그 문언에 의하여 표현하고자 하는 기술적 의의를 고찰한 다음 객관적, 합리적으로 하여야 한다(2007다45876).

⑤ 확인대상발명이 특허발명을 이용하는 관계에 있는 경우에는 특허발명의 권리범위에 속하는 것인데, 이러한 이용관계는 확인대상발명이 특허발명의 구성에 새로운 기술적 요소를 부가하는 것으로서 확인대상발명이 특허발명의 요지를 전부 포함하고 이를 그대로 이용하면서 확인대상발명 내에 특허발명이 발명으로서의 일체성을 유지하는 경우에 성립하며, 이는 특허발명과 동일한 발명뿐만 아니라 균등한 발명을 이용하는 경우에도 마찬가지이다(2001후393).

정답 ④

25 권리범위 확인심판에 관한 설명으로 옳은 것을 모두 고른 것은? (다툼이 있으면 판례에 따름)

[2020년 기출]

ㄱ. 일단 적법하게 발생한 특허권이라 할지라도 그 권리가 소멸된 이후에는 그에 대한 권리범위 확인을 구할 이익이 없어진다.

ㄴ. 권리범위 확인심판에서 특허발명과 대비되는 확인대상발명이 자유실시기술인 경우에도 특허발명과 대비하여 확인대상발명이 특허발명 청구범위에 나타난 구성요소의 문언침해에 해당하는지 판단하여야 한다.

ㄷ. 계속 중인 특허침해소송에서 특허권의 효력이 미치는 범위를 확정할 수 있더라도 이를 이유로 침해소송과 별개로 청구된 권리범위 확인심판의 심판청구의 이익이 부정된다고 볼 수 없다.

ㄹ. 특허발명이 공지의 기술인 경우 등을 제외하고는 특허발명의 진보성이 부정되는 경우에도 권리범위 확인심판에서 등록되어 있는 특허권의 효력을 당연히 부인할 수는 없다.

ㅁ. 소극적 권리범위 확인심판에서는 현재 실시하는 것만이 아니라 장래 실시 예정인 것도 심판 대상으로 삼을 수 있으므로, 심판 대상으로 특정한 확인대상발명이 특허권의 권리범위에 속하지 않는다는 점에 관하여는 아무런 다툼이 없는 경우라도 소극적 권리범위 확인심판 청구의 이익이 있다.

① ㄱ, ㄴ
② ㄱ, ㄷ, ㄹ
③ ㄱ, ㄷ, ㅁ
④ ㄴ, ㄷ, ㄹ
⑤ ㄴ, ㄷ, ㄹ, ㅁ

해설

ㄱ. [O] 판례에 따르면 권리범위확인심판은 현존하는 특허권에 대해서만 진행이 가능하다. 이에 심결시 기준으로 권리가 소멸되면 심판청구이익(=권리범위 확인을 구할 이익)이 없다고 보아 각하 심결한다. 참고판례를 아래에 소개한다.

"특허권의 권리범위 확인심판 청구는 현존하는 특허권의 범위를 확정하려는 데 그 목적이 있으므로, 일단 적법하게 발생한 특허권이라 할지라도 그 권리가 소멸된 이후에는 그에 대한 권리범위 확인을 구할 이익이 없어진다(대법원 2019. 1. 17. 선고 2017후1632, 1649 판결)."

ㄴ. |X| 문언범위에 속하는 사건이건 균등범위에 속하는 사건이건 가리지 않고 권리범위확인심판에서는 제한 없이 확인대상발명이 자유실시기술인지 여부를 심리할 수 있으며, 확인대상발명이 자유실시기술인 경우는 특허발명과 대비할 필요 없이 특허발명의 권리범위에 속하지 않는다고 본다. 이는 침해소송도 마찬가지이다. 참고판례를 아래에 소개한다.

"권리범위 확인심판에서 특허발명과 대비되는 확인대상 발명이 공지의 기술만으로 이루어진 경우뿐만 아니라 그 기술분야에서 통상의 지식을 가진 자가 공지기술로부터 쉽게 실시할 수 있는 경우에는 이른바 자유실시기술로서 특허발명과 대비할 필요 없이 특허발명의 권리범위에 속하지 않는다고 보아야 한다(대법원 2018. 7. 24. 선고 2016후2904 판결)."

ㄷ. |O| 권리범위확인심판은 법원보다 더 전문가인 심판부에서 심리하는 절차이기 때문에, 침해소송과 심리범위가 일부 중첩된다 하더라도 당사자 입장에서 보다 전문가인 심판부의 판단을 받기를 희망하는 경우는 침해소송 계속 중이어서 침해소송절차에서 침해 여부 판단을 받아볼 수 있다 하더라도 얼마든지 추가로 권리범위확인심판을 또 청구할 수 있다. 참고판례를 아래에 소개한다.

"특허법 제164조 제1항은 심판장이 소송절차가 완결될 때까지 심판절차를 중지할 수 있다고 규정하고, 제2항은 법원은 특허에 관한 심결이 확정될 때까지 소송절차를 중지할 수 있다고 규정하며, 제3항은 법원은 침해소송이 제기되거나 종료되었을 때에 그 취지를 특허심판원장에게 통보하도록 규정하고, 제4항은 특허심판원장은 제3항에 따른 특허권 또는 전용실시권의 침해에 관한 소에 대응하여 그 특허권에 관한 무효심판 등이 청구된 경우에는 그 취지를 제3항에 해당하는 법원에 통보하여야 한다고 규정하고 있다. 이와 같이 특허법이 권리범위확인심판과 소송절차를 각 절차의 개시 선후나 진행경과 등과 무관하게 별개의 독립된 절차로 인정됨을 전제로 규정하고 있는 것도 앞서 본 권리범위확인심판 제도의 기능을 존중하는 취지로 이해할 수 있다. 이와 같은 권리범위확인심판 제도의 성질과 기능, 특허법의 규정내용과 취지 등에 비추어 보면, 침해소송이 계속 중이어서 그 소송에서 특허권의 효력이 미치는 범위를 확정할 수 있다고 하더라도 이를 이유로 침해소송과 별개로 청구된 권리범위확인심판의 심판청구의 이익이 부정된다고 볼 수는 없다(대법원 2018. 2. 8. 선고 2016후328 판결)."

ㄹ. |O| 무효사유항변에 관한 쟁점이다. 권리범위확인심판에서는 신규성 위반의 무효사유가 있는 경우는 권리범위를 부정하나, 진보성 위반의 무효사유는 심리 자체를 할 수 없다. 참고로 침해소송에서는 신규성 위반의 무효사유와 진보성 위반의 무효사유 모두를 심리할 수 있으며 무효사유가 있는 경우는 특허권의 행사를 권리남용으로 본다. 참고판례를 아래에 소개한다.

"특허법은 권리범위 확인심판과 특허 무효심판을 별도로 규정하고 있다. 특허권의 권리범위 확인심판은 심판청구인이 그 청구에서 심판의 대상으로 삼은 확인대상 발명이 등록된 특허발명의 보호범위에 속하는지 여부를 확인하는 절차이다(특허법 제135조). 특허 무효심판은 등록된 특허에 무효 사유가 있는지를 판단하는 절차로서 특허를 무효로 한다는 심결이 확정되면 그 특허권은 소급적으로 소멸한다(특허법 제133조). 특허가 진보성이 없어 무효 사유가 있는 경우에도 특허 무효심판에서 무효 심결이 확정되지 않으면, 특별한 사정이 없는 한 다른 절차에서 그 특허가 무효임을 전제로 판단할 수는 없다. 특허발명의 보호범위를 판단하는 절차로 마련된 권리범위 확인심판에서 특허의 진보성 여부를 판단하는 것은 권리범위 확인심판의 판단 범위를 벗어날 뿐만 아니라 위 두 심판 사이의 기능 배분에 부합하지 않는다. 따라서 특허발명이 공지의 기술인 경우 등을 제외하고는 특허발명의 진보성이 부정되는 경우에도 권리범위 확인심판에서 등록되어 있는 특허권의 효력을 당연히 부인할 수는 없다(대법원 2017. 11. 14. 선고 2016후366 판결)."

ㅁ. |X| 소극적 권리범위확인심판에서 특허권의 권리범위에 속하지 않는다는 점에 관하여 아무런 다툼이 없는 경우는 심판청구이익을 부정하여 각하심결한다. 참고판례를 아래에 소개한다.

"소극적 권리범위확인심판에서는 현재 실시하는 것만이 아니라 장래 실시 예정인 것도 심판대상으로 삼을 수 있다. 그러나 당사자 사이에 심판청구인이 현재 실시하고 있는 기술이 특허권의 권리범위에 속하는지에 관하여만 다툼이 있을 뿐이고, 심판청구인이 장래 실시할 예정이라고 주장하면서 심판대상으로 특정한 확인대상발명이 특허권의 권리범위에 속하지 않는다는 점에 관하여는 아무런 다툼이 없는 경우라면, 그러한 확인대상발명을 심판대상으로 하는 소극적 권리범위확인심판은 심판청구의 이익이 없어 허용되지 않는다(대법원 2016. 9. 30. 선고 2014후2849 판결)."

정답 ②

26 권리범위확인심판에 관한 설명 중 옳지 않은 것은? (다툼이 있으면 판례에 따름)

① 확인대상발명의 설명서에 특허발명의 구성요소와 대응하는 구체적인 구성이 일부 기재되어 있지 않거나 불명확한 부분이 있더라도, 그 나머지 구성만으로 확인대상발명이 특허발명의 권리범위에 속하는지 판단할 수 없는 경우에 한하여 특정되지 않은 것으로 보아야 한다.

② 심판청구인이 확인대상발명을 실시할 계획이 없음을 스스로 자인하고 있는 경우 그 심판청구는 확인의 이익이 없어 부적법하므로 각하되어야 한다.

③ 확인대상발명과 피심판청구인이 실시하고 있는 발명의 동일성은 피심판청구인이 확인대상발명을 실시하고 있는지 여부라는 사실확정에 관한 것이므로 이들 발명이 실질적으로 동일하거나 요지가 같다고 보이는 경우 그 동일성을 인정한다.

④ 확인대상물에 특허발명의 구성요소와 동일하거나 그와 실질적으로 동일한 작용효과를 갖는 부분이 없어 대응하는 부분이 없는 경우에는 그러한 부분이 없다는 것을 알 수 있도록 특정하여야 한다.

⑤ 심판청구인이 현실적으로 실시하는 기술이 심판청구에서 심판의 대상으로 삼은 구체적인 발명과 다르다고 하더라도 심판청구인이 특정한 발명이 실시가능성이 없을 경우 그 청구의 적법여부가 문제로 될 수 있을 뿐이고, 여전히 심판의 대상은 심판청구인이 특정한 확인대상발명을 기준으로 특허발명과 대비하여 그 권리범위에 속하는지 여부를 판단하여야 한다.

해 설

① 2001후1494
② 2003허3020
③ 발명이 사실적 관점에서 같다고 보이는 경우에 한하여 그 동일성을 인정한다(2011후2626).
④ 2016허3378
⑤ 2007후2735

정답 ③

27 다음 설명 중 옳지 않은 것은? (다툼이 있는 경우에는 판례에 따름)

① 권리범위확인심판은 권리의 효력이 미치는 범위를 대상물과의 관계에서 구체적으로 확정하는 것이어서 특허권 권리범위확인심판 청구의 심판대상은 심판청구인이 그 청구에서 심판의 대상으로 삼은 구체적인 발명이다.

② 소극적 권리범위확인심판에서는 현재 실시하는 것만이 아니라 장래 실시 예정인 것도 심판대상으로 삼을 수 있다.

③ 소극적 권리범위확인심판에서 당사자 사이에 심판청구인이 현재 실시하고 있는 기술이 특허권의 권리범위에 속하는지에 관하여만 다툼이 있을 뿐이고, 심판청구인이 장래 실시할 예정이라고 주장하면서 심판대상으로 특정한 확인대상발명이 특허권의 권리범위에 속하지 않는다는 점에 관하여는 아무런 다툼이 없는 경우라면, 심판청구의 이익이 없어 그러한 심판은 허용되지 않는다.

④ 특허발명과 대비되는 확인대상발명이 특허발명의 청구범위의 청구항에 기재된 필수적 구성요소들 중의 일분만을 갖추고 있고 나머지 구성요소가 결여된 경우에는 원칙적으로 그 확인대상발명은 등록발명의 권리범위에 속하지 아니한다.

⑤ 소극적 권리범위확인심판에서 확인대상발명이 특허발명의 권리범위에 속하는지를 판단함에 있어서 특허발명과 대비되는 발명이 공지의 기술만으로 이루어진 것인지는 심리가 가능하나, 통상의 기술자가 공지기술로부터 용이하게 실시할 수 있는 경우인지는 심리할 수 없다.

해 설

① 90후373.
②, ③ 2014후2849.
④ 2010후296.
⑤ 자유실시기술 여부 심리에 있어서는 제한이 없다(96후1750).

정 답 ⑤

CHAPTER 13 정정심판

01 특허법상 '정정심판' 또는 '정정의 무효심판'에 관한 설명으로 옳지 않은 것은? (다툼이 있으면 판례에 따름)

[2019년 기출]

① 정정의 무효심판은 정정심결 확정 후 특허권의 존속기간 중에만 청구할 수 있다.
② 특허무효심판이 특허심판원에 계속 중인 기간에는 정정심판을 청구할 수 없다.
③ 정정의 무효심판이 특허심판원에 계속 중인 기간에는 정정심판을 청구할 수 없다.
④ 조약에 의한 우선권 주장의 기초가 된 최초의 출원서에 첨부된 명세서 또는 도면에 기재된 사항이 정정심결이 확정되어 정정되었다 하더라도, 그 정정내용이 조약에 의한 우선권 주장의 기초가 된 발명의 내용에 영향을 미치지 않는다.
⑤ 출원공개된 출원서에 첨부된 명세서 또는 도면에 기재된 사항이 정정심결이 확정되어 정정되었다 하더라도, 그 정정내용이 신규성·진보성 판단에 제공되는 선행기술로서의 발명의 내용에 영향을 미치지 않는다.

해설

① 특허무효심판, 정정무효심판, 존속기간연장등록무효심판, 정정심판과 같이 소급효 있는 심판은 존속기간 중에만이 아니고 특허권 소멸 후에도 소급적으로 소멸된 경우가 아닌 이상 심판청구할 수 있다(특허법 제137조 제2항에서 제133조 제2항 준용).
②, ③ 특허무효심판 절차지연을 방지하기 위해 정정청구만 가능하다(특허법 제136조 제2항 제2호).
④, ⑤ 조약우선권 주장은 기초출원의 최초 명세서 및 도면을 기초로 할 수 있으며, 보정 후 또는 정정 후 명세서 및 도면을 기초로 할 수 있는 것이 아니다. 또한 출원공개되어 출원공개시부터 특허법 제29조 제1항 각호의 지위를 획득하게 된 발명은 출원공개 당시 특허공보에 게재된 발명이다. 아래에 참고판례를 소개한다(대법원 2011. 6. 30. 선고 2011후620 판결).
"특허법 제136조 제10항에 의하여 정정심결이 확정된 때에는 정정 후의 명세서 또는 도면에 의하여 특허출원되고 이후 이에 입각하여 특허권 설정등록까지의 절차가 이루어진 것으로 간주하는 것은 무효 부분을 포함하는 특허를 본래 유효로 되어야 할 범위 내에서 존속시키기 위한 것이므로, 조약에 의한 우선권 주장의 기초가 된 최초의 출원서 또는 출원공개된 출원서에 첨부한 명세서 또는 도면에 기재된 사항이 그 후 정정되었다 하더라도, 그 정정내용이 조약에 의한 우선권 주장의 기초가 된 발명의 내용 또는 신규성·진보성 판단에 제공되는 선행기술로서의 발명의 내용에 영향을 미칠 수 없다."

정답 ①

02 설정등록된 특허권의 정정심판에 관한 설명으로 옳지 않은 것은? (다툼이 있으면 판례에 따름)

[2017년 기출]

① 특허권자는 특허의 무효심판 또는 정정의 무효심판이 특허심판원에 계속되고 있는 경우에는 정정심판을 청구할 수 없다.
② 정정심판에서 잘못 기재된 사항을 정정하는 경우, 보정이 인정된 특허발명의 명세서 또는 도면의 범위 내에서 할 수 있다.
③ 정정심판에서 청구범위를 감축하는 경우, 정정 후의 청구범위에 적혀 있는 사항이 특허출원을 하였을 때 특허를 받을 수 있는 것이어야 한다.
④ 특허된 후 그 특허권자가 특허법 제25조(외국인의 권리능력)에 따라 특허권을 누릴 수 없는 자로 되어 무효심판에 의해 특허권을 무효로 한다는 심결이 확정된 경우에는 정정심판을 청구할 수 있다.
⑤ 정정 후의 특허청구범위에 의하더라도 발명의 목적이나 효과에 어떠한 변경이 없고 발명의 설명 및 도면에 기재되어 있는 내용을 그대로 반영한 것이어서 정정 전의 특허청구범위를 신뢰한 제3자에게 예기치 못한 손해를 줄 염려가 없다면, 그 정정 청구는 특허청구범위를 실질적으로 확장하거나 변경하는 경우에 해당되지 아니한다.

해설

① 특허무효심판 또는 정정무효심판이 특허심판원에 계속되고 있는 경우에는 정정청구가 가능하기 때문에(특허법 제133조의2 제1항, 제137조 제3항), 별도의 정정심판의 청구는 제한하고 있다(특허법 제136조 제2항 제2호).
② 잘못된 기재를 정정하는 경우에는 보정 후 명세서 또는 도면의 범위가 아닌 출원서에 최초로 첨부한 명세서 또는 도면에 기재된 사항에서 가능하다(특허법 제136조 제3항 단서).
③ 특허법 제136조 제5항
④ 특허된 후 특허법 제25조에 따라 권리능력이 인정되지 않게 된 경우는 후발적 무효사유에 해당한다. 후발적 무효사유에 의해 특허무효심결이 확정된 경우는 무효사유에 해당하게 된 때부터 특허권이 없었던 것으로 된다(특허법 제133조 제3항). 정정심결은 소급효가 있기 때문에 특허권이 소급적으로 소멸된 경우가 아닌 한 특허권이 소멸된 후에도 정정심판청구가 가능하다(특허법 제133조 제6항 단서 괄호).
⑤ 정정 전 특허발명의 명세서 중 발명의 설명과 도면에 있는 기술구성을 그대로 반영한 것일 뿐 정정 전의 명세서에 없던 새로운 구성을 특허청구범위에 추가한 것이라고 할 수 없으며, 또한 위와 같은 구성의 추가로 새로운 목적과 작용효과가 발생하였다고 할 수 없고, 제3자에게 예상하지 못한 손해를 입힐 염려가 있다고 볼 수도 없는, 정정사항은 특허청구범위를 실질적으로 확장하거나 변경한 경우에 해당되지 아니한다(대법원 2010. 4. 29. 선고 2008후1081).

정답 ②

03 다음은 정정과 관련된 판례에 관한 설명이다. 틀린 것으로만 연결된 것은?

⑺ 정정심판 계속 중에 무효심결이 확정된 경우, 특허법 제136조 제7항 규정의 취지는 무효심결이 확정된 경우 더 이상 정정을 할 수 없다는 취지를 명확히 한 규정일 뿐, 무효심결의 확정 전에 청구된 정정의 허가 여부를 판단하여야 한다는 취지의 규정이라고 할 수는 없으므로, 특허무효심결이 확정되었을 때에는 특허권은 처음부터 존재하지 아니한 것으로 보므로, 무효로 된 특허의 정정을 구하는 심판은 그 정정의 대상이 없어지게 되어 그 정정을 구할 이익도 없으므로 부적법하다고 판시했다.

⑻ 침해죄를 근거로 하는 형사소송이 대법원에 계류 중에 정정심결이 확정된 사안에서 판례는 정정 전에 행하여진 피고인의 제품 제조, 판매행위가 특허권 침해죄에 해당하는지 여부를 판단함에 있어 정정 전의 청구범위를 침해대상 특허발명으로 삼은 원심은 민사소송법 제451조 제1항 제8호에 정한 재심사유에 준하는 위법이 있어 파기되어야 한다고 판시했다.

⑼ 판례는 특허권침해금지 청구소송의 상고심 계속 중에 당해 특허발명의 명세서에 대한 정정심결이 확정되면, 원심판결에는 민사소송법 제451조 제1항 제8호에 정한 재심사유가 있으므로, 원심판결은 판결에 영향을 미친 법령위반의 위법을 이유로 파기되어야 한다고 판시했다.

⑽ 판례는 특허의 무효심판사건이 상고심에 계속 중 당해 특허의 정정심결이 확정된 경우, 그 특허발명은 특허법 제136조 제10항에 의하여 정정 후의 명세서대로 특허출원이 되고 특허권의 설정등록이 된 것이므로, 정정 전의 특허발명을 대상으로 하여 무효 여부를 판단한 원심판결에는 민사소송법 제451조 제1항 제8호 소정의 재심사유가 있어 판결에 영향을 끼친 법령위반이 있다고 한 바 있다.

① 모두 옳음 ② ⑺, ⑻
③ ⑻, ⑼, ⑽ ④ ⑼
⑤ ⑻, ⑽

해설

⑺ |O| 대법원 2005. 3. 11. 선고 2003후2294 판결은 구 특허법(1990. 1. 13. 법률 제4207호로 전문 개정되기 전의 것) 제63조 제8항에서 '정정허가심판은 특허권이 소멸된 후에도 청구할 수 있다. 다만, 제97조 제1항 제1호의 심판에 의하여 무효가 된 후에는 예외로 한다'고 규정한 것은 유효하게 존속하였던 특허권이 존속기간의 만료, 등록료의 불납 등의 사유로 소멸한 후에도 특허를 무효로 할 수 있도록 한 규정(같은 법 제69조 제4항)에 대응하여, 특허권자에게 정정에 의하여 특허의 무효사유를 소급적으로 해소할 수 있는 권한을 예외적으로 부여한 것이고, 위 규정의 단서 조항은 그러한 취지에서 무효심결이 확정된 경우 더 이상 정정을 할 수 없다는 취지를 명확히 한 것일 뿐, 무효심결의 확정 전에 청구된 정정의 허가 여부를 판단하여야 한다는 취지의 규정이라고 할 수는 없다.

(나) |×| 대법원 2005도1262 판결은 청구범위에 기재불비의 하자가 있어 권리범위를 인정할 수 없었던 특허발명에 대하여 그 청구범위를 정정하는 심결이 확정된 경우, 정정 전에 행하여진 피고인의 제품 제조, 판매행위가 특허권 침해죄에 해당하는지 여부를 판단함에 있어 정정 전의 청구범위를 침해대상 특허발명으로 삼은 원심의 판단을 수긍하였다.

(다), (라) |×| 상고심 계속 중 정정심결이 확정되었다는 이유만으로 원심판결에 재심사유에 준하는 위법이 있다고 보지 않는다(2016후2522).

"재심은 확정된 종국판결에 대하여 판결의 효력을 인정할 수 없는 중대한 하자가 있는 경우 예외적으로 판결의 확정에 따른 법적 안정성을 후퇴시켜 그 하자를 시정함으로써 구체적 정의를 실현하고자 마련된 것이다. 행정소송법 제8조에 따라 심결취소소송에 준용되는 민사소송법 제451조 제1항 제8호는 "판결의 기초로 된 행정처분이 다른 행정처분에 의하여 변경된 때"를 재심사유로 규정하고 있다. 이는 판결의 심리·판단 대상이 되는 행정처분 그 자체가 그 후 다른 행정처분에 의하여 확정적·소급적으로 변경된 경우를 말하는 것이 아니고, 확정판결에 법률적으로 구속력을 미치거나 또는 그 확정판결에서 사실인정의 자료가 된 행정처분이 다른 행정처분에 의하여 확정적·소급적으로 변경된 경우를 말하는 것이다. 여기서 '사실인정의 자료가 되었다'는 것은 그 행정처분이 확정판결의 사실인정에 있어서 증거자료로 채택되었고 그 행정처분의 변경이 확정판결의 사실인정에 영향을 미칠 가능성이 있는 경우를 말한다. 이에 따르면 특허권자가 정정심판을 청구하여 특허무효심판에 대한 심결취소소송의 사실심 변론종결 이후에 특허발명의 명세서 또는 도면(이하 '명세서 등'이라 한다)에 대하여 정정을 한다는 심결(이하 '정정심결'이라 한다)이 확정되더라도 정정 전 명세서 등으로 판단한 원심판결에 민사소송법 제451조 제1항 제8호가 규정한 재심사유가 있다고 볼 수 없다.

이러한 법리는 특허권의 권리범위 확인심판에 대한 심결취소소송과 특허권 침해를 원인으로 하는 민사소송에서도 그대로 적용되어야 한다."

정답 ③

04 다음 정정청구와 정정심판에 관한 설명 중 옳지 않은 것만을 바르게 묶은 것은?

[2003년 기출변형]

> (가) 특허의 무효심판이 특허심판원에 계속되고 있는 경우 청구범위를 감축하기 위하여 특허발명의 명세서에 대하여 정정심판을 청구할 수 있다.
>
> (나) 정정청구가 적법한 경우에는 정정 후의 명세서 또는 도면에 의하여 특허출원·출원공개·특허결정 또는 심결 및 특허권의 설정등록이 된 것으로 본다.
>
> (다) 정정심판에 의한 정정 전의 특허를 근거로 하여 특허권자가 침해자의 침해행위에 의하여 받은 이익의 액을 손해배상으로 이미 받은 경우 특허권자는 이를 반환할 필요성이 없다.
>
> (라) 청구범위에 포함된 "pH3 내지 9"를 "pH4 내지 10"으로 정정하는 심판은 청구 인용될 수 없다.
>
> (마) 특허권이 무효심판에 의해 소급적으로 소멸된 경우에도 정정심판을 청구할 수 있다.
>
> (바) 정정심판 청구인은 심리종결의 통지가 있기 전에 한하여 심판청구서에 첨부된 정정한 명세서 또는 도면에 대하여 보정할 수 있다.

① (가), (다), (마)
② (가), (다), (라)
③ (가), (나), (다)
④ (나), (다), (라)
⑤ (나), (마), (바)

해설

(가) |×| 특허무효심판이 특허심판원에 계속되고 있는 경우에는 정정심판을 청구할 수 없다(법 제136조 제2항).

(나) |○| 법 제133조의2 제4항 준용 법 제136조 제10항.

(다) |×| 정정에는 소급효가 있으므로(특허법 제136조 제10항), 정정에 의해 특허가 감축된 경우 정정 전의 특허권 행사에 따라 지급받은 손해배상은 특허권자에게 고의 또는 과실이 있다면 손해배상을, 특허권자에게 고의 또는 과실이 없는 경우에는 부당이득으로 반환하여야 한다.

(라) |○| "pH3 내지 9"를 "pH4 내지 10"으로 정정하는 것은 청구범위의 변경에 해당하여 인정되지 아니한다.

(마) |×| 정정심판은 특허권 존속 중에는 물론 특허권이 소멸된 후에도 청구할 수 있다(법 제136조 제7항). 다만 심결에 의해 특허가 무효가 된 경우에는 그러하지 아니하다. 특허권이 소멸한 이후라도 특허권에 하자가 있었던 경우 무효심판의 대상이 되기 때문에 이를 극복하기 위하여 정정심판을 할 수 있게 한 것이고, 심결에 의해 특허가 무효된 경우에는 이미 소급 소멸한 것이므로 정정심판을 청구할 실익이 없기 때문이다.

(바) |○| 정정심판에 있어서는 심리종결통지가 있기 전까지 심판청구서에 첨부된 정정한 명세서 또는 도면에 대하여 보정할 수 있다(법 제136조 제11항).

정답 ①

05 다음은 정정심판과 무효심판에 대한 설명이다. 옳지 않은 것으로 바르게 짝지어진 것은?

[2005년 기출변형]

> ㄱ. 특허무효심판에서 무효심결이 확정된 경우에는 일사부재리 원칙이 적용될 여지가 없다.
>
> ㄴ. 정정심판청구 후 무효심판이 청구되어 특허심판원에 계속되고 있는 경우에는 당해 정정심판의 청구는 부적법한 심판청구로써 심결각하된다.
>
> ㄷ. 특허무효심판의 청구인이 이해관계가 없는 경우라도 심판의 참가인이 독립하여 무효심판을 청구할 수 있는 이해관계를 가지고 있다면 당해 특허무효심판의 청구는 적법하다.
>
> ㄹ. 특허법원은, 특허무효심판의 심결이 있은 후 그 무효심결취소소송이 특허법원계류 중에 정정심판의 정정심결이 확정되어 청구범위가 정정된 경우에는 정정심결이 확정되면 소급효가 발생하여 정정한 내용대로 출원한 것이 되므로 특허를 무효로 하는 심결은 결과적으로 발명의 요지의 인정을 잘못한 것으로 귀결되므로, 무효심결을 취소해야 한다고 판시하였다.
>
> ㅁ. 대법원 판례는 무효심결의 심결취소소송에서 변론종결 후 대법원의 상고심 계류 중에 정정에 대한 인용심결이 확정된 경우 정정 전의 이 사건 특허발명을 대상으로 하여 무효 여부를 판단한 원심판결에는 소정의 재심사유가 있어 판결에 영향을 끼친 법령위반의 결과가 되어 파기(취소)환송하여야 한다고 판시하였다.

① ㄱ, ㄴ, ㄹ
② ㄱ, ㄴ, ㅁ
③ ㄱ, ㄹ, ㅁ
④ ㄴ, ㄷ, ㄹ, ㅁ
⑤ ㄴ, ㄹ

해설

ㄱ. |○| 무효심판이 무효심결(인용심결)로 확정되면 특허권이 소멸하므로 일사부재리 원칙이 적용될 여지가 없다.

ㄴ. |×| 특허무효심판이 특허심판원에 계속되고 있는 때 청구된 정정심판은 각하된다(법 제136조 제2항). 그러나 정정심판이 먼저 청구된 후 무효심판이 청구된 경우에 정정심판은 본안심리를 진행한다. 이 경우 정정심판제도의 취지상 정정심판을 특허무효심판에 우선하여 심리·판단하는 것이 바람직하나, 그렇다고 하여 반드시 정정심판을 먼저 심리·판단하여야 하는 것은 아니고, 특허무효심판을 먼저 심리하는 경우에는 그 판단대상은 정정심판청구 전 특허발명이다(大判 2005후1431).

ㄷ. |×| 주된 당사자인 심판청구인이 이해관계를 갖지 아니한 경우에는 가사 보조참가인이 독립하여 무효심판을 청구할 수 있는 이해관계를 가진 자라 하더라도 그로써 심판청구인의 심판청구를 적법하게 할 수는 없다(大判 69후13). 즉, 독립하여 심판을 청구할 수 있는 이해관계를 가진 자라도 보조참가를 한 이상 보조참가인의 지위만을 가질 뿐이다.

ㄹ. |×| 특허심판원의 심결이 심판 대상을 잘못 정한 흠결이 있지만, 특허법원은 법률심이 아닌 사실심이기 때문에 심리범위에 제한을 받지 않고 정정된 청구범위를 기준으로 특허무효사유가 있는지 여부를 판단하여 그에 따라 심결의 적법성 여부를 판단하면 된다(특허법원 99허7971).

ㅁ. |×| 특허권자가 정정심판을 청구하여 특허무효심판에 대한 심결취소소송의 사실심 변론종결 이후에 특허발명의 명세서 또는 도면에 대하여 정정을 한다는 심결이 확정되더라도 정정 전 명세서 등으로 판단한 원심판결에 민사소송법 제451조 제1항 제8호가 규정한 재심사유가 있다고 볼 수 없다(大判 2016후2522).

정답 ④

06 특허무효심판과 정정심판에 관한 설명 중 옳지 않은 것은? [2007년 기출]

① 특허무효심판이 특허심판원에 계속되고 있는 경우에는 정정심판을 청구할 수 없다.
② 정정심판제도의 취지상 정정심판을 특허무효심판에 우선하여 심리·판단하는 것이 바람직하나 반드시 그렇게 해야 하는 것은 아니다.
③ 특허무효심판절차에서의 청구범위를 감축하는 정정은 출원서에 최초로 첨부된 명세서 또는 도면에 기재된 사항의 범위로 한다.
④ 정정심판은 특허무효심결의 확정에 의하여 특허권이 소멸된 후에는 청구할 수 없다.
⑤ 정정심판에서 청구범위를 감축하는 정정은 정정 후의 청구범위에 기재된 사항이 특허출원을 한 때에 특허를 받을 수 있는 것이어야 한다.

해 설

① |○| 법 제136조 제2항
② |○| 정정심판제도의 취지상 정정심판을 특허무효심판에 우선하여 심리·판단하는 것이 바람직하나, 그렇다고 하여 반드시 정정심판을 먼저 심리·판단하여야 하는 것은 아니다. 한편 특허무효심판을 먼저 심리하는 경우에는 그 판단대상은 정정심판청구 전 특허발명이다(대법원 2006.3.24. 선고 2005후1431 판결, 대법원 2004.3.26. 선고 2002후1867 판결 등).
③ |×| 명세서 또는 도면의 정정은 특허발명의 명세서 또는 도면에 기재된 사항의 범위 내에서 할 수 있다. 다만, 잘못된 기재를 정정하는 경우에는 출원서에 최초로 첨부된 명세서 또는 도면에 기재된 사항의 범위 내에서 가능하다(법 제133조의2 제4항 준용, 법 제136조 제3항).
④ |○| 정정심판은 특허권이 소멸된 후에도 이를 청구할 수 있다. 다만, 심결에 의하여 특허가 무효로 된 후에는 그러하지 아니하다(법 제136조 제7항).
⑤ |○| '청구범위를 감축하는 경우, 잘못 기재된 것을 정정하는 경우'에 해당하는 정정은 정정후의 청구범위에 기재된 사항이 특허출원을 한 때에 특허를 받을 수 있는 것이어야 한다(법 제136조 제5항).

정답 ③

07 특허의 정정심판에 관한 설명 중 옳지 않은 것은? (다툼이 있는 경우에는 판례에 의함)

[2009년 기출]

① 특허의 무효심판이 상고심 계속 중 당해 특허발명의 정정심결이 확정된 사정만으로는 원심판결에 재심사유가 있다고 할 수 없다.
② 특허발명의 명세서 또는 도면에 대하여 정정을 한다는 심결이 확정된 때에는 그 정정 후의 명세서 또는 도면에 의하여 특허출원, 출원공개, 특허결정 또는 심결 및 특허권의 설정등록이 된 것으로 본다.
③ 동일한 특허발명에 대하여 정정심판 사건이 특허심판원에 계속 중에 있다고 하더라도 상고심에 계속 중인 그 특허에 관한 특허무효심결에 대한 취소소송의 심리를 중단하여야 하는 것은 아니다.
④ 심결에 의하여 특허가 무효로 된 후에는 정정심판을 청구할 수 없다.
⑤ 특허발명의 명세서 또는 도면에 대한 정정을 한다는 심결이 있는 경우에 특허심판원장은 이를 특허공보에 게재하여야 한다.

해 설

① |O| 특허권자가 정정심판을 청구하여 특허무효심판에 대한 심결취소소송의 사실심 변론종결 이후에 특허발명의 명세서 또는 도면에 대하여 정정을 한다는 심결이 확정되더라도 정정 전 명세서 등으로 판단한 원심판결에 민사소송법 제451조 제1항 제8호가 규정한 재심사유가 있다고 볼 수 없다(大判 2016후2522).
② |O| 법 제136조 제10항
③ |O| 소송절차에 있어서 필요하다고 인정된 때에는 법원은 특허에 관한 심결이 확정될 때까지 그 소송절차를 중지할 수 있다(법 제164조 제2항). 즉, 중지여부는 기속사항이 아닌 재량사항이다. 또한, 특허무효심판이 심판원에 계속되고 있는 때는 정정심판을 청구할 수 없지만(법 제136조 제2항) ⅰ) 특허무효심판이 청구되기 전에 정정심판이 청구된 경우 ⅱ) 무효심판이 특허법원이나 대법원에 계속 중인 경우 독립하여 그 정정심판을 청구한 경우에는 무효심판과 정정심판이 동시에 타절차에서 계류 중일 수 있다. 이 경우 각 심판 또는 소송의 심리·판단 순서 및 심리대상이 문제되는데, 정정심판제도의 취지상 정정심판을 특허무효심판에 우선하여 심리·판단하는 것이 바람직하나, 그렇다고 하여 반드시 정정심판을 먼저 심리·판단하여야 하는 것은 아니다. 한편 특허무효심판을 먼저 심리하는 경우에는 그 판단대상은 정정심판청구 전 특허발명이다(大判 2005후1431, 2002후1867).
④ |O| 정정심판은 특허권이 소멸된 후에도 이를 청구할 수 있다. 다만, 심결에 의하여 특허가 무효로 된 후에는 그러하지 아니하다(법 제136조 제7항).
⑤ |X| 특허발명의 명세서 또는 도면에 대한 정정을 한다는 심결이 있는 경우에 특허심판원장은 그 내용을 특허청장에게 통보하여야 한다(법 제136조 제12항). 특허청장은 상기 통보가 있는 때에는 이를 특허공보에 게재하여야 한다(법 제136조 제13항). 즉, 특허공보 게재의 주체는 특허심판원장이 아니라 특허청장이다.

정 답 ⑤

08 특허법상 무효심판 및 정정심판에 관한 설명으로 옳지 않은 것은? (다툼이 있는 경우에는 판례에 의함)

[2011년 기출]

① 무효심판 진행 중에 정정청구가 있는 경우, 정정의 인정 여부는 무효심판절차에서 함께 심리되는 것이므로 무효심판의 심결이 확정되는 때에 함께 확정된다.
② 정정심판은 특허권 존속기간이 만료되거나 특허료 미납으로 특허권이 소멸된 후에도 청구할 수 있다.
③ 무효심판에 있어서 청구범위가 두 개의 독립항으로 되어 있는 경우, 각 청구항마다 무효심판을 청구할 수 있고, 제1항이 무효라고 하여 제2항도 무효라고 할 수 없다.
④ 무효심판은 특허권의 설정등록이 있는 날부터 등록공고일 후 3월 이내에는 누구든지 청구할 수 있다.
⑤ 무효심판이 특허심판원에 계속 중에는 별도로 정정심판을 청구할 수 없고, 무효심판에서 정정청구만 할 수 있다.

해설

① |○| 특허무효심판절차에서 정정청구가 있는 경우 정정의 인정 여부는 무효심판절차에 대한 결정절차에서 함께 심리되는 것이므로, 독립된 정정심판청구의 경우와 달리 정정만이 따로 확정되는 것이 아니라 무효심판의 심결이 확정되는 때에 함께 확정된다(대법원 2009.1.15. 선고 2007후1053 판결).
② |○| 정정심판은 특허권 존속 중에는 물론 특허권이 소멸된 후에도 청구할 수 있다. 다만 심결에 의해 특허가 무효가 된 경우에는 그러하지 아니하다(법 제136조 제7항). 따라서 특허권 존속기간이 만료되거나 특허료 미납으로 특허권이 소멸된 후에는 정정심판을 청구할 수 있다.
③ |○| 특허권 전부에 대해서 청구할 수 있으며, 청구항이 2이상인 때에는 청구항마다 청구할 수도 있다(법 제133조 제1항). 또한, 제1항이 무효인 경우라도 별개의 독립항인 제2항은 개별적으로 무효사유를 판단해야 한다.
④ |×| 구법상의 태도다. 특허취소신청제도가 도입되면서 특허무효심판은 이해관계인(제2호 본문의 경우는 특허를 받을 수 있는 권리를 가진 자만 해당한다)또는 심사관만 청구할 수 있다.(특허법 제133조 제1항)
⑤ |○| 특허무효심판이 특허심판원에 계속 중인 경우에는 정정심판을 청구할 수 없다(법 제136조 제2항). 절차의 신속한 진행을 위하여 당해 절차 내에서 특허의 정정을 별도로 인정하고 있기 때문이다.

정답 ④

09 정정심판에 관한 설명으로 옳지 않은 것은? (다툼이 있는 경우에는 판례에 의함)

[2014년 기출]

① 정정심판은 특허권이 소멸된 후에도 청구할 수 있으나 심결에 의하여 특허가 무효로 된 후에는 청구할 수 없으며, 특허무효심판이 특허심판원에 계속되고 있는 경우에는 해당 무효심판절차에서 정정청구를 할 수 있다.
② 정정은 특허발명의 명세서 또는 도면에 기재된 사항의 범위 이내에서 할 수 있으며, 다만 잘못 기재된 것을 정정하는 때에는 출원서에 최초로 첨부된 명세서 또는 도면에 기재된 사항을 범위로 한다.
③ 특허발명의 명세서 또는 도면에 대하여 정정심결이 확정된 때에는 정정 후의 명세서 또는 도면에 의하여 특허출원·출원공개·특허결정 또는 심결 및 특허권의 설정등록이 된 것으로 본다.
④ 정정은 특허청구범위를 실질적으로 확장하거나 변경할 수 없는 바, 그 여부는 특허청구범위 자체의 형식적 기재만이 아니라 '발명의 설명'을 포함한 명세서 및 도면의 전체내용을 실질적으로 대비하여 판단되어야 한다.
⑤ 분명하지 아니하게 기재된 것을 명확하게 하는 정정은 정정후의 특허청구범위에 기재된 사항이 특허출원을 한 때에 특허를 받을 수 있는 것이어야 한다.

> 해설

① |O| 법 제136조 제7항 및 법 제133조의2 제1항
② |O| 법 제136조 제3항
③ |O| 법 제136조 제10항
④ |O| 대판 2008후1081
⑤ |X| 법 제136조 제5항, 청구범위의 감축/잘못 기재된 사항을 정정하는 경우에 해당하는 정정으 정정 후의 청구범위에 적혀 있는 사항이 특허출원을 하였을 때 특허를 받을 수 있는 것이어야 한다.

정답 ⑤

10 다음 설명 중 틀린 것은? (다툼이 있는 경우 판례에 의함)

① 특허권의 권리범위확인심판을 청구함에 있어 심판청구의 대상이 되는 확인대상발명은 당해 특허발명과 서로 대비할 수 있을 만큼 구체적으로 특정되어야 한다. 그리고 그 특정을 위해서는 대상물의 구체적인 구성을 전부 기재하여야 하는 것은 아니지만, 적어도 특허발명의 구성요소와 대비하여 그 차이점을 판단하는 데 필요할 정도로는 특허발명의 구성요소에 대응하는 부분의 구체적인 구성을 기재하여야 한다.

② 확인대상발명의 구성이 기능, 효과, 성질 등의 이른바 기능적 표현으로 기재되어 있는 경우에는, 그 발명이 속하는 기술분야에서 통상의 지식을 가진 사람이 확인대상발명의 설명서나 도면 등의 기재와 기술상식을 고려하여 그 구성의 기술적 의미를 명확하게 파악할 수 있을 정도로 기재되어 있지 않다면, 특허발명과 서로 대비할 수 있을 만큼 확인대상발명의 구성이 구체적으로 기재된 것으로 볼 수 없다.

③ 확인대상발명의 설명서에 특허발명의 구성요소와 대응하는 구체적인 구성이 일부 기재되어 있지 않거나 불명확한 부분이 있더라도, 그 나머지 구성만으로 확인대상발명이 특허발명의 권리범위에 속하는지 판단할 수 없는 경우에 한하여 확인대상발명이 특정되지 않은 것으로 보아야 한다.

④ 설정계약으로 전용실시권의 범위에 관하여 특별한 제한을 두고도 이를 등록하지 않으면 그 효력이 발생하지 않는 것이므로, 전용실시권자가 등록되어 있지 않은 제한을 넘어 특허발명을 실시하더라도, 특허권자에 대하여 채무불이행 책임을 지게 됨은 별론으로 하고 특허권 침해가 성립하는 것은 아니다.

⑤ 특허법 제136조 제10항에 의하여 정정심결이 확정된 때에는 정정 후의 명세서 또는 도면에 의하여 특허출원되고 이후 이에 입각하여 특허권 설정등록까지의 절차가 이루어진 것으로 간주하는 것이므로, 조약에 의한 우선권 주장의 기초가 된 최초의 출원서 또는 출원공개된 출원서에 첨부한 명세서 또는 도면에 기재된 사항이 그 후 정정되었다면, 그 정정내용이 조약에 의한 우선권 주장의 기초가 된 발명의 내용 또는 신규성·진보성 판단에 제공되는 선행기술로서의 발명의 내용에 영향을 미칠 수 있다.

해 설

① |○| ② |○| ③ |○| 2012. 11. 15. 선고 2011후1494 판결

④ |○| 2013. 1. 24. 선고 2011도4645 판결
특허법 제101조 제1항은 "다음 각 호에 해당하는 사항은 이를 등록하지 아니하면 그 효력이 발생하지 아니한다."고 하면서, 제2호에 "전용실시권의 설정·이전(상속 기타 일반승계에 의한 경우를 제외한다)·변경·소멸(혼동에 의한 경우를 제외한다) 또는 처분의 제한"을 규정하고 있다. 따라서 설정계약으로 전용실시권의 범위에 관하여 특별한 제한을 두고도 이를 등록하지 않으면 그 효력이 발생하지 않는 것이므로, 전용실시권자가 등록되어 있지 않은 제한을 넘어 특허발명을 실시하더라도, 특허권자에 대하여 채무불이행 책임을 지게 됨은 별론으로 하고 특허권 침해가 성립하는 것은 아니다.

⑤ |×| 2011. 6. 30. 선고 2011후620 판결
특허를 무효로 한다는 심결이 확정된 때에는 그 특허권은 처음부터 없었던 것으로 보게 되므로

무효로 된 특허에 대한, 정정의 무효를 구하는 심판은 그 정정의 대상이 없어지게 된 결과 정정 자체의 무효를 구할 이익도 없어진다고 할 것이다.

위 법리와 기록에 비추어 살펴보면, 이 사건 특허발명(특허번호 제699769호)에 대한 정정무효심판 청구가 기각되고 난 후 위 기각 심결의 취소를 구하는 이 사건 소송이 원심에 계속되던 중 원심 판시와 같은 경위로 이 사건 특허발명에 대한 무효심결이 확정되었으므로 이 사건 특허권은 처음부터 없었던 것으로 되었고, 따라서 이 사건 심판은 그 정정의 대상이 없어지게 된 결과 정정 자체의 무효를 구할 이익도 없어져 위법하게 되었지만, 한편 이 사건 특허발명의 특허가 무효로 된 이상 원고로서는 그 심결의 취소를 구할 법률상 이익도 없어졌다고 봄이 상당하므로 이 사건 소는 부적법하게 되었다.

나아가, 특허법 제136조 제10항에 의하여 정정심결이 확정된 때에는 정정 후의 명세서 또는 도면에 의하여 특허출원되고 이후 이에 입각하여 특허권 설정등록까지의 절차가 이루어진 것으로 간주하는 것은 무효부분을 포함하는 특허를 본래 유효로 되어야 할 범위 내에서 존속시키기 위한 것이므로, 조약에 의한 우선권 주장의 기초가 된 최초의 출원서 또는 출원공개된 출원서에 첨부한 명세서 또는 도면에 기재된 사항이 그 후 정정되었다 하더라도, 그 정정내용이 조약에 의한 우선권 주장의 기초가 된 발명의 내용 또는 신규성·진보성 판단에 제공되는 선행기술로서의 발명의 내용에 영향을 미칠 수 없고, 따라서 이와 다른 전제에서 특허가 무효로 된 이후에도 여전히 그 정정의 무효심판을 청구할 이익이 있다는 상고이유의 주장은 받아들일 수 없다.

정답 ⑤

11 특허법상 정정심판에 관한 설명으로 옳지 않은 것은? [2015년 기출]

① 특허권자는 청구범위를 감축하는 경우에는 특허발명의 명세서 또는 도면에 대하여 정정심판을 청구할 수 있지만, 청구범위를 실질적으로 확장하거나 변경하는 정정은 허용되지 않는다.
② 정정심판은 특허권의 설정등록 후부터 특허권이 소멸할 때까지만 청구할 수 있고, 특허를 무효로 한다는 심결이 확정된 후에는 청구할 수 없다.
③ 청구범위의 감축 및 잘못된 기재의 정정은 정정 후 청구범위에 기재되어 있는 사항이 특허 출원을 하였을 때에 특허를 받을 수 있는 것이어야 한다.
④ 청구인에게 심리종결 통지가 있기 전에 한하여 심판청구서에 첨부된 정정 명세서 또는 도면에 대하여 보정을 할 수 있고, 정정 명세서 또는 도면은 청구 취지의 일부를 이루는 것이므로 보정을 함에 있어서 그 요지를 변경할 수 없다.
⑤ 무효심판이 특허심판원에 계속되고 있는 때에는 정정심판을 청구할 수 없지만, 무효심판의 심결에 대한 취소소송이 특허법원에 제기된 후에는 원칙적으로 정정심판을 청구할 수 있다.

해설

① |○| 특허법 제136조 제1항 제1호 및 제136조 제4항
② |×| 정정심판은 특허권이 소멸된 이후에도 청구할 수 있다(특허법 제136조 제7항).
③ |○| 특허법 제136조 제5항

④ |O| 특허법 제136조 제11항 및 특허법 제140조 제2항

특허법원 2004. 3. 19. 선고 2003허2096 판결

구 특허법(2001. 2. 3. 법률 제6411호로 개정되기 전의 것, 이하 같다) 제140조 제2항은 "제1항의 규정에 의하여 제출된 심판청구서의 보정은 그 요지를 변경할 수 없다. 다만, 제1항제3호에 규정된 청구의 이유에 대하여는 그러하지 아니하다."라고 규정하고 있는바, 위 규정의 취지는 심판청구서 중 청구의 취지에 관하여 요지변경을 쉽게 인정할 경우 심판절차의 지연을 초래하거나 피청구인의 방어권 행사를 곤란케 할 우려가 있기 때문이라 할 것이고, 요지의 변경이라 함은 특허청구의 범위를 증가, 감소 또는 변경함을 말하는 것이라 할 것이다(대법원 1997. 11. 14. 선고 96후2265 판결 참조).

그렇다면 이 사건과 같이 정정심판청구에 있어서는 정정을 구하는 부분의 특정은 청구의 취지에 해당하므로 만일 정정심판청구서 중 정정을 구하는 부분이 보정에 의하여 변경됨으로써 그 내용에 동일성을 인정할 수 없는 정도의 실질적인 변화를 가져온 경우에는 그 보정은 정정심판청구서의 요지를 변경하는 것으로서 허용되지 아니한다.

⑤ |O| 특허법 제136조 제2항

정답 ②

12 특허법상의 정정에 관한 설명으로 옳지 않은 것은? (다툼이 있으면 판례에 따름)

[2016년 기출문제]

① 정정 후의 청구범위에 의하더라도 발명의 목적이나 효과에 어떠한 변경이 없고 발명의 설명 및 도면에 기재되어 있는 내용을 그대로 반영한 것이어서 정정 전의 청구범위를 신뢰한 제3자에게 예기치 못한 손해를 줄 염려가 없다면, 그 정정청구는 청구범위를 실질적으로 확장하거나 변경하는 것에 해당하지 아니한다.

② 특허무효심판절차에서의 정정청구의 적법 여부를 판단하는 특허무효심판이나 심결취소소송에서, 정정의견제출통지서를 통하여 특허권자에게 의견서 제출 기회를 부여한 바 없는 별개의 사유를 들어 정정청구를 받아들이지 않는 심결을 하거나 심결에 대한 취소청구를 기각하는 것은 위법하다.

③ 특허법 제136조(정정심판)제3항의 '명세서 또는 도면에 기재된 사항'에는 그곳에 기재되어 있지는 않지만 출원시의 기술상식으로 볼 때 통상의 기술자가 명시적으로 기재되어 있는 내용으로부터 그와 같은 기재가 있는 것과 마찬가지라고 명확하게 이해할 수 있는 사항이 포함된다.

④ 정정명세서에 관한 보정은 당초의 정정사항을 삭제하거나 정정청구의 내용이 실질적으로 동일하게 되는 범위 내에서 경미한 하자를 고치는 정도에서만 정정청구취지의 요지를 변경하지 않는 것으로서 허용된다.

⑤ 조약에 의한 우선권 주장의 기초가 된 최초의 출원서 또는 출원공개된 출원서에 첨부된 명세서 또는 도면에 기재된 사항이 그 후 정정되었다면, 그 정정내용이 조약에 의한 우선권 주장의 기초가 된 발명의 내용 또는 신규성·진보성 판단에 제공되는 선행기술로서의 발명의 내용에 영향을 미친다.

해설

① |○| 대법원 2010. 4. 29. 선고 2008후1081
② |○| 대법원 2007. 4. 27. 선고 2006후2660
③ |○| 대법원 2014. 2. 27. 선고 2012후3404
④ |○| 대법원 2007. 10. 25. 선고 2005후2526
⑤ |×| 대법원 2011. 6. 30. 선고 2011후620
특허법 제136조 제10항에 의하여 정정심결이 확정된 때에는 정정 후의 명세서 또는 도면에의하여 특허출원되고 이후 이에 입각하여 특허권 설정등록까지의 절차가 이루어진 것으로 간주하는 것은 무효부분을 포함하는 특허를 본래 유효로 되어야 할 범위 내에서 존속시키기 위한 것이므로, 조약에 의한 우선권 주장의 기초가 된 최초의 출원서 또는 출원공개된 출원서에 첨부한 명세서 또는 도면에 기재된 사항이 그 후 정정되었다 하더라도, 그 정정내용이 조약에 의한 우선권 주장의 기초가 된 발명의 내용 또는 신규성·진보성 판단에 제공되는 선행기술로서의 발명의 내용에 영향을 미칠 수 없다.

정답 ⑤

13 특허법 제132조의17(특허취소신청절차에서의 특허의 정정), 특허법 제133조의2(특허무효심판절차에서의 특허의 정정), 특허법 제137조(정정의 무효심판절차에서의 특허의 정정) 및 특허법 제136조(정정심판)에 관한 설명으로 옳은 것을 모두 고른 것은?

> ㄱ. 정정심판과 달리 정정청구는 정정을 청구할 수 있도록 지정된 기간과 그 기간의 만료일부터 1개월 이내의 기간, 및 특허법 제136조 제6항에 따른 정정불인정이유통지에 대한 의견제출기간에만 취하할 수 있다.
> ㄴ. 정정청구 또는 정정심판에서 정정을 하는 것으로 확정되면 정정 후의 명세서 또는 도면에 따라 특허출원, 출원공개, 특허결정 및 특허권의 설정등록이 된 것으로 본다.
> ㄷ. 특허취소신청 또는 특허무효심판청구된 청구항을 정정하는 경우는 특허법 제136조 제5항에 따른 특허출원을 하였을 때 특허를 받을 수 있는 것이어야 한다는 요건을 적용하지 않는다.
> ㄹ. 정정심판에서 정정한 명세서 또는 도면의 보정은 심리종결이 통지되기 전까지 가능하나, 정정청구에서 정정한 명세서 또는 도면의 보정은 정정을 청구할 수 있도록 지정된 기간과 특허법 제136조 제6항에 따른 정정불인정이유통지에 대한 의견제출기간에 할 수 있다.
> ㅁ. 청구범위의 감축, 잘못 기재된 사항의 정정, 분명하지 아니하게 기재된 사항을 명확하게 하는 경우는 모두 특허발명의 명세서 또는 도면에 기재된 사항의 범위에서 할 수 있다.

① ㄱ
② ㄱ, ㄴ
③ ㄱ, ㄴ, ㄷ
④ ㄱ, ㄴ, ㄷ, ㄹ
⑤ ㄱ, ㄴ, ㄷ, ㄹ, ㅁ

해설

ㄱ. 정정심판은 심결이 확정될 때까지 취하할 수 있는 반면(특허법 제161조 제1항 본문), 정정청구는 정해진 기간에만 취하할 수 있다(특허법 제132조의17 제4항, 제133조의2 제5항, 제137조 제4항에서 제133조의2 제5항 준용).
ㄴ. 이를 정정의 소급효라고 한다(특허법 제136조 제10항, 정정청구 규정에서 모두 제136조 제10항을 준용).
ㄷ. 특허취소신청 또는 특허무효심판청구된 청구항을 정정하는 경우는 독립특허요건을 정정요건으로 보지 않는다(특허법 제132조의17 제5항, 제133조의2 제6항). 예컨대 독립특허요건을 갖추지 않은 청구항의 정정이 있으면 정정은 인정하되, 특허취소결정 또는 특허무효심결을 한다.
ㄹ. 특허법 제136조 제11항 vs 특허법 제132조의17 제3항 후단, 제133조의2 제4항 후단, 제137조 제4항 후단
ㅁ. 잘못 기재된 사항의 정정만큼은 최초 명세서 또는 도면에 기재된 사항의 범위에서 할 수 있다(특허법 제136조 제3항 단서).

정답 ④

14 특허의 정정에 관한 설명으로 옳지 않은 것은? (다툼이 있는 경우에는 판례에 의함)

① 청구범위를 실질적으로 확장하거나 변경하는 경우에 해당하는지 여부는 정정 전후의 청구범위 전체를 실질적으로 대비하여 판단하여야 한다.
② 독립항은 그대로 두고 그 독립항을 기술적으로 한정하고 구체화하는 종속항을 추가하는 정정은 허용될 수 없다.
③ 정정의견제출통지서에 기재된 사유와 실질적으로 동일한 사유라 하더라도 정정의견제출통지서에 기재되어 있지 아니한 내용으로 정정심판청구를 기각하는 심결을 하거나 심결취소청구를 기각하는 것은 허용되지 않는다.
④ 잘못된 기재를 정정하는 경우란 명세서와 도면 전체의 기재와 당해 기술분야의 기술상식 등에 비추어 보아 명백히 잘못 기재된 것을 본래의 올바른 기재로 고치는 경우를 의미한다.
⑤ 청구범위 감축의 정정은 특허발명의 명세서 또는 도면에 기재된 사항의 범위 내에서 할 수 있는데 여기서 명세서 또는 도면에 기재된 사항이란 명시적으로 기재되어 있는 것뿐만 아니라 기재되어 있지는 않지만 출원시의 기술상식으로 볼 때 그 발명이 속하는 기술분야에서 통상의 지식을 가진 사람이면 명시적으로 기재되어 있는 내용 자체로부터 그와 같은 기재가 있는 것과 마찬가지라고 명확하게 이해할 수 있는 사항을 포함한다.

해설

① 특허청구범위를 실질적으로 확장하거나 변경하는 경우에 해당하는지 여부는 특허청구범위 자체의 형식적인 기재만이 아니라 발명의 설명을 포함하여 명세서 전체의 내용과 관련하여 그 정정 전후의 특허청구범위 전체를 실질적으로 대비하여 판단되어야 한다. 그리고 특허청구범위의 정정이 청구범위의 감축에 해당되고, 그 목적이나 효과에 어떠한 변경이 있다고 할 수 없으며, 발명의 설명 및 도면에 기재되어 있는 내용을 그대로 반영한 것이어서 후출원인 기타 제3자에게 불측

의 손해를 줄 염려가 없는 경우에는, 특허청구범위의 실질적인 변경에 해당되지 아니한다고 할 것이다(대법원 2001. 12. 11. 선고 99후2815 판결, 대법원 2005. 4. 15. 선고 2003후2010 판결).

② 특허청구범위는 각 항이 상호 독립되어 있는 이상 그 독립항은 그대로 두고, 그 독립항을 기술적으로 한정하고 구체화하는 종속항만을 추가하는 것은 실질적으로 권리범위를 확장하거나 변경하는 것이어서 그와 같은 정정심판청구는 허용될 수 없다(대법원 2005. 9. 30. 선고 2004후2451 판결).

③ 의견서 제출기회를 부여하는 특허법 제136조 제6항은 정정청구에 대한 심사의 적정을 기하고 심사제도의 신용을 유지하기 위한 공익상의 요구에 기인하는 이른바 강행규정이므로, 정정심판이나 그 심결취소소송에서 정정의견제출통지서를 통하여 심판청구인에게 의견서 제출 기회를 부여한 바 없는 사유를 들어 정정심판청구를 기각하는 심결을 하거나 심결취소청구를 기각하는 것은 위법하나, 정정의견제출통지서에 기재된 사유와 다른 별개의 새로운 사유가 아니고 주된 취지에 있어서 정정의견제출통지서에 기재된 사유와 실질적으로 동일한 사유로 정정심판을 기각하는 심결을 하거나 그 심결에 대한 취소청구를 기각하는 것은 허용된다(대법원 2007. 4. 27. 선고 2006후2660 판결).

④ 특허발명의 명세서 또는 도면에 대하여 정정심판을 청구할 수 있는 잘못된 기재를 정정하는 경우란 명세서와 도면 전체의 기재와 당해 기술분야의 기술상식 등에 비추어 보아 명백히 잘못 기재된 것을 본래의 올바른 기재로 고치는 경우를 의미한다(대법원 2014. 2. 13. 선고 2012후627 판결).

⑤ 특허발명의 명세서 또는 도면의 정정은 그 명세서 또는 도면에 기재된 사항의 범위 이내에서 할 수 있다(특허법 제136조 제3항). 여기서 '명세서 또는 도면에 기재된 사항'이라 함은 거기에 명시적으로 기재되어 있는 것뿐만 아니라 기재되어 있지는 않지만 출원 시의 기술상식으로 볼 때 그 발명이 속하는 기술분야에서 통상의 지식을 가진 사람이면 명시적으로 기재되어 있는 내용 자체로부터 그와 같은 기재가 있는 것과 마찬가지라고 명확하게 이해할 수 있는 사항을 포함하지만, 그러한 사항의 범위를 넘는 신규사항을 추가하여 특허발명의 명세서 또는 도면을 정정하는 것은 허용될 수 없다(대법원 2014. 2. 27. 선고 2012후3404 판결).

정답 ③

15 다음 설명 중 옳지 않은 것은? (다툼이 있으면 판례에 따름)

① 특허무효심결이 확정되어 특허권이 처음부터 존재하지 아니하였던 것으로 되었을 때 무효로 된 특허의 정정을 구하는 심판은 그 정정의 대상이 없어지게 되어 정정을 구할 이익이 없다.
② 특허권을 침해한 피고들의 행위에 과실이 있는 것으로 추정하는 법리는 정정을 전·후하여 그대로 유지된다.
③ 피고인의 행위가 특허권침해죄에 해당하는지 여부를 판단함에 있어 정정 후의 특허청구범위를 침해대상 특허발명으로 삼는 것이 피고인에게 불리한 결과를 가져오는 경우까지 정정의 소급적 효력이 당연히 미친다고 할 수는 없다.
④ 특허가 무효로 된 이후에도 잘못된 정정심결이 확정된 경우는 우선권 주장의 기초가 된 발명의 내용 또는 신규성·진보성 판단에 제공되는 선행기술로서의 발명의 내용에 영향이 있으므로 정정의 무효심판을 청구할 이익이 있다.
⑤ 동일한 특허발명에 대하여 특허무효심판과 정정심판이 동시에 계속 중에 있는 경우에는 정정심판을 우선하여 심리·판단하는 것이 바람직하나, 그렇다고 하여 반드시 정정심판을 먼저 심리·판단하여야 하는 것은 아니다.

해설

① 특허무효심결이 확정되었을 때에는 특허권은 처음부터 존재하지 아니한 것으로 보므로, 무효로 된 특허의 정정을 구하는 심판은 그 정정의 대상이 없어지게 되어 그 정정을 구할 이익도 없게 된다(2003후2294).
② 피고들이 원심 판시 실시제품들을 생산, 판매한 이후에 원심 판시와 같은 경위로 이 사건 제1항 발명의 특허청구범위를 정정하는 심결(2002당2405)이 확정되었더라도, 이 사건 제1항 발명은 정정심결의 확정 전·후로 특허청구범위에 실질적인 변경이 없었으므로, 이 사건 제1항 발명의 특허권을 침해한 피고들의 행위에 과실이 있는 것으로 추정하는 법리는 정정을 전·후하여 그대로 유지된다고 봄이 옳다(2007다45876).
③ 정정심결이 확정된 경우 그 정정이 별도의 정정무효심판절차에 의하여 무효로 되지 아니하는 한, 그 특허발명은 처음부터 정정된 특허청구범위에 의하여 특허권 설정등록이 된 것으로 보아야 하지만, 헌법 제13조 제1항, 형법 제1조 제1항의 입법 취지 및 특허발명의 특허청구범위는 특허권자가 독점하여 실시할 수 있는 영역과 제3자가 침해해서는 아니 되는 영역을 객관적으로 획정하여 대외적으로 공시하는 규범적 효력이 있는 점에 비추어 보면, 피고인의 행위가 특허권침해죄에 해당하는지 여부를 판단함에 있어 정정 후의 특허청구범위를 침해대상 특허발명으로 삼는 것이 피고인에게 불리한 결과를 가져오는 경우까지도 정정의 소급적 효력이 당연히 미친다고 할 수는 없는 법리이고, 그 결과 원심이 정정 전의 특허청구범위를 침해대상 특허발명으로 삼아 피고인이 그 특허발명의 침해죄를 범하였는지 여부를 판단한 것은 정당하다(2005도1262).
④ 특허법 제136조 제10항에 의하여 정정심결이 확정된 때에는 정정 후의 명세서 또는 도면에 의하여 특허출원되고 이후 이에 입각하여 특허권 설정등록까지의 절차가 이루어진 것으로 간주하는 것은 무효 부분을 포함하는 특허를 본래 유효로 되어야 할 범위 내에서 존속시키기 위한 것이므로, 조약에 의한 우선권 주장의 기초가 된 최초의 출원서 또는 출원공개된 출원서에 첨부한 명세서 또는 도면에 기재된 사항이 그 후 정정되었다 하더라도, 그 정정내용이 조약에 의한 우선권

주장의 기초가 된 발명의 내용 또는 신규성·진보성 판단에 제공되는 선행기술로서의 발명의 내용에 영향을 미칠 수 없고, 따라서 이와 다른 전제에서 특허가 무효로 된 이후에도 여전히 그 정정의 무효심판을 청구할 이익이 있다는 상고이유의 주장은 받아들일 수 없다(2011후620).

⑤ 참고로 대법원에 특허무효심판 사건이 계류 중에 있을 때, 정정심판을 청구하고 특허무효심판 사건에 대해 대법원에 중지를 요청하면, 법원이 반드시 중지하여야 하는 것도 아니다. 참고 판례를 아래에 발췌한다.

"동일한 특허발명에 대하여 특허무효심판과 정정심판이 특허심판원에 동시에 계속중에 있는 경우에는 정정심판제도의 취지상 정정심판을 특허무효심판에 우선하여 심리·판단하는 것이 바람직하나, 그렇다고 하여 반드시 정정심판을 먼저 심리·판단하여야 하는 것은 아니고, 또 특허무효심판을 먼저 심리하는 경우에도 그 판단대상은 정정심판청구 전 특허발명이며, 이러한 법리는 특허무효심판과 정정심판의 심결에 대한 취소소송이 특허법원에 동시에 계속되어 있는 경우에도 적용된다고 볼 것이다(2001후713)."

정답 ④

16 특허 정정심판 및 정정의 무효심판에 관한 설명으로 옳지 않은 것은? (다툼이 있으면 판례에 따름)

[2021년 기출]

① 청구범위 "A+B"가 명세서의 "발명의 설명"에 기재되어 있다고 하더라도, 도면에 기재된 "B+C"를 근거로 청구범위를 "B+C"로 정정하는 것은 청구범위의 변경에 해당하므로 불가능하다.

② 청구항에 기재된 "온도 1,000℃"는 특허법 제136조(정정심판) 제1항 제2호의 "잘못 기재된 사항을 정정"하는 경우에 해당한다는 이유로, 명세서에 기재된 "온도 20～50℃"의 범위를 넘더라도 "온도 100℃"로 정정될 수 있다.

③ 특허취소신청이 특허심판원에 계속 중인 때부터 그 결정이 확정될 때까지의 기간에는 청구범위의 구성 A를 그 하위개념인 "a"로 감축하는 정정심판을 청구할 수 없다.

④ 정정의 무효심판의 심결에 대한 소가 특허법원에 계속 중인 경우에는 특허법원에서 변론이 종결된 날까지 "청구범위를 감축"하는 정정심판을 청구할 수 있다.

⑤ "청구범위를 감축하는 정정"을 하는 경우에는 특허발명의 명세서 또는 도면에 기재된 사항의 범위에서 할 수 있지만, "잘못 기재된 사항을 정정"하는 경우에는 특허출원서에 최초로 첨부된 명세서 또는 도면에 기재된 사항의 범위에서 할 수 있다.

해설

① A+B와 B+C의 효과가 서로 다르다면 이는 청구범위 변경에 해당하여 정정요건에 위반된다.
② 오기 정정은 최초 명세서 또는 도면의 범위에서 할 수 있다(특허법 제136조 제3항).
③ 특허무효 또는 정정무효에 대한 특허법원 사건이 함께 진행되고 있는 경우가 아닌 이상 특허취소신청 후에는 정정심판이 불가하다(특허법 제136조 제2항 제1호).
④ 시험에서는 본 지문이 옳은 지문으로 되었으나 특허취소신청과 함께 진행되고 있는 경우가 아니

라면 변론 종결 후에도 법적으로 정정심판 청구가 가능하다(특허법 제136조 제2항 제2호). 참고로 특허법 제136조 제2항 제1호 단서는 특허취소신청이 특허심판원에 계속 중인 때부터 그 결정이 확정될 때 까지의 기간 중 정정 무효심판의 심결에 대한 소가 특허법원에 계속 중인 경우를 예외로 규정한 것이지, 본 지문처럼 특허취소신청 계속 중 여부와 관계없이 어느 때나 정정 무효심판의 심결에 대한 소가 법원에 계속 중인 경우를 상정한 것이 아니다. "단서" 란 "본문"의 예외 규정을 말한다.

⑤ 특허법 제136조 제3항

정답 ②, ④

17 특허소송에 관한 설명으로 옳은 것은? (다툼이 있으면 판례에 따름) [2022년 기출]

① 침해소송이 계속 중이어서 그 소송에서 특허권의 효력이 미치는 범위를 확정할 수 있는 경우에는 이를 이유로 침해소송과 별개로 청구된 권리범위확인심판의 심판청구의 이익이 부정된다고 볼 수 있다.

② 동일한 특허발명에 대하여 정정심판 사건이 특허심판원에 계속 중에 있는 경우에 이를 이유로 상고심에 계속 중인 그 특허발명에 관한 특허무효심결에 대한 취소소송의 심리를 중단하여야 하는 것은 아니다.

③ 특허권자가 정정심판을 청구하여 특허무효심판에 대한 심결취소소송의 사실심 변론종결 이후에 특허발명의 명세서 또는 도면에 대하여 정정을 한다는 심결이 확정되는 경우에는 정정 전 명세서 등으로 판단한 원심판결에 재심사유가 있다.

④ 동일한 특허권에 관하여 2인 이상의 자가 공동으로 특허의 무효심판을 청구하여 승소한 경우에 그 특허권자가 제기할 심결취소소송은 심판청구인 전원을 상대로 제기하여야만 하는 고유필수적 공동소송이다.

⑤ 법원은 특허취소결정 또는 심결에 대한 소 및 특허취소신청서·심판청구서·재심청구서의 각하결정에 대한 소 또는 특허법원의 판결에 따른 상고가 대법원에 제기되었을 때에는 지체 없이 그 취지를 특허청장과 특허심판원장에게 통지하여야 한다.

해설

① |×| 침해소송 계속 중이라 하더라도 법원의 권리범위(특허권의 효력이 미치는 범위) 판단 결과를 신뢰하지 못할 것 같을 때는 전문기관인 특허심판원에서 따로 권리범위확인을 받을 수 있다. 참고판례를 아래에 소개한다.

"특허법 제135조가 규정하고 있는 권리범위확인심판은 특허권 침해에 관한 민사소송(이하 '침해소송'이라 한다)과 같이 침해금지청구권이나 손해배상청구권의 존부와 같은 분쟁 당사자 사이의 권리관계를 최종적으로 확정하는 절차가 아니고, 그 절차에서의 판단이 침해소송에 기속력을 미치는 것도 아니지만, 간이하고 신속하게 확인대상발명이 특허권의 객관적인 효력범위에 포함되는지를 판단함으로써 당사자 사이의 분쟁을 사전에 예방하거나 조속히 종결시키는 데에 이바지한다는 점에서 고유한 기능을 가진다.

특허법 제164조 제1항은 심판장이 소송절차가 완결될 때까지 심판절차를 중지할 수 있다고 규정하고, 제2항은 법원은 특허에 관한 심결이 확정될 때까지 소송절차를 중지할 수 있다고 규정하며, 제3항은 법원은 침해소송이 제기되거나 종료되었을 때에 그 취지를 특허심판원장에게 통보하도록 규정하고, 제4항은 특허심판원장은 제3항에 따른 특허권 또는 전용실시권의 침해에 관한 소에 대응하여 그 특허권에 관한 무효심판 등이 청구된 경우에는 그 취지를 제3항에 해당하는 법원에 통보하여야 한다고 규정하고 있다. 이와 같이 특허법이 권리범위확인심판과 소송절차를 각 절차의 개시 선후나 진행경과 등과 무관하게 별개의 독립된 절차로 인정됨을 전제로 규정하고 있는 것도 앞서 본 권리범위확인심판 제도의 기능을 존중하는 취지로 이해할 수 있다.

이와 같은 권리범위확인심판 제도의 성질과 기능, 특허법의 규정 내용과 취지 등에 비추어 보면, 침해소송이 계속 중이어서 그 소송에서 특허권의 효력이 미치는 범위를 확정할 수 있더라도 이를 이유로 침해소송과 별개로 청구된 권리범위확인심판의 심판청구의 이익이 부정된다고 볼 수는 없다(대법원 2018. 2. 8. 선고 2016후328 판결 참조)."

② |O| 중지는 재량이다. 한편 본 지문은 판례 내용이기는 하나, 중단이 아니라 중지라 표현해야 올바르다. 중단은 당사자 사망 등의 사유가 발생했을 때 절차가 정지되는 것을 말한다.

"동일한 특허발명에 대하여 정정심판 사건이 특허심판원에 계속 중에 있다는 이유로 상고심에 계속 중인 그 특허발명에 관한 특허무효심결에 대한 취소소송의 심리를 중단하여야 하는 것은 아니다(대법원 2015. 6. 11. 선고 2015후48 판결 참조)."

③ |×| 과거에는 특허법원 변론종결 후 정정심결이 확정되면 원심판결에 재심사유에 준하는 위법이 있다고 보았으나, 최근 판례는 재심사유에 준하는 위법이 없다고 보며, 정정심결 확정되었어도 변론종결 후에 확정되었다면 상고심 심리도 정정 전 명세서 등으로 진행한다. 참고판례를 아래에 소개한다.

"재심은 확정된 종국판결에 대하여 판결의 효력을 인정할 수 없는 중대한 하자가 있는 경우 예외적으로 판결의 확정에 따른 법적 안정성을 후퇴시켜 그 하자를 시정함으로써 구체적 정의를 실현하고자 마련된 것이다. 행정소송법 제8조에 따라 심결취소소송에 준용되는 민사소송법 제451조 제1항 제8호는 '판결의 기초로 된 행정처분이 다른 행정처분에 의하여 변경된 때'를 재심사유로 규정하고 있다. 이는 판결의 심리·판단 대상이 되는 행정처분 그 자체가 그 후 다른 행정처분에 의하여 확정적·소급적으로 변경된 경우를 말하는 것이 아니고, 확정판결에 법률적으로 구속력을 미치거나 또는 그 확정판결에서 사실인정의 자료가 된 행정처분이 다른 행정처분에 의하여 확정적·소급적으로 변경된 경우를 말하는 것이다. 여기서 '사실인정의 자료가 되었다'는 것은 그 행정처분이 확정판결의 사실인정에서 증거자료로 채택되었고 그 행정처분의 변경이 확정판결의 사실인정에 영향을 미칠 가능성이 있는 경우를 말한다. 이에 따르면 특허권자가 정정심판을 청구하여 특허무효심판에 대한 심결취소소송의 사실심 변론종결 이후에 특허발명의 명세서 또는 도면(이하 '명세서 등'이라 한다)에 대하여 정정을 한다는 심결(이하 '정정심결'이라 한다)이 확정되더라도 정정 전 명세서 등으로 판단한 원심판결에 민사소송법 제451조 제1항 제8호가 규정한 재심사유가 있다고 볼 수 없다(대법원 2020. 1. 22. 선고 2016후2522 전원합의체 판결 참조)."

④ |×| 고유필수적 공동소송이 아니라 유사필수적 공동소송으로 본다. 즉 공동 심판청구인 중 일부를 피고에서 누락했어도 부적법하다고 보지 않는다. 참고판례를 아래에 소개한다.

"이른바 고유필수적 공동소송이 아닌 사건에서 소송 도중에 당사자를 추가하는 것은 허용될 수 없고, 동일한 특허권에 관하여 2인 이상의 자가 공동으로 특허의 무효심판을 청구하여 승소한 경우에 그 특허권자가 제기할 심결취소소송은 심판청구인 전원을 상대로 제기하여야만 하는 고유필수적 공동소송이라고 할 수 없으므로, 위 소송에서 당사자의 변경을 가져오는 당사자추가신청은 명목이 어떻든 간에 부적법하여 허용될 수 없다.

특허를 무효로 한다는 심결이 확정된 때에는 당해 특허는 제3자와의 관계에서도 무효로 되므로, 동일한 특허권에 관하여 2인 이상의 자가 공동으로 특허의 무효심판을 청구하는 경우 그 심판은 심판청구인들 사이에 합일확정을 필요로 하는 이른바 유사필수적 공동심판에 해당한다. 위 법리에 비추어 보면, 당초 청구인들이 공동으로 특허발명의 무효심판을 청구한 이상 청구인들은 유사필수적 공동심판관계에 있으므로, 비록 위 심판사건에서 패소한 특허권자가 공동심판청구인 중 일부만을 상대로 심결취소소송을 제기하였다 하더라도 그 심결은 청구인 전부에 대하여 모두 확정이 차단되며, 이 경우 심결취소소송이 제기되지 않은 나머지 청구인에 대한 제소기간의 도과로 심결 중 그 나머지 청구인의 심판청구에 대한 부분만이 그대로 분리·확정되었다고 할 수 없다 (대법원 2009. 5. 28. 선고 2007후1510 판결 참조)."

⑤ |×| 통지대상에서 특허청장은 빠진다. 특허심판원장에게 불복절차 계속 중임을 통지한다(특허법 제188조 제1항).

정답 ②

CHAPTER 14 정정무효심판

01 정정심판 및 정정무효심판에 관한 판례의 태도로 틀린 것은?

① 판례는 특허의 무효심판사건이 상고심에 계속 중 당해 특허의 정정심결이 확정되었어도 정정 전 명세서로 심리하여 원심판결에 위법이 있는 경우에 한해 원심판결을 파기해야 한다고 판시한 바 있다.

② 판례는 정정심판은 하나의 기술사상에 기초한 것으로 일체로서 정정을 구하는 것인바 일부인용 또는 일부기각심결은 인정되지 않는다고 한다.

③ 판례는 특허발명이 청구범위를 실질적으로 변경한 내용으로 정정된 것이라고 하더라도, 정정의 무효심판에서 그 위법여부를 다툴 수 있음은 별론으로 하고, 정정된 특허발명을 당연무효라고 할 수 없다고 한다.

④ 판례는 특허무효심결이 확정되었을 때에는 특허권은 처음부터 존재하지 아니한 것으로 보므로, 무효로 된 특허의 정정을 구하는 심판은 그 정정의 대상이 없어지게 되어 그 정정을 구할 이익도 없게 된다. 다만 정정에 의하여 무효사유가 없어지면 재심의 이익이 있으므로 정정심판 계속 중 무효심결이 확정된 경우에는 그대로 심리를 진행해야 한다고 판시하고 있다.

⑤ 판례는 청구범위를 정정하는 것이 청구범위를 확장하거나 변경하는 경우에 해당하는지 여부를 판단함에 있어서는 청구범위 자체의 형식적인 기재만을 가지고 대비할 것이 아니라 발명의 설명을 포함하여 명세서 전체내용과 관련하여 실질적으로 대비하여 그 확장이나 변경에 해당하는지를 판단해야 한다고 한다.

해 설

① |O| 특허권자가 정정심판을 청구하여 특허무효심판에 대한 심결취소소송의 사실심 변론종결 이후에 특허발명의 명세서 또는 도면에 대하여 정정을 한다는 심결이 확정되더라도 정정 전 명세서 등으로 판단한 원심판결에 민사소송법 제451조 제1항 제8호가 규정한 재심사유가 있다고 볼 수 없다. 상고심은 정정 전 명세서 등에 대한 원심의 실체적 판단이 잘못되었다고 원심을 파기환송하게 되면, 환송 후 원심은 정정 후 명세서 등을 대상으로 다시 심리한 후 판단하게 된다(大判 2016후2522). 즉 상고심에서는 원심 변론종결 후 정정심판이 제기되어 정정이 확정되었어도 정정 전 명세서로 심리한다.

② |O| 특허법원 2000. 7. 21. 선고 99허2174 판결. 특허발명의 복수의 청구항에 대한 정정이 청구되었다고 하더라도 그것이 하나의 기술사상에 기초한 것이므로 일체로서 정정을 구하는 취지라고 해석하여 그 일부 항에 정정불허 사유가 존재하는 한 전체에 대한 정정을 허용할 수 없다.

③ |O| 대법원 2003. 1. 10. 선고 2002후1829 판결.

④ |×| 대법원 2005. 3. 11. 선고 2003후2294 판결. 판례는 특허무효심결이 확정되었을 때에는 특허권은 처음부터 존재하지 아니한 것으로 보므로, 무효로 된 특허의 정정을 구하는 심판은 그 정정의 대상이 없어지게 되어 그 정정을 구할 이익도 없게 된다. 한편, 구 특허법 제63조 제8항에서 "정정허가심판은 특허권이 소멸된 후에도 청구할 수 있다. 다만, 제97조 제1항 제1호의 심판에

의하여 무효가 된 후에는 예외로 한다."고 규정한 것은 유효하게 존속하였던 특허권이 존속기간의 만료, 등록료의 불납 등의 사유로 소멸한 후에도 특허를 무효로 할 수 있도록 한 규정(구 특허법 제69조 제4항)에 대응하여, 특허권자에게 정정에 의하여 특허의 무효사유를 소급적으로 해소할 수 있는 권한을 예외적으로 부여한 것이고, 위 규정의 단서 조항은 그러한 취지에서 무효심결이 확정된 경우 더 이상 정정을 할 수 없다는 취지를 명확히 한 것일 뿐, 무효심결의 확정 전에 청구된 정정의 허가 여부를 판단하여야 한다는 취지의 규정이라고 할 수는 없다.

⑤ |O| 대법원 2001.12.11. 선고 99후2815 판결

정답 ④

CHAPTER 15 통상실시권허여심판

01 통상실시권허여심판에 관한 설명 중 틀린 것은 다음 중 몇 개인가? [2000년 기출]

> ㈎ 타인의 특허발명을 실시하고자 할 경우 이용발명의 특허권자가 아닌 자도 심판을 청구할 수 있는 경우가 있다.
> ㈏ 타인의 특허발명에 비하여 상당한 경제적 가치가 있는 중요한 기술상의 진보를 가져올 때에만 통상실시권을 허여할 수 있다.
> ㈐ 통상실시권자가 책임질 수 없는 사유에 의하여 대가를 지급할 수 없을 때에는 그 대가를 공탁하여야 한다.
> ㈑ 통상실시권을 허여한 자도 일정조건하에서 통상실시권 허여의 심판을 청구할 수 있다.

① 4개 ② 3개
③ 2개 ④ 1개
⑤ 없다.

해설

㈎ |O| 통상실시권허여심판은 이용발명의 특허권자 이외에 이용발명의 전용실시권자 및 통상실시권자도 청구할 수 있다(법 제138조 제1항).
㈏ |O| 법 제138조 제2항.
㈐ |O| 법 제138조 제4항.
㈑ |O| 법 제138조 제3항(크로스라이센스).

정답 ⑤

02 甲은 발명 A에 대한 특허권자이다. 발명자 乙은 특허발명 A를 이용, 개량하여 발명 B를 완성하였고 이후 특허출원하여 특허등록이 되었다. 甲과 乙에 대한 법률관계로서 틀린 것은?

① 乙이 발명 B를 실시하기 위해서는 먼저 甲의 허락을 받기 위한 협의가 선행되어야 하고 허락하지 아니하거나 허락을 받을 수 없는 경우에 비로소 통상실시권허여심판을 청구할 수 있다.
② 乙이 甲에 대하여 통상실시권허여심판을 청구하기 위해서는 발명 B가 발명 A에 비하여 상당한 경제적 가치가 있는 중요한 기술적 진보가 있어야 한다.
③ 乙이 甲에 대하여 통상실시권허여심판을 청구하는 경우 심판비용부담자는 피청구인인 甲이다.
④ 통상실시권허여심판에 의하여 甲이 乙에 대하여 통상실시권을 허여한 경우 甲도 발명 B에 대하여 일정한 경우 乙에 대한 통상실시권허여심판을 청구할 수 있다.
⑤ 乙이 통상실시권허여심판에 의하여 허여 받은 통상실시권은 乙의 특허권과 함께 이전되고 당해 특허권이 소멸된 때에는 함께 소멸된다.

해설

① │O│ 법 제138조 제1항. 발명 A와 발명 B는 이용관계이다. 이용관계인경우 후특허권자 乙은 선행 특허권자 甲의 허락이 있는 경우 자신의 발명을 실시할수 있는바 먼저 허락을 구해야 한다. 만약 이러한 협의없이 통상실시권을 청구한 경우 심결각하(법 제142조)의 대상이 된다.
② │O│ 법 제138조 제2항. 심판남용을 방지하고 기본발명의 특허권자를 보호하기 위한 규정이다.
③ │×│ 다른 당사자계 심판과 달리 통상실시권허여심판의 심판비용은 결정계 심판과 동일하게 청구인의 부담으로 하여야 한다(법 제165조 제3항). 이에 심판편람에 따르면 다른 당사자계 심판과 달리 통상실시권허여심판에 대해서는 주문에 심판비용부담자 자체를 표시하지 않는다.
④ │O│ 법 제138조 제3항. 크로스라이센스.
⑤ │O│ 법 제102조 제4항.

정답 ③

03 2006.5.7. 甲은 A와 B를 결합시켜 D를 제조하는 방법에 관한 특허출원을 하여 2007.2.4. 특허권 설정등록을 완료하였다. 乙은 A와 B를 물 속에서 결합시키면 D의 강도가 보다 견고해진다는 것을 발견하고 2007.9.7. A와 B를 수중에서 결합시켜 D를 제조하는 방법에 관한 특허출원을 하여 2008.7.9. 특허권 설정등록을 완료하였으며, 丙에게 이 특허권에 대한 통상실시권을 허락하였다. 다음 설명 중 옳지 않은 것은? [2009년 기출]

① 乙의 발명은 甲의 발명을 이용하는 관계에 있으므로, 乙이 자기의 발명을 업으로서 실시하려면 甲의 허락을 얻어야만 한다.
② 乙이 통상실시권 허여의 심판을 통해 甲의 특허권에 관한 통상실시권을 허여 받으려면 乙의 발명이 甲의 발명에 비해 상당한 경제적 가치가 있는 중요한 기술적 진보를 가져오는 것이라고 인정받아야만 한다.
③ 丙이 乙로부터 허락받은 통상실시권에 따라 그 특허발명을 실시하기 위해 甲과 협의하였으나 협의가 성립되지 않았다면, 丙은 甲을 상대로 한 통상실시권 허여 심판의 청구인 적격이 없으므로 乙로 하여금 甲을 상대로 통상실시권 허여의 심판을 청구하도록 요청할 수밖에 없다.
④ 乙이 통상실시권 허여의 심판에 의하여 甲의 특허권에 관한 통상실시권을 허여 받은 후, 甲도 乙의 특허발명의 실시를 필요로 하나 乙이 이를 허락하지 않은 경우, 甲은 그 특허권에 대하여 통상실시권 허여의 심판을 청구할 수 있다.
⑤ 乙이 甲을 상대로 통상실시권 허여의 심판을 청구하여 통상실시권을 허여 받은 경우에는 정당한 대가를 지급하여야 한다.

해설

① │O│ 법 제98조. 한편, 이용·저촉관계에 있는 후출원 발명의 권리자가 선출원 권리자의 허락을 얻지 않거나 통상실시권허여심판에 의하지 않고 자기의 특허발명을 업으로 실시하면 선출원 권리의 침해를 구성한다. 따라서 이용·저촉 관계시 후원발명에 대한 특허권의 적극적 효력이 제한된다.

② |○| 법 제138조 제2항
③ |×| 후출원 특허권자·전용실시권자 또는 통상실시권자는 당해 특허발명이 법 제98조에 해당되어 실시의 허락을 받고자 하는 경우에 선출원 권리자가 정당한 이유 없이 실시허락을 하지 않거나 실시허락을 받을 수 없는 때에는 자기의 특허발명의 실시에 필요한 범위 안에서 통상실시권허여심판을 청구할 수 있다(법 제138조 제1항). 즉 후출원 특허권의 통상실시권자인 丙 이 직접 선출원 권리자인 甲을 상대로 통상실시권허여심판을 청구할 수 있다.
④ |○| 법 제138조 제3항
⑤ |○| 법 제138조 제4항

정답 ③

04 甲은 장치 X를 2015. 2. 3.에 출원한 후 생산 및 판매 준비 중에 있다. 乙은 장치 X를 일체성이 유지되도록 그대로 이용하되 여기에 장치 Y를 부가하면 안정성이 보다 향상된다는 것을 밝혀내 X와 Y를 결합한 발명을 2017. 10. 15.에 출원했다. 다음 설명 중 옳지 않은 것은?

① 甲은 출원발명의 실시 준비 중에 있으므로 심사청구한 후 우선심사를 신청할 수 있다.
② 甲과 乙의 출원이 모두 특허등록된 경우 乙의 발명은 甲의 발명을 이용하는 관계에 있으므로 乙이 자기의 발명을 업으로서 실시하려면 甲의 허락을 얻어야 한다.
③ 甲과 乙의 출원이 모두 특허등록되었고 乙이 丙에게 통상실시권을 허락했을 때 丙은 특허권자가 아니므로 甲에게 특허법 제138조 제1항에 따른 통상실시권 허락의 심판을 청구할 수 없다.
④ 甲과 乙의 출원이 모두 특허등록된 경우 甲은 이용관계의 공적인 확인을 구하기 위해 乙의 발명에 대해 적극적 권리범위확인심판을 청구할 수 있다.
⑤ 甲과 乙의 출원이 모두 특허등록된 경우 乙이 甲을 상대로 통상실시권 허락의 심판을 청구하여 통상실시권을 허락 받은 경우는 甲에게 정당한 대가를 지급하여야 한다.

해 설

① 출원인이 출원된 발명을 실시 또는 실시 준비하고 있는 경우는 우선심사사유에 해당한다(특허법 시행령 제9조 제8호).
② 특허법 제98조, 선원발명의 기술적 구성에 새로운 기술적 요소를 부가한 것으로서 후원발명이 선원발명의 요지를 전부 포함하고 이를 그대로 이용하되 후원발명 내에 선원발명이 발명으로서의 일체성을 유지하면 이용관계가 성립한다(2001후393).
③ 통상실시권 허락의 심판은 전용실시권자나 통상실시권자도 청구할 수 있다(특허법 제138조 제1항).
④ 후 출원에 의하여 등록된 발명을 확인대상발명으로 하여 선 출원에 의한 등록발명의 권리범위에 속한다는 확인을 구하는 적극적 권리범위확인심판은 후 등록된 권리에 대한 무효심판의 확정 전에 그 권리의 효력을 부정하는 결과가 되므로 원칙적으로 허용되지 아니한다. 다만 예외적으로 두 발명이 특허법 제98조에서 규정하는 이용관계에 있어 확인대상발명의 등록의 효력을 부정하지 않고 권리범위의 확인을 구할 수 있는 경우에는 권리 대 권리 간의 적극적 권리범위확인심판의 청구가 허용된다(99후2433).
⑤ 특허법 제138조 제4항.

정답 ③

CHAPTER 16 재 심

01 특허법상 재심에 관한 다음의 설명 중 옳은 것은?

① 무효로 된 특허권이 재심에 의하여 회복된 경우, 특허무효심결의 확정과 재심청구 등록 전까지의 사이에 그 특허발명을 악의로 실시한 행위는 특허권의 침해행위가 되는 경우가 있다.
② 사해심결에 대하여 불복하여 재심을 청구하는 제3자는 당해 심판의 청구인 또는 피청구인을 피청구인으로 하여야 한다.
③ 특허법 제183조에 따른 재심에 의하여 통상실시권을 상실한 원권리자의 통상실시권은 무상이다.
④ 재심사유가 심결확정 후에 생긴 때에는 심결확정 된 날부터 3년을 경과한 때에는 재심을 청구할 수 없다.
⑤ 재심기간을 도과하여 재심을 청구한 경우는 기각된다.

해 설

① |O| 재심에 의해 회복한 특허권의 효력이 제한되는 것은 무효심결 확정 후 재심청구등록 전의 선의의 실시 등이므로 악의의 실시는 특허권의 효력이 미치게 되어 침해행위가 된다(법 제181조).
② |×| 청구인과 피청구인을 공동피청구인으로 하여야 한다(법 제179조 제2항).
③ |×| 유상이다(법 제183조 제2항).
④ |×| 심결확정 후 3년을 경과한 때에는 재심을 청구할 수 없는 것이 원칙이다(법 제180조 제3항). 그러나 재심사유가 심결확정 후에 생긴 때에는 그 사유가 발생한 날의 다음날부터 기산한다(법 제180조 제4항).
⑤ |×| 재심사유에 해당하지 않거나 재심기간을 도과하여 재심을 청구한 경우는 부적법하여 각하된다.

정 답 ①

02 다음은 심판, 재심, 심결취소소송에 대한 설명이다. 옳은 것만으로 연결된 것은?

> (가) 정정심판에서 이유가 있다고 하는 심결을 한 심판관이 동일의 특허권에 관해서 무효심판의 심판관으로 관여한 경우 그 심판관은 제척된다.
> (나) 권리범위확심판을 청구할 수 있는 이해관계인은 분쟁이 생길 염려가 있는 대상물을 제조 판매하고 있는 자로 한정된다.
> (다) 특허무효심판에 있어서 정정의 범위는 정정심판과 동일하다.
> (라) 재심에 의하여 통상실시권을 상실한 원권리자의 통상실시권의 범위는 그 실시 또는 준비를 하고 있는 발명 및 사업의 목적 범위 안이다.
> (마) 재심에서도 직권주의가 적용되므로 당사자 또는 참가인이 신청하지 아니한 이유에 대해서도 심리할 수 있다.

① (가)
② (가), (마)
③ (라), (마)
④ 없음
⑤ (나), (다)

해설

(가) |×| 특허법원1998.9.3. 선고 98허1822 판례는 '특허법 제148조 제6호는 심판관이 사건에 대하여 심사관 또는 심판관으로서 사정 또는 심결에 관여한 경우에는 심판 관여로부터 제척된다고 규정하고 있는 바, 위 규정에서 사건이라 함은 동일사건을 의미한다 할 것이다. 따라서, 특허에 대한 무효심판과 같은 특허에 대한 정정심판은 서로 동일사건이라 할 수 없으므로 정정심판에 관여한 심판관이 같은 특허에 대한 무효심판에 관여하였다 하더라도 특허법 제148조 제6호의 심판관 제척사유에 해당한다고 할 수 없다.'고 판시하였다.

(나) |×| 소극적 권리범위확인심판에 관한 대법원 1985.7.23. 선고 85후51 판결은 '특허권자를 상대로 하여 어떤 대상물이 특허권의 권리범위에 속하지 아니한다는 내용의 권리범위확인심판을 청구할 수 있는 이해관계인은 그 특허권의 권리범위에 속하는지 여부에 관하여 분쟁이 생길 염려가 있는 대상물을 제조 판매하는 것을 업으로 하는 자에 한하지 아니하고 업으로서 그 대상물건을 제조 사용하거나 하려는 자도 포함한다.'고 한다.

(다) |×| 법 제133조의2 제6항에서는 '제4항의 규정을 적용함에 있어서 제133조제1항의 규정에 따른 특허무효심판이 청구된 청구항을 정정하는 경우에는 제136조제5항의 규정을 준용하지 아니한다.'고 하여 무효심판이 청구된 청구항의 경우 특허출원시 특허받을 수 있을 것의 요건은 판단하지 않는다.

(라) |×| 원통상실시권의 사업의 목적 및 발명의 범위안에서 인정된다(법 제183조).

(마) |×| 법 제185조는 민사소송법 제459조 제1항을 준용하므로 재심사유 존부판단시 당사자가 주장한 이유에 한해서만 판단이 가능하므로, 이는 직권심리에 대한 예외사유 이다.

정답 ④

03 특허법상 재심에 대한 설명으로 옳은 것으로만 연결된 것은?

(가) 재심의 대상은 확정된 심결로서 적법한 송달이 없는 심결은 재심의 대상이 아니다.

(나) 乙과 丙이 공모하여 甲의 특허권이 소멸된 경우 甲은 무효심결 확정 후 재심사유를 안 날로부터 30일 이내에 乙 또는 丙을 피청구인으로 하여 재심을 청구 할 수 있다.

(다) 재심사유 중 대리권의 흠결을 이유로 하여 재심을 청구하는 경우 재심청구기간은 청구인 또는 법정대리인이 심결등본의 송달에 의하여 심결이 있는 것을 안 날부터 기산한다.

(라) 무효로 된 특허권이 재심에 의하여 회복된 경우 무효심결확정 후 재심청구의 등록 전에 발명을 한 제 3자에 대하여 특허권의 효력은 미치지 아니한다.

① 없다.
② (가)
③ (가), (나)
④ (가), (나), (다)
⑤ (가), (나), (다), (라)

해설

(가) |O| 법 제178조 제1항. 적법한 송달이 없는 심결은 확정되지 아니하였으므로 재심이 아니다.

(나) |×| 법 제179조 제2항. 사해심결에 대한 재심청구시 심판의 당사자를 공동피청구인으로 한다. 따라서 甲은 乙과 丙을 모두 피청구인으로 하여야 한다.

(다) |×| 법 제180조 제2항. 대리권의 흠결을 이유로 재심청구시 심결등본의 송달에 의하여 심결이 있는 것을 안 다음날부터 기산한다.

(라) |×| 법 제181조 제2항 제1호. 당해 무효심결확정후 재심청구 등록 전에 한 선의의 실시에 한하여 특허권의 효력이 제한된다.

정답 ②

04 특허법상 재심제도에 관한 설명으로 옳지 않은 것은? [2022년 기출]

① 당사자는 특허취소결정 또는 심결 확정 후 재심사유를 안 날부터 30일 이내에 재심을 청구하여야 하고, 대리권의 흠을 이유로 재심을 청구하는 경우에 이 기간은 청구인 또는 법정대리인이 특허취소결정등본 또는 심결등본을 송달 받은 날부터 기산한다.
② 특허취소결정 또는 심결 확정 후 3년이 지나면 재심을 청구할 수 없으며, 재심사유가 특허취소결정 또는 심결 확정 후에 생겼을 때에는 위의 3년의 기간은 그 사유가 발생한 날의 다음 날부터 기산한다.
③ 심판의 당사자가 공모하여 제3자의 권리나 이익을 사해(詐害)할 목적으로 심결을 하게 하였을 때에는 제3자는 그 확정된 심결에 대하여 재심을 청구할 수 있으며, 이 경우 심판의 당사자를 공동피청구인으로 한다.
④ 취소된 특허권이 재심에 의하여 회복된 경우 특허권의 효력은 해당 특허취소결정 또는 심결이 확정된 후 재심청구 등록 전에 선의로 수입하거나 국내에서 생산 또는 취득한 물건에는 미치지 아니한다.
⑤ 취소된 특허권이 재심에 의하여 회복된 경우 해당 특허취소결정 또는 심결이 확정된 후 재심청구 등록 전에 국내에서 선의로 그 발명의 실시사업을 하고 있는 자 또는 그 사업을 준비하고 있는 자는 실시하고 있거나 준비하고 있는 발명 및 사업목적의 범위에서 그 특허권에 관하여 통상실시권을 가진다.

해 설

① |×| 청구인 또는 법정대리인이 최소결정등본 또는 심결등본 송달에 의해 취소결정 또는 심결이 있는 것을 안 날의 다음날부터 30일 기산한다(특허법 제180조 제2항).
② |○| 특허법 제180조 제4항
③ |○| 특허법 제179조 제2항
④ |○| 특허법 제181조 제1항
⑤ |○| **특허법 제182조**

정답 ①

05 특허권 A에 대한 특허무효심판에 대한 심결이 2023. 1. 27. 오전 0시 확정(해당 심결 이전의 확정심결과 저촉되지 않음)되었고, 특허권자 甲은 2023. 2. 6. 재심사유를 알게 되었으며, 심결등본의 송달에 의하여 특허무효심결이 있는 것을 알게 된 날은 2023. 2. 13.이다. 甲은 확정된 무효심결에 대해서 재심을 청구하려 한다. 이에 관한 설명으로 옳은 것을 모두 고른 것은? (모든 일자는 공휴일이 아닌 것으로 하며, 아래 각 지문은 독립적으로 판단할 것)

[2023년 기출]

> ㄱ. 甲은 2026. 1. 27.이 경과하면 재심을 청구할 수 없다.
> ㄴ. 甲은 2023. 3. 8.까지 재심을 청구할 수 있다.
> ㄷ. 재심사유가 2023. 2. 2.에 생겼다면, 甲은 2026. 2. 2.까지 재심을 청구할 수 있다.
> ㄹ. 대리권의 흠을 이유로 재심을 청구하는 경우에 甲은 2023. 3. 15.까지 재심을 청구할 수 있다.

① ㄱ, ㄴ, ㄷ
② ㄴ, ㄹ
③ ㄱ, ㄷ, ㄹ
④ ㄴ, ㄷ, ㄹ
⑤ ㄱ, ㄴ, ㄷ, ㄹ

해 설

ㄱ) |×| 확정 후 3년 계산할 때(특허법 제180조 제3항), 오전 0시에 확정된 경우는 초일 산입하여 기간 계산하므로(특허법 제14조 제1호 단서), 2023.1.27.부터 초일 산입하여 3년 계산하면 2026.1.26.까지다.

ㄴ) |○| 재심사유 안 날부터 30일 계산할 때(특허법 제180조 제1항), 본 지문은 오전 0시부터 시작하는 경우로 단정할 근거가 없어 초일 불산입하고 계산하며, 2023년 2월은 28일까지 있으므로 이를 고려하면, 2023.3.8.까지다.

ㄷ) |×| 재심사유가 심결 확정 후 생겼을 때에는 3년 계산할 때 그 사유 발생한 날의 다음 날부터 3년 기산한다(특허법 제180조 제4항). 이와 관련하여 3년만 계산해보면 2026.2.2.은 맞다. 하지만 재심은 30일, 3년 중 빠른 날까지 가능하며, 문제에서 재심사유 안 날을 2023.2.6.로 제시했으므로 재심은 2026.2.2.까지가 아니라, 2023.2.6.부터 30일 즉 2023.3.8.까지 가능하다.

ㄹ) |○| 대리권 흠을 이유로 재심청구하는 경우는 심결문 송달에 의하여 심결이 있는 것을 안 날의 다음 날부터 30일 기산한다. 2023.2.13. 다음 날부터 30일 계산하면 2023.3.15.까지다.

정 답 ②

CHAPTER 17 심결취소소송

01 심결취소소송에서 당사자적격에 관한 설명으로 옳은 것을 모두 고른 것은? (다툼이 있으면 판례에 따름)

[2023년 기출]

> ㄱ. 특허취소결정, 결정계 심판의 심결 또는 그 재심의 심결 및 심판청구서·재심청구서 각하결정에 대한 소를 제기하는 경우에는 특허청장을 피고로 하여야 한다.
> ㄴ. 공동으로 특허무효심판을 청구하여 승소한 경우, 특허권자가 공동심판청구인 중 일부만을 상대로 제기한 심결취소소송에서 당사자변경을 가져오는 당사자 추가신청은 허용된다.
> ㄷ. 특허취소신청 기각결정에 대하여는 불복할 수 없으며, 인용결정에 대한 불복소송에서 특허권자는 원고가 된다.
> ㄹ. 심결취소소송에서 특허취소결정·심판·재심사건의 당사자, 참가인 그 외 심결에 의하여 자기의 법률상 이익이 침해되는 자는 원고적격이 인정된다.

① ㄱ, ㄴ
② ㄱ, ㄷ
③ ㄴ, ㄷ
④ ㄴ, ㄹ
⑤ ㄷ, ㄹ

해설

ㄱ) |O| 특허법 제187조.
ㄴ) |X| 공동무효심판 청구인의 법적관계는 유사필수적 공동소송 관계로 보며, 민사소송법상 유사필수적 공동소송 관계에서는 당사자 추가신청이 허용되지 않는다. 판례문구는 다음과 같다. "이른바 고유필수적 공동소송이 아닌 사건에서 소송 도중에 당사자를 추가하는 것은 허용될 수 없다 할 것인데(대법원 1993. 9. 28. 선고 93다32095 판결, 대법원 1998. 1. 23. 선고 96다41496 판결 등 참조), 동일한 특허권에 관하여 2인 이상의 자가 공동으로 특허의 무효심판을 청구하여 승소한 경우에 그 특허권자가 제기할 심결취소소송은 심판청구인 전원을 상대로 제기하여야만 하는 고유필수적 공동소송이라고 할 수 없으므로, 고유필수적 공동소송이 아닌 이 사건에서 당사자의 변경을 가져오는 당사자추가신청은 명목이 어떻든 간에 부적법하여 허용될 수 없다(대법원 2009. 5. 28. 선고 2007후1510 판결)."
ㄷ) |O| 특허법 제132조의13 제5항, 제186조 제1항.
ㄹ) |X| 법률상 이익이 침해되는 자 모두 가능한 것이 아니고, 당사자, 참가인, 참가신청 거부된 자에 한해 원고적격 인정된다(특허법 제186조 제2항).

정답 ②

02 특허소송에 관한 설명으로 옳지 않은 것은? (다툼이 있으면 판례에 따름) [2023년 기출]

① 심결 또는 결정의 취소판결이 확정된 경우에는 심판관은 심판청구인의 새로운 신청을 기다리지 않고 취소판결의 취지에 따라 다시 심리하여야 한다.
② 당사자계 심판에 대한 심결취소소송의 경우 당사자는 심결에서 판단되지 않은 위법사유도 심결취소소송단계에서 주장·입증할 수 있다.
③ 심결취소소송에서 특허발명의 진보성 판단에 제공되는 선행발명이 어떤 구성요소를 가지고 있는지 여부는 주요 사실로서 당사자 자백의 대상이 된다.
④ 등록무효심판 심결에 대한 특허소송의 경우 주지관용기술 여부는 법원이 자유로운 심증에 의하여 증거 등을 통하여 인정할 수 있다.
⑤ 거절결정불복심판 심결에 대한 특허소송에서 발명의 성립, 신규성 결여 등에 대해서는 출원인이 이를 주장·증명하여야 한다.

해설

① |O| 환송 후 재심리는 새로운 신청이 필요하지 않다.
② |O| 당사자계 사건은 심리범위 제한 없다. "심판은 특허심판원에서 진행하는 행정절차로서 심결은 행정처분에 해당한다. 그에 대한 불복 소송인 심결 취소소송은 항고소송에 해당하여 그 소송물은 심결의 실체적·절차적 위법성 여부이므로, 당사자는 심결에서 판단되지 않은 처분의 위법사유도 심결 취소소송 단계에서 주장·입증할 수 있고, 심결 취소소송의 법원은 특별한 사정이 없는 한 제한 없이 이를 심리·판단하여 판결의 기초로 삼을 수 있다. 이와 같이 본다고 해서 심급의 이익을 해친다거나 당사자에게 예측하지 못한 불의의 손해를 입히는 것이 아니다(대법원 2002. 6. 25. 선고 2000후1290 판결)."
③ |O| 심결취소소송은 민사소송법에 따라 절차 진행하고, 민사소송법에서는 자백이란 법리가 있으며, 자백은 사실에 관한 것만 가능하고, 법적 판단에 관한 것은 불가하다. 선행발명 공지된 내용이 무엇인지는 사실에 관한 것으로서 자백 가능하다. "행정소송의 일종인 심결취소소송에서도 원칙적으로 변론주의가 적용되어 주요사실에 대해서는 당사자의 불리한 진술인 자백이 성립한다고 할 것인바(대법원 2000. 12. 22. 선고 2000후1542 판결, 2006. 6. 2. 선고 2005후1882 판결 등 참조), 특허발명의 진보성 판단에 제공되는 선행발명이 어떤 구성요소를 가지고 있는지는 주요사실로서 당사자의 자백의 대상이 된다고 할 것이다(대법원 2006. 8. 24. 선고 2004후905 판결)."
④ |O| 본 지문은 주지관용 기술의 특유 법리는 아니고, 공지발명인지는 모두 입증이 필요한데, 입증되었는지 여부는 증거 등 기록에 나타난 자료를 통하여 법원이 자유로운 심증에 의거해 판단할 수 있다. "특허등록된 발명이 공지공용의 기존 기술과 주지관용의 기술을 수집 종합하여 이루어진 데에 그 특징이 있는 것인 경우에 있어서는 이를 종합하는 데 각별한 곤란성이 있다거나, 이로 인한 작용효과가 공지된 선행기술로부터 예측되는 효과 이상의 새로운 상승효과가 있다고 볼 수 있는 경우가 아니면 그 발명의 진보성은 인정될 수 없다고 볼 것이고(대법원 2001. 7. 13. 선고 99후1522 판결 참조), 어느 주지관용의 기술이 소송상 공지 또는 현저한 사실이라고 볼 수 있을 만큼 일반적으로 알려져 있지 아니한 경우에 그 주지관용의 기술은 심결취소소송에 있어서는 증명을 필요로 하나, 법원은 자유로운 심증에 의하여 증거 등 기록에 나타난 자료를 통하여 주지관용의 기술을 인정할 수 있다 할 것이다(대법원 2008. 5. 29. 선고 2006후3052 판결)."
⑤ |×| 주장·입증책임 분배 문제. 발명의 성립, 신규성 결여 등 거절이유는 거절이유가 있음을 주장하는 특허청장에게 입증책임 있다.

정답 ⑤

03 특허법상 특허법원의 심결취소소송절차에 관한 설명으로 옳지 않은 것은? (다툼이 있으면 판례에 따름)

① 특허법원에서 주장하지 아니하였다가 상고심에 이르러 비로소 주장하는 새로운 사실은 적법한 상고이유가 될 수 없다.
② 당사자 또는 참가인에 한하여 심결에 대한 소를 제기할 수 있고, 해당 심판이나 재심에 참가신청을 하였으나 그 신청이 거부된 자는 이를 제기할 수 없다.
③ 심결취소소송에 있어서 심리판단의 대상이 되는 것은 심결의 위법성 일반으로서 실체상의 판단의 위법과 심판절차상의 위법이 그 대상에 포함된다.
④ 행정소송인 심결취소소송에서도 원칙적으로 변론주의가 적용되므로 자백 또는 자백간주도 인정된다.
⑤ 특허법원의 판결에 있어서 취소의 기본이 된 이유는 그 사건에 대하여 특허심판원을 기속한다.

> **해 설**
> ① 법률심인 대법원의 상고심에서는 사실심과 달리 새로운 사실은 특별한 사정이 없는 한 적법한 상고이유가 될 수 없다(대법원 1997. 12. 12. 선고 97누12235 판결, 대법원 2001. 4. 27. 선고 99다17319 판결, 2002. 7. 12. 선고 2002다19254 판결).
> ② 참가신청이 거부된 자도 특허법원에 불복할 수 있다(특허법 제186조 제2항).
> ③ 심판은 특허심판원에서의 행정절차이며 심결은 행정처분에 해당하고, 그에 대한 불복의 소송인 심결취소소송은 항고소송에 해당하여 그 소송물은 심결의 실체적·절차적 위법 여부이다(대법원 2009. 5. 28. 선고 2007후4410 판결). 즉 실체적 위법만이 아니라, 예컨대 "~ 하여야 한다" 등의 절차 진행 없이 이루어진 심결은 절차적으로 위법한 심결로서 특허법원에 불복하여 취소시킬 수 있다.
> ④ 참고판례를 아래에 소개한다(대법원 2006. 8. 24. 선고 2004후905 판결).
> "행정소송의 일종인 심결취소소송에서도 원칙적으로 변론주의가 적용되어 주요사실에 대해서는 당사자의 불리한 진술인 자백이 성립하는바, 특허발명의 진보성 판단에 제공되는 선행발명이 어떤 구성요소를 가지고 있는지는 주요사실로서 당사자의 자백의 대상이 된다."
> ⑤ 특허법원에서 심판원의 심결 또는 결정을 취소하면, 심판원에서 다시 심리하며, 이때 특허법원에서 취소한 이유에 대해서는 심판원이 기속되어 이전과 같은 판단을 또 다시 반복할 수 없다(특허법 제189조 제3항). 아래에 상표사건이기는 하나 참고판례를 소개한다(대법원 2002. 12. 26. 선고 2001후96 판결).
> "심결을 취소하는 판결이 확정된 경우, 그 취소의 기본이 된 이유는 그 사건에 대하여 특허심판원을 기속하는 것인바, 이 경우의 기속력은 취소의 이유가 된 심결의 사실상 및 법률상 판단이 정당하지 않다는 점에 있어서 발생하는 것이므로, 취소 후의 심리과정에서 새로운 증거가 제출되어 기속적 판단의 기초가 되는 증거관계에 변동이 생기는 등의 특단의 사정이 없는 한, 특허심판원은 위 확정된 취소판결에서 위법이라고 판단된 이유와 동일한 이유로 종전의 심결과 동일한 결론의 심결을 할 수 없고, 여기에서 새로운 증거라 함은 적어도 취소된 심결이 행하여진 심판절차 내지는 그 심결의 취소소송에서 채택, 조사되지 않은 것으로서 심결취소판결의 결론을 번복하기에 족한 증명력을 가지는 증거라고 보아야 한다."

정답 ②

04 특허 심결취소소송에 관한 설명으로 옳지 않은 것은? (다툼이 있으면 판례에 따름)

[2017년 기출]

① 특허법원의 기술심리관은 재판의 주체는 아니지만 심리에는 참여하는 주체이므로 제척·기피의 대상이 된다.
② 적극적 권리범위 확인심판에서 피청구인이 확인대상발명의 불실시를 주장하지 아니한 결과 청구가 인용된 경우에도 그 심결취소소송에서 비로소 확인대상발명의 불실시를 이유로 심판청구에 위법이 있었음을 주장·입증할 수 있다.
③ 통지된 거절이유가 비교대상발명에 의하여 출원발명의 진보성이 부정된 경우, 위 비교대상발명을 보충하여 특허출원 당시 그 기술분야의 주지·관용기술이라는 점을 증명하기 위한 자료는 이미 통지된 거절이유와 주요한 취지가 부합하지 아니하는 새로운 거절이유이므로 특허청장은 거절결정불복심판청구 기각 심결의 취소소송절차에서 거절이유로 주장할 수 없다.
④ 심결의 위법을 들어 그 취소를 청구할 때에는 그 취소를 구하는 자가 위법사유에 해당하는 구체적 사실을 먼저 주장하여야 하고, 법원은 당사자가 주장한 법률요건에 관한 사항과 직권조사사항에 한하여 판단하여야 한다.
⑤ 거절결정불복심판청구 기각 심결의 취소소송절차에서 거절결정의 이유 외에도 심사나 심판단계에서 의견서 제출의 기회를 부여한 사유에 대해 심결취소소송의 법원은 이를 심리·판단하여 심결의 당부를 판단하는 근거로 삼을 수 있다.

해설

① 기술심리관 또한 소송의 심리에 참여하는바, 심판관, 법관에 대한 제척·기피 규정을 준용한다(특허법 제188조의2 제1항).
② 심판은 특허심판원에서의 행정절차이며 심결은 행정처분에 해당하고, 그에 대한 불복의 소송인 심결취소소송은 항고소송에 해당하여 그 소송물은 심결의 실체적·절차적 위법 여부이므로, 당사자는 심결에서 판단되지 않은 처분의 위법사유도 심결취소소송단계에서 주장·입증할 수 있고, 심결취소소송의 법원은 특별한 사정이 없는 한 제한 없이 이를 심리·판단하여 판결의 기초로 삼을 수 있으며, 이와 같이 본다고 하여 심급의 이익을 해한다거나 당사자에게 예측하지 못한 불의의 손해를 입히는 것이 아니라고 본다. 이에 특허심판단계에서 소극적으로 하지 않았던 주장을 심결취소소송단계에서 하였다는 사정만으로 금반언 내지 신의칙에 위반된다고 볼 수 없으므로, 특허심판단계에서 확인대상발명을 실시하고 있지 않다는 주장을 하지 않았다고 하더라도 심결취소소송단계에서 이를 심결의 위법사유로 주장할 수 있다(대법원 2009. 5. 28. 선고 2007후4410 판결).
③ 이미 통지된 거절이유가 비교대상발명에 의하여 출원발명의 진보성이 부정된다는 취지인 경우에, 위 비교대상발명을 보충하여 그 기술적 의의를 밝히는 특허출원 당시의 기술상식이나 주지관용기술의 존재를 증명하기 위한 자료는 새로운 공지기술에 관한 것에 해당하지 아니하므로, 심결취소소송의 법원이 이를 진보성을 부정하는 판단의 근거로 채택하였다고 하더라도 이미 통지된 거절이유와 주요한 취지가 부합하지 아니하는 새로운 거절이유를 판결의 기초로 삼은 것이라고 할 수 없다(대법원 2013. 2. 15. 선고 2012후1439 판결, 대법원 2013. 9. 26. 선고 2013후1054 판결, 특허법원 2014. 12. 4. 선고 2014허1563 판결).
④ 행정소송의 일종인 심결취소소송에 있어서 직권주의가 가미되어 있다고 하더라도 여전히 변론주

의를 기본 구조로 하는 이상 심결의 위법을 들어 그 취소를 청구함에 있어서는 직권조사사항을 제외하고는 그 취소를 구하는 자가 위법사유에 해당하는 구체적 사실을 먼저 주장하여야 하고, 따라서 법원이 당사자가 주장하지도 아니한 법률요건에 대하여 판단하는 것은 변론주의 원칙에 위배된다(대법원 2011. 3. 24. 선고 2010후3509 판결).
⑤ 거절결정불복심판청구 기각 심결의 취소소송절차에서 특허청장은 거절결정의 이유 외에도 심사나 심판 단계에서 의견서 제출의 기회를 부여한 사유 및 이와 주요한 취지가 부합하는 사유를 해당 심결의 결론을 정당하게 하는 사유로 주장할 수 있고, 심결취소소송의 법원은 이를 심리·판단하여 심결의 당부를 판단하는 근거로 삼을 수 있다(대법원 2004. 7. 22. 선고 2004후356 판결, 대법원 2013. 9. 26. 선고 2013후1054 판결, 대법원 2016. 3. 24. 선고 2015후1997 판결).

정답 ③

05 심결취소소송에 관한 다음 설명 중 옳지 않은 것은?

① 참가신청을 하였으나 신청이 거부된 자도 심결의 취소를 구하는 소송을 제기할 수 있다.
② 거절결정불복심판의 기각심결에 대해 심결취소소송을 제기하는 경우에는 특허청장을 피고로 하여야 한다.
③ 법원은 심결취소소송의 판결에 대해 상고가 제기되었을 때는 지체 없이 그 취지를 특허심판원장에게 통지하여야 한다.
④ 심결 중 심판비용의 부담을 정한 부분에 대해서는 독립하여 심결취소소송을 제기할 수 없다.
⑤ 특허취소신청에 대한 특허취소결정 및 기각결정에 대한 소는 특허법원의 전속관할로 한다.

해설
① 특허법 제186조 제2항 제3호
② 특허법 제187조
③ 특허법 제188조 제1항
④ 특허법 제186조 제7항.
⑤ 특허취소신청의 기각결정은 불복할 수 없다(특허법 제186조 제1항).

정답 ⑤

06 심결취소소송에 대한 특허법 및 판례의 태도로 틀린 것은?

① 심결취소소송은 행정소송의 일종인 항고소송에 해당하므로 주요사실에 대해 자백이 성립하지 않는다.
② 청구인 적격으로 당사자, 참가인 또는 당해 심판이나 재심에 참가신청을 하였으나 그 신청이 거부된 자도 포함된다.

③ 특허권자는 통상실시권허여심판의 심결내용 중 대가에 대하여 특허법원에 불복할 수 없다.
④ 특허법원이 심결을 취소한 경우 취소의 기본이 된 이유는 특허심판원을 기속한다.
⑤ 판례에 따르면 심결취소소송에서 위법성 판단의 기준시는 심결시이다.

해설

① |×| 대법원 2006.8.24. 선고 2004후905 판결. 행정소송의 일종인 심결취소소송에서도 원칙적으로 변론주의가 적용되어 주요사실에 대해서는 당사자의 불리한 진술인 자백이 성립하는바, 특허발명의 진보성 판단에 제공되는 선행발명이 어떤 구성요소를 가지고 있는지는 주요사실로서 당사자의 자백의 대상이 된다.
② |○| 법 제186조 제2항.
③ |○| 법 제186조 제7항. 대가에 불복이 있는 경우 법원에 소송을 제기할 수 있다.(법 제190조 제1항)
④ |○| 법 제189조 제3항.
⑤ |○| 대법원 2002.4.12. 선고 99후2211 판결. 특허심판원 심결의 취소소송에서 심결의 위법 여부는 심결 당시의 법령과 사실상태를 기준으로 판단하여야 하고, 원칙적으로 심결이 있은 이후 비로소 발생한 사실을 고려하여 판단의 근거로 삼을 수는 없다 할 것이다.

정답 ①

07 심결에 대한 소(訴)의 설명으로서 가장 잘못된 것은? [2000년 기출]

① 심결에 대한 소와 심판청구서나 재심청구서의 각하결정에 대한 소는 특허법원의 전속관할로 한다.
② 심결에 대한 소는 당사자, 참가인 또는 당해 심판이나 재심에 참가신청을 하였으나 그 신청이 거부된 자에 한하여 이를 제기할 수 있다.
③ 심결에 대한 소는 예외없이 심결 또는 결정의 등본을 송달받은 날로부터 30일의 불변기간 이내에 제기하여야 한다.
④ 거절결정불복심판의 심결에 대한 소 제기에 있어서는 특허청장을 피고로 하여야 한다.
⑤ 법원은 특허무효심판의 심결에 대한 소의 제기가 있는 때에는 지체없이 그 취지를 특허심판원장에게 통지하여야 한다.

해설

① |○| 법 제186조 제1항.
② |○| 법 제186조 제2항.
③ |×| 특허법원에 소를 제기하려는 자는 심결 또는 결정등본을 송달받은 날로부터 30일 이내에 소장을 특허법원에 제출하여야 한다(법 제186조 제3항). 이 기간은 불변기간이지만 심판장은 주소 또는 거소가 멀리 떨어진 곳에 있거나 교통이 불편한 지역에 있는 자를 위하여 직권으로 부가기간을 정할 수 있다(법 제186조 제4항 및 제5항).

④ |○| 결정계 심판의 심결 또는 그 재심의 심결 및 심판·재심청구서 각하결정에 대한 특허소송에 있어서는 특허청장이 피고가 된다. 한편, 당사자계 심판의 심결 또는 그 재심의 심결에 대한 특허소송의 피고는 심판의 청구인 또는 피청구인이다(법 제187조).
⑤ |○| 법 제188조 제1항.

정답 ③

08 특허심판 및 특허소송에 관한 다음의 기술 중 틀린 것은? [2001년 기출]

① 권리범위확인심판은 참가제도가 인정되며 특허법원 제소시 청구인 또는 피청구인이 피고가 되지만, 거절결정불복심판은 참가가 인정되지 않고 특허법원 제소시 특허청장이 피고가 된다.
② 청구의 취지가 기재되지 않은 권리범위확인심판 청구서는 심판장의 결정각하 대상이지만, 이해관계 없는 자의 무효심판청구는 심판관합의체의 심결로써 각하된다.
③ 참가신청이 거부된 자에게도 심결등본은 송달되지만, 심판의 당사자는 아니므로 심결취소소송에 대한 당사자 적격은 인정되지 않는다.
④ 심판의 청구이유에 관하여는 당사자의 주장에 구속되지 않고 심판부 직권에 의하여 필요한 사실을 탐지하여 심판자료로 삼을 수 있다.
⑤ 심판을 청구할 수 있는 사항에 관한 소는 심결에 대한 것이 아니면 이를 제기할 수 없다.

해설

① |○| 당사자계 심판에는 참가가 인정되지만 결정계 심판에는 참가가 인정되지 않는다. 한편, 결정계 심판의 심결 또는 그 재심의 심결 및 심판·재심청구서 각하결정에 대한 특허소송에 있어서는 특허청장이 피고가 된다. 한편, 당사자계 심판의 심결 또는 그 재심의 심결에 대한 특허소송의 피고는 심판의 청구인 또는 피청구인이다(법 제187조).
② |○| 청구의 취지가 기재되지 않은 권리범위확인심판 청구서는 심판청구서에 방식 흠결이 존재하는 경우이므로 흠결이 치유되지 않은 경우 심판장이 결정으로 당해 심판청구서를 각하한다(법 제141조). 이해관계 없는 자의 무효심판청구는 중대한 하자로 하자가 치유되지 않는한 심판관 합의체가 심결로써 당해 심판청구를 각하한다(법 제142조).
③ |×| 심결등본은 당사자, 참가인 및 참가신청을 하였으나 신청이 거부된 자에게도 송달되며(법 제162조 제6항), 심결등본을 송달받은 이들은 모두 심결취소소송을 제기할 수 있다(법 제186조 제2항).
④ |○| 심판에 있어서는 직권탐지주의가 적용되는 바, 심판부는 당사자 또는 참가인이 신청하지 아니한 이유에 대하여도 심리할 수 있다(법 제159조 제1항).
⑤ |○| 법 제186조 제6항에서는 "심판을 청구할 수 있는 사항에 관한 소는 심결에 대한 것이 아니면 이를 제기할 수 없다."고 규정하고 있으므로, 결과적으로 특허소송에 대하여는 심결전치주의를 강제하는 것과 같게 되었다. 이와 같이 소송의 대상과 절차를 취하는 이유는 발명의 성질상 판단에 특수의 전문지식을 요하기 때문이다.

정답 ③

09 다음은 특허법원의 심리에 관한 설명이다. 옳지 않은 것은? (논란이 있는 경우 판례에 의한다.)

[2003년 기출]

① 거절결정불복심판에서 그 출원특허가 신규성이나 진보성을 구비하였다는 점은 출원인이 주장·입증하여야 한다.
② 거절결정불복심판청구를 기각하는 심결의 취소소송단계에서 특허청은 심결에서 판단되지 않은 것이라고 하더라도 거절결정의 이유와 다른 새로운 거절이유에 해당하지 않는 한, 심결의 결론을 정당하게 하는 사유를 주장·입증할 수 있다.
③ 당사자는 심결에서 판단되지 않은 처분의 위법사유도 심결취소소송단계에서 주장·입증할 수 있고 심결취소소송의 법원은 특별한 사정이 없는 한 제한 없이 이를 심리·판단하여 판결의 기초로 삼을 수 있다.
④ 특허법원의 심리절차에 관하여 적용되는 법은 특허법 → 행정소송법 → 민사소송법의 순이다.
⑤ 특허법원의 심결취소소송에서 청구의 인낙이나 소송상 화해는 불가능하다.

해설

① |×| 법률요건분류설에 의해 주장/입증책임을 분배하고 있다(대법원 1984. 7. 24. 선고 84누124).
  i) 특허발생요건-출원인 주장 및 입증 필요
    법20조1항 본문, 법2조1호, 법42조3항 내지 5항, 법45조, 법44조, 법30조1항 각호, 법5조, 법38조1항
  ii) 특허장애요건-특허청장 주장 및 입증 필요
    법29조1항 각호, 법29조2항, 법29조3항, 법36조, 법32조
② |○| 거절이유와 다른 새로운 거절이유에 해당하지 않는 한도 내에서는 특허청도 심결의 결론을 정당하게 하는 사유를 주장·입증할 수 있고, 심결취소소송의 법원도 달리 볼 만한 특별한 사정이 없는 한 제한 없이 이를 심리·판단하여 판결의 기초로 삼을 수 있다(大判 2001후1617).
③ |○| 심판은 특허심판원에서의 행정절차이며 심결은 행정처분에 해당하고, 그에 대한 불복의 소송인 심결취소소송은 항고소송에 해당하여 그 소송물은 심결의 실체적, 절차적 위법성 여부라 할 것이므로 당사자는 심결에서 판단되지 않은 처분의 위법사유도 심결취소소송단계에서 주장·입증할 수 있고 심결취소소송의 법원은 특별한 사정이 없는 한 제한 없이 이를 심리·판단하여 판결의 기초로 삼을 수 있는 것이며 이와 같이 본다고 하여 심급의 이익을 해한다거나 당사자에게 예측하지 못한 불의의 손해를 입히는 것이 아니다(대법원 2002.06.25 선고 2000후1290 판결).
④ |○| 특허소송에 대하여는 절차법인 특허소송법이 아직 존재하지 않는다. 그러므로 i) 우선 특허법이 적용되고 ii) 특허법에 규정이 없는 사항의 경우에는 특허소송이 기본적으로 행정소송적인 성질을 가지므로 행정소송법이 준용되고, 다시 iii) 행정소송법에 특별한 규정이 없는 경우에는 행정소송법 제8조의 규정에 따라 민사소송법이 준용될 것이다(특허소송실무, 법원행정처(1998), 4면).
⑤ |○| 특허소송의 공익성에 따른 직권탐지주의의 적용과 판결의 대세효를 고려할 때, 재판상 화해 및 청구의 포기 또는 인낙은 인정될 수 없다고 봄이 타당하다.

정답 ①

10 특허법상 심결취소소송에 관한 설명 중 옳지 않은 것은? (다툼이 있는 경우에는 판례에 의함)

[2007년 기출]

① 심결취소소송은 성질상 행정소송이며 대법원은 특허권자 또는 이해관계인을 상대로 하는 당사자계 사건에 대한 심결도 행정처분에 해당하는 것으로 보아 그에 대한 불복소송인 심결취소소송은 항고소송이라고 판시하고 있다.

② 소의 이익 유무는 사실심 변론종결시를 기준으로 판단한다. 다만, 대법원 판례는 상고심 계속 중에 소의 이익 등 소송요건이 흠결되는 경우에는 그러한 사정도 고려하여 소의 이익이 없다고 본다.

③ 기술심리관에게도 심판관의 제척사유 등의 규정이 준용되며 기술심리관에 대한 제척·기피의 재판은 그 소속 법원이 결정으로 하여야 한다.

④ 특허심판원이 행한 심결처분의 위법성여부의 판단시점에 대하여 대법원 판례는 심결의 위법여부는 심결 당시의 법령과 사실상태를 기준으로 판단하되 심결이 있은 이후 발생한 사실도 판단의 근거로 삼을 수 있다고 한다.

⑤ 당사자계 심판에 대한 심결취소소송의 심리범위에 관하여 대법원 판례는 심결에서 판단되지 않은 처분의 위법사유도 심결취소소송단계에서 주장·입증할 수 있고 법원은 특별한 사정이 없는 한 제한없이 이를 심리·판단하여 판결의 기초로 삼을 수 있다고 본다.

해설

①, ⑤ |○| 심판은 특허심판원에서의 행정절차이며 심결은 행정처분에 해당하고, 그에 대한 불복의 소송인 심결취소소송은 항고소송에 해당하여 그 소송물은 심결의 실체적, 절차적 위법성 여부라 할 것이므로 당사자는 심결에서 판단되지 않은 처분의 위법사유도 심결취소소송단계에서 주장·입증할 수 있고 심결취소소송의 법원은 특별한 사정이 없는 한 제한 없이 이를 심리·판단하여 판결의 기초로 삼을 수 있는 것이며 이와 같이 본다고 하여 심급의 이익을 해한다거나 당사자에게 예측하지 못한 불의의 손해를 입히는 것이 아니다(대법원 2002. 6. 25. 선고 2000후1290 판결).

② |○| 소의 이익의 유무는 변론종결시를 기준으로 판단한다. 따라서 소 제기시에 소의 이익이 있더라도 변론종결시에 소의 이익이 소멸하였다면 그 소송은 부적법한 것으로 각하를 면치 못한다. 한편, 판례는 "특허를 무효로 한 심결에 대한 심결취소소송에서 원고의 청구가 기각되어 상고심에 계속 중, 제3자가 제기한 특허무효심판에서 특허를 무효로 하는 심결이 확정된 때에는 그 특허권은 처음부터 없었던 것으로 보게 되므로, 결과적으로 존재하지 않는 특허를 대상으로 판단한 심결은 위법하게 되나, 특허가 무효로 확정된 이상 심결의 취소를 구할 법률상 이익도 없어졌다고 봄이 상당하여 이 사건 소는 부적법하고 따라서 원심판결을 파기하고, 소를 각하한다(대법원 2001. 5. 8. 선고 98후1921 판결)."고 판시하여 상고심 계속 중에 소의 이익 등 소송요건이 흠결되는 경우에는 그러한 사정도 고려하여 소의 이익이 없다고 본다.

③ |○| 기술심리관도 엄격한 소송의 중립·공정성을 유지하기 위해 제척·기피의 대상이 된다. 따라서 법 제148조, 민사소송법 제42조 내지 제45조, 제47조 및 제48조의 규정은 기술심리관의 제척·기피에 관하여 준용하며, 기술심리관에 대한 제척·기피의 재판은 그 소속법원이 결정으로 한다. 한편, 기술심리관은 제척 또는 기피사유가 있다고 인정할 경우에는 특허법원원장의 허가를 얻어 회피할 수 있다(법 제188조의2).

④ |×| 특허심판원 심결의 취소소송에서 심결의 위법 여부는 심결 당시의 법령과 사실상태를 기준으로 판단하여야 하고, 원칙적으로 심결이 있은 이후 비로소 발생한 사실을 고려하여 판단의 근

거로 삼을 수는 없다.(대법원 1995.11.10. 선고 95누8461 판결 등) 따라서 틀린 지문이다. 다만, 판례는 위②와 같이 본안과 관련이 없는 소송요건과 관련하여서는 심결시 이후에 발생된 사실도 고려한다.

정답 ④

11 다음 설명 중 틀린 것은? (다툼이 있는 경우 판례에 의함)

① 확인대상발명의 설명서에 특허발명의 구성요소와 대응하는 구체적인 구성이 일부 기재되어 있지 않거나 불명확한 부분이 있다고 하더라도, 나머지 구성만으로 확인대상발명이 특허발명의 권리범위에 속하는지 여부를 판단할 수 있는 경우에는 확인대상발명은 특정된 것으로 보는 것이 타당하다.

② 특허심판단계에서 소극적으로 하지 않았던 주장을 심결취소소송단계에서 하였다는 사정만으로 금반언 내지 신의칙에 위반된다고 볼 수 없으므로, 특허심판단계에서 확인대상발명을 실시하고 있지 않다는 주장을 하지 않았다고 하더라도 심결취소소송단계에서 이를 심결의 위법사유로 주장할 수 있다.

③ 특허발명의 진보성 판단에 제공되는 선행 발명이 어떤 구성요소를 가지고 있는지는 주요사실로서 당사자의 자백의 대상이 되는바, 그렇다면 심결취소소송을 심리하는 법원으로서는 피고의 자백에 반하는 판단을 하여서는 아니 된다.

④ 특허심판원이 특허법원의 취소판결에 따라 다시 심판을 진행하면서 당사자로 하여금 취소판결의 소송절차에서 제출되었던 증거를 다시 제출하도록 통지하였으나 당사자로부터의 증거제출이 없어 이를 실제로 제출받지 아니한 채 심결을 하였다면, 당사자에게 증거조사 결과에 대한 의견을 제출할 기회를 주지 않았다거나 증거의 제출로 인한 정정청구의 기회를 박탈한 위법이 있다고 할 수 있다.

⑤ 권리범위확인심판이 계속 중 침해소송이 확정된 경우, 권리범위확인심판의 확정된 심결이 민사·형사 등 침해소송을 담당하는 법원을 기속하지는 못한다고 하더라도, 특별한 사정이 없는 한 심결의 취소를 구할 소의 이익이 있다.

해설

① |O| 대법원 2010.5.27. 선고 2010후296 판결
② |O| 대법원 2009. 5. 28. 선고 2007후4410 판결
③ |O| 특허발명의 진보성 판단에 제공되는 선행 발명이 어떤 구성요소를 가지고 있는지는 주요사실로서 당사자의 자백의 대상이 되는바, 피고는 원심 제2차 변론기일에서 '비교대상발명 1, 4는 위 구성 11을 구비하고 있지 않다'는 취지로 진술한 바 있고 피고가 말하는 비교대상발명 1, 4는 이 사건 특허발명의 진보성 판단에 제공된 원심 판시의 선행발명 1, 2를 가리키는 것으로 볼 여지가 있으므로, 원심으로서는 피고의 위 진술이 원심 판시의 선행발명 1, 2의 기술내용에 관한 것인지를 살펴, 만일 그렇다면 피고의 자백에 반하는 판단을 하여서는 아니 된다(대법원 2006. 8. 24. 선고 2004후905 판결).
④ |×| 특허심판원이 특허법원의 취소판결에 따라 다시 심판을 진행하면서 당사자로 하여금 취소

판결의 소송절차에서 제출되었던 증거를 다시 제출하도록 통지하였으나 당사자로부터의 증거제출이 없어 이를 실제로 제출받지 아니한 채 심결을 하였더라도, 그러한 사정만으로 곧바로 당사자에게 증거조사 결과에 대한 의견을 제출할 기회를 주지 않았다거나 증거의 제출로 인한 정정청구의 기회를 박탈한 위법이 있다고 할 수 없다(대법원 2010.2.11. 선고 2009후2975 판결).

⑤ |○| 甲 회사가 乙 회사를 상대로 특허심판원에 상표권에 관한 소극적 권리범위확인심판을 제기하였으나 특허심판원이 확인대상표장이 등록상표의 권리범위에 속한다는 이유로 청구를 기각하는 심결을 하였는데, 이후 乙 회사가 위 등록상표의 상표권 침해와 관련하여 제기한 민사소송에서 甲 회사 승소판결이 선고되었고, 심결취소소송의 상고심 계속 중 위 민사판결이 그대로 확정된 사안에서, 확정된 위 민사판결은 위 심결취소소송을 담당하는 법원에 대하여 법적 기속력이 없으므로 甲 회사에 위 민사판결이 확정되었음에도 불구하고 자신에게 불리한 위 심결을 취소할 법률상 이익이 있고, 달리 위 심결 이후 위 등록상표의 상표권이 소멸되었다거나 당사자 사이의 합의로 이해관계가 소멸되었다는 등 위 심결 이후 심결을 취소할 법률상 이익이 소멸되었다는 사정도 보이지 아니하므로, 甲 회사에 위 심결의 취소를 구할 소의 이익이 있다(대법원 2011. 2. 24. 선고 2008후4486 판결).

정답 ④

12 특허에 관한 소송의 관할과 관련된 설명으로 옳지 않은 것은? (다툼이 있는 경우에는 판례에 의함)

[2012년 기출]

① 심결에 대한 소 및 심판청구서나 재심청구서의 각하결정에 대한 소는 특허법원의 전속관할로 한다.
② 통상실시권허여심판에서 정한 대가의 심결 및 심판비용의 심결 또는 결정에 대하여는 독립하여 특허법원에 소를 제기할 수 있다.
③ 특허권은 등록국법에 의하여 발생하는 권리이므로, 우리나라 법원은 다른 국가의 특허권 부여행위와 그 행위의 유효성에 대하여 판단할 수 없다.
④ 특허권의 성립에 관한 것이거나 유·무효 또는 취소 등을 구하는 소는 일반적으로 등록국 또는 등록이 청구된 국가 법원의 전속관할에 속하는 것으로 볼 수 있다.
⑤ 특허권 등을 양도하는 계약의 해석과 효력 유무만이 주된 분쟁 및 심리의 대상인 경우, 그 양도계약의 이행을 구하는 소는 등록국이나 등록이 청구된 국가 법원의 전속관할에 속하는 것으로 볼 수 없다.

해설

① |○| 법 제186조 제1항
② |×| 법 제190조 제1항 대가의 심결 및 심판비용의 심결 또는 결정에 대하여는 독립하여 일반 민사법원에 소를 제기할 수 있다.
③, ④, ⑤ |○| 당해 사건이 외국 법원의 전속관할에 속하는지 여부와 관련하여 특허권은 등록국법에 의하여 발생하는 권리로서 법원은 다른 국가의 특허권 부여행위와 그 행위의 유효성에 대하여

판단할 수 없으므로 등록을 요하는 특허권의 성립에 관한 것이거나 유·무효 또는 취소 등을 구하는 소는 일반적으로 등록국 또는 등록이 청구된 국가 법원의 전속관할에 속하는 것으로 볼 수 있으나, 그 주된 분쟁 및 심리의 대상이 특허권의 성립, 유·무효 또는 취소와 관계없는 특허권 등을 양도하는 계약의 해석과 효력 유무일 뿐인 그 양도계약의 이행을 구하는 소는 등록국이나 등록이 청구된 국가 법원의 전속관할에 속하는 것으로 볼 수 없다(大判 2009다19093).

정답 ②

13 특허에 관한 소송의 관할과 관련된 설명으로 옳지 않은 것은? (다툼이 있는 경우에는 판례에 의함)

① 심결에 대한 소 및 심판청구서나 재심청구서의 각하결정에 대한 소는 특허법원의 전속관할로 한다.
② 통상실시권 허락의 심판에서 정한 대가의 심결에 대하여는 독립하여 특허법원에 소를 제기할 수 있다.
③ 심판에서의 참가신청에 대한 참가 여부결정에 대해서는 불복할 수 없다.
④ 심판청구절차에 대한 특허심판원장의 무효 처분에 대해서는 행정심판 또는 행정소송으로 불복할 수 있다.
⑤ 특허취소신청의 각하결정과 기각결정에 대해서는 불복할 수 없다.

해설

① 특허심판원의 판단은 행정심판 또는 행정소송에 따라 불복할 수 없고 특허법원에서만 불복이 가능하다(특허법 제224조의2, 제186조 제1항). 이를 전속관할이라 한다.
② 통상실시권 허락의 심판의 대가와 특허법 제165조 제1항의 심판비용의 부담에 대해서는 독립하여 특허법원에 불복할 수 없다(특허법 제186조 제7항). 통상실시권 허락의 심판의 대가는 특허법원이 아니라 따로 법원에 소송을 제기할 수 있다(특허법 제190조 제1항).
③ 특허법 제156조 제5항, 제224조의2
④ 서류반려, 절차무효, 발명자 추가 불허 등은 행정심판 또는 행정소송에 따라 불복할 수 있다(특허법 제224조의2).
⑤ 특허취소신청서 각하결정과 특허취소결정에 대해서만 특허법원에 불복할 수 있다(특허법 제132조의6 제2항, 제132조의13 제5항, 제186조 제1항).

정답 ②

14 심결취소소송에 관한 설명으로 옳지 않은 것은? (다툼이 있는 경우에는 판례에 의함)

[2012년 기출]

① 행정소송의 일종인 심결취소소송에 직권주의가 가미되어 있다고 하더라도 여전히 변론주의를 기본 구조로 하는 이상, 법원이 당사자가 주장하지도 않은 법률요건에 관하여 판단하는 것은 변론주의 원칙에 위배되는 것이다.
② 심결취소소송을 제기한 후에 당사자 사이에 소를 취하하기로 하는 합의가 이루어졌다면 특별한 사정이 없는 한 소송을 계속 유지할 법률상의 이익이 소멸하여 당해 소는 각하되어야 한다.
③ 특허심판단계에서 하지 않았던 주장을 심결취소소송 단계에서 주장하는 경우에 금반언 내지 신의칙 위반이다.
④ 주지관용의 기술이 소송상 공지 또는 현저한 사실이라고 볼 수 있을 만큼 일반적으로 알려져 있지 아니한 경우에 그 주지관용의 기술은 심결취소소송에 있어서는 증명을 필요로 하나, 법원은 자유로운 심증에 의하여 증거 등 기록에 나타난 자료를 통하여 주지관용의 기술을 인정할 수 있다.
⑤ 권리범위확인심판의 심결취소소송에서 당사자는 심결에서 판단되지 않은 처분의 위법사유도 심결취소소송단계에서 주장·입증할 수 있고, 심결취소소송의 법원은 특별한 사정이 없는 한 제한 없이 이를 심리·판단하여 판결의 기초로 삼을수 있다.

해설

① |○| 행정소송의 일종인 심결취소소송에 직권주의가 가미되어 있다고 하더라도 여전히 변론주의를 기본 구조로 하는 이상, 심결의 위법을 들어 그 취소를 청구할 때에는 직권조사사항을 제외하고는 그 취소를 구하는 자가 위법사유에 해당하는 구체적 사실을 먼저 주장하여야 하고, 따라서 법원이 당사자가 주장하지도 않은 법률요건에 관하여 판단하는 것은 변론주의 원칙에 위배되는 것이다(대법원 2010후3509).
② |○| 심결취소소송을 제기한 후에 당사자 사이에 소를 취하하기로 하는 합의가 이루어졌다면 특별한 사정이 없는 한 소송을 계속 유지할 법률상의 이익이 소멸하여 당해 소는 각하되어야 한다(2005후1202).
③ |×| 특허심판단계에서 소극적으로 하지 않았던 주장을 심결취소소송단계에서 하였다는 사정만으로 금반언 내지 신의칙에 위반된다고 볼 수 없으므로, 특허심판단계에서 확인대상발명을 실시하고 있지 않다는 주장을 하지 않았다고 하더라도 심결취소소송단계에서 이를 심결의 위법사유로 주장할 수 있다(대법원 2007후4410).
④ |○| 어느 주지관용의 기술이 소송상 공지 또는 현저한 사실이라고 볼 수 있을 만큼 일반적으로 알려져 있지 아니한 경우에 그 주지관용의 기술은 심결취소소송에 있어서는 증명을 필요로 하나, 법원은 자유로운 심증에 의하여 증거 등 기록에 나타난 자료를 통하여 주지관용의 기술을 인정할 수 있다(대법원 2006후3052).
⑤ |○| 심판은 특허심판원에서의 행정절차이며 심결은 행정처분에 해당하고, 그에 대한 불복의 소송인 심결취소소송은 항고소송에 해당하여 그 소송물은 심결의 실체적·절차적 위법성여부라 할 것이므로, 당사자는 심결에서 판단되지 않은 처분의 위법사유도 심결취소소송단계에서 주장·입증할 수 있고, 심결취소소송의 법원은 특별한 사정이 없는 한 제한 없이 이를 심리.판단하여 판결의 기초로 삼을 수 있는 것이며, 이와 같이 본다고 하여 심급의 이익을 해한다거나 당사자에게 예측하지 못한 불의의 손해를 입히는 것이 아니다(대법원 2007후4410).

정답 ③

15 특허법상 심결취소소송에 관한 설명으로 옳지 않은 것은? (다툼이 있는 경우에는 판례에 의함)

[2013년 기출]

① 특허발명에 관한 권리범위확인심판 심결취소소송의 상고심 계속 중 그 특허의 정정심결이 확정된 경우, 정정 전의 특허발명을 대상으로 하여 확인대상발명이 그 특허발명의 권리범위에 속하는지 여부를 심리·판단한 원심판결에는 민사소송법상 판결에 기초가 된 민사나 형사의 판결, 그 밖의 재판 또는 행정처분이 다른 재판이나 행정처분에 의하여 바뀐 때에 해당하는 재심사유가 존재한다고 볼 수 없다.
② 특허심판단계에서 소극적으로 하지 않았던 주장을 심결취소소송단계에서 하였다는 사정만으로 금반언 또는 신의칙 위반으로 볼 수 없다.
③ 거절결정불복심판청구를 기각하는 심결의 취소소송에서 특허청장은 거절결정의 이유와 다른 새로운 거절이유가 아닌 한 심결에서 판단되지 않은 사항을 심결의 결론을 정당하게 하는 사항으로 주장·입증할 수 있다.
④ 특허발명을 무효로 한다는 주문의 심결을 취소한 판결의 확정 후에 다시 특허심판원에서 심리가 행해지는 취소확정판결에 따른 심판사건에서, 취소된 심결에서 채택한 무효사유와 다른 무효사유로 당해 특허발명을 무효로 한다는 주문의 심결을 다시 하는 것은 취소확정판결의 기속력에 저촉된다.
⑤ 특허법원은 특허심판원의 심결에 대한 취소청구가 이유 있다고 인정하더라도 그 심결에서 판단의 대상이 된 특허청의 결정을 취소할 수 없다.

> 해 설

① |O| 대법원 2020.01.22.선고, 2016후2522 전원합의체 판결
특허권자가 정정심판을 청구하여 특허무효심판에 대한 심결취소소송의 사실심 변론종결 이후에 특허발명의 명세서 또는 도면에 대하여 정정을 한다는 심결이 확정되더라도 정정 전 명세서 등으로 판단한 원심판결에 민사소송법 제451조 제1항 제8호가 규정한 재심사유가 있다고 볼 수 없다. 이러한 법리는 <u>특허권의 권리범위 확인심판에 대한 심결취소소송</u>과 특허권 침해를 원인으로 하는 민사소송에서도 <u>그대로 적용되어야 한다</u>. 특히, 특허권에 기초한 침해금지 또는 손해배상 등을 구하는 소송에서 그 특허가 무효로 될 것임이 명백하여 특허권자의 청구가 권리남용에 해당한다는 항변이 있는 경우 특허권자로서는 특허권에 대한 정정심판청구, 정정청구를 통해 정정을 인정받아 그러한 무효사유를 해소했거나 해소할 수 있다는 사정을 그 재항변으로 주장할 수 있다. 특허권 침해를 원인으로 하는 민사소송의 종국판결이 확정되거나 그 확정 전에 특허권자가 정정의 재항변을 제출하지 않았음에도 사실심 변론종결 후에 정정심결의 확정을 이유로 사실심 법원의 판단을 다투는 것은 허용되지 않는다.
② |O| 대법원 2009.05.28.선고, 2007후4410 판결
③ |O| 대법원 2009.04.02.선고, 2008허3452 판결
④ |×| 대법원 2002.12.26.선고, 2001후96 판결
심결을 취소하는 판결이 확정된 경우, 그 취소의 기본이 된 이유는 그 사건에 대하여 특허심판원을 기속하는 것인바(특허법 제189조 제3항), 이 경우의 기속력은 취소의 이유가 된 심결의 사실상 및 법률상 판단이 정당하지 않다는 점에 있어서 발생하는 것이므로, 취소 후의 심리과정에서 새

로운 증거가 제출되어 기속적 판단의 기초가 되는 증거관계에 변동이 생기는 등의 특단의 사정이 없는 한, 특허심판원은 위 확정된 취소판결에서 위법이라고 판단된 이유와 동일한 이유로 종전의 심결과 동일한 결론의 심결을 할 수 없고, 여기에서 새로운 증거라 함은 적어도 취소된 심결이 행하여진 심판절차 내지는 그 심결의 취소소송에서 채택, 조사되지 않은 것으로서 심결취소판결의 결론을 번복하기에 족한 증명력을 가지는 증거라고 보아야 한다.
⑤ |○| 특허법원 2000.10.13.선고, 99허5470 판결, 대법원 1999.07.23.선고, 98후2689 판결

정답 ④

16 다음 설명 중 옳은 것은? (다툼이 있으면 판례에 따름) [2015년 기출]

① 특허출원의 보정에 대한 각하결정 후 '보정 전의 특허출원'에 대하여 거절결정이 있었고, 위 보정각하결정 및 거절결정이 적법하다는 기각 심결이 있은 후 그 심결에 대한 취소소송이 제기된 경우, 법원은 보정각하결정이 위법하다면 그것만을 이유로 곧바로 심결을 취소해야 한다.
② 출원발명에 대해 우선권 주장의 불인정으로 인하여 거절이유가 생긴 경우, 우선권 주장이 인정되지 아니한다는 취지 및 그 이유가 포함된 거절이유를 통지하지 않고 우선권 주장의 불인정으로 인하여 생긴 거절이유를 들어 특허거절결정을 할 수 있다.
③ 특허청 심사관이 '발명이 명확하고 간결하게 기재되지 아니하여 기재불비가 있다'는 거절이유를 통지함에 따라 이를 해소하기 위한 보정이 이루어졌고 해당 보정에서 청구항이 신설되거나 이에 준하는 정도로 변경되지 않았는데 보정 이후 발명에 대한 심사 결과 신규성이나 진보성 부정의 거절이유가 발견된 경우, 특별한 사정이 없는 한 심사관은 그 보정에 대해 각하결정을 해야 한다.
④ 거절결정불복심판청구 기각심결의 취소소송절차에서 특허청장이 비로소 주장하는 사유는 심사 또는 심판 단계에서 의견제출기회를 부여한 거절이유와 주요한 취지가 부합하여 이미 통지된 거절이유를 보충하는 경우라도 이를 심결의 당부를 판단하는 근거로 할 수 없다.
⑤ 특허무효심판에 대한 심결취소소송의 경우 특허무효심판 단계에서 주장하지 않았던 새로운 청구항에 대한 무효를 주장하는 것이 허용된다.

해설

① |○| ③ |×| 대법원 2014. 7. 10. 선고 2012후3121 판결
2009. 1. 30. 법률 제9381호로 개정된 특허법 부칙 제3조와 그 개정 전의 구 특허법 제174조에 의하여 구 특허법 제173조의 심사전치절차에서의 심사에 준용되는 특허법 제51조 제1항에 의하면, 심사관은 심사전치보정에 따라 새로운 거절이유가 발생한 것으로 인정하면 결정으로 그 보정을 각하하여야 한다. 위 규정에서 '새로운 거절이유가 발생한 것'이란 해당 보정으로 인하여 이전에 없던 거절이유가 새롭게 발생한 경우를 의미하는 것으로서, 이러한 경우에 그 보정을 각하하도록 한 취지는 이미 거절이유가 출원인에게 통지되어 그에 대한 의견제출 및 보정의 기회가 충분히 부여되었음에도 그 보정으로 인하여 거절이유가 새롭게 발생하여 그에 대한 거절이유통지

와 또 다른 보정이 반복되는 것을 배제함으로써 심사절차의 신속한 진행을 도모하는 데에 있다고 할 것이다. 이러한 취지에 비추어 보면, 심사관이 '발명이 명확하고 간결하게 기재되지 아니하여 특허법 제42조 제4항 제2호의 명세서 기재요건을 구비하지 못한 기재불비가 있다'는 거절이유를 통지함에 따라 이를 해소하기 위한 보정이 이루어졌는데, 그 보정 이후 발명에 대한 심사 결과 신규성이나 진보성 부정의 거절이유가 발견된다고 하더라도, 그러한 거절이유는 보정으로 청구항이 신설되거나 실질적으로 신설에 준하는 정도로 변경됨에 따라 비로소 발생한 경우와 같은 특별한 사정이 없는 한 보정으로 인하여 새롭게 발생한 것이라고 할 수 없으므로, 심사관으로서는 그 보정에 대한 각하결정을 하여서는 아니 되고, 위와 같은 신규성이나 진보성 부정의 거절이유를 출원인에게 통지하여 의견제출 및 보정의 기회를 부여하여야 한다.

한편, 특허거절결정에 대한 불복심판청구를 기각한 심결의 취소소송에서 법원은 특허거절결정을 유지한 심결의 위법성 여부를 판단하는 것일 뿐 특허출원에 대하여 직접 특허결정 또는 특허거절결정을 하는 것은 아니다. 따라서 심사관이 특허출원의 보정에 대한 각하결정을 한 후 '보정 전의 특허출원'에 대하여 거절결정을 하였고, 그에 대한 불복심판 절차에서 위 보정각하결정 및 거절결정이 적법하다는 이유로 심판청구를 기각하는 특허심판원의 심결이 있었던 경우, 그 심결취소소송에서 법원은 위 보정각하결정이 위법하다면 그것만을 이유로 곧바로 심결을 취소하여야 하는 것이지, 심사관 또는 특허심판원이 하지도 아니한 '보정 이후의 특허출원'에 대한 거절결정의 위법성 여부까지 스스로 심리하여 이 역시 위법한 경우에만 심결을 취소할 것은 아니다.

② |×| 구 특허법(2007. 1. 3. 법률 제8197호로 개정되기 전의 것,이하 '구 특허법'이라 한다) 제63조 본문에 의하면, 심사관은 구 특허법 제62조에 의하여 특허거절결정을 하고자 할 때에는 특허출원인에게 거절이유를 통지하고 기간을 정하여 의견서를 제출할 수 있는 기회를 주어야 한다고 규정하고 있는데, 출원발명에 대하여 우선권주장의 불인정으로 거절이유가 생긴 경우에는 우선권주장의 불인정은 거절이유 일부를 구성하는 것이므로, 우선권주장이 인정되지 않는다는 취지 및 그 이유가 포함된 거절이유를 통지하지 않은 채 우선권주장의 불인정으로 인하여 생긴 거절이유를 들어 특허거절결정을 하는 것은 구 특허법 제63조 본문에 위반되어 위법하다. 그리고 거절이유통지에 위와 같은 우선권 주장 불인정에 관한 이유가 포함되어 있었는지는 출원인에게 실질적으로 의견서 제출 및 보정의 기회를 부여하였다고 볼 수 있을 정도로 그 취지와 이유가 명시되었는지 관점에서 판단되어야 한다.

甲이 선출원발명을 기초로 한 국내 우선권주장을 하면서 명칭이 "다중 원판형 슬러지 농축장치"인 출원발명을 출원하였으나, 특허청 심사관이 우선권주장에 대하여는 아무런 언급도 하지 않고 비교대상발명 1 등에 의하여 진보성이 부정된다는 취지의 거절이유만을 통지한 다음 거절결정을 한 사안에서, 출원발명의 진보성이 비교대상발명 1에 의하여 부정된다는 거절이유는 출원발명에 대한 우선권주장의 불인정으로 인한 것인데, 비교대상발명 1 등에 의해 출원발명의 진보성이 부정된다는 점을 통지한 것만으로는 우선권주장 불인정과 관련하여 甲에게 실질적으로 의견서 제출 및 보정의 기회를 부여하였다고 볼 수 없으므로, 거절이유통지를 통해 우선권주장에 관한 거절이유가 통지되었다고 할 수 없다는 이유로, 거절결정은 구 특허법 제63조 본문에 위배된다(대법원 2011. 9. 8. 선고 2009후2371 판결 참조).

④ |×| 대법원 2013. 9. 26. 선고 2013후1054 판결

특허출원에 대한 심사 단계에서 거절결정을 하려면 그에 앞서 출원인에게 거절이유를 통지하여 의견제출의 기회를 주어야 하고, 거절결정에 대한 특허심판원의 심판절차에서 그와 다른 사유로 거절결정이 정당하다고 하려면 먼저 그 사유에 대해 의견제출의 기회를 주어야만 이를 심결의 이유로 할 수 있다(특허법 제62조, 제63조, 제170조 참조). 위와 같은 절차적 권리를 보장하는 특허법의 규정은 강행규정이므로 의견제출의 기회를 부여한 바 없는 새로운 거절이유를 들어서 거절결정이 결과에 있어 정당하다는 이유로 거절결정불복심판청구를 기각한 심결은 위법하다. 같은 취지에서 거절결정불복심판청구 기각 심결의 취소소송절차에서도 특허청장은 심사 또는 심판 단계

에서 의견제출의 기회를 부여한 바 없는 새로운 거절이유를 주장할 수 없다고 보아야 한다. 다만 거절결정불복심판청구 기각 심결의 취소소송절차에서 특허청장이 비로소 주장하는 사유라고 하더라도 심사 또는 심판 단계에서 의견제출의 기회를 부여한 거절이유와 주요한 취지가 부합하여 이미 통지된 거절이유를 보충하는 데 지나지 아니하는 것이면 이를 심결의 당부를 판단하는 근거로 할 수 있다 할 것이다(대법원 2003. 2. 26. 선고 2001후1617 판결, 대법원 2003. 10. 10. 선고 2001후2757 판결 등 참조). 특히 이미 통지된 거절이유가 비교대상발명에 의하여 출원발명의 진보성이 부정된다는 취지인 경우에, 위 비교대상발명을 보충하여 특허출원 당시 그 기술분야에 널리 알려진 주지관용기술의 존재를 증명하기 위한 자료는 새로운 공지기술에 관한 것에 해당하지 아니하므로, 심결취소소송의 법원이 이를 진보성을 부정하는 판단의 근거로 채택하였다고 하더라도 이미 통지된 거절이유와 주요한 취지가 부합하지 아니하는 새로운 거절이유를 판결의 기초로 삼은 것이라고 할 수 없다.

⑤ |×| 심판은 특허심판원에서의 행정절차이며 심결은 행정처분에 해당하고, 그에 대한 불복의 소송인 심결취소소송은 항고소송에 해당하여 그 소송물은 심결의 실체적·절차적 위법성 여부라 할 것이므로, 당사자는 심결에서 판단되지 않은 처분의 위법사유도 심결취소소송단계에서 주장·입증할 수 있고, 심결취소소송의 법원은 특별한 사정이 없는 한 제한 없이 이를 심리·판단하여 판결의 기초로 삼을 수 있는 것이며, 이와 같이 본다고 하여 심급의 이익을 해한다거나 당사자에게 예측하지 못한 불의의 손해를 입히는 것이 아니다(대법원 2002. 6. 25. 선고 2000후1290 판결, 대법원 2004. 7. 22. 선고 2004후356 판결 등 참조). 그러나, 새로운 청구항에 대해 무효를 주장하는 것은 심급의 이익을 해하는 것이 명백하므로 불가할 것이다.

정답 ①

17 다음 설명 중 틀린 것은? (다툼이 있는 경우 판례에 의함)

① 정정명세서 등의 보정제도는 등록된 특허발명에 대한 정정의 개념을 제대로 이해하지 못한 특허권자가 명세서나 도면의 일부분만을 잘못 정정하였음에도 불구하고 정정청구 전체가 인정되지 않게 되는 것을 방지하기 위하여 도입된 제도로서, 실질적으로 새로운 정정청구에 해당하는 정정명세서 등의 보정을 허용하게 되면 정정청구의 기간을 제한한 구 특허법의 취지를 몰각시키는 결과가 되고, 정정청구가 받아들여질 때까지 정정명세서 등의 보정서 제출이 무한히 반복되어 행정상의 낭비와 심판절차의 지연이 초래될 우려가 있는 점을 고려할 때, 정정명세서 등에 관한 보정은 당초의 정정사항을 삭제하거나 정정청구의 내용이 실질적으로 동일하게 되는 범위 내에서 경미한 하자를 고치는 정도에서만 정정청구취지의 요지를 변경하지 않는 것으로서 허용된다고 보아야 한다.

② 어느 주지관용의 기술이 소송상 공지 또는 현저한 사실이라고 볼 수 있을 만큼 일반적으로 알려져 있지 아니한 경우에 그 주지관용의 기술은 심결취소소송에 있어서는 증명을 필요로 하고, 이때 법원은 자유로운 심증에 의하여 증거 등 기록에 나타난 자료를 통하여 주지관용의 기술을 인정할 수 있으며 변론종결 후 제출된 참고자료도 여기의 '증거 등 기록에 나타난 자료'에 포함된다고 볼 수는 있다.

③ 당사자가 변론종결 후 주장·증명을 제출하기 위하여 변론재개신청을 한 경우 당사자의 변론재개신청을 받아들일지는 원칙적으로 법원의 재량에 속한다.

④ 변론재개신청을 한 당사자가 변론종결 전에 그에게 책임을 지우기 어려운 사정으로 주장·증명을 제출할 기회를 제대로 얻지 못하였고, 그 주장·증명의 대상이 판결의 결과를 좌우할 수 있는 관건적 요증사실에 해당하는 경우 등과 같이, 당사자에게 변론을 재개하여 그 주장·증명을 제출할 기회를 주지 않은 채 패소의 판결을 하는 것이 민사소송법이 추구하는 절차적 정의에 반하는 경우에는 법원은 변론을 재개하고 심리를 속행할 의무가 있다.

⑤ 당사자가 변론종결 후 추가로 주장·증명을 제출한다는 취지를 기재한 서면과 자료를 제출하고 있다면 이를 주장·증명을 제출할 수 있도록 변론을 재개하여 달라는 취지의 신청으로 선해할 수도 있으므로, 당사자가 참고서면과 참고자료만을 제출하였을 뿐 별도로 변론재개신청서를 제출한 바는 없다는 사정만으로 이와 달리 볼 것은 아니다.

해설

① |○| 대법원 2013. 2. 28. 선고 2011후3643 판결
② |×| ③ |○| ④ |○| ⑤ |○|
대법원 2013. 4. 11. 선고 2012후426 판결

(1) 실용신안등록을 받을 수 있는 고안은 완성된 것이어야 하는데, 고안의 '완성'이란 그 고안이 속하는 분야에서 통상의 지식을 가진 자가 반복 실시하여 목적하는 기술적 효과를 얻을 수 있을 정도까지 구체적, 객관적으로 구성되어 있는 것을 말한다. 또한 여기서 고안이 완성되었는지의 판단은 실용신안출원의 명세서에 기재된 고안의 목적, 구성 및 작용 효과 등을 전체적으로 고려하여 출원당시의 기술수준에 입각하여 하여야 한다.

(2) 어느 주지관용의 기술이 소송상 공지 또는 현저한 사실이라고 볼 수 있을 만큼 일반적으로 알려져 있지 아니한 경우에 그 주지관용의 기술은 심결취소소송에 있어서는 증명을 필요로 하고, 이때 법원은 자유로운 심증에 의하여 증거 등 기록에 나타난 자료를 통하여 주지관용의 기술을 인정할 수 있으나, 변론종결 후 제출된 참고자료까지 여기의 '증거 등 기록에 나타난 자료'에 포함된다고 볼 수는 없다.

(3) 당사자가 변론종결 후 주장·증명을 제출하기 위하여 변론재개신청을 한 경우 당사자의 변론재개신청을 받아들일지는 원칙적으로 법원의 재량에 속한다. 그러나 변론재개신청을 한 당사자가 변론종결 전에 그에게 책임을 지우기 어려운 사정으로 주장·증명을 제출할 기회를 제대로 얻지 못하였고, 그 주장·증명의 대상이 판결의 결과를 좌우할 수 있는 관건적 요증사실에 해당하는 경우 등과 같이, 당사자에게 변론을 재개하여 그 주장·증명을 제출할 기회를 주지 않은 채 패소의 판결을 하는 것이 민사소송법이 추구하는 절차적 정의에 반하는 경우에는 법원은 변론을 재개하고 심리를 속행할 의무가 있다.

또한 당사자가 변론종결 후 추가로 주장·증명을 제출한다는 취지를 기재한 서면과 자료를 제출하고 있다면 이를 위 주장·증명을 제출할 수 있도록 변론을 재개하여 달라는 취지의 신청으로 선해할 수도 있으므로, 당사자가 참고서면과 참고자료만을 제출하였을 뿐 별도로 변론재개신청서를 제출한 바는 없다는 사정만으로 이와 달리 볼 것은 아니다.

정답 ②

18 특허법상 심결취소소송 절차에 관한 설명으로 옳지 않은 것은? (다툼이 있으면 판례에 따름)

[2016년 기출문제]

① 특허법원에서 주장하지 아니하였다가 상고심에 이르러 비로소 주장하는 새로운 사실은 적법한 상고이유가 될 수 없다.
② 심판의 당사자, 참가인뿐만 아니라 해당 심판에 참가를 신청하였으나 그 신청이 거부된 자도 심결취소소송을 제기할 수 있다.
③ 심결취소소송에서 심리의 대상이 되는 것은 심결의 위법성 일반으로서 실체상의 판단의 위법과 심판절차상의 위법이 포함된다.
④ 행정심판인 특허심판 및 행정소송인 심결취소소송에서는 원칙적으로 변론주의가 적용되므로 자백이 인정된다.
⑤ 심결취소소송에서 심결의 위법 여부는 심결 당시의 법령과 사실상태를 기준으로 판단하여야 한다.

해 설

① |O| 상고심은 원심의 사실인정을 전제로 하는 법률심이기 때문에 상고심에서 새로운 사실관계 주장은 허용되지 아니한다.
② |O| 법 제186조 제2항
③ |O| 대법원 2002. 6. 25. 선고 2000후1290
④ |×| 특허심판에서는 자백이 인정되지 않으며(특허법원 2012. 6. 14. 선고 2012허412), 행정소송인 심결취소소송에서는 원칙적으로 변론주의가 적용되므로 자백 또는 자백간주도 인정되나, 자백의 대상은 사실이고, 이러한 사실에 대한 법적 판단 내지 평가는 자백의 대상이 되지 아니한다(대법원 2000. 12. 12. 선고 2000후1542).
⑤ |O| 대법원 2004. 11. 12. 선고 2003후1420

정답 ④

19 심결취소소송 절차에 관한 설명으로 옳지 않은 것은? (다툼이 있으면 판례에 따름)

① 적극적 권리범위확인심판의 특허심판단계에서 소극적으로 하지 않았던 주장을 심결취소소송단계에서 하였다는 사정만으로 금반언 내지 신의칙에 위반된다고 볼 수 없다.
② 특허권이 공유인 경우 공유자 중 1인에 의한 심결취소소송의 제기가 가능하다.
③ 거절결정에 대한 심판의 심결취소소송에서 보조참가가 가능하다.
④ 특허심판원과 특허법원은 당사자가 주장하지 아니한 법률요건에 대해서도 직권으로 심리가 가능하다.
⑤ 심판사건에서 패소한 특허권자가 공동심판 청구인 중 일부만을 상대로 심결취소소송을 제기하였다 하더라도 그 심결은 청구인 전부에 대하여 모두 확정이 차단된다.

해 설

① 심판은 특허심판원에서의 행정절차이며 심결은 행정처분에 해당하고, 그에 대한 불복의 소송인 심결취소소송은 항고소송에 해당하여 그 소송물은 심결의 실체적·절차적 위법성 여부라 할 것이므로, 당사자는 심결에서 판단되지 않은 처분의 위법사유도 심결취소소송단계에서 주장·입증할 수 있고, 심결취소소송의 법원은 특별한 사정이 없는 한 제한 없이 이를 심리·판단하여 판결의 기초로 삼을 수 있는 것이며, 이와 같이 본다고 하여 심급의 이익을 해한다거나 당사자에게 예측하지 못한 불의의 손해를 입히는 것이 아니다. 원심판결 이유를 위 법리에 비추어 살펴보면, 원심은 원고가 특허심판단계에서 다른 주장은 하면서 확인대상발명을 실시하고 있지 않다는 주장을 하지 않은 점 등을 들어 이와 같은 주장을 심결취소소송단계에서 하는 것이 금반언 내지 신의칙에 반하여 허용되지 않는다고 보았으나, 특허심판단계에서 소극적으로 하지 않았던 주장을 심결취소소송단계에서 하였다는 사정만으로 금반언 내지 신의칙에 위반된다고 볼 수 없을 뿐만 아니라, 이를 금반언 내지 신의칙 위반으로 보는 것은 심결취소소송의 심리범위에 관한 위 법리와 양립될 수 없어서 허용될 수 없다. 따라서 특허심판단계에서 확인대상발명을 실시하고 있지 않다는 주장을 하지 않았다고 하더라도 심결취소소송단계에서 이를 심결의 위법사유로 주장할 수 있다고 할 것임에도, 이와 같은 주장이 금반언 내지 신의칙에 반하여 허용되지 않는다고 본 원심에는 심결취소소송의 심리범위에 관한 법리를 오해하여 판결에 영향이 있는 원고의 주장에 대한 판단을 누락한 잘못이 있다(대법원 2009. 5. 28. 선고 2007후4410 판결).

② 상표권의 공유자가 그 상표권의 효력에 관한 심판에서 패소한 경우에 제기할 심결취소소송은 공유자 전원이 공동으로 제기하여야만 하는 고유필수적 공동소송이라고 할 수 없고, 공유자의 1인이라도 당해 상표등록을 무효로 하거나 권리행사를 제한·방해하는 심결이 있는 때에는 그 권리의 소멸을 방지하거나 그 권리행사방해배제를 위하여 단독으로 그 심결의 취소를 구할 수 있다 할 것이고, 위와 같이 공유자 1인에 의한 심결취소소송의 제기를 인정하더라도 위에서 본 바와 같이 다른 공유자의 이익을 해한다거나 합일확정의 요청에 반하는 사태가 생긴다고 할 수 없다(대법원 2004. 12. 9. 선고 2002후567 판결).

③ 심판은 특허심판원에서의 행정절차이고 심결은 행정처분에 해당하며, 그에 대한 불복 소송인 심결취소소송은 행정소송에 해당한다. 행정소송법 제8조에 의하여 준용되는 민사소송법 제71조는 보조참가에 관하여 소송결과에 이해관계가 있는 자는 한쪽 당사자를 돕기 위하여 법원에 계속 중인 소송에 참가할 수 있다고 규정하고 있으므로, 거절결정에 대한 심판의 심결취소소송에도 민사소송법상의 위 보조참가에 관한 규정이 준용된다(대법원 2013. 10. 31. 선고 2012후1033 판결).

④ 행정소송의 일종인 심결취소소송에 직권주의가 가미되어 있다고 하더라도 여전히 변론주의를 기본 구조로 하는 이상, 심결의 위법을 들어 그 취소를 청구할 때에는 직권조사사항을 제외하고는 그 취소를 구하는 자가 위법사유에 해당하는 구체적 사실을 먼저 주장하여야 하고, 따라서 법원이 당사자가 주장하지도 않은 법률요건에 관하여 판단하는 것은 변론주의 원칙에 위배되는 것이다(대법원 2011. 3. 24. 선고 2010후3509 판결).

⑤ 특허를 무효로 한다는 심결이 확정된 때에는 당해 특허는 제3자와의 관계에서도 무효로 되므로, 동일한 특허권에 관하여 2인 이상의 자가 공동으로 특허의 무효심판을 청구하는 경우 그 심판은 심판청구인들 사이에 합일확정을 필요로 하는 이른바 유사필수적 공동심판에 해당한다. 위 법리에 비추어 보면, 당초 청구인들이 공동으로 특허발명의 무효심판을 청구한 이상 청구인들은 유사필수적 공동심판관계에 있으므로, 비록 위 심판사건에서 패소한 특허권자가 공동심판청구인 중 일부만을 상대로 심결취소소송을 제기하였다 하더라도 그 심결은 청구인 전부에 대하여 모두 확정이 차단되며, 이 경우 심결취소소송이 제기되지 않은 나머지 청구인에 대한 제소기간의 도과로 심결 중 그 나머지 청구인의 심판청구에 대한 부분만이 그대로 분리·확정되었다고 할 수 없다(대법원 2009. 5. 28. 선고 2007후1510 판결).

정 답 ④

20 심결취소소송에 관한 다음 설명 중 옳지 않은 것은? (다툼이 있는 경우에는 판례에 의함)

① 특허거절결정에 대한 심판에서 패소한 원고는 단독으로 심결의 취소를 구하는 소송을 제기할 수 있다.
② 특허를 받을 수 있는 권리를 양수한 특정승계인은 특허출원인변경신고를 하지 않았다면 특허심판원의 거절결정불복심판의 심결에 대하여 취소의 소를 제기할 수 없다.
③ 심판 단계에서 제출된 바 없는 새로운 증거라 할지라도 거절이유와 주요한 취지가 부합하여 이미 통지된 거절이유를 보충하는데 지나지 아니하는 것이면 이를 판단하는 근거로 삼을 수 있다.
④ 심결 중 심판비용의 부담을 정한 부분에 대해서는 독립하여 심결취소소송을 제기할 수 없다.
⑤ 특허취소신청에 대한 특허취소결정 및 기각결정에 대한 소는 특허법원의 전속관할로 한다.

해 설

① 2016허4160
② 특허법 제186조는 제2항에서 특허심판원의 심결에 대한 취소의 소는 당사자, 참가인, 해당 심판이나 재심에 참가신청을 하였으나 신청이 거부된 자가 제기할 수 있다고 규정하고, 제3항에서 그 취소의 소는 심결의 등본을 송달받은 날부터 30일 이내에 제기하여야 한다고 규정하고 있다. 한편 특허법 제38조 제4항은 특허출원 후에는 특허를 받을 수 있는 권리의 승계는 상속, 그 밖의 일반승계의 경우를 제외하고는 특허출원인변경신고를 하여야만 그 효력이 발생한다고 규정하고 있다. 이러한 규정들에 의하면, 특허출원인으로부터 특허를 받을 수 있는 권리를 양수한 특정승계인은 특허출원인변경신고를 하지 않은 상태에서는 그 양수의 효력이 발생하지 않아서 특허심판원의 거절결정 불복심판 심결에 대하여 취소의 소를 제기할 수 있는 당사자 등에 해당하지 아니하므로, 그가 제기한 취소의 소는 부적법하다. 특정승계인이 취소의 소를 제기한 후 특허출원인변경신고를 하였더라도, 그 변경신고 시기가 취소의 소 제기기간이 지난 후라면 제기기간 내에 적법한 취소의 소 제기는 없었던 것이므로, 취소의 소가 부적법하기는 마찬가지이다(2015후321).
③ 2013후1054
④ 특허법 제186조 제7항.
⑤ 특허취소신청의 기각결정은 불복할 수 없다(특허법 제186조 제1항).

정 답 ⑤

21 심결취소소송에 관한 설명으로 옳지 않은 것은? (다툼이 있으면 판례에 따름)

① 취소판결이 확정되면 새로운 증거가 제출되는 등의 특단의 사정이 없는 한 판결의 기본이 되는 이유는 특허심판원을 기속하며, 여기서 새로운 증거라 함은 적어도 취소된 심결이 행하여진 심판절차 내지는 그 심결의 취소소송에서 채택, 조사되지 않은 것으로서 취소판결의 결론을 번복하기에 족한 증명력을 가지는 증거를 의미한다.

② 거절결정에 대하여 불복하는 경우에는 특허심판원에 거절결정에 대한 심판을 청구한 후 그 심결에 대하여 특허법원에 그 취소를 구하는 소를 제기할 수 있을 뿐, 특허법원에 직접 출원발명의 특허를 구하는 소를 제기할 수는 없다.

③ 거절결정불복심판에서는 참가가 허용되지 않으나, 거절결정에 대한 심판의 심결취소소송에서는 이해관계인의 보조참가가 가능하다.

④ 특허출원인으로부터 특허를 받을 수 있는 권리를 양수하기로 계약서를 작성한 자는 특허심판원의 거절결정 불복심판 심결에 대하여 이해관계가 있으므로 이의 취소의 소를 제기할 수 있는 당사자 등에 해당한다.

⑤ 권리범위확인심판의 심결취소소송 계속 중 관련 특허가 무효로 확정되어 처음부터 없었던 것으로 되었다면, 존속하지 않는 특허권을 대상으로 판단한 심결에 잘못이 있다 하더라도, 심결의 취소를 구할 법률상 이익이 없어졌다고 할 것이어서 소 자체가 부적법하게 된다.

해설

① 특허심판원의 심결 또는 결정에 대한 취소판결이 확정되면 심판관은 다시 심리를 하여 심결 또는 결정을 하여야 하고, 이때 판결의 기본이 되는 이유는 그 사건에 대하여 특허심판원을 기속하므로, 특허심판원은 취소 후의 심리과정에서 새로운 증거가 제출되어 기속적 판단의 기초가 되는 증거관계에 변동이 생기는 등의 특단의 사정이 없는 한, 판결의 기본이 되는 이유에 맞게 심결의 이유를 기재하고 주문을 내려야 하고, 여기에서 새로운 증거라 함은 적어도 취소된 심결이 행하여진 심판절차 내지는 그 심결의 취소소송에서 채택, 조사되지 않은 것으로서 취소판결의 결론을 번복하기에 족한 증명력을 가지는 증거를 의미한다(2001후96).

② 거절결정에 대하여 불복하는 경우에는 특허심판원에 거절결정에 대한 심판을 청구한 후 그 심결에 대하여 특허법원에 그 취소를 구하는 소를 제기할 수 있을 뿐, 특허법원에 직접 출원발명의 특허를 구하는 소를 제기할 수 없다 할 것이므로, 이 사건 소 중 이 사건 출원발명의 특허를 구하는 부분은 부적법하여 각하를 면할 수 없다 할 것이다(2000허2620).

③ 심판은 특허심판원에서의 행정절차이고 심결은 행정처분에 해당하며, 그에 대한 불복 소송인 심결취소소송은 행정소송에 해당한다. 행정소송법 제8조에 의하여 준용되는 민사소송법 제71조는 보조참가에 관하여 소송결과에 이해관계가 있는 자는 한쪽 당사자를 돕기 위하여 법원에 계속 중인 소송에 참가할 수 있다고 규정하고 있으므로, 거절결정에 대한 심판의 심결취소소송에도 민사소송법상의 위 보조참가에 관한 규정이 준용된다(대법원2013. 10. 31. 선고2012후1033 판결).

④ 특허법 제186조는 제2항에서 특허심판원의 심결에 대한 취소의 소는 당사자, 참가인, 해당심판이나 재심에 참가신청을 하였으나 신청이 거부된 자가 제기할 수 있다고 규정하고, 제3항에서 그 취소의 소는 심결의 등본을 송달받은 날부터 30일 이내에 제기하여야 한다고 규정하고 있다. 한편특허법 제38조 제4항은 특허출원 후에는 특허를 받을 수 있는 권리의 승계는 상속, 그 밖의 일반승계의 경우를 제외하고는 특허출원인변경신고를 하여야만 그 효력이 발생한다고 규정하고

있다. 이러한 규정들에 의하면, 특허출원인으로부터 특허를 받을 수 있는 권리를 양수한 특정승계인은 특허출원인변경신고를 하지 않은 상태에서는 그 양수의 효력이 발생하지 않아서 특허심판원의 거절결정 불복심판 심결에 대하여 취소의 소를 제기할 수 있는 당사자 등에 해당하지 아니하므로, 그가 제기한 취소의 소는 부적법하다. 특정승계인이 취소의 소를 제기한 후 특허출원인변경신고를 하였더라도, 그 변경신고 시기가 취소의 소 제기기간이 지난 후라면 제기기간 내에 적법한 취소의 소 제기는 없었던 것이므로, 취소의 소가 부적법하기는 마찬가지이다(2015후321).

⑤ 특허권의 권리범위확인심판의 청구는 현존하는 특허권의 범위를 확정하려는데 그 목적이 있으므로, 일단 적법하게 발생한 특허권이라 할지라도 그 권리가 소멸한 후에는 그에 대한 권리범위확인을 구할 이익이 없어진다(대법원2010.11.11. 선고2008후4745 판결 등 참조). 기록에 의하면, 이 사건 특허발명(특허번호 제750707호)의 특허청구범위 제1항 내지 제5항은 이 사건 소가 상고심에 계속 중이던2011.11.24. 진보성이 부정된다는 이유로 그 특허가 무효로 확정되었음을 알 수 있으므로, 그 특허권은 처음 부터 없었던 것으로 되었고, 따라서 이 사건 심판의 심결은 결과적으로 존속하지 않는 특허권을 대상으로 판단한 셈이 되어 잘못이라 하겠으나, 한편 위 특허권이 소멸한 결과 이 사건 심판의 심결의 취소를 구할 법률상 이익도 없어졌다고 할 것이어서, 이 사건 소 자체가 부적법하게 되었다. 그러므로 원심판결을 파기하되, 이 사건은 대법원이 직접 재판하기에 충분하므로 자판하기로 하여 이 사건 소를 각하하고, 소송총비용은 각자가 부담하도록하여, 관여 대법관의 일치된 의견으로 주문과 같이 판결한다(2011후57).

정답 ④

22 특허법상 심결취소소송에 관한 설명으로 옳지 않은 것은? (다툼이 있으면 판례에 따름)

[2018년 기출]

① 특허발명의 공동출원인이 특허거절결정에 대한 취소심판청구에서 패소한 경우 패소한 원고는 단독으로 심결의 취소를 구하는 소송을 제기할 수 있다.

② 특허청 심사관이 특허출원의 보정에 대한 각하결정을 한 후 '보정 전의 특허출원'에 대하여 거절결정을 하였고, 그에 대한 불복심판 절차에서 위 보정각하결정 및 거절결정이 적법하다는 이유로 심판청구를 기각하는 특허심판원의 심결이 있었는데 보정각하결정이 위법한 경우, 심결취소소송에서 법원은 그것만을 이유로 곧바로 심결을 취소하여야 한다.

③ 거절결정불복심판청구 기각심결의 취소소송절차에서 특허청장은 거절결정의 이유 외에도 심사나 심판 단계에서 의견서 제출의 기회를 부여한 사유를 해당 심결의 결론을 정당하게 하는 사유로 주장할 수 있고, 심결취소소송의 법원은 이를 심리·판단하여 심결의 당부를 판단하는 근거로 삼을 수 있다.

④ 심결취소소송을 제기한 후에 당사자 사이에 소를 취하하기로 하는 합의가 이루어졌다면 특별한 사정이 없는 한 소송을 계속 유지할 법률상의 이익이 소멸하여 당해 소는 각하되어야 한다.

⑤ 당사자는 심결에서 판단되지 않은 처분의 위법사유도 심결취소소송단계에서 주장·입증할 수 있고, 심결취소소송의 법원은 특별한 사정이 없는 한 제한 없이 이를 심리·판단하여 판결의 기초로 삼을 수 없다.

> 해 설

① 거절결정불복심판청구는 공동출원인이 공동으로 하여야만 하나, 심결의 취소를 구하는 소송은 단독으로 제기할 수 있다. 참고판례를 아래에 발췌한다.

특허법은 특허를 받을 수 있는 권리가 공유인 경우에 공유자 전원이 공동으로 특허출원을 하여야 하고(제44조) 공유자 전원이 공동으로 심판을 청구하여야 한다(제139조 제3항)고 규정하고 있고 이는 특허를 받을 수 있는 권리의 공유자들에게 특허권을 취득하는 행정처분의 단계에서 의사의 합일확정을 요구하는 것인데, 심결취소소송에 대해서는 아무런 규정을 두고 있지 않은 점, 2인 이상이 공동으로 발명한 경우 특허를 받을 수 있는 권리를 공유하고(특허법 제33조), 비록 공유자 중 1인은 다른 공유자의 동의를 얻지 아니하면 지분을 양도하거나 질권을 설정할 수 없는 등의 제약이 있지만 이러한 제약은 무체재산권인 특수성에서 비롯된 것일 뿐이며, 특허를 받을 수 있는 권리의 공유자들이 공동 목적에 기해 조합체를 형성하여 특허를 받을 수 있는 권리를 합유하고 있다고 볼 수 없는 이상 특허를 받을 수 있는 권리의 공유에도 특허법의 다른 규정이나 본질에 반하지 아니하는 범위 내에서는 민법상 공유의 규정이 적용될 수 있고, 원칙적으로 공유자 중 1인이라도 자신의 특허를 받을 수 있는 권리를 방해하는 심결이 있는 경우에는 권리의 소멸을 방지하기 위해 심결의 취소를 구할 수 있는 점, 특허를 받을 수 있는 권리의 존부 및 특허 등록 여부가 공유자들 사이에 합일적으로 확정되어야 할 필요가 있으나, 공동 출원인 중 1인이 단독으로 거절결정에 대한 심결의 취소를 구하는 소를 제기하더라도 다른 공동 출원인의 권리를 해하지 않으며, 공동 출원인 중 1인이 제기한 심결취소소송에서 청구가 받아들여진 경우 취소의 효력이 다른 공동 출원인에게도 미치고 심판 단계로 돌아가 다시 공동으로 심판을 진행하므로 공동 출원인 사이에서 합일확정이 가능하고, 청구가 기각된 경우에도 다른 공동 출원인의 제소기간 만료로 등록거절결정이 확정되어 합일확정의 요청에 반하지 않으며, 오히려 공동 출원인이 반드시 공동으로 심결취소소송을 제기하여야 한다면 다른 공동 출원인의 협력을 얻을 수 없는 경우 자신의 의사에 반하여 특허를 등록받을 수 있는 권리가 소멸하고 이를 구제받을 수 없는 문제가 있다는 점을 종합해 보면, 특허발명의 공동 출원인이 특허거절결정에 대한 취소심판청구에서 패소한 경우 제기하는 심결취소소송은 심판청구인인 공동 출원인 전원이 공동으로 제기하여야 하는 고유필수적 공동소송이라고 할 수 없으므로, 특허거절결정에 대한 심판에서 패소한 원고는 단독으로 심결의 취소를 구하는 소송을 제기할 수 있다(특허법원 2017. 1. 26. 선고 2016허4160 판결).

② 특허거절결정에 대한 불복심판청구를 기각한 심결의 취소소송에서 법원은 특허거절결정을 유지한 심결의 위법성 여부를 판단하는 것일 뿐 특허출원에 대하여 직접 특허결정 또는 특허거절결정을 하는 것은 아니다. 따라서 심사관이 특허출원의 보정에 대한 각하결정을 한 후 '보정 전의 특허출원'에 대하여 거절결정을 하였고, 그에 대한 불복심판 절차에서 위 보정각하결정 및 거절결정이 적법하다는 이유로 심판청구를 기각하는 특허심판원의 심결이 있었던 경우, 심결취소소송에서 법원은 위 보정각하결정이 위법하다면 그것만을 이유로 곧바로 심결을 취소하여야 하는 것이지, 심사관 또는 특허심판원이 하지도 아니한 '보정 이후의 특허출원'에 대한 거절결정의 위법성 여부까지 스스로 심리하여 이 역시 위법한 경우에만 심결을 취소할 것은 아니다(대법원 2014. 7. 10. 선고 2012후3121 판결).

③ 심사나 심판 단계에서 의견서 제출의 기회를 부여한 사유라면 심결취소소송의 법원이 심리할 수 있다. 참고판례를 아래에 발췌한다.

거절결정불복심판청구 기각 심결의 취소소송절차에서 특허청장은 거절결정의 이유 외에도 심사나 심판 단계에서 의견서 제출의 기회를 부여한 사유 및 이와 주요한 취지가 부합하는 사유를 해당 심결의 결론을 정당하게 하는 사유로 주장할 수 있고, 심결취소소송의 법원은 이를 심리·판단하여 심결의 당부를 판단하는 근거로 삼을 수 있다(대법원 2016. 3. 24. 선고 2015후1997 판결).

④ 변론종결시 기준으로 당사자간에 다툼이 없으면 소 이익이 없다고 본다. 참고판례를 아래에 발췌한다.

특허권의 권리범위 확인의 심판청구를 제기한 이후에 당사자 사이에 심판을 취하하기로 한다는 내용의 합의가 이루어졌다면 그 취하서를 심판부(또는 기록이 있는 대법원)에 제출하지 아니한 이상 심판청구취하로 인하여 사건이 종결되지는 아니하나, 당사자 사이에 심판을 취하하기로 하는 합의를 함으로써 특별한 사정이 없는 한 심판이나 소송을 계속 유지할 법률상의 이익은 소멸되었다 할 것이어서 당해 청구는 각하되어야 한다(대법원 1997. 9. 5. 선고 96후1743 판결).

⑤ 특별한 사정이 없는 한 심결취소소송의 법원은 심결에서 판단되지 않은 처분의 위법사유도 제한 없이 심리할 수 있다. 참고판례를 아래에 발췌한다.

심판은 특허심판원에서의 행정절차이며 심결은 행정처분에 해당하고, 그에 대한 불복의 소송인 심결취소소송은 항고소송에 해당하여 그 소송물은 심결의 실체적, 절차적 위법성 여부라 할 것이므로 당사자는 심결에서 판단되지 않은 처분의 위법사유도 심결취소소송단계에서 주장·입증할 수 있고 심결취소소송의 법원은 특별한 사정이 없는 한 제한 없이 이를 심리·판단하여 판결의 기초로 삼을 수 있는 것이며 이와 같이 본다고 하여 심급의 이익을 해한다거나 당사자에게 예측하지 못한 불의의 손해를 입히는 것이 아니다(대법원 2002. 6. 25. 선고 2000후1290 판결).

정답 ⑤

23 심결취소소송에 관한 설명으로 옳지 않은 것은? (다툼이 있으면 판례에 따름) [2020년 기출]

① 특허발명의 공동 출원인이 특허거절결정에 대한 취소심판청구에서 패소한 후 제기하는 심결취소소송은 심판청구인인 공동 출원인 전원이 공동으로 제기하여야 하는 고유필수적 공동소송이라고 할 수 없으므로, 특허거절결정에 대한 심판에서 패소한 원고는 단독으로 심결의 취소를 구하는 소송을 제기할 수 있다.
② 특허청 심사관이 특허출원의 보정에 대한 각하결정을 한 후 '보정 전의 특허출원'에 대하여 거절결정을 하였고, 그에 대한 불복심판 절차에서 위 보정각하결정 및 거절결정이 적법하다는 이유로 심판청구를 기각하는 특허심판원의 심결이 있었는데 보정각하결정이 위법한 경우, 심결취소소송에서 법원은 그것만을 이유로 곧바로 심결을 취소할 수 없다.
③ 거절결정불복심판청구 기각 심결의 취소소송절차에서 특허청장은 거절결정의 이유 외에도 심사나 심판 단계에서 의견서 제출의 기회를 부여한 사유 및 이와 주요한 취지가 부합하는 사유를 해당 심결의 결론을 정당하게 하는 사유로 주장할 수 있고, 심결취소소송의 법원은 이를 심리·판단하여 심결의 당부를 판단하는 근거로 삼을 수 있다.
④ 거절결정불복심판청구를 기각하는 심결의 취소소송단계에서 특허청은 심결에서 판단되지 않은 것이라고 하더라도 거절결정의 이유와 다른 새로운 거절이유에 해당하지 않는 한 심결의 결론을 정당하게 하는 사유를 주장·입증할 수 있고, 심결취소소송의 법원은 달리 볼만한 특별한 사정이 없는 한, 제한 없이 이를 심리 판단하여 판결의 기초로 삼을 수 있다.
⑤ 심결취소소송을 제기한 후 당사자 사이에 소를 취하하기로 하는 합의가 이루어졌다면 특별한 사정이 없는 한 소송을 계속 유지할 법률상의 이익이 소멸하여 당해 소는 각하되어야 한다.

> 해설

① 특허를 받을 수 있는 권리나 특허권이 공유인 경우 심판은 반드시 공유자 전원이 청구인, 피청구인이 되어야만 하는 고유필수적 공동심판이다(특허법 제139조 제2항, 제3항). 그러나 심결취소소송은 공유자 중 1인이 가능하며, 고유필수적 공동소송으로 보지 않고, 유사필수적 공동소송으로 본다. 참고판례를 아래에 소개한다.

"특허법은 특허를 받을 수 있는 권리가 공유인 경우에 공유자 전원이 공동으로 특허출원을 하여야 하고(제44조) 공유자 전원이 공동으로 심판을 청구하여야 한다(제139조 제3항)고 규정하고 있고 이는 특허를 받을 수 있는 권리의 공유자들에게 특허권을 취득하는 행정처분의 단계에서 의사의 합일확정을 요구하는 것인데, 심결취소소송에 대해서는 아무런 규정을 두고 있지 않은 점, 2인 이상이 공동으로 발명한 경우 특허를 받을 수 있는 권리를 공유하고(특허법 제33조), 비록 공유자 중 1인은 다른 공유자의 동의를 얻지 아니하면 지분을 양도하거나 질권을 설정할 수 없는 등의 제약이 있지만 이러한 제약은 무체재산권인 특수성에서 비롯된 것일 뿐이며, 특허를 받을 수 있는 권리의 공유자들이 공동 목적에 기해 조합체를 형성하여 특허를 받을 수 있는 권리를 합유하고 있다고 볼 수 없는 이상 특허를 받을 수 있는 권리의 공유에도 특허법의 다른 규정이나 본질에 반하지 아니하는 범위 내에서는 민법상 공유의 규정이 적용될 수 있고, 원칙적으로 공유자 중 1인이라도 자신의 특허를 받을 수 있는 권리를 방해하는 심결이 있는 경우에는 권리의 소멸을 방지하기 위해 심결의 취소를 구할 수 있는 점, 특허를 받을 수 있는 권리의 존부 및 특허 등록 여부가 공유자들 사이에 합일적으로 확정되어야 할 필요가 있으나, 공동 출원인 중 1인이 단독으로 거절결정에 대한 심결의 취소를 구하는 소를 제기하더라도 다른 공동 출원인의 권리를 해하지 않으며, 공동 출원인 중 1인이 제기한 심결취소소송에서 청구가 받아들여진 경우 취소의 효력이 다른 공동 출원인에게도 미치고 심판 단계로 돌아가 다시 공동으로 심판을 진행하므로 공동 출원인 사이에서 합일확정이 가능하고, 청구가 기각된 경우에도 다른 공동 출원인의 제소기간 만료로 등록거절결정이 확정되어 합일확정의 요청에 반하지 않으며, 오히려 공동 출원인이 반드시 공동으로 심결취소소송을 제기하여야 한다면 다른 공동 출원인의 협력을 얻을 수 없는 경우 자신의 의사에 반하여 특허를 등록받을 수 있는 권리가 소멸하고 이를 구제받을 수 없는 문제가 있다는 점을 종합해 보면, 특허발명의 공동 출원인이 특허거절결정에 대한 취소심판청구에서 패소한 경우 제기하는 심결취소소송은 심판청구인인 공동 출원인 전원이 공동으로 제기하여야 하는 고유필수적 공동소송이라고 할 수 없으므로, 특허거절결정에 대한 심판에서 패소한 원고는 단독으로 심결의 취소를 구하는 소송을 제기할 수 있다(특허법원 2017. 1. 26. 선고 2016허4160 판결)"

② 특허거절결정에 대한 불복심판청구를 기각한 심결의 취소소송에서 법원은 특허거절결정을 유지한 심결의 위법성 여부를 판단하는 것일 뿐 특허출원에 대하여 직접 특허결정 또는 특허거절결정을 하는 것은 아니다. 따라서 심사관이 특허출원의 보정에 대한 각하결정을 한 후 '보정 전의 특허출원'에 대하여 거절결정을 하였고, 그에 대한 불복심판 절차에서 위 보정각하결정 및 거절결정이 적법하다는 이유로 심판청구를 기각하는 특허심판원의 심결이 있었던 경우, 심결취소소송에서 법원은 위 보정각하결정이 위법하다면 그것만을 이유로 곧바로 심결을 취소하여야 하는 것이지, 심사관 또는 특허심판원이 하지도 아니한 '보정 이후의 특허출원'에 대한 거절결정의 위법성 여부까지 스스로 심리하여 이 역시 위법한 경우에만 심결을 취소할 것은 아니다(대법원 2014. 7. 10. 선고 2012후3121 판결).

③ 거절결정의 이유가 아니어도 의견제출기회를 부여한 이유라면 심결취소소송에서 심리할 수 있다. 예컨대 사유 1과 사유 2로 거절이유를 통지했으나 사유 1 만으로 거절결정을 한 경우, 심결취소소송 단계에서 사유 2의 심리가 가능하다. 참고판례를 아래에 소개한다.

"거절결정불복심판청구 기각 심결의 취소소송절차에서 특허청장은 거절결정의 이유 외에도 심사나 심판 단계에서 의견서 제출의 기회를 부여한 사유 및 이와 주요한 취지가 부합하는 사유를 해당 심결의 결론을 정당하게 하는 사유로 주장할 수 있고, 심결취소소송의 법원은 이를 심리·판단하여 심결의 당부를 판단하는 근거로 삼을 수 있다(대법원 2016. 3. 24. 선고 2015후1997 판결 참조)."

④ 거절결정 불복심판 청구를 기각하는 심결의 취소소송에서 특허청장은 거절결정의 이유와 다른 새로운 거절이유에 해당하지 않는 한 심결에서 판단되지 않은 것이라고 하더라도 심결의 결론을 정당하게 하는 사유를 주장·입증할 수 있다(대법원 2003. 2. 26. 선고 2001후1617 판결 참조).

⑤ 소 취하 합의를 하면 당사자간에 분쟁이 없는 것으로 보아 소 이익이 없다고 본다. 참고판례를 아래에 소개한다.

"심결취소소송을 제기한 후에 당사자 사이에 소를 취하하기로 하는 합의가 이루어졌다면 특별한 사정이 없는 한 소송을 계속 유지할 법률상의 이익이 소멸하여 당해 소는 각하되어야 한다(대법원 2007. 5. 11. 선고 2005후1202 판결)."

정답 ②

24 특허소송에 관한 설명으로 옳은 것은? (다툼이 있으면 판례에 따름) [2020년 기출]

① 특허등록의 무효를 주장하고자 하는 자는, 특허심판원에 특허무효심판을 청구할 수 있을 뿐만 아니라 특허법원에 특허등록을 무효로 하는 판결을 구할 수도 있다.
② 권리범위 확인심판에 따른 심결취소소송은 특허심판원의 심결의 취소를 구하는 것이므로 특허심판원에서 주장하지 아니한 심결취소사유를 특허법원에서 주장하는 것은 허용되지 아니한다.
③ 적극적 권리범위 확인심판에서, 심판청구인이 특정한 확인대상발명과 피심판청구인이 실시하고 있는 발명 사이에 동일성이 인정되지 아니하면, 피심판청구인이 실시하지 않고 있는 발명을 대상으로 한 그와 같은 심판청구는 확인의 이익이 없어 부적법하여 각하되어야 한다.
④ 특허무효심판에서 청구기각 심결이 이루어지고 그 심결취소소송에서 원고의 청구가 기각되어 상고심에 계속 중, 같은 발명에 대한 다른 사건에서 등록무효심결이 확정되어 그 특허가 처음부터 없던 것으로 보게 되더라도 심결의 취소를 구할 법률상의 이익이 없어졌다고 볼 수 없다.
⑤ 특허심판원에 특허취소신청이 있는 경우 이에 대하여는 3명 또는 5명의 심판관으로 구성되는 합의체가 심리·결정하며 그 결정에 대한 소에서는 특허심판원장을 피고로 하여야 한다.

해설

① 특허법원에서는 특허심판원의 심결 또는 결정의 취소판결만을 할 수 있을 뿐 특허를 무효로 한다는 판결은 할 수 없다. 참고판례를 아래에 소개한다.

"디자인보호법에서는 디자인등록무효심판과 같이 특허심판원에 심판을 청구할 수 있는 사항에 관한 소는 심결에 대한 것이 아니면 이를 제기할 수 없다고 규정하고 있고, 특허법원에 특허심판원의 심결에 대한 소가 제기된 경우에 그 청구가 이유 있다고 인정한 때에는 판결로써 당해 심결을 취소하여야 한다고 규정하고 있는 점에 비추어 볼 때, 디자인등록의 무효를 구하는 자는 특허심판원에 디자인등록무효심판을 청구한 후 그 심결에 대하여만 특허법원에 소송을 제기할 수 있을 뿐 직접 디자인등록무효를 구하는 소를 특허법원에 제기할 수는 없고, 디자인등록의 무효심판 청구에 대한 특허심판원의 심결에 대한 소가 제기된 경우에도 특허법원으로서는 그 심결의 절차적, 실체적 적법 여부를 심리·판단하여 부적법한 경우에 그 심결을 취소하는 형성판결을 할 수 있을 뿐이고, 행정청인 특허심판원을 대신하여 그 디자인등록을 무효로 하는 판결이나 특허심판원으로 하여금 디자인등록을 무효로 할 것을 명하는 이행판결을 할 수는 없다고 할 것이다(대법원 1999. 7. 23. 선고 98후2689 판결)."

② 특허법원에서는 무제한설에 따라 심판단계에서 주장하지 아니한 사유도 새롭게 주장할 수 있다. 참고판례를 아래에 소개한다.

"심판은 특허심판원에서의 행정절차이며 심결은 행정처분에 해당하고, 그에 대한 불복의 소송인 심결취소소송은 항고소송에 해당하여 그 소송물은 심결의 실체적·절차적 위법성 여부라 할 것이므로, 당사자는 심결에서 판단되지 않은 처분의 위법사유도 심결취소소송단계에서 주장·입증할 수 있고, 심결취소소송의 법원은 특별한 사정이 없는 한 제한 없이 이를 심리·판단하여 판결의 기초로 삼을 수 있는 것이며, 이와 같이 본다고 하여 심급의 이익을 해한다거나 당사자에게 예측하지 못한 불의의 손해를 입히는 것이 아니다. 특허심판단계에서 소극적으로 하지 않았던 주장을 심결취소소송단계에서 하였다는 사정만으로 금반언 내지 신의칙에 위반된다고 볼 수 없으므로, 특허심판단계에서 확인대상발명을 실시하고 있지 않다는 주장을 하지 않았다고 하더라도 심결취소소송단계에서 이를 심결의 위법사유로 주장할 수 있다(대법원 2009. 5. 28. 선고 2007후4410 판결)."

③ 특허권자가 심판청구의 대상이 되는 확인대상발명이 특허발명의 권리범위에 속한다는 내용의 적극적 권리범위확인심판을 청구한 경우, 심판청구인이 특정한 확인대상발명과 피심판청구인이 실시하고 있는 발명 사이에 동일성이 인정되지 아니하면, 확인대상발명이 특허발명의 권리범위에 속한다는 심결이 확정된다고 하더라도 그 심결은 심판청구인이 특정한 확인대상발명에 대하여만 효력을 미칠 뿐 실제 피심판청구인이 실시하고 있는 발명에 대하여는 아무런 효력이 없으므로, 피심판청구인이 실시하지 않고 있는 발명을 대상으로 한 그와 같은 적극적 권리범위확인 심판청구는 확인의 이익이 없어 부적법하여 각하되어야 한다. 그리고 이 경우 확인대상발명과 피심판청구인이 실시하고 있는 발명의 동일성은 피심판청구인이 확인대상발명을 실시하고 있는지 여부라는 사실확정에 관한 것이므로 이들 발명이 사실적 관점에서 같다고 보이는 경우에 한하여 그 동일성을 인정하여야 한다(대법원 2012. 10. 25. 선고 2011후2626 판결).

④ 심판단계에서 해당 특허가 다른 사건에 의해 무효심결확정되면 심판청구이익이 없다고 보아 각하심결하고, 특허법원 또는 대법원단계에서 해당 특허가 다른 사건에 의해 무효심결확정되면 소이익이 없다고 보아 각하판결한다. 참고판례를 아래에 소개한다.

"이 사건 특허발명의 특허무효를 구하는 이 사건 심판에서 그 청구를 기각하는 심결이 이루어지고 그 심결의 취소를 구하는 이 사건 소송에서도 원고의 청구가 기각되어 상고심에 계속중, 원고가 이와 별도로 이 사건 특허발명의 특허무효를 구하는 심판을 청구한 사건에서 이를 기각하는 심결과 그에 대한 심결취소 판결을 거쳐 특허심판원이 이 사건 특허발명의 특허를 무효로 하는 심결을 하였고, 그 심결은 2009. 4. 19. 확정되었음을 알 수 있는바, 이와 같이 특허를 무효로 한다는 심결이 확정된 때에는 그 특허권은 처음부터 없었던 것으로 보게 되므로, 결과적으로 존재하지 아니하는 특허를 대상으로 판단한 이 사건 심결은 위법하게 되지만, 이 사건 특허발명의 특허가 무효로 확정된 이상, 원고로서는 그 심결의 취소를 구할 법률상 이익도 없어졌다고 봄이 상당하므로 이 사건 소는 부적법하게 되었다 할 것이다. 따라서 원심판결은 이 점에서 그대로 유지될 수 없으므로 이를 파기하되, 이 사건은 이 법원이 직접 재판하기에 충분하므로 자판하기로 하는바, 이 사건 소를 각하하고 소송총비용은 각자가 부담하도록 정하여 주문과 같이 판결한다(대법원 2009. 8. 20. 선고 2007후289 판결)."

⑤ 취소신청은 3인 또는 5인의 심판관으로 구성되는 합의체가 심리·결정한다는 점은 옳으나(특허법 제132조의7), 그 결정에 대한 소에서는 특허심판원장이 아닌 특허청장을 피고로 한다(특허법 제187조).

정답 ③

25 특허법원 소송에 관한 설명 중 옳지 않은 것은? (다툼이 있는 경우에는 판례에 의함)

① 거절결정에 대한 심판의 심결취소소송에서는 소송결과에 이해관계가 있는 자가 한쪽 당사자를 돕기 위하여 법원에 계속 중인 소송에 참가할 수 있다.
② 특허무효심판에 대한 심결취소소송의 법원은 특별한 사정이 없는 한 제한 없이 심결에서 판단되지 않은 처분의 위법사유도 심리, 판단하여 판결의 기초로 삼을 수 있다.
③ 적극적 권리범위확인심판의 특허심판단계에서 피청구인이 다른 주장은 하면서 확인대상발명을 실시하고 있지 않다는 주장을 하지 않은 경우에는 심결취소소송단계에서 확인대상발명 불실시 주장을 할 수 없다.
④ 거절결정불복심판의 심결에 대한 취소소송절차에서 특허청장은 새로운 거절이유의 주장 및 증거 제출이 허용되지 않는다.
⑤ 소송요건의 존부는 원칙적으로 특허법원 사실심의 변론종결시를 기준으로 하여 판단하나 사실심 변론종결시 이후 소의 이익 등 소송요건이 흠결되는 경우 그러한 사정도 고려하여 소의 이익이 없다고 볼 수 있다.

해설
① 특허법원에서는 보조참가가 가능하다(2012후1033).
② 이를 무제한설이라 한다(2000후1290).
③ 무제한설에 따라 확인대상발명 불실시 주장도 특허법원에서 주장할 수 있다(2007후4410).
④ 2001후2757
⑤ 98후1921

정답 ③

CHAPTER 18 보상금액 또는 대가에 관한 불복의 소

01 다음 설명 중 옳지 않은 것은? [2002년 기출]

① 특허거절결정심판의 심결에 대한 심결취소소송에 있어서의 피고는 특허청장이다.
② 특허법원은 결정에 의하여 기술심리관을 소송의 심리에 참여하게 할 수 있다.
③ 심결취소소송에서 변리사의 소송대리권은 변리사법에 의하여 인정된다.
④ 심결에 대한 소는 심결의 등본을 송달받은 날부터 30일의 불변기간 내에 제기하여야 하지만, 특허법상 부가기간이 인정되고 있다.
⑤ 특허권자는 통상실시권허여심판의 심결 내용 중 대가(對價)에 대하여는 법원에 불복할 수 없다.

해 설

① |O| 결정계 심판의 심결 또는 그 재심의 심결 및 심판·재심청구서 각하결정에 대한 특허소송에 있어서는 특허청장이 피고가 된다(법 제187조).
② |O| 법원은 필요하다고 인정하는 경우 결정으로 기술심리관을 법 제186조 제1항, 실용신안법 제55조 및 디자인보호법 제75조의 규정에 의한 소송의 심리에 참여하게 할 수 있다(법원조직법 제54조의2 제2항).
③ |O| 변리사는 특허, 실용신안, 디자인 또는 상표에 관한 사항에 관하여 소송대리인이 될 수 있다(변리사법 제8조).
④ |O| 법 제186조제3항, 제4항, 제5항.
⑤ |X| 특허출원된 발명이 국방상 필요하여 비밀취급을 명하거나 특허하지 아니하거나 수용한 경우(법 제41조 제3항 및 제4항), 특허권의 수용, 정부 등에 의한 강제실시권(법 제106조 제3항, 법 제106조의2 제3항), 재정에 대한 대가·지급방법·지급시기(법 제110조 제2항 제2호), 통상실시권허여심판(법 제138조 제4항) 등의 규정에 의한 보상금 및 대가에 대하여 심결·결정 또는 재정을 받은 자가 그 보상금 또는 대가에 불복이 있을 때에는 법원에 소송을 제기할 수 있다(법 제190조 제1항). 단, 이는 특허법원의 관할이 아니므로 일반 행정법원 또는 민사법원으로 불복해야 한다. 구체적으로 보상금 또는 대가에 관한 소송의 성질이 행정소송에 해당하는 경우, 즉 법 제41조 제3항, 제4항 및 제106조 제3항, 제106조의2 제3항에 따른 보상금에 관한 소는 행정법원의 관할이 되며, 동 소송의 성질이 민사소송에 해당하는 경우, 즉 법 제110조 제2항 제2호 및 제138조 제4항의 통상실시권 설정재정 및 허여시의 대가에 관한 소는 민사법원의 관할이 된다.

정답 ⑤

PART 10

국제출원 및 국제특허출원의 특례

CHAPTER 01 대한민국 특허청을 수리관청으로 하는 국제출원절차

01 국제출원에 관한 설명으로 옳지 않은 것을 모두 고른 것은? [2017년 기출]

> ㄱ. 2인 이상이 공동으로 국제출원을 하는 경우에 출원인이 대표자를 정하지 아니한 경우에는 특허청장은 기간을 정하여 대표자를 정하도록 보정을 명해야 하고, 출원인이 기간 내에 이를 이행하지 않으면 출원은 취하된 것으로 본다.
>
> ㄴ. 국제출원을 하려는 자는 국어, 영어 또는 불어로 작성한 출원서와 발명의 설명, 청구범위, 필요한 도면 및 요약서를 특허청장에게 제출해야 한다.
>
> ㄷ. 국제출원일이 인정된 국제출원 중 대한민국을 지정국으로 지정한 출원의 경우, 그 국제출원일까지 제출된 출원서는 국내출원의 출원서로 본다.
>
> ㄹ. 외국어로 출원된 국제특허출원의 경우 출원인은 우선일부터 27개월 이내에 발명의 설명, 청구범위 및 도면(도면 중 설명부분에 한정한다), 국제특허출원 요약서의 국어번역문을 특허청장에게 제출하여야 한다.
>
> ㅁ. 발명의 설명이 제출되지 않은 것을 이유로 한 특허청장의 적법한 보완명령에 의하여 보완을 한 경우에 그 보완하는 서면이 특허청에 도달한 날이 국제출원일이 된다.

① ㄱ, ㄴ, ㄷ ② ㄱ, ㄴ, ㄹ
③ ㄱ, ㄴ, ㅁ ④ ㄴ, ㄷ, ㄹ
⑤ ㄷ, ㄹ, ㅁ

해설

ㄱ. 대한민국 특허청을 수리관청으로 했을 때 국제출원이 취하된 것으로 간주되는 경우는 특허법 제195조에 따른 보정명령에 불응하거나 수수료를 기간 내에 납부하지 아니한 경우 등이고, 대표자의 지정 등은 이에 해당하지 않는다(특허법 제196조 제1항). 참고로 공동으로 국제출원을 할 때는 절차의 편의를 위해 대표자를 지정할 수 있으며(특허법 제197조 제1항), 출원인이 대표자를 정하지 아니한 경우 특허법 시행규칙 제106조의4에 따라 출원인 중 첫 번째로 기재되어 있는 자가 대표자로 지정될 수 있다(특허법 제197조 제2항).
ㄴ. 대한민국 특허청을 수리관청으로 하는 경우 허용되는 언어는 국어, 영어, 일어이다(특허법 시행규칙 제91조). 불어는 허용되지 아니한다.
ㄷ. 특허법 제200조의2 제1항.
ㄹ. 대한민국에 진입하는 경우 번역문 제출 기한은 우선일부터 2년 7개월이다(특허법 제201조 제1항).
ㅁ. 특허법 제194조 제1항 제3호, 제4항.

정답 ②

02 국제특허출원에 있어서 특허청장의 보완 명령에 따라 출원인이 그 보완 명령에 관계되는 서면을 제출하는 경우에 서면의 도달일을 국제출원일로 인정하는 경우가 아닌 것은?

[2013년 기출]

① 국내에 주소 또는 영업소를 가지지 않은 외국인의 경우
② 국제특허출원서에 당해 출원한 발명의 보호가 요구되는「특허협력조약」의 체약국을 지정하지 않은 경우
③ 발명의 설명 및 청구범위가 국어, 영어 또는 일본어로 작성되어 제출되지 아니한 경우
④ 출원인의 성명이나 명칭을 기재하지 아니한 경우
⑤ 발명의 명칭이 기재되지 아니한 경우

해 설

① |○| 법 제194조 제1항 제1호
② |○| 법 제194조 제1항 제4호
③ |○| 법 제194조 제1항 제2호, 시행규칙 제91조
④ |○| 법 제194조 제1하 제4호
⑤ |×| 법 제195조, 보정명령 대상임

정 답 ⑤

03 국제출원에 대한 설명 중 옳지 않은 것은?

① 대한민국에 주소 또는 영업소를 가지지 아니한 외국인이라도 우리나라에 국제출원을 할 수 있는 경우가 있다.
② 국제출원인이 국어로 출원서와 발명의 설명, 청구범위, 필요한 도면 및 요약서를 특허청장에게 제출한 경우 국제출원일이 인정된다.
③ 국제출원의 출원서에 발명의 명칭의 기재가 없다면 국제출원일이 인정되지 아니한다.
④ 국제출원일로부터 4월의 기간 내에 보완사유를 발견한다면 그 국제출원은 취하 간주된다.
⑤ 국제출원의 출원서에 발명자의 성명 및 주소나 영업소를 반드시 기재하여야 하는 것은 아니다.

해 설

① |○| 법 제192조 제3호 및 제4호. 대한민국 국민이나 국내에 주소 또는 영업소를 가진 외국인과 공동을 국제출원을 하거나 그들을 대표자로 하여 국제출원하는 경우라면 국제출원을 할 수 있다.
② |○| 법 제193조 및 법 제194조. 구법에서는 국제출원시 출원서는 영어 또는 일어로 작성해야 하고 발명의 설명, 청구범위, 필요한 도면 및 요약서는 국어, 영어 또는 일어로 작성해야 했었다. 따라서 국어로 출원서를 작성한 경우라면 국제출원일이 인정되지 아니하였다.(법 제194조 제1항 제2호) 그러나, 개정법(2009년1월1일 시행)에서는 국어로 국제출원서 작성이 가능하게 되었다(시행규칙 제91조).

③ |×| 법 제195조. 발명의 명칭의 미기재는 보정명령 대상이다.
④ |○| 법 제196조 제1항 제3호.
⑤ |○| 법 제193조 제1항 제7호. 발명자의 성명 및 주소나 영업소는 지정국의 법령에 발명자에 관한사항의 기재가 규정되어 있는 경우에 한하여 기재 하도록 한다.

정답 ③

04 국제출원에 대한 설명 중 옳지 않은 것은?

① 국내에 주소 또는 영업소를 가지지 않은 외국인이 단독으로 대한민국 특허청에 국제출원한 경우 특허청장은 보완명령을 하여야 한다.
② 청구범위 없이 출원서와 발명의 설명, 필요한 도면 및 요약서를 특허청장에게 제출한 경우 국제출원일이 인정된다.
③ 대한민국 특허청에 국제출원을 하고자 하는 자는 국어, 영어 또는 일어로 출원서와 발명의 설명, 청구범위, 필요한 도면 및 요약서를 작성할 수 있다.
④ 국제출원이 도면에 관하여 기재하고 있으나 일정한 기간 내에 도면이 제출되지 않는 경우 그 도면에 관한 기재는 없는 것으로 본다.
⑤ 2인 이상이 공동으로 국제출원하는 경우 국제출원절차는 출원인의 대표자가 밟을 수 있다.

해설

① 특허법 제194조 제1항 제1호
② 국제출원은 청구범위 제출 유예가 허용되지 않는다. 청구범위 제출하지 않으면 보완명령 나온다 (특허법 제194조 제1항 제3호).
③ 특허법 제193조 제1항, 특허법 시행규칙 제91조
④ 특허법 제194조 제4항
⑤ 특허법 제197조 제1항

정답 ②

05 국제출원(또는 국제특허출원)에 관한 다음 사항 중 옳지 않은 것은? [2002년 기출변형]

① 국제출원이 요약서가 제출되지 않은 경우, 특허청장은 기간을 정하여 서면으로 절차를 보완할 것을 명하여야 한다.
② 발명의 설명이 제출되지 않은 것을 이유로 한 보완명령에 의하여 보완을 한 경우 보완서가 도달한 날이 국제출원일이 된다.
③ 외국어로 출원된 국제특허출원의 경우 출원인은 우선일로부터 2년 7월 이내에 발명의 설명·청구범위·도면(도면 중 설명부분에 한한다) 및 요약서의 번역문을 제출하여야 하며, 이 중 발명의 설명 및 청구범위의 번역문을 제출하지 않은 경우에는 그 국제특허출원은 취하된 것으로 본다.
④ 국제출원을 하고자 하는 자는 국어, 영어 또는 일어로 작성한 출원서, 발명의 설명, 청구범위, 필요한 도면 및 요약서를 제출할 수 있다.
⑤ 국제출원이 도면에 관하여 기재하고 있으나 일정한 기간 내에 도면이 제출되지 않는 경우 그 도면에 관한 기재는 없는 것으로 본다.

해설

① |X| 요약서를 제출하지 않은 경우에는 보정명령의 대상이 된다(법 제195조).
② |O| 국제출원이 보완명령 대상에 해당하여 보완명령을 받은 경우에는 그 보완에 관계되는 서면의 도달일을 국제출원일로 인정한다(법 제194조 제4항).
③ |O| 법 제201조 제1항 및 제2항.
④ |O| 종래에는 국어로 국제출원하는 경우 국어가 국제공개 언어가 아니었기 때문에 국제출원서는 영어 또는 일어로 기재해야 했었다. 그러나 국어가 세계 9번째로 국제공개어로 채택되어 2009. 1. 1. 이후 국어 국제출원은 영어 대신 국어로 국제공개됨에 따라 2009. 1. 1. 이후 대한민국 특허청에 국제출원을 하는 경우는 국어로 출원시 국제출원서도 국어로 기재할 수 있게 되었다.
⑤ |O| 특허청장은 국제출원이 도면에 관하여 기재하고 있으나 그 출원에 도면이 포함되어 있지 아니한 경우에는 그 취지를 출원인에게 통지하여야 한다(법 제194조 제3항). 통지일로부터 2월 이내에 도면이 제출된 경우에는 그 도면의 도달일을 국제출원일로 인정하고, 도면을 제출하지 않은 경우에는 그 도면에 관한 기재는 없는 것으로 본다(법 제194조 제4항).

정답 ①

06 특허협력조약(PCT)과 관련한 설명으로 옳지 않은 것은? [2004년 기출]

① PCT 제27조(국내적 요건)에 의하면, 출원인이 발명자가 아니라는 이유로 해당 지정국의 국내법령에 의하여 국내출원을 할 자격을 가지고 있지 아니하는 경우에는 해당 지정관청은 해당 국제출원을 거절할 수 있다.
② 모든 국제출원은 국제조사의 대상이 된다.
③ 국제출원의 요약서에는 청구범위에 기재되어 있는 발명의 장점이나 가치에 대한 주장을 기재하여서는 아니된다.
④ 수리관청은 국제출원에 출원인 성명 또는 특허협력조약에 의한 국제출원이라는 표시가 없는 경우 국제출원을 수리한 날을 국제출원일로 인정하되, 이에 대하여 보완할 것을 출원인에게 요구할 수 있다.
⑤ PCT 제27조(국내적 요건)에 의하면, 이 조약 및 규칙의 어떠한 규정도 당사국이 자국의 국가안보를 유지하기 위하여 필요하다고 판단되는 조치를 취할 자유나 당사국이 자국의 일반적인 경제적 이익의 보호를 위하여 자국의 거주자 또는 국민이 국제출원을 할 권리를 제한하는 것으로 해석되어서는 아니된다.

> **해 설**
> ① |O| PCT 제27조(3).
> ② |O| PCT 제15조(1)
> ③ |O| PCT규칙 8.1(c)
> ④ |×| 국제출원에 출원인의 성명 또는 국제출원이라는 표시가 없는 경우에는 국제출원일을 인정하지 아니하고 절차를 보완할 것을 명하여야 한다(법 제194조 제1항 및 제2항).
> ⑤ |O| PCT 제27조(8).
>
> **정 답** ④

07 특허협력조약에 기초한 국제출원의 취급에 대한 다음 중 잘못된 것은?

① 국제출원의 출원서에 발명의 명칭의 기재가 없어도 그 국제출원 서류가 특허청에 도달한 날이 국제출원일로 인정된다.
② 발명의 설명이 제출되지 않은 것을 이유로 한 보완명령에 의하여 보완을 한 경우 보완서가 도달한 날이 국제출원일이 된다.
③ 국제출원이 도면에 관하여 기재하고 있으나 일정한 기간 내에 도면이 제출되지 않는 경우 그 도면에 관한 기재는 없는 것으로 본다.
④ 2인 이상이 공동으로 국제출원하는 경우에 국제출원절차는 출원인의 대표자가 그 절차를 행할 수 있다.
⑤ 국제출원에 발명의 설명이 그 발명이 속하는 기술분야에서 통상의 지식을 가진 자가 용이하게 실시할 수 있도록 명확하고 상세하게 기재되지 않은 경우에는 보완명령의 대상이 된다.

해설

① |○| 발명의 명칭 미기재는 보정명령 대상에 해당한다. 보완명령 대상에 해당하는 경우에만 국제출원일이 인정되지 아니하는 것이고, 보정명령 대상에 해당하는 경우에는 그 국제출원이 특허청에 도달한 날을 국제출원일로 인정하고 특허청장은 보정명령을 한다(법 제195조).
② |○| 발명의 설명 미제출은 보완명령 사유에 해당하고, 보완명령에 의한 보완 서류가 특허청에 도달한 날이 국제출원일로 인정된다(법 제194조 제4항).
③ |○| 법 제194조 제4항. 특허청장은 국제출원이 도면에 관하여 기재하고 있으나 그 출원에 도면이 포함되어 있지 아니한 경우에는 그 취지를 출원인에게 통지하여야 한다(법 제194조 제3항). 국제출원의 접수일로부터 30일 이내에 도면이 제출된 경우에는 그 도면의 도달일을 국제출원일로 인정하고, 도면을 제출하지 않은 경우에는 그 도면에 관한 기재는 없는 것으로 본다(법 제194조 제4항).
④ |○| 법 제197조 제1항.
⑤ |×| 발명의 설명 기재요건에 관한 법 제193조 제3항과 청구범위 기재요건에 관한 법 제193조 제4항은 각 지정국에서 심사할 사항이며, 국제출원일의 인정에 있어서는 발명의 설명 기재요건이나 청구범위 기재요건에 대한 실체 심사는 하지 않는다.

정답 ⑤

08 특허협력조약(PCT)에 의한 국제출원에 관한 설명으로 옳지 않은 것은? [2010년 기출]

① 국제출원을 하고자 하는 자는 국어, 영어 또는 일어로 작성한 출원서 등을 특허청장에게 제출하여야 하며, 중국어로 작성하여 제출한 경우에는 국제출원일을 인정받지 못한다.
② 국제조사기관이 인정하지 아니하는 언어로 국제출원이 출원된 경우 출원인은 국제조사를 위하여 국제출원의 접수일부터 1월 이내에 국제조사기관이 인정하는 언어로 된 번역문을 특허청장에게 제출해야 하며, 불이행으로 인하여 특허청장으로부터 번역문을 제출하라는 보정명령을 받고도 보정을 명한 날부터 1월 이내에 번역문을 제출하지 아니하면 당해 출원은 취하된 것으로 본다.
③ 국제특허출원을 독일어로 출원한 출원인이 특허협력조약 제19조(국제사무국에 제출하는 청구범위의 보정서)에 의해 청구범위에 관한 보정을 하는 경우에 국제출원일에 제출한 청구범위에 대한 국어 번역문을 보정 후의 청구범위에 대한 국어 번역문으로 대체하여 제출할 수 있다.
④ 특허청장이 국제출원에서 요약서가 제출되지 않아 보정을 명한 경우에 보정명령을 받은 자가 지정된 기간 내에 보정을 하지 않으면 당해 국제출원은 포기된 것으로 간주한다.
⑤ 출원인은 국제조사보고서를 받은 후 소정의 기간 내에 국제사무국에 보정서를 제출하여 국제출원의 청구범위에 대하여 1회에 한하여 보정할 수 있다.

해설

① |○| 국제출원을 하고자 하는 자는 산업통상자원부령이 정하는 언어로 작성하여 특허청장에게 제출하여야 한다(법 제193조 제1항). 여기서, 「산업통상자원부령이 정하는 언어」란 국어, 영어 또는

일어를 말한다(시행규칙 제91조). 국어, 영어 또는 일어 이외의 언어로 국제출원시 이는 보완사유이고, 보완하지 않으면 국제출원일을 인정받지 못한다(법 제194조 제1항 및 제2항).

② |O| 시행규칙 제95조의2 제1항 내지 제3항

③ |O| 국제특허출원을 외국어로 출원한 출원인이 「특허협력조약」 제19조(1)의 규정에 의하여 청구범위에 관한 보정을 한 때에는 국제출원일에 제출한 청구범위에 대한 국어 번역문을 보정 후의 청구범위에 대한 국어 번역문으로 대체하여 제출할 수 있다(법 제201조 제1항 단서).

④ |X| 요약서가 제출되지 않으면 특허청장은 기간을 정하여 보정을 명하고(특허법 제195조 제2호), 보정명령을 받은 자가 지정된 기간 내에 보정을 하지 아니한 경우에는 그 국제출원은 취하된 것으로 본다(법 제196조 제1항 제1호).

⑤ |O| 출원인은 국제조사보고서를 받은 후, 즉 국제조사기관이 국제사무국 및 출원인에게 국제조사보고서를 송부한 날로부터 2월의 기간 또는 우선일로부터 16월 중 늦게 만료하는 기간 내에 국제사무국에 보정서를 제출함으로써 국제출원의 청구범위에 대하여 1회에 한하여 보정할 수 있다. 동시에 출원인은 보정의 내용 및 동 보정이 발명의 설명과 도면에 미칠 수 있는 영향에 대하여 PCT 규칙이 정하는 바에 따라 간단한 「설명서(Statement)」를 제출할 수 있다(PCT 19).

정답 ④

09 특허협력조약에 관한 설명으로 옳지 않은 것은? [2014년 기출]

① 한국 특허청을 수리관청으로 하는 국제출원의 출원인(출원서에 미국인 甲, 한국인 乙순으로 출원인이 기재됨)이 일반 대표자를 선임하지 않은 경우, 한국특허청은 절차 진행의 원활함을 위해 한국인 乙을 대표자로 간주한다.

② 외국어로 출원된 국제특허출원의 경우 출원인은 우선일부터 2년 7개월 이내에 발명의 설명·청구범위·도면(도면 중 설명부분에 한한다) 및 요약서의 국어 번역문을 제출하여야 하며, 이 중 발명의 설명 및 청구범위의 국어 번역문을 제출하지 않은 경우에는 그 국제특허출원은 취하된 것으로 본다.

③ 국제예비심사보고서 작성 개시 전의 보정은 최초로 국제출원한 때의 국제출원에 기재된 범위 내이어야 한다.

④ 특허청장은 국제출원이 도면에 관하여 기재하고 있으나 그 출원에 도면이 포함되어 있지 아니한 경우에는 그 취지를 출원인에게 통지하여야 한다.

⑤ 발명의 설명이 제출되지 않은 것을 이유로 한 보완명령에 의하여 보완을 한 경우 보완서가 도달한 날이 국제출원일이 된다.

해설

① |X| 시행규칙 제106조의 4 (2인 이상이 공동으로 국제출원을 하는 경우에 출원인이 대표자를 정하지 아니한 때에는 법 제192조 제1호 또는 제2호에 해당하는 출원인 중 첫 번째로 기재되어 있는 자를 대표자로 간주한다.)

② |O| 법 제201조 제4항

③ |○| PCT 제34조(2)(b)
④ |○| 법 제194조 제3항
⑤ |○| 법 제194조 제4항

정답 ①

10 특허협력조약(PCT)에 따른 국제특허출원에 관한 설명으로 옳은 것은? [2021년 기출]

① 특허청장은 국제특허출원에 청구범위가 기재되어 있지 않은 경우, 기간을 정하여 서면으로 청구범위를 제출하도록 보정명령을 해야 한다.
② 특허청장은 국제특허출원이 도면에 관하여 적고 있지만 그 출원에 도면이 포함되어 있지 않아서 그 취지를 출원인에게 통지하고 출원인이 산업통상자원부령으로 정하는 기간에 도면을 제출하는 경우, 그 국제특허출원일은 도면의 도달일로 한다.
③ 특허청장은 국제특허출원이 도면에 관하여 적고 있지만 그 출원에 도면이 포함되어 있지 않아서 그 취지를 출원인에게 통지하여도 출원인이 도면을 제출하지 않은 경우, 그 국제특허출원은 취하된 것으로 본다.
④ 국제특허출원인이 특허청장으로부터 특허법 제195조(보정명령) 제4호에 따라 산업통상자원부령으로 정하는 방식을 위반하여 보정명령을 받고도 그 지정기간에 보정을 하지 않은 경우, 그 국제특허출원은 인정되나 실제 심사단계에서 방식심사 위반에 대한 거절이유통지서를 받고 보정을 할 수 있다.
⑤ 2인 이상이 공동으로 국제특허출원한 경우의 수수료 납부는 출원인의 대표자 또는 특허법 제3조(미성년자 등의 행위 능력)에 의한 법정대리인만 할 수 있다.

해설

① 적·언·발·청·표·지·인은 보완명령 사유에 해당한다(특허법 제194조 제1항 제3호). 보정명령 사유는 발·요·3·197③·방·수이다(특허법 제195조, 제196조 제1항 제2호).
② 특허법 제194조 제4항
③ 취하간주는 보정명령 불응 등에 대한 효과에 해당한다(특허법 제196조 제1항). 도면 미제출은 방식 하자가 아니므로 보완명령, 보정명령의 대상이 아니다. 단지 도면 미제출 통지 받은 후 도면을 제출하면 도면 접수일이 출원일로 될 뿐이며, 도면 미제출 통지 받은 후 도면을 제출하지 않으면 도면에 관한 기재가 없는 것으로 보고 절차 진행된다(특허법 제194조 제4항).
④ 보정명령 불응시 취하간주된다(특허법 제196조 제1항 제1호).
⑤ 수수료 납부를 포함해 모든 절차는 당사자 또는 대리인이 할 수 있다. 즉 대표자, 법정대리인만이 아니라, 임의대리인이 있는 경우는 그 임의대리인이 납부할 수 있다(특허법 제197조 제3항).

정답 ②

CHAPTER 02 국제조사 / 국제공개 / 국제예비심사

01 국제조사와 국제예비심사를 비교 설명한 것이다. 잘못된 것은?

① 수리관청이 한국 특허청인 경우 국제조사기관 및 국제예비심사기관은 한국, 오스트리아, 호주, 싱가포르, 일본특허청 중 하나를 선택할 수 있다.

② 국제 조사는 필수단계이므로 별도의 청구가 필요 없지만, 국제예비심사는 임의단계이므로 예비심사의 청구가 있어야 하고 국제조사보고서 또는 국제조사보고서를 작성하지 아니한다는 취지의 통지서를 출원인에게 송부한 날로부터 3월 또는 우선일로부터 22개월 중 늦게 만료하는 날까지 청구가 가능하다.

③ 단일성에 위반되는 경우 국제조사 단계에서는 추가수수료의 납부요구만 가능하고 국제예비심사 단계에서는 단일성 위반 시 추가수수료의 납부요구 또는 청구범위의 감축을 선택적으로 요구할 수 있다.

④ PCT 19조 보정은 국제조사보고서의 송부일로부터 2개월 또는 우선일로부터 16개월 중 늦게 만료되는 날까지 청구범위에 대한 보정을 1회에 한하여 국제사무국에 제출가능하고, PCT 34조 보정은 국제예비심사보고서 작성 후 청구범위, 발명의 설명 및 도면에 대하여, 회수에 제한 없이 보정서 제출이 가능하다.

⑤ 국제조사기관도 특허성에 관한 판단을 한다는 점에서는 국제예비심사의 경우와 동일하다.

해설

①, ②, ③ |O| 모두 옳은 설명이다. 2020.7.1.부터 싱가포르 특허청이 아래와 같이 한국 PCT 출원의 국제조사기관으로 신규 지정되었다. 국제예비심사시관은 국제조사기관 중 한 곳을 선택할 수 있다(https://www.patent.go.kr/smart/jsp/ka/menu/fee/main/FeeMain01.do).

PCT 출원 언어(번역문 포함)	국제조사기관
한국어	한국 특허청
일본어	일본 특허청
영어	한국 특허청
	호주 특허청
	싱가포르 특허청
	오스트리아 특허청

④ |X| PCT 34조 보정은 국제예비심사보고서 작성전 청구범위, 발명의 설명 및 도면에 대하여, 회수에 제한 없이 보정서 제출가능하다.

⑤ |O| 국제조사는 최소한의 선행문헌 조사 및 발명의 신규성, 진보성 및 산업상이용가능성에 대한 예비적이고, 구속력이 없는 견해를 표시하는 것을 목적으로 한다.

정답 ④

02 PCT 출원에 있어서 국제조사보고서 접수후 보정서 제출에 관한 설명 중 틀린 것은?

[2000년 기출]

① 청구범위만 보정이 가능하다.
② 보정의 기회는 단 1회이다.
③ 국제사무국 또는 국제조사기관에 제출하여야 한다.
④ 일반적으로 국제예비심사를 청구할 경우 본 보정은 필요 없을 수 있다.
⑤ 국제조사보고서 송부일로부터 2개월 이내 또는 우선일로부터 16개월 중 늦게 만료되는 기간 내에 제출하여야 한다.

해 설

①, ②, ⑤ |O| 출원인은 국제조사보고서를 받은 후, 즉 국제조사기관이 국제사무국 및 출원인에게 국제조사보고서를 송부한 날로부터 2월의 기간 또는 우선일로부터 16월 중 늦게 만료하는 기간 내에 국제사무국에 보정서를 제출함으로써 국제출원의 청구범위에 대하여 일회에 한하여 보정할 수 있다. 동시에 출원인은 보정의 내용 및 동 보정이 발명의 설명과 도면에 미칠 수 있는 영향에 대하여 PCT 규칙이 정하는 바에 따라 간단한 「설명서(Statement)」를 제출할 수 있다(PCT 19).
③ |×| 보정서는 국제사무국에 제출해야 한다.
④ |O| 국제예비심사를 청구한 경우에는 국제예비심사보고서 작성 전에 회수에 제한없이 발명의 설명 또는 도면을 보정할 수 있으므로(PCT 34), 국제예비심사를 청구하고자 하는 경우에는 국제조사보고서 송달 후 보정을 할 필요성은 경감된다.

정답 ③

03 특허협력조약(PCT)에 의한 특허출원의 보정에 관한 설명으로 옳지 않은 것은? [2011년 기출]

① 출원인은 국제조사기관이 국제사무국 및 출원인에게 국제조사보고서를 송부한 날부터 2월의 기간 또는 우선일부터 16월 중 늦게 만료되는 기간 내에 국제사무국에 보정서를 제출할 수 있고, 이때 국제출원의 발명의 설명에 대하여 1회에 한하여 보정할 수 있다.
② 국제특허출원을 외국어로 출원한 출원인이 국제조사보고서를 받은 후에 청구범위에 관한 보정을 하고 원문에 대한 번역문을 제출할 때에는 국제출원일에 제출한 청구범위에 대한 국어번역문을 보정 후의 청구범위에 대한 국어번역문으로 대체하여 제출할 수 있다.
③ 출원인은 국제예비심사보고서가 작성되기 이전에 청구범위, 발명의 설명 및 도면을 횟수에 관계없이 보정하여 그 보정서를 국제예비심사기관에 제출할 수 있으며, 이때 그 보정범위는 국제출원에 기재된 범위를 넘어서는 안 된다.
④ 국제특허출원을 외국어로 출원한 출원인은 특허협력조약 제34조(국제예비심사기관에서의 절차) (2)(b)에 따라 국제특허출원의 발명의 설명, 청구범위 및 도면에 대하여 보정을 한 경우 기준일까지 그 보정서의 국어번역문을 특허청장에게 제출하여야 한다.
⑤ 국제특허출원을 국내단계에서 보정하려는 출원인이 수수료를 납부하고 국어번역문을 제출하였더라도 기준일(기준일이 출원심사청구일인 경우에는 출원심사를 청구한 때)이 경과되지 아니하면 보정할 수 없다.

> 해 설

① |×| 출원인은 국제조사보고서를 받은 후, 즉 국제조사기관이 국제사무국 및 출원인에게 국제조사보고서를 송부한 날로부터 2월의 기간 또는 우선일로부터 16월 중 늦게 만료하는 기간 내에 국제사무국에 보정서를 제출함으로써 국제출원의 청구범위에 대하여 일회에 한하여 보정할 수 있다(PCT 19). 즉, 발명의 설명에 대하여 보정할 수 있는 것이 아니라, 청구범위에 대하여만 보정할 수 있다.
② |○| 국제특허출원을 외국어로 출원한 출원인이 국제조사보고서를 받은 후에 청구범위에 관한 보정을 한 때에는 원문에 대한 번역문의 제출시 국제출원일에 제출한 청구범위에 대한 국어 번역문을 보정 후의 청구범위에 대한 국어 번역문으로 대체하여 제출할 수 있다(법 제201조 제1항 단서). 즉, 절차의 간소화·비용절감 등을 위해서 번역문을 2번 제출할 필요가 없기 때문이다.
③ |○| 출원인은 국제예비심사보고서가 작성되기 전에 청구범위, 발명의 설명 및 도면을 횟수에 무관하게 보정하여 그 보정서를 국제예비심사기관에 제출할 수 있으나, 그 보정의 범위는 국제출원에 기술된 범위를 넘어서는 아니 된다(PCT 34(2)(b)).
④ |○| 법 제205조 제1항 제1호
⑤ |○| 법 제208조 제1항

정답 ①

04 특허협력조약(PCT)에 따른 국제특허출원에 관한 설명으로 옳은 것은? [2018년 기출]

① 국제특허출원서를 한국 특허청에 제출하는 경우에는 국어, 영어, 일본어 또는 중국어로 작성하여 출원서, 발명의 설명, 청구범위, 필요한 도면 및 요약서를 특허청장에게 제출하여야 한다.
② 국제특허출원서를 한국 특허청에 제출하면 국내에 특허출원한 것으로 보게 되므로 출원서의 지정국은 특허협력조약의 체약국 중에서 한국을 제외한 나머지 국가에서 지정하여야 한다.
③ 출원인은 국제예비심사청구시 선택한 선택국 중 모든 선택을 취하할 수 있으며, 모든 선택국의 선택이 취하된 경우에는 국제예비심사의 청구는 취하된 것으로 본다.
④ 국제예비심사는 출원인의 선택에 의한 임의적 절차로, 국제예비심사를 청구하면 그 심사결과인 국제예비심사보고서는 선택관청을 제외한 지정관청에 송달된다.
⑤ 미국 특허청을 수리관청으로 영어로 작성하여 국제특허출원하면서 한국을 지정국으로 하는 경우 한국 특허청에 출원서, 발명의 설명, 청구범위 및 도면(도면 중 설명부분에 한정한다)의 국어 번역문을 제출하여야 한다.

해설

① 중국어는 안 된다. 국어, 영어, 일본어 중에서 가능하다(특허법 시행규칙 제91조).
② 한국을 지정국으로 포함해야 한국에 특허출원한 것으로 보게 된다(특허법 제199조 제1항).
③ 국제예비심사의 선택국의 선택을 취하할 수 있다(특허법 시행규칙 제106조의2 제1항). 만약 모든 선택국의 선택을 취하하면 국제예비심사 청구는 취하된 것으로 본다(특허협력조약 제37조(2)).
④ 국제예비심사보고서는 출원인과 국제사무국에 송부되고, 국제사무국은 이를 지정관청이 아니라 선택한 선택국의 선택관청에 송달한다(특허협력조약 제36조).
⑤ 출원서는 국제특허출원의 출원서를 국어로 번역해서 제출하는 것이 아니라, 특허법 제203조의 서면으로 다시 써서 제출한다(특허법 제203조 제1항).

정답 ③

05 국제조사와 국제예비심사에 관한 설명 중 옳지 않은 것은?

① PCT 19조 보정은 국제조사보고서의 송달일로부터 2개월 또는 우선일로부터 16개월 중 늦게 만료되는 날까지 청구범위에 대한 보정을 1회에 한하여 국제사무국에 제출가능하고, PCT 34조 보정은 국제예비심사보고서 작성 후 청구범위, 발명의 설명 및 도면에 대하여 횟수에 제한 없이 보정서 제출이 가능하다.
② 단일성에 위반되는 경우 국제조사 단계에서는 추가수수료의 납부요구만 가능하고 국제예비심사 단계에서는 추가수수료의 납부요구 또는 청구범위 감축을 선택적으로 요구할 수 있다.
③ 국제조사는 모든 국제출원에 대해 이루어지나, 국제예비심사는 국제예비심사가 청구된 국제출원에 한해 이루어진다.
④ 국제조사는 출원인과의 의견교환이 허용되지 않으나, 국제예비심사는 출원인과의 의견교환이 가능하다.
⑤ 국제출원의 청구범위 전부가 과학 또는 수학의 이론에 해당하는 경우 심사관은 국제조사보고서를 작성하지 아니한다.

해설

① 나머지는 다 옳은 내용이나, PCT 34조 보정시기만 그릇되었으며, 국제예비심사보고서 작성 전에 가능하다(특허법 시행규칙 제106조의36 제1항).
② 특허법 시행규칙 제106조의14 제1항, 시행규칙 제106조의39 제1항
③ 특허법 시행규칙 제106조의11 제1항, 시행규칙 제106조의37 제1항
④ 국제조사는 일방적으로 출원인에게 국제조사보고서(또는 부작성 선언서) 및 견해서를 송부하여 종결되나(특허법 시행규칙 제106조의20), 국제예비심사는 국제예비심사보고서 작성 전에 출원인에게 견해서를 송부하고 이에 대한 의견서 및 보정서 제출 기회를 부여한다(특허법 시행규칙 제106조의40 제2항).
⑤ 국제조사는 필수절차이고, 국제조사는 국제조사보고서와 견해서 작성으로 종결되나, 청구범위 전부가 특정 대상에 해당하는 경우는 국제조사보고서를 작성하지 않고 국제조사가 종결될 수 있다(특허법 시행규칙 제106조의11 제5항).

정답 ①

06 국제출원에 관한 설명 중 옳은 것은? (다툼이 있는 경우 판례에 의함)

① 모든 국제출원은 국제조사 및 국제예비심사의 대상이 된다.
② 국제조사기관과 국제예비심사기관은 발명의 단일성의 요건을 충족하지 아니한 경우 출원인에 대하여 추가수수료의 납부만을 요구할 수 있다.
③ 국제예비심사를 청구한 후 출원인은 일부 또는 모든 선택국의 선택을 취하할 수 있으며, 모든 선택국의 선택이 취하된 경우에는 국제예비심사의 청구가 취하된 것으로 본다.
④ 국제출원을 한 출원인은 국제출원의 출원서 또는 그 보정서에 명백한 잘못이 있어도 그 정정을 신청할 수 없다.
⑤ 국제출원의 출원서에 명백한 잘못이 있음을 이유로 하는 정정신청에 대한 특허청장의 거부 사실의 통지는 항고소송의 대상이 될 수 있다.

해설

① 모든 국제출원이 국제조사의 대상은 되나(PCT 제15조), 국제예비심사는 특정 체약국의 거주자 또는 국민인 경우에 그와 같은 체약국의 수리관청 또는 그와 같은 체약국을 위하여 행동하는 수리관청에 국제출원을 하였을 때 청구에 의해 가능하다(PCT 제31조).
② 국제예비심사에서는 청구범위 제한 또는 추가수수료의 지불을 요구할 수 있다(PCT 제34조).
③ PCT 제37조.
④ PCT 제19조, 제34조 이외에 명백히 잘못된 기재의 정정신청절차도 존재한다(특허법 시행규칙 제84조 제1항).
⑤ 이는 WIPO가 총괄하는 국제절차이기 때문에, 대한민국 항고소송의 대상이 되지 않는다(대법원 2018. 9. 13. 선고 2016두45745 판결).

정답 ③

CHAPTER
03 국제특허출원의 특례

01 국제특허출원에 대한 설명으로 옳지 않은 것은?

① 국제출원일이 인정된 국제출원으로서 대한민국을 지정국으로 지정한 국제출원은 그 국제출원일에 출원된 것으로 본다.
② 국제특허출원을 외국어로 출원한 출원인은 우선일로부터 2년 7월 이내에 발명의 설명, 청구범위, 도면(도면 중 설명 부분에 한한다) 및 요약서의 국어 번역문을 특허청장에게 제출하여야 한다.
③ 국내서면제출기간내에 발명의 설명 및 청구범위의 번역문의 제출이 없는 경우 그 국제특허출원은 취하간주된다.
④ 국제특허출원의 번역문을 제출한 자는 기준일전에 번역문을 교체할 수 있다.
⑤ 국제특허출원을 국어로 출원한 출원인은 특허법 제203조의 서면을 제출하지 아니하여도 된다.

해설

① |O| 법 제199조 제1항.
②, ③ |O| 법 제201조 제1항 및 제4항.
④ |O| 법 제201조 제3항. 기준일이란 국내서면제출기간의 만료일이나 심사청구일 중 빠른 날을 말한다.
⑤ |×| 법 제203조의 서면은 국제특허출원의 언어를 불문하고 국내서면제출기간내에 항상 제출하여야 한다.

정답 ⑤

02 국제특허출원에 대한 다음 설명 중 옳지 않은 것은? [2003년 기출변형]

① 외국어로 출원한 국제특허출원의 국내서면 제출기간은 대한민국이 지정국인 경우 언제나 우선일로부터 2년 7월이다.
② ①의 국내서면 제출기간내 국제출원일에 제출한 발명의 설명 및 청구범위에 번역문의 제출이 없는 경우에는 그 국제특허출원은 취하된 것으로 본다.
③ 국제출원일에 제출된 국제특허출원의 발명의 설명·청구범위 또는 도면에는 기재되어 있으나, 이들의 번역문에는 기재되어 있지 않은 발명이 있는 경우에는 거절이유에 해당하지 않는다.
④ 국제출원의 출원인이 국제조사보고서를 받은 후 청구범위에 대하여 보정을 한 때에 보정 후의 청구범위에 대해서만 국어번역문을 제출한 경우에는 그 보정서의 국어번역문을 특허청장에게 제출할 필요가 없다.
⑤ 국제예비심사보고서 작성 후에는 출원인이 발명의 설명 등에 대해 보정할 수 있는 기회가 없다.

해설

① |O| 법 제201조 제1항. 한편 법 제201조 제1항 단서에서는 국어번역문의 제출기간을 연장하여 달라는 취지를 제203조 제1항에 따른 서면에 적어 국내서면제출기간 만료일 전 1개월부터 그 만료일까지 제출한 경우(그 서면을 제출하기 전에 국어번역문을 제출한 경우는 제외한다)에는 국내서면제출기간 만료일부터 1개월이 되는 날까지 국어번역문을 제출할 수 있도록 규정하였다.(2015. 1. 1. 시행 개정 특허법)
즉, 국어번역문 제출기간이 1개월 연장되더라도 이는 국내서면제출기간 만료일 후 추가적으로 부여되는 기간이지 국내서면제출기간이 연장되는 것은 아니다.
② |O| 법 제201조 제4항.
③ |O| 법 제201조 제1항 및 제6항. 원문에 기재된 발명을 번역문에 기재하지 않아도 거절이유는 아니고, 출원인은 최종 국어번역문을 정정하여 원문에만 기재되었던 발명을 번역문에 추가할 수 있다.
④ |O| 법 제201조 제7항.
⑤ |×| 국제예비심사보고서 작성 후에는 국제단계에서 보정할 수 있는 기회는 없으나 국내단계에서 발명의 설명 등을 보정할 수 있다(법 제208조).

정답 ⑤

03 다음은 국제특허출원의 특례에 관한 설명이다. 다음의 설명 중에 타당한 것은?

① 국내우선권 주장의 선출원이 PCT에 의한 국제특허출원인 경우 선출원의 취하간주 시기는 기준일 또는 국제출원일로부터 1년3월 중 빠른날이다.

② 외국어로 출원된 국제특허출원의 경우 출원공개는 우선일로부터 1년6월 또는 기준일 중 늦은 때에 출원공개되는데, 출원공개가 있어야만 보상금청구권을 발생시킬 수 있으며, 출원공개를 통해 확대된 선출원의 지위가 인정될 수도 있다.

③ 국제출원의 발명의 설명 및 청구범위에 A,B,C를 기재하여 외국어로 국제출원하고 지정국인 대한민국 특허청에 발명의 설명 및 청구범위의 국어 번역문을 A,B로 제출한 경우 출원인이 심사청구한 후 발명의 설명 및 청구범위를 A,B,C로 보정했을 때 보정 후 발명의 설명 및 청구범위에는 거절이유가 존재하지 않는다.

④ 국제특허출원의 경우 제3자는 우선일로부터 31개월 전이라도 심사청구를 할 수 있는 경우가 있다.

⑤ 국제출원인이 재외자인 경우 기준일 경과 후 2월 이내에 특허관리인 선임신고가 없는 경우 국제특허출원은 취하간주 되므로, 지정국에 한국이외에 다른 국가가 지정되어 있어도 그 다른 국가에 국내단계로도 진입할 수 없다.

해설

① |✕| 기준일 또는 국제출원일로 부터 1년3월 중 늦은 날 취하간주된다.(법 제202조 제3항 후단)

② |○| 출원공개의 시기 및 효과와 관련하여 법 제207조 제1항 및 제2항에 대한 설명으로 타당하다. 한편, 확대된 선출원의 경우 '「국내에서의 출원공개 또는 국제사무국에 의한 국제공개」를 한 때이며, 그 범위는 국제출원일에 제출한 「국제출원일까지 제출한 발명의 설명, 청구범위 또는 도면」에 기재된 발명 또는 고안에 한하여 인정된다(법 제29조 제5항 및 제6항).' 일반적으로 국제특허출원의 경우 국제공개가 국내공개보다 먼저 되기 때문에 국내공개를 요건으로 확대된 선출원의 지위가 인정되는 경우는 번역문을 제출하고 조기공개신청(우선일로부터 1년 6월전이라도 출원인이 번역문을 제출한 후라면 조기공개의 신청을 할 수 있다(시행규칙 제44조 제2항))을 한 경우를 말한다.

③ |✕| 국제특허출원의 보정이 가능한 범위에 관하여 법 제47조 제2항 전단의 규정을 적용함에 있어서는 "특허출원서에 최초로 첨부된 명세서 또는 도면에 기재된 사항"은 "국제출원일까지 제출한 발명의 설명, 청구범위 또는 도면」에 기재된 사항"으로 한다.(법 제208조 제3항) 따라서, 확정된 번역문에 기재되지 않은 발명 C를 추가하는 보정은 특허법 제47조 제2항 전단에는 위배되지 않는다. 그러나 특허법은 최종 국어번역문을 기준으로 신규사항이 추가된 경우도 특허법 제47조 제2항 후단에 따라 거절이유로 규정하고 있어 보정 후 명세서에 대해 심사관은 특허법 제47조 제2항 후단 위반의 거절이유를 통지할 것이다. 한편, 출원인은 법 제201조 제6항에 따라 번역문을 정정하여 최종 번역문에 누락된 발명 C를 추가할 수 있고, 그럼 특허법 제47조 제2항 후단에도 위배되지 않게 된다.

④ |✕| 국제특허출원의 출원인이 아닌 자는 법 제201조 제1항에서 규정한 기간을 경과한 후가 아니면 법 제59조 제2항의 규정에 불구하고 그 국제특허출원에 관하여 출원심사의 청구를 할 수 없다.(법 제210조) 즉, 국내서면제출기간인 우선일로부터 31개월이 경과한 후에만 심사청구가 가능하다. 이는, 제3자의 심사청구로 인해서 출원번역문이 확정되는 것을 방지하기 위함이다.

⑤ |✕| 재외자가 특허관리인에 의하지 아니하고 출원번역문을 제출한 자는 기준일로부터 2월 내에

특허관리인을 선임하여 특허청장에게 신고하여야 한다. 특허관리인 선임신고가 없는 경우 그 국제특허출원은 취하된 것으로 간주된다(법 제206조 제2항 및 제3항, 시행규칙 제116조). 한편, 국제특허출원이 취하간주 될 뿐, 국제출원은 유효하기 때문에 출원인은 다른 지정국의 국내단계로 진입하는 것은 문제없다.

정답 ②

04 국제특허출원에 대한 다음 설명 중 틀린 것은?

① 국제특허출원한 발명에 관하여 '간행물 발표'를 사유로 하여 소위 '신규성 의제'규정을 적용받고자 하는 자는 그 취지를 기재한 서면 및 이를 증명할 수 있는 서류를 기준일 경과 후 30일이 되는 날까지 특허청장에게 제출하면 된다.
② 외국어로 출원된 국제특허출원의 출원인은 우선일로부터 국내서면제출기간 내에 국제출원일에 제출한 발명의 설명·청구범위·도면(도면 중 설명 부분에 한한다) 및 요약서의 국어로 번역한 번역문을 특허청장에게 제출하여야 하며, 국내서면제출기간 내에 요약서의 국어번역문을 제출하지 않는 경우에는 그 국제특허출원은 취하된 것으로 본다.
③ 국제특허출원에 관하여는 수수료를 납부하고 번역문을 제출(국어로 출원된 국제특허출원의 경우를 제외한다)하며 나아가 기준일을 경과하여야만 실체보정(국제조사보고서를 받은 후의 보정과 국제예비심사보고서 작성 전의 보정에 관한 경우를 제외한다)을 할 수 있다.
④ 국내서면 제출기간 경과 전에도 보상금 청구권이 발생할 수 있다.
⑤ 특허협력조약에서 지정국으로 한국 및 다른 동맹국을 지정한 국제출원을 우선권 주장의 기초로 하여 한국에 특허출원을 함에 있어서 특허출원인의 선택에 의해 특허출원 등에 의거하는 우선권 또는 파리조약에 의한 우선권을 주장할 수 있다.

해설

① |O| 법 제200조.
② |×| '발명의 설명 및 청구 범위'의 번역문의 제출이 없는 경우에 그 국제특허출원은 취하된 것으로 보지만(법 제201조 제4항), '요약서'의 번역문을 제출하지 않을 경우에는 법령에 정한 방식을 위반한 것이 되므로 보정명령(법 제46조) 후 불응시 무효처분(법 제16조 제1항)을 내리는 수순을 밟게 된다.
③ |O| 법 제208조 제1항.
④ |O| 보상금 청구권은 국내공개된 경우에 발생하며, 국내공개는 국내서면제출기간 경과 시에 공개되는 것이 원칙이나, 국내서면제출기간내 출원심사청구한 것으로서 국제 공개된 경우는 우선일로부터 1년6월 경과한 때 또는 심사청구일 중 늦은 때 공개되므로 국내서면제출기간 내에도 국내 공개될 수 있다.
⑤ |O| 국제특허출원은 국제출원일에 제출한 특허출원으로 보므로 국내우선권주장의 기초로 될 수 있으며, 다른 한편으로는 타 동맹국에 한 특허출원이므로 조약우선권의 기초로도 될 수 있다.

정답 ②

05 국제특허출원의 특례에 관한 설명 중 옳지 않은 것은? [2006년 기출변형]

① 외국어로 출원된 국제특허출원의 번역문을 제출한 출원인은 국내서면제출기간 내에 그 번역문에 갈음하여 새로운 번역문을 제출할 수 있으나, 출원인이 심사청구를 한 후에는 그러하지 아니하다.

② 심사청구에 있어 국제출원의 출원인이 아닌 자는 번역문을 제출하고 수수료를 납부하였다 하더라도 국내서면제출기간이 경과하여야 심사청구를 할 수 있다.

③ 국내우선권을 주장한 출원의 선출원이 국제특허출원인 경우에는 그 선출원은 기준일 또는 국제출원일부터 1년 3월을 경과한 때 중 늦은 때에 취하간주된다.

④ 특허관리인에 의하지 아니하고 출원번역문을 제출한 자는 기준일부터 2월 내에 특허관리인을 선임하여 특허청장에게 신고하여야 하며 특허관리인 선임신고가 없는 경우 그 국제특허출원은 취하간주된다.

⑤ 외국어로 출원된 국제특허출원이 국내에서 특허등록되기 전에 정당한 권원이 없는 제3자가 상기 국제특허출원의 국제공개 또는 국내공개 후에 그 발명을 업으로서 실시하여 경고를 받은 경우 보상금청구권이 발생한다.

> **해 설**

①, ② |O| 국제특허출원의 출원인은 법 제201조 제1항의 규정에 의한 번역문을 제출하고 법 제82조 제1항의 규정에 의한 수수료를 납부한 후가 아니거나 국제특허출원의 출원인이 아닌 자는 법 제201조 제1항에서 규정한 기간을 경과한 후가 아니면 법 제59조 제2항의 규정에 불구하고 그 국제특허출원에 관하여 출원심사의 청구를 할 수 없다(법 제210조).

③ |O| 법 제202조 제3항

④ |O| 기준일까지는 법 제5조 제1항의 규정에 불구하고 특허관리인에 의하지 아니하고 특허에 관한 절차를 밟을 수 있지만 기준일 경과후 2월내 특허관리인 선임하지 않으면 취하간주된다(법 제206조 제1항 및 2항).

⑤ |×| 국제특허출원의 출원인은 국제특허출원에 관하여 국내공개(국어로 출원한 국제특허출원인 경우「특허협력조약」제21조에 따른 국제공개를 말한다. 이하 이 항에서 같다)가 있은 후 국제특허출원된 발명을 업으로 실시한 자에게 국제특허출원된 발명인 것을 서면으로 경고한 때에는 그 경고후부터 특허권의 설정등록전에 그 발명을 업으로서 실시한 자에게 그 특허발명의 실시에 대하여 합리적으로 받을 수 있는 금액에 상당하는 보상금의 지급을 청구할 수 있으며, 경고를 하지 아니하는 경우에도 국내공개된 국제특허출원된 발명인 것을 알고 특허권의 설정등록전에 업으로서 그 발명을 실시한 자에 대하여도 또한 같다. 다만, 그 청구권은 당해 특허출원이 특허권의 설정등록된 후가 아니면 이를 행사할 수 없다(법 제207조제3항). 즉, 외국어로 출원된 국제특허출원인 경우 국제공개된 것만을 가지고는 보상금 청구권이 발생하지 않는다.

정답 ⑤

06 특허협력조약에 의한 국제출원에 대한 다음 설명 중 옳은 것은? [2007년 기출변형]

① 미국특허청에 2008년 5월 6일 특허출원 A를 하고 특허출원 A를 기초로 우선권주장을 수반하여 특허협력조약에 의해 2009년 3월 3일 미국특허청을 수리관청으로 하여 영어로 국제출원 B를 하고 2010년 3월 3일 한국특허청에 국제출원 B의 국어 번역문을 제출한 경우 한국특허청에서는 국제출원 B를 2009년 3월 3일 출원된 특허출원으로 본다.
② 국제출원일에 제출된 국제출원의 발명의 설명, 청구범위, 도면 등에는 기재되어 있으나 그 번역문에는 기재되어 있지 않은 발명이 있는 경우 이를 이유로 국제특허출원이 거절될 수 있다.
③ 국제출원의 출원인이 국제조사보고서를 받은 후 청구범위에 대하여 보정을 한 때에 국내단계진입하면서 국제출원일에 제출한 청구범위의 국어번역문 제출 없이 보정 후의 청구범위에 대해서만 국어번역문을 제출할 수는 없다.
④ 국내서면제출기간내 국제출원일에 제출한 발명의 설명 및 청구범위에 대한 번역문의 제출이 없는 경우에는 그 국제특허출원은 포기한 것으로 본다.
⑤ 미국특허청에 특허협력조약에 의해 영어로 국제출원을 한 후 한국특허청에 특허법 제201조(국제특허출원의 번역문)에서 규정한 번역문을 제출하고 특허출원에 관한 수수료를 납부하면, 제3자는 국내서면제출기간 내에 그 국제특허출원에 대하여 출원심사의 청구를 할 수 있다.

해설

① |O| 「특허협력조약」에 의하여 국제출원일이 인정된 국제출원으로서 특허를 받기 위하여 대한민국을 지정국으로 지정한 국제출원은 그 국제출원일에 출원된 특허출원으로 본다(법 제199조 제1항). 다만, 우선일인 2008년 5월 6일로 발명에 대한 판단시점이 소급될 뿐 이다.
② |×| 국제출원일에 제출한 발명의 설명, 청구범위, 도면에 기재된 발명 중 일부를 번역문 제출할 때 누락한 경우에 번역문은 보정의 효과가 있으므로 이는 일종의 삭제보정이다. 신규사항 추가한 것이 특허법 제47조 제2항 전단에 위배될 뿐 삭제보정은 전혀 하자가 되지 않는다.
③ |×| 국제출원일에 제출한 청구범위의 국어번역문을 보정후의 청구범위에 대한 국어 번역문으로 대체하여 제출하는 것이 가능하다(법 제201조 제2항).
④ |×| 국내서면제출기간내에 발명의 설명 및 청구범위의 번역문의 제출이 없는 경우에는 그 국제특허출원은 취하된 것으로 본다(법 제201조 제4항).
⑤ |×| 국제특허출원의 출원인이 아닌 자는 국내서면제출기간을 경과한 후가 아니면 국제특허출원에 관하여 출원심사의 청구를 할 수 없다(법 제210조). 결국, 국제특허출원의 경우 출원인이 아닌 자가 심사청구할 수 있는 시기는 국내서면제출기간경과 후 「국제출원일」로부터 3년 이내이다. 국내서면제출기간 경과 후에 심사청구가 가능한 이유는 제3자의 심사청구로 기준일이 확정되면 출원인이 더 이상 번역문을 교체할 수 없기 때문이다.

정답 ①

07 국제특허출원에 관한 다음 중 옳은 것으로만 묶인 것은?

[2008년 기출]

ㄱ. 특허협력조약(PCT)에 의하여 국제출원일이 인정된 국제출원으로서 특허를 받기 위하여 대한민국을 지정국으로 지정한 국제출원은 그 국제출원일에 출원된 특허출원으로 본다.

ㄴ. 국제특허출원한 발명에 관하여 특허법 제30조(공지 등이 되지 아니한 발명으로 보는 경우) 제1항 제1호의 적용을 받고자 하는 자는 그 취지를 기재한 서면을 동법 제30조 제2항의 규정에 불구하고 제201조(국제특허출원의 번역문) 제1항에 따른 기준일 경과 후 30일 이내에 특허청장에게 제출할 수 있다.

ㄷ. 재외자인 국제특허출원의 출원인은 기준일까지는 특허관리인에 의하지 아니하고 특허에 관한 절차를 밟을 수 있다. 이에 따라 국제특허출원의 번역문을 제출한 재외자는 기준일부터 4월 이내에 특허관리인을 선임하여 특허청장에게 신고하여야 한다.

ㄹ. 국제특허출원에서 특허법 제82조(수수료) 제1항의 규정에 의한 수수료를 납부하고, 동법 제201조(국제특허출원의 번역문) 제1항의 규정에 의한 국어 번역문을 제출하고, 기준일을 경과한 후가 아니면 보정을 할 수 있는 경우가 없다.

ㅁ. 외국어로 출원된 국제특허출원의 특허에 대하여 특허법 제133조(특허의 무효심판) 제1항 각호의 무효사유를 가지는 경우외에 특허무효심판을 청구 할 수 있는 경우도 있다.

ㅂ. 특허청장은 국제특허출원의 국내서면제출기간이 경과한 때 그에 관하여 특허공보에 게재하여 출원공개를 하여야 한다. 다만, 그 기간 내에 출원인이 출원심사청구를 한 국제특허출원으로서 특허협력조약 제21조에서 규정하는 국제공개가 된 것은 우선일부터 1년 6월이 경과한 때 또는 출원심사의 청구일 중 늦은 때에 출원공개를 한다.

① ㄱ, ㄴ, ㄹ
② ㄱ, ㄴ, ㅂ
③ ㄱ, ㄷ, ㅂ
④ ㄴ, ㄹ, ㅁ
⑤ ㄷ, ㄹ, ㅂ

해설

ㄱ) |○| 법 제199조 제1항   ㄴ) |○| 법 제200조

ㄷ) |×| 재외자인 국제특허출원의 출원인은 기준일까지는 특허관리인에 의하지 아니하고 특허에 관한 절차를 밟을 수 있으며, 출원번역문을 제출한 재외자는 기준일로부터 2월내(시행규칙 제116조)에 특허관리인을 선임하여 특허청장에게 신고하여야 한다(법 제206조 제1항 및 제2항).

ㄹ) |×| 수수료를 납부하고, 국어번역문을 제출하고, 기준일을 경과한 후부터 법 제208조에 따른 국내단계 진입 후 보정을 할 수 있으나, 그전이라도 국제단계에서 PCT 제19조 또는 제34조에 따른 보정을 할 수 있다.

ㅁ) |×| 외국어로 출원된 국제특허출원의 특허에 대하여는 제133조제1항 각 호의 규정에 의한 경우 외에 특허무효심판을 청구할 수 있는 경우는 없다.(종래 특허법 제213조는 2015. 1. 1. 시행 특허법에서 삭제되었다.)

ㅂ) |○| 법 제207조 제1항. 다만, 국어로 출원한 국제특허출원에 관하여는 「특허협력조약」 제21조에 따라 국제공개가 된 경우 그 국제공개 시에 출원공개가 된 것으로 본다(특허법 제207조 제2항).

정답 ②

08 특허협력조약에 의한 국제특허출원에 관한 다음 설명 중 옳지 않은 것은? (설문 중의 일자는 공휴일이 아닌 것으로 한다) [2009년 기출]

① 甲이 미국 내 특허출원이 없이 2007.1.12.에 미국특허청을 수리관청으로 하고 우리나라를 지정국으로 하여 특허협력조약에 의한 국제출원을 영어로 한 경우, 甲이 2009.8.12.까지 우리나라 특허청에 국제특허출원의 국어 번역문을 제출하지 않으면 그 국제특허출원은 취하된 것으로 간주한다.

② 미국특허청을 수리관청으로 하고 우리나라를 지정국으로 하여 국제출원을 영어로 한 甲은 우리나라 특허청에 국제특허출원의 번역문을 제출할 경우, 국제출원일에 제출한 청구범위와 다른 청구범위의 국어 번역문을 제출하여 등록받을 수 있다.

③ 미국특허청을 수리관청으로 하고 우리나라를 지정국으로 하여 국제출원을 영어로 한 甲은 우리나라 특허청에 국내서면제출기간 이내에 번역문을 제출하고 심사청구를 하였다. 이 경우 甲이 국제특허출원에 대하여 특허법 제30조(공지 등이 되지 아니한 발명으로 보는 경우) 제1항 제1호의 적용을 받고자 할 때에는 그 취지를 기재한 서면 및 그 증명서류를 심사청구일 경과후 30일내에 제출하여야 한다.

④ 甲이 미국내 특허출원이 없이 2007.1.12.에 미국특허청을 수리관청으로 하고 우리나라를 지정국으로 하여 특허협력조약에 의한 국제출원을 영어로 하고, 2008.10.20.에 우리나라 특허청에 국제특허출원의 번역문을 제출한 경우, 심사청구기간은 2007.1.12.부터 3년 이내이다.

⑤ 甲은 미국특허청을 수리관청으로 하고 우리나라를 지정국으로 하여 특허협력조약에 의한 국제출원을 영어로 하고, 국제출원일에 제출한 국제출원서류와 동일한 국어 번역문을 제출하였다. 그 이후에 甲은 심사청구를 하면서 국제출원시 제출한 도면에만 기재되어 있던 발명을 청구범위에 추가하는 보정을 할 수 없다.

해설

① |O| 국제특허출원을 외국어로 출원한 출원인은 「특허협력조약」 제2조(xi)의 우선일(이하 "우선일"이라 한다)부터 2년 7월(이하 "국내서면제출기간"이라 한다) 이내에 국제출원일에 제출한 발명의 설명·청구범위·도면(도면중 설명부분에 한한다) 및 요약서의 국어 번역문을 특허청장에게 제출하여야 한다. 국내서면제출기간내에 발명의 설명 및 청구범위의 번역문의 제출이 없는 경우에는 그 국제특허출원은 취하된 것으로 본다(법 제201조 제1항 및 제4항).

② |O| 특허협력조약 제19조(1)에 따라 보정한 보정 후의 청구범위에 대한 국어번역문으로 대체하여 제출할 수 있다.(특허법 제201조 제2항)

③ |O| 법 제200조, 시행규칙 제111조

④ |O| 국제특허출원의 출원인은 번역문 및 수수료를 납부한 후라면 국내서면제출기간 만료일 전이라도 그 국제특허출원에 대해 출원심사를 청구할 수 있다(법 제210조). 한편 심사청구는 특허출원일로부터 3년 이내에 해야 하고(법 제59조 제2항), 국제특허출원의 경우에 국제출원일이 특허출원일(법 제199조 제1항)이 되므로, 국제출원일이 2007.1.12부터 3년 이내인 2010.1.12에는 심사청구를 해야 한다. 결국, 출원인은 번역문 제출 및 수수료 납부 후 국제출원일로부터 3년 이내에는 심사청구를 해야 한다.

⑤ |×| 외국어로 출원된 국제특허출원의 보정할 수 있는 범위에 관하여 제47조 제2항 전단을 적용할 때는 특허출원서에 최초로 첨부한 명세서 또는 도면을 국제출원일까지 제출한 발명의 설명, 청구범위 또는 도면으로 본다. 따라서 국제출원일에 제출한 도면에 기재된 발명을 청구범위에 추가하는 것은 신규사항추가가 아니므로 가능하다.

정답 ⑤

09 甲은 일본 국내 특허출원이 없이 2009년 1월 30일에 일본특허청을 수리관청으로 하고 우리나라를 지정국으로 하여 특허협력조약에 의한 국제출원을 하였다. 다음 설명 중 옳은 것은? (단, 공휴일은 고려하지 않는다.) [2012년 기출]

① 甲이 2010년 10월 20일에 우리나라 특허청에 국제특허출원의 번역문을 제출한 경우, 2013년 10월 20일까지 심사청구를 하지 않으면 그 특허출원은 취하된 것으로 본다.
② 甲이 특허협력조약 제19조(1)에 의한 보정을 한 경우, 그 보정된 청구범위의 국어 번역문으로 국제출원일에 제출한 청구범위의 번역문을 대체할 수 있다.
③ 甲이 우리나라 특허청에 번역문을 제출하고 심사청구를 한 경우, 국제특허출원에 대하여 특허법 제30조(공지 등이 되지 아니한 발명으로 보는 경우) 제1항 제1호의 적용을 받고자 할 경우에는 그 취지를 기재한 서면 및 그 증명서류를 번역문 제출일부터 2개월 이내에 제출하여야 한다.
④ 甲이 2011년 7월 30일까지 우리나라 특허청에 국제특허출원의 국어 번역문을 제출하지 않으면 그 국제특허출원은 취하된 것으로 간주한다.
⑤ 甲은 우리나라 특허청에 수수료를 납부하고 번역문을 제출하였더라도 기준일 이전에는 명세서 또는 청구범위에 대한 보정을 할 수 없다.

해설

① |×| 취하간주는 번역문 제출일이 아닌 국제출원일로부터 3년동안 심사청구가 없는 경우에 발생한다. 사례에서는 2009년1월30일로부터 3년인 2012년1월30일까지 심사청구를 하여야 한다.
② |○| 법 제201조 제2항 및 제7항
③ |×| 법제30조의 규정을 적용받기 위해서는 취지기재서면 및 증명서류를 기준일로부터 30일내에 제출하여야 한다.
④ |×| 법 제201조 제1항 국어번역문의 제출시기는 국제출원일로부터 31월인 2011년8월30일 까지 이다.
⑤ |×| 출원인은 국내보정을 위해서는 수수료 납부, 번역문 제출 및 기준일 경과후에 가능하나(법 제208조), 예외적으로 PCT 19조, PCT34조 보정 후 번역문을 제출한 경우 기준일 경과전임에도 불구하고 국내법의 적용을 받는 보정으로 간주한다.

정답 ②

10 국제특허출원에 관한 설명으로 옳지 않은 것은? [2013년 기출]

① 미국기업이 미국특허청을 수리관청으로 국제특허출원하고 한국특허청을 지정국으로 출원한 경우, 한국 출원일은 수리관청인 미국특허청이 국제출원일로 인정한 날로 본다.
② 국제특허출원을 하면 국제조사는 의무적으로 실시되는 것이지만 국제예비심사는 출원인의 신청에 의하여 이루어지는 임의사항이다.
③ 외국어로 출원한 국제특허출원에서 명세서 등을 보정하는 경우나 국제출원일에 외국어로 출원된 실용신안등록출원으로 보는 국제출원을 기초로 하여 특허출원으로 변경출원하는 경우에는 수수료 납부, 국어번역문 제출 및 기준일 경과의 요건을 충족해야만 가능하다.
④ 외국어로 출원한 국제특허출원의 경우에 국제출원일에 제출된 국제특허출원의 발명의 설명이나 청구범위에 기재된 사항 및 도면중의 설명부분으로서 국내서면제출기간 내에 제출된 번역문에 기재되지 아니한 것이라도 출원인은 누락된 사항을 최종 번역문에 추가할 수 있는 경우가 있다.
⑤ 국제출원일이 인정된 국제특허출원에 관하여 국제출원일부터 4개월 이내 그 국제출원에 청구범위가 제출되지 않았음이 발견된 경우에 그 국제출원은 취하된 것으로 본다.

> 해 설

① |O| 법 제199조 [PCT 제11조 (3) 참조]
② |O| 특허법 시행규칙 제106조의11 및 특허법 시행규칙 제106조의23 [PCT 제15조 (1) 및 PCT 제31조 (1) 참조]
③ |×| 제209조, 변경출원은 수수료 납부 및 번역문 제출 후 가능
④ |O| 법 제201조 제5항 및 제6항
⑤ |O| 법 제196조 제1항 제3호 및 시행규칙 제106조 제2항 [PCT 제14조 (4) 및 PCT 규칙 제30조 참조]

정 답 ③

11 특허협력조약(PCT)에 따른 국제특허출원에 관한 설명으로 옳지 않은 것은? [2015년 기출]

① 국제특허출원의 출원인은 국내서면제출기간에 출원인의 성명 및 주소, 발명의 명칭 등을 기재한 서면을 특허청장에게 제출하여야 하는데, 그 서면을 국내서면제출기간에 제출하지 아니한 경우 특허청장은 보정기간을 정하여 보정을 명하여야 한다.
② 특허법 제201조(국제특허출원의 국어번역문)제1항에 따라 국어번역문을 제출한 출원인은 국내서면제출기간(제201조제1항 단서에 따라 취지를 적은 서면이 제출된 경우에는 연장된 국어번역문 제출기간을 말한다)에 그 국어번역문을 갈음하여 새로운 국어번역문을 제출할 수 있으나 출원인이 출원심사의 청구를 한 후에는 허용되지 않는다.
③ 국제특허출원을 외국어로 출원한 출원인이 국내서면제출기간(제201조제1항 단서에 따라 취지를 적은 서면이 제출된 경우에는 연장된 국어번역문 제출기간을 말한다)에 발명의 설명 및 청구범위의 국어번역문을 제출하지 아니하면 그 국제특허출원을 취하한 것으로 본다.
④ 미국 기업이 미국 특허청을 수리관청으로 국제특허출원하고, 한국을 지정국으로 한 경우, 한국 출원일은 한국 특허청에 발명의 설명・청구범위・도면의 국어번역문을 제출한 날로 본다.
⑤ 국제특허출원을 외국어로 출원한 출원인이 특허협력조약 제19조(1)의 규정에 따라 청구범위에 관한 보정을 한 경우에는 국제출원일까지 제출한 청구범위에 대한 국어번역문을 보정 후의 청구범위에 대한 국어번역문으로 대체하여 제출할 수 있다.

해설

① |O| 법 제203조 제3항 제1호
② |O| 법 제201조 제3항
③ |O| 법 제201조 제4항
④ |×| 국제출원일에 출원된 것으로 본다(특허법 제199조 제1항).
⑤ |O| 법 제201조 제2항

정답 ④

12 특허협력조약(PCT)에 따른 국제출원 또는 국제특허출원에 관한 설명으로 옳지 않은 것은? (다툼이 있으면 판례에 따름) [2016년 기출문제]

① 국제특허출원의 외국어 발명의 설명에 기재된 발명도 공개된 경우 확대된 선출원의 지위를 가진다.
② '국제출원일에 제출된 국제출원의 발명의 설명, 청구범위 또는 도면'('국제출원명세서 등')에 기재된 사항이란 국제출원명세서 등에 명시적으로 기재되어 있는 사항이거나 또는 명시적인 기재가 없더라도 통상의 기술자라면 출원시의 기술상식에 비추어 보아 국제출원명세서 등에 기재되어 있는 것과 마찬가지라고 이해할 수 있는 사항이다.
③ 외국어로 기재된 국제특허출원의 번역문 제출에 대해서도 외국어 특허출원에 관한 특허법 제42조의3(외국어특허출원 등)의 규정이 적용된다.
④ 국제출원이 '국제출원일 인정요건'을 갖추지 못한 경우 수리관청은 출원인에게 2개월 이내에 보완할 것을 통지하며, 출원인이 통지된 내용에 따라 2개월 이내에 서류를 보완한 경우, 그 보완서가 수리관청에 제출된 날이 국제출원일이 된다.
⑤ 국제예비심사는 출원인의 선택에 따라 수행되는 임의 절차이다.

해 설

① |O| 법 제29조 제5항 내지 제7항
② |O| 대법원 2014. 4. 30 선고 2011후767
③ |×| 법 제199조 제2항 (법 제42조의3의 규정이 적용되지 아니한다)
④ |O| 법 제194조
⑤ |O| 법 제198조

정답 ③

13 甲은 2015년 5월 2일자 일본특허출원을 우선권으로 주장하며 2016년 4월 28일에 일본특허청을 수리관청으로 하고 우리나라를 지정국으로 하여 일본어로 특허협력조약에 의한 국제출원을 하였다. 다음 설명 중 옳은 것은? (단 공휴일은 고려하지 않는다.)

① 甲이 특허협력조약 제34조(2)(b)에 의한 보정을 외국어로 한 경우, 그 보정된 특허청구범위의 국어 번역문으로 국제출원일에 제출한 특허청구범위의 번역문을 대체할 수 있다.
② 甲이 국어번역문 제출기간에 대한 연장신청도 없이 2018년 11월 28일까지 우리나라 특허청에 국제특허출원의 발명의 설명과 청구범위에 대한 국어번역문을 제출하지 않으면 그 특허출원은 취하된 것으로 간주된다.
③ 甲이 2017년 12월 2일에 우리나라 특허청에 국제특허출원의 번역문을 제출한 경우, 2019년 4월 28일까지 심사청구를 하지 않으면 그 특허출원은 취하된 것으로 간주된다.
④ 甲은 우리나라 특허청에 수수료를 납부하고 번역문을 제출하였더라도 기준일 이전에는 발명의 설명 또는 청구범위에 대한 보정을 할 수 없다.
⑤ 甲은 특허관리인에 의하지 아니하면 국제출원일에 제출한 발명의 설명 등의 국어번역문을 우리나라 특허청에 제출할 수 없다.

해 설

① 국제출원일에 제출한 청구범위에 대한 국어번역문은 특허협력조약 제19조(1)에 따라 보정한 경우만 그 보정 후의 청구범위에 대한 국어번역문으로 대체하여 제출할 수 있다(특허법 제201조 제2항). 외국어로 한 특허협력조약 제34조(2)(b)에 따른 보정은 국제출원일에 제출한 발명의 설명, 청구범위 등에 대한 번역문과 따로 그 보정에 대한 국어번역문을 제출하는 방법밖에 없다(특허법 제205조).
② 국내단계에 진입할 때는 국제특허출원의 발명의 설명, 청구범위, 도면, 요약서의 국어번역문과, 특허협력조약 제19조(1)이나 제34조(2)(b)에 따른 보정의 국어번역문을 제출해야 하는데, 만약 발명의 설명과 청구범위에 대한 국어번역문을 정해진 기간 내에 제출하지 않으면 그 국제특허출원은 취하된 것으로 간주된다(특허법 제201조 제4항). 위 발명의 설명과 청구범위에 대한 국어번역문 제출 기간은 우선일부터 31개월이다(특허법 제201조 제1항 본문). 즉 2017년 12월 2일까지이다. 국어번역문의 제출기간에 대해 연장신청하면 1개월 연장할 수 있다(특허법 제201조 제1항 단서).
③ 국제특허출원의 심사청구기한은 우선일부터도 아니고, 대한민국에 진입한 날(=번역문 제출일)도 아니고, 국제출원일부터 3년이다(특허법 제59조 제2항 본문).
④ 우리나라 특허청에서의 보정은 수수료 납부하고 국어번역문 제출해서 국내단계진입을 한 후 기준일까지 지나서 위 번역문이 확정되어야만 비로소 가능하나, 특허협력조약 제19조(1)이나 제34조(2)(b)에 따라 외국어로 한 국제단계에서의 보정은 기준일 전에 그 보정에 대한 번역문만 제출하면 바로 보정효과가 나타난다(특허법 제208조 제1항 괄호).
⑤ 기준일까지는 특허관리인에 의하지 아니하고 각종 번역문을 제출할 수 있다(특허법 제206조 제1항). 대신 기준일부터 2개월 이내에 특허관리인을 선임해서 특허청장에게 신고하지 않으면 그 특허출원은 취하된 것으로 간주된다(특허법 제206조 제3항, 특허법 시행규칙 제116조).

정 답 ③

14 국제특허출원에 관한 설명으로 옳지 않은 것은?

① 국제특허출원의 국제출원일까지 제출된 발명의 설명, 청구범위 및 도면은 특허법 제42조 제2항에 따른 특허출원서에 최초로 첨부된 명세서 및 도면으로 보아 특허법 제47조 제2항 전단에 따른 신규사항추가 여부의 기준이 된다.
② 외국어로 국제출원한 국제실용신안등록출원은 수수료를 내고 국어번역문을 제출한 후 기준일이 지나야 특허출원으로의 변경출원이 가능하다.
③ 외국어로 국제출원한 국제특허출원의 국어번역문 제출 기간을 제3자가 단축할 수 있는 경우는 없다.
④ 국제특허출원의 출원공개는 우선일부터 32개월이 지나야만 하는 경우가 있다.
⑤ 특허법 제203조에 따른 서면을 국내서면제출기간 내에 제출하지 않으면 특허청장은 보정을 명한다.

해 설

① 특허법 제200조의2 제2항, 제208조 제3항.
② 수수료를 납부하고 국어번역문을 제출하면 변경출원이 가능하다(특허법 제209조).
③ 국내서면제출기간 내에 심사청구를 하면 그 후에는 국어번역문 제출이 불가하다. 그런데 제3자는 국내서면제출기간이 지난 후에만 심사청구가 가능하기 때문에 제3자에 의해 국어번역문 제출기간이 단축되는 경우는 있을 수 없다(특허법 제210조 제2호).
④ 심사청구를 하지 않고 특허법 제201조 제1항 단서에 따라 국어번역문의 제출기간에 대해 1개월의 연장신청을 하면 우선일부터 2년 7개월부터 1개월이 지난 후인 2년 8개월, 즉 32개월이 지나야 출원공개를 한다(특허법 제207조 제1항 괄호).
⑤ 특허법 제203조 제3항 제1호.

정 답 ②

15 특허협력조약에 의한 국제특허출원에 관한 설명 중 옳지 않은 것은?

① 출원인이 국제특허출원을 하면서 파리협약의 당사국에서 행하여진 선출원에 의한 우선권을 주장하였다면 국내서면제출기간의 기산일은 국제출원일이 아닌 우선일을 기준으로 하며, 이는 우선권 주장의 실체적 효력 유무에 따라 달리 볼 것이 아니다.
② 국내서면제출기간에 출원인의 성명 및 주소, 발명의 명칭 등을 기재한 서면을 특허청장에게 제출하지 않은 경우 특허청장은 보정기간을 정하여 보정을 명하며, 지정된 기간에도 보정을 하지 않을 경우 해당 국제특허출원은 취하된 것으로 된다.
③ 특허법 제201조(국제특허출원의 국어번역문) 제1항에 따라 국어번역문을 제출한 출원인은 국내서면제출기간(제201조 제1항 단서에 따라 취지를 적은 서면이 제출된 경우에는 연장된 국어번역문 제출기간을 말한다)에 그 국어번역문을 갈음하여 새로운 국어번역문을 제출할 수 있으나 출원인이 심사청구를 한 후에는 허용되지 않는다.
④ 국제특허출원을 외국어로 출원한 출원인이 특허협력조약 제19조(1)의 규정에 따라 청구범위에 관한 보정을 한 경우에는 국제출원일까지 제출한 청구범위에 대한 국어번역문을 보정 후의 청구범위에 대한 국어번역문을 대체하여 제출할 수 있다.
⑤ 출원인이 재외자인 경우는 기준일부터 2개월 이내에 특허관리인을 선임하여 특허청장에게 신고하여야 하며, 선임신고가 없으면 취하된 것으로 본다.

해설

① 출원인이 국제특허출원을 하면서 파리협약의 당사국에서 행하여진 선출원에 의한 우선권을 주장하였다면 구 특허법 제201조 제1항 본문의 우선일은 국제특허출원의 제출일이 아니라 우선권을 주장한 선출원의 제출일이 된다.
그리고 우선일은 특허협력조약과 그 규칙에서 국제특허출원의 국제공개, 국제조사, 국제예비심사 청구 등 국제단계를 구성하는 각종 절차들의 기한을 정하는 기준으로 되어 있고, 구 특허법에서도 명세서 및 청구의 범위 등에 관한 번역문의 제출기한의 기준일로 되어 있는 등, 출원 관계 기관의 업무와 관련자들의 이해관계에 중대한 영향을 미치게 되므로, 우선일은 일률적으로 정하여질 필요가 있다. 따라서 국제특허 출원인의 우선권 주장에 명백한 오류가 없다면 그 주장하는 날을 우선일로 보아 이를 기준으로 특허협력조약 및 구 특허법에서 정한 절차를 진행하여야 하며, 그 우선권 주장의 실체적 효력 유무에 따라 달리 볼 것은 아니다(2014두42490).
② 보정명령에 불응할 경우 무효로 될 수 있다(특허법 제203조 제4항).
③ 특허법 제201조 제3항.
④ 특허법 제201조 제2항.
⑤ 특허법 제206조 제3항. 특허법 시행규칙 제116조

정답 ②

16 특허협력조약에 의한 국제출원에 관한 설명 중 옳지 않은 것은? (다툼이 있는 경우 판례에 의함)

① 국제출원의 출원서에 명백한 잘못이 있음을 이유로 하는 정정신청에 대한 특허청장의 거부 사실의 통지는 항고소송의 대상이 되지 않는다.
② 우선권주장을 한 국제특허출원의 국내단계진입 기간은 우선권주장의 실체적 효력 유무에 따라 달라진다.
③ 국제특허출원에 관하여는 수수료를 내고, 국어번역문을 제출한 다음(단 국어로 출원된국제특허출원인 경우는 그러하지 아니하다), 기준일이 지난 후에만 특허법 제47조 제1항에 따른 보정(PCT 제19조 또는 제34조에 따른 보정은 제외한다)이 가능하다.
④ 특허청장은 국제출원이 도면에 관하여 적고 있으나 그 출원에 도면이 포함되어 있지 아니하면 그 취지를 출원인에게 통지하여야 한다.
⑤ 국제출원일이 인정된 국제출원에 관하여 국제출원일부터 4개월에 그 국제출원이 제194조제1항 각 호의 보완명령사유에 해당하는 것이 발견된 경우 그 국제출원은 취하된 것으로 본다.

해 설

① 대법원 2018. 9. 13. 선고 2016두45745 판결
② 우선권주장의 실체적 효력 유무와 상관 없이 우선권주장에 명백한 오류가 없다면 우선일부터 2년7개월까지 대한민국 진입이 가능하다(2014두42490).
③ 특허법 제208조
④ 특허법 제194조 제3항
⑤ 특허법 제196조 제1항 제3호, 특허법 시행규칙 제106조 제2항

정 답 ②

17 특허협력조약(PCT)에 따른 국제특허출원에 관한 설명으로 옳지 않은 것은? [2020년 기출]

① 특허법 제201조(국제특허출원의 국어번역문) 제1항에 따라 국어번역문을 제출한 출원인은 국내서면제출기간(제1항 단서에 따라 취지를 적은 서면이 제출된 경우에는 연장된 국어번역문 제출기간을 말한다)에 그 국어번역문을 갈음하여 새로운 국어번역문을 제출할 수 있으나, 출원인이 출원심사의 청구를 한 후에는 그러하지 아니하다.

② 특허법 제197조(대표자 등) 제1항의 절차를 대리인에 의하여 밟으려는 자는 제3조(미성년자 등의 행위능력)에 따른 법정대리인을 제외하고는 변리사를 대리인으로 하여야 한다.

③ 국제출원을 하려는 자는 산업통상자원부령으로 정하는 언어인 국어, 영어 또는 중국어로 작성한 출원서와 발명의 설명, 청구범위, 필요한 도면 및 요약서를 특허청장에게 제출하여야 한다.

④ 특허법 제203조(서면의 제출) 제3항에 따른 보정명령을 받은 자가 지정된 기간에 보정을 하지 아니하면 특허청장은 해당 국제특허출원을 무효로 할 수 있다.

⑤ 특허청장은 국제특허출원의 출원인에 대하여 기간을 정하여 특허협력조약 제18조(국제조사보고)의 국제조사보고서 또는 같은 조약 제35조(국제예비심사보고)의 국제예비심사보고서에 적혀 있는 문헌의 사본을 제출하게 할 수 있다.

해설

① 번역문을 제출하였으나, 제출한 번역문에 오역이 있으면 특허법 제47조 제2항 전단에 위배되어, 잘못된 오역을 정정하여야 한다. 이때 번역문 제출기간이 경과하지 않았으면 새로운 번역문을 제출하면 되고, 번역문 제출기간이 경과했거나 혹은 출원인이 심사청구를 한 후에는 새로운 번역문 제출이 불가하여 오역정정절차와 명세서 보정절차를 밟아야 한다(특허법 제201조 제3항).
② 특허법 제197조 제3항.
③ 국어, 영어, 일본어 중에서 가능하다(특허법 제193조 제1항, 특허법 시행규칙 제91조).
④ 특허법 제203조 제4항.
⑤ 국내에서 신규성, 진보성을 심사할 때 국제조사보고서나 국제예비심사보고서를 참고하려고 하나, 해당 보고서들에 작성되어 있는 선행문헌들의 입수가 곤란한 경우 특허청장은 출원인에게 그 선행문헌들을 제출해줄 것을 요청할 수 있다(특허법 제211조). 참고로 출원인은 국제조사와 국제예비심사단계에서 국제조사보고서나 국제예비심사보고서를 받을 때 관련 선행문헌들도 함께 받는다.

정답 ③

18 특허출원에 관한 설명으로 옳은 것은? (다툼이 있으면 판례에 따름) [2020년 기출]

① 분할출원은 특허출원이 특허청에 계속 중인 경우에 한하여 할 수 있으므로, 거절결정이 있는 때에는 거절결정등본을 송달받은 날부터 3개월 이내에 분할출원을 할 수 있으나, 특허결정이 있는 때에는 분할출원을 할 수 없다.

② 특허출원하여 거절결정이 되면 거절결정등본을 송달받은 날부터 3개월 이내에 실용신안등록출원으로 변경출원을 할 수 있으나, 실용신안등록출원하여 거절결정이 되면 거절결정등본을 송달받은 날부터 3개월 이내라도 특허출원으로 변경출원을 할 수 없다.

③ 출원인이 국제특허출원을 하면서 파리협약의 당사국에서 행하여진 선출원에 의한 우선권을 주장하였다면 특허법 제201조(국제특허출원의 국어번역문) 제1항 본문의 우선일은 국제특허출원의 제출일이 아니라 우선권을 주장한 선출원의 제출일이 된다.

④ 최후거절이유통지에 따른 보정에 의하여 새로운 거절이유가 발생하면 보정된 명세서로 심사하여 거절결정을 하여야 한다.

⑤ 국제특허출원을 외국어로 출원한 출원인은 국제출원서와 발명의 설명, 청구범위 및 도면(도면 중 설명부분에 한정한다)의 국어번역문을 우선일부터 31개월이 될 때까지 제출하여야 하고, 이를 제출하지 않으면 출원을 취하한 것으로 본다.

해설

① 분할출원은 특허출원이 특허청에 계속 중인 경우에 한하여 할 수 있으며, 특허결정이 있는 때에도 특허결정서 받은 날부터 3개월 또는 설정등록일 중 빠른 날까지 분할출원 가능하다(특허법 제52조 제1항 제3호).

② 특허를 실용신안으로 변경하는 것도 가능하고(실용신안법 제10조), 실용신안을 특허로 변경하는 것도 가능하다(특허법 제53조).

③ 국내서면제출기간은 우선권주장이 있는 경우는 우선일부터 2년 7개월 이내이고, 우선권주장이 없는 경우는 출원일부터 2년 7개월 이다(특허법 제201조 제1항).

④ 청구항 삭제로 인해 발생한 새로운 거절이유가 아닌 이상(특허법 제51조 제1항 괄호) 보정된 명세서가 아니라 보정을 각하(특허법 제51조 제1항)하고 보정 전 명세서로 심사하며, 보정 전 명세서로 심사했을 때 기 통지 거절이유가 극복되지 않았다고 판단되면 출원을 거절결정할 수 있다.

⑤ 국제출원서의 번역문을 제출하는 것이 아니라 우리나라 방식에 따라 국어로 된 203조 서면을 제출해야 한다(특허법 제203조).

정답 ③

19 甲은 발명 A를 2018. 9. 1. 미국잡지에 게재한 후 공지예외를 주장하여 특허협력조약(PCT)에 따라 미국특허청에 2019. 2. 1. 국제특허출원을 하였다. 지정국인 한국특허청의 국내절차에 관한 설명으로 옳지 않은 것은? [2021년 기출]

① 甲이 미국잡지에 게재한 것에 대하여 특허법 제30조(공지 등이 되지 아니한 발명으로 보는 경우) 제1항 제1호를 적용받고자 하는 경우, 그 취지를 적은 서면 및 이를 증명할 수 있는 서류를 2018. 9. 1.부터 2년 7개월 이내에 제출하여야 한다.

② 甲이 특허청장에게 서면을 국내서면제출기간에 제출하면서 국어번역문의 제출기간을 연장하여 달라는 취지를 기재하여 제출한 경우에는 국어번역문을 함께 제출하지 않아도 된다.

③ 甲이 국내서면제출기간에 발명의 설명, 청구범위 및 도면(설명부분에 한정한다)의 국어번역문을 제출하고, 이에 갈음한 새로운 국어번역문을 제출할 수 있으나 甲이 출원심사의 청구를 한 후에는 그러하지 아니하다.

④ 甲이 특허청장에게 서면을 제출한 경우, 한국에서의 특허출원일은 특허청장에게 서면을 제출한 날이 아니라 국제특허출원일인 2019. 2. 1.이다.

⑤ 甲이 특허협력조약(PCT) 제19조(1)의 규정에 따라 청구범위를 보정하고, 그 보정서의 국어번역문을 제출하는 때에는 특허법 제47조(특허출원의 보정) 제1항에 따라 보정된 것으로 본다.

해설

① 기준일부터 30일 이내에도 제출 가능하다(특허법 제200조, 특허법 시행규칙 제111조).
② 특허법 제203조 서면만 제출하면서 발명의 설명, 청구범위, 도면, 요약서에 대한 국어번역문 제출을 1개월 연장 신청할 수 있다(특허법 제201조 제1항 단서).
③ 심사청구 후에는 새로운 번역문 제출이 불가하다(특허법 제201조 제3항 단서).
④ 특허법 제199조 제1항
⑤ PCT 제19조 보정은 제34조 보정과 달리 청구범위 보정만 가능하며, 기준일까지 보정서의 국어번역문이 제출되면 그 보정서의 국어번역문에 따라 보정된 효과가 나온다(특허법 제204조 제2항).

정답 ①

20 특허협력조약에 의한 국제특허출원에 관한 설명으로 옳은 것은? [2022년 기출]

① 국제특허출원서에 발명의 설명은 기재되어 있으나 청구범위가 기재되어 있지 않는 경우, 국제출원이 특허청에 도달한 날을 국제출원일로 인정하여야 한다.

② 국제출원에 관한 서류가 우편의 지연으로 인하여 제출기간내에 도달하지 않은 경우에도 이러한 지연이 우편의 지연에 의한 것으로 인정된다면, 당해서류는 제출기간내에 제출된 것으로 추정한다.

③ 국제출원에서, 우선일부터 1년 4개월과 국제출원일부터 4개월 중 늦게 만료되는 날 이내에 우선권 주장의 보정은 할 수 있으나, 우선권 주장의 추가는 할 수 없다.

④ 국제출원에 대하여 특허청이 국제조사기관으로 지정된 경우에, 우선권 주장의 기초가 되는 선출원이, 국어, 영어, 일본어 이외의 언어로 된 경우에는 국어 번역문을 제출할 것을 출원인에게 명할 수 있다.

⑤ 외국어로 출원된 국제출원에서 원문의 범위를 벗어난 보정은 특허무효사유이나 국어 번역문의 범위를 벗어난 보정은 거절이유에는 해당하지만 특허무효사유는 아니다.

해 설

① |×| 국제출원에서는 임시명세서(청구범위 제출유예)가 허락되지 않는다. 청구범위 미기재의 경우 보완명령 나오며(특허법 제194조 제1항 제3호, 제2항), 보완서 제출하면 보완서 접수일이 국제출원일이 되고(특허법 제194조 제4항), 보완하지 않으면 출원이 인정되지 않아 출원일자 자체가 나오지 않는다(특허법 시행규칙 제98조).

② |×| 추정이 아니라 간주된다(특허법 시행규칙 제86조 제3항).

③ |×| 추가도 가능하다(특허법 시행규칙 제102조 제1항).

④ |×| 국어, 영어, 일본어 이외의 언어가 아니라, 국어와 영어 외 언어로 되어 있으면 국어번역문 제출을 명할 수 있다(특허법 시행규칙 제106조의11 제2항).

⑤ |○| 원문 범위를 벗어난 보정인 특허법 제47조 제2항 전단 위반은 무효사유에도 해당하나, 국어번역문의 범위를 벗어난 보정인 특허법 제47조 제2항 후단 위반은 무효사유가 아니다.

정답 ⑤

CHAPTER 04 기타 조약 일반

01 조약에 관한 다음 설명 중 옳지 않은 것은? [2002년 기출]

① 회원국 국민(또는 동맹국 국민)을 자국민과 동등하게 대우하라는 내국인대우 원칙은 파리조약과 TRIPs 협정에 모두 천명되어 있다.
② 지적재산권에 관한 국제조약은 양당사국간·다수당사국간·지역간 조약으로 분류할 수 있는데, 대부분의 다수당사국간의 조약은 세계지적소유권기구(WIPO)에 의하여 관장된다.
③ TRIPs 협정은 최소한의 보호기준을 규정한 것이므로 회원국이 국내법에서 TRIPs 협정보다 더 강력한 보호규정을 마련한다 하더라도 TRIPs협정에 위배되지 않는 한 아무런 문제가 되지 않는다.
④ 특허절차상 미생물기탁의 국제적승인에 관한 부다페스트조약에서 규정한「특허」에 관한 정의와 특허협력조약(PCT)에서 규정한「특허」에 관한 정의는 다르다.
⑤ 파리협약의 비동맹국의 국민이라도 동맹국의 영역내에 주소 또는 진정하고 실효적인 공업상 또는 상업상의 영업소를 가진 경우에는 동맹국의 국민과 동등하게 취급된다.

해설

① |O| 각 동맹국의 국민은 산업재산권의 보호에 관하여 다른 동맹국의 국민에 대해서 본 조약에서 특별히 규정하는 권리가 저해됨이 없이 모든 동맹국에 있어서의 각 동맹국의 법령이 내국민에게 현재 부여하고 있거나 장래 부여할 이익을 향유한다(파리조약은 제2조제1항). 각 회원국은 파리협약, 베른협약 로마협약 또는 집적회로에 관한 지적재산권조약이 각각 이미 규정하고 있는 예외의 조건에 따라 지적재산권 보호에 관하여 자기나라 국민보다 불리한 대우를 다른 회원국의 국민에게 부여하여서는 아니된다(TRIPs 제3조제1항).
② |O| 세계지적재산권기구(WIPO : World Intellectual Property Organization)은 1967년 7월 14일 스톡홀름에서 지적재산권의 국제적 보호를 목적으로 체결된 '1967년 7월 14일에 스톡홀름에서 서명된 세계지적재산권기구를 설립하는 조약'을 근거로 설립된 국제기구로서, 국제조약의 관장 및 체결, 국제규범의 제정, 개도국 지원을 위한 개발협력 사업 및 PCT 국제등록 업무를 관장한다. WIPO는 파리조약 등 산업재산권 관련 조약 17개와 베른조약 등 저작권에 관한 조약 7개 총 24개의 조약(협약)을 관장하고 있다.
③ |O| 회원국은 이 협정의 규정에 위배되지 아니하는 경우, 자기나라의 법을 통해 이 협정에 의해서 요구되는 것보다 더 광범위한 보호를 실시할 수 있으나, 그렇게 할 의무를 지지는 아니한다(WTO/TRIPs 협정 제1조 제1항). 이는 TRIPS 협정의 규정이 지식재산권 보호에 관한 최저기준(minimum standards)임을 천명하고 있다.
④ |X| PCT에서의 특허의 정의는 발명특허, 발명자증, 실용증, 실용신안, 추가특허, 추가발명자증 및 추가실용증을 지칭하는 것으로 하고 있는데(PCT 제2조ⅱ), 이는 부다페스트조약에서의 특허의 정의("특허"라 함은 발명특허, 발명자증, 실용증, 실용신안, 추가특허 또는 증서, 추가발명자증 및 추가실용증을 가리키는 것으로 해석한다)와 동일하다(부다페스트조약 제2조가목).
⑤ |O| 비동맹국의 국민으로서 어느 동맹국의 영역내에 주소 또는 진정하고 실효적인 공업상 또는 상업상의 영업소를 가진 자는 동맹국의 국민과 같이 취급된다(파리협약 제3조).

정답 ④

02 다음 국제조약에 관한 설명 중 옳지 않은 것은? [2003년 기출]

① 특허협력조약(PCT)에 의하여 세계 모든 국가에 효력이 미치는 단일의 국제특허를 취득하는 것이 비로소 가능하게 되었다.
② 대부분의 다자간 지적재산권 관련 국제조약은 세계지적재산권기구(WIPO)의 관장하에 있다.
③ 파리조약은 무기한으로 효력을 가진다. 다만, 각 동맹국의 자유의사를 존중하기 위하여 어떤 동맹국을 불문하고 사무국장에게 통고함으로써 본 조약을 폐기할 수 있다.
④ 우리나라는 '미생물기탁의 국제승인에 관한 부다페스트조약'에 가입하였다.
⑤ 산업재산권보호에 관한 파리조약은 산업재산권을 최광의로 해석하고 있다.

해 설

① |×| PCT에 가입되어 있지 아니한 국가에 대해서는 조약우선권 주장출원을 통하여 특허를 확보하여야 한다. 또한 PCT는 국제특허를 취득하는 절차가 아니고, 국제출원일을 인정하는 절차다.
② |O| WIPO는 파리조약 등 산업재산권 관련 조약 및 저작권에 관한 조약을 관장한다.
③ |O| 파리조약 26(1)
④ |O| 부다페스트조약은 미생물의 기탁에 관한 국제조약으로서 조약 동맹국이 승인한 하나의 국제기탁기관의 기탁만으로 다수국에 출원할 수 있으며, 국제기탁기관은 영속적으로 존재하기 때문에 안전하게 이용할 수 있다. 미생물 기탁의 상호 승인을 위한 국제조약으로서 1977년 체결되었으며, 우리나라는 1987년 12월에 가입하였다.
⑤ |O| 파리조약은 산업재산권을 최광의로 해석하여 본래의 공업 및 상업뿐만 아니라 농업 및 채취산업과 포도주, 곡물, 연초엽, 과일, 가축, 광물, 광수, 맥주, 꽃 및 곡분과 같은 모든 제조 또는 천연산품에 대해서도 적용되는 것으로 규정한다(파리조약 제1조제3항).

정답 ①

03 다음 WTO/TRIPs협정에 관한 설명 중 옳지 않은 것은? [2003년 기출]

① WTO/TRIPs 협정은 산업재산권보호를 위한 파리협약 준수 의무를 천명하고 있다.
② WTO/TRIPs 협정은 지적재산권의 보호에 관하여 최소한의 기준을 정하고 있으므로, 국내입법이 이 보다 더 강력하게 보호하더라도 WTO/TRIPs 협정을 위반하는 것이 아니다.
③ WTO/TRIPs 협정은 '권리소진의 원칙' 준수를 각 회원국들의 의무사항으로 부과하고 있다.
④ 산업재산권보호를 위한 파리협약과 달리 WTO/TRIPs협정은 분쟁해결절차 규정을 포함하고 있다.
⑤ 산업재산권보호를 위한 파리협약과 달리 WTO/TRIPs협정은 그 기본원칙 중의 하나로 최혜국대우원칙을 천명하고 있다.

> 해설

① |O| 이 협정의 제2부, 제3부 및 제4부와 관련, 회원국은 파리협약(1967년)의 제1조에서 제12까지 및 제19조를 준수한다(TRIPs 협정 제2조제1항).
② |O| 회원국은 이 협정의 규정에 위배되지 아니하는 경우, 자기나라의 법을 통해 이 협정에 의해서 요구되는 것보다 더 광범위한 보호를 실시할 수 있으나, 그렇게 할 의무를 지지는 아니한다(WTO/TRIPs 협정 제1조 제1항). 이는 TRIPS 협정의 규정이 지식재산권 보호에 관한 최저기준(minimum standards)임을 천명하고 있다.
③ |X| 이 협정의 어떠한 규정도 지식재산권의 소진문제를 다루기 위하여 사용되지 아니한다(WTO/TRIPs 협정 제6조). 따라서 본 조로 인해 각 회원국은 자유롭게 권리소진 및 병행수입의 문제를 결정할 수 있으며, 이는 분쟁해결절차의 대상이 되지 않는다.
④ |O| TRIPs 협정 제2절 및 제3절에서는 분쟁해결절차에 대해 규정하고 있다.
⑤ |O| 지적재산권의 보호와 관련하여 일방 회원국에 의해 다른 회원국의 국민에게 부여되는 이익, 혜택, 특전 또는 면책은 즉시, 그리고 무조건적으로 다른 모든 회원국의 국민에게 부여된다(TRIPs 협정 제4조).

> 정답 ③

04 무역관련지적재산권에 관한 협정(TRIPs협정)의 내용에 관한 설명으로서 옳지 않은 것은?

[2004년 기출]

① 회원국은 미생물을 포함한 동물과 식물을 특허대상에서 제외할 수 있다.
② 상표의 최초 등록과 각 갱신등록은 그 기간이 7년 이상이 된다.
③ 회원국은 인간 또는 동물의 치료를 위한 진단방법을 특허대상에서 제외할 수 있다.
④ 상표의 강제실시권(compulsory licensing)은 인정되지 아니하며, 등록상표권자는 그 상표가 속하는 영업의 이전과 함께 그 상표를 양도하거나 또는 그 상표만을 양도할 수 있는 권리를 갖는 것으로 양해된다.
⑤ 특허권의 보호기간은 출원일부터 20년이 경과하기 전에는 종료되지 않는다.

> 해설

① |X| 미생물이외의 동물과 식물, 그리고 비생물학적 방법 또는 미생물학적 방법과는 다른 동식물 생산을 위한 본질적으로 생물학적인 방법은 특허대상에서 제외할 수 있다. 단, 회원국은 특허 또는 효과적인 독자적 제도 또는 양자의 조합을 통하여 식물신품종의 보호를 규정한다(TRIPs 27조제3항(b)).
② |O| 상표의 최초 등록과 갱신 등록은 그 기간이 7년 이상이 된다. 상표의 등록은 무한정 갱신 가능하다(TRIPs 제18조).
③ |O| 회원국은 '인간 또는 동물의 치료를 위한 진단방법, 치료방법 및 외과적 방법'을 특허대상에서 제외할 수 있다(TRIPs 제27조제3항(a)).
④ |O| TRIPs 제21조.
⑤ |O| TRIPs 제33조.

> 정답 ①

05 무역관련지적재산권에 관한 협정(TRIPs협정)의 내용에 관한 설명으로서 옳지 않은 것은?

① 회원국은 인간 또는 동물의 치료를 위한 진단방법을 특허대상에서 제외할 수 있다.
② 보호기간은 출원일로부터 20년을 넘을 수 없다.
③ 내국민대우 원칙 및 최혜국대우 원칙을 모두 채택하고 있다.
④ 회원국들로 하여금 병행수입을 금지하도록 규정하고 있지 않다.
⑤ 회원국의 법률이 정부 또는 정부의 승인을 받은 제3자에 의한 사용을 포함하여 권리자의 승인 없이 특허대상의 다른 사용을 허용하는 경우 그 사용은 비배타적이어야 한다.

해설

① TRIPs 27.3.가
② 최소 출원일부터 20년이 경과하기 전에는 보호기간이 종료되지 않는다고 규정할 뿐이다(TRIPs 33).
③ TRIPs 3, 4
④ TRIPs는 권리소진문제에 대해서는 규정하지 않고 유보하고 있다. 따라서 각 회원국은 각국의 법리에 따라 자유롭게 권리소진 및 병행수입의 문제를 처리할 수 있다(TRIPs 6).
⑤ 강제실시권은 통상실시권만 가능하다(TRIPs 31.라).

정답 ②

06 특허절차상 미생물기탁의국제적승인에관한부다페스트조약규칙에 관한 설명 중 옳지 않은 것은? [2004년 기출]

① 국제기탁기관은 수탁한 미생물을 오염시키지 않고 생존시키기 위하여 필요한 모든 주의를 기울이며 수탁한 미생물시료의 분양에 대한 가장 최근의 요청이 접수된 후 최소한 5년간 동 미생물을 보관하여야 하며 어떠한 경우에도 수탁일로부터 최소한 30년간은 이를 보관하여야 한다.
② 제10규칙(생존시험 및 생존증명서)에 의하면, 국제기탁기관은 수탁한 미생물의 생존시험을 기탁자의 요청이 있고 동시에 미생물의 종류 및 보관의 조건에 비추어 상당한 기술적인 이유가 있다고 판단될 때에 한하여 하여야 한다.
③ 국제기탁기관은 어떤 미생물이 조약에 의하여 그 국제기탁기관에 기탁되었는지 여부에 관한 정보를 여하한 자에게도 누설하여서는 아니 된다.
④ 국제기탁기관은 중앙정부 이외에 행정기관 산하의 공공기관을 포함한 정부기관 또는 민간단체로 할 수 있다.
⑤ 국제기탁기관은 미생물의 성질이 예외적이어서 국제기탁기관이 기술적으로 이 조약과 규칙에 의하여 수행하여야 할 업무를 수행할 수 없는 경우, 미생물수탁을 거부하고 기탁자에게 그 이유를 서면으로 즉시 통지하여야 한다.

해 설

① |O| 부다페스트조약규칙 9.1
② |X| i) 기탁 또는 이송 후 즉시, ii) 미생물의 종류 및 보관의 조건에 비추어 상당한 간격으로 또는 기술적인 이유에 의하여 필요한 때, iii) 기탁자의 요청이 있을 때 생존시험을 하여야 한다(부다페스트조약규칙 10).
③ |O| 부다페스트조약규칙 9.2
④ |O| 부다페스트조약규칙 2.1
⑤ |O| 국제기탁기관이 미생물수탁을 거부하고 기탁자에게 그 이유를 서면으로 즉시 통지하여야 하는 사유로는, i) 미생물이 기탁기관에서 수탁하기로 한 미생물 또는 규칙 3.3에 의해 보증이 부여된 종류의 미생물이 아닌 경우, ii) 미생물의 성질이 예외적이어서 조약과 규칙에 의하여 수행하여야 할 업무를 수행할 수 없는 경우, iii) 미생물이 명백히 존재하지 않거나 미생물수탁의 과학적 이유가 기재되어 있지 않은 상태로 기탁이 행하여지는 경우이다(부다페스트조약규칙 6.4(a)).

정답 ②

07 파리협약(Paris Convention) 우선권주장에 관한 아래의 설명 중 옳지 않은 것은?

[2005년 기출]

① 파리협약 우선권제도는 파리협약 동맹국 중 제1국에 선출원을 한 경우 일정 기간(우선권기간) 이내에 다른 동맹국에 후출원하면서 동 선출원을 기초로 우선권주장을 하는 경우 후출원의 신규성, 진보성 등의 판단에 있어서 후출원이 선출원의 출원일에 출원된 것으로 보는 제도로서 외국에의 출원을 용이하게 하기 위한 목적을 가진다.
② 우선권주장의 기초가 되는 선출원은 동맹국내 정규의 출원이어야 하며 출원일이 확정된 경우에는 출원일 후 취하된 경우에도 우선권주장의 기초가 될 수 있다.
③ 우선권기간은 특허와 실용신안의 경우 12개월이며, 상표와 디자인의 경우 6개월이다. 그러므로 제1국의 실용신안등록출원을 기초로 우선권주장을 하여 다른 국가에 디자인등록출원을 하는 경우 동 실용신안등록출원의 출원일부터 6월 이내에 디자인등록출원을 하여야 한다.
④ 파리협약 우선권제도는 동 협약에 가입한 동맹국에만 적용되므로, 파리협약 동맹국이 아닌 경우에는 파리협약 우선권제도의 혜택을 받을 여지가 없다.
⑤ 우선권의 행사에는 우선권이 기초하고 있는 선출원과 우선권 주장을 수반하는 후출원간의 대상의 동일성이 요구된다. 그러한 동일성의 판단은 선출원의 경우 선출원의 청구범위 뿐만 아니라 명세서 및 도면 전체를 기준으로 한다.

해 설

① |O| 타당한 설명이다.
② |O| 선출원은 정규의 출원이어야 한다. 우선권을 발생시키는 정규의 국내출원이란 출원의 결과 여부에 불구하고 당해 국에 출원을 한 일부를 확정하기에 적합한 모든 출원을 의미한다(파리협약 제4조A(3)). 한편, 정규성만 인정되면 족하고 선출원이 무효·취하·포기·거절되어 출원절차가 종료된 경우에도 이를 기초로 우선권주장을 할 수 있다.

③ |O| 우선기간(periods of priority)이란 제2국에 출원해야 하는 기간으로 i) 특허 및 실용신안에 대하여는 12월, ii) 디자인 및 상표에 대하여는 6월로 규정하고 있다(파리조약 4C(1), 법 54②). 한편, i) 실용신안등록출원을 기초로 디자인등록출원으로 우선권주장을 하는 경우 우선기간은 6월이며, 특허출원을 기초로 실용신안등록출원으로 우선권주장을 하는 경우 우선기간은 12월이다(파리조약 4E(1)(2)). 또한, 디자인등록출원을 기초로 실용신안등록출원으로 우선권주장을 하는 경우 파리조약 직접적인 규정이 없기 때문에 디자인등록출원을 기준으로 6월로 해야 한다는 제1국설과 실용신안등록출원을 기준으로 12월로 해야 한다는 제2국설이 있으나, 실무는 제1국설(6월)로 지지한다.
④ |X| 비동맹국의 국민으로서 어느 동맹국의 영역내에 주소 또는 실질적인 공업상 또는 상업상 영업소를 가진 자는 동맹국의 국민과 같이 취급된다(파리협약 제3조).
⑤ |O| 우선권이 주장되는 발명의 특정요소가 원 국가에서의 출원에 제시된 청구중에 포함되어 있지 않다는 것을 이유로 우선권을 거부할 수 없다. 단, 출원서류가 전체로서 그러한 구성요소를 명시하고 있어야 한다(파리협약 제4조H).

정답 ④

08 다음은 특허관련 국제조약에 관한 설명이다. 옳지 않은 것은? [2006년 기출]

① 세계지적재산권기구(WIPO)의 특허법조약(PLT)은 그 명칭에서 드러내는 것처럼 특허실체법의 통일화를 꾀하기 위한 국제조약이다.
② 특허협력조약(PCT)은 하나의 국제출원으로 여러 국가에 출원할 수 있는 장점이 있지만, 국내단계에 진입하면 각국 특허청의 실체적 심사절차를 규율하지 못하므로 특허법통일화에 제약을 가지고 있다.
③ 파리조약은 특허법통일화의 첫 번째 국제조약이라는 점에 의미를 가지지만, 각국 특허법이 상이하다는 점을 극복하는 데에는 여전히 한계를 안고 있다.
④ WTO/TRIPs는 내국민대우 원칙 및 최혜국대우 원칙을 모두 채택하고 있다.
⑤ 부다페스트조약은 특허절차상 미생물기탁의 국제적 승인에 관한 내용을 담고 있으며, 본 조약에 의거하여 국내에도 국제기탁기관으로 지정된 기관이 있다.

해설

① |X| WIPO의 특허법조약(PLT)는 국내단계의 특허절차법 통일화 조약이고, 특허실체법조약은 SPLT로서 국내단계의 특허실체법 통일화 조약이다. 한편, SPLT는 각국의 이해관계가 대립하여 논의 중이며, PLT는 전문 27개 조문이 채택되었고, 우리나라는 비준을 한 상태이다.
②, ③, ④, ⑤ |O|

정답 ①

09 특허에 관한 조약을 설명한 다음 중 옳지 않은 것으로만 묶인 것은? [2008년 기출]

> ㄱ. WTO/TRIPs 협정은 회원국들로 하여금 병행수입을 금지하도록 규정하고 있지 않다.
>
> ㄴ. WTO/TRIPs 협정 및 파리협약의 해석이나 집행에 관한 분쟁해결은 WTO 분쟁해결기구에 제소할 수 있다.
>
> ㄷ. WTO/TRIPs 협정에 의하면 식물변종(plant varieties)을 특허와는 독립된 입법에 의하여 보호할 것을 규정하고 있다.
>
> ㄹ. 특허협력조약(PCT)에 의하면 세계 모든 국가에 효력을 발생시키는 단일의 국제특허를 취득할 수 있다.
>
> ㅁ. 국내입법이 WTO/TRIPs 협정보다 특허요건을 더 엄격하게 규정하더라도 WTO/TRIPs 협정을 위반하는 것이 아니다.

① ㄱ, ㄴ, ㄷ
② ㄴ, ㄷ, ㄹ
③ ㄴ, ㄷ, ㅁ
④ ㄴ, ㄹ, ㅁ
⑤ ㄷ, ㄹ, ㅁ

해설

ㄱ) |O| 이 협정의 어떠한 규정도 지식재산권의 소진문제를 다루기 위하여 사용되지 아니한다(WTO/TRIPs 협정 제6조). 따라서 본 조로 인해 각 회원국은 자유롭게 권리소진 및 병행수입의 문제를 결정할 수 있으며, 이는 분쟁해결절차의 대상이 되지 않는다.

ㄴ) |X| TRIPS 협정에는 협정 위반국을 WTO 분쟁해결기구에 제소하여, 위반조치의 시정을 구하기 위한 제도가 있다(WTO/TRIPs 협정 제64조 제1항). 분쟁해결기구에 의하여 어떤 회원국의 조치가 협정 위반으로 시정이 권고되고, 그 회원국이 이에 응하지 않는 경우에는 제재조치를 취하는 것이 가능하게 되었을 뿐, WTO 분쟁해결기구가 WTO/TRIPs 협정 및 파리협약의 해석이나 집행에 관한 분쟁을 위한 기구는 아니다.

ㄷ) |X| 미생물이외의 동물과 식물, 그리고 비생물학적 방법 또는 미생물학적 방법과는 다른 동식물 생산을 위한 본질적으로 생물학적인 방법은 특허대상에서 제외할 수 있다. 단, 회원국은 특허 또는 효과적인 독자적 제도 또는 양자의 조합을 통하여 식물신품종의 보호를 규정한다(WTO/TRIPs 협정 제27조제3항(b)). 즉, 식물신품종 발명을 일단 불특허대상으로 할 수 있되 불특허대상으로 한 경우에는 독자적 제도(sui generis system)로 보호해야 한다고 의무화 하고 있다. 즉, 특허로도 보호할 수 있으나, 특허로 보호하지 않는 회원국의 경우 다른 제도로 이를 보호해야 한다고 규정하고 있다.

ㄹ) |X| 특허협력조약(PCT)에 의한 국제출원은 국제단계 통일화 조약일 뿐이다. 따라서 조약 가입국에 출원의 효과를 부여할 뿐이며 특허취득 여부는 각국의 국내단계로 진입하여 개별적으로 권리를 확보해야 한다. 또한 PCT 미가입국도 존재한다.

ㅁ) |O| 회원국은 이 협정의 규정에 위배되지 아니하는 경우, 자기나라의 법을 통해 이 협정에 의해서 요구되는 것보다 더 광범위한 보호를 실시할 수 있으나, 그렇게 할 의무를 지지는 아니한다(WTO/TRIPs 협정 제1조 제1항). 이는 TRIPS 협정의 규정이 지식재산권 보호에 관한 최저기준

(minimum standards)임을 천명하고 있다. 이는 회원국들이 TRIPS 협정의 규범을 반드시 준수해야 하나, 본 협정에서 요구하고 있는 수준 이상의 보호를 국내법에 규정하는 것에 대해서는 아무런 제한 사항이 없음을 의미한다.

정답 ②

10 무역관련 지적재산권에 관한 협정(이하 "TRIPs 협정"이라고 함)에 관한 설명 중 옳지 않은 것은?
[2009년 기출]

① TRIPs 협정은 회원국이 인간 또는 동물의 치료를 위한 진단방법, 요법 및 외과적 방법을 특허대상에서 제외할 수 있도록 명시하고 있다.
② 회원국이 특허 보호기간을 출원일로부터 25년으로 하더라도 TRIPs 협정에 위반되는 것은 아니다.
③ TRIPs 협정은 회원국이 지적재산권 보호에 관하여 자기나라 국민보다 불리한 대우를 다른 회원국의 국민에게 부여하여서는 아니 된다는 내국민대우의 원칙을 명시적으로 규정하고 있다.
④ TRIPs 협정은 권리소진의 원칙이 적용됨을 명시적으로 규정하고 있으므로 회원국이 진정상품의 병행수입을 허용하지 않는 것은 TRIPs 협정에 규정된 권리소진의 원칙을 위반하는 결과가 된다.
⑤ TRIPs 협정은 지적재산권의 보호와 관련, 일방 회원국에 의해 다른 회원국의 국민에게 부여되는 이익, 혜택, 특권 또는 면제는 즉시, 그리고 무조건적으로 다른 모든 회원국의 국민에게 부여되어야 한다는 최혜국대우의 원칙을 명시적으로 규정하고 있다.

해 설

① |O| WTO TRIPS 협정 제27조 제3항의 (a)에서는 "회원국은 '인간 또는 동물의 치료를 위한 진단방법, 치료방법 및 외과적 방법'을 특허대상에서 제외할 수 있다."고 규정하고 있다.
② |O| WTO TRIPS 협정 제33조는 "보호기간은 출원일로부터 20년이 경과하기 전에는 종료되지 아니한다."고 규정하여 특허권의 존속기간이 출원일로부터 최소 20년임을 선언하고 있다. 또한, WTO TRIPS 협정 제1조 제1항은 "회원국은 이 협정의 규정에 위배되지 아니하는 경우, 자기나라의 법을 통해 이 협정에 의해서 요구되는 것보다 더 광범위한 보호를 실시할 수 있으나, 그렇게 할 의무를 지지는 아니한다."고 규정하는바, TRIPS 협정의 규정이 지식재산권 보호에 관한 최저기준(minimum standards)임을 천명하고 있다. 이는 경과기간 만료 후에는 회원국들이 TRIPS 협정의 규범을 반드시 준수해야 하나, 본 협정에서 요구하고 있는 수준 이상의 보호를 국내법에 규정하는 것에 대해서는 아무런 제한 사항이 없음을 의미한다.
③ |O| WTO TRIPS 협정 제3조 제1항은 "각 회원국은 파리협약(1967), 베른협약(1971), 로마협약 또는 집적회로에관한지식재산권협약이 각각 이미 규정하고 있는 예외를 전제로, 지식재산권 보호에 관하여 자기나라 국민보다 불리한 대우를 다른 회원국의 국민에게 부여하여서는 아니 된다."고 하여 내국민대우의 원칙을 명시적으로 규정하고 있다.

④ |×| 이 협정의 어떠한 규정도 지식재산권의 소진문제를 다루기 위하여 사용되지 아니한다(WTO/TRIPs 협정 제6조). 따라서 본 조로 인해 각 회원국은 자유롭게 권리소진 및 병행수입의 문제를 결정할 수 있으며, 이는 분쟁해결절차의 대상이 되지 않는다.
⑤ |○| WTO TRIPS 협정 제4조는 "지식재산권의 보호와 관련, 일방 회원국에 의해 다른 국가의 국민에게 부여되는 이익, 혜택, 특권 또는 면제는 즉시 그리고 무조건적으로 다른 모든 회원국의 국민에게 부여된다."고 하여 최혜국 대우의 원칙을 명시적으로 규정하고 있다.

정답 ④

11 공업소유권의 보호를 위한 파리협약(이하 "파리협약"이라 함) 상의 특허독립의 원칙에 관하여 다음 설명 중 옳지 않은 것은?
[2009년 기출]

① 파리협약 제4조의2는 동일한 발명에 대해 상이한 국가에서 획득한 특허의 독립에 대하여 규정하고 있다.
② 동맹국의 국민에 의하여 여러 동맹국에서 출원된 특허는 동일한 발명에 대하여 동맹국 또는 비동맹국인가에 관계없이 타국에서 획득된 특허와 독립적이다.
③ 동일발명에 대한 제1국에서의 특허가 무효 또는 소멸이 되더라도 다른 동맹국에서 그 동일발명에 대한 특허가 자동적으로 무효 또는 소멸되는 것은 아니다.
④ 한 동맹국에의 특허출원을 기초로 다른 동맹국에 우선권주장을 수반하는 출원을 한 경우에 우선권주장의 기초가 된 출원이 거절결정 되었다고 하더라도 그것을 이유로 우선권주장을 수반하는 출원을 거절할 수 없다.
⑤ 파리협약은 특허독립의 원칙에 관한 조항과 별도로 상표독립의 원칙에 관해서 명시하고 있지 않다.

해설

①, ② |○| 동맹국의 국민에 의하여 여러 동맹국에서 출원된 특허는 동일한 발명에 대하여 동맹국 또는 비동맹국인가에 관계없이 타국에서 획득된 특허와 독립적이다(파리협약 제4조의2 제1항).
③, ④ |○| 특허독립의 원칙이 적용되므로 제1국 특허의 무효 또는 소멸은 다른 동맹국 특허에 영향을 주지 않으며, 마찬가지로 제1국에서의 거절결정은 다른 동맹국 특허에 영향을 주지 않는다.
⑤ |×| 파리협약 제6조(상표 : 등록조건, 상이한 국가에서의 동일한 상표 보호의 독립)는 상표독립의 원칙을 별도로 규정하고 있다.

정답 ⑤

12 무역관련 지적재산권에 관한 협정(TRIPs 협정)에 관한 설명으로 옳지 않은 것은?

[2013년 기출]

① 회원국은 회원국 영토내에서의 발명의 상업적 이용의 금지가 인간, 동물 또는 식물의 생명 또는 건강의 보호를 포함, 필요한 경우 공공질서 또는 공서양속을 보호하거나, 또는 환경에의 심각한 피해를 회피하기 위하여 동 발명을 특허대상에서 제외할 수 있다.
② 회원국의 법률이 정부 또는 정부의 승인을 받은 제3자에 의한 사용을 포함하여 권리자의 승인 없이 특허대상의 다른 사용을 허용하는 경우에 그 사용의 범위 및 기간은 동 사용이 승인된 목적에 한정되며, 생명공학 기술의 경우에는 공공의 비상업적 사용 또는 사법 혹은 행정절차의 결과 반경쟁적이라고 판정된 관행을 교정하는 것에 한정된다.
③ 회원국은 인간 또는 동물의 치료를 위한 진단방법, 요법 및 외과적 방법(diagnostic, therapeutic and surgical methods)을 특허대상에서 제외할 수 있다.
④ 회원국의 법률이 정부 또는 정부의 승인을 받은 제3자에 의한 사용을 포함하여 권리자의 승인 없이 특허대상의 다른 사용을 허용하는 경우에 그 사용은 비배타적이어야 한다.
⑤ 특허권의 보호기간은 출원일부터 20년이 경과하기 전에는 종료되지 않는다.

해 설

① |O| TRIPs 제27조 2.
② |X| TRIPs 제31조 다. (특허법 제107조 제6항 참조), 반도체 기술의 경우에는 공공의 비상업적 사용 또는 사법 혹은 행정절차의 결과 반경쟁적이라고 판정된 관행을 교정하는 것에 한정된다.
③ |O| TRIPs 제27조 3. 가.
④ |O| TRIPs 제31조 라.
⑤ |O| TRIPs 제33조

정답 ②

13 무역관련 지적재산권에 관한 협적(TRIPs 협정)에 관한 설명으로 옳지 않은 것은?

① 지식재산권의 보호에 있어서는 자기나라 국민보다 불리한 대우를 다른 회원국의 국민에게 부여해서는 안 되고, 특별한 사정이 없는 한 다른 회원권의 국민에게 부여되는 이익은 다른 모든 회원국의 국민에게 부여되어야 한다.
② 특허권의 보호기간은 출원일부터 20년이 경과하기 전에는 종료되지 않는다.
③ 회원국은 필요한 경우 공공질서 또는 공서양속을 보호하거나, 환경에의 심각한 피해를 회피하기 위하여 동 발명을 특허대상에서 제외할 수 있다.
④ 회원국은 권리자의 승인 없이 제3자에게 특허발명의 실시를 허용할 수 있으나, 공공의 이익을 위해 비상업적으로 실시하고자 하는 경우는 동 실시에 앞서 실시예정자가 합리적인 상업적 조건하에 권리자로부터 실시의 승인을 얻기 위한 노력을 하고 이러한 노력이 합리적인 기간 내에 성공하지 아니한 경우에 한하여 특허대상의 실시를 허용할 수 있다.
⑤ TRIPs 협정은 권리소진원칙의 적용을 유보하고 있다.

해설

① TRIPs 협정 제3조와 제4조의 내국민대우, 최혜국대우 원칙이다. 다만 최혜국대우의 원칙은 일부 예외가 존재한다. 이에 최혜국대우 원칙의 적용에 대해서는 지문에 "특별한 사정이 없는 한" 이라는 수식어를 삽입했다.
② 대부분의 국가에서의 특허존속기간은 출원일부터 20년이다. TRIPs는 아예 조약상에 출원일부터 최소 20년은 존속기간으로 보장할 것을 규정하고 있다(TRIPs 제33조).
③ TRIPs 제27조(2)
④ 국가비상사태, 극도의 긴급상황 또는 공공의 이익을 위해 비상업적으로 실시하고자 하는 경우는 특허권자 또는 전용실시권자와의 선협의가 요구되지 않는다[TRIPs 제31조(나)]. 이는 특허법 제106조의2와 제107조에 대응되는 내용이 규정되어 있다.
⑤ 병행수입품에 관한 권리소진의 쟁점은 각 나라간에 이견이 컸다고 한다. 이에 TIPs는 권리소진에 대해서 다소 유보적인 입장을 취하고 있다(TRIPs 제6조). 즉 TRIPs 협정은 권리소진 문제를 분쟁해결 대상으로 하지 않고, 병행수입품의 허용 여부를 사실상 각국이 자율적으로 정하도록 하고 있다.

정답 ④

14 무역관련 지적재산권에 관한 협정(이하TRIPs 협정이라고 함)에 관한 설명 중 옳지 않은 것은?

① TRIPs 협정은 생명 또는 건강을 보호하거나, 공공질서 또는 공서양속을 보호하거나, 환경에의 심각한 피해를 회피하기 위하여 필요한 경우 특정 발명을 특허대상에서 제외할 수 있도록 허용하나, 이러한 제외는 그 발명의 이용이 그 나라 법에 의해 금지되어 있다는 이유만으로 취해서는 아니 된다고 명시하고 있다.
② 특허의 보호기간을 출원일부터 20년이 경과하기 전에 종료되도록 규정하더라도 TRIPs 협정에 위반되는 것은 아니다.
③ TRIPs 협정은 자기나라 국민보다 불리한 대우를 다른 회원국의 국민에게 부여해서는 아니 된다는 내국민대우의 원칙과 다른 회원국의 국민에게 부여되는 이익은 특별한 사정이 없는 한 모든 회원국의 국민에게 부여되어야 한다는 최혜국대우의 원칙을 규정하고 있다.
④ TRIPs 협정에서 규정하는 권리자의 승인 없이 특허발명의 사용을 허용하는 강제실시권은 동 사용을 향유하고 있는 기업과 함께 양도하는 경우 양도가 가능하다.
⑤ TRIPs 협정은 인간 또는 동물의 치료를 위한 진단 방법, 용법 및 외과적 방법을 특허대상에서 제외할 수 있도록 허용한다.

해설

① TRIPs 제27조 2.
② 출원일부터 20년은 넘어야 한다(TRIPs 제33조).
③ TRIPs 제3조, 제4조. TRIPs 제4조를 보면 가. 나. 다. 에 해당하는 경우를 제외하고 최혜국대우를 할 것을 언급하고 있어, 지문에서 "특별한 사정이 없는 한"이라는 표현을 삽입했다.
④ TRIPs 제31조 마. 실시사업과 함께 이전하는 경우 이전이 가능하다. 특허법 제102조 제3항과 비슷한 내용이다.
⑤ TRIPs 제27조. 3

정답 ②

PART 11

실용신안 제도

CHAPTER 01 실용신안 제도

01 실용신안제도에 관한 설명으로 옳지 않은 것은? [2019년 기출]

① 등록실용신안에 관한 물품의 생산에만 사용하는 물건을 업으로서 사용하는 행위는 실용신안권 또는 전용실시권을 침해한 것으로 본다.
② 출원일부터 4년 또는 출원심사의 청구일부터 3년 중 늦은 날보다 지연되어 실용신안권의 설정등록이 이루어지는 경우 그 지연된 기간 중 출원인으로 인하여 지연된 기간을 제외한 나머지 기간만큼 해당 실용신안권의 존속기간을 연장할 수 있다.
③ 실용신안권자는 실용신안권이 그 등록실용신안의 출원일 전에 출원된 타인의 디자인권과 저촉되는 경우 그 디자인권자의 허락을 받지 아니하고는 자기의 등록실용신안을 업으로서 실시할 수 없다.
④ 출원인이 출원 시 그 취지를 출원서에 기재한 경우 명세서 및 도면(도면 중 설명부분에 한정)을 영어로 적을 수 있다.
⑤ 실용신안권을 침해한 자는 7년 이하의 징역 또는 1억원 이하의 벌금에 처한다.

해설

① "침해한 것으로 본다"는 주로 간접침해행위를 일컫는 표현이다. 물건발명의 전용품의 사용행위는 곧 물건발명의 생산행위이므로 간접침해행위가 아닌 직접침해행위이다.
② 실용신안에도 등록지연에 따른 존속기간연장이 있다.
③ 실용신안에도 저촉관계에 관한 규정이 있다. 선출원 또는 동일자출원은 제한이 없으나, 후출원은 저촉관계에 있는 경우 실시가 제한된다.
④ 실용신안에도 외국어출원절차가 있다.
⑤ 실용신안의 경우 존속기간은 특허보다 짧으나 벌칙은 특허와 동일하다.

정답 ①

02 실용신안에 관한 설명으로 옳지 않은 것은? (다툼이 있는 경우 판례에 의함)

① 실용신안등록출원에 있어서, 공해방지에 유용한 기술은 우선심사의 대상에 해당하나, 국가 등으로부터 금융지원 또는 인증을 받은 녹색기술에 관한 기술은 우선심사 대상에 해당하지 않는다.
② 공배방지에 유용한 실용신안등록출원은 우선심사가 가능하다.
③ 고안과 디자인은 물품의 형상에 관한 것을 대상으로 하지만 실용신안등록출원과 디자인등록출원 사이에서는 선원주의가 적용되지 않으므로, 동일한 물품의 형상에 대해 같은 날에 실용신안등록출원과 디자인등록출원이 있는 경우 모두 등록될 수 있다.
④ 국제실용신안등록출원의 출원인은 국제출원일에 제출한 국제출원이 도면을 포함하지 아니한 경우에는 기준일까지 도면을 특허청장에게 제출하여야 한다.
⑤ 특허법과 실용신안법은 권리의 존속기간과 출원심사청구기간에 있어서 차이점이 있다.

해설

① 국가 등으로부터 금융지원 또는 인증을 받은 녹색기술은 특허출원만 우선심사사유로 규정되어 있다. 환경오염방지 등 공해방지에 유용한 것은 특허출원과 실용신안출원 모두 우선심사사유에 해당한다(실용신안법 시행령 제5조 제2호, 심사기준).
② 실용신안법 시행령 제5조 제2호.
③ 선원주의는 특허와 실용신안 상호간에만 적용되며, 실용신안과 디자인간에는 적용되지 않는다.(93후190).
④ 실용신안법 제36조 제1항
⑤ 존속기간은 20년과 10년으로 다르나, 심사청구기간은 출원일부터 3년으로 동일하다(실용신안법 제12조 제2항).

정답 ⑤

03 실용신안에 관한 설명으로 옳지 않은 것은? (다툼이 있으면 판례에 따름) [2017년 기출]

① 실용신안등록출원에 대하여 심사청구가 있을 때에만 이를 심사하며, 누구든지 실용신안등록출원에 대하여 실용신안등록출원일부터 3년 이내에 특허청장에게 출원심사의 청구를 할 수 있다.
② 실용신안등록 출원심사의 청구는 취하할 수 없다.
③ 고안이 완성되었는지의 판단은 실용신안출원의 명세서에 기재된 고안의 목적, 구성 및 작용효과 등을 전체적으로 고려하여 출원 당시의 기술수준에 입각하여 하여야 한다.
④ 실용신안권이 설정등록 된 후 등록된 실용신안권에 기해 고안을 실시하였는데 실용신안권의 등록무효심결이 확정된 경우, 그 고안의 실시가 제3자의 특허발명을 침해하더라도 행정청의 실용신안권 등록을 신뢰한 행위이므로 실시자의 과실이 추정되지 않는다.
⑤ 실용신안등록출원에 대하여 실용신안등록출원일부터 4년 또는 출원심사의 청구일부터 3년 중 늦은 날보다 지연되어 실용신안권의 설정등록이 이루어진 경우에는 그 지연된 기간만큼 해당 실용신안권의 존속기간을 연장할 수 있다.

해 설

① 실용신안법 제12조 제1항, 제2항.
② 실용신안법 제12조 제4항.
③ 완성된 발명이란 그 발명이 속하는 분야에서 통상의 지식을 가진 자가 반복 실시하여 목적하는 기술적 효과를 얻을 수 있을 정도까지 구체적, 객관적으로 구성되어 있는 발명으로 그 판단은 특허출원의 명세서에 기재된 발명의 목적, 구성 및 작용효과 등을 전체적으로 고려하여 출원 당시의 기술수준에 입각하여 판단한다(대법원 1994. 12. 27. 선고 93후1810 판결). 이는 고안 또한 마찬가지이다.
④ 등록요건과 침해판단기준은 상이한 바, 등록이 곧 실용신안법 제30조에서 준용하는 특허법 제130조에 따른 과실 추정 규정의 적용의 예외를 가져올 수 있다고 볼 수는 없다. 또한 유사 참고판례를 아래에 소개한다(대법원 2009. 1. 30. 선고 2007다65245 판결).
"타인의 특허권 또는 전용실시권을 침해한 자는 그 침해행위에 대하여 과실이 있는 것으로 추정한다고 규정하고 있고, 위 규정에도 불구하고 타인의 등록고안을 허락 없이 실시한 자에게 과실이 없다고 하기 위해서는 실용신안권의 존재를 알지 못하였다는 점을 정당화할 수 있는 사정이 있다거나 자신이 실시하는 기술이 등록고안의 권리범위에 속하지 않는다고 믿은 점을 정당화할 수 있는 사정이 있다는 것을 주장·입증하여야 할 것이다(대법원 2006. 4. 27. 선고 2003다15006 판결 참조). 기록에 비추어 살펴보면, 원고가 피고들에게 피고들이 제작, 판매하는 이 사건 실시고안은 원고의 실용신안권을 침해한다는 경고장을 발송하여 그 제조 금지 등을 요구하자, 피고들은 이 사건 실시고안은 등록받은 피고 1의 실용신안권에 기하여 제작, 판매된 것이라고 주장하면서 원고의 제조 금지 등의 청구에 응하지 않았고, 이에 원고가 피고 1의 실용신안권에 대한 등록무효심판을 제기하여 결국 위 실용신안권의 등록을 무효로 하는 심결이 확정된 사실을 인정할 수 있다. 따라서 이 사건 실시고안과 동일한 기술이 실용신안권으로 등록받았더라도 구 실용신안법 제49조 제3항에 의해 그 실용신안권은 처음부터 없었던 것으로 보게 되었고, 피고들 자신이 위 침해 당시 이 사건 실시고안을 등록된 자신의 실용신안권에 기해 제작한 것이라고 믿었더라도 그러한 점만으로는 이 사건 실시고안이 이 사건 등록고안의 권리범위에 속하지 않는다고 믿었던 점을 정당화할 수 있는 사정 등에 해당한다고 할 수 없다.

그렇다면 이 사건 실시고안이 실용신안권으로 등록받았던 점을 내세워 위 과실 추정이 번복되어야 한다는 피고들의 주장은 이유가 없어 배척될 경우임이 명백하다."
⑤ 실용신안법 제22조의2 제1항.

정답 ④

04 실용신안에 관한 설명으로 옳은 것을 모두 고른 것은? [2013년 기출]

> ㄱ. 국제실용신안등록출원을 외국어로 출원한 출원인은 국내서면제출기간 내에 국제출원일에 제출한 명세서 등의 국어번역문을 제출해야 하며, 제출하지 않으면 그 국제실용신안등록출원을 무효로 할 수 있다.
>
> ㄴ. 실용신안등록출원은 하나의 총괄적 고안의 개념을 형성하는 1군의 고안을 1실용신안등록출원으로 할 수 있으며, 이때 청구된 고안들의 기술적 특징은 전체 고안들 중 어느 하나 이상이 선행기술에 비해 개선된 것이어야 한다.
>
> ㄷ. 실용신안권의 보호대상이 의약인 경우에는 그 효력범위가 제한된다.
>
> ㄹ. 국제실용신안등록출원의 출원인이 아닌 자는 우선일부터 2년 7월이 경과한 후가 아니면 심사청구를 할 수 없다.
>
> ㅁ. 실용신안등록출원 전에 전기통신회선을 통하여 공중이 이용할 수 있는 고안은 신규성을 상실하는데, 이때 전기통신회선에는 외국의 사립대학이나 사립연구기관이 운영하는 전기통신회선도 포함된다.

① ㄱ, ㄴ
② ㄴ, ㄹ
③ ㄴ, ㅁ
④ ㄷ, ㄹ
⑤ ㄹ, ㅁ

해설

ㄱ) |×| 실용신안법 제35조 제2항, 취하된 것으로 봄.
ㄴ) |×| 실용신안법 시행령 제4조, 청구된 고안들의 동일하거나 상응하는 기술적 특징이 고안 전체로 보아 선행기술에 비하여 개선된 것이어야 한다.
ㄷ) |×| 실용신안법 제4조 제1항 및 제24조, 의약은 실용신안권의 보호대상이 아님.
ㄹ) |○| 실용신안법 제38조
ㅁ) |○| 실용신안법 제4조 제1항 제2호 후단 규정이 "전기통신회선을 통하여 공중이 이용할 수 있는 고안"으로 개정됨에 따라, 대통령령이 정하는 전기통신회선을 규정하고 있던 시행령 제2조는 삭제되었음

정답 ⑤

05 특허법과 실용신안법을 비교 설명한 것이다. 타당한 것은?

① 특허권의 존속기간은 설정등록이 있는 날부터 특허출원일 후 20년이지만 실용신안권은 설정등록이 있는 날부터 실용신안출원일 후 10년이며, 실용신안법에는 존속기간의 연장등록 출원제도가 없다.
② 특허권의 효력 제한에 관한 규정은 특허법과 실용신안법 모두 규정하고 있고 적용되는 경우 또한 동일하다.
③ 국제실용신안 등록출원을 특허출원으로의 변경출원하는 것은 수수료를 납부하고 번역문 제출 후 기준일을 경과한 후에 가능하다.
④ 국제실용신안출원일에 제출한 국제출원이 도면을 포함하지 아니한 경우 기준일까지 도면(도면에 관한 간단한 설명을 포함한다)을 제출해야하고, 미제출시 그 국제실용신안등록출원을 무효로 할 수 있다.
⑤ 특허법 제32조의 특허 받을 수 없는 발명의 경우 실용신안법에도 이를 그대로 준용하고 있다.

> 해설

① |×| 허가등에 의한 존속기간 연장등록출원은 특허법에만 규정되어 있으나, 등록지연에 따른 존속기간연장등록 출원제도는 특허법과 실용신안법 모두에 있다.
② |×| 특허법 96조 2항인 2이상의 의약을 혼합하여 완성한 발명에 대해서 효력된다는 조문은 실용신안법에는 제외되어 있다. 의약의 경우는 실용신안법의 대상이 아니기 때문이다.
③ |×| 「실용신안법」 제17조제1항의 규정에 의한 수수료를 납부하고 동법 제35조제1항의 규정에 의한 번역문(국어로 출원된 국제실용신안등록출원의 경우를 제외한다)을 제출한 후에 가능하다. (법 제209조) 즉, 기준일전이라도 가능하다.
④ |○| 실용신안법 36조
⑤ |×| 실용신안법 6조는 특허법 32조에 해당하는 사유이외에도 '국기 또는 훈장과 동일하거나 유사한 고안'은 등록받을 수 없는 것으로 규정하고 있다.

> 정답 ④

06 다음 중 실용신안등록 대상이 될 수 있는 것은? [2000년 기출]

① 【청구항 1】 강의 물을 취수하는 방법에 있어서, 강속에 마련한 취수 파이프를 이용해서 취수하는 방법.
② 【청구항 1】 위험을 감지하는 것.
③ 【청구항 1】 불포화카르복실산 및 그 유도체에 의해서 편성된 에칠렌공중합체 5~75중량%, 무기충전체 20~85중량%로 이루어지는 카페트 제조용 조성물.
④ 【청구항 1】 나사체결기의 나사통과센서 부착 압송시퀀스에 있어서, 압송시간의 설정과 나사 압송용 공급기의 나사 세퍼레이트 시간을 확보하는 시퀀스를 갖는 것을 특징으로 하는 압송 시퀀스.

⑤ 【청구항 1】 반도체 패키지 소켓에 있어서, 반도체 패키지의 리드에 접속되는 입출력 단자인 핀군을 다수개로 하고, 상기 다수 개의 핀군은 반도체 패키지의 리드와 서로 접속되는 접속 부위의 높이를 서로 다르게 한 것을 특징으로 한 반도체 패키지 소켓.

해설

① |×| 청구항은 물의 취수 방법에 관한 것으로서, 방법 발명은 물품성이 인정되지 아니하여 실용신안의 등록대상이 될 수 없다.
② |×| 기능적 표현만으로 기재되어 형상·구조를 특정할 수 없는 것은 실용신안법상의 물품이 아니다. 따라서 청구항이 '~하는 것' 또는 '~하는 방식' 등 기능적으로만 기재되면 실용신안등록을 받을 수 없다.
③ |×| 조성물, 합금, 화합물 등 물질에 관한 것은 물품의 형상이나 구조 또는 조합이 아니므로 실용신안의 등록대상이 아니다.
④ |×| 시퀀스(Sequence)라 함은 일련의 작업 또는 순서의 조합을 의미하는 개념으로 시계열적 요소를 포함한다. 따라서 이는 방법 발명에 해당하는바 실용신안의 등록대상이 아니다.
⑤ |○| 반도체 패키지 소켓은 물품의 형상 또는 구조에 대한 고안이므로 실용신안의 등록대상이 된다.

정답 ⑤

07 특허와 실용신안과의 차이점 및 공통점을 설명한 것이다. 잘못된 것은 어느 것인가?

[2001년 기출변형]

① 특허의 대상의 범위가 실용신안의 대상에 비하여 넓다.
② 특허권의 존속기간은 실용신안권의 존속 기간에 비하여 길다.
③ 특허권의 무효사유는 실용신안권의 무효사유와 대체로 동일하다.
④ 실용신안의 경우에도 특허법에서와 같이 1군의 고안에 대해서는 1출원을 할 수 있다.
⑤ 심사청구기간이 모두 출원일로부터 5년의 기간이내에 해야하고, 심사청구는 취하할 수 없다.

해설

① |○| 실용신안의 대상은 물품의 형상·구조 또는 조합에 관한 고안에 한정된다. 이에 반하여 특허의 대상은 실용신안의 대상 이외에도 물품이 아닌 물질이나 방법, 제조방법에 관한 발명이 포함된다.
② |○| 특허권의 존속기간은 특허권의 설정등록이 있는 날부터 특허출원일 후 20년이 되는 날까지이고(법 제88조제1항), 실용신안권의 존속기간은 실용신안권의 설정등록이 있는 날부터 실용신안등록출원일 후 10년이 되는 날까지이다(실용신안법 제22조제1항).
③ |○| 특허권의 무효사유와 실용신안권의 무효사유는 실질적으로 동일하다.
④ |○| 실용신안등록출원은 1고안을 1실용신안등록출원으로 하되, 하나의 총괄적 고안의 개념을 형성하는 1군의 고안에 대하여는 1실용신안등록출원으로 할 수 있다(실용신안법 제9조제1항).

⑤ |×| 특허출원의 심사청구기간은 출원일로부터 3년이고(법 제59조 제2항), 실용신안의 경우도 출원일로부터 3년이므로(실용신안법 제12조제2항) 틀린 설명이다.

정답 ⑤

08 실용신안제도에 관한 설명으로 옳은 것은?

① 공공의 질서 또는 선량한 풍속을 문란하게 하거나 공중의 위생을 해할 염려가 있는 고안은 발명과 마찬가지로 실용신안등록을 받을 수 없으나, 국기 또는 훈장과 유사한 고안은 실용신안등록을 받을 수 있다.
② 실용신안권은 설정등록을 함으로써 발생하며 그 존속기간은 설정등록을 한 날부터 10년이 되는 날까지이고, 존속기간의 연장은 불가능하다.
③ 도면을 포함하지 아니한 국제실용신안등록출원은 기준일까지 도면을 특허청장에게 제출하여야 하며, 기준일까지 도면의 제출이 없는 경우 특허청장은 기간을 정하여 도면의 제출을 명할 수 있다.
④ 출원과 동시에 심사청구를 하고 그 출원 후 1개월 이내에 우선심사의 신청이 있는 실용신안등록출원은 우선심사가 가능하다.
⑤ 실용신안등록출원에 대한 심사청구는 출원일부터 3년 이내에 가능하므로, 실용신안법 제11조에 따라 준용되는 특허법 제35조에 따른 정당한 권리자가 실용신안등록출원을 한 경우는 무권리자가 출원을 한 날부터 3년이 경과하면 심사청구가 불가능하다.

해 설

① 존엄성이 훼손될 여지가 있어 국기 또는 훈장과 동일하거나 유사한 고안은 등록을 제한한다(실용신안법 제6조 제1호).
② 고안도 등록지연에 따른 존속기간의 연장은 가능할 수 있다(실용신안법 제22조의3).
③ 기준일까지 도면을 제출하지 않는 경우 특허청장이 도면의 제출을 명할 수 있고, 도면의 제출명령을 받은 자가 그 지정된 기간까지도 도면을 제출하지 아니한 경우 그 출원이 무효로 될 수 있다(실용신안법 제36조 제3항).
④ 구법에서는 출원과 동시에 심사청구를 하고 그 출원 후 2개월 이내에 우선심사의 신청이 있는 실용신안등록출원이 우선심사사유에 해당했으나, 현행법에서는 삭제되었다(실용신안법 시행령 제5조 제11호).
⑤ 출원일 소급효가 있는 분할출원, 분리출원, 변경출원, 정당권리자출원에 대해서는 출원일부터 3년이 경과했어도 30일씩 더 준다(실용신안법 제12조 제3항).

정답 ③

09 특허법과 실용신안법의 비교에 대한 설명으로 옳은 것은? [2006년 기출변형]

① 특허법과 실용신안법은 모두 진보성을 요구하는 규정을 두고 있다는 점에서 같다.
② 특허권의 존속기간은 특허권의 설정등록이 있는 날부터 특허출원일 후 20년이 되는 날까지인 반면, 실용신안권의 존속기간은 설정등록일부터 10년이다.
③ 특허료는 특허결정등본을 송달받은 날부터 3월 이내에 최초 3년분의 특허료를 일시에 납부하여야 하는 반면, 실용신안등록료는 출원과 동시에 최초 1년분의 등록료를 납부하고 설정등록일부터 1년 내에 제2, 3년 차분의 등록료를 일시에 납부한다.
④ 특허법은 출원각하결정에 대한 불복심판제도가 없으나 실용신안법은 출원각하결정에 대한 불복심판제도가 있다.
⑤ 특허법에 의하면 출원공개 후 정보제공을 할 수 있는 반면, 실용신안법에 의하면 등록공고 후에 정보제공을 할 수 있다.

해설

① |○| 타당한 설명이다.
② |×| 실용신안권의 존속기간은 실용신안권의 설정등록이 있는 날부터 실용신안등록출원일 후 10년이 되는 날까지이다(실용신안법 제22조제1항).
③, ④, ⑤ |×| 모두 구법상 타당한 보기이다. 한편, 2006년 10월 1일 시행되는 개정법에서는 실용신안 심사제도로 전환함에 따라 무심사선등록제도하에 있던 기초적 요건 심사 또는 능복후 기술평가 제도 등이 모두 없어지고, 특허제도와 거의 동일하게 바뀌었다. 그 결과 보기 ③④⑤의 내용은 개정법상에서는 모두 틀린 지문이 된다. 한편, ⑤의 경우 특허법 제63조의2를 신설하여 특허출원이 있는 때에는 누구든지 정보제공할 수 있는 것으로 개정이 되었으며 실용신안법에서도 이를 그대로 준용하고 있다(실용신안법 제15조).

정답 ①

10 실용신안제도에 대한 다음 설명 중 옳지 않은 것은? [2007년 기출]

① 실용신안등록출원이 그 출원 전에 반포된 특허공보에 게재된 발명으로부터 극히 용이하게 고안할 수 있는 경우에는 실용신안등록을 받을 수 없다.
② 안마기장치에 관한 발명에 대해 중국특허청에 특허출원한 경우, 이를 한국특허청에 특허출원이 아닌 실용신안등록출원을 하면서 조약에 의한 우선권주장의 기초로 삼을 수 없다.
③ 다리가 손상된 동물의 세포를 복원 또는 치료하는데 사용하는 줄기세포의 경우에는 신규성과 진보성이 있다 하더라도 실용신안등록을 받을 수 없다.
④ 실용신안등록출원이 있는 때에는 누구든지 그 날부터 3년 이내에 출원심사의 청구를 할 수 있고, 그 출원심사의 청구는 어떠한 경우에도 취하할 수 없다.
⑤ 등록실용신안을 실시하기 위하여 다른 법령의 규정에 의하여 허가를 받거나 등록을 받아야 하는 경우 허가등에 의한 존속기간을 연장할 수 없다.

해설

① |○| 실용신안법 제4조 제2항
② |×| 외국에서의 특허출원을 기초로 국내에 실용신안등록출원을 하면서 우선권주장을 할 수 있다. 구체적으로 1국 출원은 특허출원, 실용신안등록출원 뿐만 아니라 디자인등록출원도 가능하다(파리조약 4A(1)). 또한, 출원인이 재량으로 특허 또는 발명자증(inventor's certificate) 중 어느 하나를 신청할 수 있는 국가에서 행하여진 발명자증의 출원을 기초로도 우선권주장을 할 수 있다(파리조약 I(1)). 다만, 그러나 상표등록출원이나 서비스마크는 성격상 특허출원 또는 실용신안등록출원의 우선권주장의 기초 출원으로 인정할 수 없다.
③, ⑤ |○| 「실용신안법의 보호대상」은 물품의 형상·구조·조합에 관한 고안(utility model)이다. 따라서 물질발명은 실용신안의 대상이 아니다. 줄기세포는 물질 발명으로 실용신안 대상이 아니고, 허가등에 의한 존속기간연장등록출원은 물질발명인 의약이나 농약에 대해서만 인정되므로 실용신안권은 존속기간 연장 대상이 될 수 없다. 단, 개정법에 의하여 실용신안법에서도 등록지연에 따른 존속기간연장등록 출원은 가능하다.
④ |○| 실용신안법 제12조 제2항, 제4항

정답 ②

11 실용신안에 관한 설명 중 옳은 것은? [2008년 기출]

① 실용신안권의 존속기간은 실용신안권의 설정등록을 한 날부터 실용신안등록출원일 후 15년이 되는 날까지로 한다.
② 실용신안권자는 등록실용신안이 그 등록실용신안의 실용신안등록출원일 전에 출원된 타인의 특허발명을 이용한 경우 그 특허권자의 허락이 없더라도 상당한 대가를 공탁한 때에는 자기의 등록실용신안을 업으로서 실시할 수 있다.
③ 명세서의 상세한 설명란에 직접 기재되어 있지 아니한 고안의 효과라도 그 기술 분야에서 통상의 지식을 가진 사람이 그 상세한 설명이나 도면에 기재된 고안의 객관적 구성으로부터 쉽게 인식할 수 있는 정도의 것이라면 이를 그 고안의 작용효과로 인정하여 진보성 판단에 참작할 수 있다.
④ 1군의 고안에 대하여 1실용신안등록출원을 하기 위하여는 청구된 고안 간에 기술적 상호관련성이 있을 것으로 충분하며, 청구된 고안들이 모두 고안 전체로 보아 선행기술에 비하여 개선된 기술적 특징을 가지고 있을 필요는 없다.
⑤ 특허출원인은 그 특허출원의 출원서에 최초로 첨부된 명세서 또는 도면에 기재된 사항의 범위 안에서 그 특허출원에 관한 거절결정이 확정되기 전까지 그 특허출원을 실용신안등록출원으로 변경할 수 있다.

해설

① |×| 실용신안권의 존속기간은 실용신안권의 설정등록을 한 날부터 실용신안등록출원일 후 10년이 되는 날까지로 한다(실용신안법 제22조 제1항).

② |×| 선출원 특허발명을 이용한 경우 이용관계에 해당하므로 선출원 권리자의 동의 또는 통상실시권 허여심판에 의하지 않고는 자신의 발명을 실시할 수 없다(실용신안법 제25조).
③ |○| 특허발명의 유리한 효과가 상세한 설명에 기재되어 있지 아니하더라도 그 발명이 속하는 기술분야에서 통상의 지식을 가진 자가 상세한 설명의 기재로부터 유리한 효과를 추론할 수 있을 때에는 진보성 판단을 함에 있어서 그 효과도 참작하여야 한다(大判 2000후3234 판결).
④ |×| 실용신안의 경우에도 특허와 동일하게 1특허출원 만족여부를 판단한다(실용신안법 제9조). 따라서 1특허출원을 하기 위하여는 ⅰ) 청구된 발명 간에 기술적 상호관련성이 있을 것, ⅱ) 청구된 발명들이 동일하거나 상응하는 기술적 특징을 가지고 있을 것(단, 이 경우 기술적 특징은 발명 전체로 보아 선행기술에 비하여 개선된 것이어야 한다.)
⑤ |×| 특허출원에 관하여 최초의 거절결정등본을 송달받은 날부터 3개월이 경과한 때에는 실용신안등록출원으로 변경할 수 없다(실용신안법 제10조 제1항). 따라서 최초의 거절결정등본을 송달받은 날부터 3개월이 경과하기 전에 변경출원을 하지 않았다면 동 기간에 거절결정불복심판을 청구하고 심판으로 진행된 후에는 심결이 확정되어 거절결정이 확정되기 전까지라고 할지라도 변경출원을 할 수는 없다.

정답 ③

12 실용신안에 관한 설명 중 옳지 않은 것은? (다툼이 있는 경우 판례에 의함) [2009년 기출]

① 권리범위확인심판 청구의 대상이 되는 확인대상고안의 진보성을 판단할 때에는, 확인대상고안을 등록실용신안의 실용신안등록청구범위에 기재된 구성과 대응되는 구성으로 한정하여 파악하여야 한다.
② 등록실용신안의 실용신안등록청구범위의 일부가 불명료하게 표현되어 있거나 그 기재에 오기가 있다 하더라도 고안의 상세한 설명과 도면 등을 참작하여 볼 때 그 기술분야에서 통상의 지식을 가진 자가 명확하게 이해할 수 있고 오기임이 명백하여 그 고안 자체의 보호범위를 특정할 수 있는 경우에는 등록실용신안의 권리범위를 부정할 수 없다.
③ 신규성이 없는 고안에는 공지되었거나 공연히 실시된 고안과 동일한 것뿐만 아니라 그러한 고안과 매우 비슷하여 특별히 새로운 고안이라고 볼 수 없는 것도 해당된다.
④ 고안의 진보성 판단에는 공지의 기술보다 나은 증대된 실용적 가치가 있는 정도의 작용효과를 요구할 뿐이며 발명에서와 같이 고도의 기술적 사상의 창작이나 현저한 작용효과를 요하는 것은 아니다.
⑤ 선 등록고안과 후 등록고안이 이용관계에 있는 경우에는 후 등록고안은 선 등록고안의 권리범위에 속하게 되며, 이러한 이용관계는 후 등록고안이 선 등록고안의 기술적 구성에 새로운 기술적 요소를 부가하는 것으로서 후 등록고안이 선 등록고안의 요지를 전부 포함하고 이를 그대로 이용하되, 후 등록고안 내에 선 등록고안이 고안으로서의 일체성을 유지하는 경우에 성립한다.

해 설

① |×| 권리범위확인 심판청구의 대상이 되는 확인대상고안이 공지의 기술만으로 이루어지거나 그

기술분야에서 통상의 지식을 가진 자가 공지기술로부터 극히 용이하게 실시할 수 있는지 여부를 판단할 때에는, 확인대상고안을 등록실용신안의 실용신안등록청구범위에 기재된 구성과 대응되는 구성으로 한정하여 파악할 것은 아니고, 심판청구인이 특정한 확인대상고안의 구성 전체를 가지고 그 해당 여부를 판단하여야 한다(大判 2008후64).

② ㅣㅇㅣ 대판 2000후235 ; 2003후2515 ; 2008후64 등

③ ㅣㅇㅣ 등록실용신안이 그 출원 전에 국내에서 공지되었거나 공연히 실시된 고안으로서 신규성이 없는 경우에는 그에 대한 등록무효심판이 없어도 그 권리범위를 인정할 수 없고(大判 86도2670), 이때 공지되었거나 공연히 실시된 고안과 동일한 것뿐만 아니라 그러한 고안과 매우 비슷하여 특별히 새로운 고안이라고 볼 수 없는 것도 신규성이 없는 고안에 해당된다(大判 98다7209).

④ ㅣㅇㅣ 실용신안법상 진보성은 특허와 달리 '극히 용이성'을 요구하므로 타당한 설명이다. 판례도 "실용신안법이 정하는 실용적 고안이라 함은 물품의 형상, 구조 또는 조합에 관한 자연법칙을 이용한 기술적 사상의 창작으로서, 특허법이 정하는 자연을 정복하고 자연력을 이용하여 일정한 효과를 창출하고 이에 따라 인간의 수요를 충족하는 기술적 사상의 고도의 창작인 발명과 그 성질에서 같으나 다만 고도의 것이 아닌 점에서 다를 뿐이므로, 실용신안법에 의하여 장려·보호·육성되는 실용신안은 물품의 특수한 형태에 그치는 것이 아니라 기술적 고안을 포함한 실용성이 그 대상이 되는 것이며, 기술적 사상의 창작으로서 그 작용효과가 등록의 적부를 가리는 주요 기준이 된다(大判 96후2319)."고 판시하여 같은 입장이다.

⑤ ㅣㅇㅣ 大判 2001후393 ; 98후522 등

정답 ①

13 실용신안에 관한 설명으로 옳지 않은 것은? [2010년 기출]

① 동물품종과 식물품종은 실용신안등록의 대상이 될 수 없다.
② 국제실용실안등록출원시 도면의 제출이 없으면 출원인은 기준일까지 특허청장에게 도면을 제출해야 하며, 특허청장의 도면의 제출명령에도 불구하고, 정해진 기간 내에 도면을 제출하지 않으면 국제실용신안등록출원은 취하 간주된다.
③ 실용신안등록출원에 대해서는 누구든지 출원일부터 3년 이내에 출원심사청구를 할 수 있지만, 실용신안등록출원인의 경우에는 실용신안등록청구범위가 기재된 명세서가 첨부된 때에만 출원심사청구를 할 수 있다.
④ 물질이 일정한 형상을 갖는 물품의 일부로서 다른 부분과 유기적인 관련을 갖고 일정한 효과를 이루는 경우에는 물질이 포함된 물품은 실용신안등록의 대상이 될 수 있다.
⑤ 국제실용신안등록출원의 출원인은 국내서면제출기간 이내에 국어 번역문을 제출하고 수수료를 납부한 후에 출원심사를 청구할 수 있고, 국제실용신안등록출원의 출원인이 아닌 자는 국내서면제출기간이 경과한 후에 출원심사청구를 할 수 있다.

해설

① ㅣㅇㅣ 「실용신안법의 보호대상」은 물품의 형상·구조·조합에 관한 고안(utility model)이다. 따라서 물품성이 없는 동물품종과 식물품종은 실용신안등록의 대상이 될 수 없다.

② |×| 특허청장은 기준일까지 도면의 제출이 없는 경우 도면의 제출을 명할 수 있고, 지정된 기간에 도면을 제출하지 아니한 경우는 그 국제실용신안등록출원을 무효로 할 수 있다.(실용신안법 제36조 제1,2,3항).
③ |○| 실용신안법 제12조 제2항
④ |○| 형상이 확정되지 않은 예컨대 기체상태·액체상태·분말형태의 물질 또는 재료자체는 실용신안법의 보호대상이 되지 아니한다. 다만 물질이 일정한 형상을 갖는 물품의 일부로서 다른 부분과 유기적인 관련을 갖고 일정한 효과를 이루는 경우에는 물질이 포함된 물품은 등록이 가능하다(심사기준 P6117).
(예) 수은온도계, 모래시계 등은 가능
수은이나 모래 자체는 형상을 확정할 수 없어 실용신안의 보호대상이 될 수 없으나 수은온도계나 모래시계에 있어서 수은과 모래는 외부의 유리와 유기적인 관련을 갖고 또한 온도계나 시계의 목적을 달성하는 효과를 이루므로 수은온도계, 모래시계는 등록될 수 있다.
⑤ |○| 실용신안법 제38조

정답 ②

14 실용신안등록제도에 관한 설명으로 옳지 않은 것은? [2011년 기출변형]

① 실용신안권의 존속기간은 실용신안권의 설정등록을 한 날부터 실용신안등록출원일 후 10년이 되는 날까지이며, 특허법에서와 같은 허가등에 의한 존속기간연장등록제도가 없다.
② 실용신안법에서의 간접침해는 등록실용신안에 관한 물품의 생산에만 사용하는 물건의 경우에 적용된다.
③ 2이상의 의약을 혼합함으로써 제조되는 의약 또는 2이상의 의약을 혼합하여 의약을 제조하는 방법의 경우에는 실용신안등록의 대상이 되지 않는다.
④ 국제실용신안등록출원인은 국제출원일에 제출한 국제출원이 도면을 포함하지 아니한 경우에는 기준일까지 도면(도면에 관한 간단한 설명을 포함한다)을 제출하여야 하며, 특허청장은 기준일까지 도면의 제출이 없는 때에는 출원인에게 기간을 정하여 도면의 제출을 명할 수 있다.
⑤ 특허출원을 한 날부터 3년이 경과된 후에 실용신안등록출원으로 변경한 경우에는 변경출원을 한 날부터 3년 이내에 출원심사의 청구를 할 수 있다.

해설

① |○| 실용신안권의 존속기간은 제21조제1항의 규정에 의한 실용신안권의 설정등록을 한 날부터 실용신안등록출원일 후 10년이 되는 날까지로 한다(실용신안법 제22조 제1항). 또한, 허가등에 의한 존속기간연장등록제도는 의약 또는 농약을 대상으로 하는바, 실용신안법에는 허가등에 의한 존속기간연장등록제도가 없다.
② |○| 등록실용신안에 관한 물품의 생산에만 사용하는 물건을 업으로서 생산·양도·대여 또는 수입하거나 업으로서 그 물건의 양도 또는 대여의 청약을 하는 행위는 실용신안권 또는 전용실시

권을 침해한 것으로 본다(실용신안법 제29조). 물질발명과 방법발명은 실용신안 대상이 되지 않기 때문에 '물품의 생산에만 사용하는 물건'의 경우만을 간접침해 대상으로 하고 있다.
③ |O| 실용신안법의 보호대상은 물품의 형상·구조·조합에 관한 고안(utility model)이다. 따라서 물질발명이나 방법발명은 실용신안의 대상이 되지 않는다.
④ |O| 실용신안법 제36조 제1항 및 제2항
⑤ |×| 변경출원에 관하여는 소급되는 출원일로부터 3년이 경과된 후에도 변경출원을 한 날부터 30일 이내에 출원심사의 청구를 할 수 있다(실용신안법12③).

정답 ⑤

15 실용신안등록출원에 관한 설명으로 옳지 않은 것은? [2012년 기출]

① 실용신안등록출원이 물품의 형상·구조·조합에 관한 고안인 경우에 실용신안등록 출원서에 도면을 첨부하여야 한다.
② 핵산염기 서열 또는 아미노산 서열을 포함한 실용신안등록출원을 하려는 자는 서열목록전자파일을 첨부한 출원서를 특허청장에게 제출하여야 한다.
③ 국제실용신안등록출원을 외국어로 출원한 출원인은 특허협력조약 제2조(xi)의 우선일부터 2년 7월 이내에 국제출원일에 제출한 명세서, 청구범위, 도면(도면 중 설명부분에 한한다) 및 요약서의 국어 번역문을 특허청장에게 제출하여야 한다.
④ 국제실용신안등록출원의 출원인은 국제출원일에 제출한 국제출원이 도면을 포함하지 아니한 경우에는 기준일까지 도면(도면에 관한 간단한 설명을 포함한다)을 특허청장에게 제출하여야 한다.
⑤ 실용신안등록출원인은 실용신안등록출원과 동시에 심사청구를 하고 그 출원일 후 3개월 이내에 우선심사를 신청하여야 우선심사의 대상이 된다.

해설

① |O| 실용신안등록출원의 대상은 물품의 형상·구조·조합에 관한 고안으로서, 이들에 대한 도면은 필수적으로 첨부하여야 한다.
② |O| 실용신안법 시행규칙 제4조제1항
③ |O| 실용신안법 제35조제1항
④ |O| 실용신안법 제36조제1항
⑤ |×| 구법에서는 실용신안출원과 동시에 심사청구를 하고 그 출원 후 2월 이내에 우선심사의 신청을 하면 우선심사가 가능했으나, 현행법에서는 해당 사유가 삭제되었다(실용신안법 시행령 제5조 제11호).

정답 ⑤

16 실용신안에 관한 설명으로 옳지 않은 것은? (다툼이 있는 경우 판례에 의함)

① 고안과 디자인은 모두 물품의 형상에 관한 것을 대상으로 하는바 실용신안등록출원과 디자인등록출원 사이에서는 선원주의가 적용되므로 동일한 물품의 형상에 대해 같은 날에 실용신안등록출원과 디자인등록출원이 있는 경우 협의에 의해 정해진 어느 하나의 출원만이 등록될 수 있다.
② 기술적 구성에 차이가 있더라도 그 차이가 과제해결을 위한 구체적 수단에서 주지관용기술의 부가, 삭제, 변경 등에 지나지 아니하여 새로운 효과가 발생하지 않는 정도의 미세한 차이에 불과하다면 양 고안은 실질적으로 동일하다고 할 것이나, 양 고안의 기술적 구성의 차이가 위와 같은 정도를 벗어난다면 설사 그 차이가 그 고안이 속하는 기술분야에서 통상의 지식을 가진 사람이 쉽게 도출할 수 있는 범위 내라고 하더라도 양 고안을 동일하다고 할 수 없다.
③ 공지공용의 기술을 결합한 고안이라도 결합 전에 각 기술이 가지고 있던 작용효과의 단순한 집합이 아니라 결합 전에 비하여 보다 증진된 작용효과가 인정되고 그 고안이 속하는 기술분야에서 통상의 지식을 가진 자가 쉽게 실시할 수 없을 때는 진보성이 있는 고안이라고 할 것이다.
④ 누구든지 실용신안등록출원에 대하여 실용신안등록출원일부터 3년 이내에 출원심사의 청구를 할 수 있으며, 분할출원의 경우는 위 기간이 지난 후에도 분할출원을 한 날부터 30일 이내에 심사청구할 수 있다.
⑤ 국기 또는 훈장과 동일하거나 유사한 고안은 신규성과 진보성이 있더라도 실용신안등록을 받을 수 없다.

> 해 설

① 선원주의는 특허와 실용신안 상호간에만 적용되며, 실용신안과 디자인간에는 적용되지 않는다(93후190).
② 기술적 구성에 차이가 있더라도 그 차이가 과제해결을 위한 구체적 수단에서 주지관용기술의 부가, 삭제, 변경 등에 지나지 아니하여 새로운 효과가 발생하지 않는 정도의 미세한 차이에 불과하다면 양 고안은 실질적으로 동일하다고 할 것이나, 양 고안의 기술적 구성의 차이가 위와 같은 정도를 벗어난다면 설사 그 차이가 그 고안이 속하는 기술분야에서 통상의 지식을 가진 사람이 쉽게 도출할 수 있는 범위 내라고 하더라도 양 고안을 동일하다고 할 수 없다(2014후1181).
③ 실용신안법이 정하는 고안은 특허법에서 말하는 발명과 달리 창작의 고도성을 요구하지는 않으므로 공지공용의 기술을 결합한 고안이라도 그 고안이 유기적으로 결합된 물품의 형상, 구조 또는 조합의 신규성에 의하여 산업상 이용할 수 있는 기술적 사상의 창작이 어느 정도 존재한다면 이는 새로운 고안이라 할 수 있으나, 이와 같은 경우에도 결합 전에 각 기술이 가지고 있던 작용효과의 단순한 집합이 아니라 결합 전에 비하여 보다 증진된 작용효과가 인정되고 그 고안이 속하는 기술분야에서 통상의 지식을 가진 자가 쉽게 실시할 수 없을 때 비로소 이를 진보성이 있는 고안이라고 할 것이다(2005후2441).
④ 실용신안법 제12조 제2항, 제3항. 특허와 동일하다.
⑤ 실용신안법 제6조.

정 답 ①

17 실용신안에 관한 설명으로 옳지 않은 것은? (다툼이 있으면 판례에 따름)   [2015년 기출]

① 고안이 완성되었는지의 판단은 실용신안등록출원의 명세서에 기재된 고안의 목적, 구성 및 작용효과 등을 전체적으로 고려하여 고안의 완성 여부 심사 당시의 기술수준에 입각하여 하여야 한다.
② 동일인에 의해 같은 날 특허출원 및 실용신안등록출원된 발명과 고안이 동일함에도 각각 특허권과 실용신안권으로 등록된 경우, 등록된 실용신안권에 대하여 사후에 권리자가 그 권리를 포기하더라도 특허권의 경우 특허법 제36조(선출원)제3항에 따른 경합출원으로 인한 하자는 치유되지 않는다.
③ 실용신안권 침해소송을 담당하는 법원은 실용신안권자의 침해금지 또는 손해배상 등의 청구가 권리남용에 해당한다는 항변이 있는 경우 그 당부를 살피기 위한 전제로서 등록실용신안의 진보성 여부에 대하여 심리·판단할 수 있다.
④ 실용신안법 제4조(실용신안 등록의 요건)제2항에서의 진보성 판단에 관한 '그 고안이 속하는 기술분야'란 원칙적으로 당해 등록고안이 이용되는 산업분야를 말한다.
⑤ 비교대상고안의 기술적 구성이 특정 산업분야에만 적용될 수 있는 구성이 아니고 등록고안의 산업분야에서 통상의 기술을 가진 자가 등록고안의 당면한 기술적 문제를 해결하기 위하여 별다른 어려움 없이 이용할 수 있는 구성이라면, 이를 등록고안의 진보성을 부정하는 선행기술로 삼을 수 있다.

해 설

① |×| 대법원 2013. 4. 11. 선고 2012후436 판결
실용신안등록을 받을 수 있는 고안은 완성된 것이어야 하는데, 고안의 '완성'이라고 함은 그 고안이 속하는 분야에서 통상의 지식을 가진 자가 반복실시하여 목적하는 기술적 효과를 얻을 수 있을 정도까지 구체적, 객관적으로 구성되어 있는 것을 말한다. 또한 여기서 고안이 완성되었는지의 판단은 실용신안출원의 명세서에 기재된 고안의 목적, 구성 및 작용효과 등을 전체적으로 고려하여 출원 당시의 기술수준에 입각하여 판단하여야 한다.

② |○| 대법원 2007. 1. 12. 선고 2005후3017 판결
구 특허법(2001. 2. 3. 법률 제6411호로 개정되기 전의 것) 제36조 제3항 등의 적용에 있어 특허권이나 실용신안권의 포기에 의하여 경합출원의 하자가 치유되어 제3자에 대한 관계에서 특허권의 효력을 주장할 수 있다고 보는 것은 명문의 근거가 없을 뿐만 아니라 권리자가 포기의 대상과 시기를 임의로 선택할 수 있어 권리관계가 불확정한 상태에 놓이게 되는 등 법적 안정성을 해칠 우려가 있는 점, 특허권이나 실용신안권의 포기는 그 출원의 포기와는 달리 소급효가 없음에도 결과적으로 그 포기에 소급효를 인정하는 셈이 되어 부당하며, 나아가 특허권 등의 포기는 등록만으로 이루어져 대외적인 공시방법으로는 충분하지 아니한 점 등을 종합하여 보면, 출원이 경합된 상태에서 등록된 특허권이나 실용신안권 중 어느 하나에 대하여 사후 권리자가 그 권리를 포기하였다고 하더라도 경합출원으로 인한 하자가 치유된다고 보기는 어렵다.

③ |○| 대법원 2012. 1. 19. 선고 2010다95390 전원합의체 판결
등록실용신안에 대한 무효심결이 확정되기 전이라고 하더라도 등록실용신안의 진보성이 부정되어 그 실용신안등록이 무효심판에 의하여 무효로 될 것임이 명백한 경우에는 그 실용신안권에 기초한 침해금지 또는 손해배상 등의 청구는 특별한 사정이 없는 한 권리남용에 해당하여 허용되

지 아니한다고 보아야 하고, 실용신안권침해소송을 담당하는 법원으로서도 실용신안권자의 그러한 청구가 권리남용에 해당한다는 항변이 있는 경우 그 당부를 살피기 위한 전제로서 등록실용신안의 진보성 여부에 대하여 심리·판단할 수 있다고 할 것이다.

④, ⑤ |이| 대법원 2012. 10. 25. 선고 2012후2067 판결

실용신안법 제4조 제2항의 '그 고안이 속하는 기술분야'란 원칙적으로 당해 등록고안이 이용되는 산업분야를 말하므로, 당해 등록고안이 이용되는 산업분야가 비교대상고안의 그것과 다른 경우에는 비교대상고안을 당해 등록고안의 진보성을 부정하는 선행기술로 사용하기 어렵다 하더라도, 문제로 된 비교대상고안의 기술적 구성이 특정 산업분야에만 적용될 수 있는 구성이 아니고 당해 등록고안의 산업분야에서 통상의 기술을 가진 자가 등록고안의 당면한 기술적 문제를 해결하기 위하여 별다른 어려움 없이 이용할 수 있는 구성이라면, 이를 당해 등록고안의 진보성을 부정하는 선행기술로 삼을 수 있다.

정답 ①

18 국제실용신안등록출원의 국어번역문에 관한 설명으로 옳지 않은 것을 모두 고른 것은?

[2018년 기출]

ㄱ. 국제실용신안등록출원을 외국어로 출원한 출원인은 특허협력조약 제2조(xi)의 우선일부터 2년 6개월 이내에 국어번역문을 특허청장에게 제출하여야 한다.

ㄴ. 국제실용신안등록출원을 외국어로 출원한 출원인이 특허협력조약 제19조(국제사무국에 제출하는 청구범위의 보정서)제1항에 따라 청구범위에 관한 보정을 한 경우에는 국제출원일까지 제출한 청구범위에 대한 국어번역문을 보정 후의 청구범위에 대한 국어번역문으로 대체하여 제출할 수 있다.

ㄷ. 국어번역문을 제출한 출원인은 출원심사를 청구한 후에도 국내서면제출기간 내에는 그 국어번역문을 갈음하여 새로운 국어번역문을 제출할 수 있다.

ㄹ. 국제실용신안등록출원을 외국어로 출원한 출원인이 국내서면제출기간에 고안의 설명, 청구범위, 도면(도면 중 설명부분에 한정한다) 및 요약서의 국어번역문을 제출하지 아니하면 그 국제실용신안등록출원을 취하한 것으로 본다.

ㅁ. 실용신안등록출원인이 거절이유통지를 받은 후 실용신안법 제11조(특허법의 준용)에 따라 준용되는 특허법 제47조(특허출원의 보정)제1항 제1호 또는 제2호에 따른 기간에 최종 국어번역문의 잘못된 번역을 정정하는 경우에는 마지막 정정 전에 한 모든 정정은 처음부터 없었던 것으로 본다.

① ㄱ, ㄷ, ㄹ
② ㄱ, ㄷ, ㅁ
③ ㄱ, ㄹ, ㅁ
④ ㄴ, ㄷ, ㄹ
⑤ ㄷ, ㄹ, ㅁ

해설

ㄱ. |×| 실용신안법도 특허법과 같다. 다른 나라와 달리 한국에 진입할 때는 우선일부터 2년 6개월이 아니라 2년 7개월이다(실용신안법 제35조 제1항).
ㄴ. |○| 실용신안법도 특허법과 같다(실용신안법 제35조 제2항).
ㄷ. |×| 실용신안법도 특허법과 같다. 심사청구를 하면 번역문이 확정되기 때문에 그 이후에는 번역문을 다시 제출할 수 없다(실용신안법 제35조 제3항 단서).
ㄹ. |×| 실용신안법도 특허법과 같다. 도면(도면 중 설명부분에 한정한다) 및 요약서의 국어번역문 미제출은 취하간주 사유가 아니다(실용신안법 제35조 제4항).
ㅁ. |○| 실용신안법도 특허법과 같다(실용신안법 제35조 제7항).

정답 ①

19 실용신안에 관한 설명으로 옳지 않은 것은 모두 몇 개인가? [2020년 기출]

> ㄱ. 실용신안등록출원에 대하여 심사청구가 있을 때에만 이를 심사한다.
> ㄴ. 출원심사의 청구는 취하할 수 없다.
> ㄷ. 실용신안등록출원인이 아닌 자가 출원심사의 청구를 한 후 그 실용신안등록출원서에 첨부한 명세서를 보정하여 청구범위에 적은 청구항의 수가 증가한 경우에는 그 증가한 청구항에 관하여 내야 할 심사청구료는 실용신안등록출원인이 내야 한다.
> ㄹ. 실용신안권 또는 전용실시권 침해행위를 조성한 물품 또는 그 침해행위로부터 생긴 물품은 몰수하거나 피해자의 청구에 따라 그 물품을 피해자에게 교부할 것을 선고하여야 한다.

① 0개 ② 1개
③ 2개 ④ 3개
⑤ 4개

해설

ㄱ. 실용신안법 제12조 제1항.
ㄴ. 실용신안법 제12조 제4항.
ㄷ. 실용신안법 제17조 제2항.
ㄹ. 실용신안법 제45조 제1항에 해당하는 침해행위를 조성한 물품 또는 그 침해행위로부터 생긴 물품은 몰수하거나 피해자의 청구에 따라 그 물품을 피해자에게 교부할 것을 선고하여야 하는 것은 아니고 교부할 것을 선고할 수 있다(실용신안법 제51조 제1항).

정답 ②

20 실용신안제도에 관한 설명으로 옳지 않은 것은?

① 실용신안등록출원에 대하여 심사청구가 있을 때에만 이를 심사하며, 누구든지 실용신안등록출원에 대하여 실용신안등록출원일부터 3년 이내에 특허청장에게 심사청구를 할 수 있다.
② 실용신안등록출원의 심사청구는 취하할 수 없다.
③ 출원인이 출원시 작성 언어를 영어로 하겠다는 취지를 출원서에 기재한 경우에는 명세서 및 도면(도면 중 설명부분에 한정)을 영어로 적을 수 있다.
④ 실용신안권을 침해한 자는 5년 이하의 징역 또는 7천만원 이하의 벌금에 처한다.
⑤ 실용신안등록출원에 대하여 실용신안등록출원일부터 4년 또는 심사청구일부터 3년 중 늦은 날보다 지연되어 실용신안권의 설정등록이 이루어진 경우에는 그 지연된 기간만큼 해당 실용신안권의 존속기간을 연장할 수 있다.

> **해설**
> ① 특허와 내용이 동일하다.
> ② 특허와 내용이 동일하다.
> ③ 특허와 내용이 동일하다.
> ④ 7년, 1억으로 특허와 내용이 동일하다.
> ⑤ 특허와 내용이 동일하다.

정답 ④

21 특허 및 실용신안에 관한 설명으로 옳지 않은 것은? (다툼이 있으면 판례에 따름)

[2021년 기출]

① 실용신안 물품을 적법하게 양수한 자가 당해 물품을 계속 사용하기 위하여 필요한 범위 내에서 실용신안으로서 보호되는 기술적 사상과 무관한 부품의 교체는 실용신안권 침해가 되지 아니한다.
② 물건을 생산하는 방법의 발명에 대한 특허권자가 생산한 물건이 경매절차에 의하여 양도된 경우에도 원칙적으로 특허권은 소진된다.
③ 타인의 특허발명을 허락없이 실시한 자라도 자신이 실시하는 기술이 특허발명의 권리범위에 속하지 않는다고 믿은 점을 정당화할 수 있는 사정이 있다는 것을 주장하여 입증한다면 그에 대한 과실의 추정은 번복될 수 있다.
④ 특허출원에 있어서 거절이유통지에 따른 의견서 제출기간의 마지막 날이 2019. 5. 1.(수요일, 근로자의 날)인 경우 2019. 5. 2. 제출된 의견서는 적법한 서류로 볼 수 없어 불수리 반려되어야 한다.
⑤ 특허발명 실시계약 체결 이후에 계약 대상인 특허의 무효가 확정되었더라도 특허의 유효성이 계약 체결의 동기로서 표시되었고 그것이 법률행위의 내용의 중요부분에 해당하는 등의 사정이 없는 한, 착오를 이유로 특허발명 실시계약을 취소할 수는 없다.

> 해설

① 지식재산권 권리가 실현된 물품을 적법하게 양수한 경우 그 물품의 실시에 대해서는 지식재산권 권리가 소진된다(권리소진). 이때 권리소진된 물품의 유지관리를 위해 부품을 교체하는 경우는 물품의 재생산으로 보지 않고 권리소진이 계속 적용되나, 권리소진된 물품의 주요 부품을 교체하여 물품을 재생산한 후 재생산한 물품을 실시하는 행위는 권리의 침해가 된다. 참고판례를 아래에 소개한다.

"실용신안을 실시한 물품을 적법하게 양수한 자로서는 그 물품에 대한 자유로운 처분권을 갖게 되므로 그 물품을 사용가능한 상태에 두기 위하여 수리를 하거나 부품을 교체하는 것은 실용신안권에 대한 침해가 될 수 없으나, 그러한 수리의 정도를 넘어 실용신안제품을 재구성하는 것은 실용신안권자만이 독점하고 있는 생산행위를 하는 것이 되어 실용신안권에 대한 침해를 구성한다고 할 것인바, 그 고안의 기술적 사상 중 실용신안으로서 보호되는 본질적 부분을 구성하는 부품의 교체와 같은 경우는 실용신안권에 대한 침해로 볼 수 있을 것이나, <u>실용신안으로서 보호되는 기술적 사상과 무관한 부품의 교체는 단순히 물품을 계속 사용하기 위해 필요한 행위로서 실용신안권에 대한 침해가 되지 아니한다고 할 것이다</u>(서울중앙지방법원 2006. 8. 23. 선고 2005가합48548 판결)."

② 권리소진은 일반적 양도참고판례를 아래에 소개한다.

"방법의 발명에 대한의 경우만 아니라, 경매에 의한 양도의 경우에도 마찬가지로 적용된다. 특허권자가 우리나라에서 그 방법의 실시에만 사용하는 물건을 양도한 경우에도 양수인 또는 전득자가 그 물건을 이용하여 해당 방법발명을 실시하는 것과 관련하여서는 특허권이 소진되며, 위에서 본 특허권 소진의 근거에 비추어 볼 때 <u>물건의 양도가 계약에 의한 경우뿐만 아니라 경매절차에 의한 경우에도 특별한 사정이 없는 한 특허권 소진의 법리는 적용된다</u>(특허법원 2009. 12. 18 선고 2008허13299 판결)."

③ "특허법 제130조는 타인의 특허권 또는 전용실시권을 침해한 자는 그 침해행위에 대하여 과실이 있는 것으로 추정한다고 정하고 있다. 그 취지는 특허발명의 내용은 특허공보 또는 특허등록원부 등에 의해 공시되어 일반 공중에게 널리 알려져 있을 수 있고, 또 업으로서 기술을 실시하는 사업자에게 당해 기술분야에서 특허권의 침해에 대한 주의의무를 부과하는 것이 정당하다는 데 있다. 위 규정에도 불구하고 타인의 특허발명을 허락 없이 실시한 자에게 과실이 없다고 하기 위해서는 <u>특허권의 존재를 알지 못하였다는 점을 정당화할 수 있는 사정이 있다거나 자신이 실시하는 기술이 특허발명의 권리범위에 속하지 않는다고 믿은 점을 정당화할 수 있는 사정이 있다는 것을 주장·증명하여야 한다</u>(대법원 2019. 10. 17. 선고 2019다222782 판결)."

④ 특허에 관한 절차에서는 근로자의 날도 공휴일로 본다. 절차의 기간 마지막 날이 공휴일인 경우 다음날까지 절차를 밟을 수 있는 바, 2019. 5. 2. 에도 절차에 관한 서류를 제출할 수 있다(특허법 제14조 제4호). 한편 의견서는 실무상 의견서 제출기간 경과 후에도 반려되지 않고 얼마든지 제출 가능하다.

⑤ 참고판례.

"특허는 그 성질상 특허등록 이후에 무효로 될 가능성이 내재되어 있는 점을 감안하면, <u>특허발명 실시계약 체결 이후에 계약의 대상인 특허의 무효가 확정되었더라도 그 특허의 유효성이 계약 체결의 동기로서 표시되었고 그것이 법률행위의 내용의 중요부분에 해당하는 등의 사정이 없는 한, 착오를 이유로 특허발명 실시계약을 취소할 수는 없다고 할 것이다</u>(대법원 2014. 11. 13. 선고 2012다42666 판결)."

정답 ④

22 특허 및 실용신안의 심판에 관한 설명으로 옳지 않은 것은? (다툼이 있으면 판례에 따름)

[2021년 기출]

① 실용신안법 제11조(특허법의 준용)에 따라 준용되는 특허법 제33조(특허를 받을 수 있는 자) 제1항 본문에 따른 실용신안등록을 받을 수 있는 권리를 가지지 아니하는 경우, 실용신안등록을 받을 수 있는 권리자 또는 심사관은 그 실용신안등록의 무효심판을 청구할 수 있다.
② 동일한 특허발명에 대하여 특허 무효심판과 정정심판이 특허심판원에 동시에 계속 중에 있는 경우에는 정정심판제도의 취지상 정정심판을 특허 무효심판에 우선하여 심리·판단하는 것이 바람직하므로 반드시 정정심판을 먼저 심리·판단하여야 한다.
③ 실용신안등록의 무효를 청구할 수 있는 심사관은 심판청구 당시 실용신안의 등록출원에 대한 심사를 담당하고 있는 자이면 되고 반드시 당해 실용신안등록을 심사하여 등록결정한 심사관에 한하거나 심결당시에 그 심사관의 지위에 있어야만 하는 것은 아니다.
④ 특허권의 공유관계는 민법에 규정된 합유에 준하는 것이므로 특허권이 공유인 경우 그 특허권에 관한 심판사건에 있어서는 공유자 전원이 심판의 청구인 또는 피청구인이 되어야 하고 그 심판절차는 공유자 전원에게 합일적으로 확정되어야 할 필요에서 이른바 필요적 공동소송관계에 있다.
⑤ 자신의 발명이 타인의 특허권의 권리범위에 속하지 아니한다는 소극적 권리범위확인심판 청구에 있어서 그 이유가 없는 경우, 그것을 배척함에 그치지 아니하고 그 타인의 권리범위 내에 속한다고 심결하는 것은 위법하다.

해설

① 특허법과 同. 무효심판은 이해관계인 또는 심사관에 한해 청구할 수 있으며, 제33조 제1항 본문 위반의 무효사유는 정당권리자를 이해관계인으로 본다(특허법 제133조 제1항 괄호).
② 참고 판례
"동일한 특허발명에 대하여 특허무효심판과 정정심판이 특허심판원에 동시에 계속중에 있는 경우에는 정정심판제도의 취지상 정정심판을 특허무효심판에 우선하여 심리·판단하는 것이 바람직하나, 그렇다고 하여 반드시 정정심판을 먼저 심리·판단하여야 하는 것은 아니다(대법원 2002. 8. 23. 선고 2001후713 판결)."
③ 특허법과 同. 참고판례
"심사관으로 하여금 실용신안등록의 무효심판을 청구할 수 있도록 규정한 것은 심사관 개인을 이해관계인으로 보아서가 아니라 실용신안제도의 원활한 목적달성을 위한 공익적 견지에서 나온 것이므로 그 심사관은 심판제기 당시 실용신안의 등록출원에 대한 심사를 담당하고 있는 자이면 되고 반드시 당해 실용신안등록을 심사하여 등록결정한 심사관에 한하거나 심결당시에 그 심사관의 지위에 있어야만 하는 것은 아니다(대법원 1989. 3. 14. 선고 86후171 판결)."
④ 참고판례
"특허의 공유관계는 민법에 규정된 합유에 준하는 것이라 할 것이므로 특허권이 공유인 때에는 그 특허권에 관한 심판사건에 있어서는 공유자 전원이 심판의 청구인 또는 피청구인이 되어야 하고 그 심판절차는 공유자 전원에게 합일적으로 확정되어야 할 필요에서 이른바 필요적 공동소송관계에 있다(대법원 1987. 12. 8. 선고 87후111 판결)."

⑤ 참고판례. (아래 판례는 상표판례이나 특허에서도 마찬가지로 적용된다.)
"상표법상의 권리범위확인심판청구에도 민사소송법에서 말하는 당사자 처분권주의는 적용되어야 할 것이다. 기록에 의하면, 이 사건 권리범위확인심판청구는 확인대상표장이 등록된 이 사건 상표의 권리범위에 속하지 아니한다는 <u>소극적 확인심판청구인바, 확인대상표장이 이 사건 상표의 권리범위에 속한다고 인정되면 심판청구를 기각하면 되는 것이지 확인대상표장이 이 사건 상표의 권리범위에 속한다는 심결은 할 수 없는 것이다</u>(대법원 1992. 6. 26. 선고 92후148 판결)."

정답 ②

23 실용신안등록출원에 관한 설명으로 옳은 것을 모두 고른 것은? [2021년 기출]

ㄱ. 실용신안등록출원인이 외국어실용신안등록출원을 한 경우, 실용신안법 제11조(특허법의 준용)에 따라 준용되는 특허법 제47조(특허출원의 보정) 제1항 제1호 또는 제2호에 따른 기간에 정정을 하는 경우에는 마지막 정정 전에 한 모든 정정은 처음부터 없었던 것으로 본다.

ㄴ. 하나의 총괄적 고안의 개념을 형성하는 일 군(群)의 고안에 대하여도 하나의 실용신안등록출원으로 할 수 있다.

ㄷ. 특허심판원 소속 직원이었던 사람이 실용신안등록출원 중인 고안에 관하여 직무상 알게 된 비밀을 도용한 경우에는 5년 이하의 징역 또는 5천만원 이하의 벌금에 처한다.

ㄹ. 실용신안등록출원일부터 3년이 지난 후에도 변경출원을 한 날부터 30일 이내에는 누구든지 실용신안등록출원심사의 청구를 할 수 있다.

① ㄱ, ㄴ
② ㄱ, ㄷ
③ ㄱ, ㄴ, ㄹ
④ ㄴ, ㄷ, ㄹ
⑤ ㄱ, ㄴ, ㄷ, ㄹ

해설

ㄱ. 특허법과 同. 외국어출원은 일반출원과 동일하게 최초 거절이유통지, 최후 거절이유통지에 따른 의견서 제출기간에 2회 이상 보정한 경우 마지막 보정만 유효하다(특허법 제47조 제4항). 참고로 실무에서는 보정을 정정이라고 표현하기도 한다.

ㄴ. 특허법과 同. (특허법 제45조).

ㄷ. 특허법과 同. 소속 직원의 비밀누설죄는 5년 이하의 징역 또는 5천만원 이하의 벌금에 처하며, 직원이었던 사람도 대상에 포함된다(특허법 제226조 제1항).

ㄹ. 특허법과 同. 심사청구는 누구든지 할 수 있으며, 원출원일부터 3년이 지난 후에도 변경출원한 날부터 30일 이내 가능하다(특허법 제59조 제2항, 제3항).

정답 ⑤

24 실용신안권 및 침해에 관한 설명으로 옳지 않은 것은? (다툼이 있으면 판례에 따름)

[2022년 기출]

① 등록고안의 청구범위에 기재된 구성요소 중 일부를 권리행사의 단계에서 등록고안에서 비교적 중요하지 않은 사항이라고 하여 무시하는 것은 사실상 청구범위의 확장적 변경을 사후에 인정하는 것이 되어 허용될 수 없다.
② 실용신안권 침해금지가처분에서 금지의 대상이 되는 침해행위는 구체적으로 특정되어야 하는바, 이러한 가처분의 효력은 특정된 침해행위에 대하여만 미칠 뿐 신청인이 피보전권리로 주장한 실용신안권의 권리범위 또는 보호범위에까지 당연히 미치는 것은 아니다.
③ 등록고안과 대비되는 고안이 공지의 기술만으로 이루어진 경우라 하더라도 등록고안과 대비하여 등록고안의 권리범위에 속하는지 여부를 판단하고, 이 경우에 그 등록내용과 동일·유사한 물품을 제작·판매한다면 실용신안권 침해죄를 구성할 수 있다.
④ 실용신안등록청구범위를 정정하는 것이 그 청구범위를 확장하거나 변경하는 경우에 해당하는지 여부를 판단함에 있어서는 청구범위 자체의 형식적인 기재만을 가지고 대비할 것이 아니라 고안의 상세한 설명을 포함하여 명세서 및 도면의 전체내용과 관련하여 실질적으로 대비하여 그 확장이나 변경에 해당하는지 여부를 판단하는 것이 합리적이다.
⑤ 실용신안권 침해죄는 7년 이하 징역 또는 1억원 이하 벌금에 처하고, 고소가 없으면 공소(公訴)를 제기할 수 없다.

해설

① |O| 특허와 차이 없는 내용이며, 12번 4번 지문과 중복되는 내용이다.
② |O| 특허와 차이 없는 내용이다. 가처분 효력은 실용신안권 권리범위에 속할 수 있는 모든 제품이 아니라, 가처분 신청 대상인 피신청인 제품에 대해서만 발생한다. 이는 가처분만이 아니라 침해금지청구 소송도 마찬가지다. 참고판례를 아래에 소개한다.
"실용신안권 침해금지가처분에서 금지의 대상이 되는 침해행위는 구체적으로 특정되어야 하는바, 이러한 가처분의 효력은 특정된 침해행위에 대하여만 미칠 뿐 신청인이 피보전권리로 주장한 실용신안권의 권리범위 또는 보호범위에까지 당연히 미치는 것은 아니다(대법원 2008. 12. 24. 선고 2006다1819 판결 참조)."
③ |×| 특허와 차이 없는 내용이다. 자유실시기술인 경우는 등록고안과 대비할 필요도 없이 권리범위에 속하지 않는다고 본다. 권리범위에 속하지 않는 물품은 침해와 무관하므로 침해죄 적용 여지도 없다. 참고판례를 아래에 소개한다.
"어느 고안이 실용신안 등록고안의 권리범위에 속하는지를 판단함에 있어서 등록고안과 대비되는 고안이 공지의 기술만으로 이루어지거나 그 기술분야에서 통상의 지식을 가진 자가 공지기술로부터 극히 용이하게 고안해 낼 수 있는 경우에는 등록고안과 대비할 필요 없이 등록고안의 권리범위에 속하지 않게 되고, 그와 같은 경우에는 그 등록내용과 동일·유사한 물품을 제작·판매하였다고 하여 실용신안권침해죄를 구성할 수 없다(대법원 2006. 5. 25. 선고 2005도4341 판결)."
④ |O| 특허와 차이 없는 내용이다. 참고판례를 아래에 소개한다.
"실용신안등록청구범위의 정정이 실용신안등록청구범위의 실질적 변경에 해당하는지 여부는 실용신안등록청구범위의 형식적인 기재만을 대비할 것이 아니라 실용신안의 상세한 설명을 포함한

명세서 전체의 내용과 관련하여 실질적으로 대비하여 판단함이 합리적이고, 명세서의 상세한 설명 또는 도면에 있는 사항을 실용신안등록청구범위에 새로이 추가함으로써 표면상 등록실용신안이 한정되어 형식적으로는 실용신안등록청구범위가 감축되는 경우라 하더라도, 다른 한편 그 구성의 추가로 당초의 등록실용신안이 새로운 목적 및 효과를 갖게 되는 때에는 실용신안등록청구범위의 실질적 변경에 해당하므로 허용되지 않는다(대법원 2005. 4. 15. 선고 2003후2010 판결 참조)."

⑤ |×| 특허와 차이 없는 내용이다. 실용신안권 침해죄도 7년 이하 징역, 1억 이하 벌금, 반의사불벌죄이다(실용신안법 제45조). 고소가 없으면 공소를 제기할 수 없는 게 아니라 피해자 의사에 반하여 공소를 제기할 수 없다.

정답 ③, ⑤

25 실용신안법상 벌칙에 관한 설명으로 옳지 않은 것을 모두 고른 것은? [2023년 기출]

ㄱ. 침해죄(제45조 제1항)는 고소가 없으면 공소를 제기할 수 없다.
ㄴ. 특허청 또는 특허심판원 소속 직원이거나 직원이었던 사람이 실용신안등록출원 중인 고안(국제출원 중인 고안을 포함한다)에 관하여 직무상 알게 된 비밀을 누설하거나 도용한 경우에는 5년 이하의 징역 또는 5천만원 이하의 벌금에 처한다.
ㄷ. 전문심리위원 또는 전문심리위원이었던 자가 그 직무수행 중에 알게 된 다른 사람의 비밀을 누설하는 경우에는 2년 이하의 징역이나 금고 또는 1천만원 이하의 벌금에 처한다.
ㄹ. 비밀유지명령 위반죄(제49조의2 제1항)는 비밀유지명령을 신청한 자의 고소가 없으면 공소를 제기할 수 없다.
ㅁ. 침해죄(제45조 제1항)에 해당하는 침해행위를 조성한 물품 또는 그 침해행위로부터 생긴 물품은 몰수하거나 피해자의 청구에 따라 그 물품을 피해자에게 교부할 것을 선고하여야 한다.

① ㄱ, ㄷ, ㄹ
② ㄱ, ㄷ, ㅁ
③ ㄱ, ㄹ, ㅁ
④ ㄴ, ㄷ, ㄹ
⑤ ㄷ, ㄹ, ㅁ

해설

ㄱ) |×| 특허와 실용신안 모두 침해죄는 고소가 필요한 친고죄가 아니라 반의사불벌죄다(실용신안법 제45조 제2항).
ㄴ) |○| 특허와 동일하다(실용신안법 제46조).
ㄷ) |×| 정답은 X 로 공지되었으나 본 지문은 다소 아쉽다. 전문심리위원은 특허심판사건이건 실용신안심판사건이건 달리 취급할 이유가 없다. 특허법 제226조 제2항을 보더라도 특허사건에 한해서만 전문심리위원 처벌 가능하다고 한정되어 있지 않고, 사건 한정 없이 전문심리위원이 비밀누설하면 처벌한다고 규정되어 있다.

ㄹ) |O| 특허와 동일하다(실용신안법 제49조의2 제2항). 비밀유지명령 위반죄는 친고죄로서 고소가 없으면 공소를 제기할 수 없다.

ㅁ) |×| 정답은 X 로 공지되었고, 과거에도 출제된 적 있는 지문이나, 다소 아쉽다. 특허법과 실용신안법 몰수 규정 비교했을 때 피해자의 청구에 따라 몰수한 물건을 피해자에게 교부할 것을 선고하여야 한다(특허법) vs 선고할 수 있다(실용신안법)로 문언상 차이가 있으나, 실질상 차이가 있을 이유가 없다.

정답 ②

변리사 조현중 편저

- **약 력**
  - 서울대학교 공과대학 화학생물공학부 졸업
  - 윌비스한림법학원 특허법 강사
  - 現) 골드제이특허법률사무소 대표변리사
    인마이제이 대표
    변리사스쿨 대표

- **주요저서**
  - 조현중 특허법 1차 기본서 (윌비스)
  - 조현중 특허법 2차 기본서 (윌비스)
  - 조현중 특허법 조문노트 (윌비스)
  - 조현중 특허법 필기노트 (윌비스)
  - 조현중 특허법 판례노트 (윌비스)
  - 조현중 특허법 판례노트 핸드북 (윌비스)
  - 조현중 특허법 최종정리 핸드북 (윌비스)
  - 조현중 특허법 2차 사례집 핸드북 (윌비스)
  - 조현중 특허법 서브집 핸드북 (윌비스)
  - 조현중 특허법 O×문제집 (윌비스)
  - 조현중 특허법 기출문제집 (윌비스)
  - 조현중 특허법 2차 기출문제집 (윌비스)
  - 조현중 특허법 객관식 (윌비스)

조현중 특허법 객관식 (제4판)

초 판 발행 2020년 11월 27일　　**제2판 발행** 2021년 09월 09일
제3판 발행 2022년 09월 26일

제4판 인쇄 2023년 10월 23일
제4판 발행 2023년 10월 26일

편저자 조 현 중
발행인 송 주 호
발행처 ㈜윌비스
등 록 119-85-23089
주 소 서울시 관악구 신림로 129-1
전 화 02)883-0202 / Fax 02)883-0208

저자와의 협의에 의해 인지를 생략합니다.

ISBN 979-11-6618-653-0 / 13360　　　　　**정 가** 45,000원

이 책은 도서출판 윌비스가 저작권자와의 계약에 따라 발행하였습니다.
저작권법에 의해 보호를 받는 저작물이므로 본사의 허락 없는 무단 전재와 무단 복제를 금합니다.